Georg Tafner
Reflexive Wirtschaftspädagogik
Wirtschaftliche Erziehung im ökonomisierten Europa
Eine neo-institutionelle Dekonstruktion des individuellen
und kollektiven Selbstinteresses

Wirtschaftspädagogisches Forum

herausgegeben von
Dieter Euler und Peter F. E. Sloane

Band 48

Meiner bedingten Freiheit

Bibliografische Information der Deutschen Nationalbibliothek

Die Deutsche Nationalbibliothek verzeichnet diese Publikation in der Deutschen Nationalbibliografie; detaillierte bibliografische Daten sind im Internet über http://dnb.d-nb.de abrufbar.

Diese Arbeit wurde 2014 an der Humboldt-Universität zu Berlin als Habilitationsschrift angenommen.

Der Druck erfolgte mit Unterstützung der Kammer für Arbeiter und Angestellte für Steiermark.

ISBN 978-3-940625-33-5

ISSN **0943-8602**

Alle Rechte, insbesondere das Recht der Vervielfältigung und Verbreitung sowie der Übersetzung, vorbehalten. Kein Teil des Werkes darf in irgendeiner Form (durch Fotokopie, Mikrofilm oder ein anderes Verfahren) ohne schriftliche Genehmigung des Verlages reproduziert oder unter Verwendung elektronischer Systeme verarbeitet, vervielfältigt oder verbreitet werden.

© Eusl-Verlagsgesellschaft mbH, Detmold 2015
Satz: Vorlage des Autors
Druck und Bindung: MF Print, Hürth

Inhaltsverzeichnis

Inhaltsverzeichnis I
Vorwort der Herausgeber V
Vorwort des Autors IX
Abkürzungsverzeichnis XIII
Abbildungsverzeichnis XV
Tabellenverzeichnis XVII
Zusammenfassung XIX
0 Einführung 1
    0.1 Motivation und Ausgangspunkt 4
    0.2 Der wirtschaftspädagogische Bezug 5
    0.3 Die Forschungsfragen 14
    0.4 Das Theorieverständnis im Sinne des Cultural Turn 17
    0.5 Methodologische Rahmung und methodischer Aufbau der Arbeit 23
1 Wie Institutionen das Denken lenken 31
    1.1 Kulturbegriff und Kulturtheorien 31
    1.2 Institutionen 40
    1.3 Neo-Institutionalismus 47
    1.4 Fazit: Der neo-institutionalistische Ansatz in dieser Arbeit 63
2 Die Bedeutung von Institutionen für die Wirtschaftspädagogik 67
    2.1 Institutionen aus der Makrosicht 68
        2.1.1 Das Scheitern der Real-Handlungsakademie in Österreich 70
        2.1.2 Die klassische Berufsbildungstheorie – die erste Phase 75
        2.1.3 Nationalsozialismus und Wirtschaftspädagogik – die zweite Phase 92
        2.1.4 Kritische Theorie und kritischer Rationalismus – die dritte Phase 99
        2.1.5 Institutionalisierung in Österreich 105
        2.1.6 Ausdifferenzierung – die vierte Phase 112
    2.2 Institutionen aus der Mesosicht 122
        2.2.1 Analyse der Entwicklung der Studienpläne 127
        2.2.2 Analyse der Entwicklung der Lehrpläne der Handelsakademien 132

2.3 Fazit: Wirtschaftspädagogik – ausdifferenziert und normativ 136
3 Wirtschaftliche Erziehung 143
   3.1 Erziehung und Erziehungswissenschaft 144
   3.2 Wirtschaftliche Erziehung und Wirtschaftspädagogik 158
      3.2.1 Wirtschaftliche Erziehung bei Abraham..160
         3.2.1.1 Der Betrieb als Erziehungsfaktor...163
         3.2.1.2 Wirtschaftspädagogik: Grundfragen der wirtschaftlichen Erziehung............169
      3.2.2 Berufserziehung bei Zabeck (2004) 181
      3.2.3 Abraham und Zabeck – neo-institutionell interpretiert 196
         3.2.3.1 Kategorie Kultur..196
         3.2.3.2 Kategorie Anthropologie...199
         3.2.3.3 Kategorie Erziehung 210
         3.2.3.4 Kategorie Arbeit und Beruf 220
         3.2.3.5 Kategorie Ethik und Moral 221
   3.3 Fazit: Wirtschaftliche Erziehung 226
4 Wirtschaftliche Moralerziehung: Die Beck-Zabeck-Kontroverse 233
   4.1 Ethik und Moral...243
      4.1.1 Moral 248
      4.1.2 Menschenwürde als Ausgangspunkt von Ethik und Moral 259
      4.1.3 Methoden ethischer Urteilsbildung 269
         4.1.3.1 Deontologische Ethik..273
         4.1.3.2 Utilitaristische (teleologische) Ethik 292
         4.1.3.3 Ethik der Strukturganzheit einer Handlung 295
         4.1.3.4 Strebensethik und integrative Ethik..302
      4.1.4 Bedeutung für die Beck-Zabeck-Kontroverse 311
   4.2 Ausdifferenzierung der Systeme 312
      4.2.1 Folgt Beck der Systemtheorie von Parsons oder von Luhmann?............313
      4.2.2 Systemtheorie Luhmanns und das Subsystem Wirtschaft......................323
         4.2.2.1 Das Subsystem Wirtschaft...331
         4.2.2.2 Das Subsystem Moral 333
      4.2.2 Eine neo-institutionelle Interpretation der Ausdifferenzierung 337
   4.3 Kohlbergs Theorie der moralischen Entwicklung 348
      4.3.1 Das Stufenmodell Kohlbergs 349

4.3.2 Kritik am Stufenmodell Kohlbergs 353

4.3.3 Interpretation für die Beck-Zabeck-Kontroverse 357

4.4 Homanns rein ökonomische Vernunft..364

4.4.1 Ziele der Wirtschaftsethik Homanns 366

4.4.2 Das Programm..371

4.4.3 Interpretation des Programms 382

4.4.3.1 Die Definition der Ökonomik..382

4.4.3.2 Der methodologische Individualismus der Ökonomik 384

4.4.3.3 Wertfreiheit und Normativität..396

4.4.3.4 Das Verhalten in Dilemmastrukturen 401

4.4.3.5 Individual- und Institutionenethik 414

4.4.3.6 Der Glaube an den Kapitalismus 422

4.4.4. Fragen aus der aktuellen Krise 435

4.4.4.1 „*Why did no one see it coming?*" 438

4.4.4.2 Grenzenloses Wachstum als Philosophie?.............................450

4.4.4.3 Neues ökonomisches Denken? 455

4.5 Fazit: Neo-institutionelle Interpretation der Betriebsmoral 461

5 Staats- und unionsbürgerliche Erziehung..485

5.1 Kulturelle Deutung des Europäisierungsprozesses 494

5.1.1 Kultur und Kulturen in Europa: In Vielfalt geeint?..............................495

5.1.2 Europäistik und Rationalität...502

5.2 Neo-Institutionalismus und Makroebene: Isomorphie..512

5.2.1 Traditionelle Integrationstheorien 513

5.2.2 World polity und die Kultur der Rationalisierung 515

5.2.3 Der Nationalstaat aus Sicht der world polity 517

5.2.4 Die Europäische Union aus Sicht der world polity...............................526

5.2.5 Isomorphie und Entkopplung – eine hermeneutische Untersuchung....529

5.3 Neo-Institutionalismus und Mikroebene: Handlungsorientierung......................536

5.3.1 Menschenrechte als das Ergebnis der Wertegeneralisierung 536

5.3.2 Janusgesicht des Nationalstaates und kulturell kognitive Institutionen 545

5.3.3 Die europäische Supranationalität und Identität 561

5.3.4 Menschenrechte und Nationalstaat (empirische Untersuchung) 572

5.3.4.1 Ausgangslage: Europa in kaufmännischen Schulen 574
5.3.4.2 Forschungsfragen 578
5.3.4.3 Methodologie 579
5.3.4.4 Durchführung und Limitation der empirischen Erhebung 588
5.3.4.5 Ergebnisse zum *tertium comparationis Kopftuch* 592
5.3.4.6 Ergebnisse zum *tertium comparationis Nationalstaat* 604
5.4 Fazit: Einheit in standardisierter Vielfalt 613
6 Reflexive Wirtschaftspädagogik 621
6.1 Die Dimensionen der Wirtschaftspädagogik 622
6.2 Institutionen lenken das Denken, nehmen aber die Verantwortung nicht 624
6.2.1 Kompatibilismus und das Handwerk der Freiheit 625
6.2.2 Ökonomisches Denken und praktische Vernunft 630
6.3 Doppelt integrative Ethik: Tugend für Individual- und Institutionenethik 641
6.3.1 Kommunikation und Ethik 643
6.3.2 Das Modell der doppelt integrativen Ethik 645
6.4 Politische Bildung und wirtschafts(unions)bürgerliche Tugenden 655
6.4.1 Kulturelle Kompetenz: Toleranz als (unions)bürgerliche Tugend 657
6.4.2 Problemlösungsplattform auf Basis von Subsidiarität und Solidarität 672
6.5 Fazit: Reflexive Wirtschaftspädagogik 677
6.6 Abschlussthese 703
Literaturverzeichnis 707

Vorwort der Herausgeber

In vielen Bereichen der Sozialwissenschaften ist es heute üblich, dass die akademische Qualifizierung über referierte Paper, die in einschlägigen Journalen publiziert werden und denen ein Review-Verfahren zugrunde liegt, erfolgt. Allerdings gibt es immer noch den traditionellen Weg über das Buchprojekt, eine i. d. R. langjährige intensive Auseinandersetzung mit einem Gegenstand, die zu einer breiten und systematischen, suchenden und interdisziplinär ausgerichteten Studie führt.

Der Autor ist diesen Weg gegangen: Entstanden ist eine mehr als 600 Seiten lange Abhandlung zum Thema „Wirtschaftliche Erziehung im ökonomisierten Europa". Dies wird als wirtschaftspädagogisches Unterfangen angesehen, wobei wohl in gewollter Anlehnung zur These der reflexiven Modernisierung nach Ulrich Beck von einer reflexiven Wirtschaftspädagogik ausgegangen wird.

Diese Reflexion zielt auf die Grundlagen ökonomischen Handelns in Europa, wobei durch die Betonung eines ‚ökonomisierten Europas' zugleich eine kritische Haltung zur Ökonomie als Handlungsnorm zum Ausdruck kommt. Die in dieser Norm inkorporierten Interessen, die sich letztlich in sozialen Normen (Institutionen) manifestieren, sollen dekonstruiert werden. Dabei geht es dann um einen möglichen Gegensatz von kollektiven und individuellen Selbstinteressen.

So gesehen verbirgt sich in dem Titel der Abhandlung bereits das Programm, welches der Verf. durch die Arbeit elaboriert. Die Breite und Tiefe der Argumentation kann man in einem Vorwort kaum abstecken. Insgesamt nimmt der Autor einen auf eine interessante und lehrreiche akademische Exkursion. Man müsste einen ausführlichen Reisebericht schreiben; dies ist hier nicht möglich, so dass nur einige Höhepunkte und Besonderheiten herausgestellt werden sollen.

Herr Tafner betrachtet die wirtschaftliche Erziehung im ökonomisierten Europa und klärt dabei zugleich systematisch auch die Voraussetzungen der Argumentation. Die Idee einer Wirtschaftserziehung ist v. a. eine Idee, die im deutschsprachigen Kontext entstanden ist. Dies zeigt sich zum einen in dem Herausbilden der akademischen Disziplin ‚Wirtschaftspädagogik', zum anderen in der Etablierung beruflicher Bildung. Die Betrachtung kaufmännischer und später ökonomischer Prozesse als einen Erziehungsvorgang ist eine Besonderheit in der deutschsprachigen Diskussion, die in den europäischen Nachbarländern so nicht geführt wird.

So betrachtet Herr Tafner wohl auch folgerichtig und gleichsam als Basis für seine Überlegungen das ‚deutschsprachige Konzept'. Nach einer allgemeinen Hinführung und der Thematisierung einiger ‚österreichischer Besonderheiten' konzentriert sich der Verf. auf die so genannte ‚Zabeck-Beck-Kontroverse', bei der es letztlich um die wirtschaftsethische Begründung von ökonomischem Handeln einerseits und darauf bezogener Erziehungsprozesse andererseits geht.

Von dieser wirtschaftspädagogischen Position aus erschließt er dann u. a. weitere wirtschaftsethische Konzepte, die nach meiner Beobachtung v. a. in den Nachbardisziplinen der Wirtschaftspädagogik, insbesondere in der Betriebswirtschaftslehre, berücksichtigt werden. So gelingt ihm eine Verbreiterung der Überlegungen, die v. a. im Hinblick auf die Wirtschaftspädagogik als ‚deutschsprachigen Weg' wichtig sind, denn nur so kann es m. E. gelingen, Anknüpfungspunkte in der internationalen Diskussion zu finden.

Eine weitere Verbreiterung wird vorgenommen, indem die Wirtschaftserziehung als Teil staatsbürgerlicher Erziehung angesehen wird. Hier finden sich Bezüge zu staatstheoretischen und philosophischen Entwürfen, die aus der Tradition einer europäischen Denkschule stammen. In diesem Sinn waren und sind staatstheoretische Schriften, etwa zum ‚Kontraktualismus', das Ergebnis einer europäischen Denkschule.

Das Ergebnis ist dann die so genannte ‚reflexive Wirtschaftspädagogik', in der wirtschaftliche Erziehung ‚wieder' im Konzept einer allgemeinen Erziehung aufgeht und sich Ökonomie – als Teil der Wirtschaftserziehung – der Frage nach der Gerechtigkeit unterwerfen muss. Hierbei besteht in der Tat ja das Problem – wie auch vom Verf. sehr umfassend dargelegt –, dass Ökonomie immer reduziert wird auf eine zweckrationale Funktionalität. Vereinfacht ausgedrückt: Man reduziert den Menschen auf einen homo oeconomicus.

Beide Aspekte der Wirtschaftserziehung – Ökonomie und Erziehung – müssen jedoch zugleich einer normativen Bewertung unterworfen werden. Dies zielt letztlich auf die gesellschaftstheoretischen Begründungen ökonomischen als auch pädagogischen Handelns, und zwar in einer europäischen staatstheoretisch geprägten Tradition.

Der Verf. sieht das Problem, dass hier der bestehende Funktionalismus schwer zu überwinden sein wird. Dies kann wohl nur gelingen, wenn sich neben einer volks- und betriebswirtschaftlichen Betrachtung des Ökonomischen eine sozialökonomische etabliert. Dies weist im Übrigen zurück auf Basiskonzepte der Wirtschaftspädagogik als Theorie sozialökonomischer Erziehung, wie sie von Vertretern der Kölner Schule etabliert wurde.

Diese breit angelegte interdisziplinäre Studie führt erziehungswissenschaftliche, wirtschaftswissenschaftliche, philosophische und theologische Ansätze zusammen. Sie ist grundlagentheoretisch im wahrsten Sinne des Wortes ausgerichtet, hat aber zugleich eine hohe praktische Relevanz, gewinnen doch die

Diskussionen um Gerechtigkeit sowie die Fragen nach den ökonomischen Möglichkeiten der Menschen in Europa zunehmend an Bedeutung. Erwähnt seien in diesem Zusammenhang z. B. die Thesen des französischen Ökonomen Thomas Piketty, der in seinen Studien, etwa in der Publikation „Capital in the Twenty-First Century", auf die immer größer werdenden Ungleichheiten bei Einkommen und Vermögen hinweist.

Für interessierte Leser findet sich hier ein relevanter Beitrag zu solchen Fragen, der in der Ausrichtung modern und im theoretischen Fundament zugleich traditionell ist.

Paderborn und St. Gallen,　　　　　　　Peter F. E. Sloane
im März 2015　　　　　　　　　　　　　Dieter Euler

Vorwort des Autors

Diese Habilitationsschrift ist die Zwischenbilanz einer zwanzigjährigen Auseinandersetzung mit Wirtschaftspädagogik und der Europäischen Union. Eigentlich hätte diese Arbeit ursprünglich eine ausschließliche Abhandlung über die didaktische Umsetzung der europäischen Supranationalität werden sollen. Als jedoch klar wurde, dass sich gerade die komplexe Materie Europa im Kontext der Wirtschaftspädagogik weder ohne Auseinandersetzung mit ökonomischer Rationalität noch ohne ethische Dimension bearbeiten lässt, hat sich der sozioökonomische Zugang entwickelt, wie er jetzt in dieser Arbeit vorliegt: Die Habilitationsschrift ist nunmehr zu einem Versuch geworden, der aufzeigt, wie eine ethische Grundlage für eine wirtschaftliche Erziehung aussehen könnte, die Politik und Ethik mit in die ökonomische und wirtschaftspädagogische Betrachtung hineinnimmt.

Diese theoretische Grundlagenarbeit geht davon aus, dass wirtschaftliche *Erziehung* auch heute in einer stark ökonomisierten und zweckrationalen Welt möglich ist, wenn das ökonomische Denken und Handeln um eine ethische Dimension erweitert wird, die sich nicht in einer rein ökonomischen Vernunft erschöpft, sondern in einer umfassenderen praktischen Vernunft besteht, die zwischen Ökonomik und Ökonomie zu unterscheiden versteht und damit auch zwischen dem ökonomischen Modell und dem wirtschaftlichen *Tun*. Gerade in dieser Unterscheidung liegt die Besonderheit der Wirtschaftspädagogik, worauf bereits Feld 1928 aufmerksam gemacht hat. Die Wirtschaftspädagogik ist nicht die Betriebswirtschaftslehre, sie ist auch nicht die Volkswirtschaftslehre, sie ist eine ausdifferenzierte, ausdifferenzierende und normative Wirtschaftswissenschaft, sowohl historisch als auch systematisch begründet, die sich mit ökonomischem Denken und Handeln unter dem pädagogischen und damit auch sozialem Aspekt auseinandersetzt. Die soziale Dimension war immer Bestandteil der Wirtschaftspädagogik und damit auch das Moralisch-Ethische und das Staatsbürgerliche, das in dieser Arbeit um das Unionsbürgerliche erweitert wird – ein Themenbereich, der bislang zu wenig in der Wirtschaftspädagogik akzentuiert wurde.

Die Arbeit stellt keinesfalls den Anspruch, den einzig möglichen oder gar einzig richtigen Zugang zur wirtschaftlichen Erziehung aufzuzeigen. Dies wäre für eine so stark ausdifferenzierte Disziplin gar nicht möglich. Vielmehr werden vorhandene Akzentuierungen aufgegriffen und in eine Systematik gebracht, um damit zur reflexiven Auseinandersetzung mit der Wissenschaft Wirtschaftspädagogik und zum kritischen Diskurs über Ziel und Inhalt dieser Disziplin einzuladen.

Die hier vorliegende Arbeit ist eine marginale Überarbeitung meiner Habilitationsschrift, die im März 2014 vom erweiterten Fakultätsrat der Philosophischen Fakultät IV der Humboldt-Universität zu Berlin angenommen wurde. Ich danke dafür allen Beteiligten, insbesondere den Gutachtern:
- Prof. Dr. phil. Dr. h. c. Jürgen van Buer, Humboldt-Universität zu Berlin, Kultur-, Sozial- und Bildungswissenschaftliche Fakultät, Institut für Erziehungswissenschaften, Wirtschaftspädagogik
- Prof. em. Dr. Dr. h. c. mult. Dietrich Benner, Humboldt-Universität zu Berlin, Kultur-, Sozial- und Bildungswissenschaftliche Fakultät, Institut für Erziehungswissenschaften
- Univ.-Prof. Dr. Leopold Neuhold, Karl-Franzens-Universität Graz, Katholisch-Theologische Fakultät, Institut für Ethik und Gesellschaftslehre
- Prof. Dr. Tade Tramm, Universität Hamburg, Fakultät für Erziehungswissenschaft, Berufliche Bildung und Lebenslanges Lernen, Arbeitsbereich Wirtschaftspädagogik

Auf Basis der vorliegenden Habilitationsschrift und dem öffentlichen Vortrag mit dem Titel *Migrationshintergrund und Bildungsprofil – Konsequenzen für die Berufsbildung aus deutscher und österreichischer Sicht* mit anschließendem wissenschaftlichen Gespräch wurde im Juli 2014 die Lehrbefähigung für das Fach *Erziehungswissenschaften mit dem Schwerpunkt Wirtschaftspädagogik* von der Kultur-, Sozial- und Bildungswissenschaftlichen Fakultät der Humboldt-Universität zu Berlin verliehen.

Es ist für mich eine große Freude, dass ich am 6. Dezember 2014 für diese Arbeit den *Kardinal-Innitzer-Förderpreis* von Herrn Kardinal Christoph Schönborn entgegennehmen durfte.

Eine wissenschaftliche Arbeit ist immer das Produkt eines Prozesses. In den Blick kommt schließlich und endlich nur das Produkt selbst. Die vorliegende Arbeit ist für den Austausch in der *Scientific Community* auch das einzig Entscheidende. Damit verschwindet jedoch der äußerst anstrengende und bedeutsame dahinterliegende Prozess mit seiner sozialen Dimension wissenschaftlicher und privater Natur. Für ihn gibt es nur einen ganz bescheidenen Platz im Vorwort.

Die soziale Dimension dieser Arbeit liegt in der Kooperation mit anderen Menschen, welche hilfreich zur Seite gestanden sind. Es ist deshalb gute Sitte, an diesem Ort zu danken:

Ein ganz besonderer Dank ergeht an Michaela Stock (Universität Graz), die immer ein offenes Ohr für meine Fragen hatte und mich mit ihren Anregungen und Hinweisen im Laufe meiner Arbeit ausgezeichnet unterstützt hat und eine sehr anregende Diskussionspartnerin für mich war.

Ich bedanke mich in alphabetischer Reihenfolge bei folgenden Personen, die sich Zeit für Diskussionen genommen haben. Sollte ich jemand übersehen haben, bitte ich um Nachsicht: Jürgen van Buer (Humbold-Universität zu Berlin), Stefan Börger (Europa-Referat des Amtes der Steiermärkischen Landesregierung), Reinhold Esterbauer (Universität Graz), Michael Kopel (Universität Graz), Hugo Kremer (Universität Paderborn), Leopold Neuhold (Universität Graz), Georg Hans Neuweg (Universität Linz), Arndt-Michael Nohl (Universität der Bundeswehr Hamburg, für den E-Mail-Kontakt), Stephan Moebius (Universität Graz), Johann Platzer (Universität Graz), Klaus Pott (mit seinem historischen Privatarchiv), Karin Rebmann (Universität Oldenburg), Peter Slepcevic-Zach (Universität Graz), Peter Sloane (Universität Paderborn), Tade Tramm (Universität Hamburg) und Karl Wilbers (Universität Nürnberg).

Ich danke der *Kammer für Arbeiter und Angestellte für Steiermark*, welche den Druck dieser Arbeit finanziell unterstützte.

Es war für mich eine besondere Freude und Ehre, einen Vortrag im Rahmen der Jahrestagung der *Vereinigung der Universitätsprofessoren der Berufs- und Wirtschaftspädagogik* mit dem Titel *Spieltheorie und Ethik. Ein echtes Dilemma. Moralerziehung vor dem Hintergrund der Beck-Zabeck-Kontroverse* halten zu dürfen, an der sowohl Klaus Beck als auch Jürgen Zabeck teilgenommen haben. So konnte ich einige meiner Thesen im Beisein der zwei Hauptvertreter der Beck-Zabeck-Kontroverse vorstellen und diskutieren. Ich danke Klaus Beck für die Gespräche, die wir miteinander führten. Posthum geht mein besonderer Dank an Jürgen Zabeck, dessen wirtschaftspädagogische Arbeit mich immer wieder inspirierte und inspiriert.

Frau Ulrike Bechmann (Universität Graz) hat mich vor allem am Beginn meiner Arbeit mit ihren ermutigenden Worten in meinem Vorhaben bestärkt, wofür ich heute sehr dankbar bin.

Ein besonderes Dankeschön ergeht an die Brüder des Benediktinerstiftes St. Lambrecht, die mir den Raum gaben, um mich in Ruhe dem Abschluss meiner Arbeit widmen zu können.

Für das Lektorat danke ich Maria Ankowitsch sowie Karin und Johann Tafner. Für die Durchsicht des Literaturverzeichnisses danke ich Elisabeth Riebenbauer und Thomas Gößler.

Bei meinen Kindern muss ich mich eher entschuldigen als bedanken. In der Zeit der Erstellung der Arbeit, vor allem in den letzten eineinhalb Jahren, war ich wohl nicht so oft anwesend, wie wir uns das gemeinsam wünschten.

Der größte Dank geht am Schluss an meine größte Kritikerin: meine Frau Birgit. Sie weiß am besten, wie viel Arbeit und Aufwand hinter dieser Schrift stehen und wie viele Stunden sie und die Kinder ohne mich auskommen mussten. Ich danke ihr dafür, diese Arbeit von Beginn an mitgetragen und vor allem auch die schwierigen Stunden durchgehalten zu haben. Schließlich auch dafür, dass sie immer wieder die relative Bedeutung des wissenschaftlichen Arbeitens im Kontext der Lebenswelt in Erinnerung gerufen hat.

Graz und St. Lambrecht im Juli 2013 sowie Georg Tafner
Graz im März 2015

Abkürzungsverzeichnis

Abs.	Absatz
AEUV	Vertrag über die Arbeitsweise der Europäischen Union
AHS	Allgemeinbildende höhere Schule
Art.	Artikel
BGBl.	Bundesgesetzblatt
BHS	Berufsbildende höhere Schule
BIP	Bruttoinlandsprodukt
BKA	Bundeskanzleramt
bm:bwk	Bundesministerium für Bildung, Wissenschaft und Kultur
bm:uk	Bundesministerium für Unterricht und Kunst
bm:ukk	Bundesministerium für Unterricht, Kunst und Kultur
bzw.	beziehungsweise
COMECON	Rat für gegenseitige Wirtschaftshilfe (wirtschaftlicher Zusammenschluss des Ostblocks)
CSR	Corporate Social Responsibility
d.h.	das heißt
DFG	Deutsche Forschungsgemeinschaft
DGfE	Deutsche Gesellschaft für Erziehungswissenschaft
EAG	Europäische Atomgemeinschaft
ECU	European Currency Unit (Europäische Währungseinheit)
EFTA	European Free Trade Association
EGKS	Europäische Gemeinschaft für Kohle und Stahl
EGMR	Europäischer Gerichtshof für Menschenrechte
EMRK	Europäische Menschenrechtskonvention
EU	Europäische Union
EuGH	Europäischer Gerichtshof
EUV	Vertrag über die Europäische Union
EVP	Europäische Volkspartei
EWG	Europäische Wirtschaftsgemeinschaft
F.	Frühjahr
Fed (FED)	Federal Reserve System
FSA	Financial Services Authority
GRC	Grundrechtecharta der Europäischen Union
griech.	griechisch
H.	Herbst
HAK	Handelsakademie
Hg.	Herausgeber
i.e.S.	im engeren Sinn
INEN	Institute for New Economic Thinking

IWP	Institut Österreichischer Wirtschaftsprüfer
i.w.S.	im weiteren Sinn
lat.	Lateinisch
m.E.	meines Erachtens
NGO	Non-governmental organization
NPO	Non-Profit-Organization
o.J.	ohne Jahresangabe
ÖROK	Österreichische Raumordnungskonferenz
OSZE	Organisation für Sicherheit und Zusammenarbeit in Europa
PP	Prozentpunkte
RZ	Randziffer
S.	Seite
SchOG	Schulorganisationsgesetz
SCHUG	Schulunterrichtsgesetz
SFB	Sonderforschungsbereich
u.	und
u.a.	unter anderem
UGB	Unternehmensgesetzbuch
u.U.	unter Umständen
UNECE	United Nations Economic Commission for Europe
Uni	Universität
UNiStG	Universitätsstudiengesetz
UNO	United Nations Organisation
vgl.	vergleiche
Wipäd	Wirtschaftspädagogik
WTO	World Trade Organization
ZBW	Zeitschrift für Berufs- und Wirtschaftspädagogik
z.B.	zum Beispiel
z.T.	zum Teil

Abbildungsverzeichnis

Abbildung 1: The Scientific Continuum and its Components (vgl. Alexander 1982, 3) 19
Abbildung 2: Methodologische Rahmung der Arbeit 24
Abbildung 3: Kulturbegriffe im Überblick (vgl. Moebius 2010, 16–19) 33
Abbildung 4: Illustration der Definition Institution (Senge 2006, 45) 51
Abbildung 5: Träger von Institutionen vermitteln Wissen 62
Abbildung 6: Wie Institutionen transportiert werden 62
Abbildung 7: Überblick über die Institutionalisierung der Wirtschaftspädagogik 116
Abbildung 8: Gliederung der Wirtschaftspädagogik (vgl. Dörschel 1975, 24) 118
Abbildung 9: Sechs Grundbereiche menschlicher Existenz (vgl. Benner 2012, 22) 152
Abbildung 10: Identität bei Petzold (1982, 163) 200
Abbildung 11: Die fünf Identitätsbereiche bei Petzold (vgl. Petzold 1982, 75) 204
Abbildung 12: Selbst- und Erfahrungen bei Carl R. Rogers (1976) 207
Abbildung 13: Selbstkompetenz nach Prandini (2001, 186) 208
Abbildung 14: Selbst- und Fremderziehung im zeitlichen Kontext 212
Abbildung 15: Zabeck (2004) und die inhaltliche Verortung in dieser Arbeit 230
Abbildung 16: Ethik bei Beck und Zabeck 244
Abbildung 17: Verhalten der Menschen (eigene Darstellung nach Weise 2000, 12) 256
Abbildung 18: Methoden ethischer Urteilsbildung 271
Abbildung 19: Handlungstypen nach Habermas (1987a) 287
Abbildung 20: Moralische Forderung zwischen Eigeninteresse und Nötigung (vgl. Krämer 1992, 42–43) 306
Abbildung 21: Das strebensethisch Gute (vgl. Krämer 1992, 158) 307
Abbildung 22: Die Luhmann'sche Brille 324
Abbildung 23: Gesellschaftliche Subsysteme in Luhmanns Systemtheorie 330
Abbildung 24: Drei Gesichtspunkte wirtschaftlicher Vernunft nach Peter Ulrich (2005, 4) 411
Abbildung 25: Ausmaße von Unsicherheiten (Tafner 2009b, 114 in Verweis auf Brinitzer 2001, 146) 412
Abbildung 26: Der Wirkungsprozess der rein ökonomischen Vernunft und Ethik 482
Abbildung 27: Dimensionen der Europäisierung 492
Abbildung 28: Isomorphie versus Handlungsorientierung 517
Abbildung 29: Spannungsfeld aus Werten, Institutionen und Alltagspraktiken 540
Abbildung 30: Kopftuchtragende Frau an der Tafel schreibend (Symbolfoto) 589
Abbildung 31: Orientierungsmuster zur Interpretation des Kopftuchs 601
Abbildung 32: Wertegeneralisierung und Entkopplung 603
Abbildung 33: Kultur und Europäisierungsprozess 619
Abbildung 34: Die Dimensionen der Wirtschaftspädagogik 624
Abbildung 35: Wirtschaftliche Bildung und ihre Bereiche (vgl. Ulrich 2005) 631
Abbildung 36: Synchrone Betrachtung der wirtschaftspädagogischen Dimensionen 643
Abbildung 37: Situationsmodell (vgl. Schulz von Thun 1999, 284) 644
Abbildung 38: Doppelt integrative Wirtschaftsethik 647
Abbildung 39: Das Kommunikationsmodell von Steil, Summerfield und DeMare (1986) 659

Abbildung 40: Eisbergmodell nach Gibson (2000) 660
Abbildung 41: Drei Niveaus des mentalen Programmes (vgl. Hofstede, Hofstede & Minkov 2010, 6)......... 663
Abbildung 42: Wertequadrat (vgl. Schulz von Thun & Kumbier 2010, 9) 664
Abbildung 43: Development Model of Intercultural Sensitivity (vgl. Bennett 2004b) 665
Abbildung 44: Prozess der Entwicklung der interkulturellen Kompetenz (vgl. Deardorff 2009, 480)............ 666
Abbildung 45: Interpretationsmöglichkeiten im Zusammenhang mit dem Kopftuch 668
Abbildung 46: Das ordentliche Gesetzgebungsverfahren im Sinne von Habermas (2011, 63) 674
Abbildung 47: Modell der reflexiven Wirtschaftspädagogik 692
Abbildung 48: Anthropologie der reflexiven Wirtschaftspädagogik 697

Tabellenverzeichnis

Tabelle 1: Individuelles und kollektives Selbstinteresse im wirtschaftlichen Handeln 7
Tabelle 2: Institutionen und ihre Wirkungen auf individuelles und kollektives Selbstinteresse 10
Tabelle 3: Methodologie in der Arbeit 25
Tabelle 4: Die drei Arten von Institutionen (vgl. Scott 2001, 52) 52
Tabelle 5: Wie Institutionen transportiert werden (vgl. Scott 2001, 77) 55
Tabelle 6: Entwicklung ausgesuchter Schultypen in Österreich von 1923/24 bis 2010/11 125
Tabelle 7: Entwicklung ausgesuchter Schultypen in der Steiermark von 1923/24 bis 2010/11 125
Tabelle 8: Schülerinnen und Schülern in Österreich von 1923/24 bis 2010/11 126
Tabelle 9: Schülerinnen und Schülern in der Steiermark von 1923/24 bis 2010/11 126
Tabelle 10: Artikel mit dem Begriff „Erziehung" im Titel (ZBW im Zeitraum 2000 bis 2012) 159
Tabelle 11: Wesentliche Beiträge zur Beck-Zabeck-Kontroverse 235
Tabelle 12: Formen moralischer Emotionen (Becker 2011, 40) 254
Tabelle 13: Grundtypen des rationalen Handelns nach Habermas (Joas & Knöbl 2004, 333) 286
Tabelle 14: Handlungsorientierung und Funktionen bei Parsons (vgl. Habermas 1987b, 364) 321
Tabelle 15: AGIL-System sozialer Systeme (vgl. Habermas 1987b, 365) 321
Tabelle 16: Die wichtigsten Subsysteme in der Systemtheorie Luhmanns (vgl. Nehrkorn 2001) 329
Tabelle 17: Luhmann und Habermas im Vergleich (vgl. Berghaus 2004, 21) 340
Tabelle 18: Kohlbergs Stufenmodell (vgl. Kohlberg & Colby 2010, 17; Garz 2008, 102–106) 350
Tabelle 19: Entscheidungsmatrix im Gefangenendilemma 378
Tabelle 20: Entscheidungsmatrix im Gefangenendilemma (Kooperation und Defektion) 378
Tabelle 21: Auszahlungsmatrix (nach Homann & Suchanek 2005, 33) 379
Tabelle 22: Handlungen und Handlungsbedingungen (vgl. Homann & Suchanek 2005, 38) 380
Tabelle 23: Auszahlungsmatrix mit Sanktion (vgl. Homann & Suchanek 2005, 41) 381
Tabelle 24: Entscheidungsmatrix im Hochzeitsbeispiel (Kooperation und Defektion) 405
Tabelle 25: Auszahlungsmatrix (vgl. Homann & Suchanek 2005, 33) 406
Tabelle 26: Innere Differenzierung einer Berufsmoral von Kaufleuten (Beck 1999a, 207) 468
Tabelle 27: Europäisierungsprozess und neo-institutionelle Perspektiven 492
Tabelle 28: Orientierungsrahmen Kopftuch und Nation 611
Tabelle 29: In der Arbeit erörterte Theorien der Europäisierung 614
Tabelle 30: Ökonomik und Ökonomie 632
Tabelle 31: Veröffentlichungen zum Planspiel Demokratie-Bausteine. 699

> *Diese wirtschaftliche Erziehung versteht sich als eine ökonomische und als eine kaufmännische, denn sowohl die ökonomische Allgemeinbildung als auch die kaufmännische Berufsbildung sind ohne wirtschaftliche Inhalte leer, ohne Ethik blind und ohne Politik rahmenlos.*

Zusammenfassung

In der vorliegenden Habilitationsschrift wird die grundsätzliche Frage gestellt, wie wirtschaftliche Erziehung heute im ökonomisierten Europa überhaupt aussehen könnte. Wir leben in einer *Kultur der Rationalisierung* (Meyer 2005) oder in einem *Imperium der Rationalität* (Vietta 2012) im Sinne der *okzidentalen Rationalität* Max Webers, die vor allem auf Zweckrationalität abstellt und – scheinbar? – das Selbstinteresse in den Mittelpunkt rückt. Die europäische und westliche Kultur ist so stark von der Kultur der Zweckrationalität durchdrungen, dass Kapitalismus und Marktwirtschaft auch als religiöse Phänomene ausgedeutet werden können. Die wesentliche Frage ist, wie eine wirtschaftliche Erziehung in einer Kultur aussehen könnte und sollte – es geht also um die Funktion und die normative Bedeutung –, in der Zweckrationalität, Funktionalität und ökonomisches Denken eine kulturbestimmende Rolle eingenommen haben. Im Allgemeinen sind drei Reaktionen der Wirtschaftspädagogik auf diese Situation möglich: *Erstens* kann die beschriebene kulturelle Situation als nicht vorhanden oder irrelevant abgelehnt oder ignoriert werden. *Zweitens* kann dieser Diagnose der aktuellen Situation im Allgemeinen zugestimmt werden, aber im Besonderen darin kein Grund erkannt werden, über die Ausrichtung und Akzentuierung der Wirtschaftspädagogik nachzudenken. *Drittens* kann die Herausforderung und Problematik dieser Situation erkannt und eine Antwort darauf gesucht werden. Diese kann *einerseits* darin gefunden werden, eine Wirtschaftspädagogik zu verfolgen, welche die Ökonomik und das Selbstinteresse in den Mittelpunkt stellt und damit den pädagogischen Auftrag gerade darin erkennt, der Ökonomisierung und Zweckrationalisierung zu dienen. *Andererseits* kann eine Antwort darin gefunden werden, eine Wirtschaftspädagogik zu verfolgen, die den einzelnen Menschen in den Mittelpunkt stellt und die gesellschaftlichen Folgen des ökonomischen Denkens und Handelns mitberücksichtigt und damit die eigenen wissenschaftlichen und gesellschaftlichen Aufgabenstellungen reflexiv in Frage stellt. Diesen Weg verfolgt diese Arbeit.

Die Arbeit ist also der Versuch, eine ethische Grundlage für wirtschaftliche Erziehung im Kontext des ökonomisierten Europa darzulegen. Der erarbeitete Vorschlag ist *eine reflexive Wirtschaftspädagogik*, die versucht, ökonomisches Denken und Handeln mit Ethik und Politik zu verbinden, um eine wirtschaftliche Erziehung zwischen dem ökonomisch Machbaren und dem ethisch Vertretbaren zu ermöglichen. Dabei wird versucht darzustellen, dass wirtschaftliches *Tun* mehr ist als der Vollzug der rein ökonomischen Vernunft. Gerade dies ist die Besonderheit der Wirtschaftspädagogik, die bereits von Feld (1928) herausgearbeitet worden ist. Das Eingebettetsein von Menschen und Organisationen in Gesellschaft und Kultur eröffnet die soziale Dimension und damit das Ethisch-Moralische und das Staatsbürgerliche, das sich nicht mehr allein auf den Nationalstaat bezieht, sondern mit der Europäischen Union sich um das Unionsbürgerliche erweitert hat. Da die Marktwirtschaft so wie der Staat von Voraussetzungen lebt, die er selbst nicht schaffen kann, werden Ethik und Politik zu Teilen der wirtschaftlichen Erziehung. Beide sind miteinander und mit dem ökonomischen Denken und Handeln unmittelbar verbunden. Damit werden die ethische und politische Bildung zu wesentlichen Bestandteilen einer wirtschaftlichen Erziehung, in welcher der Mensch als Konsument, Unternehmer und öffentlich Bediensteter sowie Staats- und Unionsbürger zum Betroffenen und Betreiber sozioökonomischer Handlungen wird. Diese wirtschaftliche Erziehung versteht sich als eine ökonomische und als eine kaufmännische, denn sowohl die ökonomische Allgemeinbildung als auch die kaufmännische Berufsbildung sind ohne wirtschaftliche Inhalte leer, ohne Ethik blind und ohne Politik rahmenlos.

Ein solches umfassendes wissenschaftliches Programm benötigt einen adäquaten methodologischen Rahmen. Aufbauend auf das Kultur- und Theorieverständnis im Sinne des *Cultural Turn* und der Überzeugung, dass sowohl Wirtschaft als auch Kultur kulturelle Phänomene sind, wurde ein neoinstitutioneller Ansatz gewählt, um aufzuzeigen, dass Individuen, Organisationen und Nationalstaaten in die Kultur und Gesellschaft eingebettet sind und das Handeln der Akteure daher niemals mit ihren Dispositionen und Motiven alleine erklärt werden kann. Somit zeigt bereits die methodologische Rahmung auf, dass Ego-Theorien für die Erklärung des Handelns nicht ausreichen.

Im ersten Kapitel werden daher der Kulturbegriff und der Neo-Institutionalismus erörtert, um im zweiten Kapitel aufzuzeigen, welche Rolle regulative und normative Institutionen auf der Makro- und Mesoebene für die Entstehung und Entwicklung der Wirtschaftspädagogik spielten. Es ist bemerkenswert, dass der regulativen eine normative Institutionalisierung im Sinne der Berufsbildungstheorie voranging. Die Wirtschaftspädagogik kann als eine ausdifferenzierende, ausdifferenzierte und normative Wissenschaft definiert werden, die gerade auch aufgrund ihrer historischen Entwicklung mit Indoktrinationen vorsichtig umgehen muss.

Das dritte Kapitel zeigt, dass die Erziehungswissenschaften heute ebenso von normativen Setzungen ausgehen. Nach wie vor sind Mündigkeit, Freiheit, Autonomie und Demokratie wesentliche Ziele der Erziehung. Dennoch ist es heute nicht selbstverständlich, von Erziehung oder von Normativität zu sprechen. In der Arbeit wird Erziehung als die Aufgabe verstanden, einen selbstreflexiven Prozess einzuleiten, der zum Selber-Denken und Selber-Handeln führen soll. Erziehung soll also zur Selbstreflexion führen und diese zur Bildung. Methodisch wird eine Kontrastierung der Werke von Abraham mit jenen von Zabeck auf Basis einer neo-institutionellen Interpretation vorgenommen, um die Kategorien Kultur, Anthropologie, Erziehung, Arbeit und Beruf sowie Ethik und Moral zu analysieren. Es wird deutlich, dass wirtschaftliche *Erziehung* heute vor allem in der Moralerziehung und in der Ethik verortet wird. Traditionell gehört zur wirtschaftlichen Erziehung neben den ökonomischen Inhalten, dem Sozialen und dem Moralisch-Ethischen ebenso die Auseinandersetzung mit dem Staatsbürgerlichen. Daraus ergeben sich die Inhalte für das vierte und fünfte Kapitel.

Das vierte Kapitel widmet sich der wirtschaftlichen Moralerziehung und damit dem Themenkreis von Moral und Ethik. Diese Diskussion wird vor dem Hintergrund der Beck-Zabeck-Kontroverse durchgeführt. Die Debatte dient dabei als Ausgangspunkt für eine intensive Auseinandersetzung mit Ethik, die weit über diese Kontroverse hinausreicht. Der wesentliche Unterschied zwischen beiden Zugängen liegt darin, dass Beck die Wirtschaft als autonom und Zabeck die Wirtschaft eingebettet in die Gesellschaft versteht. Die Systemlogik der Wirtschaft und die sich daraus ergebenden Konsequenzen für die Ethik begründet Beck mit Homanns Wirtschaftsethik. Beck leitet daraus die *Betriebsmoral* ab: Der Mensch habe sich an der Rationalität des Subsystems Wirtschaft, also an der Gewinnmaximierung, auszurichten, die Regeln einzuhalten und an der Implementierung neuer regulativer Institutionen mitzuwirken. Die universalistische Ethik Kants, welcher Zabeck folgt, sei unbrauchbar. Der Mensch sei kein „ganzer Mensch", sondern der Träger verschiedener Rollen. Für die Befolgung der *Betriebsmoral* sei nach Beck eine anspruchslose Regelgehorsamsmotivation ausreichend. Dieser Zugang widerspricht der Individualpädagogik und der Idee des autonomen Individuums, das im Mittelpunkt der modernen Wirtschaftspädagogik steht. Darüber hinaus führt das Befolgen der ökonomischen Rationalität als normative Vorgabe im Sinne eines Regelgehorsams zu einem Paradoxon: Das eigene Selbstinteresse muss sich dem unternehmerischen Selbstinteresse aufgrund der Gewinnmaximierung unterwerfen, denn aus gewinnmaximaler Sicht sind die Mitarbeitenden ein Kostenfaktor. Die Gewinnmaximierung des Unternehmens führt durch den Regelgehorsam zur Selbstausbeutung. Es entsteht damit ein ökonomischer Determinismus, der mit der persönlichen Freiheit nicht vereinbar ist, weil er keinen Raum für persönliche Entscheidungen und damit auch keinen Raum für Verantwortung lässt. Vielmehr ist der Mensch auch beim Wirtschaften der *ganze Mensch*. Das Kapitel endet mit einer neoinstitutionellen Analyse, die aufzeigt, dass die Fokussierung des Selbstinteresses letztlich aus ethischen und sozialen Gründen zu kurz greift und die Wirtschaftspädagogik gefordert ist, die Ökonomik – also das wirtschaftswissenschaftliche Modell – nicht zur Norm und zur Ethik selbst zu erheben. Es ist deshalb wesentliche wirtschaftspädagogische Aufgabe, zwischen Ökonomie und Ökonomik zu unterscheiden.

Nachdem im vierten Kapitel das individuelle Selbstinteresse dekonstruiert wird, widmet sich das fünfte Kapitel der Dekonstruktion des kollektiven Selbstinteresses, wie es sich im Nationalstaat manifestiert. Habermas spricht davon, dass der Nationalstaat ein Janusgesicht ausformt: Er ist einerseits eine regulative Institution und andererseits eine expressiv kulturelle Konstruktion. Soll jedoch eine transnationale Erweiterung der staatsbürgerlichen bzw. suprastaatlichen Solidarität ermöglicht werden, so ist nationalstaatliches Selbstinteresse zu durchbrechen. Der Neo-Institutionalismus versucht mit der Makrotheorie der *world-polity* anhand des Isomorphismus die Entstehung der Supranationalität zu erklären, kann damit jedoch nicht zeigen, weshalb die regulative Institutionalisierung nicht in den Köpfen bzw. Herzen der Menschen ankommt. Die mikrotheoretisch fundierte Strömung des Neo-Institutionalismus verweist auf die Bedeutung von kulturell-kognitiven Institutionen als Selbstverständlichkeiten und ihre Wirkung auf das Handeln des Menschen. Die expressiv kulturellen Elemente ermöglichen wohl die nationalstaatliche Solidarität, erschweren jedoch gleichzeitig die transnationale Solidarität. Um Suprastaatlichkeit zu ermöglichen, ist mehr als der Ausgleich von nationalen Interessen notwendig – es bedarf gemeinsamer Werte. Da suprastaatliches Handeln weder ethisch noch empirisch begründet auf das rein Ökonomische reduziert werden kann, rücken die Kooperation und damit das gegenseitige Anerkennen und Verstehen von Kulturen in den Mittelpunkt der Supranationalität. Ein Umstand, der auch in den Lehrplänen der berufsbildenden Schulen seinen Niederschlag findet. Die hermeneutischen Untersuchungen sowie eine qualitativ-empirische Studie nach der dokumentarischen Methode führen zu der abschließenden Erkenntnis, dass wirtschaftliche Erziehung in diesem Kontext ethische, kulturelle und politische Elemente vereinigen sollte: Erstens sollen die Menschenrechte als Grundlage der Institutionen- und Individualethik dienen. Zweitens sollte der Prozess der Integration als das Zusammenwirken von Kultur, Gesellschaft, Personen und Kontingenzen und nicht als rein ökonomischer Prozess begriffen werden. Drittens sollte die Europäische Union als eine Problemlösungsplattform verstanden werden, die versucht, Wert-, Ziel- und Interessenkonflikte auf nationaler und supranationaler Ebene zu diskutieren und zu lösen. Viertens soll die Auseinandersetzung mit Supranationalität zu einer Auseinandersetzung mit kultureller Bildung trans- oder interkultureller Art führen.

Diese Ausführungen führen zum sechsten Kapitel und damit zur Beschreibung der reflexiven Wirtschaftspädagogik: Reflexive Wirtschaftspädagogik setzt sich zum Ziel, Lernen und Reflexion von sozioökonomischem Denken und Handeln im beruflichen und außerberuflichen Kontext zu ermöglichen, indem der Mensch in den Mittelpunkt gestellt wird, der in seinem Eingebettetsein in Kultur und Gesellschaft in bedingter Freiheit versucht, Sinn, Effizienz und Verantwortung in struktureller Rationalität zu verbinden. Wirtschaft wird als ein kulturelles Konstrukt verstanden, das sich in der Ökonomik als Modell und in der Ökonomie in der Lebenswelt ausformt. Es wird daher zwischen dem wertfreien ökonomischen Modell und dem normativen wirtschaftlichen Vollzug unterschieden. Die Dimensionen der Wirtschaftspädagogik – das Kaufmännische, das Ökonomische, das Soziale, das Ethisch-Moralische sowie das Wirtschafts(unions)bürgerliche – und die historisch und systematisch begründbare Normativität der Wirtschaftspädagogik verweisen auf die Bedeutung des wirtschaftlichen Vollzuges und damit die Bedeutung der Ökonomie und der Ökonomik für die Gesellschaft. Sie dienen der Gesellschaft und sind kein Selbstzweck. Wirtschaftliche Erziehung in diesem Sinne weist auf die Bedeutung von Institutionen für die Gesellschaft hin und akzentuiert eine Ethik abseits der rein ökonomischen Vernunft. Individual- und Institutionenethik werden in ihrer gegenseitigen Bedeutung herausgestrichen. Auf individueller Ebene werden die Tugenden der Mäßigung, Zivilcourage, Klugheit und Gerechtigkeit thematisiert und Ethik wird in einem umfassenden Sinn verstanden, die eine Lebenskunst beschreibt, in der das Individuum seine Entfaltung unter Berücksichtigung der sozialen Bedingtheit sucht. In der Institutionenethik wird die Bedeutung von regulativen, normativen und kulturell-kognitiven Institutionen auf nationaler und supranationaler Ebene in den Blick genommen. Ethik und Politik sind damit unmittelbarer Bestandteil einer sozioökonomischen Erziehung, in der der Mensch in seiner Gesamtheit gesehen und zum Ausgangspunkt und Endpunkt des sozioökonomischen Denken und Handelns wird.

Die Habilitationsschrift ist nunmehr zu einem Versuch geworden, der aufzeigt, wie eine ethische Grundlage für eine wirtschaftliche Erziehung aussehen könnte, die Politik und Ethik mit in die ökonomische und wirtschaftspädagogische Betrachtung hineinnimmt. Das erarbeitete Modell der reflexiven Wirtschaftspädagogik will damit zur reflexiv-kritischen Diskussion über Ziel und Inhalt der Wissenschaft Wirtschaftspädagogik einladen. Es ist damit nicht als ein neues fertiges Metakonzept zu verstehen.

> *„Im Kern geht es im Neo-Institutionalismus [...] um die Darstellung, dass das Verhalten von Akteuren, seien dies nun Individuen, Organisationen oder andere soziale Entitäten, nicht aus den Eigenschaften und Motiven der Akteure allein zu erklären ist, sondern nur mit Bezug auf ihr kontextuelles Umfeld."*
>
> (Senge 2011, 164)

0 Einführung

Diese Arbeit ist der Versuch, eine ethische Grundlage für wirtschaftliche Erziehung im Kontext des ökonomisierten Europa darzulegen.

Der erarbeitete Vorschlag ist eine *reflexive Wirtschaftspädagogik*, die versucht, sozioökonomisches Denken und Handeln mit Ethik und Politik zu verbinden, um eine wirtschaftliche Erziehung zwischen dem ökonomisch Machbaren und dem ethisch Vertretbaren zu ermöglichen.

Dabei wird versucht darzustellen, dass wirtschaftliches *Tun* mehr ist als der Vollzug der rein ökonomischen Vernunft. Das Eingebettetsein von Menschen und Organisationen in Gesellschaft und Kultur eröffnet die soziale Dimension und damit das Ethisch-Moralische und das Staatsbürgerliche, das sich nicht mehr auf den „gänzlich souverän gedachten Nationalstaat" ausrichtet, sondern mit der Europäischen Union faktisch und rechtlich zu einer *multi-level-governance* geworden ist (vgl. Sander 2009, 48–49). Die Marktwirtschaft lebt so wie der Staat von Voraussetzungen, die er selbst nicht schaffen kann (vgl. Böckenförde 1967, 93; Neuhold 2009, 25). Ethik und Politik werden damit zu zwei Kernthemen der wirtschaftlichen Erziehung. Und beide sind miteinander und mit dem ökonomischen Denken und Handeln unmittelbar verbunden. Damit werden die ethische und politische Bildung zu wesentlichen Bestandteilen einer wirtschaftlichen Erziehung, in welcher der Mensch als potenzieller Konsument, Unternehmer und öffentlich Bediensteter sowie Staats- und Unionsbürger zum Betroffenen und Betreiber sozioökonomischer Handlungen wird. Wirtschaftserziehung wird so zu einer Erziehung, die verantwortliches sozioökonomisches Denken und Handeln auf individueller, organisationaler und gesellschaftlicher Ebene forciert.

Moral wird als normative und kulturell-kognitive Institution verstanden, die grundsätzlich das Denken und Handeln von Menschen lenkt, aber den Raum für bedingte Freiheit lässt, welche die Voraussetzung für verantwortliches Entscheiden und Handeln ist. Ethik als Rechtfertigung der Moral und des Handelns grenzt das individuelle Selbstinteresse ein und reicht weit über die rein ökonomische Vernunft hinaus (vgl. Pöltner 2006; Smith 2010). Sie bezieht sich nicht auf den *worst case* von Konflikt- und Dilemma-Situationen alleine, sondern nimmt vor allem die alltäglichen sozioökonomischen Situationen und Handlungen in den Blick. Damit gewinnen Tugenden wie Mäßigung, Zivilcourage, Klugheit und Gerechtigkeit an Bedeutung, welche eine Persönlichkeit auszeichnen, die in allen sozialen Rollen selbstverantwortlich entscheidet und, wenn sie es für notwendig hält, partizipiert. Ethik grenzt auch das kollektive Selbstinteresse der Nationalstaaten ein: Auf nationaler Ebene werden nicht nur ökonomische Interessen, sondern auch solidarische Gemeinwohlinteressen verfolgt. Auf europäischer Ebene werden diese jedoch wiederum zu Partikularinteressen. Soll das Europäische Bestand haben, so müsste etwas Europäisches entstehen, das über die Partikularinteressen der einzelnen Nationalstaaten hinausreicht und eine transnationale Solidargemeinschaft ermöglicht. Das Europäische wiederum ist im globalen Blick etwas Partikulares. Soll eine Weltrepublik Wirklichkeit werden, dann ist diese nur subsidiär denkbar. Die Europäische Union wird damit zu einem Beispiel, wie eine regionale Vereinigung aussehen könnte, die über das Nationale hinaus nicht nur Interessen vertritt, sondern selbst eine Solidargemeinschaft wird (vgl. Habermas 1998; 2013; Neuhold 2013). Genau dies zeichnet Supranationalität aus: Nicht der Ausgleich von nationalen Interessen alleine wird verfolgt, sondern das über das Nationale Hinausgehende kommt als ein eigener Wert in den Blick. Der Blick geht also über das rein Ökonomische hinaus. Aber das kollektive Selbstinteresse zeichnet sich nicht nur durch das Ökonomische, sondern auch durch das Nationale aus. Damit kommen auch kulturell-kognitive Institutionen in den Blick, welche zwar die *inner*nationale Kooperation unterstützen, aber die supranationale hemmen. Ist das individuelle Selbstinteresse vor allem von der ökonomischen Vernunft geleitet, so kommt beim kollektiven Selbstinteresse noch das Kulturelle des Nationalen dazu. Die wirtschaftliche Erziehung verfolgt dann nicht nur eine moralisch-ethische Dimension, sondern auch eine trans- und interkulturelle Dimension.

Ein so großes Vorhaben kann nur ein Versuch sein. Es scheint nicht möglich zu sein, alle Facetten auszuloten. Brüche und Sprünge müssen in Kauf genommen werden, um das Ganze im Blick zu behalten. Diese Arbeit ist daher als ein Versuch zu verstehen, eine umfassende Abhandlung über wirtschaftliche Erziehung im europäischen Kontext zu verfassen. Dabei wird von einem österreichischen, wirtschaftspädagogischen Blick ausgegangen, welchen der Forschende trotz allen Bemühens um Intersubjektivität nicht verlassen kann. Ebenso kann der Autor die österreichische Hochsprache nicht verlassen, die sich durch einige Besonderheiten auszeichnet, die dem Autor als Selbstverständlichkeit gar nicht in den Blick kommen können.[1]

Die Arbeit stellt keinesfalls den Anspruch, den einzigen oder gar den einzig richtigen Weg zur wirtschaftlichen Erziehung aufzuzeigen. Das ist in einer pluralistischen Gesellschaft wohl nicht mehr möglich. Es ist jedenfalls in einer so ausdifferenzierten und ausdifferenzierenden Wissenschaft, wie es die Wirtschaftspädagogik ist, nicht möglich. Dennoch versucht der Autor dieser Arbeit nach bestem Wissen und Gewissen Schritt für Schritt eine Argumentation für einen intersubjektiv nachvollziehbaren sozioökonomischen Zugang zwischen ökonomisch Machbarem und ethisch Vertretbarem auf individueller und kollektiver Ebene aufzubauen. Vor allem wird in dieser Arbeit darzulegen versucht, dass Ethik und Politik von Wirtschaft nicht zu trennen sind. Ethik wird als das Offenhalten der Perspektive des Ganzen verstanden, welche gegen die behauptete Autonomie der Wirtschaft eingebracht wird (vgl. Menne 1972). Im Politischen kommt die Bedeutung der subsidiären europäischen Supranationalität in den Blick – die im wirtschaftspädagogischen Diskurs bislang kaum eine Rolle spielt –, um einer nationalstaatlichen Einengung entgegenzutreten und einen transnationalen Zugang zu unterstützen. Die Zielsetzung staatlicher Organisation wird gerne auf kollektives Selbstinteresse reduziert (vgl. Soros 1997, 8–9). Die Besonderheiten und Herausforderungen einer supranationalen Organisation kommen bisher zu wenig in den Fokus. Der wirtschaftspädagogische Blick wandert zu schnell von der nationalen auf die globale Ebene und übersieht dabei die europäische Einzigartigkeit der Supranationalität. Dabei geht es vor allem um die Frage, ob es damit gelingt, neben dem Nationalstaat eine Solidargemeinschaft aufzubauen, die über den Nationalstaat hinaus subsidiär trägt. Damit ist dieses Thema selbst ein soziales und ethisches.

Kurz gesagt: Wirtschaft ist ein kulturelles und soziales Konstrukt. Die Ausblendung von Ethik und Politik führt zur Idee der autonomen Ökonomie, in welcher vermeintlich eigenen *Gesetzen* zu folgen sei (vgl. Brodbeck 2004; Hayek 1991). Wirtschaftspädagogik hat systematisch und historisch immer versucht, das Soziale einzubinden und damit zwischen Ökonomik und Ökonomie zu unterscheiden. Diese Unterscheidung, die bereits Feld (1928) setzte, ist der Ausgangspunkt einer reflexiven Wirtschaftspädagogik, deren Definition das Hauptziel in dieser Arbeit ist.

---

[1] Nur ein ganz einfaches Beispiel: In Österreich heißt es Wissenschafter und nicht Wissenschaftler. Der zweite Begriff erinnert an den *Gschaftlhuber*, also an eine Person, die sich für besonders wichtig hält und ständig auf der Suche nach Bestätigung ist. Komplexer wird es, wenn es nicht um unterschiedliche Wortverwendungen geht, sondern um unterschiedliche Zusammenhänge und Kontexte. Die Eigenheiten der eigenen Hochsprache lassen sich nicht vermeiden und werden erst durch den Vergleich sichtbar.

Die Berücksichtigung von Kultur und Gesellschaft erfordert eine Methodologie, die dies leisten kann. Als Metatheorie für diese Arbeit dient der Neo-Institutionalismus. In dieser Einführung werden die Methodologie und die wirtschaftspädagogischen Ziele dieser Arbeit vorgestellt. Nach der Darstellung der Motivation und des Ausgangspunktes (0.1) wird der wirtschaftspädagogische Bezug hergestellt (0.2), um darauf folgend die Forschungsfragen zu definieren (0.3). Nach der Darstellung des Theorieverständnisses im Sinne des *Cultural Turn* (0.4) folgt die Darlegung der methodologischen Rahmung und des methodischen Aufbaus der einzelnen Kapitel der Arbeit (0.5).

0.1 Motivation und Ausgangspunkt

„Was mich heute am meisten aufregt, die Zukunft Europas nämlich, finden andere abstrakt und langweilig" (Habermas 2008, 85). So beschreibt Habermas seinen Zugang zur Thematik Europa und damit auch treffend die Motivation des Autors dieser Arbeit.

Die Auseinandersetzung mit der europäischen Dimension im Wirtschaftsunterricht (vgl. Tafner 1998) markiert den Ausgangspunkt dieser Arbeit. Im Mittelpunkt stand die didaktische Frage, die sich aus der wirtschaftspädagogischen sowie europa- und wirtschaftspolitischen Arbeit des Autors ergab, nämlich die, wie die Europäische Integration und die Europäische Union inner- und außerhalb des Bildungssystems thematisiert werden. Diese Aufgabenstellung ging vor allem von drei Beobachtungen aus: Erstens sind Einführungsveranstaltungen über die Europäische Union und die Europäische Integration meistens Einführungen in das Europarecht. Die sozioökonomischen Zusammenhänge werden kaum beachtet. Zweitens sind diese Einführungen meist einseitig kognitiv, kopflastig, ausgelegt, obwohl Diskussionen zu diesem Thema meist stark emotional geführt werden (vgl. Tafner 2009a; 2010a). Diese emotionalen Diskurse verweisen auf die Bedeutung von Werten und Werthaltungen (vgl. Joas 1996) – und damit kommen regulative, normative und kulturell-kognitive Institutionen ins Spiel (vgl. Scott 2001): Werte können rechtlich normiert, moralisch verortet und/oder kulturelle Selbstverständlichkeiten sein. Drittens unterliegt die öffentliche Auseinandersetzung mit Europa medienkonjunkturellen Schwankungen. Abhängig von tagespolitischen Entwicklungen wurde und wird dem Thema mehr oder weniger Beachtung geschenkt. Die aktuelle Finanz- und Schuldenkrise hat die Europäische Union in den Mittelpunkt der öffentlichen Diskussionen gerückt.

Aus dieser didaktischen Fragestellung hat sich im Laufe der Zeit immer stärker eine pädagogische Frage entwickelt, die über Inhalte und Methoden hinweg die Bedeutung der Ökonomie und Ökonomik einerseits sowie der Nationalität und Supranationalität andererseits für den Menschen in den Mittelpunkt rückte. Damit wurde immer klarer, dass zuerst wesentliche philosophische, insbesondere ethische und anthropologische sowie kulturelle, allgemein pädagogische und wirtschaftspädagogische Zugänge zu klären sind. Gesamtwirtschaftliche Problemstellungen lassen sich heute ohne europäischen und globalen Bezug eigentlich nicht mehr behandeln. Dabei kommt dem Europäischen ein besonderer Stellenwert zu, weil sich europäische Institutionen herauskristallisiert haben, die eines neuen supranationalen Denkens bedürfen, das sich der Selbstverständlichkeit als eine wesentliche kulturell-kognitive Institution jedoch entzieht. Darüber hinaus ist die Europäische Union „die erste Gestalt einer postnationalen Demokratie" (Habermas 1998, 135). Damit ist sie die bislang einzige supranationale Organisation, die – so Habermas – der Gegensteuerung der Globalisierung dienen könnte, gleichzeitig kann sie jedoch auch zur Triebfeder der Globalisierung werden, wenn Entscheidungen gefällt werden, die dem Trend der Globalisierung und der damit einhergehenden Ökonomisierung bzw. einem „hayekianischen Marktliberalismus" folgen oder diese stärken (Streeck 2013, 68). Da die Europäische Union im Gegensatz zum regulativen, normativen und kulturell-kognitiv institutionalisierten Nationalstaat lediglich auf eine politische Identität zurückgreifen kann (vgl. Habermas 1998, 114–115; Meyer 2004, 229–233), ist sie zu keiner Selbstverständlichkeit geworden und steht oftmals im Mittelpunkt gerechtfertigter und ungerechtfertigter Kritik. „Somit kritisieren und brandmarken die Bewohner Europas regelmäßig jenes einzige Instrument, das sie haben, um den abwegigen Entwicklungen einer schrankenlos globalisierten Welt wirksam entgegenzutreten." (Stadler 2010, 275) Was letztendlich mit der Europäischen Union erreicht werden soll und tatsächlich erreicht werden kann, hängt vom Willen und den Handlungen ihrer Akteure[2] ab. Deren Handlungen wiederum sind wesentlich von Institutionen gelenkt. Damit ist auch die Europäische Union in die Gesellschaften und ihre Institutionen eingebettet. Nationales Denken kann supranationales Handeln erschweren oder verunmöglichen. Daher sind zuerst eben diese wirtschaftspädagogischen Grundlagen zu klären.

0.2 Der wirtschaftspädagogische Bezug

Wirtschaftspädagogik beschäftigt sich mit ökonomischem Denken und Handeln im beruflichen oder allgemeinen wirtschaftlichen Kontext unter Berücksichtigung des pädagogischen Aspekts. „Besonders die Wirtschaftspädagogik hat sich nämlich nie als Wirtschaftsberufspädagogik oder gar als Wirtschaftsberufsschulpädagogik verstanden. Wirtschaftspädagogik kann durchaus auch

---

[2] Das Wort *Akteur* kann sich auf Personen und Organisationen (z.B. Haushalte, Unternehmen, Nationalstaaten, Europäische Union) beziehen. In diesem Sinn wird ausschließlich die männliche Form verwendet. Bezieht es sich nur auf Personen, findet sowohl die weibliche als auch die männliche Form Anwendung.

die Konsumentenerziehung, die hauswirtschaftliche Erziehung und die Erziehung zum wirtschaftspolitisch mündigen Staatsbürger im Sinne einer ökonomischen Allgemeinbildung einschließen, für die sich allesamt keine direkten beruflichen Bezüge aufzeigen lassen." (Rebmann, Tenfelde & Schlömer 2011, 100) Wirtschaftliche Bildung und Erziehung zielen daher auf sozioökonomisches und staatsbürgerliches Denken und Handeln (vgl. Sloane 2001, 161–183). Damit rücken die Ökonomie und der Staat in den Mittelpunkt der pädagogischen Betrachtung. Beide kulturellen Phänomene – die Ökonomie bzw. der Markt und der demokratische Nationalstaat[3] – sind sozialen und kulturellen Veränderungen unterworfen. Die Frage nach der Bedeutung und Funktion der wirtschaftlichen Erziehung heute ist daher im Kontext der Ökonomisierung und der Entwicklung der Supranationalität im europäischen Kontext als Antwort auf die Globalisierung zu stellen. In diesem Sinne rücken die Fragen nach der Ethik und der Europäisierung in den Mittelpunkt dieser Arbeit.

Erziehung hat nach Benner (1991, 17) die Aufgabe, einen selbstreflexiven Prozess einzuleiten, der „zu neuen Erfahrungen, Nachdenken und Selber-Handeln" führen kann. Wirtschaft ist die *Kunst*, mit knappen Mitteln hauszuhalten (vgl. Hanusch & Kuhn 1998, 1 im Verweis auf H. Siebert). Die Knappheit von Zeit, Finanzen, Gütern und Ressourcen zwingt die Individuen und die Gesellschaft zu wirtschaften. Dahinter steckt neben dem Auftrag zur Erreichung der Effizienz – so wie er in den Wirtschaftswissenschaften verstanden wird – auch die Frage der Gerechtigkeit, die eine ethisch-moralische ist. Wirtschaftliche Erziehung bedeutet dann, Effizienz und Gerechtigkeit im Kontext des wirtschaftlichen Denkens und Handelns zu thematisieren und einen selbstreflexiven Prozess in Gang zu setzen (vgl. Tafner 2012a, 43–44). Ethik wird damit zu einem wesentlichen Bestandteil der wirtschaftlichen Erziehung. Damit setzt wirtschaftliche Erziehung bei der Auseinandersetzung mit dem Selbstinteresse an, das bereits bei Adam Smith im Mittelpunkt seiner Werke stand. Adam Smiths *Theory of Moral Sentiments* beginnt mit Ausführungen über das Gefühl für das sittlich Richtige, denn das individuelle Selbstinteresse, das eine wichtige Triebfeder für das Leben und die Wirtschaft ist, soll kein egozentrisches, lediglich auf den eigenen Vorteil um jeden Preis gerichtetes, Verhalten sein, sondern ist Schranken unterworfen und wird so zu einem geläuterten Selbstinteresse. (Vgl. Luterbacher-Maineri 2008; Recktenwald in Smith 1974; Smith 2010) Der Wohlstand, der durch das Verfolgen des wohlverstandenen Selbstinteresses erzielt wird, gilt der Nation (vgl. Smith 2010). Damit kommt das kollektive Selbstinteresse ins Spiel. Sowohl für das indivi-

---

[3] Alle Mitgliedstaaten der Europäischen Union sind sowohl Demokratien als auch Marktwirtschaften.

duelle als auch das kollektive Selbstinteresse spielen Institutionen eine wesentliche Rolle. Scott (2001, 48) definiert Institutionen als

> „structures that have attained a high degree of resilience. Institutions are composed of cultural-cognitive, normative, and regulative elements that, together with associated activities and resources, provide stability and meaning to social life. Institutions are transmitted by various types of carriers, including symbolic systems, relational systems, routines, and artifacts. [...] Institutions by definition connote stability but are subject to change processes, both incremental and discontinuous."

Institutionen können das Denken des Menschen in eine ganz bestimmte Richtung lenken. Sie determinieren das Denken und Handeln jedoch nicht, weil sie nicht so sehr Ziele und Strategien vorgeben, sondern lediglich ihr eigenes Programm beinhalten. Geistige Autonomie, die das Ziel der modernen Pädagogik ist, bedeutet, das Wirken und die Funktionsweise von Institutionen zu erkennen und zu verstehen, um ihren Einfluss auf das Denken abschätzen zu können. Wer also autonom sein will, soll die Funktionsweisen von Institutionen kennen, denn jeder einzelne Mensch und jede Organisation, auch der Staat und suprastaatliche Einrichtungen, sind in die Gesellschaft(en) eingebettet. Individuelles Selbstinteresse scheint – so wie es Smith (2010) ausführt – von Institutionen beschränkt, das kollektive Selbstinteresse, wie es sich im nationalen Denken und Handeln ausprägt, scheint von Institutionen gestützt zu sein.

Tabelle 1 zeigt, dass zwischen dem Selbstinteresse auf individueller und kollektiver Ebene einerseits sowie der Solidarität und Gerechtigkeit auf diesen beiden Ebenen andererseits unterschieden werden kann.

Tabelle 1: Individuelles und kollektives Selbstinteresse im wirtschaftlichen Handeln

		Ebene	
		individuell	**kollektiv**
Ausrichtung	**Selbstinteresse**	Ethik der rein ökonomischen Vernunft	Ausrichtung auf den Nationalstaat
	Solidarität u. Gerechtigkeit	Wirtschaftsethisches Handeln abseits der rein ökonomischen Vernunft	Solidarisches supranationales Handeln

Die obige Tabelle ist keine Darstellung der Ist-Situation, sondern bereits selbst ein ethisches Programm. Auf individueller Ebene gibt es jene, die das Verfolgen der rein ökonomischen Vernunft als ein solidarisches und gerechtes Handeln verstehen (vgl. z.B. Beck 2006a; Friedman 1970; Homann & Blome-Drees 1992; Homann & Suchanek 2005; Homann 2012). Andere weisen darauf hin, dass Solidarität und Gerechtigkeit abseits der rein ökonomischen Vernunft in einer umfassenderen Vernunft zu finden sind (vgl. z.B. Nida-Rümelin 2001; 2011a; Ulrich 2005; 2008; Zabeck 2002; 2004). Wirtschaftliche Erziehung, wie sie in der reflexiven Wirtschaftspädagogik verfolgt wird, zielt auf einen reflexiven Prozess, der wirtschaftliches Denken und Handeln mit Solidarität und Gerechtigkeit verknüpft und damit zu einem wirtschaftsethischen Handeln abseits der rein ökonomischen Ethik führt (vgl. Tafner 2012a, 36–40). Auf kollektiver Ebene kann sich das Selbstinteresse im Nationalstaat ausprägen. Solidarisches staatliches Handeln kann sich, dieser Logik folgend, vor allem im supranationalen Handeln niederschlagen.

Die Bedeutung des Nationalstaates und der europäischen Supranationalität als Solidargemeinschaft kann ebenso unterschiedlich verstanden werden. Aktuell wird diese Diskussion zwischen Habermas (2013) und Streeck (2013) geführt (vgl. Assheuer 2013). Beide stimmen überein, dass der Shareholder-Value – dies entspricht ebenso der Annahme Zabecks (2004) – als oberste Unternehmensmaxime dem „wohlverstandenen Allgemeinwohl geschadet" habe (Habermas 2013, 60). Staatliche Ordnung zur Eingrenzung dieser ökonomischen Auswüchse sei daher unbedingt notwendig. Wie diese jedoch organisiert sein sollte, ist nicht eindeutig. Streeck (2013) sieht im Nationalstaat die einzige Chance, marktordnende Maßnahmen effizient zu setzen. Habermas (2013) lehnt diesen Zugang als nostalgisch ab und sieht in einer demokratischen europäischen Supranationalität die einzige Chance, auf die Globalisierung und den überbordenden Kapitalismus erfolgreich zu reagieren. Aktuelle wirtschaftspolitische Fragestellungen lassen sich nicht auf Ebene der Nationalstaaten lösen. Die Staaten müssten gewissermaßen der Ökonomie folgen und über die nationalstaatliche Organisation hinaus, miteinander kooperierend, Maßnahmen gegen Auswüchse der Globalisierung und der einseitigen Interpretation des Shareholder-Value setzen.

Der Mensch nimmt in verschiedenen Rollen an sozioökonomischen Prozessen teil: Er kann Konsument, Unternehmer, öffentlich Bediensteter, nationaler Staatsbürger und Unionsbürger sein. In allen diesen Rollen hat er mit wirtschaftlichen Prozessen zu tun. Der mündige und autonome Bürger kann sich unter gegebenen Bedingungen ein eigenes Urteil bilden und frei entscheiden. Mündigkeit und Autonomie sind wesentliche Setzungen der modernen Pädagogik, die auch für die Wirtschaftspädagogik relevant sind. Autonomie bedeutet Freiheit. Freiheit ist die Voraussetzung für Verantwortung (vgl. Nida-Rümelin 2011a, 11–18). Verantwortung führt zur Ethik. Wirtschaftliche Erziehung in dieser Arbeit zielt auf sozioökonomisches Denken und Handeln in sozioökonomischen Kontexten privater und staatlicher Organisationen. Wirtschaft hat in diesem Sinn nicht nur mit Kaufen und Verkaufen, Anbieten und Nachfragen, sondern auch mit dem Setzen der Rahmenbedingungen zu tun. Das ist eine wirtschaftspolitische Aufgabe, die in einer demokratischen Marktwirtschaft allen Wirtschaftsbürgerinnen und -bürgern zukommt. Zivilcourage und Partizipation werden damit zu wesentlichen bürgerlichen Tugenden auf allen Ebenen.

Da sich Wirtschaften immer im gesellschaftlichen Kontext vollzieht, sind Reglementierungen und Ordnungen notwendig, um die Spielregeln festzulegen (vgl. z.B. Homann & Suchanek 2005; Ulrich 2005; 2008). Die Festlegung der regulativen Institutionen ist Aufgabe des Staates. Die einseitige Ausrichtung auf den Nationalstaat führt zu einem nationalstaatlichen kollektiven Selbstinteresse. Es ist ein – im besten Fall – effizientes und gerechtes Handeln für eine *imagined community* auf nationaler Ebene (Anderson 1991). Wird der Nationalstaat als eine *imagined community* erkannt, so eröffnet sich die Möglichkeit, seine Effizienz und Gerechtigkeit auch auf ein anderes Konstrukt zu übertragen – auf das supranationale Konstrukt. Folgt der Nationalstaat ebenso der Effizienz und Gerechtigkeit, so kann dies zu suprastaatlichem Handeln führen. Ist jedoch die rein ökonomische Vernunft so stark ausgeprägt, dass sie selbst den demokratischen Diskurs dominiert, dann kann das suprastaatliche Handeln der Versuch sein, den eigenen (wirtschaftlichen) nationalstaatlichen Vorteil zu sichern oder weiter auszubauen. Damit rückt neben der Wirtschaftsethik noch insbesondere die Supranationalität als neue Herausforderung in den Mittelpunkt der wirtschaftlichen Erziehung. Sowohl effizientes und gerechtes als auch nationalstaatliches und suprastaatliches Denken und Handeln orientieren sich an regulativen, normativen und kulturell-kognitiven Institutionen. Selbstinteresse, Solidarität und Gerechtigkeit auf individueller und kollektiver Ebene werden aus dieser institutionellen Sicht betrachtet: Institutionen im Sinne des Neo-Institutionalismus lenken das Denken und Handeln von Menschen, determinieren aber nicht, wie im Kompatibilismus gezeigt wird (vgl. Bieri 2009).

Der wohl am häufigsten zitierte Satz aus Smiths *Wealth of Nations* lautet: „Nicht vom Wohlwollen des Metzgers, Brauers und Bäckers erwarten wir das, was wir zum Essen brauchen, sondern davon, dass sie ihre eigenen Interessen wahrnehmen. Wir wenden uns nicht an ihre Menschen-, sondern an ihre Eigenliebe, und wir erwähnen nicht die eigenen Bedürfnisse, sondern sprechen von ihrem Vorteil." (Smith 1974, 17) Im Kontext der *Theory of Moral Sentiments* bekommt die von Smith angesprochene Eigenliebe eine andere Akzentuierung, denn es sind drei Schranken, die den Egoismus bremsen: erstens der *unparteiische Beobachter*, zweitens die sittlichen Regeln und drittens die staatlichen Gesetze. In *Wealth of Nations* kommt als vierte Schranke noch der Wettbewerb hinzu (vgl. Eckstein in Smith 1977, XXIV–XXV; Smith 1974; 2010; Luterbacher-Maineri 2008; Recktenwald in Smith 1974, XLI–XLII; Ulrich 2008, 65–69). Aus neo-institutioneller Sicht wirken also regulative, normative und/oder kulturell-kognitive Institutionen (vgl. Scott 2001; Senge 2006; 2011) und können mit ihrer Wirkkraft die Selbstliebe bremsen. Nicht der ungezügelte Egoismus, sondern die „heilige Achtung vor allgemeinen Regeln" (Smith 1977, 245) ermöglicht Gerechtigkeit als den „Hauptpfeiler, der das ganze Gebäude stützt" (Smith 1977, 128). Das geläuterte Selbstinteresse und die Gerechtigkeit ermöglichen den Wohlstand der Nation, nicht der schrankenlose Egoismus.

In *Wealth of Nations* werden sowohl das individuelle als auch das kollektive Selbstinteresse akzentuiert, wobei Institutionen das individuelle Selbstinteresse bremsen. Sie ermöglichen und formen aber auch das Konstrukt Nation aus, von dem Smith mit seiner Nationalökonomie mit Selbstverständlichkeit ausgeht.

Die folgende Tabelle 2 zeigt, wie Institutionen bremsend und fördernd auf individuelles und kollektives Selbstinteresse wirken können.

Tabelle 2: Institutionen und ihre Wirkungen auf individuelles und kollektives Selbstinteresse

		Ebene des Selbstinteresses	
		individuell	**kollektiv**
Institutionen	**bremsend**	Institutionen schränken das Selbstinteresse ein	Institutionen, die den Nationalstaat stützen, grenzen das Supranationale ein
	fördernd	*Kultur der Rationalisierung* als Institution fördert das Selbstinteresse	Institutionen, die das Supranationale fördern, grenzen den Nationalstaat ein

Institutionen können – so wie dies oben für Smith ausgeführt wurde – bremsend auf das individuelle Selbstinteresse einwirken. Sie können jedoch auch das Selbstinteresse fördern. Das ist ein Umstand, auf den gerade die *world polity* als eine neo-institutionelle Makrotheorie verweist (vgl. Meyer 2005). John Meyer (2005) beschreibt die *Kultur der Rationalisierung* als eine formal-rationale Handlungsweise, in der Zweckrationalität mehr als Legitimation nach außen denn als tatsächliche Handlungsstruktur dient. In dieser Kultur ist es legitim, das individuelle Selbstinteresse zu verfolgen. Handlungen werden nach außen als zweckrational dargestellt, obwohl sie von innen betrachtet nicht dieser Rationalität gefolgt sind. Nida-Rümelin (2001, 76) führt aus, dass der Anteil der Handlungen, die der Neigung und der Zweckrationalität folgen, überschätzt würde. Der Grund dafür liege darin, dass im europäischen Kulturkreis oftmals geglaubt werde, dass nur Gründe, die vom Selbstinteresse geleitet werden, rational sein können. *Ex post* würden daher Gründe dem Vorteilsstreben zugeordnet. Es gebe aber viele gute Gründe für eine Handlung, die nicht in der Zweckrationalität liegen. Sie seien auch für das ökonomische Denken und Handeln von großer Bedeutung. Diese Kultur – dies ist der Grund für die graue Hinterlegung von drei Feldern in Tabelle 2 – wirkt auf allen Ebenen und entsteht nach J. Meyer (2005) durch Isomorphie auf der Makroebene. Diese Kultur sei die Triebfeder sowohl für die Entstehung des Nationalstaates als auch der Europäischen Union. Ökonomische und zweckrationale Interessen seien daher für nationale und supranationale regulative Institutionen verantwortlich. Diese Theorie J. Meyers kann jedoch nicht erklären, warum in den Köpfen der Menschen der Nationalstaat stärker ankert als die Supranationalität. Es sind vor allem kulturell-kognitive Institutionen, die den Nationalstaat stützen und den Aufbau der Supranationalität bremsen. Damit rücken neo-institutionelle Mikrotheorien in den Mittelpunkt. In der Betrachtung des kollektiven Selbstinteresses spielen daher nicht nur ökonomische und ethische, sondern vor allem auch kulturelle Fragen eine besondere Rolle.

Stark vereinfacht ausgedrückt: Sowohl der Markt als auch der Staat als die beiden wesentlichsten ökonomischen und kulturell entstandenen Konstrukte sind in die Gesellschaft eingebettet und von Institutionen geprägt. Wirtschaftliche Erziehung in dieser Arbeit richtet daher ihren Blick auf regulative, normative und kulturell-kognitive Institutionen. Wirtschaftliche Erziehung zielt darauf ab, Ethik und Politik im ökonomischen Denken und Handeln zu thematisieren und dabei die individuelle und kollektive Ebene zu betrachten. Der Markt als idealtypische Ausformung eines an Effizienz, Gewinn- und Nutzenmaximierung ausgerichteten kulturellen Konstrukts und der am kollektiven Selbstinteresse ausgerichtete Nationalstaat werden reflexiv dekonstruiert: Es soll also ein selbstreflexiver Prozess in Gang gesetzt werden, der die rein ökonomische Vernunft und die damit einhergehende Sachzwanglogik einerseits und das Festhalten am Nationalstaat andererseits kritisch mit Hilfe neo-institutioneller Überlegungen hinterfragt, um die Möglichkeit für neues, wirtschaftsethisches und supranationales selbstständiges Denken zu eröffnen und damit eine staatliche als auch wirtschaftliche Indoktrination hintanzustellen. Weltweit verschärfen sich Strukturprobleme, wie z.B. die Allokation von Kapital, die Preisbildung auf den Finanzmärkten, die Standortfragen, die Verteilung von Arbeit, Rohstoffen und Lebensmitteln, auch Fragen der Ökologie, Ethik und der Migration; Fragen, die den Nationalstaat überfordern und nach supranationalen Lösungen rufen.

> „Die damit verbundenen Probleme der Qualifizierung, der Veränderung von Bildungssystemen, von Identität und Lebensstilen, aber auch der Wertorientierung fordern im Rahmen der Erziehungswissenschaft speziell die Wirtschaftspädagogik heraus. […] Die tiefgreifenden Umbrüche, mit denen wir weltweit konfrontiert sind, stellen auch die Wirtschaftspädagogik vor die Aufgabe einer kritischen Selbstbefragung wie neuartiger Kreativität." (Huisinga & Lisop 1999, 6)

Wirtschaftspädagogisch knüpft die Arbeit dabei – als erstem Bezug – bei Abraham (1966) an, der sich intensiv mit wirtschaftlicher Erziehung auseinandersetzte – natürlich unter dem Vorbehalt des Kontexts seiner Zeit. Er wendet sich mit seinem Buch *Wirtschaftspädagogik. Grundfragen der wirtschaftlichen Erziehung* der allgemeinen Frage zu, „was Erziehung in der modernen, wesentlich von der Wirtschaft bestimmten Kultur bedeutet" (Abraham 1962, 20). Diese allgemeine Frage könne, so Abraham, weder von der Berufs-, der Betriebs-, der Schul- oder Arbeitspädagogik beantwortet werden, sie sei eine wirtschaftspädagogische. Kultur hat bei Abraham (1966, 45) einen objektiven Charakter, der sich aus seiner normativen Betrachtung erklären lässt, weshalb er auch Enkulturation als einen Prozess versteht, der sich bewusst „mit Ehrfurcht" zu vollziehen habe. Aufgabe der wirtschaftlichen Erziehung ist es nach Abraham, dass erstens die Gesellschaft ausreichend mit Gütern versorgt werde, wobei die Versorgung den *objektiven Normen* zu entsprechen habe. Zweitens solle der junge Mensch so erzogen werden, dass er in seinem Beruf leistungsfähig werde und sich mit dem Beruf so in die Gesellschaft eingliedere, dass die Arbeit tatsächlich die Bedeutung eines Berufes erhalte. Drittens solle der Mensch *zur Durchgeistigung des Lebens* geführt werden, also ein sittliches Leben auch im Kontext einer stark ökonomisierten Gesellschaft führen können. „Weil der wirtschaftliche Existenzkampf meistens hart ist und daher den intensiven Einsatz der Kräfte verlangt, ist aber oft die Gefahr vorhanden, dass das ganze Leben durch die einseitige Überbetonung der wirtschaftlichen Belange unter die Herrschaft materialistischer Prinzipien gerät" (Abraham 1966, 13) und dadurch der Mensch, der „im Augenblick seines Daseins eine Gesamtheit" sei, gefährdet werde (Abraham 1966, 51). Daher sei „jede wirtschaftliche Erziehung mehr [...] als nur eine wirtschaftliche Erziehung" (Abraham 1966, 51). Von Erziehung spricht Abraham nur, wenn die aus der Erziehung abgeleiteten wirtschaftlichen Handlungen den – wie er ausführt – *objektiven* normativen Vorgaben der *objektiven Kultur* entsprechen.

Der zweite Bezug wird zu Zabecks (2004) *Berufserziehung im Zeichen der Globalisierung und des Shareholder-Value* hergestellt. Geht es bei Abraham vor allem um Funktion und Bedeutung der wirtschaftlichen Erziehung als solche, geht es bei Zabeck um die inhaltlichen und didaktischen Schwerpunkte der vorliegenden Arbeit: die Verfolgung des Selbstinteresses im Sinne der Gewinnmaximierung um jeden Preis, die Zabeck mit dem Shareholder-Value thematisiert, und die Globalisierung, in der die suprastaatlichen Entwicklungen den Ausführungen Zabecks folgend keinen Platz finden. Lempert (2006, 108) fasst Zabecks Vorstellung von Erziehung als eine Doppelfunktion zusammen: einerseits die Förderung von Kompetenzen für den fachlich qualifizierten und verantwortungsvollen Umgang mit beruflichen Aufgabenstellungen und andererseits die Entwicklung der Individuen zu autonomen Personen. Die Herausforderung der Berufs- und Wirtschaftspädagogik[4] liege nun darin, dass

---

[4] In Österreich wird nur von Wirtschaftspädagogik gesprochen. Im Kontext der beruflichen Erziehung wird häufig die Bezeichnung Berufs- und Wirtschaftspädagogik verwendet. So weit

es erstens durch die Globalisierung zu einer Schwerpunktverschiebung vom Nationalstaat zum Weltmarkt gekommen sei, zweitens das Streben nach maximalen Rekordgewinnen im Sinne des Shareholder-Value im Mittelpunkt stehe und drittens die Geschäftsvorgänge stärker individuell anstatt institutionell reguliert würden (siehe dazu Zusammenfassung von Lempert 2006, 1). Zabeck verortet diese Herausforderungen in der Berufspädagogik. In der vorliegenden Arbeit wird jedoch auf die Wirtschaftspädagogik abgestellt, die sich als weiter versteht und nicht den Beruf allein fokussiert (vgl. Rebmann, Tenfelde & Schlömer 2011, 100). Dies hat für die Behandlung der aufgeworfenen Herausforderungen, die ja nicht nur von berufspädagogischer Bedeutung sind, keine unbedeutende Konsequenz. In den dualen und anderen beruflichen Ausbildungen spielt nach wie vor der Nationalstaat eine nicht unerhebliche Rolle. Das könnte der Grund dafür sein, dass sowohl in der Argumentation Zabecks (2004) als auch Lemperts (2006) der Sprung vom Nationalstaat zum Weltmarkt erfolgt und dabei die europäische Ebene völlig außen vor bleibt. Supranationales Denken und Handeln in seinen verschiedenen Dimensionen wird dabei nicht thematisiert. Die Thematisierung der Supranationalität findet in der Wirtschaftspädagogik praktisch nicht statt.[5]

Zabeck versteht den Verweis auf den Shareholder-Value als eine Metapher für die rein ökonomische Vernunft, die er – nicht nur in der gegenständlichen Veröffentlichung – stark kritisiert. Die wirtschaftsethische Betrachtung, auf die Zabeck abzielt, wird im Kapitel 4 aufgegriffen und anhand der Beck-Zabeck-Kontroverse aus dem Blickpunkt regulativer und normativer Institutionen im Sinne der Individual- und Institutionenethik diskutiert. Der Blick auf den Markt und auf das ökonomische Denken und Handeln kann nicht ausschließlich der rein ökonomischen Vernunft folgen. Neben der Effizienz ist Gerechtigkeit zu berücksichtigen (vgl. Samuelson & Nordhaus 2001, 162): Der Markt aber kann – auch wenn er tatsächlich wie in der Theorie angenommen funktionieren würde – nicht für Gerechtigkeit, sondern nur für Effizienz sorgen. In der Berücksichtigung von Effizienz und Gerechtigkeit werden ökonomische zu sozioökonomischen Entscheidungen. Dabei wird gezeigt, dass die wirtschaftsethische Auseinandersetzung keine abstrakte, sondern ein in Situationen und Lebenswelt eingebundener Diskurs ist, der über eine rein abstrakte Auseinandersetzung mit ethischen Urteilskriterien hinausgeht. Wesentlich ist dabei die Erkenntnis, dass kulturell-kognitive und

---

wie möglich wird in der Arbeit nur der Begriff Wirtschaftspädagogik verwendet. In Kontexten, in denen das Berufliche eine besondere Rolle spielt oder es sich um direkte Zitate handelt, werden beide Begriffe verwendet.

[5] Ein Beispiel: Von den insgesamt 336 Artikeln in der Zeitschrift für Berufs- und Wirtschaftspädagogik (ZBW) von Band 96/2000 bis Band 108/2012 finden sich nur vier Artikel mit einem Europabezug in den Titeln. Diese beziehen sich auf Standards und Berufsbildungssysteme. Zum Thema Europa im Kontext der Supranationalität gibt es keinen Aufsatz in der ZBW.

normative Institutionen bei ethisch-moralischen Entscheidungen Orientierungen geben. Reflexive Dekonstruktion in diesem Kontext bedeutet, rein ökonomische Vernunft, die zur Ethik geworden ist, zu hinterfragen, um die Möglichkeit für sozioökonomische und gerechte Entscheidungen zu eröffnen.

Zabeck springt in seinen Ausführungen vom Nationalstaat direkt in die globalisierte Welt, die EU-europäische Dimension wird dabei übersprungen. Es wird deshalb aufgearbeitet, wie einerseits Institutionen den Nationalstaat stabilisieren und andererseits dadurch supranationales Denken und Handeln erschweren oder verunmöglichen. Reflexive Dekonstruktion in diesem Kontext bedeutet, die Wirkung von rechtlichen, normativen und kulturell-kognitiven Institutionen zu erkennen und ihren Einfluss auf das kulturelle Konstrukt Nationalstaat kritisch zu hinterfragen, um neue Denk- und Handlungsweisen zu ermöglichen.

Markt und Staat sind voneinander abhängig, beide sind kulturelle Konstrukte. Ohne Rahmenbedingungen kann sich kein Markt sinnvoll etablieren. Gleichzeitig kann der Markt Koordinationsaufgaben übernehmen, mit denen der Staat überfordert wäre. Beide kulturellen Konstrukte bauen auf regulativen, normativen und kulturell-kognitiven Institutionen auf. Sie sind also in die Gesellschaft eingebettet. Oder anders gesagt: Wird marktwirtschaftliches als rein ökonomisches Denken und Handeln im Sinne einer rein ökonomischen Ethik verstanden, so wird wohl auch weniger Platz für solidarisches Handeln jenseits des Nationalstaates möglich sein. Wirtschaftliches Denken und Handeln kann nicht ausschließlich rein ökonomisch erklärt und vermittelt werden. Ebenso können weder der Nationalstaat noch supranationale Einrichtungen wie die Europäische Union rein ökonomisch legitimiert, verstanden und erklärt werden. Wirtschaft ist immer mehr als nur Wirtschaft – wirtschaftliche Erziehung ist immer mehr als wirtschaftliche Erziehung (vgl. Abraham 1966, 51). Institutionen können als „geronnene Werte vergangener Tage" dieses *Mehr* erklären, wobei Werte als „internalisierbare Maßstäbe für seinsollende Gegenstände, Zustände oder Handlungen" bezeichnet werden können (Neuhold 1988, 17 u. 87).

0.3 Die Forschungsfragen

In der vorliegenden Arbeit werden drei Forschungsfragen beantwortet, die der theoretischen Wirtschaftspädagogik (zur Unterscheidung von theoretischer und angewandter Wirtschaftspädagogik nach Abraham 1966, 23–25; ähnlich auch Dörschel 1975, 21–27) zuzuordnen sind. Die drei Forschungsfragen lauten:

1. Welche Bedeutung und Funktion kommt der wirtschaftlichen Erziehung in einer ökonomisierten Gesellschaft zu?
2. Was bedeutet wirtschaftliche Erziehung im Hinblick auf Europa, die europäische Integration und die Europäische Union?
3. Welche Bedeutung haben Institutionen und die Ethik für die Beantwortung der ersten und zweiten Frage?

Die Antwort auf die erste Leitfrage soll bezüglich der Funktion mit Ausbildung, ökonomischer Bildung und einer Erziehung zur Wirtschaftsethik beantwortet werden. Erziehung als Begriff ist immer stärker vom Begriff der Bildung abgelöst worden. Ein Grund für diese Bedeutungsänderung – und hier geht es um die Frage der Bedeutung – könnte in einer moralisierenden oder autoritären Konnotation des Begriffs *Erziehung* zu finden sein (vgl. u.a. Gudjons 2003, 184; Prange 2000, 7). In einer pluralistischen Gesellschaft – so die Annahme – sei der Begriff Erziehung weniger treffend. In dieser Arbeit soll bewusst von wirtschaftlicher Erziehung gesprochen werden. Erziehung ist hier als das Einleiten eines reflexiven Prozesses zu verstehen, der zu neuen Erfahrungen, zu neuem Nachdenken und eigenem Handeln führen kann (vgl. Benner 1991, 17). In diesem Sinne wirkt Erziehung niemals direkt oder unmittelbar. Erziehung ist vielmehr eine Anregung zum Selber-Denken und Selber-Tun, das zur Selbstständigkeit und Eigenverantwortung führt bzw. diese stärkt. Dabei ist davon auszugehen, dass Erziehung Enkulturation, Sozialisation und Individuation umfasst und nicht ohne Normen, Werte und Ziele zu haben ist (vgl. Gudjons 2003, 175–183).

Ökonomie und Pädagogik sind kulturelle Phänomene. Der autonome Mensch entscheidet auf Basis von Werten, Institutionen und der Alltagspraxis (vgl. Bieri 2009; Joas 1996; 2011). Ethik, die einem vermeintlichen Naturgesetz gleich auf die rein ökonomische Ethik reduziert wird (vgl. Beck 2003a, 276), setzt den ökonomischen Aspekt absolut (vgl. Joas 1996; P. Ulrich 2005; 2008). Der Mensch hat „nicht die Wahl zwischen einer ‚wertfreien' und einer ethischen Perspektive des Wirtschaftens, sondern nur die Wahl zwischen einem reflektierten und einem nicht reflektierten Umgang mit der unausweichlichen Normativität jeder Stellungnahme zu Fragen vernünftigen Wirtschaftens" (Ulrich 2005, 7). Wirtschaftliche Erziehung, Bildung und Ausbildung bereiten den Menschen auf das sozioökonomische Denken und Handeln in verschiedenen beruflichen und außerberuflichen Kontexten vor. Es ist also eine wesentliche Aufgabe der Wirtschaftspädagogik, aktuelles, wirtschaftliches Know-how zu vermitteln. Dabei ist jedoch zu erkennen, dass das Wirtschaften nur eine Dimension bzw. einen Aspekt des Menschseins ausmacht. Ökonomik reduziert auf das ökonomische Rationalmodell; das ist eine Vereinfachung, welche die Modellierung vereinfacht, aber der Lebenswirklichkeit nicht entspricht, weil sie das Soziale vom Ökonomischen trennt.

„Im Fall des Handelns bedeutet dies, dass das Rationalmodell zwar richtige Elemente des menschlichen Handelns identifiziert (wie Ziele, Mittel, Bedingungen) und bestimmte Tatsachen erfolgreich behandelt, daraus aber fälschlich der Schluss gezogen wird, es handle sich bei diesem Modell um eine Widerspiegelung der konkreten Wirklichkeit, die allen Erklärungsversuchen als Leitfaden zu dienen habe." (Joas 1996, 28)

Das reflexive Element der Wirtschaftspädagogik zielt auf die ethische und neo-institutionelle Dekonstruktion der rein ökonomischen Vernunft, die als Ethik selbst verstanden wird (vgl. u.a. Beck 2006a; Friedman 1970; Homann 2012; Homann & Blome-Drees 1992; Suchanek 2007) und führt zu einer wirtschaftlichen Erziehung zwischen ökonomisch Machbarem und ethisch Vertretbarem (vgl. Tafner 2012a, 36–40). Es soll die erste Aufgabe dieser Arbeit sein, dies mit guten Gründen darzulegen und damit die erste und den damit verbundenen Teil der dritten Forschungsfrage zu beantworten.

Die zweite Forschungsfrage nimmt konkret Bezug auf die Europäisierung im Kontext der Globalisierung. Wirtschaftspädagogik als sozioökonomische Bildung eröffnet einen weiten Zugang auf Ökonomie, Gesellschaft und Staat. Wirtschaftliche Erziehung soll deshalb den Staat und aufgrund der fortschreitenden Globalisierung und Europäisierung auch die supranationale Ebene in den Blick nehmen. Gesamtwirtschaftliche Zusammenhänge lassen sich heute in Europa nicht ohne den Prozess der europäischen Integration erklären. Dieser Prozess wiederum kann aber nicht allein ökonomisch begründet, sondern nur in seiner historischen, realpolitischen und institutionellen Entwicklung nachvollzogen werden. Mit der Europäischen Union entstand eine *postnationale Konstellation*, ein supranationaler Staatenverbund, der das Gesetzgebungsmonopol des stark institutionalisierten Konstrukts Nationalstaat aufbricht und ein weltweit einzigartiges neues Konstrukt schafft (vgl. Habermas 1998). Das fordert zur reflexiven Auseinandersetzung mit der Bedeutung des Nationalstaates und mit den Institutionen auf, die ihm Macht verleihen. In der Europäischen Union ist jeder Staatsbürger eines Nationalstaates auch Unionsbürger, jede Staatsbürgerin eines Nationalstaates auch Unionsbürgerin (vgl. Habermas 2011). Diese Dualität fordert zu einem reflexiven Auseinandersetzen mit der Idee des Nationalstaates und der Supranationalität sowie den damit zusammenhängenden nationalen und supranationalen sozioökonomischen Problemstellungen. Reflexivität bedeutet in diesem Kontext auch die Auseinandersetzung mit regulativen, normativen und kulturell-kognitiven Institutionen und ihren Auswirkungen auf die eigene Person. Nationalität und Supranationalität sollen neo-institutionell dekonstruiert und re/konstruiert werden. Mit anderen Worten: Wer über Supranationalität nachdenkt, eröffnet die Reflexion über die Bedeutung der Nationalität und ihre sozioökonomischen Auswirkungen.

Als eine wesentliche regulative und normative Institution entwickelten sich die Menschenrechte. Aus der Würde des Menschen, die die Basis der Individualpädagogik darstellt (vgl. Arnold 1997, 21), leiten sich ebenso „die unverletzlichen und unveräußerlichen Rechte des Menschen sowie Freiheit, Demokratie, Gleichheit und Rechtsstaatlichkeit als universelle Werte" (EUV, Präambel) ab. Die Verwirklichung universeller Wertegeneralisierungen auf europäischer Ebene stellt den Unterbau der europäischen Supranationalität dar. Damit sich Menschenrechte entfalten können, müssen sie sowohl individual- als auch institutionenethisch wirken. Sie müssen also Bestandteil des individuellen moralischen und selbstverständlichen Denkens als auch der regulativen Institutionen sein.

Es ist die zweite Aufgabe dieser Arbeit aufzuzeigen, welche Macht die Institutionen des Nationalstaates ausüben und welche Bedeutung die Supranationalität als neues Konstrukt zur Lösung sozioökonomischer Probleme haben könnte. Die pädagogische Aufgabe liegt darin, Supranationalität und die institutionelle Kraft des Nationalstaates begreifbar zu machen. Damit soll die zweite und dritte Forschungsfrage beantwortet werden.

Die Herausarbeitung der Bedeutung von Institutionen zur Begrenzung des individuellen Selbstinteresses einerseits und die Förderung des kollektiven Selbstinteresses andererseits sind die dritte Aufgabe dieser Arbeit, die sich sowohl in der Bearbeitung der ersten als auch der zweiten Forschungsfrage vollzieht.

0.4 Das Theorieverständnis im Sinne des Cultural Turn

Die Beantwortung der drei Forschungsfragen benötigt einen Zugang, der die Überschreitung von verschiedenen Disziplinen erlaubt. Die Wirtschaftspädagogik als wissenschaftliche Disziplin ist ja selbst eine Integrationswissenschaft und kommt diesem Zugang damit praktisch bereits einen Schritt entgegen (vgl. Aff 2008). Die Arbeit folgt einem weiten, kulturwissenschaftlichen Ansatz im Sinne des *Cultural Turn*, der u.a. Ökonomie und Pädagogik als kulturelle und damit von Menschen geschaffene Bereiche versteht, die durch Institutionen beeinflusst von Menschen geschaffen, rezipiert, tradiert und verändert werden (vgl. u.a. Assmann 2011; Bachmann-Medick 2009, Moebius 2010). Der *Cultural Turn* beschreibt kein neues Paradigma, sondern Methodenpluralismus, Interdisziplinarität und Grenzüberschreitungen und somit Unkonventionelles (vgl. Bachmann-Medick 2009, 17–18). In den Zugängen, die mit dem Begriff des *Cultural Turn* zusammengefasst werden können, gibt es keine kategorienlose Betrachtung der Welt. Damit haben auch die Kategorien der Wissenschaft, die selbst ein Ergebnis des sozialen Prozesses sind, Einfluss auf die Ergebnisse ihrer wissenschaftlichen Untersuchungen. Im Mittelpunkt der soziologischen Betrachtungen stehen die Bedeutungen von

Handlungen und damit der Sinn, den Menschen ihren Handlungen zuschreiben. Dabei geht es nicht nur um subjektive, sondern auch um kollektive Sinnzuschreibungen, die das Resultat von Interaktionen sind. Es geht um kollektive Sinnsysteme, Codes, Weltbilder, Ideen und Mythen – und damit zusammengefasst um Kultur. Es geht um das Verstehen des subjektiven Sinns einer Handlung und der dahinter liegenden sozialen Prozesse. Aus diesen Gründen werden qualitative Forschungsmethoden bevorzugt. (Vgl. Gerhards 2010, 278–289)

Wenn nun Ökonomie und Pädagogik kulturelle Phänomene sind, die durch Codes, Weltbilder und Ideen rezipiert und tradiert werden, dann spielen Professionen wie die von Pädagoginnen und Pädagogen eine normierende Funktion in der Konstruktion von Gesellschaft (vgl. Hasse & Krücken 2005, 25–27; Scott 2001, 129–130). Es wäre naiv anzunehmen, dass die Wirtschaftspädagogik eine Schlüsselrolle in der Konstruktion der Gesellschaft einnimmt, aber jede Person, die im pädagogischen Feld arbeitet, sollte sich dieser Dimension bewusst sein – das ist ein wesentlicher Punkt des reflexiven Elementes der Wirtschaftspädagogik. An dieser Stelle ist ebenso im Sinne des *Cultural Turn* und des gewählten Forschungszugangs der Standpunkt des Forschenden darzulegen und darauf hinzuweisen, dass der Autor selbst im österreichischen Feld der Wirtschaftspädagogik ausgebildet wurde, das nach dem österreichischen Selbstverständnis stark betriebswirtschaftlich ausgerichtet ist (vgl. Schneider 1969, 140–141; Aff, Mandl, Neuweg, Ostendorf & Schurer 2008; Slepcevic & Stock 2009). Diese Arbeit ist insofern auch eine Reaktion auf diese wirtschaftspädagogische Sozialisation und Erziehung, als diese Positionierung der Wirtschaftspädagogik mit dieser Arbeit in Richtung eines breiten und sozioökonomischen Verständnisses verlassen wird (vgl. Sloane 2001, 161–183).

Nachdem der Ausgangspunkt der Arbeit und die Forschungsfragen dargestellt wurden, werden nun das Theorie-Verständnis und die Methodologie der Arbeit vorgestellt. Über Disziplinen hinweg herrscht insoweit Konsens, als Theorien generalisierende Aussagen sind. Da also jede generalisierende Aussage eine Theorie ist, ist auch unser Alltagsleben von Theorien durchzogen. Der wesentlichste Unterschied zwischen den Theorien der Alltagswelt und jenen der Wissenschaft liegt darin, dass die Wissenschaft ganz gezielt unter Anwendung von bestimmten Methoden zu zutreffenden Theorien gelangen will. In der Alltagswelt sind Theorien oftmals Behauptungen, wissenschaftliche Theorien jedoch müssen auf ihre Gültigkeit hin überprüfbar sein. Wie allerdings diese Überprüfbarkeit herzustellen ist, darüber herrscht Uneinigkeit. Lange Zeit galt das Kriterium der Verifikation als wissenschaftliches Ideal. Popper legte dar, dass Verifikation kein guter Maßstab sein kann, weil nicht wirklich alle Fälle überprüft werden können. An die Stelle der Verifikation habe die Falsifikation zu treten: „Ein empirisch-wissenschaftliches System muss an der Erfahrung scheitern können." (Popper 1982, 15) Da verallgemeinernde Aussagen nicht wirklich verifizierbar sind, müssen sie intersubjektiv in der Gemeinschaft der Forschenden nachprüfbar und damit auch falsifizierbar sein. Damit kann wissenschaftlich nur erarbeitet werden, was grundsätzlich falsifizierbar ist. Die Aussage „Es gibt Gott" ist damit wissenschaftlich nicht begründbar, weil der Gegenbeweis nicht angetreten werden kann. Wissenschaftliches Arbeiten bedeutet im Sinne Poppers eine ständige Auseinandersetzung und Überprüfung wissenschaftlicher Theorien. Schließlich setzen sich langfristig jene Theorien durch, die haltbar sind. Aber sowohl in der Verifikation als auch der Falsifikation steckt noch ein wesentliches Problem, das Popper selbst erkannte: Eine Verifikation oder Falsifikation wäre nur dann möglich, wenn es eine völlig theorielose Beobachtung gäbe. Jede alltägliche Wahrnehmung und die wissenschaftliche Beobachtung gehen aber immer von bestimmten Annahmen aus; sie enthalten also bereits Theorien. Einzelfälle können daher niemals völlig objektiv beschrieben werden, weil immer implizite Generalisierungen das Denken mit lenken. Oder anders ausgedrückt: Eine strenge Trennung von Empirie und Theorie ist nicht möglich. Popper vertrat die Auffassung, dass sich die *Scientific Community* auf bestimmte Konventionen über Beobachtungen und bestimmte wissenschaftliche Dogmen, die für die Durchführung wissenschaftlicher Beobachtung zu gelten hätten, einigen müssten. (Vgl. Joas & Knöbl 2004, 13–27)

> „Science can be viewed as an intellectual process that occurs within the context of two distinctive environments, the empirical observational world and the nonempirical metaphysical one. Although scientific statements may be oriented more toward one of these environments than the other, they can never be determined exclusively by either alone. The differences between what are perceived as sharply contrasting kinds of scientific arguments should be understood rather as representing different positions on the same epistemological continuum." (Alexander 1982, 2)

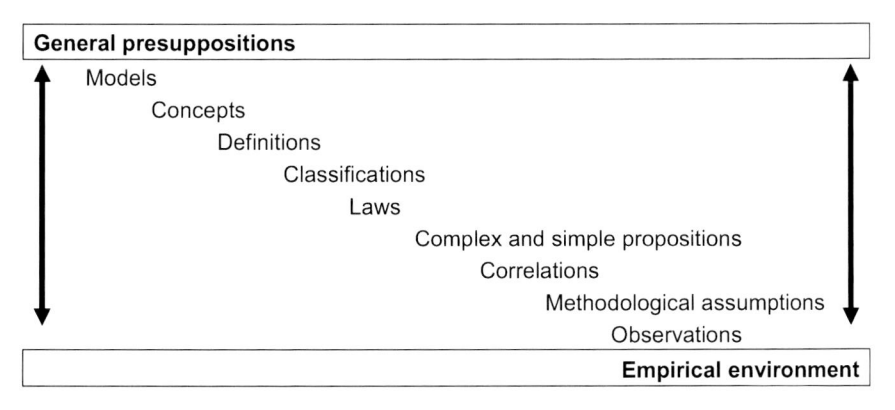

General presuppositions
Models
Concepts
Definitions
Classifications
Laws
Complex and simple propositions
Correlations
Methodological assumptions
Observations
Empirical environment

Abbildung 1: The Scientific Continuum and its Components (vgl. Alexander 1982, 3)

Wenn sich nun wissenschaftliches Arbeiten nicht auf die Beschreibung von falsifizierbaren Theorien alleine bezieht, sondern sich in einem Kontinuum zwischen Metaphysik und Empirie auftut, so spielt eine Vielzahl von verschiedenen Ansätzen eine Rolle (siehe Abbildung 1). „Dann ist auch nicht nachvollziehbar, warum der Begriff der ‚Theorie' für Aussagensysteme, die aus Gesetzen und Beobachtungen bestehen, reserviert bleiben muss." (Joas & Knöbl 2004, 26)

In einer wissenschaftsgeschichtlichen Untersuchung fand Kuhn (1996) heraus, dass Poppers Thesen für die Wissenschaft nicht zutreffen. Zwar finden sich immer wieder Beispiele für Falsifikationen, aber diese führten nicht dazu, dass ganze Theorien verändert wurden. So zeigte Kuhn, dass es in den Naturwissenschaften zwar immer wieder Erfindungen und Entdeckungen gab, die den bestehenden Großtheorien widersprachen, die Theorien jedoch nicht verändert wurden. Neue Erkenntnisse wurden als Anomalien oder Rätsel in Form von Hilfshypothesen dargestellt. Jedenfalls gab es kein Kriterium dafür, wann eine Bedingung als falsifiziert galt. (Vgl. Joas & Knöbl 2004, 27–30) Auch heute ist das ähnlich: Der Wissenschaftsbetrieb läuft nach Kuhn (1996) relativ unkritisch ab. Bestehende Theorien bleiben, weil die Gemeinschaft der Forschenden von ihrer Fruchtbarkeit überzeugt ist. Diese routinisierte Forschungsarbeit bezeichnet Kuhn als *normale Wissenschaft*.

> „'Normal science' means research firmly based upon one or more past scientific achievements, achievements that some particular scientific community acknowledges for a time as supplying the foundation for its further practice. Today such achievements are recounted, though seldom in their original form, by science textbooks, elementary and advanced. [...] They [...] shared two essential characteristics. Their achievement was sufficiently unprecedented to attract an enduring group of adherents away from competing modes of scientific activity. Simultaneously, it was sufficiently open-ended to leave all sorts of problems for the redefined group of practitioners to resolve. Achievements that share these two characteristics I shall henceforth refer to as 'paradigms' a term that relates closely to 'normal science'." (Kuhn 1996, 10)

Häufig ist es nach Kuhn (1996) eine neue Generation von Wissenschafterinnen und Wissenschaftern, die bereit ist, sich neuen Theorien zuzuwenden. Anomalien und Rätsel werden mit anderen Augen gesehen, und die Bereitschaft für Innovation ist vorhanden – *wissenschaftliche Revolution* passiert, neue Paradigmen werden möglich. Es geht letztlich um Interessen- und Machtkämpfe, deren Ausgang Veränderungen ermöglicht oder nicht. Ermöglichte Veränderungen führen zu neuen Paradigmen, und diese wiederum zu einer normalen Wissenschaft. „Wissenschaft ist also ein Unterfangen, das sich nicht völlig von den sozialen Phänomenen abkoppeln lässt, die auch im Alltagsleben eine Rolle spielen." (Joas & Knöbl 2004, 31)

Skepsis ist die Grundhaltung der Wissenschaft. Bei der Suche nach Wahrheit orientiert sie sich an bestimmten Regeln. Diese Suche muss so weit wie möglich unabhängig von wirtschaftlichen, politischen und persönlichen Einflüssen erfolgen. Viele Studien zeigen jedoch, dass zwischen der wissenschaftlichen Norm und dem wissenschaftlichen Handeln ein großer Unterschied besteht. „Insofern ist davon auszugehen, dass es auch unter Berufs- und Wirtschaftspädagogen höchst unterschiedliche Vorstellungen darüber gibt, welche Ziele sie mit ihrer wissenschaftlichen Arbeit verfolgen wollen. Daher kann davon ausgegangen werden, dass es unterschiedliche ‚Kulturen' in der Berufs- und Wirtschaftspädagogik gibt." (Reinisch 2009, 10)

Diese kurze wissenschaftstheoretische Betrachtung ist für die weitere Arbeit aus zwei Gründen bedeutsam: Erstens soll gezeigt werden, dass Theorien entlang eines wissenschaftlichen Kontinuums sehr weit gefasst werden können. Auch innerhalb einer Wissenschaft können sich verschiedene Theorien entwickeln. Zweitens soll damit die erste Spur in Richtung eines institutionellen Zugangs gelegt werden. Nicht rein formales rationales Denken in Form der Verifikation oder Falsifikation entscheidet letztlich über die Wissenschaftlichkeit. Vielmehr sind es Institutionen, wie z.B. die *Scientific Community* oder Lehrbücher, die das wissenschaftliche Denken lenken. (Vgl. Stichweh 1984)

Wissenschaftliche Arbeiten im Sinne des *Cultural Turn* zeichnen sich u.a. dadurch aus, dass sie interdisziplinäre Zugänge suchen. Die Wissenschaft des Mainstreams arbeitet vor allem mit Detailproblemen, indem sie sich Spezialthemen sucht und diese mit – meist quantitativen empirischen – Methoden zu lösen versucht. Vor diesem Hintergrund ist es wohl nicht ganz selbstverständlich, eine Arbeit vorzulegen, die einen anderen Weg geht und versucht, interdisziplinäre Zusammenhänge aufzuzeigen. Wirtschaftspädagogik, die sich als Integrationswissenschaft aus Wirtschaftswissenschaft und Erziehungswissenschaft versteht, folgt gewissermaßen immer einem interdisziplinären bzw. transdisziplinären Zugang (vgl. Aff 2008). Probleme werden nicht nur aus der wirtschaftswissenschaftlichen, sondern auch aus der erziehungswissenschaftlichen Richtung betrachtet. Dazu kommt, dass die Pädagogik mit den – aus ihrer Sicht – Hilfswissenschaften Soziologie, Psychologie und Philosophie arbeitet. Um die Forschungsfragen beantworten zu können, ist eben ein solcher interdisziplinärer Zugang notwendig. Interdisziplinäres Denken begibt sich jedoch in Gefahr, auf Ablehnung zu stoßen, weil es nicht möglich ist, alle Details zu beleuchten, sondern es versucht, Zusammenhänge aufzuzeigen. Dieser Zugang kann sowohl als Stärke als auch als Schwäche gedeutet werden. Fokussiert die Wissenschaft aber ausschließlich Detailprobleme, dann werden ganz bestimmte Fragestellungen von vornherein von der wissenschaftlichen Bearbeitung ausgeschlossen. Wirtschaftspädagogik bedient sich u.a. soziologischer Methoden, dabei ist zu sehen, dass die modernen Sozialwissenschaften „mittlerweile durch eine Vielzahl konkurrierender Theorierichtungen charakterisiert [sind]" (Joas & Knöbl 2004, 15). Die Wahl der Methodologie wird dadurch zu einer schwierigen, die sich letztlich an der wissenschaftlichen Fragestellung ausrichtet. Vietta (2006, 62) schreibt in der Einleitung zu seiner umfassenden Arbeit über die europäische Kulturgeschichte und bringt damit ebenfalls die Gedanken und Gefühle des Autors dieser Arbeit zum Ausdruck: „Der Autor kann gestehen, dass der große Bogen dieser Darstellung ihm selbst oft Kopfzerbrechen bereitet hat. Wäre es nicht besser und einfacher gewesen, eine Spezialstudie zu einem Spezialthema zu schreiben wie die vielen tausend anderen Spezialstudien zu Spezialthemen?" Blaise Pascal (zitiert in Vietta 2006, 62) findet dies ebenso: „Denn es ist viel besser, etwas von allem zu wissen, als alles von einem zu wissen; diese umfassendste Bildung ist die schönste." Pascal (zitiert in Vietta 2006, 62) ergänzt: „Könnte man sie beide haben, noch besser." Dazu kommt die Problematik, dass pädagogische Problemstellungen auch normative sein können. Hier geht es also auch darum, Setzungen und Begründungen offenzulegen, damit sie der Kritik offenstehen (vgl. Dubs 2012, 14). Rebmann (2001, 291) gibt die Empfehlung, empirische Forschung konstruktivistisch zu gestalten und ein Forschungsdesign anzulegen, das folgende Faktoren berücksichtigt:

> „Das jeweils zugrunde liegende Wissenschaftsverständnis sollte dargelegt und offengelegt werden; die beabsichtigten Ziele der Untersuchung sind zu erläutern und zu begründen;
> der Problembereich sollte eingegrenzt und beschrieben werden;
> die den Forscher interessierenden Fragen sollten in nachvollziehbarer Weise formuliert sein;
> die zum Tragen kommenden Methoden werden genannt;
> die Methoden sollten systematisch und nachvollziehbar eingesetzt werden;
> die Ergebnisse der Untersuchung müssen in kritisierbarer Weise dargestellt sein;
> insgesamt sollte ein Methodenpluralismus verfolgt werden;
> der Forschungsprozess sollte als ein sozialer Prozess gestaltet werden;
> ein interdisziplinäres Vorgehen sollte favorisiert werden;
> schließlich sollten auch die biographischen und lebensweltlichen Kontexte dargelegt werden."

Die gegenständliche Arbeit wird auf die Empfehlung Rebmanns ausgerichtet. Das Kapitel 0 hat die Aufgabe, eingangs kurz den biographischen und lebensweltlichen Kontext darzulegen, um danach das Wissenschaftsverständnis, die Ziele und Problembereiche sowie die Forschungsfragen und die Methodologie vorzustellen, die dann in den einzelnen Kapiteln ausgeführt werden. Jedes Kapitel endet mit einem Fazit, um die wesentlichsten Aussagen zusammenzufassen. Der Forschungsprozess insgesamt wird als ein sozialer Prozess verstanden. Teile und Aspekte der vorliegenden Arbeit wurden bereits publiziert (siehe Literaturverzeichnis) oder auf wissenschaftlichen Veranstaltungen in Vorträgen vorgebracht und diskutiert (siehe Performance Record des Autors). Die wissenschaftliche Arbeit wurde damit zu einem roulierenden sozialen Prozess mit der *Scientific Community*.

0.5 Methodologische Rahmung und methodischer Aufbau der Arbeit

Adam Smith verstand die Gesetze der Wirtschaft als „zugleich göttliche und natürliche Rechte" (Rüstow 2009, 22). Ausgangspunkt dieser Arbeit ist die simple, aber nicht selbstverständliche Erkenntnis, dass Ökonomie und Pädagogik kulturelle Phänomene sind (vgl. hingegen Hayek 1991). In vielen wirtschaftspädagogischen Ansätzen wird die Bedeutung von Kultur akzentuiert (vgl. dazu z.B. Abraham 1957, 1966; Arnold 1997; Kerschensteiner 1968; Krasensky 1962; Schannewitzky 1995; Spranger 1921). Kultur wird dabei in unterschiedlichen Kontexten und Bedeutungen verwendet. In dieser Arbeit wird dem wissens- und bedeutungsorientierten Kulturbegriff gefolgt (vgl. Moebius 2010, 14–19), der direkt zum *Cultural Turn* führt und dieser zum Neo-Institutionalismus führt (vgl. Senge 2011, 26).

Damit steht, ganz im Sinne der Pädagogik und des *Cultural Turn,* nicht das Erklären, sondern das Verstehen im Zentrum der wissenschaftlichen Erkenntnis. Sinn und Bedeutung sowie Verstehen sind wesentliche pädagogische Kategorien (vgl. Gudjons 2003, 49). Um menschliches Handeln – und dazu gehört natürlich auch das wirtschaftliche Handeln – zu verstehen, kann das Wissen um Institutionen, die das Denken und Handeln lenken, hilfreich sein. Als regulative, normative und kulturell-kognitive Institutionen (vgl. Scott 2001) wirken sie auf der Makro-, Meso- und Mikroebene, sind also für das Handeln auf (supra)staatlicher, organisationaler und individueller Ebene mitbestimmend. Nachdem sich die Wirtschaftspädagogik mit dem Individuum, der Organisation und dem Staat auseinandersetzt und wirtschaftliche Erziehung auf eben diese drei Ebenen abzielt, ist es zielführend, eine Methodologie zu verfolgen, die den Ideen des Neo-Institutionalismus folgt (vgl. Tafner 2012a). Allerdings gibt es keine einheitliche neo-institutionale Forschungsmethode, sondern nur eine Vielzahl von verschiedenen methodologischen Zugängen. Dazu kommt, dass eine Methodendiskussion innerhalb des Neo-Institutionalismus kaum stattfindet. In den sogenannten *Organizational-Field-Studies*, die häufig quantitativ vorgenommen werden, stellt sich die Frage, wie Institutionen operationalisiert werden können, da es bislang keine eindeutigen Kriterien dafür gibt. Ähnliches gilt für die *world-polity*-Studien. Schließlich gibt es noch einen dritten Forschungsstrang, der sich der Mikroanalyse zuwendet. In diesen Studien geht es darum, herauszuarbeiten, wie Individuen Institutionen übernehmen, sie aufrechterhalten oder verändern. Hier geht es um Bedeutungszuschreibungen und Interpretationen von Handlungen der Individuen. Aus dieser Mikrosicht soll die Meso- und Makroebene verstanden werden. Die Methoden, die dafür angewandt werden, sind hermeneutische Analysemethoden, Inhaltsanalysen und Diskursanalysen. (Vgl. Senge 2011, 164–171)

Mit diesen Untersuchungen rückt der Kern des Neo-Institutionalismus in den Mittelpunkt: „Ein solcher Fokus auf ‚meaning, culture, and cognition' berührt den Kern des Neo-Institutionalismus und entspricht den zentralen neo-institutionalistischen Prämissen der sozialen Konstruktion von Bedeutung, Wissen und Realität." (Senge 2011, 170) Die *world polity* und die Mikrotheorie stehen in dieser Arbeit als Methodologie im Mittelpunkt.

Abbildung 2 gibt einen ersten Überblick über die gesamte methodologische Rahmung und zeigt, dass die Arbeit mit dem neo-institutionalen Zugang und der Orientierung an der Kultur eine doppelte Rahmung erfährt.

Ökonomie und Pädagogik als kulturelle Phänomene

Cultural Turn

Metatheorie: Neo-Institutionalismus

Individuelles Selbstinteresse: reflexive Dekonstruktion der rein ökonomischen Vernunft	**Kollektives Selbstinteresse:** reflexive Dekonstruktion des Nationalstaates
Welche Bedeutung hat wirtschaftliche Erziehung in einer ökonomisierten Gesellschaft?	Was bedeutet wirtschaftliche Erziehung im Hinblick auf die europäische Integration und die Europäische Union?

Definition einer reflexiven Wirtschaftspädagogik

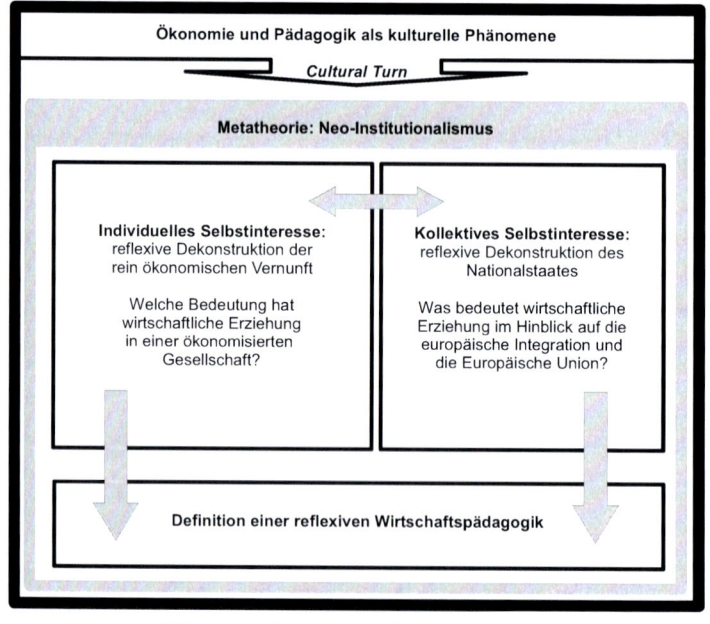

Abbildung 2: Methodologische Rahmung der Arbeit

Der kulturwissenschaftliche Zugang führt über den *Cultural Turn* zum Neo-Institutionalismus. In den einzelnen Kapiteln werden verschiedene Methodologien angewandt. Ökonomie und Pädagogik werden als kulturelle Phänomene verstanden. Diese simpel anmutende Einsicht zieht sich durch die gesamte Arbeit und führt mitunter zu überraschenden Schlussfolgerungen. In allen Kapiteln wird darauf geachtet, dass regulative, normative und kulturell-kognitive Institutionen analysiert werden. Die Methoden unterscheiden sich dabei von Kapitel zu Kapitel (siehe Tabelle 3).

Tabelle 3: Methodologie in der Arbeit

	Zu untersuchende Arten von Institutionen		
	regulative	normative	kulturell-kognitive
Kapitel 0 u. 1	Methodologische und inhaltliche **Einführung** und **Grundlagen** des Verständnisses von Kultur und Neo-Institutionalismus		
Kapitel 2		**Makroebene:** historische Betrachtung der Entwicklung der Wirtschaftspädagogik (hermeneutische Methode)	
		Mesoebene: Entstehung und Entwicklung des Institutes für Wipäd an der Universität Graz anhand der Curricula des Studiums und der Lehrpläne der Handelsakademie (hermeneutische Methode)	
Kapitel 3	**Begriffsanalye von Erziehung und Bildung** sowie eine **Begründung** von wirtschaftlicher Erziehung in einer pluralistischen Gesellschaft (Inhaltsanalyse und Konstrastierung von Abraham (1957, 1966) und Zabeck (2004) nach induktiven Kategorien)		
Kapitel 4	**Ethische Diskussion** anhand der **Beck-Zabeck-Kontroverse** (Inhaltsanalyse nach den induktiven Kategorien Bedeutung der Erziehung, Ausdifferenzierung von Systemen, Kohlberg: Theorie der moralischen Entwicklung, Homanns rein ökonomische Vernunft)		
Kapitel 5	**Kulturelle Deutung des Europäisierungsprozesses**: Europäistik und allgemeine Kulturwissenschaft (hermeneutische Methode)		
	Neo-Institutionalismus auf der Makrobebene: Untersuchung des Nationalstaates und der EU auf Basis der *world polity* (Meyer 2005), Textanalyse von Rechtsurteilen zum Aufzeigen einer *geplanten Entkopplung*		**Neo-Institutionalismus auf der Mikroebene:** Rezeption der hermeneutischen Untersuchung der Menschenrechte als Wertegeneralisierung (Joas 2011), Untersuchung des Nationalstaates und der Europäischen Union auf Basis von kulturell-kognitiven Institutionen (Habermas 1998; 2008; 2011; 2012); empirisch qualitative Untersuchung (dokumentarische Methode) der Handlungsstruktur in Bezug auf Menschenrechte
Kapitel 6	**Erarbeitung einer reflexiven Wirtschaftspädagogik** (Zusammenfassung und Schlussfolgerungen aus den vorhergehenden Kapiteln)		

Im ersten Kapitel dieser Arbeit wird vom wissens- und bedeutungsorientierten Kulturbegriff über den *Cultural Turn* zum Neo-Institutionalismus übergeführt und die wesentlichsten Inhalte dieses Forschungszuganges werden dargelegt, insbesondere wird erklärt, was unter Institutionen zu verstehen ist.

Im zweiten Kapitel wird die Bedeutung von Institutionen für die Entstehung und Entwicklung der Wirtschaftspädagogik erarbeitet. Da Institutionen Historizität voraussetzen und nur im Zeitablauf zu erklären sind (vgl. Berger & Luckmann 1977, 59), ist die wesentliche historische Entwicklung der Wissenschaft „Wirtschaftspädagogik" im Hinblick auf ihre Institutionen, soweit es im Rahmen der hier zu bearbeitenden Fragestellung forschungsökonomisch sinnvoll erscheint, nachzuzeichnen. In der historischen erziehungswissenschaftlichen Betrachtung muss bewusst bleiben, dass hinter dem wissenschaftlichen Aspekt immer nur Ausschnitte aus der Sozial- und Kulturgeschichte erfasst werden und deshalb nur Partikulares in den Blick genommen wird (vgl. Zabeck 2000, 486), das Gewesene erschließt sich „erst von einer bestimmten Fragestellung her, die im wissenschaftskonstituierenden Aspekt unserer Disziplin verwurzelt ist" (Zabeck 2009, 3). Im Vordergrund steht das Nachzeichnen der wesentlich von Institutionen geprägten Veränderungen in der Wirtschaftspädagogik. Dabei werden zwei Zugänge verfolgt: Erstens wird in einem Blick von der Makroebene im Sinne des Neo-Institutionalismus das Augenmerk auf die Institutionen für die Entstehung und Entwicklung der Wirtschaftspädagogik gelegt. Ausgehend von Zabecks (2009) *Geschichte der Berufserziehung und ihrer Theorie* wird die Entstehung und Entwicklung der Berufs- und Wirtschaftspädagogik fokussiert. Seine Arbeit wird in Hinblick auf Institutionen zusammengefasst und um weitere Literatur ergänzt, die die Entstehung und Entwicklung in Österreich wiedergeben. Zusätzlich werden Stellen, die von besonderer institutioneller Bedeutung sind, kontextbezogen um weitere Literatur ergänzt. Der Fokus dieser Literaturbearbeitung liegt auf den regulativen und normativen Institutionen. In der historischen Betrachtung der Literatur wird nach der Methode, die Zabeck (2000, 486; 2009, 3) anwendet, vorgegangen. Zweitens werden die Institutionen von der Mesoebene aus, nämlich anhand der Entwicklung des Institutes für Wirtschaftspädagogik am Standort Graz, in den wesentlichen Zügen unter dem Blickpunkt der Bedeutung von Institutionen nachgezeichnet. Dazu werden die Curricula des Studiums der Wirtschaftspädagogik und die Lehrpläne der Handelsakademie im Zeitablauf untersucht. Dabei wird versucht, auf für die Arbeit unnotwendige Details zu verzichten und nur auf das im Sinne Zabecks (2000, 486; 2009, 3) interessante Partikulare einzugehen, ohne dabei den Kontext aus den Augen zu verlieren. Da die Berufspädagogik in Österreich und insbesondere auch in Graz im wissenschaftlichen Diskurs keine große Bedeutung erlangt hat sowie universitär nicht verankert ist, wird in diesem Kontext nur von Wirtschaftspädagogik gesprochen, wobei dieser Begriff auch die Betriebspädagogik enthält. Aus der Makro- und Mesoebene sollen abschließend Erkenntnisse über die Wirkung von regulativen und normativen Institutionen auf die Wirtschaftspädagogik gewonnen werden. Diese Analyse führt zum Ergebnis, dass die Wirtschaftspädagogik eine normative, ausdifferenzierende und ausdifferenzierte *little science* darstellt (vgl. Reinisch 2009).

Das dritte Kapitel beginnt mit der Frage, welche Bedeutung und Funktion der Begriff Erziehung in der Erziehungswissenschaft spielt, und leitet danach zur wirtschaftlichen Erziehung in der Wirtschaftspädagogik über. Es wird die wirtschaftliche Erziehung bei Abraham und Zabeck inhaltsanalytisch untersucht, indem die Kategorien *Kultur*, *Anthropologie*, *Erziehung*, *Arbeit und Beruf* sowie *Ethik und Moral* aus den ausgewählten Publikationen interpretativ untersucht und eine zeitliche Kontrastierung der Vorstellung von Erziehung vorgenommen werden.

Im vierten und fünften Kapitel wird der Frage nachgegangen, welche normativen Institutionen für die Wirtschaftspädagogik ausschlaggebend sind. Methodologisch wird hier ebenso beim Neo-Institutionalismus angesetzt.

> „Im Kern geht es im Neo-Institutionalismus […] um die Darstellung, dass das Verhalten von Akteuren, seien dies nun Individuen, Organisationen oder andere soziale Entitäten, nicht aus den Eigenschaften und Motiven der Akteure allein zu erklären ist, sondern nur mit Bezug auf ihr kontextuelles Umfeld. Das kontextuelle Umfeld ist dabei als institutionelles Umfeld gedacht, welches die Skripte und kulturellen Schemen bereitstellt, nach denen Akteure sich richten. Sehr vereinfacht gesprochen gilt: Nationalstaaten orientieren sich an den Regeln der Weltkultur, Organisationen an den Regeln der organisationalen Felder und Individuen an den relevanten institutionellen Regeln ihrer Umwelt." (Senge 2011, 164)

Damit drückt Senge aus, dass bei der Entscheidung der Akteure nicht alleine deren Motive und Eigenschaften eine Rolle spielen, sondern auch Institutionen wie das Recht, die Moral oder kulturelle Selbstverständlichkeiten. Ethische Entscheidungen greifen auf die in der Lebenswelt verortete Moral zurück und unterziehen sie einer moralphilosophischen Bewertung. Im vierten Kapitel wird die Beck-Zabeck-Kontroverse diskutiert und neo-institutional interpretiert. Ethisches Handeln findet ebenso in einem kulturellen Kontext statt, wobei Institutionen bestimmte Denkweisen leiten. Im Mittelpunkt steht die ethische Analyse des ökonomischen Denkens und Handelns im Kontext der Beck-Zabeck-Kontroverse (vgl. u.a. Beck 2003a, Zabeck 2004), die nicht in ihrem Hin und Her von verschiedenen Meinungen chronologisch wiedergegeben, sondern in die Kategorien *Moral und Ethik*, *Ausdifferenzierung der Systeme*, *Kohlbergs Theorie der moralischen Entwicklung* und *Homanns rein ökonomische Vernunft* unterteilt und unter Einbindung der wesentlichsten Aussagen der einschlägigen Kontroverse aufgearbeitet, interpretiert und um zusätzliche Betrachtungen ergänzt wird. Insbesondere wird gleich zu Beginn auf die Bedeutung der Moral als Institution eingegangen und die Unterscheidung von

Moral und Ethik vorgenommen. Als normative Basis wird von den Menschenrechten ausgegangen, die sowohl nur als Individual- als auch als Institutionenethik voll zu ihrer Entfaltung kommen können.

Im fünften Kapitel wird gezeigt, welche Bedeutung Institutionen für die Konstruktion des Nationalstaates haben und wie diese das sozioökonomische Denken und Handeln der Menschen lenken und dadurch die Vorstellung einer supranationalen und *postnationalen Konstruktion* für den Menschen erschwert wird. Wirtschaftspädagogisch sind vor allem vier Dimensionen im Prozess der europäischen Supranationalität relevant: erstens die Bedeutung der Menschenrechte als Individual- und Institutionenethik, zweitens der Prozess der europäischen Integration, der nicht nur ökonomisch zu erklären ist, drittens die Bedeutung der Unionsbürgerschaft und der Europäischen Union als *Problemlösungsplattform* und viertens die kulturelle Dimension und Kompetenz. Alle vier sind für die Berufsausbildung und die allgemeine ökonomische Bildung und Erziehung von größter Bedeutung, weil sie Auswirkungen auf die Person als Staats- und Unionsbürgerin und auf den Beruf haben. Abhängig vom Beruf sind die Kenntnisse über die Europäische Union berufsspezifischer oder allgemeinbildender Natur, direkter und indirekter Wirkung, praktischer oder theoretischer Natur. Für alle sind sie jedoch wesentlicher Bestandteil einer sozioökonomischen Bildung und Erziehung, die zur Reflexion über die Bedeutung von Nation und Supranationalität herausfordern soll. Das fünfte Kapitel setzt daher bei der Frage an, welche Absicht hinter dem Europäisierungsprozess steht, welches Ziel er verfolgt, welche Inhalte dabei forciert werden und welche Akteure ihn betreiben. Der Methodologie der Arbeit Rechnung tragend, wird der Europäistik gefolgt und der Europäisierungsprozess als eine nicht auf die Ökonomie allein reduzierbare Entwicklung verstanden. Als treibende Kraft wird die okzidentale Rationalität – also die Zweckrationalität – identifiziert. Nachdem die traditionellen Integrationstheorien den Prozess nicht schlüssig erklären können, wird auf die *world polity* als eine neo-institutionelle Theorie auf der Makroebene zurückgegriffen. Demnach treibt die *Kultur der Rationalisierung* sowohl die Entstehung von Organisationen als auch von Nationalstaaten und der Europäischen Union voran. Diese Rationalisierung ist jedoch mehr Legitimisierung nach außen als tatsächliche Handlungsstruktur. Deshalb kann es zu Entkopplungen kommen, und es können sich Nationalstaaten unterschiedlich ausformen. Anhand von Urteilen zur Europäischen Menschenrechtskonvention wird gezeigt, dass es zu *geplanten Entkopplungen* kommen kann und Staaten auf Basis des gleichen Rechts zu unterschiedlichen Auslegungen gelangen können. Der Europäisierungsprozess ist also nicht nur durch Konvergenz, sondern auch durch eine Differenz, Hybridisierung und Standardisierung der Differenzen gekennzeichnet (vgl. Schwinn 2006). Auch die *world polity* kann nicht erklären, warum die Europäische Union als Idee in den Köpfen der Menschen weniger als die Idee des Nationalstaates ankert. Das führt zur neo-institutionellen Betrachtung des Europäisierungsprozesses aus der Mikrosicht unter Berücksichtigung von kulturell-kognitiven Institutionen. Die Selbstverständlichkeit des Nationalstaates als regulative und kulturell kognitive Institution führt zur Divergenz im Europäisierungsprozess. Diese kulturell-kognitiven Institutionen können als normativ missinterpretiert werden. Die Dekonstruktion des Nationalstaates als kulturelle Konstruktion macht sein *Janusgesicht* (Habermas 1998) aus rechtlichen und expressiv-primordialen Elementen offensichtlich und wirft die Frage auf, ob nicht auch die Supranationalität als ein rein rechtliches Konstrukt die Plattform für effizientes und solidarisches Handeln sein kann und expressiv-kulturelle Elemente für eine *imagined community* auf supranationaler Ebene nicht notwendig sind. Wie stark jedoch nationales Denken eine kulturelle Selbstverständlichkeit darstellt, wird anhand einer qualitativ-empirischen Studie gezeigt, die ebenso aufzeigt, wie individuell unterschiedlich isomorphe regulative Institutionen interpretiert werden und dennoch den Boden gemeinsamer Wertegeneralisierungen nicht verlassen. Einerseits wirken also konvergente supranationale Elemente, die stark von Zweckrationalität getragen sind, andererseits bleiben divergente kulturell expressive Elemente in Nationalstaaten bedeutend. Beide Phänomene, die Supranationalität und der Nationalstaat, sind kontingente und kulturelle Konstruktionen. Die Mikrotheorie kann die Entstehung von regulativen Institutionen besser erklären als die Makrotheorie, die stärker auf die Diffusion ausgerichtet ist. Darüber hinaus eignen sich Mikrotheorien besser für die Pädagogik, weil sie die Bedeutung des Individuums stärker herausstreichen. Abschließend wird erarbeitet, welche Bedeutung der Europäisierungsprozess für die wirtschaftliche Erziehung hat. Auf der Hintergrundfolie dieser Beobachtungen zeichnet sich eine umfassende Kultur ab, die als *Kultur der Rationalisierung* (Meyer 2005) oder als *Imperium der Rationalität* (Vietta 2012) beschrieben werden kann. Entwicklungen werden durch eine fortschreitende Rationalisierung vorangetrieben, die jedoch keine *reine* Rationalisierung ist. Für Meyer ist sie die Legitimisierung nach außen, Programmatik und Handlungsstruktur können sich daher unterscheiden. Menschen, Organisationen und Staaten sind nicht so zweckrational, wie sie vorgeben zu sein. Vietta erkennt sowohl die Bedeutung der Rationalität als auch ihre in ihr liegende Irrationalität der Quantifizierung, welche die Gesellschaft vorantreibe und zu irrationalen Entwicklungen führen könne. Diese kulturwissenschaftlichen Beobachtungen sind für die Definition der reflexiven Wirtschaftspädagogik von besonderer Bedeutung, wie im sechsten Kapitel erarbeitet wird.

Institutionen werden u.a. durch Professionen, zu denen auch die Pädagoginnen und Pädagogen zählen, tradiert und rezipiert. Trotzdem bleibt die Entscheidung der autonomen Person eine freie, wie Bieri (2009) mit dem Kompatibilismus zeigt: Zwischen (ökonomischem) Determinismus und absoluter Freiheit bleibt Platz für eine bedingte Freiheit, die es zu nützen gilt. Es ist daher notwendig, im sechsten Kapitel auf den Neo-Institutionalismus, den Kompatibilismus (Bieri 2009) und die Konzeption der Lebenswelt im Sinne von Habermas (1987a; 1987b; 2009; 2012) zurückzugreifen, um die Freiheit des autonomen Individuums darzustellen und damit der Idee der Verantwortung und Menschenwürde entsprechend Rechnung zu tragen. Es wird im Anschluss an die Analyse der Beck-Zabeck-Kontroverse ein Ethik-Modell entwickelt, das auf dem Situationsmodell Schulz von Thuns (1999) als Heuristik basiert und um das Modell der Strukturganzheit der Handlung (Pöltner 2006) und der strukturellen Rationalität (Nida-Rümelin 2001) ergänzt wird. Eine besondere Bedeutung erlangen Tugenden, weil Ethik in einem umfassenden Sinn verstanden wird, die auch die Strebensethik einschließt und nicht die Dilemma-Situationen in den Mittelpunkt rückt, sondern die alltäglichen beruflichen und außerberuflichen Situationen. Dieses Kapitel zielt auf eine ethisch begründete Dekonstruktion des kulturellen Konstrukts Ökonomie im Sinne der rein ökonomischen Vernunft, die zur rein ökonomischen Ethik geworden ist. Abschließend wird die reflexive Wirtschaftspädagogik definiert, die zwischen der Ökonomik und der Ökonomie, also dem Modell und dem wirtschaftlichen Vollzug, unterscheidet und auf ökonomisches Denken und Handeln zwischen dem ökonomisch Möglichen und dem ethisch Vertretbaren abzielt. Sie geht davon aus, dass die Ethik die Perspektive für das Ganze offenhält (Menne 1972). Da die Marktwirtschaft auf Werte angewiesen ist, die sie selbst nicht produzieren kann, muss sie auf Gesellschaft und Kultur zurückgreifen. Das wiederum führt zur sozialen und damit zur ethischen und politischen Dimension, die in der reflexiven Wirtschaftspädagogik, wie sie hier erarbeitet wird, besonders akzentuiert werden.

Das Kapitel 0 führt in die Arbeit und in die Methodologie ein. Die Kapitel 1 bis 5 stellen gewissermaßen Vorarbeiten für das sechste Kapitel dar, indem die reflexive Wirtschaftspädagogik definiert, ein Anwendungsbeispiel gezeigt und eine Abschlussthese formuliert wird.

> *„Gesellschaft ist ein menschliches Produkt. Gesellschaft ist eine objektive Wirklichkeit. Der Mensch ist ein gesellschaftliches Produkt."*
> (Berger & Luckmann 1977, 65)

1 Wie Institutionen das Denken lenken

Adam Smith verstand die Gesetze der Wirtschaft als „zugleich göttliche und natürliche Rechte" (Rüstow 2009, 22). Wirtschaft folgte seiner Auffassung nach naturgesetzlichen Regeln, die als gottgewollt und damit als moralisch gut einzuhalten waren (vgl. Luterbacher-Maineri 2008, 406–407). In dieser Arbeit wird Wirtschaft als ein von Menschen geschaffenes und damit kulturelles Phänomen verstanden. Die Unterscheidung der Wissenschaften in Natur- und Kulturwissenschaften führt zum Ergebnis: Wirtschaftspädagogik ist eine Kulturwissenschaft. In vielen berufs- und wirtschaftspädagogischen Ansätzen wird von Kultur ausgegangen (vgl. dazu z.B. Abraham 1957, 1966; Arnold 1997; Kerschensteiner 1968; Krasensky 1962; Schannewitzky 1995; Spranger 1921). Kultur wird dabei in unterschiedlichen Kontexten und Bedeutungen verwendet. Darüber hinaus soll an dieser Stelle darauf hingewiesen werden, dass die Wirtschaftswissenschaft aus der Moralphilosophie, die sich wiederum aus der Theologie heraus entwickelte, entstand. Smith als Vater der Wirtschaftswissenschaft war Moraltheologe. Daraus ist zu erkennen, dass sie sich aus den Kulturwissenschaften entwickelt hat.[6] Auch in den Begriffen der Wirtschafts- oder Unternehmenskultur taucht der Begriff Kultur auf, der ökonomisch und betriebspädagogisch genutzt wird (vgl. z.B. Arnold 1997, 85–118; Peters & Waterman 2003). Ebenso ist die Pädagogik aus der Philosophie hervorgegangen.

Es ist daher notwendig, in 1.1 den Kulturbegriff für diese Arbeit herauszuarbeiten. In 1.2 wird der Begriff *Institution* erörtert, um danach den Neo-Institutionalismus darzustellen (1.3). Das erste Kapitel schließt mit einem Fazit (1.4).

1.1 Kulturbegriff und Kulturtheorien

Eine allgemeine Beschreibung der Kultur gibt Edward Tylor, wonach Kultur „jenes komplexe Ganze, welches Wissen, Glaube[7], Kunst, Moral, Recht, Sitte

---

[6] Die Religionswissenschaft versteht im Allgemeinen Religion als ein soziales, kulturelles Phänomen.

[7] Da es sich um ein soziales Phänomen handelt, müsste hier eigentlich von Religion gesprochen werden.

und Brauch und alle anderen Fähigkeiten und Gewohnheiten einschließt, welche der Mensch als Mitglied der Gesellschaft erworben hat" (Tylor zitiert nach Kohl 1993, 130). In diesem Konzept wird Kultur als komplexes Ganzes begriffen, das erworben wird. Gudjons (2003, 181) führt aus, dass ohne Kultur kein menschliches Überleben möglich ist. Loch (1968, 161–178) bezeichnet den Prozess des Hineinwachsens in die Kultur als Enkulturation.

Der Begriff *Kultur* ist aus *cultura* entlehnt (*colere* für pflegen, bebauen), was zunächst landwirtschaftlich zu verstehen und in diesem Sinn im englischen Wort *agriculture* erhalten geblieben ist (vgl. Assmann 2011, 13). Die antiken Griechen kannten den Begriff der *Kultur* nicht. Sie sprachen jedoch von *téchne*, um Wissenschaft, Kunstfertigkeit und Handwerk und von *paideia*, um Bildung und Erziehung zu beschreiben. Die Römer verwendeten den Begriff *cultura* nicht nur in *agricultura*, sondern übertrugen ihn auf Bildung der Persönlichkeit im Sinne einer Kultivierung des Menschen, wie dies auch Cicero in den *Tusculanischen Gesprächen* ausführt (vgl. Moebius 2010, 15). Im 17. Jahrhundert wird der Begriff Kultur auf die Erziehung übertragen und danach in die Volkssprache aufgenommen (vgl. Kluge 1999, 492). Der in Deutschland auf den Bildungsbegriff übertragene Kulturbegriff verweist darauf, die bereits vorhandenen Anlagen des Menschen zu pflegen und auszubauen. In der Frühaufklärung wird mit Kultur die Abgrenzung von Mensch und Tier vorgenommen. Damit bekommt der Begriff eine soziale Bedeutung, denn wer kultiviert ist, weiß sich in der Gesellschaft zu behaupten und zu orientieren. Mit dieser Entwicklung entsteht ein normativer, wertender Kulturbegriff (vgl. Moebius 2010, 15). Mit Herder kommt eine weitere Akzentuierung hinzu, die tief im Denken über Kulturen verankert ist. Herder verwendete die Kugel-Metapher, um die Besonderheit einer Nation herauszustreichen, die – nach Herder – den Mittelpunkt der Glückseligkeit wie eine Kugel in ihrem Schwerpunkt habe. Jede Kultur ist spezifisch, sie ist die Kultur eines Volkes. Damit wird Kultur sowohl zur Identität als auch zur Abgrenzung nach außen (vgl. Welsch 2009, 2). Abgrenzung kann zu Ethnozentrismus führen, der davon ausgeht, dass die eigene Weltsicht, die eigene Kultur, die einzig richtige ist (vgl. Bennett 2004a; 2004b). Die Problematik eines solchen Verständnisses liegt darin, dass sie von drei Annahmen explizit oder implizit ausgeht: „Erstens sei sie [die Kultur, Anm. Autor] eine abgeschlossene Einheit, zweitens sei sie für eine bestimmte Gesellschaft charakteristisch und drittens würden alle Mitglieder dieser Gesellschaft die wesentlichen Elemente dieser Gesellschaft teilen." (Fillitz 2003, 27)

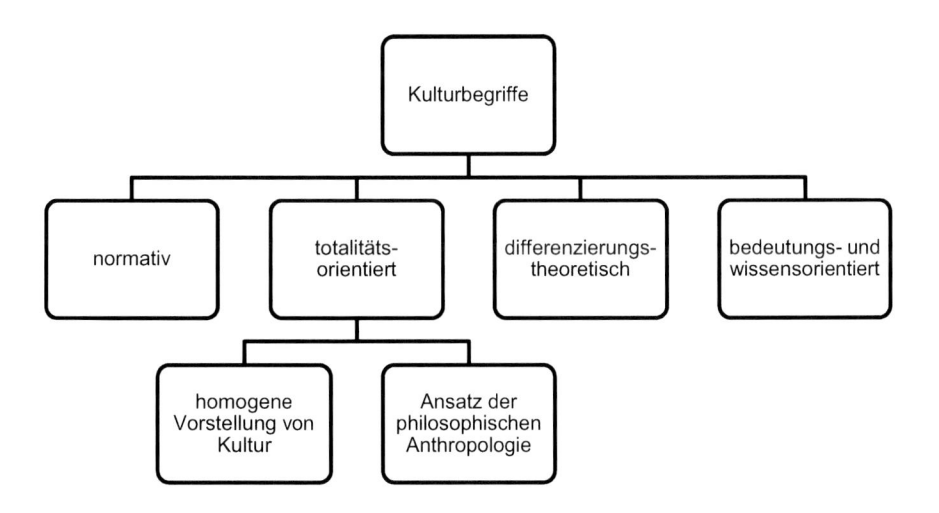

```
                        ┌─────────────┐
                        │ Kulturbegriffe │
                        └─────────────┘
         ┌───────────┬──────┴──────┬──────────────┐
   ┌─────────┐ ┌───────────┐ ┌──────────────┐ ┌──────────────┐
   │ normativ │ │ totalitäts- │ │differenzierungs-│ │ bedeutungs- und │
   │         │ │ orientiert │ │ theoretisch  │ │wissensorientiert│
   └─────────┘ └───────────┘ └──────────────┘ └──────────────┘
                   ┌──────┴──────┐
            ┌────────────┐ ┌────────────┐
            │  homogene  │ │  Ansatz der │
            │Vorstellung von│ │philosophischen│
            │   Kultur   │ │Anthropologie│
            └────────────┘ └────────────┘
```

Abbildung 3: Kulturbegriffe im Überblick (vgl. Moebius 2010, 16–19)

Aus den bisherigen Ausführungen lassen sich zwei Kulturbegriffe herausarbeiten (vgl. Moebius 2010, 16–19): erstens ein normativer Kulturbegriff, der Kultur Zivilisation gegenüberstellt, und zweitens ein totalitätsorientierter Begriff, der alles von Menschen Hervorgebrachte, wie Gewohnheiten, Moral, Glaubenssätze, Artefakte oder Kunst, aber auch technische und ökonomische Prozesse umfasst. Dieser zweite Ansatz kann wiederum in zwei Konzepte unterteilt werden, nämlich einer homogenen Vorstellung von Kultur, welche die Differenzen betont und für transkulturelle Phänomene verschlossen bleibt, und der Ansatz der philosophischen Anthropologie. Bevor nun diese Kulturbegriffe im Einzelnen diskutiert werden, gibt die Abbildung 3 eine Übersicht über diese.[8]

---

[8] Es gibt natürlich eine große Zahl verschiedener Kulturbegriffe und Strukturierungen. Es ist nicht Aufgabe dieser Arbeit, hier einen Überblick über diese zu geben. Ein weiteres Beispiel soll mit der Strukturierung nach Assmann (2011, 17) gegeben werden. Sie zählt folgende sechs Kulturbegriffe auf:
- „Pflege im Sinne von Verbesserung und Aufwertung einer Sache (z.B. Fitnesskultur)
- geographische und politische Großgebilde (z.B. die französische Kultur, die westliche Kultur)
- inklusiver Begriff für alles, was Menschen tun und mit ihnen zusammenhängt (ethnographischer Begriff)
- elitärer Begriff von Hochkultur
- Beherrschung der Triebnatur (Zivilisation)
- kritische bzw. auratische Gegenwelt zur Realität (Frankfurter Schule)"

Im letzten Punkt wird Kultur als eine Form der Transzendenz verstanden, die ähnlich wie die Religion das ganz Andere fassen möchte. Der Begriff „Aura" geht in diesem Kontext auf Walter

Im deutschsprachigen Raum hat sich vor allem im 19. und Anfang des 20. Jahrhunderts die normative Unterscheidung von Zivilisation und Kultur herauskristallisiert. Diese strikte Unterscheidung findet sich in anderen europäischen Sprachen nicht. Die Trennung hat für die „Wirtschaftspädagogik deswegen eine besondere Bedeutung, weil die Frage, ob die Wirtschaft ein Bestandteil der Kultur ist, nicht so selbstverständlich bejaht wird wie die Frage, ob die Kunst oder die Wissenschaft Bereiche der Kultur sind" (Abraham 1966, 41). Mit Kultur wird das zweckfreie Leben, also Religion, Kunst oder Philosophie, beschrieben. Zivilisation hingegen beschreibt die zweckbestimmten existenzsichernden Bereiche wie vor allem Technik und Wirtschaft. Es soll somit ein höherer Bereich des Geisteslebens markiert werden, der mit der Sphäre der *Kultur* verbunden ist, und ein niedrigerer, der mit *Zivilisation* beschrieben wird. Die Freiheit und die Würde des Menschen sind in dieser Argumentation kulturelle, rein geistige Angelegenheiten, die anderen Bereiche sind materielle, mindere Bereiche, die zwar praktisch sind und gesellschaftlich an Bedeutung gewonnen haben, aber letztlich für den Menschen weniger wichtig sind. (Vgl. Abraham 1966, 41) Diese Idee spiegelt sich auch in der Vorstellung der Neuhumanisten wider, die im Studium der Wirtschaft keine bildende Wirkung, sondern nur den Nützlichkeitscharakter erkannten, der jedoch nicht Bestandteil der Persönlichkeitsbildung sein konnte (vgl. Abraham 1966, 83). Spranger schreibt über dieses Phänomen:

> „Zur Zeit des deutschen Klassizismus wurden die Nützlichkeitswerte zurückgedrängt, weil sie damals beim Bauern und Bürger alle anderen Lebenswerte zu überwuchern drohten. Aus dieser Zeitsituation erwuchs die Idee, dass nur genannte ‚zweckfreie' Bildung wahre Menschenbildung sei. [...] Der moderne Mensch ist in erster Linie Arbeitsmensch. [...] Aber in einer industriell-technischen Gesellschaft kann man kein Menschenbild mehr zur Norm erheben, aus dem die wirtschaftlichen und technischen Leistungen ausgeklammert sind. Denn auch sie sind in hohem Grade Leistungen des Geistes. Gerade ihre Vernachlässigung bei der sittlichen Wertschätzung hat zu der extremen Einseitigkeit der Weltanschauung geführt, die sich als ‚ökonomischer Materialismus' bezeichnet. Die moderne Wirtschaft selbst ist in höchstem Maße ein Produkt des Geistes. Humanisierung der Arbeit ist in unserer Zeit eine vordringliche pädagogische Aufgabe." (Spranger 1959, 136–137)

Spranger fordert einen neuen Humanismus, der die geistigen Leistungen für die moderne Wirtschaft integriert. Diese Forderung war nach Ansicht Abrahams deshalb notwendig, weil der Neuhumanismus zum Dualismus von Allgemeinbildung und Berufsbildung geführt hat, wobei aus neuhumanistischer Sicht nur der Allgemeinbildung der Begriff Bildung zusteht. Bis in die 1960er-Jahre konnte dieser Dualismus nicht überwunden werden (vgl. Abra-

---

Benjamin zurück und beschreibt eine „religiöse Anmutsqualität großer Kunst" (Assmann, 2011, 16).

ham 1966, 80–95). Schelten (2005, 126) führt aus, dass die klassische Berufsbildungstheorie den Gegensatz von Allgemeinbildung und Berufsbildung überwunden hat. Bildungspraktisch jedoch sei dies nicht der Fall, gilt im Allgemeinen die Allgemeinbildung noch immer als eine privilegierte Form im Hinblick auf mögliche Karrierechancen, wobei sich allerdings dieser Gegensatz entschärfe.[9] Lenzen (2012, 77) führt in Bezug auf die Hochschulpolitik im Zuge des Bologna-Prozesses in Deutschland aus, dass es zu einer „unbedingten Forderung nach Beschäftigungsfähigkeit der Hochschulabsolventen" gekommen sei. Die berufliche Qualifikation habe in der Hochschulbildung einen Stellenwert erhalten, der dazu geführt habe, dass die Bildung durch Wissenschaft im Sinne Humboldts verloren gegangen sei. Es müsste nach Lenzen wieder ein Umdenken einsetzen, dass an den Universitäten die allgemeine Menschenbildung und die Berufsbildung zu zwei Elementen werden, „die einander nicht widersprechen dürfen". Ähnlich die ehemalige deutsche Unterrichtsministerin Schevan (im Interview mit Wiarda 2012, 65–66), die in einem Interview in *Die Zeit* eingesteht, dass die Politik Fehler im Bologna-Prozess gemacht hat, und deshalb fordert,

> „eine neue gesellschaftliche Debatte über den Wert und das Wesen von Bildung zu beginnen, und zwar unabhängig von ihrer Verwertbarkeit auf dem Arbeitsmarkt. Man hat sich beim Umbau der Studiengänge zu lange auf formale Aspekte konzentriert und versäumt, die entscheidende Frage zu beantworten: Was bedeutet Bildung durch Wissenschaft, das alte Humboldtsche Ideal, für die Hochschule des 21. Jahrhunderts. […] Bildung führt nicht nur zur Ansammlung von Wissen und Kenntnissen; Bildung prägt die Persönlichkeit und führt zur Veränderung von Einstellungen, Bildung führt zu Urteilskraft. Was passiert, wenn nur noch Fakten und Fertigkeiten vermittelt werden, konnten wir unlängst bei den Absolventen einiger wirtschaftswissenschaftlicher Studiengänge und ihrem Verhalten in der Finanzkrise sehen." (Schevan im Interview mit Wiarda 2012, 65)

Oevermann (2009, 145) sieht die Unterscheidung von Bildung und Ausbildung ähnlich, aber nicht deckungsgleich, wie die Differenzierung von Normen- und Wissensvermittlung. Beides müsse also Platz finden.

Zusammengefasst kann gesagt werden, dass durch den Neuhumanismus der Dualismus von Allgemeinbildung und Berufsbildung in die pädagogische Debatte hineingetragen wurde und durch den Bologna-Prozess die Berufsbil-

---

[9] Beide Begriffe sind in Verwendung und verweisen darauf, dass es beide Denkweisen gibt. Drei Beispiele: Im AEUV regelt Art. 165 die Allgemeinbildung und Art. 166 die berufliche Bildung. Im Lehrplan der österreichischen Handelsakademie wird auf das Vorhandensein beider Dimensionen verwiesen: „Die Handelsakademie vermittelt in integrierter Form Allgemeinbildung und kaufmännische Bildung, die zur Berufsausübung in allen Zweigen der Wirtschaft und Verwaltung qualifizieren." (bm:bwk 2004) In den kaufmännischen mittleren und höheren Schulen Österreichs hört man immer noch die Bezeichnung *Kommerzialisten* – gebraucht wird der Ausdruck in männlicher Form – um Wirtschaftspädagoginnen und -pädagogen von *Allgemeinbildnern* abzugrenzen (vgl. kritisch dazu Tafner 2004, 14–15).

dung im Sinne einer Ökonomisierung der Bildung ein starkes Übergewicht bekommen hat (vgl. Prisching 2002). Einerseits lässt sich eine Ökonomisierung der Bildung feststellen, andererseits jedoch sind Ökonomie und ökonomisches Denken und Handeln als *Inhalt* der Allgemeinbildung nach wie vor nicht etabliert – das zielt genau auf jene Vernachlässigung, die Spranger (1959, 136–137) kritisiert. Auch Albers (1988, 1) weist darauf hin, dass sich hinter der Diskussion über das Verhältnis von ökonomischer Bildung und Allgemeinbildung mehrere Probleme verorten, die historisch begründbar, und bildungstheoretischer, bildungspolitischer, bildungspraktischer sowie gesellschaftlicher Natur sind. So sei trotz der großen Bedeutung der Ökonomie für die Allgemeinheit die ökonomische Bildung in den allgemeinbildenden Schulen lediglich unzureichend verankert. Kaminski (1999, 183–207) geht davon aus, dass ökonomische Bildung ein integraler Bestandteil der Allgemeinbildung ist, sich aber nur durchsetzen kann, wenn es ein eigenes Unterrichtsfach dafür gibt und ein Gesamtkonzept für ökonomische Bildung von der Primarstufe bis zur Sekundarstufe II entwickelt wurde. Die Vermittlung der Inhalte könne nur mit fachwissenschaftlich und fachdidaktisch gut ausgebildeten Lehrpersonen erfolgen. Die Deutsche Gesellschaft für ökonomische Bildung (2011) fordert nach wie vor, dass ökonomische Bildung als Allgemeinbildung Anerkennung findet: „Ökonomische Bildung muss als integraler Bestandteil von Allgemeinbildung anerkannt werden – und zwar nicht nur in Sonntagsreden, sondern auch in der Realität der Schulpraxis."

Zusammengefasst kann festgestellt werden, dass die Ökonomisierung des Bildungssystems nicht bedeuten muss, dass wirtschaftliche Bildung und Erziehung selbst zum Thema werden.

Die philosophische Anthropologie geht davon aus, dass der Mensch von Natur aus ein Kulturwesen ist. Berger (1973, 7) bringt diesen Ansatz auf den Punkt: Kultur ist die „Totalität des menschlichen Hervorbringens". Mit angeborenen Instinkten und Fähigkeiten ausgestattet, können Tiere in ihrer ganz spezifischen Welt überleben. Beim Menschen jedoch ist dies völlig anders: Das Menschenbaby könnte überall auf der Welt zur Welt kommen, denn eine natürlich definierte Menschenwelt gibt es nicht. Der Mensch erschafft sich selber seine Welt. Menschen können überall leben, sie können sich überall ihre Welt, ihre Gesellschaft bauen. (Vgl. Tafner 2010d, 141–142) Die Welterrichtung ist eine „direkte Folge der biologischen Verfassung des Menschen. […] Von der Natur um eine Menschenwelt gebracht, bringt er eine menschliche Welt zustande. Diese seine menschliche Welt ist natürlich seine Kultur. Die fundamentale Aufgabe der Kultur ist die Sorge für feste Strukturen des menschlichen Lebens, eben solche, die ihm biologisch fehlen" (Berger 1973, 6–7).

Der Mensch kommt als *normalisierte Frühgeburt* (Portmann) zur Welt. Im Vergleich zu anderen Säugetieren müsste er zwölf Monate länger im Mutterleib bleiben. Dies ist anatomisch unmöglich. Dieses zusätzliche Jahr eröffnet Entwicklungschancen, die kein anderes Lebewesen hat: Dieser Zeitraum wird eben nicht im Mutterleib, sondern in der sozialen Umgebung gelebt. Der Mensch ist damit zu spezifisch menschlichem Verhalten geboren: zum sozialen Verhalten (vgl. Rothacker 1982, 36–37). Der Mensch lebt also sein erstes Jahr in einer bestimmten, von Menschen geschaffenen Umgebung, in die er hineingeboren wird. Er erlebt eine bestimmte Kultur.[10] Die Welt, die der Mensch selbst geschaffen hat, wirkt wieder auf den Menschen zurück. Die Kultur wird dadurch zur „zweiten Natur" (Berger 1973, 7) – ein Begriff, den bereits der Lehrer Ciceros, Poseidonius (ca. 135–51 v. Chr.), gebrauchte. Aristoteles (4. Jh. v. Chr.) definierte den Menschen als *zoon politikon* und Thomas von Aquin (13. Jahrhundert) verwendete den Begriff *animal social*. Der Mensch ist auf das Soziale angewiesen und das Gemeinschaftshandeln wird zu einer wesentlichen Wesensbestimmung des Menschen. Der Mensch ist ein Sozial- und Kulturwesen. Er kann gar nicht anders. (Vgl. Schäfers 2010, 25)

Mit den jüngeren Theorien Talcott Parsons und jenen von Niklas Luhmann entsteht der differenzierungstheoretische Kulturbegriff (vgl. Moebius 2010, 16–19). Der Systemtheorie folgend, besteht die Gesellschaft aus Subsystemen, die jedes für sich eine einzigartige Funktion für die Gesellschaft übernimmt. In dieser ausdifferenzierten Sicht wird Kultur zu einem Subsystem, wie Wirtschaft, Pädagogik, Recht, Politik oder Religion. Diese Sichtweise ist für das Verständnis der rein ökonomischen Ethik konstitutiv und leitet explizit und implizit sehr viele ökonomische, pädagogische und gesellschaftliche Sichtweisen. Der systemtheoretische und konstruktivistische Ansatz, der als Beschreibung der Gesellschaft oder als Selbstbeschreibung der Gesellschaft, also eine Beschreibung zweiter Ordnung, bezeichnet wird, wird heute vielfach normativ (miss)verstanden (vgl. Luhmann 1988a, 334). Diese Argumentation ist für die Wirtschaftspädagogik und die kritische, reflexive Auseinandersetzung mit ihr von herausragender Bedeutung. Deshalb wird dieser Punkt aufgegriffen und ausführlich im Kontext der Wirtschaftsethik kritisch beleuchtet (siehe 4.2).

Schließlich hat sich mit dem *Cultural Turn* als letzter der bedeutungs- und wissensorientierte Kulturbegriff ausgeformt (vgl. Moebius 2010, 16–19). Kultur wird dabei als ein Gemenge von Symbolen, Sinn- und Bedeutungsstrukturen verstanden. Die ausdifferenzierte Sicht im Sinne der Systemtheorie wird ausdrücklich abgelehnt, denn Kultur zieht sich über alle Lebensbereiche des Menschen. Der Mensch wird weder als ein nutzenmaximierender *homo oeconomicus* noch als ein ausschließlich sozialen Normen folgender *homo sociolo-*

---

[10] Es können natürlich auch mehrere Umgebungen und Kulturen sein, wenn jemand in einer multikulturellen Umwelt aufwächst oder kulturelle Räume wechselt.

gicus gedacht, sondern als *animal symbolicum* (Cassirer), ein Lebewesen, das auf Symbole angewiesen ist. Gerhards (2010, 278–289) fasst die Prämissen des *Cultural Turn* mit den nachfolgenden Punkten zusammen und unterzieht sie einer kritischen Analyse:

1. Es gibt keine kategorienlose Betrachtung der Welt. Damit haben auch die Kategorien der Wissenschaft, die selbst ein Ergebnis des sozialen Prozesses sind, Einfluss auf die Ergebnisse ihrer wissenschaftlichen Untersuchungen.
2. Im Mittelpunkt aller soziologischen Betrachtung stehen die Bedeutungen von Handlungen und damit der Sinn, den Menschen ihren Handlungen zuschreiben. Dabei geht es nicht nur um subjektive Sinnzuschreibungen, sondern auch um kollektive, die das Resultat von Interaktionen sind. Es geht um kollektive Sinnsysteme, Codes, Weltbilder, Ideen und Mythen – und damit zusammengefasst um Kultur.
3. Im Unterschied zu den Naturwissenschaften wird die Soziologie als eine verstehende Wissenschaft beschrieben. Es geht um das Verstehen des subjektiven Sinns einer Handlung und der dahinter liegenden sozialen Prozesse. Kausalität zu formulieren und zu erklären, ist die Soziologie aus dieser Sichtweise nicht in der Lage.
4. Im Mittelpunkt stehen alltägliche Praktiken und mikrosoziologische Analysen. Die Untersuchung von Organisationen richtet sich vor allem auf den informellen Aspekt und weniger auf den formellen.
5. Qualitative Forschungsmethoden werden bevorzugt, weil es um die Bedeutung von Handlungen geht.

Gerhards Kritik bezieht sich vor allem darauf, dass „die Grundprinzipien des *Cultural Turn* und die daraus abgeleiteten Vorstellungen einer Kultursoziologie nicht hinreichend gut begründet sind" (Gerhards 2010, 286). Er legt zu den einzelnen Punkten Beispiele dar, auf die hier nicht eingegangen werden kann. Als Kritik an der Kritik soll jedoch eingebracht werden, dass es die Summe dieser Punkte ausmacht, im Sinne von Moebius doch von einem neuen Kulturbegriff zu sprechen. Mit dem *Cultural Turn* ist es in der Soziologie und Geisteswissenschaften zu einer „konzeptuelle[n] Verschiebung zugunsten kulturwissenschaftlicher Fragestellungen und kulturtheoretischer Argumentationen" gekommen, auch wenn es in verschiedenen Arbeiten bereits vorher Ansätze in diese Richtung gab (vgl. Reckwitz 2000, 16). Es geht um ein Verständnis von sozialer Wirklichkeit und sozialem Verständnis, das von einem „sozial konstruierten Gehalt der gesellschaftlichen Wirklichkeit" ausgeht (Senge 2011, 26). Individuelle Präferenzen und Entscheidungen, aber auch Kategorien wie Individuum, Organisation, Staat und suprastaatliche Einrichtungen lassen sich weder als Naturgesetze noch als rein individuelle Entscheidungen festmachen. Die Welt ist eine symbolische, in der der Mensch durch Interaktion den Symbolen Bedeutung beimisst und weitergibt (Senge 2011, 26–27). Das bedeutet aber auch, dass sich die Handlungslogiken nicht rein zweckrational erklären lassen, so wie dies bereits Parsons in seinen früheren Arbeiten herausgearbeitet hat und bezweifelte, dass eine stabile Ordnung, die ja als Phänomen beobachtet werden kann, aus rein nutzenorientiertem Handeln heraus entstehen kann, sondern dass jede soziale Ordnung immer in irgendeiner Form auf gemeinsame Werte und Normen zurückgreifen muss (vgl. Parsons 1964).

Die Kulturwissenschaften setzen sich mit dem Phänomen Kultur auseinander. Für Assmann (2011, 18) sind die Kulturwissenschaften nicht aus einer neuen Methode oder Mode heraus entstanden, sondern eine Antwort auf die tiefgreifenden Veränderungen der Gesellschaft und „Welt(un)ordnung". Für die einzelnen Fächer bedeutet diese Entwicklung ein „Durchlässigwerden der Disziplinengrenzen". Einige Stimmen sehen darin die Gefahr einer grenzenlosen Ausweitung. Aber allen ist gemeinsam, dass sie sich eben mit Kultur beschäftigen. Der Gegenstandsbereich sei konfus, klar seien hingegen die Fragestellungen der Kulturwissenschaften. Sie interessieren sich dafür, wie Kultur von Menschen gemacht wird und welche Voraussetzungen, Verfahren und Funktionen dafür notwendig sind. Genau diese Erkenntnis könnte den Ausgangspunkt des *Cultural Turn* beschreiben. Der *Cultural Turn* ist durch eine „grundlegende Neubewertung von Symbolisierung, Sprache und Repräsentation auf den Weg gebracht [worden]" (Bachmann-Medick 2009, 13). Text und Sprache sind Triebkräfte des sozialen Handelns. Kultur, Bedeutung und Diskurs sind Gesellschaftsdimensionen, denen größere Bedeutung beigemessen wird. Die Kulturwissenschaften können – so Bachmann-Medick – mit der Feldtheorie Bourdieus strukturiert werden, als ein Raum bzw. ein Feld, in dem Beziehungen zwischen Individuen oder Institutionen stattfinden. Die Kulturwissenschaften wollen keinen Gesamtanspruch stellen, vielmehr möchten sie eine fächerübergreifende Orientierung erreichen, die in den einzelnen Disziplinen verankert ist. Das führe unweigerlich dazu, dass sich die disziplinären Ansätze verändern, weil sich der Blick auf sie verändere. Es gehe dann darum, Anschlussmöglichkeiten zu suchen, die quer über die einzelnen Disziplinen verlaufen. (Vgl. Bachmann-Medick 2009, 12)

Der *Cultural Turn* ist kein Paradigmenwechsel im Sinne Kuhns. Nach Kuhn (1977, 390) markiert ein Paradigma, „was den Mitgliedern einer wissenschaftlichen Gemeinschaft, und nur ihnen, gemeinsam ist". Der Wandel in den Kulturwissenschaften vollzieht sich quer durch die Disziplinen, sodass es innerhalb der einzelnen Disziplinen verschiedene Zugänge und im Vergleich der Disziplinen ähnliche Zugänge gibt. Es kommt damit zu wissenschaftlichen Gemeinschaften, die sich über Disziplinengrenzen hinweg formen. Es werden transdisziplinäre Ansätze möglich, die immer wieder zu neuen Interpretationsansätzen führen. Ein fest umrissener Forschungskonsens ist nicht vorhanden, vielmehr stehen selbst die Forschungsprämissen in einem Wettstreit. Oder anders gesagt: „Eine gemeinsame Sicht der sozialen und kulturellen Welt kann daher von den wettstreitenden Theoriepositionen […] in den Kultur- und Sozialwissenschaften nicht erwartet werden." (Bachmann-Medick 2009, 17) So entstehen schrittweise neue Sichtweisen und Herangehensweisen, aber es formt sich kein einheitliches Weltbild aus. Ein *Turn* in diesem Sinn ist auch nichts Unumkehrbares und vollzieht sich auch niemals für ein ganzes Fach, vielmehr entstehen Neufokussierungen oder Neuakzentuierungen. Es entstehen Methodenpluralismus, Interdisziplinarität und Grenzüberschreitungen, aber kein neues Paradigma, sondern Unkonventionelles. (Vgl. Bachmann-Medick 2009, 17–18)

Dies hat wesentliche Implikationen für das ökonomische Denken bzw. den Blick auf das ökonomische Denken, das nicht quasi-naturwissenschaftlich, sondern von kulturellen Paradigmen bestimmt wird. Der Mensch wird als Kulturwesen begriffen, so wie es die philosophische Anthropologie sieht. Kultur ist ständig im Wandel und kulturelle Codes und Sinnsysteme werden als kontingent verstanden. Gesellschaftliche Wirklichkeit entsteht durch wiederholte und gleichförmige Handlungsmuster, wobei die Praktiken nicht nur eine geistige Dimension, sondern auch eine materielle Seite aufweisen: Artefakte, Prozesse und Gedanken transportieren Kultur (vgl. Moebius 2010, 77–80 u. 123–126). Berger und Luckmann (1977, 58) beschreiben, dass Institutionen durch Habitualisierung entstehen.

1.2 Institutionen

Der einzelne Mensch ist in seinem Denken, Entscheiden und Handeln in die Bedingungen der Gesellschaft eingebunden (vgl. Bieri 2009, 38–42). Er ist Teil der Gesellschaft, die ihn prägt, und er prägt diese Gesellschaft mit, die zur objektiven Wirklichkeit wird (vgl. Berger & Luckmann 1977, 65). Diese objektive Wirklichkeit formt sich u.a. in Institutionen aus. Oft sind sie es, die Entscheidungen des Menschen prägen und beeinflussen. Für Durkheim (1980, 100) war Soziologie überhaupt die „Wissenschaft von den Institutionen".

Der Mensch wird von seiner Welt bestimmt und übernimmt von Kind an die Kultur, also „die Totalität der Produkte der Menschen" (Berger 1973, 7). Diese Kultur wird zur Wirklichkeit, die Ordnung, die sich die Gesellschaft baute, beginnt zu wirken.

Der Mensch hat also keine biologischen Vorgaben, die ihm eine bestimmte Struktur vorgeben und dadurch die menschliche Lebensweise stabilisieren.

Ein menschliches Leben, das nur auf die Hilfsmittel des Organismus zurückgeworfen wäre, ergäbe ein Leben im Chaos. Die Empirie zeigt aber anderes: Das menschliche Sein ist eingebunden in Ordnung und Stabilität. Damit stellt sich aber die Frage, woher die Stabilität der menschlichen Ordnung stammt und wie die gesellschaftliche Ordnung überhaupt entsteht. Die Antwort ist einfach: Die Gesellschaftsordnung ist nicht biologisch gegeben, sie ist ein nicht abgeschlossenes, dynamisches Produkt des Menschen. Gesellschaftsordnung ist kein Naturgesetz und kann auch nicht von Naturgesetzen abgeleitet werden. Gesellschaft ist einzig und allein menschliches Tun. Voraussetzung ist die Externalisierung, denn in einem abgeschlossenen Raum des Schweigens wäre menschliches Leben gar nicht möglich. Menschliches Leben muss sich äußern und aktiv sein. Auch die Triebe muss der Mensch in Bahnen lenken.

> „Diese biologischen Fakten sind die notwendigen Voraussetzungen für das Entstehen einer gesellschaftlichen Ordnung. Mit anderen Worten: Wenngleich keine bestehende Gesellschaftsordnung biologisch abgeleitet werden kann, ist doch die Notwendigkeit gesellschaftlicher Ordnung überhaupt in der biologischen Verfassung des Menschen angelegt. Sucht man über biologische Konstanten hinaus nach Gründen für Entstehen, Bestand und Überlieferung einer Gesellschaftsordnung, so muss man sich auf eine Analyse, die auf eine Theorie der Institutionalisierung hinausläuft, einlassen." (Berger & Luckmann 1977, 56)

Will man die Ursprünge der Institutionalisierung verstehen, so muss man sich der Bedeutung der Gewöhnung bewusst sein. Wiederholte Tätigkeiten verfestigen sich zu einem Modell. Diese erleichtern das Handeln, weil auf sie routinemäßig zurückgegriffen werden kann und es daher kraftsparend ist. Habitualisierung bezieht sich dabei nicht nur auf soziales Handeln, sondern auf jedes Handeln, denn auch der einsamste Mensch kann sein Tun zur Routine werden lassen. Diese Routinen befreien den Menschen vor ständigen Entscheidungen und sind damit eine wesentliche Entlastung.

Douglas vertritt nicht die Auffassung, dass Institutionen vor allem bei niederen Routineaufgaben dem Menschen beim Denken und Handeln entlasten und ihm damit für große und wichtige Entscheidungen genug Kapazitäten überlässt. Der These von Douglas folgend stelle sich die Frage, ob wichtige Entscheidungen das Individuum nicht lieber den Institutionen überlasse; taktischen und unwesentlichen Fragen wende es sich hingegen selbst zu. (Vgl. Douglas 1991, 179) Douglas führt ein Gedankenexperiment durch und stellt die Frage, was denn eigentlich passieren würde, wenn es das Recht nicht mehr gäbe. Holt sich dann jeder und jede, was er oder sie will? Sie bringt das Beispiel von Hungersnöten. Selbst in solchen Situationen stürzen nicht alle Konventionen ein. In Krisensituationen handeln die Menschen nach verinnerlichten Rechtsvorstellungen, also nach Institutionen. Gerade in Krisensituationen wird auf Institutionen und nicht auf rationale Entscheidungen zurückgegriffen. (Vgl. Douglas 1991, 199–200) Damit geht ihr Gedankenexperiment in eine völlig andere Richtung als jenes, das Hobbes in seinem bekannten Experiment zeichnet. Hobbes beschreibt im Leviathan (1651) ein Gedankenexperiment und fragt, was passieren würde, wenn es keine Gesetze, Regeln oder Einschränkungen für Menschen mehr gäbe, sie also in einen *Naturzustand* zurückversetzt werden würden. Hobbes sieht die Antwort in einem Kampf alle gegen alle, der in einem solchen Zustand ausbrechen würde, weil jeder und jede seinen bzw. ihren eigenen Nutzen maximieren möchte. Daher ist es nach Hobbes notwendig, dass sich der Mensch der Autorität eines Herrschers unterwirft, der mit seinem Gewaltmonopol den Frieden erzwingen kann. Es muss also Macht (an den Staat) abgegeben werden.

Institutionen geben dem Menschen Richtungen vor, die ihm biologisch fehlen. Insbesondere werden dadurch Spannungen abgebaut, die sich aus seinen Trieben ergeben. Menschliches Tun erhält so einen sicheren Hintergrund, vor dem sich menschliches Handeln ereignen kann. Weil nicht ständig neu entschieden werden muss, werden Energien für wichtige und innovative Handlungen frei. (Vgl. Berger & Luckmann 1977, 56–58)

Institutionen können das Denken einschränken und den Menschen in eine ganz bestimmte Richtung führen. Institutionen können keine Ziele vorgeben und keine Strategien entwerfen. Sie beinhalten immer nur ihr eigenes Programm: Institutionen, die für mehr Freiheit eintreten, schreien immer nach mehr Freiheit; Institutionen, die nach Vernunft rufen, werden immer nur nach Vernunft rufen. Geistige Autonomie bedeutet demnach, die Funktionsweisen von Institutionen zu verstehen und damit zu erkennen, wie sehr sie das Denken beeinflussen können. Institutionen schaffen Etikettierungen, die ähnlich einer *self-fulfilling prophecy* in Form einer Rückkoppelung wirken. Sie schaffen damit auch die objektive Wirklichkeit, von der Berger und Luckmann sprechen. Neue Institutionen schaffen neue Etikettierungen, diese bringen neue Menschen hervor. „Höchstwahrscheinlich gibt es spezifische Klassifikationsprozesse, die jeweils für religiöse, medizinische, pädagogische, militärische und anderer Institutionen typisch sind." (Douglas 1991, 177)

„Institutionalisierung findet statt, sobald habitualisierte Handlungen durch Typen von Handelnden reziprok typisiert werden. Jede Typisierung, die auf diese Weise vorgenommen wird, ist eine Institution." (Berger & Luckmann 1977, 58) Diese Definition soll nun etwas genauer betrachtet werden: Voraussetzung für die Institutionalisierung sind habitualisierte Handlungen. Diese Akte müssen zu Allgemeingut werden. Das geschieht dadurch, dass sie wechselseitig typisiert werden. Nicht nur der Akt, sondern auch die Akteure werden typisiert. So postuliert eine Institution, dass eine bestimmte Handlung A vom Akteur des Typs B ausgeführt wird. Solche Typisierungen entstehen im gemeinsamen geschichtlichen Ablauf und nicht von heute auf morgen. Institutionen sind daher nur im Zeitablauf zu erklären, sie setzen also Historizität voraus. Sie entfalten ihre Wirkung dadurch, dass sie menschliches Verhalten kontrollieren und damit Verhaltensmuster vorgeben. Ja, sie entfalten ihre Wirkung selbst ohne Sanktionsmechanismus, obwohl es diesen in vielen Institutionen gibt. „Die primäre soziale Kontrolle ergibt sich [...] durch die Existenz von Institutionen überhaupt. Wenn ein Bereich menschlicher Tätigkeit institutionalisiert ist, so bedeutet das *eo ipso*, dass er unter sozialer Kontrolle steht" (Berger & Luckmann 1977, 59). Kontrollen werden dann ergänzt, wenn die Institutionalisierung selbst nicht ausreicht.[11]

Voraussetzungen für die Institutionalisierung sind daher zusammenfassend: erstens die Habitualisierung einer Handlung, zweitens die wechselseitige Typisierung des Aktes und der Akteure sowie drittens Historizität, also ein vorausgehender geschichtlicher Entstehungsprozess. Schließlich entfalten Institutionen aus sich heraus einen Kontrollmechanismus.

Institutionen sind für eine große Zahl von Menschen relevant. Aber schon das wiederholte gemeinsame Tun von zwei in Interaktion stehenden Menschen kann Institutionen hervorbringen. Treffen zwei Personen, die durch einen unterschiedlichen gesellschaftlichen Prozess geformt wurden, in einer Interaktion im Rahmen einer Situation zusammen, die für beide nicht institutionell vorgeprägt ist, so entstehen in der Interaktion dieser zwei Personen sehr bald Typisierungen. Beide Personen beobachten sich in der Interaktion. Die eine Person unterstellt der anderen bestimmte Beweggründe für ihr Tun und typisiert diese. Werden die Handlungen wiederholt, werden diese als wiederkehrende typische Handlungen kategorisiert. Bald hat diese eine Person Typisierungen von Akten parat, deren Wiedererkennen zu einem bestätigenden *Aha-Erlebnis* führen – „aha, da haben wir es wieder". Diese eine Person wird annehmen, dass die andere ganz gleich vorgeht. Die beiden Personen nehmen ihre wechselseitigen Typisierungen an, die in typischen Verhaltensmustern zum Ausdruck kommen. Innerlich machen sich die Personen die Rollen ihrer Gegenüber zum Vorbild des eigenen Rollenspiels. Dieses Verhalten ist schon sehr nahe an einer Institutionalisierung, ist es aber noch nicht vollständig, weil die Akteure noch nicht typisiert werden können – das ist bei

---

[11] Berger und Luckmann führen an dieser Stelle folgenden Sachverhalt an: „Nehmen wir zum Beispiel an, ein Gesetz sähe vor, dass ein jeder, der das Inzesttabu bricht, geköpft wird. Die Vorkehrung mag nötig gewesen sein, weil das Tabu manchmal verletzt worden war. Dass eine solche Schreckenssanktion dauernd aufrecht erhalten wird, ist jedoch unwahrscheinlich – außer, wenn die Institution selbst, für die das Inzesttabu steht, vom Zerfall bedroht ist, eine Sondersituation, die uns jetzt nicht zu kümmern braucht. Es wäre barer Unsinn zu sagen, die menschliche Sexualität stünde unter sozialer Kontrolle, weil ein paar Leute geköpft werden. Sie ist vielmehr unter sozialer Kontrolle im Sinn und Verlauf der für ihre Institutionalisierung jeweils zuständigen Geschichte. Hinzuzufügen wäre dem nur, dass das Inzesttabu selbst nichts anderes ist als das Negativ eines Sammelsuriums von Typisierungen, die positiv bestimmen, was inzestuös ist und was nicht." (Berger & Luckmann 1970, 59)

zwei Personen einfach nicht möglich. Was bringt dieses Verhalten nun den beiden? Sie können die Handlungsweisen des anderen voraussehen. Das erleichtert die Interaktion ungemein, dadurch bedürfen nicht alle Handlungen mehr der Achtsamkeit. Voraussetzung für diesen Prozess ist eine dauerhafte soziale Situation, damit im Laufe der Zeit Habitualisierungen überhaupt entstehen können. Nicht alle Prozesse werden habitualisiert. Auf jeden Fall muss die Kommunikation zwischen den Personen zur Gewohnheit werden, aber auch Arbeit, Sexualität und Territorialität sind Bereiche, wo Habitualisierung sehr wahrscheinlich ist. Jedenfalls sind dies die Gebiete, die in der Gesellschaft habitualisiert sind. Erweitert man das Beispiel der zwei Personen um eine dritte, so beginnt die Institutionalisierung zu greifen. Zwei Personen haben die Habitualisierung noch selbst in der Hand und könnten sie grundsätzlich wieder ändern oder vernichten. Für sie ist die Habitualisierung noch völlig durchschau- und verstehbar. Bei der Weitergabe an die nächste Generation ändert sich das. Aus dem *Aha-Erlebnis* der zwei Personen wird nun ein *So-macht-man-das*. Kinder übernehmen durch Sozialisation die Habitualisierungen der Eltern und diese typisierten Akte werden zur *Welt*, die nun nicht mehr so durchschaubar ist, weil die Kinder ja nicht wissen, wie die Habitualisierung entstand. Sie ist nun aber Wirklichkeit. Die Kinder erkennen nicht, dass es sich eigentlich um Übereinkünfte handelt. Diese Habitualisierungen sind nun schon vor der Geburt da, sie werden als objektive Wahrheit erlebt. Der Einzelne kann sich diese auch nicht einfach wegwünschen. Man kann sich ihnen nicht entziehen und sie auch nicht verändern. Ihr Vorhandensein hat Macht über sie. (Vgl. Berger & Luckmann 1977, 59–65) So wird die institutionelle Welt zur „vergegenständlichte[n] menschliche[n] Tätigkeit" (Berger & Luckmann 1977, 65). Der Mensch lebt also inmitten eines Kollektivgebildes, das auf ihn einwirkt. Der Mensch schafft sich seine Welt, die auf den Menschen zurückwirkt.

Für die Entstehung der gesellschaftlichen Welt kommt der Internalisierung, die sich in der Sozialisation vollzieht, eine entscheidende Rolle zu. Für die nächste Generation wirkt die Institutionalisierung noch viel stärker, sie ist bereits Wirklichkeit. Sie kann aber nicht mehr nachvollziehen, wie es zu diesen Institutionen kam. Daher müssen diese erklärt und gerechtfertigt werden. Die institutionelle Ordnung braucht also Legitimation. Die neue Generation war also an der Entstehung nicht beteiligt und für sie erscheint die Ordnung willkürlich. Deshalb ist es notwendig, Sanktionen zu erlassen. Die Erwachsenen müssen ihren Kindern beibringen, „wie man sich verhält".

Das Verstehen der Institutionen vollzieht sich in der Reflexion und beruht auf einem Wissen über institutionalisierter Ordnung (vgl. Berger & Luckmann 1977, 66–69). Wissen wird hier als die Gewissheit verstanden, „dass Phänomene wirklich sind und bestimmbare Eigenschaften haben" (Berger & Luckmann 1977, 1). Dieses Wissen über *Wirklichkeit* erwerben die Menschen in einem intersubjektiven Prozess (vgl. Berger & Luckmann 1977, V), wobei *Wirklichkeit* als „Qualität von Phänomenen" definiert wird, die „ungeachtet unseres Wollens vorhanden sind – wir können sie ver-, aber nicht wegwünschen" (Berger & Luckmann 1977, 3). Eine Analyse der Institutionen sollte daher nicht bei komplexen Theorien, sondern bei jenem Wissen ansetzen, das die Voraussetzung für jede Institution überhaupt ist. Es geht darum, was jeder Mensch weiß; es geht vor allem um Moral, Maxime, Werte, Glauben und Mythen. Es ist das allen zur Verfügung stehende Alltagswissen. Jede Institution baut auf dieses *Rezeptwissen* auf. Dieses Wissen ist gesellschaftlich objektiviert. Es wird durch Sozialisation erworben und internalisiert. Jede radikale Abweichung davon wird als eine Abweichung von der Wirklichkeit gesehen. Je heftiger diese Auseinandersetzung, umso hilfreicher ist die Erkenntnis, dass Institutionen unser Denken lenken können.

Die Frage, die sich aufdrängt, ist folgende: Wie weit reicht die Institutionalisierung in einer Gesellschaft? Wie viel ist institutionalisiert und wie viel ist nicht institutionalisiert? Die Antwort auf diese Frage hängt vom Entwicklungsgrad der Gesellschaft ab. Moderne Gesellschaften sind ausdifferenziert. Am anderen Ende der Skala stehen primitive Kulturen – primitiv nicht deshalb, weil sie minder sind, sondern weil ihnen die Ausdifferenzierung fehlt. „Fortschritt bedeutet Differenzierung. Folglich bedeutet primitiv undifferenziert und modern differenziert. Technologischer Fortschritt umfasst die Differenzierung in allen Bereichen, in den Techniken und Materialien, in den produktiven und den politischen Rollen" (Douglas 1985, 100). An diesem Gegenpol lässt sich erkennen, was die moderne, pluralistische Gesellschaft nicht ist. Mary Douglas beschreibt in ihrem Buch *Reinheit und Gefährdung* primitive Kulturen. Viele Verhaltensnormen und -regeln, die uns zivilisierten, durch die Ausdifferenzierung geprägten, Menschen als völlig irrational erscheinen, haben einen sozialen und somit rationalen Sinn, der uns auf den ersten Blick verborgen bleibt. Douglas versucht darzustellen, dass Reinheitsge- und -verbote eine gesellschaftliche Aufgabe übernehmen, denn es gibt keine amtlichen Instanzen religiöser oder profaner Natur, die die Gesellschaft aufrechterhalten. Diese Gebote und Verbote üben also die Funktion einer Institution aus. Der historische Fortschritt ist durch die Entwicklung diverser rechtlicher, militärischer, polizeilicher, parlamentarischer und administrativer Institutionen gekennzeichnet. Das führt auch zu einer Differenzierung der Denkmuster! Aber das Kriterium, das unterscheidet, ist nicht diese Differenzierung der Denkmuster. Das Kriterium ist das Kantsche Prinzip, „dass das Denken nur dann fortschreiten kann, wenn es sich aus den Fesseln seiner eigenen subjektiven Bedingungen befreit" (Douglas 1985, 104). „Die Tatsache, dass bei uns Soziologie, Ethnologie und Psychologie möglich sind, unterscheidet unsere Form von Kultur von anderen, denen diese Selbsterkenntnis und dieses bewusste Streben nach Objektivität fehlen" (Douglas 1985, 105).

In primitiven Kulturen wird die Natur als etwas Persönliches gesehen, der Mensch als Teil des harmonischen Kosmos. Douglas gibt ein Beispiel aus dem Leben der Lele[12]: Eine Heilung wird wieder zurückgenommen, wenn der Hexer nicht bezahlt wird oder es einen heimlichen Ehebruch gab. Der Medizin, die verabreicht wurde, wird die Fähigkeit unterstellt, zu erkennen, ob es Schulden oder Ehebruch gibt. Funktioniert die Medizin nicht, so muss es noch andere Gründe, z. B. die Nicht-Einhaltung oder falsche Anwendung von Riten oder ähnliches geben, das die Wirkung unmöglich macht.

> „Unpersönlichen Elementen im Universum werden demnach eine Urteilsfähigkeit zuerkannt, die es ihnen ermöglicht, in die Angelegenheiten der Menschen einzugreifen und den Moralkodex aufrecht zu erhalten. In diesem Sinn ist das Universum offenbar in der Lage, den moralischen Wert menschlicher Beziehungen zu beurteilen und entsprechend zu handeln. [...] Zusammenfassend lässt sich sagen, dass das Universum in der primitiven Weltsicht in ganz verschiedener Hinsicht als etwas Persönliches gedacht wird. Man glaubt, dass die physischen Kräfte und das Leben der Menschen miteinander verwoben sind." (Douglas 1985, 115–116)

Primitive, nicht ausdifferenzierte Kulturen zeichnen sich dadurch aus, dass die institutionelle Ordnung das ganze Leben umfasst. Alle haben Anteil an diesem Wissen. Spezialisierte Rollen gibt es nicht oder kaum (vgl. Berger & Luckmann 1977, 85). Völlig konträr dazu ist eine Gesellschaft vorstellbar, die so ausdifferenziert ist, dass es nur ein einziges gemeinsames gesellschaftliches Problem gibt, für das sich nur eine Institutionalisierung herausbildet. Diese Gesellschaft verfügt dann auch über ein marginales gemeinsames Wissen im Sinne der obigen Ausführungen. Das Wissen wäre rollenspezifisch und das geteilte Wissen eben marginal.

Aus diesen beiden Beispielen wird klar: Je stärker die Spezialisierung und Differenzierung, umso ausdifferenzierter sind die Institutionen. Damit taucht aber das Problem der Sinnzuschreibung auf. Die ganze Gesellschaft kann in diesem Fall den Sinn einer Institution nicht mehr erkennen:

> „Die Aufgliederung der institutionalen Ordnung und die mit ihr einhergehende Zuteilung von Wissen muss zu der Schwierigkeit führen, integrationsfähige Bedeutungen zu schaffen, die für die ganze Gesellschaft gelten und einen allgemeinverbindlichen Zusammenhang objektiver Sinnhaftigkeit für die bruchstückhafte Erfahrung des Einzelnen und sein bruchstückhaftes Wissen eingehen. Über das Problem allgemeinverbindlich sinnhafter Institutionen hinaus entsteht für einen Typ von Akteuren gegenüber anderen Typen von Akteuren das Problem der Legitimation institutionaler Aktion." (Berger & Luckmann 1977, 89–90)

Diese Aufspaltung führt zur Entstehung von „gesellschaftlich abgetrennten Subsinnwelten" (Berger & Luckmann 1977, 90). Religiöse Überzeugungen, Beruf, Alter etc. sind verschiedene Kriterien, die diese Subsinnwelten ausfor-

---

[12] Die Lele sind ein Volk in der Demokratischen Republik Kongo (ehemals Belgisch-Kongo).

men. Es sind dann bestimmte Gruppen, die diese Sinnwelten reproduzieren und für die sie auch zur Wirklichkeit werden. So entstehen auch verschiedene Sichtweisen auf die Gesamtgesellschaft. Diese Subsinnwelten treten auch miteinander in Konkurrenz und es entstehen Konflikte zwischen den Gruppen. Es wird damit immer schwieriger, die Gesellschaft zu integrieren. Die Gruppen müssen aber immer darauf achten, dass die Institutionen der Gruppen auch von der Gesellschaft anerkannt werden, d.h. es geht immer auch um die Frage der Legitimation, weshalb die Gruppen eine ganze „Legitimationsmaschinerie" in Gang setzen.[13] Sollen Institutionen bestehen bleiben, dann müssen sie Legitimität erlangen. Sie müssen sich bei den Menschen verankern und sie können sich damit rechtfertigen. Damit können die Institutionen beginnen, das Gedächtnis des Menschen zu steuern. Erfahrungen, die nicht ins Modell passen, werden wieder vergessen, andere wiederum verstärken die Institution und untermauern die Weltanschauung.

Zusammengefasst bedeutet eine zunehmende Ausdifferenzierung der Gesellschaft auch eine Aufspaltung der Institutionen. Für verschiedene Gruppen formen sich unterschiedliche Institutionen aus. Damit diese aber von der Gesamtgesellschaft anerkannt werden, bedarf es der Legitimation. Es geht also um Erklärungen und Rechtfertigungen von Gruppen in der Gesamtgesellschaft. Wirtschaftliches Handeln als kulturelles Phänomen benötigt demnach ebenso Institutionen. Soll wirtschaftliches Handeln gesamtgesellschaftlich akzeptiert werden, so muss es legitimiert sein.

Als letzten Punkt in diesem Kontext ist die Verdinglichung der Institutionalisierung anzusprechen. Verdinglichung bedeutet, dass menschliche Phänomene nicht als solche, sondern als außer- oder übermenschlich oder als Ausfluss göttlicher Offenbarung verstanden werden. „Das bedeutet: Der Mensch ist paradoxerweise dazu fähig, eine Wirklichkeit hervorzubringen, die ihn verleugnet." (Berger & Luckmann 1977, 96) Aber nicht nur Institutionen, auch Rollen können verdinglicht werden. Damit entzieht sich der Mensch der Verantwortung, da er nur mehr der Rolle entsprechend handeln muss. Auch Douglas (1991, 84) spricht dieses Phänomen an und benennt es mit dem Begriff der Naturalisierung.

1.3 Neo-Institutionalismus

Der Neo-Institutionalismus eröffnet einen Blick auf die Welt der Organisationen und Ökonomie, der jenem des *Cultural Turn* ähnlich ist. Der Neo-Institutionalismus ist ein kulturalistisch geprägter Ansatz, der die Ökonomie als Sozialwissenschaft versteht, in der komplexe soziale Einflüsse berücksich-

---

[13] „Die wahrscheinlich älteste Form solcher Legitimierung ist die Vorstellung, die institutionelle Ordnung sei eine direkte Spiegelung oder Manifestation der göttlichen Weltstruktur." (Berger 1973, 33)

tigt werden müssen (vgl. Senge 2011, 27). Seit Ende der 1970er-Jahre sind Institutionen wieder bedeutend geworden. Sowohl die Soziologie als auch die Ökonomie sowie die Politik- und Organisationswissenschaft interessieren sich für die Bedeutung der Institutionen für die Gesellschaft. Allerdings gibt es wenig Gemeinsames, bereits der Begriff Institution wird uneinheitlich verwendet (vgl. Joas & Knöbl 2004, 747–750; Senge 2011, 11; Senge & Hellmann 2006, 7). Den Neo-Institutionalismus zeichnen die Hervorhebung der gesellschaftlichen Umwelt, die „institutionelle Gebundenheit organisationalen Handelns, der Einfluss von Kultur und Werten auf Organisationen sowie die in der *world-polity*-Forschung untersuchte Bedeutung von Organisationen für die moderne Gesellschaft [aus]" (Senge & Hellmann 2006, 8). Es geht dem Neo-Institutionalismus um das Aufzeigen der Einbettung von Organisationen in die Gesellschaft.

Joas und Knöbl (2004) geben in zwanzig Vorlesungen einen Einblick in die Sozialtheorien. In der zwanzigsten Vorlesung gehen sie auf die gegenwärtige Lage ein und besprechen u.a. den Neo-Institutionalismus. Es „macht sich eine interdisziplinäre Bewegung immer stärker bemerkbar, [die zeigt,] [...] dass es durchaus ‚Korridore' zwischen den theoretischen Paradigmen gibt und deshalb die Rede von Inkommensurabilität schief ist" (Joas & Knöbl 2004, 747). Die klassische Annahme der Nutzenmaximierung des Individuums wurde schon sehr früh mit der Eingebundenheit des Menschen in Institutionen kritisiert. Als amerikanische Soziologen können dafür Thorstein Veblen (1857–1929), John Commons (1862–1945) und Wesley Mitchell (1874–1948) sowie als deutscher Vertreter Gustav Schmoller (1838–1917) genannt werden. (Vgl. Joas & Knöbl 2004, 747; Scott 2001, 2–5) Scott (2001, 4) findet im Rückgriff auf Jacoby (1990) *vier* Merkmale, die diese frühen Institutionalisten auszeichneten: *Erstens* werden individuelle Präferenzen nicht wie im (neo)klassischen Modell postuliert, sondern als durch soziale Institutionen geformt verstanden. *Zweitens* zeigen sie auf, dass die Ökonomik nicht von naiven utilitaristischen Annahmen (*naive utilitarian assumptions*), sondern von pragmatischen und psychologisch realistischeren Modellen ausgeht. *Drittens* soll die Abstraktion von Zeit und Raum in den Modellen aufgegeben werden, weil Bedingungen sich über Zeit und Raum verändern. *Viertens* ist schließlich von der Determiniertheit abzugehen. Auch Émil Durkheim und Max Weber können als Institutionalisten bezeichnet werden, da diese davon ausgingen, dass Institutionen das Handeln der Individuen prägen (vgl. Joas & Knöbl 2004, 747–753). Talcott Parsons' frühe Arbeiten haben für den Neo-Institutionalismus eine große Bedeutung[14] (vgl. Senge & Hellmann 2006, 11).

---

[14] Joas und Knöbl (2004) stellen Parsons in drei von einander mehr oder weniger unabhängigen Kapiteln vor. Dadurch wird auch die Entwicklung seiner Theorien klar. Gilt die zweite Vorlesung dem handlungstheoretischen Bezugsrahmen, so sind die beiden darauf folgenden Vorlesungen

Talcott Parsons hat auf die nicht-ökonomischen Voraussetzungen vor allem in Form von Institutionen für das ökonomische Handeln aufmerksam gemacht. Parsons wendet sich gegen den Utilitarismus Benthams und Mills, die davon ausgehen, dass menschliches Handeln als Nutzenmaximierung in Form von Erhöhung der Lust bzw. Vermeidung von Schmerz definiert werden kann. Dieses Denken hatte sich seiner Ansicht nach bereits prägend in den Wirtschaftswissenschaften verbreitet. Er wendet sich gegen Hobbes und sein Hauptwerk Leviathan (1651). Für Parsons entsteht aus dem Gedankenexperiment von Hobbes und der Annahme, dass durch Nutzenmaximierung ein Naturzustand ausbreche, in dem jeder gegen jeden und jede gegen jede kämpft, das *Hobbessche Problem*: Wie kann es überhaupt zu Ordnung kommen, wenn nur nutzenorientiertes Handeln vorliegt? Parsons bezweifelt, dass es unter der alleinigen Bedingung der Nutzenmaximierung überhaupt zu Ordnung kommen kann. Vielmehr ist es so, dass es Ordnung gibt – sie ist damit kein seltsames Phänomen. Mary Douglas konnte zeigen, dass selbst in primitiven Kulturen Ordnung geschaffen wird, ohne dass es einer Ausdifferenzierung bedarf. Dort sind es vor allem Reinheitsgebote, die das menschliche Miteinander ordnen (vgl. Douglas 1985). Es ist daher keinesfalls notwendigerweise so, dass *Naturzustand* automatisch Anarchismus bedeuten muss. Parsons verknüpft seine voluntaristische Handlungstheorie mit einer normativen Ordnungstheorie. Normen und Werte strukturieren die individuellen Handlungsziele. Damit passen die Handlungen auch mit denen anderer Akteure zusammen, weil auch diese sich auf Normen und Werte ausrichten. Ordnung tritt also aus Normen und Werten hervor. Sein *handlungstheoretischer Bezugsrahmen* besteht aus der handelnden Person (Akteur oder Akteurin), dem Ziel des Handelns, der Handlungssituation und deren Bedingungen sowie den Normen und Werten des Handelns. Die Berücksichtigung von Normen und Werten machen nach Parsons das Besondere des Menschlichen aus. Normen und Werte beeinflussen das Handeln auf zwei Arten: Erstens beeinflussen sie die Selektion der Mittel, weil nicht alle Mittel zulässig sind. Zweitens bestimmen sie, welche Ziele überhaupt verfolgt werden – so sollen nicht alle Wünsche in Handlungen umgesetzt werden. Da Normen und Werte nicht nur für das Individuum, sondern auch für Gemeinschaften Geltung haben, können sie Ordnung ermöglichen. (Vgl. Joas & Knöbl 2004, 748 u. 39–71)

Joas und Knöbl (2004, 748) begründen das Entstehen des Neo-Institutionalismus damit, dass viele der Ideen von Parsons verloren gegangen sind. So habe sich in der Politikwissenschaft vor allem ein behavioristischer, in der Organisationstheorie und in den Wirtschaftswissenschaften ein utilitaristischer Zugang durchgesetzt. Auch Senge (2011, 14–21) sieht den Neo-

---

auf den normativistischen Funktionalismus ausgelegt, der später für Luhmann ein wichtiger Ausgangspunkt werden wird.

Institutionalismus als eine Reaktion auf die Dominanz der ökonomistischen Perspektive der Organisationsforschung.

Vereinfacht kann man heute drei Hauptströmungen im Neo-Institutionalismus festmachen: Erstens jene Arbeiten, die sich mit Fragen der Organisation, ihren Akteuren und deren institutionellen Einflüssen beschäftigen. Es geht hier um Studien rund um das organisationale Feld. Sie analysieren, wie Umwelteinflüsse auf Organisationen wirken. Die überwiegende Anzahl aller neo-institutionellen Arbeiten ist dieser Richtung zuzuordnen. Die zweite Strömung konzentriert sich auf die Studien der *world-polity*-Forschung, welche die Analyse der sogenannten Weltkultur (*world polity*) vornimmt. Dieser zweite Zugang ist wesentlich von John Meyer (2005) geprägt. Er geht davon aus, dass drei Prinzipien des Westens die gesamte Welt erobert haben: die Idee des autonomen, rationalen Individuums, die zweckrationale Organisation und die zweckrationale Nation. Wie Max Weber so geht auch Meyer davon aus, dass die Grundlage dieser Prinzipien die Zweckrationalität ist. Im Gegensatz zu Weber jedoch bildet die Zweckrationalität nicht gezwungenermaßen die Handlungsstruktur, sondern nur die Legitimation, also die Programmatik. Es kann daher zu einer Entkopplung von Handlungsstruktur und Programmatik auf der Mikro-, Meso- oder Makroebene kommen. (Vgl. Senge 2011, 100–102) Drittens die Mikrotheorien, die beim Individuum und seinem Einfluss auf und seine Abhängigkeit von Institutionen ansetzen. *World polity* und Mikrotheorie sind für diese Arbeit besonders bedeutsam.

In diesem Unterkapitel kann und soll nicht die Entwicklung des Neo-Institutionalismus Schritt für Schritt nachgezeichnet werden (entsprechende Kapitel finden sich u.a. in Hasse & Krücken 2005; Koch & Schemmann 2009; Scott 2001; Senge 2011; Senge & Hellmann 2006), sondern es soll versucht werden, jene wesentlichen Punkte zusammenzufassen, die für den weiteren Verlauf der Arbeit bedeutsam sind. Gleich zu Beginn soll darauf verwiesen werden, dass der Neo-Institutionalismus auch kritisch gesehen wird. Stinchcombe (1997) kritisiert den ungenauen Umgang mit wesentlichen Begriffen, wie z.B. Institutionen und Legitimität. Für Joas und Knöbl (2004, 749–750) besteht kein Zweifel, dass wesentliche Impulse von ihm ausgehen. Eine besondere Würdigung erfährt der *world-polity*-Ansatz, der hohe internationale Aufmerksamkeit genießt, wobei Joas und Knöbl die Frage aufwerfen, ob dieser Ansatz wichtigere soziale Prozesse als die Isomorphie nicht vernachlässigt. Kritisch äußern sie sich über die Vielzahl der verschiedenen Zugänge, die letztlich nur eines gemeinsam haben, nämlich sich mit Institutionen zu befassen. Genau diesen Punkt greift auch Senge (2011, 11) auf: „Einig ist man sich aber zumindest, dass Institutionen wichtig sind." Koch und Schemmann (2009, 7) fassen die Entwicklungen der letzten drei Jahrzehnte im Bereich des Neo-Institutionalismus so zusammen: „Institutionen fundieren und formen die Gestalt sowie das Handeln sozialer Akteure – Akteure wiederum erzeugen, erhalten sowie verändern Institutionen und lassen sie letztendlich erodieren." Das ist der Kern, worauf sich alle Arbeiten zusammenführen lassen. Die Institutionen stehen also im Mittelpunkt und müssen definiert werden. Die theoretische Fundierung von Institutionen ist im Verhältnis zu den empirischen Arbeiten in diesem Bereich unterentwickelt (vgl. Senge 2006, 38).

Auch wenn sich in der Systematisierung von Scott (2001, 77) Schwächen ausfindig machen lassen, so ist sie bis heute die am häufigsten herangezogene (vgl. Senge 2006, 41). Scott (2001, 48) beginnt mit einer Konzeptionierung der Institutionen:

> „Institutions are social structures that have attained a high degree of resilience.
>
> Institutions are composed of cultural-cognitive, normative, and regulative elements that, together with associated activities and resources, provide stability and meaning to social life.
>
> Institutions are transmitted by various types of carriers, including symbolic systems, relational systems, routines, and artifacts.
>
> Institutions operate at multiple levels of jurisdiction, from the world system to localized interpersonal relationships.
>
> Institutions by definition connote stability but are subject to change processes, both incremental and discontinuous."

Senge definiert Institutionen im Sinne Luhmanns, ausgehend von drei Dimensionen. Luhmann (1996, 111–112) geht davon aus, dass mit den drei Dimensionen zeitlich, sozial und sachlich jedes Phänomen in seinem Sinngehalt vollständig erfassbar ist. Alle Anweisungen für Handlungen sind im Prinzip Regeln.

> „Institutionen sind eine besondere Art sozialer Regel für typisierte soziale Handlungen. Eine Regel für Handlungen soll immer dann eine Institution genannt werden, wenn in sachlicher, sozialer und zeitlicher Dimension die folgenden Bedingungen erfüllt sind: Eine soziale Regel ist dann eine Institution, wenn sie maßgeblich für ein empirisches Phänomen ist, wenn sie in sozialer Hinsicht für einen oder mehrere Akteure verbindlich ist und wenn sie zeitlich von langer Dauer ist. Institutionen sind also Handlungsregeln, die maßgeblich, verbindlich und von Dauer sind." (Senge 2006, 44)

	Institutionen	
sachlich	Maßgebliche Regeln	Regeln, die fast unwichtig sind
sozial	Verbindliche Regeln	Regeln, die fast beliebig sind
zeitlich	Dauerhafte Regeln	Regeln, die fast einmalig sind

Abbildung 4: Illustration der Definition *Institution* (Senge 2006, 45)

Ist eine Dimension nicht erfüllt, dann kann von einer Regel, nicht aber von einer Institution gesprochen werden (siehe Abbildung 4). Allerdings ist in der empirischen Wirklichkeit nicht immer klar, wann von einer Regel und wann von einer Institution ausgegangen werden kann. (Vgl. Senge 2006, 45) Die Auswahl von Institutionen ist bis heute nicht abschließend festgelegt und definiert (Senge 2006, 46). „Ein wesentliches Kennzeichen für Institutionen ist: Sie geben bestimmte Verhaltensweisen vor und stehen der Verwirklichung von Alternativen entgegen." (Hasse & Krücken 2005, 14) Scott (2001, 51–83) fasst die Institutionen in drei Säulen zusammen: Es gibt regulative, normative und kulturell-kognitive Systeme. Diese ziehen sich in Anlehnung an Hoffmann (1997, 36) über ein Kontinuum von Bewusstsein bis zum Unterbewusstsein. In Anlehnung an Senge (2006, 39) wird im Weiteren von drei Arten und nicht Säulen von Institutionen gesprochen, jedoch werden gewisse Vereinfachungen und Übersetzungen, die Senge vorgenommen hat, nicht übernommen und an entsprechender Stelle vermerkt. Einen Überblick gibt die folgende Tabelle 4.[15]

Tabelle 4: Die drei Arten von Institutionen (vgl. Scott 2001, 52)

	Arten von Institutionen		
	Regulative	**Normative**	**Kulturell-kognitive**
Grundlage der Befolgung (von innen)	Zweckmäßigkeit	Soziale Verpflichtung	Selbstverständlichkeit, gemeinsame Vorstellungen
Durchsetzungsmechanismus (von außen)	Zwang	Moralischer Druck	Nachahmung
Ordnungsschema	Reglementierungen	Erwartungen	Konstitutives Schema
Grundlage der Legitimität	Rechtliche Sanktionierung	Moral	Kulturelle Unterstützung und Verständlichkeit

Die meisten Vertreterinnen und Vertreter des Institutionalismus betonen die Funktionsfähigkeit regulativer Institutionen, die auf Reglementierungen, wie z.B. Gesetze und Sanktionen, beruhen und mit dem Durchsetzungsmechanismus Zwang arbeiten. Die Grundlage für die Befolgung dieser Institutionen

---

[15] Die drei Arten der Institutionen werden von Scott (2001, 52–58) anhand von sechs Kriterien charakterisiert und unterschieden, wobei die zwei Kriterien Logik und Indikatoren weder bei Senge noch hier weiter aufgegriffen werden. Die Grundlage der Befolgung, also jene Grundlage, die sich auf das Innere des Menschen bezieht, findet bei Senge keine Berücksichtigung. *Mechanism* übersetzt Senge ebenfalls mit Durchsetzungsmechanismus, denn dabei geht es um Mechanismen, die von außen auf das Individuum wirken. Auch die Ordnungsschemata werden nicht ausdrücklich von Senge übernommen.

liegt in der Zweckmäßigkeit bzw. Ratsamkeit (expedience). Eine weitere Gruppe von Institutionalisten setzt vor allem auf normative Institutionen, die auf die soziale Dimension abzielen (vgl. Scott 2001, 85). Ihre Vertreter sind Durkheim und Parsons ähnlich. Es geht um die Durchsetzung von Werten und Normen in Form des moralischen Drucks. Diese können sich auf alle oder auf bestimmte Gruppen beziehen, weshalb in diesem Kontext den Rollen eine wesentliche Bedeutung zukommt. Normative Systeme können sowohl einschränkend als auch ermöglichend definiert sein. Sie können Verantwortung, Privilegien, Pflichten und Berechtigungen verleihen. Die Grundlage für die Befolgung der moralischen Erwartungen ist in den sozialen Erwartungen zu finden. Eine Gruppe von Institutionalisten, dazu zählen grundsätzlich auch die Anthropologin Douglas und Soziologen wie Berger und John Meyer oder die Soziologin Zucker, streicht die Bedeutung von kulturell-kognitiven Elementen der Institutionen heraus. Geteilte Vorstellungen, die das soziale Leben konstituieren, und die Rahmungen (Frames), welche Bedeutung und Sinn verleihen, sind die Grundlage für die Befolgung dieser Institutionen. Aufgrund dieses Denkansatzes bekommen Symbole, Wörter, Gesten und Artefakte eine ganz besondere Bedeutung. Interne Verarbeitungsprozesse der Individuen werden durch die externen kulturellen Rahmungen geformt. Der Durchsetzungsmechanismus ist nicht Zwang, nicht die Moral, sondern die Nachahmung, die sich implizit vollzieht. (Vgl. Scott 2001, 51–59)

Bei Scott sind regulative, normative und kulturell-kognitive Institutionen auf gleicher Ebene. Kritisch bringt Senge (2006, 41) ein, dass die kognitive Institution als eine Art Oberkategorie verstanden werden kann, die sowohl die regulative als auch normative Institutionen beinhaltet. Die Darstellung auf drei Ebenen sei bei genauerer Betrachtung nicht gegeben. Mit allgemeinen Glaubensvorstellungen, Skripten und Modellen werden nach Senge alle sozialen Phänomene wahrgenommen, also auch regulative und normative Institutionen. Dieser Kritik kann zwar grundsätzlich zugestimmt werden, doch scheint die Intention Scotts doch eine andere gewesen zu sein. Scott spricht immer von *cultural-cognitive*. Senge übersetzt dies immer mit *kognitiv*. Scott könnte dahingehend interpretiert werden, dass gerade das Wort *kulturell* an diesem Begriff das Entscheidende ist. Werden kulturell-kognitive Institutionen in den Blick genommen, dann geht es gerade um das Implizite, Selbstverständliche, das kulturell Vorhandene, das im Leben selbst als solches gar nicht wahrgenommen wird, wohl aber doch wesentlich bestimmend vorhanden ist. Hier geht es also doch um etwas anderes: Nicht die Regulierung, nicht die Moral, sondern die Selbstverständlichkeiten kommen in den Blick, jene Bereiche, die Gibson (2000) in seinem Eisbergmodell als unter dem Wasserspiegel liegend beschreibt. Ein Beispiel: Die Ermöglichung des Einkaufs in einem Supermarkt bedarf rechtlicher Grundlagen, u.a. muss festgelegt werden, dass Stehlen nicht erlaubt ist. Das Gesetz gibt die Regeln und die Sanktionen vor.

Die Institution Moral sorgt im besten Fall dafür, dass dieses Gesetz auch eingehalten wird und sich auch die moralischen Vorstellungen des Nicht-Stehlen-sollens herausbilden. Die kulturell-kognitive Institution gibt dem Frame *Einkauf im Supermarkt* mit dem dazugehörigen Skript *hineingehen – aussuchen – zur Kassa gehen und bezahlen – hinausgehen* vor.[16] Jede soziale Situation – auch der Einkauf – ist komplex. Menschen müssen Komplexität reduzieren. Damit Situationen vereinfacht werden, sucht der Mensch nach ähnlichen Situationen im Gedächtnis. Mit dem Frame wird ein bestimmtes Modell einer Situation beschrieben. Zu jeder gespeicherten Situation gehören auch bestimmte Handlungen, die sich aus dem Frame ergeben. Die passende Handlung zum Frame wird als Skript bezeichnet. Oder anders gesagt: Ein Skript ist ein Satz an Handlungen innerhalb eines bestimmtes Frames. (Vgl. Esser 2005, 85–112) Diese Handlung ist selbstverständlich und vollzieht sich daher in einer anderen Dimension als die beiden anderen Institutionen. Selbstverständlich hängen alle drei Dimensionen in einer gewissen Weise zusammen. So kann ein Gesetz ohne deontologische Moral nur unter höchst hohen Sanktionskosten umgesetzt werden; sowohl das Gesetz als auch die Moral können zu einer Selbstverständlichkeit werden.

Damit Institutionen überhaupt ent- und bestehen können, brauchen sie soziale Akzeptanz und Glaubwürdigkeit. Es geht also um die Frage der Legitimität. Scott (2001, 59) zitiert Suchman (1995, 574), um Legitimität zu definieren: „Legitimacy is a generalized perception or assumption that the actions of an entity are desirable, proper, or appropriate within some socially constructed system of norms, values, beliefs, and definitions." Jede der drei Arten von Institutionen liefert nun je eine bestimmte Form von Legitimität. Legitimität bedarf verschiedener Autoritäten und deren angewandte Institutionen: Regulative Institutionen greifen auf Sanktionsmechanismen, normative auf Moral und kulturell-kognitive auf kulturelle Passung im Sinne von impliziter Verständlichkeit zurück. (Vgl. Scott 2001, 58–61)

Scott (2001, 77–89) geht also von drei Säulen von Institutionen aus: regulative, normative und kulturell-kognitive. Diese können nach Jepperson und Swidler (1991, 150) mittels verschiedener *Carriers* transportiert werden bzw. sind Institutionen in diese eingebettet. Einen Überblick über die Institutionen und ihre Träger gibt die Tabelle 5.

---

[16] Gewisse soziale Handlungen im ökonomischen Bereich sind so selbstverständlich, dass die notwendigen Rahmenbedingungen überhaupt nicht in den Blick kommen, obwohl diese entscheidend sind. Wirtschaftspädagogische Arbeit in diesem Kontext ist auch, diese Selbstverständlichkeiten, oder Teile davon, sichtbar zu machen, um ein Bewusstsein für das Vorhandensein dieser Institutionen zu ermöglichen.

Tabelle 5: Wie Institutionen transportiert werden (vgl. Scott 2001, 77)

Träger	Arten von Institutionen		
	Regulative	Normative	Kulturell-kognitive
Symbolische Systeme (Kultur)	Regeln, Gesetze	Werte, Erwartungen	Kategorisierungen, Typisierungen, Schema
Beziehungssysteme	Steuerungssysteme (Governance), Machtsysteme	Regime, autoritäre Systeme	Strukturelle Isomorphie, Identitäten
Routinen	Standardisierte Ablaufprozesse	Arbeitsstelle, Rollen, Pflichtbewusstsein	Skripts
Artefakte	Objekte, die mit vorgegebenen Bestimmungen übereinstimmen	Objekte, die vorgegebenen Konventionen entsprechen	Objekte mit symbolischem Wert

Auf diese Träger geht Senge (2006) nicht ausdrücklich ein, weshalb wiederum Scott gefolgt und eine eigene Übersetzung vorgenommen wird. Symbolische Systeme – im Text spricht Scott auch von Kultur – können regulativer (Gesetze oder andere Regeln), normativer (Werte oder Erwartungen) oder kulturell-kognitiver Art (Kategorisierungen und Schemata) sein. Je nach Forschungsschwerpunkt und Theorienwahl fällt die Untersuchung entweder stärker auf den einen oder den anderen Träger. Alle jedoch haben mit Kultur zu tun. Lange Zeit, so Scott (2001, 40-41), wurde in der Soziologie zwischen sozialem Verhalten und Beziehungen einerseits sowie Kultur, bestehend aus symbolischen Systemen, andererseits unterschieden. Auch wenn die Unterscheidung Sinn macht, wurde in der Soziologie stärkeres Gewicht auf die sozialen Strukturen gelegt. „The new cultural arguments stress the independent effect of cultural systems. These and related developments in cultural anthropology and sociology fueled the emergence of neoinstitutionalism in sociology generally and organization in particular." (Scott 2001, 40–41) In Beziehungssystemen sind institutionale Elemente eingewoben, die ihre Wirkung entfalten. Es können dies Machtsysteme, wie z.B. der Staat, Autoritätsverhältnisse, oder Identitäten sein. Automatisiertes Verhalten und Routinen transportieren Institutionen in Form von Standardoperationen regulativer Art, in Rollen oder in Skripts. Routinen stützen sich auf bestimmte Musterhandlungen, die das implizite Wissen des Akteurs zum Ausdruck bringen. Es geht hier um „deeply ingrained habits and procedures based on inarticulated knowledge and beliefs" (Scott 2001, 80). Artefakte, darauf haben Anthropologen schon lange verwiesen, sind ebenso wesentliche Transportmittel. Artefakte sind nicht nur ein menschliches Produkt, sie transportieren auch Institutionen. So können Artefakte oft nur auf Grundlage von bestimmten gesetzlichen Regelungen, z.B. Sicherheits- oder Verbraucherschutzbestimmungen, hergestellt werden. Sie entsprechen auch bestimmten Konventionen oder können einen symbolischen Wert zum Ausdruck bringen. (Vgl. Scott 2001, 81–83)

Der Neo-Institutionalismus zeigt den Zusammenhang von Institutionen und Organisationen auf und damit auch, dass Organisationen nicht ausschließlich auf rein ökonomischen, rein zweckrationalen Überlegungen basieren. Meyer und Rowan (1977) sowie DiMaggio und Powell (1983) haben mit ihren Aufsätzen den Grundstein für eine neue Sichtweise gelegt. Bei Max Weber führt das rationale Handeln der Organisationen dazu, dass sie Legitimität erhalten. Im Neo-Institutionalismus sind Legitimität und Effizienz voneinander getrennt. Organisationen verfolgen das Ziel, Legitimität zu erreichen, aber nicht eine möglichst hohe Effizienz.

> „Anders als für Weber [...] sind für Meyer und Rowan Legitimitäts- und Effizienzerfordernisse nicht deckungsgleich. Im Gegenteil, Organisationen entwickeln formal-rationale Strukturen zur Erzielung von Legitimität und nicht zur möglichst effizienten Problembearbeitung. Die provokante These lautet, dass formale Organisationsstrukturen Mythen zum Ausdruck bringen, die in ihrer gesellschaftlichen Umwelt institutionalisiert sind." (Hasse & Krücken 2005, 22–23)

Institutionalisten und Institutionalistinnen gehen davon aus, dass gesellschaftliche Vorstellungen, Erwartungen und Annahmen bestimmen, wie sich Organisationen wie Unternehmen, Schulen, öffentliche Verwaltungen etc. aus- und einrichten. Auch die Erwartungen an die Nützlichkeit sind Vorgaben, die aus der Gesellschaft kommen. Allerdings bezweifeln sie, dass die Organisation mit Effizienz allein erklärt werden kann, weil sie eben auch anderen gesellschaftlichen Erwartungen entsprechen muss. Ihre Legitimität erhalten Organisationen dann, wenn ihre Strukturen mit den institutionalisierten Erwartungen übereinstimmen. Diese Übernahme von institutionalisierten Strukturelementen führt zu einer Strukturgleichheit von Gesellschaft und Organisation, die als Isomorphie bezeichnet wird. (Vgl. Tempel & Walgenbach 2006, 186)

Die Unternehmen greifen gesellschaftliche Mythen auf und durch Isomorphie werden sie implementiert. Die Einflüsse der Institutionen führen zu isomorphen Strukturen – die Organisationen werden der Gesellschaft strukturähnlich (vgl. Senge & Hellmann 2006, 18). DiMaggio und Powell (1991) unterscheiden verschiedene Isomorphismen:

1. *Coercive isomorphism*: Isomorphismus wird durch politischen Zwang herbeigeführt.
2. *Mimetic isomorphism*: Isomorphismus entsteht durch hohe Unsicherheit.
3. *Normative isomorphism*: Isomorphismus wird durch gemeinsam akzeptierte Werte und Normen ermöglicht.

Coercive isomophism entsteht vor allem durch staatliche und supranationale Rechtsvorschriften. Diese Vorgaben führen zu Strukturangleichungen von Organisationen. *Mimetic isomorphism* wirkt vor allem in Phasen der Unsicherheit. Organisationen, die sich in einer solchen zeitlichen Periode orientieren wollen, richten sich an erfolgreichen Organisationen aus und kopieren deren Strukturen. Eine wesentliche Rolle in der Transformation der Erfolgsfaktoren spielen Beratungsunternehmen. *Normative isomorphism* entsteht vor allem durch Professionalisierung. Personalselektion, Professionsvereinigungen und Ausbildung führen dazu, dass bestimmte Institutionen als legitim gelten und übernommen werden. Werden Professionen und deren Vereinigungen auch staatlich anerkannt, so verbindet sich der normative Druck mit Zwang (vgl. Hasse & Krücken 2005, 25–27).

Das ist ein theoretisches Konzept, in dem sich die drei Arten von Isomorphismen stark überlappen. Isomorphe Strukturen gelten grundsätzlich als unbestritten. Sie sind aber in der Mikroanalyse noch nicht ausreichend belegt. Klar ist jedenfalls, dass die Institutionen auf die Organisationen wirken. Organisationen sind multikontextuell und multikausal in die Gesellschaft eingebettet. So richten sich ökonomische Organisationen nicht allein an der ökonomischen Rationalität und politische Organisationen nicht ausschließlich an der Politik aus. Institutionen fungieren als Bindeglieder zwischen Organisation und Gesellschaft. Dadurch müssen viele weite Einflussgrößen auf Organisationen betrachtet werden (vgl. Senge & Hellmann 2006, 19). Wichtig ist bei der Vorstellung des Isomorphismus, dass dieser nur für die Formalstrukturen einer Organisation gilt. Es muss ein Trennlinie zwischen den formalen Strukturen und den täglichen Aktivitätsstrukturen gezogen werden (vgl. Meyer & Rowan 1991).

Aus der Theorie des Isomorphismus entwickelten sich zwei Thesen zur Frage, wie sich solche Anpassungsprozesse auf Organisationen auswirken. Die erste These geht davon aus, dass es zu einer Entkopplung oder losen Kopplung zwischen der Formal- und Aktivitätsstruktur kommt (vgl. Meyer & Rowan 1977). Die zweite These (vgl. DiMaggio & Powell 1983) geht davon aus, dass solche Anpassungen auch auf die Aktivitätsstruktur wirken, sich aber die beabsichtigten Effekte nicht einstellen. (Vgl. Schaefers 2009, 310) Entkopplung beschreibt allgemein die Trennung von Elementen eines Systems, so dass sie keinen Einfluss aufeinander ausüben. Bei einer losen Kopplung geht man von einem geringen Einfluss aus. Bei Meyer und Rowan (1977) beschreibt Entkopplung die Trennung von Struktur und Aktivität. Es geht darum, dass die formalen Strukturen oder die Programmatiken von den Handlungen der Akteure voneinander abweichen. Organisationen haben vor allem mit zwei Herausforderungen zu kämpfen: Erstens sind Aufgaben zu bewältigen, die den Legitimitätsansprüchen eher hinderlich sind. Zweitens wirken verschiedene, oft widersprüchliche Institutionen ein. Auf diese zwei

Herausforderungen können Organisationen unterschiedlich reagieren. Meyer und Rowan (1977) sehen vier Reaktions- und Lösungsmöglichkeiten:
1. Widerstand gegen Institutionen oder Zurückweisung
2. rigide Befolgung der Institutionen
3. zynisches Eingeständnis, dass Formalstruktur und Aktivitätsebene nicht zusammenpassen
4. Versprechen baldiger Reformen

Meyer und Rowan sehen diese Möglichkeiten aber als suboptimal an. Organisationen bevorzugen deshalb neben anderen Strategien die Entkopplung. Die Aufgaben, die tatsächlich in der Organisation gelöst werden sollen, werden von der Programmatik gelöst – es gibt also Programmatik und Handlung. Oder es kommt, als zweite Variante der Entkopplung, zu einer Abteilungsdifferenzierung und damit auch Aufgabenteilung. Mit der Entkopplung können die Aktivitäten der Organisation und die Institutionen befriedigt werden, ohne dass es zu einer Blockierung in der Organisation kommt. Bei einer losen Kopplung werden die Aktivitäten nach außen entsprechend der Programmatik dargestellt; das kann so weit gehen, dass es zu einer zeremoniellen Fassade kommt. Nach außen wirken die Organisationen dann strukturähnlich, obwohl die Handlungsstrukturen unterschiedlich sind. (Vgl. Becker-Ritterspach, F. & Becker-Ritterspach, J. 2006, 102–107)

Mit Mythen und Isomorphismus sind die beiden ersten Meilensteine des Neo-Institutionalismus beschrieben. Mit der Mikrofundierung erfolgte die kognitive Wende und der dritte Meilenstein wurde gesetzt (vgl. Hasse & Krücken 2005, 22–32). Obwohl Institutionen auf der Makroebene ihre Wirkung entfalten können, ist ihre Entstehung nur auf der Mikroebene erklärbar (vgl. Zucker 1977). Dabei geht es aber nie ausschließlich um die Mikroebene, sondern immer um das Verhältnis von Handlung, Akteur und Institution. Im Rückgriff auf Berger und Luckmann (1977) ist zu bedenken, dass Institutionen durch Interaktionen entstehen und so zu sozial konstruierten Handlungsmustern werden (vgl. R. Meyer & Hammerschmied 2006, 161). In verschiedenen Kontexten *(social settings)* kommt es zu Interaktionen. „,Social settings' können Wahrnehmungen, Beurteilungen und hierauf bezogene Reaktionen provozieren." (Hasse & Krücken 2005, 28) Institutionen bewirken nicht nur eine Veränderung der Formalstrukturen und der Prozesse, sondern auch eine Änderung der „Wahrnehmungs-, Denk- und Handlungsmuster der Organisationsmitglieder" (Koch & Schemmann 2009, 135). Damit werden mentale Modelle relevant. Für die Institutionenökonomik definiert Brinitzer mentale Modelle:

> „[Mentale Modelle sind] Strukturierungs- und Kategorisierungsmechanismen, mit denen die Umwelteindrücke interpretiert werden. Die Akteure nehmen die Realität nicht mehr so auf, wie sie ist, sondern nur so weit, wie sie sie mit den selbst konstru-

ierten mentalen Modellen subjektiv erfassen. […] Die Nutzung mentaler Modelle führt über die Verringerung der zu bewältigenden Informationsmenge zu einer Komplexitätsreduktion. Da sie das Ergebnis individueller Erfahrungen sind, hat jedes Individuum eine ihm eigene Wahrnehmung. Kommunikation und kulturelle Prägung verhindern allerdings, dass die mentalen Modelle von Menschen eines Kulturraumes sich voneinander entfernen." (Brinitzer 2001, 155–156)

Mentale Systeme sind also so etwas wie Schemata zur Vereinfachung der komplexen Welt. Sie entstehen unbewusst in der Interaktion, in der immer auch kulturelle Regeln und Einstellungen in der Kommunikation parallel mittransportiert werden. Bei Zucker (1977, 726) wird das soziale Wissen zu einer objektiven Wirklichkeit, so wie Berger und Luckmann (1977) es beschreiben. Sanktionen und Anreize sind nicht notwendig, ja sogar hinderlich, weil sie Alternativen aufzeigen und daher Selbstverständlichkeit verhindern. Deshalb sind Selbstverständlichkeiten die stärksten Institutionen, stärker als Zwang oder Moral. Ihre Stärke ist die kognitive Verankerung. Die Reproduktion geschieht über die Akteure (vgl. R. Meyer & Hammerschmied 2006, 164). Soziale Strukturen schaffen Rollen und Erwartungen und formen bestimmte Routinen aus (vgl. Klatetzki 2006, 52–58). Durch Interaktion festigen oder verändern sich Institutionen. *Social settings* unterscheiden sich hinsichtlich ihrer Wirksamkeit: Einige sind offen für situative Interpretationen und Bewertungen, andere Kontexte wiederum geben die Interpretation hochgradig vor; erstere weisen einen geringen Institutionalisierungsgrad und zweite einen hohen auf. Daraus folgt, dass es verschiedene Grade von Institutionalisierung gibt und dass sich der Grad der Institutionalisierung im Zeitablauf auch ändern kann (vgl. Hasse & Krücken 2005, 28–31). Die meisten Institutionen kontrollieren Handlungen nicht vollständig. Es bleibt immer ein Spielraum für das Individuum. Darüber hinaus ist auch zu berücksichtigen, dass Situationen unterschiedlich wahrgenommen werden. Die richtige Interpretation kann es deshalb nicht geben, weil es immer verschiedene Perspektiven gibt. Trotzdem setzen sich spezifische Interpretationen durch.

Der institutionelle Wandel erfordert nicht notwendigerweise äußere, durch Krisen ausgelöste Schocks, sondern eine Veränderung, wie Akteure ihre Situationen wahrnehmen und welche Handlungsmöglichkeiten sie daraus schließen (vgl. R. Meyer & Hammerschmied 2006, 170 in Rückgriff auf Campbell 2004, 188). Wie der institutionelle Wandel verläuft, wird in verschiedenen Theorien erklärt. Das Phasenmodell von Tolbert und Zucker (1983) geht von der Abfolge von *Habitualisierung, Objektivierung und Sedimentierung* aus. Zuerst erfolgt im Sinne von Luckmann und Berger (1977) eine Habitualisierung. Durch die Objektivierung werden Denk- und Handlungsmuster durch Argumentation legitimiert und über das lokale Umfeld hinaus akzeptiert. In der Sedimentierung kommt es zu einer Verinnerlichung. Dieses Modell kann verschiedene Grade von Institutionalisierung erklären, jedoch nur in einem geradlinigen Prozess. Auch die De-Institutionalisierung wird nicht einheitlich erklärt. Ursachen können politischer, funktionaler und sozialer Druck sein. Der funktionale Druck ergibt sich durch technologische oder ökonomische Veränderungen und entsteht als Nebenprodukt von Strukturveränderungen. Sozialer Druck ergibt sich durch Veränderungen von gemeinsamen kognitiven Wahrnehmungen, die zu einer Aushöhlung der Legitimation einer Institution führen. (Vgl. Quack 2006, 172–184)

Individuen und Organisationen können Institutionen schaffen, erhalten oder zerstören. Das planvolle und zielbewusste Handeln des Akteurs erfolgt im Rahmen von institutionellen Regeln und Logiken. „'Institutional work' kann also durchaus nach rationalen Kriterien erfolgen, aber was als rational gilt, ist durch gesellschaftliche Institutionen geregelt." (Senge 2011, 161)

Auch wenn die Mikrofundierung des Neo-Institutionalismus noch ein mäßiger Erfolg ist, spielt im Neo-Institutionalismus die kulturell-kognitive Institution eine zentrale Rolle (vgl. Senge 2011, 162). Kognition (lat. *cognoscere*, erkennen, bemerken, wahrnehmen, untersuchen oder lesen und studieren) steht damit im Mittelpunkt. Bedeutend wird diese auf den Geist zielende Dimension in den Arbeiten von Meyer und Rowan (1977) und Zucker (1977). In der kognitiven Soziologie steht der Begriff Kognition für mentale Phänomene wie Denken, Wissen, Wahrnehmung, Aufmerksamkeit oder Bedeutung. Im Neo-Institutionalismus wird Kognition aber in einem ganz speziellen Sinn verstanden. Wissen ist eine „mentale Repräsentation der Wirklichkeit […], die zu Problemlösungen befähigt" (Klatetzki 2006, 52). Kognition im Sinne der Organisationssoziologie hat mit Regeln, Schemata, Rahmen und Skripten zu tun. Wissen, auf das sich der Neo-Institutionalismus bezieht, ist durch drei Eigenschaften gekennzeichnet: Es ist selbstverständlich, erzeugt Realität und ist ein externer Sachverhalt. Das Wissen kann als *taken for granted* verstanden werden. Die Verwendung steht außer Zweifel und erfolgt automatisch ohne Reflexion. Wissen in diesem Sinne ist nicht als Bewusstsein zu verstehen, denn Menschen wissen stets mehr, als ihnen bewusst ist. Dieses selbstverständliche Wissen wird im Neo-Institutionalismus als praktisches Wissen verstanden und ist vom bewussten bzw. deklarativen Wissen zu unterscheiden. Dieses unbewusste, praktische Wissen ist die Grundlage für das unreflektierte Handeln in Routinen, wie sie in Organisationen anzutreffen sind. (Vgl. Klatetzki 2006, 52)

So basieren Organisationen auf *rationalisierten Mythen* und der *logic of good faith* (Meyer & Rowan 1977). Diese wiederum korrelieren meist nicht mit dem ökonomischen Nutzenkalkül, auch wenn dies von den Organisationen so vorgegeben wird. Es sind also nicht die bewussten Handlungen, die Institutionen ausmachen, sondern eigentlich automatische Abläufe, die als Skripte bezeichnet werden, die praktisch unbewusst ablaufen. Die Basis dieser unbewussten Handlungen sind Kognitionen. Dieses Wissen erzeugt Realität im

Sinne des Konstruktivismus. Wissen kann sich in den Köpfen der Menschen befinden, wird aber als extern verstanden, denn Institutionen bestehen als Sachverhalte außerhalb des Menschen. Daher müssen auch die Kognitionen extern sein. „Kognitionen werden jetzt nicht mehr als durch die Haut des menschlichen Körpers begrenzt aufgefasst (,internalism'), sondern sie werden vielmehr in den sozialen Beziehungen zwischen Individuen (,überindividuell') und den kulturellen Artefakten (Bücher und andere Instrumente) außerhalb des Individuums verortet." (Klatetzki 2006, 54) Problemlösungsmöglichkeiten ergeben sich „durch die Interaktion von Akteuren und die strukturierende Wirkung von Kulturobjekten (,distributed cognition')" (Klatetzki 2006, 54). Diese Position macht klar, dass Wissen nicht mit Bewusstsein gleichgesetzt werden darf. Man kann sich in diesem Sinne auch vorstellen, dass Organisationen Wissen besitzen. Wie ein Computer, der kein Bewusstsein hat, aber mathematische Probleme lösen kann, oder der Mensch, der mehr weiß, als ihm bewusst ist. Wissen ist daher auch auf verschiedenen Medien vorhanden, bzw. kann auf verschiedenen Medien arbeiten: im Gehirn, in Schaltkreisen oder eben in sozialen Systemen. In diese Richtung zielt auch Assmann (2007, 293–304) bei der Beschreibung der Entstehung des kollektiven Gedächtnisses.

Scott unterscheidet vier Träger von Institutionen.[17] Klatetzki (2006, 54–55) bemängelt, dass es im Neo-Institutionalismus keine klare Beschreibung von Kognition gebe, indem Wissen als ein externer Sachverhalt dargestellt werde. Gerade bei DiMaggio und Powell sind nicht Normen und Werte, sondern unbewusste bzw. nicht hinterfragte Skripts Träger der Institutionen (vgl. Hasse & Krücken 2005, 63). Klatetzki (2006, 45–46) sieht in den Trägern, wie es Scott beschreibt, einen Darstellungsversuch, um externe Kognition sichtbar zu machen. Die Abbildung 5 versucht, dies vereinfacht wiederzugeben.

Kultur, soziale Strukturen, Routinen und Artefakte beeinflussen das Denken und Handeln der Akteure. Alle diese Träger liegen innerhalb und außerhalb des Menschen. Dieses Faktum bringt die Mikro- und Makroebene zusammen (vgl. Scott 2001, 79). Aufgrund ihrer Externalität bestehen sie unabhängig vom Bewusstsein oder Wissen eines Individuums weiter. Sie bestehen also auch weiter, wenn Personen ausgetauscht werden und deren im Kopf gespeichertes Wissen nicht mehr zur Verfügung steht (vgl. Klatetzki 2006, 55).

---

[17] Und nicht drei, wie Klatetzki schreibt.

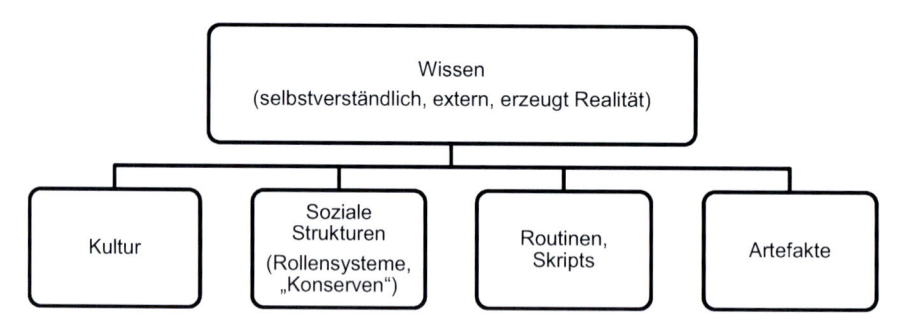

Abbildung 5: Träger von Institutionen vermitteln Wissen

Der Neo-Institutionalismus versucht damit Prozesse in Organisationen zu verstehen und zu erklären. Dabei spielen regulative, normative und kulturell-kognitive Institutionen eine entscheidende Rolle. Organisationen sind damit in die Gesellschaft eingebettet. Über Interaktionen werden Wissensbestände weitergegeben, habitualisiert, typisiert und schließlich durch Reziprozität zu Institutionen (siehe Abbildung 6).

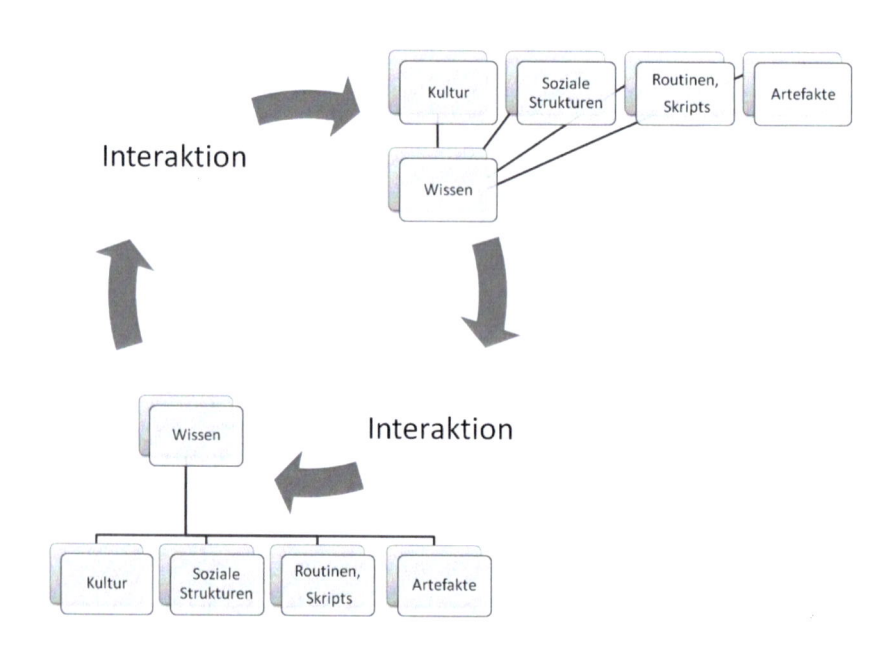

Abbildung 6: Wie Institutionen transportiert werden

Diese Sichtweise hat bedeutende Konsequenzen für die ökonomische Logik: Institutionen folgen nicht nur der ökonomischen Rationalität, sondern auch kulturellen, politischen, moralischen und anderen Gründen. Die ökonomische Rationalität wiederum ist selbst institutionellen Formungen ausgesetzt:

> „Denn das, was den Neo-Institutionalismus gerade ausmacht, ist die Tatsache, dass er zeigen kann, inwiefern sowohl Marktgesetze als auch die Vorstellungen darüber, welche Marktgesetze als effizient und ökonomisch-rational gelten, in sozialen Konstituierungsprozessen entstehen und nicht notwendigerweise so sein müssen; ökonomische Rationalität ist also kontingent. Das bedeutet aber, dass die klaren Erfolgsparameter der Wirtschaftsorganisationen nur deshalb eindeutig und selbstverständlich in der Gesellschaft verankert sind, weil Akteure in historisch zurückliegenden Entwicklungsprozessen diese Bedeutung ökonomischer Rationalität geschaffen haben und beständig aufrechterhalten. Ökonomische Marktgesetze sind keine Naturgesetze, sondern soziale institutionelle Regelungen, die auch ganz anders sein könnten." (Senge 2011, 101)

So hat auch Max Weber ausgeführt: „Man kann eben – dieser einfache Satz, der oft vergessen wird, sollte an der Spitze jeder Studie stehen, die sich mit ‚Rationalismus' befasst – das Leben unter höchst verschiedenen letzten Gesichtspunkten und nach sehr verschiedenen Richtungen hin ‚rationalisieren'. Der ‚Rationalismus' ist ein historischer Begriff, der eine Welt von Gegensätzen in sich schließt […]." (Weber 1920, 62) Einerseits ist Rationalität kontingent, andererseits kann Ökonomie nicht *wertfrei* gedacht werden, wie Scott ausführt:

> „In particular, economic firms were thought to be exempt from institutional forces, with the exception of regulative processes: to be 'culture-free'. More recent institutionalists recognize that all types of social actors, all types of organizations, operate in institutional contexts. Markets themselves are institutional frameworks that vary over time and place in the constitutive and regulative rules they establish. […] Far from being culture-free, economic firms exemplify some of the most firmly held beliefs and are subject to some of the strongest norms at play in our secularized, rationalized, instrumental modern culture." (Scott 2001, 210)

Zentrales Anliegen der Gründer und Gründerinnen der Institutionenökonomik war es, zu zeigen, dass alle Selbstverständlichkeiten über Organisationen kontingent sind, sie also auch ganz anders gedacht werden können (vgl. Senge & Hellmann 2006, 21). Schließlich können verschiedene Institutionen miteinander konkurrieren.

1.4 Fazit: Der neo-institutionalistische Ansatz in dieser Arbeit

Die wichtigsten Annahmen des Neo-Institutionalismus können folgendermaßen zusammengefasst werden (vgl. Hasse & Krücken 2005, 17–19):
1. Rechtliche und organisatorische Vorgaben bilden Formalstrukturen für wichtige Handlungsregulative. Formalstrukturen sind aber nicht die

einzigen Regulative, vielmehr spielen Traditionen, Grundhaltungen und -überzeugungen sowie Ideale einen genauso wichtigen Faktor für die Erklärung von bestimmten Verhaltensweisen und Entwicklungen von Individuen, Organisationen und Nationalstaaten.
2. Institutionalistische Ansätze können und wollen nicht alles erklären. Es bleiben immer Freiräume für Entscheidungen, die weder willkürlich noch ausschließlich Präferenzen und Nutzenüberlegungen folgen. Entscheidungen werden auch von Routinen, Skripts, Kulturen und sozialen Strukturen geprägt.
3. Normen kann, muss aber nicht gefolgt werden. Sie können mit anderen Institutionen im Widerspruch stehen oder mit den in einer pluralistischen Gesellschaft verschiedenen Erwartungshaltungen disharmonieren. Schließlich ist es nicht möglich, es allen recht zu machen.
4. Institutionen müssen nicht immer eine positive Funktion für ein Individuum haben.
5. Neben der Wirkung von Institutionen sind auch ihre Entstehung und ihre Veränderungen von großem Interesse. Veränderungen vollziehen sich durch Änderungen von Erwartungsstrukturen, weshalb es auch verschiedene Grade von Institutionalisierungen gibt.

Für diese Arbeit sind vor allem folgende drei Punkte von Bedeutung: erstens die Definition von Institutionen, zweitens die Arten von Institutionen und drittens die neo-institutionelle Idee der Entkopplung:

Erstens sind Institutionen für das Aufrechterhalten von Gesellschaften konstitutiv. Sie lenken das Denken, befreien aber von der persönlichen Verantwortung nicht. Institutionen werden unterschiedlich definiert. Im Sinne von Scott (2001, 48) werden Institutionen als soziale Strukturen verstanden, die einen hohen Grad an Dauerhaftigkeit erreicht haben und dem sozialen Leben Stabilität und Bedeutung geben. Transportiert werden diese Institutionen über verschiedene Wege, wie z. B. Symbole, Routinen oder Artefakte – hier wird auch wieder die Denkweise sichtbar, die mit dem Begriff *Cultural Turn* beschrieben wird. Sie operieren auf verschiedenen Ebenen als auch in interpersonellen Beziehungen. Obwohl Institutionen Stabilität verleihen, sind sie selbst kontinuierlich oder diskontinuierlich veränderbar.

Zweitens kann zwischen drei Arten von Institutionen unterschieden werden (vgl. Scott 2001, 52 u. 77): erstens jene, die mit Zwang, zweitens solche, die mit Moral, und drittens jene, die mit Selbstverständlichkeiten operieren. Die Institution Zwang baut auf rechtliche Sanktionen, die Institution Moral auf die Normativität und die Selbstverständlichkeit auf die Nachahmung, die durch die Kultur unterstützt wird. Recht, Moral und Kultur als die Säulen der Institutionen werden deshalb in dieser Arbeit immer wieder aufgegriffen. Es wird aus dieser Sicht auch klar, warum ein interdisziplinärer, weiter Zugang zur Wirtschaftspädagogik notwendig ist.

Drittens beschreibt der Neo-Institutionalismus, dass es zwischen Programmatik und Handlungsstruktur große Abweichungen geben kann, die neo-institutionalistisch u.a. mit Entkopplung erklärt werden können. Diese Entkopplung ist vor allem auf individuelle Handlungsmuster zurückzuführen. Senge (2011, 159–163) führt aus, dass die Mikrofundierung des Neo-Institutionalismus mäßig erfolgreich ausgeformt ist. Dies hat vor allem damit zu tun, dass sich der Neo-Institutionalismus als Gegenströmung zur Rational-Choice-Theorie entwickelt hat und letzter von der Nutzenmaximierung des Individuums ausgeht. Der Neo-Institutionalismus postuliert, dass in Summe nur wenige Handlungen tatsächlich rein rationale Entscheidungen sind und dass Nutzen und Interessen wiederum selbst aus institutionell verankerten Werte- und Sinnsystemen entnommen werden. Die Stärke des Neo-Institutionalismus besteht darin, aufzeigen zu können, „dass es ein ‚Außen' jenseits des Individuums gibt, eine externe Quelle und auch Macht, nämlich Gesellschaft und Einbettung, aufgrund derer wir die Dinge tun, die wir tun" (Senge 2011, 163).

In dieser Arbeit wird davon ausgegangen, dass Institutionen im Sinne der obigen Ausführungen wesentlich das Denken und Handeln von Menschen beeinflussen, ihnen jedoch nicht die Verantwortung nehmen, wie noch ausführlich im sechsten Kapitel gezeigt wird. Dieser wesentliche Punkt, der philosophisch und pädagogisch höchst bedeutend ist, wird unter dem Gesichtspunkt einer ethischen Fundierung im sechsten Kapitel unter Rückgriff auf Bieri (2009, 2011) klargelegt: Bedingungen nehmen nicht die Freiheit, sondern sind die Voraussetzung für Entscheidungen. Es gibt keine absolute Freiheit, aber eine bedingte (Kompatibilismus).

Für diese Arbeit ist bedeutsam, dass immer wieder der Blick auf Institutionen zu richten ist, ihre Art und Wirkungsweise beleuchtet und die Möglichkeit von losen Kopplungen und Entkopplungen ins Auge gefasst wird. Dabei ist zu berücksichtigen, dass Institutionen immer auf der Mikro-, Meso- und Makroebene wirken. Somit stellt sich die erste Frage, wie Institutionen allgemein auf die Wissenschaft Wirtschaftspädagogik wirken. Die Antwort darauf wird im nächsten Kapitel gegeben.

> *„Die Pädagogik ist somit eine ‚wertfreie' Wissenschaft nur insoweit, als sie willkürliche normative Setzungen, die keinem Diskurs standzuhalten vermögen, vermeidet bzw. ideologiekritisch decouvriert. Sie ist gleichwohl Werten verpflichtet, als sie selber als Teil einer historischen Entwicklung sich den mit dieser erreichten Möglichkeiten des Vernunftgebrauchs verbunden weiß und ihre Aufgabe gerade darin findet, die Realisierungsmöglichkeiten für Mündigkeit und Vernunftgebrauch zu erforschen [...] Dieser historisch ‚begründete' Wertbezug der Pädagogik ist interpretativ, d.h. verstehend, immer wieder neu aus dem historischen Prozess und den gesellschaftlichen Gegebenheiten zu ergründen; diese Interpretation unterliegt dabei den Mechanismen rechten Vernunftgebrauchs und ist offen für Infragestellungen, Kritik und Falsifikationen."*
>
> *(Arnold 1997, 38)*

2 Die Bedeutung von Institutionen für die Wirtschaftspädagogik

Nachdem im Anschluss an die Ausführungen zum *Cultural Turn* ein Überblick über Institutionen und den Neo-Institutionalismus gegeben wurde, soll nun untersucht werden, welche Rolle Institutionen grundsätzlich für die Wirtschaftspädagogik als Wissenschaft spielen. Da Institutionen Historizität voraussetzen und nur im Zeitablauf zu erklären sind, ist die wesentliche historische Entwicklung der Wissenschaft Wirtschaftspädagogik im Hinblick auf ihre Institutionen, soweit es im Rahmen der hier zu bearbeitenden Fragestellung forschungsökonomisch sinnvoll erscheint, nachzuzeichnen (vgl. Berger & Luckmann 1977, 59). In der historischen, erziehungswissenschaftlichen Betrachtung muss bewusst bleiben, dass hinter dem wissenschaftlichen Aspekt immer nur Ausschnitte aus der Sozial- und Kulturgeschichte erfasst werden und deshalb nur Partikulares in den Blick genommen wird (vgl. Zabeck 2000, 486), das Gewesene erschließt sich „erst von einer bestimmten Fragestellung her, die im wissenschaftskonstituierenden Aspekt unserer Disziplin verwurzelt ist" (Zabeck 2009, 3). Im Vordergrund steht das Nachzeichnen der wesentlichen von Institutionen geprägten Veränderungen in der Wirtschaftspädagogik. Dabei werden zwei dem Neo-Institutionalismus folgende Zugänge gewählt: In Punkt 2.1 werden Institutionen aus der Makrosicht untersucht, d.h. die großen Züge der Entwicklungen der Wirtschaftspädagogik als Wissenschaft vor allem in Deutschland werden in den Blick genommen. Dabei wird von Berufs- und Wirtschaftspädagogik die Sprache sein.

In der Chronologie, die so weit wie möglich eingehalten wird – es sei denn, inhaltlichen Bezügen gilt kontextuell der Vorrang – werden wesentliche österreichische Entwicklungen einbezogen. In Punkt 2.2 werden die Institutionen von der Mesoebene aus, nämlich anhand der Entwicklung des Institutes für Wirtschaftspädagogik am Standort Graz, in den wesentlichen Zügen nachgezeichnet. Dabei wird versucht, auf für die Arbeit unnotwendige Details zu verzichten und nur auf das im Sinne Zabecks (2000, 486; 2009, 3) interessante Partikulare einzugehen, ohne dabei den Kontext aus den Augen zu verlieren. Da die Berufspädagogik in Österreich und insbesondere auch in Graz keine große Bedeutung erlangt hat, wird in diesem Kontext nur von Wirtschaftspädagogik gesprochen. Aus der Makro- und Mesoebene sollen abschließend Erkenntnisse über die Wirkung von Institutionen auf die Wirtschaftspädagogik gewonnen werden.

2.1 Institutionen aus der Makrosicht

Die Betrachtung auf der Makrosicht nimmt die Entstehung und Entwicklung der Wirtschaftspädagogik als wissenschaftliche Disziplin in den Blick. Es wird deshalb nicht auf die Geschichte der Berufserziehung eingegangen (siehe dazu vor allem Zabeck 2009), weil dies den Kontext dieser Arbeit bei weitem sprengen würde. Zwar geht die Geschichte der Wirtschaftserziehung und der kaufmännischen Schulen weiter zurück als die Geschichte der Handelshochschulen, und die Entstehung der Wirtschaftspädagogik ausschließlich auf diese zurückzuführen, würde zu kurz greifen (vgl. Huisinga & Lisop 1999, 112; Sloane 2001, 162; Sloane, Twardy & Buschfeld 2004, 49). Wissend, dass die Konzentration auf einige wesentliche Punkte auch eine Vereinfachung darstellt, sollen jene Faktoren herausgegriffen werden, die letztlich zur Institutionalisierung der Berufs- und Wirtschaftspädagogik als Wissenschaft geführt haben.

Die Entstehung der Wirtschaftspädagogik war kein zufälliger Prozess. Es war auch nicht das ausschließliche Ergebnis der erfolgreichen Bemühungen einiger Personen, die aus Neigung sich dem wirtschaftlichen Schulwesen zuwandten. Vielmehr war es ein Zusammenspiel von Personen, Gesellschaft, Kultur und Kontingenzen, in dem Institutionen eine wesentliche Bedeutung zukam. Am Beginn stand die praktische Anforderung, Lehrpersonen für das wirtschaftliche Schulwesen auszubilden. Da sich die Erziehungswissenschaft nicht mit der Welt der Wirtschaft, Arbeit und Technik auseinandersetzen wollte, entstand eine eigene Spezialdisziplin. Trotzdem wäre die Vorstellung falsch, dass sich die Wirtschaftspädagogik von der Pädagogik isoliert entwickelt hätte, denn die wirtschaftspädagogischen Entwicklungen, wie im Laufe dieses Kapitels gezeigt wird, widerspiegeln die großen pädagogischen Entwicklungen. (Vgl. Pleiss 1973, 3–4)

Bereits im Mittelalter gab es eine Kaufmannsausbildung. Söhne und Schützlinge von Kaufleuten im Import- und Exportgeschäft wurden zur Ausbildung ins Ausland geschickt. Die Ausbildung für inländische Geschäfte erhielt der Lehrling beim Prinzipal. Die praktische Lehre erwies sich jedoch sehr bald als nicht ausreichend. Wissen und Können war schon früh in folgenden Bereichen notwendig: Lesen, Rechnen und Schreiben waren grundlegende Kenntnisse. Lese- und Schreibkenntnisse waren aber nicht nur in der Muttersprache gefragt. Latein war im internationalen Geschäft hilfreich. Mit der Einführung der Buchhaltung am Ende des 15. Jahrhunderts wurde auch diese Bestandteil der Bildung. Im 18. Jahrhundert setzte sich die Idee der Handelsschule durch, d.h. die Bündelung aller kaufmännischen Fächer, um das Wissen zusammenzufassen, das für den Kaufmann notwendig war. Paul Jacob Marperger (1656–1730) aus Kursachsen skizzierte ein mehrstufiges kaufmännisches Schulwesen: niedere Handelsschule, mittlere Schule (Handelsakademien), das Informations-Kollegium (eine Art höhere Fachschule) und die Handelshochschule an der Universität. Die Handelsakademie-Idee ging davon aus, dass die kaufmännischen Fächer wohl den größten Anteil einnahmen, doch wurden auch andere Fächer wie Geografie, Warenkunde, Fremdsprachen, Sittenlehre sowie Latein und Geschichte gefordert. Die Ideen Marpergers wurden nicht unmittelbar umgesetzt, wie weit sie jedoch auf spätere Gründungen einwirkten, ist unklar. (Vgl. Pleiss 1973, 12–15) Zabeck (2009, 25 u. 197) weist darauf hin, dass sich die Entwicklung der Wirtschaftspädagogik nicht kontinuierlich, einer bestimmten Idee folgend, stetig vom 18. über das 19. bis hin zum 20. Jahrhundert vollzogen habe, vor allem sei Marperger nicht an den Anfang einer vermeintlich durchgehenden Entwicklungslinie zu stellen. Aus Sicht Zabecks wird Marperger in der Geschichtsschreibung der Wirtschaftspädagogik hochstilisiert und an den Beginn einer Entwicklung gestellt, die sich so nicht ereignet hat.

Expansion und Differenzierung kennzeichnen seit ihrem Beginn im 17. Jahrhundert die Wissenschaft. Das Wachstum zeigt sich institutionell, personell und finanziell. Im Laufe der letzten drei Jahrhunderte wurden laufend Bereiche des menschlichen Lebens als *wissenschaftsfähig* angesehen. Immer mehr Spezialgebiete konnten sich etablieren. (Vgl. Reinisch 2009, 3) Die Etablierung der Wirtschaftspädagogik begann um die Wende des 19. auf das 20. Jahrhundert durch die Errichtung von Handelshochschulen. Bevor nun auf die Entstehung in Deutschland eingegangen wird, wird gezeigt, wie die Institutionalisierung einer universitären kaufmännischen Ausbildung im 18. und 19. Jahrhundert in Österreich scheiterte, weil – so die These – die normative Institutionalisierung, wie sie später durch die Berufsbildungstheorie geschaffen wurde, nicht vorhanden war. Gezeigt wird dies am Entstehen der Handelsakademie, die nach wie vor eine wesentliche Rolle in der Qualifizierung von Wirtschaftspädagogen und -pädagoginnen in Österreich einnimmt, weil im schulischen Bereich diese den bedeutendsten kaufmännischen Schultyp darstellt. Nach diesem Ausflug in die österreichische kaufmännische Bildung wird wieder ins 19. Jahrhundert in Deutschland zurückgekehrt.

2.1.1 Das Scheitern der Real-Handlungsakademie in Österreich

In Österreich gehen die Anfänge des „kommerziellen Unterrichts" (Dlabač & Gelcich 1910, 11) auf das 18. Jahrhundert zurück. Nachdem bereits ihr Vater Karl VI. erste Ideen in diese Richtung geäußert haben soll, wurde unter Kaiserin Maria Theresia 1751 ein konkreter Plan zur Errichtung einer sogenannten *mechanischen Lehrschul für Mähren* erarbeitet. Vorgeschlagen wurde eine Schule mit den Fächern Zeichnen, Mechanik, Statik, Buchhaltung, kaufmännische Korrespondenz, Wechsel- und Handelsnegotium[18], Geschichte und Geografie. Maria Theresia genehmigte diesen Plan, jedoch befahl sie, auf die Abfassung von Lehrbüchern zu warten und nicht überall Geistliche als Lehrmeister anzustellen. Diese Pläne gerieten in Vergessenheit und wurden nicht umgesetzt. 1766 richtete Staatskanzler Kaunitz ein Schreiben an die Kaiserin, um den fachlichen Unterricht im Sinne einer an die einzelnen Stände angepassten Vermittlung zu entwickeln. Es solle speziellen Unterricht für Bauern geben, da diese den größten Teil der Bevölkerung ausmachten, einen eigenen für Bergleute. Für Handwerker und Kaufleute sollte ebenso eine eigene Schule errichtet werden, damit diese in ihrem Beruf eine angemessene Bildung erhielten. Die Idee eines kaufmännischen Unterrichtswesens fiel gerade in Wien auf fruchtbaren Boden, da es dort innerhalb der Kaufmannschaft „zahlreiche Bankerotte" gab. (Vgl. Dlabač & Gelcich 1910, 11–12; Zieger 1904, 37) Die Ursache wurde im mangelnden kaufmännischen Wissen gesehen, weshalb der Kaufmannsstand bat, „seine Söhne außer Landes schicken zu dürfen, damit sie an fremden Handelsplätzen sich kaufmännische Bildung erwerben könnten" (Dlabač & Gelcich 1910, 12). Zur selben Zeit tauchten zwei Projekte für die Einführung des kaufmännischen Bildungswesens auf: Erstens erklärte sich 1769 das Jesuitenkolleg in Graz bereit, ein Lehramt für kaufmännisches Rechnen und Buchhaltung zu übernehmen, und zweitens legte Johann Georg Wolf, ein ehemaliger Professor der Mathematik in Straßburg, der k.k. böhmisch-österreichischen Hofkanzlei einen Plan zur Errichtung einer Handelsakademie vor und sprach diesbezüglich bei der Kaiserin vor. (Vgl. Dlabač & Gelcich 1910, 12) Das allgemeine Interesse an der doppelten Buchhaltung war zu diesem Zeitpunkt sehr groß, wobei bislang das Augenmerk auf das Beamtentum und nicht auf die Kaufleute gelegt wurde. „Das Streben der Regierung ging also darauf hinaus, die veraltete, wenn [sic] zuverlässige Kameralbuchhaltung durch die doppelte Buchhaltung zu ersetzen und durch

---

[18] *negotium*, lat. für Tätigkeit, Arbeit und Beschäftigung.

diese Bildungsgelegenheiten tüchtige Beamte für den Staatsrechnungs- und Verwaltungsdienst heranzubilden." (Zieger 1904, 37) Wolf zielte darauf ab, die doppelte Buchhaltung den Kaufleuten näherzubringen und zwar, „den Söhnen vermögender Leute" (Zieger 1904, 37). Sein Plan wurde 1769 genehmigt und Wolf wurde zum Direktor ernannt. Der Mitregent Joseph war allerdings dem Plan gegenüber reserviert (vgl. Zieger 1904, 38). Am 11. Juni 1770 wurde in einem Haus am *Stoß am Himmel*[19] die Schule mit 22 Schülern im Alter von 15 bis 20 Jahren eröffnet. (Vgl. Dlabač & Gelcich 1910, 12) Über den Zweck der Schule hieß es in einer Ankündigung:

> „Es wird das Hauptaugenmerk darauf gerichtet werden, die Jugend binnen zwei Jahren so zu bilden, dass sie mit allen zur Handlung gehörigen Hilfswissenschaften vorbereitet werde, um bei den Handlungsgeschäften, dem Kommerz- und Manufakturwesen dem Vaterlande einstens gute Dienste leisten zu können. Denn der geschickte Handelsmann soll sich vom Krämer unterscheiden, dies wird jedoch nur erzielt durch Unterricht der Söhne der erbländischen Handelsleute, die bei der Aufnahme den Vorzug haben, und zwar ohne Unterschied der Religion." (Dlabač & Gelcich 1910, 12–13)[20]

Die Schule wurde als einjähriger Versuch gestartet. Bereits am 19. November 1770 erhielt die Schule per Hofdekret die Bezeichnung *Real-Handlungsakademie*[21], weil es sich um eine Schule handelte, in der

> „Jünglinge von hinreichender Beurteilungs- und Überlegungskraft eine vollständige Vorbereitung für irgendeine Berufsklasse erlangen sollten, wie z.B. die Militärakademie zu einer wissenschaftlichen Vorbereitung zum Militärstande, die Savoysche Akademie zur Vorbildung für ritterliche Ämter bestimmt waren, endlich aber gewiss auch deshalb, weil man eine Anstalt, von deren Lehrkräften man durchwegs eine höhere wissenschaftliche Bildung fordere, auch dem Namen nach vor den gewöhnlichen Schulen auszeichnen solle." (Richter, in der Realzeitung vom 21. Jänner 1771 zitiert in Dlabač & Gelcich 1910, 13)

Unterrichtet wurden folgende Fächer: Deutsch, Französisch, Italienisch, Korrespondenz, Geografie einschließlich Naturalien, Waren und Münzen, Geometrie, Mechanik, Naturlehre, doppelte Buchhaltung, Handels- und Seerecht, *praktische Handlungswissenschaften*, Natur- und Zivilrecht sowie *Vernunft- und Sittenlehre*. Das Schulgeld betrug 2 Gulden monatlich.[22] Prüfberichte zeigen, dass die Kaiserin äußerst zufrieden mit den Leistungen der Schule

---

[19] *Stoß am Himmel* nennt sich eine Gasse im ersten Wiener Bezirk.
[20] Die Ankündigung bringt das kollektive Selbstinteresse der Ausbildung klar zum Ausdruck: Der Unterricht erfolgt für „Söhne der erbländischen Handelsleute".
[21] Dlabač und Gelcich (1910) verwenden die Bezeichnungen Real-Handlungsakademie, Handlungsakademie und Handelsakademien als Synonyme.
[22] Im Jahr 1770 verdiente in Mainz ein Bäckergeselle in der Woche einen Gulden, der Jahreslohn für einen Metzger betrug 38 Gulden. Ein Wiener Rauchfangkehrer erzielte einen Jahreslohn von 40 bis 50 Gulden. (Vgl. Reith 1999, 266 u. 282). Der Zuschuss für die Handelsakademie betrug jährlich 3.000 Gulden (vgl. Zieger 1904, 38).

war. (Vgl. Dlabač & Gelcich 1910, 15–16) Trotzdem hatte die Schule von Beginn an mit vor allem zwei Problemen zu kämpfen: Erstens war die Finanzierung immer knapp und zweitens gab es einflussreiche Beamte, denen die Schule gleichgültig war. An den öffentlichen Prüfungen nahmen viele Zuschauer teil und die Zeitungen berichteten äußerst positiv von den hervorragenden Leistungen. (Vgl. Zieger 1904, 54)

Die Handelsakademie wurde immer erfolgreicher, weshalb auch andere Schulformen begannen, kaufmännische Elemente in den Unterricht einzubauen. Die Kaiserin beauftragte den Zentral-Hauptbuchhaltereirevisor Gottfried Brand mit einem Hofdekret vom 1. Mai 1773, eine Vorlesung über *Komptabilität* an der Universität zu halten. Damit hätte der erste Schritt in Richtung einer universitären Institutionalisierung gesetzt werden können. Dieser Schritt wurde jedoch der Anfang vom Ende der Real-Handelsakademie – die Zeit für eine universitäre Verankerung war noch nicht gekommen. Die Universität weigerte sich, für Gottfried Brand eine Lehrkanzel einzurichten – unter den Wortführern gegen Brand befand sich auch der sehr einflussreiche Sonnenfels. (Vgl. Dlabač & Gelcich 1910, 15–16) Joseph Freiherr von Sonnenfels (1732–1817) war Jurist und ab 1763 Universitätsprofessor für den für ihn geschaffenen Lehrstuhl für Polizei- und Kameralwissenschaften. Er gilt als der Hauptvertreter der Aufklärung unter Joseph II. 1779 wurde er Hofrat der Hofkanzlei. (Vgl. Bruckmüller 2004, 226) Diese Einrichtung wäre als eine Ergänzung der Professur von Sonnenfels gedacht gewesen, der jedoch diese Idee mit verschiedenen Vorwänden hintertrieb (vgl. Zieger 1904, 71). Eine Erklärung könnte in seiner Einstellung zur Bildung, die sich im Sinne der Aufklärung gegen eine standesorientierte Spezialbildung wandte, gefunden werden. „Sonnenfels glaubt daran, dass das Staatsniveau durch eine Hebung des Allgemeinniveaus in der Bevölkerung verbessert werden kann. Je breiter die Basis, desto intensiver kann darauf gebaut werden. Diesen Zustand zu erlangen, ist ihm jedes Mittel recht. Geradezu despotisch will er die Bewohner zur Allgemeinbildung zwingen: ihnen zum Wohle, dem Staate zu Ehre." (Lindner 1983, 58) Auch Joseph ist als Aufklärer skeptisch: „Für ihn war Menschenbildung, Betonung der allgemein bildenden Fächer in den Schulen das erstrebenswerte Ziel. Dazu kam, dass Joseph ganz auf die Ideen einer Schulreform im Sonnenfelsischen Sinne einging." (Zieger 1904, 71) Die Handelsakademie passte aus dieser Sicht nicht ins System, denn sie war eine Standesschule. Aus diesen Gründen schloss Joseph sofort nach dem Tod seiner Mutter die Theresianische Akademie und die Savoysche Akademie. Diesen Schritt setzte er mit der Handelsakademie jedoch nicht, aber sein Interesse galt nicht der kaufmännischen Spezialausbildung reicher Söhne. (Vgl. Zieger 1904, 71)

Nachdem die Kaiserin das Hofdekret für die Vorlesung an der Universität erlassen hatte, wurden Vertreter der Universität bei der Kaiserin vorstellig

und brachten folgende Argumente gegen eine universitäre Verankerung ein (vgl. Dlabač & Gelcich 1910, 15–16 in Verweis auf Richter 1883 und Zieger 1904, 71):
- Nur öffentliche Professoren der bestehenden vier Fakultäten[23] seien berechtigt, Vorlesungen zu halten.
- Lehrern an den Akademien sei es untersagt, den Titel *Professor* zu tragen.
- Gottfried Brand sei kein Lehrer einer höheren Wissenschaft und habe keine öffentlichen Prüfungen abgelegt.
- Der Gegenstand, den Brand unterrichten soll, sei keine Wissenschaft, sondern lediglich eine Beschäftigung mit einer praktischen Schule.
- Die Hörer Brands haben keine akademische Bildung und würden ein unanständiges Betragen aufzeigen, weil sie sich der Auseinandersetzung mit dem Gewerbe zuwendeten und die Studierenden der Universität zur Unzufriedenheit herausforderten.
- Studierende an einer Universität unterliegen der akademischen Gerichtsbarkeit: Wie solle dies mit den Studierenden Brands aussehen?
- Darüber hinaus können keine Räume für die Vorlesungen gefunden werden, es gebe keinen Platz an der Universität.

„So merkwürdig diese Begründung war, so hatte doch Maria Theresia eine zu große Scheu, alte Privilegien und Vorrechte der Universität anzutasten, und sie fügte sich." (Zieger 1904, 71) Die Kaiserin kam dem Gesuch der Universität nach und beauftragte Brand, an der Juristenschule bei den Piaristen zu lehren. Die Piaristen wiederum wollten die Handelsfächer nur von ihren Ordensbrüdern unterrichtet sehen. Verschiedene Interventionen führten schließlich dazu, dass die Kaiserin Brand befahl, Vorträge vor allem an der Handelsakademie und an der Savoyschen Akademie zu halten. Für die Handelsakademie wurde es nun immer schwieriger. Es tauchten Stimmen auf, die sie mit der Normalschule vereinigen wollten. Die Finanzierung wurde reduziert, Direktor und Lehrer konnten die Schule nur dadurch retten, dass sie auf ein Drittel ihres Gehaltes freiwillig verzichteten. Die Zunahme der Eigeneinnahmen ermöglichte jedoch wieder einen Ausgleich dieser Reduktion. Direktor Wolf wollte die Schule in eine einerseits gewerbliche und andererseits landwirtschaftliche Seite ausbauen, konnte dies aber nicht erreichen. Wolf starb 1796, sein Nachfolger wird Brand, der 1801 starb. (Vgl. Dlabač & Gelcich 1910, 12–18)

1804 änderten sich die Dinge grundlegend: Die Akademie war bis dahin einer eigenen kaiser- und königlichen Kommission unterstellt und wurde nun den allgemeinen Schulbehörden zugewiesen; aus der Real-

---

[23] Es bestanden die juridische, medizinische, philosophische und theologische Fakultät (vgl. Universität Wien o.J).

Handelsakademie wurde eine Realschule. Die kaufmännischen Fächer verschwanden bis auf jene im dritten Jahrgang völlig. Damit wurde kaufmännisches Wissen wohl dem Volk nähergebracht, die Spezialausbildung in Form der Real-Handelsakademie aber war verloren.

Im 19. Jahrhundert wurden die ersten Fortbildungs- und Privathandelsschulen gegründet. So entstanden in Graz (1828), Wiener-Neustadt (1850) und Laibach (1832) sowie später in Wien und Prag (jeweils 1850) sogenannte Gremialhandelsschulen als kaufmännische Fortbildungsschulen, die ihre Türen an Sonn- und Feiertagen geöffnet hatten. (Vgl. Dlabač & Gelcich 1910, 12–24)

„Festen Boden gewann der kommerzielle Unterricht in Österreich erst durch die Errichtung der Handelsakademien in Prag (1856) und Wien (1857)." (Dlabač & Gelcich 1910, 24) Die Gründung der Handelsakademien war vor allem eine innerstaatliche Angelegenheit: Für die Errichtung von Eisenbahnen und die Gründung von großen Unternehmen mussten ausländische Kaufleute herangezogen werden. Die einheimischen Kaufleute wiederum mussten ihre Söhne ins Ausland nach Leipzig schicken, um eine adäquate Ausbildung zu erhalten. Aufgrund dieser Umstände entschlossen sich die Großkaufleute in Prag und Wien unabhängig voneinander, aber fast zeitgleich zur Gründung einer solchen Schule. Der Verein der Handelsakademie in Wien wollte kein allgemeines kaufmännisches Schulwesen errichten, sondern eine Spezialausbildung für die Söhne der Industriellen und Kaufleute. Dies war nur mit hervorragenden Lehrern machbar, die sowohl in der Praxis als auch im Unterricht erfahren waren. So verdiente ein Lehrer für kaufmännische Fächer mehr als viermal so viel wie ein gewöhnlicher Mittelschullehrer. Da aufgrund des allgemeinen Militärdienstes, der bei einem Schulbesuch nur ein Jahr anstatt drei Jahre dauerte, immer mehr Schüler in die Schulen, u.a. auch in die Handelsakademie, drängten, mussten mehr Handelsakademien errichtet werden. (Vgl. Dlabač & Gelcich 1910, 24–37) Die Handelsakademie in Graz wurde 1863 gegründet. Diese Schule war stärker auf den durchschnittlichen, mittleren Geschäftsbetrieb ausgerichtet (vgl. Dlabač & Gelcich 1910, 30): „Diese kleineren Industriellen und Kaufleute der Alpenländer, welche infolge ihrer damaligen geringen Bildung eine leichte Beute des aufstrebenden Kapitalismus wurden, sollten durch eine zeitgemäße fachmännische Bildung kampffähiger gemacht werden." (Dlabač & Gelcich 1910, 30)

Der Einfluss des Staates auf die Handelsakademien war gering. Mit Ministerialverordnung vom 14. Mai 1870 wurde eine Prüfungsvorschrift für die Erlangung der Lehrbefähigung an höheren Handelsschulen eingeführt. Die Anforderungen für die Zulassung zur Prüfung waren relativ bescheiden. Es genügte die Absolvierung einer der folgenden Schulen: Obergymnasium, Oberrealschule, Untergymnasium, Unterrealschule und weiters ein mindestens zweijähriger Kurs an einer Handelsschule. Handelspraxis war nicht notwendig. Von einer eigenen Lehrerausbildung war also keine Rede. (Vgl. Dlabač & Gelcich 1910, 45–46)

Die Errichtung einer universitären Ausbildungsstätte für Lehrpersonen kaufmännischer Fächer wird erst später möglich. Dafür ist schließlich die Etablierung von Institutionen notwendig. Die erste, frühe Chance einer Teilinstitutionalisierung durch Vorlesungen an der Universität wurde von der Universität unter Einfluss von Sonnenfels und seinem Einsatz für die Allgemeinbildung, die keine auf die Stände ausgerichtete Spezialbildung duldete, verunmöglicht. Die vor allem später im 19. Jahrhundert schwelende Auseinandersetzung zwischen Berufs- und Allgemeinbildung war in Österreich am Ende des 18. und Beginn des 19. Jahrhunderts die Ursache für das Scheitern der Institutionalisierung von Vorlesungen zur Komptabilität an der Universität. Kaufmännische Spezialbildung konnte sich noch nicht gegenüber der Allgemeinbildung legitimieren. Dafür fehlte vor allem eine normative Institution, die erst im 20. Jahrhundert entstehen wird. Um die Entstehung und Entwicklung dieser nun nachvollziehen zu können, ist der Blick auf die Entstehung der Berufs- und Wirtschaftspädagogik in Deutschland notwendig.

2.1.2 Die klassische Berufsbildungstheorie – die erste Phase

Es wurde in der Darstellung der Auseinandersetzung rund um die Begriffe der Zivilisation und Kultur bereits im ersten Kapitel gezeigt, dass im 19. Jahrhundert die kaufmännische Tätigkeit gesellschaftlich unter den *gebildeten Schichten* nicht besonders geachtet war (siehe 1.1). Die Kaufleute selbst wollten dies ändern, insbesondere sollte durch Bildung die Teilhabe am gesellschaftspolitischen Leben ermöglicht und damit die Bedeutung der Wirtschaft auch im gesellschaftlichen Leben angehoben werden. Diese Vorstellungen führten zur Stärkung der Handelshochschul-Idee. Aber nicht nur die Ausbildung der Lehrlinge stand zur Diskussion, sondern ebenso die Frage der ausgebildeten Lehrherren. Ebenso wurde die Forderung drängender, Frauen eine kaufmännische Ausbildung zukommen zu lassen. (Vgl. Pleiss 1973, 16–17)

War im 18. Jahrhundert die Kaufmannsbildung noch sehr pragmatisch auf die Brauchbarkeit und Nützlichkeit des kaufmännischen Handelns ausgerichtet, so wurde mit dem 19. Jahrhundert die Ausbildung des Kaufmanns immer mehr als Menschenbildung verstanden. Der Kaufmann sollte gebildet sein und daher kein Spezialist in kaufmännischen Angelegenheiten allein, „sondern eine Persönlichkeit mit hervorragendem allgemeinen Einsichts- und Urteilsvermögen, sittlichen Qualitäten und beruflicher Tüchtigkeit" (Pleiss 1973, 18).

Trotz „einer berufspädagogischen Zäsur zwischen dem 19. und dem 20. Jahrhundert" (Zabeck 2009, 457) war dieser Zeitraum von einer Unübersichtlichkeit gekennzeichnet, die der heutigen Zeit durchaus ähnlich ist. In Rückgriff auf Ziegler (1911) weist Zabeck (2009, 458) darauf hin, dass es Widersprüchlichkeiten gab, die den gesellschaftlichen Umbruch widerspiegelten: Die Idee des Nationalismus widersprach jener der sozialistischen Internationalen, die höfische Unterwürfigkeit der Demokratisierung, das Handeln aus sozialer Verantwortung dem Hedonismus und die Wahrung des Bestehenden der Ermöglichung von neuen Lebensformen. Es lassen sich aber umrisshaft folgende Aufgabenstellungen definieren, für die die Berufs- und Wirtschaftspädagogik Beiträge leisten musste:

„Es ging 1) um die alle gesellschaftlichen Schichten erfassende Vermittlung beruflicher Fachkompetenz, 2) die auf sie gegründete Befähigung zur selbstständigen Bewältigung beruflicher Aufgabenstellungen unter Einschluss der Bewährung vor Ort sowie 3) die Ermächtigung, sich in das soziale betriebliche Beziehungsgefüge produktiv einzuklinken, soweit es mit denjenigen Leistungssequenzen im Zusammenhang stand, an denen der jeweilige Mitarbeiter beteiligt war." (Zabeck 2009, 461)

Um dies zu verstehen, ist die wirtschaftliche und gesellschaftliche Entwicklung zumindest seit der Mitte des 19. Jahrhunderts zu berücksichtigen. Das moderne Unternehmertum wurde zur Profession und sein Arbeitsfeld verlangte nach einer wissenschaftlichen Ausbildung. (Vgl. Huisinga & Lisop 1999, 112) Mit der industriellen Revolution entstand die „Arbeiterfrage" und damit wurde auch das Verhältnis von Beruf und Bildung stärker thematisiert (vgl. Gonon, Reinisch & Schütte 2010, 428). Es gab den Bedarf nach einer wissenschaftlich fundierten Ausbildung von Kaufleuten und Industriellen. Einerseits entstanden neue Industrien (z.B. Chemie, Elektro, Fahrzeugbau), andererseits mit dem Taylorismus ein neues Organisationsprinzip. In der kaufmännischen Verwaltung kam es zu einer – von Max Weber analysierten – Bürokratisierung mit Hierarchisierung, Vorgabe von Arbeitsanweisungen und Kontrollmechanismen. Neben diesen ökonomischen Erscheinungen, die zu einer „Verzweckung des Menschen" führten, darf die geistesgeschichtliche Gegenbewegung, die auf die Selbstbestimmung des Individuums zielte und sich in Kunst und Literatur niederschlug, nicht übersehen werden. (Vgl. Zabeck 2009, 462) In diese Zeit fällt auch die Entstehung der Reformpädagogik, die sich am Individuum ausrichtete. Auch die Volksschulen begannen sich in diesem Sinne zu emanzipieren und forderten eine Erziehung abgeschirmt von ökonomischen und technischen Sachzwängen. (Vgl. Zabeck 2009, 462–466) „Drängten also einmal die konkreten ökonomisch-sozialen Lebens- und Arbeitsverhältnisse des Kaufmannsstandes dazu, eine verbesserte Berufsvorbereitung durch Handelsschulen zu fordern, so wurde dies zum anderen auch aufgrund einer gewandelten Idee von Kaufmannsbildung als wünschenswert erachtet." (Pleiss 1973, 17)

Für die Ausbildung der Lehrpersonen gab es grundsätzlich drei Möglichkeiten: erstens eine Erweiterung der Volksschullehrerseminare, zweitens die Errichtung selbstständiger Handelslehrerseminare und drittens die Ausbildung an der Hochschule (vgl. Preiss 1973, 33–39). Der 1896 gegründete

Deutsche Verband für das kaufmännische Schulwesen förderte die dritte Variante (vgl. Pleiss 1973, 61–66; Zabeck 2009, 472–482). Die erste Handelshochschule wurde am 25. April 1898 in Leipzig eröffnet und erfüllte einen doppelten Zweck: Sie vermittelte höhere Kaufmannsbildung und bildete Handelslehrer aus. Sie war eine selbstständige Einrichtung zwischen Universität und öffentlicher Handelslehranstalt. Die Handelslehrerausbildung wurde von Kaufleuten, Gymnasiasten und Volksschullehrern besucht, die im Gegensatz zu den beiden anderen Gruppen bereits über eine pädagogische Ausbildung verfügten. Kaufleute und Gymnasiasten erhielten die pädagogische Ausbildung an der Universität, nicht an der Handelshochschule. Nur die *praktisch-pädagogische Vorbereitung*, welche die Volksschullehrer erhielten – ihr Anteil betrug 90% der Studierenden –, wurde an der Hochschule angeboten. Erstaunlicherweise bot die Universität für die Studierenden keine spezifische wirtschaftlich-pädagogische Ausrichtung an. Sie hatte die Chance nicht genützt, eine wirtschaftspädagogische Disziplin zu gründen. (Vgl. Pleiss 1973, 67–72) Vielmehr entstand an der Handelshochschule die „erste Pflanzstätte der Wirtschaftspädagogik an deutschsprachigen Hochschulen [...] [und] legte den Keim zur selbstständigen wirtschaftspädagogischen Disziplin." (Pleiss 1973, 72). Aus diesem Grund sieht Pleiss (1973, 74) Abraham Adler (1850–1922), den Leiter des Handelslehrerseminars, als „Nestor der Wirtschaftspädagogik", der erstens eine pädagogische Ausbildung als Volksschullehrer, zweitens eine ökonomisch-fachwissenschaftliche Ausbildung und Kompetenz und drittens Erfahrung im Handelsschulwesen aufzuweisen hatte. Es folgten weitere Gründungen von Handelshochschulen und damit entstand aus der Ausbildung von Handelslehrern eine eigene *Handelspädagogik*, deren Verhältnis sowohl gegenüber der Pädagogik als auch gegenüber den Handelswissenschaften unklar blieb (vgl. Pliess 1973, 118). In diesem Kontext wurde noch nicht von Wirtschaftspädagogik gesprochen.

Es war Theodor Franke, der um 1900 die Begründung der Wirtschaftspädagogik aus einem völlig anderen Blickwinkel heraus forderte und als Erster den Begriff Wirtschaftspädagogik verwendete (vgl. Deeg 1963, 251). Er wollte die Jugend in die Wirtschaftsgemeinschaft einbinden, indem er sich für das Unterrichtsprinzip Wirtschaftskunde vor allem an Volksschulen einsetzte. (Vgl. Pleiss 1973, 120) Diese Idee einer ökonomischen Bildung scheiterte allerdings an den Vorurteilen der Pädagogik der Wirtschaft gegenüber, also dem vermeintlichen Widerspruch von Zivilisation und Kultur. Friedrich Feld, der 1928 in den *Grundfragen der Berufsschul- und Wirtschaftspädagogik* die Lehrerbildung methodologisch zu begründen versuchte, sah zwar auch eine *allgemeine Wirtschaftsbildung* vor, doch war diese von untergeordneter Bedeutung. (Vgl. Pleiss 1973, 119–121) So musste die Etablierung der Wirtschaftspädagogik einen anderen Weg gehen, nämlich jenen über die Handelslehrer-Ausbildung. Weitere Handelshochschulen wurden z.B. in Köln (1901), Frankfurt (1901) und Berlin (1906) gegründet. Diese erste Form der Ausbildung von Handelslehrern entsprach der Kaufmannsausbildung, ergänzt um praktische Fähigkeiten pädagogischer Natur. Da die meisten Studierenden das Volksschulstudium absolviert hatten, wurde diese Ausbildung als ausreichend empfunden. Erst zehn Jahre nach der Gründung der ersten Handelshochschule setzte eine Diskussion über die fachliche und pädagogische Ausbildung ein. In dieser Zeit gab es genügend Erfahrungen, war der Stand des Handelslehrers einigermaßen etabliert und es erschienen die ersten Publikationsorgane.[24] 1908 konstituierte sich auch der *Verein Preußischer Handelslehrer mit Handelshochschulbildung*, der ab 1911 alle deutschen akademisch ausgebildeten Handelslehrer vereinte. Diskutiert wurde, in welche Richtung die Ausbildung der Handelslehrer gehen sollte. Nachdem die Gründung der Handelshochschulen von Leipzig ausgegangen war und dieses Modell von weiteren Hochschulen mit verschiedenen Abweichungen übernommen wurde, folgte als zweiter Schritt die stärkere Einbindung der Pädagogik. Die Unterscheidung in der Ausbildung von Kaufleuten und Handelslehrern wurde nicht in den fachlichen, sondern in den pädagogischen Inhalten gesehen. Ausgehend von Preußen erhielt die Pädagogik einen größeren Stellenwert. Die fachlichen Inhalte blieben jene der Kaufleute, die Besonderheit lag im Studium der Pädagogik, die aber keine allgemeinpädagogische, sondern vor allem eine für den kaufmännischen Unterricht akzentuierte sein sollte. Dabei wurden nicht nur didaktische, sondern auch erzieherische Inhalte vermittelt. Die allgemeine Pädagogik sollte für das wirtschaftliche Unterrichten genutzt werden. Das Prüfungsfach Pädagogik kann daher als *Handelsschulpädagogik* bezeichnet werden (vgl. Pleiss 1973, 76–149).

Der Erste Weltkrieg lähmte die Entwicklung der Handelslehrerausbildung. Nach dem Krieg regten sich – wie in der Pädagogik allgemein – Reformbemühungen. Nach Pleiss (1973, 216) setzte sich in der Zeit zwischen 1925 und 1945 für die Handelsschulpädagogik die Bezeichnung Wirtschaftspädagogik durch. Er trennt damit nicht zwischen der Entstehung der Berufsbildungstheorie als erster Phase der Wirtschaftspädagogik und der Institutionalisierung in der NS-Zeit als zweiter Phase. In diesen zeitlichen Kontext fallen die Konzeptionen von Friedrich Feld. Seine Ideen wurden in der Reform im Jahr 1935 aufgegriffen und führten zu einer Vereinheitlichung und Konsolidierung der Wirtschaftspädagogik – dieser wesentliche Schritt der Institutionalisierung vollzog sich in der Zeit des Nationalsozialismus und wird deshalb im nächsten Unterkapitel wieder aufgegriffen. In den neuen Richtlinien wurde Pädagogik zu einem integralen Bestandteil der Ausbildung zum Handelsleh-

---

[24] Die zwei wichtigsten Organe waren von 1904 bis 1921 die *Deutsche-Handelsschul-Lehrer-Zeitung* und die *Zeitschrift für das gesamte kaufmännische Unterrichtswesen* von 1898 bis 1919 (vgl. Pleiss 1973, Fußnote 189).

rer. Dies war insofern beachtlich, als in dieser Periode die wissenschaftliche Pädagogik an Hochschulen insgesamt an Bedeutung verlor. Die Bezeichnung *Wirtschaftspädagogik* setzte sich also am Schnittpunkt der in dieser Arbeit bezeichneten ersten und zweiten Periode der Institutionalisierung durch. Begründet wurde die Wirtschaftspädagogik als eine erziehungswissenschaftliche und nicht als neuartige Disziplin. (Vgl. Pleiss 1973, 157–222) Die Schwierigkeit der pädagogischen Legitimation lag darin, das Berufliche mit dem Pädagogischen zu versöhnen. Die ersten Vertreter der Wirtschaftspädagogik, vor allem auch Feld, griffen dabei im Wesentlichen auf die Werke von Kerschensteiner, Spranger und Fischer zurück, um ihr Ansinnen zu legitimieren:

> „Die geistesgeschichtliche Konstellation im ersten Jahrzehnt des 20. Jahrhunderts bot demnach so gut wie keine Chance, die Qualifizierung der nachwachsenden Generation für die konkreten Anforderungen des Beschäftigungswesen vor der Humanitätsidee öffentlichkeitswirksam zu legitimieren. Aber das eigentlich Unmögliche gelang dann doch, und zwar mittels einer geradezu genialen gedanklichen Konstruktion. Sie ist als ‚Berufsbildungstheorie' in die Geschichte eingegangen." (Zabeck 2009, 466)

Die Berufsbildungstheorie geht davon aus, dass die individuelle Entfaltung und die gesellschaftlich notwendigen Bedürfnisse an Qualifikationen friktionslos zusammenpassen (vgl. Zabeck 2009, 483). Interessanterweise geht es dabei eben nicht um ein „speziell berufsbezogenes, sondern ein allgemeines erziehungswissenschaftliches Problem" (Huisinga & Lisop 1999, 143). Die Theorie versucht, Allgemeinbildung und Berufsbildung miteinander zu versöhnen und damit schließlich auch eine gesellschaftspolitische Legitimation für die Berufsbildung zu erhalten. Georg Kerschensteiner (1854–1932) gilt als einer der Begründer der deutschen Berufsbildungstheorie. Er hat in seiner preisgekrönten Ausführung als Antwort auf die von der königlichen Akademie gemeinnütziger Wissenschaft in Erfurt im Jahr 1900 gestellte Frage *Wie ist unsere männliche Jugend von der Entlassung aus der Volksschule bis zum Eintritt in den Heeresdienst am zweckmäßigsten für die bürgerliche Gesellschaft zu erziehen?* die Berufsbildung genannt. Wahre Bildung war für ihn nur über die Arbeit möglich. Kerschensteiners preisgekröntes Antwortschreiben wurde bis 1931 unter dem Titel *Staatsbürgerliche Erziehung der deutschen Jugend* zehnmal aufgelegt. Im Mittelpunkt seiner Überlegung stand – wie der Titel schon sagt – vor allem die staatsbürgerliche Erziehung. Diese Erziehung war seiner Ansicht nach nur über den Weg der beruflichen Fachbildung zu haben. Die Bildung – vor allem für die Arbeiterklasse – dürfe nicht am Allgemeinen, sondern am Beruflichen ansetzen. (Vgl. Gonon, Reinisch & Schütte 2010, 428–429)

In *Staatsbürgerliche Erziehung der deutschen Jugend* führt Kerschensteiner (1931, 14) zur Antwort auf die Frage der königlichen Akademie, *wie* diese Aufgabe des Staates gelöst werden könnte, aus: „Sie lautet einfach: durch eine möglichst ausgedehnte Erziehung aller und zwar a) für das Verständnis der Staatsaufgabe, b) zu dem erreichbaren Grade individueller Tüchtigkeit auf einem Arbeitsgebiet der Gemeinschaft." Wer also aus der Volksschule austritt, soll zur beruflichen Tüchtigkeit und zur Arbeitsfreude erzogen werden. Dabei sollen die Tugenden der „Gewissenhaftigkeit, des Fleißes, der Beharrlichkeit, der Verantwortlichkeit, der Selbstüberwindung und der Hingabe an ein tätiges Leben" gefördert werden (Kerschensteiner 1931, 16). Es muss damit noch ein zweites Ziel verfolgt werden:

> „Einsicht in den Zusammenhang der Interessen aller und der Staatsgemeinschaft oder des Vaterlandes im besonderen, sowie in die Lehre von der körperlichen Gesundheit, Betätigung dieser Einsicht in einer vernünftigen Lebensführung sowie in der Ausübung des sittlichen Mutes, der Gerechtigkeit und selbstlosen Hingabe unter einem starken Gefühl der Selbstverantwortlichkeit." (Kerschensteiner 1931, 16)

Die Gemeinschaft bekommt damit eine besondere Bedeutung. Über Berufsbildung und die Bedeutung der Gemeinschaft führte er u.a. aus:

> „Im Schaffen des Werkes lassen sich Dutzende, ja Hunderte von Händen und Köpfen zu gemeinsamem Tun vereinigen. Im gemeinsamen Tun aber, soweit es nur auf freiem Willensentschluss aufgebaut ist, findet der Gemeinsinn seine beste Nahrung. Hier entwickelt sich das Verständnis für Ordnung der Gemeinschaft, für Unterordnung, Überordnung und Einordnung. Hier sind die Möglichkeiten gegeben, moralische Einsichten und Interessen in moralische Handlungen umzusetzen. [...] Die Staatsgesinnung liegt in der Verlängerung des Weges zur Gemeinschaftsgesinnung. Denn Gemeinschaftsgesinnung und Staatsgesinnung sind Ordnungsgesinnungen. Sie bedeuten nicht nur Verständnis, sondern auch Wille zur Einfügung und Unterordnung unter das große Wertganze, herausgewachsen aus der Wertschätzung der gemeinsamen Güter." (Kerschensteiner 1929, 96)

Georg Kerschensteiner war Münchner Stadtschulrat und davor Gymnasiallehrer. Als für die Volks- und Fortbildungsschulen verantwortlicher Beamter war für ihn die Antwort auf die Frage wesentlich, wie auch Kinder der Arbeiterschaft zu sittlich autonomen Persönlichkeiten erzogen werden können. Die Lösung sah er im Einbezug der alltäglichen Interessen der Kinder in die Schule. Nicht das Vollstopfen der Volksschule mit Lehrinhalten war sein Ziel, sondern das Fördern von Wollen und Können. Aus dieser Einstellung heraus verfolgte er die Idee der Arbeitsschule. Jedes Kind soll dadurch erstens befähigt werden, eine Funktion im Staat durch die Tätigkeit im Beruf zu übernehmen. Zweitens solle der Beruf ein Mittel zur eigenen moralischen Selbstbehauptung sein und, drittens, die berufliche Tätigkeit als ein Dienst an der Gemeinschaft verstanden werden. (Vgl. Gonon, Reinisch & Schütte 2010, 428)

Nach Zabeck (2009, 487) besteht Kerschensteiners Theorie aus anthropologischen und gesellschaftlichen Setzungen und Deduktionsregeln. Sein Menschenbild hebe sich vom Neuhumanismus und dem Gedankengut des Bildungsbürgertums ab, die staatsbürgerliche Erziehung ziele darauf ab, berufliche Tüchtigkeit mit sozialer Integration zu verbinden. Durch die Qualifizierung für den Beruf, die den Berufseinstieg ermögliche, ordne sich der Mensch mit dem Beruf in die Gesellschaft ein, der er damit auch diene.

„Mein Kampf galt von jeher einer Schulorganisation, die darauf ausging, eine ‚*abgeschlossene* Allgemeinbildung' zu geben." (Kerschensteiner 1968, 142) Kerschensteiners Blick war mehr auf das „tätige Leben der Schüler und die Entwicklung der geistigen und technischen Fertigkeiten gerichtet […] als auf den Besitz von Wissen" (Kerschensteiner 1968, 131). Diese Idee hat er in den sogenannten Arbeitsschulen umgesetzt, in denen für Mädchen Schulküchen und für Buben Werkstätten obligatorisch eingeführt wurden. Dies machte Eindruck vor allem im anglo-amerikanischen Raum, allerdings „sahen [die Vertreter des anglo-amerikanischen Raumes, Anm. Autor] fast nur die manuelle Arbeit und nicht die mir verbundene geistige, moralische, staatsbürgerliche. In diesen Ländern der pragmatischen Philosophie und des Utilitarismus waren die Augen vor allem oder doch zunächst auf die geschickten brauchbaren Arbeiter gerichtet." (Kerschensteiner 1968, 135) Oft musste sich Kerschensteiner mit dem Vorwurf konfrontiert sehen, dass er die Schule *verhandwerkere*. Als Ziel seiner pädagogischen Tätigkeit definierte er: „Alles Bildungsverfahren [kann] nur dann ein sinnvolles [sein], wenn es selbst zu einem Sinn des Lebens führt. Sinn des Lebens aber heißt nichts anderes, als dass dieses Leben bezogen ist auf einen dauernden, unbedingten, zeitlosen Wert." (Kerschensteiner 1968, 138) Eine Hauptaufgabe der Theorie der Bildungsorganisation sei es, aufzuzeigen, „dass ‚Menschenbildung', die Pestalozzis Seele bewegte, keine bessere Grundlage finden kann als den Boden der inneren Berufenheit und der Vorbereitung für den Beruf, zudem der Einzelne nach seiner individuellen Veranlagung bestimmt ist" (Kerschensteiner 1968, 142). In seiner *Selbstdarstellung* aus dem Jahre 1926 fasst er seine theoretisch-pädagogischen Anschauungen zusammen. Dabei geht er vom Menschen als einem einzigartigen Bildungsobjekt aus, das mit dem Urteilen und Werten zwei geistige Grundfunktionen ausgebildet habe. Ästhetisches Empfinden, der religiöse Glaube und das sittliche Handeln geben dabei Leitlinien vor – Kerschensteiner spricht von Bewusstseinsgesetzlichkeiten als Ordnungsfunktionen. Die frühen Schriften Kerschensteiners wollten eine Bildungsreform erwirken, die späteren sollten der Begründung seiner Theorie dienen. Daher werden nun einige wesentliche Punkte aus jener Publikation wiedergegeben, die sich mit seinem Begriff von Arbeit und Arbeitsschule und damit mit seinem pädagogischen Verständnis beschäftigen (Gonon, Reinisch & Schütte 2010, 429). So stellt er über die Ordnungsfunktionen den Zusammenhang von Gewissen, Arbeit und Bildung her:

> „Ohne das Vorhandensein eines potentiellen Gewissens, dem insbesondere auf dem Gebiete des Sittlichen ganz bestimmte ‚Vorziehensakte' eigen sind, die stets den jeweils objektiv höheren Wert uns anzeigen, würde das Bildungsziel der sittlich-

autonomen Persönlichkeit kein allgemein gültiges sein können. Aus diesen Bewusstseinsgesetzlichkeiten sind im Laufe der Kulturentwicklung die Kulturgüter heraus entstanden, die Güter des Geistes. […] Dass nicht jedes Gut von jeder einzig- und eigenartigen Individualität in gleicher Weise in seinem geistigen Wert erlebt werden kann, liegt erstens daran, dass die Organe für das Erfassen der Sprache, Logik und Grammatik der Kulturgüter infolge der physischen Erbmasse individuell nach Grund und Art äußerst verschieden sind, zweitens daran, dass in der Zeit der grundlegenden Entwicklung die Umwelt des Werdenden oft unendlich arm ist an geistigen Gütern, drittens daran, dass insbesondere die Kunstgüter, sozialen Güter, religiösen Güter, auch wenn sie in ihrem Grundwesen einer bestimmten Bewusstseinsgesetzlichkeit folgen, dennoch eine individuell-geistige Gesamtstruktur aufweisen, die keineswegs mit der individuell-geistigen Gesamtstruktur jedes einzelnen Menschen übereinstimmen kann, wäre es auch nur in einem größeren Teile. Höher geführt, emporgehoben in seinem geistigen Sein wird aber der Einzelne nur durch Güter, deren geistige Struktur einigermaßen seiner eigenen geistigen Struktur gleichartig ist. […] So komme ich zu dem Grundaxiom des Bildungsprozesses [vgl. dazu auch Kerschensteiner 1924, 42; Anm. Autor]: Die Bildung des Individuums wird nur durch jene Kulturgüter ermöglicht, deren geistige Struktur ganz oder teilweise der jeweiligen Entwicklungsstufe der individuellen Lebensform adäquat ist. Bildung selbst aber fasse ich auf als die durch die Kulturgüter geweckte individuell organisierte Wertgestalt. […]

Wie schon erwähnt, halte ich den landläufigen Begriff der Allgemeinbildung, der da aufzählt, was der Mensch, d.h. also jeder Mensch unbedingt wissen muss, um als gebildet zu gelten, für die größte Gefahr der Bildung überhaupt. Natürlich gibt es Mindestforderungen an Wissen und Können für die Bildung des Menschen. Da aber jeder Mensch seine Individualität ist und ihm als solcher individuelle Aufgaben sowohl als Glied der Gemeinschaft wie als Mittel seiner Selbsterhaltung gestellt sind, so lässt sich auch dieses Wissen und Können nicht allgemein, sondern nur individuell feststellen. Jede allgemeine Feststellung ist immer in größter Gefahr, ein enzyklopädisch-orientiertes Bildungsverfahren herbeizuführen, das immer der Tod jeder wirklichen Bildung ist. Wahre Bildung fordert stets Beschränkung, damit sie mit größtmöglicher Vertiefung sich verbinden kann. […] Was ich vom Allgemeingebildeten verlange, ist lediglich, dass er seine Möglichkeiten der Wertverwirklichung kennt und dass er aus dem Sollensruf der geistigen Werte heraus die Leistungsfähigkeit seiner geistigen, seelischen und körperlichen Kräfte bis zu den aus der Erbmasse gegebenen Möglichkeiten steigere." (Kerschensteiner 1968, 143–145)

Die Zielerreichung, wie sie Kerschensteiner definiert, wird wesentlich von der Gemeinschaft bestimmt, da die kollektive *Wertgestalt* auch die individuelle bestimmt. Daraus folgt: „Wer also die sittlich autonome Persönlichkeit als Ziel der Bildung setzt, setzt damit zugleich die Forderung der sittlichen Gemeinschaft." (Kerschensteiner 1968, 146) Diese sittliche Erziehung erhält der Einzelne von der Stelle aus, in der er aufgrund seiner persönlichen Selbsterhaltung steht und zugleich „in das ungeheure Räderwerk der Kulturgemeinschaft eingeschaltet ist" (Kerschensteiner 1968, 146). Das bedeutet eben auch, dass das Individuum die „bestmögliche Erziehung für diese persönliche Aufgabe oder für diesen persönlichen Beruf" (Kerschensteiner 1968, 146) erhalten soll. Damit ist die Erziehung zum individuellen Beruf gleichzeitig die Erziehung zum sozialen Beruf, welche „die Grundvoraussetzung der Bildung ist, die wir als allgemeine Bildung bezeichnet haben. Jede allgemeine Bildung muss da ansetzen, wozu der Einzelne als Selbsterhalter wie als Gemeinschaftsmitglied innerlich berufen ist oder kraft seiner Erbmasse berufen werden kann." (Kerschensteiner 1968, 146) Als Motto seiner Pädagogik wählte Kerschensteiner (1968, 148) einen Spruch aus Wilhelm Meister: „Denken und Tun, Tun und Denken ist die Summe aller (pädagogischen) Weisheit." Oder in den Worten Kerschensteiners im Sinne Pestalozzis: „Man soll alles nur wissen um des Tuns willen." Deshalb schließt Kerschensteiner seine Selbstbeschreibung mit einer kritischen Betrachtung der Reformen an höheren Schulen, die seiner Meinung nach einem falschen Begriff von Bildung folgen, die der Idee der *Vielwisserei* verbunden bleibe, die in die Breite anstatt in die Tiefe gehe. „Bildung aber ist Wärme, Glut, Leidenschaft, Begeisterung für die zeitlosen, die ewigen Werte, verbunden mit jener unerbittlich strengen geistigen und moralischen Zucht, die nur beim Graben in die Tiefe jenes engen Bereichs des Geistes erworben wird, den das Individuum als den *wahrhaft Seinigen* in harter Arbeit erlebt." (Kerschensteiner 1968, 149)

Kerschensteiner wollte ein politisches Legitimationsproblem lösen: Die fachlich orientierte Fortbildungsschule musste öffentlich anerkannt werden. Daher musste bewiesen werden, dass diese Schulen im Dienste allgemeiner Menschenbildung standen und nicht Fachschulen mit partikularen utilitaristischen Interessen waren. Er sah in der Berufserziehung die zweckmäßigste Art, die (männliche) Jugend für die bürgerliche Gesellschaft zu erziehen. Den Beruf sah er als besten didaktischen Weg, um Eigeninteresse, Gemeinsinn, Lebens- und Staatsinteresse zusammenzuführen. Er geht in seinem Denken von einem stark ständisch geprägten Gesellschaftsbild aus. Huisinga und Lisop sehen das sehr kritisch: Es gehe ihm um die Vermittlung von Arbeitstugenden, andere Interessen habe er nicht. (Vgl. Huisinga & Lisop 1999, 145–147).

Bildung ist bei Eduard Spranger[25] (1882–1963), als zweitem Vertreter der deutschen Berufsbildungstheorie, ein kulturphilosophischer Begriff (vgl. Huisinga & Lisop 1999, 147). Bildung ist also untrennbar mit Kultur verbunden: „Bildung ist die durch Kultureinflüsse erworbene, einheitliche und gegliederte, entwicklungsfähige Wissensformung des Individuums, die es zu objektiv wertvollen Kulturleistungen befähigt und für objektive Kulturwerte

---

[25] Kerschensteiner und Spranger standen in regem Briefkontakt und tauschten sich über Wissenschaftliches und Menschliches aus. Spranger bezeichnete Kerschensteiner „als den Vollender Pestalozzis" und Kerschensteiner sah in Spranger den klarsten und fruchtbarsten Pädagogen seiner Zeit (vgl. Englert 1966, 23 u. 17).

erlebnisfähig (einsichtig) macht" (Spranger 1967, 17). In seinem Werk *Lebensformen* versucht er, die geistige Innen- und Außenwelt des Menschen zu erschließen (vgl. Zabeck 2009, 494). „Die Hauptabsicht meines Buches könnte ich dahin aussprechen, dass ich mir die Aufgabe gestellt habe, geistige Erscheinungen strukturell richtig sehen zu lehren" (Spranger 1965, 391). Dabei seien zwei Voraussetzungen zu betrachten: Erstens sei das Individuum nur zu verstehen und zu beurteilen, wenn die überindividuellen Situationen und Problemstellungen mitgedacht würden, weil der einzelne Mensch immer mit der Kultur, der Gesellschaft und der Politik eng verflochten sei. Zweitens lassen sich aus der Fülle von Weltanschauungen, Glaubenspositionen und Überzeugungen einer pluralistischen Welt einige Grundmotive erkennen, die das „Verständnis der komplexen Erscheinungen des persönlichen Daseins und des kulturellen Lebens erleichtern und oft erst ermöglichen" (Spranger 1965, VI). Die sechs „idealen Grundtypen der Individualität [...]: der theoretische Mensch, der ökonomische Mensch, der ästhetische Mensch, der soziale Mensch, der Machtmensch, der religiöse Mensch" ergeben sich nach Spranger aus folgenden sechs Grundformen der Sinngebung (Spranger 1965, VI):

1. Erknnntisakte des Wissens
2. ökonomisch-technische Akte, die auf die Nützlichkeit bezogen sind
3. ästhetische Akte
4. soziale Akte, die sich an Gemeinschaftswerten orientieren
5. Herrschaftsakte, die an politischen Werten orientiert sind
6. religiöse Akte

All diese Idealtypen repräsentierten Kulturwerte:

> „Dem Wertgebiet des Wissens entsprechen die Erkenntnisakte, den Nützlichkeitswerten die ökonomisch-technischen Akte, den ästhetischen Werten die ästhetischen Akte, den Gemeinschaftswerten die sozialen Akte, den politischen Akten die Herrschaftsakte und den religiösen Werten die religiösen Akte." (Spranger 1967, 20)

Die Gesamtstruktur aller Akte sei die Allgemeinbildung; würden einzelne Grundformen stärker hervorgehoben, so entsteht nach Spranger formale Spezialbildung (vgl. Huisinga & Lisop 1999, 147–152) Spranger kommt zu diesen Idealtypen durch eine „Isolierung" und „Idealisierung" eines Grundmotives für das Handeln, d.h. aus der Fülle von Motiven wird idealisierend eines herausgehoben. Es geht also nicht um eine wirklichkeitsgetreue Darstellung von Menschen. Das wurde und wird immer wieder missverstanden. Spranger selbst schrieb dazu im Vorwort zur zweiten Auflage:

> „Ich sehe voraus, dass man auch den hier entwickelten Typen gegenüber, die durch ein Verfahren der Isolierung und Idealisierung entworfen werden mussten, mit dem Einwand kommen wird: Das Leben enthalte solche Einseitigkeiten nicht. Die Antwort hierauf bitte ich mir im Voraus zu erlassen. Denn wer nicht den Mut hat, rati-

onale Linien durch den Zusammenhang des Lebens zu ziehen, dem fehlt der Mut zur Wissenschaft und zum Denken." (Spranger 1965, VII)

Spranger führt auch aus, dass „in jedem Geistesakt […] die Totalität des Geistes [lebt]" (Spranger 1965, 387). Jede Sinngebung, d.h. jede der oben erwähnten Idealtypen, halte auch die anderen in sich. Es gehe letztlich immer um den Gesamtsinn des menschlichen Daseins – und dieser individuelle Sinn sei nicht vom überindividuellen Geisteszusammenhang zu lösen. So wünsche sich jedes Lebewesen Erfüllung der unendlichen und daher unstillbaren Sehnsüchte. Der Mensch könne nur einen Teil des Ganzen leben und spüre das „ungelebte Leben". Spranger:

> „Gerade deshalb aber, weil jedes Einzelne und Bestimmte, indem es *dieses* ist, nicht zugleich auch das unendliche Andere sein kann, gerade deshalb ist jede einzelne Gestalt des Lebens für sich fragmentarisch und unbefriedigend. Es fehlt ihr die Endgültigkeit, die ‚Erfüllung'. Auf dem Grunde jeder Seele, die unentstellt aus den Quellen des Lebens kommt, wirkt ein unendlicher Trieb, eine unstillbare Sehnsucht nach Wert, und diese Sehnsucht ist der Kern des Lebens selber und seine treibende Kraft. In jeder ist ein Überschuss über die wirkliche Lebensgestaltung. In jeder bohrt daher als ein Stachel von Faustischer Art *das ungelebte Leben.*" (Spranger 1965, VII)

Der Mensch müsse sein ganz eigenes Bildungsprofil finden, da jeder Mensch seine eigenen Affinitäten in Hinblick auf die verschiedenen Sinngebiete entwickle und aufgrund seiner Endlichkeit nicht alles sein könne. Berufserziehung bedeute jedoch nicht, einen ökonomischen Menschentypen ausformen zu wollen, der alles der Nützlichkeit unterwirft, vielmehr ist Berufserziehung mit einer sittlichen Norm zu verbinden. Spranger möchte den Widerspruch zwischen Berufs- und Allgemeinbildung auflösen und die Verschiedenheiten der Kulturleistungen und der Begabungen sowie der Individuen herausstreichen. Bildung begreift Spranger als eine kulturphilosophische Beschreibung, eine „Beschaffenheit der Seelenstruktur", die durch kulturelle Einflüsse erworben werde. Er stellt sich die Entwicklung der Bildung in einem Dreierschritt aus grundlegender Bildung, Berufsbildung und Allgemeinbildung vor, wobei der Weg zur Allgemeinbildung ausschließlich über den Beruf führe. Allgemeinbildung bedeutet nicht die Aufnahme eines bestimmten Bildungskanons, sondern es gehe um das Typische und Besondere eines Individuums in seinem Beruf. Dabei sei hier, wie Zabeck in Verweis auf Blankertz herausstreicht, keine zeitliche Abfolge zu verstehen, sondern es gehe um zwei Begriffe mit gleichem Wert. Zabeck stellt auch kritisch fest, dass Spranger ohne empirische Fundierung arbeitete. (Vgl. Zabeck 2009, 496–499) Spranger rehabilitierte die berufliche Bildung, was von der Wirtschaftspädagogik (vgl. z.B. Feld 1928, 5) mit Freude aufgenommen wurde (vgl. Gonon, Reinisch & Schütte 2010, 430).

Als dritter wesentlicher Vertreter[26] ist Aloys Fischer[27] (1880–1937) zu nennen. Fischer war Universitätsprofessor für Pädagogik und wurde im Jahr 1937 gezwungen zu emeritieren. Für ihn war der Beruf eine menschliche Tatsache, weshalb sich die Pädagogik damit auseinandersetzen müsse. Der Mensch müsse wirtschaftlich selbstständig sein, weshalb eine Berufsausübung notwendig sei, die einerseits die notwendigen Qualifikationen ermögliche und die sozialen Kompetenzen fördere, die inner- und außerbetrieblich in einer arbeitsteiligen Welt für die Aufrechterhaltung sozialer Funktionen notwendig seien. Deshalb bedürfe es nach Fischer in Anschluss an die Volksschule einer allgemeinen Berufsausbildung, um den Sinn des Berufes zu erkennen. (Vgl. Zabeck 2009, 500–504) Im Gegensatz zu Kerschensteiner und Spranger geht Fischer von der Arbeitswirklichkeit aus, die unter den Bedingungen der Industriearbeit steht:

> „Ökonomische Kategorien beherrschen heute alles und alle. Man muss aus dieser uneingeschränkten Vorherrschaft des Ökonomismus in Denkhaltung und Lebenseinstellung der Gegenwart verstehen, wenn auch der Mensch und seine Bildung dem Geltungs- und Machtbereich der Wirtschaft unterworfen werden. Der Mensch verliert dabei seine Würde, wird Ware, mit diesem oder jenem meist nicht hohen Preis, er gilt so viel wie er besitzt oder kostet, gilt – nur scheinbar paradox – umso mehr, je mehr er besitzt und je weniger er kostet; seine Erziehung und Bildung wird nicht mehr als Selbstwert schlechthin, als erhabene Aufgabe und Pflicht gesehen, sondern als Geschäft, das, nach dem Prinzip der Ökonomie, dem des kleinsten Kraftmaßes, so wenig wie möglich kosten und sich so hoch wie möglich rentieren soll. Besonders das Erziehungswesen, d.h. die organisierten Einrichtungen für Erziehung und Bildung des Nachwuchses, vorab die Schulen, werden in der öffentlichen Meinung immer nackter von ökonomischen Gesichtspunkten aus betrachtet, kritisiert, gewertet." (Fischer 1967a, 35)

Fischer ist der Ansicht, dass

> „ohne wahre Menschenbildung die ökonomische Erziehung nicht vollständig und tief ist [und] dass auch die ökonomische Erziehung Wege zum Menschentum enthält – wie in der Tat in unserer Seele und im Reich des Geistes, solange beide gesund sind, alles mit allem verknüpft ist und keine Einzelheit geändert werden kann, ohne das ganze System in entsprechende Mitschwingung zu versetzen." (Fischer, Dolch & Kreitmair 1954, 317)

Wesentlich war für Fischer die Idee, dass die Schule einen Beitrag zu einer ethischen Arbeit und Gesellschaft leisten kann. Bildung und Beruf waren damit für ihn miteinander vermengt. (Vgl. Gonon, Reinisch & Schütte 2010, 430–431) Berufsbildung müsse mehr sein als eine Fachausbildung. Vielmehr

---

[26] Auf die beiden weiteren Vertreter Theodor Litt (1880–1962) und Fritz Blättner (1989–1981) wird hier nicht eingegangen (vgl. Huisinga & Lisop 1999, 144).
[27] Fischer war mit Kerschensteiner befreundet, mit dem er „viele Abende bis in den Morgen hinein pädagogische Probleme durchdachte" (Kerschensteiner 1968, 137).

gehe es darum, Probleme zu erkennen und sich reflexiv mit der Durchführung der Problemlösung auseinanderzusetzen. Das scheitere einerseits an einer mangelhaften Lehrerausbildung und andererseits an den Interessen der Wirtschaft, welche die Fachausbildung, aber nicht die Berufsbildung fördern möchte. (Vgl. Fischer 1967b, 378)

Die Berufsbildungstheorie, wie sie von den drei genannten Vertretern diskutiert wurde, geht also davon aus, dass die Bildung für den Beruf mehr ist als das Erlernen jenes Wissens und Könnens, das unmittelbar für die Berufsausübung notwendig ist. Die ethisch-moralische und soziale Dimension des Berufs wird von allen drei Vertretern akzentuiert. Es gibt jedoch auch beträchtliche Unterschiede: Kerschensteiner geht es vor allem darum, die Bedeutung des Berufs für die gesellschaftliche Eingliederung und damit den staatsbürgerlichen Aspekt herauszustreichen. Spranger und Fischer sehen weniger die gesellschaftliche Bedeutung des Berufs, sondern die individuelle Entwicklungsmöglichkeit. (Vgl. Gonon, Reinisch & Schütte 2010, 431) Sowohl gegen die unterschiedlichen als auch gemeinsamen Auffassungen gab es zeitgenössische Kritik, die vor allem von „der sozialistischen und sozialdemokratischen Variante der reformpädagogischen Bewegung in Deutschland" vorgetragen wurde (Gonon, Reinisch & Schütte 2010, 431). Die idealisierte Auffassung von Beruf und die didaktische Ausrichtung der Berufsschule standen dabei im Mittelpunkt der Kritik (vgl. Gonon, Reinisch & Schütte 2010, 431; Siemsen 1926, 163; Essig 1921, 15).

Obwohl die Berufsbildungstheorie für die Entwicklung der Wirtschaftspädagogik von größter Bedeutung war, waren diese drei wichtigsten Vertreter nicht direkt und persönlich an der Etablierung der neuen Wissenschaft beteiligt, sondern nur ihre Ideen (vgl. Zabeck 2009, 512–513). Pleiss (1973, 74) sprach von Abraham Adler (Handelshochschule Leipzig) als Nestor der Wirtschaftspädagogik. Erstmals kann von einer etablierten Wissenschaft gesprochen werden, als Karl von der Aa (1876–1937) im Jahre 1923 den Lehrstuhl für *Handelsschulpädagogik und betriebswirtschaftliche Nebengebiete* an der Handelshochschule Leipzig erhielt. Erstmals wurde die Bezeichnung Wirtschaftspädagogik 1930 bei der Besetzung einer außerordentlichen Professur für Friedrich Feld (1887–1945) an der Handelshochschule Berlin verwendet. Feld war auch die erste Person, die sich im Fach Wirtschaftspädagogik habilitierte (1930); Friedrich Schlieper (1897–1981) war der erste universitäre Lehrstuhlinhaber für Wirtschaftspädagogik (außerordentlicher Professor für Wirtschaftspädagogik an der Universität Köln).[28] (Vgl. Reinisch 2009, 1; Sloane, Twardy & Buschfeld 2004, 57; Zabeck 2009, 653)

---

[28] Bis zum Zweiten Weltkrieg habilitierten sich folgende Personen in Wirtschaftspädagogik: Friedrich Feld (1930 an der Handels-Hochschule in Berlin), Fritz Urbschat (1930 an der Handel-Hochschule Königsberg), Paul Eckardt (1933 an der Wirtschafts- und Sozialwissenschaftlichen

Für die Institutionalisierung wurden die Ideen Friedrich Felds (1887–1945) bedeutsam, der als Dozent in Frankfurt lehrte und die Berufs- und Wirtschaftspädagogik kulturphilosophisch und kulturpädagogisch begründete. Felds Zugänge werden u.a. von Karl von der Aa übernommen, der 1923 den Lehrstuhl für *Handelsschulpädagogik und betriebswirtschaftliche Nachbarfächer* in Leipzig erhielt, nachdem Abraham Adler 1922 verstorben war. Feld führte mit seiner Schrift *Grundfragen der Berufsschul- und Wirtschaftspädagogik* aus dem Jahre 1928 die Bezeichnung *Berufs- und Wirtschaftspädagogik* ein. Seine Lehrveranstaltungen waren keine praktisch-pädagogischen Einführungen, sondern stellten einen wissenschaftlichen Anspruch. 1930 wurde Feld nach Berlin berufen, wo er sich dem Arbeitsgebiet Wirtschaftspädagogik widmete. Am 25. Juni 1930 habilitierte sich Friedrich Feld in diesem Fach, nachdem kurz zuvor die Handelshochschule Berlin die Wirtschaftspädagogik als Habilitationsfach zugelassen hatte. Feld war damit die erste Person, die sich in Wirtschaftspädagogik habilitierte. Seine Habilitationsschrift trug den Titel *Grundfragen der Berufsschul- und Wirtschaftspädagogik*, darin griff er nicht auf die Arbeiten Theodor Frankes zurück, verwendete den Begriff also unabhängig von Franke. Die Gründe für die Bezeichnung Wirtschaftspädagogik waren keine methodologischen, vielmehr wurde das Wort Handel immer mehr durch Wirtschaft ersetzt, schließlich ging es ja an den Handelshochschulen nicht um Handelswissenschaften, sondern um Wirtschaftswissenschaften. Im Wintersemester 1930/31 benannte er das übernommene *Pädagogische Seminar* in *Wirtschaftspädagogisches Seminar* um. Im Vorlesungsverzeichnis wurde er noch als Professor für Pädagogik geführt, selbst bezeichnete er sich 1932 als Professor für Wirtschaftspädagogik. Als er 1939 zum ordentlichen Professor berufen wurde, erhielt er auch offiziell diese Bezeichnung. Kurz vor dem Beginn des Zweiten Weltkrieges wurde Feld am 1. August 1939 zum ordentlichen Professor für Wirtschaftspädagogik ernannt. Am 3. Februar 1945 starb er in der Handelshochschule Berlin gemeinsam mit Studierenden und Mitarbeitern in Folge eines Luftangriffs. (Vgl. Zabeck 2009, 631)

Unter dem Einfluss Felds entwickelte sich die Wirtschaftspädagogik

> „zu einer Disziplin ohne hinreichende ‚Bodenhaftung'. Das ist nicht Feld allein anzulasten. Die Angehörigen der ersten Generation der Berufs- und Wirtschaftspädagogen waren ausgebildete Volksschullehrer und als solche mit den Realitäten eines lebensnahen Unterrichts vertraut. Dass sie einem pädagogischen Ansatz hörig wurden, der sich in keinen konkreten Bedingungsrahmen eingebunden sah, sei hier als schwer zu entschlüsselnde Merkwürdigkeit konstatiert." (Zabeck 2009, 632)

Fakultät Köln), Walther Löbner (1934 an der Handels-Hochschule Leipzig für Pädagogik und Psychologie), Friedrich Schlieper (1940 an der Wirtschafts- und Sozialwissenschaftlichen Fakultät Köln) und Werner Ziegenfuß (1941 an der Handels-Hochschule Berlin) (vgl. Pleiss 1973, 220–21).

Feld griff in seinen frühen Schriften auf Spranger und Kerschensteiner zurück. Er begründete also die Wirtschaftspädagogik kulturphilosophisch. Er wollte und konnte keine eigene Disziplin schaffen: Einerseits war er als ausgebildeter Volksschullehrer zu stark in der Pädagogik verhaftet und andererseits war ihm die Vormachtstellung der geisteswissenschaftlichen Pädagogik in dieser Zeit bekannt. Mit dem Rückgriff auf Spranger akzentuierte Feld die Bedeutung des Berufs und gleichzeitig war damit auch die Anerkennung der Wirtschaft als ein Teilbereich der Kultur gegeben. Im Sinne Sprangers wurde Berufsbildung als wesentliche Phase der Menschenbildung verstanden. Der Grundtyp des ökonomischen Menschen konnte für die Etablierung der Wirtschaftspädagogik herangezogen werden. (Vgl. Pleiss 1973, 226–231) Feld beschreibt die Basis seiner Disziplin folgendermaßen:

> „Die Berufsschul- und Wirtschaftspädagogik ist eine auf kulturphilosophischer Basis ruhende erziehungswissenschaftliche Disziplin, die […] sich die Aufgabe stellt, die in die wirtschaftlich gerichteten Lebensberufe hinwachsende Generation unter Beachtung ihrer besonderen Lebensform durch Entfaltung der eigentümlichen Kräfte und Anlagen für ihr Eigen-, Berufs- und Gemeinschaftsleben heranzubilden, wobei der Weg zu dieser vollwertigen Persönlichkeitsbildung von der grundlegenden Bildung ausgeht und über die Berufsbildungssphäre hinwegführt. Auch alle sonstigen in der heutigen Wirtschafts- und Arbeitskultur liegenden Bildungsfragen einschließlich der Aus- und Fortbildung berufstätiger Erwachsener und tüchtiger Berufserzieher liegen in ihrem Leistungskreise. Mit besonderer Sorgfalt erstrebt sie die didaktische Formgebung der neuen Bildungsgüter von kulturfördernden, wertmehrenden Gesichtspunkten aus." (Feld 1928, 53)

Es ist also die Philosophie die Grundlage der Disziplin (vgl. Feld 1928, 1–55). Neben der „historischen und tatsächlichen Seite der Betrachtung ist aber als wichtigste noch die normative Richtung zu nennen" (Feld 1928, 1). Die kulturphilosophische Betrachtung bezieht die kulturethische mit ein. In diesem Sinne bezieht sich Feld auf Spranger, der in der Kultur eine Gegenstandsseite und eine Subjektseite erkennt. (Vgl. Feld 1928, 2) „Der Zweck der Erziehung ist die Verbindung beider Seiten, so dass also die jungen Menschen die in der objektiven Kultur enthaltenen Werte nach ihrer Verlebendigung in sich aufnehmen, subjektive Werte daraus machen und sie über das Kulturerlebnis zur Kulturschöpfung weiterführen." (Feld 1928, 2) Das ist ein Motiv, das von Abraham (1966) aufgegriffen wird, der in diesem Sinne zwischen Wirtschaft als einem Kulturbereich und dem Wirtschaften als dem individuellen Prozess unterscheidet. Im Wirtschaften vollzieht sich das Individuelle, das die Kultur verändert und weiterentwickelt. Geschichtsphilosophisch will Feld (1928, 2) an das „Seitherige" anknüpfen und strebt die „Verbindung der humanistischen mit der realistischen Einstellung" an, weil dieser Zugang es ermöglicht, das praktische Leben und das rein Menschliche in einem Mittelweg zu verbinden (vgl. Feld 1928, 2–3). Auch Spranger setzt beim geschichtsphilosophischen Denken an, von dem er drei Elemente herausstreicht: Erstens ist es notwendig, die Vergangenheit zu verstehen, zweitens muss ein Willen für die Zukunft ausgeprägt werden und drittens muss eine „Selbstdeutung der Gegenwart" erfolgen, denn nur so können „neue Kulturwerte schöpferisch entstehen" (Feld 1928, 3). Wie Abraham (1957; 1966) so spricht Feld von objektiven Werten. Es sei Aufgabe der Erziehung, diese objektiven Werte durch Rückschau auf die Kulturentwicklung ableiten zu können. (Vgl. Feld 1928, 3)

Hinter seinen Ausführungen steht eine geschichtsphilosophische Vision, in der er einen „Fortschritt in der Erziehung des Menschengeschlechtes" sieht, wobei sich die Menschheit „in einer ansteigenden Kurve zu einer Kulmination in der Idee eines neuen Menschentums" befände (Feld 1928, 3). Feld streicht heraus, dass in seiner Zeit eine pädagogische Neuorientierung im Gange sei, die sich ganz besonders auf die Berufs- und Fachschule beziehe. Feld sieht im höheren Schulwesen seiner Zeit nach wie vor die Umsetzung der Bildungswerte der Antike im Mittelpunkt stehend. Eine andere Akzentuierung sei mit der Volksschulpädagogik aufgekommen. (Vgl. Feld 1928, 4–5) „Was aber alle pädagogischen Richtungen früherer Zeit einheitlich kennzeichnet, ist die Tatsache, dass sie ihre Maßnahmen durchweg vom überlieferten Stoffgut aus bestimmt haben, während die Forderungen des praktischen Lebens mehr oder weniger unberücksichtigt geblieben sind." (Feld 1928, 5). Im 19. Jahrhundert veränderte sich der „Kulturinhalt" durch „Faktoren staatlicher, technischer, wirtschaftlicher, gesellschaftlicher und bildungspolitischer Art" (Feld 1928, 5). Durch die Änderungen des Kulturinhaltes sei es notwendig, auch den Bildungsinhalt zu verändern. Damit möchte Feld (1928, 5) zeigen, „wie stark die Berufs- und Wirtschaftspädagogik auf der kultur- und lebensphilosophischen Grundlage ruht". Das Bildungsziel definiert Feld (1928, 5) als das Legen eines „Grundstocks der Gesinnung", die er „im Art. 138 der Verfassung in den Begriffen sittliche Bildung, staatsbürgerliche Gesinnung, persönliche und berufliche Tüchtigkeit" und im Handbuch für das Berufs- und Fachschulwesen findet. Er bezieht sich weiters auf Georg Kerschensteiners *Charakterbildung in der staatsbürgerlichen Erziehung* und Natorps *Erziehung zur Gemeinschaft*.

Der Beruf nimmt bei Feld eine wichtige Rolle für die Eingliederung in die Gemeinschaft ein. Er sei ein Ausdruck für die Teilhabe in der Gemeinschaft und an der Kultur. Durch den Beruf werde Wirtschaft und Gemeinschaft verbunden. Wirtschaft liefere den Inhalt und das Material, die Gemeinschaft das Motiv und den Ethos. Dadurch sei es notwendig, wirtschaftliche mit pädagogischen Fragen zu verbinden. Das ist das klassische Argument der Berufsbildungstheorie. Wirtschaftliche Bildung ist nach Feld nur dann möglich, wenn der Einzelne erkennt, welcher Zusammenhang zwischen Wirtschaft und Ethik besteht und wenn das Leben danach gestaltet wird. (Vgl. Feld 1928, 22):

> „Wir betonen, dass gerade durch die Auseinandersetzung der Menschen mit den Vorfällen des praktischen Lebens die Einzelnen erst geistig und sittlich reif werden, weil an den Handlungen erst die Gesinnungen erprobt werden können. Deshalb stellen wir den Beruf, auch hier wieder im Sinne Hegels, mitten hinein in das menschliche Leben und sehen in der Berufserfüllung einen wesentlichen Teil der Entwicklungsnotwendigkeiten jedes Menschen. Der Beruf wird also herausgehoben aus seiner Beurteilung als eines notwendigen Übels, wie ihn die Idee des Neuidealismus hingestellt hat, und gilt uns selbst als werterfüllte Form im Ganzen der Kultur." (Feld 1928, 15–16)

Feld kritisiert die Lehrlingszustände, aber auch die Angestelltenverhältnisse. „Für diese Zustände soll man aber nicht die Wirtschaft an sich verantwortlich machen, sondern die Menschen, die sich ihrer Verantwortung der Gemeinschaft gegenüber entziehen" (Feld 1928, 16). In Verweis auf Spranger (ohne Quellenangabe), weist Feld darauf hin, dass das Wissen allein und die technische Lenkung nicht ausreichten, sondern Werte vorhanden sein müssten. Dies könne nur erreicht werden, „indem das ethische Wollen in jedem Menschen erhöht wird, das die Arbeit um ihrer selbst Willen und um des Wohlergehens der Gesamtheit Willen anpackt" (Feld 1928, 17). Die Wirtschaft habe jedoch ihre eigenen Gesetze. Betriebswirtschaftliches Denken und Forschen und die Betriebswirtschaftslehre hätten mit Ethik nichts zu tun, weil sie eine empirische Wissenschaft sei (vgl. Feld 1928, 18).

> „Bei uns handelt es sich aber gar nicht um die Betriebswirtschaft an sich, sondern um wirtschaftliches *Tun*, das sich wohl nach den Lehren richtet, das sich aber als Tun und Handeln niemals von Gefühls- und Willensimpulsen freimachen kann und als Handeln stets menschliche Beziehungen offenbart. Diese Beziehungen muss derjenige besonders unterstreichen, der als Mensch und Pädagoge vom Standpunkt der wahren Bildung an die Dinge herangeht." (Feld 1928, 18–19)

Feld spricht sich gegen den Taylorismus aus, weil dadurch ein Dualismus entstehe, in dem „einer möglichst kurzen seelenlosen Arbeitszeit eine längere Freizeit für die Erfüllung aller geistigen, künstlerischen und sittlichen Bedürfnisse" gegenübergestellt werde (Feld 1928, 20). Feld stellt die Arbeit im Beruf in den Mittelpunkt des Lebens. Der Beruf solle den Menschen erfüllen und zu einer Gewissenssache werden. Als oberste Aufgabe bezeichnet Feld (1928, 20) in Rückgriff auf Nicklisch (1925) die Erziehung zur „sozial verpflichtenden Wirtschaftlichkeit". Es gehe nicht um das „Banausische und rein Utilitaristische", sondern um ein werterfülltes Wirtschaftsleben. Es gehe um eine „deutsche Auffassung vom wirtschaftlichen Leben gegenüber jenem Amerikanismus, der nur auf Nutzen und Erfolg sieht, der alle Lebensgüter nur noch unter dem Gesichtspunkte des Geschäfts kennt. Business and money sind da die Götter, auf die man vertraut, und mit dem Reichtum innerer Entwicklung ist's vorbei." (Feld 1928, 21) Aufgabe der Wirtschaftspädagogik sei demnach die „Verbindung wirtschaftlicher Fragen mit pädagogischen Ideen" (Feld 1928, 22). Da Wirtschaft ein Bestandteil der Kultur sei, könne Kultur nur erfahren werden, wenn ein Verständnis für Wirtschaft vorhanden sei. „Der Einzelne muss in seinem persönlichen, Familien-, Berufs- und Gemeinschaftskreise die mannigfach auftretenden wirtschaftlichen, staatsbürgerlichen, rechtlichen und lebenspraktischen Vorgänge verstehen und selbst regeln können." (Feld 1928, 27) Aus diesem Grund soll „allen Menschen ein gewisses Grundmaß wirtschaftlicher Bildung" mitgegeben werden (Feld 1928, 27). Die Berufserziehung sei immer mit Wirtschaft verbunden, weil jeder Beruf auch eine wirtschaftliche Funktion habe. Bei speziellen wirtschaftlichen Berufen liege der Erwerb von „wirtschaftlichen Kenntnissen, Fertigkeiten und Gewohnheiten" auf der Hand (Feld 1928, 31). In der Erziehung zum kaufmännischen Beruf sei neben den „allgemeinen wirtschaftlichen Bildungsaufgaben" noch die spezielle Berufsausbildung zu berücksichtigen:

> „Zu den [...] allgemeinen wirtschaftlichen Bildungsaufgaben der Schulen überhaupt tritt bei der speziellen Berufsbildung als Sonderaufgabe hinzu, die spezifischen wirtschaftlichen Berufsprobleme in den Vordergrund zu stellen und die Zusammenhänge der Berufsarbeit mit der Gemeinschaft zu beleuchten. Dabei wird die berufsethische Seite besonders erkannt werden müssen." (Feld 1928, 31)

In der Rückschau von heute auf Felds Ausführungen aus dem Wissen der Zeitgeschichte heraus erhält Felds Blick auf Erziehung eine dunkle, fast makabre Dimension, denn seine „objektiven" Werte wurden, wie im nächsten Unterkapitel gezeigt wird, zu Grundlagen der völkischen Berufs- und Wirtschaftserziehung. Der folgende Satz bekommt dadurch eine tragische Bedeutung: „Unsere einführenden Überlegungen haben uns aber auch gezeigt, wie die Pädagogik sich stets der Kulturlage anzupassen sucht, um zeitgemäß zu bleiben." (Feld 1928, 10)

2.1.3 Nationalsozialismus und Wirtschaftspädagogik – die zweite Phase

Nach der Frühphase der Wirtschaftspädagogik, die bis in die 1920er-Jahre hinein angesetzt werden kann, folgt die nationalsozialistische Ära, in der die Wirtschaftspädagogik im Dienst der nationalsozialistischen Ideologie stand (vgl. Huisinga & Lisop 1999, 114–123).[29] Die „Idealisierung einer ‚bildenden Kraft des Berufs' und die Idealisierung der Wirtschaft als ‚Kulturbereich'" (Sloane, Twardy & Buschfeld 2004, 54) entstand bereits in der Frühphase, entfaltete sich jedoch erst in der zweiten Phase mit der Idee der Persönlich-

---

[29] Pleiss (1973) setzt die erste Periode von 1898 (Gründung der Handelshochschule Leipzig) bis 1912 (Reform in Preußen und Baden zur Einführung des Nebenfaches Pädagogik), die zweite von 1912 bis 1925 (Reform zur Aufwertung der Pädagogik) und die dritte von 1925 bis 1945 an.

keitsbildung durch Berufsbildung. Sie kann als *Phase der Institutionalisierung* bezeichnet werden, weil sich eine eigene *Scientific Community* etablierte, verschiedene Publikationen veröffentlicht wurden und sich eigene Begriffe und Argumentationen ausformten. Nun kamen stärker pädagogische Aspekte in den Blick und erhielten eine nationalsozialistische Ausprägung. Es war also die Zeit des Nationalsozialismus, in der sich die Wirtschaftspädagogik wissenschaftlich etablierte.

Obwohl sich die Wirtschaftspädagogik durch den pädagogischen Blick von den Betriebswirtschaften unterschied, kam es zu keiner Annäherung mit den Erziehungswissenschaften. Gerade das Desinteresse der Erziehungswissenschaften an praktischen Aufgabenstellungen ermöglichte die Entstehung der Wirtschaftspädagogik als eigenständige Wissenschaft. Das führte auch dazu, dass viele Lehrstühle in wirtschaftswissenschaftlichen Fakultäten eingerichtet wurden. Ohne sich so zu bezeichnen, wurde de facto eine Wirtschafts*erziehungswissenschaft* betrieben und die Wissenschaftlichkeit mit pädagogischen Argumenten und Literatur gestützt.

Die erste Generation an Professoren der Wirtschaftspädagogik (vor allem Friedrich Feld, Friedrich Schlieper und Fritz Urbschat) war stark von Kerschensteiner und Spranger geprägt. Ab 1933 jedoch wandten sie sich dem Nationalsozialismus und der Pädagogik Kriecks zu. (Vgl. Gonon, Reinisch & Schütt 2010, 433) Ernst Krieck (1882–1947) war Hochschullehrer für Pädagogik und trat 1932 der NSDAP bei. 1947 starb er in einem amerikanischen Internierungslager. Sein bekanntestes Werk *Nationalpolitische Erziehung* wurde 20-mal aufgelegt und 80.000-mal verkauft. Er war der bekannteste und einflussreichste Erziehungswissenschafter im Dritten Reich. Im Sinne der nationalsozialistischen Politik ging er davon aus, dass jeder Staat einen eigenen Menschentyp ausforme und deshalb die nationalsozialistische Prägung durch eine Staatspädagogik zu erfolgen habe. Die Hingabe des völkischen Menschen zur Volksgemeinschaft sei die höchste Pflicht. Nicht die Autonomie sei entscheidend, sondern die heroische Eingliederung in die Gemeinschaft. (Vgl. Detjen 2007, 95) Mit der nationalsozialistischen Ideologie wurde die Idee des Berufs zu einem wesentlichen staatstragenden Element für kriegspolitische Ziele. Die Zeit des Dritten Reiches zeigt damit die Anfälligkeit der Berufsbildungsidee für Ideologien. (Vgl. Gonon, Reinisch & Schütt 2010, 433) Krieck glaubte, Erziehungswissenschaft und Erziehungswirklichkeit zu einer Einheit geführt zu haben (vgl. Pliess 1973, 240):

> „Zur selben Zeit, als Adolf Hitler sein großes Erziehungswerk im Dienste der rassisch-völkisch-politischen Idee begann, wurde auch der Bann der überlieferten ‚Pädagogik' gebrochen und – von mir vorwiegend – eine völkisch politische Erziehungswissenschaft geschaffen, die von derselben, für die ganze völkische Aufbruchsbewegung bestimmenden Idee getragen und ausgerichtet war." (Krieck 1935, 13)

In der NS-Zeit wurden die Schule und der Unterricht durch das Reichsbildungsministerium organisiert. Ziel war die Vereinheitlichung des Schulsystems, weshalb das Ministerium 1934 mit großer Energie eingerichtet wurde. Jedoch gelang es selbst dem Regime nicht, ein einheitliches System gegen die Länderinteressen durchzusetzen. (Vgl. Kerstan 2012, 73) Gauleiter, Regierungschefs und Reichsstatthalter wehrten sich erfolgreich, woran ersichtlich wird, dass Hitlers Macht auf „einem geschickt ausbalancierten System des Teile-und-herrsche [basierte]. Um die lokalen Führer zufriedenzustellen, verzichtete er darauf, einen der reinen Lehre folgenden Einheitsstaat durchzusetzen" (Nagel im Gespräch mit Kerstan 2012, 73). Die gemeinsame Struktur hätte eine gemeinsame vierjährige Grundschule mit einer daran anschließenden vierjährigen Volksschule plus dreijähriger Berufsbildung oder eine höhere Schule mit abschließender Reifeprüfung bedeutet. Dennoch war das Reichsbildungsministerium äußerst wichtig, so wäre Joseph Goebbels gerne selbst Reichsbildungsminister geworden. Minister wurde schließlich Bernhard Rust, Gauleiter von Hannover, der bis 1945 in Hitlers Gunst stand. Nagel weist darauf hin, dass die Bedeutung des Ministeriums einerseits von Goebbels und auch von anderen, die ein Interesse daran hatten, aber auch von denen, die nach dem Zweiten Weltkrieg als Wissenschafterinnen und Wissenschafter sowie als Lehrpersonen ihre Karriere fortgesetzt haben, heruntergespielt wurde. Die Rolle des Reichsbildungsministeriums wurde folglich historisch unterschätzt. Es wurde auf Anweisung Hitlers und mit großer Macht versehen gegründet. Der volle Name hieß: *Reichsministerium für Erziehung, Wissenschaft und Volksbildung.* „Rust, als Chef dieser Mammutbehörde, unterstanden die Schulen und Universitäten, die Forschungseinrichtungen und Museen im Deutschen Reich. Und damit rund 250.000 Beamte: Professoren, Studienräte, Lehrer, Kuratoren und Kustoden." (Nagel im Gespräch mit Kerstan 2012, 73) Damit konnte das ganze Bildungswesen auf die Ideologie des Nationalismus ausgerichtet werden, wozu auch die *Säuberung* von Juden und politisch unzuverlässigen Personen gehörte. Neben den Verbrechen, die vom Ministerium exekutiert wurden, arbeitete das Ministerium erstaunlich normal.

> „Die Nationalsozialisten jedenfalls knüpften auf breiter Front an vorherige Institutionen, Reformen und Ideen an. Von der Erlebnispädagogik sprach ich schon. Auch sonst griff man Ideen der Reformpädagogik auf, mit der man den Gedanken der Erziehungsgemeinschaft teilte. [...] Und schon die Nazis kritisierten, was auch heute vielen missfällt: die vermeintliche Verkopfung der Schule, die zu hohe Gewichtung akademischer Abschlüsse." (Nagel im Gespräch mit Kerstan 2012, 74)

Die Berufserziehungspolitik als Teil der nationalsozialistischen Bildungspolitik wurde vor allem von Wilhelm Heering und Hermann Südhof geprägt. Es ging um die Ausprägung einer völkischen Gemeinschaft und einer beruflichen Erziehung, die ohne Theoretisierung auskommen sollte. Die Berufsbildungstheorie und die gesamte damalige Wirtschaftspädagogik wurden für den nationalsozialistischen Bildungsauftrag vereinnahmt. Die Berufsidee wurde zu einem staatstragenden Faktor hochstilisiert. (Vgl. Gonon, Reinisch & Schütte 2010, 432–433) Nagel (2012, 209) führt aus, dass „nach dem Willen Rusts das Berufsschulwesen aus seiner bisherigen Isolation vom übrigen Schulwesen herausgelöst und den allgemeinen Erziehungszielen des nationalsozialistischen Staates unterstellt werden". Die Jugendlichen sollten der Volksgemeinschaft im Beruf dienen. 1938–1940 wurden reichseinheitliche Lehrpläne für die Berufsschulen erstellt. (Vgl. Nagel 2012, 209) Die entsprechenden Grundsätze formulierte Wilhelm Heering, der „die führende Figur bei der Ausgestaltung des staatlichen Berufs- und Fachschulwesens war" (Nagel 2012, 209–210). Südhofs Aufgabe bestand vor allem darin, die Sicht der Länder in das Ministerium einzubringen, da er, bevor er 1941 zum Ministerialrat wurde, im preußischen Wirtschaftsministerium tätig war. Südhof stand für eine Verbindung von Praxis und Theorie. (Vgl. Nagel 2012, 209 u. 399–400)

Nach 1945 blieben die meisten Studienordnungen im Prinzip in Kraft. Der Berufsschulbereich wurde ebenfalls im Großen und Ganzen übernommen und in seiner Form weitergeführt.

Bereits vor 1933 hatte Feld die Leistung erbracht, ausgehend vom Beruf, mit einer kulturpädagogischen Konzeption die Wirtschaftspädagogik als ein spezielles pädagogisches Arbeitsgebiet zu begründen. Neumann (1969, 230–271) stellt dar, welche Wendung der Ansatz Felds durch den Nationalsozialismus erfuhr.

Pleiss (1973, 237) kommt zum Schluss, dass „Felds Lebenswerk […] nicht so schlüssig und bündig [ist], dass nur eine Auslegung möglich ist". Die Systematik Felds war aus zwei Gründen für die neue politische Ausrichtung bereit (vgl. Pleiss 1973, 237–238): Das Wirtschafts- und Berufsdenken des Nationalsozialismus lieferte eine empirische Grundlage für seine Theorien, die keine konkrete empirische pädagogische Absicherung hatten. Dieser Hinweis von Pleiss ist aus normativer Sicht auch deshalb interessant, weil sich an seinem Beispiel zeigen lässt, wie aus empirischen Ergebnissen in einem naturalistischen Fehlschluss (Zirkelschluss) Handlungsanleitungen abgeleitet werden können. Feld hatte als Absolvent des Volksschullehrerseminars und Berufspädagoge eine bestimmte Werthaltung angenommen. Er sah in der Arbeit den Grund und Boden der Sittlichkeit.

> „Das Pathos der Gemeinschaft, der Mythos vom Ganzen besaß in Deutschland seit der Romantik eine hohe Anziehungskraft. Die Hingabe an Beruf und Staat als eine eingefleischte deutsche Überlieferung brauchte sich der Nationalsozialismus nur zunutze machen. Der normative, gemeinschaftsorientierte Berufsbegriff als ‚schwache Stelle' in der Feldschen Konzeption erwies sich als Einbruchstelle für das natio-

nalsozialistische Gedankengut." (Pleiss 1973, 238–239 in Verweis auf Wilhelm 1959, 148, 184 u. 186 sowie Neumann 1969, 210)

Feld ging immer davon aus, dass sich die Wirtschaftspädagogik mit den Wirtschaftstatsachen auseinandersetzen muss. So war die Hinwendung zum Nationalsozialismus die logische Konsequenz. (Vgl. Pleiss 1973, 239) Die Vertreter der Wirtschaftspädagogik griffen

> „die implizierten weltanschaulichen Ziele auf und verfiel[en] damit einer Bindung an Ideologie, für die die pädagogische Theorie seit jeher anfällig ist. So hatten schließlich alle wirtschaftspädagogischen Ansätze teil an den völkisch-politischen Zielvorstellungen, wie sie von dem damaligen ‚Staatspädagogen' Krieck formuliert worden waren. Letztes Endes war also Kriecks Pädagogik um 1945, metaphorisch gesprochen, der Mörtel, der das wirtschaftspädagogische Disziplingebäude zusammenhielt." (Pleiss 1973, 227 in Verweis auf Loch 1964, 77)

Die Aufgabe der Wirtschaftspädagogik ist nach Friedrich Feld, „die wirtschaftsberuflich Tätigen durch Entfaltung ihrer individuellen und sozialen Anlagen zu Berufspersönlichkeiten zu entwickeln, die sich der Betriebs- und Volksgemeinschaft als nützliche Glieder willig unterordnen." (Feld 1944, 90) Ähnlich definierte Friedrich Schlieper die wirtschaftspädagogischen Aufgaben. Damit wird die Wirtschaftspädagogik für politische Zwecke instrumentalisiert und den Individuen die persönliche Freiheit geraubt. (Vgl. Sloane, Twardy & Buschfeld 2004, 54–60)

Es sind kulturphilosophische Bekenntnisse, welche die Wirtschaftspädagogik in der Phase ihrer Institutionalisierung prägen, und nicht ihre Praxisrelevanz, obwohl dies für Felds Dissertation mit dem Titel *Das Lehrverfahren in der kaufmännischen Fachschule auf beruflicher und jugendpsychologischer Grundlage* noch nicht galt. Die Kerschensteiner gewidmete überarbeitete und erweiterte Dissertation richtete sich stark an Spranger und einer Orientierung an der Berufsbildungstheorie aus, die den Jugendlichen zur moralischen Bildung und staatsbürgerlichen Gesinnung führen sollte. Der Beruf wurde als Ziel und Mittel zur Bildung gesehen – allerdings vor dem Hintergrund einer großen Arbeitslosigkeit. Zabeck (2009, 634) erkennt darin den Realitätsverlust Felds, weil dieser trotz der „Berufsnot der Jugend in den 1920er Jahren" nach wie vor von der „Vorstellung, es bestehe eine prästabilierte Harmonie zwischen den anlagebedingten individuellen Aspirationen und Profilen zur Besetzung anstehender gesellschaftlicher Positionen" ausgehe. Erkennbar wird dadurch jedenfalls der Zusammenhang zwischen der Wirtschaftspädagogik und der Berufsbildungstheorie. Im Mittelpunkt seiner Ausführungen stand die Idee, dass das Individuum in der Gemeinschaft aufgehe, indem es sich nützlich und „sittlich gerechtfertigt" in den „Wirtschaftskörper" einbringe. Feld hat seine Arbeiten mit der Kulturphilosophie Sprangers verknüpft. Seine Ausführungen in der NS-Zeit sind stark nationalsozialistische Äußerungen:

> „Für den Biographen ist die abrupte Veränderung des Zungenschlags in den unmittelbar nach der Machtübertragung an Hitler erschienenen Publikationen Felds schwer nachzuvollziehen. In der Weimarer Zeit keiner politischen Partei angehörend [...] publizierte er, den neuen Machthabern Ergebenheit signalisierend, Texte mit aufdringlicher nationalsozialistischer Ausrichtung." (Zabeck 2009, 640)

Die nationalsozialistische Ausrichtung der Texte ist frappierend. Feld (1938, III) schreibt in seinem Vorwort zu *Berufserziehung*: „Im deutschen Erziehungswesen sind die Fragen der Berufserziehung für absehbare Zeit die wichtigsten, weil sie staats-, wirtschafts- und wehrpolitisch eine vordringliche Bedeutung für den nationalsozialistischen Aufstieg haben." In diesem Büchlein definiert Feld sieben Voraussetzungen für die Berufserziehung. Die weltanschaulich-politischen stehen am Anfang:

> „Die Berufsbildungsorganisation muss so durchgeführt sein, dass das Leben des neuen Volkstums im Dritten Reich überall in sie hineinströmen kann [...] Eine weitere weltanschauliche Bedingung ist das überzeugende Bewusstsein der Schulungsbeauftragten von den biologisch-rassischen Grundlagen der Berufskunde einerseits und von den bluts- und volksgebundenen Voraussetzungen einer beruflichen Entwicklung der menschlichen Persönlichkeit andererseits." (Feld 1938, 11)

Feld schreibt in seinem Buch *Wirtschaftspädagogik* über den Sinn der Wirtschaft und der Wirtschaftspädagogik:

> „Der Grad der wirtschaftspädagogischen Wirksamkeit hängt von der weltanschaulich bedingten Wirtschaftsauffassung [!] einer Zeit ab. Deshalb sind in der heutigen völkischen Arbeitswirtschaft viel günstigere Voraussetzungen dafür gegeben als in der vergangenen liberalistischen Geldwirtschaft. Die liberalistische Geisteshaltung vermittelte zugleich wesentliche Kennzeichen der kapitalistischen Wirtschaft, als das sind Individualismus, Rationalismus, Imperialismus und Anonymität. Der ungezügelte Egoismus mit seinem rücksichtslosen Erfolgsstreben erschwert eine berufs- und gemeinschaftssittliche Ausrichtung der Erziehung, ja macht sie meist ganz unmöglich. Im Puritanismus erhält er eine religiöse Verbrämung und dadurch eine noch gefährlichere Note. Der Rationalismus verabsolutiert ein an sich vernünftiges Prinzip des Wirtschaftens und wird begünstigt durch den entseelenden Prozess der Mechanisierung. [...] Eine rücksichtslose Konkurrenz aller gegen alle mit ihren jüdisch-kapitalistischen Auswüchsen ist der Feind nationaler Erziehungsabsichten. [...] Der letzte Sinn der Wirtschaft bleibt volkhaft, diszipliniert, ‚verpflichtet' (Adolf Hitler), ‚wirhaft' (Künkel). Dahinter steht immer das Volk als Lebensganzes. Und alle Erziehung im Wirtschaftsraum ist der politischen Volksidee unterstellt." (Feld 1944, 13–15)

In den 1920er-Jahren wurde Wirtschaft bei Feld mit den Modewörtern Gesellschaft und Gemeinschaft sowie Zivilisation und Kultur beschrieben. Die Vorstellungen über die Bedeutung dieser Begriffe erhalten nach 1933 eine nationalsozialistische Aufladung. Feld kritisierte nicht nur den Liberalismus, sondern griff ebenso das rationale Prinzip selbst an und damit – so Neumann (1969, 231) – gerade jenen Punkt, der für Spranger den Kulturgehalt des

Ökonomischen ausmacht. Jetzt ist Platz für Irrationales. Ebenso eröffnet Felds volkswirtschaftliche Vorstellung die Tür für das nationalsozialistische Gedankengut. Feld geht davon aus, dass das Selbstinteresse durch das Gesetz der „Unterordnung privatwirtschaftlichen Handelns unter den volkswirtschaftlichen Gesamtzweck" eine ethisch-moralische Begrenzung erfahre. Im nationalsozialistischen Programm werde davon gesprochen, dass der Gemeinnutz vor dem Eigennutz stehe. Damit bedeute eine liberale Wirtschaftsauffassung einen unethischen Eigennutz und die nationalsozialistische Wirtschaftspolitik einen ethischen Gemeinnutz. Feld sieht also in der NS-Wirtschaft die realistische Umsetzung einer sittlichen Ordnung. (Vgl. Neumann 1969, 231–238)

Dass die Erziehungswissenschaft eine *politische Pädagogik* war, darüber stimmten die Wirtschaftspädagogen in der NS-Zeit in einer 1941 in Wien stattgefundenen Tagung der *Vereinigung deutscher Hochschullehrer für Wirtschaftspädagogik*[30] überein (vgl. Zabeck 2009, 640–648). 1942 wurde aus dem *betriebswirtschaftlich-pädagogischen Institut* an der Hochschule für Welthandel in Wien das *Institut für Wirtschaftspädagogik*, das bis 1951 von Inhabern betriebswirtschaftlicher Lehrstühle mit betreut wurde (vgl. Aff et al. 2008, 8). Auch in Wien vollzieht sich der letzte Schritt zur Institutionalisierung in der Zeit des Nationalsozialismus.

Wirtschaft ist nun nicht mehr ein kultureller Wert unter anderen, sondern eine völkische Veranstaltung, die von der Politik gezielt gesteuert wird. So müssen Berufserzieher über eine „einwandfreie politische Haltung" verfügen und „überzeugte Vertreter nationalsozialistischer Lebensauffassung sein und dies durch ihre Handlungen im Betrieb und außerhalb desselben beweisen." (Feld 1938, 17) Der Leistungswille und der Einsatz dienen nun einem bestimmten Regime. Die Unterscheidung von subjektivem und objektivem Beruf ist nicht mehr relevant. Vorrang hat der politische Wille. Die kulturpädagogische Begründung der Wirtschaftspädagogik löste sich in einer politischen auf. Es ging nun um eine Wirtschaftserziehung, die der Machtpolitik des NS-Regimes entsprach (vgl. Neumann 1969, 185–187). Kultur hatte nun nicht mehr jene Bedeutung, von der Spranger ausging, sondern war eine neue, vom Nationalismus geprägte, rassistische Wirtschaftskultur. Der Rassismus stellte sich gegen die Aufklärung, gegen die Idee einer Entwicklung der Kultur hin zum Humanistischen. Kultur wurde jetzt als Volkszugehörigkeit definiert, also über die Rasse. Das war ein klarer Bruch sowohl mit der deutschen als auch europäischen Vorstellung von Humanismus. (Vgl. Neumann 1969, 241)

---

[30] Wesentliche Vertreter waren: „Feld (Berlin), Löbner (Leipzig), Schlieper (Köln), Urbschat (Königsberg), auch Vertreter der Studienorte Nürnberg und Heidelberg (vormals Mannheim) […]. Dem Wiener Prorektor Dörfel assistierte Hans Krasensky, später (1951) Professor für Betriebswirtschaftslehre und Wirtschaftspädagogik daselbst." (Zabeck 2009, 646)

„Friedrich Feld führt damit sein ursprüngliches Menschenbild vom kulturschaffenden Geisteswesen, dessen kulturethische Verpflichtung ihn selbst zum geistigen Schöpfer werden ließ, mit seinem neuen ‚Kulturbegriff' ad absurdum." (Neumann 1969, 241)

Wie ist es möglich, dass jemand mit hoher Bildung zum Nationalsozialisten wird? Auch der nationalsozialistische Bildungsminister Bernhard Rust war hochgebildet: Er hat Germanistik, Philosophie, Musik und Kunstgeschichte studiert. Nagel (im Gespräch mit Kerstan 2012, 74) antwortet darauf:

> „Das hängt mit der Urkatastrophe der deutschen Geschichte zusammen, dem Ersten Weltkrieg. Wie so viele hat Rust, 1883 geboren und hochdekorierter Frontoffizier, die Niederlage nicht verwunden. Diese Schmach. Dieser Bedeutungsverlust des Deutschen Reichs. Diese Kriegsschuld, die Deutschland mit dem Versailler Vertrag aufgebürdet wurde. Der Ehrverlust, der sich damit verband. Wie so viele durchaus gebildete Leute setzte er auf diffuse Kräfte im Volk, um einen ausreichend starken Staat entstehen zu lassen, um die Gebietsansprüche zu revidieren und zu alter Größe zurückzuführen. […] Ich bekomme das Bild auch schwer zusammen. Einerseits der Gauleiter, der völkische Agitator Rust, der mit Unterstützung des Saalschutzes Hetzreden hält. Und gleichzeitig ist er der antiken Kultur zugewandt und führt ein kultiviertes Familienleben. Wir dürfen uns das Bild vom Nationalsozialismus nicht zu einfach machen. Seine Anhänger waren eben nicht alles mediokre Gestalten, sie waren auch keine Außerirdischen. Sie waren vielschichtig, und sie kamen aus der Mitte der Gesellschaft."

Dass neben Feld noch Löbner sowie Schlieper und Urbschat als weitere bedeutende Vertreter dieser Zeit ebenfalls an Krieck gebunden waren, soll hier abschließend Erwähnung finden.

2.1.4 Kritische Theorie und kritischer Rationalismus – die dritte Phase

Das Jahr 1945 stellt einen Neuanfang dar. In Deutschland und Österreich sind pädagogische Neuansätze im Sinne einer demokratischen Neuorientierung notwendig. Zabeck (2009, 659–660) führt aus, dass davon die allgemeine Pädagogik, nicht aber die Berufs- und Wirtschaftspädagogik betroffen war. Die Berufsausbildung folgte – entsprechend den demokratischen Gegebenheiten angepasst – dem bereits Erreichten. Nach dem Zweiten Weltkrieg wandte sich die Wirtschaftspädagogik also wieder der Berufsbildungstheorie zu. Theodor Litt (1880–1962) entwickelte zwischen 1947 und 1959 eine eigenständige Theorie der Bildung. Grundlage der Bildung ist bei Litt ebenfalls der Beruf, jedoch geht er davon aus, dass in der modernen Gesellschaft der Beruf überhaupt die Grundlage für die Bildung sei. Seine Theorie geriet jedoch relativ schnell ins Abseits, denn nicht mehr die philosophische Dimension der Bildung stand im Mittelpunkt des wissenschaftlichen Diskurses, sondern die Funktion der Bildung für die industrialisierte Gesellschaft – nicht

Bildung, sondern Qualifikation wurde diskutiert. (Vgl. Gonon, Reinisch & Schütte 2010, 433–435)

Diese Entwicklungen führten zur Abel-Blankertz-Kontroverse, die sich um die Frage drehte, ob die Wirtschaftspädagogik philosophisch oder soziologisch ausgerichtet sein sollte. Die Politik erwartete sich in den 1960er-Jahren nicht mehr philosophische Abhandlungen über Beruf und Bildung, sondern zuverlässige Aussagen über das Bildungssystem und seine Wirkung. Herwig Blankertz (1927–1983) kritisierte in diesen Entwicklungen einerseits eine viel zu schwache Berücksichtigung der Berufsbildungstheorie und des Berufs und andererseits die unterstellte Gegensätzlichkeit von Allgemein- und Berufsbildung. Eine reine soziologische Betrachtung des Berufs führt nach Blankertz zu einer Instrumentalisierung der Berufsbildung im Sinne einer Funktionalisierung. Heinrich Abel (1908–1965) sprach sich für den Paradigmenwechsel in der Wirtschaftspädagogik aus, weil er eine viel zu starke pädagogische Ausrichtung in der Wirtschaftspädagogik wahrnahm und der Relevanz des Neuhumanismus überhaupt eine Absage erteilte. Für Abel sollte die Soziologie die künftige Leitdisziplin sein und nicht die Philosophie. Schließlich wird sich tatsächlich das sozialwissenschaftliche Paradigma durchsetzen. (Vgl. Gonon, Reinisch & Schütte 2010, 435–436)

Am Beginn der 1960er-Jahre erreichte die Wirtschaftspädagogik den Höhepunkt ihrer Selbstbetrachtung durch ihre kulturpädagogische Ausprägung, vertreten vor allem durch die Kölner Schule (vgl. Sloane 2001, 164). Ihre wesentlichsten Vertreter sind Friedrich Schlieper, Karl Abraham (er wurde bei seiner Habilitation von Friedrich Schlieper betreut) und Johannes Baumgardt. „Schon zum Zeitpunkt ihrer Begründung war die ‚Kölner Schule' ein Anachronismus. […] es [gehörte] jetzt zu den methodologischen Standards, im Kognitiven die Erkenntnisvoraussetzungen und im Pragmatischen die normativen Bezüge offenzulegen und damit auch letztere einer Kritik zugänglich zu machen." (Zabeck 2009, 693). Die Vertreter der Kölner Schule machten ihre weltanschaulichen Voraussetzungen nicht transparent. Sie folgten einer thomistischen Sicht, die – obwohl durchaus für die Wirtschaftspädagogik originell – sie nicht thematisierte und offenlegte. Aus der theologischen Überzeugung, dass alles Gottes Schöpfung sei, ergebe sich, dass alles Seiende einen Sinn habe. Zabeck (2009, 694–697) erklärt sich aus diesem Zugang, dass Schlieper Lebensbereiche wie Wirtschaft, Staat oder Beruf als „Berufserziehungsfaktoren" erscheinen mussten. Die Wirtschaftspädagogik habe diese Faktoren verwendet und dadurch berufliche Bildung ermöglicht. Für Abraham und Schlieper erfolgte Erziehung nicht nur intentional, sondern auch funktional. Erziehung sei immer dann als Erziehung erkennbar, wenn sie am Menschen etwas Gutes bewirke.

Der kritische Blick der dritten Phase der Entwicklung der Wirtschaftspädagogik, die auf eine institutionalisierte Wissenschaftsdisziplin blicken kann,

führte dazu, dass das Berufsverständnis der Vertreter der kulturpädagogischen Ausprägung als anachronistisch (vgl. Stütz 1970) bezeichnet wurde (vgl. Sloane 2001, 164). Die idealisierte Betrachtung des Beruflichen bedingte, dass sozioökonomische und sozio-kulturelle Herausforderungen der 1960er-Jahre nicht erfasst wurden. Sloane (2001, 164–165) nennt stichwortartig folgende Herausforderungen:
- die sogenannte Bildungskatastrophe (vgl. Picht 1964),
- die Entwicklung der Bildungsökonomie (vgl. H. Becker 1969 über Eddings Beitrag zur Bildungsökonomie),
- die Bildungsreform der 1960er-Jahre (vgl. z.B. Dahrendorf 1965).

Berufsbildung erfuhr, was sich in Deutschland im Berufsbildungsgesetz (1969) und in der Gründung des Bundesinstitutes für Berufsbildung als Clearing-Stelle für Organisationen der Berufsbildung äußerte. Erst in den 1970er-Jahren erfolgte eine kritische Auseinandersetzung mit der Berufsbildungstheorie und den dahinterliegenden Annahmen und Setzungen, die in Summe ein harmonisches Ganzes ergaben, sie wurden zerlegt und als *Leerformel*[31] offengelegt, die verschiedenste Interessengruppen bediente: Jenen, die die Individualitätsidee verfolgten, wurde durch die freie Berufswahl und die damit mögliche Selbstverwirklichung gedient. Die Unternehmen erhielten qualifiziertes Personal. Der Staat konnte auf funktionierende Arbeitskräfte hoffen, die sich mit dem Beruf in die Gesellschaft und den Staat einordneten. Schließlich konnte mit diesen Argumentationen auch jenen der Boden entzogen werden, die ausschließlich auf Allgemeinbildung setzten, denn jede Arbeitskraft wurde zu einer Vertreterin eines speziellen Berufs und damit eines Kulturausschnittes, der sich in die Kultur insgesamt einbettete. Es ist bemerkenswert, dass eine *Leerformel* das Entstehen der Berufs- und Wirtschaftspädagogik theoretisch ermöglichte. (Vgl. Zabeck 2009, 466–467) Zabeck selbst weist darauf hin, dass es die Berufs- und Wirtschaftspädagogik so lange unterließ, „den problematischen wissenschaftstheoretischen Charakter der Berufsbildungstheorie zu klassifizieren" (Zabeck 2009, 492). Jede und jeder, die oder der dies

---

[31] Es gibt „bestimmte sprachliche Formeln[, die] durch die Jahrhunderte als belangvolle Einsichten oder sogar als fundamentale Prinzipien des Seins, Erkennens und Wertens anerkannt wurden und es heute noch werden – nicht obwohl, sondern gerade weil und insofern sie keinen oder keinen näher angebbaren Sach- oder Normgehalt besitzen." (Topitsch 1960, 233–234) Ernst Topitsch war ein österreichischer Philosoph und Soziologe, der auch an der Universität Graz lehrte und sich mit dem Begriff der *Leerformel* auseinandersetzte. Er verstand sie als einen Restbestand an Mythos in einer von Wissenschaft geprägten Gesellschaft. *Leerformeln* seien nicht nur dafür geeignet, Ideologien eine höhere Bedeutung zu geben, „sondern sie können auch durch ihren stets gleichbleibenden Wortlaut eine Konstanz der obersten moralisch-politischen Prinzipien vortäuschen, während sie in Wirklichkeit mit jeder möglichen normativen Ordnung und praktischen Entscheidung vereinbar sind." (Topitsch 1960, 264)

heute tadeln möchte, solle jedoch – so Zabeck – bedenken, wie wichtig die Theorie für die Legitimation gewesen sei und welche Auswirkung eine kritische Zerlegung gehabt hätte.

Kritik ist damit das Thema der dritten Phase der Wirtschaftspädagogik (vgl. Huisinga & Lisop 1999, 114–123). Lempert führt im Vorwort zu Stützs (1970) Untersuchung u.a. ganz im Sinne der dritten Phase aus:

> „Die Resultate, zu denen Gisela Stütz in ihrer Studie gelangt, klingen wenig ermutigend für den, der die Emanzipation berufstätiger Jugendlicher als oberstes Ziel der Berufserziehung betrachtet; sie bestätigen vielmehr weitgehend den Ideologieverdacht gegenüber der berufspädagogischen Theorie." (Lempert in Stütz 1970, III)

Stütz (1970, 55–63) kommt zum Schluss, dass Spranger und Fischer Ökonomie und Gesellschaft als objektive Wertbereiche verstanden und sie damit „kulturfähig" gemacht haben. Feld stellte hingegen die Wirtschaftspädagogik auf eine „kulturphilosophische Basis", in deren Zentrum die „Volksgemeinschaft" und ihr Wert standen. So fasst Stütz Felds systematischen Ansatz mit Felds eigenen Worten zusammen: „Das beruflich-wirtschaftliche Sein wird organischer Bestandteil des völkischen Menschentums." (Feld 1932, 15) So wird Gemeinschaft zum Ethos, dem auch das Berufsethos zu folgen habe. Wer sich als nützliches Glied in die Volksgemeinschaft einordne, werde eine vollwertige Persönlichkeit.

Rolf Seubert (1977) hat mit seiner Arbeit *Berufserziehung und Nationalsozialismus* ein „Denktabu" (Seubert 1977, 17) aufgebrochen, das von den Hauptsprechern der Berufs- und Wirtschaftspädagogik errichtet wurde. Seubert wollte aufzeigen, wie Staat und Wirtschaft immer wieder als Mächte in der Berufserziehung auftauchten und sich Erziehung an ihnen auszurichten hatte. Wirtschaft und Erziehung sollten in eine Symbiose gebracht werden. Er führt aus:

> „Die meisten, später der freiheitlich-demokratischen Grundordnung der Bundesrepublik verpflichteten Berufspädagogen[32] hatten ihre wissenschaftlichen Bemühungen in der nationalsozialistischen Ära in den Dienst der herrschenden Ideologie gestellt. [...] Als Modellfall wird das berufspädagogische Werk Friedrich Schliepers behandelt; dieser Fall wird als exemplarisch angesehen. [...] Neuerdings vertretenen Vorstellungen, wonach der Nationalsozialismus auf die Theorieentwicklung in der Berufspädagogik ohne Wirkung geblieben sei, erteilt das vorgelegte Material die allein mögliche Antwort." (Seubert 1977, 22)

Seubert (1977, 22) weist darauf hin, dass bei Schlieper, „wie bei nahezu allen Berufspädagogen derselben Generation", die politische Erziehung im Vordergrund stand. Dies war in der NS-Zeit der Fall und blieb auch so danach. Daher blieben die Grundlagen des theoretischen Denkens über Jahrzehnte hinweg gleich. Dies wird anhand des Werkes von Schlieper gezeigt, der trotz

---

[32] Seubert sah die Wirtschaftspädagogik als ein Teilgebiet der Berufspädagogik.

seiner Verbindung zum Nationalsozialismus berufspädagogisch weiter aktiv und als ordentlicher Professor an der Kölner Universität eingesetzt blieb. Seubert bezeichnet Schlieper als Eklektiker, der keine eigene grundlegende Theorie aufbauen konnte, seine Inhalte blieben selbst nach der Zäsur 1945 dieselben:

> „Weiterbefolgung nationalsozialistischer Weltanschauungsgebote; fortgesetztes Eintreten für betriebliche Berufserziehung in der Tradition der ‚Betriebsgemeinschaft'; Bekenntnis zu Disziplin und ‚Zucht' als didaktischem Instrumentarium; Pflege und Weiterverbreitung der Sozialphilosophie der mächtigsten Wirtschaftskreise." (Seubert 1977, 23)

Seubert zeigt dies in verschiedenen Textpassagen und Vergleichen von Texten vor 1945 und nach 1945. Hier ein Beispiel (Seubert 1977, 145):

Vor 1945	Nach 1945
„Kameradschaft offenbart sich dem jugendlichen Gliede der Betriebsgemeinschaft Tag für Tag, und er erkennt ihren Wert und ihre Bedeutung auch für die Betriebsgemeinschaft. Er erlebt, dass Verstöße gegen die Kameradschaft die Leistung der Betriebsgemeinschaft gefährden. Das Erfühlen des Treueverhältnisses führt ihn zum Verständnis der Leistungsverpflichtung, und von hier aus erhalten überhaupt erst alle Mittel planmäßiger wirtschaftsberuflicher Jugenderziehung ihren Sinn; denn es gibt keine planmäßige Erziehungsmaßnahme, die ursprünglich das Gefühl der Gefolgschaftstreue und der Berufskameradschaft wachrufen könnte, ohne dass es je erlebt wäre." (Schlieper 1944, 31)	*„Tag für Tag erfährt der Jugendliche im Betriebe, dass einer auf den anderen angewiesen ist. Er erlebt die Bedeutung und den Wert der Kameradschaft. Er erkennt, dass Verstöße gegen sie die Ordnung und auch die Leistung des Betriebes gefährden. Durch das Erfühlen der Gemeinschaftsbezogenheit kommt er zum Verständnis der Leistungsverpflichtung. Es gibt keine planmäßige Erziehungsmaßnahme, die das Gefühl der Berufstreue, der Betriebstreue und der Arbeitskameradschaft so ursprünglich wecken könnte wie das eigene Erleben im Betriebe."* (Schlieper 1963, 229)

Im Kapitel 20 geht Seubert nach der wissenschaftlichen Analyse des Werkes Schliepers auf weitere Vertreter der Berufspädagogik ein, die dem Modell Schlieper folgten. Dieses Kapitel trägt den wohl nicht unproblematischen Titel: „Die geistigen Häupter der Berufspädagogik. Nationalsozialistisches Wachsfigurenkabinett" (Seubert 1977, 183) und geht dabei u.a. auf Karl Abraham ein. Abrahams Habilitationsschrift sei nach Seubert (1977, 268) „noch voller Abfallprodukte der nationalsozialistischen Vorstellung von der Betriebsgemeinschaft, aus der die harmonische Volksgemeinschaft erwächst". Die von Abraham definierte funktionale Erziehung führte daher – so Seubert

– zum Bewusstsein, dass der Einzelne sich einordnen müsse. Damit übernehme der Betrieb eine entscheidende pädagogische Aufgabe für die sittliche gesellschaftliche Ordnung. In den von Seubert untersuchten Texten definierte Abraham die Aufgabe der Wirtschaftspädagogik folgendermaßen: „Unter Wirtschaftspädagogik ist [...] das Sondergebiet der Pädagogik zu verstehen, das die pädagogische Kraft der wirtschaftlichen Gemeinschaft untersucht." (Abraham 1934, 14; zitiert in Seubert 1977, 185) Nach Auffassung von Seubert führe dies an die nationalsozialistische Gesinnung heran. Abschließend bezeichnet Seubert (1977, 186) Abraham als einen „Lobredner der nationalsozialistischen Ordnung". Ein Punkt, der im dritten Kapitel nochmals aufgegriffen und kritisch beleuchtet wird, bevor auf sein Buch *Wirtschaftspädagogik. Grundfragen der wirtschaftlichen Erziehung* eingegangen wird. Stütz (1970, 63–73) geht auf Abrahams Habilitationsschrift *Der Betrieb als Erziehungsfaktor* (Abraham 1957) ein. Dabei gehe Abraham von einer natürlichen Ordnung aus und jede Abweichung davon sei Anomalie. Freiheit und Vernunft hätten daher keinen Platz und Erziehung sei vor allem eine funktionale, denn der Betrieb erziehe zu Ordnungsbewusstsein. Der Betrieb werde als ein ökonomisch, technologisch und anthropologisch geordnetes Sozialgebilde verstanden, in dem moralische und rechtliche Vorstellungen umgesetzt werden. Dies lehnt Stütz ab, weil diese Institutionen ihrer Ansicht nach nur peripheren Einfluss auf das Betriebsgeschehen hätten. Sie führt dazu aus:

> „Den primären Stellenwert in ihm hat der Grundsatz der Rentabilität – das ist der unmittelbare Ausdruck einer Wirtschaftsverfassung, die sich am Konkurrenz- und Leistungsprinzip orientiert. Alle anderen sozialen oder sittlichen Einflussgrößen erscheinen unter diesen ökonomischen Aspekten verzerrt. Eine Repräsentanz des Industriebetriebes für das soziale Ganze darf und kann daher nicht angenommen werden. Das idealistische Postulat, der Mensch sei Selbstzweck, scheint in keinem sozialen Bereich so eingeschränkt wie im ökonomischen, in dem die menschliche Arbeit, allen anderslautenden Beteuerungen und Bemühungen zum Trotz, ein Kostenfaktor bleibt. Nach einer zweihundertjährigen Tradition der Forderung nach Vernunft und Freiheit müsste der Pädagoge sich verpflichtet fühlen, Fragen nach der Möglichkeit individueller Autonomie und rationalen Verhaltens zu provozieren, wenn nötig auch gegen das, was objektiv sich als ökonomische, politische und soziale Macht durchgesetzt hat." (Stütz 1970, 69)

Stütz reduziert in ihrer Kritik den Betrieb auf den rein wirtschaftlichen Raum und sieht den sozialen nicht, wie dies z.B. Arnold (1997) zeigt. Auch aus neoinstitutionaler Sicht ist die Aussage von Stütz zu kritisieren, weil sie von wesentlichen Institutionen abseits von Zweckrationalität, Effizienz und Produktivität abstrahiert. Selbst unter der Annahme der Rentabilitätsmaximierung stellt sich immer noch die Frage, *wie* diese erreicht werden soll. Dabei erheben sich unweigerlich auch soziale Fragen. Darüber hinaus wird völlig von der Bedeutung der Unternehmenskultur als jene normative Kraft, die im Unternehmen Normen und Selbstverständlichkeiten setzt, abgesehen. In diesem Kontext kann auch von „dominanten Logiken" (Schweiger 2012, 375–383) gesprochen werden, die das Denken und Handeln in Unternehmen wesentlich prägen – in die richtige oder falsche Richtung.

Nachdem sich nunmehr eine *Scientific Community* und die Wirtschaftspädagogik als relativ autonome Wissenschaft etabliert hatten, wurde Kritik an den normativen und politisch instrumentalisierten Zielsetzungen laut. Mit Heinrich Roth setzte die *realistische Wende* in der Pädagogik ein, die im Sinne des Kritischen Rationalismus Normatives aus den wissenschaftlichen Theorien ausschließen und die Pädagogik zu einer empirischen Wissenschaft machen wollte und nach wie vor will. Kritik wird zum entscheidenden Kriterium von Wissenschaftlichkeit. Um der Kritik diese Rolle im Wissenschaftsprozess einräumen zu können, müssen die Ergebnisse von Wissenschaft überprüfbar sein. Die Pädagogik sollte eine empirische Wissenschaft sein. Die kritischen Theoretiker hingegen forderten eine „Ideologiekritik, die die Verkehrtheit und Parteilichkeit bestehender gesellschaftlicher Machtverhältnisse aufdeckt" (Sloane, Twardy & Buschfeld 2004, 61) und Emanzipation zur Norm erhebt. Damit stehen sich zwei Zugänge gegenüber: ein normativer und ein vermeintlich wertfreier. Beiden gemeinsam ist ein Perspektivenwechsel: weg vom Objekt der Wirtschaftserziehung hin zum sozialwissenschaftlichen Denkstil. Die Forschung dockte an die Erziehungswissenschaft an, die Verankerung der Lehre in sozial- und wirtschaftswissenschaftlichen Fakultäten blieb davon unberührt. (Vgl. Sloane, Twardy & Buschfeld 2004, 61–62) Die Zuwendung zur Sozialwissenschaft führte zur Etablierung der Berufsbildungsforschung als Hauptforschungsgebiet. Spätestens mit dieser Entwicklung kann von Berufs- und Wirtschaftspädagogik gesprochen werden, die sich „am beruflich strukturierten Beschäftigungssystem" (Sloane 2001, 165 in einer Formulierung Zabecks 1988) ausrichtet. Es geht zum einen um die

> „berufliche Erziehung (Lehren und Lernen in Aus- und Weiterbildung) und zum anderen um den Aufbau des beruflichen Bildungssystems. […] Damit ist schließlich das Berufliche und nicht das Soziale der zentrale Gegenstand der wirtschaftspädagogischen Reflexion. Das Soziale wird als dem Beruflichen untergeordnet angesehen: Soziale Fragen, die keinen beruflichen Bezug haben, bleiben außerhalb der Betrachtung, zumindest des Mainstreams der Disziplin. […] Die Wirtschaftspädagogik versteht sich mithin als eine Berufspädagogik." (Sloane 2001, 165–166)

2.1.5 Institutionalisierung in Österreich

Nachdem die ersten drei Phasen der Entwicklung der Wirtschaftspädagogik in Deutschland dargestellt wurden, wird die chronologische Darstellung nun durch die österreichische Sichtweise unterbrochen und ergänzt, um daran anschließend die vierte Phase (Ausdifferenzierung) sowohl aus österreichischer als auch aus deutscher Sicht zu betrachten.

In Österreich wurde für die Ausbildung von Handelslehrerinnen und Handelslehrern 1907 eine Prüfungsordnung festgeschrieben. Der wirtschaftswissenschaftliche Teil musste an der k. u. k. Exportakademie, die 1919 zur Hochschule für Welthandel und 1975 zur Wirtschaftsuniversität Wien wurde, und der philosophisch-pädagogische Teil an der Universität Wien absolviert werden. An der Exportakademie entstand ein *Seminar für Methodik des kaufmännischen Unterrichts* als eine Reaktion auf die fachunspezifische pädagogische Ausbildung an der Universität. 1928 wurde das *betriebswissenschaftlich-pädagogische Institut* eingerichtet, das später in *betriebswirtschaftlich-pädagogisches Institut* umbenannt wurde. Wie oben gezeigt wurde, gab es in dieser Zeit weder eine Berufsbildungstheorie noch eine institutionalisierte Wirtschaftspädagogik. (Vgl. Aff, Mandl, Neuweg, Ostendorf & Schurer 2008, 7–8)

Das Jahr 1935 markiert für die österreichische Entwicklung der Wirtschaftspädagogik aus zwei Gründen einen Meilenstein: erstens wurde die gesamte Ausbildung für Handelslehrerinnen und Handelslehrer an die Hochschule für Welthandel übertragen und Hans Krasensky publizierte sein Buch *Grundzüge der Wirtschaftspädagogik entwickelt aus dem Objekt der Betriebswirtschaftslehre*. Bereits hier zeichnet sich die enge Verbundenheit der Wirtschaftspädagogik mit der Betriebswirtschaftslehre in Österreich ab (vgl. Aff, Mandl, Neuweg, Ostendorf & Schurer 2008, 7–8), obwohl Krasensky (1972; 1962) nicht nur die Schule, sondern auch den Betrieb und die Öffentlichkeit als Bereiche der Wirtschaftspädagogik verstand und dabei auch volkswirtschaftliche Inhalte zum Tragen kamen.

1941 fand in Wien – wie in 2.1.3 dargestellt – die Tagung der *Vereinigung deutscher Hochschullehrer für Wirtschaftspädagogik* statt (vgl. Zabeck 2009, 640–648). Die Ausrichtung der Wirtschaftspädagogik erfolgte im Sinne des Nationalsozialismus. 1942 wurde das Institut an der Hochschule für Welthandel in Wien zum *Institut für Wirtschaftspädagogik* (vgl. Aff, Mandl, Neuweg, Ostendorf & Schurer 2008, 8). Die erste Phase der Institutionalisierung in Österreich, die zur Anwendung des Begriffes Wirtschaftspädagogik führte, vollzog sich im Dritten Reich.

1951 übernahm Hans Krasensky das Institut für Wirtschaftspädagogik an der Hochschule für Welthandel in Wien, das bislang von betriebswirtschaftlichen Professoren mitbetreut wurde. Krasensky hatte sich in *Betriebswirtschaftslehre mit besonderer Berücksichtigung der Wirtschafts- und Betriebspädagogik* habilitiert (vgl. Schneider 1969, 141). Über 20 Jahre lang war er der einzige universitäre Wirtschaftspädagoge in Österreich. Von 1951 an betreute er parallel das Institut für Wirtschaftspädagogik (bis 1971) und das Institut für Bankbetriebslehre (bis 1973) an der ehemaligen Hochschule für Welthandel, der heutigen Wirtschaftsuniversität Wien. Er kam über das Lehramt für betriebswirtschaftliche Fächer zur Betriebswirtschaftslehre. So ist auch sein Bemühen zu verstehen, die Verbindung zwischen Wirtschaftspädagogik und Betriebswirtschaft eng zu halten, was auch zur österreichischen Tradition wurde. Seine Habilitationsschrift befasste sich mit Betriebspädagogik. (Vgl. Schneider 1983, 1) Schneider (1969, 140–141) führte aus, dass „in Österreich im Gegensatz zur Bundesrepublik Deutschland, wo die Wirtschaftspädagogik sowohl wissenschaftstheoretisch als auch organisatorisch als Teilgebiet der Pädagogik gilt [...], [die Wirtschaftspädagogik] der Betriebswirtschaftslehre eng verhaftet [ist]".

Krasensky verstand „die Wirtschaftsgemeinschaft als die umfassende Erziehungsgemeinschaft" (Schneider 1983, 1). Grundlage dieses Denkens lieferten philosophische Ideen Schleiermachers und Fichtes sowie das sozialpädagogische Gedankengut Natorps und die kulturpädagogischen Konzepte Litts und Sprangers. Qualitativ sei die Wirtschaftsgemeinschaft als Erziehungsgemeinschaft geeignet, weil sie das umfassendste Sozialgebilde überhaupt darstelle, qualitativ, weil der sozialen Gerechtigkeit[33] als Leitsatz gefolgt werden müsse. Damit steht Krasensky in der Tradition der klassischen Bildungstheorie. (Vgl. Schneider 1983, 1–2) Für Krasensky (1972, 4) führt die Entwicklung der Gegenwart dazu, dass wesentliche Bezugspunkte für den Menschen verloren gegangen seien: Familienstrukturen lösten sich auf, die Kirche als moralische Instanz habe an Kraft verloren, dasselbe gelte für den Staat. Als Ersatz dafür werde die Wirtschaftsgemeinschaft herangezogen, die noch dazu Zwanghaftigkeit mit sich bringe und der sich daher jeder aussetzen müsse, um existieren zu können. Krasensky verweist an dieser Stelle wiederum darauf, dass es sich nicht nur um materielle Vorgänge handle, sondern dass es um Leistungsgerechtigkeit gehe, d.h. Leistung und Gegenleistung müssen sich entsprechen. Dazu Krasensky: „Hierbei ergibt sich ein sehr starkes Leistungsgefälle, das nur auf Grund sittlicher Überlegungen überwunden werden kann, und eben jene sittlichen Normen sind es, an denen der Wirtschaftspädagoge seine Erziehungshandlungen ausrichtet und sein Erziehungsziel bestimmt." (Krasensky 1972, 4) Wirtschaftspädagogik definiert Krasensky (1972, 3) als „die Vereinigung von Wirtschaft und Erziehung in dem Sinne, dass der Erziehungsprozess als Mittel und Weg die Wirtschaft benützt und als Ziel die vollendete Einzelpersönlichkeit anstrebt, deren Handlungen nach den Normen der sozialen Leistungsgerechtigkeit ausgerichtet sind". Krasensky (1972, 4) versteht die Wirtschaftspädagogik „ethisch motiviert ganz bewusst als Lehre von der sozialen Leistungsgerechtigkeit, deren Maßstab die Gegenüberstellung der Leistung und Gegenleistung jedes Wirtschaftspartners ist". Sie sei deshalb „keineswegs als wertneutrale Erziehung" aufzufassen. Krasensky

---

[33] Schneider (1983, 1–2) spricht von sozialer Gerechtigkeit. Krasensky (1972, 3) definiert allerdings „soziale Leistungsgerechtigkeit", was einen wesentlichen Unterschied markiert.

führt nicht weiter aus, wie diese Definition der Wirtschaftspädagogik zu verstehen ist. Sie könnte auch so verstanden werden, dass die Pädagogik stark genug sei, um die Wirtschaft im Sinne ihrer Werte zu beeinflussen. Offen bleibt, was unter den Normen einer „sozialen Leistungsgerechtigkeit" tatsächlich zu verstehen ist. Wenn es nur um den Leistungsaustausch ginge, dann wäre wohl keine außer-ökonomische Norm zu erkennen. Im besten Fall könnte eine Norm im Sinne von *do ut des* abgeleitet werden. Krasensky (1972, 4) versteht Wirtschaftspädagogik nicht als Individualpädagogik, sondern als Sozialpädagogik, weil sie die Eingliederung des Einzelnen in die Wirtschaftsgemeinschaft anstrebe. Damit hilft Wirtschaftspädagogik nach Krasensky, den Egoismus abzubauen. Er versteht Wirtschaftspädagogik auch nicht als „Klassenkampf-, Hass- oder Standespädagogik" (Krasensky 1972, 5).

Krasensky definiert folgende Bereiche der Wirtschaftspädagogik: den Bereich der Wirtschaftsschulen (Schulgemeinschaft), den Bereich der Betriebspädagogik (Betriebsgemeinschaft) und den Bereich der wirtschaftskundlichen Öffentlichkeitsarbeit (Volksgemeinschaft) (vgl. Krasensky 1962; 1972, 7). Wobei bis 1966 im Mittelpunkt der universitären wirtschaftspädagogischen Tätigkeit die Lehrpersonenbildung für die betriebswirtschaftliche und die volkswirtschaftlich-rechtliche Fächergruppe standen. Er war deshalb auch als Lehrbuchautor und Lehrpersonenfortbildner tätig. Die Wirtschaftspädagogik im Bereich der Schulgemeinschaft bezieht sich in seinem Sinne nicht auf einen bestimmten Schultyp, sondern auf den „erzieherischen Unterricht" (Krasensky 1972, 7), der die Vermittlung von wirtschaftlichem Wissen und Können und eine Erziehung zu wirtschaftsethischem Verhalten – Krasensky spricht wieder im Sinne einer sozialen Leistungsgerechtigkeit – in den Blick nimmt. Wirtschaftspädagogik sei daher nicht mit Wirtschaftsunterricht gleichzusetzen.

> „Die Vermittlung von wirtschaftlichen Inhalten als Wirtschaftspädagogik darf man daher keineswegs mit Wirtschaftsunterricht gleichsetzen. Die Vermittlung von wirtschaftlichen Inhalten als Wirtschaftspädagogik zu bezeichnen ist falsch. Im Wirtschaftsunterricht wird wirtschaftliches Fachwissen übertragen und werden Fertigkeiten zur Ausübung wirtschaftlicher Tätigkeiten erworben." (Krasenksy 1972, 7)

Wirtschaftspädagogik im Rahmen der Betriebsgemeinschaft zielt auf den sozialen Raum (vgl. Abraham 1957, 23–26). Der Betrieb wird von Krasensky (1972, 12) auch als „Sozialgebilde" aufgefasst. Stand am Beginn der Betriebspädagogik aus der Sicht Krasenskys die Vermittlung technischen Wissens, so zielt die Wirtschaftspädagogik heute auf die soziale Leistungsgerechtigkeit. Der Mensch stehe nunmehr im Mittelpunkt der wirtschaftlichen Prozesse. Betriebspädagogik sei Menschenbildung, denn sie richte sich an das Erziehungsbedürfnis von Jugendlichen und Erwachsenen. Der technische Fortschritt mache eine ständige Fortbildung notwendig. Aber der Mensch sei nicht nur aus diesem technischen Gesichtspunkt heraus zu betrachten, vielmehr rücke seine Persönlichkeit in den Mittelpunkt. „Die betriebliche Menschenführung ist im Wesentlichen eine rein erzieherische Aufgabe [...]. Eine der vornehmsten Aufgaben betriebspädagogischer Art ist die Erziehung zum und die Erhaltung des sozialen Friedens." (Krasensky 1972, 15) Der Aufbau einer Betriebsgemeinschaft sei keine einfache Aufgabe und sei durch die große Anzahl der Mitarbeiterinnen und Mitarbeiter erschwert, noch dazu sei die Belegschaft sehr heterogen. Der Sachzwang führe dazu, dass es positiv betrachtet zur Teambildung (*formal groups*) und im negativen zur Cliquenbildung (*informal groups*) komme. Es müsse ein Betriebsklima geschaffen werden, das die Belegschaft bejahen könne, dabei müsse das gemeinsame betriebliche Ziel allen bewusst gemacht werden. Zur Zielerreichung seien eine zielgerichtete technische Umsetzung, eine wirtschaftliche Gestaltung der unternehmerischen Prozesse und schließlich die wirtschaftspädagogische Betreuung der Mitarbeiterinnen und Mitarbeiter notwendig. „Nicht Technik und Wirtschaft sind das letzte Ziel, sondern die Formung einer freien Persönlichkeit mit eigenem Urteils- und Entscheidungsvermögen." (Krasensky 1972, 17) Auf allen Managementebenen im Unternehmen „muss sich fachliches Können mit betriebspädagogischer, staatsbürgerlicher und wirtschaftspolitischer Gesinnung verbinden" (Krasensky 1972, 17).

Wirtschaftspädagogik im Rahmen der Volksgemeinschaft richte sich an die gesamte Bevölkerung. Der Staat benötige nach Krasensky (1972, 18–20) Bürgerinnen und Bürger, die die wirtschaftspolitischen Maßnahmen verstehen. Es gehe um Bildungsarbeit außerhalb der schulischen und hochschulischen Einrichtungen. Hier wäre es angebracht, mit Massenmedien zu arbeiten. Die Bedeutung der Volkswirtschaft für die Wirtschaftspädagogik kommt bei Krasensky (1935, 106) bereits dadurch zum Ausdruck, dass die „höhere Ordnung der Gesamtwirtschaft für den Einzelbetrieb" dargelegt werden müsse. Zwar wird die Wirtschaftspädagogik aus der Betriebswirtschaft begründet, der gesamtwirtschaftliche Aspekt wird dabei nicht übersehen, bleibt aber einer aus der betriebswirtschaftlichen Sicht. Er wird deshalb auch nicht wirklich zu einem sozioökonomischen Ansatz – wie noch gezeigt wird –, weil er zu stark an die Betriebswirtschaft gebunden bleibt.

1966 wurde im österreichischen Nationalrat das Gesetz über die Neuordnung der sozial- und wirtschaftswissenschaftlichen Studienrichtungen verabschiedet. Die Mindeststudiendauer der Wirtschaftspädagogik betrug auf Basis des neuen Gesetzes acht Semester, der Abschluss erfolgte mit dem akademischen Grad eines Magisters bzw. einer Magistra der Sozial- und Wirtschaftswissenschaften.[34] Damit erfolgte eine Zuordnung der Wirtschaftspädagogik

---

[34] Auch heute ist das Studium der Wirtschaftspädagogik ein sozial- und wirtschaftswissenschaftliches Studium mit der Berechtigung, kaufmännische und wirtschaftliche Inhalte zu unterrichten.

zu den Wirtschaftswissenschaften und nicht zu den Erziehungswissenschaften. Die Qualifizierung für die wirtschaftspädagogischen Fächer an mittleren und höheren Schulen war damit an die Universitäten vergeben worden. Eine weitere Besonderheit und Unterscheidung zu Deutschland besteht darin, dass das Unterrichtspraktikum im Rahmen des Studiums zu absolvieren ist. Mit dem Abschluss war die Anstellungserfordernis für den Eintritt in den Schuldienst erfüllt. (Vgl. Aff, Mandl, Neuweg, Ostendorf & Schurer 2008, 9)

Vorerst wurde das Studium nur in Wien angeboten. (Vgl. Schneider 1969, 140) Krasensky war Lehrstuhlinhaber bis 1971, darauf folgte Wilfried Schneider (1971–2004) und danach Josef Aff (seit 2005). Das Institut ist dem *Department Management* der Wirtschaftsuniversität Wien zugeordnet. Wien fokussierte immer die Ausbildung von Lehrpersonen, die sich stark an der Betriebswirtschaft orientierte. Ein Zugang, den auch Graz lange verfolgt, der sich jedoch über die Zeit in seinen Inhalten ausdifferenziert hat (siehe 2.2). Linz und Innsbruck sind stärker erziehungswissenschaftlich orientiert. Für alle vier Standorte wird die Fachdidaktik als das Kerngeschäft der wirtschaftspädagogischen Lehre verstanden. Diese starke Fokussierung der betriebswirtschaftlichen und fachdidaktischen Inhalte folgt der Idee der Polyvalenz. Eine fachwissenschaftliche und fachdidaktische Ausbildung eröffnet attraktive Beschäftigungsmöglichkeiten für die Absolventinnen und Absolventen, die sowohl in der Wirtschaft und Verwaltung als auch in der Schule eine Arbeit aufnehmen können. Dieser stark betriebswirtschaftliche Zugang führt auch dazu, dass betriebswirtschaftliche Studienangebote für alle Studierenden der Universitäten angeboten werden. Die *Wiener Tradition* versteht sich in der Nachfolge von Krasensky und Schneider. Die Wirtschaftsuniversität bot im Zuge des Bologna-Prozesses das erste Masterstudium Wirtschaftspädagogik in Österreich an, das der einphasigen Ausbildungstradition in Österreich entspricht und mit dem akademischen Grad *Master of Science (WU)* abschließt. (Vgl. Aff, Mandl, Neuweg, Ostendorf & Schurer 2008, 9–11 u. 18–23; Institut für Wirtschaftspädagogik der Universität Wien 2012)

Mit Wintersemester 1970/71 kam es zur Gründung der wirtschaftspädagogischen Studienrichtung in Linz. Ein Lehrstuhl für Wirtschaftspädagogik wurde nicht eingerichtet, jedoch eine Lehrkanzel für Psychologie und Pädagogik, die ein Jahr später zum gleichnamigen Institut wurde. Erst 1974 erfolgte die Errichtung einer Lehrkanzel für Pädagogik, insbesondere Wirtschaftspädagogik. Diese Professur wurde mit Reinhard Czycholl besetzt. Es kam zu einer Neuorganisation als Institut für Pädagogik und Psychologie, das aus drei Abteilungen besteht. Eine davon war die Abteilung für Berufs- und Wirtschaftspädagogik. Bemerkenswert ist hier die Namengebung, die auf die besondere Breite der Inhalte hinweisen sollte. Czycholl stellte die Reduktion auf die Ausbildung zum Lehrberuf in Frage, vielmehr sollten die Bereiche Berufsbildungsforschung, betriebliche Weiterbildung, Betriebspädagogik und

Erwachsenenbildung genauso Berücksichtigung finden. Eine größere Rolle nahm darin auch die erziehungswissenschaftliche Dimension mit vor allem bildungstheoretischen Fragen ein. Die Bedeutung sowohl der Wirtschafts- als auch Erziehungswissenschaften für die Wirtschaftspädagogik wird auch in der Organisation ersichtlich: Wirtschaftspädagogik gehörte als Abteilung zum Institut für Pädagogik und Psychologie, das wiederum zur wirtschaftswissenschaftlichen Fakultät gehörte. Czycholl (Professur in Linz 1974–1985) und ab 1989 Schurer gehörten der erziehungswissenschaftlichen Tradition der Wirtschaftspädagogik an, wie sie in Deutschland zu finden ist. Ab 2007 kam es zur Einrichtung von zwei Abteilungen im Bereich der Berufs- und Wirtschaftspädagogik in Linz. Hans Georg Neuweg übernahm die Leitung der *Abteilung für Wirtschaftspädagogik* und akzentuierte die fachdidaktische Ausbildung stärker. Die Abteilung *Berufs- und Betriebspädagogik* wurde zuerst von Bruno Schurer selbst und dann von Gerhard Niedermair geleitet. Bruno Schurer emeritierte 2010. Seit März 2012 ist der Linzer Lehrstuhl mit Carola Iller besetzt. Sie ist Professorin für Erwachsenenbildung (Lifelong Learning). Die beiden bestehenden Abteilungen wurden 2012 auch umbenannt: einerseits in die Abteilung für Wirtschafts- und Berufspädagogik (unter der Leitung von Neuweg) und andererseits in die Abteilung für Berufspädagogik und Erwachsenenbildung (unter der Leitung von Iller). Das Studium der Wirtschaftspädagogik in Linz wurde bislang nicht auf die Bologna-Architektur umgestellt. (Vgl. Czycholl 1983, 131–142; Aff, Mandl, Neuweg, Ostendorf & Schurer 2008, 9–11, Institut für Pädagogik und Psychologie 2013a; 2013b)

1978 wurde die Studienrichtung Wirtschaftspädagogik an der Universität Innsbruck an der erziehungswissenschaftlichen Fakultät eingeführt und 1981 in die betriebswirtschaftliche Fakultät übertragen. Am Institut für Organisation und Lernen wurde ein eigenständiger Bereich für Wirtschaftspädagogik und Evaluationsforschung eingerichtet. Erster Lehrstuhlinhaber für Wirtschaftspädagogik war der deutsche Betriebswirt Stephan Laske (1980–1991), der sowohl den Lehrstuhl Wirtschaftspädagogik als auch Personalwirtschaft leitete. Nachfolger wurde Herbert Altrichter (1991–1996), ihm folgten Peter Baumgartner (1998–2003) und schließlich Annette Ostendorf (seit 2006). Auch das Studium in Innsbruck wurde nicht als eine ausschließlich auf die Schule ausgerichtete Ausbildung verstanden. Das Fach Wirtschaftspädagogik wird weit interpretiert. Die pädagogische und wirtschaftliche Qualifikation zielt auf die Lebens- und Berufspraxis von Menschen. Organisatorisch ist die Wirtschaftspädagogik am Institut für Organisation und Lernen der Fakultät für Betriebswirtschaft verortet und stellt dort einen Bereich neben Controlling, Organisation sowie dem Bereich Personal und Arbeit dar. (Vgl. Aff, Mandl, Neuweg, Ostendorf & Schurer 2008, 11–12, 32; Institut für Organisation und Lernen 2013) Seit dem Studienjahr 2010/11 wird ebenfalls das Masterstudium Wirtschaftspädagogik angeboten (vgl. Institut für Organisation und Lernen 2013).

Im Studienjahr 1979/80 wurde in Graz das Institut für Wirtschaftspädagogik an der sozial- und wirtschaftswissenschaftlichen Fakultät gegründet. Primäres Ziel des Institutes, das vom Betriebswirt Gerwald Mandl (1979–1986) geleitet wurde, war die Ausbildung der Lehrpersonen für die betriebswirtschaftlichen Unterrichtsgegenstände an berufsbildenden mittleren und höheren Schulen in Österreich. Diese Ausrichtung blieb mit Dieter Mandl (1987–2008), ebenfalls Betriebswirt, grundsätzlich unverändert. Eine stärkere Ausdifferenzierung und die Einführung des Masterstudiums im Jahr 2009 erfolgten unter der Leitung von Michaela Stock (seit 2008) (mehr zum Institut in Graz in 2.2).

Mit der Errichtung der vier Institute ist die Institutionalisierung im Sinne der Errichtung von drei Lehrstühlen und einer Abteilung (Linz) in Österreich abgeschlossen. Dieser Zeitraum kann als die zweite Phase der Institutionalisierung in Österreich bezeichnet werden. Der Ausbau der vier Standorte hat auch mit dem in den 1960er- und 1970er-Jahren einsetzenden Ausbau des Schulsystems in Österreich zu tun. (Vgl. Aff, Mandl, Neuweg, Ostendorf & Schurer 2008, 9) Am stärksten war die Zunahme der Schülerinnen und Schüler in den berufsbildenden höheren Schulen: Wählten im Schuljahr 1950/51 lediglich 7.500 Jugendliche diesen Schultyp, so waren es 113.000 im Schuljahr 1997/98. (Vgl. ÖROK 2002)[35]

2.1.6 Ausdifferenzierung – die vierte Phase

Die vierte Phase der Wirtschaftspädagogik, die mit den 1990er-Jahren einsetzte, kann als Phase der Ausdifferenzierung bezeichnet werden (vgl. Gonon, Reinisch & Schütte 2010, 440). Aber auch die Bezeichnung *Diffusion und Konzentration* wäre passend: Berufsbildung wird als Forschungsgegenstand definiert, der von verschiedenen Disziplinen beleuchtet werden kann. Die Berufswissenschaft und Berufspädagogik gewinnen an Bedeutung, im Gegensatz dazu tritt die Wirtschaftserziehung in ihrer Breite in den Hintergrund. Ein zweiter Forschungsschwerpunkt hat sich im Bereich der Lehr-Lern-Forschung aufgetan. Gleichzeitig ist auch eine Konzentration auf das Kernelement der Wirtschaftspädagogik – die berufsbildenden Schulen – erkennbar. (Vgl. Sloane, Twardy & Buschfeld 2004, 66–69)

Wissenschaftssoziologisch betrachtet sind Disziplinen „Kommunikationsgemeinschaften von Spezialisten" (Stichweh 1984, 50). Sie verfügen über Lehrstühle an Universitäten und über universitäre Studiengänge sowie über Professorinnen und Professoren, die sie aus ihrem Kreis selbst besetzen

---

[35] Eine Darstellung der statistischen Entwicklung findet sich in 2.2.

dürfen. Wie oben dargestellt kann der Institutionalisierungsprozess der Wissenschaft Wirtschaftspädagogik als erfolgreich bezeichnet werden. Allerdings bezeichnet sie Reinisch nicht als eine *Big Science* im Sinne von Price (1971). Große Disziplinen führen für gewöhnlich keinen Diskurs über ihr Selbstverständnis, die Wirtschaftspädagogik als *Little Science* hat dies in der 16. Ausgabe der *Berufs- und Wirtschaftspädagogik online* intensiv gemacht. Ein letzter derartiger Diskurs innerhalb der Wirtschaftspädagogik ist nach Reinisch (2009, 3) auf das Jahr 1980 zu datieren. Anscheinend haben Diffusion und Konzentration auch dazu geführt, den Zustand der Wissenschaft zu hinterfragen: „Es kann jedoch begründet angenommen werden, dass sich die Herausgeber zu diesem Schritt veranlasst gesehen haben, weil sie den aktuellen Zustand der Disziplin insgesamt oder in Teilen als defizitär einschätzen." (Reinisch 2009, 2) Die Diskussion über das Selbstverständnis ist eine Selbstbeobachtung der wirtschaftspädagogischen *Scientific Community*. Für eine Wissenschaft zeigt sich, dass „über die Ausprägungsmerkmale der Elemente des Selbstverständnisses einer Disziplin zumindest weitgehend Einigkeit" (Reinisch 2009, 3) herrschen sollte. Eine hohe „Binnenlegitimität" (Lepsius 1973, 106) ist ein entscheidender Faktor für den Erfolg eines Wissenschaftssystems. Das Wachstum einer Wissenschaft folgt nach Clark (1974) den Stufen *einsamer Wissenschafter, Amateurwissenschaft, entstehende akademische Wissenschaft, etablierte Wissenschaft* und *Big Sciene*. Wenn wissenschaftliche Discipline

„das Ziel verfolgen, zu wachsen, bestehen die Aufgaben einer Fachgesellschaft in

der Sicherung der Kontinuität der Kommunikation zwischen den involvierten Personen,

der Schaffung eines Kanons von Wertvorstellungen über den zu beobachtenden Objektbereich, die dabei einzusetzenden Methoden und die zu verfolgenden Fragestellungen; diese müssen von den Angehörigen der betreffenden wissenschaftlichen Gesellschaft geteilt werden, um deren ‚Binnenlegitimität' (Lepsius 1973, 106) herzustellen und zu sichern,

der Verbreitung der Ideen der Mitglieder im Wissenschaftssystem und in der außerwissenschaftlichen Öffentlichkeit sowie

der Ausdehnung des Kreises der am Diskurs beteiligten Personen."

Ein wesentlicher Grund für die Institutionalisierung ist in der Reputation zu finden. Kann sich eine Wissenschaft einen bestimmten Ruf sichern, eröffnet sich auch die Möglichkeit der Schaffung eines eigenen Lehrstuhls. (Vgl. Reinisch 2009, 4–5) In den obigen Ausführungen konnte gezeigt werden, dass der regulativen Institutionalisierung in Form der Schaffung eines Lehrstuhles die normative Institutionalisierung durch die klassische Berufsbildungstheorie vorausging. Diese Berufsbildungstheorie konnte durch ihre gesellschaftspolitische Legitimation auch die Errichtung eines Lehrstuhls rechtfertigen.

Reputation erlangt eine wissenschaftlich tätige Person oder eine wissenschaftliche Gemeinschaft durch Forschungsleistung und durch ein bestimmtes Paradigma (vgl. Reinisch 2009, 5). In der Institutionalisierungsphase der Wirtschaftspädagogik und darüber hinaus ermöglichte dies eben die Berufsbildungstheorie.

Reinisch (2009, 6–8) führt aus, „dass der Grad der Kohärenz der Berufs- und Wirtschaftspädagogik nicht allzu hoch einzuschätzen ist". Dies könnte eine Ausprägung der weiteren Spezialisierung sein und muss die Erfolgschancen der Wissenschaft nicht reduzieren. Jedenfalls sieht Reinisch den Objektbereich der Berufs- und Wirtschaftspädagogik in der beruflichen Bildung – einem Bereich, der heute von verschiedenen Wissenschaften für sich beansprucht wird. Die Berufs- und Wirtschaftspädagogik zeichnet sich durch ihren pädagogischen Blick auf die berufliche Bildung aus. Diesen Blick definiert Reinisch (2009, 8) wie folgt:

> „Mit dem Wort ‚pädagogisch' wird ein spezifisches Denken und Handeln von Menschen bezeichnet, die in der Rolle eines Erziehers – als Eltern, Lehrkräfte, betriebliche Ausbilder, etc. – auf andere, häufig jüngere Personen in der Absicht mit kommunikativen Mitteln einwirken, diese in ihrer kognitiven, affektiven, volitionalen und psychomotorischen Entwicklung zu fördern. Der pädagogische Prozess zielt mithin darauf, dass durch Hilfestellung des Erziehenden anfangs im geistigen Sinne ‚unvollständige' Menschen zu ‚vollständigen' werden, diese also den Zustand des Gebildetseins erreichen."

Durch die Weiterentwicklung hat die Berufs- und Wirtschaftspädagogik immer mehr Felder vor allem in der Betriebspädagogik besetzt, die nicht so einfach als pädagogische Felder gesehen werden. Der Diskurs über den Objektbereich der wissenschaftlichen Disziplin ist jedoch ein *Dauerbrenner*. Die Disziplin scheint einerseits durch eine Entgrenzung bzw. durch die Erschließung immer neuer Forschungsfelder gekennzeichnet und andererseits wird der Anker Beruf als zentrale Kategorie heftig diskutiert. Die Vielfalt hat mit den bereits in der Einführung (Kapitel 0) erwähnten Kulturen in der Berufs- und Wirtschaftspädagogik zu tun. Der Wissenskanon, der sich in den Curricula der berufs- und wirtschaftspädagogischen Studien auftut, ist darüber hinaus außerordentlich breit. Dies ist für Lehrende und Studierende eine große Herausforderung. (Vgl. Reinisch 2009, 9–11) Da aber nur über Spezialisierung eine Weiterentwicklung einer Wissenschaft möglich ist, „sollte die scientific community zu einer aktiven Professionalisierungsstrategie übergehen, indem mit Hinweis auf die Breite und die Relevanz des Forschungsfeldes und die Lehraufgaben Doppel- oder Dreifachbesetzungen der berufs- und wirtschaftspädagogischen Professuren gefordert werden" (Reinisch 2009, 11). In dieser Vielfalt sind Selbstverständnisdebatten notwendig. Sind sie jedoch

> „von Selbstzuschreibungen von Inkompetenz, Selbstzweifeln und Krisendiagnosen begleitet […], dann signalisieren sie den die Disziplin beobachtenden Wissenschaf-

tern aus anderen Disziplinen und Beobachtern aus dem politischen und wirtschaftlichen Raum, dass die Disziplin selbst ihre Entwicklung als krisenhaft einstuft." (Reinisch 2009, 14)

In diesem Sinne kritisiert Reinisch Bank (2009), der in seiner Antrittsvorlesung von einem *Epitaph* für die Berufs- und Wirtschaftspädagogik sprach, obwohl dies nach Banks eigener Einschätzung noch voreilig wäre, jedoch wäre der Marmor dazu schon gebrochen – „in den europäischen Steinbrüchen von Bologna und Kopenhagen" (Bank 2009, 1). Bank (2009 6–8, 11) sieht als Schwächen der Berufs- und Wirtschaftspädagogik die mangelnde internationale Ausrichtung, die vor allem auf die außergewöhnlich starke Bedeutung des Berufs im deutschsprachigen Raum zurückzuführen sei. Bank sieht in der soliden Ausbildung von Gehilfen, Gesellen und Facharbeitern sowie im bestehenden gesicherten Rechtssystem die zwei Hauptgründe für die Entwicklung der deutschen Volkswirtschaft. Lempert (2009a, 4) stimmt Bank zu und sieht als Grund für die Destruktion des Berufs den „anhaltende[n] derzeitige[n] Siegeszug der neoliberalen Deregulierungspolitik". Zweitens seien im letzten Jahrzehnt Ausschreibungen für Lehrstühle sehr allgemein vorgenommen worden, sodass auch Vertreterinnen und Vertreter der Betriebs- oder Volkswirtschaft sowie Psychologinnen oder Psychologen sich hätten bewerben können. Drittens seien die Erkenntnisinteressen nicht klar genug definiert und es sei bislang nicht gelungen, „in eigenständiger Weise Sinnbildung zu betreiben" (Bank 2009, 8). Viertens gebe es zwischen Vertreterinnen und Vertreter der Berufs- und Wirtschaftspädagogik unzählige Auseinandersetzungen, auf die hier nicht eingegangen wird. Fünftens führe der Kopenhagen-Prozess mit allergrößter Wahrscheinlichkeit zum Ende des dualen Systems. Lempert (2009a, 4) sieht ebenso in der europäischen Vereinheitlichung eine Gefahr für die Disziplin, weil mit der Erosion des dualen Systems auch die beruflichen Schulen und die damit zusammengehörige Ausbildung der Lehrpersonen verschwinden könnten. Diese Schwächen können nach Bank nur beseitigt werden, wenn sich die Disziplin wieder auf den Beruf als konstitutive Kategorie zurückbesinne. Wie stark diese Sichtweise letztlich wieder auf die klassische Berufsbildungstheorie zurückgreift, ist dem folgenden Zitat zu entnehmen: „Die Effizienz des Berufes ist aber sowohl als rein ökonomische zu verstehen als auch als eine gesamtgesellschaftliche, dann mit positiven ökonomischen Rückwirkungen." (Bank 2009, 10) Neben der Rückbesinnung auf den Beruf solle ein Diskurs über „eine reflexive Bestimmung des Erkenntnisinteresses, dem wesentlich die Eigenschaft eines wissenschaftskonstitutiven Merkmals in Abgrenzung zu anderen Wissenschaften zukommt" (Bank 2009, 13) eröffnet werden. Ökonomie sei im Vergleich zu „aspektgebundenen Objektwissenschaften" wie Chemie oder Physik eine sehr komplexe Disziplin, weil es verschiedene, nicht einfach zu bestimmende Zusammenhänge gebe. Noch komplexer werde die berufs- und wirtschaftspädagogische Betrachtung, weil damit noch zusätzlich Erziehung und Beruf berücksichtigt würden. Lempert (2009a) greift diesen Diskurs auf und stimmt Bank in wesentlichen Punkten zu und schlägt vor, eine *task force* einzurichten, die sich mit der Frage eines genuinen Erkenntnisinteresses und einer überzeugenden Forschungsfrage für die Disziplin auseinandersetzt. Aufbauend auf Bank (2009, 14–15) und seiner Definition der Berufs- und Wirtschaftspädagogik als Verhältniswissenschaft legt Lempert sein diesbezügliches Konzept zur Definition der Berufs- und Wirtschaftspädagogik vor. Die Berufs- und Wirtschaftspädagogik nimmt die Relationen zwischen den einzelnen Elementen in den Blick: dem Wirtschaftssystem, dem Erziehungssystem und der Berufsordnung. Zwischen diesen drei Bereichen lassen sich verschiedene Relationen herstellen, die es zu untersuchen gilt. Die Besonderheit der berufs- und wirtschaftspädagogischen Betrachtung ist „in der Akzentuierung der pädagogischen bzw. erziehungswissenschaftlichen Konzentration auf die Unterstützung, die den Individuen bei der Entwicklung ihrer Handlungspotenziale und Verhaltensdispositionen intentional und/oder faktisch geleistet oder verweigert wird [zu sehen]" (Lempert 2009a, 8). Dabei nimmt sie einen weiten, umfassenden Blick auf die Relationen ein, wobei jegliche sozialen und psychologischen Einflüsse mit zu berücksichtigen sind. (Vgl. Lempert 2009a, 9)

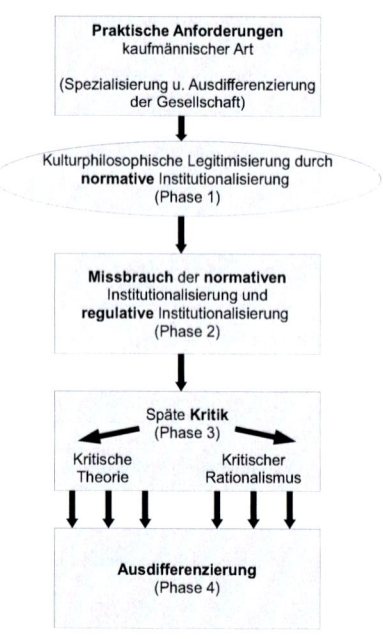

Abbildung 7: Überblick über die Institutionalisierung der Wirtschaftspädagogik

Abbildung 7 fasst die Entwicklung der Institutionalisierung der Wirtschaftspädagogik, wie sie bislang in diesem Kapitel erarbeitet wurde, im Überblick zusammen.

Durch Spezialisierung und Ausdifferenzierung der Gesellschaft entstand die praktische Anforderung, für kaufmännische Tätigkeiten auszubilden. Für eine regulative Institutionalisierung fehlte jedoch die normative Institutionalisierung, wie einerseits am Beispiel des Scheiterns der österreichischen Real-Handlungsakademie gezeigt wurde und andererseits in der Schwierigkeit, berufliche Bildung gegenüber der Allgemeinbildung zu legitimieren, was insbesondere im 19. Jahrhundert vor dem Hintergrund der normativen Vorstellung von Zivilisation und Kultur nicht möglich erschien. Erst mit der Berufsbildungstheorie gelingt eine normative Institutionalisierung, die eine regulative ermöglicht. Diese normative Grundlage wird im Dritten Reich missbraucht. In diese Phase fallen jedoch auch wesentliche Schritte in der Institutionalisierung der Wissenschaft Wirtschaftspädagogik. Erst spät – in den 1970er-Jahren – erfolgt die kritische Auseinandersetzung mit dieser Vergangenheit. In dieser Zeit vollzieht sich auch die sogenannte realistische Wende in der Erziehungswissenschaft und schließlich stehen sich mit der Kritischen Theorie und dem Kritischen Rationalismus zwei verschiedene Zugänge gegenüber, die wesentliche Meilensteine für die danach einsetzende Ausdifferenzierung bedeuten. Aber nicht nur diese beiden unterschiedlichen Zugänge bilden die Basis, auf der sich die Ausdifferenzierung der Wissenschaft vollziehen konnte, sondern in der Wirtschaftspädagogik selbst liegen Gründe für die Ausdifferenzierung.Ein Grund für die Ausdifferenzierung ist z.B. bereits in der Unterscheidung von *Theoretischer Wirtschaftspädagogik* und *Angewandter Wirtschaftspädagogik* zu finden, die Abraham (1966) vornimmt. Die *Theoretische Wirtschaftspädagogik* teilt Abraham (1966, 23–24) in eine *Allgemeine Theoretische Wirtschaftspädagogik*, in der es um die grundlegenden Begriffe sowie um die Arten und Aufgaben der wirtschaftlichen Erziehung geht, und eine *Spezielle Theoretische Wirtschaftspädagogik*, in der die Hauptprobleme identifiziert werden und erstens die Fragen über die Bedeutung der wirtschaftlichen Erziehung für die Persönlichkeit, zweitens die institutionelle Ordnung, drittens die Beziehungen „zwischen den Kulturbereichen Erziehung und Wirtschaft" und viertens die Vergleichende Wirtschaftspädagogik eingeordnet werden. Die Angewandte Wirtschaftspädagogik setzt die in der Theoretischen Wirtschaftspädagogik entwickelten Erkenntnisse im schulischen und betrieblichen Unterricht, in der beruflichen Erwachsenenbildung und im Bereich von Verwaltung und Recht im Kontext von wirtschaftlicher Erziehung um. Aus dieser Strukturierung werden verschiedene Forschungsgebiete ersichtlich, aus denen sich verschiedene Schwerpunkte und Ausdifferenzierungen ergeben können.

Ähnlich sieht Dörschel (1975) die Wirtschaftspädagogik gegliedert, wobei er die Theoretische Wirtschaftspädagogik nicht in zwei Bereiche gliedert (siehe Abbildung 8). Dörschel (1975, 24) zählt zur Allgemeinen Wirtschaftspädagogik die Geschichte der wirtschaftlichen Erziehung, die vergleichende Wirtschaftspädagogik, die Erziehungs- und Bildungspolitik, die erziehungsrechtlichen Fragestellungen und die allgemeine Wirtschaftserziehung. In der Gliederung wird ersichtlich, dass die Wirtschaftspädagogik mehr umfasst als die Gestaltung des Wirtschaftsunterrichts. Diese ist der Pädagogik der Wirtschaftsberufe als Teilgebiet der Speziellen Wirtschaftspädagogik zugeordnet, in der die *Theorie der Unterweisung im Betrieb*, die Didaktik und Methodik für wirtschaftliche Schulen sowie die *Theorie der Organisation der wirtschaftsberuflichen Erziehung* eingeordnet sind. Durch die Vertiefung in diese Teilbereiche der Wirtschaftspädagogik wird eine Ausdifferenzierung der Wirtschaftspädagogik möglich.

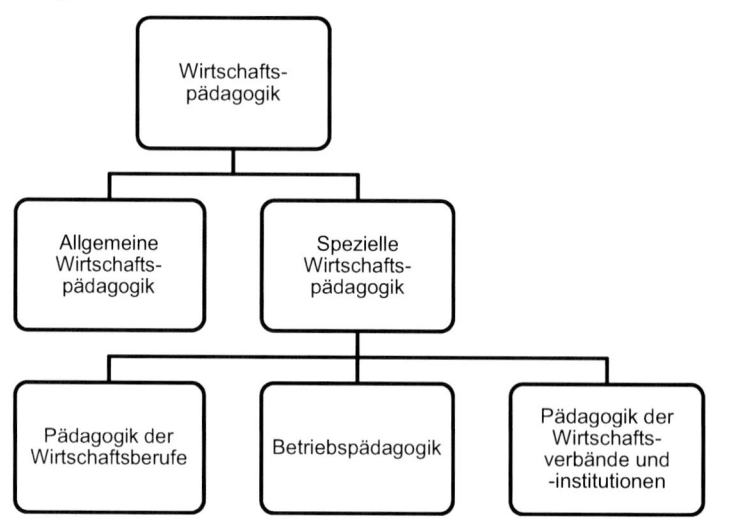

Abbildung 8: Gliederung der Wirtschaftspädagogik (vgl. Dörschel 1975, 24)

Auch Sloane (2001) sieht verschiedene Ausprägungen der Wirtschaftspädagogik, folgt dabei allerdings anderen Kategorisierungen. Er geht dabei davon aus, dass Wirtschaftspädagogik „heute allenthalben im Kompositum einer Berufs- und Wirtschaftspädagogik interpretiert [wird]. Diese Verschränkung führt zu Betrachtung jener pädagogischen Prozesse, die beruflich inkorporiert sind." (Sloane 2001, 166) Dadurch wird die wissenschaftliche Disziplin Wirtschaftspädagogik zur „Delegierten der Berufsbildung in der Erziehungswissenschaft". Sloane möchte mit seinem Beitrag ein anderes Kompositum skizzieren: eine Wirtschafts- und Sozialpädagogik, die ihre Wurzeln in der wirtschaftspädagogischen Tradition findet, z.B. bei Krasensky, wie bereits oben erwähnt, und wie in Anschluss an Sloanes Ausführungen etwas genauer gezeigt wird. In diesem Zugang wird die Wirtschaftspädagogik nicht als eine Theorie der beruflichen Bildung, sondern als „eine Theorie sozialökonomischer Erziehung" verstanden (Sloane 2001, 161). Sloane wirft zuerst einen Blick auf die Entwicklung der Berufs- und Wirtschaftspädagogik, um danach eine Positionsbestimmung in der Wirtschaftspädagogik vorzunehmen. Er formuliert vier Positionen (vgl. Sloane 2001, 166–171):

1. *Sozialpädagogik bzw. -ökonomie:* Sozialökonomische und soziokulturelle Phänomene werden von einer wirtschaftspädagogischen Perspektive aus betrachtet. Wirtschaftspädagogik wird zur sozialökonomischen Erziehung, um Menschen auf Lebenssituationen vorzubereiten und ihnen dabei zu helfen, Kompetenzen für die Bewältigung dieser Situationen zu entwickeln. Methodisch sind empirische Verfahren denkbar, aber dies verbindet sich immer untrennbar mit Normativität.
2. *Berufspädagogik:* In der deutschen Berufsbildung kann von einer Pädagogisierung des Berufs und des Beruflichen gesprochen werden. Durch Pädagogik sollen der Berufseintritt und die Berufserhaltung ermöglicht werden. Es wird zwischen einem äußeren Beruf mit seiner wirtschaftlich-technischen Ausrichtung und dem inneren Beruf unterschieden, der von der inneren Bejahung des Berufes ausgeht und zur Berufs- und Lebenszufriedenheit führen kann. Der Beruf ist damit Mittel und Zweck der pädagogischen Aufgabe.
3. *Betriebspädagogik:* In diesem Konzept nähert sich die Wirtschaftspädagogik der Betriebswirtschaftslehre an, gleichzeitig rückt auch die Betriebswirtschaft insofern an die Wirtschaftspädagogik heran, als Lernen von Organisationen und in Organisationen und ähnliche Themen eine größere Bedeutung erhalten haben. So kann die Wirtschaftspädagogik mit ihren Konzepten am betriebswirtschaftlichen Alltag partizipieren.
4. *Lehr- und Lernforschung:* Traditionell war in der Wirtschaftspädagogik immer Platz für Didaktik, die heute aber nicht nur auf Fachdidaktik abstellt, sondern auch für lernpsychologische Positionen offen ist.

Wirtschaftspädagogik als Sozialpädagogik zu begreifen und damit das Soziökonomische in den Blick zu nehmen, ist kein neuer Zugang. Baumgardt (1962, 51) schreibt dazu: „Noch vor etwa zwei bis drei Jahren wäre kaum jemand auf den Gedanken verfallen, Berufspädagogik, Sozialpädagogik und Wirtschaftspädagogik in eine Beziehungsreihe zu bringen." Eine klare Unterscheidung dieser Zugänge ist möglich, solange man ausschließlich bei den anwendenden Wissenschaften bleibt. Krasensky kommt sehr früh zur Forderung, dass es eine eigenständige Sozialpädagogik geben müsse, die sich mit den sozialen Beziehungen aus pädagogischer Sicht auseinandersetzen sollte (vgl. Krasensky 1962). Sozialpädagogik bedeutet nicht Fürsorge- oder Betreuungspädagogik. *Sozial* bezieht sich hier auf die Kontaktaufnahme und das Inbeziehungstreten von Menschen. Krasensky (1962, 118) versteht die Sozialpädagogik als einen Kontrast zur Individualpädagogik. Wirtschaften ist für Krasensky ein sozialer Akt im doppelten Sinn: Menschen, die wirtschaften, treten in Beziehung und die von ihnen geschaffenen Güter werden zu Trägern sozialer Kontakte. Wirtschaft ist in dieser Sichtweise in erster Linie ein starkes soziales Geflecht. Dadurch wird die Notwendigkeit der Pädagogik sichtbar. Nachdem im 20. Jahrhundert Familie, Kirche und Staat an Bedeutung verloren haben, wächst – so Krasensky – die Bedeutung der Wirtschaftsgemeinschaft, insbesondere die Betriebsgemeinschaft. In Betrieben finden sich besonders dichte Verflechtungen, wobei

> „sich in ihnen die menschlichen Interessen mit wirtschaftlichen Existenzfragen, mit arbeitsrechtlichen und arbeitstechnischen Problemen und mit kulturellen Belangen aufs engste vermengen. So bieten sie denn auch der Wirtschaftserziehung mannigfache Ansatzpunkte für erzieherische Maßnahmen" (Krasensky 1962, 118).

Krasensky spricht in diesem Zusammenhang von „öffentlichkeitsbezogenen Erziehungsmaßnahmen" im Unterschied zu schul- oder betriebsbezogenen:

> „Diese Aufgabenstellung wächst mit der demokratischen Verfassung der Länder immer stärker an. Wenn das Volk zur Mitsprache und zum Mitbestimmungsrecht aufgerufen ist, bedarf es auch eines Mindestmaßes an Ausbildung, um für die Ausübung solcher Funktionen befähigt zu sein. Die Wirtschaftspädagogik hat daher für eine entsprechende Vorbereitung auf die Erfüllung dieser Aufgaben zu sorgen." (Krasensky 1962, 132–133)

Diese Aufgaben sind nur zu erfüllen, wenn wirtschaftswissenschaftliches Grundwissen vermittelt wird. Dies gilt auch für die allgemeinbildenden Schulen, denn in einer Demokratie müssen wirtschaftspolitische Diskurse mit verfolgt und mit geführt werden können. Neben dem Wissen soll die Erziehung zum wirtschaftspolitischen Verhalten in den wirtschaftspädagogischen Blick genommen werden. Krasensky führt aus, dass die Wirtschaftslehre auf Viktor Böhmert (1870) zurückgehe, der forderte, dass Volksschullehrer Träger volkswirtschaftlicher Belehrung werden sollten.

Aff (2008, 1–2) geht von unterschiedlichen Ansätzen zum Selbstverständnis der Wirtschaftspädagogik aus und sieht verschiedene Ausrichtungen – „je nach Positionierung des Formalobjektes und Materialobjektes" (Aff 2008, 1) – zwischen der Erziehungswissenschaft und Wirtschaftswissenschaft. Dazu kommen verschiedene Auffassungen über Berufs-, Arbeits-, Sozial-, Betriebs- und Wirtschaftspädagogik, insbesondere über das Konstrukt *Beruf*. Über die Bedeutung der Schulpädagogik und der universitären fachdidaktischen Ausbildung herrschen verschiedene Auffassungen. Aff (2008) leitet sechs verschiedene Positionierungen der Wirtschaftspädagogik zwischen Erziehungs- und Wirtschaftswissenschaft ab:

- *Position 1: Wirtschaftspädagogik ist eine erziehungswissenschaftliche Disziplin und verfügt über keinen eigenen Status als Sonderpädagogik.* Wirtschaftspädagogik ist ein unselbstständiger Teilbereich der Erziehungswissenschaft und hat als Aufgabenfelder erstens die Didaktik und Methodik der Fachkunde und der Wirtschaftskunde sowie zweitens die Forschung im Bereich pädagogisch relevanter Prozesse im Kontext wirtschaftsberuflicher Tätigkeiten. Als Vertreter nennt Aff Fischer.
- *Position 2: Wirtschaftspädagogik ist eine Teildisziplin der Erziehungswissenschaft.* Da Wirtschaft im rein ökonomischen Sinn für pädagogische Zwecke ungeeignet ist, muss das Materialobjekt Wirtschaft um den Beruf erweitert werden. Berufs- und Wirtschaftspädagogik wird als besondere Pädagogik etabliert, in deren Mittelpunkt die wirtschaftsberufliche Erziehung steht. Als Vertreter wird Zabeck genannt.
- *Position 3: Wirtschaftspädagogik orientiert sich an der Erziehungswissenschaft ohne eine eindeutige Zuordnung.* In dieser Positionierung bleibt die Verankerung in der Erziehungswissenschaft, jedoch wird dem Materialobjekt in Form der Sozial- und Wirtschaftswissenschaften eine größere Bedeutung beigemessen. Als Vertreter wird Dörschel genannt.
- *Position 4: Wirtschaftspädagogik wird als eine Teildisziplin der Sozialpädagogik verstanden.* Dieser Zugang geht auf Krasensky (1935; 1962; 1972) zurück. Er versteht Sozialpädagogik nicht als Fürsorge- oder Betreuungspädagogik, sondern soziologisch im Sinne der heutigen Sozialwissenschaften.
- *Position 5: Wirtschaftspädagogik ist eine eigenständige wissenschaftliche Disziplin im Sinne einer Integrationswissenschaft.* In dieser Positionierung wird nicht von einem Primat der Erziehungswissenschaft ausgegangen, sondern Wirtschaftspädagogik als selbständige Integrationswissenschaft verstanden. Fortmüller und Aff vertraten diesen Zugang von 1996 und verwiesen dabei auf Urbschat (1965, 207), der bereits von einer gegenseitigen Verflechtung von Erziehungs- und Wirtschaftswissenschaften ausging und in der Wirtschaftspädagogik eine neue eigenständige Wissenschaft sah. Auch Ostendorf (2007) folgt diesem Zugang und sieht die Wirtschaftspädagogik eher in einem transdisziplinären Zusammenhang, indem auch ihre Eigenständigkeit entwickelt werden kann.[36]

---

[36] Bemerkenswert ist in diesem Zusammenhang, dass Wirtschaftspädagogik wohl als eigenständige Integrationswissenschaft verstanden wird, diese aber auf eine Antinomie aufbaue: „Aus der Sicht des Autors werden durch die in der Ökonomie bestehenden antinomischen Beziehungen zwischen ökonomischer Rationalität und individuellen Ansprüchen (lebenspraktische Vernunft lt. P. Ulrich) die beiden Pole des Verhältnisses zwischen Wirtschaft und Erziehung, also der zentrale Gegenstandsbereich von Wirtschaftspädagogik, markiert." (Aff 2008, 7) Es folgt darauf eine Darstellung, in der den Wirtschaftswissenschaften die anthropologische Orientierung mit den Begriffen „Effizienz, Rentabilität und Gewinnprinzip" und den Erziehungswissenschaften die anthropologische Orientierung mit den Begriffen „Mündigkeit, Solidarität, Selbstbestimmung"

- *Position 6: Wirtschaftspädagogik ist eine wirtschaftswissenschaftliche Disziplin mit pädagogischer Orientierung.* Schlieper (1958, 41) schrieb, dass die ersten universitären Wirtschaftspädagogen meistens Betriebswirtschafter waren. In Österreich hat sich die Wirtschaftspädagogik aus der Betriebswirtschaft heraus entwickelt (vgl. Aff et al. 2008). In dieser sechsten Positionierung wird die Wirtschaftspädagogik zu einer *Speziellen Betriebswirtschaftslehre*, in der es darum geht, betriebswirtschaftliche Sachverhalte zu transportieren. Eine derartige Positionierung führt nach Aff zu keiner wissenschaftlichen Selbstständigkeit der Wirtschaftspädagogik, da es zu einer unzulässigen Reduktion der Wirtschaftspädagogik kommen würde und sie als Methodenlehre für betriebswirtschaftliche Inhalte zu verstehen wäre." (Tafner, Stock & Slepcevic-Zach 2013, 13–14)

Nachdem nun auf der Makroebene die Entstehung und Entwicklung der Berufs- und Wirtschaftspädagogik und ihre Ausdifferenzierung anhand einiger Positionierungen gezeigt wurde, wird der Blick auf die Mesosicht gelenkt und danach eine Zusammenfassung aus institutioneller Sicht vorgenommen.

2.2 Institutionen aus der Mesosicht

Im Zuge einer Beschreibung aus Sicht des Institutes für Wirtschaftspädagogik an der Karl-Franzens-Universität Graz seit seiner Gründung 1979 bis heute soll die Entwicklung der Wirtschaftspädagogik dargestellt werden, um daraus Aussagen für die Wirkung von Institutionen herleiten zu können. Dabei müssen Veränderungen auf der Makroebene berücksichtigt werden, nun aber solche, die vom Blickpunkt des Institutes aus direkt relevant sind. Bevor auf die Situation in Graz eingegangen wird, soll ein Blick auf Österreich gegeben werden. In Österreich gibt es, nachdem am 15. Juli 1966 ein Gesetz über die Neuordnung der sozial- und wirtschaftswissenschaftlichen Studienrichtungen erlassen wurde, das erstmals auch die Wirtschaftspädagogik, damals mit einer Studiendauer von acht Semestern, vorsah, Wirtschaftspädagogik, wie bereits dargestellt wurde, an vier Standorten. An allen vier Standorten ist die Wirtschaftspädagogik trotz des unterschiedlichen Selbstverständnisses der jeweiligen (sozial- und) wirtschaftswissenschaftlichen Fakultät zugeordnet. In Wien spielt nach wie vor die fachdidaktische und fachwissenschaftliche Ausbildung eine wesentliche Rolle, wobei die Ausbildung nicht nur auf die Schule, sondern auf verschiedene Felder in der Wirtschaft zielt. Ähnlich ist die Ausrich-

---

zugewiesen werden. Weiters führt Aff (2008, 8) aus: „Es gilt zu lernen, mit dieser die Disziplin Wirtschaftspädagogik prägenden Antinomie umzugehen, mit dem antinomischen Grundsatz des ‚sowohl als auch' – zum Beispiel durch Optimierung der Lehr-Lernprozesse zur Förderung von instrumentellen, arbeitsmarktrelevanten Fertigkeiten, wie auch von persönlichkeitsfördernder und auf Mündigkeit abzielender ökonomischer Allgemeinbildung im schulischen und betrieblichen Kontext." Diese Definition folgt ganz bestimmten Vorstellungen von sowohl Ökonomie und Ökonomik als auch Pädagogik. Dieser Punkt wird im sechsten Kapitel wieder aufgegriffen.

tung in Graz, wobei in Graz die Betriebspädagogik stärker ausgebaut ist und insgesamt ein weites Verständnis der Wirtschaftspädagogik vertreten wird. In Linz wird generell eine stärker erziehungswissenschaftliche Orientierung verfolgt. Innsbruck hingegen richtet sich stärker an Organisation und Lernen aus. (Vgl. Slepcevic & Stock 2009, 3–4)

In historischer, programmatischer und wissenschaftspolitischer Hinsicht gibt es zwischen der deutschen und österreichischen Wirtschaftspädagogik viele Gemeinsamkeiten. Allerdings gibt es auch einige bemerkenswerte Unterschiedlichkeiten, so z.B. im unterschiedlichen Schulsystem und in der wissenschaftlichen Berufsvorbildung der Lehrpersonen (vgl. Aff, Mandl, Neuweg, Ostendorf & Schurer 2008, 1). Die berufliche Bildung im Sekundarbereich hat, so wie in Deutschland, auch in Österreich eine sehr große Bedeutung. Allerdings spielen Vollzeitvarianten in Österreich eine wesentlich größere Rolle. Die kaufmännischen Fächer und teilweise die Volkswirtschaftslehre werden an den berufsbildenden Schulen von Wirtschaftspädagoginnen und -pädagogen unterrichtet; der Unterricht in den berufsbildenden Pflichtschulen ist grundsätzlich nicht deren Arbeitsfeld. In Österreich ist die Wirtschaftspädagogik traditionell eng mit der Betriebswirtschaft verknüpft, was einerseits mit Krasensky und andererseits mit den Berufungen der Professorinnen und Professoren und deren Arbeitsschwerpunkten zusammenhängt. Darüber hinaus hat die Berufspädagogik einen sehr schlechten Stand: „Die Tatsache, dass die pädagogische Ausbildung der Berufsschullehrer/innen des dualen Systems und der Lehrer/innen technischer Fächer an Höheren Technischen Lehranstalten in Österreich nicht universitär erfolgt, ist einer der wesentlichen Gründe für den schwachen Ausbau der Berufspädagogik an den österreichischen Universitäten." (Aff, Mandl, Neuweg, Ostendorf & Schurer 2008, 5).

Es sind vor allem drei österreichische Besonderheiten, die Slepcevic und Stock (2009, 6–7) herausgearbeitet haben: Erstens wird die Ausbildung polyvalent verstanden. Wien und Graz verstehen diese Polyvalenz als eine Verbindung von Wirtschaftspädagogik und Betriebswirtschaft. Neben dem Berufsfeld der Lehrkraft eröffnen sich für die Absolventinnen und Absolventen alle adäquaten Beschäftigungsfelder in der Wirtschaft und Verwaltung. In einer Studie über die Karriereverläufe der Absolventinnen und Absolventen in Graz zeigt sich, dass über einen Zeitraum von 1987 bis 2004 55% der Absolventinnen und Absolventen in der Wirtschaft tätig sind, von diesen wiederum ca. 28% im Bereich Rechnungswesen und Controlling. Dies könnte darauf zurückzuführen sein, dass in Graz traditionell Rechnungswesen eine große Bedeutung hatte. (Vgl. Stock, Fernandez, Schelch & Riedl 2008, 61–62) Die Bedeutung des Rechnungswesens ist auch darin begründet, dass die beiden ersten Lehrstuhlinhaber, Gerwald Mandl (1979–1988) und Dieter Mandl (1988–2008), Experten im Rechnungswesen waren. Dies führte auch dazu, dass die Wirtschaftspädagogik in Graz bis zur letzten Lehrplanreform propädeutische Lehrveranstaltungen im Rechnungswesen für die Studieneingangsphase fakultätsweit abgehalten hat und heute für Studierende der Volkswirtschaftslehre Rechnungswesen angeboten wird (vgl. Aff, Mandl, Neuweg, Ostendorf & Schurer 2008, 10; Institut für Wirtschaftspädagogik 2011, 3). 2008 übernahm Michaela Stock die Leitung des Institutes, die an der grundsätzlichen betriebswirtschaftlichen Ausrichtung, allerdings mit einem weiteren Verständnis von Wirtschaftspädagogik, festhielt. In Innsbruck und Linz wird die Polyvalenz in der Verbindung von Wirtschaftspädagogik und Erziehungswissenschaft gesehen. Auch dort ist der Studienplan auf die Ausbildung von Lehrpersonen gerichtet, aber nicht in einer solch starken Ausprägung wie in Graz und Wien. Eine Orientierung erfolgt aber auf anderen Feldern wie Berufsbildungsforschung, betriebliche Aus- und Weiterbildung und berufliche Erwachsenenbildung. Aus diesem Grund werden erziehungswissenschaftliche und bildungsphilosophische Themenbereiche in den Studienplänen stärker akzentuiert. Zweitens wird einer einphasigen Studienstruktur gefolgt, indem das verpflichtende Schulpraktikum Teil des wirtschaftspädagogischen Studiums ist. Diese Struktur bleibt auch in den neuen Masterstudien erhalten. Drittens ist in Österreich das Studium nicht kombinationspflichtig bzw. -fähig, weil es eben als einphasiges, polyvalent ausgerichtetes Vollstudium konzipiert ist.

Nachdem der Vorschlag des Jesuitenkollegs aus dem Jahr 1769, ein Lehramt für kaufmännisches Rechnen und Buchhaltung zu übernehmen, von der Kaiserin nicht aufgegriffen wurde (vgl. Dlabač & Gelcich 1910, 12), dauerte es bis zur Gründung der ersten Handelsakademie in der Steiermark im Jahr 1863 (vgl. Cerwinka 2004, 374) ca. 100 Jahre und bis zur Gründung eines universitären Institutes zur Ausbildung von Lehrpersonen nochmals in etwa 100 Jahre. Die Bildungspolitik der 1960er- und 1970er-Jahre in Österreich führte dazu, dass das Schulwesen stark ausgebaut wurde. Dieser Ausbau betraf im besonderen Maße die berufsbildenden Schulen und darin insbesondere die berufsbildenden höheren und mittleren Schulen, viele davon waren bzw. sind kaufmännische Schulen. Die folgenden Tabellen zeigen die Entwicklung der Schulen in Österreich und der Steiermark von 1923/24 bis 2010/11. Nach dem Zweiten Weltkrieg gab es in der Steiermark nur eine kaufmännische höhere Schule und sechs kaufmännische mittlere Schulen sowie 22 allgemeinbildende höhere Schulen (auf andere Schultypen wird hier nicht eingegangen). Von 1950/51 bis 2010/11, also in 50 Jahren, hat sich die Zahl der kaufmännischen mittleren Schulen fast verdreifacht, jene der kaufmännischen höheren Schulen versechzehnfacht, die Anzahl der allgemeinbildenden höheren Schulen (AHS) hat sich etwas mehr als verdoppelt und die Anzahl der Schulen insgesamt ging um 20% zurück.

Tabelle 6: Entwicklung ausgesuchter Schultypen in Österreich von 1923/24 bis 2010/11

	kaufmännische mittlere Schule		kaufmännische höhere Schule		AHS		alle Schulen inkl. Akademien	
	absolut	Veränderung zum Vorjahr in %	absolut	Veränderung zum Vorjahr in %	absolut	Veränderung zum Vorjahr in %	absolut	Veränderung zum Vorjahr in %
1923/24	35		8		141		6.040	
1950/51	44	26%	10	25%	168	19%	7.617	26%
1960/61	56	27%	20	100%	201	20%	7.440	-2%
1970/71	84	50%	45	125%	288	43%	6.842	-8%
1980/81	115	37%	104	131%	303	5%	6.748	-1%
1990/91	116	1%	117	13%	313	3%	6.802	1%
1995/96	120	3%	120	3%	320	2%	6.821	0%
2000/01	112	-7%	123	2%	332	4%	6.768	-1%
2009/10	107	-4%	109	-11%	338	2%	6.223	-8%
2010/11	107	0%	109	0%	340	1%	6.178	-1%

Quelle: Eigene Darstellung, Daten von Statistik Austria 2012

Tabelle 7: Entwicklung ausgesuchter Schultypen in der Steiermark von 1923/24 bis 2010/11

	kaufmännische mittlere Schule		kaufmännische höhere Schule		AHS		alle Schulen inkl. Akademien	
	absolut	Veränderung zum Vorjahr in %	absolut	Veränderung zum Vorjahr in %	absolut	Veränderung zum Vorjahr in %	absolut	Veränderung zum Vorjahr in %
1923/24	1		1		14		801	
1950/51	6	500%	1	0%	22	57%	1.215	52%
1960/61	10	67%	1	0%	27	23%	1.233	1%
1970/71	14	40%	6	500%	40	48%	1.125	-9%
1980/81	18	29%	11	83%	43	8%	1.108	-2%
1990/91	22	22%	16	45%	46	7%	1.128	2%
1995/96	23	5%	16	0%	49	7%	1.121	-1%
2000/01	19	-17%	18	13%	49	0%	1.083	-3%
2009/10	16	-16%	16	-11%	48	-2%	977	-10%
2010/11	16	0%	16	0%	48	0%	971	-1%

Quelle: Eigene Darstellung, Daten von Statistik Austria 2012

Blickt man im gleichen Zeitraum auf die Entwicklung der Anzahl von Schülerinnen und Schülern insgesamt, so verdoppelte sich die Anzahl der Schülerinnen und Schüler in kaufmännischen mittleren Schulen und gab es in kaufmännischen höheren Schulen fast 13-mal mehr Schülerinnen und Schüler als nach dem Zweiten Weltkrieg. Die allgemeinbildende höhere Schule besuchten mehr als dreimal so viele Jugendliche. Die Anzahl der Schülerinnen und Schüler in diesem Zeitraum ging um 12% zurück (siehe folgende Tabellen).

Tabelle 8: Schülerinnen und Schülern in Österreich von 1923/24 bis 2010/11

	kaufmännische mittlere Schule		kaufmännische höhere Schule		AHS		alle Schulen inkl. Akademien	
	absolut	Veränderung zum Vorjahr in %	absolut	Veränderung zum Vorjahr in %	absolut	Veränderung zum Vorjahr in %	absolut	Veränderung zum Vorjahr in %
1923/24	7.387		3.283		42.150		959.219	
1950/51	4.621	-37%	3.136	-4%	55.148	31%	1.079.062	12%
1960/61	10.488	127%	7.876	151%	83.426	51%	1.043.878	-3%
1970/71	18.912	80%	10.871	38%	141.260	69%	1.347.955	29%
1980/81	24.400	29%	31.093	186%	181.561	29%	1.385.941	3%
1990/91	12.944	-47%	35.496	14%	158.359	-13%	1.144.600	-17%
1995/96	13.506	4%	37.613	6%	180.496	14%	1.199.754	5%
2000/01	12.470	-8%	41.489	10%	184.713	2%	1.231.188	3%
2009/10	11.273	-10%	43.362	5%	202.556	10%	1.182.471	-4%
2010/11	11.030	-2%	42.781	-1%	200.742	-1%	1.166.525	-1%

Quelle: Eigene Darstellung, Daten von Statistik Austria 2012a

Tabelle 9: Schülerinnen und Schülern in der Steiermark von 1923/24 bis 2010/11

	kaufmännische mittlere Schule		kaufmännische höhere Schule		AHS		alle Schulen inkl. Akademien	
	absolut	Veränderung zum Vorjahr in %	absolut	Veränderung zum Vorjahr in %	absolut	Veränderung zum Vorjahr in %	absolut	Veränderung zum Vorjahr in %
1923/24	346		352		4.409		142.004	
1950/51	435	26%	440	25%	7.708	75%	183.057	29%
1960/61	1.224	181%	750	70%	11.841	54%	181.710	-1%
1970/71	2.708	121%	1.538	105%	22.554	90%	236.497	30%
1980/81	2.452	-9%	4.081	165%	26.394	17%	228.618	-3%
1990/91	1.761	-28%	5.239	28%	23.533	-11%	182.150	-20%
1995/96	1.881	7%	5.467	4%	26.506	13%	179.519	-1%
2000/01	1.484	-21%	5.806	6%	27.028	2%	180.196	0%
2009/10	1.046	-30%	5.859	1%	27.127	0%	163.772	-9%
2010/11	999	-4%	5.610	-4%	26.529	-2%	160.441	-2%

Quelle: Eigene Darstellung, Daten von Statistik Austria 2012b

Die Zunahme an Schulen sowie Schülerinnen und Schülern in den kaufmännischen Schulen führte dazu, dass auch die Ausbildung der Lehrpersonen forciert werden musste. Im Studienjahr 1979/80 wurde in Graz das Institut für Wirtschaftspädagogik an der sozial- und wirtschaftswissenschaftlichen Fakultät gegründet. Ziel des Institutes war die Ausbildung der Lehrpersonen für die betriebswirtschaftlichen Unterrichtsgegenstände an berufsbildenden mittleren und höheren Schulen in Österreich. Die wirtschaftspädagogischen Schwerpunkte lagen deshalb im Bereich der Fachwissenschaften Betriebswirtschafts- und Volkswirtschaftslehre, in der Fachdidaktik und -methodik sowie im Schulpraktikum. Die Fachdidaktik richtete sich auf betriebswirtschaftliche Inhalte, wäre aber um volkswirtschaftliche ergänzt worden, wenn die Lehrbefähigung der Wirtschaftspädagoginnen und -pädagogen auf die volkswirtschaftlichen Unterrichtsgegenstände erweitert worden wäre. Ergänzenden Charakter hatten die Allgemeine Pädagogik und Psychologie. Weitere Aufgaben des Institutes waren die Lehrpersonenfortbildung, die Ausbildung der Betreuungslehrerinnen und -lehrer für das Unterrichtspraktikum sowie die Erhaltung der Kontakte mit den Schulen. (Vgl. Mandl 1983, 195–202) Die Gründung des Institutes war also eine notwendige Reaktion auf die bildungspolitisch forcierte Errichtung kaufmännischer Schulen in Österreich. Um den Bedarf an Lehrpersonen in Südösterreich, d.h. in Burgenland, Kärnten und der Steiermark, zu decken (vgl. Karl-Franzens-Universität 2005, 7), war eine eigene Ausbildungsstätte für die Lehrpersonen notwendig.

Zum Zeitpunkt der Gründung des Grazer Institutes war die Wirtschaftspädagogik bereits eine institutionalisierte Wissenschaft mit einer eigenen wissenschaftlichen Gemeinschaft. Die Entwicklung der Wirtschaftspädagogik hatte bereits einige Phasen hinter sich gebracht: Die klassische Berufsbildungstheorie hatte ihren Dienst geleistet, Institute waren eingerichtet und die kritische Auseinandersetzung mit diesen beiden ersten Phasen war voll im Gange. Vor diesem Hintergrund führte die praktische Vernunft, d.h. die Befriedigung der hohen Nachfrage nach kaufmännischem pädagogischem Know-how, also nach wirtschaftspädagogischen Kompetenzen, dazu, dass das Institut eingerichtet wurde.

2.2.1 Analyse der Entwicklung der Studienpläne

Wesentlich für den Studienbetrieb sind die grundlegenden regulativen Institutionen, also die jeweiligen rechtlichen Grundlagen sowie die entsprechenden Studienpläne. In Österreich brachte das Universitätsgesetz 2002 eine tiefgreifende Reform. Ziel der Reform, die bereits Anfang der 1990er-Jahre einsetzte, war die Umwandlung der Universitäten in autonome, leistungsstarke und eigenverantwortliche Organisationen. Das neue Gesetz gab den Universitäten die volle Rechtsfähigkeit. Mit der Reform wurde insofern den europäischen Entwicklungstrends gefolgt, als in der Bologna-Erklärung von 1999 die Bedeutung der Unabhängigkeit der Universitäten hervorgehoben wurde. Als juristische Personen des öffentlichen Rechts waren die Universitäten nunmehr voll rechts- und geschäftsfähig. Die Autonomie der Universitäten verlangte nach einem eigenverantwortlichen Universitätsmanagement. Sie wurden mit einem Globalbudget ausgestattet, das mit einer Leistungsvereinbarung zwischen der Universität und dem zuständigen Bundesministerium einhergeht. (Vgl. Sebök 2002, 21–25) Diese neuen Entwicklungen können mit dem Schlagwort der *Vermarktlichung* der Universitäten beschrieben werden (vgl. Prisching 2002), da durch den Wandel der Organisationsform die Universität zu einer unternehmerischen Universität wurde (vgl. Weiler 2006).

Neben der Änderung der Gesetzesgrundlagen sind auch die Änderungen der Studienpläne in den Blick zu nehmen. Seit dem Jahr 1979 sind ohne Berücksichtigung von Novellierungen fünf große Studienpläne umgesetzt worden: 1979, 1986, 1998, 2002 und 2009. Die wichtigsten Veränderungen betreffen folgende Bereiche (vgl. Seebacher 2009; 2010; Slepcevic & Stock 2009):

1. Der *erste Studienplan 1979* war der Gründungsstudienplan mit dem Qualifikationsziel, für das Lehramt an den berufsbildenden mittleren und höheren Schulen auszubilden. Der Studienplan wurde auf Basis des Bundesgesetzes über sozial- und wirtschaftswissenschaftliche Studienrichtungen (BGBL Nr. 179/1966) von der Studienkommission für die wirtschaftspädagogische Studienrichtung beschlossen und mit Erlass des Bundesministers für Wissenschaft und Forschung erlassen. Als § 1 wurde das Ziel definiert: „Dieser Studienplan ist auf das Ausbildungsziel der wissenschaftlichen Berufsvorbildung für das Lehramt an berufsbildenden mittleren und höheren Schulen ausgerichtet und nimmt auf die Lehrpläne dieser Schulen Bedacht." (Bundesminister für Wissenschaft und Forschung 1979, 1) Damit ist die Zielsetzung eindeutig und klar: „Von Beginn an wurde ein Ausbildungskonzept für WirtschaftspädagogInnen verfolgt, das die facheinschlägige betriebswirtschaftliche Komponente der Wirtschaftspädagogik und die praxisorientierte Ausbildung in den Mittelpunkt des Studienplanes stellt." (Institut für Wirtschaftspädagogik 2005, 4)

2. Der *zweite Studienplan von 1986* beinhaltete die Umstellung auf einen konsekutiven Aufbau des Studienplanes für die Fächer Wirtschaftspädagogik und Erziehungswissenschaft vom ersten bis neunten Semester. Als Qualifikationsziel wurde weiterhin das Lehramt festgeschrieben, nun aber um die Qualifikation für alle Bereiche der Wirtschaft und der Akzentuierung der Befähigung zum wissenschaftlichen Arbeiten ergänzt: „Das Diplomstudium der Studienrichtung Wirtschaftspädagogik dient der wissenschaftlichen Berufsvorbildung für den Beruf eines Lehrers an berufsbildenden mittleren und höheren Schulen und eines Wirtschaftspädagogen in allen Bereichen der Wirtschaft sowie der Befähigung zur wissenschaftlichen Arbeit." (Bundesminister für Wissenschaft und Forschung 1986, 2)

3. Der *dritte Studienplan von 1998,* der mit dem Studienjahr 1998/99 in Kraft trat, folgte der Ausrichtung, dass die Studienrichtung Wirt-

schaftspädagogik als Diplomstudium dem Bereich der Rechts-, Sozial- und Wirtschaftswissenschaften und nicht dem Bereich der Lehramtsstudien zugeordnet wurde (vgl. UniStG 97, Anlage 1 Ziffer 3 und 6 sowie 6.14). Damit war das Studium weiterhin kein Lehramtsstudium. Wirtschaftspädagogik ist – bis heute – ein sozial- und wirtschaftswissenschaftliches Studium mit der Berechtigung zum Unterricht wirtschaftlicher bzw. kaufmännischer Inhalte. Das Qualifikationsziel blieb deshalb auch unverändert gegenüber dem Studienplan 1986. Als Qualifikationsziel wurde definiert: „(1) Das Diplomstudium der Wirtschaftspädagogik dient der wissenschaftlichen Berufsvorbildung in den Sozial- und Wirtschaftswissenschaften, insbesondere der fachlichen und der pädagogischen wissenschaftlichen Berufsvorbildung unter Einschluss einer schulpraktischen Ausbildung für den Beruf eines Lehrers an berufsbildenden mittleren und höheren Schulen und eines Wirtschaftspädagogen in allen Bereichen der Wirtschaft. (2) Die Absolventinnen und Absolventen dieses Studiums sollten in die Lage versetzt werden, einschlägige Problemstellungen wissenschaftlich und praxisorientiert in den in Frage kommenden Berufssparten zu bearbeiten. Hierdurch werden die Absolventinnen und Absolventen zu akademisch ausgebildeten Fachleuten auf dem Gebiet der Wirtschaftspädagogik und zu kompetenten Ansprechpartnern für zentrale und aktuelle Belange dieses Faches." (Karl-Franzens-Universität 1998)

4. Der *vierte Studienplan aus dem Jahr 2002* mit leichten Änderungen im Jahr 2005 sah für die sozial- und wirtschaftswissenschaftliche Fakultät der Universität Graz nur Lehrveranstaltungsprüfungen und somit keine Fachprüfungen mehr vor. Das Qualifikationsziel wurde um den Bereich der Betriebspädagogik erweitert. Die Absolventinnen und Absolventen sollen erstens für das Lehramt an berufsbildenden mittleren und höheren Schulen, zweitens für betriebspädagogische Tätigkeiten vorbereitet und drittens zu breit qualifizierten Expertinnen und Experten in allen Feldern der Wirtschaft und Verwaltung qualifiziert werden. Das Studium ist damit „mehrfachqualifizierend angelegt" (Institut für Wirtschaftspädagogik 2005). Als allgemeines Bildungsziel wurde definiert: „Das Diplomstudium Wirtschaftspädagogik dient der wissenschaftlichen Berufsvorbildung einer Wirtschafts-pädagogin/eines Wirtschaftspädagogen in den Sozial- und Wirtschaftswissenschaften, insbesondere der fachlichen, der fachdidaktischen und der pädagogischen wissenschaftlichen Berufsvorbildung unter Einschluss einer schulpraktischen Ausbildung für den Beruf einer Lehrerin/eines Lehrers an berufsbildenden mittleren und höheren Schulen und einer Betriebspädagogin/eines Be-

triebspädagogen und einer Wirtschaftspädagogin/eines Wirtschaftspädagogen im Sinn einer/eines breit qualifizierten verhaltensorientierten Experten/Expertin in allen Bereichen der Wirtschaft. Der Erreichung dieser Bildungsziele dient wesentlich die wissenschaftsbasierte Lehre." (Karl-Franzens-Universität 2005, 8) Damit wird das Bildungsziel im Sinne des Gender-Mainstreamings erstmals auch für beiderlei Geschlechter formuliert, nachdem dies im dritten Studienplan nicht konsequent gemacht worden war.

5. Die *neuen Grazer Studienpläne für das Masterstudium Wirtschaftspädagogik 2009* und für den Bachelor Betriebswirtschaft 2009 sind das Ergebnis der Umsetzung des Bologna-Prozesses. Das Universitätsgesetz 2002 brachte eine starke Autonomie im Bereich der Curricula mit sich. Die sozial- und wirtschaftswissenschaftliche Fakultät der Universität Graz stellte als erste Fakultät in Österreich das Studium der Volkswirtschaftslehre und der Betriebswirtschaftslehre auf die Bologna-Struktur um. Allerdings war es zu diesem Zeitpunkt aus rechtlicher Sicht nicht möglich, auch das Studium der Wirtschaftspädagogik umzustellen. Nach Änderung der rechtlichen Grundlagen wurde es 2009 zum Masterstudium, das auf einen betriebswirtschaftlichen Bachelor aufbaut und fünf Semester inklusive eines Praktikums dauert. 2009 hat die Sozial- und Wirtschaftswissenschaftliche Fakultät „auch die Wiedereinführung von Fachprüfungen zur Qualitätssicherung und eine ressourcenschonende Studienplanentwicklung (d.h. vermehrt Vorlesungen) als Vorgabe für alle Studienrichtungen vorgesehen" (Seebacher 2010, 50). In diesem Studienplan verblieb die Betriebswirtschaft weiterhin als Schwerpunkt, die Betriebspädagogik wurde weiter ausgebaut und neue Medien und ein ePortfolio wurden in den Studienplan integriert. Die dreiteiligen Qualifikationsziele blieben weiterhin aufrecht. War das Ziel des ersten Studienplanes die Qualifikation zum Lehramt, so heißt es nun im Lehrplan: „Das Masterstudium Wirtschaftspädagogik ist mehrfachqualifizierend angelegt. Es dient der wissenschaftlichen Berufsvorbildung für den Beruf einer Wirtschaftspädagogin/eines Wirtschaftspädagogen als Lehrer/in an berufsbildenden mittleren und höheren Schulen sowie einer Betriebspädagogin/eines Betriebspädagogen und einer Expertin/eines Experten in der Erwachsenenbildung sowie in allen Bereichen der öffentlichen und privaten Wirtschaft. […] Die Qualifikation von Absolventinnen und Absolventen des Masterstudiums Wirtschaftspädagogik ist dadurch gekennzeichnet, dass ihnen nach Abschluss des Studiums nicht nur der Zutritt zum schulischen Lehrberuf und zur Erwachsenenbildung möglich ist, sondern überdies der Zugang zu allen Bereichen der

Wirtschaft offen steht. Die Absolventinnen und Absolventen sollen auch in die Lage versetzt werden, einschlägige Problemstellungen auf Basis wissenschaftlicher Methoden und Kenntnisse und mit hoher Verantwortung für die Gesellschaft und Umwelt sowohl wissenschaftlich- als auch praxisorientiert in den verschiedensten Berufssparten zu bearbeiten. Dies soll u.a. durch verschiedene Lehrveranstaltungen über Gesellschafts- und Wirtschaftssysteme, Globalisierung, Wirtschaftskultur und interkulturelle Themenbereiche ergänzend erreicht werden." (Karl-Franzens-Universität Graz 2011, 3)

Aus den Lehrinhalten der Studienpläne sollen abschließend vier Besonderheiten herausgegriffen werden, die in dieser Form nur an der Universität Graz angeboten werden:

Erstens wurde mit dem Wintersemester 1996/97 eine Übungsfirma an der Universität eingeführt. Für den Betrieb der *Übungsfirma* steht ein eigener Raum zur Verfügung. (Vgl. Institut für Wirtschaftspädagogik 2011, 21) Über 600 Studierende (Stand 2011) haben bislang in der Übungsfirma gearbeitet und damit kompetenzorientiertes Unterrichten konkret erfahren. Mit dem Lehrplan 1994 für die Handelsakademie (vgl. bm:uk 1994a) und 1993 für die Handelsschule (vgl. bm:uk 1993) wurde die Übungsfirma flächendeckend für alle kaufmännische Schulen eingeführt und mit den Lehrplänen 2003 für die Handelsschule (vgl. bm:bwk 2003a) und 2004 für die Handelsakademie (bm:bwk 2004) weiter ausgebaut. Damit soll u.a. dem Prinzip der Entrepreneurship Education entsprochen werden.

> „Das genuine Forschungsinteresse am Standort Graz, die Überzeugung vom immensen Zugewinn der Methode für die Lernenden, aber auch die verpflichtende Lehrplanverankerung für die österreichischen Handelsschulen und Handelsakademien sind Gründe für die Verankerung im Studienplan der Wirtschaftspädagogik an der Uni Graz. Studierende haben somit im Rahmen der Pflichtlehrveranstaltung Übungsfirma (sowohl im Diplom- als auch im Masterstudium), die mit einer zweiten Lehrveranstaltung zum Thema Qualifikationsmanagement im Bildungsbereich und Handlungsorientierung in einem Model zusammengefasst ist, die Gelegenheit, an ihrer eigenen Kompetenzentwicklung in diesem Kontext zu arbeiten." (Stock 2010a, 126)

Zweitens wird mit dem Studienplan 2009 ein *ePortfolio* eingeführt, das über das ganze Masterstudium hindurch läuft. Ziel des Kompetenzentwicklungsportfolios (eKEP) ist die Selbstreflexion der Studierenden über den eigenen Lernprozess und damit auch über die eigene Kompetenzentwicklung. Das ePortfolio wird aus diesem Grunde nicht benotet und von außen betreut. Es ist im ersten, dritten und fünften Semester in ausgesuchten Lehrveranstaltungen verankert, wobei in jeder Phase eigene Schwerpunkte gesetzt werden: Im ersten Semester stehen die Selbstwahrnehmung und die Einschätzung der eigenen Kompetenzen im Mittelpunkt. Im dritten Semester wird die Entwicklung der Fach- und Methodenkompetenz fokussiert und im fünften Semester liegt der Schwerpunkt auf der Handlungskompetenz, um eine ganzheitliche Betrachtung in den Blick zu nehmen. In einer Begleitforschung wird das ePortfolio wissenschaftlich ausgewertet. (Vgl. Stock 2010b, 12–15)

Drittens wird seit dem Studienplan 1998 die Lehrveranstaltung *EU-Wirtschaft* angeboten. Das Thema Europa als Unterrichtsthema wurde sowohl vom Schulorganisationsgesetz als auch vom Grundsatzerlass Politische Bildung immer ausdrücklich gefordert (vgl. SchOG § 2; bm:uk 1994b). Darüber hinaus gab es bis 1994 keine inhaltliche Verankerung in den Lehrplänen der kaufmännischen Schulen. Der Beitritt Österreichs zur Europäischen Union führte zu einer stärkeren Berücksichtigung EU-europäische Inhalte in den kaufmännischen Lehrplänen, insbesondere im Lehrplan der Handelsakademie (vgl. bm:uk 1994a). Die Europäische Union und Europa wurden zum expliziten und impliziten Thema in den Lehrplänen an den kaufmännischen Schulen. Mit den Lehrplänen 2003 für die Handelsschule (vgl. bm:bwk 2003a) und 2004 für die Handelsakademie (bm:bwk 2004) wurde die allgemeine Bildungsaufgabe (Unterrichtsprinzip) *Erziehung zum europäischen Denken und Handeln* eingeführt. Europa und die Europäische Union wurden stärker akzentuiert und im Bereich der Volkswirtschaftslehre wurde von *Europakompetenz* (bm:bwk 2004, 49) gesprochen, weshalb auch die Lehrveranstaltung *EU-Wirtschaft* zum Kompetenzfeld Didaktik der Volkswirtschaftslehre ausgebaut wurde. Im Studienplan Wirtschaftspädagogik 2009 ist diese Lehrveranstaltung im Wahlpflichtbereich der Schul- bzw. Betriebspädagogik angesiedelt. Zusammengefasst kann festgestellt werden, dass die europäischen Entwicklungen dazu geführt haben, dass sich sowohl Inhalte als auch die Struktur des Studiums verändert haben.

Viertens ist die *Betriebspädagogik* ein zentrales Forschungsfeld des Grazer Instituts für Wirtschaftspädagogik. Es wurde mit dem Studienplan 2002 im Studienplan verankert und 2009 weiter vertieft und ist nunmehr im Pflicht- und Wahlbereich des Masterstudiums Wirtschaftspädagogik vertreten.

2.2.2 Analyse der Entwicklung der Lehrpläne der Handelsakademien

Anhand der Übungsfirma und der Lehrveranstaltung *EU-Wirtschaft* wird der Zusammenhang von universitärer Ausbildung und den Lehrplänen der kaufmännischen Schulen sichtbar. Die Lehrpläne der kaufmännischen Schulen sind insofern von Bedeutung, als die Studierenden so ausgebildet werden müssen, dass sie diese Lehrpläne grundsätzlich umsetzen können. Die Lehrpläne wiederum sind Vorgaben des zuständigen Bundesministeriums im Verordnungsweg, um gesellschaftspolitisch beabsichtigte Ziele und Inhalte vorzugeben. Dabei kommt diesen Lehrplänen eine wesentliche Orientierungs-

und Legitimationsfunktion zu (vgl. Vollstädt 2003, 195–197). Die Lehrpläne spiegeln damit auch bestimmte Vorstellungen wider und sind von Institutionen geprägt. Im Folgenden soll nun auf die wesentlichsten Lehrplanbestimmungen und Veränderungen eingegangen werden, die sich im Laufe des Bestehens des Institutes vollzogen haben. Da dies nicht für alle möglichen Lehrpläne für Schultypen, in denen Wirtschaftspädagogen und -pädagoginnen zum Einsatz kommen können, geleistet werden kann, wird ausschließlich der Lehrplan der Handelsakademie analysiert. Insgesamt gab es in diesem Zeitraum vier verschiedene Lehrpläne – 1978, 1988, 1994 und 2004:

1. Als das Institut seine Arbeit aufnahm, hatte der *Lehrplan aus dem Jahr 1978* Gültigkeit. Er hatte in dieser Phase des Institutes eine besonders große Bedeutung, weil die Ausbildung von Lehrpersonen als einziges Ziel definiert war. Im Allgemeinen Bildungsziel wurde formuliert, dass die Handelsakademie „zum Erwerb höherer Bildung unter besonderer Berücksichtigung wirtschaftlicher Bildungsinhalte" führen und „zur unmittelbaren Ausübung eines gehobenen Berufes in Wirtschaft und öffentlicher Verwaltung als auch zur Aufnahme eines wissenschaftlichen Studiums befähigen [soll]" (bm:uk 1978, 1833). Als Ziele wurde der verantwortungsbewusste Mensch definiert. In den allgemeinen didaktischen Grundsätzen wird herausgestrichen, dass die Betriebswirtschaftslehre als Leitfach dient und alle Fächer sich auf sie ausrichten sollen. Weiters werden verschiedene didaktische Grundsätze wie Kooperation der Lehrpersonen, Ausnützung von Querverbindungen, Methodenvielfalt, selbstständige Informationsbeschaffung und die Befähigung zur Weiterbildung genannt. (Vgl. bm:uk 1978, 1829–1834)
2. Im *Lehrplan 1988* erfährt die Datenverarbeitung, die größtenteils von Wirtschaftspädagoginnen und -pädagogen unterrichtet wird, eine starke Aufwertung sowohl in der inhaltlichen Bedeutung als auch in der Zuteilung von Unterrichtsstunden. Damit wird der technische Fortschritt in den Lehrplänen abgebildet, was sich auch in der Qualifikation der Lehrpersonen niederschlagen sollte. Demokratisches Bewusstsein wird ebenso neu formuliert in den Lehrplan aufgenommen: „Ziel ist auch die Erziehung zur Wertschätzung der Freiheit und der Demokratie, des Friedens im Staat und zwischen den Staaten und Völkern." (bm:uks 1988, 2726) Dies bekommt vor dem weltpolitischen, insbesondere europäischen Hintergrund dieser Zeit – Perestroika und Glasnost verweisen auf ein neues Denken in der Sowjetunion und damit auf ein Aufbrechen des seit dem Zweiten Weltkrieg dominanten Ost-West-Konfliktes – eine ganz besondere Bedeutung. Neben einigen kleineren

Ergänzungen ist die Empfehlung einer Berufspraxis in den Ferien erwähnenswert. (Vgl. bm:uks 1988, 2723–2727)

3. Der *Lehrplan 1994* bringt sehr viele Veränderungen mit sich. Erstmals wird es möglich, schulautonome Ausbildungsschwerpunkte (Unterrichtsfächer) einzuführen. Sie dienen dazu, der Schule ein eigenes Schulprofil zu geben. Dadurch beginnt die Handelsakademie sich auszudifferenzieren. Das grundsätzliche Ziel der Handelsakademie wird neu definiert: „Die Handelsakademie vermittelt in integrierter Form umfassende Allgemeinbildung und höhere kaufmännische Bildung, die sowohl zur Ausübung von gehobenen Berufen in allen Zweigen der Wirtschaft und Verwaltung als auch zum Studium an Akademien, Fachhochschulen und Universitäten befähigen." (bm:uk 1994a, 6584) Neben der Universität sind nun auch Fachhochschulen entstanden, ein Umstand, dem auch im neuen Studienplan 2009 Rechnung getragen wurde, indem betriebswirtschaftliche Bachelor-Abschlüsse der Fachhochschule anerkannt werden. Neu im Lehrplan ist die Definition des Allgemeinen Bildungszieles, das nun definiert, was der „Absolvent einer Handelsakademie" können soll. Neu sind nun Ziele, die sich an der Tatsache orientieren, dass Österreich mit 1. Jänner 1995 Mitglied der Europäischen Union ist. Als solche Ziele werden konkret im Allgemeinen Bildungsziel ausformuliert: „Der Absolvent soll weiters [...] die Europäische Union und ihre Mitgliedstaaten in ihren historischen, kulturellen, wirtschaftlichen und sozialen Aspekten kennenlernen, die Bedeutung der Zusammenarbeit der Staaten der Europäischen Union mit anderen Staaten Europas und der übrigen Welt kennen." (bm:uk 1994a, 6584) Der Beitritt zur Europäischen Union hat nun auch ganz konkrete Auswirkungen auf die Inhalte und Ziele im Lehrplan der Handelsakademie und damit auch auf die Ausbildung im Studium. Weitere Änderungen, die auch die Wirtschaftspädagogik betreffen, sind die Einführung von Projektarbeiten im letzten Jahrgang an der Schule zum Nachweis der fachlichen und sozialen Kompetenz sowie die Umstellung des Unterrichtsfaches *Volkswirtschaftslehre und Soziologie* auf *Volkswirtschaftslehre*. Dieser letzte Punkt ist aus wirtschaftspädagogischer Sicht besonders interessant, da sich damit grundsätzlich die Möglichkeit eröffnete, dass auch Wirtschaftspädagoginnen und -pädagogen das Fach unterrichten durften, das bislang vor allem von Juristinnen und Juristen unterrichtet wurde. Dies war ein weiterer Grund, warum die Lehrveranstaltung *EU-Wirtschaft* an der Universität eingeführt wurde. (Vgl. bm:uk 1994a, 6579–6591)

4. Der neue *Lehrplan 2004* brachte einige neue Fächer mit sich, die jedoch für die Wirtschaftspädagogik nicht von unmittelbarer Relevanz sind. Das Allgemeine Bildungsziel wurde aufgesplittert in einen gesetzlichen

Auftrag der Schulart, in Leitziele, in denen nach wie vor u.a. die Ziele zur Europäischen Union definiert sind, und in Kompetenzen. Die allgemeinen didaktischen Grundsätze wurden neu formuliert: „Das Unterrichtsprinzip Entrepreneurship Education (Erziehung zu Unternehmergeist) beinhaltet das Erarbeiten einer speziellen Haltung unternehmerischen Denkens und Handels und zieht sich als Aufgabe quer durch alle Unterrichtsgegenstände und berücksichtigt dabei allgemein gültige Werte." (bm:bwk 2004, 4) Damit steht nun nicht das Fach Betriebswirtschaftslehre, sondern dieses Unterrichtsprinzip im Mittelpunkt. Darüber hinaus werden u.a. folgende besondere Bildungsaufgaben (Unterrichtsprinzipien) aufgenommen: *Erziehung zum europäischen Denken und Handeln* und *Erziehung zum interkulturellen Denken und Handeln*, ohne jedoch auszuformulieren, was darunter zu verstehen ist und wie sich diese vor allem auch zum bestehenden Unterrichtsprinzip *Politische Bildung (einschließlich staatsbürgerlicher Erziehung und Friedenserziehung)* verhalten. Weiter ausgebaut wird der schulautonome Bereich, indem neben Ausbildungsschwerpunkten nun auch sogenannte Fachrichtungen eingeführt werden können. „Die Ausbildungsschwerpunkte sind Bereiche, die zu einer betriebswirtschaftlichen berufsbezogenen Differenzierung führen. Fachrichtungen sind tiefergehende Spezialisierungen in einem betriebswirtschaftlichen Bereich." (bm:bwk 2004, 7)

5. Im *neuen Lehrplanentwurf der Handelsakademien 2013* werden die Pflichtgegenstände in sogenannte Stammbereiche kategorisiert. Folgende Stammbereiche sind vorgesehen: Religion, Persönlichkeit und Karriere, Sprachen und Kommunikation, Wirtschaft und Management, Gesellschaft und Kultur sowie Mathematik und Naturwissen-schaften. Neben dieser Gruppierung sind insbesondere folgende Änderungen zu erwähnen: Die Jahrgänge werden in Semester bzw. Kompetenzmodule untergliedert; ein umfassendes Pflichtpraktikum ist vorgesehen; die Stunden für Betriebswirtschaft sollen ausgebaut werden und der Gegenstand Politische Bildung und Recht wird in zwei Fächer zerlegt. Politische Bildung wird in das Unterrichtsfach Geschichte (Wirtschafts- und Sozialgeschichte) integriert. Das Fach Politische Bildung und Geschichte wird im ersten, dritten und vierten Jahrgang und Recht wird mit drei Stunden im vierten Jahrgang angeboten. Dieser neue Lehrplan wird als Spirallehrplan bezeichnet, d.h. zentrale Inhalte werden mit zunehmender Detaillierung bzw. Komplexität innerhalb eines Stammbereichs ebenso wie fächerübergreifend immer wieder thematisiert. Dafür ist die Zusammenarbeit der Lehrpersonen unverzichtbar.

2.3 Fazit: Wirtschaftspädagogik – ausdifferenziert und normativ

Die Wirtschaftspädagogik als Wissenschaft ist selbst ein Ergebnis der Ausdifferenzierung der Gesellschaft. Die sozioökonomische Entwicklung machte ihre Entstehung möglich. Wie für die Entstehung jeder Wissenschaft, so sind auch für die Wirtschaftspädagogik Personen, Institutionen und Ressourcen ausschlaggebend (vgl. Reinisch 2009, 3). Es sind zwei Besonderheiten, die die Wirtschaftspädagogik als Wissenschaft auszeichnen: Sie stellt sich heute einerseits als eine stark ausdifferenzierte und ausdifferenzierende Wissenschaft dar und ist andererseits eine stark normative Wissenschaft. Beide Ausprägungen sind im Zusammenhang mit ihrer institutionellen Entstehung und Entwicklung erklärbar.

Am Beginn der Wissenschaft Wirtschaftspädagogik stand die normative Institutionalisierung durch die Berufsbildungstheorie. Der Beruf und die Erziehung zum Beruf wurden in den Mittelpunkt gerückt: Die Erziehung zum Beruf ermöglicht den Einstieg in den Beruf, der hernach die Erziehung übernimmt. Nachdem andere Institutionen im Laufe der gesellschaftlichen Entwicklung an Bedeutung verloren hatten, bot sich insbesondere der Beruf als Erziehungsfaktor an: Die wirtschaftlichen Zwänge, denen der Mensch unterliegt, machen die Berufsausübung notwendig. Die Teilnahme am Berufsleben ist darüber hinaus auch eine Teilnahme am Kulturleben. Berufsbildung wird zur Allgemeinbildung und erhält eine kulturphilosophische Legitimation, der neuhumanistischen Trennung von Allgemein- und Berufsbildung wird damit ein Gegenkonzept gegenübergestellt. Am Beginn der Wirtschaftspädagogik steht damit eine normative Setzung: die Bedeutung des Berufs für die gesellschaftliche Eingliederung. Welche Bedeutung diese normative Setzung hat, ist nicht zuletzt daran ersichtlich, dass eine frühzeitige universitäre Teilinstitutionalisierung in Österreich nicht erfolgreich war, weil die Universität nicht bereit war, kaufmännische Inhalte als wissenschaftliche anzuerkennen.

Die Berufsbildungstheorie ermöglichte die regulative Institutionalisierung im Sinne der Errichtung von Lehrstühlen und damit einhergehend bzw. nachfolgend die Etablierung einer eigenen Scientific Community. Auch wenn diese normative Setzung später als eine *Leerformel* gesehen wurde, war sie doch entscheidend für die Ermöglichung einer neuen Wissenschaft. In ihren ersten Jahrzehnten ist die Wirtschaftspädagogik damit in diesem Sinne eine normative Wissenschaft.

Als Wissenschaft beginnt sich die Wirtschaftspädagogik in den 1920er und 1930er Jahren zu etablieren. Das NS-Regime bedient sich dieser neuen Wissenschaft und es kommt in dieser Zeit zu wesentlichen Institutionalisierungsschritten.

Auch in Österreich erhält in dieser Zeit das bereits vorhandene *betriebswirtschaftlich-pädagogische Institut* an der Hochschule für Welthandel seine Bezeichnung *Institut für Wirtschaftspädagogik*. Die wirtschaftspädagogische Lehre und Forschung marschiert im nationalsozialistischen Gleichschritt und gibt in der Berufserziehung den totalitären Takt vor. In der nationalsozialistischen Zeit ist die Berufs- und Wirtschaftspädagogik extrem normativ und folgt einer totalitären, menschenverachtenden Norm. In diesem Kontext ist völlig wertfrei zu erwähnen, dass die Berufs- und Wirtschaftspädagogik gar nicht anders kann, als sich mit dem Staat auseinanderzusetzen. Sowohl das Konzept Beruf als auch Wirtschaft bzw. Wirtschaften sind vom Staat abhängig. So gesehen wird es in jedem Staat, egal welcher Herrschaftsform, die Berufs- und Wirtschaftspädagogik geben, wenn sie vom Staat als sinnvoll bzw. nützlich erachtet wird. Wäre die Berufs- und Wirtschaftspädagogik rein deskriptiv, dann hätte es nicht zur kritischen Auseinandersetzung mit der Institutionalisierungsphase im nationalsozialistischen Regime kommen können. Da es nun aber doch einen Unterschied macht, welcher Herrschaft gedient wird, ist die Berufs- und Wirtschaftspädagogik nur normativ zu begreifen.

Diese in den 1960er-Jahren einsetzende Kritik an der Institutionalisierung im Dritten Reich und an der Berufsbildungstheorie ist wiederum insofern normativ, als sie einerseits die historisch stattgefundene Institutionalisierung zu Recht aus moralischen Gesichtspunkten heraus angreift und andererseits die Berufsbildungstheorie entweder mit dem Kritischen Rationalismus oder der Kritischen Theorie, die sich als ein Gegen-Etwas und damit Normatives äußert, ablehnt. Dem Kritischen Rationalismus ist insofern eine Normativität zuzuweisen, als er ein Sollen verlangt, das auf das ausschließlich Empirische verweist. Darüber hinaus kann, wie am Beginn dieser Arbeit dargelegt wurde (siehe 0.4), Empirisches nicht ohne Theorie auskommen, weshalb auch in der empirischen Arbeit gewisse Setzungen und damit Normierungen, die auch Popper eingestand, notwendig sind – in diesem Sinne ist jede Wissenschaft normativ. Damit ist die Wirtschaftspädagogik aufgrund der geschichtlichen Entwicklung und ihrer Bindung an normative Institutionen noch stark normativ gebunden. Krasensky (1972, 25) spricht explizit den normativen Zugang an: „Wir vertreten die normative Wirtschaftspädagogik, d.h. jene Wirtschaftserziehung, die an der sozialen Leistungsgerechtigkeit orientiert ist." Es bleibt jedoch bei einer marktwirtschaftlichen Gerechtigkeit, also einer Gerechtigkeit, die nur bei jenen ansetzen kann, die am Markt partizipieren. Aber entscheidend ist hier nicht die Art und Weise der normativen Ausrichtung, sondern die Feststellung, dass Wirtschaftspädagogik normativ ist. Welcher Norm gefolgt wird, bzw. aus welcher ethischen Perspektive heraus gehandelt wird, ist ein wesentlicher Punkt im vierten Kapitel. Die entscheidende Frage ist daher nicht, ob die Wirtschaftspädagogik normativ ist, sondern welcher Norm bzw. welchen Normen sie folgt. Als eine pädagogische Wissenschaft wird sie kaum – dazu mehr im vierten Kapitel – ihre normative Ausrichtung abstreifen können. In diesem Sinne führt auch Arnold (1997, 19–30) aus, dass die Betriebspädagogik, also jener Teil der Wirtschaftspädagogik, der sich im besonderen Maße mit der Betriebswirtschaft, dem Betrieb und der Pädagogik beschäftigt, eben eine Pädagogik ist und sich daher dem Individuum zuwendet und die Subjektorientierung in den Mittelpunkt rückt. Damit gibt die Pädagogik ein Ziel vor und wendet sich gegen die Instrumentalisierung und Nutzbarmachung des Einzelnen in einem zweckorientierten, betriebswirtschaftlich ausgerichteten Umfeld – eine Balance, die es nach Arnold zu halten gilt. „Ansatzpunkt der Pädagogik ist das Individuum und nicht die Organisation oder der Betrieb." (Arnold 1997, 22) Die in der Aufklärung entstandene Vorstellung von der Mündigkeit und dem richtigen Einsatz der Vernunft ist für die heutige Pädagogik maßgebend geworden.

> „Die Pädagogik ist somit eine ‚wertfreie' Wissenschaft nur insoweit, als sie willkürliche normative Setzungen, die keinem Diskurs standzuhalten vermögen, vermeidet bzw. ideologiekritisch decouvriert. Sie ist gleichwohl Werten verpflichtet, als sie selber als Teil einer historischen Entwicklung sich den mit dieser erreichten Möglichkeiten des Vernunftgebrauchs verbunden weiß und ihre Aufgabe gerade darin findet, die Realisierungsmöglichkeiten für Mündigkeit und Vernunftgebrauch zu erforschen und in dem Bewusstsein zu gestalten, dass – wie es der französische Kultursoziologe Pierre Bourdieu ausdrückte – ‚Vernunft eine historische Errungenschaft (ist), wie die Sozialversicherung' (Bourdieu 1985). Dieser historisch ‚begründete' Wertbezug der Pädagogik ist interpretativ, d.h. verstehend, immer wieder neu aus dem historischen Prozess und den gesellschaftlichen Gegebenheiten zu begründen; diese Interpretation unterliegt dabei den Mechanismen rechten Vernunftgebrauchs und ist offen für Infragestellungen, Kritik und Falsifikationen." (Arnold 1997, 38)

In der institutionellen Erziehung stehe die Wissensvermittlung (Erfahrungswissen, Kulturtechniken, Traditionswissen etc.) im Mittelpunkt. Diese Funktion sei mit der Normenvermittlung unmittelbar verbunden. Dem Staat müsse die Bildung von guten Bürgerinnen und Bürgern ein Anliegen sein. In der ständischen Gesellschaft sei diese Funktion immer automatisch vorhanden gewesen, habe sich Erziehung ja immer in einem bestimmten Stand vollzogen und wurden damit auch die spezifischen Werte, Normen und Habiti reproduziert. (Vgl. Oevermann 2009, 144)

> „Trotz dieser notwendigen Amalgamierung von Wissens- und Normenvermittlung gehe ich hier vom Primat der Wissensvermittlung bei der Ausdifferenzierung und Verselbstständigung des pädagogischen Handelns aus. Denn es ist die Vermittlung komplexen, spezialisierten und eine Kodifizierung und Systematik erfordernden Wissens, die eine Erziehung außerhalb der naturwüchsigen Sozialisationspraxis erzwingt, und nicht die Normenvermittlung. Wenn aber in der erweiterten Wissensvermittlung eine ausdifferenzierte, eigene institutionelle Erziehung und ein darauf bezogenes pädagogisches Handeln nötig wird, dann wären deren Beschränkung ausschließlich auf die Wissensvermittlung ohne gleichzeitige Berücksichtigung der Normenvermittlung außerordentlich prekär und schon deshalb praktisch brüchig,

weil anlässlich des sozialen Vorgangs der Wissensvermittlung in der Unterweisung permanent normierungsbedürftig gehandelt und kooperiert werden muss.

Der Differenzierung von Wissensvermittlung und Normenvermittlung entspricht, wenn auch keineswegs deckungsgleich, grob jene von Ausbildung und Bildung. Denn die Normenvermittlung ist ja in sich nur gültig, wenn sie sich nicht auf das trockene Geschäft des Vorbetens normativer Inhalte beschränkt, sondern die Bedeutsamkeit und Geltung der Normen im sozialen Zusammenleben praktisch vorlebt und einklagt. Normenvermittlung läuft immer auf die Vermittlung eines Habitus und insofern auf Bildung hinaus – heutzutage auf die Bildung des mündigen Bürgers in der Befähigung zur selbstverantwortlichen Verfolgung des Eigeninteresses unter der Bedingung der Achtung des anderen in seiner Eigenart und Würde einerseits und der Verpflichtung gegenüber dem Gemeinwohl andererseits." (Oevermann 2009, 145)

Die Wirtschaftspädagogik muss aufgrund ihres Aufgabengebietes wissenschaftlichen und pragmatischen Ansprüchen genügen.

„Sie führen in ein Spannungsfeld, welches insbesondere die Ausweisung von Normen sowohl auf der Praxis- als auch der Theorieebene notwendig macht. Der ‚pädagogische Zeigefinger' gehört unserer Auffassung nach zu einer Wirtschaftserziehungswissenschaft; in dieser auszuweisenden normativen Orientierung liegt ein Anker." (Sloane, Twardy & Buschfeld 2004, 65)

Neben der Normativität ist die Ausdifferenzierung in den Blick zu nehmen. Als etablierte Wissenschaft wurden immer mehr Lehrstühle im deutschsprachigen Raum gegründet. Die Idee breitete sich sozusagen räumlich aus. In der dritten Phase der Berufs- und Wirtschaftspädagogik formen sich immer mehr Positionen der Wirtschaftspädagogik aus. Schließlich sind die Positionen so vielfältig, dass sich die Frage nach dem Selbstverständnis stellt. Von der Berufshochschulidee bzw. der Handelsakademie-Idee ausgehend, die Schule fokussierend, hat sich eine Wissenschaft herauskristallisiert, die in verschiedenen Bereichen tätig ist. Sie hat sich als eine *Little Science* (vgl. Reinisch 2009; Price 2001) gegenüber anderen ausgeformt, ausdifferenziert und etabliert. Sie ist aber auch gleichzeitig nach innen differenzierend, zumindest in dreifacher Weise:

1. Sie differenziert hinsichtlich ihres Verhältnisses von Erziehungswissenschaften und Wirtschaftswissenschaften aus. Aff (2008) unterscheidet, wie dargestellt, sechs verschiedene Ausformungen, je nachdem ob die Wirtschaftspädagogik mehr zur Erziehungswissenschaft oder mehr zur Wirtschaftswissenschaft tendiert. Sloane (2001) zeigt verschiedene Positionierungen und Lempert (2009a) verschiedene Verhältnisse von Berufspädagogik, Wirtschaftspädagogik und Erziehungswissenschaften auf.
2. Sie differenziert hinsichtlich ihres Zuganges zur ökonomischen Rationalität bzw. zu den verschiedenen ökonomischen Rationalitäten.

Wobei die traditionelle Ökonomie im Mittelpunkt steht. (Vgl. Aff 2004)
3. Sie differenziert in ihrem Verhältnis zur Ethik. Dies ist Inhalt der Beck-Zabeck-Kontroverse, die im vierten Kapitel aufgearbeitet wird. Es wird sich zeigen, dass der zweite Punkt ein wesentlicher Bestandteil des dritten ist.

Die Wirtschaftspädagogik ist also im Hinblick auf die Pädagogik, die Ökonomik, die Ökonomie und die Ethik ausdifferenziert. Dies wird im vierten, fünften und sechsten Kapitel aufgegriffen und weiter verfolgt. Insbesondere gilt es zu untersuchen, welche verschiedenen ethischen Zugänge in einer wirtschaftlichen Erziehung zum Tragen kommen könnten und wie diese im Verhältnis zur ökonomischen Rationalität zu verstehen sind. Schließlich sind damit auch Aussagen über die Ausformung der Wirtschaftspädagogik zwischen Erziehungswissenschaft und Wirtschaftswissenschaft zu treffen. Dabei geht es um die Frage, wie wirtschaftliche Erziehung in einer pluralistischen, ökonomisierten Gesellschaft zu verstehen ist. Die Wirtschaftspädagogik hat sich im Zuge ihrer Ausdifferenzierung verschiedenen Bereichen und Ausformungen zugewandt und läuft Gefahr, wesentliche sozioökonomische Grundfragen nicht zu diskutieren. „Dabei wäre gerade dieses Fach dafür prädestiniert, über wissenschaftliche Disziplinen hinweg interdisziplinär auf die aktuellen sozioökonomischen Fragen unserer Zeit einzugehen." (Tafner 2012a, 36)

Bislang wurde analysiert, was im historischen Vollzug sichtbar war. Selbstverständlichkeiten können aber auch zu Unterlassungen führen. In einer Analyse regulativer Institutionen sind sie schwer zu fassen, weil sie nicht sichtbar sind. Der Blick zurück auf die Entwicklung in Österreich zeigt, dass die Wirtschaftspädagogik in Österreich ganz stark die Handelsakademie fokussiert, obwohl es auch andere Vollzeit-Schulen gibt, in denen Wirtschaftspädagogen tätig sein können (auch der Autor selbst hat seine Analyse vom Lehrplan der Handelsakademie ausgehend vorgenommen, um hier dieser Selbstverständlichkeit zu folgen). Noch auffallender ist, dass sich die Wirtschaftspädagogik in Österreich überhaupt nicht mit der Primärstufe, also mit der Vermittlung von ökonomischen Inhalten in den Volksschulen, und mit der Sekundärstufe I auseinandersetzt, obwohl wirtschaftliche Inhalte in den einschlägigen Lehrplänen verankert sind. Dasselbe gilt für die allgemeinbildenden höheren Schulen und die Frage der ökonomischen Allgemeinbildung. Die Tradition und Selbstverständlichkeit geht hier davon aus, dass dies ein Aufgabenbereich der Geografen bzw. Wirtschaftsgeografen ist. Ebenso ist bemerkenswert, dass sich die Wirtschaftspädagogik in Österreich kaum mit dem dualen System auseinandersetzt, wo dies doch in Deutschland den wesentlichen Kern der Berufs- und Wirtschaftspädagogik ausmacht. Das hat wiederum damit zu tun, dass die Lehrpersonen in den Berufsschulen aus der Praxis kommen und ihre pädagogisch-didaktische Arbeit ohne pädagogische, fachdidaktische Ausbildung beginnen und diese erst im Laufe der beruflichen Tätigkeit nachholen. Die Zuständigkeit für die Ausbildung liegt nicht an der Universität, sondern an den Pädagogischen Hochschulen. Dieser Umstand führt dazu, dass sich die Wirtschaftspädagogik in Österreich kaum mit der Berufspädagogik auseinandersetzt. Es wird damit offentsichtlich, welche starke Rolle regulative Institutionen spielen und wie sie zu Selbstverständlichkeiten werden können. Niemand könnte die wirtschaftspädagogische Forschung grundsätzlich davon abhalten, sich mit einem dieser Bereiche auseinanderzusetzen. Es wird jedoch kaum getan, weil der institutionelle Unterbau fehlt. Doch auch auf diesen Feldern geht es um die grundlegenden Fragen der Wirtschaftspädagogik im Sinne einer wirtschaftlichen Erziehung und Bildung. Dies muss insbesondere für ein Studium gelten, das nicht ein Lehramtsstudium, sondern ein sozial- und wirtschaftswissenschaftliches Studium ist, das der Berechtigung zum Unterrichten von kaufmännischen bzw. wirtschaftlichen Fächern dient. Die Fokussierung auf den Lehrberuf allein und dabei vor allem auf die Handelsakademie ist daraus nicht abzulesen. Kurz gesagt: Wirtschaftspädagogik sollte breiter gedacht werden.

Wird die Entwicklung der Institutionen von der Mesoebene aus gesehen, dann sind noch einige weitere Faktoren zu berücksichtigen: Als eine wesentliche Voraussetzung für die Gründung eines Lehrstuhls oder eines Instituts kann der Bedarf an wissenschaftlichen Know-how genannt werden. Sie ist eine notwendige, aber keine hinreichende Bedingung. Die Geschichte des kaufmännischen Schulwesens für Österreich zeigt, dass es zusätzlich zu dieser Bedingung auch eine normative Grundlage geben muss. Als in Graz der Lehrstuhl gegründet wurde, war der Bedarf groß und die normativen, aber auch regulativen Institutionen waren gegeben. Die Analyse der Studienpläne zeigt, dass sich das Ziel der wirtschaftspädagogischen wissenschaftlichen Berufsvorbildung an der Universität im Laufe der Zeit immer stärker ausdifferenziert hat: Wurden anfangs nur Lehrpersonen ausgebildet, folgte danach das Ziel, für alle Wirtschaftsbereiche auszubilden und wissenschaftliche Kompetenzen zu fördern, und darauf folgte das Ziel, Betriebspädagoginnen und -pädagogen auszubilden. Das Ziel wurde also selbst immer ausdifferenzierter. Darüber hinaus ist zu erkennen, dass dabei auch immer stärker nichtschulische, wirtschaftliche und wissenschaftliche Aspekte zum Tragen kamen. Im Hintergrund vollzog sich auf universitärer Ebene eine „Vermarktlichung" (Prisching 2002) der Universität, die zu mehr Autonomie und zu höheren Leistungen der einzelnen Universitäten führen sollte. Die Analyse der Lehrpläne der Handelsakademie zeigt die Anpassung an den technischen Fortschritt, an pädagogische Entwicklungen und Strömungen (z.B. die Bedeutung der Kompetenzen) und gesamtgesellschaftliche Veränderungen, wie den

Beitritt zur Europäischen Union. Nicht nur die Universitäten, auch die Schulen wurden autonomer – wenn auch in wesentlich bescheidenerem Rahmen – und können eigene Ausbildungsschwerpunkte und Fachrichtungen einführen, um ein eigenes Schulprofil zu entwickeln. Auch hier ist die Idee des Wettbewerbs ersichtlich.

Die Entwicklung der Wirtschaftspädagogik kann demnach mit *Diffusion und Konzentration* (Sloane 2001) oder mit „Ausdifferenzierung" (Gonon, Reinisch & Schütte 2010, 440) vor dem Hintergrund der Ökonomisierung bezeichnet werden.

> *„Denn die Wirtschaft hat eine so große Bedeutung erlangt, dass der weitere Kulturverlauf entscheidend durch das ökonomische Verhalten der heute lebenden Menschen und der künftigen Generationen bestimmt wird. Es ist daher ein wichtiges Anliegen, durch eine gute wirtschaftliche Erziehung auf dieses Verhalten einzuwirken. Es wäre zwar eine Überschätzung des Einflusses der Erziehung auf den Gang der Geschichte, wenn man glauben würde, dass deren Verlauf entscheidend durch planmäßige Erziehungsmaßnahmen beeinflusst werden kann. Die letzten 200 Jahre der europäischen Geschichte geben Anlass zu einer skeptischen Beurteilung dieser Frage. Die eigentlichen Ursachen für den krisenhaften Zustand der heutigen Kultur liegen so tief, dass die Mittel der Erziehung nicht ausreichen, um sie zu überwinden. Diese Feststellung entbindet jedoch die Erziehungswissenschaft nicht von der Verpflichtung, das Ihrige dazu beizutragen, dass die in der heutigen Kultur vorhandenen gefährlichen Spannungen überwunden werden können. Eine der wichtigsten Aufgaben ist in dieser Hinsicht die pädagogische Erschließung des Kulturbereichs Wirtschaft; dies ist der besondere Auftrag, den im Rahmen der modernen Erziehungswissenschaft die wirtschaftspädagogische Forschung zu erfüllen hat."*
> (Abraham 1966, 30)

3 Wirtschaftliche Erziehung

Im zweiten Kapitel wurde gezeigt, dass die normative Basis für die Entstehung und Entwicklung der Wirtschaftspädagogik die Berufsbildungstheorie war. Sie implizierte die Notwendigkeit der Erziehung. Es wurde ebenso gezeigt, dass wirtschaftliche Erziehung politisch missbraucht wurde. Mit der kritischen Theorie und dem kritischen Rationalismus setzte die Ausdifferenzierung der Wirtschaftspädagogik ein.

Heute stellt sich in einer pluralistischen und ausdifferenzierten Gesellschaft die Frage, ob überhaupt noch von Erziehung und damit von wirtschaftlicher Erziehung gesprochen werden kann. In diesem Kapitel wird versucht, eine Begründung für die Verwendung des Begriffs *wirtschaftliche Erziehung* zu geben. Zuerst wird ein Blick in die Erziehungswissenschaft (3.1) geworfen, die sich als eine sehr uneinheitliche und unübersichtliche Wissenschaft darstellt. Danach wird die wirtschaftspädagogische Perspektive eröffnet und die Suche nach einer Begründung aufgenommen (3.2). Die Rolle der Erziehung im Kontext der Berufsbildungstheorie wurde bereits ausführlich im zweiten Kapitel dargelegt, weshalb sich die Analyse hier auf die Zeit nach dem Zweiten Weltkrieg beschränkt. Dabei wird versucht, eine zeitliche Kontrastierung vorzunehmen: Da es grundsätzlich wenige Publikationen gibt, die sich explizit mit wirtschaftlicher Erziehung als solcher auseinandersetzen, wird auf zwei Publikationen eingegangen, die sich diesem Thema widmen: Die Publikation *Wirtschaftspädagogik. Grundfragen der wirtschaftlichen Erziehung* (Abraham 1966) stammt aus der Zeit, als die Wirtschaftspädagogik am Höhepunkt ihrer kulturphilosophischen Selbstzuwendung stand (vgl. Sloane 2001, 164). Zum besseren Verständnis dieser Arbeit wird auch auf *Der Betrieb als Erziehungsfaktor. Die funktionale Erziehung durch den modernen wirtschaftlichen Betrieb* (Abraham 1957) eingegangen. Abrahams Hauptthesen werden danach jenen von Zabeck (2004) *Berufserziehung im Zeichen der Globalisierung und des Shareholder-Value* gegenübergestellt, um damit eine zeitliche Kontrastierung zu gewinnen, die sich auf einen Zeitraum von ca. vier Jahrzehnten bezieht und damit auch die Entwicklung der Idee der wirtschaftlichen bzw. beruflichen Erziehung in den Blick nimmt. Beide Ansätze werden neo-institutionell interpretiert und danach wird ein Fazit gezogen (3.3).

3.1 Erziehung und Erziehungswissenschaft

„Die Erziehungswissenschaft ist ein unübersichtliches Gebiet geworden", schreibt Gudjons (2003, 19), weshalb es auch keine allgemeingültige Gliederung und Systematik gibt. Auch die Frage, was denn nun ihr eigentlicher Inhalt sei, bleibt relativ offen: Erziehung, Bildung, Sozialisation, Lebensbegleitung oder Lernen können als Gegenstände der Erziehungswissenschaft beschrieben werden. Als die wesentlichsten Richtungen können die geisteswissenschaftliche Pädagogik, die kritisch-rationale (empirische) Erziehungswissenschaft und die kritische Erziehungswissenschaft genannt werden, die sich auch in ihren Forschungsmethoden wesentlich voneinander unterscheiden. In den letzten 30 Jahren stand die wissenschaftstheoretische Auseinandersetzung im Mittelpunkt. Im Bereich der quantitativen Forschung hat sich die Erziehungswissenschaft stark ausgeweitet und im Bereich der qualitativen Forschung stark ausdifferenziert. Darüber hinaus rückten die Betrachtungen der Alltäglichkeiten stärker in den Fokus und die Theorieentwürfe wurden immer vielfältiger. (Vgl. Gudjons 2003, 19–48) Auch lässt sich eine stärkere Wieder-Einbeziehung der Kultur erkennen (vgl. Duncker 2010, 172–175). Darüber hinaus ist eine starke Nachfrage nach pädagogischer „Beraterliteratur" mit Handlungsanweisungen für die „wachsenden Berufsnöte" von Lehrpersonen zu beobachten (vgl. Ilien 2008, 12).

Pädagogik beschäftigt sich mit der Erziehung und Ausbildung von Menschen. Etymologisch ist das Wort Pädagogik auf *paidagōgós* zurückzuführen, was so viel wie Kinderführer bedeutet (*paidós* bedeutet Kind bzw. Knabe und *ágein* führen), wobei ursprünglich der Pädagoge ein Sklave war, der die Betreuung der Kinder übernahm und die Kinder führte (vgl. Kluge 1999, 607). Mit der Aufklärung wurde als Ziel der Erziehung, ein selbstbestimmter und verantwortungsvoller Mensch zu werden, definiert. Die Pädagogisierung, d.h. die wissenschaftliche Auseinandersetzung mit Ausbildung und Erziehung sowie die Erziehung in Organisationen wie Schulen und Hochschulen, die zumeist staatlich finanziert und kontrolliert sind, ist ein Ergebnis der Modernisierung unserer Gesellschaft. Diese führte zu einer „Verschulung" von Kindheit und Jugend, die auch zu einer Vereinheitlichung der Wahrnehmungsmuster führt. (Vgl. Tenorth 2010, 15–26; 200–202; Terhart 2009, 21–29)

Die pädagogische Theorienbildung greift stark auf sozialwissenschaftliche Sichtweisen zurück, so z.B. in den professionstheoretischen Ansätzen (vgl. Ophardt 2006, 9–19 und vor allem Combe & Helsper 1996). Die Erziehung außerhalb der Familie ist durch eine distanzierte pädagogische Beziehung geprägt. Sie ist eine partikulare, die sich sowohl von einer Beziehung unter Freunden als auch von jenen in der Familie unterscheidet und darüber hinaus nur eine bestimmte Dauer aufweist. Trotz der Partikularität begegnen sich die Menschen in pädagogischen Kontexten in ihrer ganzen Persönlichkeit, weshalb neben Kompetenz vor allem auch Authentizität und Reflexionsfähigkeit von Lehrpersonen eingefordert wird. (Vgl. Giesecke 2007, 12–131) Die verschiedenen Theorien zur Professionsforschung lassen sich letztlich auf eine Besonderheit zurückführen, die für alle Professionen – also auch für den Lehrberuf – relevant sind: Sie sind im Kern ihrer Tätigkeit mit Widersprüchen konfrontiert, die sie berufspraktisch lösen müssen. (Vgl. Wernet 2003, 19–25) Als für die Pädagogik typische Widersprüche werden vor allem die Dialektik von Autonomie und Heteronomie sowie die Problematik von Distanz und Nähe herausgestrichen. Vor allem Helsper (1996, 521–569) macht auf diese Antinomien aufmerksam. Wernet (2003) sieht diese Widersprüche hingegen nicht, sondern spricht von Ambiguitäten: „Der Lehrerberuf ist so systematisch durch Rollenambiguitäten, Mehrdeutigkeiten und Ambivalenzen charakterisiert und die professionelle Kompetenz besteht darin, die Ambivalenzen und Mehrdeutigkeiten zu integrieren." (Wernet 2003, 28)

Prange (2000, 7) hält ein „Plädoyer für Erziehung", weil seit der Einführung des Begriffs Erziehungswissenschaft für Pädagogik im Laufe der Entwicklung der Begriff der Erziehung selbst an Bedeutung verloren hat. Erziehungswissenschaft steht heute einerseits als Synonym für Pädagogik, andererseits aber kann Pädagogik die pädagogische Praxis bezeichnen und Erziehungswissenschaft die wissenschaftliche Auseinandersetzung (vgl. Gudjons

2003, 21).³⁷ Erziehung als Begriff in den Erziehungswissenschaften ist „suspekt geworden" (Raithel, Dolliner & Hörmann 2009, 10). Aus der Pädagogik wurde die Erziehungswissenschaft und aus dieser die Bildungswissenschaft.³⁸ Mit einer Umbenennung von Erziehungswissenschaft zu Bildungswissenschaft ist aber nichts gewonnen, weil die Begriffe Bildung und Erziehung nicht einheitlich verwendet werden und damit die Konnotationen offen bleiben (vgl. Sailer 2007, 135). Bank (2009, 12) ist „fassungslos" angesichts der „neueste[n] Mode in der Pädagogik, sich als ‚Bildungswissenschaft' zu bezeichnen". Bildung ist ein Begriff, der vom Inhalt und den Verhaltenskategorien nicht determiniert ist. „Der Kern des Bildungsproblems liegt in der mangelnden begrifflichen Trennung vom Erziehungszusammenhang. *Bildung* lässt sich als ein Ziel, als ein beabsichtigtes Ergebnis von Erziehung fassen, das in Konkurrenz zu Schlüsselqualifikation, zu Kompetenz und zu Qualifikation steht, die didaktisch allesamt eine zumindest graduell höhere Fasslichkeit aufweisen." (Bank 2009, 12–13)

Gudjons (2003, 184) führt aus erziehungswissenschaftlicher Sicht aus, dass es viele Gründe für die „Auflösung" des Erziehungsbegriffes gibt und verweist u.a. auf Tenorth (1992, 12), der von einem „Begriffswirrwarr" schreibt; Brezinka (1988, 247) spricht von „Sprachverwilderung" oder Schwenk (1989, 437) von „Auflösung des Begriffs". Es ist „der Geruch der Fremdbestimmung, des illegitimen Eingreifens in das Werden eines/r Heranwachsenden, Beschneidung der Freiheit", die nach Gudjons (2003, 184) mit Erziehung konnotieren. Erziehung richtete sich historisch betrachtet keinesfalls immer auf den autonomen Menschen aus. Da Erziehung ein semantisches Konstrukt darstellt, ist es für verschiedene Interpretationen offen (vgl. Wimmer 1996). Am stärksten kommt die negative Konnotation des Begriffes Erziehung in der Antipädagogik zum Ausdruck, die sich explizit gegen Erziehung wendet:

> „Es ist selbstverständlich, dass Antipädagogik sich nicht gegen ‚Bildung', auch nicht gegen ‚Unterricht' wendet, sondern nur gegen ‚Erziehung' (und deren Gebrauchsanweisung ‚Pädagogik'). Der Anspruch, andere Menschen in ihren ‚Grundstrukturen' zu formen, ihnen ‚Ziele der Lebensgestaltung', den ‚Kurs fürs Leben' zu setzen, darüber zu bestimmen, was sie als ‚lebenswert' betrachten, sie zur ‚Verinnerlichung gleichbleibender dominanter Motivationen' zu zwingen, dieser Anspruch ist es, der mit dem Begriff ‚Erziehung' gekennzeichnet wird. Ihn zu durchschauen als seinem Wesen nach intolerant, misstrauisch, totalitär und auf Entselbstung zielend, ist die Voraussetzung dafür, die Erziehung nicht nur als überflüssig [...], sondern als kin-

---

[37] Gudjons (2003, 21) dazu: „Freilich sieht man bereits an dieser Stelle, dass unter dem scheinbar harmlosen Begriffsgeplänkel eine Tretmine verborgen liegt, auf die man sehr schnell stößt, sobald man etwas tiefer gräbt: die Frage nach dem Verhältnis von wissenschaftlicher Theorie und pädagogischem Handeln, von Wissenschaft und Praxis – und damit die Frage nach dem Wissenschaftscharakter dieses Faches."
[38] Einige Institute und Fakultäten verwenden heute den Begriff Bildungswissenschaft.

der-, menschen-, lebensfeindlich, als verbrecherisch zu erkennen." (Braunmühl 2006, 71)

Der Begriff Erziehung geht auf *ziehen* oder *Zucht* zurück. Damit ist primär das *Hervorziehen* als Geburtshilfe gemeint, wenn es Schwierigkeiten im Geburtsvorgang gibt. *Hineingezogen* wird der neugeborene Mensch aber auch in eine bestimmte Gruppe oder Familie. Bei Martin Luther (1483–1546) bedeutet *Kinderzucht* oder *Zucht* soviel wie heute Erziehung. Zucht wurde aber auch in Sinne von Strenge und *Züchtigung* verstanden. So gab es auch das Züchtigungsrecht der Lehrperson. Erziehung im heutigen Sinn will zur Freiheit führen. (Vgl. Gamm 1969, 141–143)

Erziehung wird unterschiedlich definiert.[39] Nach Brezinka (1977, 171) werden „als Erziehung […] soziale Handlungen verstanden, durch die Menschen versuchen, das Gefüge der psychischen Dispositionen anderer Menschen in irgendeiner Hinsicht dauerhaft zu verbessern oder seine als wertvoll beurteilten Komponenten zu erhalten". Klafki (zitiert in Schröder 2001, 96) gebraucht das „Wort ‚Erziehung' im umfassendsten Sinn als Begriff für alle bewussten Einwirkungen von Menschen, die auf die Entwicklung und die Veränderung des Wissens und Könnens, dauerhafte Haltungen und Verhaltensformen anderer, insbesondere junger Menschen, gerichtet sind". Kron (2009, 44) definiert Erziehung als „die bewusste und/oder geplante Beeinflussung von Personen, insbesondere von Heranwachsenden". Raithel, Dolliner und Hörmann (2009, 21) definieren: „Erziehung (*educatio*) stellt die auf biologisch-physiologischer Zuwendung aufbauende geplante, systematisch begründbare und prinzipieller Überprüfbarkeit unterliegende psychosoziale Intervention (Unterricht, Förderung, Beratung) als Hilfestellung zur Entwicklung personaler und sozialer Selbstwerdung und Handlungsfähigkeit dar (Erzieher-Perspektive)." Für Reinisch bedeutet pädagogisch zugleich erzieherisch und beschreibt ein bewusstes Einwirken der Erziehenden. Das Resultat, das sich nach erfolgtem Erziehungsprozess einstellt, kann nach Reinisch entweder als Schlüsselqualifikation, Kompetenz oder Bildung bezeichnet werden:

> „Mit dem Wort ‚pädagogisch' wird ein spezifisches Denken und Handeln von Menschen bezeichnet, die in der Rolle eines Erziehers – als Eltern, Lehrkräfte, betriebliche Ausbilder, etc. – auf andere, häufig jüngere Personen in der Absicht mit kommunikativen Mitteln einwirken, diese in ihrer kognitiven, affektiven, volitionalen und psychomotorischen Entwicklung zu fördern. Der pädagogische Prozess zielt mithin darauf, dass durch Hilfestellung des Erziehenden anfangs im geistigen Sinne ‚unvollständige' Menschen zu ‚vollständigen' werden, diese also den Zustand des Gebildetseins erreichen." (Reinisch 2009, 8)

---

[39] Es ist unmöglich und nicht zielführend, eine Abhandlung über alle Arten von Erziehungsdefinitionen in dieser Arbeit zu geben. Eine Auswahl soll aber Unterschiede und Gemeinsamkeiten aufzeigen.

Erziehung wird in dieser Arbeit im Sinne Benners (1991, 17; 2012, 127–149) als das Einleiten eines reflexiven Prozesses verstanden, der zu neuen Erfahrungen, zu neuem Nachdenken und eigenem Handeln führen soll. Erziehung wirkt demnach niemals direkt oder unmittelbar. Erziehung ist eine Anregung zum Selber-Denken und Selber-Tun, das zur Selbstständigkeit und Eigenverantwortung führt bzw. diese stärkt. Dabei ist davon auszugehen, dass Erziehung Enkulturation, Sozialisation und Individuation umfasst und nicht ohne Normen, Werte und Ziele zu haben ist. Erziehung ist – im Gegensatz zu Lernen – kein wertneutraler Begriff. Es geht nicht wie beim Lernen um die Änderung menschlicher Verhaltensdispositionen, sondern um Verbesserungen. (Vgl. Gudjons 2003, 175–183 u. 214)

Für Zabeck (2004, 133) ist Erziehung immer „in ein übergreifendes soziales Geschehen [eingebettet], in dem sich Interessen ganz unterschiedlicher Art artikulieren. Die Frage, wozu erzogen werden soll, wird in der pluralistischen Gesellschaft in keinem geschlossenen Sinnhorizont aufgeworfen und beantwortet". Da die Ziele der Erziehung, die pädagogischen Verfahren und die organisatorischen Rahmenbedingungen umstritten sind, gibt es nach Zabeck auch keinen Konsens darüber, was die ältere Generation der jüngeren weitergeben soll.[40]

Giesecke (2007, 45–46 u. 57) versteht pädagogisches Handeln als eine Form sozialen Handelns, weil es am Handeln anderer ausgerichtet ist. Darum kann es auch kein *richtiges* pädagogisches Handeln, sondern nur ein angemessenes Handeln in einer einmaligen Situation geben. Das oberste Ziel, definiert Giesecke, ist „Lernen ermöglichen, soweit dies im Bewusstsein und im argumentativen Austausch möglich ist". Lernen wiederum wird als das Erreichen der Mündigkeit im Sinne Kants verstanden. Lernen ist also bei Giesecke im Gegensatz zu Gudjons auch normativ.

Brezinka (1977, 52–70) gibt folgende acht Bedeutungen von Erziehung wieder, die er als Gegensatzpaare darstellt:

1. *Prozessbedeutung versus Produktbedeutung:* Erziehung ist sowohl Prozess als auch Produkt. Unsicher bleibt immer, ob eine erzieherische Absicht zu einem Erfolg führt oder ob ein Ergebnis tatsächlich aufgrund einer bewusst gesetzten erzieherischen Maßnahme eingetreten ist. Das Produkt bleibt also immer gewissermaßen unsicher.
2. *Deskriptiver versus programmatisch-präskriptiver Begriffsgebrauch:* Ein deskriptiver Begriff versucht, nicht normativ, sondern beschreibend zu sein.

---

[40] Das ist eine erstaunliche Aussage Zabecks, die letztlich widersprüchlich ist, weil er in seiner Berufserziehung von einer ganz bestimmten Moralvorstellung im Sinne Kants ausgeht, die Ausgangspunkt und Ziel seiner Konzeption der Moralerziehung ist (mehr dazu im vierten Kapitel).

Ein programmatisch-präskriptiver Begriff geht davon aus, dass auch mitgeteilt wird, was erreicht werden soll.
3. *Absichts-Begriff versus Wirkungs-Begriff:* Der erste Begriff fokussiert lediglich die Absicht, die Wirkung ist bedeutungslos. Der zweite Begriff wiederum sieht nur die Wirkung. Wobei auch dabei unklar bleibt, ob die Wirkung tatsächlich auf die pädagogischen Maßnahmen zurückzuführen ist.
4. *Handlungs-Begriff versus Geschehens-Begriff:* Der erste Begriff zielt auf Handlungen ab, die eine bestimmte Förderabsicht verfolgen. Nur solche werden dann als Erziehung bezeichnet. Der Geschehens-Begriff zielt darauf ab, dass Erziehung immer nur ein Teil des gesamten menschlichen Handelns ist und daher auch andere Einflüsse wesentlich auf den Menschen wirken.

Diese acht Ausprägungen können mit der Aussage Sprangers kommentiert werden:

„Wir kennen die Sorge der Väter um eine gute Erziehung ihrer Kinder. […] Aber die Erfahrung lehrt: auch die besterzogenen Söhne missraten. Andere Mächte sind stärker als der treue Erziehungswille. Es ist mehr eine Frage des Temperaments als der Einsicht, ob man zum Erziehungsoptimismus oder Erziehungspessimismus neigt. Denn Zuverlässiges darüber, was die Erziehung vermag, wissen wir nicht." (Spranger 1951, 1)

Zabeck (2004, 133–134) warnt deshalb vor einer „Bildungseuphorie", denn vieles, was die Wissenschaft verspricht, könne sie nicht halten. „Die Erziehungswissenschaft hat im Allgemeinen in den letzten 30 Jahren ihre gesellschaftliche Funktion schlecht erfüllt." (Zabeck 2004, 133) Dies hat damit zu tun, weil sie eben zu stark auf Illusionen gesetzt hat, die sie nicht erfüllen konnte. In der pädagogischen Forschung lässt sich ein starker Hang zur empirischen Forschung erkennen, wobei dabei vor allem das Messbare in den Mittelpunkt rückt und damit auch das, was gesellschaftlich als Bildung verstanden wird. Aus dem ursprünglichen reflexiven scheint in der Öffentlichkeit ein transitiver Begriff geworden zu sein, der „dazu verleitet, Bildungsprozesse technologisch zu interpretieren" und damit zu überzogenen Machbarkeitsvorstellungen. (Zabeck 2004, 134)

Erziehung ist aber nicht nur intentional, sondern auch funktional: Treml (1987, 62 u. 158) definiert Erziehung i.e.S. als „planmäßige, bewusste, personal verantwortete Erziehungsversuche mit der Absicht einer Förderung des zu Erziehenden". Erziehung i.w.S. beschreibt allgemeine Lernprozesse des Menschen. Intentionale Erziehung definiert Treml als bewusst geplante Erziehung und sie wird der Erziehung i.e.S. zugerechnet. Funktionale Erziehung passiert, sie ereignet sich beiläufig und im Allgemeinen ungeplant als Nebenfolge einer Handlung. Ernst Krieck, einer der führenden Pädagogen im Dritten Reich (vgl. Sünkel 2011, 73 und Kapitel 2.1.3), verwendete als Erster den Begriff der funktionalen Erziehung. Die Erziehung der Gemeinschaft erfolgt durch die Gemeinschaft: „Alle erziehen alle jederzeit." (Krieck 1922, 47) Die Unterscheidung von funktionaler und intentionaler Erziehung wendet Treml (1987, 71–120) auf verschiedene Entwicklungsstufen von Gesellschaften an: Archaische Gesellschaften kennen demnach nur funktionale Erziehung. In der Familie erfolgt die Erziehung durch Imitation und in der Stammeserziehung mit Initiation. In der stratifikatorischen Gesellschaft vollzieht sich Erziehung funktional und intentional. In modernen, ausdifferenzierten Gesellschaften steht die intentionale Erziehung für jedes Individuum mit dem Erziehungsziel Mündigkeit im Mittelpunkt. Sünkel (2011, 73–77) weist darauf hin, dass intentionale Erziehung auf den Erziehungswillen abstellt und funktionale Erziehung auf die Erziehungswirkung. Die Verwendung beider Begriffe kann daher verwirrend sein, wenn diese Unterscheidung nicht berücksichtigt wird. Raithel, Dollinger und Hörmann (2009, 23) halten eine derart weite Auslegung des Erziehungsbegriffs für „verwirrend und fragwürdig". Sie empfehlen, besser von Sozialisation als von funktionaler Erziehung zu sprechen.

Erziehung wurde und wird immer stärker durch den Begriff Bildung ersetzt. Diese Substitutionsmöglichkeit ergibt sich aus dem Variantenreichtum der deutschen Sprache. Wenn diese beiden Begriffe in einer Sprache nicht vorhanden sind, wäre es jedoch verfehlt, davon auszugehen, dass es nicht beide Bedeutungen gibt. Natürlich gibt es auch andere Sprachen, die diese Begriffe kennen, so z.B. das Russische (vgl. Stojanov 2006, 28). So hat z.B. etymologisch betrachtet der englische Begriff *education*[41] zwei Bedeutungen: Die eine Bedeutung leitet sich vom lateinischen Verb *educare*, was so viel wie *bringing up a child* oder *looking after a person or animal* bedeutet. *Educare* bezieht sich also auf die Unterstützung für andere. Die zweite Bedeutung kommt von *educere* im Sinne von *lead forth* oder *bring out*. *Educere* weist auf den Entfaltungsprozess der menschlichen Persönlichkeit hin. (Vgl. Oxford English Dictionary 2012 und Online Etymology Dictionary 2012) Im englischen Wort *education* findet sich also sowohl die Bedeutung von Erziehung als auch von Bildung. Das bedeutet aber auch, dass es eben diese beiden Bedeutungen gibt und sich beide voneinander unterscheiden.

Das Verb *erziehen* ist transitiv. Da es also ein Objekt fordert, liegt der Schluss nahe, dass der Mensch sich nicht selbst erziehen kann. *Bilden* jedoch ist reflexiv: Der Mensch bildet sich selbst, oder besser gesagt: Ich bilde mich. Erziehung könnte auch so verstanden werden, dass sie gar nicht dem Ziel der

---

[41] „Education: The culture or development of personal knowledge or understanding, growth of character, moral and social qualities, etc., as contrasted with the imparting of knowledge or skill. Often with modifying word, as intellectual education, moral education, etc." (Oxford English Dictionary 2012)

Selbstständigkeit oder Unabhängigkeit diene, wenn Kants „Wie kultiviere ich die Freiheit bei dem Zwange?" (Kant 1803, zitiert bei Körner 2009, 315) gefolgt wird. Bildung hingegen vollzieht sich im Inneren, ist dem Zwang entzogen (vgl. Körner 2009, 314–315). Spranger (1920, 6) definiert Bildung als „die lebendig wachsende Aufnahme aller objektiven Werte, die zu der Anlage und zum Lebenskreise eines sich entwickelnden Geistes in Beziehung gesetzt werden können, in das Erleben, die Gesinnung und Schaffenskräfte dieses Menschen, mit dem Ziel einer geschlossenen, objektiv leistungsfähigen und in sich selbst befriedigten Persönlichkeit". Luhmann und Lenzen (1997, 7) bringen den Unterschied von Erziehung und Bildung so auf den Punkt: „Erziehung ist eine Zumutung, Bildung ein Angebot." Dieser Dichotomie kann nach Körner (2009, 317) aber entkommen werden, wenn davon ausgegangen wird, dass Erziehung immer mit Zielesetzen verbunden ist, und Bildung erst möglich wird, wenn ausreichende Grundlagen vorhanden sind. Nach Luhmann und Lenzen (1997, 12–13) werden Kinder erzogen, um Erwachsene zu werden; Erwachsene bilden sich. Für Hentig ist Bildung die Antwort auf Orientierungslosigkeit: „Bilden ist sich bilden. Der prägnante Sinn des Wortes Bildung kommt jedenfalls in der reflexiven Form des Verbums am klarsten zum Ausdruck. Nicht immer sind wir das Subjekt dieses Vorgangs, und wir sind es auch nicht immer erst am Ende (das es genaugenommen gar nicht gibt). Aber der Anteil, den wir selber daran haben, sollte immer größer werden." (Hentig 2007, 37) Hentig (2007, 73) legt folgende „Bildungskriterien" fest:

- „Abscheu und Abwehr von Unmenschlichkeit;
- die Wahrnehmung von Glück;
- die Fähigkeit und den Willen, sich zu verständigen;
- ein Bewusstsein von Geschichtlichkeit der eigenen Existenz;
- Wachheit für die letzten Fragen;
- und – ein doppeltes Kriterium – die Bereitschaft zu Selbstverantwortung und Verantwortung in der res publica."

Raithel, Dolliner und Hörmann (2009, 36) verstehen Bildung als „die Aneignung von Kenntnissen und Fertigkeiten in Selbstverfügung und aktiver Gestaltung mit dem Ziel der reflexiven Ausformung eines kultivierten Lebensstils (Educant-Perspektive)". Damit wird Bildung als etwas Selbstreflexives und Normatives beschrieben. Bieri als Philosoph versteht Bildung ebenso reflexiv und sieht sie als Ausdruck der individuellen Lebensweise:

> „Bildung ist etwas, das Menschen mit sich und für sich machen: Man bildet sich. Ausbilden können uns andere, bilden kann sich jeder nur selbst. Das ist kein bloßes Wortspiel. Sich zu bilden, ist tatsächlich etwas ganz anderes, als ausgebildet zu werden. Eine Ausbildung durchlaufen wir mit dem Ziel, etwas zu können. Wenn wir

uns dagegen bilden, arbeiten wir daran, etwas zu werden – wir streben danach, auf eine bestimmte Art und Weise in der Welt zu sein." (Bieri 2005, 1)

Benner (2012, 19–26) definiert die Beziehung von Erziehung und Bildung zur menschlichen Praxis anhand von folgenden sechs Grundbereichen menschlicher Existenz (siehe Abbildung 9):

„Der Mensch muss durch Arbeit, durch Ausbeutung und Pflege der Natur seine Lebensgrundlage schaffen und erhalten (Ökonomie), er muss die Normen und Regeln menschlicher Verständigung problematisieren, weiterentwickeln und anerkennen (Ethik), er muss seine gesellschaftliche Zukunft entwerfen und gestalten (Politik), er transzendiert seine Gegenwart in ästhetischen Darstellungen (Kunst) und ist konfrontiert mit dem Problem der Endlichkeit seiner Mitmenschen und seines eigenen Todes (Religion). Zu Arbeit, Ethik, Politik, Kunst und Religion gehört als sechstes Grundphänomen das der Erziehung; der Mensch steht in einem Generationenverhältnis, er wird von den ihm vorausgehenden Generationen erzogen und erzieht die ihn nachfolgenden Generationen." (Benner 2012, 22)

Hier wird einerseits die Nähe zu Spranger (1965; siehe 2.1.2) und andererseits die Enkulturation als Teil und Inhalt der Erziehung ersichtlich.

Abbildung 9: Sechs Grundbereiche menschlicher Existenz (vgl. Benner 2012, 22)

Klafki (1993, 21) hat „epochaltypische Schlüsselprobleme der modernen Welt" erarbeitet, die im Zentrum der gegenwärtigen und zukünftigen Bildungsarbeit stehen sollten. Es geht dabei nicht um Themen, die beliebig erweiterbar wären, sondern es ist dabei das Kriterium zu beachten, dass „es sich um epochaltypische Strukturprobleme von gesamtgesellschaftlicher, meistens übernationaler bzw. weltumspannender Bedeutung handelt, die gleichwohl jeden Einzelnen zentral treffen" (Klafki 1993, 14). Klafki definiert folgende sieben Themen:

1. „Frage von Krieg und Frieden
2. Sinn und Problematik des Nationalitätsprinzips, bzw. Kulturspezifik und Interkulturalität
3. Ökologische Frage
4. Rapides Wachstum der Weltbevölkerung
5. Gesellschaftlich produzierte Ungleichheit
6. Gefahren und Möglichkeiten der neuen technischen Steuerungs-, Informations- und Kommunikationsmedien
7. Subjektivität des Einzelnen und das Phänomen der Ich-Du-Beziehung."
(Klafki 1993, 22–23)

Punkt 5 und 6 beziehen sich direkt auf die Ökonomie, weil Klafki die Ungleichheit u.a. darin sieht, dass es Menschen mit und ohne Arbeitsplatz gibt und die technischen Steuerungsmedien auch auf die Arbeitsteilung und Produktionssysteme abstellen. Schweizer (1997, 38) sieht daher eine herausragende Verantwortung in der wirtschaftlichen Bildung, wenn zwei von sieben Themen einen unmittelbaren Bezug zur Ökonomie haben. Aber auch die Themen 3 und 4 sind für die Wirtschaft von größter Bedeutung. Im Laufe der Arbeit wird – oder konnte – gezeigt werden, dass alle diese Fragen letztlich einen wirtschaftlichen Bezug haben.

Sozialisation, Enkulturation und Personalisation bzw. Individuation sind Aufgaben der Erziehung (vgl. Gudjons 2003, 175–183; Raithel, Dolliner und Hörmann 2009, 59–66). Der Mensch ist ein Kulturwesen; die Kultur muss er sich aneignen. Dieser Prozess wird als Enkulturation bezeichnet. Der Begriff wurde von Werner Loch (1969), der das Lernen der Kultur in das Zentrum der Pädagogik stellt, von der Kulturanthropologie (vgl. z.B. Herskovits 1964) übernommen und in der Pädagogik eingeführt. Loch (1969, 124) weist darauf hin, dass die Lebensformen des Menschen im Unterschied zum Tier nicht angeboren sind (vgl. 1.2). Die Lebensformen stellen „die Kultur der betreffenden Gesellschaft, in die er hineingeboren wird", bereit. Die Aneignung der Kultur vollzieht sich „auf Grund der Fähigkeit des Lernens" (Loch 1969, 125). Das Besondere daran ist, dass der Mensch diese Kultur nur durch Interaktion erlernen kann. Wenn der Mensch beim Lernen Schwierigkeiten hat, ist er auf andere angewiesen:

> „Diese Schwierigkeiten fassen wir terminologisch im Begriff der Lernhemmung zusammen, und die spezifische Interaktion, die zusätzliche ‚Nachhilfe' seiner Mitmenschen, die bei solchen subjektiven oder objektiven, endogenen oder exogenen, angenommenen oder tatsächlichen Lernhemmungen funktionell notwendig wird, bezeichnen wir einfach als *Lernhilfe* oder als *Erziehung*. Erziehung lässt sich so als die Interaktionsform der Lernhilfe definieren, die der Mensch grundsätzlich immer dann benötigt, wenn er beim Lernen eines kulturellen Sachverhaltes aus irgendeinem Grund gehemmt ist. Erziehung ist also jene eigenartige Hilfeleistung, die der

Mensch in denjenigen Lebensaltern und Lebenslagen benötigt, wo er eine Lernaufgabe nicht selbstständig bewältigen kann." (Loch 1969, 125)

Damit wird der Begriff der Erziehung vom Generationenverhältnis losgelöst und auch für Erwachsene anwendbar, weil „der permanente, rasche Wandel der kulturellen Lebensbedingungen und -formen das Lernen zu einer lebenslänglichen Daueraufgabe macht" (Loch 1969, 125). Loch versteht diesen Erziehungsbegriff weder als eine funktionale Erziehung im Sinne von „Alle erziehen alle jederzeit" (Krieck 1922, 47) noch als intentionale Erziehung, vielmehr lässt er bewusst diese Frage offen. Loch sieht seinen Erziehungsbegriff für alle Kulturen anwendbar und damit für jedes Wertsystem offen. Kultur, Interaktion und Lernen versteht er als deskriptive Begriffe. „*Das Lernen der Kultur* ist der eigentümliche und ganze Gegenstand der Pädagogik, zu dessen Bezeichnung wir von der Kulturanthropologie den Terminus ‚*Enkulturation*' übernehmen." (Loch 1969, 126) Der Kulturbegriff ist jener Begriff, „der allen Sozialwissenschaften gemeinsam" ist (Loch 1969, 127). Damit wird Kultur die grundlegende „Lebensform des Menschen" und Erziehung zur „Enkulturationshilfe" (Loch 1969, 127). Kultur definiert Loch umfassend und zählt dazu „die Sprache mit ihren Begriffen und Bedeutungen, die dem Menschen sich selbst und seine Welt verständlich, seine Wahrnehmungen und Gedanken sich selbst und den Mitmenschen mitteilbar machen und eines sinnvolle Weltansicht und ‚Matrize' des Lebens entwerfen; die moralischen Normen und Verhaltensmuster, die sein Leben regeln". Weiters zählt er dazu die „emotionalen Ausdrucksweisen", die „sozialen Organisationen, Rollen und Spielregeln, die sein Verhalten zum Mitmenschen bestimmen", das Recht, die Politik, die „Arbeits- und Wirtschaftsformen mit ihren Werkzeugen, Produktions- und Verwaltungstechniken und -praktiken" – es gibt hier also keine Unterscheidung von Kultur und Zivilisation – die Technik und jene „Einrichtungen und Tätigkeiten, die der Mensch nicht zur Bewältigung der Lebensnotdurft hervorgebracht hat, sondern als Selbstzweck, zur produktiven Ausweitung seiner Lebensmöglichkeiten: die Künste und Wissenschaften, die Weisen der geselligen Selbstdarstellung (wie z.B. Spiel und Sport, Feste und Feiern)" und die Religion. Menschsein ist nur innerhalb der Kultur möglich: „Es gibt kein Menschsein außerhalb der Kultur. Der Mensch ist von Natur dazu bestimmt, sein Leben als Kultur zu vollziehen." (Loch 1969, 128) Hier wird die Nähe zu Berger und Luckmann (1977) offensichtlich:

> „In der pädagogischen Perspektive erscheint die Kultur als das Vehikel, das die Entwicklung des zur Welt gekommenen Menschenkindes zum erwachsenen Menschen ermöglicht. […] Durch […] Enkulturation wächst der einzelne in die typische Kulturgestalt hinein, die in der von ihm vorgefundenen Kultur oder in einer ihrer Subkulturen für ihn bereitsteht, und entwickelt im Rahmen dieser Prägung zum Träger einer bestimmten Kultur, zur ‚*Persönlichkeit*', zugleich seine Anlagen als ‚*Individualität*'. […] Als Persönlichkeit verwirklicht der Mensch einen in seiner Kultur

vorgegebenen und durch ihre Aneignung (Internalisierung) ihm ausgeprägten Typus, die sogenannte ‚Grundpersönlichkeit', die allerdings stets durch die Individualität dieses Menschen differenziert wird. *Persönlichkeitsprägung* und *individuelle Entwicklung* sind die beiden unlösbar miteinander verknüpften Auswirkungen der *Enkulturation*." (Loch 1969, 129)

Sozialisation ist nach Loch von Enkulturation zu unterscheiden: Enkulturation ist der Überbegriff, Sozialisierung bezieht sich auf den Erwerb von bestimmten Verhalten in sozialen Beziehungen und ist damit ein Aspekt der Kultivierung. Enkulturation ist keine Anpassung, sondern ein aktiver Prozess. Der Mensch lebt in seiner Kultur und vollzieht sie. Die Aneignung der Kultur führt auch zur Aktivierung des eigenen Denkens. „Auf jeden Fall ist festzuhalten, dass jedem Kulturgebilde, das der Mensch aktiviert und sich dadurch aneignet, eine geistige Tätigkeit entspricht und umgekehrt. Wirtschaft, Politik, Technik, Kunst, Wissenschaft, Ethik, Religion sind als Komplexe gleichartige Kulturgebilde, als Kulturgebiete, zugleich Ausdrucksformen verschiedener geistiger Tätigkeiten." (Loch 1969, 131) In sozialen Beziehungen lernt der Mensch die Natur. Es sind Rollen, die der Mensch einnimmt, an denen er lernt. „Enkulturation [ist] der fundamentale Gegenstand der Pädagogik" (Loch 1969, 138), weshalb nach Loch nicht von Erziehungswissenschaft, sondern von Enkulturationswissenschaft gesprochen werden sollte. Erziehung ist somit Enkulturationshilfe und tritt „informell-situativ oder sozialfunktionell oder formell-institutionalisiert in Erscheinung" (Loch 1969, 138). Informell-situativ ergibt sie sich zufällig, sozial-funktionell, wenn sie für den Bestand einer Gruppe wichtig oder notwendig ist, und formell-institutionalisiert, wenn sie von ganz bestimmten Gruppen für einen bestimmten Zweck vollzogen wird. Indem der Mensch sich die Kultur aneignet, wird er sozial handlungsfähig und gleichzeitig selbstständig. Enkulturation führt nach Loch zur Kultivierung des Individuums, das damit auch zu einer einzigartigen Repräsentation der Kultur wird. Sozialwissenschaftlich gesprochen, findet das Individuum dadurch zur Identität und geisteswissenschaftlich gesprochen zur Bildung. (Vgl. Kron 1993, 50) Durch Enkulturation erlangt der Mensch kulturelle Kompetenz, gleichzeitig stellt sie die Überlieferung und Weiterführung der Kultur über die Generationen hinweg sicher. Sie bewirkt darüber hinaus das Neuschaffen von Kulturellem. Enkulturation schließt Sozialisation, Erziehung und Personalisation mit ein. (Vgl. Raithel, Dollinger & Hörmann 2009, 59) Tenorth (1992, 17) versteht Erziehung „als ‚Sozialmachung', Sozialisation als ‚Sozialwerdung' […], beide als Moment der Enkulturation". Enkulturation und Sozialisation finden zu allen Zeiten unter allen Menschen statt. Personalisation hingegen setzt eine bestimmte Anthropologie voraus, in der der Mensch als Person verstanden wird. „Dieses personale Menschenverständnis ist im Abendland seit der Antike vor allem aus den Impulsen der griechischen Philosophie, des römischen Rechtsdenkens, des christlichen Glaubens und der Aufklärungsbewegung entstanden." (Raithel, Dollinger & Hörmann 2009, 59)

Galt vor etwa 40 Jahren der Bezug zur Kultur in den Erziehungswissenschaften als veraltet, so begann vor ca. 20 Jahren eine Renaissance des Kulturbegriffes. Mit dem *Cultural Turn* wurde der Kulturbegriff auch für „umfassende theoretische und empirische Forschungsfragen neu erschlossen" (Duncker 2010, 171). Damit konnten auch interdisziplinare Arbeiten auf einer gemeinsamen theoretischen Basis erarbeitet werden. In der neuen Betrachtung der Kultur rückten nun die Heterogenität, die Vielfalt und die Differenz in den Mittelpunkt. Es ging nun um Prozesse, in denen von Kultur*en* (in der Mehrzahl) gesprochen wurde. Lipp (1979, 451) führt aus, „dass es Kultur als die Kultur, Kultur als großes integratives Muster, das kompakte, phänomenale wie praktische Einheit stiftet, im Kern gar nicht gibt; Kultur ist viel mehr etwas Pluralistisches: Ein lockerer Verbund von Bildern, Themen, Werten und Handlungsfiguren, die in einer Gesellschaft wirksam sind." Kultur ist daher eigenartig unbestimmt und eine eindeutige Definition daher gar nicht möglich. Die unterschiedlichen Kulturdefinitionen in der erziehungswissenschaftlichen Forschung zeigen „immer wieder unglückliche Verengungen und Einseitigkeiten" (Duncker 2010, 172). Es lassen sich vielmehr folgende drei „unauflösliche Spannungsfelder" darstellen, die eine „dialektische Rekonstruktion des Kulturbegriffs erfordern" (vgl. Duncker 2010, 172–175):

Erstens stellen viele soziologische Studien fest, dass sich unsere Gesellschaft durch kulturelle Vielfalt auszeichnet. Die entstehende Vielfalt führte dazu, dass Traditionen an Bedeutung verloren haben und durch Individualisierung eine große Anzahl an Lebensstilen entstanden ist. Selbstverwirklichung rückt in den Mittelpunkt und das *eigene Leben* wird zum wesentlichen Bezugspunkt der Identität. Vor diesem Hintergrund macht es Sinn, von Kulturen in der Mehrzahl zu sprechen. Die Rede von der Kultur wäre weder deskriptiv, noch normativ darstellbar. Kultur wäre ein Aggregat aus verschiedenen individuellen Kulturen. Kultur aber – und das ist das erste Spannungsfeld der Kultur – kann sich nicht auf die individuellen Kontexte reduzieren lassen. Immer gibt es auch das Verbindliche und Verbindende: Kultur zeichnet sich gerade durch das Gemeinsame aus. Das Gemeinsame darf nicht wie eine fixe Umrahmung vorgestellt werden, aber durch Religion, Weltanschauung, Sprachen, „durch Konsumgewohnheiten und ästhetische Stile, durch Normen und Rechte, durch politische Orientierungen und freiwillige Identifikationen mit Leitfiguren" (Duncker 2010, 173) formen sich kulturelle Orientierungen als gemeinsame Muster aus. Sie schaffen Aus- und Abgrenzungen einerseits und Zugehörigkeiten andererseits. Diese sozialen Räume sind nicht fest umrissen, sondern verändern sich dynamisch.

Zweitens sind auch alltägliche Aktivitäten Teil der Kultur. Sie enthalten funktionale Aspekte, die auch kulturelle Ausprägungen aufweisen. Damit wird ersichtlich, dass auch die Nützlichkeit, das Funktionale und das Überleben im Alltag Teil der Kultur sind: Ernährung, Essen, Kleidung, Mobilität etc. sind immer funktional und zugleich kulturell. Jedoch darf aus solchen Kontexten nicht geschlossen werden, „dass Kultur insgesamt eine Form des Problemlösens darstelle" (Duncker 2010, 173). Die existenziellen Notwendigkeiten alleine können keine Kultur begründen (vgl. Herzog 2001, 97–124), denn Kultur übersteigt die Nützlichkeit und die Funktionalität. Kulturen bringen Symbole und symbolische Verweisungszusammenhänge hervor. So erhalten Alltäglichkeiten eine eigene Bedeutung. Kunst, Sprache und Religion – auch die Wirtschaft – können nicht auf ihre Nützlichkeit und Funktion reduziert werden, sie erzeugen ihre eigenen Wirklichkeiten und werden zu symbolischen Welten, die durch die Ablösung aus dem Alltag entstehen. Durch das Erkennen dieser eigenen Kulturwelten wird auch erkennbar, dass Kultur sich nicht auf eine Funktion des Sozialen reduzieren lässt.[42] „Kultur enthält immer auch das Überschüssige, das Gegenständliche, das Ästhetische, die Idee, die über den Tag hinausweist, um nur einige wenige Aspekte zu benennen, deren kulturelle Bedeutung nicht aus dem sozialen Zusammenhang abgeleitet werden können." (Duncker 2010, 174)

Drittens nimmt der Mensch durch Enkulturation all das an Kultur auf, was bereits vor ihm da war – die Geschichten, Religionen, Weltanschauungen, Mythen. Das Individuum eignet sich die Kultur an. Jeder Mensch wird dadurch zu einem *Kind seiner Zeit*. Gleichzeitig ist Enkulturation jedoch mehr als die ledigliche Aneignung der Kultur in Form von Unterwerfung oder Anpassung. Die Aufnahme der Kultur und ihre Verarbeitung führen zur Reflexion. Kultur wird dadurch auch interpretiert, bewertet und gedeutet. Es entstehen neue Konstrukte, die Ergebnisse der eigenen Interpretation, Bewertung und Deutung sind. Kulturaneignung wird dadurch zu einem Prozess, der Kultur verändert und zur Herausbildung der eigenständigen Identität und Persönlichkeit führt. „Jeder Einzelne ist in diesem Sinne nicht nur ‚Speicher' für überlieferte Kultur und Objekt für kulturelle Belehrung, sondern immer auch Interpret und Akteur." (Duncker 2010, 174) Kultur hat damit einen

---

[42] So erarbeitete Glick (1979), dass in der Historiographie der interkulturellen Beziehungen im Andalusien des Mittelalters zwei Irrtümer zu erkennen sind: Der erste Irrtum liegt in der Annahme, dass ethnische Konflikte, die es in dieser Zeit zwischen Arabern, Berbern und der iberoromanischen Bevölkerung gab, und kulturelle Vermischung einander ausschließen würden. Vielmehr kam es trotz der ethnischen Konflikte, die von Zeit zu Zeit verschieden stark oder schwach ausgeprägt waren, zu einer kulturellen Vermischung, die sich u.a. in der Wissenschaft als auch in der Architektur niederschlug. Der zweite Irrtum liegt in der Gleichsetzung von Assimilation als sozialem Prozess und der Akkulturation als kulturellem Prozess. Juden und Christen waren in Andalusien auf vielfältige Weise inkulturiert, aber als Schutzbefohlene (sogenannte Dhimmis) blieben sie sozial nachrangig. Trotz der Akkulturation war also eine vollständige Assimilation nicht möglich. (Vgl. Glick 1979)

doppelten Aspekt: Kultur ist etwas Bestehendes, das erhalten bleibt und als Tradition an die nachfolgende Generation übergeben wird. Diese Weitergabe ist aber immer auch ein Übernehmen, Interpretieren und Weiterentwickeln des Bestehenden, das dadurch zum Neuen wird. Kultur ist ein kreativer Prozess, der von der Kreativität der Menschen lebt – so gesehen gehören Personalisation und Enkulturation zusammen, sie sind aufeinander verwiesen. Oder anders gesagt: Bildung – im Sinne eines reflexiven Prozesses – und Kultur sind miteinander verwoben.

Zusammengefasst: Erziehung und Bildung sind wesentliche Bestandteile der Erziehungswissenschaft. Wird dem Begriff der Erziehung gefolgt, der in der Erziehungswissenschaft nicht unumstritten ist, so geht es wesentlich darum, den Menschen Lebenshilfe und Enkulturationshilfe zu gewähren. Die Erziehungswissenschaft nimmt damit die Kultur – und mit ihr die Idee der Institutionen – in ihre Ansätze mit auf. Der methodische Individualismus der Erziehungswissenschaft ist ein völlig anderer als jener, der im Modell der Wirtschaftswissenschaften als *Homo oeconomicus* ausgeformt wurde. In der Pädagogik geht es um die Autonomie und Freiheit der Person in einer Gesellschaft und Kultur. Sozialisation und Enkulturation sind weder von Organisationen noch von Gesellschaft und Kultur zu lösen. Die Erziehungswissenschaften versuchen daher den Menschen in seinem gesamten Eingebettetsein in Kultur und Gesellschaft wahrzunehmen.

3.2 Wirtschaftliche Erziehung und Wirtschaftspädagogik

Der Begriff Bildung boomt, der Begriff Erziehung befindet sich in der Rezession. Dies könnte im Kontext der wirtschaftlichen Erziehung folgende Ursachen haben:
1. Dem Sachverhalt der Erziehung wird ausgewichen (vgl. Prange 2000, 7 und 3.1), weil er als autoritär und bevormundend verstanden wird.
2. Ökonomisches Denken und Handeln wird im Sinne einer wirtschaftstheoretisch fundierten Betriebswirtschaftslehre als wertfrei definiert (vgl. Wöhe & Döring 2010, 1–2); Erziehung daher als eine unnotwendige Normsetzung verstanden.
3. Ökonomisches Denken und Handeln wird als Ethik selbst verstanden (vgl. Homann 2012, 216–218), weshalb die Ökonomie selbst den Erziehungsinhalt liefert und weitere erzieherische Maßnahmen nicht zu veranlassen sind.
4. Schließlich könnte im Sinne einer kritischen Theorie eingebracht werden, dass Erziehung den freien Fluss der Wirtschaft hemmen könnte, wenn durch kritische Erziehung auf Konsum verzichtet wird, Investitionen nicht getätigt werden oder die autonome Person als Mitarbeiterin nicht kritiklos funktioniert.

Die Wirtschaftspädagogik, die sich je nach Positionierung zwischen Wirtschaftswissenschaften und Erziehungswissenschaft verortet (vgl. Aff 2008), scheint von der in 3.1 beschriebenen Entwicklung, den Begriff Erziehung zu vermeiden, betroffen zu sein. Ein Blick auf die Titel der Beiträge in der Zeitschrift für Berufs- und Wirtschaftspädagogik für den Zeitraum Band 96/2000 bis Band 108/2012 zeigt, dass nur wenige sich explizit auf Erziehung beziehen. Die folgende Tabelle gibt einen Überblick über jene Artikel, die den Begriff Erziehung im Titel wiedergeben:

Tabelle 10: Artikel mit dem Begriff „Erziehung" im Titel
(ZBW im Zeitraum 2000 bis 2012)

Name	Titel	Jahrgang/ Jahr	Seite
Karin Büchter, Martin Kipp	Werkzeitungen als Erziehungsinstrumente in der Weimarer Republik und im Nationalsozialismus	98/2002	225
Peter F. E. Sloane	Wirtschaftspädagogik als Theorie sozialökonomischer Erziehung	97/2001	161
Jürgen Zabeck	Moral im Dienste betrieblicher Zwecke? Anmerkungen zu Klaus Becks Grundlegung einer kaufmännischen Moralerziehung	98/2002	485
Klaus Beck	Ethischer Universalismus als moralische Verunsicherung? Zur Diskussion um die Grundlegung der Moralerziehung	99/2003	274
Wolfgang Lempert	Wirtschaftsberufliche Erziehung angesichts des real expandierenden Kapitalismus	102/2006	108
Alexander G. Romanovsky	Bedeutung der Lehranstaltenarchitektur im System des Unterrichts- und Erziehungsprozesses	97/2001	131

Büchter und Kipp behandeln ein historisches Erziehungsinstrument. Sloane setzt sich mit sozialökonomischer Erziehung und anderen Positionierungen der Berufs- und Wirtschaftspädagogik auseinander. Zabeck und Beck greifen Erziehung im Kontext der Moralerziehung auf, Lempert bearbeitet das Phänomen der Ökonomisierung und Romanovsky bringt Lehranstalten im Kontext von Unterrichts- und Erziehungsprozessen ein. Becks und Zabecks Beiträge bilden den Hauptinhalt der Beck-Zabeck-Kontroverse, die im vierten Kapitel ausführlich untersucht wird. Beck fordert eine Betriebsmoral ein, die davon ausgeht, im Unternehmen der Gewinnmaximierung als der Logik des Subsystems Wirtschaft zu folgen und die Rahmenbedingungen einzuhalten; weitere ethische bzw. moralische Grundsätze seien demnach nicht erforderlich. Zabeck weist diese Position scharf zurück und tritt für eine universelle Ethik im Sinne Kants ein.

Von 336 Beiträgen (inkl. Editorials, Interviews, referierte Beiträge, reflektierte Praxiserfahrungen, Persönliches und Forum) gibt es nur sechs Beiträge (1,8% der gesamten Beiträge), die sich im Titel explizit auf Erziehung beziehen. Der Begriff Bildung hingegen taucht in verschiedensten Kontexten und in verschiedenen Wortzusammensetzungen in Summe 143-mal auf (42,6% der gesamten Beiträge).[43]

> „Der Inhalt der Wirtschaftspädagogik fokussiert [aktuell] vor allem die Wirtschaftsdidaktik, die Förderung von beruflichen Kompetenzen, die Professionalisierung der Bildungskräfte sowie die betriebliche, schulische und hochschulische Bildung und Didaktik. In der Berufsbildungsforschung wird der gesamtgesellschaftliche Kontext der wirtschaftlichen Erziehung kaum beleuchtet.[44] Aktuelle brisante Themen wie persönliche Verantwortung und Korruption, Wirtschaftskrise, Grenzen des Wachstums, Verteilungsgerechtigkeit und Ökonomisierung der Gesellschaft sind untergeordnete Bereiche, wenn nicht sogar Inhalte, die nicht der Wirtschaftspädagogik zugeordnet werden." (Tafner 2012a, 35–36)

Im *Lexikon der ökonomischen Bildung* (May 2012) gibt es den Begriff Erziehung gar nicht.

In diesem Kontext ist es sinnvoll, zwei berufs- und wirtschaftspädagogische Arbeiten zu fokussieren, die beide explizit von Erziehung sprechen: Abraham (1966) und Zabeck (2004). Es wird deshalb zuerst die wirtschaftliche Erziehung bei Abraham und danach bei Zabeck untersucht und danach werden beide interpretativ miteinander in Beziehung gesetzt.

3.2.1 Wirtschaftliche Erziehung bei Abraham

In Abrahams Arbeiten werden die gesellschaftlichen, ökonomischen und wirtschaftspädagogischen Weiterentwicklungen der Wirtschaftspädagogik sichtbar, weshalb der historische Kontext für das Verstehen des Sinns der Texte berücksichtigt werden muss. Die Bedeutung der Texte für die heutige Wirtschaftspädagogik kann sich erschließen, wenn sie in das Verständnis der heutigen Zeit übertragen werden. Die Bewertungen der Texte allerdings bleibt ambivalent: „Abrahams Schriften [sind] […] wohl auch heute noch mit Gewinn zu lesen." (Bank 2005, 2) Nölker (1989, 23) fasst die Theorie Abrahams zur Betriebspädagogik so zusammen: „In seiner kruden Law-and-Order-Variante wird der Betrieb schließlich als Abbild der staatlichen Rechts- und der religiösen Weltordnung begriffen." Arnold (1997, 55) sieht in Abrahams Ausführungen über die Betriebspädagogik ein „zutiefst autoritäre[s] Denken", da die „Eigenrechte des Individuums keinen systematischen Stellenwert" finden. Bank (2005, 2) hingegen liest Abrahams Werk *Der Betrieb als Erziehungsfaktor* wie seine anderen Schriften „auch heute noch mit Gewinn" und hebt dabei vor allem die Idee der funktionalen Erziehung hervor, weil diese

---
[43] Der Begriff Kompetenz wird 37-mal gebraucht (11% aller Beiträge).
[44] Sowohl die Herbsttagung 2011 als auch 2012 der DGfE, Sektion Berufs- und Wirtschaftspädagogik richtete ihre Schwerpunkte auf diese Themen aus (vgl. Sektion Berufs- und Wirtschaftspädagogik der DGfE 2012).

aufzeigt, dass sich Lernkategorien nicht im Kognitiven erschöpfen. Der unterschiedliche Blick auf das Werk Abrahams lässt sich nur teilweise mit dem historischen Kontext erklären. Ein weiterer Teil hat mit der Person Abrahams selbst zu tun. Seubert (1977, 186) sieht in Abraham einen „Lobredner der nationalsozialistischen Ordnung" (siehe 2.1.4), weshalb Bank (2005, 1, Fußnote 1) bemerkt, dass andere Berufs- und Wirtschaftspädagogen zu Abraham auf Distanz gegangen seien. Völlig anders dazu Hauptmeier (1989, 458–460): Nach Ansicht Abrahams seien drei Dinge für den Nationalsozialismus bestimmend gewesen: erstens die radikale Ablehnung des Christentums, zweitens die kommunistische Ausrichtung der Gesellschafts- und Wirtschaftsvorstellung und drittens das totale Nichtvorhandensein von Toleranz gegenüber Andersdenkenden. Abraham habe daher den Nationalsozialismus abgelehnt. Da Abraham politische Bedingungen der NSDAP nicht akzeptierte, konnte er seine Habilitation mit dem Titel *Die seelischen und körperlichen Grundlagen der Erziehung zur Arbeit* nicht verwirklichen. Als Buch veröffentlicht, wurde es verboten und die unverkauften Exemplare vernichtet. Abraham erhielt darüber hinaus Veröffentlichungsverbot. Als *wehrunwürdig* war er nicht Soldat und wurde nach dem Attentat 1944 an Hitler in ein Arbeitslager für *politisch Unzuverlässige* eingezogen. Durch den Schutz der Führungskräfte der Breslauer Handelskammer, die den Nationalsozialismus ablehnten, hatte Abraham als Experte für das industrielle Rechnungswesen den Krieg überleben können. 1952 habilitierte sich Abraham an der Wirtschafts- und Sozialwissenschaftlichen Fakultät der Universität Köln beim Wirtschaftspädagogen Friedrich Schlieper mit der Habilitationsschrift *Der Betrieb als Erziehungsfaktor*, die auch als Buch erfolgreich war. Nach einer kurzen Zeit als Privatdozent wurde er an den Lehrstuhl für Wirtschaftspädagogik an der Wirtschaftshochschule Mannheim berufen. 1957 folgte er dem Ruf an die Johann Wolfgang Goethe-Universität Frankfurt.

Es sind drei Gründe, weshalb auf Abraham (1957; 1966) in dieser Arbeit zurückgegriffen wird:

Erstens ist Abrahams (1966) Publikation *Wirtschaftspädagogik. Grundfragen der wirtschaftlichen Erziehung* eines der wenigen Bücher, die sich explizit bereits in der Zielsetzung und im Titel mit dem Thema wirtschaftliche Erziehung auseinandersetzen. Aus dem Jahr 1957 stammt *Der Betrieb als Erziehungsfaktor. Die funktionale Erziehung durch den modernen, wirtschaftlichen Betrieb.* Auch darin geht es um Erziehung, allerdings aus betriebspädagogischer Sicht. In den 1960er-Jahren erreicht die Wirtschaftspädagogik „in ihrer sogenannten kulturpädagogischen Ausprägung einen Kulminationspunkt der Selbstbetrachtung" (Sloane 2001, 164; siehe auch 2.1.4). In diese Zeit hinein verortet Abraham die Wirtschaftspädagogik in die Erziehungswissenschaft und warnt vor den Gefahren einer ökonomistischen Tendenz der wirtschaftlichen Erziehung. „Die prägende Figur schlechthin ist im Themenfeld der Verhältnisse von ‚Wirtschaft', ‚erziehen', ‚wirtschaften' und ‚Erziehung' ursprünglich Karl Abraham gewesen." (Bank 2005, 1) Abraham und später Dörschel überschreiten „jene Grenze, welche die Neuhumanisten Humboldtscher Prägung bewusst und ausdrücklich für das Feld der bildungsbewussten Erziehung abgesteckt hatten. Sie hatten jegliche ‚Brotbildung' ausdrücklich geächtet." (Bank 2005, 2)

Zweitens geht Abraham mit einem Menschen- und Erziehungsbild an seine Untersuchungen heran, das den ganzen Menschen in den Blick nimmt. Der Mensch muss nach Abraham so erzogen werden, dass er zu wirtschaften versteht und zu einem verantwortlichen Betreiber und Betroffenen der Wirtschaft wird. Er soll zur „Durchgeistigung seines Lebens fähig" gemacht werden (Abraham 1966, 226). In der öffentlichen Meinung müsste sich nach Abraham viel stärker die Einsicht durchsetzen, dass

> „Erziehung einer der entscheidenden Faktoren ist, von denen der Bestand der Wirtschaft abhängt. Für die Zukunft der Wirtschaft ist das Erziehungsproblem ebenso wichtig wie etwa das Rohstoffproblem oder das Kapitalproblem, und bei dem engen Zusammenhang zwischen Wirtschaft und Gesellschaft bedeutet dies zugleich, dass das Problem der wirtschaftlichen Erziehung zu den Fragen gehört, deren Lösung für die weitere Entwicklung der Gesellschaftsordnung wesentlich ist. […] Damit entsteht aber zwangsläufig die Frage, wie damit in Einklang gebracht werden kann, dass jede Erziehung und somit auch die wirtschaftliche primär dem betreffenden einzelnen Menschen zu dienen hat und dass nur sekundär auch andere Gesichtspunkte Beachtung finden dürfen. In der wirtschaftlichen Erziehung besteht die Gefahr, dass die Befolgung dieses Grundsatzes vergessen wird und dass das Ziel der Erziehung nur der funktionstüchtige und ökonomisch gut verwendbare Angestellte oder Arbeiter ist." (Abraham 1966, 227)

Abraham versteht den Menschen als eine materielle und geistige Einheit: „Der Mensch ist im Augenblick seines Daseins eine Gesamtheit." (Abraham 1966, 51) Diese Einheit kann durch die Wirtschaft gefährdet werden: „Weil der wirtschaftliche Existenzkampf meistens hart ist und daher den intensiven Einsatz der Kräfte verlangt, ist aber oft die Gefahr vorhanden, dass das ganze Leben durch die einseitige Überbetonung der wirtschaftlichen Belange unter die Herrschaft materialistischer Prinzipien gerät." (Abraham 1966, 13)

Drittens verortet er die Wirtschaftspädagogik als Kulturwissenschaft: „Wirtschaftspädagogik ist als Wissenschaft nur möglich, wenn es eine Wirtschaftsphilosophie gibt, die sich speziell mit dem grundsätzlichen Charakter des Kulturbereichs Wirtschaft beschäftigt." (Abraham 1966, 26)

In der Wiedergabe von Auszügen aus diesen Büchern wird darauf Wert gelegt, beispielhafte und bedeutende Aussagen herauszugreifen, die für das Verständnis und die Bedeutung von wirtschaftlicher Erziehung aus heutiger

Sicht im Blick zurück auf die Quelle hilfreich sein könnten.[45] Danach erfolgt eine kritische Würdigung der Bedeutung der Texte, die sie aus neo-institutioneller und ethischer Sicht im Rahmen dieser Arbeit haben könnten. Die Textanalyse erfolgt in zwei Schritten: Zuerst wurde eine Auswahl der Texte aus den Büchern vorgenommen, die sich insbesondere mit Kultur, Erziehung und Ethik auseinandersetzen. Im ersten Schritt werden nun die ausgesuchten Textstellen aus Abraham (1957, 1966) vorgestellt. Danach werden die wesentlichen Texte Zabecks (2004) dargestellt. Daraufhin werden aus diesen Texten Teile zur genaueren Analyse für die kritische Würdigung nach ausgesuchten Kategorien herausgenommen. Die folgenden Kategorien wurden induktiv aus den ausgewählten Texten, die für die Forschungsfragen relevant sind, festgelegt:

- Kategorie *Kultur*
- Kategorie *Anthropologie*
- Kategorie *Erziehung*
- Kategorie *Arbeit und Beruf*
- Kategorie *Ethik und Moral*

Anhand dieser Kriterien erfolgt eine interpretative Zusammenfassung und Kontrastierung von Abraham (1957; 1966) und Zabeck (2004).

3.2.1.1 Der Betrieb als Erziehungsfaktor

Im Vorwort zur ersten Auflage seiner veröffentlichten Habilitationsschrift *Der Betrieb als Erziehungsfaktor. Die funktionale Erziehung durch den modernen, wirtschaftlichen Betrieb* führt Abraham (1957, 9) aus, dass sich die Existenzbedingungen des Menschen in den letzten 150 Jahren so sehr verändert haben, dass sie mit den Bedingungen seiner Vorfahren nicht vergleichbar sind. Die Wirtschaft ist zum bestimmenden Faktor geworden. Ganz besonders verdichtet sich dies im modernen Betrieb, der eine wichtige soziale Rolle spielt.

> „Die vorliegende Arbeit […] soll erkennbar machen, dass von einem sachlich richtig und sittlich gut geordneten Betrieb ein Einfluss ausgeht, der das Wohl der zu ihm gehörenden Menschen und das allgemeine Wohl der Gesellschaft entscheidend fördert, während ein sachlich falsch und sittlich schlecht geordneter Betrieb eine schwere Bedrohung für die Betriebsmitglieder als auch für die Öffentlichkeit ist." (Abraham 1957, 9)

Abraham beginnt seine Ausführungen mit dem Begriff und der Gliederung der funktionalen Erziehung, wobei er sich zuerst dem Begriff der Erziehung zuwendet. Erziehung hat für ihn die Aufgabe, den Menschen zur Reife zu

---

[45] Keine Berücksichtigung findet z.B. das Kapitel III aus Abraham 1966, da es sich mit der institutionellen Ordnung der wirtschaftlichen Erziehung in dieser Zeit auseinandersetzt.

führen. „Der Mensch wächst nicht wie eine Pflanze. Menschliche Reife entsteht vielmehr dadurch, dass der Mensch sich selbst gestaltet und auf der Grundlage der ihm zur Verfügung stehenden biologischen Natur mit Hilfe seiner geistigen und seelischen Kräfte seine Persönlichkeit aufbaut." (Abraham 1957, 13) Der Mensch forme sich also selber, weshalb die Eigenerziehung der bedeutendere Teil der Erziehung sei. Fremderziehung komme von außen, im besten Sinne wirke sie auf die Eigenerziehung. Im Rückgriff auf Schlieper formuliert Abraham Erziehung als „eine Formung des Menschen zur sittlichen Persönlichkeit" (Abraham 1957, 14).

Abraham stellt sich die Frage, ob Erziehung und Bildung das Gleiche bezeichnen, bzw. wie sich die Begriffe zueinander verhalten. In der Fußnote 4 zitiert Abraham Hermann Nohl (1933, 25): „Historisch ist der Ausdruck ‚bilden' erst in der zweiten Hälfte des 18. Jahrhunderts aufgekommen, heißt ursprünglich ‚sich bilden' (Bildungstrieb) und meint die spontane Entwicklung von innen her zu eigener Form, während ‚erziehen' (Zucht) mehr das Hinziehen zu einer vorgegebenen Form bedeutet." Wird vom Wortstamm ausgegangen, so beschreiben die beiden Wörter Unterschiedliches:

> „Von einem Ziehen wird dann gesprochen, wenn ein Objekt von einem Subjekt auf ein Ziel hin bewegt wird, von einem Bilden dagegen, wenn ein in Ruhe befindliches Objekt von einem Subjekt so verändert wird, dass seine Form einem vorgestellten Idealbild möglichst weitgehend entspricht. Der Mensch als denkendes und wollendes Wesen ist ein Subjekt, dem die eigene Person als Objekt gegenübersteht; außerdem ist er Objekt im Verhältnis zu seiner Umwelt. Wenn angenommen wird, dass jedem Menschen die Aufgabe gestellt ist, sein Leben auf ein Fernziel hin zu gestalten, und dass auch die Hilfe, die er von anderen erfährt, auf dieses Ziel hin ausgerichtet ist, dann ist der Ausdruck Erziehung derjenige, der durch das in ihm enthaltene Element der zielgerichteten Bewegung das Wesen dieses Geschehens wiedergibt. Andererseits hat der Mensch auch die Aufgabe, aus der Summe der in seiner Person befindlichen Kräfte eine harmonisch geordnete Einheit zu bilden, den Vorbild ein bestimmtes Bildungsideal ist. Als Bezeichnung dieses Prozesses ist das Wort Bildung geeignet; es meint dabei nicht einen Zustand oder eine bestimmte Summe geistiger Güter, sondern kennzeichnet das Bemühen des Menschen um die Gewinnung einer Ordnung seiner Existenz, die der Ordnung des von ihm erschauten Bildungsideals entspricht. Erziehung und Bildung sind bei dieser Betrachtungsweise Begriffe, deren Unterschied darauf beruht, worin das Entscheidende des geistigen Lebens gesehen wird. Jeder Mensch muss sich im Sinne dieser Begriffsbestimmungen sowohl erziehen als auch bilden." (Abraham 1957, 16)

Das Verhältnis zwischen Betrieb und Mensch könne insofern als Erziehung bezeichnet werden, als der Betrieb versuche, dem betreffenden Menschen eine geistige Bewegung zu geben, die dem Betrieb entspreche. Von Erziehung könne nur dann gesprochen werden, wenn „das Bemühen des Betriebes sittlich gerechtfertigt ist" (Abraham 1957, 17). Der Betrieb sei jedoch kein Bildungsideal, denn der Betrieb stehe nicht für sich selbst, sondern er stehe im Dienste des ökonomischen Zieles. „Der Betrieb kann den Bildungsprozess hemmen oder fördern, aber er bewirkt nicht selbst Bildung. Wohl aber kann von ihm gesagt werden, dass er Erzieher ist." (Abraham 1957, 17)

Abraham führt danach die Unterscheidung zwischen funktionaler und intentionaler Erziehung aus, die beide Formen der Fremderziehung sind, wie dies auch in seinem Buch *Wirtschaftspädagogik. Grundfragen der wirtschaftlichen Erziehung* geschieht (Abraham 1966).

Intentionale Erziehung werde immer von Menschen ausgeführt, sie sei eine bewusste Erziehung. Die funktionale Erziehung sei eine nicht bewusst gewollte Erziehung. Intentionale Erziehung wolle eine bestimmte Wirkung erreichen. Sie werde entsprechend vom menschlichen Willen geleitet, entweder von außen als Fremderziehung oder von innen als Eigenerziehung. Funktionale Erziehung geschehe ohne Steuerung durch den menschlichen Willen. Sie bleibe als Prozess unsichtbar, erst im Nachhinein könne der Mensch erkennen, dass er funktional erzogen worden sei. Ob es sich bei der funktionalen Erziehung tatsächlich um Erziehung handle, könne nur von Fall zu Fall beurteilt werden. Von Erziehung könne gesprochen werden, wenn der Prozess dazu geführt habe, dass der Mensch näher dem Ziel der Erziehung herangekommen sei, nämlich der Weiterentwicklung der sittlichen Persönlichkeit. Jeder Prozess, der Gegenteiliges bewirke, könne nicht als funktionale Erziehung bezeichnet werden. Negative moralische Umwelteinflüsse hätten demnach keine funktionale Erziehungswirkung, wenn sie zu negativen Moralvorstellungen führten. Abraham führt aus, dass es verschiedene kulturelle Epochen gab, in denen die Vorstellungen über die Moral nicht einheitlich waren. Dies sieht Abraham auch für seine Zeit:

> „Es ist nicht nur so, dass im praktischen Leben Verstöße gegen sittliche Normen vorkommen, sondern es ist darüber hinaus so, dass erhebliche Meinungsverschiedenheiten über den Inhalt dieser Normen vorhanden sind und dass behauptet wird, dass ihre Geltung keine objektive sei, sondern nur auf Konventionen beruhe. Dies bedeutet in Bezug auf die funktionale Erziehung, dass vermutet werden muss, dass sich in ihr dieser Zustand der modernen Geistigkeit in einer Weise auswirkt, die sowohl für den Einzelnen als auch für die Gesellschaft gefährlich ist." (Abraham 1957, 22)

Um herauszufinden, wie funktionale Erziehung überhaupt wirken kann, empfiehlt Abraham eine „möglichst umfassende empirische Erfassung der Lebensverhältnisse" – eine Forderung, die er nach Zabeck (2009, 699) nicht einhält, da seine Untersuchungen nur theoretischer Natur seien. Bei der Untersuchung sei davon auszugehen, dass funktionale Erziehung durch ein Individuum oder durch ein Sozialgebilde erfolgen könne. Dies habe mit der Natur des Menschen zu tun, der sowohl ein soziales als auch ein individuelles Lebewesen sei. Dazu komme, dass der Mensch verschiedenen Sozialgebilden angehöre und daher verschiedene soziale Räume mit ihren Beziehungsgefügen auf den Menschen einwirkten. Oder anders gesagt: Der Mensch werde gleichzeitig von verschiedenen Erzieherinnen und Erziehern erzogen. Deshalb könne auch die funktionale Erziehung durch den Betrieb nicht losgelöst von anderen sozialen Räumen betrachtet werden. (Vgl. Abraham 1957, 23–26) „Das gleichzeitige Erzogenwerden durch Sozialgebilde, zwischen denen ideologische Gegensätze bestehen, führt mithin zu einer Gespaltenheit des Menschen, die in vieler Hinsicht gefährlich ist." (Abraham 1957, 27) Der Mensch könne sich dieser verschiedenen Einflüsse von außen nur erwehren, wenn das Innenleben des Menschen stark sei. Es sei daher Aufgabe, die innere Stärke des Menschen zu entwickeln. (Vgl. Abraham 1957, 28)

Nun versucht Abraham zu zeigen, wie die funktionale Erziehung wirkt, einerseits als funktionale Erziehung zu Geschichtsbewusstsein und andererseits als Erziehung zu Ordnungsbewusstsein. Wobei die Bedeutung dieses Bewusstseins aus heutiger Sicht nicht wirklich beantwortet werden kann und sich der Sinn des Textes nur in einer Auslegung im Sinne der Berufsbildungstheorie erschließen lässt. Dass von den Betrieben eine starkes Ordnungsbewusstsein ausgehen mag, ist grundsätzlich zu bejahen, so gibt die Erwerbstätigkeit dem Tagesablauf, dem Wochenablauf und dem Jahresablauf eine Struktur – auf diese Ordnungsgrößen zielt Abraham wohl weniger ab. Um die funktionale Erziehung des Betriebes zu verstehen, ist es nach Abraham notwendig, den wirtschaftlichen Betrieb zu untersuchen, wobei ein Betrieb immer von einer bestimmten Menschengruppe geleitet wird.

> „Unter einem wirtschaftlichen Betrieb [ist] eine Gruppe zu verstehen, deren Existenz durch den Zweck des gemeinsamen Wirtschaftens in irgendeiner bestimmten Hinsicht verursacht wird. [...] Das organisatorische Gefüge des wirtschaftlichen Betriebes wird also durch zweckrationale Überlegungen bestimmt, und die Motive, welche Menschen zu dem Eintritt in einen bestimmten Betrieb veranlassen, sind ebenfalls zweckrationaler Art. Insofern ist der wirtschaftliche Betrieb eine Gruppe, die durch ökonomischen Zweckrationalismus charakterisiert wird. Diese Tatsache hebt jedoch nicht die soeben getroffene Feststellung auf, dass das tatsächliche Zusammenleben der Mitglieder in einem hohen Maße durch irrationale Motive bestimmt wird. Es ist daher für den wirtschaftlichen Betrieb bezeichnend, dass er äußerlich ein zweckrational organisiertes Gebilde ist, dass eine tiefergehende Sicht seiner Probleme jedoch eine höchst komplizierte Mannigfaltigkeit eines irrationalen Gefüges enthüllt. [...] Wer in einem wirtschaftlichen Betriebe eine Stellung annimmt, tut dies in der Absicht, durch ökonomisches Handeln den Lebensunterhalt zu erwerben. Durch den Eintritt in den Betrieb gerät er jedoch gleichzeitig mit Notwendigkeit in Beziehungen zu den dort befindlichen Menschen, und er muss sich infolgedessen auch von der Absicht leiten lassen, ein befriedigendes Verhältnis zu den anderen Betriebsmitgliedern zu gewinnen. Sein Handeln muss also nicht nur ein wirtschaftendes, sondern auch ein soziales sein. Da dies für alle Menschen des wirtschaftlichen Betriebes gilt, ist es auch ein Kennzeichen des Betriebes selbst. Er hat einerseits einen ökonomischen und andererseits einen sozialen Charakter, und in

diesem Dualismus liegt der Grund eines großen Teiles seiner Problematik." (Abraham 1957, 40 u. 43)

Die Fabrik kann nach Abraham als Sinnbild der bestehenden Epoche gesehen werden. Ohne die Entwicklung der Naturwissenschaften wäre die Massenproduktion in den Fabriken nicht möglich gewesen. Gleichzeitig sei der Betrieb auch ein sozialer Raum, in dem moderne Menschen aktiv tätig seien. Der Betrieb sei nicht nur das Produkt der Geschichte, sondern selbst auch eine geschichtlich wirkende Macht, der die meisten ausgesetzt seien, denn nur wenige Menschen üben Leitungsfunktionen aus. Unternehmen hätten enormen gesellschaftlichen Einfluss. Sie seien der Ort, wo sich Tausende von Menschen treffen, um gemeinsam „einheitlich gelenkte Arbeitsleistungen" zu vollbringen. (Vgl. Abraham 1957, 43–48)

> „Auch der gesellschaftlich niedrig stehende und wirtschaftlich schwache Mensch [erlebt im Unternehmen], dass es auf ihn ankommt und dass er seinen Willen durchsetzen kann, wenn er sich mit den in der gleichen Situation befindlichen Arbeitskollegen zu solidarischen Handlungen verbindet. Die moderne Massendemokratie und der moderne industrielle Großbetrieb hängen geschichtlich zusammen, und die organisierten Angestellten und Arbeiter auf der einen Seite und die organisierten Unternehmer auf der anderen haben in dieser Demokratie faktisch Vorrangstellungen gegenüber allen anderen gesellschaftlichen Gruppen. Seitdem es den Industriebetrieb gibt, hat die Innenpolitik der Staaten einen Charakter erhalten, denn sowohl die Funktionäre des Produktionsfaktors Kapital als auch diejenigen des Produktionsfaktors Arbeitskraft beanspruchen heute mit der gleichen Selbstverständlichkeit politische Sonderrechte wie früher z.B. der Adel. Es ist daher durchaus berechtigt zu sagen, dass der moderne wirtschaftliche Betrieb nicht nur ein geschichtlich gewordenes, sondern auch geschichtlich wirkendes Sozialgebilde ist." (Abraham 1957, 48)

Nach diesen Ausführungen versucht Abraham darzulegen, wie der Betrieb funktional zu Geschichts- und Ordnungsbewusstsein erzieht. Die Art und Weise des Zusammenschlusses im Betrieb habe sich im Laufe der Geschichte stark verändert. Vom Mittelalter bis zum 19. Jahrhundert war es nach Abraham vor allem die Werkstatt des Handwerkes. Mit der Industrialisierung im 19. Jahrhundert seien sich die Menschen in den betrieblichen Organisationen, also den Fabriksgebäuden, oft in Bezug auf Überzeugungen, Wertvorstellungen und Gewohnheiten fremd geworden. Schließlich sieht Abraham in den sozialen Unruhen innerhalb der Betriebe die Hauptursachen für die Krise der gesellschaftlichen Ordnung seiner Zeit. Jeder Mensch erlebe durch seine Arbeit im Betrieb seine Teilhabe an der Geschichte. Er müsse an den täglichen Gegebenheiten partizipieren, weil er sonst ihre Arbeit verlieren könnte. Die tägliche berufliche Auseinandersetzung des arbeitenden Menschen mit den derzeitigen Gegebenheiten wecke das Bedürfnis, die geschichtliche Entwicklung und das Vergangene zu erfahren. Und dies sei nicht nur ein technisches Interesse. Die für einen bestimmten Beruf überlieferten Sitten und

Gebräuche hielten die Erinnerung an die Vergangenheit wach und ermöglichten eine gewisse Kontinuität. Ein Handwerker werde noch viel von den alten Traditionen überliefert bekommen und trotzdem im Alltag die Veränderungen durch die Industrialisierung zu spüren bekommen.[46] (vgl. Abraham 1957, 54–103)

Bei den Industriearbeitern müsste davon ausgegangen werden, dass sie „funktional zu einem irrational motivierten Sendungsbewusstsein erzogen werden, das bei anderen sozialen Gruppen nicht vorhanden ist" (Abraham 1957, 104). Hier klingt eine negative Einstellung Abrahams durch. Abraham geht noch auf Angehörige anderer Berufsgruppen und die Wirkungsweise der funktionalen Erziehung ein.

Danach verfolgt er die Idee der funktionalen Erziehung zum Ordnungsbewusstsein. Der Betrieb bestimmt nach Abraham in hohem Maße, aber nicht ausschließlich, wo der Mensch mit welchem Rang in der Gesellschaft eingeordnet ist. Da es sich um einen sozialen Raum handelt, erlebt der Mensch im Betrieb die gesamte Fülle der zwischenmenschlichen Beziehungen. Das Zusammenleben beruht

> „in erheblichem Umfange auf irrationalen Kräften und Trieben [...] Wer in einem Betrieb eintritt, setzt sich unvermeidlich der Tatsache aus, dass auch er ein Glied dieses teils rational geplanten, teils irrational gewachsenen Beziehungsnetzes wird, und dadurch entstehen für ihn Wirkungen, die an sich nichts mit der von ihm zu leistenden Arbeit zu tun haben." (Abraham 1957, 111)

Der Gruppencharakter des Betriebes führe auch zu einer doppelten Ordnung, nämlich einer äußeren zweckrational-ökonomischen und einer inneren, „die sich aus den menschlichen Qualitäten der Mitglieder ergibt. Beide Ordnungen sind notwendig und in sich wertvoll" (Abraham 1957, 111). Abraham schließt daraus, dass der Mensch aus seiner Zugehörigkeit zum Betrieb erkennt, dass die Gesellschaft von verschiedenen Ordnungsprinzipien bestimmt wird. Das Rationale kann sich auf die Zwecke oder auf Werte beziehen, in wirtschaftlichen Überlegungen sind es die Zwecke.

> „In der Wirklichkeit ist es in der Regel so, dass es innerhalb des Betriebes zwar eine Vielzahl von wertrational motivierten Beziehungen gibt, deren Vorhandensein für die Formung des Gesamtcharakters dieses Sozialgefüges sehr wichtig ist, dass es jedoch demgegenüber der ökonomische Zweck des Betriebes ist, auf dem diejenige Gemeinsamkeit beruht, welche die Entstehung des Betriebes verursacht hat und seine weitere Existenz sichert." (Abraham 1957, 115)

Innerhalb des Sozialgebildes Betrieb finden sich nach Abraham Reste von Traditionen bestimmter Berufe als irrationale Tatbestände. Auch die Gefühls-

---

[46] „Wenn erst die Rationalisierung vollendet sein wird, wird es genügen, dass der Arbeiter bei höherem Lohn nur 40 Stunden in der Woche arbeitet, und er wird dann glücklicher sein als jetzt." (Abraham 1957, 93)

beziehungen zwischen den Menschen im Betrieb fallen unter eine derartige Kategorie. Der Eintritt in ein Unternehmen sei nicht nur die Entscheidung über den zukünftigen Gelderwerb, sondern auch eine Entscheidung über den Personenkreis, mit dem zukünftig verkehrt werde. Die Vorstellungen von Gemeinschaft innerhalb des Betriebs seien äußerst unterschiedlich: Manche suchen starke menschliche Verbindungen, andere nicht. Deshalb sei es schwierig, eine Gemeinschaft im Unternehmen zu errichten. Dazu komme, dass es – so Abraham – immer mehr Menschen mit seelischen Erkrankungen in Unternehmen gebe. Innerhalb des Betriebes seien bestimmte Ordnungsprinzipien wirksam, die die zwischenmenschlichen Beziehungen im sozialen Raum gestalten. Diese Prinzipien seien von den Mitarbeiterinnen und Mitarbeitern ausgeformt. Die Vorstellungen über Ordnung würden demnach ganz stark vom Unternehmen geprägt, da der Mensch dort einen erheblichen Teil seines Lebens verbringe und diese Ordnungsrahmen verpflichtend auf ihn wirke.

> „Das Denken und Wollen des Menschen in Bezug auf die Ordnung wird in hohem Maße durch die funktionale Erziehung zu Ordnungsbewusstsein geformt, die ihm im Betriebe zuteilwird. Der Einfluss dieser Erziehung ist gegenwärtig besonders groß, weil der moderne Mensch in den übrigen Bereichen seines Lebens, z.B. in dem familiären, dem politischen und religiösen, häufig in einem Zustande lebt, der nicht die gleiche Festigkeit und Klarheit der Ordnung aufweist wie sein betriebliches Leben und von dem daher nicht die gleiche erzieherische Kraft ausgeht. In der weithin heute vorhandenen Unordnung des Lebens ist der betriebliche Sektor oft derjenige, der relativ die größte Geordnetheit besitzt." (Abraham 1957, 127)

Abraham führt über mehrere Seiten aus, dass die Begegnung mit Menschen des anderen Geschlechts im Unternehmen nicht unproblematisch sei, denn der „gesamte Komplex der sozialen Verbundenheiten, die irgendwie auf der Sexualität beruhen oder zumindest von ihr beeinflusst werden, ist undurchsichtig geworden, weil die Dinge in Bewegung geraten sind, deren Richtung und Ziel noch nicht klar erkennbar sind" (Abraham 1957, 156–157). So führt er aus, „dass ein Hauptziel die sexuelle Entgiftung der Betriebe sein muss" (Abraham 1957, 157). Hier wird der zeitliche und weltanschauliche Kontext, in dem sich Abrahams Werk verortet, offen und klar.

3.2.1.2 Wirtschaftspädagogik: Grundfragen der wirtschaftlichen Erziehung

Abraham (1966, 11) beginnt sein Buch *Wirtschaftspädagogik. Grundfragen der wirtschaftlichen Erziehung* mit *Allgemeinen Aussagen über die Wirtschaftspädagogik* und eröffnet allgemein pädagogisch, um zur Wirtschaftspädagogik überzuleiten:

> „Der Mensch ist von Natur aus so beschaffen, dass er der Erziehung bedarf, um zu Reife und Mündigkeit zu gelangen. Es ist zu fragen, wann dieser Prozess beendet ist. Es ist eine voll berechtigte Antwort, dass er bis zu dem Tode andauert. […] Es ist

> andererseits aber eine alte Menschheitserfahrung, dass die Entwicklung des Menschen im Normalfall am Ende des zweiten Lebensjahrzehnts einen solchen Grad der Reife erreicht, dass es gerechtfertigt ist, ihn nun als mündig zu erklären. Die Erziehungswissenschaft ist daher besonders an der Untersuchung desjenigen Teiles des pädagogischen Prozesses interessiert, der zwischen der Geburt und dieser Mündigkeit liegt. […] Die Grundthese der Allgemeinen Pädagogik, dass der Mensch einerseits erziehungsbedürftig und andererseits erziehungsfähig ist und dass er sich dadurch von allen anderen Lebewesen unterscheidet, ist auch der Ausgangspunkt für die Überlegungen der Wirtschaftspädagogik." (Abraham 1966, 11–12)

Der wirtschaftliche Bereich ist nach Abraham ein besonderer Teil des menschlichen Lebens. Instinkte reichen für den Menschen nicht aus, um sich zu ernähren und seinen Lebensunterhalt zu erarbeiten. Der Mensch muss also zum wirtschaftlichen Handeln befähigt werden. Dafür müssen seine „geistigen Anlagen geweckt und sein Denkvermögen, sein Wille und seine Befähigung zu sittlichen Werturteilen entwickelt werden" (Abraham 1966, 12). Der wirtschaftliche Lebensbereich sei meist ein besonders harter, weshalb die Gefahr bestehe, dass dieser Bereich des Lebens überbetont werde und „unter die Herrschaft materialistischer Prinzipien gerät" (Abraham 1966, 13). Wirtschaftliche Erziehung möchte den Menschen so vorbereiten, dass er diese Gefahr überwinden könne. Es gehe daher um mehr als um die Vermittlung von Fachkenntnissen, sondern auch um das Erkennen, dass materielle Dinge nicht nur nach ihrer Nützlichkeit beurteilt werden sollten. Wirtschaftliches Handeln bedeute nicht nur die Sicherung der materiellen Existenz. Mit wirtschaftlichem Handeln seien immer auch Handlungen nicht-ökonomischer Art verbunden. Und jede wirtschaftliche Entscheidung sei gleichzeitig auch eine moralische. „Die Fähigkeit zur Unterscheidung zwischen Gut und Böse ist dem Menschen zwar angeboren; erst durch planmäßige Erziehung wird jedoch diese Anlage zu einem sittlichen Bewusstsein, das auch unter den heutigen komplizierten Lebensbedingungen zu ethischen Werturteilen fähig ist." (Abraham 1966, 13) Dabei geht Abraham (1966, 14) davon aus, dass der Mensch darauf vorbereitet werden müsse, „dass er sich bei seinen wirtschaftlichen Handlungen nach objektiven ethischen Grundsätzen zu richten hat". Wirtschaftliche Entscheidungen brauchten eine Rechtfertigung und müssten daher auch ethisch begründet sein. Wirtschaftliche Erziehung ist damit nicht mit der Vermittlung von Fachkenntnissen begrenzt. Würde diese ethische Dimension nicht berücksichtigt, so fehlte ein wichtiger Teil, denn es geht in der wirtschaftlichen Erziehung nicht nur um ökonomische Erfolge, sondern auch um die

> „geistige Gesamtentwicklung des Menschen. […] Ob es ihm gelingt, in seinem Leben das Prinzip der personalen Einheit in einem solchen Umfange zu verwirklichen, dass zwischen seinem Berufsleben und seinem sonstigen, vor allem seinem Familienleben, keine Kluft besteht, die eine Spaltung seines Denkens bewirkt, ist wesent-

lich von der wirtschaftlichen Erziehung abhängig, die er empfangen hat." (Abraham 1966, 14)

Es sei daher eine wichtige Forschungsaufgabe der Wirtschaftspädagogik, herauszuarbeiten, „welcher pädagogischen Lebenshilfen der Mensch bedarf, um auch in dem ökonomischen Teil seiner Existenz wahrhaft Mensch sein zu können" (Abraham 1966, 14). Abraham (1966, 15) verfolgt einen humanistischen Zugang, in der die Entwicklung des Menschen zu einer „in sich geschlossenen Persönlichkeit gefördert wird".

Eine besondere Bedeutung kommt dem Doppelsinn des Wortes Wirtschaft in der Wirtschaftspädagogik zu. Es könne als Verb *wirtschaften* oder als Substantiv *Wirtschaft* verstanden werden. Wirtschaften betreffe jeden Einzelnen, Wirtschaft sei etwas Abstraktes, Äußerliches. Dieser Dualismus des Begriffs Wirtschaft hängt nach Abraham mit der Kultur zusammen. Kultur bleibe nur dann am Leben, wenn sie sich ständig in den Menschen als geistiger Prozess ereigne. Gleichzeitig jedoch sei sie auch objektive Wirklichkeit, die vom Individuum losgelöst sei. Dies sei auch in der Wirtschaft der Fall. Sie ergebe sich daraus, dass jedes Individuum wirtschafte, sie sei aber auch ein überindividuelles Gebilde, das als Teil der objektiven Welt wahrgenommen werde. Dieser Dualismus finde sich auch darin, dass der Mensch durch eine Polarität gekennzeichnet sei, die sich aus seinem individuellen und sozialen Bestandteil seiner Natur ergebe. Ein Teil der erzieherischen Aufgabe bestehe darin, „den Menschen so zu erziehen, dass er als einzelner zu wirtschaften versteht und sich zugleich als Glied der Gesellschaft in die Wirtschaft einzufügen vermag. Die wirtschaftliche Erziehung hat stets diesen doppelten Charakter" (Abraham 1966, 18).

Der unmittelbare Inhalt der wirtschaftlichen Erziehung sind nach Abraham ökonomische Fakten. Dennoch gehe es prinzipiell um eine philosophische Problematik. Wirtschaftspädagogik muss als Pädagogik Grundaussagen aus der Philosophie übernehmen. Die Frage, die sich Abraham stellte, war, ob die Philosophie zu seiner Zeit überhaupt in der Lage war, philosophische Prämissen für die Pädagogik zu formulieren. Philosophie habe nicht nur die Aufgabe, anthropologische Grundlagen zu liefern, sondern auch Aussagen über den „Kulturbereich Wirtschaft" (Abraham 1966, 26). Abraham beurteilte die Möglichkeiten der Philosophie, diese Aufgaben zu übernehmen, als unbefriedigend. „Die pädagogische Erschließung des Kulturbereiches Wirtschaft steht daher erst am Anfang; umso dringender ist es, sich intensiv um sie zu bemühen." (Abraham 1966, 27) Obwohl die wirtschaftliche Erziehung sich vor allem mit den materiellen Seiten der menschlichen Existenz auseinandersetzt, geht es darum, geistig auf diesen Lebensbereich Einfluss zu nehmen. „Das Verhältnis von Geist und Materie im Dasein des Menschen ist somit für die wirtschaftliche Erziehung ein philosophisches Kernproblem." (Abraham

1966, 27) Dieses Kernproblem lässt sich nach Abraham weder im Sinne des philosophischen Idealismus noch im Sinne des philosophischen Materialismus klären. Es sei vielmehr davon auszugehen, dass Geist und Körper untrennbar seien. Kein Bestandteil für sich könne das Menschliche erfassen.

> „Dass dabei dem Geist die Aufgabe der Führung zukommt, mindert nicht die Bedeutung des Körpers, sondern ist die Folge der Tatsache, dass dem Menschen die Aufgabe gestellt ist, sein Leben zu durchgeistigen und dadurch mit Sinn zu erfüllen. Die Frage nach dem Sinn der wirtschaftlichen Bedürfnisse wird damit zu einer Grundfrage der Wirtschaftspädagogik, denn erst durch ihre Beantwortung wird es möglich, der wirtschaftlichen Erziehung Inhalte zu geben, die nicht im Bereich der animalischen Existenzsicherung bleiben, sondern die Durchgeistigung der materiellen Existenz zum Ziele haben. Das bedeutet, dass erst dadurch die Voraussetzungen entstehen, die eine über die bloße fachliche Ausbildung hinausgehende echte wirtschaftliche Erziehung und Bildung ermöglichen." (Abraham 1966, 28)

Damit solle einerseits klargestellt sein, dass die Wirtschaftspädagogik nicht ohne philosophische Betrachtungen auskomme, und andererseits die Selbsterziehung der Kern der Pädagogik, insbesondere auch der Wirtschaftspädagogik, sei. Jede Fremderziehung solle schließlich zu einer Selbsterziehung führen. Im Mittelpunkt jeder Erziehung – so Abraham – stehe die Anleitung zum „rechte[n] Umgang mit sich selbst" (Abraham 1966, 28). Abraham geht in seinen Darlegungen so weit, dass er durch seine Verortung der Wirtschaftspädagogik in die Erziehungswissenschaft die Wirtschaftswissenschaften als „unentbehrliche Hilfswissenschaften" (Abraham 1966, 29) beschreibt. Allerdings dürfe dies nicht so verstanden werden,

> „dass es sich in der wirtschaftlichen Erziehung nur darum handelt, allgemeine pädagogische Erkenntnisse auf Erziehungssituationen anzuwenden, die durch ökonomische Tatbestände charakterisiert werden. [...] Wirtschaftspädagogische Untersuchungen durchführen zu wollen, ohne zu wissen, was Wirtschaft ist, ist daher ein sinnwidriger und nutzloser Versuch. Von dem Wirtschaftspädagogen kann allerdings nicht das gleiche Spezialwissen verlangt werden, das der Volkswirt oder der Betriebswirt für seine Untersuchungen braucht. Was hier gemeint wird, kann am besten durch die Feststellung charakterisiert werden, dass die Wirtschaftspädagogik in ähnlicher Weise wie aus der Philosophie auch aus den Wirtschaftswissenschaften Grundaussagen übernehmen muss, die für sie den Charakter von Prämissen haben, auf denen sie ihre Arbeit basieren. Das Neuartige der Wirtschaftspädagogik und der besondere Beitrag, den sie zu der Entwicklung der Erziehungswissenschaft leistet, bestehen darin, dass durch sie die Ergebnisse der Wirtschaftswissenschaften für die pädagogische Forschung erschlossen werden. [...] Die Durchführung dieser Aufgabe ist durch die Entwicklung der Kultur besonders dringend geworden, denn die Wirtschaft hat eine so große Bedeutung erlangt, dass der weitere Kulturverlauf entscheidend durch das ökonomische Verhalten der heute lebenden Menschen und der künftigen Generationen bestimmt wird. Es ist daher ein wichtiges Anliegen, durch eine gute wirtschaftliche Erziehung auf dieses Verhalten einzuwirken. Es wäre zwar eine Überschätzung des Einflusses der Erziehung auf den Gang der Geschichte,

wenn man glauben würde, dass deren Verlauf entscheidend durch planmäßige Erziehungsmaßnahmen beeinflusst werden kann. Die letzten 200 Jahre der europäischen Geschichte geben Anlass zu einer skeptischen Beurteilung dieser Frage. Die eigentlichen Ursachen für den krisenhaften Zustand der heutigen Kultur liegen so tief, dass die Mittel der Erziehung nicht ausreichen, um sie zu überwinden. Diese Feststellung entbindet jedoch die Erziehungswissenschaft nicht von der Verpflichtung, das Ihrige dazu beizutragen, dass die in der heutigen Kultur vorhandenen gefährlichen Spannungen überwunden werden können. Eine der wichtigsten Aufgaben ist in dieser Hinsicht die pädagogische Erschließung des Kulturbereichs Wirtschaft; dies ist der besondere Auftrag, den im Rahmen der modernen Erziehungswissenschaft die wirtschaftspädagogische Forschung zu erfüllen hat." (Abraham 1966, 30)

Abraham versteht Erziehung als dem der Bildung übergeordneten Begriff, denn Erziehung ist der ältere Begriff. Erziehung gebe es nur für Menschen, damit ziele sie auf jene Bereiche, die nur dem Menschen vorbehalten seien: Vernunft, Wille und sein Gemüt, das Abraham als seinen Geist versteht. Erziehung dient nach Abraham (1966, 33) der „Entfaltung der Geistigkeit des Menschen". Die Inhalte müssen daher „den objektiven sittlichen Normen entsprechen". Von Erziehung dürfe daher nur gesprochen werden, wenn Inhalt und Prozess den ethischen Normen entsprächen. Dies gelte für Bildung und Ausbildung, da beide Bereiche der Erziehung seien. Sie gelte auch für Inhalte, die keinen ethischen Inhalt vermitteln – denn auch für diese Inhalte gelte, dass sie für das Weltbild und das Verständnis notwendig seien und deshalb auch der Rechtfertigung und damit der ethischen Betrachtung unterlägen. Aufgabe der Erziehung sei die „Entwicklungshilfe", d.h. den Menschen „bei der Gewinnung seiner Freiheit des Erkennens, des Wertens und des Wollens zu unterstützen" (Abraham 1966, 36). Dabei sei eine entsprechende Skepsis angebracht, denn der Mensch sei nicht immer dazu fähig und das Böse eine menschliche Realität. Abraham ist der Ansicht, dass Jugendliche, die bereits in der Berufswelt stehen, mehr Entwicklungshilfe benötigen als Jugendliche in den Gymnasien. Dies sei eine besondere Aufgabe der Wirtschaftspädagogik. Entwicklungshilfe sei aber nur ein Teil der Erziehung, eben jener, der den einzelnen Menschen in den Blick nehme. Ein weiterer Teil sei die Enkulturation, die Aufnahme der Güter der Kultur. „In der Kultur haben die Gedanken und Gefühle der früheren Geschlechter eine objektive Gestalt gewonnen, in der das Zufällige und Individuelle weitgehend überwunden ist und dafür Allgemeingültiges zum Ausdruck kommt." (Abraham 1966, 39) So erreiche die Kultur einen objektiven Charakter. Die Erziehung solle den jungen Menschen dazu bringen, „den von früheren Geschlechtern geschaffenen geistigen Gütern mit Ehrfurcht gegenüber zu treten und sich zu bemühen, sie zu seinem geistigen Eigentum zu machen. […] Damit wird durchaus nicht ein starrer Traditionalismus befürwortet" (Abraham 1966, 45), denn Abraham sieht dies als Voraussetzung für eine mögliche Weiterentwicklung der Kultur.

Abraham geht im Ziel der wirtschaftlichen Erziehung noch weiter: Musische, philosophische oder auch religiöse Erziehung haben dann ihr Ziel erreicht, „wenn es ihnen gelungen ist, mit ihren Bemühungen zu dem inneren Bezirk des persönlichen geistigen Lebens zu gelangen" (Abraham 1966, 48). Für die wirtschaftliche Erziehung scheint es dieses Ziel nicht zu geben. Diese Ansicht ist Abraham zu eng: Um sich im hochkomplexen und unübersichtlichen Wirtschaftsleben zurechtzufinden und den eigenen Standort festlegen zu können, „bedarf der heutige Mensch nicht nur wirtschaftlicher Grundkenntnisse, sondern auch eines Verständnisses der Zusammenhänge zwischen seiner Zugehörigkeit zu dem Wirtschaftsgefüge und seiner sonstigen individuellen Existenz" (Abraham 1966, 48). Zu seiner Existenz gehörten auch materielle Bedürfnisse, die nicht nur als Last, sondern auch als Sinn verstanden werden könnten. Oft führe die Arbeit zu Belastungen und (nervlichen) Erkrankungen. „Soweit nicht biologische Defekte die letzte Ursache sind, wären manche derartige Erkrankungen wahrscheinlich durch eine bessere wirtschaftliche Erziehung vermieden worden." (Abraham 1966, 49) Es sei der „Wirtschaftsapparat", der es in seiner Beschaffenheit den Menschen schwer mache, zur Selbstbesinnung und Ruhe zu kommen. Es hänge aber auch von der subjektiven Einstellung ab, was als Leid und wie Leid empfunden werde. „Das Arbeitsleid kann wie jedes Leid als ein sinnloses Schicksal empfunden werden, gegen das sich der Mensch so lange aufbäumt, bis er resigniert oder zerbricht; es kann aber auch wie jedes Leid der Ausgangspunkt für eine Verinnerlichung werden, die den Menschen seelisch reifer und stärker macht." (Abraham 1966, 49) Zu welcher Möglichkeit der Mensch tendiert, hängt nach Abraham von der wirtschaftlichen Erziehung ab. Wirtschaftliche Erziehung müsse zur Verinnerlichung führen.

> „Wenn der Mensch den Weg der Verinnerlichung geht, dann zeigt sich, dass er nur dadurch zu sich selbst gelangt, dass er über sich hinauswächst und einen Zugang zu dem Reich der Transzendenz gewinnt. Der Christ weiß, dass sie der Weg ist, der zu Gott führt. Es kann daher nicht von Verinnerlichung gesprochen werden, ohne dabei zu sagen, dass die Erörterung dieser Problematik mit Notwendigkeit in die Metaphysik und der Religion hineinführt. Dies ist eine logische Konsequenz, der auch die Wirtschaftspädagogik nicht ausweichen kann. [...] Die Wirtschaftspädagogik muss daher mit besonderer Intensität die Frage untersuchen, wie die wirtschaftliche Erziehung der Jugend so zu gestalten ist, dass diese dazu fähig wird, sich mit den aus dem Kulturbereich Wirtschaft erwachsenden metaphysischen und religiösen Problemen auseinanderzusetzen und dadurch zu eigenen Überzeugungen zu gelangen." (Abraham 1966, 50–51)

Abraham versteht den Menschen als eine materielle und geistige Einheit: „Der Mensch ist im Augenblick seines Daseins eine Gesamtheit." (Abraham

1966, 51) Diese Einheit kann durch die Wirtschaft gefährdet werden, daher ist „jede wirtschaftliche Erziehung mehr [...] als nur eine wirtschaftliche Erziehung" (Abraham 1966, 51). Die wirtschaftliche Erziehung dauert das ganze Leben an. Das Kind erkennt, „dass jeder Mensch einen Beruf haben muss" (Abraham 1966, 54), um den Lebensunterhalt zu verdienen. Mit dem zunehmenden Alter werden die wirtschaftlichen Inhalte komplexer und es kommt die Berufserziehung dazu. Der Erwachsene habe in Normalfall einen solchen Grad an Reife erreicht, dass die geplante Fremderziehung grundsätzlich beendet sei und nun die Selbsterziehung diese erzieherischen Aufgaben übernehme. Zwar könne auch der Erwachsene auf Fremderziehung zurückgreifen, ob und in welchem Ausmaß sei aber seine eigene Entscheidung. Neben der bewussten Fremd- und Selbsterziehung sei aber noch die „funktionale, unbeabsichtigt geschehene Fremderziehung" zu betrachten. Die funktionale Erziehung wirke im Kindes-, Jugend- und Erwachsenenalter. Ziel der Erziehung sei die Selbsterziehung, Fremderziehung habe also die Aufgabe, zur Selbsterziehung hinzuführen. Bei der Selbsterziehung seien Subjekt und Objekt der Erziehung dieselbe Person. Darin komme zum Ausdruck, dass der Mensch sich selbst kritisch betrachten und sich selbst erziehen könne. Die allgemeine wirtschaftliche Erziehung unterscheide sich von der Berufserziehung dadurch, dass der Mensch „im Bereich der allgemeinen wirtschaftlichen Erziehung die volle Freiheit der Selbstbestimmung besitzt" (Abraham 1966, 66). Die allgemeine wirtschaftliche Erziehung habe die Aufgabe, die Voraussetzungen dafür zu schaffen, dass auch in der Berufserziehung die Selbsterziehung einsetzen könne. Allgemeine wirtschaftliche Erziehung leiste damit eine wesentliche Vorarbeit für die berufliche Erziehung.

Neben der Unterscheidung von Fremd- und Selbsterziehung spiele die Unterscheidung von intentionaler und funktionaler Erziehung eine wesentliche Rolle. Intentional bedeute, dass die Erziehung bewusst geplant und damit als gewollte Fremderziehung wirke. Funktional „bringt zum Ausdruck, dass das hier gemeinte pädagogische Geschehen dadurch ausgelöst wird, dass der betreffende Mensch aus Gründen, die nicht zufälliger Art sind, sondern sich aus den Lebensumständen ergeben, in eine Abhängigkeit von Menschen oder Sachen geraten ist [...], ohne dass diese Beeinflussung von den Beteiligten bewusst gewollt wird" (Abraham 1966, 67). Damit bleibe der pädagogische Prozess unsichtbar, er sei vielmehr eine Nebenwirkung von bestimmten Sachverhalten. Aus diesem Grunde werde diese Form der Erziehung in der Wissenschaft nicht als Erziehung gesehen. Aber auch das unbewusste Vorbild von Eltern, Lehrenden und anderen Personen wirke pädagogisch, ohne pädagogisch gewollt zu sein. Darüber hinaus bereite das soziale Umfeld einen bestimmten pädagogischen Weg vor.

Die Wirtschaft sei ein Lebensbereich, in dem vor allem die Vernunft und der Wille zum Einsatz kommen. Wirtschaftliche Erziehung ziele daher insbesondere auf die Befähigung zu rationalem Denken und ökonomischem Entscheiden ab. Das bewusst Geplante stehe daher im Mittelpunkt und damit auch die intentionale Erziehung. Dies gelte ganz besonders für die Berufserziehung. Aber gerade in Wirtschaft und Betrieb wirkten Faktoren der funktionalen Erziehung. Dazu komme „dass ein Teil der funktionalen Einflüsse, denen der Mensch ausgesetzt ist, ethisch minderwertig ist und daher nicht die Bezeichnung als Erziehung verdient" (Abraham 1966, 70). Wobei es allerdings Teil des Menschseins sei, dass nie alle ethischen Prinzipien umgesetzt sein könnten. Allerdings dürfe die Idee der funktionalen Erziehung nicht so weit interpretiert werden, dass darunter sämtliche Umwelteinflüsse fallen würden. Wer sich allerdings dafür entschließe, eine Stelle in einem Unternehmen anzunehmen, weiß, dass er oder sie sich in einen Bereich einlasse, der mit intentionaler Fremderziehung zusammenhänge, denn Schulungen und Beratungen würden zur Ausbildung und zur Tätigkeit dazugehören. Darüber hinaus müsse der berufergreifenden Person auch klar sein, dass intentionale Erziehung wirke:

> „Er muss sich aber ferner darüber klar sein, dass die Räume, die Geräte, die Waren und die sonstigen Sachmittel an der neuen Arbeitsstätte anders als an der bisherigen sein werden und dass er auch dadurch eine Formung erfahren wird, die im einzelnen kaum voraussehbar ist und die sich außerdem unmerklich und unkontrollierbar als Folge des täglichen Umgangs mit den Dingen vollziehen wird. [...] Die Sachmittel, auf die der Mensch in diesem Betriebe trifft, [sind] dort nicht zufällig vorhanden [...], sondern im Gegenteil auf Grund bewusster Planung, die das Ziel haben, die Verwirklichung des Betriebszwecks im Rahmen der gegebenen gesellschaftlichen und politischen Ordnung und unter Berücksichtigung der allgemein anerkannten ethischen Normen zu erreichen. Was für Sachmittel vorhanden und wie diese miteinander kombiniert sind, das ist ein Abbild des Sinngefüges dieses Betriebes. Es ist allerdings meistens nicht wahrscheinlich, dass der an einen bestimmten Arbeitsplatz gestellte neue Angestellte oder Arbeiter bereits eine klare Vorstellung von diesem Sinngefüge hat, und es kann vorkommen, dass er auch durch längere Tätigkeit keine bewusste Einsicht in die Sinnzusammenhänge gewinnt." (Abraham 1966, 71–72)

Die subjektive Seite des Erkennens dieser geschilderten Prozesse sei nicht wesentlich, vielmehr die Erkenntnis, dass Artefakte, Routinen, soziale Strukturen und die Kultur im Unternehmen ein Umfeld schaffen würden, das auf die Mitarbeiterinnen und Mitarbeiter Einfluss nehme. Abraham geht noch weiter und macht auf die soziale Dimension des Unternehmens aufmerksam: „Außerdem muss beachtet werden, dass jeder wirtschaftliche Betrieb nicht nur eine ökonomische, sondern auch eine soziologische Einheit ist. Als Sozialgebilde ist er ein Teil der Gesellschaft, deren Grundnormen sich auch in ihm verwirklichen." (Abraham 1966, 72) Die innere Ordnung des Betriebes, die auf den Menschen wirke, sei nicht nur durch ökonomische und technische, sondern auch durch anthropologische und moralische Prinzipien bestimmt. Gerade die Berücksichtigung des funktionalen Erziehungsbereiches in die wirtschaftspädagogische Untersuchung, „zeigt den vollen Umfang der Zusammenhänge zwischen Erziehung und Wirtschaft [auf]" (Abraham 1966, 75).

Abraham führt eine lange Diskussion über die Frage, welche Bedeutung die wirtschaftliche Erziehung für die Idee der Persönlichkeit hat, und führt diese vor dem Hintergrund der Diskussion zwischen Kultur und Zivilisation im Neuhumanismus. Er bezieht sich auf Spranger (1959, 136–137; siehe 2.1.2), der gerade in der „Vernachlässigung der sittlichen Wertschätzung der Wirtschaft" den Grund für den Ökonomismus sieht. Daraus würden sich für Spranger (1959), wie Abraham ausführt, zwei Fragen ergeben: Erstens, wie geht der Mensch mit sich selbst in der Einfügung in den Wirtschaftsapparat um? Zweitens, ist der moderne Kulturprozess überhaupt noch steuerbar? Aufgabe der Erziehung müsste sein, dass die wirtschaftliche Entwicklung nicht dazu führt, dass der Mensch ein „systemgebundene[r] Mensch" wird. Abraham verweist auf Spranger, der die Sicherung der Zukunft nicht in einem Neuhumanismus, sondern in einer neuen Idee des Humanismus sieht. Abraham greift auch auf Litt (1955, 71) – wie schon in 2.1 wird hier nochmals auf die Idee der Antinomie verwiesen – zurück, der einen Gegensatz von „sachliche[m] Tun" und „persönliche[m] Sein" sieht. Die Wirtschaft verlange Zweckrationalität und „eine Hingabe an die Sache". Es sei daher nach Litt (1955, 71) – in der Interpretation Abrahams – unmöglich, eine „Harmonie der Persönlichkeit anzustreben, wie sie dem Neuhumanismus vorschwebte". Abraham (1966, 84) führt aus, dass Litt der Ansicht sei, „dass hier eine echte Antinomie gegeben ist, nämlich ein in der Grundstruktur des geistigen Wesens gegebener und daher unaufhebbarer Widerspruch". Deshalb habe Litt den Neuhumanismus abgelehnt, weil dieser den „Widerspruch zwischen Mensch und Sache" nicht kannte. Daraus zieht nun Abraham die Konsequenz, dass der Mensch keinesfalls zu einem Doppelleben gezwungen sei. Die Lösung liege nicht darin, dass der Mensch sich in der Wirtschaft der Sache ganz hingebe und zum unpersönlichen Vollzugsorgan werde und im zweiten Teil sein ganz persönliches Leben führe. Denn dadurch wird nach Abraham die Antinomie eigentlich ausgeschaltet:

> „Die Erziehungs- und Bildungsaufgabe besteht für Litt vielmehr gerade darin, den Menschen zu dem Ertragen des Widerspruchs fähig zu machen, damit er sich nicht bei der Erledigung von Sachaufgaben ganz an diese verliert und damit selbst zu einem bloßen Sachmittel wird. Die sittliche Verantwortung für das, was er tut, wird dem Menschen auch dann nicht erlassen, wenn er bei seinen Handlungen nicht frei, sondern an bestimmte sachliche Tatsachen gebunden ist, denn er hat vor dem Beginn dieser Handlungen als freier Mensch zu entscheiden, ob er sie verantworten kann und sie daher ausführen will oder nicht. Dies ist das Problem der Humanität aus der Sicht seiner Auffassung vom Menschen, welche die Antinomie seines We-

sens bejaht und sie zugleich durch einen neuen Humanismus überwinden will." (Abraham 1966, 85)

Für diesen neuen Humanismus gibt es nach Abraham noch keine Konzeption. Als Grundlage müsse eine Auseinandersetzung mit dem Neuhumanismus folgen, was Abraham in seiner Arbeit auch ausführt. Er sieht den Erfolg des Neuhumanismus gerade darin, dass sich das pädagogische Denken von den wirtschaftlichen Problemen überhaupt fernhielt. Dies führte zum „typische[n] Dualismus von Allgemeinbildung und Berufsbildung" (Abraham 1966, 93) im deutschen Bildungsdenken. Dazu kommt, dass der Ausdruck Bildung nur dem Bereich der Allgemeinbildung zukam, nicht jedoch der Berufsbildung. Ob die wirtschaftliche Erziehung überhaupt einen Beitrag für die Persönlichkeitsbildung leisten könne, hänge wesentlich von der Überzeugung ab, dass ein grundsätzliches positives Verständnis für die moderne Wirtschaft und die Arbeit gewonnen werden könne. Abraham sieht eine Veränderung in der Gesellschaft dadurch begründet, dass Theologie und Philosophie ein durchaus positives Verhältnis zur Wirtschaft entwickelt hätten. Wirtschaft werde demnach nicht mehr als „geistfeindliche Macht" verstanden. Darüber hinaus setze sich die Erkenntnis durch, dass die Persönlichkeitsideale des deutschen Idealismus ausgedient hätten. (Vgl. Abraham 1966, 93–98)

Als Basis für die wirtschaftliche Erziehung könnten verschiedene Persönlichkeitsideale dienen, die sich an der ethischen Prämisse der Pflichterfüllung ausrichteten. Der Mensch solle also in die Lage versetzt werden, seine Handlungen nach sittlichen Prinzipien auszurichten. Eine solche Ausrichtung könne christlich, atheistisch, positivistisch oder agnostisch motiviert sein. Allerdings stelle sich die Frage, wie Pflichterfüllung im Beruf bzw. in der wirtschaftlichen Erziehung gedeutet werden solle. In der Neuzeit habe sich die Idee der Wertindifferenz stark durchgesetzt. Sie sei mit der Auffassung verbunden, dass es nicht wenige Bereiche gebe, die nicht der moralischen Bewertung, sondern den Kausalgesetzen zu folgen habe. Durch den Aufschwung der Naturwissenschaften und der „Übertragung naturwissenschaftlicher Denkverfahren auf Sachgebiete, die nicht naturwissenschaftlicher Art sind" (Abraham 1966, 101), sei der Anschein geweckt worden, dass es eigentlich ganz wenig Bereiche gebe, die keinen Kausalgesetzen unterliegen. Gerade auch für die Wirtschaft würde dieses Denken übernommen, sodass es den Anschein habe, dass die Wirtschaft nach Kausalgesetzen funktioniere. Wirtschaftliche Handlungen würden daher auch keinen ethischen Prinzipien unterliegen; was wirtschaftlich gerechtfertigt sei oder nicht, entscheiden nur wirtschaftliche Gesetzmäßigkeiten. Diese Entwicklung habe auch damit zu tun, dass der wesentliche Unterschied zwischen Technik und Wirtschaft nicht gesehen worden sei. In der Technik würden Erkenntnisse über Gesetze aus der unbelebten Natur angewandt, bei der Wirtschaft handle es sich hingegen um „einen Bezirk der menschlichen Aktivität" (Abraham 1966, 101). Dies führe dazu, dass der Wirtschaft die Wertindifferenz zugeschrieben worden sei.

> „Die Meinung, dass die Wirtschaft ein Gebiet sei, das sich außerhalb des Geltungsbereiches der ethischen Normen befindet, hat dazu geführt, dass sowohl die auf dem Prinzip der praktischen Ethik aufbauenden Persönlichkeitsideale […] häufig keine Anwendung im Arbeitsleben gefunden haben, weil ökonomische Fragen prinzipiell nicht als Gewissensangelegenheiten angesehen worden sind. Dadurch ist eine eigentümliche doppelte Moral entstanden, die bei wirtschaftlichen Handlungen vieles erlaubt, was sonst verboten ist. Es ist nach dieser Auffassung möglich, sich im privaten Leben ernsthaft um die Verwirklichung sittlicher Prinzipien zu bemühen, ohne daraus Folgerungen für das Verhalten im wirtschaftlichen Leben ziehen zu müssen, und es wird nicht als gerecht angesehen, gegen denjenigen, der sich so verhält, den Vorwurf der Unwahrhaftigkeit zu erheben. Diese Mentalität hat in der neuesten Zeit eine große Rolle gespielt und ist irrtümlich manchmal als charakteristisch für die moderne Wirtschaftsgesinnung angesehen worden." (Abraham 1966, 102)

Abraham führt aus, dass die Behauptung, wonach „wirtschaftliche Handlungen wertindifferent seien, nicht richtig ist" (Abraham 1966, 102). Dies sei für die philosophische Fundierung der Wirtschaftspädagogik eine wesentliche Voraussetzung.

Abraham versucht Gründe darzulegen, die für die persönlichkeitsbildende Kraft der wirtschaftlichen Erziehung sprechen. Psychologisch sei es wichtig, dass der Mensch Arbeit habe, weil dies für den seelischen Gesamtzustand positiv sei. Auch in der Rechtsprechung spiele es nach Abraham eine Rolle, ob jemand einen Beruf habe oder nicht. Darüber hinaus sieht er ein steigendes Interesse an der wirtschaftlichen Erziehung. Schließlich versucht Abraham darzulegen, dass wirtschaftliche Erziehung zur Sicherung der wirtschaftlichen Leistungsfähigkeit führe. Dafür sei es aber notwendig, dass der Mensch auf – Abraham verwendet diesen Terminus nicht, aber er umschreibt es treffend – *Lebenslanges Lernen* vorbereitet werden müsse. Hier gehe es um Fähigkeiten und Fertigkeiten sowie um die Bereitschaft, sich weiterbilden zu wollen. Schließlich hätten auch Volksschulen, Realschulen und Gymnasien die Aufgabe, auf wirtschaftliche Leistungsfähigkeit vorzubereiten. (Vgl. Abraham 1966, 102–120)

Für Abraham ist Beruf mehr als Arbeit. Seiner Auffassung nach habe Beruf immer etwas mit Berufung zu tun. Beruf meine immer mehr, als das Wort *Arbeit* abdecken könne. Der Mensch versuche sich im Beruf zu verwirklichen. Arbeit werde dadurch zum Beruf, der „einen über den unmittelbaren ökonomischen Zweck hinausgehenden höheren Sinn hat" (Abraham 1966, 121). Im Beruf strebe der Mensch also auch danach, sein eigenes Leben, seine eigenen Hoffnungen und Wünsche einbringen zu können. Er habe auch einen irrationalen Tatbestand, der auf das Transzendentale verweise, weil es um den Sinn gehe, der über das Ökonomische hinaus verweise. Es gebe Menschen, die Beruf als Berufung stärker und solche, die dies schwächer spürten. Die Transzendentalität sei für das Wesen des Berufs kennzeichnend, Berufserziehung habe dem Rechnung zu tragen. In vielen Betrieben jedoch herrsche eine Kälte vor, die für die Menschen unerträglich sei. Sie fänden zwar Arbeit, aber keinen Beruf. Wenn die Gestaltung der „Arbeitsbedingungen ausschließlich nach technischen Zweckmäßigkeitserwägungen erfolgt, dann ist eine solche Rationalisierung im Grunde unvernünftig und primitiv, denn es fehlt ihr jene Klugheit, die von dem Menschen mehr weiß als das, was durch technologische Experimente ermittelt werden kann" (Abraham 1966, 122). Den Menschen nur als Produktionsfaktor zu begreifen, werde für den betroffenen Menschen unerträglich, weil er als Sache und als Mittel, nicht aber als Zweck wahrgenommen würde. „Wenn diese Mentalität vorhanden ist, dann kann sie zu einem System der Arbeitsgestaltung führen, das als ein System der perfektionierten Primitivität bezeichnet werden muss." (Abraham 1966, 122) Solche Entwicklungen hätten nicht nur Auswirkungen auf Einzelne, sondern auf die gesamte Gesellschaft. Arbeit sei meist eine vertretbare Leistung, Beruf jedoch sei Teil der Individualität. Berufserziehung habe das Ziel, unpersönliche wirtschaftliche Tätigkeiten und rein sachliche Aufgaben „in eine Beziehung zu der Eigenart des Menschen zu bringen, dass sie schließlich zu einem Bestandteil seiner Individualität werden und zu der Entfaltung der Persönlichkeit beitragen" (Abraham 1966, 123). Werde über Berufserziehung gesprochen, dann müsse immer die heutige Kultur mit bedacht werden. Es genüge daher nicht, ja es sei sogar hinderlich, wenn auf Verhältnisse aus der Zeit der Zünfte zurückgegriffen werde. Das erschwere das Nachdenken über Berufserziehung.

> „Es ist für den modernen industriellen Arbeiter oder kaufmännischen Angestellten in Wirklichkeit ohne Bedeutung, wie vor einigen Jahrhunderten die Handwerker oder Kaufleute ihren Beruf erlebt haben, denn die Welt hat sich in der Zwischenzeit so sehr verändert, dass sowohl die ökonomische und die soziologische als auch die religiöse und die philosophische Seite des Berufsprobleme heute wesentlich anders beschaffen sind." (Abraham 1966, 123)

Menschen von heute – zur Zeit Abrahams – könnten nur in der Sprache von heute angesprochen werden. Hier widerspricht sich Abraham selbst, denn 1957 schreibt er in *Der Betrieb als Erziehungsfaktor*, dass der Betrieb die Menschen zum Nachdenken bringe, wie wohl früher die Arbeit verrichtet wurde, und dadurch ein Geschichtsbewusstsein entstehen könne. Abraham führt weiter aus, dass es viele Menschen gebe, die in der Arbeit nicht mehr als eine Last sehen, die aufgenommen werden müsse, um Geld zu verdienen. Er bezeichnet dies aber als keinen optimalen Zustand, der auch menschenunwürdig sei. Abschließend beschreibt Abraham drei Funktionen des Berufes:

Erstens die ökonomische Funktion, die auch für sich genommen für die wirtschaftliche Erziehung eine große Bedeutung für den Aufbau der Persönlichkeit habe. Zweitens die soziologische Funktion, die sich darin äußere, als sich der Mensch mit dem Beruf in die Gesellschaft eingliedere. Der Beruf bestimme nicht unerheblich, welcher soziale Rang in der Gesellschaft eingenommen werde. Auch die Festigkeit der Gesellschaftsordnung hänge stark von der Stabilität der Berufsordnung ab. Allerdings zeige sich, dass die gesellschaftliche Bedeutung des Berufes an Bedeutung verliere. Drittens sei die transzendentale Funktion der Berufserziehung anzusprechen, die ja ein wesentliches Kennzeichen des Berufes darstelle. Sie dürfe aber nicht von der ökonomischen und soziologischen getrennt gesehen werden. Es habe aber keinen Sinn, von Transzendenz zu sprechen, wenn dies philosophisch nicht vertreten werden könne. Jeder Wirtschaftspädagoge, jede Wirtschaftspädagogin habe für sich die Entscheidung zu treffen, ob sein bzw. ihr wirtschaftliches Denken darauf aufbaue, ob es Transzendentalität gebe oder nicht. Abraham stellt klar fest, dass er von dieser Transzendentalität ausgeht.

Abraham schließt seine Arbeit mit dem Kapitel *Die Wirtschaftspädagogik im Dienste des neuen Humanismus* und beschreibt die drei Hauptaufgaben der wirtschaftlichen Erziehung:

> „Sie hat dazu beizutragen, dass die Versorgung der Bevölkerung mit wirtschaftlichen Gütern in einem ausreichenden Umfange und in einer Weise geschieht, die den absoluten ethischen Normen und den modernen sozialen Prinzipien entspricht. Sie hat fernen dem jungen Menschen dabei zu helfen, die seinen Fähigkeiten und Wünschen entsprechende berufliche Leistungsfähigkeit zu erlangen, sodass die wirtschaftliche Arbeit für ihn den Charakter eines Berufes erhält, der ihn befriedigt und ihn zugleich in die bestehende Ordnung der Gesellschaft einfügt. Vor allem hat die wirtschaftliche Erziehung aber die Aufgabe, dem modernen Menschen die geistigen Kräfte zu vermitteln, die er braucht, um auch unter den schwierigen Existenzbedingungen, die durch die Entwicklung der Wirtschaft entstanden sind, zu der Durchgeistigung seines Lebens fähig zu sein." (Abraham 1966, 226)

Der Mensch muss nach Abraham also so erzogen werden, dass er zu wirtschaften versteht und zu einem verantwortlichen Betreiber und Betroffenen der Wirtschaft und zur „Durchgeistigung seines Lebens fähig" wird (Abraham 1966, 226).

3.2.2 Berufserziehung bei Zabeck (2004)

Zabeck (2004, 1) beginnt seine Ausführungen mit dem Satz: „Gegenwärtig steht die Didaktik der Berufserziehung vor Herausforderungen, die nach einer tiefgreifenden Revision ihres Selbstverständnissen verlangen." Es geht also vor allem um Didaktik, nicht um Erziehung. Über Erziehung führt Zabeck (2004, 133) aus:

„Erziehung ist immer eingebettet in ein übergreifendes soziales Geschehen, in dem sich Interessen ganz unterschiedlicher Art artikulieren. Die Frage, wozu erzogen werden soll, wird in der pluralistischen Gesellschaft in keinem geschlossenen Sinnhorizont aufgeworfen und beantwortet. Es gibt hier keinen *consensus omnimum* hinsichtlich der Aufgabe, die die ältere Generation an der jüngeren wahrzunehmen hat. Die Ziele der Erziehung sind umstritten; das gleiche gilt hinsichtlich der Verfahren und der institutionellen Rahmenbedingungen."

Bei Zabeck steht die Didaktik im Mittelpunkt. Jedoch tritt Zabeck für eine Moralerziehung im Sinne einer universalistischen Moral in der kaufmännischen Erziehung ein, sodass die Berufserziehung doch zu wesentlich mehr als einer didaktischen Angelegenheit wird. Zabecks Ausführungen sind im Gegensatz zu Abraham also konkreter und auf die Didaktik und Moral abgestellt.

Nachdem Zabeck bereits 1984 in einem Sammelband die Notwendigkeit einer Neuorientierung der Berufs- und Wirtschaftspädagogik einforderte, legte er 2004 neue Überlegungen vor. Mit seiner „antizipierenden Didaktik" aus den 1970er-Jahren, die nach Zabecks Selbsteinschätzung wenig Resonanz erfuhr, versuchte Zabeck „ein Lehr-Lern-Arrangement zu entwickeln, das den einzelnen anleitet, sein berufliches Profil der Idee seiner Persönlichkeit zu subsumieren und den erlernten Beruf als flexible Grundlage einer berufslebenslangen Funktionstüchtigkeit am Arbeitsmarkt zu nutzen" (Zabeck 2004, 1). Ausbildungssituationen sollten so gestaltet sein, dass sie für zukünftige berufliche Anforderungen repräsentativ sind. Dennoch vollzog sich, unabhängig von diesem Zugang ausgehend von Robinsohn (1967) und seiner Curriculumstheorie und der „Situationsorientierung", wie sie z.B. von Reetz (1970) eingefordert wurde, eine Ausrichtung der Didaktik an zu bewältigenden Situationen. Diese Situationsorientierung verschmolz mit der Handlungsorientierung (Reinisch 1988), welche die bis dahin vorherrschende „bezugswissenschaftliche Orientierung" ablöste. Die Revolution sei nicht groß gewesen, weil im praktischen Unterricht schon längst die Wissensinhalte des Lehrplans problemorientiert umgesetzt worden seien (vgl. Zabeck 2004, 2–3). Zabeck geht also von einer didaktischen Betrachtung aus und möchte aufzeigen, wie sich diese durch die neuen Rahmenbedingungen verändern müsste.

In diesem Unterkapitel werden zuerst die wesentlichsten Texte Zabecks (2004) zusammengefasst und danach anhand der Kategorien *Kultur*, *Anthropologie*, *Arbeit und Beruf* sowie *Ethik und Moral* mit Abraham (1967, 1966) kontrastiert und interpretativ aus neo-institutionaler Sicht zusammengefasst.

Zabecks (2004) *Berufserziehung im Zeichen der Globalisierung und des Shareholder-Value* ist ein Sammelband aus acht verschiedenen Beiträgen, wobei der Beitrag *Performative Didaktik – ein Beitrag zur Etablierung eines didaktischen Pluralismus in der Berufs- und Wirtschaftspädagogik* ein Originalbeitrag ist und die anderen bereits im Zeitraum von 1994 bis 2002 publiziert und 2004 wieder, teilweise überarbeitet und ergänzt, veröffentlicht wurden. Damit gibt die Veröffentlichung einen Überblick über ein Jahrzehnt Publikationstätigkeit Zabecks und zeigt auf, was ihm selbst als wichtig erscheint. (Vgl. Lisop 2005, 147)

Nach Zabeck (2004, 2) „versteht sich die Didaktik der Berufserziehung bis heute als eine auf das Gelingen beruflicher Handlungen ausgerichtete Lehr-Lern-Forschung". Diese Didaktik hat sich heute – so Zabeck (2004, 2) – neuen Herausforderungen zu stellen, die „im Wesentlichen auf einen säkularen Umbruch der polit-ökonomischen Rahmenbedingungen zurückzuführen" sind: Die Globalisierung der Märkte, der weltweite liberale Finanzmarkt und die „weltweite Renaissance des Kapitalismus" führen zu einer sozialen Dynamik, die „auf Dauer angelegte gesellschaftliche Institutionen belastet und damit auch die erzieherische Aufgabe beruflich-sozialer Integration" (Zabeck 2004, 2). Damit seien auch die Berufe in ihrer traditionellen Form bedroht. Zabeck fasst die derzeitige Diskussion in der einschlägigen Literatur dazu wie folgt zusammen:

> „Die pädagogische Reaktion auf die vom Kapitalismus gespeiste Globalisierung müsste sich von der Idee der Individualisierung leiten lassen. Dabei wird jedoch nicht eigentlich auf die individuelle Entelechie der Persönlichkeit rekurriert und der Bildungsbegriff des Neuhumanismus beschworen. Vor Augen steht vielmehr das Ziel, bei der Entfaltung der Fähigkeiten des Einzelmenschen darauf zu schauen, dass es ihm künftig gelinge, sein berufliches Versorgungshandeln unter dem Vorzeichen von strukturellen Veränderungen und Instabilitäten erfolgreich zu managen." (Zabeck 2004, 2)

Der aktuelle Globalisierungsprozess – so Zabeck (2004, 5) – verändert die Rahmenbedingungen für jedes Individuum, die Gesellschaft und damit auch für die Beschäftigung. „Die gelegentlich anklingende Vermutung, die Einzelstaaten würden mit Rücksicht auf den internationalen Regelungsbedarf einem Erosionsprozess ausgesetzt, wird in der Fachdiskussion im Allgemeinen zurückgewiesen (Mangoldt 1999; Weizsäcker 1999)." Damit stehe nicht der Status des Staatsbürgers und der Staatsbürgerin, sondern die bislang dauerhafte und vertraglich gesicherte Mitgliedschaft in Organisationen und Kooperationen zur Disposition. „Mit der Globalisierung erhöht sich das Risiko der Vereinzelung, zugleich jedoch auch der Zwang, per Aktivierung der geistigen, mentalen und körperlichen Potenziale ein für den Arbeitsmarkt attraktives individuelles Profil auszubilden." (Zabeck 2004, 5) Um diese Anpassungsfähigkeit pädagogisch zu ermöglichen, ist nach Zabeck eine neue Akzentuierung des didaktischen Selbstverständnisses notwendig. Handlungsorientierung brauche eine Umdeutung und Relativierung. Es muss dabei bewusst werden, dass jede Erstausbildung eine vorläufige ist. „Auch dem Auszubildenden ist die Einsicht in den Modellcharakter seiner Berufsausbildung zu vermitteln." (Zabeck 2004, 5) Daher gelte es, übergreifende berufsfachliche Kenntnisse und ein beruflich relevantes Orientierungswissen mit komplexen Zusammenhängen zu erschließen. Zabeck spricht davon, in der Berufserziehung „einen pluralistischen Ansatz zu entwickeln", damit „der Mensch befähigt werden könne, innerhalb einer von neuen Bedingtheiten geprägten Welt sein Leben – unter Nutzung der eigenen Potenziale – in Freiheit zu führen" (Zabeck 2004, 6).

Zabeck greift auf die Berufsbildungsidee zurück, die darauf abhebt, „dass der Mensch [...] per Eingliederung in die Leistungsprozesse der arbeitsteilig strukturierten Gesellschaft nicht zwangsläufig in einen ihn ganz und gar erfassenden Sog der Fremdbestimmung gerät". Vielmehr solle der Mensch die Anforderungen des Berufslebens aufnehmen, um „seine Individualität in einer produktiven Auseinandersetzung mit Sachgegebenheiten und sozialen Ansprüchen zu entfalten" (Zabeck 2004, 9). Nach einer geschichtlichen Diskussion, auf die hier nicht (mehr) eingegangen wird, stellt sich Zabeck die Aufgabe, die Berufsbildungsidee unter realgeschichtlichen Voraussetzungen neu zu rekonstruieren. Die emanzipatorische Berufs- und Wirtschaftspädagogik sei nicht mehr tragbar, weil sie utopisch sei. Der funktionalistische Ansatz im Sinne eines Technikdeterminismus sei von der „Kontingenz der betriebsorganisatorischen Realität widerlegt" worden (Zabeck 2004, 14). Der Mensch werde nicht mehr als ein das System störender Faktor verstanden. Zabeck (2004, 15) zitiert Mellerowicz (1966, 20–21), der diese Sichtweise prägnant auf den Punkt brachte. Die Gestaltung der Organisation habe so zu erfolgen, dass der Mensch „möglichst wenig Unsicherheiten in den Betriebsvollzug bringen kann, dass bei Besetzung einzelner Leistungspositionen mit durchschnittlich geeigneten Kräften kaum noch personelle Risiken für die Erfüllung der Teilaufgaben und für die Beherrschung der Unternehmung von der Spitze her bestehen". Durch Teamorganisation, Selbstorganisation, *lean management* und andere Konzepte werde heute der Mensch in die Organisation eingebunden und mit Personalentwicklung in eine Unternehmenskultur eingebracht. Die Organisation sei in einen Globalisierungsprozess eingebunden, weshalb auch Organisationsprinzipien z.B. aus den USA und Japan übernommen und entsprechend kulturell angepasst würden. Dazu komme, dass die Betriebsangehörigen verstehen müssten, dass sich das Unternehmen in einer internationalen Konkurrenzsituation befinde. Es müsse also mobil sein. Das Unternehmen bestehe aus mobilen und immobilen Produktionsfaktoren. Zu den immobilen Produktionsfaktoren zählten jene sesshaften Beschäftigten, die nicht mobil sein könnten oder wollten. Dies sei der Großteil der Beschäftigten und damit gleichzeitig auch ein Großteil der Erwerbstätigen sowie der Staatsbürgerinnen und -bürger. Sie könnten nur dann ökonomisch überleben, wenn ihr Lohnniveau auch erwirtschaftet werden könne. (Vgl. Zabeck 2004, 16 u. 29–30)

> „Hier genügt allerdings nicht, dass der Einzelne leistungsbereit und leistungsfähig ist, dass er über Kreativität verfügt und die bürgerlichen Sekundärtugenden internalisiert hat. Die Betriebsorganisation muss ihm auch die Möglichkeit bieten, sich optimal in Szene zu setzen. Der organisationstheoretische Paradigmenwechsel hebt darauf ab, dass der Mitarbeiter Spielräume erhält, die er quasi so nutzen kann, als sei er selbstständiger und verantwortlicher Unternehmer. [...] Gefragt ist der Einzelne, der sich mit seiner spezifischen Qualifikation, mit seinem Wissen und seiner unternehmerischen Urteilskraft in die organisierte Leistungserstellung innovativ einzuordnen vermag." (Zabeck 2004, 16 in Bezug auf Blum 1998, 50).

Globalisierung führe zu Individualisierungstendenzen, denn von den Unternehmen würden Menschen gesucht, die das Risiko nicht scheuten, ständig nach Vorteilen suchten und unter weltweiter Konkurrenz erfolgreich sein wollten (vgl. Zabeck 2004, 16 u. 30–31). Dies könnten nur in einem ganz bestimmten Sinne individualisierte Persönlichkeiten tun, nämlich jene, die sich dem ökonomischen Spiel ganz unterwerfen:

> „Damit wird praktisch der *Homo oeconomicus* ins Spiel gebracht. [...] Wenn ich die aktuelle Globalisierungsdebatte richtig rezipiert habe, dann tendiert sie dazu den *Homo oeconomicus* nicht mehr konsequent als eine modellhafte Handlungsregel zu fassen, sondern jene präskriptive Wendung wieder aufleben zu lassen, für die der Manchester-Liberalismus des 19. Jahrhunderts ein beredtes Beispiel ist (Freyer 1921, 108–109). Auf diese Sicht des wirtschaftsberuflich tätigen Menschen rekurriert die ‚Philosophie' des Shareholder-Value." (Zabeck 2004, 16–17)

Der Homo oeconomicus sei für die Berufs- und Wirtschaftspädagogik nie ein akzeptables Ziel gewesen. Vielmehr habe sie sich immer „gegen jede Instrumentalisierung des Menschen" gewandt (Zabeck 2004, 31). Wirtschaftsberufliche Erziehung ziele darauf, ein ökonomisch selbstständiges Leben führen und die Verantwortung für die Mitmenschen und das Soziale übernehmen zu können. Dadurch wende sie sich gegen eine „Gesellschaft, die die Idee des Fortschritts allein aus ökonomischen Kategorien meint ableiten zu können" (Zabeck 2004, 31). Damit nehme die Berufs- und Wirtschaftspädagogik Bezug auf die Historische Schule der deutschen Nationalökonomie und die Gründung des Vereins für Social-Politik (vgl. Zabeck 2004, 31).

Der Begriff des Shareholder-Value, der für Zabeck eine Metapher für das rein ökonomische Kalkül darstellt, gehe von der Perspektive des Kapitalgebers aus, der eine möglichst hohe Rendite erzielen möchte. Inhaltlich sei er nicht am Unternehmen interessiert, weshalb er sich auch nicht für die Belegschaft verantwortlich fühle (vgl. Weizsäcker 1998). „Hohe Erträge aus zahlreichen aufeinander folgenden kurzfristigen Anlagen" sind für ihn besser „als hohe Erträge aus einer einzigen langfristigen Anlage" (Streeck 1998, 195). In Organisationen, in denen das Shareholder-Value-Prinzip auf die Belegschaft durchschlage, „hat die Idee der Persönlichkeitsbildung im Beruf und durch den Beruf keine Chance. Außer Kurs gesetzt wird nämlich die auf der Basis von Wertentscheidungen handelnde Individualität. Was bleibt, ist das vom ökonomischen Kalkül determinierte Individuum" (Zabeck 2004, 17).

Eine rekonstruierte Berufsbildungstheorie dürfe jedenfalls keine falschen Assoziationen ermöglichen: Der gelernte Beruf bedeute keine endgültige und unumkehrbare Eingliederung in die Gesellschaft. Der Mensch werde sich viel stärker an veränderte Gegebenheiten anpassen müssen. Zabeck verweist auf Müller (1995, 248–249), der die Berufsbildungsidee im Konstrukt der „beruflichen Identität" aufgehen sehen möchte. Nicht die Qualifikationen, die mit einem Berufsstand verbunden seien, sollten das Individuum beschreiben, sondern das Individuum sollte sich in einem „selbstreflexiven Prozess" aus sich selbst heraus identifizieren. Wer in einer globalisierten und ausgesetzten beruflichen Welt agieren müsse, brauche eine starke eigene Persönlichkeit, die pädagogisch gefordert und gefördert werden müsse. Der Mensch müsse sich als autonom, kompetent und sozial eingebunden erleben (vgl. Deci & Ryan 1993, 229). Wirtschaftliche und berufliche Erziehung sollten daher immer die Förderung der Autonomie, der Kompetenzen und die soziale Einbindung berücksichtigen.

> „Vor allem wird es im Zusammenhang mit dem Versorgungshandeln für den Einzelmenschen darauf ankommen, per ‚Ich-Stärke' und durch ein realistisches berufliches Selbstbild dagegen gefeit zu sein, sich im Sog wechselnder Chancen und als effizient geltender Verhaltens- bzw. Handlungsmuster zu verlieren und damit das einzubüßen, was der Mensch eigentlich ist, nämlich das zu Autonomie und sittlicher Freiheit bestimmte Wesen." (Zabeck 2004, 19–20)

Darüber hinaus sollte es – so Zabeck (2004, 18) – gelingen, den Shareholder-Ansatz mittels internationaler Vereinbarungen ordnungspolitisch einzudämmen.

Pädagogik könne sich nicht der Wirklichkeit entziehen. Es wäre daher absurd, die Einflüsse der Globalisierung für die Berufserziehung auszublenden. „Andererseits würde die Bindung an das Prinzip der Anpassung nicht nur die zentrale pädagogische Idee verraten, auch der in Bedingtheiten existierende Mensch habe Anspruch auf Individualität, überdies liefe sie darauf hinaus, die berufliche Existenz des Menschen von dem abzukoppeln, was seine politische Existenz in der Demokratie ausmacht." (Zabeck 2004, 27) Berufserziehung müsse beim Individuum und seiner Persönlichkeit ansetzen. Dies sei nicht nur eine pädagogische, sondern auch eine berufsfunktionale Forderung. Es gehe um die eigene Urteilsfähigkeit und soziale Gerechtigkeit.

> „In der Öffentlichkeit scheint die Vorstellung zu entstehen, mit dem Aufgehen nationaler Märkte in einem umfassenden Weltbinnenmarkt verbinde sich nicht nur eine ‚Entzauberung des Staates', sondern auch seine wirtschafts- und gesellschaftspolitische Entmachtung. [...] Für die Ausübung kaufmännischer Funktionen ist es von erheblicher Bedeutung, welche Rolle der Staat beim und nach dem Übergang von der Nationalökonomie zur Globalökonomie tatsächlich spielt. [...] Es ist nach wie

vor der Staat, der die Bedingungen für das Gelingen der ökonomischen Prozesse schaffen muss, und zwar nicht mehr allein auf nationaler, sondern auch auf internationaler Ebene." (Zabeck 2004, 32)

Zabeck (2004, 32–33) führt aus, dass die WTO einen rechtlichen Ordnungsrahmen für die Globalisierung vorgibt. Es gehe um die internationale Regelung von gemeinsamem Recht sowie gemeinsamer Umwelt- und Sozialpolitik. Die Verantwortung bleibe dabei beim Nationalstaat als Verhandler und Umsetzer. Die Weltusancen seien daher nicht anonymer Natur, sondern würden vom Nationalstaat getragen, an der die Kauffrau und der Kaufmann als Staatsbürgerin und Staatsbürger teilnehmen. Sie könnten daher als Bürgerinnen und Bürger im Rahmen der demokratischen Möglichkeiten ihre eigenen ökonomischen Interessen artikulieren. In einer sozialen Marktwirtschaft stehe der Staat immer in der Verantwortung, seine Entscheidungen für das Gemeinwohl zu legitimieren – das gelte auch für die Bürgerinnen und Bürger.

> „Verbunden ist damit, dass er [der Bürger bzw. die Bürgerin] in der Plicht steht, seine betriebs- und marktbezogenen Entscheidungen in Sach- und Personalfragen vor der Idee des Gemeinwohls zu legitimieren. Je weiter sich in den kaufmännischen Betrieben das auf Dezentralisierung der Entscheidungsstrukturen abhebende neue organisationstheoretische Paradigma durchsetzt, desto größer wird der Kreis der kaufmännischen Mitarbeiter, die in Kenntnis der nationalen und internationalen ökonomischen und rechtlichen Konstellationen in der Lage sein müssen, Handlungsspielräume in Verantwortung zu nutzen. Bei Wahrnehmung ihrer Aufgabe, praktische Situationen unter Verfolgung betrieblicher Ziele zu meistern, sehen sie sich in unvermeidbare Interessenkonflikte gestellt, womit sie sich prinzipiell nicht von dem im Zeichen der Globalisierung agierenden Staat unterscheiden. [...] Während jedoch der Staat – so die herrschende Meinung – durch die Globalisierung zwar belastet, aber in seiner Existenz nicht eigentlich bedroht wird, ist das Risiko von Betrieben und Mitarbeitern ungleich größer." (Zabeck 2004, 33)

Aufgabe der Berufserziehung sei die dauerhafte Integration in die Beschäftigung. Dabei sei zu unterstellen: Je höher der „Grad der beruflichen Tüchtigkeit", desto geringer sei das Risiko des Arbeitsplatzes. Die Entwicklungen im Zeichen der Globalisierung und des Shareholder-Value könnten dazu führen, dass sich die didaktische Zielvorstellung ändere und „nun doch eine Spielart des *Homo oeconomicus*" als Ziel gesetzt werde,

> „von der so gut es geht behauptet werden könnte, in ihr verbänden sich ökonomische Sinnhaftigkeit und pädagogische Legitimation. Dieser Aufgabe hat sich Klaus Beck (1996, 125–142) auf Rückgriff auf das wirtschaftsethische Konzept Karl Homanns angenommen. Er übernimmt Homanns Vorschlag, das ökonomische und das ethische Prinzip in der Weise miteinander zu versöhnen, dass für den sozialen Sektor Wirtschaft moralische Regeln als ökonomische Vorteile gefasst und so ökonomisch begründet werden. Voraussetzung hierfür ist allerdings ein demokratischer Konsens darüber, dass die gesellschaftlichen Versorgungsleistungen innerhalb eines fixierten Rahmens der bewährten Problemlösungskapazität des freien Wettbewerbs

im Markt überlassen werden sollen. Wenn das moralische Selbstverständnis der Gesellschaft eine das Marktverhalten kanalisierende institutionelle Verankerung gefunden habe, gäbe es eine dem Begriff ‚Betriebsmoral' subsumierbare eindeutige pädagogische Vorgabe. [...] Für die kaufmännische Berufserziehung gelte geradezu ‚ein Gebot zum eigeninteressierten rationalen Verhalten', das auf der Grundlage der Einsicht in seine Entstehung, Begründung und Funktion ‚strikt' eingehalten werden müsse (Beck 1996, 134–135). Würden die Regeln der vom ökonomistisch definierten Betrieb her gesetzten Partialmoral verletzt – etwa infolge altruistischer Mitleidsregungen – käme es zu ‚Störungen', die die Effizienz des Systems beeinträchtigen würden (Beck 1996, 133 u. 135–136). Auch aus der Perspektive des in der Berufsausbildung stehenden oder des im Betriebsalltag beruflich tätigen einzelnen Kaufmann sei die Ziel- und Verhaltensformel ‚Betriebsmoral' legitimiert, da sie den Handelnden stabilisiere. Sie spreche ihm gewissermaßen von der bedrückenden Sünde frei, in der Verfolgung betrieblicher oder gar egoistischer Ziele gegen die höchste christliche (Matthäus 22, 36–40) und zugleich höchste ethische (Kant, Kategorischer Imperativ) Norm in Akten unerlaubter ‚moralischer Grenzübertritte' (Beck 1996, 137–138) permanent verstoßen zu müssen." (Zabeck 2004, 34)

Zabeck (2004, 34–35) bringt gegen Homann und Beck ein, dass es für den Welthandel bislang keine „institutionalisierten Regeln" gebe, die sich als Ausdruck einer demokratisch verfassten Weltgesellschaft legitimieren ließen. Die Problematik des weltweiten Wirtschaftsaustausches liege nach wie vor darin, dass die sozialen und politischen Standards eben nicht einheitlich seien und miteinander in Konkurrenz treten würden. Darüber hinaus sind Vereinbarungen der WTO und Handelsverträge „keine moralsetzenden Akte". Weiters reduziere Beck hier nach Ansicht Zabecks die Moral auf das Recht, welches damit rechtspositivistisch interpretiert werde. Beck folge in der Interpretation Homanns der Annahme, dass durch die Einhaltung des ökonomischen Prinzips einerseits und der Befolgung des positiven Rechts andererseits alles getan sei, um moralisch richtig in einem Unternehmen zu agieren. Aber selbst aus einer ökonomistischen Perspektive würden sie damit nicht den Punkt treffen. So sei ökonomisch strittig, ob nicht doch ein *Workholder-Value* oder *Stakeholder-Value* ökonomisch effizienter als ein *Shareholder-Value* sei, das richtige ökonomische Handeln als solches also nicht klar definiert sei (vgl. Neukirchen 1998). Dazu komme, dass im Rahmen des Shareholder-Value jeder Mitarbeiter, jede Mitarbeiterin, von Umstrukturierungen, Fusionierungen oder Effizienzsteigerungsmaßnahmen betroffen sein könne. Der eigene Beitrag zur Unternehmensrendite lasse sich nicht wirklich messen, die Unsicherheit des Arbeitsplatzes sei also auch bei hoher Leistung gegeben. Die „Vision eines moralisch integren ökonomischen Determinismus" scheitere nach Zabeck (2004, 35) „infolge mangelnder innerer Stimmigkeit und defizitärer Problemlösungskapazität" an der Realität. Damit stehe die Berufs- und Wirtschaftspädagogik vor der Aufgabe, ein Ziel für die Berufserziehung zu formulieren, das „unter Berücksichtigung von Bedingtheiten und Restriktionen und ohne Anspruch auf einen harmonischen Ausgleich individuellen, betrieblichen, sozialen und politischen Interessen Rechnung trägt" (Zabeck 2004, 35).

Globalisierung und Shareholder-Value verlangen nach Individualisierung. Pädagogisch gehe es also darum, Selbstbestimmung zu unterstützen. Das bedeute, dass berufliche Bildung noch stärker individualisiert werden solle, denn selbst Situationen, wie sie im handlungsorientierten Unterricht pädagogisch konstruiert würden, seien nicht objektiv vorgefunden, sondern würden durch eine subjektive Bewertung zu einer ganz bestimmten Situation (vgl. Esser 2005; Zabeck 2004, 37). „Die handlungsorientierte Didaktik gerät allzu leicht in Versuchung, objektive Funktionszusammenhänge zu setzen und ihnen ein Repertoire von mehr oder minder variablen Handlungsschemata zuzuordnen." (Zabeck 2004, 37) Dies führe dazu, dass eine bestimmte Vorstellung von Bewältigung einer quasi objektiv gegebenen Situation zu einem bestimmten Lehr-Lern-Arrangement führe. Wesentlich sei nach Zabeck (2004, 38), dass bei allen verbindlich vorgegebenen Unterrichtszielen immer die Phase der Reflexion berücksichtigt werde, „in der der Einzelne die Möglichkeit erhielte, seinen Weg ins Beschäftigungswesen und damit auch die Umstände seiner Ausbildung vor dem Hintergrund aktueller und künftiger Alternativen zu problematisieren" (Zabeck 2004, 38). Auch die Berufswelt sei nichts fix Vorgegebenes, sondern bedürfe der Interpretation, von der sich jedes Individuum seine Vorstellung machen könne, indem es die vielfältigen Chancen für sich erkenne, es zu „seiner Situation" mache und sich entsprechend der eigenen Vorstellungen einbringen könne.

Die Problematik der flexiblen Lehr- und Lerninhalte scheine mit der Idee der Schlüsselqualifikationen gelöst. Mit der Idee der Schlüsselqualifikationen verbinde sich nach Zabeck (2004, 134) ein „pädagogischer Illusionismus", wie er bereits in den 1970er-Jahren zu beobachten gewesen sei und aus dem augenscheinlich nicht gelernt worden sei. Mit dem Begriff Schlüsselqualifikationen – die Idee des didaktischen Schlüssels, der in alle Aufgaben-Schlösser passe – werde der Öffentlichkeit vorgegaukelt, die „Zukunft der Erziehung im Griff" und ein klares Bildungsziel vor Augen zu haben. Die Rede von Bildungszielen aber „rekurriert auf Machbarkeitsvorstellungen". Vielmehr sei Bildung in der pädagogischen Tradition reflexiv verstanden worden. Mit dem Wort *Bildungsziel* erscheine ein transitives Begriffsverständnis, „das dazu verleitet, Bildungsprozesse technologisch zu interpretieren". Es werde der Eindruck vermittelt, als seien Schlüsselqualifikationen taugliche „neue Bildungsziele" (Zabeck 2004, 135). Die Tauglichkeit sei dabei mit Funktionalität verbunden. Als neue Ziele würden u.a. „Flexibilität, Mobilität, Teamgeist oder Kreativität" angeführt. Wie aber sehe es mit „Bescheidenheit, Treue, Ordnung, Sparsamkeit, Mut und Gehorsam" aus? Alle diese Ziele und die alten Tugenden ebenso sind ambivalent. Die Problematik liege nicht bei diesen

Zielen per se, sondern in der problematischen Denkweise, die dahinterliege: Demnach würde es genügen, „abstrakte Ziele in den Lernprozess ‚von oben'" einzugeben, egal ob man sie nun „Tugenden, Qualifikationen, Kompetenzen, Bildungsziele oder ähnlich" (Zabeck 2004, 136) nenne. Dadurch würden Inhalte völlig vernachlässigt. Inhalte seien aber ein wesentlicher Teil der Didaktik, sind sie doch für die kulturelle Verständigung „in einer ökonomisch-technischen Leistungsgesellschaft und einer […] politisch-sozialen Partizipations- und Herrschaftsordnung" eine unverzichtbare Voraussetzung. Es ist daher nach Zabeck unmöglich, dass ein Konzept, welches von jeder Inhaltlichkeit abstrahiert, als didaktisches Konzept überhaupt tauglich sein kann. Dieter Mertens, der 1974 die Idee der Schlüsselqualifikationen als hypothetisches Konzept schuf, war Volkswirt und orientierte sich an arbeitsmarktpolitischen Überlegungen. Da sich die Qualifikationsanforderungen laufend ändern und daher nicht prognostizierbar sind, sollte das Konzept der Schlüsselqualifikationen jene Kompetenzen bereitstellen, die für die Bewältigung des Zukünftigen und Unvorhersehbaren notwendig sind. Eigentlich wollte Mertens – als Antwort auf seine Kritikerinnen und Kritiker – nur einen Denkanstoß geben, denn seine Ausführungen seien weder von der Psychologie noch der Pädagogik fachwissenschaftlich fundiert. Mertens trete für ein Curriculum ein, das sich nicht an der „Praxisnähe", sondern an der „Abstraktion" ausrichtet. Mittlerweile sei die wissenschaftliche Tragfähigkeit der Schlüsselqualifikationen bestritten, trotzdem halte sich die Idee als „Zauberformel" in der Öffentlichkeit. Die Faszination liege im didaktischen Reduktionismus, der davon ausgeht, dass Unterricht und Erziehung auf einige wenige Fertigkeiten und Fähigkeit reduziert werden könnte. Dem Konzept Mertens fehle die Berücksichtigung affektiver und psychomotorischer Qualifikationen. Mittlerweile sei es um personale und soziale Qualifikationen ergänzt worden und daher werde von personaler Qualifikation, aber auch von Kooperationsbereitschaft, Kommunikationsfähigkeit oder Toleranz gesprochen. Das seien allgemeine Zielvorstellungen, an denen wohl niemand Kritik üben werde. Es wäre demnach Aufgabe des Pädagogen und der Pädagogin, diese Ziele in einen pädagogischen Bezug zu bringen. (Vgl. Zabeck 2004, 136–142) Darin erkennt Zabeck (2004, 142–143) das Problem: „Es besteht darin, ob Schlüsselqualifikationen wie ein Besitz erworben werden können und sich als Kompetenzen in die unterschiedlichsten Situationen hineintransferieren lassen." War bislang das pädagogisch zu Vermittelnde immer mit einem konkreten Inhalt verbunden, wurde nun abstrahiert.

Zabeck (2004, 146) bringt die affektive Dimension im Kontext der Berufswelt ein: Leistungsfähigkeit hänge nicht nur von der Ausbildung ab, sondern auch vom Willen des Individuums, sich in eine bestimmte Rolle hineinbegeben und die typischen Prinzipien einer beruflichen Tätigkeit übernehmen zu wollen. Dabei eröffne sich die Frage, was diesen Willen überhaupt mobilisiert. Damit würden Werthaltungen, Motivation und Interessen ins Spiel kommen. Zusätzlich sei die situativ-inhaltliche Ebene zu berücksichtigen, weil sie für die Entfaltung der personalen und sozialen Tugenden entscheidend sei: Tugenden wie Aufmerksamkeit, Fleiß, Ordnung, Teamgeist oder Leistungsbereitschaft seien für sich keine pädagogischen Werte, denn sie könnten für ethisches und unethisches Handeln herangezogen werden – die Geschichte des 20. Jahrhunderts gibt traurige Beispiele dafür (siehe 2.1). Jede Abstrahierung dieser Werte also bleibe ambivalent und könne nur durch eine ethische Ausrichtung eine entsprechende Positionierung erhalten.

Das Problem des Lerntransfers sei bis heute ungelöst. Dem Konzept der Schlüsselqualifikationen als die didaktische Lösung des Problems der beruflichen Flexibilität erteilt Zabeck (2004, 51 u. 149) daher eine Absage, stehe doch das Konzept auf der „illusionären Basis des didaktischen Reduktionismus und ist schließlich am Transferproblem gescheitert", dass Zabeck (2004, 52 u. 149) als „Schlüsselqualifikationendilemma" bezeichnet:

> „Je allgemeiner bzw. situationsunspezifischer die Schlüsselqualifikationen definiert werden, desto wahrscheinlicher ist es, dass beim Einsatz des ihnen Subsumierten der Transfer misslingt, sie also die ihnen zugesprochenen Leistungen nicht zu erfüllen vermögen.
>
> Je enger bzw. situationsspezifischer die Schlüsselqualifikationen gefasst werden, desto weiter entfernen sie sich von der ihr zugesprochenen Funktion, unabhängig von der konkreten Ausprägung zu bewältigender Anforderungen, Effizienz zu entfalten.
>
> Festzuhalten bleibt: Hätte sich das Schlüsselqualifikationenkonzept nicht vor Ort als Schimäre erwiesen, man hätte mit ihm die unbestreitbar eleganteste Lösung des Just-in-time-Problems präsentieren können."

Schließlich hält Zabeck (2004, 149–150) die Idee der Schlüsselqualifikation für nicht ungefährlich, denn mit der Verfolgung des Konzepts würde nicht nur „der appellative Charakter der regulativen Ideen der praktischen Vernunft" verkannt, sondern „auch eine – pädagogisch nicht verantwortbare – Instrumentalisierung des Menschen" erfolgen.

Zabeck (2004, 41) tritt damit der „unübersehbaren Tendenz zur ‚Ökonomisierung der Bildung'" entgegen, und hat „anderes im Sinn als die Einebnung des Grenzwalls zwischen Ökonomie und Pädagogik". Zabeck stellt sich die Frage, ob nicht das „Just-in-time-Prinzip" zum bildungspolitischen Prinzip geworden sei. Die Ausrichtung auf den Arbeitsmarkt führe dazu, dass der Mensch auf einen Produktionsfaktor reduziert sei, der mit „spezifischen arbeitsmarktrelevanten Eigenschaften versehen" wird (Zabeck 2004, 46). Zwischen Bildungswesen und Wirtschaftsbetrieben bestehe eine Business-to-Business-Beziehung, in der die Zulieferer typischerweise in Abhängigkeit geraten und die für notwendig erachteten Qualifikationen bestimmt würden. „Im Vorgriff auf eine neue Machtverteilung artikulieren die großen Wirtschaftsverbände in jüngerer Zeit mit Nachdruck ihre Forderung nach einem der Globalisierung gewachsenen effizienteren Bildungswesen." (Zabeck 2004, 47) Dabei vermisst Zabeck „pädagogisch verantwortete Einwendungen gegen die von Verbandsfunktionären der Wirtschaft vorgetragenen Plädoyers für eine strikt ökonomistisch definierte Effizienzsteigerung im Bildungswesen" (Zabeck 2004, 47). Vielmehr werde in den Medien für eine „ökonomische Bildung" Stimmung gemacht, ohne klarzulegen, was damit eigentlich gemeint sei. Auch die Politik – so Zabeck – mache sich für ein Bildungssystem stark, das sich an der Wirtschaft orientiere. Im Sinne der Just-in-time-Idee scheine eine Modularisierung der Ausbildung der richtige Weg zu sein. Zabeck sieht dies keinesfalls in der Erstausbildung, sondern ausschließlich in der Weiterbildung. Diese könne auf die Bedarflage am Arbeitsmarkt ausgerichtet sein, ohne mit pädagogischen Grundannahmen in Konflikt zu geraten.

Von Seite 57 bis 84 gibt Zabeck (2004) seinen in der Zeitschrift für Berufs- und Wirtschaftspädagogik erschienenen Aufsatz mit dem Titel *Moral im Dienste betrieblicher Zwecke?* ergänzt um einige Fußnoten wieder, der die sogenannte *Beck-Zabeck-Kontroverse* ausgelöst hat. Dieser Aufsatz wird aus der wirtschaftsethischen Perspektive (4.1) weiter unten ausführlich diskutiert.

Daran anschließend wendet sich Zabeck der Didaktik kaufmännisch-verwaltender Berufsausbildung zu und legt die Entwicklung der Didaktik in diesem Bereich dar, die hier nicht rezipiert wird.

Didaktische Konzepte sollen durch direkte oder indirekte Steuerung von Lehr-Lern-Prozessen zur Selbstbestimmung führen. Dazu kommt noch ein wesentlicher Punkt, worüber in der Berufs- und Wirtschaftspädagogik breiter Konsens herrscht: Es sei „die Vermittlung von Kompetenzen, die das Potenzial in sich tragen, Anwendungssituationen zu meistern" (Zabeck 2004, 103). Nach der von Robinsohn ausgelösten Lernzielorientierung der Didaktik sei in den 1980er- und 1990er-Jahren auch eine auf Robinsohn verweisende Situations- und Handlungsorientierung gefolgt. Nach Ansicht Zabecks (2004, 105) ist es „der handlungsorientierten Didaktik bislang nicht gelungen, die Vermittlung aller für eine selbstbestimmte Berufsausübung erforderliche Fähigkeiten in die Perspektive ihres Konzept zu integrieren. Denken und Handeln, Wissen und Können lassen sich offenbar nicht in eine einzige hierarchische Ordnung spannungsfrei einblenden." Aus dieser Erkenntnis heraus habe Bruchhäuser (2001; 2003) die Idee des didaktischen Paradigmenwechseln erarbeitet. Das bedeute weder einen Rückschritt auf alte Konzepte noch eine Untergrabung der Handlungsorientierung, sondern die Ermöglichung der Berücksichtigung der Qualifikationsinteressen der Individuen.

> „Es zeigt sich, dass die herkömmliche situations- bzw. handlungsorientierte Didaktik das Gelingen oder Misslingen beruflicher Performanz vornehmlich als abhängig von der Methodik schulisch organisierter Lehr-Lern-Prozesse begreift. Damit greift sie zu kurz. Erst unter dem Aspekt der Performanz erhält die handlungsorientierte

Didaktik ihre anthropologische Fundierung und ihre pädagogische Legitimation." (Zabeck 2004, 106)

Mit Performanz wird ein Begriff aufgegriffen, der derzeit Konjunktur hat. Eingeführt wurde der Begriff von Noam Chomsky in die Sprachwissenschaft. Der wahrnehmbare Sprachgebrauch ist die Performanz, die Kompetenz ist das Sprachverständnis und die Grammatik, die unsichtbar vorhanden ist und aus der die Performanz entstehen kann. Performanz wird also vor allem im Kontext mit der Kompetenzorientierung diskutiert. Es gibt aber auch eine andere Sicht: Zabeck (2004, 108–124) greift dabei auf Beiträge aus dem DFG-Sonderforschungsbereich „Kulturen des Performativen" zurück, der die Kultur des Performativen so definiert (vgl. SFB Kulturen des Performativen 2010):

> „Performative Handlungen sind selbstreferenziell, insofern sie das bedeuten, was sie tun. Sie sind wirklichkeitskonstituierend, indem sie soziale Wirklichkeiten hervorbringen und zu verändern vermögen. Institutionelle und soziale Bedingungen bestimmen – ebenso wie die spezifische Aufführungssituation – ihren Verlauf. Wo Kulturen sich in diesem Sinne ereignen, aufeinander treffen, interagieren und sich transformieren, wird Performativität zum Signum ihrer Konstitution, Organisation und Reflexion.
>
> Performative Prozesse sind Transformationsprozesse, die prinzipiell nicht vollkommen planbar, kontrollierbar und verfügbar sind. Sie eröffnen Spiel- und Freiräume, immer wieder taucht in ihnen Ungeplantes, Nicht-Vorhersagbares auf, das den Prozess der Transformation wesentlich mitbestimmt. Intention und Kontingenz, Planung und Emergenz sind in ihnen untrennbar miteinander verbunden." (SFB Kulturen des Performativen 2010)

Zabeck (2004, 108) versteht dieses Performanzkonzept als eines, „das die von der herkömmlichen Handlungstheorie erfassten Faktoren und Relationen gewissermaßen übergreift". In der Handlungstheorie werden Voraussetzungen, Intentionen, Strategie und Mittel sowie die Effekte von Handlungen in den Blick genommen. Im Performanzkonzept werden diese Elemente der Handlungstheorie zu „bloßen Bewusstseinsphänomenen, deren geschehensbestimmender Einfluss unter den realen individuellen Bedingungen der praktischen Situationen von nur relativer Bedeutung ist" (Zabeck 2004, 108). Das Handeln werde nicht von vornherein als die rationale Vollziehung einer bestimmten Vorstellung verstanden, sondern als ein Umgang mit einer komplexen Situation, die von verschiedenen Kontingenzen beeinflusst werde (vgl. Wulf, Göhlich & Zirfas 2001, 9–10 u. 18). Die Bewältigung einer bestimmten Situation werde dadurch zu einer Selbstinszenierung, die auf vorhandene Potenziale zurückgreift. Allerdings ließen sich diese Potenziale „nicht in standardisierten Einheiten eines vorab beschreibbaren Wissens und Könnens ausdrücken, denen sich bestimmte Effekte unmittelbar zuordnen lassen" (Zabeck 2004, 109). Das ist der Anknüpfungspunkt der performativen Didaktik. Ihre Aufgabe ist die Auseinandersetzung mit Scheitern und Gelingen von Selbstinszenierungen der Individuen unter ganz bestimmten Bedingungen der Lebenswelt.

> „Dabei lässt sie sich von der Vermutung leiten, dass hierüber nicht eigentlich das Vorhandensein eines breit angelegten durchstrukturierten Wissens und Könnens entscheidet, sondern vor allem der Grad des Vertrautseins mit situativen Gegebenheiten. Wer aus Erfahrung wisse, welche Erwartungen in ihnen jeweils an die Performanz gestellt werden, wer seine individuelle Erscheinung glaubwürdig einbringen könne, wer mit seinem Auftreten den spezifischen sozialen Rahmenbedingungen Rechnung trage, nur derjenige reüssiere. Die Art und Weise, das „Wie" des sich Einblendens in soziale Institutionen und Prozesse begründe maßgeblich […] den Erfolg im Beschäftigungswesen." (Zabeck 2004, 109)

Die Didaktik sollte sich daher auf die Ermöglichung der situationsgerechten Selbstinszenierung richten – was bislang nicht der Fall gewesen sei. Wie aber kann die Erziehung – Zabeck spricht in diesem Kontext nicht von Didaktik, sondern von Erziehung – dabei helfen? Wie können die Lernenden sich jenes Wissen und Können aneignen, das sie für die Selbstinszenierung benötigen? Der handlungs- und situationsorientierte Unterricht geht zwar von bestimmten Situationen aus, doch sind sie meist – so Zabeck (2004, 111) – „eine bestimmte methodische Variante der rezeptiven Didaktik". Die rezeptive Didaktik stellt darauf ab, ein bestimmtes Pensum an Inhalten zu vermitteln, wobei das *Wie* offen bleibt. Das müsse keinesfalls mit sturen Auswendiglernen einhergehen, selbstverständlich können Aufgaben anwendungsbezogen gestellt werden. Die Vermittlung strukturierter Wissensbestände sei für die Berufs- und Wirtschaftspädagogik notwendig und wichtig, auch wenn sie im Zuge der Situations- und Handlungsorientierung zu Unrecht – wie Zabeck (2004, 113) meint – eine Abwertung erfahren habe. Informationen und „die Tradierung repräsentativer kultureller Inhalte" seien eine wesentliche Voraussetzung für ein freies selbstbestimmtes Handeln. Durch die Unterscheidung von deklarativen und prozeduralen Wissen sei es gelungen, dass auch das Prozedurale in die Curricula Einzug hielt. Die Handlungsorientierung habe aber nicht zu einer radikalen Umorientierung geführt, die Zabeck in Verbindung mit Mt 15,11 bringt: „Nicht das, was durch den Mund in den Menschen hineinkommt, macht ihn unrein, sondern was aus dem Mund des Menschen herauskommt, das macht ihn unrein." Dieser neutestamentliche Satz weist darauf hin, dass jede Handlung von der Gesinnung des Handelnden abhängig ist. Bedeutend für die Handlung ist also nicht der Vollzug, sondern die Absicht (vgl. Bibelserver 2012, Fußnote 4). Dafür sei ein Lösen von der Vorstellung notwendig, dass sich im Handeln ein Anwenden vollziehe (vgl. Zabeck 2004, 112). In der performativen Didaktik steht der Akteur oder die Akteurin im Mittelpunkt, der oder die sich mit seiner oder ihrer ganzen Identität – also auch mit dem Körper – in die Praxis einbringt. Der Akteur oder die Akteurin handelt, um etwas zu erreichen. „Ein solcher Akteur lässt sich nicht definieren und nicht konstruieren." (Zabeck 2004, 114) In der Lebenswelt des Berufes sei die Neigung groß, „ökonomische Kategorien und diejene der Arbeitsmarktstatistik absolut zu setzen und [...] persönlichkeitsbezogene Gütemerkmale der beruflichen Eingliederung zu übergehen". In der performativen Didaktik werde von der Annahme ausgegangen, dass die Lernenden jene Kompetenzen – Zabeck spricht von erforderlichen Fähigkeiten – ausbilden könnten, die ein situationsadäquates Handeln ermöglichen. Allerdings müsse genügend Raum und Zeit für Reflexion und Distanzierung möglich sein. Der *Freiraum Schule* solle doppelt genutzt werden:

> „Einmal ließe sich in ihn per Simulation die berufliche Lebenswelt gewissermaßen einblenden, etwa per Einrichtung von Scheinfirmen, durch den Umgang mit Fallbeispielen oder mittels Rollen- und Planspielen, was der Lösung des Transferproblems diene.
>
> Zum zweiten eröffne Unterricht als eine vom unmittelbaren Lebensvollzug abgehobene ‚Kunstform' der Erziehung (Aloys Fischer) den Raum für die systematische Verfolgung spezifisch pädagogischer Zwecke. Er sei geradezu für eine Lehre prädestiniert, der es darum ginge, die (vom Schulunterricht abgebildete) Lebenswelt kritisch zu durchdringen, zu ihr Distanz zu schaffen und das zu üben, was in unserer Formel ‚reflektierte Partizipation' heißt." (Zabeck 2004, 115)

Die Stärke der Schule liege gerade darin, dass sie eine Reflexion ermöglichen könne, die weit über das hinausgehe, was üblicherweise im beruflichen Kontext möglich sei bzw. als notwendig oder erforderlich erachtet werde. Der erste Punkt oben sei insofern problematisch, als die Schule Situationen nur nachbilden, aber niemals andere Systeme ins Schulsystem integrieren könne. Jede Abbildung und Nachstellung beruflicher Situationen bleibe damit eine schulische. Die Simulation könne die Praxis nicht ersetzen. In Bezug auf Rebmann (2001) stellt Zabeck fest, dass die Transformation des Erlernten von der Schule in die außerschulische Welt nicht ohne Weiteres möglich sei. Performative Didaktik ziele auf die alltägliche Lebensbewältigung und damit auf die realen Lebenswelten, lebensnahe Lehr-Lern-Arrangements können daher nur *Halbheiten* bewirken. Hans-Georg Neuweg (2001) zeige in Bezug auf Michael Polanyi, dass Können keine Funktion eines vorher vermittelten regelhaften Wissens sei, das sich in einer objektiven Theorie fassen lasse. Zabeck (2004, 116) liest diese Arbeit „als ein entschiedenes Plädoyer für die Freisetzung der nachwachsenden Generation zum Mittun im sozialen Verband". Neuweg schließe aus seiner Untersuchung nicht, dass sich die intentionale Erziehung zurückziehen solle, allerdings wäre eine Neuakzentuierung notwendig. Zabeck (2004, 116): „Die Kernkompetenz der Schule besteht nicht in der Vermittlung eines praktischen Könnens, sondern in der Anleitung zur Reflexion seines Zustandekommens, seiner performativen Realisierung und seiner Weiterentwicklung." Die berufliche Welt sei immer ein Teil der gesamten selbst erfahrenen Welt. Die berufliche Entwicklung hänge daher wesentlich von der gesamten persönlichen Entwicklung ab und damit wesentlich vom eigenen Selbst- und Weltbild. Wie also die berufliche Tätigkeit interpretiert werde, sei individuell. „Die Legitimation menschlichen Handelns betrifft immer die ganze Person." (Zabeck 2004, 118) Die performative Didaktik sehe diese Ganzheitlichkeit und berücksichtige daher jeden Lernort in seiner ganz spezifischen Stärke. Setzt sie sich die berufliche Könnerschaft zum Ziel, dann müsse der Betrieb, das Unternehmen selbst in den Mittelpunkt rücken. Die Praxis biete aber wenig Zeit und Raum für die notwendige Reflexion, denn sie tendiere auch gleichzeitig zur Routine. „Die Kernkompetenz der Schule besteht bezüglich der Qualifizierung für berufliches Handeln vielmehr darin, mittels gezielter Impulse die Ausbildung von Interessen zu fördern, den Zugang zu Wissensbeständen zu ebnen und möglichst exemplarisch unter Einblendung methodischer Hilfen den Weg zum Erwerb sachgebundener Urteilsfähigkeit aufzuweisen." (Zabeck 2004, 119) Das bedeute nicht, dass die Schule keine Praxisbezüge herstellen solle, sondern es sollten sehr wohl methodische Kunstgriffe vorgenommen werden, um Zusammenhänge darzustellen und die praktische Relevanz der Aufgaben klar zu machen. Darüber hinaus sei die Schule ein Diskussionsforum für die reflexive Auseinandersetzung mit der eigenen Selbstinszenierung.

3.2.3 Abraham und Zabeck – neo-institutionell interpretiert

In diesem Unterkapitel werden Zitate und Paraphrasen aus den vorhergehenden Unterkapiteln zu Abraham und zu Zabeck aufgegriffen und einer interpretativen Inhaltsanalyse aus neo-institutioneller Perspektive unterzogen. Methodisch wird dabei folgendermaßen vorgegangen:

Die obigen Texte zu Abraham (3.2.1) und Zabeck (3.2.2) wurden den Kategorien *Kultur, Anthropologie, Erziehung, Arbeit und Beruf* sowie *Ethik und Moral* zugeordnet und interpretiert. Wie bereits dargestellt, wurden die Kategorien induktiv aus den ausgesuchten Texten erarbeitet.

3.2.3.1 Kategorie Kultur

Wirtschaft wird bei Abraham als ein Bereich der Kultur verstanden, wobei der Kulturbereich, wie in der Berufsbildungstheorie, ein normativer ist, der als objektiv gegeben verstanden wird. Es ist erstaunlich, mit welcher Sicherheit Abraham von einem objektiven und normativen Kulturverständnis ausgeht, obwohl sich die Kultur in den Augen Abrahams in seiner Zeit in einer Krise befand (vgl. Abraham 1966, 68). Er versteht Kultur in der Einzahl und als das objektiv normativ Richtige. Das Vertrauen auf die normativen und kulturell-kognitiven Institutionen ist so kurze Zeit nach dem Zweiten Weltkrieg doch erstaunlich. Woher nimmt Abraham dieses Vertrauen vor dem Hintergrund seiner Zeitgeschichte? Hier könnte seine eigene christliche Verortung so weit gehen, dass er die christliche Kultur als bestimmend versteht. Der eigene Glaube, die eigene Überzeugung führt also – wie Zabeck (2009, 693–694) ausführt – zu einer thomistischen Sicht, die selbstverständlich ihren eigenen Wert hat und wirtschaftspädagogisch innovativ wäre. Allerdings wird dieser normative Zugang von Abraham nicht als solcher ausgewiesen.

Wie bereits im ersten Kapitel ausgeführt wurde, hat nach einer Phase der kritischen Auseinandersetzung mit dem normativen Kulturbegriff mit dem *Cultural Turn* die kulturelle Dimension in verschiedenen Disziplinen, u.a. in den Erziehungswissenschaften, wieder erheblich an Bedeutung gewonnen, allerdings geht es dabei in erster Linie – und das ist der wesentliche Unterschied zum normativen Kulturbegriff Abrahams – um einen wissens- und bedeutungsorientierten Kulturbegriff (siehe dazu 1.2), wie er sich z.B. als kulturell-kognitive Institution (Scott 2001) ausformt. Kultur ist heute im Plural zu deuten, einseitige Interpretationen führen zur Einengung und können dem Pluralismus und der Multikulturalität nicht Rechnung tragen (vgl. Lipp 1979, 451; Duncker 2010 171–172), was aber nicht automatisch Relativismus und Gleichgültigkeit bedeutet. Kultur ist nicht mit Individualität alleine zu erklären, sondern ist der Ausdruck und das Resultat von Gemeinsamem. Kultur ist auch Ausdruck und Ordnung von Alltäglichkeit und nicht nur jener Begriff, der als Gegenkonstrukt zur Zivilisation zu verstehen ist. Auch Nützliches, Alltägliches ist Kultur, wobei dieses jedoch immer auch über das Nützliche und Alltägliche hinaus reicht. Kultur ist etwas – und darauf verweist Abraham mit dem Doppelsinn des Wortes Wirtschaft –, das sich sowohl inner- als auch außerhalb des Menschen verorten lässt. Das Aufnehmen von Kulturellem führt zu Reflexion und Interpretation und ermöglicht dadurch auch eine Fortführung oder Änderung der bestehenden Kultur. Gleichzeitig ist Kultur aber auch objektive Wirklichkeit, die für den Einzelnen eine kaum veränderbare Tatsache darstellt. (Vgl. Duncker 2010, 174)

Kultur hat bei Abraham also einen objektiven Charakter, der sich aus der normativen Betrachtung erklären lässt. Dies führt bei ihm so weit, dass Enkulturation als ein Prozess beschrieben wird, der sich bewusst „mit Ehrfurcht" zu vollziehen habe. Eine kritische Betrachtung kultureller Entwicklungen und die Aufgabe der selbstreflexiven Auseinandersetzung und Aneignung von Kultur vollziehen sich im Inneren des Menschen und sind den Erziehenden nicht zugänglich. Dieses *forum internum* – das im Menschenrecht auch ausdrücklich geschützt ist (vgl. Grabenwarter 2007; Tafner 2008c) – formt Weltanschauungen und religiöse Überzeugungen aus und bleibt des Menschen innerster Raum (siehe dazu 4.1.2). Wirtschaftliche Erziehung soll daher fachliche, moralische und ethische Inhalte anbieten und zum Selber-

Denken und Selber-Handeln sowie zur Reflexion anregen, nicht aber indoktrinieren. Dies streicht insbesondere Zabeck mit der performativen Didaktik heraus. Um diese Nicht-Indoktrination, die weit über die Didaktik und Pädagogik hinausreicht, zu schützen, sind jedoch grundsätzliche Werte, wie vor allem die Menschenrechte, notwendig, um dies überhaupt zu ermöglichen. Dies ist ein pädagogisches Paradoxon: Bestimmte Wertegeneralisierungen und Werte müssen von allen akzeptiert werden, um eine pluralistische und multikulturelle Gesellschaft überhaupt zu ermöglichen. Jede Individualisierung stößt hier an eine klare Grenze: Freiheit ist keine unbeschränkte, sondern eine begrenzte.

Zabeck geht von einer pluralistischen Gesellschaft aus, in der sich durch Globalisierung und Gewinnmaximierung im Sinne des Shareholder-Value ein Umbruch der „polit-ökonomischen Rahmenbedingungen" vollzieht. Zabeck spricht nicht direkt Kultur an, doch ist seine nicht explizit ausgedrückte Vorstellung von Kultur keine objektive. Unsere Kultur ist in der Interpretation Zabecks von Ökonomisierung gekennzeichnet, die sich mit den Metaphern Shareholder-Value und Globalisierung beschreiben lässt. Die Globalisierung führt zu einem globalen Austausch von Organisationsprinzipien und zu einer stärkeren Individualisierung. Einerseits wird der Mensch in der Organisation nicht mehr als systemstörend empfunden, andererseits jedoch unterliegt er aufgrund der Gewinnmaximierung stärker denn je dem ökonomischen Druck. Die Öffentlichkeit – so Zabeck – nimmt eine „Entzauberung des Staates" wahr, obwohl der Staat nach wie vor die ausschlaggebende Organisation auf nationaler und internationaler Ebene ist. Zabeck geht also von einer pluralistischen, ökonomisierten Gesellschaft aus, die sich global austauscht und in welcher der Nationalstaat als wesentlicher Gestalter auftritt. „Zabeck [weist] die Hauptlast der weltweiten Domestizierung der Kapitalverwertung den Nationalstaaten zu" (Lempert 2006, 116). Als Institution bleibt der Nationalstaat also bei Zabeck eine wesentliche Instanz.

Als wesentliche Instanz tauchen hingegen die supranationalen europäischen Instanzen, insbesondere die Europäische Union, überhaupt nicht auf. Sowohl Zabeck als auch Lempert äußern sich nicht über die Supranationalität in Form der Europäischen Union. Lempert (2006, 126) spricht von der Notwendigkeit der „Neuordnung gesellschaftlicher Arbeit, Aus- und Weiterbildung", jene Merkmale „ehemals nationaler demokratischer Systeme sozialer Marktwirtschaft unter Berücksichtigung divergierender soziokultureller Kontexte dauerhaft weltweit" zu etablieren: wiederum von der Europäischen Union kein Wort – der Sprung vom Nationalstaat direkt zur globalen Sicht. Es wird hier deutlich, welche Selbstverständlichkeit der Nationalstaat repräsentiert und wie wenig Supranationalität in das Denken der Wirtschaftspädagogik eingedrungen ist.

Abraham sieht die Kultur seiner Zeit in der Krise. Eine Krise, die sich durch Erziehung alleine nicht überwinden lässt. Für Zabeck (2004) lässt sich Ähnliches für unsere Zeit heute sagen: Globalisierung und Shareholder-Value sind Entwicklungen, welche die Berufs- und Wirtschaftspädagogik heute herausfordern.

Zusammengefasst: Für Abraham war Kultur etwas objektiv-normativ Vorgegebenes und damit eine starke normative und kulturell-kognitive Institution. Zabeck geht von einer pluralistischen Gesellschaft aus, die bestimmte Werthaltungen für das Zusammenleben benötigt – Zabeck verteidigt ja die universelle Ethik gegen jede Form der Partikularethik. Moral wird also zur normativen und kulturell-kognitiven Institution. Dazu spielt der Nationalstaat bei Abraham (als Selbstverständlichkeit) und bei Zabeck (als regulative Institution) eine entscheidende Rolle. Ökonomie wird von beiden als gestaltbares Konstrukt verstanden, dem sich der Mensch nicht zu unterwerfen hat.

3.2.3.2 Kategorie Anthropologie

Jeder Erziehung liegt ein Menschenbild zugrunde, das nicht nur Ausgangspunkt der Erziehung ist (vgl. Gudjons 2003, 175), sondern auch zum Ziel selbst wird. Das muss auch für die wirtschaftliche Erziehung gelten. Abraham versteht den Menschen als eine Gesamtheit: Geist und Körper machen den Menschen zu dem, was er ist: „Der Mensch ist im Augenblick seines Daseins eine Gesamtheit." (Abraham 1966, 51) Zabeck (2004, 11) definiert dies so: „Die Legitimation menschlichen Handelns betrifft immer die ganze Person." Dies mag auf den ersten Blick sehr idealistisch anmuten, doch entspricht dies im Großen und Ganzen der Vorstellung einer Identität, wie sie z.B. bei Petzold (1982) zu finden ist:

> „Identität entsteht im Zusammenwirken von Leib (L) und Kontext (Kn) im Zeitkontinuum (Kt): I = Kt (L, Kn). [...] Identität artikuliert sich im Schnittpunkt von Kontext und Kontinuum, im Hier-und-Jetzt der Leiblichkeit und der Begegnung, das als historisches hic et nunc [...] die Dimension individueller und kollektiver Geschichtlichkeit sowie privater und gesellschaftlicher Zukunft mit umfasst. Ich gewinne meine Identität wesentlich dadurch, dass ich meine Geschichte habe, weil ich meine Geschichte bin (Marcel 1978). In gleicher Weise muss der Zukunftshorizont: Wünsche, Hoffnungen, Pläne, Befürchtungen, Linien, die sich aus der Vergangenheit in die Zukunft weiterziehen, für ein prägnantes Identitätserleben anwesend sein. Mead (1932, 30) hat in den Analysen seiner ‚Philosophy of the Present' deutlich gemacht, dass die Erinnerung an unsere Vergangenheit ‚Sinn' hat, weil wir durch sie verstehen lernen, wer wir sind und warum wir so geworden sind. (…) Identität bedeutet, sich im Lebensganzen verstehen zu lernen. (…) Identität ist in ihrem Wesen nach Identität im Prozess." (Petzold 1982, 173)

Die Identität des Menschen entsteht also über die Zeit als ein Zusammenwirken von Leib und Kontext. Die Identität entsteht im Ablauf der eigenen Geschichte und aller Entscheidungen, die im Laufe dieser Geschichte getätigt wurden. Die Vergangenheit prägt damit wesentlich den Menschen, aber auch seine Vorstellungen von Zukunft, denn in der Gegenwart äußert sich nicht nur das Vergangene, sondern auch das Zukünftige. Entscheidungen sind das Ergebnis aus bereits Erlebtem und der Vorstellung von der Zukunft. Identität, so Petzold (1982, 173), „bedeutet, sich im Lebensganzen verstehen zu lernen". Somit ist Identität ein lebenslanger Prozess, in dem nicht nur die eigene Persönlichkeit eine Rolle spielt, sondern ebenso die Bedingungen des eigenen Lebens (siehe Abbildung 10).

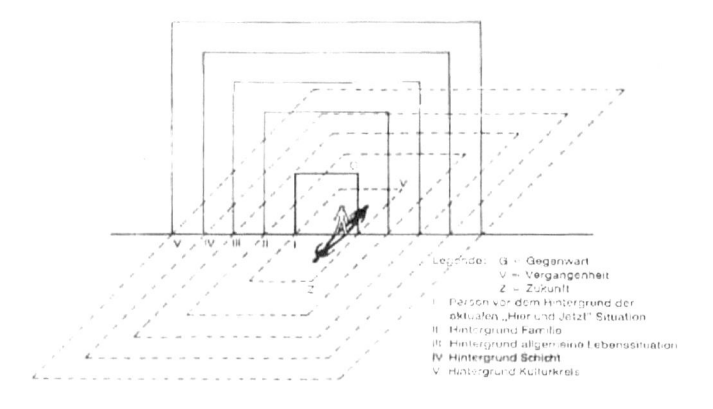

Abbildung 10: Identität bei Petzold (1982, 163)

Petzold beschreibt Abbildung 10 so:[47]

> „Der Klient trägt in jedem Moment seiner Gegenwart die Ereignisse seiner Vergangenheit und die Möglichkeiten seiner Zukunft in sich. Er ist als Person nur in diesem zeitlichen Kontinuum zu begreifen. In gleicher Weise steht er in einem soziokulturellen (Volks- und Schichtzugehörigkeit) und einem sozio-physikalischen (Land, geographische Region) Zusammenhang, der sich als gestaffelte Figur/Grund-Relation erweist und als Bezugsrahmen die aktuale ‚Hier-und-Jetzt-Situation', die Familie, die allgemeine Lebenssituation (Beruf, Freundeskreis etc.), die soziale Schicht und den Kulturkreis umfasst. Für jeden dieser Bezugsrahmen findet sich wiederum ein Zeitkontinuum; denn jedes aktuale Geschehen, jede Familie, jede Lebenssituation, jede Kultur hat Geschichte und Zukunftsperspektiven. Ohne dieses Zeitkontinuum ist ein Verständnis von Struktur und Verhalten der genannten Systeme (Person, Familie, Schicht usw.) nicht möglich." (Petzold 1982, 163)

---

[47] Ich danke Herrn Prof. Petzold für die Erlaubnis, diese Abbildung verwenden zu dürfen.

Petzold greift bei seinem Verständnis von Identität auf Moreno, den Begründer des Psychodramas zurück. Für Moreno ist der Mensch nicht ein Aggregat von Rollen. Er unterscheidet in Anlehnung an das Stegreiftheater zwischen Rolle und privater Persönlichkeit. Bei der Übernahme einer Rolle muss sich der Schauspieler zurücknehmen, unterdrücken und reduzieren, damit er eine Rolle übernehmen kann. Dies wird Rollen-Person-Konflikt genannt. Es kann also sein, dass professionelle Rollen kompatibel oder nicht kompatibel mit den privaten Rollen sind. (Vgl. Petzold 1982, 79–80) Moreno (1946, 153) führt dies so aus: „My first clinical observation of role dynamics was provoked by the conflict in which a legitimate actor finds himself when taking the part on the stage […]. Behind the mask of Hamlet lurks the actor's private personality. I have often called this the primary role-person conflict." Moreno versteht Rolle nicht als soziologisches Konzept, sondern bezieht es auf das Drama, insbesondere auf das Stegreiftheater, das so zur Brücke zwischen Psychologie und Soziologie wird (vgl. Moreno 1961, 519). Das Ich steht in ständiger Beziehung und im ständigen Austausch mit den Rollen. Dies führt zur Selbst-, Fremd- und Rollenwahrnehmung. Die Person kann stark in einer Rolle aufgehen. In einer guten Rolle verliert sich das Ich. Aufgabe des Ichs ist die Rollendistanz und die Selbstreflexion. Für Moreno ist die Rolle eine Mischung aus der persönlichen Gestaltung dieser und der gesellschaftlichen Determination. Der Mensch kann also die gesellschaftlich vorgegebene Rolle auch frei gestalten. (Vgl. Petzold 1982, 84–86)

> „The concept underlying this approach is the recognition that man is a role-player […]. Role player is a literally translation of the German word 'Rollenspieler' which I have used. […] It may be useful to differentiate between role-taking – which is the taking of a finished, fully established role which does not permit the individual any variation, any degree of freedom – and role-playing – which permits the individual some degree of freedom – and role-creating – which permits the individual a high degree of freedom, as for instance the spontaneity player. A role, as defined in this paper, is composed of two parts – its collective denominator and its individual differential." (Moreno 1943, 438)

Damit stehen Rollen immer auch im kulturellen Kontext und die Fähigkeit, gewisse Rollen übernehmen zu können und Rollenerwartungen entsprechen zu können, hängt von einer gelungenen Enkulturation ab. Da Enkulturation und Sozialisation lebenslange Prozesse sind, dauert auch die Rollenentwicklung ein Leben lang. Übernommene Rollen bergen jedoch die Gefahr in sich, als Konserven übernommen zu werden und darin zu erstarren, weil sie keine Kreativität und Entwicklung zulassen. Das Selbst eines Menschen entwickelt sich von klein auf durch das Spielen von verschiedenen Rollen. (Vgl. Petzold 1982, 88–91) Es gehört demnach also zur menschlichen Entwicklung, verschiedene Rollen einzunehmen und ihnen Ausdruck zu verleihen. So kann der Mensch sich auch ein Bild von sich selbst machen und seine eigene Identität ausformen. Zum Ausdruck kommt dieses Konzept von Identität in der Metapher, die sich nicht in allen Sprachen findet: „sich ein Bild von jemandem machen ... oder von sich selbst" (Petzold 1982, 159). Betrachtet man sich selbst im Spiegel, so sagt man: „Ich betrachte mich selbst im Spiegel'. Es ist das Ich, das in der Selbstreflexion auf das Selbst reflektiert. Das Ich ist relational auf das Selbst, das Du, den anderen [sic] bezogen. Seine Identifikationen sind zugleich Differenzierungen, Kontakt und Abgrenzung in einem." (Petzold 1982, 160) Petzold (1982, 160) spricht davon, dass die Bühne, auf der sich alle Szenen abspielen, unsere Lebenswelt ist. Dort sind *alle* Mit-Spieler. Durch die Verbundenheit miteinander erhält das Spiel Sinn und wird *sinn*voll.

In diesem Spiel gehören alle Menschen, alle Dinge, alle Beziehungen und Handlungen zur Szene, die immer in Bewegung ist. Die zeitlichen und strukturellen Dimensionen sind immer wieder neu und doch wieder nie ganz neu. Der eigene Körper bleibt die Konstante, in der die verschiedenen, bereits erlebten Szenen archiviert bleiben. Der Leib garantiert also die Stabilität in der ständigen Veränderung. (Vgl. Petzold 1982, 163–164) „Er ist ein Punkt der ‚Ruhe in Bewegung'. Der Leib mit seiner Fähigkeit von Wahrnehmen und Speichern, von Memoration und Antizipation nimmt die Ereignisse auf, schreibt sie im ‚Gedächtnis des Leibes' nieder." (Petzold 1982, 164) Sozialisation vollzieht sich daher mit dem Leib, „einem Reservoir von Szenen, einem Reservoir von Rollen, einem Archiv von Partituren (Stücken), die mir verfügbar sind und die, da ich zahllose Szenen mit anderen durchlebt habe, zu ‚gemeinsamen Besitz' werden" (Petzold 1982, 164). Damit entsteht eine Vorstellung von ähnlichen, wiederkehrenden Situationen und Rollen sowie die damit zusammenhängende „Rollen*kompetenz* in Form gespeicherter Ereignisse und Muster und ermöglicht uns eine adäquate Rollen*performanz* im szenischen Zusammenspiel" (Petzold 1982, 1964). Performanz zeigt „das Selbst *in actu*", die gespeicherten Erlebnisse ermöglichen die Entwicklung von „Konzepten über ‚sich selbst' und über die Welt" (Petzold 1982, 164). Diese Konzepte wandeln sich über das ganze Leben hinweg, aber es bleiben Erinnerungsbilder über die eigene Identität.

> „Mein Leib ist Zeitleib, szenischer Leib, Rollenleib, ‚*social-body*' in einem. Er ist Garant von Kontinuität und Identität. Er ist der Ort der Freiheit, denn bei aller Fremdbestimmtheit durch gesellschaftliche Rollen*zuschreibungen* ist er es, der die Rollen *verkörpert*. Er ist der Ort des Begehrens (*désir*), der Wünsche, der Vitalität. Er ist es, der sich Rollen zur Verkörperung wählt, sich von ihnen distanziert (*role distance*) oder Verkörperung von Rollen verweigert." (Petzold 1982, 165)

Der Mensch kann sich nicht der Zeit, in der er lebt, entziehen. Mit dem Leib tritt der Mensch jedoch aus der Lebenswelt hervor und bleibt ihr doch verbunden: Die verkörperten Rollen, die in die Lebenswelt eingebunden sind, bilden die Grundlagen der Identität. In der Identität erlebt sich der Mensch selbst. „Die von mir verkörperten Rollen […] bilden die Grundlagen meiner

Identität, in der ich mich selbst erlebe. […] Es werden damit drei Begriffe: Identität, Selbst und Ich als anthropologische Konstituenten eingeführt." (Petzold 1982, 165) Das Selbst des Leibes ist Teil der Lebenswelt, ruht aber auch in sich selbst. Das Selbst ist daher nicht in seiner Gesamtheit sozial produziert. Petzold (1982, 166–167) versteht das Selbst als etwas Leibliches, „in dem Kognitives und Affektives, Vernunft und Trieb integriert sind" (Petzold 1982, 167). Das Ich-Selbst ist die reflexive Selbstobjektivierung, denn durch das Ich kann das Selbst erkannt werden. Das Selbst ist das leibliche Du des Ichs. Das Ich reflektiert das Selbst. „Das Ich erkennt das Selbst oder genauer: durch das Ich vermag sich das Selbst zu erkennen. Das Ich kann das Selbst reflektieren. Ich und Selbst sind im Ich-Selbst unlösbar miteinander verbunden. Dabei sind sie Subjekt und Objekt zugleich. Im Tiefschlaf existiert kein Ich, wohl aber das Selbst, das in der Stabilität der Leiblichkeit ruht." (Petzold 1982, 168) Ich ist das „Selbst in actu". Ich ist „die Instanz bewusster Wahrnehmung und Handlung, die wieder aus einer Synergie resultiert. Nur hat sie dieses mal ‚aktiven' Charakter: ‚Ich nehme mich selbst wahr, ich selbst werde handeln.' […] Das Konzept des Ichs ist deshalb mit dem der Bewusstheit (*awareness*) und des Bewusstseins (*consciousness*) unlösbar verbunden." (Petzold 1982, 168)

Damit ist die Argumentation wieder bei Abraham und Zabeck angekommen: Der Mensch kann nur in seiner Gesamtheit aus Geist und Körper wahrgenommen werden. Der Geist ist für die Reflexion und das Erkennen der eigenen Identität genauso notwendig wie die Körperlichkeit: „Identität wird gewonnen, indem sich ein Mensch in leibhaftigem Wahrnehmen und Handeln auf dem Hintergrund seiner Geschichte als der erkennt, der er ist (Identifikation) und indem er von den Menschen seines relevanten Kontextes auf dem Hintergrund gemeinsamer Geschichte als der erkannt wird, als den sie ihn sehen (Identifizierung)." (Petzold 1982, 172) Identität ist ein Prozess. Damit ist Identität immer auch situationsbezogen.

> „Das Identitätserleben […] vollzieht sich in verschiedenen Kontexten und spezifischen Bereichen, die die Identität ‚tragen'. Ich habe unter dem Aspekt der Konkretheit fünf Bereiche herausgestellt, die, wie das Identitätskonzept selbst, doppelgesichtig, d. h. von Identifikation und Identifizierung bestimmt sind:
>
> 1. vom *Leib*, der ‚my body' und ‚social body' zugleich ist;
>
> 2. vom *sozialen Netzwerk*, das zu meiner eigenen Identität beiträgt und in dem ich zur Identität anderer beitrage;
>
> 3. von *Arbeit und Leistung*, die für eine prägnante Identität konstitutiv werden. In der Arbeit, im konkreten Tun, erkenne und verwirkliche ich mich selbst, wird mir Möglichkeit der Identifikation gegeben. In gleicher Weise aber werde ich durch meine Arbeit auch erkannt, erhalte ich Identifizierungen (Heinl, Petzold 1980);

4. von *materiellen Sicherheiten*. Ökonomische Absicherung, Besitz, ökologisches Eingebundensein geben mir Möglichkeiten der Identifikation, z.B. mit meinem Haus, meinem Quartier und stellen Möglichkeiten der Identifizierung bereit [...].

5. von *Werten* als dem letzten Bereich, der Identität trägt und der noch wirksam bleibt, wenn alle anderen ‚Säulen der Identität' schon geborsten sind. Die Werte werden sozial vermittelt, aber ich bekenne mich zu ihnen. Sie sind meine, aber ich teile sie mit anderen. Die Doppelgesichtigkeit der Werte gewährleistet eine hohe Enttäuschungsfestigkeit, da sie durch die Gemeinschaft derer, die sich zu den Werten bekennen, getragen werden, und da sie weiterhin eine hohe Beständigkeit im Hinblick auf Verwandlung in der Zeit haben. Sie ‚überdauern'." (Petzold 1982, 174–175)

Gerade die performative Didaktik, die Zabeck anspricht, ermöglicht es, Rollen zu spielen und zu reflektieren. Die pluralistische Didaktik geht von verschiedenen Lernorten aus, die wiederum verschiedene Rollen und Inszenierungen verlangen. Für die Entwicklung der eigenen Identität ist das Erleben von verschiedenen Situationen und Rollen eine Möglichkeit, sein Selbst besser kennenzulernen und schließlich auch reflexiv zu hinterfragen. Die folgende Abbildung 11 zeigt die fünf Identitätsbereiche bei Petzold, die auch aufzeigen, dass es immer um den ganzen Menschen geht:

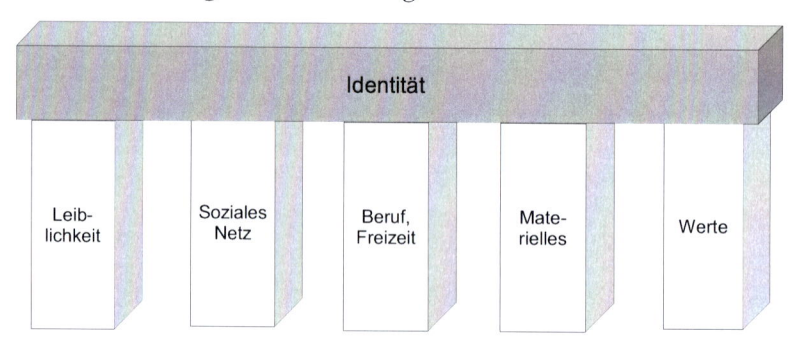

Abbildung 11: Die fünf Identitätsbereiche bei Petzold (vgl. Petzold 1982, 75)

Diese fünf Identitätsbereiche, Leiblichkeit, soziales Netz, Arbeit und Freizeit, Materielles und Werte, wirken zusammen und sind interdependent, wobei Akzentverschiebungen jedoch möglich sind. „Der gänzliche Verlust eines Bereiches kann jedoch nicht aufgefangen werden." (Petzold 1982, 175) Für das Erleben einer vollen Identität sind alle *Säulen der Identität* notwendig. Das hat entscheidende Konsequenzen für psychosoziale Maßnahmen im Sinne *integrativer Interventionen*. Die fünf Identitätsbereiche stehen in der Zeit: Sie haben sowohl eine Entstehungsgeschichte als auch Entwicklungsperspektiven. Es wird ersichtlich, welche Bedeutung das Kollektive für die Identität hat. Identitätsprobleme können daher auftreten, wenn Identifizierung und Identifikationen nicht mehr übereinstimmen, oder wenn Leib und Kontext nicht mehr zusammenpassen. Identität braucht das Zusammenwirken von Leib und Kontext. (Vgl. Petzold 1982, 175–176)

Dieser Zugang kommt Habermas sehr nahe, der zwischen einer horizontalen (sozialen) und einer vertikalen (biographischen) Identität unterscheidet. Die biographische Identität entsteht in einem permanenten Deutungsprozess der Lebensgeschichte. (Vgl. Habermas 1968; Petzold 1982, 178–179) Die Zuordnung der Bedeutung und des Sinnes auf die eigene Geschichte führt zur Ausgestaltung der Identität: „Die Lebenserfahrung integriert die in einem Lebenslauf konvergierenden Lebensbezüge zur Einheit einer individuellen Lebensgeschichte. Diese Einheit ist verankert in der Identität eines Ich und in der Artikulation eines Sinnes oder einer Bedeutung." (Habermas 1968, 193)

Interessant ist der Zusammenhang von Identität und Materiellem bei Petzold (1982). Diesen Zusammenhang sieht auch Améry (2012, 20), der sich die Frage stellt, warum der Mensch etwas haben will und warum es die eigentumslose Gesellschaft nie geben wird. Améry begründet dies ebenso über den Körper und das Eigentum als eine Erweiterung des eigenen Körpers: „So wie ich meinen Körper habe, der den anderen Körper zwar unter Umständen ersehnt, ihn aber allerwegen auch scheut, so verlange ich auch nach einem phänomenalen, diesen Körper in die Weite führenden Raum, der gleichfalls meine und nur meine Sache ist." Allerdings kann dieser Wunsch, dieses „körpertranszendierende Verlangen" letztlich befriedigt werden. Améry, der als Auschwitz-Überlebender erfahren hat, wie wichtig der kleinste Besitz, das kleinste Eigentum sein kann, beschreibt die Forderung nach Eigentum als „ein Derivat des Dranges nach physischer Bewegungsfreiheit". Aber der Mensch muss damit leben, dass er nicht alles haben kann und „dass ich nicht als Einziger Anspruch auf ein Eigentum habe" (Améry 2012, 20).

Für die Identität sind also Geist und Körper des betreffenden Menschen – so kann Abraham verstanden werden – sowie andere Menschen und Kultur notwendig:

> „Das Ich ist kein einsames, selbstgenügsames, das Selbst ist ja kein isoliertes, sondern der Mensch ist Mit-Mensch, der seinen Sinn für sich mit anderen als Kon-sens gewinnt. Er findet seine Identität nur in Kontakt und Abgrenzung, die von Grundvertrauen (con-fidentia) getragen sind, gemeinsam mit seinen Schicksalsgenossen (con-sortes) im Lebensganzen (con-tinuum)." (Petzold 1982, 182)

Auch bei William James (1890) findet sich ein Bezug zu Geist und Körper. James (1890, 291–306) unterscheidet zwischen dem empirischen Selbst (oder dem Mich) und dem reinen Ego (Ich). Das reine Ego ist das, worüber philosophiert wird. Gegenstand der Wissenschaft ist das empirische Selbst, das aus dem materiellen, sozialen und geistigen Selbst besteht. Materielles, soziales und geistiges Selbst machen die kognitive Komponente des Selbst aus. Zum empirischen Selbst gehören aber auch die Emotionen. Das materielle Selbst entsteht dadurch, dass sich der Mensch über seine Arbeit und seinen Besitz definiert. Das soziale Selbst ist die Anerkennung, die wir erfahren, und der Ruf, den wir bei anderen haben. Soziale Anerkennung ist nach James äußerst wichtig. Das geistige Selbst umfasst unsere psychischen Fähigkeiten und Dispositionen. Nach James ist das geistige Selbst das dauerhafteste Selbst und bringt am direktesten unser Selbst zum Ausdruck. Die Inhalte des geistigen Selbst sind: Die eigene Person (Wer bin ich?), die eigenen Fähigkeiten und Fertigkeiten (Was kann ich?) sowie die eigene Moral (Welche Werte und Normen bestimmen mein Leben?). Zu den Gefühlen gehört die Selbstzufriedenheit. Sie drückt das Wohlgefallen an der eigenen Person aus (positives Selbstwertgefühl, Stolz und Hochmut, Eitelkeit oder Arroganz). Zu den Gefühlen gehört aber auch die Selbstverwerfung der eigenen Person. Dazu zählen das Missfallen an der eigenen Person, das negative Selbstwertgefühl, Verlegenheit, Scham, Reue, Unsicherheit und Verzweiflung. Diese beiden Gefühlsarten führt James auf Erfolg und Misserfolg im Leben zurück. Allerdings werden Erfolg und Misserfolg von verschiedenen Personen auch verschieden wahrgenommen. So kann ein äußerst erfolgreicher Mensch immer an sich zweifeln, so wie ein mittelmäßig erfolgreicher immer auch von einem unerschütterlichen Selbstbewusstsein getragen sein kann. Die Selbsteinschätzung und damit das positive und negative Selbstwertgefühl hängt davon ab, was der Mensch sich vorgenommen hat. James (1890, 310) drückt dies in einer Formel wie folgt aus:

$$\frac{Erfolg}{Anspruch} = Selbsteinschätzung\ (Selbstwertgefühl)$$

Die Selbsteinschätzung kann daher durch eine Erhöhung des Erfolgs oder durch eine Reduktion des Anspruchs erhöht werden. Das bedeutet nicht, den eigenen Anspruch so weit wie möglich herunterzuschrauben, sondern es sollte vielmehr eine realistische Selbsteinschätzung erfolgen. Die Formel kann erklären, warum Menschen, die sehr viel erreicht haben, ein niedriges Selbstwertgefühl haben können, weil sie ihren Anspruch noch höher gesteckt haben. Sie erklärt auch, warum manche Menschen bereits mit geringem Erfolg zufrieden sind.

Das Selbst bei Carl R. Rogers (1976) hängt vom Fremd- und Selbstbild ab: Die Persönlichkeit sieht er als zwei sich überschneidende Kreise (siehe folgende Abbildung 12). Der eine Kreis ist das Selbstbild, also die eigene Wahrnehmung, der andere sind die Erfahrungen. Eine kongruente Persönlichkeit erlebt eine Deckung von Selbstbild und Erfahrung, ansonsten entsteht Inkongruenz. Ziel ist es, Kongruenz zu erreichen, also sich selbst seines eigenen

Selbsts bewusst zu sein und dieses durch Erfahrungen bestätigt zu bekommen.

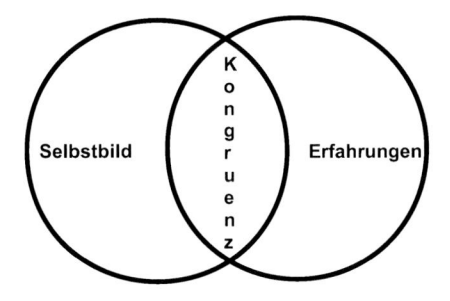

[Venn-Diagramm: Selbstbild ∩ Erfahrungen = Kongruenz]

Abbildung 12: Selbst- und Erfahrungen bei Carl R. Rogers (1976)

Personen mit Kongruenz zeichnen sich u.a. durch hohes Selbstwertgefühl, große Unabhängigkeit von sozialem Anpassungsdruck aus und kennen ihre eigenen Ideale und Wertvorstellungen, können sich erreichbare Ziele setzen, sind offen für neue Erfahrungen und sind schließlich kongruente Persönlichkeiten, die echt sind und keine Masken tragen. Der menschliche Entwicklungsprozess wird durch positive Anerkennung vorangetrieben. Alle Menschen möchten nach Rogers geliebt und geachtet werden. Anerkennung wird erreicht, indem der Mensch Aktivitäten setzt, die von einem selbst als auch von den anderen anerkannt werden. (Vgl. Prandini 2001, 180).

In all diesen Konzepten wird der Mensch in seiner Ganzheit wahrgenommen (vgl. Abraham 1966, 51; Petzold 1982, 175–1976; Zabeck 2004, 118). Aus dem Selbst und der Reflexion lässt sich nach Heinrich Roth (1971, 180) die Selbstkompetenz als „Fähigkeit, für sich selbst verantwortlich handeln zu können" definieren. Roth (1971) geht davon aus, dass Selbstständigkeit und moralische Mündigkeit eng miteinander verknüpft sind, denn selbstkompetentes Handeln ist ethisches Handeln, weil das eigene Handeln auf Werten, Normen und Gewissensüberzeugungen beruht, die für die Person lebensbestimmend geworden sind. Selbstkompetenz bedeutet, autonom und selbstbestimmt handeln zu können. Selbstkompetenz kann nicht isoliert gefördert werden, sie steht immer in Wechselwirkung mit Sozial- und Fachkompetenz. Selbstkompetenz besteht nach Prandini (2001, 186) aus verschiedenen Teilfähigkeiten (siehe folgende Abbildung 13).

```
                        Selbstkompetenz
```

Selbstkonzept: Fähigkeit, sich selbst realistisch wahrzunehmen und einzuschätzen	Selbstwertgefühl: Fähigkeit, sich selbst gegenüber eine positive Einstellung aufzubauen	Selbstwirksamkeit: Fähigkeit, sich in verschiedenen Situationen wirksam zu verhalten	Werthaltungen: Fähigkeit, sein Verhalten auf der Basis ethisch-moralischer Werte zu gestalten

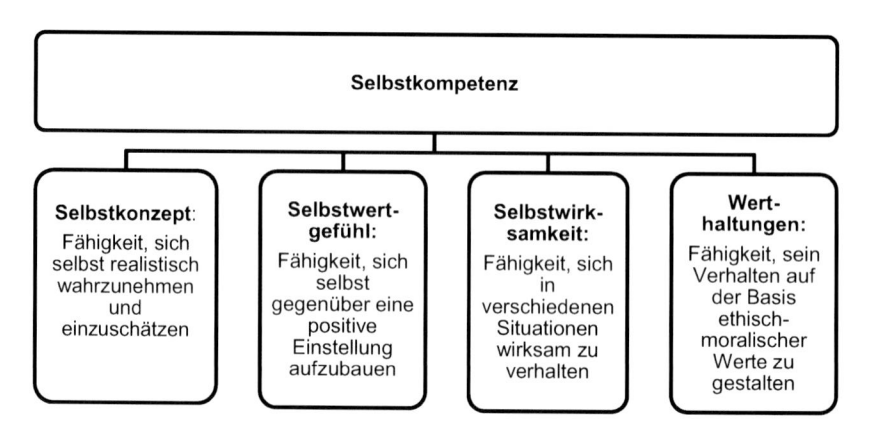

Abbildung 13: Selbstkompetenz nach Prandini (2001, 186)

Prandini (2001, 186) definiert Selbstkompetenz als die Fähigkeit, „sich selbst realistisch wahrzunehmen und einzuschätzen, sich selbst gegenüber ein realistisches positives Selbstwertgefühl aufzubauen, sich in verschiedenen Situationen wirksam zu verhalten und das eigene Verhalten auf der Basis ethisch-moralischer Werthaltungen zu gestalten". Das Selbstkonzept beschreibt Wahrnehmungen, das Wissen und die Kenntnisse, die der Mensch über sich selbst hat. Das Selbstwertgefühl entsteht im frühesten Kindesalter. Bereits ein neugeborenes Baby kann die Wertschätzung wahrnehmen, die es empfängt. Besonders wichtig ist die Entstehung des Urvertrauens. Das Selbstwertgefühl hängt von der Akzeptanz der eigenen Person und der eigenen Leistungen sowie von der personen- und leistungsbezogenen Wertschätzung ab, die von einem anderen Menschen entgegengebracht wird, was empirisch nachweisbar ist. Die Selbstwirksamkeit ist gerade in unserer Gesellschaft sehr wichtig, wenn es darum geht, Veränderungen anzunehmen und zu gestalten. Die Einschätzung der eigenen Wirksamkeit beeinflusst wesentlich das eigene Denken, Fühlen und die Motivation. Es geht um die Einschätzung der eigenen Kompetenzen und die Ergebniserwartung. Eine hohe Selbstwirksamkeit ist eine wesentliche Voraussetzung, das eigene Leben zu kontrollieren und Selbstentwicklung zu ermöglichen. Werthaltungen sind für die Selbstkompetenz von großer Bedeutung. Roth (1971, 541) hat darauf hingewiesen, dass eine selbstkompetente Person ihr Verhalten an ethische Überzeugungen bindet, die für sie lebensführend geworden sind. Insbesondere geht es auch um die Entscheidung bei Wertekonflikten und die Achtung der universell geltenden Werte wie Achtung des menschlichen Lebens, Achtung der Freiheit etc.

Wirtschaft wird als ein Teil des menschlichen Seins verstanden. Der wirtschaftliche Existenzkampf ist jedoch so hart, dass das Materielle, das ebenso einen Teil der Identität darstellt, sehr leicht überbetont wird. Vor allem wird es für den Menschen oftmals schwierig, die wirtschaftlichen Ansprüche mit dem sonstigen Leben in Einklang zu bringen. Diese Entwicklung wird heute durch die Diskussion um Work-Life-Balance oder Burnout sehr intensiv geführt. Abraham sieht es als eine wirtschaftspädagogische Aufgabe an, den Menschen so zu erziehen, dass diese Balance aufrechterhalten werden kann. Zabeck spricht von einer starken Persönlichkeit, die gefordert und gefördert werden muss. In den Kompetenzdefinitionen wird die persönliche Kompetenz betont. Selbst in der Definition von Selbstständigkeit können vier Dimensionen dargestellt werden, die weit über die wirtschaftliche Selbstständigkeit hinausgehen. Gramlinger und Tramm (2006, 2) definieren als die vierte Ebene:

> „Die Ebene der personalen Selbstständigkeit bezieht sich schließlich auf das genuin pädagogische Ziel der Förderung von Autonomie und Mündigkeit des Subjekts, eine umfassenden Orientierungs-, Urteils- und Handlungsfähigkeit mithin, die es dem Einzelnen erlaubt, seinen Platz in der Gesellschaft zu finden, auszufüllen und zu gestalten und somit ein erfülltes und sozial-verantwortliches Leben zu führen."

Damit versteht sich Selbstständigkeit nicht nur materiell, sondern geht weit in das Persönliche hinein und führt an die oben ausgeführten Definitionen heran.

Wirtschaftliche Erziehung übersteigt auch die Grenze des Beruflichen, wie dies in einem sozioökonomischen Zugang der Wirtschaftspädagogik der Fall ist (vgl. Sloane 2001). Sowohl für wirtschaftliche Inhalte i.e.S. als auch für persönliche Belange wird der Mensch wohl ein Leben lang lernen müssen. Die berufliche Entwicklung hängt nach Zabeck wesentlich von der gesamten persönlichen Entwicklung ab und damit wesentlich von eigenem Selbst- und Weltbild. In einer ökonomisierten Gesellschaft ist es für das Individuum hilfreich, wenn es sich wirtschaftlich orientieren sowie ökonomische Grundkenntnisse und Zusammenhänge verstehen kann. Dabei ist es aber notwendig, Wirtschaftliches kritisch zu hinterfragen und das wirtschaftliche Denken und Handeln nicht in den Mittelpunkt aller Entscheidungen zu rücken. Wirtschaft ist Teil des Menschseins, sie ist ein Aspekt. Sie ist aber nicht das Leben selbst (vgl. P. Ulrich 2005). In diesem Sinne ist wirtschaftliche Erziehung immer mehr als wirtschaftliche Erziehung (vgl. Abraham 1966, 51).

Zabeck geht vom lernfähigen Individuum aus, das unter Nutzung seiner eigenen Potenziale dazu befähigt werden kann, in Freiheit zu leben. Die Freiheit, von der er spricht, ist eine bedingte. Die Bedingungen haben sich durch Globalisierung und Ökonomisierung wesentlich verändert. Deshalb ist es gerade unter diesen Bedingungen Aufgabe aufzuzeigen, dass der Mensch nicht instrumentalisiert werden darf: Der *Homo oeconomicus* war nie ein akzeptables Ziel der Berufs- und Wirtschaftspädagogik. Die wirtschaftsberufliche

Erziehung zielt darauf hin, ein ökonomisch selbstständiges Leben in Freiheit und Verantwortung führen zu können. Der Mensch ist also lernfähig und lernbedürftig – und fähig, Verantwortung zu übernehmen. Oder anders ausgedrückt: Die Berufs- und Wirtschaftspädagogik ging immer vom Guten im Menschen aus: Wer Autonomie fördert und zur Freiheit führen möchte, kann nur davon ausgehen, dass dies das Gute fördert. Diese Grundlage ist von größter Bedeutung, weil diese Grundhaltung nur bestimmte sozialwissenschaftliche Betrachtungen zulässt und andere bereits ausschließt. So werden die Gedanken Hobbes, dass die Welt ohne Staatseingriffe eine Welt von Wölfen wäre, in der der eine den anderen frisst, nicht haltbar (vgl. Sedláček 2009, 206).

Die berufliche Welt hat sich so verändert, dass der Beruf nicht automatisch die Eingliederung in die Gesellschaft bedeutet. Immer wieder wird der Mensch Neues lernen und sich anpassen müssen. Die Identität des Menschen wird sich deshalb nicht allein aus dem Beruf begründen lassen. Das Individuum muss sich in einem selbstreflexiven Prozess von innen heraus eine Identität geben. Dafür ist aber eine starke, selbstreflexive Persönlichkeit notwendig, die sich als kompetent, sozial eingebunden und autonom erlebt (vgl. Deci & Ryan 1993, 229). Wird von einem solchen Zugang ausgegangen, dann wird die Bedeutung von Institutionen klar, die dafür sorgen, dass der Mensch sich in seinem Denken und Handeln nicht zu weit von der Gesellschaft entfernt, sondern in ihr eingebettet (*embedded*) bleibt.

3.2.3.3 Kategorie Erziehung

Die Zugänge zur Erziehung sind bei Abraham und Zabeck unterschiedlich: Abraham verwendet den Begriff Erziehung mit großer Selbstverständlichkeit. Zabeck hält sich mit dem Begriff zurück, auch wenn Berufserziehung als Teil des Titels fungiert. Im Text selbst geht es vor allem um die Didaktik der Berufserziehung. So schreibt Zabeck (2004, 1) bereits im ersten Satz des Buches, dass „die Didaktik der Berufserziehung" vor Herausforderungen steht, „die nach einer tiefgreifenden Revision ihres Selbstverständnisses verlangen". Da die „Frage, wozu erzogen werden soll, [...] in der pluralistischen Gesellschaft in keinem geschlossenen Sinnhorizont aufgeworfen und beantwortet" (Zabeck 2004, 133) werden kann und die Ziele der Erziehung nicht konsensfähig sind, scheint Zabeck dem Begriff Erziehung in den Texten selbst auszuweichen. Die Didaktik der Berufserziehung wiederum versteht Zabeck (2004, 2) „als eine auf das Gelingen beruflicher Handlungen ausgerichtete Lehr-Lern-Forschung". Allerdings sieht er die Berufe durch die Ökonomisierung bedroht. Und dennoch – oder gerade deshalb – sucht Zabeck nach einer „pädagogischen Reaktion auf die vom Kapitalismus gespeiste

Globalisierung". Es geht Zabeck also schließlich um viel mehr als um Lehr-Lern-Forschung allein. Es geht um Pädagogik und schließlich doch um Erziehung, um eine ethisch-moralische Erziehung.

Abraham erklärt Erziehung semantisch, indem er auf das *Ziehen* verweist. Erziehung ist der Prozess, indem ein Objekt ein Subjekt in die Richtung eines Zieles zieht. Erziehung ist damit immer mit einem bestimmten Ziel verbunden. Beim Bilden ist das Objekt in Ruhe und wird von einem Subjekt so verändert, dass die Form einem bestimmten Idealbild entspricht. Bildung wird als eine Ordnung der eigenen Existenz verstanden. Da der Mensch sich selbst reflektiert, wie bereits in der Würdigung der Anthropologie dargestellt wurde, und dadurch selbst Subjekt und Objekt sein kann, wird der Mensch fähig, sich selbst zu erziehen und sich selbst zu bilden. Wenn es nun nach Abraham darum geht, dass sich der Mensch in seinem Leben auf ein bestimmtes Ziel hin entwickeln soll, er sich also gewissermaßen in eine bestimmte Richtung zieht, so ist von Erziehung, insbesondere von Selbsterziehung die Rede. Brezinka (1977, 159) kritisiert den Begriff der Selbsterziehung. In seiner eigenen Definition von Erziehung bezieht sie sich immer auf soziale Handlungen. Sich selbst in eine bestimmte Richtung zu verändern, ist keine soziale Handlung, sondern kann höchstens in einem übertragenen Sinn verstanden werden. Brezinka sieht, dass der Mensch gleichzeitig Subjekt und Objekt sein kann und es die Vorgänge geben kann, die mit Selbsterziehung beschrieben werden. „Es scheint mir ohne Einbuße an begrifflicher Klarheit und theoretischer Fruchtbarkeit kaum möglich zu sein, den Erziehungsbegriff so zu bestimmen, dass sie [die als Selbsterziehung bezeichneten Vorgänge] darin einbezogen werden." (Brezinka 1977, 159)

Erziehung gibt den Prozess in Richtung eines bestimmten Zieles an. Dieser Prozess kann von selbst oder von außen initiiert werden – unabhängig davon, ob dieser innere Prozess nun Selbsterziehung genannt werden kann oder nicht. In beiden Fällen geht es nach Benner (1991, 17; 2012, 130–149) darum, eine Selbstreflexion auszulösen. Damit wird auch der Prozess der Bildung eingeleitet. Bildung bedeutet nun, sich selbst so auszuformen, um einem als richtig erkannten Ideal zu entsprechen. Sich bilden heißt, sich zu entwickeln, sich besser kennen zu lernen, sich zu verändern, seine eigenen Wünsche zu verstehen, einen Willen ausformen zu können, zu urteilen und verantwortlich handeln zu können sowie schließlich kritisch-reflexiv zu hinterfragen (vgl. Bieri 2005). Bieri versteht Bildung reflexiv und sieht sie als Ausdruck der individuellen Lebensweise. Wer sich bildet, macht etwas mit sich und für sich. Jeder bildet sich selbst. „Wenn wir uns dagegen bilden, arbeiten wir daran, etwas zu werden – wir streben danach, auf eine bestimmte Art und Weise in der Welt zu sein." (Bieri 2005, 1) Kann Erziehung in Fremd- und Selbsterziehung unterteilt werden, so ist das bei der Bildung im Sinne eines reflexiven Vorganges nicht möglich.

Erziehung kann als Selbst- und Fremderziehung verstanden werden. Erziehung führt zu verantwortlichem Denken und Handeln und fördert bzw. bewahrt dabei die Autonomie des Individuums. Erziehung ist intentional, wenn sie bewusst und planvoll von einer Person ausgeht. Diese Person kann die eigene sein, dann wird von Selbsterziehung gesprochen, oder eine andere, dann wird von Fremderziehung gesprochen. Ob der Mensch zu Eigenerziehung fähig ist oder nicht, ist wesentlich eine Frage des Alters. Vereinfacht und idealtypisch dargestellt, bedarf der Mensch am Beginn seines Lebens der Fremderziehung. Erst durch seine geistige Reifung kann er Schritt für Schritt Selbsterziehung übernehmen (siehe dazu Abbildung 14). Selbst ein Kind vor dem Schuleintritt kann in gewissen Bereichen selbsterziehend tätig sein. Mit dem Schuleintritt – dies gilt auch für den Eintritt in eine Krabbelstube oder den Kindergarten – nimmt die Fremderziehung sprunghaft zu, weil es nun eine weitere erziehende Person in Form von Erzieherinnen bzw. Erziehern und Lehrpersonen gibt. Idealtypisch nimmt im Laufe der Schulzeit die Fremderziehung laufend ab und die Selbsterziehung zu. Es wird angenommen und idealtypisch unterstellt, dass mit der Reifeprüfung (Matura) der Grad an Selbsterziehung erreicht ist, der es den Menschen ermöglicht, selbstständig das Lernen fortzusetzen und sowohl für die Universität, die berufliche Tätigkeit und für das Leben überhaupt reif zu sein. Gleichzeitig erreicht der Bereich der Fremderziehung das niedrigste Niveau. Es kann jedoch davon ausgegangen werden, dass der Mensch immer einer bestimmten Form von Fremderziehung ausgesetzt bleibt, schließlich wird der Mensch immer wieder durch andere Mensch auch erzogen, so z.B. Eltern durch ihre Kinder.

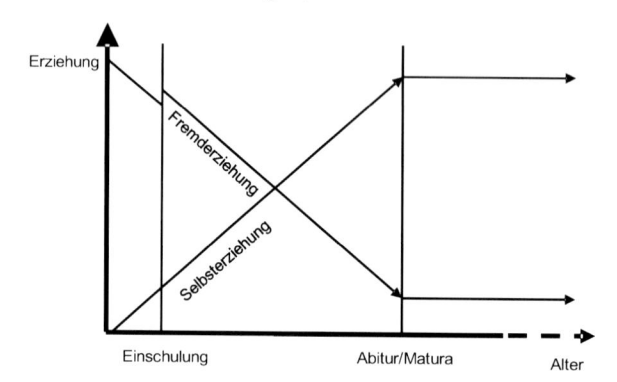

Abbildung 14: Selbst- und Fremderziehung im zeitlichen Kontext

Das Ziel der Erziehung sieht Abraham in der sittlichen Persönlichkeit. Nur dann kann von Erziehung gesprochen werden, wenn dieses Ziel erreicht worden ist. Es wird noch ausführlich erarbeitet (siehe 3.2.3.5), dass Moral bei

Abraham objektiv gegeben ist. Demnach geht es bei Abraham darum, den Menschen im christlichen Sinne moralisch gefestigt so auszuformen, dass er selbst in wirtschaftlichen und beruflichen Belangen dieser Ethik treu bleibt und auch Negatives, Leidvolles ertragen kann. Erziehung ist nur dann Erziehung, wenn genau dieses, als positiv Definiertes, erreicht worden ist. Alle anderen Einflüsse, die nicht dieses Ziel verfolgen, können – so Abraham – nicht als erzieherische Prozesse beschrieben werden. Wenn Erziehung im Sinne Benners verstanden wird, dann hat Erziehung die Aufgabe, Selbstreflexion einzuleiten. In diesem Sinne ist Erziehung aber immer ergebnisoffen, denn das Ergebnis des Reflexionsprozesses kann nicht vorweggenommen werden. Würde erwartet werden, dass nur ein bestimmter Ausgang des Reflexionsprozesses als erzieherischer Erfolg gewertet wird, dann käme die Erziehung einer Indoktrination sehr nahe. Wie bereits in der Kategorie Anthropologie (siehe 3.2.3.2) ausgeführt, so ist dabei die pädagogische Paradoxie zu berücksichtigen, dass gewisse Wertegeneralisierungen oder Werte selbst und gerade in einer pluralistischen Gesellschaft gesetzt werden müssen. In diesen Punkten wird wohl die Erziehung tatsächlich einen bestimmten Ausgang des selbstreflexiven Prozesses erwarten müssen. Ähnliches ist auch beim Erlernen grundlegender, unumstrittener beruflicher Kernkompetenzen zu erwarten. Giesecke (2005, 17–42) führt aus, dass es in unserer Gesellschaft eine große Fülle an verschiedenen Normen gibt und dass sich vor allem Jugendliche sehr schwer damit tun, die richtige Unterscheidung vorzunehmen, welche Norm in welchen sozialen Räumen zur Anwendung gelangen soll. Er spricht sich dafür aus, dass die Schulen wieder Mut haben sollen, ihre eigenen Normen einzufordern, um damit aufzuzeigen, dass es eben verschiedene Normen gibt, die einzuhalten sind. Pluralität heißt ja nicht, absolute Relativität oder Gleichgültigkeit, sie bedeutet, dass verschiedene Normen zur Anwendung kommen können und dass es Wertegeneralisierungen gibt, die alle einhalten müssen, um das Zusammenleben überhaupt zu ermöglichen.

Die Ziele der Erziehung, so wie Zabeck sie explizit beschreibt und diese sich implizit ableiten lassen, sind weniger umstritten, als er selbst einräumt: Die Freiheit der Person, die Autonomie, wird wohl keine Pädagogin und kein Pädagoge in einer pluralistischen Gesellschaft als Ziel der Pädagogik ablehnen. Es ist aber keine absolute Autonomie, keine absolute Freiheit, sondern eine bedingte. Das Individuum kann nur in der Gesellschaft leben. Oder anders gesagt: Das Individuum braucht die Gesellschaft, um individuell leben zu können. Das Single in der Single-Wohnung braucht Strom, Lebensmittel, Einkommen und schließlich auch Mitmenschen.

Durkheim geht davon aus, dass das Christentum die Individualisierung ermöglicht hat (vgl. Kippenberg 2004, 110). „Der Individualismus sei älter als die Aufklärung und gehe auf das Christentum zurück. Denn das Christentum habe das Zentrum des moralischen Lebens von außen nach innen verlegt und das Individuum zum souveränen Richter seines eigenen Handelns gemacht." (Kippenberg 2004, 112) Obwohl das Individuum im Laufe der gesellschaftlichen Entwicklung immer autonomer werden konnte, wurde es gleichzeitig durch die Arbeitsteilung immer mehr von der Gesellschaft abhängig. Solidarität und Individualismus laufen anscheinend parallel: Das individuelle Leben wird erst durch das kollektive ermöglicht. Es muss also ein moralisches Band der Gesellschaft geben, welches das Individuum schützt und die Gesellschaft aufrecht erhält. Für Durkheim liefert die Religion das moralische Band, das Individualismus und Solidarität ermöglicht (vgl. Kippenberg 2004, 110).

Das Leben in der Gesellschaft braucht Regeln, weshalb sich auch regulative, normative und kulturell-kognitive Institutionen ausgeformt haben. Wenn in der Pädagogik also von Individualität gesprochen wird, dann ist dies immer nur eine bedingte. So kommen Normen ins Spiel. Gerade eine pluralistische Gesellschaft braucht verbindliche Normen, damit Zusammenleben über unterschiedliche Kulturen hinweg überhaupt möglich ist (vgl. T. Meyer 2002). Es ist also nur die halbe Wahrheit, wenn von Individualität gesprochen wird, die zweite Hälfte der Wahrheit ist die Gesellschaft, in der das Individuum lebt. Deshalb ist es Zabeck auch besonders wichtig, Moral und Ethik ins Spiel zu bringen, damit ein gutes Zusammenleben überhaupt möglich ist. Seine Ethik ist keine partikulare, sondern eine universelle. Für das Individuum ist es aus berufs- und wirtschaftspädagogischer Sicht wichtig, dass es aus seiner Identität heraus im Sinne eines Selbstmanagements befähigt wird, wirtschaftlich aktiv zu sein, um für sich und andere sorgen zu können. Dies trifft eine Dimension des sehr schwammigen, aber in den österreichischen kaufmännischen mittleren und höheren Schulen als Unterrichtsprinzip verankerten Entrepreneurship Education.[48] Gramlinger und Tramm (2006, 2–5) weisen darauf hin, dass es sich dabei um ein Schlagwort handelt, das vier Dimensionen umfasst: die wirtschaftliche Selbstständigkeit im Sinne des Unternehmertums, das unternehmerische Denken als unselbstständig Beschäftigte, das Selbstmarketing und die autonome Persönlichkeit. Um sich selbstständig, der eigenen Persönlichkeit entsprechend, an Situationen anpassen zu können, fordert Zabeck eine Umdeutung der Handlungsorientierung: Jede Erstausbildung muss als eine vorläufige vermittelt werden. Komplexe Zusammenhänge und übergreifende berufsfachliche Kenntnisse spielen daher eine wesentliche Rolle. Kompetenz, soziale Einbindung und Autonomie sind Leitziele der wirtschaftlichen Erziehung. Dies ist nach Ansicht Zabecks nur möglich, wenn der Mensch nicht instrumentalisiert wird und sich die Berufs- und Wirtschaftspädagogik vom Ziel des *Homo oeconomicus* bewusst fernhält. Trotzdem

---

[48] In einer Evaluierung für das bm:ukk an zwei Handelsschulen wurde ersichtlich, dass die Bedeutung des Begriffs *Entrepreneurship Education* für die Lehrpersonen unklar bleibt (vgl. Tafner. Bodi, Fernandez, Liszt, Stock & Stöttinger 2012).

muss sich der Mensch auf die neuen Bedingungen einstellen und mit der Ökonomisierung umgehen lernen. Dies ist nur mit Individualisierung und Selbstbestimmung möglich. Hier tut sich ein pädagogisches Paradoxon auf: Der Mensch soll sich individuell und selbstbestimmt entwickeln, aber nicht den *Homo oeconomicus* als Vorbild nehmen. Jedes Individuum, das sich also als extrem egoistisch ohne Rücksicht auf die Gesellschaft entwickelt, entspricht nicht den pädagogischen Vorstellungen Zabecks und wohl auch der meisten Pädagoginnen und Pädagogen. Warum also spricht Zabeck nicht davon, dass Erziehung eine Selbstreflexion in Gang setzen soll, die dazu führt, dass der Mensch verantwortlich gegenüber Gesellschaft und Umwelt bleibt? Oder anders gesagt: Die Pädagogik, so wie sie Zabeck beschreibt, folgt *doch* ganz bestimmten Zielen, die aber nur teilweise direkt ausgesprochen werden. Der Mensch soll:

- demokratisch gesinnt (davon kann aus der Geschichte der Berufs- und Wirtschaftspädagogik sowie aus dem Umstand, dass Zabeck vom Nationalstaat spricht, ausgegangen werden),
- selbstständig,
- lernwillig (was auch in den Kompetenzen (vgl. Weinert 2002) gefordert wird),
- arbeitswillig und leistungsbereit (Leistungsbereitschaft und Arbeitswille lassen sich aus der Kompetenzdefinition Weinerts heraus ableiten),
- kompetent,
- in die Gesellschaft eingebunden,
- verantwortungsvoll sein und
- nicht der reinen ökonomischen Ethik folgen.

Auch wenn sich der Akteur und die Akteurin nicht definieren und konstruieren lässt – eine Fülle von Zielen definiert Zabeck direkt und indirekt sehr wohl, die keineswegs einfach zu erreichen sind. Und diese Ziele, wie sie oben kurz dargestellt sind, werden mit Ausnahme des letzten Punktes wohl bei der überwiegenden Mehrheit der Vertreterinnen und Vertreter der Wirtschaftspädagogik auf Zustimmung stoßen.[49]

Neben der Fremd- und Selbsterziehung unterscheidet Abraham zwischen intentionaler und funktionaler Erziehung. Teile der Ausführungen über die funktionale Erziehung lassen sich als neo-institutionelle Zugänge interpretieren. Abraham zieht den Schluss, dass jene sittlich-ethischen Prinzipien, die in der Gesellschaft als wesentlich anerkannt werden, auch in das Unternehmen hineingetragen werden. Als Beispiel nennt er Regelungen zur Verbesserung der Arbeitsbedingungen, wodurch eine Reduktion der Unternehmensziele auf

---

[49] Eine entsprechend empirische Untersuchung könnte als Forschungsdesiderat definiert werden.

die rein technisch-ökonomische Zielsetzung nicht möglich ist. In einem weiteren Beispiel geht er auf die Persönlichkeit der Mitarbeiterinnen und Mitarbeiter ein. Die Unternehmensführung hat darauf zu achten, „dass das persönliche Ehrbewusstsein der Betriebsmitglieder nicht durch betriebliche Anordnungen verletzt wird, denn auch in dieser Hinsicht ist eine Verfeinerung und Vertiefung des gesellschaftlichen Bewusstseins eingetreten" (Abraham 1966, 73). Die *innere Ordnung* eines Unternehmens und die *Sachmittelordnung* werden durch technologische, ökonomische, aber auch anthropologische und speziell ethische Prinzipien bestimmt. Dies bezeichnet Abraham als funktionale Erziehung. „Ohne die Einbeziehung der funktionalen Erziehungsprozesse in den Kreis ihrer Untersuchungen wäre die Wirtschaftspädagogik nicht in der Lage, den vollen Umfang der Zusammenhänge zwischen Erziehung und Wirtschaft zu erfassen." (Abraham 1966, 75)

Wie der Neo-Institutionalismus zeigt, wird in Organisationen kulturell-kognitives, implizites Wissen weitergegeben. Artefakte, Prozesse, moralische und unternehmenskulturelle Vorstellungen und Symbole wirken auf die Menschen in einem Unternehmen und machen etwas mit ihnen. Die Bedeutung der Unternehmenskultur als Ergebnis, Prozess oder Idealvorstellung der unternehmerischen Kooperation in einer bestimmten Organisation ist bekannt (vgl. u.a. Arnold 1997, 85–118; Waterman 1994, 23–24 u. 193–197). Abraham könnte in diese Richtung gedeutet werden, jedoch verfolgt er nicht einen wissens- und bedeutungsorientierten Zugang, sondern es geht ihm um die Umsetzung einer normativen Idee: Letztlich steht die Berufsbildungstheorie im Mittelpunkt. Funktionale Erziehung definiert er als die moralisch positive Wirkung im Sinne der objektiven Moral. Der Beruf ist Mittel und Zweck der Ausbildung und Erziehung. Für den Beruf ausgebildet, kann der Mensch in den Beruf und dadurch in die Gesellschaft eingegliedert werden. Er kann Geschichtlichkeit und Ordnung erfahren. Der Beruf erhält Legitimation nicht aus der Nützlichkeit, sondern aus seinem Beitrag zur geschichtlichen Bildung. Hier wird die Bildungstheorie in eine schwindelerregende Höhe geschraubt, auf der sie nur abstürzen kann. So wird aus dem interessanten Ansatz der funktionalen Erziehung – wenn er neo-institutionell gedeutet wird – eine unhaltbare, empirisch nicht belegte, Theorie (vgl. Zabeck 2009, 693–701).

Zabeck will die Berufsbildungstheorie umdeuten, insbesondere verweist er darauf, dass jede Berufsausbildung heute Modellcharakter hat. Niemand kann damit rechnen, dass der erlernte Beruf ein Leben lang ausgeübt werden wird. In diesem ständig sich ändernden Umfeld ist eine eigene starke Persönlichkeit gefragt. Selbstinszenierung und Selbstreflexion werden damit zu wesentlichen Bestandteilen der Berufserziehung. Zabeck fordert eine performative Didaktik, die individuelles Handeln ermöglicht, welches sich pädagogisch-didaktisch nicht vorbestimmen lässt, denn jede Situation wird individuell interpretiert und ermöglicht demnach verschiedene Lösungsmöglichkeiten. Damit eröffnet sich nicht nur eine kognitive, sondern auch eine affektive Auseinandersetzung mit Situationen, die sich in der Kompetenzmessung nicht wirklich oder nur äußerst schwierig abbilden lassen. Jeder Ausbildungsort hat im Sinne eines didaktischen Pluralismus seine Stärken auszuspielen: Der Betrieb als Ort des beruflichen Handelns, in dem sich Praxis vollzieht. Die Schule als Ort der Theorie, der praxisorientierten Didaktik und vor allem der Reflexion, ein Ort, an dem viel mehr Zeit für das Nachdenken und Reflektieren ermöglicht wird als im Betrieb. Die Schule kann niemals den Betrieb ersetzen oder abbilden. Jedes situations- und handlungsorientierte Lernen in der Schule findet eben in der Schule und nicht im Betrieb statt. Es können dort zwar gewisse Kompetenzen erlernt werden, es bleibt aber immer der schulische Kontext, der vom betrieblichen verschieden ist (vgl. Slepcevic-Zach & Tafner 2011; 2012). Trotzdem machen handlungs- und situationsorientierte pädagogische Zugänge Sinn und sollen in der Schule eingebracht werden. Diese Situationen sollen das Individuum dabei unterstützen, sein eigenes Leistungsprofil auszubilden, das dem jeweiligen Anforderungsprofil entspricht. Die Individualität ist also eine bedingte, die sich nur in einem bestimmten Rahmen entfalten kann. In diesem Rahmen jedoch kann sich der Mensch frei entfalten und sich selbst inszenieren. Natürlich kann er auch entscheiden, ob er den Rahmen überhaupt akzeptiert oder sich diesem Rahmen entzieht, sprich: sich beruflich verändert. Der Umgang mit den Rahmenbedingungen lässt sich jedoch nicht standardisieren und vorab als Wissen und Können klar beschreiben, das sich in einem Ursache-Wirkungs-Zusammenhang zeitigt. „Es geht damit um die Überwindung tradierter Formen einer letztlich nicht konsequent durchgehaltenen Handlungsorientierung, die durch Perfektionierung schulischer Praxissimulation das Transferproblem zu lösen hofft" (Knoll 2005, 4). Der Umgang mit spezifischen sozialen Situationen entscheidet über den Erfolg, der sich eigentlich ebenso wenig klar definieren lässt – darüber sagt Zabeck nur so viel, als dieser nicht der maximale Gewinn oder Nutzen um jeden Preis sein soll.

Handeln ist für Zabeck mehr als der Vollzug der Anwendung. In der performativen Didaktik steht die Person mit Ihrer ganzen Identität im Mittelpunkt. Die Schule hat daher Freiräume zu schaffen für Simulationen, wie Fallbeispiele, Unternehmenssimulationen, Rollenspiele oder Planspiele. Es werden damit Aspekte der Berufswelt in die Schule eingeblendet, ohne damit den Anspruch zu stellen, selbst Berufswelt zu sein.

Es ist nie möglich, ein System in einem anderen abzubilden. Eine konstruierte Situation bleibt eine konstruierte Situation. Deshalb sollte in Bezug auf Kompetenzen immer zwischen Kompetenzen innerhalb der Berufswelt und solchen, die in der Schule gefördert werden, unterschieden werden. (Vgl. Slepcevic-Zach & Tafner 2011; 2012)

Die Brücke zwischen Konstruktion und *Realität* könnte Habermas' Theorie der Lebenswelt anbieten (vgl. Habermas 1987a, 449 u. 451; 1987b, 393–398; mehr dazu in 4.1.1). Ob Spiel, Schule oder Betrieb: Jedes Handeln vollzieht sich in der Lebenswelt, also jenes Ganze, das als Ganzes gar nicht umfassend beschreibbar ist, sondern aus Kultur, Gesellschaft und Personen besteht. Diese Lebenswelt umgibt uns immer, ihr können wir nie entkommen – weder in der Schule noch im Spiel, noch im Betrieb. Immer befinden wir uns in der Wirklichkeit der Lebenswelt. So können durchaus Erfahrungen aus dem Spiel oder allgemein aus der Schule für den Betrieb relevant sein, ohne dabei zu unterstellen, dass die Schule selbst den Betrieb nachahmen könnte. Die Schule hat aber noch eine wesentliche Aufgabe: Sie ist der Ort der Reflexion, sie kann dafür mehr Zeit zur Verfügung stellen als der Betrieb. Zabeck (2004, 16) bringt das so auf den Punkt: „Die Kernkompetenz der Schule besteht nicht in der Vermittlung eines praktischen Könnens, sondern in der Anleitung zur Reflexion seines Zustandekommens, seiner performativen Realisierung und seiner Weiterentwicklung." Oder anders gesagt: Berufliche Könnerschaft entwickelt sich vor allem im Betrieb. Die Entwicklung der Urteilsfähigkeit, der Reflexion und die Vermittlung von Wissensbeständen wiederum sind besondere Stärken der Schule. Zusätzlich muss die Schule Praxisbezüge mit pädagogischen Kunstgriffen herstellen, um Zusammenhänge und die praktische Relevanz zu verdeutlichen. Darüber hinaus ist die Schule ein Diskussionsforum für die reflexive Auseinandersetzung mit der eigenen Selbstinszenierung.

Abraham erhebt für die wirtschaftliche Erziehung den Anspruch, dass sie zur Leistungsfähigkeit führt, also dazu, dass das Individuum seinen Anteil an der wirtschaftlichen Produktion unter objektiven moralischen Gesichtspunkten leisten kann. Weiters folgt er der Berufsbildungstheorie und postuliert, dass wirtschaftliche Erziehung die Aufgabe hat, den Einzelnen mit einem Beruf in die Wirtschaft und damit in die Gesellschaft einzugliedern. Dabei wird auch der Anspruch gestellt, dass die Arbeit zu einem Beruf im Sinne von Berufung wird. Drittens soll das Individuum moralisch gefestigt sein und erkennen, dass es als geistiges und materielles Wesen nur in einer Balance aus beidem ein gutes Leben führen kann. Folgt man nun Abraham weiter und berücksichtigt, dass nur dann wirtschaftliche Erziehung erfolgt, wenn sie zur Sittlichkeit führt, dann wird dieser Zugang unter den Voraussetzungen einer pluralistischen und multikulturellen Gesellschaft einerseits sowie der Idee der Erziehung vom Anstoß zur Selbstreflexion andererseits nicht mehr tragbar sein. Das bedeutet jedoch nicht, alle Zugänge Abrahams über Bord zu werfen, sondern die Frage zu stellen, welche Punkte im Kontext von Ökonomisierung und Globalisierung nach wie vor oder wieder eine besondere Bedeutung haben könnten. Dem ersten Ziel seiner wirtschaftlichen Erziehung wird auch heute grundsätzlich unter dem Vorbehalt seiner Idee der objektiven

Normen zuzustimmen sein. Wie im zweiten Kapitel bereits herausgearbeitet wurde, gibt es heute verschiedene Positionierungen der Wirtschaftspädagogik. Mag in der Berufspädagogik die Berufsbildungstheorie nach wie vor eine gewisse Geltung haben, so ist die Disziplin jedoch auch ohne Bezug zum Beruf denkbar, wie Sloane (2001) oder Rebmann, Tenfelde und Schlömer (2011, 100) ausführen. Das Festhalten an der Berufserziehung kann als eine Eingrenzung der wirtschaftlichen Erziehung gesehen werden. Die Bearbeitung wirtschaftlicher Themen führt abhängig von der Perspektive zu unterschiedlichen Resultaten: Wird Marketing nur aus der Sicht der Käuferinnen und Käufer betrachtet, ergeben sich andere Erziehungsaufgaben als aus der Perspektive der Erziehung von Konsumentinnen und Konsumenten (vgl. F. Bauer 1983). Wirtschaftliche Erziehung in einem umfassenden Sinn muss beides beinhalten, selbst in der Berufserziehung. Damit ist die wirtschaftliche Erziehung der Überbegriff und die berufliche ein untergeordneter. In der dritten Aufgabe der Wirtschaftspädagogik nach Abraham stehen wiederum die vermeintlich objektiven Normen im Mittelpunkt. Die Beantwortung der Frage, was wirtschaftliche Erziehung heute ist, hängt also wesentlich von der ethischen Betrachtung und der Positionierung der Wirtschaftspädagogik ab.

Zusammengefasst: Aufgabe der wirtschaftlichen Erziehung ist es nach Abraham, dass erstens die Gesellschaft ausreichend mit Gütern versorgt wird, wobei die Versorgung den „objektiven Normen" zu entsprechen hat, also moralisch gerechtfertigt sein soll. Zweitens soll der junge Mensch so erzogen werden, dass er in seinem Beruf leistungsfähig wird und sich mit dem Beruf so in die Gesellschaft eingliedert, dass die Arbeit tatsächlich die Bedeutung eines Berufes erhält. Drittens soll der Mensch *zur Durchgeistigung des Lebens* geführt werden, also ein sittliches Leben auch im Kontext einer stark ökonomisierten Gesellschaft führen können.

Auch Zabeck geht erstens davon aus, dass sich Wirtschaften nur unter universalen ethischen Vorgaben vollziehen soll. Als objektiv bezeichnet Zabeck diese Normen nicht, weil er von einer pluralistischen Gesellschaft ausgeht. Normative Institutionen spielen also sowohl für Abraham als auch für Zabeck eine große Rolle, wobei diese bei Zabeck nicht objektiv vorzufinden sind. Zabeck geht zweitens im Gegensatz zu Abraham nicht davon aus, dass der Beruf zur Eingliederung in die Gesellschaft führen muss. Vielmehr muss klargemacht werden, dass jede berufliche Ausbildung nur eine Erstausbildung darstellt. Die Institution Beruf hat damit an Bedeutung verloren, weil er die Stabilität und Dauerhaftigkeit, wie noch bei Abraham, nicht mehr garantieren kann. Drittens geht auch Zabeck davon aus, dass der Mensch immer in seiner Gesamtheit gesehen werden soll. Bei Zabeck (2004, 20) ist der Mensch „das zu Autonomie und sittlicher Freiheit bestimmte Wesen".

Nochmals ist darauf zu verweisen: Normative Institutionen bilden in beiden Ansätzen die Basis erzieherischen Handelns.

3.2.3.4 Kategorie Arbeit und Beruf

Durch Abrahams – in diesem Kontext klar ausgewiesenen – christlichen Zugang bekommt die Definition des Berufs eine transzendente Bedeutung: Ein Beruf zeichnet sich dadurch aus, dass die Arbeit zu mehr als zur wirtschaftlichen Leistungserbringung nach objektiven ethischen Normen wird. Abraham bezeichnet die Reduktion der beruflichen Tätigkeit auf den ausschließlichen wirtschaftlichen Zweck als eine „perfektionierte Primitivität". Die beruflich-soziale Integration ist mit der Ökonomisierung schwieriger geworden und die Berufe in ihrer traditionellen Form sind bedroht.

In der betriebspädagogischen und betriebswirtschaftlichen Literatur finden sich genügend Hinweise darauf, dass das Unternehmen ein „sozioökonomisches System" (Lechner, Egger & Schauer 2001, 61) ist. Daraus lässt sich ableiten, dass es im Unternehmen einen wirtschaftlichen und einen sozialen Raum gibt, beides also miteinander verwoben ist. Die Ausblendung des zweiten – sozialen – Raumes aus kurzfristigen ökonomischen Erwägungen ist nicht nur aus sozialen und betriebspädagogischen, sondern auch aus wirtschaftlichen Gründen fragwürdig. Jedenfalls ist die Problematik der *Verzwecklichung* des Menschen gerade in einer ökonomisierten Gesellschaft ein großes sozioökonomisches Problem, dem sich die wirtschaftliche Erziehung gerade auch heute zu stellen hat.

Die menschliche Arbeitskraft wird heute einerseits zwar in den Arbeitsprozess eingebunden und nicht als störendes Element empfunden. Andererseits jedoch sind viele Arbeitsplätze bedroht und selbst effizient Arbeitende können sich ihres Arbeitsplatzes nicht sicher sein. Ein Zusammenhang zwischen individuell erfolgreichem Arbeiten und Arbeitsplatzsicherheit ist unter den Prämissen eines Shareholder-Value nicht gegeben. Dazu kommt, dass in Unternehmen, die sich von dieser Prämisse leiten lassen, keine autonome Persönlichkeitsentwicklung möglich ist. Am ehesten sind jene erfolgreich, die sich selbst dem ökonomischen Maximierungsspiel unterwerfen – doch selbst diese wissen nicht, ob sie nicht doch auch vom Arbeitsplatzverlust betroffen sein könnten. Zabeck (2004, 98) schließt daraus: „Der Einzelne muss sich in seiner Individualität als sachlich und moralisch urteilsfähige Instanz glaubwürdig ins Spiel bringen können, um die von ihm angestrebten beruflichen Effekte dauerhaft zu erreichen." Berufliche Effekte können dann nur ethisch begründete sein und wer einen beruflichen Erfolg unmoralisch erzielt, war in diesem Sinne nicht erfolgreich. Es gibt bei Zabeck keine eigene Betriebsmoral: „Die Legitimation menschlichen Handelns betrifft immer die ganze Person." (Zabeck 2004, 118) Zabeck trennt die berufliche Welt nicht von der nicht-beruflichen. Damit wird das eigene Selbst- und Weltbild zur wesentlichen Größe der persönlichen Entwicklung. Huisinga vermerkt kritisch, dass er sich aufgrund der von Zabeck aufgeworfenen Änderungen der politökonomischen Rahmenbedingungen erwartet hätte, dass konkrete Überlegungen zur Ausgestaltung von Lehr- und Lernarrangements sowie der Arbeitsorganisation von Zabeck angestellt werden. Vielmehr wird lediglich für die Berufsbildungstheorie ein Paradigmenwechsel abgeleitet: „Statt Persönlichkeitsbildung im Medium des Berufs nunmehr berufliche Handlungstätigkeit im Horizont der Persönlichkeitsbildung." (Huisinga 2005, 150)

3.2.3.5 Kategorie Ethik und Moral

In allen bisherigen Kategorien wurde Ethik und Moral angesprochen, die im Rahmen der sogenannten Beck-Zabeck-Kontroverse seit einem Jahrzehnt in der Wirtschaftspädagogik diskutiert werden. Wird wirtschaftliche Erziehung als handlungsorientiert verstanden, so ist immer ein moralisch-ethischer Unterbau notwendig. Das gesamte Kapitel 4 dreht sich um dieses Thema. Aus diesem Grund werden hier nur die wichtigsten Aspekte aus Abraham und Zabeck aufgegriffen und schließlich auf das einschlägige Kapitel verwiesen.

Die Besonderheit und die Macht des *Wirtschaftsapparates* machen es nach Abraham sehr schwer, dass der Mensch sich besinnt und zur Ruhe kommt. Aufgabe der Erziehung ist die Formung der *sittlichen Persönlichkeit*. Diese macht nach Abraham den Menschen stärker und reifer. Dazu gehört die moralisch-ethische Erziehung, wobei nach Abraham die Orientierung nach *objektiven ethischen Grundsätzen* erfolgt. Bereits in der Kategorie Kultur wurde angesprochen, dass es in einer pluralistischen und multikulturellen Gesellschaft von heute schwierig ist, von objektiven ethischen Grundsätzen zu sprechen. Die objektive Ethik wurzelt bei Abraham in einer christlich fundierten Moral. Es erhebt sich die Frage, ob es möglich ist, eine materielle Ethik zu begründen oder ob sich Ethik in einer diskursiven erschöpft. Weiters erhebt sich die Frage, ob heute von einer Universalethik gesprochen werden kann, die als objektiv begriffen wird, oder ob von Partikularethiken gesprochen werden soll.

Zabecks ethischer Anspruch ist ein universeller und kein partikularer. Huisinga (2005, 148) sieht in der Ablehnung der partikularen Moral und der Neigung Zabecks zum radikalen Konstruktivismus einen Widerspruch.[50]

---

[50] Als weitere Widersprüche zählt Huisinga (2005, 148) auf: „Eine positive Sicht der Exemplarik und zugleich eine negierende ihrer Realisierung; die Betonung der Einheit von Performanz und Kompetenz und doch deren Separation im Verständnis pluraler Didaktik und nicht zuletzt der Rückgriff auf nicht empirische Literatur moderner Betrieblichkeit, obwohl Zabeck nicht nur Bildungsphilosoph, sondern auch ein ausgewiesener Empiriker ist, der seinen hohen wissenschaftstheoretischen Anspruch einzulösen weiß. Trotz dieser Irritationen oder gerade deswegen halte ich den Sammelband für wertvoll."

Dieser vermeintliche Widerspruch muss von zwei Seiten aufgelöst werden: Erstens ist grundsätzlich auch eine konstruktivistische Ethik denkbar. Der Aussage, „Der Konstruktivismus kann keine Ethik produzieren" (Glasersfeld 1997, 335) kann damit begegnet werden, dass jedes Individuum Verantwortung übernehmen muss. Darüber hinaus muss gerade für den Konstruktivismus gelten, dass die eigene Handlung begründet werden muss. Zugänge reichen von einer universalistischen Ethik (Gebhard Rusch), einer Liebes-Ethik (Humberto Maturana), einem aufgeklärten Egoismus und Dezisionismus (Ernst von Glasersfeld) bis zu einer evolutionären Ethik (Erich Jantsch). Heinz von Foerster (1994, 49) spricht vom ethischen Imperativ – „Handle stets so, dass die Anzahl der Möglichkeiten wächst" – und Peter Hejl (1995, 55–56) sieht drei ethische Postulate im Konstruktivismus: Das Toleranzgebot besagt, dass andere Begründungen für ihr Handeln angeben können, die den eigenen gleichrangig sind. Die Verantwortungsakzeptanz besagt, dass jeder Mensch für seine Handlungen Verantwortung übernehmen muss. Die Begründungspflicht besagt, dass die Person das eigene Handeln anderen gegenüber begründen muss. Normen und Regeln können nur ausgehandelt und einem Konsens zugeführt werden. Es geht also letztlich um eine Werturteilsfähigkeit. Zweitens stellt sich die Frage, ob Zabecks Aussagen wirklich als radikaler Konstruktivismus gedeutet werden können. Definitiv lehnt er den Behaviorismus ab. Schwieriger wird die Unterscheidung zwischen Kognitivismus und Konstruktivismus, insbesondere zwischen Kognitivismus und moderatem Konstruktivismus. Der moderate Konstruktivismus geht von „subjektbezogenen, konstruktivistischen Vorstellungen von Lernen" (Rebmann & Schlömer 2011, 12) aus und verbindet sich mit instruktionalen Modellen. Solche Modelle ermöglichen die Verbindung von Konstruktion mit Instruktion und „werden in der Regel als moderat konstruktivistisch bezeichnet. Auch wenn sie im Lernen die Selbstentwicklung eines kognitiven Systems erkennen, so gehen sie in der Praxis allerdings nicht soweit, die Existenz einer objektiven Welt aus ihren theoretischen Konstruktionen auszublenden. Sie unterstellen vielmehr, dass es objektiv erkennbare Strukturen und Inhalte gibt." (Rebmann & Schlömer 2011, 12) Zu solchen Modellen zählen u.a. Ansätze des situierten Lernens, wie der *Cognitive-Apprenticeship*-Ansatz oder *Goal-Based*-Szenarios. In diesen Modellen wird gerade dem Einfluss des sozialen und kulturellen Umfelds auf das Lernen eine ganz besondere Rolle zugesprochen. „Wissen wird aus dieser Perspektive als Produkt der Aktivität des Lernenden, des Kontextes und der Kultur betrachtet." (Rebmann & Schlömer 2011, 12) Damit spielen Institutionen, unter anderem auch die normativen, eine wesentliche Rolle. Da Wissen kontextgebunden erworben wird, ist der Wissenserwerb von der eigenen Aktivität und der Kultur abhängig. Ethik und moderater Konstruktivismus schließen so einander nicht aus.

Zabeck greift auf die performative Pädagogik zurück, die ein Ergebnis des *Performative Turn* darstellt. Dieser hat als ein Teil des *Cultural Turn* auf die Erziehungswissenschaften gewirkt und neue Perspektiven eröffnet: Nicht nur „das in der Repräsentation Repräsentierte" ist von pädagogischer Bedeutung, sondern auch der

> „Umgang mit der Repräsentation bzw. mit den Praktiken des Repräsentierens. […] Eine performative Sichtweise verwirft eine allgemeine und totale Methode und Lesart von Realität zugunsten einer relativierenden, den Kontexten angepassten Interpretation, die eine Pluralität von ideomatischen Gesten und kontextuierenden Phänomenologien zeitigt." (Wulf & Zirfas 2007, 9)

Vor allem vier Gründe sprechen für eine performative Pädagogik (vgl. Wulf & Zirfas 2007, 10–12): Erstens gewinnt die inszenierte Selbstentfaltung in modernen Gesellschaften an Bedeutung. Als handlungsorientierte Wissenschaft muss die Pädagogik anschlussfähig bleiben. Damit gewinnen zweitens Methoden wie Phänomenologie und Konstruktivismus an Bedeutung, um sprachliche Handlungen, Rituale und Situationen beschreiben zu können. Drittens kann damit soziales und pädagogisches Handeln nicht nur funktional oder normativ, sondern eben auch performativ beschrieben werden. Dies führt viertens zu einer komplexeren Theorie der Bildung, die auch die eigene Mitwirkung und die Fähigkeit berücksichtigt, dass sich der Mensch seine eigene Form gibt. Zabeck (2004, 106–108) sieht darin eine wesentliche Weiterentwicklung der Situations- und Handlungsorientierung, weil diese sich zu stark an pädagogisch vorgegebenen Lösungsstrategien ausrichtet. Die performative Pädagogik kommt der aufgrund der Globalisierung ständig zunehmenden Individualisierung entgegen und lässt genügend Raum für Selbstinszenierung und individuelle Lösungen. Das Performanzkonzept selbst kann wiederum in ein *schwaches*, *starkes* und *radikales* Konzept unterschieden werden (vgl. Krämer & Stahlhut 2001, 55–58; Forster 2007, 226–232):

Die universalpragmatische Kommunikationstheorie von Apel und Habermas zählt zum *schwachen* performativen Konzept. Das Performative wird durch die Sprache ausgedrückt, die eine Handlungs- und Gebrauchsdimension aufweist. Wer spricht, spricht nicht nur über die Welt, sondern tut auch etwas in der Welt. Sprache ist also immer auch gleichzeitig ein Tun. Diese Performativität spricht Habermas (1987a, 141) selbst an, wenn er darauf hinweist, dass sich im Medium Sprache die „Weltbezüge des Aktors" spiegeln. „Für normenreguliertes wie *dramaturgisches* [Hervorhebung durch den Autor] Handeln muss sogar eine Konsensbildung zwischen Kommunikationsteilnehmern unterstellt werden, die im Prinzip sprachlicher Natur ist." Habermas definiert drei Handlungsmodelle in Bezug auf die Sprache: Das teleologische Handlungsmodell verwendet Sprache als eines von mehreren Mitteln. Dabei geht es darum, bestimmte Meinungen und Absichten zu erreichen. Im normativen Handlungsmodell überliefert Sprache kulturelle Werte, die sich durch Verständigung reproduzieren. Dabei wird ein Konsens tradiert. Im dramaturgischen Sprachmodell wird Sprache zum Medium der Selbstinszenierung, bei der expressive Funktionen einen besonderen Stellenwert einnehmen. Jedes dieser Modelle hat also eine ganz bestimmte Funktion. Das kommunikative Handlungsmodell von Habermas (1987a, 142) „setzt Sprache als ein Medium unverkürzter Verständigung voraus, wobei sich Sprecher und Hörer aus dem Horizont ihrer vorinterpretierten Lebenswelt gleichzeitig auf etwas in der objektiven, sozialen und subjektiven Welt beziehen, um gemeinsame Situationsdefinitionen auszuhandeln". Sprechhandlungen sind immer komplex und umfassen „einen propositionalen Gehalt, das Angebot einer interpersonalen Beziehung und eine Sprecherintention". Dazu kommt, dass die Weltbezüge reflexiv aufgenommen werden. Die sprechenden Personen

> „nehmen nicht mehr geradehin auf etwas in der objektiven, sozialen oder subjektiven Welt Bezug, sondern relativieren ihre Äußerung an der Möglichkeit, dass deren Geltung von anderen Aktoren bestritten wird. Verständigung funktioniert als handlungskoordinierender Mechanismus nur in der Weise, dass die Interaktionsteilnehmer über die beanspruchte Gültigkeit ihrer Äußerungen einigen, d.h. Geltungsansprüche, die sie reziprok erheben, intersubjektiv anerkennen" (Habermas 1987a, 148).

Verständigung wird im Modell des kommunikativen Handelns dann möglich, wenn erstens die Aussagen wahr, zweitens in Bezug auf einen geltenden normativen Kontext richtig sind und drittens tatsächlich so gemeint wurden, wie sie gesagt worden sind. Es wird also ein Konsens über die Situation hergestellt.

Das *starke* Konzept der Performativität geht davon aus, dass Sprache Wirklichkeit konstituiert und dadurch die Welt auch verändert. Sprache ist dabei eine Form des symbolischen Handelns. Die lediglich Beschreibung einer Situation oder eines Sachverhaltes kann damit Neues bewirken. Es wird etwas Anderes oder Neues konstituiert. Somit kann die Beschreibung selbst wieder in Frage gestellt und kritisch diskutiert werden.

Die *radikale* Performativität ist eine Dekonstruktion, die beim vermeintlich Nebensächlichen und Unbedeutenden ansetzt und damit ein betrachtetes Konstrukt ins Wanken bringt. Es bleibt aber nicht nur bei der Dekonstruktion, es setzt auch die Wirkung der Dekonstruktion ein. Performative Pädagogik in diesem Sinne geht davon aus, dass alles Gegebene bereits ein Konstrukt darstellt: Nichts ist vorgefunden, alles ist dekonstruierbar. Radikale Performativität ist keine „Wiederauflage des Konstruktivismus, wonach wir alle unsere eigenen Welten konstruieren und je subjektive Wahrheiten entwickeln. […] Radikale Performativität ist mithin nicht das neu aufgelegte Spiel, Subjektivität als andere Form der Objektivität zu feiern." (Forster 2007, 233) Nach Ansicht

Forsters (2007, 233) beschreibt Haraways situiertes Wissen am besten die radikale Performativität auf der Ebene der Epestimologie:

> „Daher glaube ich, dass mein und ‚unser' Problem darin besteht, dass wir *zugleich* die grundlegende historische Kontingenz aller Wissensansprüche und Wissenssubjekte in Frage stellen, eine kritische Praxis zur Wahrnehmung unserer eigenen bedeutungserzeugenden, ‚semiotischen Technologien' entwickeln *und* einem nicht-sinnlosen Engagement für Darstellungen verpflichtet sein können, die einer ‚wirklichen' Welt die Treue halten, einer Welt, die teilweise miteinander geteilt werden kann und unterstützend wirkt auf erdumgreifende Projekte mit einem begrenzten Maß an Freiheit, angemessenem materiellen Überfluss, einer Verminderung der Bedeutung von Leiden und einem begrenzten Maß an Glück." (Haraway 1995, 78–79)

Hier lassen sich – wie Forster (2007, 233) ausführt – Kritik und Kontingenz miteinander verbinden. Es geht weder um Relativismus noch um Totalitarismus: Es geht um das Einnehmen einer bestimmten Perspektive, einen Blick auf Grundlage eines situierten Wissens.

> „Wenn radikale Performativität behauptet, dass das Wissen, das wir in unserer theoretischen Arbeit produzieren, etwas überaus Komplexes ist, das von Macht durchdrungen ist, das Exklusionen und Inklusionen nach sich zieht, wenn also Wissen wesentlich mehr ist, als bloß Fakten über die Welt anzuhäufen […], dann geht es […] darum, […] zu fragen, welches Wissen produziert werden soll und wozu." (Forster 2007, 234)

Muss performative Pädagogik quasi automatisch zum radikalen Konstruktivismus führen? Nachdem gezeigt wurde, dass selbst die performative Pädagogik sich in eine schwache, starke und radikale Form unterscheiden lässt, wird die Antwort auf die obige Frage auch nicht eindeutig ausfallen können. Der Zugang Habermas' fordert keinen radikalen Konstruktivismus, auch Essers (2005) handlungsorientierter Zugang nicht, auch wenn er in seinem Zugang davon ausgeht, dass jede Situation subjektiv bewertet wird. Da zwischen drei Stufen der Performativität und dem gemäßigten und radikalen Konstruktivismus unterschieden werden kann, ist davon auszugehen, dass eine performative Pädagogik nicht zu einem radikalen Konstruktivismus führen muss. Das Konzept der Performativität lässt also erheblichen Spielraum zur Interpretation zu. Wie weit Zabecks Aussagen nun konstruktivistisch, insbesondere radikal konstruktivistisch zu deuten sind, kann hier nicht abschließend beantwortet werden und bleibt ein Forschungsdesiderat. Dass jedoch pädagogische Performativität zum radikalen Konstruktivismus und damit zum Ausschluss der Ethik und Moral führen muss, konnte widerlegt werden.

Der Betrieb ist ein ökonomischer und sozialer Raum. In ihm gelten grundsätzlich die gleichen moralischen Normen wie überall in der Gesellschaft. Eine Reduktion des Menschen auf den *Homo oeconomicus* ist daher abzulehnen. Jede Form des Manchester-Liberalismus des 19. Jahrhunderts, den Zabeck im

Shareholder-Value seinen Ausdruck finden lässt, lehnt er ab. Die Verantwortung für Gesellschaft und Umwelt sind nicht von der Ökonomie zu trennen. So trägt jede Person im Unternehmen Verantwortung für das Gemeinwohl. Dies spielt gerade in dezentralisierten Unternehmen eine große Rolle. Handlungsspielräume, die sich am globalen Markt ergeben, müssen von den Verantwortlichen mit Verantwortung genutzt werden. Dies ist für das Individuum eine große Verantwortung und damit auch eine große Belastung. Das kann ihm nicht genommen werden. Eine reine ökonomische Ethik im Sinne der Wirtschaftsethik Homanns, die sich berufs- und wirtschaftspädagogisch als eine Betriebsmoral (vgl. Beck, 1996) ausformen lässt, lehnt Zabeck entschieden ab. Beck sieht für die Berufserziehung eine klare Vorgabe, die sich im „Gebot zum eigeninteressierten rationalen Verhalten" äußert und „strikt" – hier sei der moralisch verpflichtende Unterton einer deontologischen Ethik zu beachten – einzuhalten. Altruistische Mitleidsregungen führen zu „Störungen", die die Effizienz des Systems beeinträchtigen (Beck 1996, 133 u. 135–136). Auf den Punkt gebracht fordert Beck im Sinne Homanns die Einhaltung zweier Grundregeln: den Gewinn zu maximieren und die Gesetze einzuhalten. Dass dieser Zugang höchst problematisch ist, sieht nicht nur Zabeck. Die „Vision eines moralisch integren ökonomischen Determinismus" scheitert nach Zabeck (2004, 35) „infolge mangelnder innerer Stimmigkeit und defizitärer Problemlösungskapazität" an der Realität. Vielmehr muss sich jedes Individuum als sachlich und moralisch urteilsfähige Instanz einbringen können.

3.3 Fazit: Wirtschaftliche Erziehung

Wie im zweiten Kapitel herausgearbeitet wurde, ist die Wirtschaftspädagogik eine normative Wissenschaft. Das Normative verweist auf die Erziehung. Heute von Erziehung zu sprechen, ist aus Sicht der Erziehungswissenschaft nicht selbstverständlich. Dennoch lassen sich selbst aus der Erziehungswissenschaft Begründungen für Erziehung ableiten. Erziehung wird in dieser Arbeit im Sinne Benners (1991, 17) als die Aufgabe, einen selbstreflexiven Prozess einzuleiten, der „zu neuen Erfahrungen, Nachdenken und Selber-Handeln" führen kann, verwendet. Erziehung soll zu Selbstreflexion führen und diese zur Selbsterziehung und Bildung.

Wirtschaftliche Erziehung wird heute in der Wirtschaftspädagogik weniger thematisiert. Im Kontext von Ethik und Moral wird jedoch eine Erziehung explizit und implizit gefordert, interessanterweise sowohl von Abraham, Beck als auch Zabeck. Die Frage, die bleibt, ist, *welcher* Ethik gefolgt werden soll. Wirtschaftliche Erziehung ist demnach nicht ohne Moral und Ethik zu haben. Es wird gerne unterstellt, dass in einer pluralistischen Gesellschaft keine Werte und Normen Allgemeingültigkeit erlangen können. Es ist jedoch davon auszugehen, dass es heute viel mehr Normen und Werte gibt als früher. Es geht also weniger um eine Werterelativität als um Werturteilsfähigkeit. Aus diesem Grund gewinnt Ethik eine immer größere Bedeutung. Es lassen sich selbst aus dem heutigen Zugang zu Erziehung und Bildung Werte und Normen ableiten, die allgemeingültig sind. Der Mensch soll:

- demokratisch gesinnt (davon kann aus der Geschichte der Berufs- und Wirtschaftspädagogik sowie aus der Zeitgeschichte selbst geschlossen werden),
- selbstständig,
- lernwillig (was auch in den Kompetenzen (vgl. Weinert 2002, 27–28) gefordert wird,
- arbeitswillig und leistungsbereit (Leistungsbereitschaft und Arbeitswille lassen sich aus der Kompetenzdefinition Weinerts heraus lesen),
- kompetent,
- in die Gesellschaft eingebunden,
- verantwortungsvoll sein und
- nicht der reinen ökonomischen Ethik folgen.

Die demokratische Gesinnung als pädagogische Grundlage wird heute wohl keine Pädagogin oder kein Pädagoge in Zweifel ziehen wollen. Gerade die Wirtschaftspädagogik muss aufgrund ihrer eigenen Geschichte äußerst vorsichtig mit diesem Thema umgehen. Es wurde bereits im zweiten Kapitel gezeigt, dass neben der kaufmännischen Ausbildung immer auch das Staatsbürgerliche, das Soziale und das Ethisch-Moralische Berücksichtigung fanden. Gerade aber die Offenheit des Begriffs der Gemeinschaft machte es möglich, dass dieser mit nationalsozialistischen Bedeutungen gefüllt wurde und zu Indoktrination führte. Aus diesem Grunde ist die demokratische Orientierung zu einer selbstverständlichen Institution geworden. Die Kompetenzorientierung, die nunmehr im Mittelpunkt der wirtschaftlichen und kaufmännischen Ausbildung, Bildung und Fortbildung steht, geht davon aus, dass der Mensch selbstständig, lernwillig und leistungsbereit sein kann. Schließlich wird davon ausgegangen, dass das Individuum in die Gesellschaft eingebunden bleibt, da jeder Mensch nur im gesellschaftlichen Kontext überhaupt leben kann. Das Leben und Handeln des Menschen in der Gesellschaft braucht ein Verantwortungsbewusstsein, das ebenso von der Pädagogik eingefordert wird. Wird diesen Normen gefolgt und davon ausgegangen, dass der Mensch selbstreflexiv handelt, dann wird gleichzeitig vom Guten im Menschen ausgegangen. Gerade jene, die bewusst das Wort Erziehung nicht verwenden wollen, unterstellen ja, dass der Mensch sich selbst bilden kann und dadurch selbstreflexiv zu Einsichten gelangt, die gut für ihn und die anderen Menschen sind. Ebenso der Erziehungsbegriff, der in dieser Arbeit angewandt wird, geht davon aus, dass sich der Mensch selbst, durch Bildung, reflexiv – selbstreflexiv –

entwickeln kann. Bereits aus dem Umstand, dass der Mensch seine eigene Identität ausprägen kann und diese sich im Ich als dem selbstreflexiven Teil der Identität äußert, lässt darauf schließen, dass Selbstreflexivität ein Teil des menschlichen Seins darstellt. Der einzige Unterschied zwischen jenen, die den Begriff Erziehung durch Bildung ersetzen, und dem Ansatz, der hier verfolgt wird, ist der, dass durch die Verwendung des Begriffs Erziehung darauf verwiesen wird, dass von außen durch intentionale Erziehung, durch Sozialisation bzw. funktionale Erziehung oder durch Enkulturation dieser Prozess der Reflexivität angestoßen und eingeleitet werden kann. In beiden Zugängen wird vom Guten im Menschen ausgegangen. Damit wird bereits eine wesentliche normative Setzung vollzogen. Ebenso sind alle oben erwähnten Punkte normative Setzungen, die gut begründet, also rational sind.

In der Pädagogik wird der Mensch in seiner Gesamtheit gesehen. Aufgabe der Pädagogik ist die Förderung der Identität des Menschen, die als das Gesamt von Selbst und Ich bezeichnet werden kann. Es geht also um das Geistige und das Materielle, es geht um das Selbstreflexive und das Körperliche. Da Wirtschaften ein Teil des menschlichen Handelns ist, muss der Mensch im Vollzug dieser Handlung in seiner Gesamtheit wahrgenommen werden. Wirtschaften selbst ist ja kein Naturprodukt, sondern ein kulturelles Konstrukt, es ist also selbst das Ergebnis geistiger Prozesse.

Wird der Mensch in seiner Gesamtheit, mit seiner ganzen Identität, in der wirtschaftlichen Erziehung ernst genommen, dann übersteigt das Handeln des Einzelnen immer die Vorstellung des pädagogisch Planbaren. Handeln und Problemlösen in *real* gegebenen oder pädagogisch konstruierten Situationen lassen sich nicht in einem eindeutigen Ursache-Wirkungs-Zusammenhang darstellen. Bereits die Wahrnehmung einer Situation und insbesondere die Zuweisung von Bedeutung und Sinn sind individuell unterschiedlich (vgl. z.B. Bienengräber 2011; Esser 2005; Luhmann 1982). Vielmehr ist noch das Handeln, das als mehr als der Vollzug des Anwendens angeeigneter Kompetenzen verstanden werden kann, individuell gestaltbar. Je abstrakter eine Aufgabenstellung und je komplexer eine Situation sich darstellen, umso stärker fallen die Unterschiede in den Handlungen aus (vgl. Slepcevic-Zach & Tafner 2011). Performative Pädagogik lässt für diese individuellen Unterschiede Raum und gibt dafür einen Teil der Planbarkeit und Messbarkeit von pädagogischen Maßnahmen bewusst aus der Hand.

Menschliches Handeln vollzieht sich immer vor einem bestimmten kulturellen und gesellschaftlichen Hintergrund. Damit sich das Individuum nicht zu weit von der Gesellschaft entfernt, stellen Institutionen so etwas wie Wegweiser des Denken und Handelns dar, ohne jedoch zu determinieren. In Abrahams Werk lassen sich einige Stellen als neo-institutionell interpretieren. Jedenfalls sieht er, dass Unternehmen in die Gesellschaft eingebettet sind und daher sittlich-ethische Prinzipien ins Unternehmen hineingetragen werden. Eine rein technisch-ökonomische Ausrichtung ist daher gar nicht möglich.

Anders formuliert: Organisationen sind ein Spiegel der Gesellschaft. Sie können sich nicht der Gesellschaft, nicht der Kultur entziehen, sie bleiben in der Lebenswelt als das Gesamt von Personen, Kultur und Gesellschaft verhaftet – sowohl im Guten wie auch im Bösen. Menschen innerhalb und außerhalb von Organisationen handeln gut oder böse. In Unternehmen formen sich vor dem Hintergrund der Lebenswelt eigene Unternehmenskulturen aus, die ebenso auf die Mitarbeiterinnen und Mitarbeiter zurückwirken. Abraham spricht in diesem Kontext von funktionaler Erziehung genau dann, wenn die Wirkung, die vom Unternehmen ausgeht, im Sinne seiner objektiven Kultur- und Moralvorstellung auch moralisch als gut bezeichnet werden kann.

Wirtschaftliche Erziehung wird in dieser Arbeit umfassender als Berufserziehung verstanden. Wirtschaftliche Erziehung wird hier als ein Überbegriff verstanden, der die Perspektiven erweitert, indem sie die Perspektiven aller Wirtschaftssubjekte einnimmt, also die der Haushalte, der Unternehmen, des Staates, des Suprastaatlichen und des Auslandes. Dadurch ergibt sich ein anderer und umfassenderer Zugang als in der Berufserziehung. Wirtschaftliche Erziehung in diesem Sinne kann natürlich auch in der kaufmännischen Bildung erfolgen und würde dort zu einem notwendigen Perspektivenwechsel führen. Wirtschaftliche Erziehung in diesem umfassenden Sinn orientiert sich jedoch nicht an der schulischen Organisation, sondern an der perspektivischen Erweiterung des Themas Wirtschaft. Damit geht ebenso eine Ausweitung der wirtschaftlichen Erziehung einher, die sich nicht auf die kaufmännische Aus- und Fortbildung konzentriert, sondern sich über alle Bereiche des Bildungssystems, von der Grundschule bis zur Erwachsenenbildung, erstreckt. Wirtschaftspädagogik wird dadurch zu einer Wissenschaft, die bewusst über ihre engen, selbstgezogenen regulativen Institutionen versucht hinauszugreifen und damit den Versuch unternimmt, stärker in den gesellschaftspolitischen Diskurs einzutreten.

Erziehung war immer Teil der normativen Wirtschaftspädagogik. Wurde bei Abraham noch mit einer Selbstverständlichkeit von Erziehung ausgegangen, ist dies 40 Jahre später bei Zabeck nicht mehr der Fall. Bei Abraham untersteht die gesamte Wirtschaftspädagogik der Erziehung. Bei Zabeck fokussiert die Erziehung die Bereiche der Moralerziehung. Seiner universellen Moral folgend, führt dies zu einer Moral, die sich über jedes kaufmännische Handeln zieht und damit schließlich doch zu einem umfassenden Erziehungsauftrag wird, ohne dies jedoch explizit auszudrücken. Es fragt sich, warum Zabeck dabei die Möglichkeit der Erziehung in einer pluralistischen Gesellschaft grundsätzlich in Frage stellt.

In dieser Arbeit wird Erziehung als ein intentionaler Prozess von außen definiert: Erziehung stellt darauf ab, einen selbstreflexiven Prozess einzuleiten. Bildung hingegen vollzieht sich im Inneren jedes Einzelnen. Erziehung möchte also Nachdenken und Lernen auslösen und die Förderung von Kompetenzen ermöglichen. Das tatsächliche Nachdenken und Lernen im Inneren der Person ist Bildung. Da in dieser Arbeit der Blick auf die Intention, also den Versuch, einen Bildungsprozess einzuleiten, gerichtet ist, erscheint es sinnvoller, von Erziehung zu sprechen.

Zusammengefasst: Wirtschaftliche Erziehung heute verortet sich in der Moralerziehung, bzw. in der Ethik. Es ist im vierten Kapitel Aufgabe, eine Ethik zu definieren, die für die wirtschaftliche Erziehung im europäischen Kontext sinnvoll erscheint. Abbildung 15 zeigt, wie ausgehend von Zabeck (2004) auf die Inhalte der folgenden Kapitel geschlossen wird.

```
                    Zabeck:
            Berufserziehung im Zeichen ...
           ┌────────────────┴────────────────┐
    ... des Shareholder-              ... und der Globalisierung
         Value ...
    Ausdruck des                      Ausblendung der
  Selbstinteresses u. der           europäischen Integration
  reinen ökonomischen                u. des Diskurses um
       Vernunft                           kollektives
                                        Selbstinteresse
      Kapitel 4:                         Kapitel 5:
   Wirtschaftsethik                    Nationalstaat u.
                                       Supranationalität
```

Abbildung 15: Zabeck (2004) und die inhaltliche Verortung in dieser Arbeit

Zur wirtschaftlichen Erziehung gehört traditionell neben den ökonomischen Inhalten, dem Sozialen und dem Ethisch-Moralischen ebenso die Auseinandersetzung mit dem Staatsbürgerlichen, also mit dem Nationalstaat. Aufbauend auf Zabeck (2004) geht es um die Abwendung der rein ökonomischen Vernunft und um die Auswirkungen der Globalisierung. Nachdem im zweiten Kapitel der Schluss gezogen wurde, dass die Wirtschaftspädagogik normativ ist, wird im vierten Kapitel nun die Frage diskutiert, *welcher* Norm in der Wirtschaftspädagogik gefolgt wird bzw. gefolgt werden soll. Diese Diskussion wird im Rahmen der Beck-Zabeck-Kontroverse geführt. Darin geht es um die Frage der Bedeutung des individuellen Selbstinteresses im Sinne der reinen ökonomischen Vernunft. Es geht um die Frage, ob eine Ethik im Sinne Homanns oder eine im Sinne Kants im Mittelpunkt der Moralerziehung stehen soll. Diese Diskussion wird wiederum aus neo-institutioneller Sicht diskutiert und versucht, ein Ethik-Modell zu erarbeiten, dass auf Institutionen zurückgreift, die den Menschen lenken, aber nicht determinieren. Im fünften Kapitel wird der Frage nachgegangen, wie weit Institutionen das supranationale Denken und Handeln bremsen und sich daher die Ausdehnung von staatlich organisierter Effizienz und Gerechtigkeit über den Nationalstaat hinaus als schwierig erweist und welche Bedeutung dies für die wirtschaftliche Erziehung hat.

> *„Ein Physiker, der nur Physiker ist, kann durchaus ein erstklassiger Physiker und ein hochgeschätztes Mitglied der Gesellschaft sein. Aber gewiss kann niemand ein großer Ökonom sein, der nur Ökonom ist – und ich bin sogar versucht hinzuzufügen, dass der Ökonom, der nur Ökonom ist, leicht zum Ärgernis, wenn nicht gar zu einer regelrechten Gefahr wird."*
>
> (Friedrich August von Hayek)

4 Wirtschaftliche Moralerziehung: Die Beck-Zabeck-Kontroverse

Im zweiten Kapitel wurden mit dem neo-institutionellen Blick auf regulative und normative Institutionen die Entstehung und Entwicklung der Wirtschaftspädagogik aus der Makro- und der Mesoebene analysiert. Wirtschaft und Pädagogik sind die beiden Begriffe, welche gemeinsam jene Wissenschaft beschreiben, die sich als eigenständige Disziplin im 20. Jahrhundert konstituierte. Wirtschaftspädagogik liegt als Wissenschaft im Schnittpunkt der Wirtschaftswissenschaften und der Erziehungswissenschaft; ihre Forschungsmethoden leitet sie von beiden Disziplinen ab (vgl. Kaiser 2008, 670–672). Eine wirtschaftspädagogische Methode per se gibt es nicht. Auch inhaltlich ist die Wirtschaftspädagogik schwer zu fassen, weil sie sich nicht eindeutig als Schnittmenge ihrer beiden Wissenschaftsbereiche alleine definieren lässt. Dazu zwei Beispiele: Ein Professor der Volkswirtschaftslehre, der seine Lehrveranstaltung pädagogisch-didaktisch aufbereitet, ist kein Wirtschaftspädagoge, er arbeitet wirtschaftspädagogisch. Eine Betriebswirtin, die in einem Seminar ihre Erfahrungen mit idealem Methodeneinsatz weitergibt, bleibt Betriebswirtin. Es sind letztlich regulative, normative und kulturell-kognitive Institutionen, die festlegen, was Wirtschaftspädagogik ist (siehe Kapitel 2).

Im Wesentlichen wurden im zweiten Kapitel drei Punkte erarbeitet: erstens die Normativität der Wirtschaftspädagogik, zweitens ihre Ausdifferenzierung und drittens die Ökonomisierung des Umfeldes der Wirtschaftspädagogik. Im zweiten und dritten Kapitel wurde gezeigt, dass Wirtschaftspädagogik das kaufmännische und ökonomische Handeln, das Soziale, das Staatsbürgerliche und das Ethisch-Moralische in den Blick nimmt. Obwohl das Thema wirtschaftliche Erziehung – wie im dritten Kapitel dargelegt wurde – in der aktuellen Literatur kaum explizit bearbeitet wird, ist in der normativen Wirtschaftspädagogik die erzieherische Komponente vorhanden. Dies äußert sich vor allem in der moralisch-ethischen Auseinandersetzung.

Im vierten Kapitel wird auf die Forschungsfrage 1 „Welche Bedeutung und Funktion kommt der wirtschaftlichen Erziehung in einer ökonomisierten Gesellschaft zu?" konkret eingegangen. Dabei wird vor allem die Frage aufgeworfen, welcher Norm die normative Wirtschaftspädagogik folgen soll. Diese Auseinandersetzung steht im Mittelpunkt der sogenannten Beck-Zabeck-Kontroverse. Wenn nun davon ausgegangen wird, dass von wirtschaftlicher Erziehung gesprochen werden kann, dann stellt sich damit die Frage, *welcher* Norm, *welcher* Ethik gefolgt werden *kann* bzw. *soll* und welche Bedeutung in dieser Frage den Institutionen zukommt. Damit wird parallel auch die Forschungsfrage 3 beantwortet, welche in Bezug auf die Forschungsfrage 1 die Bedeutung von Institutionen und der Ethik für die wirtschaftliche Erziehung in den Blick nimmt.

Die Beck-Zabeck-Kontroverse wird mit dem Aufsatz Zabecks (2002) *Moral im Dienste betrieblicher Zwecke?*, der in Zabeck (2004) mit einigen erweiterten Fußnoten, die auf die Kontroverse Bezug nehmen, wieder veröffentlicht wurde, eingeleitet. Darin geht Zabeck (2002, 485; 2004, 57) davon aus, dass Klaus Beck für einen Paradigmenwechsel in der kaufmännischen Moralerziehung eintritt, weil eine universalistische Moral in einer ausdifferenzierten Gesellschaft nicht mehr vertretbar sei. An ihre Stelle solle eine eigene Bereichsmoral treten, die das Individuum verpflichtet, sich dem Vorteilsstreben der Unternehmen unterzuordnen. Diesen Vorschlag weist Zabeck entschieden zurück.

Woll (2003, 130) fasst den Kern der Kontroverse auf zwei Punkte zusammen: Erstens vertrete Zabeck eine universalistische, philosophisch begründete Morallehre, die den *Homo oeconomicus* kritisch betrachte und als Erziehungsziel ablehne. Zweitens argumentiere Beck aus empirischen Gründen für eine Betriebsmoral, die den *Homo oeconomicus* als moralisches Leitbild verstehe. Aufgabe der Kaufleute sei es demnach, den Gewinn zu maximieren und die Rahmenordnung einzuhalten. Beck habe mit diesem Zugang das „Endziel moralischer Erziehung und Entwicklung der Majorität um eine Ebene gesenkt, einen großen Schritt zurückverlegt" (Lempert 2003, 439). Minnameier (2005, 20) sieht darin ein Missverständnis, denn die Moral in den Rahmenbedingungen zu verorten, bedeute nicht, dass sich außer einer „privilegierte[n] Minderheit politischer Mandatsträger" (Lempert 2003, 439) niemand mit Moral auseinandersetzen solle. Neuweg (2003, 350) versteht Becks Ansatz restriktionstheoretisch in Form eines Rückgriffs auf die „Homann-Schule der Wirtschafts- und Unternehmensethik" vor dem Hintergrund der Falsifizierung der Theorie Kohlbergs. Die Leitidee Zabecks sieht er präferenztheoretisch in Form einer Universalethik. Eine Aussöhnung der beiden Zugänge könne Neuweg nicht sehen, weil Becks Zugang aus der Sicht Zabecks einen Bruch mit der wirtschaftspädagogischen Tradition und der Praktischen Philosophie darstelle. Beck hingegen – so Neuweg (2003, 350) –

sehe den Universalismus Zabecks ungeeignet für eine Großgesellschaft und als „sozialromantisch und pädagogisch naiv".

Die wesentlichen Beiträge zur Kontroverse sind folgende (siehe Tabelle 11):

Tabelle 11: Wesentliche Beiträge zur Beck-Zabeck-Kontroverse

Autor und Titel	Fundstelle	Wesentlicher Inhalt
Zabeck, Jürgen (2002): Moral im Dienste betrieblicher Zwecke?	Zeitschrift für Berufs- und Wirtschaftspädagogik 98, S. 485–501	Die Betriebsmoral Becks ist abzulehnen und einer Ethik Kants zu folgen.
Woll, Helmut (2003): Das Adam Smith-Problem und die Betriebsmoral.	Zeitschrift für Berufs- und Wirtschaftspädagogik 99 (1), S. 130–135	Die Bedeutung Adam Smiths für die Zusammenführung von Ethik und Ökonomie wird herausgestellt.
Beck, Klaus (2003): Ethischer Universalismus als moralische Verunsicherung?	Zeitschrift für Berufs- und Wirtschaftspädagogik 99 (2), S. 274–298	Beck antwortet darin auf Zabecks Artikel und verteidigt seine Betriebsmoral als Partikularethik.
Neuweg, Georg Hans (2003): Zwischen Standesamt und Scheidungsrichter: Die Wirtschaftspädagogik und der „homo oeconomicus"	Zeitschrift für Berufs- und Wirtschaftspädagogik 99 (3), S. 350–367	Verschiedene Bedeutungen des Homo oeconomicus werden erörtert.
Lempert, Wolfgang (2003): Modernisierung der Moral oder pseudomoralische Entmoralisierung?	Zeitschrift für Berufs- und Wirtschaftspädagogik 99 (3), S. 436–452	Eine Definition von Moral wird gegeben und die sparsame Verwendung von moralischen Handlungen zur Lösung von Konflikten eingefordert.
Minnameier, Gerhard (2005): Wer Moral hat, hat die Qual, aber letztlich keine Wahl!	Zeitschrift für Berufs- und Wirtschaftspädagogik 101 (1), S. 19–42	Es gibt keine Alternative zur moralischen Höherentwicklung. Die Frage nach der „Maximalmoral" stellt sich gar nicht, vielmehr sollten Mindeststandards der Moralerziehung definiert werden.
Bienengräber, Thomas (2011): Situierung oder Segmentierung? Zur Entstehung einer differenzierten moralischen Urteilskompetenz	Zeitschrift für Berufs- und Wirtschaftspädagogik 107 (4), S. 499–519	Individuen entscheiden nicht anhand von Besonderheiten eines Lebensbereiches, sondern aufgrund einer gegebenen Situation.

In diesem Kapitel soll nicht eine chronologische Darstellung der Kontroverse erfolgen, die nur in einem sehr irritierenden, „schwer nachvollziehbare[n] Hin und Her, Für und Wider" enden würde (Lempert 2003, 436), sondern eine inhaltliche, auf die wesentlichsten Punkte fokussierende Inhaltsanalyse. Dafür ist es jedoch notwendig, die Aufsätze Zabecks (2002; 2004) mit den wichtigsten Inhalten am Beginn zusammenzufassen und nur jene Diskussionsbeiträge einzuarbeiten, auf die Zabeck (2004) sich bezieht. Daraus werden induktiv Kategorien für die anschließende Analyse abgeleitet, um in Einbindung aller an der Kontroverse Teilnehmenden unter Verwendung zusätzlicher Literatur systematisch interpretativ die Frage der Ethik und Moral in der wirtschaftlichen Erziehung entlang der Kategorien zu erörtern. Der methodologische Rahmen wird neo-institutionalistisch gesetzt und – wo möglich – auf Institutionen auf der Mikro-, Meso- und Makroebene abgestellt. Im Mittelpunkt steht die ethische Diskussion.

Zabeck (2002, 485–488; 2004, 57–62) beginnt mit einer historischen Einführung in das Thema Moral und weist gleich am Beginn darauf hin, dass der Mensch ohne Moralität geboren werde und deshalb die Erziehung die wichtige Aufgabe übernehme, den Willen zur Sittlichkeit auszuformen, wie Kant ausführt. Dies sei aber nicht so zu verstehen, dass der Mensch von Natur aus unfähig sei, moralisch zu handeln, wie Zabeck (2004, 57, Fußnote 2) in Antwort auf Beck (2003a, 282) ausführt, der behauptet, dass der Mensch nach Kant „bei seiner Geburt ein moralisches Neutrum" sei. Der Mensch habe sowohl die Neigung zum Guten als auch zum Bösen in sich. Kants Ziel ist es, dass sich der Mensch in Freiheit für das Sittliche entscheide.

Der Kaufmannsstand habe von alters her das Problem der moralischen Rechtfertigung gekannt. Es sei immer Aufgabe der Kaufmannsausbildung – wie auch im Kapitel 2 dargestellt wurde – gewesen, die Ganzheit der Person einzubringen sowie Moral und Sitte zu fördern. Von einer Partialisierung der Moral in Form einer Sondermoral sei nirgendwo etwas zu erfahren. Zabeck (2002, 488; 2004, 62) weist darauf hin, dass Beck seit 1996 in vielen Veröffentlichungen „sein Plädoyer für einen Bruch mit dem traditionellen Konzept kaufmännischer Berufsethik wiederholt und seine Argumente elaboriert". Zabeck gibt sich überrascht, dass aufgrund der Radikalität des neuen Konzeptes außer Huisinga und Lisop (1999, 166), Horlebein (2001, 81–89) und Seeber (2002, 102 u. 107–108) die Vertreterinnen und Vertreter der Wirtschaftspädagogik nicht darauf reagiert haben.

Zabeck (2002, 489–493; 2004, 62–69) skizziert daran anschließend das Konzept der Betriebsmoral und macht darauf aufmerksam, dass jemand sehr „überzeugende Gründe" einbringen müsse, wenn so mit der Tradition gebrochen werde, wie Beck es tue. Zabeck findet es erstaunlich, wie weit zurück Beck historisch geht, um die Dysfunktionalität der universalistischen Ethik aufzuzeigen (Beck 2000b, 38–40; 1999a, 200): Bereits mit dem Einsetzen der Neuzeit seien die Gesellschaften zu unübersichtlich geworden, sodass eine personenbezogene Kontrolle des moralischen Verhaltens gar nicht mehr möglich gewesen sei. Vor allem seit dem 19. Jahrhundert sei ein Normkonsens in den modernen Großgesellschaften nicht mehr herstellbar gewesen. Die Gesellschaften heute seien ausdifferenziert und sie würden aus verschiedenen Subsystemen verstehen, in denen eigene Logiken und damit auch eigene Moralvorstellungen vorherrschten. Aus diesem Grund sei es rational notwendig, Sondermoralen einzufordern, dies vor allem, um die Funktionalität der Subsysteme aufrechterhalten zu können. Die Subsysteme wiederum müssten funktionieren, damit das Gesamtsystem funktionieren könne (vgl. Beck 1999a, 200; 2000b, 40–41). Die partielle Moral diene daher einem höherwertigen moralischen Ziel, das im Gesamtsystem zu finden sei. Mit Sondermoralen lasse es sich schließlich leichter leben als mit einer Universalmoral, denn diese bringe das Individuum in einen ständigen Konflikt aufgrund der verschiedenen Funktionsweisen der Subsysteme. (Vgl. Beck 1999b, 20–22) Wenn eine eigene Betriebsmoral angewandt werde, dann würden die jungen Kaufleute von einem ständig schlechten Gewissen *entlastet*, das die Universalmoral auslöse (vgl. Beck 1999b, 22–23).

Zabeck (2002, 490) kritisiert an diesen Überlegungen einerseits, dass Beck nicht auf die seit den 1950er-Jahren eingesetzte soziologische Diskussion zurückgreife und andererseits seine Ausführungen nicht mit empirischen Untersuchungen abstütze, dies sei gerade für einen ausgewiesenen Empiriker sehr überraschend. Nach Zabeck (2002, 491) seien es „zwei Gewährsleute", auf die Beck zurückgreife: Niklas Luhmann und Karl Homann. „Beide neigen dazu, gedankliche Konstruktionen zu hypostasieren, sie also so zu behandeln, als seien sie ein Stück Realität." So gehe Beck von der tatsächlichen Existenz des Subsystems Wirtschaft im Sinne Luhmanns aus. Beck (2003a, 285) jedoch widerspricht, da die Gesellschaftsanalyse Luhmanns in seiner (Becks) Analyse überhaupt keine Rolle spiele. Beck greift auf Homanns rein ökonomische Vernunft, also auf die normative Ökonomie, zurück. Soweit die Unternehmensorganisation einen individuellen Spielraum zulasse, sei es einziges Ziel des wirtschaftlich denkenden und handelnden Menschen, den Nutzen zu maximieren und die Gesetze einzuhalten. (Vgl. Beck 1996, 128; 1999a, 205) Dabei wird unterstellt, dass das Individuum im Unternehmen nur das Ziel des Unternehmens, also die Gewinnmaximierung, verfolge. Es gehe um die Verfolgung des individuellen Einzelinteresses, das ein individuelles Einzelinteresse des Akteurs Unternehmen darstelle. (Vgl. Homann & Suchanek 2000, 332) Genau das sei das Ziel der kaufmännischen Berufserziehung nach Beck. Es gehe nicht um die Umsetzung einer universalistischen Moral. Es gehe um eine wirtschaftliche Erziehung, die klar mache, dass ein Überleben am Markt nur möglich sei, wenn eine Orientierung am Wettbewerbsprinzip stattfinde (vgl. Beck 2000a, 370). Zabeck (2002, 491; 2004, 66): „Mit der Verpflichtung auf die ‚Betriebsmoral' wird dem Unternehmer wie dem Mitarbeiter auferlegt, in die Rolle des *Homo oeconomicus* zu schlüpfen." An dieser Stelle verweist Zabeck (2004, 66) auf Beck (2003a, 289), der gegen diese Feststellung einwendet, dass zwischen dem Modell und dem Menschenbild in der Wirtschaft unterschieden werden müsse und daher die Aussage Zabecks nicht gerechtfertigt sei, weil auch Homann und Suchanek (2000) davon ausgingen, dass der *Homo oeconomicus* nur ein Modell sei. Allerdings – so wendet Zabeck ein – redeten Homann und Suchanek (2000, 426–427) davon, dass es ein „Gebot der Klugheit" sei, sich in der wirtschaftlichen Handlung *wie* ein *Homo oeconomicus* zu verhalten. Der *Homo oeconomicus* – so Zabeck (2002, 492; 2004, 67) weiter – sei nicht der historischen Wirklichkeit entnommen. „Nein, der Protagonist der Betriebsmoral ist eine reine Kopfgeburt; in seiner Genesis begegnen wir nirgendwo dem Menschen von Fleisch und Blut." Nichtsdestotrotz stehe der echte Mensch im Mittelpunkt der Überlegungen Becks: Es gehe also um das individuelle Eigeninteresse. Dieses sieht Beck jedoch nicht schrankenlos, sondern müsse dort seine Grenze finden, wo es um andere Subsysteme gehe. Oder anders gesagt: Individuelles Selbstinteresse soll im Subsystem Wirtschaft, aber nicht in sozialen Subsystemen verfolgt werden. Hier verweist Zabeck (2004, 67) auf Minnameier (2004, 31–37), der kritisiert, dass Beck einfordere, dass sich der Mensch abhängig von seiner Rolle unterschiedlich moralisch verhalten solle (vgl. Beck 2000b, 38–39). Das würde aber bedeuten, dass die Rolle entscheide, wie sich der Mensch verhalte, und nicht der Mensch selbst. Das Handeln sei dann von den moralischen Standards eines bestimmten Subsystems bzw. der damit verbundenen Rolle abhängig. Darin entdeckt Minnameier (2004, 33) einen erhobenen „moralischen Zeigefinger", weil sich das Individuum an die „vorgefundenen Rollenerwartungen zu halten" habe. Damit wäre die Autonomie des Einzelnen völlig beschnitten, was – nach Minnameier (2004) – Homann und Suchanek (2000) widerspreche, weil der Mensch autonom bliebe und, wenn notwendig, durch Regeln in eine gewünschte Richtung gelenkt werde. Nach Minnameier (2004, 35) sei es sehr wahrscheinlich, „dass Menschen im Rahmen ihrer Sozialisation in verschiedenen Kontexten je spezifische moralische Orientierungen ausprägten. Diese Möglichkeit der situativen Segmentierung sei jedoch nicht das Anliegen Becks, sondern sein Ziel sei ein „systematisches Segmentierungserfordernis" (Minnameier 2004, 35), das aber nicht erforderlich sei. Wie sich der Mensch entscheide, ob er sich z.B. in eine Konkurrenz- oder Kooperationssituation begeben soll, sei immer von den Handlungsbedingungen und damit von der spezifischen Situation abhängig. Minnameier verweist darauf, dass Homanns Ziel keine horizontale domänenspezifische Segmentierung der Moral darstelle, sondern eine vertikale, weil gewünschte Handlungen durch regulative Institutionen von oben erreicht werden sollten, die nach unten auf die Individuen wirkten. Auch Zabeck (2002, 492; 2004, 67) kommt an diesem Punkt auf die Institutionenökonomik Homanns zu sprechen (vgl. Beck 1996, 128 u. 132–134; 2000c, 191; 1999a, 207), die Zabeck als eine wesentliche Quelle der Ausführungen Becks darstellt. Beck (2006c, 388) führt im Zusammenhang von Institutionen, Markt und Moral aus: „Damit können wir mit Homann und Pies (1994) festhalten: Der ‚systematische Ort der Moral' in der Wirtschaft sind die Institutionen. Sie kanalisieren das Handeln der Marktteilnehmer." In 4.4 wird genau diese Fokussierung Homanns auf die Institutionenethik unter Vernachlässigung der Individualethik angesprochen. Beck (2006c, 386) stellt in diesem Zusammenhang die Knappheitsproblematik und die Lösung dieses Problems durch das Wirtschaftlichkeitsprinzip in den Mittelpunkt. Homann und Suchanek (2005, 4) gehen jedoch von einer ganz bestimmten Definition der Ökonomik aus: „Die Ökonomik befasst sich mit Möglichkeiten und Problemen der gesellschaftlichen Zusammenarbeit zum gegenseitigen Vorteil." Nicht die Knappheit, sondern der gegenseitige Vorteil steht im Mittelpunkt – ebenso ein Punkt, der in 4.4 ausführlich behandelt wird. Diese Vorteile könnten nur erreicht werden, wenn die Individuen über Institutionen zu moralisch richtigem Handeln gezwungen werden. „So stimmt Beck der Homann'schen Forderung zu, die Moral einer Gesellschaft müsse in ihre ‚Institutionen gesteckt' werden, damit moralisch inakzeptable Vorkommnisse und Zustände (also solche, die der Rationalität der einzelnen Subsysteme widersprechen) mittels ‚sanktionsbewehrter Regulierungen' eliminiert werden könnten." (Zabeck 2002, 492; 2004, 67–68) Die Implementierung der Moral durch regulative Institutionen in Form von Gesetzen sei im Zeitalter der Globalisierung höchst problematisch, weil es oftmals keine demokratisch legitimierten Regeln gebe. Die sozialen und rechtlichen Standards seien weltweit sehr unterschiedlich. Handelsverträge oder internationale Vereinbarungen könnten keine Moral setzenden Akte sein. Zabeck (2004, 68) widerspricht in diesem Punkt Minnameier (2004, 22), der davon ausgeht, „wenigstens prinzipiell und dem Anspruch nach" davon auszugehen, dass demokratische Entscheidungen von der Idee her die Meinung aller Menschen berücksichtigten. In einer Großgesellschaft unter den Vorzeichen der Globalisierung sei dies jedoch nach Zabeck eben nicht der Fall. Homann und Suchanek (2000, 352) führen aus, dass die Interessen der Stakeholder in demokratisch legitimierten regulativen Institutionen aufgehoben seien. Gerade dies weist Zabeck in Verweis auf die Wirkmacht des Shareholder-Value zurück. Zabeck (2002, 493; 2004, 69) fordert eine ökonomische Vernunft, die in der Tradition der praktischen Philosophie stehe, die nicht den Optimierungsgedanken, sondern das menschliche Versorgungsproblem insgesamt lösen möchte. Ökonomische Vernunft bedeute nicht rein ökonomische Vernunft, kein Handeln im Sinne des individuellen Selbstinteresses. Dabei verweist Zabeck auch auf Neuweg (2003, 350–367), der verschiedene Bedeutungen des Begriffes *Homo oeconomicus* herausgearbeitet hat.

Zabeck (2002, 494; 2004, 70) führt aus, dass der Mensch in der Welt lebt und daher von sozialen und natürlichen Gegebenheiten abhängig ist, die ihn jedoch nicht determinieren. Es sei die Lebensaufgabe des Menschen, seine eigene Identität auszubilden und seine eigenen Welterfahrungen zu machen. Dafür brauche der Mensch Orientierung. Das sei „der Bezugspunkt der

Ethik, also der Wissenschaft, die sich mit Fragen der Sittlichkeit und der Moralität befasst und die sich bei aller konzeptioneller Ausdifferenzierung nicht von dem zentralen aristotelischen Problem zu lösen vermag, worin denn das ‚Gut-Sein' konkret bestehe". Bei Homann jedoch sei Moral ein „öffentliches Kapitalgut" (Homann 1988, 222 u. 224–225) und keine Angelegenheit des Individuums, das damit um seine Komplexität beraubt zum Funktionsträger werde. Der Mensch sollte daher so funktionieren, wie es das jeweilige Subsystem auch moralisch fordere. Da Sittlichkeit aber die Autonomie des Menschen fordere, müsse der Mensch selbst sittlich entscheiden, nicht aber das Subsystem für ihn.

Beck (2003a, 278) führt – erstaunlicherweise – aus, dass der Mensch so handle, dass jede Handlung eine moralische sei. Das würde aber bedeuten, dass jede Entscheidung eine moralische sei (vgl. Zabeck 2004, 71, Fußnote 10). Beck (2003a, 276) versucht dies mit der Tradigenese und mit der Sozialisation durch *Meme* (Dawkins 1994) zu erklären und versteigt sich hier in wissenschaftlich höchst umstrittene Zugänge.

Beck (2000b 35–36) versteht das universalistische Konzept Kants als idealistisch und unerreichbar. Er sieht den Menschen damit überfordert, sodass der kategorische Imperativ scheitern müsse. Zabeck (2002, 496; 2004, 72–74) geht auf Kants kategorischen Imperativ ein und führt aus, dass eine Maxime niemals etwas darüber aussage, wie in einer bestimmten Situation konkret gehandelt werden sollte, sondern dass es sich um ein formales Prinzip handle, das in konkreten Situationen angewandt werde. Die Frage sei, ob es für die Anwendung ganz bestimmter intellektueller Mindestanforderungen bedürfe, oder ob Gut und Böse intuitiv vom Menschen erkannt werden könnten. Kant geht davon aus, dass der Mensch intuitiv Gut und Böse unterscheiden könne. Herzog (1991, 51–55) leitet aus empirischen Studien ab, dass Kinder moralisch empfinden, bevor sie noch sprachlich die Erklärung dafür liefern könnten. Im Alter von in etwa drei Jahren könnten Kinder bereits einen moralischen Standpunkt einnehmen. Für Beck ist Moral eine intellektuelle Fähigkeit, die er vor allem auf Lawrence Kohlbergs Modell der Entwicklung der moralischen Urteilsfähigkeit stützt, dieses jedoch in einigen Punkten ablehnt (vgl. Beck 2000a, 350–357). Nach Luhmann und Homann wird damit Kohlberg zur dritten bestimmenden wissenschaftlichen Person für Becks Gedankengebäude. Beck hat Kohlbergs wichtigste Aussagen zum „Entwicklungsprozess der moralischen Urteilsfähigkeit" (Beck 2000a, 361–370) im Rahmen der Stufen der Entwicklung der moralischen Urteilsfähigkeit – und das ist das große Verdienst Becks – als unhaltbar dargestellt. Kohlberg geht von sechs Stufen der Moralentwicklung aus, wonach sich die Urteilfähigkeit des Menschen von der präkonventionellen zur konventionellen bis zur postkonventionellen Phase entwickelt, wobei jede Phase zwei Unterphasen aufweist. In der letzten Phase ist der Mensch fähig, den kategorischen Imperativ anzuwenden.

Moralische Entscheidungen würden jedoch nicht immer so gefällt, wie sie der erreichten Stufe entsprechen würden. Der Mensch entscheide einmal im Sinne einer höheren und einmal im Sinne einer niedrigen Moralstufe. Es ist nun irritierend, dass Beck trotzdem in der Argumentation für seine Betriebsmoral auf das Stufenmodell Kohlbergs zurückgreift: So müssten nach Beck (1996; 1999a; 1999b; 2000a, 2000b; 2003a; 2003b, 2006a, 2006b, 2006c, 2008) die jungen Kaufleute lernen, dass sie im wirtschaftlichen Handeln am Markt auf einem niedrigeren moralischen Niveau, in teambezogenen Kontexten jedoch auf einem moralisch höheren Niveau handeln sollten.

Zabeck (2002, 498–500; 2004, 76–80) schließt seine Ausführungen mit dem Aufruf, eine kaufmännische Moralerziehung in der kaufmännischen Berufserziehung einzuschlagen, die nicht dem ethischen Partialismus entspreche. Die didaktische Schwierigkeit liege darin, dass ein Zielkonflikt zwischen beruflichen Aufgaben einerseits und Verantwortung und Sittlichkeit andererseits auftreten könne. Dieser Zielkonflikt könne nach Auffassung Zabecks mit dem dreistufigen Konzept von Krings (1978, 217–224) gelöst werden. Demnach seien Handlungsabläufe immer auf drei Begründungsebenen zu prüfen, wenn eine Legitimation eingefordert werde: Erstens seien praktisch-politische Begründungen hilfreich, wenn Handlungen in bestimmten Institutionen und Ordnungen erfolgten, also z.B. im Betrieb. Das Kriterium für Handlungen seien Effizienz und Nützlichkeit. Das bedeute, dass für kaufmännisches Handeln das ökonomische Prinzip grundsätzlich anzuwenden sei. Die Umsetzung liege dabei vor allem bei Personen mit dispositiver Funktion. Zweitens würden sich politisch-ethische Begründungen auf gesellschaftliche Grundregeln, Rechte und soziale Normen beziehen. Es gehe also um die Spielregeln eines Gemeinwesens. Für die kaufmännische Handlung bedeute dies, dass das ökonomische Handeln auf ihre Sozial- und Staatsverträglichkeit untersucht werden müsse. Ökologische und soziale Gründe könnten daher gegen Handlungen sprechen, die zwar dem ökonomischen Prinzip entsprächen, aber nicht dem Sozialwohl dienten. Manchmal könne das Recht solche Handlungen verunmöglichen, wenn z.B. der Umweltschutz oder Verbraucherschutz relevant werde und eine nutzenmaximierende ökonomische Handlung verunmöglichten. Es gehe aber auch um die Frage, wie ein Unternehmen betriebspolitisch agiere, wie es z.B. mit Kulanz umgehe. Auch die zweite Begründung ziele auf Personen mit dispositiver Funktion. Drittens werde bei den ethisch-transzendentalen Begründungen die Frage aufgeworfen, was die Grundlagen für die Regelsetzung seien und ob diese die Freiheit und Autonomie des Menschen gewährleiste. Eine Handlung sei nur dann legitimiert, wenn sie die eigene Selbstbestimmung und jene des anderen ermöglichten. Dabei seien auch die nächsten Generationen sowie die natürliche Umwelt einzubeziehen.

Zabeck (2002, 500; 2004, 80) wendet sich gegen eine Didaktik, die mit Tugendkatalogen oder Ge- und Verboten arbeitet, da dies in einer pluralistischen Gesellschaft gar nicht möglich sei. Es gehe um die Schärfung eines ethischen Problembewusstseins und darum, dass die Auseinandersetzung mit Moral und Ethik zum Menschsein gehöre und eine ganz persönliche Antwort finden müsse. Berufserziehung hat nach Zabeck die Aufgabe, Hilfestellungen für ethische Konflikte zu geben. Moral fordere also jedes Individuum: „Moralität zum Nulltarif gibt es nicht!" (Zabeck 2002, 500; 2004, 80)

Aus diesem Aufsatz und den direkten Stellungnahmen dazu lassen sich nun folgende Kategorien ableiten, die für eine interpretative Inhaltsanalyse notwendig sind:

1. *Erziehung*: Sowohl Zabeck als auch Beck wollen ganz konkrete Handlungsanleitungen für die Erziehung bzw. für die Didaktik der Berufserziehung geben. Damit sind beide Zugänge normativ. Es geht also um eine handlungsorientierte, normative Wirtschaftspädagogik. Beide gehen mit großer Selbstverständlichkeit an die Bedeutung, Möglichkeit und Funktion der Erziehung heran, stellen sie also niemals in Frage, thematisieren sie in der Kontroverse auch gar nicht – Erziehung ist für beide selbstverständlich. Da sich beide und auch alle an der Kontroverse Beteiligten nur implizit mit Erziehung auseinandersetzen und bereits im dritten Kapitel ausführlich die Möglichkeit der wirtschaftlichen Erziehung untersucht wurde, wird diese Kategorie in diesem Kapitel nicht weiter verfolgt. Es zeigt sich klar, dass Moral und Ethik Bestandteile der wirtschaftlichen Erziehung sind und als kulturell-kognitive Institution eine Selbstverständlichkeit in der Wirtschaftspädagogik darstellen. Erkennbar ist dies u.a. daran, dass in der gesamten Diskussion die Frage der Erziehung als solche gar nicht gestellt wird, sondern implizit oder explizit durch die Verwendung des Begriffs *Moralerziehung* von Erziehung ausgegangen wird.

2. *Ethik und Moral:* Obwohl sich die gesamte Beck-Zabeck-Kontroverse um Ethik und Moral dreht, wird weder auf die Unterscheidung von Moral und Ethik noch von Moralphilosophie und Strebensethik eingegangen. Lempert (2003, 436–452) verweist auf Funktion und Begriff der Moral. Die Kontroverse dreht sich vor allem um den kategorischen Imperativ und den Regelutilitarismus (ohne ihn eigentlich zu definieren oder anzusprechen) einerseits und die Frage der Universal- und Partialmoral andererseits. Die moralischen und ethischen Grundlagen werden wenig diskutiert. Wirtschaftspädagogisch sind diese Grundlagen bereits 1994 von Retzmann aufgearbeitet worden, wobei sein Schwerpunkt auf der Diskursethik lag, die heute in der Wirtschaftsethik vor allem im Ansatz Peter Ulrichs (2008) eine bedeutende Rolle einnimmt. Weitere ethische Ansätze werden kaum oder gar nicht diskutiert. Es ist daher erste Aufgabe, die allgemeinen Grundlagen für Ethik und Moral zu erörtern (4.1).

3. *Ausdifferenzierung der Gesellschaft und Luhmanns Systemtheorie:* In dieser Kategorie wird die Frage aufgeworfen, welcher Systemtheorie Beck folgt: jener von Luhmann oder doch jener von Parsons. Diese Diskussion ist wesentlich, um aufzuzeigen, welche verschiedenen Bilder unserer Gesellschaft gezeichnet werden können und wie diese die Theoriebildung beeinflussen. Auch wenn Beck selbst Wert darauf legt, dass seine Theorie nicht auf Luhmann zurückgreift, verweist er doch an anderer Stelle auf ihn und es wirkt seine Theorie dennoch ähnlich wie jene Luhmanns (4.2).
4. *Kohlbergs Theorie der moralischen Entwicklung:* Beck hat sich intensiv mit Kohlbergs Theorie der moralischen Entwicklung auseinandergesetzt und sie kritisch gewürdigt und Schwächen aufgezeigt. Obwohl Beck die Universalethik ablehnt, greift er in seinen Argumentationen dennoch auf Kohlbergs Theorie der moralischen Entwicklung zurück. Es ist daher notwendig, Kohlbergs Theorie und Becks Verweise darauf näher zu untersuchen (4.3).
5. *Homanns rein ökonomische Vernunft:* Im Mittelpunkt der Beck-Zabeck-Kontroverse steht der wirtschaftsethische Ansatz Homanns. Es ist daher notwendig, diesen Zugang etwas ausführlicher darzustellen. Dabei werden im Sinne einer neo-institutionellen Analyse die Makro-, Meso- und Mikroebene seiner Theorie analysiert und kritisch interpretiert. Im Mittelpunkt steht die Idee des ökonomischen methodischen Individualismus. Abschließend werden vier Fragen diskutiert, die sich in diesem Kontext aus der aktuellen Wirtschaftskrise ergeben (4.4).

Nach der Analyse dieser Kategorien wird in einem Fazit vor allem die neo-institutionelle Sicht eingebracht und die Möglichkeit bzw. Unmöglichkeit der Umsetzung der Betriebsmoral dargelegt (4.5).

4.1 Ethik und Moral

Von Beck und Zabeck werden zwei Formen der ethischen Urteilsbildung angeboten, ohne dabei zwischen Moral und Ethik grundsätzlich zu unterscheiden: der Regelutilitarismus als Ausprägung einer utilitaristischen Ethik, die jedoch nicht ohne deontologischen Unterbau zu haben ist, und die deontologische Ethik im Sinne Kants (siehe folgende Abbildung 16).

```
                    ┌─────────────────┐
                    │      Ethik      │
                    └────────┬────────┘
                   ┌─────────┴─────────┐
          ┌────────┴────────┐ ┌────────┴────────┐
          │      Beck       │ │     Zabeck      │
          └────────┬────────┘ └────────┬────────┘
                   │                   │
          ┌────────┴────────┐ ┌────────┴──────────┐
          │ Regelutilitarismus│ │Deontologische Ethik im│
          │                 │ │   Sinne Kants     │
          └─────────────────┘ └───────────────────┘
```

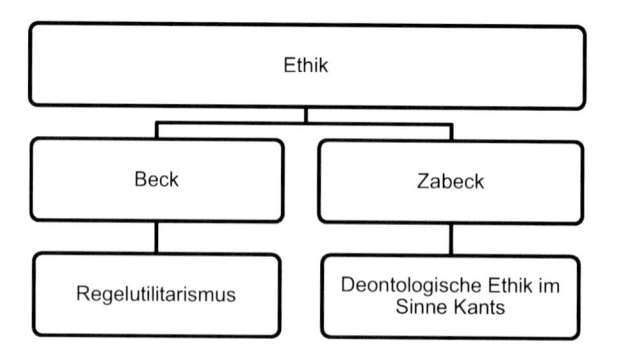

Abbildung 16: Ethik bei Beck und Zabeck

Damit bleibt der ethische Diskurs eingeschränkt. Versteht sich bei Zabeck (2002; 2004) das moralische Urteil als das Befolgen des kategorischen Imperativs, so stehen die Moral und ihre Regeln bei Beck (2003a, 276–278) auf wissenschaftlich wackeligen Beinen, eine explizite Moraldefinition wird nicht vorgenommen (vgl. Lempert 2003, 440). Wohl geht ebenso Beck davon aus, dass das Individuum ein implizites Wissen davon hat, was es tun und was es unterlassen soll. So spüre der Mensch z.B. ein Unrechtsgefühl, elterliches Pflegeverhalten, Loyalität, Respektierung der Intimität, Inzesttabu oder *Rachemotive*[51] [Hervorhebung durch den Autor]. Diese „inhärente[n] Inklinationsstrukturen" seien dem Menschen „auf dem Wege der Bio- und der Tradigenese ‚inkorporiert'" worden (Beck 2003a, 276). In der Fußnote führt Beck dazu weiter aus: „Unter ‚Tradigenese' versteht man in der Evolutionsbiologie die Herausbildung jener Dispositionen, die nicht im biologischen Erbgang (über ‚Gene'), sondern durch Sozialisation (über ‚Meme' sensu R. Dawkins 1998) weitergegeben werden." Dawkins geht davon aus, dass der Darwinismus als eine universale Theorie zu verstehen sei, die nicht nur biologische Entwicklungen, sondern auch die kulturelle Evolution erklären könne. Biologische und kulturelle Evolution benötigten einen Replikator: in der Biologie sei dies das Gen, für die kulturelle Evolution sei es das *Mem*. Die Vorstellung von Gott ist bei Dawkins ein solches *Mem*. Die Gottesidee sei demnach nicht das Ergebnis intensiven Nachdenkens, sondern der Mensch sei durch ein *Mem* infiziert. (Vgl. McGrath 2010, 374–378) Das *Mem*, das zur Gottesidee führe, habe eine sehr gute Funktionsweise hervorgebracht, weil es „in der von der menschlichen Kultur geschaffenen Umwelt einen hohen Überlebenswert oder eine hohe Ansteckungsfähigkeit besitzt" (Dawkins 1994, 310). McGrath (2010, 378) führt aus, dass Dawkins versucht, Gott als „Virus" dazustellen und damit letztlich „die intellektuelle Legitimität des Gottglaubens als Wahn-

---

[51] Zum Rachemotiv und Becks Erklärungen dazu siehe zwei Absätze weiter unten.

vorstellung diskreditiert wird". Dawkins zählt zu den Vertretern des neuen Atheismus, der sehr aggressiv und stürmisch die Religion attackiert. Aber nicht der Gottglaube oder die Religion stehen hier im Mittelpunkt, sondern die Frage, welche wissenschaftliche Legitimation die Theorie des *Mem* überhaupt hat. Tatsächlich gibt es keine „brauchbare wissenschaftliche Hypothese […] [und] gar keine klare operative Definition eines Mems" (McGrath 2010, 378). Der wissenschaftliche Mainstream betrachtet „diese Idee als eher unseriöse Randerscheinung" (McGrath 2010, 378). Die wissenschaftliche Problematik liege darin, dass die Idee des *Mem* selbst eine Glaubensaussage sei, denn Dawkins beschreibe in seiner eigenen theoretischen Sprache eine Beobachtung, nämlich jene, dass Ideen von einer Generation, einer Gruppe oder einem Individuum zur nächsten Generation, Gruppe oder zum nächsten Individuum weitergegeben werden können. Das ist ein allgemein bekanntes Phänomen, das von Dawkins mit einer eigenen Terminologie erklärt wird. Allerdings sind Artefakte oder Ideen keine *Replikatoren*. (Vgl. McGrath 2010, 378–379)

Beck (2003a, 276) versucht also die implizite Seite der Moral quasinaturwissenschaftlich über *Gene* und *Meme* im Sinne von Dawkins herzuleiten und begibt sich damit auf einen szientistischen, wissenschaftlich höchst umstrittenen Weg. Der Untertitel des letzten Beitrages des 2005 eingestellten *Journals of Memetics* spricht für sich: "The revealed poverty of the gene-meme analogy – why memetics per se has failed to produce substantive results" (Edmonds 2005). Edmonds (2005) schließt seinen kurzen Aufsatz mit folgenden Sätzen: "The fact is that the closer work has been to the core of memetics, the less successful it has been. […] Rather, it has been a short-lived *fad* [Hervorhebung durch den Autor] whose effect has been to obscure more than it has been to enlighten. I am afraid that memetics, as an identifiable discipline, will not be widely missed." Es sind zwei Gründe, die das Projekt haben scheitern lassen: Erstens konnte mit der Memetik kein wissenschaftlicher Mehrwert erzielt werden und zweitens war die Diskussion eine rein abstrakte und vor allem spekulative. (Vgl. McGrath 2010, 379–380)

Die Frage, die offen bleibt, ist, warum Beck auf diesen quasinaturwissenschaftlichen Zugang zurückgreift, der doch keine weiteren Erkenntnisse lieferte. Dabei wird ebenso aus religionswissenschaftlicher Sicht unsachlich vorgegangen, wenn Beck versucht, das vermeintliche *Rachemotiv* als inkorporiert darzustellen. Würde diese Inkorporation stattgefunden haben, dann wäre diese logisch falsch vollzogen worden. Beck (2003a, 276): „Wir folgen demnach in unserem Sozialverhalten, ohne sie uns bewusst machen zu können, fundamental-elementaren Regeln […] Man denke in diesem Zusammenhang nur in etwa […] an das von Individuen auf Großgesellschaften generalisierte Rachemotiv (‚Auge um Auge!'), dessen verhängnisvolle Befolgung wir gegenwärtig beispielsweise in der Auseinandersetzung zwischen

Israel und Palästinensern erleben [...] – um wenigstens einige der von den Evolutionswissenschaften bereits durchschauten, dem *homo „sapiens'* inhärente Inklinationsstrukturen zu nennen, die ihm auf dem Wege der Bio- und der Tradigenese ‚inkorporiert' wurden."

Der erste wesentliche Punkt, der akzentuiert werden muss, liegt in der ursprünglichen Intention der angesprochenen Bibelstelle: Eine Strafe darf nicht schwerer als das Vergehen sein. Das ist *so* gesehen ein wesentlicher ethischer Fortschritt, in einer Zeit, in der Vergeltung das pure Niedermachen bedeuten konnte. Der Text spricht nicht von Rache, sondern es geht um die andere Seite in der Auseinandersetzung: Der, der etwas Böses gemacht hat, muss es wieder gutmachen. Es geht im Text also um den Schädiger und nicht um den Geschädigten. Es geht auch nicht um Krieg:

> „Wenn Männer miteinander raufen und dabei eine schwangere Frau treffen, sodass sie eine Fehlgeburt hat, ohne dass ein weiterer Schaden entsteht, dann soll der Täter eine Buße zahlen, die ihm der Ehemann der Frau auferlegt; er kann die Zahlung nach dem Urteil von Schiedsrichtern leisten. Ist weiterer Schaden entstanden, dann musst du geben: Leben für Leben, Auge für Auge, Zahn für Zahn, Hand für Hand, Fuß für Fuß, Brandmal für Brandmal, Wunde für Wunde, Strieme für Strieme." (Ex 21, 23)

Bereits lange vor Jesus ist diese Bibelstelle von den Schriftgelehrten als Rechtsprinzip bei der Entschädigung herangezogen worden: Die Vergeltung darf sich nur auf das Ausmaß des Schadens beziehen, aber nicht darüber hinaus.

Der implizite Vorwurf also, die jüdische Lehre huldige einem Rachemotiv – und dies ist dadurch gegeben, dass bewusst der Nah-Ost-Konflikt ins Treffen geführt und auf ein biblisches Zitat Bezug genommen wird – ist vorsichtig formuliert – haltlos. (Vgl. Lohrbächer 2006, 93–94) Als Sprichwort wirkt das Zitat „Auge um Auge" als Rachemotiv, aber völlig losgelöst von seiner beabsichtigten ethischen Dimension. Hier liegt also eine Vermischung von Moral und Ethik vor. Das *Mem* also hätte in diesem Kontext, wenn es tatsächlich existieren würde, das Bibelzitat missverstanden und sich falsch in die Gehirne der Menschen gesetzt.

Becks Umweg über die Mimetik ist letztlich erstaunlich, weil er ebenso davon ausgeht, dass der Mensch zu freien rationalen moralischen Entscheidungen fähig ist, weil er den genetischen und sozialisationsbedingten Disponiertheiten nicht hilflos ausgeliefert sei. Ebenso wirke die Erziehung, und vermutlich – so Beck – nicht nur in der frühen Kindheit. Deshalb sei Moralerziehung möglich, sie müsse jedoch auf die evolutionär entstandenen Neigungen Rücksicht nehmen, aber dies – wiederum Beck – führe nicht notwendigerweise zu einer Ethik naturalistischer Ausprägung. Habermas und Apel würden diesen natürlichen Aspekt des Menschen jedoch völlig ausblenden. (Vgl. Beck 2003a, 279–280 unter Verweis auf Mohr 1987, 84). „Die idealistische

Anthropologie erweist sich so gewissermaßen als auf einem Auge blind. Sie münzt die kontrafaktische Denkmöglichkeit, dass der Mensch in seinem Leben *durchgehend* rational reflektiert handeln könne, in einen moralischen Anspruch um und verfehlt, ja missachtet damit die *conditio humana* in folgenschwerer Weise." (Beck 2003a, 281) Die Frage, die sich hier ergibt, ist, ob es *diese* Kontrafaktizität überhaupt gibt, auf die Beck hier abstellt. Vielmehr scheint es hier um die grundsätzliche Unterscheidung von Moral und Ethik überhaupt zu gehen – eine Unterscheidung, die Beck (2003a) in diesem Aufsatz nicht vornimmt. So greift Beck (2003a, 280) in diesem Kontext das Beispiel der „,Steuer-Moral' in Deutschland" auf:

> „Hinter jeder praktisch nicht eingehaltenen, positiv besetzten Norm tut sich u.U. ein moralisches Vakuum auf, innerhalb dessen jede *qua* Vereinbarung einzufordernde Verbindlichkeit im Handeln verloren geht und nahezu beliebigen ad-hoc-Begründungen Raum gegeben ist. [...] Zugleich jedoch provoziert der dennoch aufrechterhaltene ethische Anspruch im Zuwiderhandelnden das Gefühl moralischer Inferiorität und das Risiko der öffentlichen Stigmatisierung." (Beck 2003a, 280)

Ganz allgemein ist Ethik das „systematische Bemühen, über die Ziele und Mittel des Handelns Rechenschaft abzulegen" (Pöltner 2006, 11). Die Ethik „hat die Aufgabe, uns im Handeln zu orientieren" (Quante 2008, 11). Wird Handeln gerechtfertigt, erfolgt dies anderen oder sich selbst gegenüber, wobei die Rechtfertigung anderen gegenüber sich immer auf soziale Handlungen bezieht. Nach Max Weber (1984, 19) soll Handeln

> „ein menschliches Verhalten (einerlei ob äußeres oder innerliches Tun, Unterlassen oder Dulden) heißen, wenn und insofern als der oder die Handelnden mit ihm einen subjektiven Sinn verbinden. ‚Soziales' Handeln aber soll ein solches Handeln heißen, welches seinem von dem oder den Handelnden gemeinten Sinn nach auf das Verhalten anderer bezogen wird und daran in seinem Ablauf orientiert ist."

Das Handeln, wie es Weber definiert, ist der Gegenstand der Soziologie, die dieses Handeln „deutend verstehen und dadurch in seinem Ablauf und seinen Wirkungen ursächlich erklären will" (Weber 1984, 19). Der Ethik geht es um die Rechtfertigung von Handlungen. Drei Ebenen sind in der Ethik zu unterscheiden: Die deskriptive Ethik beobachtet und beschreibt Sitten, gibt aber selbst keine normativen Wertungen ab. Sie bezieht sich auf Ethik als empirischen Tatbestand. Die normative Ethik – eigentlich ein Pleonasmus, da jede Ethik sich mit Normativem auseinandersetzt – stellt normative Behauptungen auf und versucht, diese zu begründen. Sie zielt auf das konkrete, gute Handeln. In weiterer Folge geht es um diese Form der Ethik. Schließlich gibt es noch die Metaethik, die sich mit sprachphilosophischen und methodologischen Fragen rund um die Ethik auseinandersetzt. (Vgl. Quante 2008, 16–18; Rich 1991, 20; Retzmann 1994, 16–19) Die Ethik als eine Teildisziplin der

Philosophie will das Handeln rechtfertigen und darf nicht mit Moral verwechselt werden.

Im Weiteren ist es nun notwendig, zuerst auf die Moral und danach auf die Ethik einzugehen und dem von Beck kritisierten Standpunkt Habermas'[52] zu Moral und Ethik aufzuzeigen.

4.1.1 Moral

Lempert (2003, 439) führt im Kontext der Beck-Zabeck-Kontroverse aus, dass es verschiedene Definitionen von Moral gibt. Lempert orientiert sich „an einem deskriptiven, möglichst wertneutralen Moralbegriff", da Moral sowohl die Grundlagen eines Mönchsordens als auch jene einer Verbrecherbande beschreiben kann. Moral ist demnach

> „die Regulation, Koordination und Bewertung von Handlungen, nach Normen, die Menschen festgelegt haben und die oft übertreten werden, die aber gleichwohl bei den Mitgliedern der zugehörigen sozialen Einheiten als ‚richtig' gelten, als richtig in dem Sinne, dass jene Individuen, die diese sozialen Normen befolgen oder anerkennen, von ihresgleichen *als Personen* respektiert sowie als Angehörige ihres Kollektivs wertgeschätzt werden und sich auch selbst als solche achten und akzeptieren, während die Verletzung und Ablehnung der betreffenden Normen bei den anderen Geringschätzung, erstere auch bei den ‚Sündern' Minderwertigkeitsgefühle nach sich zieht." (Lempert 2003, 439)

In der Moral gehe es also um Überzeugungen, die von einer Gruppe geteilt würden und die bei Einhaltung zu Anerkennung und bei Verletzung zu Ablehnung führten. Moral hat demnach eine starke emotionale Komponente. Das führe auch dazu, dass Moral sehr oft als ein Angriff wahrgenommen und deshalb abgelehnt werde. Die Moral habe ein Doppelgesicht: Sie sei konsensorientiert und konfliktverschärfend. Deshalb solle sehr achtsam mit ihr umgegangen und nur wenn wirklich notwendig, auf sie zurückgegriffen werden. (Vgl. Lempert 2003, 439–440)

Das griechische Wort Ethos[53] bedeutet Gewohnheit, Charakter und Sitte. Das lateinische Wort dafür ist Moral, was so viel wie Sitte bedeutet. Der

---

[52] Auf Apel wird in dieser Arbeit nicht eingegangen. Mehr dazu bei Retzmann (1994).
[53] Bei der Verwendung des Begriffes Ethos gibt es Unterschiede: Im Griechischen kann damit *Wohnsitz* oder der Ort gemeint sein, an dem sich Gewohnheiten und Sitten festmachen. Im deutschen Wort Gewohnheit kommt genau dies zum Ausdruck: Ge-wohn-heit. Sitte wiederum ist wortverwandt mit Sitz. In diesem Sinne entspricht Ethos dem lateinischen *mores*, also Moral. Ethos bezieht sich aber auch auf die subjektive Gesinnung und Grundhaltungen von Personen. Sie bezieht sich auf die Tugend, also auf verinnerlichte moralische Haltungen (Tugendethik) und auf das gelungene gute Leben, also die Glückseligkeit (Aristoteles) oder das Glück. (Vgl. Rich 1991, 15–16; Ulrich 2008, 32–33) Pöltner (2006, 17) setzt Ethos und Moral gleich. Ulrich (2008, 44) versteht unter Moral die „sozial geltende moralische Verbindlichkeit" und unter Ethos „subjektives Moralbewusstsein".

Mensch richtet im Allgemeinen sein Verhalten an der Moral bzw. am Ethos, also an der Gewohnheit und Sitte aus. (Vgl. Pöltner 2006, 17) Innerhalb von sozialen Handlungen lassen sich Regelmäßigkeiten beobachten. Weber (1984, 51) definiert Sitte als eine Übung, die auf langer Eingelebtheit beruht und nicht durch äußerlich garantierte Regeln, wie z.b. Recht, garantiert ist. Max Weber (1988, 148) unterscheidet ferner zwischen dem Seienden und dem Seinsollenden. Das Seiende bezieht sich auf das, was faktisch ist, das Seinsollende auf die ideale Norm. Moral beschreibt also die gültigen, gewohnten Wertvorstellungen und Urteilsweisen, Grundsätze und Normen in einem bestimmten kulturellen Kontext. „Die Moral regelt, was ‚man' in einer sittlichen Gemeinschaft darf und was man nicht darf, was man tun und was man lassen soll." (Ulrich 2008, 31) Ethos oder Moral sind konkrete, geschichtlich entstandene Formen des menschlichen Zusammenlebens. Eine Gruppe, wie z.B. eine Berufsgruppe, eine ganze Gesellschaft, ja eine ganze Epoche können ein eigenes Ethos entwickeln:

> „[Das Ethos] umfasst einen der individuellen Willkür entzogenen Bestand von Handlungsregeln, Grundhaltungen, Wertmaßstäben, Sinnvorstellungen sowie Institutionen und bildet so einen normativen Rahmen für das Verhalten des Menschen zu seinesgleichen, zu sich selbst und zur Welt. Indem es einen Entwurf gelingenden Lebens beinhaltet, ermöglicht es eine Orientierung für die Praxis. Als geschichtlich gewachsen und durch Erziehung vermittelt, ist es zwar wandelbar, dennoch der individuellen Willkür entzogen und in diesem Sinne objektiv vorgegeben. Es behält seine orientierende und identitätsvermittelnde Kraft freilich nur so lange, als es von der Zustimmung derer getragen wird, die sich von ihm in produktiver Aneignung bestimmen lassen." (Pöltner 2006, 17)

Das Ethos bildet also einen normativen Rahmen, entsteht durch normative und kulturell-kognitive Institutionen und wird durch Erziehung, Sozialisation und Enkulturation vermittelt. Wie stark die Moral bzw. das Ethos wirksam ist, wird in einem Gedankenexperiment über einen Amoralisten offensichtlich, wie dies Williams (2007, 9–20) zeigt:

Der erste Fall des Amoralisten beschäftigt sich jemandem, der fragt: „Nenne mir einen Grund, warum ich überhaupt etwas tun soll, alles ist sinnlos!" Es ist fraglich, ob tatsächlich Gründe genannt werden können und dieser Amoralist durch Argumente überzeugt werden kann, wenn er keinen Sinn sieht. Argumente werden in diesem Fall nicht greifen. Er brauchte Hilfe oder Hoffnung. Ein solcher Amoralist wird wahrscheinlich doch minimale Präferenzen haben, also Gründe, warum er etwas tut oder unterlässt. Dies könnte Gewohnheit sein, oder einfach die Lust, etwas zu tun oder zu unterlassen. Grundsätzlich aber ist die rationale Argumentation bei einem solchen Menschen machtlos. (Vgl. Williams 2007, 9–10)

Der zweite Fall des Amoralisten setzt sich mit jemandem auseinander, der fragt: „Wieso gibt es etwas, das zu tun *ich* verpflichtet bin?" Dieser Amoralist

gesteht ein, dass es Gründe gibt, etwas zu tun. Wie kann er aber überzeugt werden, dass *er* verpflichtet ist, selbst etwas zu tun? Moralische Überlegungen scheinen ihn kalt zu lassen, aber es gibt Dinge, die für ihn wichtig sind, er hat also Präferenzen und Ziele. Diese könnten Lust oder Macht sein. Dies schließt Moral nicht grundsätzlich aus. Er müsste inhaltlich die Moral ablehnen, z.B. keine Rücksicht auf die Interessen anderer nehmen, die Wahrheit dann nicht sagen, wenn es ihm Nachteile bringt, Handlungen auch dann setzen, wenn
sie unfair sind. Wie aber geht dieser Amoralist mit folgender Bedingung um? Wenn etwas für ihn in Ordnung geht, sich in einer bestimmten Weise zu verhalten, dann muss es für ihn auch in Ordnung sein, wenn sich die anderen auch so ihm gegenüber verhalten. Selbst diese Art von Fairness kann für ihn nicht gelten. Würde er nämlich dieser Bedingung zustimmen, hätte er zwar eine eigentümliche, aber doch eine gewisse Moral. Kurz gesagt: Der Amoralist tut, was ihm passt, er erwartet von den anderen kein entsprechendes Verhalten. Ein solcher Mensch ist ein Parasit. Wenn davon ausgegangen – und das kann mit Recht getan werden –, dass es keine Gesellschaft ohne Moral gibt, dann kann er nur überleben, weil alle anderen diese Moral mehr oder weniger einhalten. Die Frage allerdings, was er davon hielte, wenn sich alle so wie er verhielten, wird für ihn schließlich ohne Belang sein. Da es sich hier um einen moralischen Einwand handelt, wird er ihm keinen Wert beimessen. Der Amoralist darf auch nicht behaupten: „Niemand hat das Recht, mich nicht zu mögen." Das wäre wiederum eine moralische Wertung. Auch darf er nicht glauben, dass die anderen ihn für einen Menschen mit großartigem Charakter halten – auch das wäre eine moralische Wertung. Sobald er nämlich nicht mehr über Präferenzen und Ziele spricht, sondern über Eigenschaften, die jemanden besonders auszeichnen, begibt er sich auf die moralische Ebene: Es käme schon einer moralischen Wertung gleich. Ja, er dürfte sich selbst nicht einmal als *mutig* bezeichnen, als jemand, der sich traut, die Moral nicht ernst zu nehmen. In dieser Bezeichnung *mutig* schwingt ebenfalls fast eine moralische Wertung mit. Er geht dabei aber von einer Vermutung aus, die wohl zurückgewiesen werden kann: Er meint, dass jeder mutige Mensch jede moralische Regel brechen könnte, wenn es für ihn keine negativen Konsequenzen hätte. (Vgl. Williams 2007, 9–14) Dies funktioniert aus einem einfachen Grund nicht: Moralische Normen werden durch Sozialisation und Enkulturation ganz stark internalisiert, sodass sie sich beim Nichtvorhandensein von Konsequenzen nicht gleich in Luft auslösen: „Moralische Erziehung kann durchaus dazu führen, dass Menschen häufig uneigennützig handeln möchten, zumindest, dass es ihnen innerlich äußerst schwerfällt, sich niederträchtig aufzuführen." (Williams 2007, 14). Jetzt könnte der Amoralist dagegen halten, dass es genau darum gehe. Es brauchte nur die Sozialisation, die Enkulturati-

on[54] und die Konditionierung weggelassen werden, schon wäre die Moral dahin. Aber: Alles was einen Menschen ausmacht, entsteht durch Sozialisation oder Enkulturation: Neigungen, Emotionen, Werte, aber auch die Mehrzahl jener Dispositionen, die der Amoralist schätzt. Nun könnte der Amoralist wiederum einwenden und behaupten, dass es – wenn wir von der Sozialisation absehen – ganz fundamentale eigennützige Impulse gibt, die den Menschen in Wirklichkeit ausmachen. Was bedeutet aber in diesem Zusammenhang *Wirklichkeit*? Was ist es, was einen Menschen *wirklich* auszeichnet? Was muss geschehen, damit wir erkennen, was der Mensch wirklich ist. Geht es darum, wie der Mensch unter Stress, in Ausnahmesituationen reagiert? Warum aber soll ein Mensch gerade in solchen Situation wirklich und sonst nicht wirklich sein? Gäbe es tatsächlich so einen Menschen, der sich nichts aus anderen macht, dann wäre er wohl ein Psychopath. Ein Psychopath jedoch kann nicht über Argumente zur Moral geführt werden. Ist der Amoralist aber grundsätzlich bereit, einem anderen Menschen zu helfen, weil dieser andere Hilfe braucht, sieht die Sache anders aus. Was er nachvollziehen könnte, wäre das Interesse des anderen. Er handelt aber nur dann so, wenn es ihm passt. Mit dieser Einstellung ist der Amoralist aber schon ganz in der Nähe eines moralisch denkenden Menschen, denn auch der Amoralist hilft, zwar nur, wenn es ihm passt, und nur, weil er das Interesse des anderen versteht. (Vgl. Williams 2007, 14–19) Hier kann die Moral aber ansetzen: „Wenn wir einem Menschen nur ein Minimum an Zuneigung und Mitgefühl mit anderen konzedieren, brauchen wir keine radikal neuen Denk- und Erlebnisweisen zu postulieren, die ihm den Zugang zur Welt der Moral eröffnen könnten; eine bloße Erweiterung von Eigenschaften, die er schon besitzt, genügt." (Williams 2007, 19) Williams schließt: „Aus dem Gesagten folgt nicht, dass die mitfühlende Fürsorge für andere eine notwendige Bedingung für die Zugehörigkeit zur Welt der Moral ist, auch nicht, dass es sich bei dem hier skizzierten Weg um den einzig möglichen ‚Zugang zur Moral' handelt. Es folgt nicht, aber es ist so." (Williams 2007, 20)

„Moralität ist ein spezifisch humanes Phänomen, von dem jeder Mensch aus eigener lebenspraktischer Erfahrung ein intuitives Vorverständnis hat." (Ulrich 2008, 23) Der Mensch hat moralische Gefühle, hat bestimmte Empfindungen: Billigung oder Missbilligung sowie Achtung und Verachtung menschlicher Handlungen, aber auch einen grundsätzlichen Respekt anderer Menschen gegenüber, und das Selbstwertgefühl sowie das Empfinden von Kränkung oder Demütigung. Der Mensch kann Mitleid oder Schuldgefühle entwickeln. „Solche allgegenwärtigen moralischen Gefühle erinnern uns an die verinnerlichten Erwartungen der moralischen Gemeinschaft unserer

---

[54] Williams spricht nicht von Enkulturation, sondern nur von Sozialisation. Den obigen Ausführungen Lochs folgend, wird hier um Enkulturation ergänzt.

Lebenswelt, ob wir das in einem bestimmten Moment wollen oder nicht." (Ulrich 2008, 28) Adam Smiths *Theory of Moral Sentiments* beginnt mit Ausführungen über das Gefühl für das sittlich Richtige.[55] Da die Gefühle des anderen nicht bekannt sind, können wir uns nur vorstellen, wie es uns in der Lage des Gegenübers ginge. Es geht um die „Sympathie" – damit sind alle Arten von Gefühlen angesprochen –, die Menschen für jemand anderen empfinden. Um die Empfindungen des Betroffenen wahrnehmen zu können, muss sich der Zuschauer, so sehr er kann, bemühen, sich in die Lage des anderen zu versetzen und dies so vollständig wie nur möglich. Sympathie ist nicht nur für den Beobachtenden, sondern auch für den Betroffenen relevant: So erfahren unglückliche Menschen Erleichterung, wenn sie ihre Sorgen mit jemanden „teilen" können. (Vgl. Smith 2010, 5–13)

Moralische Intuitionen informieren die Menschen darüber, „wie wir uns am besten verhalten sollen, um durch Schonung und Rücksichtnahme der extremen Verletzbarkeit von Personen entgegenzuwirken" (Habermas 2009, 122). Anthropologisch gesehen hat Moral eine doppelte Schutzfunktion: Sie schützt die Unantastbarkeit des Individuums und damit die Menschenwürde und die reziproken Beziehungen zwischen den Menschen. Moral schützt damit einerseits die Gerechtigkeit im Sinne der gleichen Achtung und Rechte für jeden Menschen und andererseits die Solidarität für andere, die sich in Empathie und Fürsorge für den Nächsten ausdrückt. (Vgl. Habermas 2009, 124) Die Schutzbedürftigkeit des Menschen ergibt sich daraus, dass sich die Identität des Menschen nur in der Gesellschaft entwickeln kann, also der „riskante Weg der Entäußerung" gegangen werden muss, um „soziale Beziehungen ausbilden" zu können (Habermas 2009, 18).

Hier wird ein Zusammenhang zwischen der Entwicklung des eigenen Selbst bzw. der eigenen Identität durch Rollen (vgl. Moreno 1943; Petzold 1982) einerseits und der Bedeutung von Moral andererseits hergestellt. Dadurch wird ersichtlich, welche Bedeutung die Moral für die Entwicklung der eigenen Persönlichkeit, für die Autonomie und die Freiheit hat, die als normative Zielsetzungen der modernen Wirtschaftspädagogik mit guten Gründen definiert werden können.

Das Moralische ist also nach Habermas eine anthropologisch notwendige Schutzfunktion. Allerdings würden moralisch-praktische Fragen, soweit sie nicht zweckrational beantwortet werden können, überhaupt von der vernünftigen Erörterung, vor allem innerhalb der Wissenschaft, ausgeklammert. Habermas (2009, 33) bezeichnet dies als eine „Pathologie des modernen Bewusstseins". „Ganz gewiss gehören Mitgefühl und Mitleid zu den subjekti-

---

[55] Die sogenannte *sensualistische Ethik* oder *moral-sense-Philosophie* bzw. *Gefühlsethik* wurde im 18. Jahrhundert u.a. von Francis Hutcheson (dem Lehrer Smiths), David Hume und Adam Smith vertreten (vgl. Retzmann 1994, 53–54).

ven Bedingungen für die Empfänglichkeit moralischer Normen der Gerechtigkeit. In der Begründung der Moral aber kommt es allein auf die Vernunft an." (Retzmann 1994, 68) Habermas (2009, 34–40) folgt Strawson (1974), um aufzuzeigen, dass moralische Alltagsintuitionen – auch für Empiristen – etwas Selbstverständliches sind: Jeder Mensch erlebt und kennt Kränkungen. Auf Kränkungen wird mit Entrüstung reagiert, die sich zu einem Ressentiment steigern kann. Dieses Gefühl verweist auf die moralische Dimension, woraus sich vier Beobachtungen ableiten lassen (vgl. auch Quante 2008, 9): Erstens könne die Person, die ein Ressentiment auslöst, sich entschuldigen. Akzeptiert die betroffene Person die Entschuldigung, so werde sie sich nicht mehr so herabgesetzt fühlen und einem Ressentiment könne damit ausgewichen werden. Die Entschuldigung wirke also wie eine Reparatur an einer gestörten Interaktion. Die Entschuldigung könne sich auf zwei Dimensionen beziehen: Es könnten Umstände ins Treffen geführt und argumentiert werden, dass es so nicht gemeint gewesen sei. Oder es könne die Zurechnungsfähigkeit der die Kränkung auslösenden Person in Zweifel gezogen werden. Die Handlung eines kleinen Kindes, eines Betrunkenen oder Wahnsinnigen werde anders, jedenfalls nicht als moralisch relevant wahrgenommen. In beiden Fällen müsse ein objektiver Standpunkt eingenommen werden, der die Handlung nicht mehr als eine moralische beurteilen zulässt. Das Moralische ergebe sich also nur aus der Betroffenheit; der objektive Standpunkt lasse das Phänomen des Moralischen verschwinden. Zweitens folge daraus, dass aus moralphilosophischer Sicht immer eine Perspektive eingenommen werden müsse, die das Moralische überhaupt erkennen lasse. Sollen moralphilosophische Aussagen getroffen werden, sei es notwendig, sich in die Gedankenwelt der Betroffenen so weit wie möglich hineinzuversetzen. Drittens sei zu erkennen, dass sich Ressentiments immer gegen eine bestimmte Person, die die Integrität verletzt hat, richten würden. Die moralische Dimension ergebe sich nicht aus der misslungenen Interaktion zwischen zwei Personen, sondern aus der normativen Erwartung des richtigen Miteinander-Umgehens. Das bedeute, dass es für alle Mitglieder einer sozialen Gruppe moralische Normen geben müsse, die Geltung haben. Ohne diese Normen gebe es keine Vorwürfe oder Schuldgefühle. „Gefühle der Schuld und der Verpflichtung weisen über den Partikularismus dessen, was einen Einzelnen in einer bestimmten Situation betrifft, hinaus." (Habermas 2009, 38)[56] Es sei der Anspruch auf allgemeine Geltung, die Moral entstehen lasse und zur Grundlage der normativen Erwartung werde, auf die sich das Individuum in seiner Kränkung berufen könne. Damit hängt nun die vierte Beobachtung zusammen: Es gebe ein moralisches Gebot, auf das sich das Individuum berufen könne. Es könne begründen, dass die

---

[56] Ähnlich auch Joas (2011, 102): „Die Empörung ist und bleibt der sicherste Indikator für die Verletzung zentraler Werte."

Anschuldigungen zu Recht bestehen. Es seien also gute Gründe – es gehe um einen kognitiven Gehalt –, welche die Empörung stützen. „Etwas tun sollen heißt, Gründe haben, etwas zu tun." (Habermas 2009, 38) Der Sinn der moralischen Rechtfertigung liege in der Alltagspraxis, in den moralischen Gefühlen, die die Menschen erfahren und erleben. „The existence of the general framework of attitudes itself is something we are given with the fact of human society. As a whole, it neither calls for, nor permits, an external 'rational' justification." (Strawson 1974, 23 zitiert in Habermas 2009, 39–40) Durch diese vier Beobachtungen bekommen Gefühle „eine ähnliche Bedeutung für die moralische Rechtfertigung von Handlungsweisen wie Wahrnehmungen für die theoretische Erklärung von Tatsachen" (Habermas 2009, 40).

Tabelle 12 gibt eine Übersicht über moralische Emotionen, die grundsätzlich positive oder negative Gefühle sein können.

Tabelle 12: Formen moralischer Emotionen (Becker 2011, 40)

Gefühlsart	Beschreibung der Gefühle
Mitleid, Anteilnahme	Ähnliche negative Gefühle wie die andere Person, der Leid zugestoßen ist
Schadenfreude	Positive Gefühle angesichts des Leids der anderen Person
Neid, Eifersucht	Negative Gefühle angesichts des Wohlergehens der anderen Person
Mitfreude	Ähnliche positive Gefühle wie andere Person, die Angenehmes erlebt hat
Empörung, Entrüstung, Ekel	Negative Gefühle, die entstehen, wenn in den Augen der Person eine dritte Person verantwortlich ist für das Leid der anderen Person
Bewunderung	Positive Gefühle, die entstehen, wenn die Person der Auffassung ist, eine dritte Person hätte moralisch vorbildlich gegenüber der anderen Person gehandelt
Schuldgefühl, Reue, Verlegenheit, Scham	Negative Gefühle, die entstehen, wenn die Person sich für das Leid der anderen Person verantwortlich fühlt, d.h. eine moralische Pflicht verletzt zu haben meint oder sich als unfair erlebt
Stolz, Hochmut	Positive Gefühle, die entstehen, wenn die Person der Auffassung ist, sie selbst hätte moralisch vorbildlich gegenüber der anderen Person gehandelt
Ärger, Zorn, Wut, Groll, Hass, Verachtung, Verbitterung	Negative Gefühle, die entstehen, wenn die Person denkt, die andere Person hätte unmoralisch ihr gegenüber gehandelt
Dankbarkeit	Positive Gefühle, die entstehen, wenn die Person meint, die andere Person hätte sich moralisch vorbildlich ihr gegenüber verhalten

Menschen urteilen über die Gemütsbewegungen anderer Menschen je nach Übereinstimmung oder Nichtübereinstimmung mit ihren eigenen Gefühlen (Smith 1977, 2–12). „Jedes Vermögen, das ein Mensch in sich findet, ist der Maßstab, nach welchem er das gleiche Vermögen bei einem anderen beurteilt. Ich beurteile […] deine Vernunft nach meiner Vernunft, dein Vergeltungsgefühl nach meinem Vergeltungsgefühl, deine Liebe nach meiner Liebe. Ich habe kein anderes Mittel und kann kein anderes Mittel haben, sie zu beurteilen." (Smith 1977, 19) Der Mensch ist also grundsätzlich moralisch urteilsfähig:

> „Unsere moralische Urteilsfähigkeit beruht [...] auf dem kulturell gebildeten guten Willen, der im Laufe unserer gelingenden Sozialisation zu einem Teil unserer personalen Identität geworden ist. Sie wurzelt also im Willen, einer moralischen Gemeinschaft anzugehören, uns in die entsprechenden Verpflichtungen der Zwischenmenschlichkeit einbinden zu lassen und so im Sinne der geltenden Moral dieser Gemeinschaft ein guter Mensch zu sein." (Ulrich 2008, 28–29 mit Bezug auf Tugendhat 1993)

Es gibt also moralische Gefühle und ein moralisches Bewusstsein. Läuft der soziokulturelle Bildungsprozess „einigermaßen ‚gesund'" ab, so entstehe die innere Stimme: das Gewissen (vgl. Pöltner 2006, 55). Wie dieses ausgeprägt sei, hänge von Erziehung, Sozialisation und Enkulturation ab. Die Einsicht in die Grunddifferenz von gut und böse werde auch als Ur-Gewissen bezeichnet. Das Gewissen habe noch eine zweite Bedeutung: Das Gewissen leite bei der Entscheidung in einer bestimmten Situation. Dieses Situationsgewissen sei das Urteil der praktischen Vernunft. Das Gewissensurteil beziehe sich immer auf das Gewissen des urteilenden Menschen selbst – ausschließlich auf das Gewissen des oder der Urteilenden selbst! Jeder Mensch könne nur für sich ein Gewissen haben, niemals für jemand anderen. Verbindlich sei daher immer nur das eigene Gewissen. Das Gewissenurteil könne wahr oder falsch sein. Man könne eine Handlung für gut halten, obwohl sie es nicht sei und umgekehrt. Es gebe daher auch das irrende Gewissen. Nach Thomas von Aquin bindet aber auch das irrende Gewissen, weil es der einzige Orientierungspunkt im Handeln sei. Es dürfe also auch niemand gezwungen werden, etwas gegen sein Gewissen zu tun: Das würde auch bedeuten, ihn zu etwas zu nötigen, was er nicht verantworten könne. (Vgl. Pöltner 2006, 55–56) Daher bildet der Schutz des *forum internum* als des inneres Bereiches des Menschen im Kontext der Gedanken- und Gewissensfreiheit ein wesentliches Fundament des Art. 9 EMRK: Als positive Gewissensfreiheit wird der Schutz des Individuums vor staatlicher Einflussnahme auf das Gewissen und als negative die Garantie, das eigene Gewissen nicht offenbaren zu müssen, definiert. Beides sei ein Verstoß gegen die Würde des Menschen. Es könne aber sowohl jemand daran gehindert werden, etwas seinem Gewissen folgend zu tun, wenn dadurch Dritte betroffen seien (z.B. Kindern aus weltanschaulichen bzw. religiösen Motiven die Bluttransfusion zu verweigern). Gewissenfreiheit hat daher in der Freiheit des anderen seine Grenzen. Je fundamentaler die Güter sind, die gefährdet sind, umso mehr ist die Einschränkung der Freiheit berechtigt. (Vgl. Grabenwarter 2007, RZ 36–37)

Mit Moral solle sehr sparsam umgegangen werden, in folgenden Kontexten jedoch sei der Rückgriff auf Moral notwendig (vgl. Lempert 2003, 443):

Erstens sei ein moralisches Urteil notwendig, wenn wechselseitige Abstimmungen notwendig seien, also Kooperationen erfolgen sollen und zweitens wenn Konflikte auftauchen würden. Diese könnten in einem Diskurs, mit Kreativität und mit Moral gelöst werden. Lempert übersieht hier zwei weitere situative Kontexte: das Vorliegen von Notlagen und den Altruismus.

Da der autonome Mensch frei entscheiden kann, kann er sich auch bewusst gegen ethische oder moralische Vorgaben entscheiden. Ganz vereinfacht kann der Mensch egoistisch, also nur seinen eigenen Nutzenschätzungen folgend, sich boshaft oder altruistisch verhalten (siehe Abbildung 17). Retzmann (1994, 447) bezeichnet das Entscheiden gegen das moralisch oder ethisch Gebotene als das „moralpädagogische Restproblem des bösen Willens". Der Mensch, der sich bewusst für das Böse entscheide, „entscheidet sich gerade in Anbetracht guter Argumente gegen die guten Argumente. Es ist sinnlos, denjenigen überzeugen zu wollen, der nicht überzeugt werden will" (Retzmann 1994, 447). Das ist grundsätzlich richtig, doch nicht jeder Mensch, der sich durch gute Argumente nicht überzeugen lässt, handelt im bösen Willen. So können z.B. gute *persönliche* Gründe dagegensprechen. In diesem Fall ist das Verhalten nicht boshaft, sondern egoistisch.

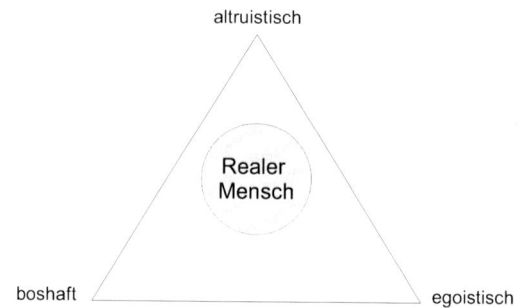

Abbildung 17: Verhalten der Menschen (eigene Darstellung nach Weise 2000, 12)

Altruismus wird nicht nur im ökonomischen Diskurs als etwas nicht Rationales missverstanden. Altruismus könne jedoch wie Klugheit „als eine Auflage der Vernünftigkeit unseres Handelns" verstanden werden (Nagel, Gebauer & Schütt 2005, 66). Dies sei insofern zu erklären, als die Interessen anderer Personen für den altruistischen Menschen Gründe für das eigene Handeln seien. Es gehe nicht um weitere Motivationen oder weitere eigene Gründe, sondern darum, dass die Gründe des anderen ausreichend für das eigene Handeln seien. „Der reine Altruismus ist der unvermittelte, der direkte Einfluss der Interessen anderer Personen auf mein Handeln, und zwar einer, der sich darin erschöpft, dass es die Interessen dieser anderen selbst sind, die mir einen Grund zu handeln geben." (Nagel, Gebauer & Schütt 2005, 113)

In den Alltagssituationen sind die Menschen nicht auf eine moralisch-ethische Theorie angewiesen, „noch können sie davon normalerweise viel profitieren. Daraus folgt aber nicht, dass das intuitiv beherrschte Alltagswissen überhaupt kein Wissen darstellt" (Habermas 2009, 180). Die alltäglichen moralischen Diskussionen zeigten vielmehr, dass sich mit den moralischen Urteilen gute Gründe und damit ein kognitiver Anspruch verbinden – wie auch Kant ausführt, dass der Mensch weder Wissenschaft noch Philosophie benötige, um zu wissen, was er tun solle. Das Handeln spielt sich „in einer Lebenswelt ab, die den Kommunikationsteilnehmern im Rücken bleibt [...]. Dieses fundamentale Hintergrundwissen [...] ist ein implizites Wissen, das nicht in endlich vielen Propositionen dargestellt werden kann; es ist ein holistisch strukturiertes Wissen, dessen Elemente aufeinander verweisen; und es ist ein Wissen, das uns insofern nicht zur Disposition steht, als wir es nicht nach Wunsch bewusst machen und in Zweifel ziehen können" (Habermas 1987a, 449 u. 451). Dieses „kollektive Hintergrund- und Kontextwissen von Sprechern und Hörern" bestimmt die expliziten Äußerungen in großem Maße (Habermas 1987a, 449).

> „Die Lebenswelt steht uns nicht theoretisch vor Augen, wir finden uns vielmehr vortheoretisch *in* ihr vor. Sie *umfängt* und *trägt* uns, indem wir als endliche Wesen mit dem, was uns in der Welt begegnet, *umgehen*. [...] Die Lebenswelt [lässt sich] als der jeweils nichtüberschreitbaren, nur intuitiv mitlaufender Erfahrungshorizont und als nichthintergehbarer, nur ungegenständlich präsenter Erlebnishintergrund einer personalen, geschichtlich situierten, leiblich verkörperten und kommunikativ vergesellschafteten Alltagsexistenz beschreiben. Wir sind uns dieses Existenzmodus unter verschiedenen Aspekten bewusst. Wir erfahren uns performativ als *erlebende*, in organische Lebensvollzüge eingelassene, als *vergesellschaftete*, in ihre sozialen Beziehungen und Praktiken verstrickte, und als handelnde, in die Welt eingreifende Subjekte. [...] Es ist Sache der philosophischen Reflexion, die allgemeinsten Züge, gewissermaßen die Architektonik der Lebenswelt, ins Bewusstsein zu heben." (Habermas 2012, 20–21)

Gesprochenes ist demnach immer mehr als die wörtliche Bedeutung, der Kontext ist immer zu bedenken. Lebenswelt ist also selbstverständlich, die Mitglieder einer Gemeinschaft vertrauen intuitiv. Ausschnitte der Lebenswelt werden als Situationen wahrgenommen. „Aus der situationszugewandten Perspektive erscheint die Lebenswelt als ein Reservoir von Selbstverständlichkeiten oder unerschütterten Überzeugungen, welche die Kommunikationsteilnehmer für kooperative Deutungsmuster benutzen." (Habermas 1987b, 189) Die Deutungsmuster werden kulturell überliefert und stehen sprachlich organisiert zur Verfügung. Der Mensch bewegt sich immer innerhalb der Lebenswelt und kann sie niemals verlassen. Kultur, Gesellschaft und

Person sind die „strukturellen Komponenten der Lebenswelt", wobei Kultur als der Wissensvorrat definiert wird, aus dem sich die Individuen einer Gemeinschaft „mit Interpretationen versorgen" (Habermas 1987b, 209). Gesellschaft ist dabei eine legitime Ordnung, welche die Zugehörigkeit zu bestimmten Gruppen regelt und Solidarität sicherstellt. Persönlichkeit wird als ein Bündel von Kompetenzen verstanden, die notwendig sind, um sprach- und handlungsfähig zu sein und die eigene Identität zu bewahren. Die Dimensionen der Lebenswelt umfassen die Zeit, den sozialen Raum und Symbole. Kultur, Gesellschaft und Personen – Identität wird auch hier als ein Prozess verstanden – reproduzieren sich symbolisch durch Interaktion. Die materielle Reproduktion „vollzieht sich durch das Medium der Zwecktätigkeit, mit der die vergesellschafteten Individuen in die Welt intervenieren, um ihre Ziele zu verwirklichen" (Habermas 1987b, 209). Der Begriff der Lebenswelt dürfe jedoch nicht auf Kultur reduziert werden. Kommunikative Handlungen sind bei Habermas immer gleichzeitig Interpretationsvorgänge sowie soziale Integration und Vergesellschaftung (vgl. Habermas 1987b, 211).

Die moralische Interaktion bezieht sich nach Habermas (2009, 409–418) auf drei Arten von Äußerungen: erstens *auf moralische Urteile*, zweitens *auf Reaktionen auf diese Urteile* und drittens *auf Gründe*, um die moralische Zustimmung oder Ablehnung zu untermauern. Wobei sowohl bei der Zustimmung als auch bei der Ablehnung von einer moralischen Fundierung ausgegangen wird. So könnten Gefühle wie Beleidigungen, Schuld oder Entrüstung „wie Beobachtungen in empirische Diskurse" eingehen (Habermas 2009, 289). Aber moralischen Geltungsansprüchen fehle der Bezug zur objektiven Welt. Der Weltbezug werde ersetzt durch die Orientierung an einem Wertekonsens einer sozialen Gemeinschaft. Da es der Moral um die legitime Regelung von interpersonalen Beziehungen gehe, stünden nicht Tatsachen, sondern anerkennungswürdige Normen im Mittelpunkt. Das seien Normen, die Anerkennung verdienen. Sie könnten nur dann Anerkennung verdienen, wenn sie für die Gemeinschaft gerecht seien. Je pluralistischer eine Gemeinschaft werde und je stärker ein einheitliches Ethos nicht vorhanden sei, umso notwendiger werde es, sich gemeinsam auf Normen zu einigen. (Vgl. Habermas 2009, 409–418) „Das moralische Universum verliert den ontologischen Schein eines Gegebenen und wird als ein *Konstruiertes* durchschaut. Gleichzeitig nötigt der Pluralismus der Lebensformen und Lebensentwürfe zur Einigung auf abstraktere und allgemeinere Normen, die nicht schon von Haus aus auf spezielle Fälle zugeschnitten sind." (Habermas 2009, 418) Pluralität bedeute aber nicht, dass es keine Gemeinsamkeiten geben könne. Die pluralistische Gesellschaft gehe ja gerade davon aus, dass sie plurale Ethosformen ausbilden und leben könne. Die Idee der Toleranz sei dabei als Grundgedanke bestimmt. Moralische zwischenmenschliche Konflikte könnten auftreten, wenn verschiedene moralische Vorstellungen aufeinandertreffen, was in einer pluralistischen und multikulturellen Gesellschaft häufig der Fall sein könne. Sie könnten entweder mit Macht oder mit guten Gründen gelöst werden. Wobei im zweiten Fall die Legitimität der moralischen Ansprüche im Mittelpunkt stehen müsse. (Vgl. Ulrich 2008, 32)

> „Als legitim (d.h. berechtigte) lassen sich demnach grundsätzlich solche Handlungsweisen begründen, durch die keine moralischen Rechte anderer Personen verletzt werden. Wer an der Legitimität seines Tuns interessiert ist, der wird in einer Situation des Stärkeren gegenüber Schwächeren nicht seine Macht durchsetzen, sondern aus zwischenmenschlicher Verbundenheit – und das heißt: im Bewusstsein der moralischen Gemeinschaft mit schutzbedürftigen Personen – ihren moralischen Rechten gerecht werden wollen. Mit einem Wort: Er stellt sich unter die autonome Selbstforderung der Solidarität mit den Schutzbedürftigen." (Ulrich 2008, 32)

Zusammengefasst: Die Moral ist Teil der Lebenswelt, in der alle leben. Der Mensch kann sich der Moral nicht entziehen. Jeder Mensch ist daher moralisch urteilsfähig. Der Wertepluralismus führt nicht dazu, dass die Werte relativ werden, sondern dass sie miteinander in Konkurrenz treten. Die legitime, ethisch vertretbare Handlung zu setzen, ist in einer pluralistischen und multikulturellen Gesellschaft, in der verschiedene Moralvorstellungen aufeinanderprallen, nicht einfach. Es sind daher die Werte und Normen hinterfragbar geworden. „Es gibt deshalb in einer wirklich modernen Gesellschaft letztlich keine anerkennungswürdige Moral ohne ethisch-kritische Reflexion." (Ulrich 2008, 39) Oder wie Höffe (1993) es formuliert: Moral ist der Preis der Moderne. Darüber hinaus erhebt sich die Frage, ob es moralisch-ethische Grundlagen gibt, die für alle in einer Gesellschaft zu gelten haben. Solche Grundlagen können in der Menschenwürde gefunden werden.

4.1.2 Menschenwürde als Ausgangspunkt von Ethik und Moral

Das Thema Menschenrechte findet in der Beck-Zabeck-Kontroverse nur am Rande Erwähnung. Beck (2003a, 285) verwendet die Menschenrechte als ein Beispiel dafür, dass ein „*a-priori*-Universalismus, sei er formal und material, […] sich […] eine Steuerungskompetenz [anmaßt], die sich selbst weit überfordert und von vornherein zum Scheitern verurteilt ist". Er argumentiert damit, dass dieser Universalismus keine Gültigkeit haben kann, weil die Menschenrechte sich „bekanntlich keineswegs in allen Kulturen allgemeiner Zustimmung und jedenfalls längst nicht einer übereinstimmenden Interpretation" erfreuen. Die Frage der Kulturabhängigkeit ist in diesem Kontext eine sehr wesentliche und darf keinesfalls leichtfertig behandelt werden. In diesem letzten Punkt ist Beck sicherlich zuzustimmen. Dennoch scheint aus Becks Argumentation eine bestimmte Vorstellung von Universalität durchzudringen, die einerseits Universalität mit Regionalität verwechselt und andererseits die Möglichkeit, Menschenrechte als

Wertegeneralisierung (Joas 2011) zu verstehen, die affirmativ genealogisch begründbar ist, ausschließt. Die Umsetzung der Menschenrechte vor allem im europäischen Kontext kann wohl als ein außerordentlicher Erfolg der völkerrechtlichen Zusammenarbeit bezeichnet werden, weil es, nicht zuletzt aufgrund der verheerenden Katastrophen im 20. Jahrhundert, gelungen ist, dass das Völkerrecht (!), das ursprünglich nur die Beziehungen zwischen Staaten regelte, nunmehr das Individuum schützt (vgl. Benedek 2004; Grabenwarter 2003; 2007). Gerade Beck müsste aus seiner Argumentationslinie heraus argumentieren, dass es hier gelungen ist, eine Institutionenethik aufzubauen, die den Einzelnen und die Staaten verpflichtet. Es geht hier nicht *nur* um Moral oder Ethik allein, sondern bereits um Recht im Sinne von Rahmenbedingungen, die ja gerade in der Argumentation Homanns von entscheidender Bedeutung sind. Wäre dies – wie Beck behauptet – von vornherein zum Scheitern verurteilt, dann wäre wohl jede Rechtsnorm, die auf universalistische Vorstellung gründet, wirkungslos und sinnlos. Damit wäre jedoch ein Teil der tatsächlich bereits ins Recht umgesetzten Normen wie die Menschenrechte und damit auch Homanns Ansatz ebenso sinnlos. Becks Argumentation gegen die Menschenrechte ist eine Argumentation gegen die Institutionenethik, die er jedoch im Sinne Homanns verfolgen möchte. Diese Überlegungen schließen jedoch keinesfalls aus, dass Wertegeneralisierung verschieden interpretiert werden kann (siehe 5.3.1).[57]

Basis einer pluralistischen ethischen Grundüberzeugung kann – wie bereits oben angedeutet – in der Menschenwürde gefunden werden. Das Kostbarste, das der Mensch besitzt, ist sein eigenes Leben.[58] Wie Habermas ausführt, dient die Moral dem Schutz des Individuums und des Zusammenlebens. Das Recht auf Leben, Freiheit und Würde des Einzelnen muss der Ausgangspunkt einer Ethik in einer pluralistischen Gesellschaft sein. Als Kern jeder Ethik bezeichnet Peter Ulrich (2008, 60–65) das Reziprozitätsprinzip, das sich in der sogenannten Goldenen Regel, die sich in allen Weltreligionen finden lässt (vgl. Küng 1990, 84), äußert: „Denn alle großen Religionen fordern ja so etwas wie eine ‚Goldene Regel' – eine nicht nur hypothetische, bedingte, sondern eine kategorische, apodiktische, unbedingte Norm – durchaus praktikabel angesicht der höchst komplexen Situation, in der Einzelne oder auch Gruppen oft handeln müssen." Bereits bei Konfuzius (ca. 551–479 v. Chr.) findet sich diese Regel: „Was du selbst nicht wünschst, das tue auch nicht anderen Menschen." (Konfuzius Gespräche 15, 23) Im Judentum formulierte Rabbi Hillel (60 v. Chr–10 n.

---

[57] Dieser letzte Punkt wird nicht in diesem Unterkapitel, sondern im fünften Kapitel erarbeitet.
[58] Es gibt zwei Gewissheiten für den Menschen: dass er sterben wird und dass er leben wird, bis er stirbt.

Chr.): „Tue nicht anderen, was du nicht willst, das sie dir tun." (Rabbi Hillel, Sabbat 31a) Auch im Christentum finden wir: „Alles, was ihr wollt, das euch die Menschen tun, das tut auch ihr ihnen ebenso." (Mt 7, 12; Lk 6, 31) Küng (1990, 85) ist sich dabei bewusst, dass Religionen in Versuchung stehen, sich in Geboten, Verboten und Vorschriften zu verlieren und die „Menschen autoritär zu kommandieren, blinden Gehorsam zu fordern und die Gewissen zu vergewaltigen. Und doch können sie, wo sie wollen, überzeugende sittliche Motivationen bieten." Religionen können – so Küng – lebendiger als die Philosophie Moral transportieren, weil sie auf die konkreten Lebensmodelle von Buddha, Jesus, Konfuzius, Laotse oder Muhammad zurückgreifen. Kants kategorischen Imperativ interpretiert Küng (1990, 84) als „Säkularisierung dieser Goldenen Regel". In Wilhelm Buschs Worten lässt sich die Goldene Regel so formulieren: „Was Du nicht willst, das man Dir tu', das füg' auch keinem andern zu." (Busch zitiert in Ulrich 2008, 61) Es wird darin von der Würde des Individuums ausgegangen, die es geschützt sehen möchte. Das Individuum ist bereit, auch die Würde des Gegenübers anzuerkennen. Die Würde des Menschen ist dabei in seinem Sein begründet. In dieser Goldenen Regel ist die Menschenwürde kein Zuerkenntnis, sondern Anerkenntnis – die Grundlage der Menschenrechte. Die gegenseitige Anerkennung, wie sie die Goldene Regel definiert, kann als strategische Reziprozität eines wechselseitigen Vorteilstausches im Sinne des *do ut des* oder als ethische Reziprozität einer „unbedingten wechselseitigen Anerkennung als Person" verstanden werden (Ulrich 2008, 60). Dabei geht es nicht mehr um den eigenen Vorteil, sondern um die Würde des Menschen als Selbstzweck. Aus diesem Geist heraus ist auch das jüdisch-christliche Gebot der Nächstenliebe zu verstehen: „Liebe Deinen Nächsten wie Dich selbst!" (Mt 22, 37-39) Da dieses Gebot universalistisch zu verstehen ist, fällt darunter auch die Feindesliebe. Ethik bedeutet also eine unbedingte reziproke Anerkennung der Person als Universalisierungsprinzip. (Vgl. Ulrich 2008, 59–65) Gerade in einer pluralistischen Gesellschaft, die nicht von einem jüdisch-christlichen Grundverständnis ausgehen kann, bieten die Menschenrechte eine Basis für eine Ethik. „Diese Basis ist zugegebermaßen schmal, dennoch hinreichend tragfähig." (Pöltner 2006, 49) Im Art. 1 der Allgemeinen Menschenrechte heißt es: „Alle Menschen sind frei und gleich an Würde und Rechten geboren. Sie sind mit Vernunft und Gewissen begabt und sollen einander im Geiste der Brüderlichkeit begegnen." Menschenrechte sind sowohl Individual- als auch Institutionenethik. Individualethik zielt auf das individuelle Verhalten und sieht die Ursache für das moralische, ethische Verhalten im Menschen selbst. Mit der Institutionenethik werden Anreize durch regulative Institutionen geschaffen, damit der Mensch zu moralischem Handeln gelangt. Aber die Institutionenethik führt letztlich zu einer Individualethik. (Vgl. Weise 2000, 9–10)

Da es verschiedene Handlungsmöglichkeiten des freien Menschen gibt, kann weder Ethik noch Moral moralisch richtiges Handeln garantieren. Weder Individual- noch Institutionenethik können dies letztlich leisten, wobei die Institutionenethik zusätzlich gewissermaßen den Umweg über die Individualethik gehen muss, „ansonsten bliebe die Frage offen, wie die entsprechende Rahmenordnung bzw. die Normen entstanden und fortgeschrieben werden. [...] Die Individualethik ergänzt die Institutionenethik aber noch in einem anderen Punkt: Regeln und Normen können aus strukturellen Gründen einen Sachverhalt erst regeln, nachdem er eingetreten ist" (König 2000, 33). Individualethik schließt somit gewissermaßen die Lücken, welche die Institutionenethik offen lässt. Dieses Verhältnis von Individual- und Institutionenethik gilt in ganz besonderer Weise auch für die Menschenrechte: Sie können nur gelebt werden, wenn sie von den Menschen angenommen werden.

Das Europa des Europarates und das Europa der Europäischen Union bauen auf Recht auf (siehe Kapitel 5). Die grundlegende Basis dafür liefern die Menschenrechte. Die Europäische Menschenrechtskonvention des Europarates ist die bedeutendste Grundlage zur Umsetzung des Menschenrechts auf europäischer Ebene und ermöglicht es den Einzelnen nach Ausschöpfung aller innerstaatlichen Rechtsmittel, Individualbeschwerde vor dem Europäischen Gerichtshof für Menschenrechte in Straßburg einzubringen. Die Beschlüsse sind für die Mitgliedstaaten des Europarates bindend (vgl. Benedek 2004, 13–35). Als wesentlicher Teil der Charta der Grundrechte sind die Menschenrechte ebenfalls Bestand des Primärrechts der Europäischen Union. Es ist ein Erfolg des 20. Jahrhunderts, dass die Menschenrechte als Recht Eingang in das Völkerrecht gefunden haben. Die Staaten verpflichten sich, bestimmte Rechtspositionen von Individuen – und nicht Staaten – zu garantieren. Dies ist vor allem auch insofern ein großer Erfolg, als bis zum Beginn des 20. Jahrhunderts das Völkerrecht ausschließlich zwischenstaatliche Angelegenheiten regelte. Nicht zuletzt ermöglichten schließlich die menschlichen Katastrophen des 20. Jahrhunderts diese erstaunliche Rechtsentwicklung. (Vgl. Simma & Fastenrath 2004, XLVII–LI)

In einer pluralistischen Gesellschaft muss ein Zusammenleben ermöglicht werden, das Freiheit für individuelle religiöse Vorstellungen und Weltanschauungen sowie für die Verwirklichung des persönlichen Lebensstils lässt. Eine politische Kultur, die dies ermöglicht, äußert sich in einer Gesellschaft auf drei Ebenen: Erstens als eine Kultur der Religionen, Weltanschauungen und Sinngebungen (*ways of believing*), zweitens als eine Kultur des Alltagslebens und der Lebensstile (*ways of live*), die sich in verschiedenen Formen des Essens, der Sprache und Gewohnheiten ausdrückt (also allgemein das, was als erstes in einer fremden Kultur als ungewöhnlich auffällt) und drittens eine Kultur des Zusammenlebens, die sich durch bestimmte politische Grundwerte auszeichnet (*ways of living together*). Die Ebenen 1 und 2 können in einer Gesellschaft völlig unterschiedlich sein, sind aber untereinander verwoben. In einer pluralistischen demokratischen Gesellschaft solle die Ebene 3 so beschaffen sein, dass die Ebenen 1 und 2 so frei wie möglich gestaltet werden könnten. (Vgl. Thomas Meyer 2002)

> „Die harten Grenzen der Institutionen und der Demokratie und die Minima einer alle verbindenden politischen Kultur, auf die die Demokratie um ihrer eigenen Lebenschancen willen hinwirken muss, sind eindeutig. Wer gegen die Grundwerte der Menschenrechte und Demokratie selbst Stellung bezieht, hat in der Demokratie keinen legitimen Platz, wie immer seine religiösen und kulturellen Rechtfertigungsversuche auch lauten mögen. Darum kann der Dialog der Religionen und Kulturen weder ziel- noch bodenlos sein. Die Orientierung auf eine gemeinsame politische Kultur der Demokratie gibt ihm Sinn und Richtung. Allerdings muss auch die Grenze nach der anderen Seite klar gezogen werden. Wer eine der kulturell bedingten Lebensformen in der Demokratie zur Leitkultur für alle machen will, verletzt selber die Grundnormen der rechtsstaatlichen Demokratie." (Thoms Meyer 2002, 9)

Die gemeinsame Basis einer pluralistischen Gesellschaft sind Werte, die die Freiheit schützen. Ohne Freiheit gäbe es keinen Pluralismus. Die Freiheit findet ihre Begründung in der Würde des Menschen. Wahlers (2008, 9–10) geht davon aus, dass sich die Würde des Menschen vor allem aus der christlichen Orientierung ergibt und verweist auf *dignitatis humanae* des Zweiten Vatikanischen Konzils. „Die Würde der menschlichen Person kommt den Menschen unserer Zeit immer mehr zum Bewusstsein, und es wächst die Zahl derer, die den Anspruch erheben, dass die Menschen bei ihrem Tun ihr eigenes Urteil und eine verantwortliche Freiheit besitzen und davon Gebrauch machen sollen, nicht unter Zwang, sondern vom Bewusstsein der Pflicht geleitet." (Vatikan 1965) Die Erfahrungen des Genozid, der Folter und von Totalitätsherrschaft insbesondere im 20. Jahrhundert hätten dazu geführt, dass ein Bewusstsein für den Schutz des menschlichen Lebens und der Würde des Menschen entstanden sei. Die Achtung der Menschenrechte sei eine ethische und rechtliche Aufgabe.

Joas (2011) geht davon aus, dass letzte Werte nicht rein rational begründet werden könnten,[59] und legt mit einer *affirmativen Genealogie* der Menschenrechte Gründe vor, wie Geschichte und Philosophie die Entwicklung der Menschenrechte ermöglicht haben, ohne dabei kulturell relativistisch oder beliebig zu werden. Das *Zusammenspiel* von *philosophischen und religiösen* Elementen in der zeitlichen Abfolge hätte dazu geführt, dass sich Menschenrechte kulturell ausformen haben können. Ein wesentlicher Grund

---

[59] „Wer im neugeborenen Kind, im geistig Behinderten und im demenzkranken Alten den Anspruch der Menschenwürde erkennt, wird nach anderen Möglichkeiten zum Ausdruck dieser moralischen Intuition suchen, als dies von einer Anthropologie des Vernunftwesens Mensch geboten wird." (Joas 2011, 62)

für diese Ausformung liege in der Bedeutung des Sakralen, das für jede Gesellschaft etwas Anderes sein könne. Das Sakrale sei immer auch das Schützenswerteste. Lange Zeit galt Blaspemie als der schwerste Regelverstoß. Im Zusammenspiel von religiösem, humanistischem und aufgeklärtem Gedankengut konnte die Sklaverei abgeschafft, die Bedingungen für Häftlinge verbessert und die Strafkultur humanisiert werden. Es rückte also der Mensch selbst in den Mittelpunkt der Schutzbedürftigkeit. Heute ist der Mensch selbst das Sakrale und genießt den höchsten Schutz.[60]

Joas (2011, 260) versteht die Entstehung der Menschenrechte affirmativ genealogisch. Begründung und Plausibilität liegen in der kulturellen Entwicklung selbst. Der historische Prozess führte zu einer Wertegeneralisierung, die „Werte in universalistischer Richtung transformiert". Der Begriff stammt von Talcott Parsons. Seine These lautet: „Je differenzierter ein System ist, desto höher ist das Niveau der Generalisierung, auf dem das Wertmuster ‚formuliert' werden muss, wenn es die spezifischeren Werte aller differenzierten Teile des sozialen Systems legitimieren soll." (Parsons 1977, 307) Dieser Prozess sei keine Intellektualisierung, denn ohne affektiven Bezug sei die Wertegeneralisierung wirkungslos. Sie könne aber zu Neuinterpretationen von eingelebten Traditionen führen. Die Menschenrechte als Wertegeneralisierung hätten heute einen beträchtlichen Einfluss auf das Recht, die Moral und die gelebte Praxis. Ihre Entstehung sei nicht aus ihrer eigenen Kraft zu verstehen, vielmehr spielten viele Faktoren philosophischer und religiöser Natur mit, um ihre Wirkung zu entfalten. Die Sakralisierung der Person sei aber keinesfalls gesichert. Werte, Institutionen und Praktiken seien gefordert:

> „Auf dem Feld der Praktiken geht es um die Sensibilisierung für Erfahrungen des Unrechts und der Gewalt und um ihre Artikulation. Im Bereich der Werte geht es um die argumentative Begründung der universellen Geltungsansprüche, die aber […] ohne Durchsetzung mit Narration nicht zu haben ist. Und auf der Ebene der Institutionen geht es um nationale sowie globale Kodifizierungen, die erlauben, dass Menschen aus sehr verschiedenen Kulturen sich auf dieselben Rechte berufen. Keiner der drei Bereiche hat eine selbstverständliche Priorität. Auf Dauer haben die Menschenrechte, hat die Sakralisierung der Person nur eine Chance, wenn alle drei zusammenwirken: wenn die Menschenrechte institutionell und zivilgesellschaftlich gestützt werden, argumentativ verteidigt und in den Praktiken des Alltagsleben inkarniert." (Joas 2011, 280–281)

Becks (2003a, 285) Auffassung über Menschenrechte kommen den Forderungen Joas' (2011, 280–281) keinesfalls entgegen. Das hat u.a. mit der Auf-

---

[60] Im fünften Kapitel wird die Entstehung und Bedeutung der Menschenrechte für den Europäisierungsprozess ausführlicher dargestellt.

fassung von Universalität im Kontext der Menschenrechte zu tun, wie im Folgenden gezeigt wird:

„Menschenrechte sind universell – oder sie sind nicht." (Fabio 2008, 63) Sie sind Rechte, die jedem Menschen zustehen. Unabhängig von Herkunft, Geschlecht, Religion, Kultur oder Vermögen: Jedem einzelnen Menschen kommen sie zu. Die einzige Voraussetzung ist, der Gattung Mensch anzugehören. Immer wieder kommen Zweifel an der Universalität der Menschenrechte auf. Diese Zweifel können in drei Positionen zusammengefasst werden (vgl. Lohmann 2008, 47–51):

1. Die erste Position gehe davon aus, dass die Menschenrechte das Ergebnis westlicher Kultur und Entwicklung seien. Deshalb komme ihnen nur eine begrenzte Geltung zu. Diese kulturrelativistische Begründung gehe davon aus, dass sie nur in jenem Kulturraum Gültigkeit erlangen könnte, indem sie entstanden sei.
2. Ein wenig anders ist die zweite Position akzentuiert. Sie gehe davon aus, dass der Kern der Menschenrechte das Individuum sei. In vielen nicht-westlichen Moralkonzeptionen stehe jedoch nicht der einzelne Mensch, sondern die Gemeinschaft im Mittelpunkt.
3. Die dritte Position sehe nur Teile der Menschenrechte als universell anwendbar an, nämlich die liberalen Abwehrrechte. Die positiven politischen Teilnahmerechte und die sozialen Teilhaberechte könnten keine universelle Gültigkeit erlangen.

Es sei daher notwendig, abzuklären, was eigentlich unter Universalismus der Menschenrechte zu verstehen ist. Mit dieser Idee sei verbunden, dass sie für alle Menschen als einzelne Individuen oder Personen gelten würden. Die Adressaten dieser Verpflichtungen müssen nach Recht und Moral differenziert werden.

> „Rechtlich und völkerrechtlich sind unmittelbare Adressaten zunächst die jeweilige öffentliche Ordnung, der jeweilige Staat, dann alle Staaten, und vermittelt über sie indirekt (in der Weise einer ‚Drittwirkung') erst alle Bürger. In der moralischen Dimension der Menschenrechte, auch wenn wir sie als moralische Ansprüche an eine politische Ordnung verstehen, sind freilich zunächst die Menschen alle einzeln verpflichtet, und wenn sie diesen Verpflichtungen nicht sinnvoll nachkommen können, dann alle gemeinsam." (Lohmann 2008, 54)

Die Universalität sei gewissermaßen ein Paradoxon: Die reflektierte Aufklärung sehe die „Kontingenz einer normativen Setzung" (Fabio 2008, 65), aber gerade in diesem Wissen solle an der absoluten Geltung dieser Norm festgehalten und Widersprüchliches als Notwendiges angenommen werden. Man könne laut Fabio nicht über Universalität reden und über Kulturabhängigkeit schweigen. Es bleibe eine wesentliche Frage, ob die Universalität in allen Kulturen Anerkennung finden könne, oder ob sie Ausdruck westlicher Kultur sei. Diese Diskussion gehe zurück ins 18. Jahrhundert und sei eine bedeutende Frage für die Legitimität der Menschenrechte. Jeder eurozentristische Zugang wäre tatsächlich ein Widerspruch in sich. (Vgl. Bielefeldt 2008, 103). Die Freiheit des Menschen, die sich aus der Würde des Menschen ergibt, sei „nicht irgendein Wert unter vielen, sondern die Substanz des Menschseins" (Fabio 2008, 67). Es gehe hier um die Freiheit, die für die Entwicklung der eigenen Persönlichkeit grundlegend sei (vgl. Fabio 2008, 67). Das ist pädagogisch, im doppelten Sinn, relevant: einerseits ist die Freiheit die Voraussetzung der Persönlichkeitsentwicklung und andererseits ist die Freiheit ein Wert, der Inhalt der Erziehung sein soll, ja muss, wenn Persönlichkeitsentwicklung den Kern der Pädagogik ausmacht. Wer also Freiheit als einen Wert unter vielen anderen verstehe und glaube, diesen gegen „gesellschaftliche Harmoniebedürfnisse [...] abwägen zu können, verfehlt das humanistische Selbstverständnis der neuzeitlichen Kultur" (Fabio 2008, 68). Dieser Kern der Menschenrechte sei von politischen Zielbestimmungen zu unterscheiden, denn politische Ziele hätten einen konkreten Inhalt, die persönliche Freiheit bleibe frei. Diese Idee der Freiheit werde über Erziehung, Bildung, Vernunft und Institutionen weitergegeben. (Vgl. Fabio 2008, 73–77) „Der methodische Individualismus, der dem modernen Denken seine unverwechselbare Prägung gab, ist heute schon längst nicht mehr unbestritten, aber er ist und bleibt der eigentliche Kern des universellen Geltungsanspruchs der Menschenrechte." (Fabio 2008, 75)[61]

Um die Bedeutung von Universalität zu schärfen, sei es hilfreich – so Bielefeld (2008, 98–103) –, sich die Frage zu stellen, was das Gegenteil von Universalität sei. Darauf gebe es mehrere Antwortmöglichkeiten: Eine Antwort könnte Partikularität sein. Partikulare Rechte richteten sich an Menschen mit bestimmten Merkmalen. So könnten Rechte an die Staatsangehörigkeit bzw. Unionsbürgerschaft, an die Mitgliedschaft einer Vereinigung, an Funktionen etc. gebunden sein. Universale Menschenrechte würden für alle Menschen gelten, für jeden Menschen, ausnahmslos. Dem Menschen kämen Rechte aufgrund seiner Menschenwürde, aufgrund seines Menschseins zu. Dies ist auch die entscheidende Antwort. Ein weiteres Gegenteil von universal könnte regional sein. Dies scheine jener Punkt zu sein, der in der Diskussion um die völkerrechtliche Dimension dominierend sei. Universalität bedeu-

---

[61] Fabio führt aus, dass die von der Generalversammlung der UNO 1986 beschlossene *Deklaration zum Recht auf Entwicklung*, welche sich auch auf Universalismus beruft, eine politische Zielbestimmung darstellt. Eine Verwischung von politischen Zielen und den individuellen Menschenrechten führt zu einer Aushöhlung der Idee der Menschenrechte, denn die Freiheit des Einzelnen wird umgedeutet und inhaltlich definiert. „Mit jeder politischen Inhaltsbestimmung der Menschenrechte, mit jeder konkreten Vorgabe des Rechts, wie Freiheit und wie Gleichheit oder Verantwortung für andere genau zu verstehen sei, wird der individuellen Vernunft ein Stück Eigenwilligkeit und Selbstbestimmung genommen." (Fabio 2008, 75)

te in diesem Sinne Globalität. Universale Menschenrechte wären in diesem Sinne Rechte, die global auf der Ebene der Vereinten Nationen genormt sind. Universalität im ersten und im zweiten Sinn seien eng miteinander verknüpft, haben aber verschiedene Bedeutungen. Die *Allgemeine Erklärung der Menschenrechte* aus dem Jahre 1948 verbinde beide Standpunkte. Das individuelle Menschenrecht werde als ein globales Projekt begriffen und auf der Ebene der Vereinten Nationen betrieben. Trotzdem solle analytisch zwischen beiden unterschieden sein. Würde man diese Unterscheidung nicht vornehmen, dann wäre die *Europäische Menschenrechtskonvention* (EMRK) weniger universalistisch als die *Allgemeine Menschenrechtskonvention*. Zwar ist die rechtliche, territoriale Reichweite der EMRK geringer, weil sie ja keinen globalen Anspruch erhebt, doch sind darin die Menschenrechte genauso universal. Dasselbe gelte für alle derartigen nationalen Regelungen. Die Gleichsetzung von menschenrechtlichem Universalismus mit globalen Institutionen führe zu einer Verkürzung des Anspruches der Menschenrechte. Diese Gleichsetzung würde den Schluss nahelegen, dass derzeit keine einzige Menschenrechtskonvention universal gelte, weil sie nicht von allen Staaten der Erde unterzeichnet wurde. In diesem Denken wäre die Universalität abhängig vom Willen jener Staaten, die das Recht nicht umsetzen möchten (vgl. Bielefeld 2008, 98–101)

Es lassen sich zusammenfassend vier Bedeutungsebenen von Universalität ausmachen (Bielefeld 2008, 103):

1. Die Idee des menschenrechtlichen Universalismus, der davon ausgeht, dass aufgrund der Menschenwürde die Menschenrechte jedem Menschen zukommen.
2. Die globale Institutionalisierung der Menschenrechte, wie sie durch die Vereinten Nationen verfolgt wird.
3. Die weltweite Ratifizierung von Menschenrechtskonventionen und damit die positive Anerkennung der internationalen Normen.
4. Die „mögliche" interkulturelle und/oder interreligiöse Beheimatung der Menschenrechte.

Dem ersten Punkt folgend, sind Menschenrechte dem Menschen „angeboren", weil sie aus der Würde des Menschen abgeleitet werden. Was unter Würde verstanden wird, kann in einer pluralistischen Gesellschaft nur vielfältig beantwortet werden. So kann z.B. die Würde auf die Gottesebenbildlichkeit des Menschen oder auf einen aufgeklärten Humanismus zurückgeführt werden. In der Ausgestaltung der *Allgemeinen Menschenrechtserklärung* sei auf einen religiösen oder weltanschaulichen Bezug in der Begründung der Menschenrechte bewusst verzichtet worden, um der Vielfalt der religiösen und weltanschaulichen Interpretationen gerecht zu bleiben. Trotz der Unterschiede in der Ausdeutung sei es möglich, sich auf einen gemeinsamen Wert zu verständigen. Der Begriff der Würde beziehe sich auf die Unveräußerlichkeit. Das bedeutet, niemand könne nach eigenem Ermessen über die Würde verfügen, niemand könne auf seine eigene Würde als Mensch verzichten. Könnte das Individuum darauf verzichten, dann würde es auch aufgeben, ein „Subjekt eigener Verantwortung" zu sein. Die Aufgabe der eigenen Verantwortung könne keine legitime Handlung eines verantwortlichen Subjekts sein. Diese Diskussion reiche ins 18. Jahrhundert zurück, als noch die Auffassung vertreten wurde, dass der Mensch sich selbst und seine Nachkommen an einen absoluten Herrscher oder an die Sklaverei verkaufen könne. Kant habe einen derartigen Vertrag für null und nichtig erklärt, weil es dem Menschen und seiner Freiheit widerspreche. (Vgl. Bielefeld 2008, 104–109)

Erfolgreich können die Menschenrechte nur sein, wenn sie ebenso als individualethischer Grundsatz verstanden werden. Oder anders gesagt: Die Würde des Menschen ist von jedem Menschen anzuerkennen. Würde bedeute dabei zweierlei: Erstens die personale Würde, die sich einerseits in der Selbstbestimmung (Autonomie) und andererseits im leiblichen Aspekt, also dem generellen Tötungsverbot, der leiblichen Integrität und der materiellen Seite der eigenen Lebensgestaltung, ausdrückt. Zweitens bedeute Würde aber auch, ein gelingendes, menschenwürdiges Leben zu führen. Das oberste Moralprinzip besagt: Das als gut Erkannte ist zu tun, und das als böse Erkannte ist zu meiden. (Vgl. Pöltner 2006, 53–54) Da die Würde des Menschen Ausgangspunkt der ethischen Überlegungen sei, bedeutet dies:

> „In der Formulierung Kants gebietet das oberste Moralprinzip die Achtung der Würde des Menschen und verbietet alle Handlungen, in denen der Mensch *bloß* als Mittel benutzt wird. Es verbietet eine reine Funktionalisierung, Verzweckung des Menschen. (‚Handle so, dass du die Menschheit sowohl in deiner Person als in der Person eines anderen jederzeit zugleich als Zweck, niemals bloß als Mittel brauchst', Grundlegung zur Metaphysik der Sitten, WW IV/429)." (Pöltner 2006, 54)

Die Würde des Menschen als Ausgangs- und Mittelpunkt der Menschenrechte ist nicht Gegenstand, sondern immer Prinzip der ethischen Abwägung, die bestimmten Methoden folgen kann.

Die Vielfalt der Ethosformen führe dazu, dass dem Recht eine größere Bedeutung zukommt. Es sei aber kein Ersatz für Ethik, obwohl beide normative Wissenschaften sind – das Recht und die Philosophie –, weil sie beide vorgeben, wie gehandelt werden solle. Ethik wende sich an das Gewissen, Recht hingegen an die Vernunft und könne sanktioniert werden. Was rechtlich erlaubt sei, müsse nicht ethisch erlaubt sein und *vice versa*. Ob Gesetze gerecht seien, sei keine rechtliche, sondern ein ethische Frage. Beide seien aber aufeinander angewiesen, denn Recht brauche eine ethische Fundierung und könne helfen, Ethik zur Geltung zu bringen. (Vgl. Pöltner 2006, 15–16) Wird Ethik als „die Frage nach dem Guten und Rechten, das mehr ist als Moral, als Sitte, als bürgerliche Rechtlichkeit" verstanden, so wird sie zur

„Frage nach der unbedingten Forderung im Gegenüber zu den bloß bedingten Ansprüchen, wie sie sich in Moral, Sitte und Gesetz artikulieren" (Rich 1991, 16). Diese Einstellung könne dazu führen, dass Moral und Recht verachtet werden, weil sie ethischen Gesichtspunkten nicht standhalten. Die Auseinandersetzung mit Ethik sei ein beunruhigendes Unterfangen, das letztlich zu keinem Ende führe, weil ständig Moral und Recht hinterfragt werden, weil es keine definitiven Antworten gibt. (Vgl. Rich 1991, 18–19)

4.1.3 Methoden ethischer Urteilsbildung

Mit den bisherigen Ausführungen sollte gezeigt werden, dass das Individuum nicht in einem moralisch *leeren* Raum lebt, sondern in die Lebenswelt eingebunden ist. Kultur, Gesellschaft und Personen sind Bestandteil dieser Lebenswelt, dem sich das Individuum, die Organisationen und die Staaten nicht entziehen können. In einer bestimmten Kultur, die wiederum aus Subkulturen bestehen kann, formen sich – wie im ersten Kapitel dargestellt wurde – Institutionen aus, die wie Wegweiser das Denken und Handeln der Menschen mitgestalten, aber nicht determinieren. Jeder Mensch ist daher grundsätzlich fähig, das Gute und das Böse zu unterscheiden und entsprechende Handlungen zu setzen. Der Mensch ist trotz der Wirkmacht der Institutionen in seinen Entscheidungen frei, sich bewusst für das Gute oder für das Böse zu entscheiden. Darüber hinaus können Situationen auch dermaßen komplex sein, sodass sich das Gute und Böse für den Einzelnen nicht oder nur uneindeutig erkennen lassen. Es gilt nochmals festzustellen, dass der Mensch in die Lebenswelt eingebettet ist und sein Handeln daher meist ein soziales ist. Wie konkret im Einzelfall entschieden und gehandelt wird, liegt in der Verantwortung der Person: Beck und Zabeck vertreten je *ein* Modell der ethischen Urteilsfindung: Regelutilitarismus oder deontologische Ethik im Sinne Kants. Die Versuchungen der Ethik liegen darin, die ethische Diskussion als eine abstrakte, wirklichkeitsleere Prinzipiendiskussion zu verstehen. „Die Ethik ist wirksam, im Maße man sich auf sie einlässt, sich mit ihr auseinandersetzt und sich von ihr bestimmen lässt. Der Vorwurf der Wirkungslosigkeit muss sich daher die Gegenfrage gefallen lassen, ob er nicht dem Wunsch entspricht, von Ethik verschont zu bleiben." (Pöltner 2006, 28) Sie darf keine Ideologie des Faktischen werden. Sie darf aber auch kein Rückgriff auf ein antipluralistisch geschlossenes Ethos sein, das zwar den Vorteil der Identitätsstiftung hat, aber den Einzelnen keinen Raum gibt. Schließlich darf Ethik kein Rückzug auf Zweckrationalität sein, der die Ethik der individuellen oder kollektiven Willkür überlässt. Werte wie Menschenrechte oder Freiheit sind bedroht, wenn sie auf eine zweckrationale Vernunft reduziert werden, denn die Zweckrationalität sei eine (Selbst-)Reduktion der Vernunft

„auf die Fähigkeit, die optimalen Mittel für einen vorgegebenen Zweck ausfindig zu machen. Diese Reduktion hat zur Folge, dass nur noch die Mittel-Zweck-Relation, nicht mehr aber die Zwecksetzung selbst Gegenstand der Vernunft sein kann. Die Differenz von Sinn und Zweck wird nivelliert. Sinnfragen sind dann *per definitionem* keine vernünftigen Fragen mehr, sondern Sache außer-vernünftiger Festsetzungen, d.h. bloß emotionaler bzw. machtpolitischer Dezision. Eine Rechtfertigung der Zwecksetzung durch Angabe von Vernunftgründen ist ausgeschlossen." (Pöltner 2006, 14–15).

Wird Vernunft auf Zweckrationalität eingeschränkt, dann gehe es nur noch um die Wahl der Mittel und nicht mehr um die Diskussion über den Sinn des Zweckes selbst (vgl. Pöltner 2006, 31). Ethik bedeutet, Handlungen nach der Differenz von gut und schlecht, bzw. gut und böse zu untersuchen, die Handlung also zu rechtfertigen. Dazu gibt es einige wesentliche Methoden der ethischen Urteilsbildung. Die in der Abbildung 18 dargestellten Methoden werden im Folgenden im Überblick vorgestellt (einen guten Überblick über moralphilosophische Grundlegungen geben u.a. Retzmann 1994, 15–257; Zagal & Galindo 2000, 109–196; Pöltner 2006, 34–47; Höffe 2008; Quante 2008, 126–142; Ulrich 2008, 59–100).

Die Unterscheidung zwischen deontologischer und utilitaristischer (teleologischer) Ethik ist das wohl prominenteste Unterscheidungsschema von Ethik in der Moralphilosophie.[62] Es gibt unterschiedliche Ausprägungen dieser beiden Ausrichtungen. Es ist nicht immer eindeutig, ob eine ethische Theorie der einen oder der anderen angehört. Der Unterscheidung ist daher mit Vorsicht zu begegnen. Dennoch ist die Unterscheidung für die Orientierung recht hilfreich. (Vgl. Quante 2008, 127) Die obige Abbildung zeigt nicht nur die Unterscheidung zwischen den zwei Hauptströmungen, sondern führt mit der *Ethik der Strukturganzheit einer Handlung,* an der sich Pöltner (2006, 45–47) orientiert, sowie der *Strebensethik* zwei weitere Zugänge an. An der Abbildung oben zu den Methoden der ethischen Urteilsbildung wird schon deutlich, dass sich die Argumentation Becks und Zabecks nur an einem Ausschnitt der Ethik orientieren.

---

[62] Eine weitere Unterscheidung stammt von Max Weber: Gesinnungs- und Verantwortungsethik. Verantwortungsethisch bedeutet für Weber, dass die Person für die Folgen ihrer Handlung aufzukommen hat. (Vgl. Weber 1958, 450) „Gesinnung steht für die moralische, politische oder weltanschauliche Grundorientierung eines Individuums." (Höffe 2008, 108) Kant verwendete den Begriff positiv besetzt und setzte ihn auch mit Tugend gleich. „Für Kant jedoch sind moralische ‚Gesinnungen' (Maximen, Sittlichkeit) keine bloß subjektiven Anlagen oder willkürliche Überzeugungen; gemeint ist die subjektive Übernahme des ‚Sittengesetzes'." (Höffe 2008, 108) Weber verwendet den Begriff negativer, weil er vom Berufspolitiker verlangt, sich nicht nach der Gesinnung, sondern nach dem Verantwortungsgefühl zu orientieren. Eine gesinnungslose Realpolitik hingegen lehnt Weber ab. (Vgl. Höffe 2008, 108) „Gedacht ist an ein komplementäres Verhältnis von Gesinnung und Verantwortung unter Vorrang der realpolitischen Orientierung." (Höffe 2008, 108)

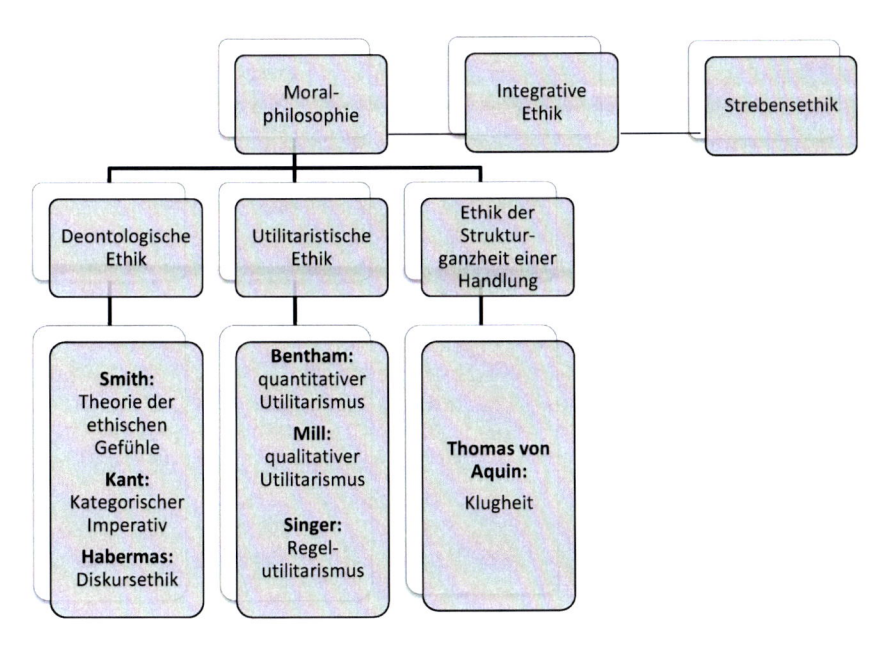

```
                    ┌──────────────┐   ┌──────────────┐   ┌──────────────┐
                    │    Moral-    │   │  Integrative │   │ Strebensethik│
                    │ philosophie  │───│     Ethik    │   │              │
                    └──────┬───────┘   └──────────────┘   └──────────────┘
         ┌─────────────────┼─────────────────┐
 ┌───────┴──────┐   ┌──────┴───────┐   ┌─────┴────────┐
 │ Deontologische│   │ Utilitaristische│ │  Ethik der   │
 │     Ethik    │   │     Ethik    │   │  Struktur-   │
 │              │   │              │   │ganzheit einer│
 │              │   │              │   │   Handlung   │
 └──────┬───────┘   └──────┬───────┘   └──────┬───────┘
```

Abbildung 18: Methoden ethischer Urteilsbildung

Unter "Deontologische Ethik": **Smith:** Theorie der ethischen Gefühle; **Kant:** Kategorischer Imperativ; **Habermas:** Diskursethik

Unter "Utilitaristische Ethik": **Bentham:** quantitativer Utilitarismus; **Mill:** qualitativer Utilitarismus; **Singer:** Regelutilitarismus

Unter "Ethik der Strukturganzheit einer Handlung": **Thomas von Aquin:** Klugheit

Der Blick in die Moralphilosophie der Neuzeit wird durch eine kurze geschichtliche Hinführung geschärft:

Mit Kant vollzieht sich ein Bruch mit der christlichen Ethik, die bis zu diesem Zeitpunkt bestimmend war. Die christliche Ethik greift auf das Alte und Neue Testament zurück, vor allem auf den Dekalog, die Bergpredigt sowie Aussagen aus den Paulus-Briefen. Die christliche Ethik war, wie die antike, bis zur Entstehung der Sollens- bzw. Pflichtenethik immer eine Ethik, die auch das Glück berücksichtigte. Gerade für antike, aber auch für Texte des Mittelalters, muss berücksichtigt werden, dass es keine Ausdifferenzierung und Trennung von Moral und Glaube gab. Beides war untrennbar miteinander verbunden. Nicht Pflichten standen im Mittelpunkt, sondern das Streben nach Glück (Strebensethik) und die Tugenden, welche traditionell in die theologischen Tugenden (Glaube, Hoffnung und Liebe) sowie die Kardinalstugenden (Weisheit oder Klugheit, lat. *sapientia* bzw. *prudentia*; Gerechtigkeit, lat. *iustitia*, Tapferkeit, lat. *fortitudo, magnitudo animi,* und Mäßigung lat. *temperantia*) unterteilt wurden, wobei Kardinaltugend für *Haupttugend* steht (lat. *cardo* steht für Türangel sowie Dreh- und Angelpunkt, vgl. Kluge 1999, 427). Aufgabe und Ziel der Ethik ist das Glück, wobei dieses nur das größte Glück sein kann. Nach Thomas von Aquin liegt das größte Glück bei Gott, also beim Streben nach dem Vollkommenen. So blieben Ethik und Moral untrennbar miteinander verbunden. Mit der Pflichtenethik, die auch auf die

Moraltheologie wirkte, löste sich die Strebensethik von der Sollensethik und damit standen die Pflichten im Mittelpunkt. Geschichtlich lässt sich – so führt Pinckaers (2004, 3–53) aus – erklären, wie es zu dieser Trennung von Glück und Moral kam, obwohl der Mensch weder auf Glück noch auf Moral verzichten kann. Diese Trennung könne auf zwei verschiedene Auffassungen von Freiheit zurückgeführt werden: *Die Freiheit der Willkür (libertas indifferentiae)*, die am Ursprung der Pflichtenethik, und die *Freiheit für das Gute*, die am Beginn der Strebens- und Tugendethik steht. Thomas von Aquin als wesentlicher Vertreter der *Freiheit für das Gute* erklärte, dass die Freiheit zur Entscheidung aus der Vernunft und dem freien Willen komme. Die Entscheidungsfreiheit ermögliche eine Freiheit zum Guten und eine Freiheit zum Glück. Nach Wilhelm von Ockham (1295–1349) entstammt die Entscheidungsfreiheit nicht der Vernunft und dem Willen, vielmehr gehe sie ihren Handlungen voraus. Der Mensch habe die Wahl, ob er denken möchte oder nicht, ob er wünschen möchte oder nicht. Die Entscheidungsfreiheit sei ein Vermögen des Menschen. Der Mensch könne also zwischen Ja und Nein sowie zwischen Gut und Böse entscheiden. Das sei die Freiheit der Willkür. Damit werde die Moral von der geistigen Natur des Menschen gelöst – und damit auch vom Glück des Menschen. Wilhelm von Ockham gilt als Vertreter des Nominalismus, der dazu führte, dass sich die Sollensethik bzw. Pflichtenethik herauskristallisierte, also eine Ethik, die auf der sittlichen Verpflichtung beruht. Diese Entwicklung inspirierte die Lehre und führte dazu, dass die Handbücher der Moraltheologie, die mit dem Konzil von Trient (1545–1563) für die Priesterausbildung und für die Pastoral eingesetzt wurden, nun stärker auf die Pflichten hinwiesen. Im Vergleich zu Thomas von Aquin und seiner *Summa theoligiae* sei auffallend, dass die Ausführungen über das Glück und das letzte Ziel sowie die Ausführungen über die Tugenden verschwunden waren. Die Quelle der Sittlichkeit ist darin das Gesetz der Sittenlehre. Moralität ist damit eine Relation aus dem Gesetz auf der einen und der Freiheit des Menschen auf der anderen Seite. Glück und Spiritualität haben darin keinen Platz mehr. Das Zweite Vatikanische Konzil wollte eine Rückkehr zur Strebensethik und damit gleichzeitig eine Erneuerung der Ethik. Die Verengung der Sittenlehre auf die Pflicht und eine Ethik der Imperative werde als eine Einengung der Moraltheologie verstanden. Die drei Jahre nach Ende des Zweiten Vatikanischen Konzils erschienene Enzyklika *humanae vitae* von Papst Paul VI. sei ein Bruch mit diesem Versuch gewesen, weil im Bereich der Sexualmoral eine autoritäre Pflichtenethik vorgegeben wurde. (Vgl. Pinckaers 2004, 3–53)

Im Folgenden werden die wesentlichsten Methoden der moralischen Urteilsbildung diskutiert. Am Beginn steht die deontologische Ethik. Bevor dabei auf Kants kategorischen Imperativ eingegangen wird, soll zuerst Adam Smiths Werk *Die Theorie der ethischen Gefühle* besprochen werden, das nach Peter Ulrich (2008) für Kant sehr bedeutend war. Danach folgt die Darstellung der telelogischen Ethik mit seinen wesentlichsten Vertretern und abschließend wird auf die Ethik der Strukturganzheit einer Handlung eingegangen.

4.1.3.1 Deontologische Ethik

Der Begriff *deontologisch* kommt vom Griechischem *to deon*, was so viel wie *das Gesollte* bedeutet. Es geht also um das Sollen. Das Sittliche einer Handlung leitet sich einzig davon ab, ob sie einem anerkannten moralischen Prinzip entspricht, losgelöst von den Folgen, welche die Handlung auslöst. Der wichtigste Vertreter dieser Ethik ist Immanuel Kant mit seinem kategorischen Imperativ. (Vgl. Pöltner 2006, 38–39) Ulrich (2008, 60–69) zeigt, wie sich aus dem universalisierten Reziprozitätsprinzip die Goldene Regel und das jüdisch-christliche Gebot der Nächstenliebe entwickelt haben. Küng (1990, 84) spricht von der „Säkularisierung dieser Goldenen Regel" durch Kant. Bevor jedoch Kant seine Vernunftethik entwickelte, war es der schottische Moralphilosoph und Begründer der Wirtschaftswissenschaften, Adam Smith, der mit seinem Werk *Theorie der ethischen Gefühle* den „universalistischen Standpunkt der Moral als den imaginären Standpunkt eines *unbeteiligten und unparteiischen Zuschauers* veranschaulicht." (Ulrich 2008, 65) Die deontologische Ethik arbeitet mit dem Universalisierungsprinzip, das sich an Kants kategorischen Imperativ ausrichtet. Dieser Imperativ gilt „ohne jede Rücksicht auf Interessen und Wünsche des Handelnden" (Höffe 2008, 48). Dadurch unterscheidet er sich von einem hypothetischen Imperativ, der von einem Wunsch ausgeht. So ist z.B. der Imperativ *Lebe gesund* ein hypothetischer, weil er vom Wunsch der Gesundheit bzw. des Glücklichseins getragen wird (vgl. Höffe 2008, 48).

Adam Smith: *Die Theorie der ethischen Gefühle*

Es ist nicht selbstverständlich, Adam Smith im Zusammenhang mit der deontologischen Ethik zu nennen. Dieser Weg wird hier verfolgt, weil nach Peter Ulrich (2008, 65) der unparteiische Zuschauer Smiths als Vorläufer des kategorischen Imperativs verstanden werden kann. Beck und Zabeck berufen sich beide nur am Rande auf Smith. Für Woll (2003, 132) ist es sinnvoll, Adam Smith einzubinden, weil er die Grundlage für den Zusammenhang von Ethik und Ökonomie gelegt habe. Gerade aber Adam Smiths wichtigstes ethisches Werk – *The Theory of Moral Sentiments* – wird von Beck und Zabeck ausgeblendet. Woll schrieb mit seinem Aufsatz die erste Reaktion auf Zabecks (2002) Aufsatz.

Adam Smith (1723–1790) war Moralphilosoph. Er studierte in Glasgow (1737–1740) bei Francis Hutcheson und ging danach mit einem Stipendium nach Oxford. Er kehrte nach dem Studium nach Schottland zurück, zuerst nach Edinburgh und danach nach Glasgow. Er hielt Vorlesungen über Moralphilosophie (Natürliche Theologie, Ethik, Naturrechtslehre und Politik), Metaphysik und Logik. Aus diesen Vorlesungen heraus entstand die *Theory of Moral Sentiments* (1759), die mit dem Werk *Inquiry into the Nature and Causes of the Wealth of Nations* (1776) den Mittelpunkt seiner Arbeiten ausmacht. Bis zu seinem Lebensende arbeitete Smith an Umarbeitungen und Ergänzungen an beiden Hauptwerken. (Vgl. Rolle 2005, 84; Woll 2003, 132)

> „Smith wird häufig nicht nur als Nachfolger von Mandevilles Gedanken angesehen, sondern auch von Thomas Hobbes; als Verbreiter der Idee, dass die menschliche Natur egoistisch motiviert ist. Da freier individueller Egoismus für die Leitung der Gesellschaft ausreicht, ist die Moral überflüssig – der Markt verwandelt nämlich alles (das Gute wie das Böse, besonders aber das Böse) in Gemeinwohl. Die Gesellschaft kann (oder muss) daher auf Egoismus aufgebaut sein. [...] Adam Smith dachte jedoch keineswegs so, nicht einmal in nur eine Richtung." (Sedláček 2009, 249)

In der Literatur taucht die Rede vom sogenannten *Adam-Smith-Problem* auf, das Joseph Schumpeter in die Diskussion einbrachte. Die beiden Hauptwerke scheinen einen Widerspruch aufzuwerfen, denn in *Wealth of Nations* werden moralische Fragen nicht behandelt. So sehen manche Forscher einen Umschwung Smiths vom ersten auf das zweite Werk. Anders sehen dies u.a. Raphael und Macfie:

> „The so-called "Adam Smith problem' was a pseudo-problem based on ignorance and misunderstanding. Anybody who reads TMS [Theory of Moral Sentiments, Anmerkung des Autors], first in one of the earlier editions and then in edition 6, will not have the slightest inclination to be puzzled that the same man wrote this book and WN [Wealth of Nations, Anmerkung des Autors], or to suppose that he underwent any radical change of view about human conduct. Smith's account of ethics and of human behaviour is basically the same in edition 6 of 1790 as in edition 1 of 1759. There is development but no fundamental alteration. It is also perfectly obvious that TMS is not isolated from WN (1776). Some of the content of the new material added to edition 6 of TMS clearly comes from the author of WN. No less clearly, a little of the content of edition I of TMS comes from the potential author of WN. Of course WN is narrower in scope and far more extensive in the working out of details than is TMS. It is largely, though by no means wholly, about economic activity and so, when it refers to motivation, concentrates on self-interest. There is nothing surprising in Adam Smith"s well known statement (WN I.ii.2): 'It is not from the benevolence of the butcher, the brewer, or the baker, that we expect our dinner, but from their regard to their own interest.' Who would suppose this to imply that Adam Smith had come to disbelieve in the very existence or the moral value of benevolence? Nobody with any sense. But this does not necessarily exclude scholars, some of whom have adopted the Umschwungstheorie, the hypothesis that the moral philosopher who made sympathy the basis of social behaviour in TMS did an about-turn from altruistic to egoistic theory in WN owing to the influence of the

French 'materialist' thinkers whom he met in Paris in 1766." (Smith, Raphael & Macfie 1982, 20)

In ihrer Einführung in das Werk *Theorie der moralischen Gefühle* führen Raphael und Macfie aus, dass beide Werke nicht voneinander zu trennen sind. Sie beziehen sich dabei u.a. auf Buckle:

> „In the Moral Sentiments, he ascribes our actions to sympathy; in his Wealth of Nations, he ascribes them to selfishness. A short view of these two works will prove the existence of this fundamental difference, and will enable us to perceive that each is supplementary to the other; so that, in order to understand either, it is necessary to study both." (Buckle 1861, 437 zitiert in Smith, Raphael & Macfie 1982, 21)

Adam Smith ist mit seinem Werk *Theorie der ethischen Gefühle* gegen die damals in Mode gekommene Moral des Egoismus (*selfish-system*) aufgetreten (vgl. Eckstein in Smith 1977, XXIV–XXV). Smiths Absicht ist besser verständlich, wenn der Kontext der Diskussionen seiner Zeit mitberücksichtigt wird. Er wendet sich vor allem und ganz stark gegen die Ideen Bernard Mandevilles, der mit seiner Fabel in Reimform *Die Bienenfabel oder Private Laster, öffentliche Vorteile* einen Skandal auslöste. Beschrieben wird ein Bienenvolk, das ihm Wohlstand lebt, aber in dem auch das Laster einen großen Platz einnimmt. Aber die Bienen möchten in einer gerechten, aufrichtigen und ehrlichen Gesellschaft leben. Ihr Gott erhört sie und macht tugendhafte Wesen aus ihnen. Das führt dazu, dass der Wohlstand des Bienenvolkes verloren geht. Viele verlieren ihre Arbeit, so die Richter und die Anwälte, aber auch die einfachen Leute, weil der Luxus keine Nachfrage mehr schafft. Schließlich stirbt der Bienenstock fast aus, die Überlebenden werden von einem anderen Stock vertrieben. Im Mittelpunkt steht also das Laster, welches den menschlichen Gemeinschaften große Vorteile bringt: „Wie hat's ein solches Land doch gut, wo Macht ganz auf Verbrechen ruht!" (Mandeville 2012, 84) In den Anmerkungen zur Bienenfabel beschreibt Mandeville seine Gedanken, die davon ausgehen, dass Handel, Wohlstand, Beschäftigung, Einkommen das Ergebnis des Lasters seien. Das erinnert an Werner Sombarts (1986) *Liebe, Luxus und Kapitalismus. Über die Entstehung der modernen Welt aus dem Geist der Verschwendung.* Es ist eine Erklärung der Entstehung des Kapitalismus nicht aus der protestantischen Ethik, wie sie Max Weber lieferte (siehe ausführlicher dazu in 4.4.3.6), sondern aus Luxus und Maitressenwirtschaft.

Woll (2003, 132) streicht ebenso heraus, dass sich Smith mit seiner Theorie *gegen* die Bienenfabelthese stellte.

Sedláček (2009, 237–238) macht darauf aufmerksam, dass in viel älteren Schriften dargelegt wurde, wie das Böse durchaus zum Guten des Ganzen beitragen kann. Er verweist u.a. auf das Matthäus-Evangelium, in dem Jesus davor warnt, das Unkraut auszureißen, weil damit auch der Weizen verloren geht.[63] Ebenso zitiert er Thomas von Aquin: „In den Dingen gibt es viel Gutes, das gar keinen Ort hätte, wenn es nicht das Schlechte gäbe." (Thomas von Aquin 1996, Summe gegen die Heiden, Buch III Kapitel 71 zitiert in Sedláček 2009, 238) Hätte Mandeville diese Quellen gekannt, so wäre die Kontroverse um sein Werk sicherlich weniger stark ausgefallen. Mandevilles sei ein Befürworter des Hedonismus gewesen. (Vgl. Sedláček 2009, 238) „Er geht sogar noch weiter als die Hedonisten: Unsere Nachfrage muss immer weiter wachsen, denn das ist seiner Meinung nach der einzige Weg zum Fortschritt. In dieser Hinsicht ist die moderne Ökonomie aus seinem Denken erwachsen." (Sedláček 2009, 238)

Adam Smith steht zwar noch in der klassischen aristotelischen Tradition, die davon ausgeht, dass Ethik, Ökonomie und Politik nicht zu trennen sind. Neu sei aber bei Adam Smith der Ausgangspunkt: die sittliche Autonomie des Individuums – nicht die Autonomie oder die Selbstliebe an sich, sondern die sittliche Autonomie. (Vgl. Rolle 2005, 86–87) Adam Smith ist keinesfalls der Erfinder des *Homo oeconomicus*, auch nicht David Ricardo, es ist Karl Marx. Smith geht nicht vom Egoismus, sondern vom Selbstinteresse der wirtschaftlich tätigen Partner aus. (Vgl. Woll 2003, 132)

Smith baut in *Theorie der moralischen Gefühle* eine These auf, die zeigt, wie die Eigenliebe des Menschen in Zaum gehalten werden kann. In der vor allem ökonomischen Rezeption Adam Smiths wird sehr häufig folgender Satz aus seinem Werk *The Wealth of Nations* zitiert (siehe auch englisches Original oben): „Nicht vom Wohlwollen des Metzgers, Brauers und Bäckers erwarten wird das, was wir zum Essen brauchen, sondern davon, dass sie ihre eigenen Interessen wahrnehmen. Wir wenden uns nicht an ihre Menschen-, sondern an ihre Eigenliebe, und wir erwähnen nicht die eigenen Bedürfnisse, sondern sprechen von ihrem Vorteil." (Smith 1974, 17)

In diesem Austausch komme grundsätzlich kein Egoismus zum Ausdruck, sondern der Umstand, dass beide einen Vorteil aus dem Tausch ziehen könnten. Diese nach Smith natürliche menschliche Anlage unterscheide den Menschen vom Tier, das seine Beute sichert und mit keinem teilt. Ein Egoist würde ebenso die Nahrung für sich behalten und nicht in Austausch treten. Im wirtschaftlichen Prozess stehe genau dieser Austausch im Mittelpunkt,

---

[63] „Und Jesus erzählte ihnen noch ein anderes Gleichnis: Mit dem Himmelreich ist es wie mit einem Mann, der guten Samen auf seinen Acker säte. Während nun die Leute schliefen, kam sein Feind, säte Unkraut unter den Weizen und ging wieder weg. Als die Saat aufging und sich die Ähren bildeten, kam auch das Unkraut zum Vorschein. Da gingen die Knechte zu dem Gutsherrn und sagten: Herr, hast du nicht guten Samen auf deinen Acker gesät? Woher kommt dann das Unkraut? Er antwortete: Das hat ein Feind von mir getan. Da sagten die Knechte zu ihm: Sollen wir gehen und es ausreißen? Er entgegnete: Nein, sonst reißt ihr zusammen mit dem Unkraut auch den Weizen aus. Lasst beides wachsen bis zur Ernte. Wenn dann die Zeit der Ernte da ist, werde ich den Arbeitern sagen: Sammelt zuerst das Unkraut und bindet es in Bündel, um es zu verbrennen; den Weizen aber bringt in meine Scheune." (Mt 13, 24–30)

nicht die Liebe oder die Zuneigung, wie dies in der Freundschaft der Fall sei. Damit würden die Menschen im wirtschaftlichen Prozess überfordert sein. (Vgl. Woll 2003, 132–133) „Smith setzt also weder auf das Kollektiv noch auf Egoismus, sondern darauf, dass verantwortungsbewusste Subjekte, Handwerker und Gewerbetreibende, Waren produzieren und nicht für sich horten, sondern an andere wertäquivalent weitergeben." (Woll 2003, 133)

Das wohl am häufigsten verwendete Zitat Smiths (1974, 17) bekommt eine deutlich andere Akzentuierung, wenn Smiths älteres Werk, also *The Theory of Moral Sentiments*, herangezogen wird. Es werden in diesem Werk drei Schranken diskutiert, welche den Egoismus bremsen: erstens der unparteiische Beobachter[64], zweitens die sittlichen Regeln und drittens die staatlichen Gesetze. In seinem zweiten großen Werk kommt als vierte Schranke der Wettbewerb noch dazu. Als erste Schranke fungiert das Gewissen: „Es ist Vernunft, Grundsatz, Gewissen, ist der Inwohner unserer Brust, der innere Mensch, der große Richter und Schiedsherr über unser Verhalten." (Smith 1977, 203) Der unparteiische Zuschauer lehrt die wirkliche Geringfügigkeit unseres eigenen Selbst. Er sagt uns, wann wir uns selbst zu hoch bewerten und andere zu niedrig. „Und diese Empfindung ist keineswegs nur auf solche Menschen beschränkt, die sich durch außergewöhnliche Seelengröße oder durch besondere Tugend auszeichnen." (Smith 1977, 204) Smith beginnt seine Ausführungen mit der Idee der Sympathie, die heute mit Empathie umschrieben werden könne (vgl. Ulrich 2008, 66). Jeder Mensch habe ein Gefühl für das sittliche Richtige und jeder Mensch könne Sympathie, im Sinne von Empathie, für einen anderen Menschen aufbringen. Diese Gefühle „stellen den sensiblen Erfahrungshintergrund, die reflektierende Vernunft (unparteiischer Zuschauer)" dar (Ulrich 2008, 66). Deshalb könne davon gesprochen werden, dass Smith eine Gefühlsmoral vertrete, weil die Sympathie die Basis für andere darstelle. Der Mensch nimmt also Anteil am Wohlergehen der anderen. (Vgl. Woll 2003, 133) Die Sympathie sei eine rationale und affektive Reziprozität (vgl. Ulrich 2008, 66). Der unparteiische Zuschauer reflektiere und verallgemeinere, um den Menschen vor seiner Selbstliebe zu schützen (vgl. Aßländer 2007, 80–100). Für Smith bedeutet Selbstliebe schließlich keinen schrankenlosen Egoismus:

> „Das Glück eines anderen zerstören, nur weil es unserem eigenen im Wege steht, ihm zu nehmen, was ihm wirklich nützlich ist, nur weil es für uns ebenso nützlich oder noch nützlicher sein kann, das wird kein unparteiischer Zuschauer gutheißen können – er wird es so wenig gutheißen können, wie jede andere Handlung, bei der sich der Mensch jenem natürlichen Hange hingibt, sein eigenes Glück dem Glück aller anderen vorzuziehen und auf deren Kosten zu befriedigen. Zweifellos – jeder-

---

[64] In den Übersetzungen findet sich sowohl *unparteiischer Beobachter* als auch *unparteiischer Zuschauer*. In der Arbeit wird beides synonym verwendet.

mann ist von der Natur in erster Linie und hauptsächlich seiner eigenen Obsorge anvertraut worden; und da er mehr dazu geeignet ist, für sich selbst zu sorgen als für irgendeinen anderen, so ist es recht und billig, dass er für sich selber sorge. Daher liegt jedermann weit mehr an demjenigen, was ihn selbst unmittelbar betrifft, als an dem, was einen anderen angeht; es wird in geringerem Grade unsere Anteilnahme erwecken, wenn wir etwa vom Tode eines Menschen hören, zu dem wir nicht in besonderer Beziehung gestanden sind, und es wird uns diese Nachricht weit weniger verdrießen oder unsere Ruhe stören als irgendein ganz unbedeutender Unfall, der uns selbst zugestoßen ist. Obgleich aber der Untergang unseres Nächsten uns weit weniger berühren mag als irgendein ganz kleines Missgeschick, das uns selber betrifft, so dürfen wir doch nicht ihm den Untergang bereiten, um jenes kleine Missgeschick von uns abzuwenden, oder selbst um unseren eigenen Untergang zu verhüten. Wir müssen hier wie in allen anderen Fällen uns nicht so sehr in dem Lichte sehen, in dem wir uns selbst naturgemäß erscheinen, als vielmehr in jenem Lichte, in dem wir uns naturgemäß anderen darstellen. Mag auch jedermann, wie das Sprichwort sagt, sich selbst die ganze Welt sein, für die übrigen Menschen ist er ein recht unbedeutender Teil derselben. [...] Mag es darum auch wahr sein, dass jedes Individuum in seinem Herzen naturgemäß sich selbst der ganzen Menschheit vorzieht, so wird es doch nicht wagen, den anderen Menschen in die Augen zu blicken und dabei zu gestehen, dass es diesem Grundsatz gemäß handelt. Jeder fühlt vielmehr, dass die anderen diesen seinen Hang, sich selbst den Vorzug zu geben, niemals werden nachfühlen können, und dass er ihnen – so natürlich er auch für ihn selbst sein mag – doch immer als maßlos und übertrieben erscheinen muss [...] Wollte er so handeln, dass der unparteiische Zuschauer den Maximen seines Verhaltens zustimmen könnte – und tatsächlich ist es sein heißester Wunsch, so zu handeln – dann müsste er bei dieser, wie bei allen anderen Gelegenheiten die Anmaßungen seiner Selbstliebe dämpfen und dies auf jenen Grad herabstimmen, den andere Menschen noch nachzuempfinden vermögen. Die anderen aber werden ihm seine Selbstliebe so weit nachsehen, dass sie ihm gestatten werden, um sein eigenes Glück in höherem Maße besorgt zu sein und dasselbe mit mehr Ernst und Beharrlichkeit anzustreben als dasjenige irgendeiner anderen Person. So weit werden sie seine Selbstliebe bereitwillig nachfühlen, sobald sie sich in seine Lage versetzen." (Smith 1974, 124)

Peter Ulrich (2008, 68) sieht im unparteiischen Zuschauer einen Vorläufer des kategorischen Imperativs Kants und bezieht dies vor allem auf die Aussage Smiths: „Wollte er so handeln, dass der unparteiische Zuschauer den Maximen seines Verhaltens zustimmen könnte [...]". (siehe oben) Die zweite Stärke Smiths liegt nach Ulrich (2008, 69) darin, dass Smith im Gegensatz zu Kant „die Idee der personalen Autonomie moralphilosophisch [nicht] allzu sehr aus dem sozialen Kontext" herauslöst. „Smith sieht Gemeinschaft als ein wichtiges Erziehungsmittel, die Menschen vermitteln sich gegenseitig die gesellschaftlichen Normen. Sie bilden sich über das Gefühl und durch das ständige Einüben. [...] Der Mensch kann die Gefühlsnormen kontrollieren durch einen unparteiischen Zuschauer in seiner Brust." (Woll 2003, 133) Dieser unparteiische Zuschauer ermögliche es, dass der Mensch nicht nur über andere moralisch urteile, sondern auch über sich selbst. Der Mensch, der ja Subjekt und Objekt sein kann, trete also zurück und beobachte sich selbst. Dadurch könne er sich selbst korrigieren. Diese innere Stimme müsse ausgebildet werden:

> „Die trübsinnigen und weinerlichen Moralisten haben nach Smith eine übertriebene Sympathie mit dem Unglück anderer. Sie empfinden künstliches Mitleid mit anderen. Smith nennt diese Haltung unvernünftig und sinnlos. […] Der Mensch, der am meisten Gefühle für die Freuden und Sorgen anderer hat, ist nach Smith am ehesten befähigt, die vollste Herrschaft über seine eigenen Freuden und Leiden sich anzueignen. Derjenige ist der größte Menschenfreund, der den höchsten Grad an Selbstbeherrschung erringt." (Woll 2003, 134)

Adam Smith bleibe immer in einem naturrechtlichen Vorverständnis, wobei die Natur Gottes Schöpfung ist. Erst mit Kant erfolge ein Moralprinzip, das klar vernunftethisch ohne metaphysischen Bezug begründet sei (Ulrich 2008, 69). Für Smith ist der unparteiische Zuschauer nicht die einzige Methode der ethischen Urteilsbildung, da der Mensch seine Handlung gerne positiver beurteilte, als dies der tatsächliche unparteiische Zuschauer machen würde (vgl. Smith 1977, 237). Gerade dort, wo der Mensch am dringlichsten unparteiisch sein sollte, sei er parteiisch (vgl. Smith 1977, 235). „Dieser Selbstbetrug, diese verhängnisvolle Schwäche bildet die Quelle, aus der vielleicht die Hälfte aller Zerrüttungen des menschlichen Lebens entspringt." (Smith 1977, 238) Allerdings habe die Natur – so Smith –, die auch das Gewissen gibt, ein Mittel gegen die Selbstliebe zur Verfügung gestellt. Durch die Beobachtung des Verhaltens anderer könnten allgemeine Regeln aufgestellt werden, die sagten, was zu tun und was zu unterlassen sei.

> „Auf diese Weise werden die allgemeinen Regeln der Sittlichkeit gebildet. Sie gründen sich letzten Endes auf die Erfahrung darüber, was unser natürliches Gefühl für Verdienst und sittliche Richtigkeit in bestimmten Einzelfällen billig oder missbilligt. Wir billigen oder verurteilen ursprünglich gewisse Handlungen nicht deshalb, weil sie sich bei näherer Prüfung als mit einer bestimmten allgemeinen Regel verträglich oder unvereinbar erweisen. Vielmehr wird umgekehrt die allgemeine Regel danach gebildet, dass wir aus Erfahrung gelernt haben, wie alle Handlungen einer gewissen Art, oder unter gewissen Umstände verübt, gebilligt oder missbilligt werden." (Smith 1977, 239)

Die „heilige Achtung vor allgemeinen Regeln" (Smith 1977, 245) sieht Smith als eine Pflicht an. „Diese Regeln [werden] mit Recht als Gesetze der Gottheit angesehen" (Smith 1997, 243). Smith geht also von einer philosophisch-theologischen Vorstellung aus. „Was wir auch immer für die Grundlage unseres moralischen Vermögens halten mögen, […] auf keinen Fall kann es zweifelhaft sein, dass es uns zur Leitung unseres Verhaltens in diesem Leben verliehen wurde." (Smith 1997, 248) Die Natur im Menschen und in der Welt sind bei Smith Gottgegebenes und Gottgewolltes. Sein Deismus geht von einem wohlwollenden und gütigen Schöpfergott aus. Das Gottgewollte ist damit auch das Normative. Der Mensch müsse sich in die Welt einfügen, so wie sie Gott gemacht habe. Von entscheidender Bedeutung sei die Gerechtigkeit, auf der nach Smith die ganze Gesellschaft ruhe. (Vgl. Luterbacher-Maineri 2008, 406–407) „Gerechtigkeit dagegen ist der Hauptpfeiler, der das ganze Gebäude stützt." (Smith 1977, 128) Die Natur erzwinge sie, denn die ethischen Gefühle (*moral sentiments*), von denen Smith immer wieder schreibt, geben vor, gerecht zu handeln. Das Streben des Menschen, seine Bedingungen zu verbessern, führe unter diesen Voraussetzungen zum Wohl der Gemeinschaft und Gerechtigkeit werde automatisch hergestellt (vgl. Luterbacher-Mainerie 2008, 406–407). Als dritte Schranke wirken die staatlichen Regelungen. „Derjenige ist kein Bürger, der nicht willens ist, die Gesetze zu achten und der bürgerlichen Obrigkeit Gehorsam zu leisten; und derjenige ist sicherlich kein guter Bürger, der nicht den Wunsch hegt, mit allen Mitteln, die ihm zu Gebote stehen, die Wohlfahrt der ganzen Gemeinschaft seiner Mitbürger zu fördern." (Smith 1977, 392) Von diesen drei Schranken und einem deistischen Verständnis gehe Smith aus. Moralphilosophie, die sich in der Transzendenz begründe, und Ökonomie seien bei Smith nur gemeinsam zu denken. „Er geht nicht von einem wertfreien ökonomischen Raum aus." (Luterbacher-Mainerie 2008, 427)

> „Tatsächlich hat Smith als ein an der Wirklichkeit orientierter Mann niemals übersehen, dass jede Analyse ökonomischer Phänomene nur einen Gesichtspunkt menschlicher Tätigkeit in der Gemeinschaft erfasst, so dass ganz bestimmte Annahmen soziologischer und psychologischer Art gemacht werden müssen, wenn die analytischen Resultate für das Verstehen und Gestalten der Wirklichkeit relevant sein sollen. In der Theorie der ethischen Gefühle werden diese sozialpsychologischen Annahmen ausführlich untersucht." (Recktenwald in Smith 1974, XXXV)

Jedoch zeige ein Blick in die Smith-Forschung, dass den theologischen Annahmen Smiths kaum oder keine Bedeutung zugemessen würden (vgl. Luterbacher-Maineri 2008, 405).

> „Die Spuren der Theologie und der Metaphysik, die in der Lehre Adam Smiths noch gegenwärtig waren, verschwanden allmählich aus der Wirtschaftstheorie. Die natürliche Folge davon ist, dass wir uns daran gewöhnt haben, die Begründer unserer Theorie vom Standpunkt des Rationalismus aus zu betrachten und ihre theologisch-metaphysischen Eigenheiten, die wie die Perücke auf den Portraits Adam Smiths, als bloße Oberflächlichkeiten zeitgenössischer Moden abzutun. Im Gegensatz zur üblichen gewohnten Einstellung ist es deshalb umso notwendiger, diesen Punkt zu beleuchten und die letzten Spuren älterer Ideen selbst dort freizulegen, wo sie ohne Zweifel zu verschwinden im Begriff waren." (Rüstow 2009, 24–25)

Smiths Wirtschaftssystem beruht auf drei wesentliche Annahmen (vgl. Recktenwald in Smith 1974, XLI–XLII): *Erstens* sei das individuelle Streben die Haupttriebfeder für die Bildung des Wohlstandes eines Landes. „Es handelt sich dabei aber um einen geläuterten, einen aufgeklärten und einen sozialen und rechtlichen Regeln unterworfenen Egoismus" (Recktenwald in Smith 1974, XLI). *Zweitens* solle der Mensch seinen Gefühlen folgen und die Schranken pflichtbewusst achten. *Drittens* werde der Ursprung der ethischen Gefühle in Gott verortet und nicht in der Vernunft des Menschen. Vernunft sei ein Mittel, um das Gottgewollte, das Normative umzusetzen. Diese wesentlichen Annahmen seien aber in der Rezeption verloren gegangen. Eine deistische Grundlage der Ökonomie werde wohl heute von vielen als problematisch angesehen (vgl. Luterbacher-Maineri 2008, 406–407), es ist jedoch noch problematischer, wenn die nicht übernommenen philosophisch begründeten Annahmen nicht mit anderen Ethiken gefüllt werden und dadurch das Konzept des Eigeninteresses zum ungebremsten Egoismus wird. Bis heute wird Smith oftmals einseitig interpretiert: Selbstinteresse wird als grenzloser Egoismus interpretiert, der dazu führt, die Maximierung der eigenen Interessen zu verfolgen. Smith sprach aber von einem geläuterten Eigeninteresse. Zwei der vier Schranken Smiths sind in der ökonomischen Rezeption verloren gegangen: der unparteiische Zuschauer – also das Gewissen – und die Moral. Nur die regulativen Institutionen spielen in der verkürzten Rezeption Smiths eine Rolle. Anders sieht es mit den normativen Institutionen aus: Moral wird in der Mainstream-Ökonomie ausgeblendet. Gerade für die Wirtschaftspädagogik besteht hier ein wesentlicher Anknüpfungspunkt: Die verantwortungsvolle autonome Persönlichkeit soll sich in der Reflexion über ihr Handeln im Klaren sein. Ein Anspruch, der in der modernen Erziehungswissenschaft und in der Wirtschaftspädagogik erhoben wird.

Immanuel Kant: Der *kategorische Imperativ*

Zabeck begründet, wie in der Einführung dieses Kapitels dargelegt, seine Ethik mit der deontologischen Ethik Kants. Beck lehnt diesen Zugang ab. Becks wesentliches Argument richtet sich daran aus, dass sich sowohl die Ethik Kants als auch jene von Habermas nicht auf inhaltliche Vorschreibungen, sondern auf ein formales Kriterium beziehen. Hinter dem kategorischen Imperativ stünde ein „erhobener Zeigefinger", der die Person „jedoch in Ratlosigkeit im Hinblick auf das, was wir tatsächlich tun sollen (was geboten ist), was wir unternehmen dürfen (was erlaubt ist) und unterlassen müssen (was verboten ist)" im Dunkeln lässt (Beck 2003a, 281). Von außen lässt sich – so Beck (2003a, 282) – sowieso nicht feststellen, ob diesem Imperativ gefolgt werde oder nicht. Die moralische Entscheidung werde dennoch dem Individuum „zugemutet". Die formale Universalethik bliebe zu unbestimmt und könne kein „interpersonal zugängliches Zulässigkeitskriterium für konkretes praktisches Handeln" sein (Beck 2003a, 282).

Peter Ulrich (2008, 69) führt aus, dass Kant sehr oft Bezug auf Smith nimmt, um den kategorischen Imperativ zu definieren. Der kategorische Imperativ kann unterschiedlich ausgedrückt werden, hier drei Formeln:

> „Handle nur nach derjenigen Maxime, durch die du auch zugleich wollen kannst, dass sie ein allgemeines Gesetz werde." (Kant 2008, 53)
>
> „Handle so, als ob die Maxime deiner Handlung durch deinen Willen zum allgemeinen Naturgesetze werden sollte." (Kant 2008, 54)
>
> „Handle so, dass du die Menschheit sowohl in deiner Person als in der Person eines jeden andern jederzeit zugleich als Zweck, niemals bloß als Mittel brauchst." (Kant 2008, 117)

Maximen sind subjektive Handlungsregeln, die aus eigener Erfahrung und Erziehung entstanden sind. Ob diese Maximen auch moralisch sind, kann anhand des Universalisierungsgesetzes überprüft werden. (Vgl. Pöltner 2006, 39) Die Beurteilung einer Maxime bezieht sich auf die ganze Person, die als frei und autonom verstanden wird, und bezieht sich auf den guten Willen. „Der gute Wille ist […] etwas, das seinen vollen Wert in sich selbst hat. Die Nützlichkeit oder Fruchtlosigkeit kann diesem Werte weder etwas zusetzen, noch abnehmen." (Kant zitiert in Ulrich 2008, 71). Der gute Wille ist bei Kant eine Pflicht der autonomen Person. „Hier […] muss Kant scheitern, versucht er doch in metaphysischer Tradition, die praktische Voraussetzung des guten Willens selbst noch in der reinen Logik des normativen Sollens aufzuheben." (Ulrich 2008, 71) In der reinen praktischen Vernunft werde das Sollen zu einem Müssen. Dadurch erscheine die Moral nicht in der Autonomie begründet, sondern als von außen vorgegeben. Ulrich (2008, 72) verweist darauf, dass Kant selbst in der Willensfreiheit, d.h. in der Autonomie der Person und in der Moralität, d.h. im guten Willen, zwei unhinterfragbare Voraussetzungen für moralisches Handeln sieht. Die Frage, warum der Mensch der Vernunft folgen soll, ist nach Ulrich insofern sinnlos, als der Mensch, der vernünftig handelt – also gut begründet handelt – mit der Begründung bereits sein Wollen ausdrückt. Oder anders gesagt: Wer vernünftig handelt, handelt gut begründet und braucht keine Letztbegründung, wie dies Kant mit dem Verweis auf die Pflicht versucht hat. Was aber Kant mit seinem kategorischen Imperativ nicht zum Ausdruck bringt, ist, dass es ihm um den „universalen Vorrang des Eigenwerts oder Selbstzweckcharakters jedes Menschen vor allen anderen Gesichtspunkten sozialen Handelns" gehe (Ulrich 2008, 73). Die Idee der Zwischenmenschlichkeit komme erst durch folgende Formel zum Ausdruck: „Handle so, dass du die Menschheit, sowohl in deiner Person, als in der Person eines jeden andern, jederzeit zugleich als Zweck, niemals bloß als Mittel brauchst." (Kant 2008, 117) Der Mensch kann also auch als Mittel eingesetzt werden, moralisch legitim ist dies aber nur, wenn der Mensch auch als Zweck in seiner Würde wahrgenommen wird. Insbesondere darf der Mensch dann nicht zum Mittel gemacht werden, wenn er dazu nicht einstimmen würde. Positiv formuliert: Der Mensch kann als Mittel zur Erreichung von Zielen eingesetzt werden, wenn er aus freiem Willen zustimmt – dabei darf er aber niemals als Mittel allein, sondern muss immer auch in seiner Würde, also in seinem Zweck, wahrgenommen werden. (Vgl. Ulrich 2008, 74–75)

Kant sieht die Aufgabe der Pädagogik darin, eine moralische Kultur zu ermöglichen, die nicht auf Disziplin, sondern auf Maximen gründet. Disziplin gründet auf Gewohnheit, die wieder verloren gehen kann. Maximen sind Handlungsgrundlagen, die der Mensch selbst einsieht. (Vgl. Kant 1996, 36)

> „Man muss dahin sehen, dass das Kind sich gewöhne, nach Maximen, und nicht nach gewissen Triebfedern zu handeln. […] Die Maximen müssen aus dem Menschen selbst entstehen. Bei der moralischen Kultur soll man schon früh den Kindern Begriffe beizubringen suchen von dem, was gut oder böse ist. Wenn man Moralität gründen will: so muss man nicht strafen. Moralität ist etwas so Heiliges und Erhabenes, dass man sie nicht so wegwerfen und mit Disziplin in einen Rang setzen darf. Die erste Bemühung bei der moralischen Erziehung ist, einen Charakter zu gründen. Der Charakter besteht in der Fertigkeit, nach Maximen zu handeln. Im Anfange sind es Schulmaximen, und nachher Maximen der Menschheit." (Kant 1996, 36)

Zum Charakter gehört nach Kant (1996, 37–38) nicht nur die Fertigkeit, nach Maximen zu handeln, sondern auch der Gehorsam, der ein absoluter, dem Zwang unterworfener sein kann, wenn er sich auf einen „für vernünftig und gut erkannten Willen eines Führers" bezieht. Es könne ebenso ein freiwilliger Gehorsam sein, der aus dem Zutrauen entspringe. Nicht alles könne das Kind aus der Neigung tun, manches müsse auch als Pflicht vorgeschrieben werden. Für Kant ist diese Pflicht wichtig, weil der Mensch in seinem Leben viele Dinge nicht aus Neigung tut, sondern weil er sie tun muss. Der Gehorsam des Jünglings unterscheide sich vom Gehorsam eines Kindes: „Aus Pflicht etwas zu tun heißt: der Vernunft gehorchen." (Kant 1996, 38) Zum Charakter gehören die Wahrhaftigkeit und die Geselligkeit, also die Fähigkeit, mit anderen Freundschaft halten zu können. Damit der Mensch charakterlich erzogen werden kann, sind folgende Pflichten zu bedenken (vgl. Kant 1996, 40):

a) *„Die Pflichten gegen sich selbst"*: Der Mensch hat die Pflicht, die „Würde der Menschheit in seiner eigenen Person nicht zu verleugnen" und zu erkennen, „dass der Mensch in seinem Innern eine gewisse Würde habe" (Kant 1996, 40).

b) *„Die Pflichten gegen andere"*: Die Achtung und Ehrfurcht für die Menschenrechte müssen dem Kind schon früh beigebracht werden (vgl. Kant 1996, 41).

Die charakterliche Erziehung bei Kant geht also von der Menschenwürde aus, die sich sowohl in der eigenen Person als auch in den anderen Personen manifestiert. Der Mensch wird bei Kant (1996, 43) durch die Erziehung zum moralischen Wesen, wenn er durch Vernunft zur Pflicht und zum Gesetz gelangt. „Man kann indessen sagen, dass er ursprünglich Anreize zu allen Lastern in sich habe, denn er hat Neigungen und Instinkte, die ihn anregen, ob ihn gleich die Vernunft zum Gegenteile treibt. Er kann daher nur moralisch gut werden durch Tugend, also aus Selbstzwang, ob er gleich ohne Anreize unschuldig sein kann." (Kant 1996, 43) Der Mensch muss also den kategorischen Imperativ lernen. Die konkrete Handlung, die auf Grundlage des kategorischen Imperativs ausgeführt wird, kann von Fall zu Fall unterschiedlich sein, von Personen sowie von der Epoche und der Kultur abhängig. Die zugrundeliegende Maxime jedoch bleibt dieselbe. Es ist also das Wesen des kategorischen Imperativs, dass er keine konkreten Handlungsweisen vorgibt. (Vgl. Höffe 2008, 157–158)

Jürgen Habermas: *Diskursethik*

Aus der Kantschen deontologischen Ethik haben Karl-Otto Apel und Jürgen Habermas in unterschiedlichen Ausprägungen die Diskursethik entwickelt.[65] Die Diskursethik baut darauf aus, dass der Mensch ein ‚Sprachtier' ist, denn ohne sprachliche Begriffe sind Denken und Vernunft nicht denkbar. „Das Sprechen der Sprache […] ist ein Teil […] der Tätigkeit, oder einer Lebensform." (Wittgenstein zitiert in Savigny 2011, 27) Der Mensch ist Schöpfer und Produkt der sozialen Umwelt und der Lebenswelt. Die Sprache ist darin eingebettet und drückt das Handeln aus. Es sind Individuen, die Erfahrungen und Wissen der vorhergehenden Generation weitergeben und der Mensch muss Erfahrungen sammeln und Wissen aufnehmen. Es geht also um Lern- und Handlungsprozesse von Individuen. In seiner umfassenden *Theorie des kommunikativen Handelns* bearbeitet Habermas (1987a, 1987b) u.a. eine *Theorie der Rationalität*, eine *Theorie des Handelns* und eine *Theorie der sozialen Ordnung*.[66] In seiner Theorie der Rationalität sieht er einen Paradigmenwechsel in der Soziologie – für den er auch eintritt – von der Zweckrationalität hin zur symbolvermittelten Interaktion. Er wendet sich in seiner Kritik gegen die Rational-Choice-Theorie und den Utilitarismus, weil sie eine zu enge Sicht der Rationalität vertreten würden. Lediglich die Mittel-Zweck-Relation stehe im Mittelpunkt, die Zwecke selbst könnten nicht rational begründet werden (vgl. Joas & Knöbl 2004, 315–325). Habermas spricht von der *kommunikativen Rationalität*. „Für die philosophischen Grundlagen der *Theorie des kommunikativen Handelns* war vor allem die sprachpragmatische Einführung des Begriffs

---

[65] Auf die Unterschiedlichkeiten sowie die Entwicklung der Diskursethik kann hier nicht eingegangen werden. Ausführlicher befasst sich damit u.a. Retzmann 1994.
[66] Von seinen Überlegungen zum Thema Zeit wird hier abgesehen.

kommunikative Rationalität [Hervorhebung durch den Autor] wichtig." (Habermas 2009, 141) Joas und Knöbl (2004, 325) definieren dies so:

> „Wir sind nicht einem so engen Rationalitätsverständnis, wie es etwa im Utilitarismus zugrunde gelegt wird, gezwungen. Denn wenn wir im Alltag miteinander reden, unterhalten wir uns über höchst unterschiedliche Aspekte und Phänomene und haben doch gleichzeitig die Erwartung, dass Einigkeit hergestellt, also ein vernünftiger Konsens erzielt werden kann. Die Alltagspraxis zeigt also, dass der Vernunft offensichtlich wesentlich mehr zugetraut wird, als dies die Utilitaristen tun."

In jeder der menschlichen Äußerungen und Handlungen sind drei Geltungsansprüche enthalten, die der Mensch auch bereit ist, zu verteidigen. Joas und Knöbl (2004, 325–327) fassen diese Punkte der Theorie so zusammen: Erstens werde ein *Geltungsanspruch auf Wahrheit* erhoben. Der Mensch behaupte, dass etwas so sei, wie er es sage oder durch die Handlung ausdrücke. Zweitens werde in einer Äußerung ebenso eine soziale Beziehung definiert und etwas darüber ausgesagt, was in diesem sozialen Kontext angemessen sei oder nicht, etwas normativ richtig sei oder nicht. Der Mensch erhebe also auch einen *Geltungsanspruch auf normative Richtigkeit*. Dieser Geltungsanspruch könne in einer Situation ausgehandelt werden, z.B. wenn jemand einen Führungsanspruch in einer Gruppe erhebe, der ihm oder ihr gar nicht zustehe. Drittens stecke in jeder Äußerung auch *ein Geltungsanspruch auf Wahrhaftigkeit*. Der Mensch nehme in seinen Äußerungen und Handlungen nicht nur Bezug auf die Umwelt, sondern ebenso auf sein eigenes Subjekt. Der Mensch versuche authentisch, ungekünstelt und seiner Identität entsprechend zu handeln. In der sozialen Interaktion stelle sich immer wieder die Frage, ob eine Aussage tatsächlich authentisch sei oder nicht, ob jemand ehrlich sei oder nicht. „Auch *normenregulierte Handlungen* und *expressive Selbstdarstellung* haben […] den Charakter sinnvoller, in ihrem Kontext verständlicher Äußerungen, die mit einem kritisierbaren Geltungsanspruch verbunden sind. Statt eines Tatsachenbezuges haben sie einen Bezug zu Normen und Erlebnissen." (Habermas 1987a, 35) Diese drei Geltungsansprüche könnten verschieden stark in Äußerungen und Handlungen ausgedrückt werden. Alle drei könnten mit vernünftigen Argumenten bestritten werden, sie könnten zu Inhalten von Diskussionen bzw. Diskursen werden. Mit dem Diskurs könnten Lernprozesse ausgelöst und Veränderungen erreicht werden. Das Rationalitätsprinzip, das nun vorliege, sei ein weiterer, das nicht nur Wahrheit, sondern ebenso Normatives und den Anspruch auf Wahrhaftigkeit mitberücksichtige. Aus dieser Theorie der Rationalität entwickelt Habermas seine Handlungstheorie. Er geht davon aus, dass es drei Typen von rationalen Handlungen gibt: instrumentelles, strategisches und kommunikatives Handeln (siehe Tabelle 13). Diese Handlungen beziehen sich auf verschiedene Welten: subjektive, objektive und soziale Welt.

Tabelle 13: Grundtypen des rationalen Handelns nach Habermas
(Joas & Knöbl 2004, 333)

		Handlungsorientierung	
		erfolgsorientiert	verständigungsorientiert
Handlungssituation	nicht-sozial	instrumentelles Handeln	-
	sozial	strategisches Handel	kommunikatives Handeln

Beim instrumentellen Handeln gehe es darum, einen bestimmten Zweck durch den gezielten Einsatz von Mitteln zu erreichen. Die Handlungssituation sei nicht-sozial, weil sie auf materielle Objekte bezogen sei. Es gehe also um die Nutzung von Dingen oder die Inspruchnahme der Natur. Strategisches Handeln sei nicht auf materielle Objekte bezogen. Es sei zwar auch eine Zweck-Mittel-Relation, aber eine, die sich auf andere Menschen beziehe. Das sei jene Handlungsweise, wie sie in der Spieltheorie analysiert werde. Beim kommunikativen Handeln versuchten die miteinander in Beziehung stehenden Handelnden eine wirkliche Verständigung herbeizuführen. Es gehe nicht um einen Zweck, ein bestimmtes Ziel, nicht um Selbstdarstellung. Es gehe um die offene und ehrliche Auseinandersetzung mit Menschen, in der der Ausgang des Gespräches offen bleibe. (Vgl. Joas & Knöbl 2004, 329–332) „Allein das kommunikative Handlungsmodell setzt Sprache als ein Medium unverkürzter Verständigung voraus, wobei sich Sprecher und Hörer aus dem Horizont ihrer vorinterpretierten Lebenswelt gleichzeitig auf etwas in der objektiven, sozialen und subjektiven Welt beziehen, um gemeinsam Situationsdefinitionen auszuhandeln." (Habermas 1987a, 142) Beim kommunikativen Handeln liege also eine Handlungssituation vor, in der es keinen vorgegebenen Zweck gebe und deshalb verschiedene Zwecke selbst zur Disposition stehen könnten. Auffallend an der Tabelle oben ist, dass ein Kästchen leer bleibt. Joas und Knöbl (2004, 334–335) kritisieren, dass Habermas hier nicht berücksichtige, dass der Mensch sich auch mit Objekten verständigungsorientiert auseinandersetzen könne, so z.B. im Spiel oder im Bereich des Künstlerischen und Ästhetischen. So gesehen bleibt selbst Habermas zu eng am Rationalitätsbegriff und blendet die Kreativität des Menschen aus. Darüber hinaus kritisieren sie, dass Habermas nicht aufzeige, was allen menschlichen Handlungen gleich sei, was sich als das Anthropologische darstelle. So bleibe die Körperlichkeit des Menschen ebenso außer Betracht.

Die folgende Abbildung zeigt nochmals mögliche soziale Handlungen nach Habermas (1987a). Dabei wird ersichtlich, das strategisches Handeln ein offen strategisches oder ein verdeckt strategisches Handeln sein kann, wobei die Täuschung bewusst oder unbewusst verlaufen kann, wie die folgende Abbildung 19 zeigt.

```
                        soziale Handlungen
                       /                    \
         kommunikatives              strategisches
            Handeln                     Handeln
                                      /           \
                      verdeckt strategisches    offen strategisches
                             Handeln                 Handeln
                          /            \
              Täuschung
              unbewusst              Täuschung bewusst
         (System verzerrter           (Manipulation)
          Kommunikation)
```

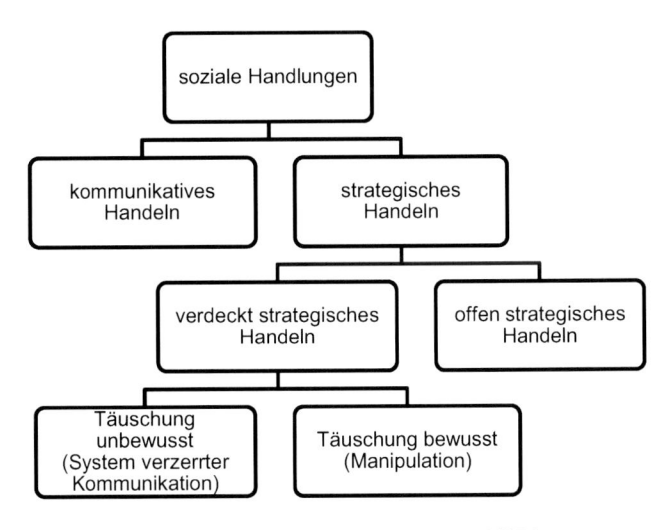

Abbildung 19: Handlungstypen nach Habermas (1987a)

Habermas' Theorie der Ordnung unterscheidet zwischen Lebenswelt und Systeme. Die Unterscheidung kann aus der Differenz von erfolgsorientierter und verständigungsorientierter Handlungsorientierung gewonnen werden. In der Lebenswelt (siehe dazu 4.1) gibt es einen geordneten Zusammenhang von Normen und Kultur. Die Lebenswelt stellt den Hintergrund der Handlungen dar und ist dem Einzelnen nicht bewusst. Aus der Lebenswelt heraus entstehen Systeme, die die Lebenswelt verlassen und sich verselbstständigen und auf die Lebenswelt zurückwirken (*Kolonialisierung der Lebenswelt*). Systeme entstehen nicht einem bestimmten Willen der beteiligten Personen folgend, sondern sind das „nicht-beabsichtigte Ergebnis der Handlungen vieler Individuen" (Joas & Knöbl 2004, 336). In Systemen findet das Handeln überwiegend instrumentell und strategisch statt. Als Systeme formen sich der Markt, die Verwaltung, das Recht oder die öffentliche Kommunikation aus. Die Subsysteme Wirtschaft und Staat werden immer komplexer und dringen tiefer in die symbolische Reproduktion der Lebenswelt mittels Verflechtung ein (vgl. Horster 1999, 82–85). In Systemen „stellt sich Ordnung objektiv, gleichsam ‚über die Köpfe der Beteiligten' hinweg her, und zwar auf dem Wege eines funktionalen Ineinandergreifens und einer gegenseitigen Stabilisierung von Handlungsfolgen, die den Akteuren nicht bewusst sein müssen." (Habermas 2009, 165–166) „Je mehr Freizeit, Kultur, Erholung, Tourismus von den Gesetzen der Warenwirtschaft erfasst werden und Schule die Funktion übernimmt, Berufs- und Lebenschancen zuzuteilen, desto stärker wird die Lebenswelt von Systemen bestimmt" (Horster 1999, 83). Konflikte treten an der Nahtstelle von Lebenswelt und System auf.

Zusammengefasst: Kommunikation ist das verständigungsorientierte Handeln der einzelnen Menschen in der Lebenswelt einerseits und das strategische, erfolgsorientierte Handeln in Systemen andererseits. Für Habermas ist der einzelne Mensch für die Gesellschaft relevant und kommunikatives Handeln ermöglicht Verständigung und gesellschaftlichen Konsens (vgl. Berghaus 2004, 21). Der Diskurs baut auf die Anerkennung der Gesprächspartner als *mündige* Personen. Jeder Mensch ist der Vernunft fähig. Jeder Mensch ist Teil der Lebenswelt, aus der er Wissen und Erfahrungen entnehmen kann. Wer am Diskurs teilnimmt, geht damit schon davon aus, dass über den Diskurs rationale Verständigung als Austausch von guten Gründen möglich ist. Tetens (2010, 165) stellt dies so dar:

1. „Wer ernsthaft bestreiten will, dass man sich in seinem Handeln an den Ergebnissen ernsthafter Diskussionen orientieren soll, orientiert sich jedenfalls in dieser Frage an den Ergebnissen ernsthafter Diskussion und fordert auch andere dazu auf.
2. Wer sich auch nur in einer einzigen Frage an den Ergebnissen ernsthafter Diskussionen orientiert, muss sich auch in allen anderen moralisch relevanten Fragen so orientieren.
3. Also akzeptiert derjenige, der ernsthaft bestreiten will, dass man sich in seinem Handeln an den Ergebnissen ernsthafter Diskussionen orientieren soll, bereits insgesamt das Moralprinzip der Diskursethik.
4. Also ist es selbstwidersprüchlich, das Moralprinzip der Diskursethik mit Gründen ernsthaft bestreiten zu wollen.
5. Was nur um den Preis eines Selbstwiderspruchs zu bestreiten ist, kann mit Notwendigkeit nicht widerlegt werden.
6. Was mit Notwendigkeit nicht widerlegt werden kann, das gilt unbedingt.
7. Also gilt das Moralprinzip der Diskursethik unbedingt."[67]

Tetens (2010, 165) sieht an dieser Argumentation zwei neuralgische Stellen. Es sei schwer einzusehen, warum die zweite Prämisse gelten solle. Damit sei unklar, warum die dritte und vierte Konklusion stimmen müssen. Es sei durchaus möglich, bestimmte Fragen im Diskurs zu lösen, andere nicht. „Moralisches Verhalten kann niemals argumentativ erzwungen werden." (Tetens 2010, 167) Aus diesem Grund sei das Wort *muss* in Prämisse 2 als ein *soll* und damit normativ zu lesen. Da liege aber die Gefahr eines Scheinbeweises (*petitio principii*), denn der Schluss, jemand als irrational oder amoralisch zu verurteilen, weil er oder sie sich nicht an ernsthaften Diskussionen orientiere,

---

[67] Striche verweisen auf eine Konklusion. Ein Argument baut auf eine Prämisse auf, von deren Wahrheit ausgegangen wird. Ein Argument ist nun eine Konklusion, also eine Aussage, die deshalb wahr ist, weil die Prämisse wahr ist. (Vgl. Tetens 2010, 23)

wäre schon in der Prämisse selbst zu finden. Die Diskursethiker argumentierten ein wenig anders: Sie gingen davon aus, dass sich eine Diskussionsverweigerung nicht rechtfertigen ließe. Für Tetens sei das keine ausreichende Begründung und er fordert gute Gründe dafür, warum es keine guten Gründe geben könne. Schließlich stellt Tetens die Frage, warum aus Punkt 6 auf Punkt 7 geschlossen werden solle. Weshalb solle dem Moralprinzip gefolgt werden, wenn es nicht widerlegt werden könne? Das ist „nur dann zwingend, wenn man nur solche Normen nicht befolgen muss, die sich mit Gründen widerlegen lassen. Das ist das diskursethische Moralprinzip, nur ein wenig anders formuliert. Erneut kommt eine *petitio principii* zum Vorschein." (Tetens 2010, 167) Für Tetens gilt es also, diese zwei offenen neuralgischen Punkte in der Diskursethik mit guten Gründen noch zu schließen.

Bei der *kommunikativen Rationalität* – ein Schlüsselbegriff von Habermas – geht es also darum, dass die am Diskurs Teilnehmenden gegenseitig das Prinzip anerkennen, dass zwischen den Menschen eine vernünftige Verständigung möglich ist. Bei Kant prüfte ein transzendentales Vernunftsubjekt – Kant ging von der Transzendentalphilosophie aus, in deren Mittelpunkt die metaphysische Idee einer absoluten Vernunft steht – im Gedankenexperiment die Universalisierbarkeit der Maxime eines handelnden Menschen und bei Smith beurteilte der unparteiische Zuschauer die Billigung einer Handlung. In der Diskursethik ist eine Gemeinschaft aller Mündigen vorzustellen, die normative Geltungsansprüche gegenüber allen im Konsens begründet. Es geht also um einen idealen Diskurs. Der praktische Diskurs vollzieht sich angelehnt an den idealen, aber in einer Praxis, die dem Ideal nicht entsprechen kann. Ideales Soll und praktisches Ist weichen also stark voneinander ab. Dies ist kein Spezifikum der Diskursethik allein, sondern der Ethik an sich. (Vgl. Ulrich 2008, 81–86)

Die Diskursethik also geht davon aus, dass sich die am Diskurs Teilnehmenden durch ihre freiwillige Teilnahme bereit zeigen, dass eine sinnvolle Argumentation überhaupt möglich ist. Die Frage, die sich nun erhebt, ist: Können moralische Normen oder Gebote überhaupt begründet werden? Pöltner (2006, 39) bezweifelt dies. „Zwar ist der Diskurs gerade in strittigen ethischen Fragen unerlässlich, aber ein Verfahren für sich genommen kann kein Sollen begründen, sondern setzt es immer schon voraus."

Bei deskriptiven Aussagen könne die Wahrheit einer Konklusion daran erkannt werden, dass die Wahrheit der Konklusion von der Wahrheit der Prämissen abhänge: Wer argumentiert, gehe von zwei Behauptungen aus: erstens von vermeintlich wahren Prämissen; zweitens sei die Konklusion dann wahr, wenn die Prämisse wahr sei. Also wird von einer Prämisse ausgegangen, die eine Wahrheit darstelle, von der angenommen werde, dass sie richtig sei. In der Konklusion werde die Wahrheit auf diese Wahrheit zurückgeführt. Stark vereinfacht (vgl. Tetens 2010, 27):

1. Es ist p der Fall.
2. Wenn p der Fall ist, dann ist q der Fall.
3. Also ist q der Fall.

Wer also die Prämisse (1) eines schlüssigen Arguments annehme, müsse als rationale Folge auch die Konklusion (2) akzeptieren. Das stimme auch für ein normatives Argument: „Wer die Prämissen akzeptiert, muss auch die normative Konklusion akzeptieren. Aber einen deskriptiven Satz zu akzeptieren heißt, ihn für wahr zu halten, einen normativen Satz zu akzeptieren heißt, bereit zu sein, nach dem entsprechenden Gebot, Verbot oder der Erlaubnis zu handeln." (Tetens 2010, 141) Die Problematik liege darin, dass es – bis auf einige irrelevante Ausnahmen – nicht möglich sei, einen normativen Schluss zu ziehen, wenn nicht schon in der Prämisse eine normative Aussage enthalten sei. Oder anders gesagt: Aus einer deskriptiven Aussage könne nicht auf eine normative Aussage geschlossen werden. Es handle sich in einem solchen Fall um einen naturalistischen Fehlschluss, weil vom Sein auf das Sollen geschlossen werde. (Vgl. Tetens 2010, 140–143) Eine deskriptive Aussage ist ein Faktum, das einen Sachverhalt beschreibt. Der diskursiv erarbeitete Konsens ist keine Tatsache, „sondern ‚begründet' eine Norm, die in nichts anderem ‚bestehen' kann als darin, intersubjektive Anerkennung zu ‚verdienen' – und die Beteiligten gehen davon aus, dass sie genau das unter annähernd idealen Bedingungen eines rationalen Diskurses feststellen können" (Habermas 2009, 411). Eine normative Aussage erhalte ihre Gültigkeit nicht aus dem Bestehen eines Sachverhaltes, aber aus der Anerkennungswürdigkeit einer Norm. „Ein unter idealen Bedingungen diskursiv erzieltes Einverständnis über Normen oder Handlungen hat mehr als nur autorisierende Kraft, es verbürgt die Richtigkeit moralischer Urteile." (Habermas 2009, 411). Die Geltung einer Norm liege darin, dass sie anerkannt werde. Und das sei das Ergebnis eines Diskurses.

Die Diskursethik geht von zwei Annahmen aus: Erstens haben „normative Geltungsansprüche einen kognitiven Sinn und [können] wie Wahrheitsansprüche behandelt werden". Zweitens verlangt „die Gründung von Normen und Geboten die Durchführung eines realen Diskurses" und nicht eine „hypothetisch durchgespielte Argumentation" (Habermas 2009, 63). Ausgegangen wird von einem Universalisierungsgrundsatz, der besagt, dass eine Norm nur dann gerechtfertigt ist, wenn sie für alle *gleichermaßen gut* ist. Dies festzustellen sei eben Aufgabe des Diskurses. Das Universalisierungsprinzip gehe nach Kant davon aus, dass ein allgemeiner Wille sich zum *allgemeinen Gesetz* eignen solle. Die Verallgemeinerungsfähigkeit könne aber nicht von einer Person allein überprüft werden, vielmehr sei ein Rollentausch aller Beteiligten notwendig. Die Teilnehmenden partizipierten also kooperativ. Es gehe nicht darum, wie ein Individuum das allgemeine Gesetz definiere, sondern wie es von allen wechselseitig diskutierend festgelegt werde. (Habermas 2009, 49–63)

Die Diskursethik ist nicht nur universalistisch, sie ist auch deontologisch, formalistisch und kognitivistisch. Ihr zentraler Gegenstand ist die Gerechtigkeit und nicht die Frage des Guten oder des Glücks. Damit will Habermas nicht behaupten, dass ausschließlich Gerechtigkeitsfragen für das Leben relevant sind, denn vielmehr sind es gerade die ethisch-existenziellen Fragen, die den Menschen direkt herausfordern (siehe dazu 4.1.3.4). Gerechtigkeit aber ist eine Frage, die alle betrifft und daher nur von allen gemeinsam gelöst werden kann, denn alle müssen ihnen zustimmen können. Eine Norm ist gerecht, wenn sie von allen anerkannt wird. Gerechtigkeit ist damit bei Habermas eine „Dimension der Gültigkeit" (vgl. Habermas 2009, 145–147). Deontologisch und formalistisch sei die Diskursethik deshalb, weil jene, die am Diskurs teilnehmen, eine bestimmte Argumentationsmoral akzeptieren müssten. Es gehe also um sechs Gebote, denen gefolgt werden müsse (vgl. Tetens 2010, 161–164): *Erstens* ziele das Gebot der Verständlichkeit darauf, dass so gesprochen werde, dass es die am Diskurs Teilnehmenden auch tatsächlich verstehen. *Zweitens* solle nur das gesagt und dem zugestimmt werden, was die teilnehmende Person nach besten Wissen und Gewissen für richtig und wahr hält. *Drittens* müsse ein Klima der Offenheit und der Freiheit vorherrschen, d.h. alle dürfen sich frei zu Wort melden und alle Überzeugungen dürfen offen und frei dargelegt werden. *Viertens* solle jede Überzeugung mit gleichem Ernst und mit gleicher Überzeugung überprüft werden. Die verschiedenen Argumente müssten gegeneinander abgewogen werden. *Fünftens* müssten auch Überzeugungen und Interessen von Menschen außerhalb des Diskurses berücksichtigt werden. *Sechstens* gelte das Gebot, sich an den Ergebnissen einer in diesem Sinne geführten ernsten Diskussion zu halten. Schließlich gelte das Moralprinzip der Diskursethik: „Orientiere dich in deinem Handeln an den Ergebnissen ernsthafter Diskussionen." (Tetens 2010, 164) Kognitivistisch ist die Diskursethik deshalb, weil sie davon ausgeht, dass Moral begründet werden kann. Damit steht sie, wie andere Methoden der Urteilsfindung, dem Nonkognitivismus gegenüber, der davon ausgeht, dass ethische Aussagen nicht begründungs- und wahrheitsfähig sind. (Vgl. Quante 2008, 40–44) Wer am Diskurs teilnimmt, stellt seine eigenen Ansprüche nicht zurück:

> „Zwischen den beiden gleichermaßen problematischen Polen der rücksichtslosen Selbstsucht (Egoismus) einerseits und der heroischen Selbstaufopferung (Altruismus) andererseits sucht sie [die Diskursethik, Anmerkung des Autors] den dritten Weg legitimer Selbstbehauptung. Sie werden dann und nur dann auf die weitere Verfolgung ihrer ursprünglichen Ziele oder Interessen verzichten, wenn sie erkennen, dass diese Interessen die Bedingung der Legitimität nicht erfüllen. Unter der

definierten Legitimitätsbedingung aber ist in einer freiheitlichen, offenen Gesellschaft den Individuen die Verfolgung ihrer privaten Interessen gemäß dem je eigenen Entwurf des guten Lebens freigestellt. Dementsprechend stellen die subjektiven Präferenzen und Interessen der Beteiligten nun nicht mehr die unhinterfragte Vorgabe an einen möglichen strategischen ‚Interessenausgleich' zum je privaten Vorteil aller Parteien dar, sondern sie werden als hinsichtlich ihrer Legitimierbarkeit gegenüber allen Betroffenen zu prüfende Ansprüche begriffen. Gegenstand der diskursiven Legitimitätsprüfung ist die Verantwortbarkeit der voraussichtlichen Folgen der Realisierung der fraglichen Ansprüche gegenüber allen potenziell Betroffenen – doch ethisches Kriterium ist und bleibt dafür stets der deontologische Gesichtspunkt der moralischen Rechte aller Betroffenen." (Ulrich 2008, 89–90)

Dieser herrschaftsfreie Diskurs stellt eine wohl elaborierte und für pluralistische Gesellschaften funktionierte Methode zur ethischen Urteilsbildung dar.

4.1.3.2 Utilitaristische (teleologische) Ethik

Die utilitaristische bzw. telelogische Ethik setzt anders als die deontologische an: Nicht die Absicht einer Handlung ist für eine moralische Handlung ausschlaggebend, sondern ihre Folgen sind das Kriterium. Im Mittelpunkt steht also nicht das Sollen, sondern der *telos*, d.h. das Ziel, der Zweck. Ausgangspunkt und Zielpunkt des moralischen Handelns ist das Wohlergehen des Menschen. Deshalb wird als Maßstab der Folgen der Nutzen herangezogen, der sich aus den Folgen einer Handlung ergibt (Utilitätsprinzip). Als Nutzen wird die Befriedigung der menschlichen Bedürfnisse definiert, er ist der Maßstab für das Wohlergehen. Glück und Lust bzw. die Abwesenheit von Schmerz und Unlust sind die zu erreichenden Ziele. Als oberster Grundsatz formulierte Bentham *das größtmögliche Glück der größtmöglichen Zahl* (vgl. Pöltner 2006, 40). Der Utilitarismus wird vor allem im anglo-amerikanischen Raum rezipiert (vgl. Retzmann 1994, 98; Höffe 2008, 324–325; Ulrich 2008, 74) und wurde zu einer Grundlage des Pragmatismus. Utilitarismus und Pragmatismus sind zu sehr einflussreichen Strömungen geworden, die das Denken wesentlich mitbestimmen (vgl. Zagal & Zalindo 2000, 148). Die utilitaristische Ethik folgt vier Teilprinzipien (vgl. Höffe 2008, 324): *Erstens* sind Handlungen von den Folgen her zu beurteilen. *Zweitens* ist der Maßstab für die Folgen der Nutzen (lat. *utilis*: nützlich), der für das in sich Gute steht und nicht für beliebige Ziele oder Werte. *Drittens* gilt das Glück als in sich gut, das nur individuell zu begründen ist. Es geht um das hedonistische Prinzip, das als das Maß an Freude, reduziert um das Maß des Leids, definiert werden kann. *Viertens* ist nicht das Glück einer Gruppe oder eines bestimmten Menschen gemeint, sondern das Glück aller, die von der Handlung betroffen sind. Nicht der Egoismus, sondern das Sozialprinzip soll verfolgt werden.

Problematisch bleibt am Utilitarismus, neben der Bewertung des Glücks, die Tatsache, dass mit der Reduktion der ethischen Bewertung auf die Folgen auch Handlungsweisen eingeschlossen werden, die für unmoralisch gehalten werden. Der Zweck heiligt die Mittel eben nicht.

Jeremy Bentham: Der quantitative Utilitarismus

„Nature has placed mankind under the governance of two sovereign masters, pain and pleasure. It is for them alone to point out what we ought to do, as well as to determine what we shall do." (Bentham zitiert in Harrison 1999, 77) Üblicherweise wird Jeremy Bentham (1748–1832) als Vater des Utilitarismus bezeichnet. Er geht als Empirist von der Beobachtung aus, dass der Mensch Schmerzen vermeide und nach Lust strebe. Lustgewinn und Unlustvermeidung versteht Bentham daher als anthropologische Grundkonstanten. Daraus leitet er auch den „ethischen Hedonismus" ab, dass sich der Mensch eben nach seinem Glück ausrichten solle. Das bedeutet, dass die Handlungen in ihrem Glückswert zu bewerten sind. Eine einzelne Person soll daher Lust und Leid addieren und jene Handlungen wählen, bei denen die Lust das Leid zumindest abdeckt. Glück, Lust und Nutzen sind für Bentham dasselbe. Bentham definiert auch eigene Kriterien zur Berechnung des Glückspotenzials. Es geht ihm z.B. um die Reinheit der Lust, d.h. sie dürfe nicht mit Schmerz durchmischt sein. So wäre z.B. Drogenkonsum ein Beispiel unreiner Lust. Die individuellen Glückswerte sind den kollektiven Glückswerten zuzurechnen. Gewählt wird jene Handlung, die den größten Gesamtnutzen ergibt. Bereits diese kurze Darstellung zeigt die Problematik, Glück zu quantifizieren. Darüber hinaus werden alle Bedürfnisse gleich bewertet und alle Interessen sind gleich. So wird der Schaden von bestimmten Personen hingenommen, solange der Gesamtnutzen maximiert ist. (Vgl. Zagal & Galindo 2000, 148–154)

Bentham leitete ethische Prinzipien aus den Erfahrungen ab – aus dem Sein wird auf das Sollen geschlossen. Ethik solle darüber hinaus eine exakte Naturwissenschaft sein, den Handlungen würden an deren Wirkungen gemessen. Die Gesinnung sei für das ethische Handeln belanglos. Das ist genau das Gegenteil dessen, was Kant mit seinem kategorischen Imperativ sagen will. Bei Kant ist der gute Wille entscheidend. Bei Bentham ist moralisch gutes Verhalten auch mit nützlichem Verhalten gleichzusetzen. Was nützt, sei gut. Der Nutzen richtet sich auf die Gesellschaft, es geht um das Wohlergehen aller Menschen. Rational ist daher bei Bentham eine Handlung die den größten Nutzen erbringt. So fallen moralisch gut, nützlich und rational zusammen. Bereits bei Bentham war das ständige Entscheiden unter Alternativen ein wirtschaftliches Handeln. Ein Gedanke, der später von Ludwig von Mises und von Gary Becker aufgenommen wurde. (Vgl. Rolle 2005, 114–121)

John Stuart Mill: Der qualitative Utilitarismus

John Stuart Mill (1806–1873) greift die Ideen Benthams auf und arbeitet sie in einen qualitativen Utilitarismus um. Mill differenziert nun stärker zwischen Arten von Lust und erkennt, dass es verschieden wünschenswerte Freuden gibt:

> „Die Anerkennung der Tatsache, dass einige Arten der Freude wünschenswerter und wertvoller sind als andere, ist mit dem Nützlichkeitsprinzip durchaus vereinbar. Es wäre unsinnig anzunehmen, dass der Wert einer Freude ausschließlich von der Quantität abhängen sollte, wo doch in der Wertbestimmung aller anderen Dinge neben der Quantität auch die Qualität Berücksichtigung findet." (Mill 2010, 27 u. 29)

Mill geht es nicht mehr um die äußere Beschaffenheit, die Quantität, sondern um die innere Qualität. Er wendet sich damit an jene Ankläger seiner Theorie, die wie die Gegner Epikurs behaupteten, „dass Menschen keiner anderen Lust fähig sind als der, deren auch Schweine fähig sind" (Mill 2010, 25). Das Glück, das hier angesprochen werde, sei mehr als tierische Lust: „Die Menschen haben höhere Fähigkeiten als bloß tierische Gelüste und vermögen, sobald sie sich dieser einmal bewusst geworden, nur darin ihr Glück zu sehen, worin deren Betätigung eingeschlossen ist." (Mill 2010, 27) Es sei daher notwendig, Kriterien zu entwerfen, die höhere, von niederen Freuden unterscheiden lassen. (Vgl. Höffe 2008, 324) Mill geht davon aus, dass sinnliche Freuden geringer als geistige sind, ohne dies näher zu begründen. Die Wahl aus mehreren Freuden erfolgt auf Basis der Erfahrung. Damit wird das, was gewünscht wird, auch zu dem, was gewünscht werden soll – ein naturalistischer Fehlschluss. Werturteile werden dadurch zu Geschmacksurteilen. Allgemeingültigkeit lässt sich daraus jedenfalls nicht ableiten. (Vgl. Retzmann 1994, 103–106)

Marcus Singer: Das regelutilitaristische Verallgemeinerungskriterium

Die Begründung einer Handlungsweise ausschließlich an ihren Folgen sieht nicht, dass Handlungen verschiedene Kräfte auslösen, die oftmals nicht vorab kontrolliert werden können. Verantwortlich kann der Mensch aber nur dafür gemacht werden, was ihm normativ zurechenbar ist. Die moralische Handlung kann nur in den „zugrunde gelegten Grundsätzen unseres Willens" festgemacht werden (Ulrich 2008, 77). Singer (1975) schlägt vor, die Folgen des Handelns in ein Universalisierungsprinzip einzubauen. Das „konsequentialistische Verallgemeinerungsprinzip" lautet in seiner negativen Grundform: „Man sollte keine Handlung ausführen, deren allgemeine Ausführung durch jedermann schlechte Folgen hat." (Ulrich 2008, 78). Singer (1975, 78) definiert: „Die Folgen davon, dass jeder in einer bestimmten Weise handelt, dürfen nicht derart sein, dass sie nicht wünschenswert wären." Ulrich (2008, 78) fasst die Erklärungen Singers in einer „regelutilitaristischen Form" des Universalisierungsprinzips als Frage zusammen, wie sie oft gestellt wird: „Was wäre, wenn (in einer bestimmten Situation) jedermann so handeln würde?" Die utilitaristische Ethik geht davon aus, dass jene Handlung zu wählen ist, die den größten Gesamtnutzen stiftet. Im Regelutilitarismus wird dieser Grundsatz nicht bei jeder Handlung überprüft, sondern nur die Handlungsregel. Die Regel ist teleologisch mit dem Nutzen unabhängig von Gerechtigkeitsfragen definiert. Die Einhaltung der Regel ist in jedem Fall Pflicht, weshalb die Begründung eine deontologische ist. Nur Regeln, die generell und prinzipiell eingehalten werden, behalten ihre utilitaristische Legitimation. Die geforderten Regeln müssen von allen ausnahmslos eingehalten werden, weshalb der Einwand, dass Handlungen eines Individuums nicht jene Wirkung erzielen können wie Handlungen, die von allen ausgeführt werden (Was wäre, wenn alle …), unbedeutend sind. Über oberste Werte, Ziele und Zwecke kann dieser Zugang keine Auskünfte geben. Singer sieht, dass das Moralprinzip nicht rein teleologisch begründet werden kann. Das regelutilitaristische Verallgemeinerungskriterium benötigt geklärte Moralprinzipien als Voraussetzung. „Es mag seinen begrenzten Sinn in der Bestimmung funktionaler Spielregeln des gesellschaftlichen Zusammenlebens finden, ohne dass es jedoch über deren ethische Qualität aus eigener Kraft etwas aussagen könnte." (Ulrich 2008, 81)

4.1.3.3 Ethik der Strukturganzheit einer Handlung

Dieser Ansatz steht in der Tradition der aristotelisch-thomistischen Tradition und geht von der Strukturganzheit einer Handlung aus. Eine Handlung ist demnach gut, wenn alle ihre konstitutiven Elemente gut sind.[68] Stark vereinfacht kann das Gute der Nützlichkeit dienen, dann ist *gut* instrumentell zu verstehen. In diesem Sinne ist z.B. ein gutes Auto zu verstehen. Das Gute kann aber auch ein Endwert sein. (Vgl. Quante 2008, 33–37) Handeln richtet sich auf bestimmte Ziele und folgt guten Gründen. Es werden daher im Ansatz der Strukturganzheit einer Handlung folgende Elemente bewertet:
   1. Ziel und Mittel,
   2. die Absicht,

---

[68] *Gut* kann klassifikatorisch, komparativ oder metrisch verwendet werden. Die klassifikatorische Verwendung spricht von gut, schlecht oder indifferent. *Gut* kann hier die gesamte Klassifizierung insofern abdecken, als schlecht nicht-gut bedeutet und indifferent weder gut noch nicht-gut. In der komparativen Verwendung werden Vergleiche angestellt. In der metrischen Verwendung wird *gut* mittels Zuordnung von Zahlen quantifizierbar gemacht. Hier wird ausschließlich der klassifikatorischen Verwendung gefolgt. (Vgl. Quante 2008, 33–35)

3. die Umstände (Situation) und
4. die Handlungsfolgen.

Es wird also zuerst das Ziel betrachtet und danach die Mittel. Das Ziel bzw. der Zweck heiligt die Mittel nicht. Ziel und Absicht sind nicht immer dasselbe, so kann sich selbst ein Arzt das Ziel der Heilung stecken, aber damit die Absicht der Bereicherung verfolgen. Alle Entscheidungen müssen im Kontext der Situation gesehen werden und die Folgen müssen verantwortbar sein. Gegenüber der deontologischen Ethik hat dies den Vorzug, dass nun nicht nur ein Formalkriterium, sondern auch die konkreten Inhalte ins Spiel kommen. Der Vorteil gegenüber dem utilitaristischen Ansatz liegt darin, dass nicht nur die Folgen, also ein Teil einer gesamten Handlungssituation, in den Blick rückt, sondern die gesamte Situation. Zur Findung des moralischen Urteils kommt der praktischen Überlegung, also der Klugheit, griech. *phronesis*, lat. *prudentia* zu.

> „Ein moralisches Urteil (handlungsanleitender Satz) kommt weder durch Ableitung aus einer Handlungsregel noch durch intuitive, kasuistische Beurteilung, sondern durch Klugheit (praktische Urteilskraft) zustande. Klugheit ist nach Aristoteles und Thomas von Aquin die ‚rechte Verfassung der praktischen Vernunft'. Sie vermittelt zwischen allgemeinen Handlungsregeln und dem konkreten Einzelfall." (Pöltner 2006, 46)

Klugheit entsteht durch Einübung. Es geht um die Fähigkeit, eine Handlungssituation einzuschätzen und im Sinne des obersten Moralprinzips verschiedene alternative Handlungsmöglichkeiten zu entwerfen und die *richtige* auszuwählen. Das oberste Moralprinzip, so wurde bereits definiert, besagt, dass das als gut Erkannte auch umgesetzt werden muss. Das Gute richtet sich an der Würde des Menschen und dem Zusammenleben des Menschen aus. Mit diesem Prinzip kommt der Selbstzweck des Menschen in den Blick: Die Würde des Menschen ist nicht Gegenstand, sondern Prinzip der ethischen Abwägung. Das oberste Moralprinzip definiert nur Prinzipien und gibt keine konkreten Inhalte. Drei weitere inhaltliche Kriterien können die Entscheidung erleichtern:
1. die menschliche Natur
2. das gesellschaftliche Ethos
3. das persönliche Ethos

Die menschliche Natur beschreibt nicht nur das Körperliche, sondern die bereits dargestellte, *conditio humana*. Die Natur ist an und für sich keine Norm. Die praktische Vernunft entscheidet, ob der Naturdynamik gefolgt oder nicht gefolgt wird. Jedenfalls aber bietet die *conditio humana* den Rahmen der Handlungen. Aus diesen Rahmenbedingungen leitet Honnefelder (1994, 170–171) ein Fundierungs- und ein Sozialkriterium ab: Das Fundierungskriterium lautet, dass dem Dringlichen gegenüber dem Ranghöheren der Vorzug zu geben ist. Die fundamentalen Bedürfnisse des Menschen, die ihn als Subjekt überhaupt ermöglichen, gehen Bedürfnissen vor, in denen sich der Mensch als Subjekt vollzieht. Konkret: Überleben ist wichtiger als besser leben. Als Sozialkriterium kann definiert werden, dass die Ansprüche des Individuums Nachrang gegenüber den Ansprüchen der Vielen haben.

Normen des Handelns werden aus dem gesellschaftlichen Ethos entnommen. Die Bedeutung dieses Ethos liegt darin, dass das Individuum sein eigenes Ethos in der Auseinandersetzung mit dem gesellschaftlichen Ethos gewonnen hat. So genießt der persönliche Ethos Vorzug vor dem gesellschaftlichen und im Konflikt verschiedener Ethosformen, ist jene Form zu wählen, welche die Menschenwürde stärker berücksichtigt. Das persönliche Ethos ist sowohl in der Beurteilung der anderen, aber ebenso in der ethischen Entscheidung zu berücksichtigen, die nach besten Wissen und Gewissen erfolgt.

Pöltner (2006) formuliert die Ethik der Strukturganzheit einer Handlung für die Medizinethik. Er greift darin auf die Ethik Thomas von Aquins zurück, auf die er nicht weiter eingeht. Pinckaers (2004, 88–100) geht in seiner Darstellung der christlichen Ethik auch auf Thomas von Aquin ein und beschreibt fünf Neigungen, die im Sinne von Thomas von Aquin das natürliche Sittengesetz fundieren:

1. *Die Neigung zum Guten*: Es wird davon ausgegangen, dass der Mensch vom Guten angezogen wird und Gefallen am Guten findet. Das Gute gehe über die Pflicht hinaus, denn es gehe um eine Qualität. Fehle das Gute, bewirke es, dass der Mensch danach strebe. Aber der Mensch als begrenztes Wesen könne etwas Gutes für böse oder Böses für gut halten. Trotzdem bleibe der Sinn für das Gute erhalten – so wie in der Krankheit der Sinn für die Gesundheit bleibe. Diese Neigung führe zum obersten Moralprinzip – das auch Pöltner (2006) anspricht: Das als gut Erkannte muss getan werden. Dies solle nicht als eine sittliche Verpflichtung verstanden werden, sondern als ein Ausdruck der Anziehungskraft des Guten. Diese Suche nach dem Guten führe auch dazu, das wahrhaft Gute zu suchen, also nach Wahrheit zu streben. Das Gute ist damit nicht Mittel, sondern Zweck. So wie die Gesundheit zum wichtigsten Gut werde, wenn der Mensch krank ist, so werde auch angesichts des Bösen ersichtlich, wie kostbar das Gute sei. Sedláček (2009) spricht in seinen Narrationen – letztlich ohne systematischer Begründung – davon, dass es in der Wirtschaft auch darum gehe: nicht um den größten Nutzen, sondern um die Frage von Gut und Böse.

2. *Die Neigung zum Erhalt des Lebens*: Es gebe nichts Fundamentaleres als unser eigenes Sein. Es müsse die Grundlage jeden Handelns sein.

Aus dieser Basis entspringe auch die Notwendigkeit des Wirtschaftens. Aber der Erhalt des Lebens gehe über das physische Leben hinaus. Es entstehe die Selbstliebe – mit der sich ja Adam Smith intensiv auseinandersetzte –, die aber keine egoistische Selbstbezogenheit bedeute. Die Selbstliebe werde im christlichen Sinn zum Maß für die Nächstenliebe: „Liebe deinen Nächsten wie dich selbst." Auch die Goldene Regel lasse sich über die Selbstliebe erklären. Im Erkennen, dass das eigene Leben wertvoll sei, stecke die Erkenntnis, dass dies auch für alle anderen Menschen gelten müsse. Damit werde aus der Neigung zum Erhalt des eigenen Lebens die Neigung zum Erhalt aller Menschen Leben.

3. *Die Neigung zur Sexualität*: Mit anderen Lebewesen teile der Mensch die Neigung zur Sexualität. Beim Menschen gehe sie über die lediglich biologische Natur hinaus, obwohl das Biologische das Charakteristische dieser Neigung sei. Die Sexualität umfasse die gesamte Persönlichkeit und spreche affektive Bindungen an. Heute hätten kulturelle und religiöse Maßnahmen zur Einschränkung von sexuellen Ausschweifungen ein negatives Image erhalten. Die Ehe werde im christlichen Sinn als eine Institution verstanden, die sowohl der Sexualität und Liebe als auch der Familie einen Raum für Entwicklung gebe. Das Recht, eine Ehe eingehen und eine Familie gründen zu können, ist Bestandteil der Europäischen Menschenrechtskonvention (Art. 12) und der Allgemeinen Menschenrechtserklärung (Art. 16) und zeigt die Bedeutung von Ehe und Sexualität für Kultur und Gesellschaft.

4. *Die Neigung zum Streben nach Wahrheit:* Die Suche nach Wahrheit führe den Menschen zur Wissenschaft. Wissenschaftlich Erkenntnis solle dazu beitragen, die Wahrheit zu finden. Zur Suche nach Wahrheit gehöre auch die Klugheit, also jene Kardinaltugend, die eine Handlung durchdringe und versuche, in einer gegebenen Situation gut zu handeln. Was die Rolle des Gewissens in der Sollensethik sei, könne als die Rolle der Klugheit in der Tugendethik verstanden werden. „Der Unterschied besteht allerdings darin, dass die Klugheit in der konkreten Situation nach dem Besten strebt und nicht einzig und allein fragt, was erlaubt und was verboten ist." (Pinckaers 2004, 94) Klugheit bedeute erstens ein praktisches Urteil und zweitens die Anweisung, danach tatsächlich zu handeln. Klugheit äußere sich in der Fähigkeit, die Erfahrung mit der Wahrheit zu verbinden. Die Neigung zum Streben nach Wahrheit führe zur Erziehung und Schulbildung, um die eigene Vernunft und Klugheit zu bilden.

5. *Die Neigung zum Leben in Gemeinschaft:* Der Mensch wird als ein gesellschaftliches und politisches Lebewesen verstanden, der das Bedürf-

nis hat, mit anderen zu leben. Der Mensch sei eben nicht des Menschen Wolf, wie Hobbes beschreibt. Ein Ausdruck der Gemeinschaft sei die Sprache, mit der der Mensch Gefühle, Gedanken und Bedürfnisse mitteilen könne. Er kann sich darüber austauschen, was gut und böse, was gerecht und ungerecht ist. In der Theorie der Freiheit der Willkür habe das Individuum Priorität als jemand, der selbst seine Freiheit beansprucht und definiert. Dadurch würden die Menschen zu Rivalen, die wiederum die Existenz des Individuums gefährdeten. Diese Freiheit führe zum Kampf. Die Individuen müssten in diesem Fall ihre Macht an eine gesellschaftliche Autorität abgeben, die Frieden erzwingen und garantieren könne. In der Theorie der Freiheit des Guten gehöre die soziale Dimension zur Natur des Menschen. Diese Neigung drücke sich in Freundschaften und in der Liebe aus, die verschiedene Formen einnehmen könne. Die Neigung zum Leben in Gemeinschaft führe zur Tugend der Gerechtigkeit, also dem Willen, jedem das Seine zu geben. Der Maßstab und die Regel der Gerechtigkeit sei das Erlangen einer bestimmten Gleichheit im relativen und absoluten Sinn. Das Ziel der Gerechtigkeit sei Frieden.

Der Ansatz der Strukturganzheit einer Handlung zielt also auf die Gesamtheit und damit auf die Besonderheit jeder Situation. Jede Situation ist anders, ist spezifisch und damit letztlich unwiederholbar. Das bedeutet, dass jede Situation eigene Lösungsansätze braucht. Da der kategorische Imperativ eine formale Regel ist, gibt es keine konkreten Handlungsvorgaben, muss situationsadäquat entschieden werden. Da jede Situation einzigartig ist, sind die Lösungen gewissermaßen ausdifferenziert. Auch die Folgen sind in jeder Situation anders.

> „Die im Mittelpunkt der Beck-Zabeck-Kontroverse stehende Segmentierungs- und Universalisierungsdebatte [...] trifft letztlich nicht den wesentlichen Punkt: Ethik erschöpft sich weder in einer deontologischen, vor allem Kant folgenden Ethik, noch in einer utilitaristischen. Es gibt auch eine Ethik, die der Tradition Thomas von Aquins folgend die Strukturganzheit einer Handlung in den Blick nimmt. Nicht nur die Absicht und die Folge, auch die Situation und der Kontext sind dabei zu berücksichtigen. Handeln in diesem Sinne wird Klugheit genannt. Sie geht auch von universellen Überzeugungen aus, weiß aber, dass diese eben situativ angewandt werden müssen." (Tafner 2012a, 39)

Diese Einzigartigkeit jeder Situation bringt Bienengräber (2011) in die Beck-Zabeck-Kontroverse ein. Sein Zugang ist nicht im Sinne der thomistischen Strukturganzheit einer Situation im Sinne Pöltners (2006) zu verstehen, sondern als ein Beitrag über die grundsätzliche Frage, ob bei der moralischen Entscheidung von einer Situierung oder einer Segmentierung, wie Beck sie vertritt, auszugehen ist. Die Segmentierungshypothese unterstellt, dass eine Entscheidung generell vom Lebensbereich und nicht von der Situation abhängt. Bienengräber (2011, 502) legt dar, dass es grundsätzlich drei Vorstellungen über die „Differenzierung moralischer Urteilfähigkeit" gibt: Erstens gebe es die homogene Theorie der *strukturierten Ganzheit*, wie sie von Kohlberg in Rückgriff auf Kant vertreten wird. Jede Entscheidung in jeder Situation folge der moralischen Reife entsprechend auf der erreichten Stufe der moralischen Kompetenz. Eine Regression sei unmöglich. Zweitens gehe die *segmentorientierte Moralentwicklung*, die Beck vertritt, davon aus, dass jeder Lebensbereich eigene moralische Kompetenzen verlange, die in Rollen konserviert sind und von der rolleninhabenden Person zu entwickeln sind. Die *situationsspezifische Moralentwicklung* orientiere sich, drittens, an der Besonderheit und Einzigartigkeit und Unwiederholbarkeit jeder Situation.

Nach Bienengräber (2011, 507–508) zeige sich in der Literatur, dass sich die Definition von Situation als schwierig erweise und drei Sichtweisen vorherrschen: Die *erste* Sichtweise gehe davon aus, dass eine Situation objektiv durch Einflüsse und Gegebenheiten vorhanden sei. Die *zweite* verstehe eine Situation als Konstrukt, die im Inneren des Menschen entstehe. Die *dritte* Sichtweise repräsentiert eine Mittelstellung und unterstellt, dass es eine außerhalb des Menschen liegende Konstellation gebe, der Mensch jedoch müsse sie interpretieren und zu einer subjektiven Situation machen. Da jede Situation komplex ist, müsse der Mensch diese Komplexität reduzieren (vgl. Esser 2005). Bienengräber (2011, 508) gibt zu bedenken, dass ein ungeklärter Situationsbegriff im Kontext der Didaktik problematisch sei, stelle doch das Situationsprinzip neben dem Wissenschafts- und dem Persönlichkeitsprinzip eines der drei Grundlagen der Curriculumentwicklung nach Reetz (1984) dar.

Bienengräber (2011, 508–515) versteht Situation als eine subjektive Konstruktion. Eine Situation ergebe sich aus der Wahrnehmung und der Deutungsleistung. Die Handlung ist damit das Ergebnis einer individuellen Interpretation. Handlungen und Situationen seien daher Korrelate. Für die moralisch relevante Interpretation seien vier Aspekte bedeutsam: Die *Gegenstandskonstellation* sei das Ergebnis „intrapsychischer Selektionsvorgänge" in Form von Aufmerksamkeits- und Gedächtnisprozessen. Erinnerungen, Begriffe und Erfahrungen, die relevant seien, werden bewusst gemacht. *Begriffliche Konzepte* legten fest, was überhaupt wahrgenommen und welche Bedeutung einer Wahrnehmung zugemessen wird. Ergänzend zu den Ausführungen Bienengräbers könnte hier auf *frames* und *scripts* im Sinne Essers (2005; Tafner 2009b, 117–136) verwiesen werden, dessen Theorie zwar von Bienengräber (2011, 507–508) nicht der Konstruktion, sondern einer Mittelstellung aus dieser und einem Verständnis von objektiv gegebenen Situationen verortet wird. Für die Bewertung der Situation sei die *Rolle*, in der sich die Person in der Phase der Interpretation befinde, bedeutend. Die Rolle lege nicht die konkrete Handlung fest, sondern determiniere einen bestimmten Rahmen, innerhalb dessen frei entschieden werden könne. Darin seien die Entscheidungsmöglichkeiten unendlich groß. Die Rolle gebe aber auch vor, welche Auswahl nicht zulässig sei. Die Rolle habe einen starken Einfluss auf die Bewertung der anderen Aspekte. In ihr seien soziale Strukturen und eigene Bedürfnisse miteinander verwoben. Die Fähigkeit, die eigenen Bedürfnisse einzubringen, hänge vom kognitiv-moralischen Entwicklungsstand der betroffenen Person ab. Aufgrund dieser Aspekte erfolgt schließlich die *Bewertung*. Sie legt fest, welche Handlung richtig und welche falsch sei. Dabei seien sowohl das Effektivitätskriterium als auch moralische Gesichtspunkte relevant. Die moralische Entscheidung in einer bestimmten Situation hänge also vom moralischen Entwicklungsstand und den sich daraus ergebenden Kompetenzen, der Rolle, den begrifflichen Konzepten und der Gegenstandskonstellation ab. „Diese Interdependenz der verschiedenen Strukturelemente erklärt das Zustandekommen situierten moralischen Urteilens." (Bienengräber 2011, 514) Entscheidungen und Erfahrungen bleiben im Gedächtnis und haben auf spätere Handlungen einen Einfluss. Dabei könne Segmentierung entstehen.

> „In dem Fall, dass die Summe der Erfahrungen, die ein Individuum innerhalb eines Lebensbereichs macht, die Wahrnehmung der situationalen Faktoren dergestalt beeinflusst, dass damit nur noch eine bestimmte, enge Auswahl aus der Bandbreite an Interpretationsmöglichkeiten möglich ist, segmentiert der Betroffene. Dann nämlich werden die situationalen Faktoren vor dem bestimmenden Hintergrund des *Lebensbereichs* ausgewählt, also vor der Erfahrung, dass die Usancen innerhalb dieses Lebensbereichs *generell* in ganz bestimmter Weise ausgeprägt sind." (Bienengräber 2011, 514)

Kommt es zu dieser dargelegten Segmentierung, dann könne dies dazu führen, dass grundsätzlich vorhandene Urteilsfähigkeiten in einem bestimmten Lebensbereich gar nicht mehr gewählt werden.

Dieser Ansatz bringt die beiden Ansätze von Beck und Zabeck ein Stück weit zusammen. „Hieß hier die ursprüngliche Streitfrage: ‚Ethischer Universalismus *oder* ethische Differenzierung?' – wurde also unterstellt, wir hätten es in diesem Falle mit einer unausweichlichen Alternative zu tun –, so hat diese Disjunktion sich am Ende als Konjunktion erwiesen. Denn die Antwort lautet nun: ‚Ethischer Universalismus *und* ethische Differenzierung'!" (Lempert 2003, 449). Auch Woll sieht die Möglichkeit, beide Ansätze zu versöhnen: Becks Segmentierungshypothese verweise zu Recht darauf, dass der Mensch nicht alles erkennen könne und ihn damit auch gewissermaßen entlaste. Jede Situation sei einzigartig, doch dürften übergeordnete Universalisierungselemente nicht ausgeblendet bleiben. (Vgl. Woll 2003, 134)

Allerdings: So einfach ist der Kompromiss doch nicht: Erstens fehlen in beiden Ansätzen noch wichtige Punkte, die erarbeitet werden müssen, und zweitens geht es in Becks bzw. Homanns Ansatz noch um eine tiefere Frage, nämlich: Welche Rolle spielt das subjektive Selbstinteresse für die Wirtschaft und die wirtschaftliche Erziehung? Um dies beantworten zu können, sind noch weitere ethische Überlegungen notwendig.

4.1.3.4 Strebensethik und integrative Ethik

Eine Unterscheidung der Ethik wurde mehrmals angesprochen, aber noch nicht konkret vorgenommen: die Trennung von deontologisch und utilitaristisch einerseits und der Tugendethik andererseits. Diese letztgenannte Form der Ethik zielt auf das Individuum und sein gutes Leben. Sie geht auf Aristoteles zurück. Für ihn war das individuelle Glück aber keine rein individuelle Angelegenheit, sondern besaß eine starke soziale Dimension. Das Ziel des Individuums war, ein guter Bürger des ebenfalls guten Gemeinwesens zu werden. Tugend bedeutet in diesem Kontext, solche Haltungen auszuformen, die die Erreichung eines solchen Zieles ermöglichen. Das Streben nach einem guten Leben setzt eine Vorstellung von einem solchen guten Leben voraus. Die Ausrichtung eines tugendhaften Menschen erfolgt auf das Gute, das mit dem Sozialen verbunden ist, und darf nicht als eine Nutzen- oder Lustmaximierung missverstanden werden. Das Ziel ist daher nicht der Egoismus oder eine schrankenlose Selbstliebe, denn zu stark ist die Verwurzelung des Guten im Sozialen. Auf Basis dieser Ethik formte sich auch die christliche Ethik zur Freiheit zum Guten aus. (Vgl. Höffe 2008, 317–320)

Die Diskussionen über neue Formen von Tugendethiken haben als Reaktion auf den neuzeitlichen Individualismus, der sich nicht auf das Soziale bezieht, zugenommen. Das gute Leben bezieht sich vielmehr auf eine Vorstellung des Guten, die sozial geteilt wird. Die Tugendethik bezieht immer die Vorstellung der eigenen Person mit ein. Es geht also um die Frage, welches Handeln, welche Vorstellungen zur eigenen Persönlichkeit passen. Die soziale Dimension der Ethik wird daher um die Dimension der eigenen Persönlichkeit erweitert. (Vgl. Quante 2008, 139–140) Diese Tugendethik wird heute als Strebens- oder Glücksethik diskutiert. In diesen Formulierungen wendet sie sich gegen die Moralphilosophie, die Ethik als ein Sollen und damit als eine Pflicht versteht. „Das moralische Sollen ist kategorisch, d.h. unbedingt und unverfügbar, weil es die Kehrseite des Wollens der Anderen ist, die mit ihren Forderungen und Erwartungen uns gegenübertreten." (Krämer 1992, 95) Die Reduktion auf eine rationale Argumentation der Moral ist nach Krämer problematisch, weil Moral auch wesentlich von irrationalen Motiven bestimmt werde:[69] „Ich selber rechne wie andere Autoren mit einer anthropologischen und sozialen Konditionierung, die weitgehend vorbewusst bleibt und daher nicht rationalisierbar ist, die aber die Souveränität und Eigenständigkeit des Moralischen konserviert." (Krämer 1992, 105) Deshalb habe Moral auch „keinen epistemischen Vorrang vor der individuellen Lebenskunst" (Krämer 1992, 95). Es sei nach Hans Krämer sogar der Strebensethik ein Vorrang gegenüber der Moralphilosophie einzuräumen, weil sie den Großteil unserer Lebensführung bestimme, dies in Not- und Krisenlagen, in besonderen Höhepunkten des Lebens, aber auch beim Sterben. Die Moralphilosophie hingegen komme nur in Konfliktfällen zum Einsatz. „Die philosophische Aufklärung über das, was wir selber wollen und können, ist gewiss nicht weniger achtbar und ehrenwert als die Aufklärung über das, was andere von uns wollen und fordern." (Krämer 1992, 78) Der Begriff des Guten, der das Individuum leite, sei ein affirmativer, im Gegensatz zur Moralphilosophie, wo das Gute mit negativen Konsequenzen für das Individuum verbunden sei. Moralphilosophie zeige die Pflichten auf, die Strebensethik gebe Orientierungs-, Entscheidungs- und Lebenshilfe. Dabei gehe es um die Auswertung von früher gemachten Lebenserfahrungen, um die Entdeckung neuer Wege. „Jeder Mensch macht von allen diesen Kompetenzen der Praktischen Intelligenz Gebrauch, sie gehören also wesentlich zum Menschen […]. Die Strebensethik lässt sich nun als Reflexionsstufe dieser natürlichen Praktischen Intelligenz verstehen." (Krämer 1992, 98) Damit würden also Selbstreflexion, Selbstsuche und Selbstfindung zum Inhalt der Strebensethik. Sie leite zur „Stärkung der

---

[69] „Generell ist davor zu warnen, das idealisierte, utilitär und rationalistisch rekonstruierte und purifizierte Bild der Moral, das die philosophische Tradition gezeichnet hat und das nach wie vor verbreitet ist, mit der realen Moral in der sozialen Wirklichkeit zu verwechseln. […] Das Fatale ist aber, dass die Geltung zunächst bei der herrschenden Moral liegt und bei der von Philosophen theoretisch als normativ proklamierten. (Fußnote Krämers dazu: Genauer betrachtet liegt hier ein normativistischer Fehlschluss zweiten Grades vor, bei dem ein (von Minoritäten propagiertes) ‚Sollen des Sollens' mit dem (durch sozialen Konsens ratifizierten) gültigen Sollen verwechselt wird.) So bleibt etwa bei einer rationalistischen Moralrekonstruktion die beste Begründung ohnmächtig, wenn sie die faktische Geltungsebene gar nicht erreicht. Geltungen aber können heute nur noch durch Mehrheiten, nicht durch Autoritäten entschieden werden. Der Handelnde, auch der Dissident und Angehörige von Minoritäten wie etwa der Philosoph, muss sich also in jedem Fall mit der herrschenden Moral auseinandersetzen und sich vor ihr rechtfertigen." (Krämer 1998, 105) Diese Haltung ist nicht unproblematisch: Erstens scheinen hier demokratiepolitische Erwägungen mit Moral gleichgesetzt zu werden und zweitens, was noch wichtiger erscheint, ist die Meinung der Mehrheit nicht immer die moralisch richtige. Krämer spricht hier explizit von Mehrheiten und nicht vom Ergebnis eines ethischen Diskurses. Aus der Mehrheit *per se* lässt sich nicht das moralisch Richtige schließen, wohl kann es dann als demokratisch legitimiert gelten. Gerade wenn es zu einer Diskrepanz von Moral und Recht kommt, bedarf es jener, die gegen die Mehrheitsmeinung auftreten. Geschichtliche Belege dazu gibt es wohl genug.

Eigenkompetenz" an (Krämer 1992, 100). Als Rechtfertigung der Strebensethik könne angeführt werden (Krämer 1992, 81):
- dass das Leben nicht automatisch gelinge;
- dass das Leben auch nicht definitiv misslinge;
- dass die Lebensführung nicht unveränderlich sei;
- dass es zwar keine Garantie für bestimmte Lösungen gebe, dass aber der Einzelne nicht immer von Grund auf neu mit seinem Leben experimentieren müsse, sondern auf Erfahrungen von anderen zurückgreifen könne und solle.

Strebensethik, die hier gemeint ist, ist eine Moralphilosophie ergänzt um das Streben nach Glück. Die älteste und schwierigste Frage ist das Verhältnis von Glück und Moral, „also von subjektiv gutem Leben und moralisch gutem (tugendhaftem) Leben, von Selbstverwirklichung und Rücksicht auf andere Menschen" (Krämer 1992, 34). Es seien zwei „menschliche Fundamentalbestrebungen, die nie vollkommen zur Deckung gebracht werden können: Zum einen verlangt es den Menschen danach, seine Individualität auszuformen und sich daran zu erfreuen, und gleichzeitig lässt ihm zum anderen das konträre Bedürfnis nicht los, sich mit anderen Menschen zu einer Gemeinschaft zusammenzuschließen, um sich in ihr aufgehoben und geschützt zu fühlen." (Thurnherr 2000, 8) Angebote der Strebensethik seien keine Weisungen wie bei der Moralphilosophie, sondern nur Ratschläge, Vorschläge oder Empfehlungen. Sie müssten auch dann, wenn sie richtig seien, nicht übernommen werden. (Vgl. Krämer 1992, 85) „Lebensziele müssen postteleologisch vom Handlungssubjekt selber gesetzt werden, und zwar immer wieder neu und wiederholt." (Krämer 1992, 129)

Eine Ethik, die die Sollens- und Strebensethik verbindet, nennt Hans Krämer *integrative Ethik*. Sie steht für eine umfassende Ethik, die nicht zwischen Ethischem und Außerethischem unterscheidet. Die Moralphilosophie im heutigen Sinn gebe es erst seit dem achtzehnten Jahrhundert. Dies habe vor allem mit Kant, aber auch mit dem englischen Utilitarismus zu tun. Die antike und mittelalterliche Ethik sei „keine Ethik der unbedingten Verpflichtung und des kategorischen Sollens, sondern Strebensethik wie die ältere philosophische Ethik insgesamt gewesen. Es ist jedenfalls ein Irrtum, irgendwo in der Antike eine derartige Sollensethik zu unterstellen." (Krämer 1992, 9) Die griechischen Philosophen von Sokrates an versuchten zu zeigen, dass sich die Interessen des Individuums mit jenen der Gemeinschaft decken. Nur dadurch wären individuelle Interessen überhaupt zu rechtfertigen. Die antike Ethik könne als eine Strebensethik verstanden werden, weil es primär um das gute Leben des Individuums gegangen sei. „Es gab daher, kantisch gesprochen, keine kategorischen, sondern nur hypothetische Imperative, die vom eigenen Wollen und Streben des Einzelnen her begründet werden mussten."

(Krämer 1992, 9) In diesem Sinne seien „Sollensphänomene verdrängt oder in hypothetische Imperative abgeschwächt und umgedeutet worden. Es ist dies ein empfindlicher Mangel der älteren Ethik, dass sie den Unterschied zwischen Strebens- und Sollensethik grundsätzlich verwischt und verschleiert" (Krämer 1992, 9). Deontologische Elemente seien durch die Kirchenväter in die Ethik gekommen, hätten aber die Strebensethik nicht verdrängt. „Der monotheistische Gott des Christentums war zwar oberster Gesetzgeber und Richter und als solcher Urheber unbedingter Imperative (wie im Dekalog), aber zugleich auch Schöpfer und Erhalter und daher ebenso für die Belange der Erhaltung und Glückserfüllung, also die Anliegen der Strebensethik zuständig." (Krämer 1992, 10) Mit Kant komme es zu einem klaren Bruch dieser ethischen Tradition seit Sokrates. Die Ethik werde zu einer reinen Pflichtenethik. Es gehe um die Frage des Sollen und des Wollens. Das Wollen beziehe sich auf die Strebensethik, das Sollen auf die Sollensethik, wobei aber die Instanz des Sollens offenbleibe, weil ja gerade das eigene Sollen/Wollen ausgeschlossen sei. Kant habe dies mit einem „metaphysischen Dualismus" gelöst, „demzufolge der Mensch Bürger zweier Welten sei und als Vernunftwesen das wolle, was er als Sinnenwesen nur solle" (Krämer 1992, 14). Bei Kant komme entweder das Wollen oder das Sollen zu kurz. „Die Fehlerquelle liegt darin, dass die Vorstellung einer kategorischen Selbstverpflichtung widersprüchlich und illusorisch ist." (Krämer 1992, 15–16) Hier kommt Hans Krämer also zu einem ähnlichen Schluss wie Ulrich (2008, 71–72). „Man kann sich selbst so wenig kategorisch verpflichtet sein wie sich etwas versprechen, verzeihen, sich selber dankbar sein oder vor sich selbst entschuldigen." (Krämer 1992, 16) Krämer (1992, 17) sieht darin eine „stellvertretende Selbstüberwachung im Agentenstatus – pseudomoralisch, da die Außensteuerung verschleiert wird, ja unmoralisch auf Seiten der Einflussnehmenden". Aber auch der Utilitarismus gehe nach Krämer den falschen Weg, weil er das moralische Sollen über den Umweg des Gemeinwohls auf das Eigeninteresse des Individuums zurückführe. Auch in der Diskursethik sieht er Formen der Nötigung, die sich aus der Anerkennung des Egalitätsprinzips, der Teilnahme am Diskurs sowie dem Anerkennen und Festhalten an Beschlüssen festmachen.

> „Moralisches Verhalten ist definiert durch Leistungen, die vom Eigeninteresse nicht abgedeckt werden und insofern überschießen. Ein solcher unabgegoltener, auch nicht durch die Aussicht auf künftige Entschädigung aufgefangener Überschuss ist für das moralische Sollen und Verhalten konstitutiv. Die moralische Forderung ist daher nötigend. Sie nimmt dabei zwischen Gewalt und Zwang einerseits und dem Eigenwollen andererseits eine irreduzible mittlere Position ein." (Krämer 1992, 42)

Zwang schließe die Freiheit der Entscheidung, aber auch die Moralität aus. Eigenes Wollen verunmögliche Nötigung. Die Nötigung, die aus der Moral komme, erfolge durch sozialen Achtungsverlust.

```
Eigeninteresse ----------→/    MORAL                    =            Nötigung
                               (Sanktion durch sozialen
                               Achtungsverlust)
                                                        /←------------------ Zwang
```

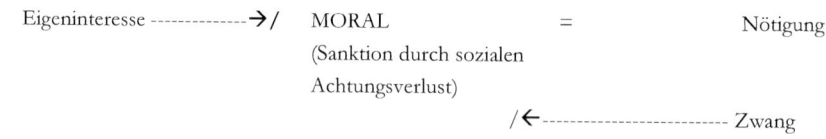

Abbildung 20: Moralische Forderung zwischen Eigeninteresse und Nötigung
(vgl. Krämer 1992, 42–43)

Moral habe immer mit Erwartungsdruck und der Beurteilung durch andere zu tun, inhaltlich beziehe sie sich wesentlich auf unsere Beziehung zu anderen. Es gehe also um Außenverhältnisse und nicht um uns selber. „Wenn wir jedoch wirklich spontane Leistungen erbringen, die uns in keiner Weise abgenötigt worden sind, so sind dies verdienstliche Werke (*merita, supererogatoria*), die, wenn überhaupt zur Moral, so doch nicht zum Zentrum der Moral gehören. Dies ergibt sich schon daraus, dass ihnen keine allgemeine Verbindlichkeit zukommt." (Krämer 1992, 43) Deshalb unterscheidet Hans Krämer auch zwei Arten von Gewissen: „die Stimme des wahren Selbstinteresses, die nicht zur Moral, sondern zum Selbstverwirklichungsstreben gehört" und „das moralische Gewissen, das internalisiertes, durch Erziehung eingeprägtes und gruppenspezifisch konkretisiertes sozionomes Sollen darstellt, das nicht bruchlos in Eigenwollen überführt werden kann" (Krämer 1992, 44). Dieses Gewissen könne ein religiöses bzw. weltanschauliches sein. „Ein strikt individuelles, auf keine Sozietät oder Religion beziehbares Sollensgewissen ist auch anderweitig nicht nachweisbar. Vom Gewissen des Einzelnen führt auch kein Weg zu einer verbindlichen Moral- und Rechtsordnung, wenn man nicht naturrechtliche oder konsensuelle Prämissen unterstellt." (Krämer 1992, 44–45) Man könne die Forderungen der anderen natürlich auch ganz zu den eigenen machen. Sie seien dann keine moralische Nötigung mehr, sondern Strebensethik. Das würde die Trennung von Moralphilosophie bzw. Sollensethik überflüssig machen. (Vgl. Krämer 1992, 44)

Strebensethik setze bei der Kompetenz an, Unverfügbares von Verfügbarem zu trennen und das eigene Können auch zu vollziehen. Um dies zu ermöglichen, sei Selbstreflexion zurück und nach vorne notwendig, um aus der Bilanz des eigenen Seins eben zum Vollzug zu gelangen (siehe dazu folgende Abbildung 21).

Das Unverfügbare könne der Mensch nicht selbst unmittelbar handelnd erwirken. Der Mensch habe darauf keinen Einfluss, lediglich den Umgang damit habe er in der Hand. Der Mensch könne das können, was das Unverfügbare ihm zur Verfügung lässt und er daraus mache. Können könne in der Regel auf Abruf aktualisiert und vollzogen werden. Vollzug heiße, das Können zu gebrauchen und es zu aktualisieren. Strebensziel sei der Vollzug. „Jedes Können bedarf von Zeit zu Zeit der Bewährung durch Vollzüge, sonst wird sein Glückswert verbraucht. Vollzüge ruhen daher auf Könnensweisen auf, erhalten sie aber auch." (Krämer 1992, 159) Rückblicke und Vorblicke ermöglichten Bilanzen und Zwischenbilanzen des Lebens. „Eine solche lebensgeschichtliche Bilanzierung bezieht sich auf die Abschätzung unseres Lebens in seiner zeitlichen Erstreckung nach dem Grad seines Gelingens oder Misslingens insgesamt. Im menschlichen Leben besitzt die Gegenwart einen Zeithof nach vor- und rückwärts." (Krämer 1992, 159) Hier wird eine Ähnlichkeit zu Petzold (1982) sichtbar.

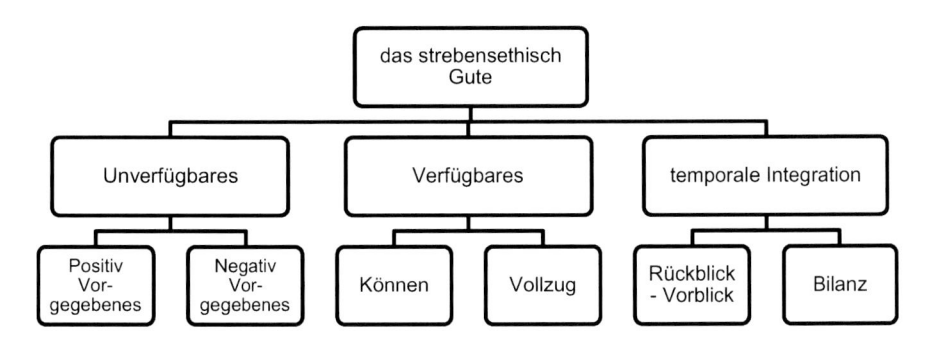

```
                    das strebensethisch
                           Gute
        ┌──────────────────┼──────────────────┐
   Unverfügbares       Verfügbares      temporale Integration
   ┌──────┴──────┐     ┌─────┴─────┐      ┌──────┴──────┐
 Positiv      Negativ  Können   Vollzug  Rückblick    Bilanz
 Vor-         Vor-                       - Vorblick
 gegebenes    gegebenes
```

Abbildung 21: Das strebensethisch Gute (vgl. Krämer 1992, 158)

Nach Esterbauer (1989, 59–135) seien Kontingenz und Zufall[70] sehr oft für den Menschen sinnwidrig oder bedrohlich. Kontingenz könne aber auch Glück und Freude bedeuten. Zufall könne Gabe oder Schicksal sein. Eine Gabe werde erst durch die Annahme dazu. Das Zugefallene müsse also vom Betroffenen angenommen werden, um zur Gabe zu werden. Gabe sei aber auch Aufgabe, denn das Zugefallene muss bewältigt werden. Durch die Bewältigung werde das Zugefallene Teil des Lebens und der Identität. Gelinge dies nicht, kann auch die Gabe zu einer Last werden, unter der man leide oder gar daran zerbreche. Das Wort *Schicksal* komme aus dem niederländischen *Schicksel* und bezeichne „was Gott, die Vorsehung als künftiges Erleben schickt". Schicksal sei also das von Gott bzw. der Vorsehung Gesandte und beschreibe damit nicht nur das Bedrohliche bzw. das Negative, sondern auch Positives und Erfreuliches. Werde Zufall als Schicksal betrachtet, dann stelle

---

[70] Esterbauer (1989, 60–62) bevorzugt den Begriff Zufall gegenüber Kontingenz. Zwar sei *Zufall* nicht von *contingentia* ableitbar. Es gebe aber auch die Bedeutung von *contingere*, bestehend aus *con* und *tangere* wieder, denn das Zufallende *betrifft* und *berührt* den Menschen bzw. wird ihm *zuteil* oder *glückt*. *Zufall* fällt einem Menschen zu, er wird dieses Geschehen günstig oder ungünstig erfahren, er wird das Geschehen werten. Glück oder Unglück können als qualifizierte Zufälle verstanden werden.

sich die Frage der schickenden Instanz. Der Betroffene fühle sich persönlich und konkret angesprochen, denn er sei der Empfänger des Kontingenzereignisses. Für das Zufallsgeschehen werde „ein personifiziertes Schicksal, das Fatum, das Kismet, die Tyche, der hypostasierte Zufall oder ein personaler Gott" verantwortlich gemacht (Esterbauer 1989, 137). Dies gehe über phänomenologische Betrachtungen hinaus und bedürfe religiöser oder weltanschaulicher Entscheidungen, die über das weltliche hinausgingen, denn eine sendende Instanz lasse sich nicht näher bestimmen. Diese Instanz lasse sich nur in Transzendenz erschließen. Hier werde die Verflochtenheit von Kontingenz, Transzendenz und Religion sichtbar. Das Wort *Glück* tritt im 12. Jahrhundert auf und dürfte aus dem Altlimburgischen stammen. *Gelücke* dürfte früher einen rechtlichen Beschluss bedeutet haben; erst später sei die Bedeutung *Schicksal* dazugekommen. Das deutsche Wort *Glück* beinhalte eine theologisch-eschatologische Bedeutung, die auch im Lateinischen (*fortuna* u. *felicitas*), im Englischen (*luck – happiness*) und im Französischen (*hasard – bonheur*) ausfindig zu machen sei. Diese doppelte Bedeutung lasse sich im Deutschen als *Glück-Haben* und *Glück-Sein* umschreiben. *Glück-Haben* ziele auf einen Moment des Glücks und *Glück-Sein* sei eine freudige und zufriedene Grundstimmung. So könne der Mensch auch *Glück-Sein*, wenn er einmal nicht Glück, sondern Pech habe. Neben Philosophie, die sich schon seit jeher mit Glück befasst habe, setze sich auch die moderne Psychologie damit auseinander, wobei es ihr mehr um das *Glück-Sein* als um das *Glück-Haben* gehe. *Glück-Sein* werde als Gefühlsbereich, als Wohlbefinden definiert. Die Herstellung rein subjektiver Lustgefühle könne zu keinem dauerhaften wirklichen Glück führen, der technische Fortschritt könne dies nicht, verordnete Utopien könnten dies ebenfalls nicht. (Vgl. Esterbauer 1989, 141–162)

Ist Glück denn überhaupt machbar? Es gebe kein Rezept, das sagt, was man tun müsse, um glücklich zu werden. Das Glück des Gelingens sei aber kein Glück des *Glück-Seins*, sondern des *Glück-Habens*. Wenn etwas glückt, dann falle es einem zu.

> „Zwar kann derjenige, dem etwas gelingt, ob des Gelingens glücklich sein, aber damit das Werk glückt, muss er zunächst Glück haben; das heißt, dass einer, dem ein Werk gelingt, vorerst einmal das Glück haben muss, dass ihm das begonnene Unterfangen glückt, bevor er wegen des gelungenen Werkes glücklich sein kann." (Esterbauer 1989, 162)

Auch Einfälle seien etwas Zugefallenes. „Man kann zwar intensiv nachdenken, aber das Nachdenken muss noch lange keinen Einfall bringen, denn ein Einfall fällt einem zu bzw. ein, ohne dass dieses Einfallen plan- oder es verfügbar wäre." (Esterbauer 1989, 163) Das Gelingen reiche wiederum über die Leistung hinaus:

> „Ist nun aber die Verwirklichung eines Einfalls gelungen, so liegt dieses Gelingen nicht im Bereich dessen, der den Einfall ins Werk gesetzt hat, sondern reicht über seine Verfügungsgewalt hinaus. Zwar hätte das Werk nie gelingen können, hätte nicht jemand zu seinem Entstehen wirkend beigetragen, aber das, was es zum Gelungenen macht, liegt nicht in der Verfügungsmacht dessen, der das Werk begonnen hat. So kann jemandes Leistung allein zum Gelingen einer Handlung nicht genügen. Trotz des größten Bemühens können Werke und Taten misslingen, d.h. das Gelingen kann nicht herbeigezwungen werden, auch wenn alles daran gesetzt wird, eine Handlung gelingen bzw. glücken zu lassen." (Esterbauer 1989, 164)

Menschen könnten aus ganz verschiedenen Umständen heraus glücklich sein, selbst im Laufe des eigenen Lebens verändere sich das, worüber man glücklich sei. Worüber der Mensch früher glücklich gewesen sei, darüber sei er heute nicht mehr glücklich.

> „Das Glücklichsein über etwas Bestimmtes ist nicht in seiner Verfügungsgewalt, er kann letztlich nichts dafür tun, um über dieses eine, das andere beglückt, selbst glücklich zu sein. Vielmehr ist offenbar auch das Glück des Glücklich-Seins ein unverfügbares. Glücklich-Sein lässt sich möglicherweise zwar insofern lernen, als abhanden gekommene Fähigkeiten, das Beglückende der Welt zu sehen und zu erfahren, wieder gewonnen werden können. Ob aber das Beglückende auch wirklich zum Grund persönlichen Glücklich-Seins wird, ist damit noch nicht ausgemacht. Erklärungen und Aufforderungen, man solle dieses oder jenes doch als Glück sehen, und selbst die Einsicht, dass es ja eigentlich auch als Glück auffassbar wäre, machen jemanden noch nicht glücklich. Erst durch den personalen Vollzug der Annahme von etwas als Glücksgrund kann dieser wirklich beglücken." (Esterbauer 1989, 173)

Sowohl Glück-Haben als auch Glück-Sein weisen also die Eigenschaft Zufall auf. „Im Glück ist der Glückliche der, der er sein möchte, und er möchte niemand anderer sein als der, der er ist." (Esterbauer 1989, 181). Für die Strebensethik ist die Selbstinterpretation entscheidend. Aus der Interpretation komme es zu künftigen Vollzügen, diese seien nur möglich, wenn das Können möglich sei. „Die Kategorie des Könnens markiert daher den Kernbereich des Gesamtgutes der Strebensethik." (Krämer 1992, 161) Damit stehe nicht der Letztvollzug, sondern das davor gereihte Können im Mittelpunkt der Strebensethik.

> „Geht man darum insgesamt davon aus, dass das Können zwar nicht Grundgut, wohl aber Primärgut des erfüllten Lebens ist, so ließe sich die Strebensethik im Unterschied zur Sollensethik zugespitzt geradezu als Ethik des Könnens und Könnenwollens definieren. Der Könnensbegriff ist weniger belastet als derjenige der Freiheit, umfassender als der der Wahlfreiheit und empfiehlt sich andererseits durch den affirmativen Weltbezug und die individualethische Präzisierung und Konkretheit (Freiheit hat dagegen auch politische und moralische Konnotate). [...] Zum bewährten, jederzeit disponiblen und aktualisierbaren Können treten ferner weitere, noch nicht ausreichend bewährte und beglaubigte, nur indizierte Könnensweisen (Dispositionen). Das Selbst als Ganzes ist daher definierbar als die Summe aller Disponibilitäten und Dispositionen." (Krämer 1992, 164–165)

Handlungs- und Planungsstrategien, Ziel- und Mittelwahl sowie entsprechende Vollzüge bedürften der *Praktischen Intelligenz*. Praktische Intelligenz selbst sei eine ausgezeichnete Könnensweise. *Praktische Intelligenz* „ist erfahrungsbezogen, aber nicht nur erfahrungsabhängig, da sie auch reine Überlegungen in Reflexionsakten und Schlussfolgerungen kennt" (Krämer 1992, 168). Die Praktische Intelligenz bestehe aus verschiedenen Kompetenzen, die als das richtige „Zielen und Treffen" zusammengefasst werden könnten. Dabei spiele die Lebenserfahrung die wesentliche Rolle. „Alles was wir wollen und was wir können, erfahren wir im Grunde nur in und durch die Auseinandersetzung mit der Welt." (Krämer 1992, 180) Ratschläge führten zu Problemen – sie können zu Spannungen und Inkongruenzen führen. Allerdings hat „die Rolle der Lebenserfahrung […] deutlich gemacht, dass die Praktische Intelligenz zur Lebensführung nicht ausreicht, sondern durch eingeübte Grund- und Dauerhaltungen ergänzt werden muss, um greifen zu können. […] Richtige Lebensführung ist definierbar als die richtige Wahl der Ziele, Mittel und Wege sowie der entsprechenden Grundhaltungen." (Krämer 1992, 183–184)

Damit geht es um eine Lebensführung, die letztlich auf Sinn orientiert und die Fähigkeit mit berücksichtigt, auch mit dem Unglück umgehen zu lernen. Der Umgang mit dem Sinn führt zur Frankl (1982, 71–72), dem Begründer der Logotherapie. Er schreibt über den Sinn des Lebens:

> „Eine allgemein gültige, für alle verbindliche Lebensaufgabe muss in logotherapeutischer Sicht unmöglich erscheinen. In dieser Sicht ist die Frage nach ‚der' Aufgabe im Leben, nach ‚dem' Sinn des Lebens – sinnlos. Sie müsste uns vorkommen wie etwa die Frage eines Reporters, der einen Schach-Weltmeister interviewt: ‚Und nun sagen Sie, verehrter Meister – welcher ist der beste Schachzug?' Diese Frage lässt sich ebenso wenig allgemeingültig und ebenso nur in Bezug auf eine konkrete Situation (und Person) beantworten […]. Ganz analog verhält es sich nun mit dem Menschen, der vor die Frage nach dem Sinn seines Lebens gestellt ist; auch er kann diese Frage, soll sie als Frage Sinn haben, nur stellen im Hinblick auf eine konkrete Situation sowie auf seine konkrete Person; darüber hinaus wäre es fehlerhaft und krankhaft, wenn er sich in den Kopf setzte, das absolut Beste zu tun, statt bloß zu ‚versuchen', es zu tun. Intendieren muss er das Beste wohl, sonst käme nicht einmal etwas Gutes heraus; aber gleichzeitig muss er verzichten können auf ein mehr als nur asymptotisches Erreichen seines Ziels." (Frankl 1982, 71–72)

Glück im Sinne der Strebensethik und Sinn im Sinne der Logotherapie Frankls wäre missverstanden, wenn das Glück und das *Glück-Sein* zur gesellschaftlichen Pflicht und Notwendigkeit degradiert würden. Zum gelungenen Leben gehört ebenso der Umgang mit dem Misslingen und dem Unglücklichsein, weil es einfach Teil des menschlichen Lebens ist. (Vgl. Schmid 2012, 7–12) „Das Geschichtsbuch der Menschheit besteht aus einem schmalen Kapitel über das Glück und einem sehr umfangreichen Rest. Dieses Verhältnis verbessern zu wollen, ist unbedingt unterstützenswert, es umkehren zu wollen, ist unrealistisch." (Schmid 2012, 12–13)

Die integrative Ethik versucht also, die Moralphilosophie mit der Strebensethik zu verbinden. Sie versucht zu zeigen, dass der Mensch sich selbst und der Gemeinschaft gegenüber Verantwortung übernehmen kann.

4.1.4 Bedeutung für die Beck-Zabeck-Kontroverse

Sowohl Beck als auch Zabeck gehen von moralischen Regeln aus, die einzuhalten sind. In beiden Ansätzen ist die Grundlage ein formales Prinzip. Beide jedoch könnten verschiedener nicht sein: hier der ökonomische Imperativ, gedeutet als die Logik eines funktionalen autonomen Subsystem und dort die universalistische Ethik Kants. Der Überblick über Moral und Ethik zeigt auf, dass die Ethikdiskussion wesentlich breiter ist, als sie von den beiden Protagonisten der Kontroverse geführt wurde. Insbesondere kommt zum einen, wie Bienengräber (2011) ausführt, die Situationsbezogenheit zu kurz, und zum anderen wird Ethik ausschließlich als eine Sollens- bzw. Pflichtenethik verstanden, der entweder aus universellen ethischen oder partikularen ökonomischen Gründen zu folgen ist. Die Konzentration auf formale Prinzipien führt auch dazu, dass allein das Kognitive der Moral in den Blick gerät. Die Bedeutung von Gefühlen oder die Berücksichtigung der Lebenswelt kommt dabei nicht in den Blick. Dies dürfte auch daran liegen, dass zu wenig eindeutig zwischen Moral und Ethik unterschieden wurde. Moral wird durch Erziehung, Sozialisation und Enkulturation von einer Generation zur nächsten transportiert und unterliegt dabei Veränderungen. Ethik im Sinne der Moralphilosophie ist die philosophische Auseinandersetzung mit dieser Moral. Moral wird also vor allem implizit gelernt, Ethik im Sinne der Moralphilosophie ist eine kognitive Auseinandersetzung. Moralerziehung vollzieht sich demnach nicht nur als ein kognitiver Prozess, sondern ist ein nicht hintergehbarer performativer Vollzug in der Lebenswelt selbst. Institutionen spielen dabei eine wesentliche Rolle. Erst die Auseinandersetzung mit Moral führt sie aus dem Performativen über in die Welt der Gründe und macht eine reflexive moralphilosophische Auseinandersetzung möglich (vgl. Habermas 2012, 24). Ethik im Sinne der Strebensethik wurde in der Kontroverse überhaupt nicht diskutiert, ebenso nicht eine integrative Ethik, die versucht, die eigenen Bedürfnisse mit jenen der gesellschaftlichen zu vereinen. Die Auseinandersetzung mit der Strebensethik gibt dem Individuum seine Würde, wie sie in der Individualpädagogik eingefordert wird. Sie zeigt aber auch die Grenzen des in die Gesellschaft eingebetteten Individuums auf. Das Eingebettetsein des Menschen in die Lebenswelt und die Performativität der Moral werden in Becks Zugang kaum beachtet. Zabeck konzentriert sich hingegen stark auf das formale Prinzip des kategorischen Imperativs. Beiden gemeinsam ist daher eine stark kognitiver Zugang, bei Beck formt sich dieser segmentiert, bei Zabeck universell aus. Es ist jedenfalls interessant, dass beide Pädagogen in der ethisch-moralischen Diskussion die Strebensethik ausblenden, die Würde und Einzigartigkeit des einzelnen Menschen daher zu wenig zum Tragen kommt.

4.2 Ausdifferenzierung der Systeme

Im vorhergehenden Unterkapitel wurde gezeigt, wie vielfältig die Diskussion über Ethik und Moral ist und dass die Beck-Zabeck-Kontroverse sowohl auf die deontologische als auch die utilitaristische Ethik abzielt, trotzdem jedoch nur in ausgesuchten Segmenten der Ethik argumentiert wird und vor allem der Bereich der Strebensethik vollkommen ausgeklammert bleibt. Die Strebensethik ist jedoch gerade im pädagogischen Kontext wichtig, wenn auf Individualität, Selbstreflexion und Eigenverantwortung abgestellt wird. Dadurch wird Ethik nochmals um eine Dimension erweitert. Es geht damit um einen Ausgleich von Selbst- und Fremdinteressen und kommt damit dem Ansatz Adam Smiths in seiner *Theorie der moralischen Gefühle* näher. Die Bedeutung des Individuums und der Rollen, die es in der Gesellschaft einnimmt, wurde bereits im Kontext der Analyse der wirtschaftlichen Erziehung bei Abraham (1957, 1966) und Zabeck (2004) aufgearbeitet (siehe Kapitel 3) und wird im Rahmen dieses Unterkapitels wieder aufgegriffen, da Beck (z.B. 2003a, 286; 2006a, 16) die Ansicht vertritt, dass der Mensch die Rollen erfüllen solle, die das Subsystem vorgebe, weil damit der höheren Moralität des Gesamtsystems gedient werde. Diese Argumentation wird in diesem Kapitel soziologisch und pädagogisch kritisch hinterfragt.

In der Beck-Zabeck-Kontroverse spielt die Ausdifferenzierung der Gesellschaft in Subsysteme eine sehr wichtige Rolle. Neuweg (2003, 354) schließt aus der Großgesellschaft und ihrer Marktwirtschaft auf die Unmöglichkeit der Individualethik im Sinne einer universalistischen Ausprägung und sieht in der Ausdifferenzierung der Gesellschaft die Begründung für Sondermoralen:

> „Deshalb kann Beck (2000[b], 38–39, 42–43) mit dem Verweis auf die funktionale Ausdifferenzierung moderner Gesellschaften geltend machen, dass sich mit den entstandenen Subsystemen auch jeweilige Sondermoralen etabliert haben, die einen gesamtgesellschaftlich funktionalen Output dieser Subsysteme sichern und die daher je für sich metamoralisch begründet (!) sind." (Neuweg 2003, 354)

Es wird gezeigt werden, dass die soziologische Fundierung der Theorie Becks unklar bleibt und mit dem Verweis auf die Ausdifferenzierung allein keine Geltung erreicht werden kann. Es können daher auch nicht direkt Empfehlungen für die Wirtschaftspädagogik daraus abgeleitet werden.

Bienengräber (2010, 314) verweist auf Parche-Kawik (2003, 118), die Subsysteme als Teilbereiche der Gesellschaft definiert, die „spezifische eigene

Handlungsrationalitäten ausgebildet und dank dieser Spezialisierung besondere Leistungsfähigkeit entfaltet haben". In der Wirtschaft bestehe in Bezug auf Homann eine klar Rahmenordnung, die einzuhalten sei. Minnameier (2005, 22) weist in seinem Aufsatz darauf hin, dass Homann sich an der Systemtheorie Luhmanns orientiere. Nachdem sich Beck wiederum an Homann orientiert, liegt der Schluss auf der Hand, dass Beck sich ebenfalls an Luhmann orientiert. Wer jedenfalls eine Moral postuliert, die sich als Partikularethik an den Vorgaben eines Subsystems ausrichten soll – dem Wirtschaftssystem – und dabei die Logik des Wirtschaftssystems als eine Orientierung an der Nutzen- und Gewinnorientierung vorgibt, wird sich schwer von Luhmann, ob gewollt oder nicht, distanzieren können, auch wenn nicht alle Facetten seiner Theorie mitgetragen werden. Unklar bleibt in der soziologischen Rezeption Becks jedoch, wie in diesem Kontext die Bedeutung der Rollen zu verstehen ist, die bei Parsons eine Rolle spielen, nicht jedoch bei Luhmann. Darauf wird ebenfalls einzugehen sein.

Das Bild von der Gesellschaft kann verschiedener nicht gemalt werden: Auch wenn wohl alle Soziologinnen und Soziologen davon ausgehen, dass die Gesellschaft heute ausdifferenziert ist, so gibt es doch wesentliche Unterschiede in der Vorstellung von Systemen und Gesellschaft überhaupt. Die Beck-Zabeck-Kontroverse spiegelt damit die Luhmann-Habermas-Debatte wider und bringt diese implizit in die Wirtschaftspädagogik ein. Wer zur Beck-Zabeck-Kontroverse Stellung bezieht, tut dies vor dem Hintergrund einer bestimmten Vorstellung von Gesellschaft und Ausdifferenzierung. Aus diesem Grund ist es notwendig, auf das Wesentliche der Luhmann-Habermas-Debatte einzugehen.

Es wird zuerst die Frage aufgeworfen, welcher Systemtheorie Beck folgt (4.2.1). Danach wird die Systemtheorie Luhmanns dargestellt (4.2.2) und anschließend auf die Luhmann-Habermas-Debatte eingegangen, indem nochmals das Wesentliche des Verständnisses von Habermas in der Kontrastierung zu Luhmann dargestellt wird (4.2.3). Nach der Darstellung der beiden Bilder von Gesellschaft wird eine Interpretation der Bedeutung der Ausdifferenzierung in der Beck-Zabeck-Kontroverse vor allem aus neo-institutioneller Sicht vorgenommen (4.2.4).

4.2.1 Folgt Beck der Systemtheorie von Parsons oder von Luhmann?

Da universelle Regeln und Prinzipien ein großes Maß an Unbestimmtheit aufweisen, bleiben sie unbefriedigend. Sie geben keine Auskünfte darüber, wie in bestimmten Anwendungssituationen gehandelt werden soll. Die Lösung dieser von Beck (2006a, 9–11) beschriebenen Probleme der universellen Ethik sieht er in einem „systematischen Relativismus":

„Ich plädiere [...] für einen systematischen Relativismus, also für die Rekonstruktion der Kontextstruktur entlang einer Systemlogik. Und ich behaupte, das dieser systemische Relativismus faktisch unseren Gegenwartsgesellschaften zugrunde liegt und ihr Funktionieren allererst ermöglicht, dass m.a.W. andererseits unter dem Versuch der Durchsetzung einer universalistischen Position diese Gesellschaften auseinander- oder, wenn man so will, zusammenbrechen würden." (Beck 2006a, 12)

Bei der Darstellung der Funktionalität bleibt Beck (1999b, 21) sehr allgemein. Er geht von folgenden Subsystemen aus:

Das Subsystem *Wirtschaft* habe die Aufgabe, die Menschen mit Gütern und Dienstleistungen zu versorgen und dabei eine „maximale Ressourcenschonung" vorzunehmen. Sie bediene sich dabei der Funktion des Marktes und seiner am Vorteilsstreben ausgerichteten Handlungsrationalität, die sich in Regeln und im *fair play* niederschlage. Hier ist interessant, dass, obwohl Beck von einer subsystemischen Rationalität spricht, mit dem *fair play* ein universeller Gedanke in den Markt eingebracht wird. Es wird in den folgenden Kapiteln gezeigt werden, dass Becks Bezug auf das Subsystem Wirtschaft soziologisch unklar bleibt, weil offen ist, welcher Vorstellung von Subsystem gefolgt wird, und damit auch unklar ist, welche subsystemische Rationalität gilt.

Im *Subsystem persönliche Wohlfahrt*, in der es um Familienleben oder Erziehung gehe, liegt nach Beck (1999b, 21) die spezifische Funktionalität in der Erfüllung „interpersonaler Erwartungen, die unter der Idee reziproker Zuwendung" realisiert werde. Es gehe dabei – so Beck (1999b, 21) – um ein empathie- und sanktionsgeleitetes Streben nach sozialem Austausch.

Die „*Subsystemgruppe Interaktionsregulierung* im Sinne etablierter formalrechtlicher, aber auch informell-freier Institutionen" umfasse neben der Rechtspflege auch das Erziehungswesen (Beck 1999b, 21). Die Funktionalität liege in der Aufrechterhaltung der Leistungsfähigkeit von Gesetzen und juristischen Personen sowie der gesellschaftlichen Subsysteme. Es gehe hier um die Aufrechterhaltung von Unternehmen und Staaten. Hier ist ein direkter Bezug zu universalistischen Ethiken zu ziehen, das subsystemische Prinzip bleibt hier offen.

Abschließend erwähnt Beck (1999b, 21) das *Subsystem Institutionalisierung*, dessen Funktionalität in der Bereitstellung von Subsystemen bestehe, deren Handlungsrationalität nach Etablierung menschengerechter und gesellschaftsdienlicher Regulierungen strebe. Auch hier ist die subsystemische Orientierung nicht erkennbar.

Beck (1999b, 21) ordnet diesen vermeintlichen Subsystemen Kompetenzen aus den Stufen des Stufensystems Kohlbergs zu (ausführlich dazu 4.3): Im Subsystem *Wirtschaft* sind die Kompetenzen der Stufe 2, in der Subsystemgruppe *persönliche Wohlfahrt* die Stufe 3, in der Subsystemgruppe *Interaktionsregulierung* die Stufe 4 und für das Subsystem Institutionalisierung die Kompetenzen der Stufen 5 und 6 notwendig. Da Kohlberg von einer universalistischen Auffassung von Ethik ausgeht, verwendet also Beck eine universalistische Theorie zur Begründung seiner subsystemischen Rationalitäten und deren Handlungsrationalitäten. Überzeugend ist dies keinesfalls, wie im weiteren Verlauf dieses Kapitels gezeigt wird.

Es sind zwei Systemlogiken, die Beck (2006a, 12) verfolgt: erstens die Systemlogik des ausdifferenzierten Subsystems Wirtschaft und zweitens das System Kohlbergs im Sinne des Stufenmodells der moralischen Entwicklung. In diesem Unterkapitel wird der erste Aspekt, die Systemlogik der Ausdifferenzierung, untersucht.

Beck (2006a, 12–16) argumentiert evolutionstheoretisch und schließt daraus, dass moralische Regeln ursprünglich die Funktion übernahmen, durch Verbote und Gebote das Zusammenleben zu ermöglichen. Dass die Erfüllung der Moral für die Person eine Charaktereigenschaft und ein Kriterium für ein gutes Leben geworden sei, dürfe, nach Ansicht Becks, eine philosophische „Erfindung" gewesen sein, die sich erst viel später ereignete, als nämlich mit der Gottesidee eine beurteilende Instanz ins Spiel gekommen sei.[71] Beck (2006a, 16) führt aus, dass der Mensch heute in unüberschaubaren Massengesellschaften, in denen sich Subsysteme wie Recht, Religion, Wirtschaft etc. ausgeformt haben, lebt. Beck verweist also konkret auf die Subsysteme, die jenen Luhmanns sehr ähnlich sind. Welcher soziologischen Theorie Beck letztlich folgt, bleibt offen, weil Beck (2006a, 16) an dieser Stelle nur beispielhaft auf *Action Theory and the Human Condition* von Parsons verweist.[72] Dieses Werk ist eines der letzten großen Werke Parsons und darin findet sich eine Sammlung von verschiedenen Aufsätzen. Interessanterweise beschäftigt Parsons sich darin intensiv mit der Rolle der Religion und weist der jüdisch-christlichen Tradition eine besondere Bedeutung für die Entstehung der modernen Gesellschaft zu (vgl. Joas & Knöbl 2004, 137–138). In Beck (2000b, 38) verweist er auf Parsons (1985), also auf *Das System moderner Gesellschaften*. Für Beck (2006a, 16) ist entscheidend, „dass wir als Individuen in unsere systemisch strukturierte Gesellschaft über Rollen integriert sind, die ihrerseits als die funktionalen Elemente der Systeme gesehen werden können". Subsysteme hätten demnach ihre eigenen inneren Logiken und ihre eigenen Kommunikationsweisen sowie ihre eigene Moralität ausgeformt. Die spezifischen moralischen Regelungen seien in Professionsethiken zu finden.

---

[71] Wie bei Luhmann so ist auch bei Beck ein religionskritischer Unterton zu vernehmen. Was in dieser Erklärung nicht berücksichtigt wird, ist die Frage, wie Gesellschaften, die ohne eine Gottesidee auskommen, ebenso Moralität als etwas Gutes für die Gesellschaft und das Individuum erkannt haben (Daoismus, Konfuzianismus, Buddhismus).
[72] In Bezug auf die Ausdifferenzierung verweist Beck an verschiedenen Stellen auf Luhmann, Parsons und Hayek. Auf Hayek wird nicht hier, sondern in *4.4.3.6 Der Glaube an den Kapitalismus* eingegangen.

Darüber hinaus gebe es implizite Regeln, die nicht ohne weiteres wahrgenommen werden könnten. (Vgl. Beck 2006a, 16)

> „Explizite und implizite subsystemspezifische Regeln, Usancen und Standards konkretisieren sich in Rollenerwartungen gegenüber den in diesen Systemen agierenden Individuen als den Rollenträgern. Die Rollenträger werden in die Kultur der jeweiligen Subsysteme, in die sie eintreten, sozialisiert. So erlernen und internalisieren sie die subsystemspezifischen Rollenerwartungen." (Beck 2006a, 16)

In den verschiedenen Subsystemen würden die Personen verschiedene Rollen übernehmen. In den Subsystemen hätten sich unterschiedliche Handlungsregeln ausgeformt, die von der Funktion des Subsystems für das Gesamtsystem abhängig seien. (Vgl. Beck 2006a, 16–17) „So gelten beispielsweise als ethische Grundlagen des Subsystems ‚Wirtschaft' das Konzept der Austauschgerechtigkeit bei strategischer Vorteilsorientierung sowie Fairness und Vertragstreue." (Beck 2006a, 17) Beck gibt hier keinen Hinweis, auf welches soziologische oder ökonomische Konzept sich diese Aussage bezieht. Wie in 4.4 noch deutlich werden wird, dürfte sich die „strategische Vorteilsorientierung" auf die Ökonomik-Definition von Homann und Suchanek (2005, 4) beziehen. Beck verweist auf Tugenden (Fairness und Vertragstreue), also auf die Individualethik. Bei Homann und Suchanek (2005) geht es vor allem um die Rahmenbedingungen als den „systematischen Ort der Moral", also um die Institutionenethik. Beck fordert hier eine Individualethik ein, denn Fairness und Vertragstreue sind Tugenden, die von allgemeiner Bedeutung sind und sich eben nicht nur auf das Subsystem Wirtschaft beschränken lassen. Fairness ist in Sport, Familie, Freundeskreis, Schule etc. ebenso eine wesentliche Tugend und – wie noch gezeigt wird – eine Grundvoraussetzung damit Kommunikation überhaupt stattfinden kann. Fairness ist damit die Grundlage der Gesellschaft, aber auch des Managements und der Wirtschaft überhaupt. Sie ist notwendig, damit diese Systeme funktionieren können. Vertragstreue ist eine Grund-voraussetzung im Rechtssystem, in der Familie, in der Schule etc. Die Besonderheit einer subsystemischen moralischen Ausprägung ist daran nicht zu erkennen. Die Besonderheit des Subsystems Wirtschaft liegt – wiederum der Definition Becks (2006a, 16–17) folgend – in der Vorteilsorientierung.

Beck (2003a, 285) legt Wert darauf, aufzuzeigen, dass er nicht auf Luhmann zurückgreift, jedoch lässt Beck offen, ob der Vorwurf Zabecks (2002), sich Luhmann anzuvertrauen, berechtigt ist: „Ich lasse hier offen, ob dieser Vorwurf an die Luhmann'sche Adresse berechtigt ist, weil seine Gesellschaftsanalyse in meiner Argumentation *überhaupt keine Rolle spielt* [Hervorhebung durch den Autor]." (Beck 2003a, 285) Wenn Beck von Subsystemen spricht, dann verweist er beispielhaft auf Parsons (vgl. Beck 2000b, 38; 2006a, 16) sowie auf Hayeks *Die Verfassung der Freiheit* (vgl. z.B. Beck 1999a, 208). Nachdem sich Beck (2003a, 285) nicht gegen Luhmann verwehrt und die

Bedeutung Luhmanns für seine Betriebsmoral offen lässt, bleibt hier Raum für Spekulation. Beck (2003a, 285, Fußnote 33) wehrt sich jedoch gegen die Aussage Zabecks, dass er sich Luhmann *anvertraue*. Es geht dabei um eine Stelle, an der Beck (1999a, 200, Fußnote 3) im Zusammenhang mit der funktionalen Ausdifferenzierung auf Luhmanns *Soziale Systeme. Grundriß einer allgemeinen Theorie* verweist und darin der Ausdifferenzierungs-theorie Luhmanns grundsätzlich zustimmt: „In diesem Punkt [der Beschreibung der funktionalen Ausdifferenzierung] ist – bei allen Vor-behalten, die im Übrigen gegenüber seinem Ansatz bestehen bleiben (können) und die hier nicht auszubreiten sind – Niklas Luhmann zuzustimmen." (Beck 1999a, 200, Fußnote 3) Es ist erstaunlich, dass Beck (2003a, 285) nicht die Gegenargumentation antritt und auf Parsons oder Hayek verweist, auf die er sich öfter beruft. Luhmanns Theorie der funktionalen Ausdifferenzierung wird also grundsätzlich zugestimmt, was jedoch von Beck angenommen und was abgelehnt wird, bleibt spekulativ. Insofern ist Zabeck (2002, 491) zuzustimmen, als die soziologische Betrachtung zu kurz komme. Die Verweise auf Parsons bleiben unklar, weil sich auch daraus nicht erschließen lässt, welcher Theorie gefolgt wird, weil Parsons frühere Schriften sich wesentlich von seinen älteren Schriften unterscheiden (vgl. Joas & Knöbl 2004, 72–142). Auf die Verweise zu Hayek wird weiter unten zurückgekommen.

In Parsons' Funktionalismus sind Werte und Normen von zentraler Bedeutung. Sie sind es, welche die soziale Ordnung herstellen. Parsons' Ordnungstheorie geht von der Tradierung und Aufrechterhaltung von Werten und Normen aus. Dies ist der Grund, weshalb seine Theorie als *normativer Funktionalismus* bezeichnet wird. Parsons' Handlungstheorie geht von einer Handlungsorientierung aus. Durch Lernprozesse und vor allem frühkindliche Erfahrung könne der Mensch kognitive und gefühlsmäßige (affektive) Handlungsorientierungen ausbilden. Zu diesen kognitiven und affektiven kämen später evaluative Orientierungen, also solche, die eine moralische Urteilsfähigkeit ermöglichen. (Vgl. Joas & Knöbl 2004, 94–97) „Evaluation rests on standards which may be either cognitive standards of truthfulness, appreciative standards of appropriateness, or moral standards of rightness. Both the motivational orientations and the value orientations are modes of distinguishing, testing, sorting, and selecting." (Parson, Shils & Smelser 1951, 5) Parsons versteht die Person als ein *system of action*, das stabile Handlungsmuster ausformen kann, die ein Geflecht aus Kognition, Gefühl und Urteilen ausmachen und ein Muster ausbilden, die ein *personality system* ergeben. Diese Handlungsmuster finden sich nicht nur bei Personen, sondern auch zwischen Personen. Dies ist möglich, weil sich durch Werte und Normen Handlungsorientierungen herausgebildet haben, an denen sich die Personen für die Koordination ausrichten können. Diese geordneten Handlungen mehrerer Akteure bezeichnet Parsons als *social systems*. Neben dem *personality system* und dem *social system* gibt es noch das *cultural system*. In diesem System befinden sich die Normen und Werte. Durch Internalisierung werden die Werte vom *cultural system* in das *personality system* und durch Institutionalisierung in *social systems* übertragen. (Vgl. Joas & Knöbl 2004, 97–99) Vier Eigenschaften können für das *cultural system* definiert werden: Erstens bestehe es aus Werten, Normen und Symbolen, welche die Entscheidungen der Akteuren lenkten und die Möglichkeiten der Interaktionen unter den Akteuren reduzierte. Zweitens repräsentiere es einen spezielle Art von Abstraktion von Elementen dieses Systems. Die Elemente wiederum könnten als eigenes physisches Symbol vorhanden sein, das von einem *social system* oder *personality system* zu einem anderen transportiert werden könne. Es gehe also nicht um die physischen Elemente per se, sondern um deren Bedeutung. Drittens bestehe das *cultural system* aus nicht zufälligen, sondern aus miteinander in Beziehung stehenden Elementen, die einen bestimmten Grad an Konsistenz erreicht hätten. Viertens seien die Teile des Systems so miteinander vernetzt, dass Wertsysteme, Glaubensysteme und Systeme von expressiven Symbolen ausgeformt werden. (Vgl. Parsons, Shils & Smelser 1951, 55) Die Handlungsmotive seien kognitive, affektive und evaluative Motive, die sich in der Handlung mit kulturellen Werten durchweben. Durch Sozialisation und soziale Kontrolle werde das *social system* über das *cultural system* aufrechterhalten. Unter sozialer Kontrolle seien Sanktionsmechanismen und Zwang zu verstehen. (Vgl. Joas & Knöbl 2004, 98–100; Parsons, Shils & Smelser 1951, XVIII)

Habermas interpretiert die normativistische Handlungstheorie als eine Auseinandersetzung mit den empiristischen Traditionen:

> „Diese greift er [Parsons, Anmerkung des Autors] von zwei Seiten aus an: einerseits analysiert er den Begriff des zweckrationalen Handelns, um zu zeigen, dass der Utilitarismus die Entscheidungsfreiheit des Handlungssubjekts nicht begründen kann (das utilitaristische Dilemma); andererseits konzentriert er sich auf den Begriff der instrumentellen Ordnung, um zu zeigen, dass die Frage, wie soziale Ordnung möglich ist, unter empiristischen Voraussetzungen nicht gelöst werden kann (das Hobbessche Problem)." (Habermas 1987b, 305–306)

Die Koordination des sozialen Systems ist auf Grundlage von gegenseitig anerkannten Normen notwendig. Die soziale Integration ist daher nur möglich, wenn die Normen und Werte angenommen werden. Habermas (1987b, 310) interpretiert die Annahme der gesellschaftlichen Werte und Normen als den Versuch, die „Kantische Idee der Freiheit als des Gehorsams gegenüber selbstgegebenen Gesetzen eine soziologische Wendung zu geben". Handlungsorientierung begreift Parsons in seiner früheren Phase als das Ergebnis des Zusammenwirkens von Persönlichkeit, Gesellschaft und Kultur zu erklären. (Vgl. Habermas 1987b, 310–322)

Parsons geht davon aus, dass die Gesellschaft aus sozialen Systemen besteht. Die kleineren sozialen Systeme, wie Familien oder Gruppen, seien mit dem größerem Sozialsystem – der Gesellschaft – verwoben. Eine Gesellschaft könne nur bestehen, wenn es eine gewisse Stabilität gebe und die Akteure bereit seien, in dieser Gesellschaft mitzutun. Das könne nur erreicht werden, wenn sich das Persönlichkeits- und Sozialsystem sowie das Kultur- und Sozialsystem gegenseitig durchdringen. Die Koordination erfolge über institutionalisierte Werte, die sich in Rollen und Rollenerwartungen festmachen. Der Rollenbegriff in der Theorie von Parsons ist von zentraler Bedeutung. Die Rolle versteht Parsons soziologisch begründet. Rollen spezifizierten die funktionalen Erfordernisse eines Systems sowie die Normen und Werte. (Vgl. Joas & Knöbl 2004, 100–104) „Roles are, from the point of view of the functioning of the social system, the primary mechanism through which the essential functional prerequisites of the system are met." (Parsons 1991, 78) Rollen bedeuten bei Parsons nicht, dass diese einfach unreflektiert, automatisch übernommen werden. So könne es zu einer Entfremdung, aber auch zu einem kreativen Umgang mit dem Ausfüllen der Rolle kommen. (Vgl. Joas & Knöbl 2004, 104)

Nachdem sich Parsons in seinen früheren Arbeiten stark mit der Handlungstheorie auseinandergesetzt hat, wendet er sich in den späteren Schriften den funktionalen Systemen und der funktionalistischen Ordnungstheorie zu. Die Wendung von den früheren zu den späteren Arbeiten liegt darin, dass das *cultural system* seine Sonderrolle verliert und ein System wie jedes andere werde. Diese Revision habe Parsons bewusst vollzogen. (Vgl. Habermas 1987b, 352; Joas & Knöbl 107–108) Diese Unterscheidung ist wesentlich, weil sie zu anderen Interpretationen führt. So sind die älteren Schriften für den Neo-Institutionalismus bedeutend und die jüngeren Schriften bilden eine wesentliche Grundlage für die Systemtheorie Luhmanns.

Mit der Revision des *cultural systems* ändere sich – so Habermas – auch der Handlungsbegriff. Das Handlungssystem werde nun als das Ergebnis von analytischen Beziehungen aus den Relationen zwischen Werten, Normen, Zielen und Ressourcen verstanden. Ein Handlungssystem setze sich demnach aus vier Teilsystemen zusammen, die auf eine Komponente des Handelns spezialisiert seien: Die Kultur habe nun die Aufgabe, Werte zu produzieren und aufrecht zu erhalten, die Gesellschaft übernehme diese Aufgabe für die Normen, die Persönlichkeit für die Ziele und das Verhaltenssystem für Mittel oder Ressourcen. So sei jedes Individuum ein Organismus, eine Persönlichkeit, ein Mitglied der Gesellschaft und ein Teilhaber an der Kultur. Mit dieser Konzeption verschwinde das handelnde Subjekt, denn Handlungen seien das Ergebnis des Zusammenwirkens der Teilsysteme. Kultur werde als ein Subsystem verstanden, das sich von der Gesellschaft dadurch unterscheide, dass die Kultur von der Gesellschaft unabhängig sein könne. Sterben Mitglieder einer Gesellschaft, könne dennoch die Kultur tradiert werden. Kultur werde nicht nur über Personen weitergegeben, sondern auch über Symbole. (Vgl. Habermas 1987b, 352–355)

Das Handlungssystem sei bei Parsons eine Interaktion, die durch die Beziehungen der Subsysteme Kultur, Gesellschaft, Persönlichkeit und Organismus entstehe. Die Teilsysteme stehen miteinander in Austausch. Nunmehr taucht der Begriff der Integration auf, der für die funktionale und die soziale Integration stehe. Handlung und System werden zusammengeführt. Von einer soziale Integration über Werte und Normen werde nicht mehr ausgegangen und der Begriff der Integration mache die Unterscheidung von Handlung und System unkenntlich. Es habe zunächst noch den Anschein, als ob die soziale Gemeinschaft, die durch Werte, Normen, Kollektive und Rollen beschrieben sei, durch ein gemeinsames, gültiges normatives Verständnis aller zusammengeführt werden würde. Diese Vorstellung trage nicht mehr, wenn davon ausgegangen werde, dass Parsons die soziale Gemeinschaft über das Vier-Funktionen-Schema beschreibe. Es vollziehe sich der Übergang von einer handlungstheoretischen Erklärung von Gesellschaft zum neuen Begriff des sozialen Systems. (Vgl. Habermas 1987b, 355–363) Die Subsysteme des sozialen Systems „lassen sich zwar anhand signifikanter Institutionen wie Unternehmung (Ökonomie), Staatsverwaltung (Politik), Recht (integratives Subsystem), Kirche und Familie (Erhaltung kultureller Muster) illustrieren; sie dürfen aber nicht mit diesen prototypisch ausgeprägten institutionellen Ordnungen identifiziert werden" (Habermas 1987b, 363).

Funktionen werden aufgrund folgender Überlegung bei Parsons viel abstrakter definiert:

Erstens müsse sich jede Institution – Institutionen im Sinne von Habermas (1987b, 363) – aufgrund der sich ändernden Rahmenbedingungen und der Ressourcen *anpassen* können, um bestehen zu bleiben. Zweitens verfolge jede Institution eigene *Ziele*. Drittens müsse jede Institution die Interaktionen ihrer Mitglieder *normativ ordnen*. Viertens müsse sich jede Institution *legitimieren*. (Vgl. Habermas 1987b, 363) „Weil jede Institution unter verschiedenen Aspekten allen gesellschaftlichen Subsystemen angehört, eignet sich keine als definierendes Merkmal für jeweils eines dieser Subsysteme. Sie müssen vielmehr nach Funktionen unterschieden werden." (Habermas 1987b, 363)

Parsons geht davon aus, dass jedes System vier Funktionen erfüllen muss: *Adaption* (Anpassung), *Goal Attainment* (Zielerreichung), *Integration* (Zusammenhalt des Systems) und *Latency* (Bindung an nicht sichtbare Werte). Parsons bezieht sich dabei auf eine Studie von Robert Bales und Edward Shils, die dies für Kleingruppen herausgearbeitet haben. Parsons verallgemeinert diese Erkenntnisse und überträgt sie auf jedes System. Mit den Anfangsbuchstaben dieser vier Funktionen wird das *AGIL-Schema* beschrieben. Jedes System also muss sich an die äußere Umwelt anpassen, ein Ziel verfolgen, seine Teile integrieren und gemeinsame Werte verbindlich verfolgen. Aus dieser Theorie leitet sich die Theorie der funktional differenzierten Subsysteme ab. (Vgl. Joas & Kölbl 2004, 118)

Das Handlungssystem wurde als das Ergebnis der Vernetzungen der Komponenten Werte (aus dem Subsystem Kultur), Normen (aus dem Subsystem Gesellschaft), Ziele (aus dem Subsystem Persönlichkeit) sowie Mittel und Ressourcen (Verhaltenssystem) beschrieben. Die folgende Tabelle 14 zeigt diese Komponenten, ihre Teilsysteme und ihre Funktionen.

Tabelle 14: Handlungsorientierung und Funktionen bei Parsons
(vgl. Habermas 1987b, 364)

Komponenten von Handlungsorientierungen	Teilsysteme	Funktionen	Übernahme ins AGIL-Schema
Werte	Kultur	Erhaltung kultureller Muster	Latency
Normen	Gesellschaft	Integration	Integration
Ziele	Persönlichkeit	Zielerreichung	Goal Attainment
Mittel, Ressourcen	Verhaltenssystem	Anpassung	Adaption

Die Subsysteme haben die Aufgabe, die Komponenten der Handlungsorientierung hervorzubringen. Die Funktionen können an den Produkten der Teilsysteme, also an Werten, Normen, Zielen sowie Mitteln und Ressourcen, abgelesen werden. Diese Zuordnung wurde von Parsons auf soziale Systeme übertragen und ins *AGIL-Schema* überführt, wie die folgende Tabelle zeigt (vgl. Habermas 1987b 363–365):

Tabelle 15: AGIL-System sozialer Systeme (vgl. Habermas 1987b, 365)

Adaption: Ökonomie (Ressourcen)	Goal Attainment: Politik (Ziele)
Latency: Strukturerhaltendes System (Werte)	Integration: Integratives Teilsystem (Normen)

Mit dem *AGIL-Schema* kann die gesellschaftliche Ausdifferenzierung in Subsysteme erklärt werden: Innerhalb des Gesamtsystems Gesellschaft übernimmt die Ökonomie die Anpassung an Mittel und Ressourcen. Das Subsystem Politik übernimmt die Aufgabe der Zieldefinition und Zielerreichung. Die Integrationsfunktion übernimmt das Subsystem der *gesellschaftlichen Gemeinschaft*, welche bei Parsons das Gefüge aus nichtpolitischen und nicht-ökonomischen Institutionen darstellt. Das Subsystem Kultur ist für die Bindung an Werte zuständig. Diese Betrachtungsweise lässt sich auf jedes System anwenden, also auch auf die Wirtschaft selbst. So gibt es in der Wirtschaft wiederum je vier Teilsysteme, welche die vier Funktionen von Adaption, Goal Attainment, Latency und Integration übernehmen. Die Wirtschaft ist also ein Subsystem der Gesellschaft und kann selbst als soziales System betrachtet werden, das wiederum aus Teilsystemen besteht. (Vgl. Joas & Kölbl 2004, 118–120)

Beck (2006a, 16) spricht von der Ausdifferenzierung der Großgesellschaften in Subsystemen wie „z.B. Recht, Religion, Politik, Wirtschaft, Wohlfahrt, Erziehung". Diese Ausdifferenzierung nimmt Parsons, wie oben von Habermas (1987b, 363) dargelegt, nicht ins Bild. Die Ausdifferenzierung bei Parsons vollzieht sich nicht so, wie Beck sie beschreibt, vielmehr differenziert sich jede Institution nach Funktionen aus. So differenziert sich die Wirtschaft nicht als solche aus, sondern nach den oben definierten Funktionen. Wohl kann die Wirtschaft selbst im Sinne der Erfüllung der Anpassungsfunktion als eine Ausdifferenzierung der Gesellschaft nach Parsons interpretiert werden, doch differenziert sich die Wirtschaft selbst wiederum nach den oben dargelegten vier Funktionen aus. Die Aufzählung der Subsysteme, wie sie Beck vornimmt, entspricht eher der Ausdifferenzierung Luhmanns, da demnach jedes Subsystem eine subsystemisch eindeutige Funktion ausprägt (siehe 4.2.2).

Wenn Beck für eine Bereichsmoral im Sinne einer Betriebsmoral eintritt, welche lediglich die vermeintliche bzw. theoretische Systemlogik des Subsystems Wirtschaft widerspiegeln soll, ist der Systemtheorie Luhmanns schon sehr nahe gekommen – auch wenn sie in seiner eigenen Argumentation „überhaupt keine Rolle spielt" (Beck 2003a, 285), sich aber doch in seinen Ausführungen allerdings in Bezug auf Parsons wiederfindet. Andererseits scheinen die subsystemischen Rollen bei Beck (2006a, 16) eine wesentliche Bedeutung zu haben. Diese wiederum verweisen auf Parsons, allerdings auf seine älteren Schriften, in denen die Ausdifferenzierung und die Subsysteme noch keine wirkliche Bedeutung hatten und gerade Normen und Werte die Aufgaben hatten, die Gesellschaft zusammenzuhalten. Bislang also lässt sich nicht erarbeiten, worauf sich die Systeme bei Beck beziehen. Es ist daher notwendig, auch die Luhmann'sche Systemtheorie zu analysieren.

4.2.2 Systemtheorie Luhmanns und das Subsystem Wirtschaft

Bei Homann (siehe 4.1.4) führt die Ausdifferenzierung der Gesellschaft in Subsystemen zu großen Problemen mit der traditionellen Ethik, die nur durch eine neue, ökonomisierte Ethik gelöst werden können. Moralische Erziehung über die einzelne Person muss nach Homann für gescheitert betrachtet werden, da die Moral nicht über den Einzelnen, sondern vor allem und systematisch nur über die Funktionsweise des einzelnen Systems implementiert werden kann. Es geht darum, im Subsystem dem Imperativ des Subsystems zu folgen. Moral wird bei Homann damit zu einer wirtschaftlichen Funktion im wirtschaftlichen System. (Vgl. Aßländer & Nutzinger 2010, 232).

Beck (2003a) übernimmt diesen Ansatz Homanns und spricht von Moralerziehung (siehe Überschrift des Aufsatzes von 2003). Was Homann im Modell erklärt und als paradigmatische Voraussetzungen definiert, wird bei Beck zur Erziehung. Es wird weiter unten noch gezeigt werden, dass selbst Homann die Trennung zwischen Modell und Wirklichkeit, zwischen Wertefreiheit und Normativität nicht durchhält, ja bewusst selbst das Modell für normative Aussagen verwendet. Beck jedenfalls übernimmt das Modell als Grundlage für eine Moralerziehung, macht also aus dem Modell eine normative Forderung:

> „Sondermoralen verdanken sich nicht einer ‚deduktiven' Anwendung universaler Prinzipien, sondern sind an der internen ‚Rationalität' eines Subsystems des Gesamtsystems ‚Gesellschaft' ausgerichtet; individuelle Moralität erweist sich nicht als exklusive Bindung an ein (möglichst abstraktes und universelles) Prinzip, sondern als kontextsensitive Aktivierung subsystemadäquater Imperative bzw. als rollenspezifische Verpflichtung auf im Gesamtsystem legitimierbare moralische Standards." (Beck 2000b, 42)

Es wurde in dieser Arbeit bereits an mehreren Stellen systematisch und historisch erarbeitet (insbesondere im Kapitel 2), dass das Moralisch-Ethische Bestandteil der Wirtschaftspädagogik ist, weil sie nicht im ökonomischen Modell bleiben kann und will, sondern immer auch das wirtschaftliche Tun reflektiert. Aus diesem Grund wurde die Wirtschaftspädagogik als ausdifferenziert und normativ definiert. Die Frage, die sich die Normativität immer stellen muss, ist, ob sie gut begründet ist. In diesem Unterkapitel wird gezeigt, welche Annahmen Beck bzw. Homann aus der Luhmann'schen Theorie übernehmen und welche davon kritisch hinterfragt werden sollten. Insbesondere geht es um das Verständnis von Ausdifferenzierung und ihre Rückwirkung auf Moral und Ethik sowie um die von Beck ausgeführte Rollendifferenz aufgrund der Ausdifferenzierung.

Die folgende Ausführung über die Systemtheorie Luhmanns folgt folgendem Schema:

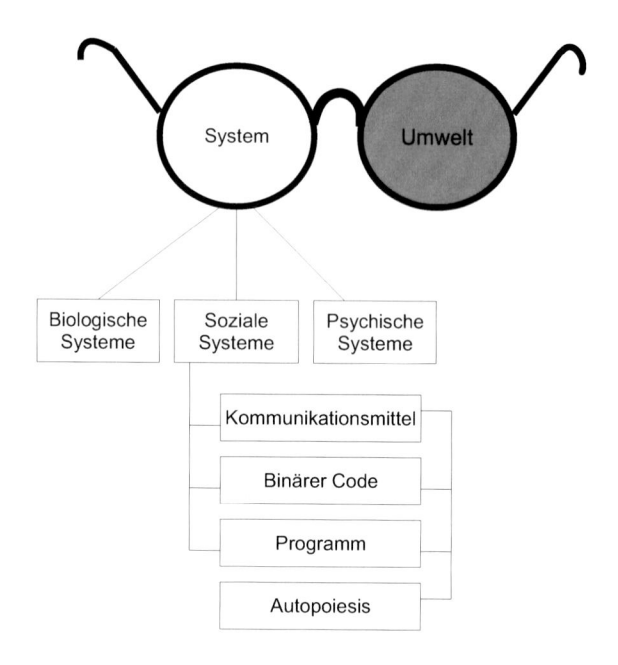

Abbildung 22: Die Luhmann'sche Brille

Die Theorie Luhmanns setzt bei der Reduktion der Komplexität an (vgl. Luhmann 1996, 12). „Dabei ist vorausgesetzt, dass die moderne Gesellschaft ein System von so hoher Komplexität ist, dass es nicht möglich ist, sie wie eine Art Fabrik als eine Umformung von Inputs in Outputs zu beschreiben." (Luhmann 1990, 40) Komplexität könne nur erfasst werden, indem sie reduziert werde. Reduktion von Komplexität erfolge durch Generalisierungen. Dabei müsse als erste Unterscheidung die Unterscheidung von System und Umwelt vorgenommen werden. Ein nächster wichtiger Schritt sei die Bildung von Begriffen. (Vgl. Horster 2005, 59) Um Komplexitätsreduktion zu erreichen, ist nach Luhmann eine Trennung von System und Umwelt notwendig. System sei dabei alles, was beobachtet werden kann, und alles, was nicht beobachtet wird, sei Umwelt. (Vgl. Berghaus 2004, 26–29) Daraus lassen sich zwei wichtige Grundannahmen Luhmanns ableiten:

Erstens ist Soziologie bei Luhmann eine Beobachtung der Gesellschaft, besser gesagt eine Selbstbeobachtung und Selbstbeschreibung der Gesellschaft, also eine Beobachtung zweiten Grades (vgl. Berghaus 2004, 21). Da Luhmann (1996, 30) eine „Analyse realer System in der wirklichen Welt" durchführt, lässt sich daraus wiederum ableiten, dass es eine Realität gibt und in dieser Systeme beobachtbar sind. Dennoch ist Luhmann Konstruktivist, sein Ansatz ist ein „operativer Konstruktivismus" bzw. eine *„Erkenntnis als*

Konstruktion" (Luhmann 1988a). Die Welt ist für Luhmann real, Erkenntnisse jedoch können nur Konstruktionen sein, weil sie eine Beobachtung und Beschreibung der Realität sind und nicht die Realität selbst. Die Erkenntnis hängt von der Beschreibung der beobachtenden Person ab. Diese Beschreibungen sind mit anderen Beschreibungen vergleichbar, nicht jedoch mit der Realität selbst. Damit werde bedeutend, *wie* beobachtet wird. Es gehe daher nicht um die Frage, *ob* konstruiert wird, sondern *wie* konstruiert werde. (Vgl. Berghaus 2004, 26–29) Aussagen der Systemtheorie seien daher nicht *ontologisch* zu verstehen, sondern immer *konstruktivistisch*. Es gehe um die Welt der Erscheinungen, in der erkannt werde, was beobachtbar sei (vgl. Kött 2003, 22). Luhmann glaubt, dass überhaupt nur etwas beobachtet werden kann, wenn eine Unterscheidung getroffen werde. Welche Unterscheidung man trifft, hänge von der Praktikabilität ab. (Vgl. Horster 2005, 70) Der beobachtende Mensch setzt sich quasi eine Brille auf, durch die er eine Beobachtung der Realität vornimmt. Entscheidend ist, *welche* Brille er sich aufsetzt und wie er dadurch die Realität in seiner Beobachtung wahrnimmt. Die Luhmann'sche Brille arbeitet mit der Unterscheidung von System und Umwelt.

Zweitens geht es um ein *System-Umwelt-Modell* (vgl. Joas & Knöbl 2004, 381). Wer beobachtet, unterscheidet. Die wesentlichste Unterscheidung in der Systemtheorie Luhmanns ist jene von System und Umwelt. Umwelt ist das Negativ-Korrelat von System. Das System ist beobachtbar und beschreibbar. Die Umwelt läuft ins Unendliche aus, ist daher immer komplexer als das System. Es gibt daher keine Punkt-für-Punkt-Verbindungen zwischen dem System und seiner Umwelt. (Vgl. Kött 2003, 48) Systeme grenzen sich also von der Umwelt ab, sind jedoch wiederum so offen, dass sie sich der Umwelt anpassen können (vgl. Joas & Knöbl 2004, 381). Luhmann unterscheidet drei Arten von Systemen: biologische, psychische und soziale. Der Mensch ist bei Luhmann kein System, sondern er besteht aus Teilsystemen: „Der Körper ist ein biologisches, sein Bewusstsein ein psychisches System – das Luhmann auch ‚Person' nennt – und soziale Systeme lassen sich in menschliche Handlungen dekomponieren. Aber es gibt keinen konkreten Systemtypus, der das vereint." (Berghaus 2004, 33) Der Mensch ist bei Luhmann ein Konglomerat aus verschiedenen Systemen. Ohne biologisches System, das das Leben erhält, gibt es kein Bewusstsein und keine Gedanken; ohne Gedanken keine Kommunikation und ohne Kommunikation keine Gesellschaft und keine Entwicklung des Bewusstseins. Es gibt keinen direkten Kontakt zwischen System und Umwelt. So habe auch das Gehirn keinen direkten Kontakt zu den Sinnesorganen, es ist mit ihnen über Nervenimpulse verbunden. Das Gehirn sei autonom und verarbeite die Impulse. Das Bewusstsein, also das psychische System, sei unabhängig vom biologischen System, benötige es jedoch zur Aufrechterhaltung des Denkens. Das soziale System sei nicht das Bewusstsein, benötige es aber für seine Weiterentwicklung (vgl. Kött 2003, 69–70). In der

Sprache Luhmanns operiert das biologische System in der Form des Lebens, das psychische System in Form des Denkens und die sozialen Systeme operieren in Form von Kommunikation (vgl. Berghaus 2004, 61). Damit verfolgt Luhmann einen „radikal antihumanistischen" Gesellschaftsbegriff, zu dem er ausdrücklich steht (vgl. Luhmann 1995, 35). Das ist ein Zugang, der ihm viel Kritik einbrachte, weil der Mensch nicht mehr in seiner Gesamtheit in den Blick kommt.

Damit ist die nächste wesentliche Definition bereits angesprochen: Gesellschaft ist Kommunikation. Oder anders formuliert: „Selbstbeobachtungen und Selbstbeschreibungen der Gesellschaft sind immer kommunikative Operationen." (Luhmann 1997a, 883) Damit wird klarer, dass Menschen nicht die Bestandteile der Gesellschaft sind, sondern dass Gesellschaft Kommunikation ist. Kommunikation „besteht aus Information, Mitteilung und Verstehen. Jede dieser Komponenten ist in sich selbst ein kontingentes Vorkommnis" (Luhmann 1997a, 190). Durch Kommunikation werde Sinn transportiert und auf Sinn Bezug genommen, wobei Sinn bei Luhmann eine Zuschreibung ist. Sinn mache also nur in der Einheit von Sinn und Unsinn Sinn.

Für einen Beobachter sei Sinn die Einheit der Differenz von Wirklichkeit und Möglichkeit. Sinn im Sinne Luhmanns gibt auch dem Unsinn Sinn. Jeder Sinn schließt auch seine Negation mit ein. (Vgl. Luhmann 2002, 16–20) „Sinn ist nur als sowohl positiv als auch negativ formulierbar gegeben. Würde man eine Seite dieser Unterscheidung streichen, verlöre auch die andere ihren Sinn." (Luhmann 2002, 17) Wesentlich für die Kommunikation bei Luhmann ist die Anschlussfähigkeit der Kommunikation, sodass aus der Kommunikation wieder Kommunikation wird, aus dieser wiederum Kommunikation.

Nicht nur das soziale System, sondern jedes System brauche eine eigene Operationslogik, um sich ausformen zu können.

> „Lebende Organismen funktionieren als selbsterzeugende und sich allein auf sich selbst beziehende Systeme. Maturana/Varela sprechen von *autopoietischen* (*auto* = selbst, *poiein* = machen) Systemen, die organisationell geschlossen und damit autonom sind, zumindest autonom in dem Sinne, dass die Komponenten eines Systems im System selbst reproduziert werden. Natürlich besteht Kontakt zur Umwelt, besteht – wie die Fachterminologie lautet – eine ‚strukturelle Kopplung'. Doch aus der Umwelt werden keine systemrelevanten Bestandteile zugeführt: Systeme werden von außen lediglich irritiert, sie antworten aber auf diese Irritation mit ihrer je eigenen Logik und Arbeitsweise. [...] Luhmann wendet nun diese Erkenntnis aus der Biologie und Neuropsychologie auch auf soziale Systeme an – ohne Rücksicht darauf, dass sich Maturana/Varela gegen eine solche Anwendung ihrer Theorie in den Sozialwissenschaften skeptisch gezeigt haben! Psychische und – für die Soziologie natürlich besonders interessant – soziale Systeme werden von Luhmann als *autopoietische* Systeme begriffen." (Joas & Knöbl 2004, 382)

Systeme bestehen aus Elementen, deren Beziehungen in quantitativer und qualitativer Hinsicht stärker seien als ihre Beziehungen zu anderen Elementen. Das System produziere in Selbstschaffung (Autopoiesis) eigene Elemente. Die charakteristischen Eigenschaften eines Systems seien nicht aus ihren isolierten Elementen erklärbar, sondern bildeten in ihrem spezifischen Zusammenwirken im System eine neue Qualität. Das könne als die emergente Eigenschaft eines Systems bezeichnet werden. Ein soziales System beobachte sich selbst, es generiere und erhalte sich selbst – ansonsten würde es ins Chaos stürzen. (Vgl. Horster 2005, 61)

Das *autopoietische* Operationssystem von sozialen Systemen sei die Kommunikation. Ein System entstehe durch „Ausdifferenzierung": Es gebe also eine spezifische Kommunikation, die sich von allen anderen Arten unterscheide, und könne diese als Leitunterscheidung beibehalten werden, so entstehe ein neues System. (Vgl. Kött 2003, 47)

> „Die Einheit des Systems ist nichts anderes als die Geschlossenheit seiner *autopoietischen* Operationsweise. Die Operationen selbst sind notwendigerweise einzelne Operationen im System, das heißt einzelne unter vielen anderen. Es gibt keine Totaloperation. Außerdem sind komplexe Systeme wie Gesellschaften in Teilsysteme differenziert." (Luhmann 1990, 47)

Wesentlich an dieser Systemtheorie ist, dass es kein übergeordnetes System gibt, das alle Teilsysteme zusammenführen könnte – weder Politik noch Religion seien nach Luhmann dazu fähig: „Im strengen Sinne gibt es keine Selbststeuerung der Gesellschaft auf der Ebene des Gesamtsystems" (Luhmann 1988a, 341). Gesellschaft bestehe also nur aus Subsystemen, ein alles zusammenführendes System gebe es nicht.

Unsere Gesellschaft sei also in Teilsysteme aufgespalten, die alle eine ganz spezifische Funktion für die Gesellschaft übernehmen. Diese Funktion könne nur das ganz spezielle Teilsystem erbringen und sonst kein System. Das sei ja der Grund, warum sich das Subsystem überhaupt habe ausdifferenzieren können: Es übernehme eine einzigartige Funktion. Subsysteme in unserer Gesellschaft sind u.a.: Politik, Wirtschaft, Recht, Moral, Religion, Pädagogik, Wissenschaft. Jedes Teilsystem steuere sich selbst, sei also selbstreferentiell und damit unabhängig von den anderen Teilsystemen. Diese Selbststeuerung, die sich selbstreferentiell vollzieht, wird *Autopoiesis* genannt. „Die *Autopoiesis* ist ein selbstreferentielles und eben dadurch endloses Geschehen." (Luhmann 1988a, 59) Ganz vereinfacht: Wirtschaft funktioniere, weil aus Geld Geld gemacht werde; Politik, weil aus Macht Macht gemacht werde; Recht, weil aus einem rechtlichen Urteil das nächste Urteil erwachse, Moral, weil aus einem moralischen Urteil das nächste moralische Urteil folge. Damit ein Subsystem entstehen könne, brauche es ein eigenes Kommunikationsmittel, ein Programm und einen binären Code.

„Die wichtigsten Funktionssysteme strukturieren ihre Kommunikation durch einen binären, zweiwertigen Code, der unter dem Gesichtspunkt der jeweils spezifischen Funktion universelle Geltung beansprucht und dritte Möglichkeiten ausschließt." (Luhmann 1990, 75–76) Der Code in der Wirtschaft beziehe sich auf Geld und Eigentum und sei mit *haben und nicht haben* binär ausgerichtet. Der binäre Code der Moral heiße *gut und böse*, in der Politik *mächtig und machtlos*, im Recht *recht und unrecht*. „Ein Code ist eine Leitunterscheidung, mit der ein System sich selbst und sein eigenes Weltverhältnis identifiziert." (Luhmann 2002, 65) Luhmanns These geht davon aus, dass die Ausarbeitung eines speziellen Codes in Zusammenhang mit der funktionalen Ausdifferenzierung der Gesellschaft erfolge. (Vgl. Luhmann 2002, 76) Binäre Codes sind besondere Unterscheidungen, weil sie etwas Bestimmtes gegenüber einem *unmarked space* unterscheiden – meistens in positiver und negativer Form: gut/böse, wahr/unwahr, recht/unrecht, haben/nicht haben. Jedes System habe eben einen ganz besonderen Code – der Inhalt des Codes sei aber nicht das Unterscheidungsmerkmal zu den anderen Systemen. (Vgl. Luhmann 2002, 67) „Codierungen benutzen Unterscheidungen, deren Reflexivität *sich aus der Unterscheidung selbst ergibt.*" (Luhmann 2002, 68) Beide Seiten der Unterscheidung werden durch den Beobachter zweiter Ordnung verbunden, denn den positiven Code gebe es ohne den negativen nicht.

> „In den unmittelbaren Operationen der Systeme erscheint der Hinweis auf Codewerte als entbehrlich. Kein Gericht verwendet die Unterscheidung von Recht und Unrecht zur Begründung seiner Urteile, es setzt sie voraus. Die Bezugnahme auf Wahrheit ist kein Moment der Forschungssprache, so wenig wie ein Künstler sich verstanden fühlt, wenn man ihm sagt, er habe etwas Schönes gemacht. Und auch eine Bezugnahme auf Codewerte der Religion spendet keinen Trost, gehört nicht in die Predigt, ist kein Argument der Bekehrung und des Glaubens." (Luhmann 2002, 68)

Mit der Codierung der Kommunikation „erreicht man, dass alles, was aufgegriffen wird, als kontingent behandelt und an einem Gegenwert reflektiert werden kann" (Luhmann 1990, 77). Damit wird alles was in Bezug auf den Code als Information behandelt wird, zu einer „ausnahmslosen Kontingenz aller Phänomene" (Luhmann 1990, 79).

Programme legten die Bedingungen dar, unter welchen sich eine Selektion in der Operation als richtig herausstelle. Sie konkretisierten die Anforderungen, die an ein bestimmtes Funktionssystem gestellt würden. Ein Programm müsse änderbar sein, die Codierung bleibe gleich, sie ermögliche die Einzigartigkeit der Funktion. Über die Programme könne daher ein System lernfähig sein, ohne die Codierung zu verändern. (Vgl. Luhmann 1990, 90–91) „Durch die Differenzierung von Codierung und Programmierung gewinnt ein System also die Möglichkeit, als geschlossenes und als offenes System zugleich zu operieren." (Luhmann 1990, 91) Das Programm der Wirtschaft sei die

Knappheit, das der Politik die politischen Programme, das des Rechts die Rechtstexte und das der Moral die Wertvorstellungen.
Kommunikationsmedien seien symbolische Codes, die die Wahl vereinfachen (vgl. Luhmann 1982, 91). Damit Kommunikation passieren könne, bedienen sich die Systeme verschiedener Kommunikationsmittel: Macht (Politik), Geld (Wirtschaft), Urteil/Entscheidung (Recht), moralische Urteil (Moral) oder Glaube (Religion). (Vgl. Kött 2003, 76)

Mit den Kommunikationsmedien, den Codes, den Programmen und den Funktionen, die sie für das Gesamtsystem erfüllen, können die Subsysteme beschrieben werden (siehe folgende Tabelle 16).

Tabelle 16: Die wichtigsten Subsysteme in der Systemtheorie Luhmanns
(vgl. Nehrkorn 2001)

System	Codierung	Programm	Kommunikationsmittel	Funktion
Wirtschaft	haben/ nicht haben	Knappheit	Geld, Eigentum	Materielle Reproduktion
Recht	recht/unrecht	Gesetze	Entscheidungen	Sicherheit und Konfliktentscheidungen
Politik	Macht/ Ohnmacht	politische Ideen und Ideologien	Macht (öffentliche Ämter, Sanktionen)	Herstellung kollektiv bindender Entscheidungen
Pädagogik	qualifiziert/ nicht qualifiziert	Förderung	Qualifikationen bzw. Zeugnisse	Selektion
Religion	Immanenz/ Transzendenz	Offenbarung, Dogmatik, Texte, Rituale	Glaube	Transformation unbestimmbarer in bestimmbare Komplexität
Moral	*gut/böse*	*Wertvorstellung*	*Werturteile*	*Orientierung und Regulierung*

Abbildung 23 zeigt schematisch, wie die einzelnen Subsysteme nach der Theorie Luhmanns funktionieren. In der Mitte der Kreise befindet sich das Programm. Das Kommunikationsmittel steht zwischen den Pfeilen und verweist darauf, dass die Kommunikation über das Kommunikationsmittel verläuft. Die Codierung ist im binären Code angegeben. Da in einem Subsystem die Kommunikation autopoietisch erfolgt, ist die Kommunikation, die immer anschlussfähig bleibt, als ein Kreislauf dargestellt. Das Subsystem Moral ist in Klammer gesetzt und in der Tabelle kursiv beschreiben, weil die Publikation *Die Moral der Gesellschaft* keine in sich geschlossene Abhandlung Luhmanns zur Funktion der Moral ist, sondern eine posthum erschienene Sammlung von Aufsätzen zur Moral. Das ist auch der Grund, warum die Ausführungen über Moral in der Tabelle 16 kursiv geschrieben sind.

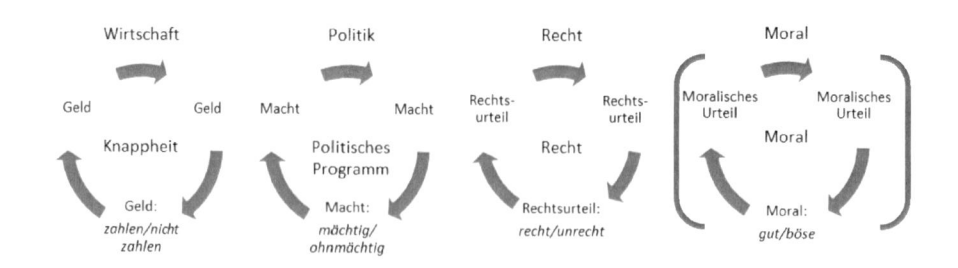

Abbildung 23: Gesellschaftliche Subsysteme in Luhmanns Systemtheorie

Die Funktionsweise im Sinne Luhmanns kann vereinfacht so beschrieben werden: Durch seine Operationsweise grenzt sich das System von der Umwelt ab. Jedes System erhält sich durch seine ganz spezifische Operationsweise. Die Systeme unterscheiden sich in den Operationsweisen, die durch einen binären Code strukturiert sind. (Vgl. Horster 2005, 63) Trotzdem steht kein System für sich allein – sonst müsste das System zusammenbrechen. Jedes System ist zwar selbstreferentiell durch die *Autopoiesis* ein geschlossenes, aber mit der Verbindung zur Umwelt wiederum ein offenes System. Der Zusammenhalt der Systeme wird durch die strukturelle Kopplung garantiert. Alle *autopoietischen* Systeme sind strukturell mit ihrer Umwelt gekoppelt, denn strukturelle Kopplungen vermitteln den Kontakt zwischen Umwelt und System, einen Kontakt, den das System braucht. Strukturelle Kopplungen sind nur als systeminterne Irritationen bemerkbar und auf diese muss das System eine angemessene Reaktion finden. Irritation wird daher immer verschieden verarbeitet – heute anders als gestern. Irritationen können auch ignoriert werden. Die gekoppelten Systeme verbindet nicht die Kausalität, sondern die Gleichzeitigkeit. Ein System reagiert nicht in einer bestimmten Weise als Wirkung auf die Ursache in einem anderen System. Reaktionen auf die Umwelt *können, müssen* aber nicht erfolgen. Veränderungen in der Umwelt – oder in anderen Systemen – können Irritationen im System auslösen. Irritationen sind systeminterne Zustände, die dem System bislang fremd waren. Strukturelle Kopplungen liefern dem System Daten, keine Informationen. (Vgl. Kött 2003, 50–52) Da Systeme von außen nur irritiert, aber nicht gesteuert werden können, folgt das System immer der eigenen Systemlogik. Wird also z.B. im System Moral Korruption als ein moralisches Problem wahrgenommen, so kann, muss aber nicht, dieses moralische Urteil eine Irritation im Subsystem Wirtschaft auslösen. Nur wenn dies in die Sprache der Wirtschaft übersetzt werden kann, also dazu führt, dass es Auswirkungen auf *haben* und *nicht haben* zeitigen kann, wird tatsächlich eine Änderung im System Wirtschaft erfolgen.

Die Subsysteme beobachten die Umwelt und können die Beobachtungen nur in die eigene Systemsprache transferieren. Klar legt Luhmann (1990) diese Sichtweise in seinem Buch *Ökologische Kommunikation. Kann die moderne Gesellschaft sich auf ökologische Gefährdungen einstellen?* dar. Die Antwort darauf lautet: „Nein!" Dies sei deshalb der Fall, weil es in einer ausdifferenzierten Gesellschaft keinen Personen oder Gruppen möglich sei, alles zu überblicken. So sei es gar nicht mehr möglich, einen gesamtgesellschaftlichen Willen zu entwickeln. (Vgl. Joas & Knöbl 2004, 388) Luhmann ist sich dieser Problematik bewusst, wie er am Beispiel der Umweltproblematik aufzeigt:

> „Es gibt in der Gesellschaft nach all dem keine Zentralkompetenz für die Behandlung ökologischer Probleme. Jedes Funktionssystem ist auf sich selbst angewiesen. [...] Aber die Gesellschaft leidet an diesem Thema und an entsprechenden Zukunftsszenarien, weil Problemlösungen nicht (oder allenfalls in einem minimalen, graduellen Ausmaße) sichtbar sind. Jedes Funktionssystem kann auf die eigene Weise reagieren: die Politik rhetorisch, die Wirtschaft durch Preiserhöhungen, die Wissenschaft durch Forschungsprojekte, die mit jedem zusätzlichen Wissen noch mehr Nichtwissen zutage fördern. Noch halten sich die faktischen Folgen der übermäßigen Ausbeutung der Umwelt in Grenzen; aber es gehört nicht viel Phantasie dazu, sich vorzustellen, dass es so nicht weitergehen kann." (Luhmann 1997b, 804–805)

Joas und Knöbl (2004, 389) führen dazu aus: „Aber der Steuerungspessimismus Luhmanns ist radikal." Natürlich werden Umweltschutzmaßnahmen ergriffen, aber in der Interpretation Luhmanns bedeutet dies, nicht zu glauben, „dass man von außen diese politische System wirklich beeinflussen oder steuern kann, so dass dann wirklich ‚effektive' Maßnahmen ergriffen würden". Im Zusammenhang mit der Umweltschutzdebatte – auch nicht nur in diesem Kontext – sieht Luhmann die Moral als überhaupt fehl am Platze an.

Nachdem nun die wesentlichsten Elemente der Luhmann'schen Systemtheorie dargestellt wurden, sollen zwei Subsysteme besonders herausgegriffen werden, die für die Beck-Zabeck-Kontroverse von besonderer Bedeutung sind: die Wirtschaft und die Moral.

4.2.2.1 Das Subsystem Wirtschaft

Luhmann (1990, 101) versteht unter Wirtschaft die Gesamtheit aller Operationen, die „über Geldzahlungen abgewickelt werden". Von Wirtschaft wird also dann gesprochen, wenn Geld ins Spiel kommt, dabei sei egal, woher das Geld komme, wohin es gehe und um welche Bedürfnisse es sich dabei drehe. Wirtschaft sei demnach eine Kommunikation, die sich über das Kommunikationsmittel Geld ausforme (vgl. Luhmann 1988a, 8–14). Das *Kommunikationsmittel* Geld sei für alle verständlich: Man habe es oder man habe es nicht. Jedes Gut und jede Dienstleistung sei in Geld darstellbar. Die Zahlungsvorgänge würden durch das System selbst geleitet – durch die Preise. Preise seien gleichzeitig ein Informationsverlust, weil sie weder anzeigen, woher das Geld komme, noch welche Bedürfnisse damit befriedigt würden, und ein Informationsgewinn, weil mit dem Preis beobachtet werden könne, wie andere den Markt beobachten, dadurch, dass man durch Preise über Zahlungserwartungen informiert werde. Preise gäben Auskunft über zu erwartende Zahlungen, ihre wirtschaftliche Funktion liege in der Kommunikation. (Vgl. Luhmann 1988a, 17–19)

Das Kommunikationsmittel Geld habe die binären Codes *haben* und *nicht haben* ausgeprägt. Damit das System selbstreferentiell arbeiten könne, sei Geld dafür die Voraussetzung: „Geld ist instituierte Selbstreferenz. Geld hat keinen ‚Eigenwert', es erschöpft seinen Sinn in der Verweisung auf das System, das die Geldverwendung ermöglicht und konditioniert." (Luhmann 1988a, 16) Innerhalb des Systems gehe es daher ausschließlich um Fragen der Eigentumsverhältnisse, die Zahlung selbst sei ein Kommunikationsvorgang (vgl. Luhmann 1988a, 16 u. 20).

Das *Programm* der Wirtschaft ist die Knappheit. Allerdings sei dies nicht die Endlichkeit der Güter, die dadurch zum Ausdruck komme, sondern die Knappheit, die vom eigenen System geschaffen werde. Die in Preisen ausgedrückte Knappheit entspringe der Logik des Wirtschaftssystems. Die Knappheit entstehe im System und die Preise sorgen dafür, dass Zuteilungen und Verteilungen stattfinden würden. (Vgl. Luhmann 1988a, 177–178)

> „Der Zugriff erzeugt mithin Knappheit, während zugleich Knappheit als Motiv für den Zugriff fungiert. […] Knappheit ist demnach, wenn man nicht von der einzelnen Operation, sondern vom System ausgeht, in dem sie stattfindet, ein paradoxes Problem. Der Zugriff schafft das, was er beseitigen will. Er will sich eine zureichende Menge sichern und schafft dadurch die Knappheit, die es erst sinnvoll macht, sich eine unzureichende Menge zu sichern. […] Für den, der zugreift, verringert sich die im Zugriff vorausgesetzte Knappheit. Für alle anderen vergrößert sie sich. Beides geschieht im selben System. […] Knappheit erscheint dann als Differenz von ‚Haben' und ‚Nicht-haben' mit der Folge, dass sich diejenigen Operationen unterscheiden, die man im Anschluss an Haben bzw. an Nichthaben ausführen kann." (Luhmann 1988a, 179 u. 181–182)

Die *Funktion* des Wirtschaftssystems für die Gesellschaft sei die Reproduktion von Zahlung und Nicht-Zahlung. Neben dieser Hauptfunktion erbringe die Wirtschaft auch Leistungen für andere Teilsysteme und zwar in der Befriedigung der Bedürfnisse. Damit ist die Bedürfnisbefriedigung bei Luhmann nicht die Haupt-, sondern nur eine Nebenfunktion der Wirtschaft.

Als *autopoietisches System* bleibe die Wirtschaft durch Zahlung und Nicht-Zahlung ständig in Bewegung. Mit den Zahlungen bilde die Wirtschaft ein geschlossenes System. Eine ständige Reproduktion von Zahlungen vollziehe sich im System. Das Programm, die im System entstehende Knappheit, steuere über Preise diese Zahlungsvorgänge. Damit hätten Preise die wesentliche

Aufgabe der Komplexitätsreduktion übernommen. (Vgl. Luhmann 1988a, 17–23) Da Preise leicht zu kritisieren seien – für die einen sind zu niedrig, für den anderen zu hoch –, entzögen sie sich der Kritik (vgl. Luhmann 1988a, 40).

> „Über Daten, die auf der Basis von Preisen gewonnen werden, wird man die Auswirkungen der Wirtschaft auf ihre Umwelt innerhalb und außerhalb des Gesellschaftssystems nicht kontrollieren können. Preise und preisabhängige Daten sind daher keine Grundlage für ein Urteil über Rationalität der Wirtschaft – wenn Rationalität heißen darf, dass die Einheit der Differenz von System und Umwelt im System wiederhergestellt wird." (Luhmann 1988a, 41)[73]

Gleichzeitig sei das Wirtschaftssystem mit den Zahlungen auch ein offenes System: „Die Offenheit der Wirtschaft findet ihren Ausdruck mithin darin, dass Zahlungen an Gründe für Zahlungen gebunden sind, die letztlich in die Umwelt des Systems verweisen." (Luhmann 1988a, 58) Diese Zahlungen würden auf die Bedürfnisse verweisen, die dadurch befriedigt werden, und damit auf die Bedürfnisbefriedigung, welche das Wirtschaftssystem für die Gesamtgesellschaft erbringe (vgl. Luhmann 1988a, 131–132).

4.2.2.2 Das Subsystem Moral

In seinem umfassenden Gesamtwerk hat Luhmann selbst keine Abhandlung über die Moral der Gesellschaft geschrieben. Erst 2008, also zehn Jahre nach seinem Tod, gab Horster ein Buch mit dem Titel *Die Moral der Gesellschaft* heraus, in dem verschiedene Aufsätze Luhmanns zum Thema Moral zusammengefasst sind (vgl. Luhmann 2008). In seinem letzten Werk *Die Gesellschaft der Gesellschaft* setzt Luhmann sich mehrmals mit Moral auseinander. Luhmann geht davon aus, dass sich in einer ausdifferenzierten Gesellschaft, in der die Kommunikation in Subsystemen über Spezialprobleme verläuft, sich die gesellschaftliche Bedeutung der moralischen Kommunikation ändere. (Vgl. Luhmann 1997a, 396 u. 231–232) Nach Ansicht Luhmanns benötige die Moral eine göttliche Fundierung. Das sei Aufgabe der Religion gewesen, die selbst moralisierte. (Vgl. Luhmann 1997a, 243) Der religiöse Sinn wird bei Luhmann im *binären Code* von Transzendenz und Immanenz ausgeformt. Die Kontingenzformel sei die perfekte Komplexitätsreduktion, nämlich Gott. Das *Kommunikationsmedium* sei der Glaube. Neben der Hauptfunktion, sich als einziges System mit der Einheit der Differenz von Transzendenz und Immanenz auseinanderzusetzen, erbringe die Religion auch Nebenleistungen für die Gesellschaft, die in der Diakonie und in der Caritas zu finden seien. Die

---

[73] Beispiele, die zeigen, dass Preise nicht funktionieren: Ölpreise können trotz der Knappheit fallen, mit der Orientierung an Preisen werden Lebensmittel vernichtet und wird Hunger produziert; trotz Zunahme der Bevölkerung wird die Arbeit teurer (vgl. Luhmann 1988a, 41).

Moral sei weder die Hauptfunktion noch das Kommunikationsmedium der Religion, sondern die Religion bediene sich der Moral, um bestimmte Handlungen zu erreichen. Über Jahrhunderte sei die Moral eine Zweitcodierung der Religion gewesen. Die Funktion der Religion sei im *binären Code* von Transzendenz und Immanenzen begründet – nur das Subsystem Religion befasse sich mit dieser Ausformung (vgl. Kött 2002, 156–159; Luhmann 1982; Tafner 2009b, 64–77) „Warum es überhaupt Schlechtigkeit gibt, obwohl Gott doch mit einem Wort die ganze Welt gut machen könnte, bleibt das letzte Geheimnis der Religion." (Luhmann 1998, 243) Aber das „Bündnis von Moral und Religion" gebe der Moral eine Legitimation. Der *binäre Code*, der sich durch die Moral ausprägt, sei gutes und schlechtes Verhalten.

> „Von Moral wollen wir sprechen, wo immer Individuen einander als Individuen, also als unterscheidbare Personen behandeln und ihre Reaktionen aufeinander von einem Urteil über die Person statt über die Situation abhängig machen. In diesem Sinne ist Moral ein gesellschaftliches Universale, da es keine Gesellschaft gibt, in der Individuen einander nicht als Individuen unterscheiden. […] Moral ist nicht ein Normtypus besonderer Art, ja nicht einmal durchweg auf Normierungen angewiesen (es gibt primär meritorische Moralen), sondern eine Codierung, die auf dem Unterschied von Achtung und Missachtung aufbaut und die entsprechenden Praktiken reguliert." (Luhmann 1998, 245)

Das Moralisieren leiste nach Luhmann (1998, 248) „keine gesellschaftliche Integration mehr, ebenso wenig wie die Religion selbst". Es werde daher der Code von gut und schlecht benutzt, „aber er läuft gleichsam leer". Dies sei deshalb der Fall, weil der „Konsens über die Kriterien, nach denen die Werte gut bzw. schlecht zuzuteilen sind", fehle. Das *Programm* der Moral sei nach Luhmann nicht mehr konsensfähig und deshalb funktioniere Moral nicht mehr, weil die Religion an Bedeutung verloren habe. Ein Substitut für Religion gebe es aber nicht. Aber nicht nur die gesellschaftliche Lage der Moral sei prekär. Die Moral arbeite mit der Individualethik, sie arbeite mit der Individualisierung und der inneren Annahme. Moral bedürfe also einer Selbstmotivation im Gegensatz zum Zwang durch Recht. (Vgl. Luhmann 1997a, 248–249) Moral operiere also nach Luhmann in anderen Zusammenhängen als die Funktionssysteme: Moral klassifiziere Personen, Funktionssysteme aber Kommunikationen. Der Wahrheit, dem Recht, der Schönheit sei die Moral egal. (Vgl. Kött 2002, 156–159).

Für Luhmann ist doppelte Kontingenz der Startpunkt für soziale Systeme. Er hat diesen Begriff von Parsons übernommen:

> „There is a double contingency inherent in interaction. On the one hand, ego's gratifications are contingent on his selection among available alternatives. But in turn, alter's reaction will be contingent on ego's selection and will result from a complementary selection alter's part. Because of this double contingency, communication, which is the preoccupation of cultural patterns, could not exist without generaliza-

tion from the particularity of the specific situations (which are never identical for ego and alter) and stability of meaning which can only be assured by 'conventions' observed by both parties." (Parsons zitiert in Luhmann 1984, 148, Fußnote I)

Es geht um die Frage, wie die eigene Handlung anschlussfähig wird bzw. wie Handeln koordiniert werden kann. Die Handlungen von zwei Personen müssen aufeinander abgestimmt werden. Parsons sah die Lösung des Problems in der normativen Orientierung der beiden Beteiligten. Luhmann sieht die Lösung in der Zeit, da sich das Problem von selbst löst (vgl. Luhmann 1984, 149–169): „Entscheidend dafür [für die Lösung, Anmerkung des Autors] ist der selbstreferentielle Zirkel selbst: Ich tue, was Du willst, wenn Du tust, was ich will. Dieser Zirkel ist, in rudimentärer Form, eine neue Einheit, die auf keines der beteiligten Systeme zurückgeführt werden kann." (Luhmann 1984, 166) Die *Funktionalität* der Moral liege in der Lösung der doppelten Kontingenz. Das Theorem der doppelten Kontingenz und die Theorie der *autopoietischen* Systeme werden bei Luhmann zu einem neuen Begriff von Handeln, der für die Beobachtung von sozialen Systemen herangezogen werden kann (vgl. Luhmann 1984, 167). Mit dem *Moralcode* forme sich Achtung oder Missachtung bzw. gut und schlecht aus. Der Code entscheide, ob eine Person in gesellschaftliche Kommunikation inkludiert oder von ihr exkludiert werde. Die Achtungs- und Missachtungsbedingungen seien sowohl für *Alter* als auch *Ego* gültig. Schlechtes und gutes Verhalten bzw. böses und gutes Verhalten würden dadurch unterschieden. Auch in der modernen Gesellschaft bliebe das Medium Moral verfügbar, sowohl auf der Ebene der individuellen Kommunikation als auch über Massenmedien. Moral stehe für alle möglichen Kommunikationen zur Verfügung, die Regeln jedoch, die über Achtung und Missachtung entscheiden helfen, seien instabil und nicht mehr konsensfähig. Das bedeute nicht, dass die moralische Kommunikation in ausdifferenzierten Gesellschaften völlig beliebig wäre: Moralisieren sei dort notwendig, wo die Codierung eines bestimmten Systems bedroht sei. So z.B. beim *fair play* im Sport oder in der Politik. Jedenfalls könne die Moral die Gesellschaft nicht mehr integrieren. Das sei schon deshalb nicht möglich, weil die Gesellschaft aus Subsystemen bestehe und jedes Subsystem seinen eigenen *binären Code* ausgeformt habe. (Vgl. Luhmann 1997a, 397–403).

> „Wenn die Inkongruenz aller Codes untereinander und in ihrem Verhältnis zum Moralcode offen zutage tritt, muss die Gesellschaft darauf verzichten, sich selbst als moralische Anstalt zu begreifen. Aber das schließt moralisierende Kommunikation keineswegs aus. Manches deutet darauf hin, dass die Moral jetzt eine Art Alarmierfunktion übernimmt. Sie kristallisiert dort, wo dringende gesellschaftliche Probleme auffallen und man nicht sieht, wie sie mit den Mitteln der symbolisch generalisierten Kommunikationsmedien und in den entsprechenden Funktionssystemen gelöst werden könnten." (Luhmann 1997a, 404)

Es habe den Anschein, dass die Gesellschaft für ihre Folgeprobleme die moralische Kommunikation zur Artikulation der Problematik zu Hilfe nehme. Kommunikation könne dann in die Richtung geleitet werden, wo sich soziale Fragen auftun würden. Das führe jedoch zur Inflation von Moral, auch deshalb, weil das Programm der Moral nicht eindeutig und nicht konsensfähig sei (vgl. Luhmann 1997a, 404). „Moral nimmt dann polemogene Züge an: sie entsteht aus Konflikten und feuert Konflikte an." (Luhmann 1997a, 404) Die moralische Entrüstung richte sich vor allem auf Phänomene, die drohten, die Codierungen zu unterlaufen, wenn durch Korruption, Insider-Geschäfte, Doping oder Betrug die Codierung von recht und unrecht gefährdet würde. Massenmedien würden diese Fälle aufgreifen und machten sie zu Skandalen, die zu Entrüstung führten. Aber die Entrüstung löse keine Probleme. (Vgl. Luhmann 1997a, 404–405)

> „Von ‚Ethik' spricht man jetzt, um die Illusion zu pflegen, es gebe für diese Fälle vernünftig begründbare und praktikable Entscheidungsregeln. In Wirklichkeit hat diese Ethik jedoch die Funktion einer Utopie in dem genauen, paradoxen Sinne der Utopia des Thomas Morus. Sie bezeichnet einen *topos*, der nicht zu finden ist, einen Ort, den es nicht gibt." (Luhmann 1997a, 405)

Der Trick an der Ethik – nach Luhmann – liegt daran, dass dadurch die Gesellschaft die Möglichkeit eröffne, „die Negation des Systems in das System einzuführen und auf honorige Weise darüber zu reden." (Luhmann 1997a, 405)

Ist die Moral also in der Systemtheorie Luhmanns wirkungslos? Sie kann wirkungslos sein, muss aber nicht wirkungslos sein. Die Moral könne Irritationen hervorrufen, die in die Sprache der anderen Subsysteme übersetzt werden könne, aber nicht müsse. Nach Luhmann gehe von der Moral auch die Gefahr aus, Streit zu erzeugen. (Vgl. Horster 2005, 7 u. 16)

> „Mit Moral hat Luhmann in seinem System seine technischen Probleme, denn Moral zirkuliert in allen Teilsystemen. Sie kann aber nicht in einem eigenen Teilsystem festgemacht werden, so als ob sie nur dort gelte. Die Funktionssysteme sind von der Moral abgekoppelt, denn jeder Funktionsbereich hat seine eigene Codierung, die vom Moralcode unterschiedlich ist." (Tafner 2009b, 69)

Moral scheint nicht so recht in das Luhmann'sche Modell zu passen. Joas und Knöbl (2004, 389–390) sehen bei Luhmann eine radikale Ablehnung der Moral. Horster (in Luhmann 2008, 380) sieht die Funktion der Moral nach Luhmann positiver. So verweist Horster darauf, dass das Subsystem Politik ohne Moral funktioniere und trotzdem sei das System auf Moral angewiesen, weil niemand unfaire Politiker und Politikerinnen möchte und der Wettbewerb in der Demokratie ebenfalls ein ehrlicher sein solle. Ebenso möchte im Sport jeder einen fairen Wettbewerb. „Der Vergleich von Sport, Wissenschaft und Politik lässt eine hochspezifische Angewiesenheit gerade der Funktionssysteme auf Moral erkennen." (Luhmann 2008, 172) Die Moral passt also nicht in das Funktionssystem und trotzdem ist das System darauf angewiesen – Zusammenhang und Gegensätzlichkeit von Moral und Subsystem werden offenbar. Es bleibt dabei: Moral könne irritieren, nicht determinieren. (Vgl. Horster in Luhmann 2008, 381)

Horster fasst die „Ethik als Subtheorie der Systemtheorie" zusammen (vgl. Horster in Luhmann 2008, 389–390):

1. Moral zirkuliere gesellschaftsweit und sei in keines der Subsysteme eingebunden. Sie lasse sich auch nicht als eigenes Subsystem darstellen, weil es kein ausschließliches System gebe, in dem nur über Moral kommuniziert werde.
2. Die Codierungen der Subsysteme seien anders als die Codierung der Moral.
3. Die Frage, ob die Moral selbst für die Gesellschaft gut sei, sei kein Thema der Systemtheorie. Luhmann beschreibe nur Funktionen, auch die Funktion der Moral. Die Moral sorge dafür, dass doppelte Kontingenz gelöst werde, indem sie mit Erwartungen und Erwartungserwartungen arbeite.
4. Die moderne ausdifferenzierte Gesellschaft sei eine Risikogesellschaft. Jene, die das Risiko erzeugen, müssten nicht jene sein, die die Risiken tragen. Für die Person, die das Risiko erzeuge, bleibt das Risiko Risiko; für Betroffene sei es eine Gefahr. Diese neue Form von Risiko und Gefahr benötige eine Moral – so sei auch die Umwelt-Ethik entstanden.

4.2.2 Eine neo-institutionelle Interpretation der Ausdifferenzierung

In der Beck-Zabeck-Kontroverse verfolgt Zabeck einen universellen ethischen Zugang im Sinne Kants, den Beck aufgrund der Ausdifferenzierung der Gesellschaft als nicht mehr gesellschaftsfähig erachtet, weil sich nach Beck keine universale Ethik in einer Gesellschaft von Teilsystemen argumentieren lässt. Mit dieser Akzentuierung rückt Beck sehr an das Luhmann'sche System heran – auch wenn Beck dies nach eigenen Worten nicht beabsichtigt. So steht eine universelle, von einem gesellschaftlichen Ideal ausgehende ethische Auffassung einem Verständnis gegenüber, das universelle Ethik und ein übergeordnetes Ideal ablehnt. Diese Auseinandersetzung erinnert an die Luhmann-Habermas-Kontroverse.

So wie Luhmann geht auch Habermas von einer ausdifferenzierten Gesellschaft mit Systemen aus, jedoch entstehen Systeme bei Habermas nicht über die Ausdifferenzierung eines binären Codes, der eine operative Schließung des Systems ermöglicht, sondern sie entstehen aus der Lebenswelt. Bei Luhmann besteht die Gesellschaft nur aus Subsystemen; ein System, das alles integriert, gibt es nicht. Weder Religion, noch Moral oder Politik sind dazu in der Lage. Bei Habermas besteht die Gesellschaft aus Lebenswelt und Systemen, wobei sich Systeme nur auf die Teilbereiche Politik und Wirtschaft beziehen. Die Gesellschaft ist bei Habermas ein Netzwerk aus kommunikativen Handlungen. Versucht Luhmann, die Gesellschaft lediglich aus der Luhmann'schen Brille zu beobachten und zu beschreiben, so hat die kritische Theorie von Habermas die Aufgabe, die „Diskrepanz von Sein und Sollen herauszuarbeiten" (Horster 1999, 17). Bei Habermas geht es nicht nur um Beschreibung, es geht um einen moralischen Anspruch. Es geht darum, dass die Wissenschaft auch die Aufgabe hat, die Gesellschaft zu kritisieren, damit sie sich verbessert. Habermas sieht ein „Abbröckeln der staatsbürgerlichen Solidarität" durch eine „unbeherrschte Dynamik von Weltwirtschaft und Weltgesellschaft" (Habermas 2004, 3). Er sieht, dass die Ökonomie in immer größere Bereiche der Gesellschaft eingreift und das Selbstinteresse zu einer Entsolidarisierung der Gesellschaft führt (vgl. Habermas 2004, 3). Die Erarbeitung von rechtlichen und moralischen Regeln erfolgt bei Habermas (siehe 4.1.3.1) über die Diskursethik. Habermas orientiert sich an Aufklärungsidealen und einer deontologischen Ethik. Diese Vorstellungen strukturieren die Wirklichkeit der Gesellschaft. Es geht um die Idee der Gerechtigkeit, welche die Gesellschaft braucht. So ist zwar ein Gerichtsprozess nicht immer gerecht, aber er folgt der Idee der Gerechtigkeit. Die Idee der Gerechtigkeit ist konstitutiv für das Zustandekommen des Prozesses. (Vgl. Horster 1999, 32–49)

Bei Luhmann bewirkt die Kommunikation die Ausformung von binären Codes, die zur operativen Schließung eines Systems führen und damit ein *autopoietisches* System ermöglichen. „Habermas ist der Überzeugung, dass in der Sprache kulturelle Selbstverständlichkeiten, lebensweltliches Hintergrundwissen und unsere moralischen Überzeugungen konserviert sind." (Horster 1999, 45) Sprache ist damit ein wesentlicher Teil der Kultur, in der wiederum wesentliches Wissen der Menschen gespeichert ist. Kultur ist Teil der Lebenswelt, in der sich der Mensch befindet. Diese wirkt auf den Menschen zurück. Aus der Lebenswelt heraus entstehen Systeme. Die Subsysteme Wirtschaft und Staat werden immer komplexer und dringen tiefer in die symbolische Reproduktion der Lebenswelt mittels Verflechtung ein.

Bei Luhmann ist die Gesellschaft ein System aus Teilsystemen, eine gesamte Ordnung gibt es nicht. Bei Habermas ist die Gesellschaft ein Netzwerk aus kommunikativen Handlungen. Dieses kommunikative Handeln bezieht sich auf Normen und Werte, dabei ist – ganz in der Kant'schen Tradition – die Vernunft der letzte Bezugspunkt. Das kommunikative Handeln spielt sich in der für alle zur Selbstverständlichkeit gewordenen Lebenswelt ab.

Kommunikation muss bei Luhmann anschlussfähig bleiben, damit sie ein *autopoietisches* System ausformen kann. Bei Habermas ist Kommunikation das verständigungsorientierte Handeln der Menschen in der Lebenswelt und das strategische, erfolgsorientierte Handeln in Systemen. Für Habermas ist im Gegensatz zu Luhmann der einzelne Mensch für die Gesellschaft relevant und ein eigener Bezugspunkt. Kommunikatives Handeln ermöglicht Verständigung und gesellschaftlichen Konsens. (Vgl. Berghaus 2004, 21)

Bei Luhmann entstand die Moral aus der Gesellschaft von selbst heraus, als der Prozess zur Lösung der doppelten Kontingenz. Bei Habermas ist Moral als kulturelle Selbstverständlichkeit in der Sprache konserviert und wird dadurch tradiert. Sprache ist somit ein wesentliches Repräsentations- und Transportmittel der Lebenswelt. Dadurch wird die Koordination des menschlichen Handelns ermöglicht. Damit die Koordination einfach und schnell funktioniert, muss die Handlung selbstverständlich erfolgen. Das ist Aufgabe der Hintergrundüberzeugungen, die aus der Lebenswelt stammen und mittels Sprache transportiert werden. (Vgl. Horster 1999, 46–47)

Die Gesellschaft funktioniert nach Luhmann in Teilsystemen, die ihre eigene Logik entwickelt haben. Die Lösung von gesellschaftlichen Problemen kann daher nur in der jeweiligen Systemlogik eines Subsystems liegen. Bei Habermas kommt der einzelne Mensch ins Spiel. Treten Probleme, rechtlicher oder moralischer Natur, auf, die von der Gesellschaft gelöst werden müssen, dann wird auf den Prozess des Diskurses zurückgegriffen. (Vgl. Berghaus 2004, 20)

Mit der Gegenüberstellung der Theorie von Habermas und Luhmann lässt sich sehr gut zeigen, wie unterschiedlich die Bilder der Gesellschaft gemalt werden können. Obwohl sich beide auf Weber und Parsons beziehen, sind ihre Theorien völlig konträr. Die folgende Tabelle gibt einen Überblick über die wesentlichsten Standpunkte, die Habermas und Luhmann vertreten und trennen (siehe Tabelle 17).

Aus dem neo-institutionellen Blick ist der Theorie von Habermas zu folgen, da darin die Kultur, die Gesellschaft und die Personen zum Tragen kommen. Kultur und Institutionen spielen bei Luhmann keine Rolle, sie werden aus der Theorie wegdefiniert. Durch Luhmanns Brille gesehen, versteht jedes Subsystem nur sein eigenes Kommunikationsmittel. Luhmann geht es nicht um eine Erziehung, schon gar nicht um eine Moralerziehung.

Tabelle 17: **Luhmann und Habermas im Vergleich** (vgl. Berghaus 2004, 21)

Thema	Habermas	Luhmann
Aufgabe der Soziologie und Wissenschaftsverständnis	Soziologie übt Kritik an der Gesellschaft; Wissenschaft hat eine moralische Aufgabe; die Gesellschaft wird ideologiekritisch betrachtet	Soziologie beobachtet und ist eine Beobachtung der Beobachtung
Gesellschaft und System	Die Gesellschaft besteht aus der Lebenswelt sowie aus den Systemen Wirtschaft und Politik	Gesellschaft wird als ein System betrachtet, das aus vielen Subsystemen besteht; ein alles integrierendes System gibt es nicht
Kommunikation	Kommunikatives Handeln ist verständigungsorientiert; in der Lebenswelt kommuniziert der Mensch verständigungsorientiert, in den Systemen strategisch und auf Erfolg ausgerichtet	Kommunikation ist die Operationsweise sozialer Systeme; mit der Kommunikation formen sich Kommunikationsmittel und binäre Codes aus, die zu einer operativen Schließung des Systems führen und Autopoiesis ermöglichen
Subjekt und Mensch	Einzelne Menschen können kommunikativ handeln	Nicht die Menschen kommunizieren, sondern die sozialen Systeme; in der Systemtheorie ist der Mensch keine Einheit

Beck fordert, dass sich die Menschen entsprechend ihren Rollen verhalten, wie sie das jeweilige Subsystem vorgibt. Nach Luhmann würde dies bedeuten, dass der Mensch als Betriebsmoral lernen sollte, aus Geld Geld zu machen, und nach Homann, dass er ständig den Gewinn und Nutzen maximiert und dabei die Rahmenbedingungen einhält. Beck folgt in seinen Ausführungen der Ethik Homanns, versteht dessen Theorie normativ und fordert, dass Menschen lernen sollten, sich den Rollenerwartungen entsprechend an den Vorgaben des jeweiligen Subsystems zu orientieren. Ein moralischer Zeigefinger helfe nicht weiter; Moral müsse immer auf die menschliche Natur Bezug nehmen. (Vgl. Beck 2003a) In Homanns Ethik ist der systematische Ort der Moral die Rahmenordnung der Wirtschaft. Das richtige – auch moralisch richtige – Verhalten liege dann darin, die Rahmenordnungen einzuhalten und den Gewinn bzw. den Nutzen zu maximieren, also – in der Definition Homanns – dem „Imperativ der Marktwirtschaft" zu folgen. In diesem Punkt sind sich die Theorien Homanns und Luhmanns ähnlich. Die subsystemspezifischen Regeln konkretisieren sich nach Ansicht Becks (2006a, 16) in Rollen.

Moreno ging davon aus, dass der Mensch kein Aggregat von Rollen ist, sondern sich die Persönlichkeit in Rollen ausdrückt (siehe 3.2.3.2). Dabei unterscheidet er zwischen *role-taker*, *role-player* und *role-creator*). Moreno (1946,

153) spricht vom Rollen-Personen-Konflikt. Die Person setze sich mit dem Selbst und der Rolle auseinander, es komme also zu einer Selbst- und Rollenwahrnehmung. Ergänzt werde diese noch durch die Fremdwahrnehmung anderer. Aufgabe des Ichs – Petzold definiert das Ich als die Reflexion des Selbst – sei die Wahrung der Rollendistanz und die Selbstreflexion. Beck fordert die Übernahme von Rollen, wie sie das System Wirtschaft vorgibt. Die Rolle wird zur *Rollenkonserve*, die keinen Spielraum für eigene Kreativität und eigene Persönlichkeit lässt. Die Person kann in der Rolle erstarren, es bleibt kein Raum für sie. Da jedoch der Mensch sich ein ganzes Leben lang entwickelt, wird dadurch genau diese Entwicklung gehemmt und eingeschränkt, wenn nicht sogar verunmöglicht. In der Auseinandersetzung mit den eigenen Rollen kann sich der Mensch durch Selbstreflexion entwickeln. (Vgl. Moreno 1943, 438; Petzold 1982, 88–91) Die Forderung der Betriebsmoral ist die Forderung nach Rollenkonserven und in diesem Sinne entwicklungshemmend – und somit pädagogisch abzulehnen, wenn von einer Pädagogik ausgegangen wird, in der der Mensch autonom und selbstreflexiv bleiben soll.

Rollen unterscheiden sich darüber hinaus nicht nur deshalb, weil sie in unterschiedlichen Subsystemen verankert sind. Auch innerhalb eines Subsystems können verschiedene Rollen eingenommen werden. So ist innerhalb der traditionellen Familie der Vater gleichzeitig der Ehemann. Der Vater wird sich schon allein aufgrund seiner verschiedenen Rollen – hoffentlich! – seiner Frau gegenüber in bestimmten Situationen anders als den Kindern gegenüber verhalten, obwohl seine grundsätzliche Haltung der Familie gegenüber im Prinzip immer die gleiche ist. Rollenadäquates Verhalten hat grundsätzlich nichts mit dem Subsystem zu tun. Auch in Unternehmen kann eine Person verschiedene Rollen einnehmen. So ist der Abteilungsleiter gleichzeitig Führungsverantwortlicher und Untergebener, er könnte Mitglied einer Projektgruppe sein, in der er Mitarbeiterinnen und Mitarbeitern seiner Abteilung als hierarchisch gleichrangig begegnet. Er könnte im gleichen Unternehmen wie seine Frau oder seine Freunde und Freundinnen arbeiten. Würde er sich grundsätzlich (!) ihnen gegenüber im Unternehmen anders verhalten, nur weil es die Betriebsmoral fordert? Das schließt nicht aus, dass das Verhalten einmal anders sein *kann*, aber es wird wohl nicht so sein, dass das Verhalten aus Prinzip ein anderes sein *soll* oder *muss*!

William Whyte (1956) hat mit seiner Publikation *The Organization Man* aufgezeigt, dass leitende Angestellte in einen Widerspruch aus Individualismus und Gruppenkonformismus geraten und sich daraus psychologische Probleme ergeben können, sich aber auch Konsumgewohnheiten, Lebensgewohnheiten und Freundschaftsbeziehungen ändern.

Die *world polity* (vgl. Meyer & Jepperson 2005) gibt eine neo-institutionelle Erklärung für den Rollen-Person-Konflikt.

> „Der *world-polity-Ansatz* geht davon aus, dass drei Prinzipien des westlichen Denkens die Welt erobert haben: Erstens die Idee des Individuums, dem als rationales und selbstverantwortliches Wesen Menschenwürde und Menschenrechte zukommen. Zweitens die Idee der rationalen Organisation und drittens der rationale Nationalstaat. Doch im Unterschied zu Weber zeigt der Neo-Institutionalismus auf, dass die Rationalität nicht immer und automatisch die Handlungsstruktur darstellt, sondern die Formalstruktur, die Programmatik. Die Handlungen selbst folgen verschiedenen, nicht nur zweckrationalen Motiven. Dies führt zu einer Entkopplung, die das Individuum in einer Work-Live-Unbalance wahrnimmt, die zu einer immer größeren Problematik unserer Zeit wird. Menschen wollen sich beruflich und privat verwirklichen – beide Motive lassen sich nicht unter den zweckrationalen Vorgaben unter einen Hut bringen. In der Organisation führen implizite, konjunktive, atheoretische Phänomene der Unternehmenskultur zu einer Umsetzung der zweckrationalen Vorgaben, die als eine Entkopplung der Handlungsstrukturen von den Formalstrukturen wahrgenommen wird. Auch Nationen versuchen, den allgemeinen Prinzipien der Zweckrationalität zu folgen, doch führt die kulturbedingte Umsetzung ebenso dazu, dass die Praxis nicht der Theorie entspricht. Aber: Alle, Individuen, Organisationen und der Nationalstaat, legitimieren ihr Tun auf Basis der Zweckrationalität. Rein ökonomisches Denken und Handeln ist damit mehr eine Legitimations- als eine tatsächliche Handlungsgrundlage und damit […] eine normative Vorgabe." (Tafner 2012a, 40–41)

Der Neo-Institutionalismus möchte u.a. aufzeigen, wie stark der moderne Akteur und seine Handlungen konstruiert, reguliert und legitimiert sind. Das „Handeln von Individuen, Organisationen und Nationalstaaten wird als ein kompliziertes System sozialer Agentschaft (*agency*) [betrachtet], das aus einer langen und kontinuierlichen religiösen und postreligiösen Evolution hervorgegangen ist" (Meyer & Jepperson 2005, 49). Agentschaft ist die legitimierte Vertretung eines legitimierten Prinzipals, der Individuum, Organisation oder Nation sein kann. Diese Agentschaft habe eine lange evolutionäre Geschichte: Die Autorität sei „von Gott zur Kirche, von der Kirche zum Staat, von Kirche und Staat zu individuellen Seelen und später zu individuellen Bürgern verschoben [worden]" (Meyer & Jepperson 2005, 50). Diese Agentschaft sei also das Produkt historischer Konstruktion, das ihre Wurzeln in der religiösen und rechtlichen Geschichte des Westens habe.

> „Das liberale Modell legitimiert einen Akteur (ein Selbst oder ein Interesse) als abstrakte, relativ inhaltsleere Einheit im sozialen Raum. Weiter konstruiert es einen standardisierten Agenten, der dieses Selbst vertritt, weiterentwickelt und standardisiert und dabei die neuesten kulturellen Rezepte anwendet: für Individuen psychologische Theorien […] für Unternehmen Organisationstheorien […] für Nationalstaaten Entwicklungstheorien […]. Die Besonderheit des liberalen Modells ist der große Wert, den es auf ‚Handlung' legt; es bringt Unmengen an psychologischen, biologischen und organisationsbezogenen Theorien über Handlung hervor und bemüht sich um die richtige Einrichtung und Inszenierung von Agentschaft." (Meyer & Jepperson 2005, 66)

Die soziale Ordnung forme sich unterschiedlich aus: Skandinavische, japanische und deutsche Traditionen seien stärker korporative westliche Traditionen, in der die Gemeinschaft eine größere Rolle spiele. In solchen Kontexten seien Kontrolle, Disziplin und direkte Schulung sehr wichtig. Im angloamerikanischen Raum sei das liberale System direkter auf den Fokus der Agentschaft organisiert: Es sei buchstäblich eher ein Handlungssystem als eine Kontrollstruktur (vgl. Meyer & Jepperson 2005, 67–68). Sowohl in korporativen als auch liberalen Modellen sei das Individuum in die soziale Ordnung eingebettet. In liberalen Modellen geschehe dies durch die Agentschaft, in korporativen durch Strukturen sozialer Kontrolle. Die Akteure sind Agenten im sozialen System und damit Teil eines umfassenden kulturellen Projekts. „Die Spannung zwischen Prinzipal und Agent innerhalb des Akteurs – zwischen dem legitimierten Selbst und der Agentschaft für dieses Selbst – erzeugt Inkonsistenzen und Widersprüche (wie in jeder Prinzipal-Agent-Beziehung) und führt zu einer fortwährenden kulturellen Evolution." (Meyer & Jepperson 2005, 69) So komme es zu einem Interessenkonflikt zwischen den Interessen des Selbst und der standardisierten Agentschaft. Beide seien jedoch kulturelle Ergebnisse. Der Prinzipal des Individuums werde durch die Idee der Selbstverwirklichung und Selbstentfaltung, der Prinzipal der Organisation durch Partizipations- und Repräsentationsstrukturen und jener der Nation durch bestimmte Authentizitätsrituale wie die Idee der Demokratie oder die Ideologie der kulturellen Vielfalt geformt. Das Selbst verfolge eigene Ziele und wolle bestimmte Interessen umsetzen. Der Agent müsse die Interessen effektiv in Übereinstimmung mit allgemeinen Wahrheiten und Prinzipien umsetzen. Selbst und Agent erzeugten damit einen Ziel- und Interessenkonflikt, der zu Spannungen und Widersprüchen führe. So verfolgt z.B. die Universität als Akteur das Ziel, Forschung und Lehre zu niedrigen Kosten durchzuführen. Gleichzeitig möchte sie mit ausgezeichneten Professorinnen und Professoren sowie prestigeträchtigen Projekten und Forschungsergebnissen aufwarten können. Diese Spannung gebe es auch im Individuum. Das Selbst als der Prinzipal des Individuums und Agentschaft könnten verschiedene Ziele verfolgen. Würde das Individuum der Agentschaft folgen, könne es den Kontakt zum Selbst verlieren; verfolge es dem Selbst, so verliere es die Effektivität als Agent. (Vgl. Meyer & Jepperson 2005, 69–70)

> „Um der stark standardisierten Agentschaft zu entgehen, suchen Akteure nach neuen Authentizitäten oder partikularistischen Kulturen, in denen sie ihr Selbst ausdrücken können; und daraus ergeben sich wiederum neue Widersprüche und kulturelle Weiterentwicklungen (z.B. indem Therapeuten und Berater sich bemühen, die Erfordernisse der ‚neuen Organisation' mit dem Bedürfnis nach persönlicher Entfaltung zu vereinbaren)." (Meyer & Jepperson 2005, 70)

Viel professionelle Arbeit werde in die Verbesserung der Beziehung von Prinzipal und Agent investiert. Steige die Belastung auf individueller oder organisatorischer Ebene, weil eben Prinzipal und Agent nicht in Einklang gebracht werden könnten, nehme auch das Bemühen, diese Beziehung zu verbessern, zu. Dadurch steige die Professionalisierung und strukturelle Komplexität. (Vgl. Meyer & Jepperson 2005, 71) Da die Agentschaft standardisierten Vorgaben folge, würden sich die Akteure immer ähnlicher. Das führe zu zwei Arten von Isomorphien. *Erstens* würden sich die Agenten innerhalb bestimmter Akteurstypen immer ähnlicher werden:

> „Menschen inszenieren einen stark standardisierten Individualismus [...], Organisationen sind sich strukturell sehr ähnlich (und werden sich immer ähnlicher) [...] und ebenso ähnlich sind sich Nationalstaaten [...]. Dieses Phänomen ist äußerst schwierig zu erklären, wenn man die betreffenden Einheiten als unmittelbare Akteure betrachtet, da sie sich extrem unterscheiden in ihren Ressourcen (im Fall von Staaten manchmal um den Faktor 100), ihrem Hintergrund und ihren Bedingungen." (Meyer & Jepperson 2005, 71).

In bestimmten Kontexten, z.B. innerhalb von Organisationen, würden sich Menschen ähnlich verhalten und ähnliche Begriffe verwenden, um sich zu inszenieren. Auch Organisationen würden sich durch die Umsetzung von Inhalten aus Managementlehrbüchern und Seminaren sowie durch die Aktivitäten von Beratungsfirmen über Länder und Regionen hinweg ähnlicher werden. Auch für Nationalstaaten gelte ähnliches, gebe es doch genügend Modelle, Empfehlungen und Rezepte von supranationalen und internationalen Organisationen, wie z. B. UNESCO oder Weltbank.

Zweitens würden sich auch die Akteurstypen Individuum, Organisation und Nationalstaat immer ähnlicher werden. Reduziert auf die Prinzipal-Agent-Relation seien sich die drei Akteurstypen erstaunlich ähnlich. Alle haben klare Grenzen und Zwecke und müssten, um effektiv handeln zu können, rationale Steuerungssysteme und Technologien ausbilden. Wenn alle diese Akteure tatsächlich von der rationalen Kultur angetriebene Akteure seien, dann würden sie sich größte Mühe geben, die oftmals anspruchsvollen Programme zu inszenieren. Jeder Agent könne das aber immer nur mit den ihm zur Verfügung stehenden Mitteln machen, dazu kommen noch regionale oder lokale Beschränkungen. Unter diesen Bedingungen sei es gut möglich, Entkopplungen zu erklären. Bei Individuen sei erkennbar, dass ihre Einstellungen und Meinungen von ihren Handlungen und Verhalten abweichen. In Organisationen sei erlebbar, dass Entscheidungen oft vom Entscheidungsdiskurs abgekoppelt seien. In Nationalstaaten sehe die Praxis oft wesentlich anders aus als die verfassungsrechtlichen Vorgaben. (Vgl. Meyer & Jepperson 2005, 72–73) „In allen diesen Fällen sind die Anstrengungen eines hochgradig agenthaften Akteurs, der in die allgemeinen Prinzipien der Agentschaft eingebettet ist, mit den Strukturen des Handelns nur lose gekoppelt. Aus diesem grundlegenden strukturellen Merkmal ergeben sich viele spezifische Entkopplungserscheinungen und Widersprüche." (Meyer & Jepperson 2005, 73)

Eine spezifische Erscheinung sei jene von Individuen, die darin liege, vom Alltagsleben von einem Moment auf den anderen auszusteigen, um in die Agentschaft einzusteigen. So könne ein Universitätsprofessor oder eine Universitätsprofessorin zu Hause noch ganz banalen Handlungen und Ansichten folgen, sei er oder sie jedoch auf der Universität, so gebe er oder sie hochstehende kulturelle Theorien von sich. All diese Phänomene führten dazu, dass das soziale System immer komplexer werde. Die fortschreitende Rationalisierung und die Ausweitung der Agentschaft führten dazu, dass die Strukturen immer komplexer werden. Bestehe also eine Gesellschaft aus solchen Agenten, die als Akteure aktiv werden, dann habe dies auch gesellschaftliche Konsequenzen. (Vgl. Meyer & Jepperson 2005, 73–74)

Die Gesellschaft bestehe – so Meyer und Jepperson –, ganz vereinfacht, aus Prinzipalen, Agenten und Anderen. Agenten könnten zu Anderen werden und Akteuren mit Rat zur Seite stehen. Das werde von den Prinzipalen als völlig normal angesehen, die dahinterstehende Heuchelei bleibe unproblematisch. Ein Beispiel: Ein Individuum ist erfolgreicher Manager und folgt der standardisierten Agentschaft. Sein Selbst, sein Prinzipal, ist eigentlich damit nicht zufrieden, eigentlich möchte das Individuum ein anderes sein. Dennoch gibt es Kollegen und Kolleginnen bereitwillig Rat, wie sie sich in Managementfragen verhalten sollen. Ein weiteres Beispiel: Eine Organisation, in der traditionelle Handlungstypen im Sinne Webers eine große Rolle spielen, führt eine völlig neues Prozessmanagement ein und hat mit großen Widerständen im mittleren Management und bei den Mitarbeiterinnen und Mitarbeitern zu kämpfen. Anderen Organisationen gegenüber wird die erfolgreiche Umstellung transportiert und Rat weitergegeben. Das Eigeninteresse könne in diesen Beispielen nicht im Vordergrund stehen, denn diese Darstellungen würden keinen unmittelbaren Nutzen bringen und seien oft sogar zeitaufwändig. Auch dürfe das Streben nach Image oder Anerkennung nicht der Grund sein. Vielmehr habe es den Anschein, dass es sich hier eher um ein institutionelles Konstrukt handle. Es mache eben nur Sinn, wenn die Akteure als Agenten begriffen werden, die in der Rolle des Anderen Agenten beraten – losgelöst von ihren Prinzipal. Interessanterweise würden Agenten diese Beratungen auch gerne annehmen. Die Legitimität rationaler Handlungen bzw. vermeintlich rationaler Handlungen sei von so großer Bedeutung, dass gerne diese beratenden Aktivitäten angenommen werden. Therapeutinnen und Therapeuten sowie Unternehmens- und Politikberaterinnen und -berater seien professionalisierte Andere. Insbesondere seien jene bevorzugt, „die in den gedachten Prinzipien ordentlicher Agentschaft zertifiziert sind, und zwar mittels Bildungsmaßnahmen, die in der Regel wenig mit tatsächlichen praktischen Anforderungen oder Fähigkeiten zu tun haben" (Meyer & Jepperson 2005, 77). Und darüber hinaus wollten Agenten selbst mehr über Agentschaft lernen und eine Ausbildung für die Praxis erhalten. So fänden sich bei allen

Akteurstypen Beraterinnen und Berater, die von direktem Handeln befreit seien. So machen auch Individuen von Beratungsangeboten formeller und informeller Natur Gebrauch, die „ihnen dabei helfen, ein ordentliches Selbst auf die Beine zu stellen und es über einen (wiederum standardisierten) Lebenslauf hinweg aufrechtzuerhalten." (Meyer & Jepperson 2005, 77) Hinter der Akzeptanz von Beraterleistungen könnte ein nützliches Selbstinteresse zu Recht vermutet werden.

> „Es ist nur wenigen Untersuchungen gelungen, den Grenznutzen eines Wirtschaftsberaters oder eines Managers mit mehr professioneller Schulung oder eines Mitarbeiters mit mehr Bildung nachzuweisen […]. Trotzdem stützen sich moderne Akteure auf Strukturen der Andersheit, auch wenn deren Nutzen nicht erwiesen oder sogar höchst zweifelhaft ist. Dieses Verhalten wird verständlich, wenn man den modernen Akteur hauptsächlich als legitimierten Agenten für Akteure betrachtet. Eine solche Einheit wird logischerweise Ressourcen in die bessere Ausgestaltung und Darstellung ihrer Agentschaft investieren. Dieses Verhalten muss dem wirklichen Handeln nicht unbedingt förderlich sein – es kann ihm sogar im Wege stehen –, aber die Bereitschaft, Strukturen der Andersheit zu benützen, erleichtert mit Sicherheit die Konstruktion legitimierter und darstellbarer Entscheidungen sowie das Reden über rationales Handeln." (Meyer & Jepperson 2005, 77–78)

Ständig werde versucht, die Agentschaft noch effektiver zu gestalten: Allgemeine Theorien werden aufgestellt, die individuell umzusetzen seien. Der Rationalisierungsprozess treibe sich ständig voran. Kollektives Handeln und seine Logik seien mit der kollektiven Agentschaft erklärbar: Die einzelnen Agenten haben Anteil an der „allgemeinen sozialen Agentschaft des Systems. Wenn sie über die Spielregeln dieses übergreifenden Systems verhandeln, verhandeln sie gleichzeitig auch über die Grundlagen ihrer eigenen Existenz und Autorität." (Meyer & Jepperson 2005, 79)

Jene, die soziale Agentschaft definieren, seien mit besonderer Autorität ausgestattet. Die größte Autorität komme jedoch jenen zu, die selbst keinen Akteur dienen, sondern lediglich der Rationalität und Moral. Den niedrigsten Status hätten die, die nur arbeiten. Etwas höher eingestuft seien jene, die für das Management der Arbeit zuständig seien. Noch höher eingestuft, seien jene, die Dienstleistungen anböten. (Vgl. Meyer & Jepperson 2005, 80) „Der höchste Status ist denjenigen vorbehalten, die eigentlich überhaupt nicht arbeiten (jedenfalls nicht im üblichen Sinn) und auch nicht Arbeit managen, sondern den großen, von außen kommenden Kulturprinzipien dienen: den Professionellen und Wissenschaftern." (Meyer & Jepperson 2005, 81) Sie erzielten die höchsten Prestigewerte in Umfragen und können auch Preise, wie den Nobelpreis, erzielen. Damit würden Bildungsabschlüsse zur wichtigsten Beilage von Status. (Vgl. Meyer & Jepperson 2005, 81–82)

> „Der beste einzelne Prädiktor für das relative Ansehen eines Berufes ist die für ihn erforderliche Menge an Bildungsabschlüssen. Wenn man von einem so gearteten

> Schichtungssystem ausgeht, wird die explosionsartige Zunahme der Professionellen und Wissenschafter, ebenso wie der professionellen und wissenschaftlichen Autorität (und Diskurse), verständlich. Das aufgeblasene kulturelle System, das Menschen und Gruppen als Agenten konzipiert, erzeugt eine soziale Welt, in der diejenigen Rollen, die am wenigsten die eines unmittelbaren Akteurs sind, die am höchsten angesehen sind." (Meyer & Jepperson 2005, 82)

Mit der Forderung einer Betriebsmoral wird im Bezug auf John Meyer der Versuch unternommen, die totale Agentschaft oder die totale soziale Kontrolle einzuführen. Die Kultur der Rationalität, sie sich im ökonomischen Kontext als die funktionale Systemlogik der Gewinnmaximierung äußert, verstärkt die Ausdifferenzierung. Aber selbst im konstruktivistischen Ansatz Luhmanns laufen Wirtschaft und Moral im Bewusstsein des Menschen zusammen bzw. irritiert das System Moral das System Wirtschaft, was in der Sprache der Systemtheorie zu einer Kopplung, also zu einer Reaktion des Wirtschaftssystems auf das System Moral führen kann, aber nicht muss. Luhmann sieht – trotz seiner Probleme mit dem Phänomen Moral (und dem Phänomen Religion) – die Aufgabe der Moral darin, ein Problembewusstsein zu schaffen, eben zu irritieren. Ausschließlich der Systemlogik zu folgen, würde gerade diese Kritik unterbinden, denn sie sei nicht systemkonform. Selbst Luhmann als Vertreter der radikalsten Form der Ausdifferenzierung erkennt die Grenzen einer strengen ausdifferenzierten Betrachtung:

> „Man kann nicht davon ausgehen, dass die Welt der Gegenstände selbst nach dem Schema der wissenschaftlichen Disziplinen geordnet ist – so als ob die Schöpfung oder die Natur die Entstehung von Wissenschaften im Voraus schon berücksichtigt hätte. Die Wissenschaften unterscheiden sich vielmehr dadurch, dass sie Gegenstände im Lichte verschiedener Unterscheidungen behandeln." (Luhmann 2004, 12)

Durch die Differenzierung der Gesellschaft sei alles, was Erfolg im Sinne der Funktion war, für rational gehalten worden. Effiziente Politik, wirtschaftlicher Erfolg, wissenschaftliche Kenntnis, Bildung usw. würden daher als rational gelten. Die Erfahrungen mit der System-Umwelt-Relation ließen das aber revidieren. Systeme müssten stärker die Umwelt berücksichtigen, d.h. die Umwelt in die Selbstbeschreibung einführen. Ansonsten würden die Systeme immer mehr von sich selbst abhängig. Rationalität müsse dann das bezeichnen, was die Systeme wieder zusammenbringt. In der Tradition sei auch Rationalität so verstanden. (Vgl. Luhmann 1988a, 40)

Becks (2003a, 290) Überlegungen zur Ausdifferenzierung sind aus folgenden Gründen radikaler als jene Luhmanns:

Erstens versteht Luhmann seine Theorie nicht ontologisch, sondern rein konstruktivistisch. Beck versteht Ausdifferenzierung ontologisch und leitet daraus seine Betriebsmoral ab. Hier könnte der Vorwurf des naturalistischen Fehlschlusses erhoben werden, weil vom Sein auf das Sollen geschlossen wird. Dies ist allerdings nicht zutreffend, weil eigentlich vom konstruktivistisch Beobachteten auf das Sein geschlossen wird.

Zweitens spricht Luhmann über Kommunikation und nicht über den Menschen. Beck legt eine Moralerziehung vor, die auf die Ausdifferenzierung aufbaut. Selbst in Luhmanns Werk sind immer wieder kritische Aussagen zur Ausdifferenzierung und Systemlogik zu lesen. Luhmann selbst fordert eine Rationalität ein, die nicht in den Rationalitäten des Subsystems verhaftet bleibt. Mit Becks Moralerziehung würde die Systemlogik zur Norm erhoben und damit das subsystemische Denken verstärkt werden.

Drittens bezieht sich Luhmann auf Kommunikation und nicht auf die Rollen des Menschen. Beck versteht Ausdifferenzierung als eine Ausdifferenzierung der Rollen. Durch die normative Setzung der Ausdifferenzierung werden Rollen als systemlogische Rollenkonserven definiert, die die Menschen im wirtschaftlichen Kontext zu übernehmen haben. Rollen differenzieren sich nicht über Systeme aus, selbst im gleichen System kann der Mensch verschiedene Rollen einnehmen. Aus pädagogischer Sicht ist relevant, dass der Mensch selbst, seine Identität als das Gesamt von Ich und Selbst, im Blick bleibt, damit Selbstreflexion, Rollenreflexion, Autonomie und Entwicklung möglich sind und möglich bleiben. Die Forderung der Übernahme von Rollenkonserven widerspricht der Idee der pädagogischen Individualisierung und damit einer wesentlichen Norm der Pädagogik. Gerade die Wirtschaftspädagogik mahnte und mahnt einen kritischen Umgang mit Ökonomie und Ökonomik ein – wirtschaftliche Erziehung ist immer mehr als wirtschaftliche Erziehung (vgl. Abraham 1966, 51). Die Idee der Betriebsmoral durchbricht diese Norm.

4.3 Kohlbergs Theorie der moralischen Entwicklung

Beck (2006a, 12) tritt für einen „systematischen Relativismus, also für die Rekonstruktion der Kontextstruktur entlang einer Systemlogik" ein. In 4.2.2 wurde gezeigt, dass diese Ausführungen dem Bild einer radikal ausdifferenzierten Gesellschaft entsprechen, die weiter als die Ansätze Parsons und auch Luhmanns gehen und letztlich offen lassen, wie diese soziologisch tatsächlich zu verstehen sind.

Beck macht seine Theorie nicht nur an ausdifferenzierten Systemen fest, sondern auch am System Kohlbergs, also an den sechs moralischen Entwicklungsstufen. Beck (2006a, 17–18) argumentiert damit, dass sich in den unterschiedlichen Subsystemen verschiedene Kommunikationsformen, Handlungsweisen und Moralitäten ausgeformt haben, die in Rollen weitergegeben werden. In einer Längsschnittstudie mit jungen Erwachsenen konnte gezeigt werden, dass die Probandinnen und Probanden sich „in unterschiedlichen sozialen Kontexten, sprich Rollen" auf unterschiedliche moralische Standards beziehen. Zu einem gegebenen Zeitpunkt fällen Personen moralische Urteile, die sich nicht auf ein und dasselbe Prinzip zurückschließen lassen, wie dies in Kohlbergs Theorie ausformuliert ist. (Vgl. Beck & Parche-Kawik 2004, 244) Dieses Ergebnis steht im Mittelpunkt der Forschungsergebnisse Becks und seiner Mitarbeiter – die sogenannte Homogenitätshypothese hält nicht. Bienengräber (2011, 516) führt aus, dass nicht nur die Mainzer Längsschnittstudie Becks aufzeige, dass sie strukturelle Ganzheit nicht haltbar sei. Kohlberg habe Mittelwertbildungen vorgenommen und damit Glättungen erreicht. Varianzen in der Urteilsbildung seien dadurch nicht mehr sichtbar.

In diesem Unterkapitel wird zuerst das Stufenmodell Kohlbergs vorgestellt (4.3.1). Danach folgt eine Kritik an diesem Modell (4.3.2), um schließlich mit einer Interpretation für die Beck-Zabeck-Kontroverse abzuschließen.

4.3.1 Das Stufenmodell Kohlbergs

Lawrence Kohlberg (geboren 1927) hat eine empirisch begründete Theorie vorgelegt, in der gezeigt wird, wie der Mensch sich in seiner moralischen Urteilsfähigkeit entwickelt. Ausgehend von den Entwicklungsstufen bei Piaget, der in eine vormoralische, heteronome und eine autonome Stufe unterschied, entwickelte Kohlberg ein Stufenmodell, dass um eine vierte, fünfte und sechste Stufe erweitert wurde. Diese Theorie wollte Kohlberg empirisch festigen. Die Verfahren für die Durchführung der Erhebungen wurden mehrmals verändert. Dabei griff er auf die Idee von moralischen Dilemmata zurück, die Moshe Blatt für die Stimulierung von moralischen Urteilen im Unterricht entwickelte. Das wohl bekannteste Dilemma ist jenes, in dem es um die Frage geht, ob Heinz ein lebensrettendes Medikament stehlen soll. Es geht um das Dilemma von Leben und Recht. Ein zweites Dilemma dreht sich um die Frage, ob ein Beobachter den Diebstahl melden soll. Es geht um das Dilemma von Strafe und Moralität bzw. Gewissen. Ein drittes Beispiel beschreibt, wie ein Vater ein Versprechen bricht. Es geht dabei um die Frage von Vertragstreue und Autorität bzw. persönliche Beziehung. Nachdem Kohlberg und sein Team die Auswertungsmethoden dreimal verändert hatten, wurde nach dem Abschluss der dritten Form der Auswertung klar, dass die pädagogische Stimulation durch die abstrakte, fiktive Beschreibung von dilemmatischen Situationen für das Erkennen der moralischen Urteilsfähigkeit nicht ausreicht. Vielmehr geht es im sogenannten *just-community*-Ansatz darum, das gesamte schulische Umfeld einzubinden. Es geht also um die moralische Situation, in der sich der Mensch tatsächlich befindet.

Tabelle 18: Kohlbergs Stufenmodell (vgl. Kohlberg & Colby 2010, 17; Köck 2012, 127; Garz 2008, 102–106)

Orientierung, soziologische Perspektive	Stufe und Charakteristikum	Beschreibung und Beispiele	Exemplarische Maxime
	Stufe 0 egozentrischer Standpunkt	Erfahrung des Urvertrauens, des Weltentdeckens, der Selbstbehauptung	„Fair ist, was ich will und mir gut tut"
1. Präkonventionelle Ebene (*concrete individual*)			
heteronome Orientierung konkretistisch-individuelle sozio-moralische Perspektive	Stufe 1 An Strafe und Gehorsam orientiert	Moralische Anforderungen richten sich nicht nach ihrem Sinn, sondern nach ihren wörtlichen Bedeutungen. Moralisch gut sein, bedeutet gehorchen. Es bestimmt also die Macht, was richtig ist.	„Vermeide Strafen, erstrebe Belohnung!"
	Stufe 2 An instrumentellen Zwecken und am Austausch orientiert	Das eigene Selbstinteresse kann durch Verhandlungen zurückgestellt werden, weil dem/der anderen eingestanden wird, dass er/sie auch Interessen hat.	„Wie du mir, so ich dir!"
2. Konventionelle Ebene (*member-of-society*)			
soziale Orientierung Perspektive eines Gruppen- und Gesellschaftsmitglieds	Stufe 3 An interpersonalen Erwartungen, Beziehungen und an Konformität orientiert	Auf dieser Ebene kommen die wechselseitigen Erwartungen und Beziehungen in den Blick. Es wird über andere Erwartungen und Interessen reflektiert. Es wird versucht, Konflikte einvernehmlich zu lösen. Wesentlich ist die Bezugsgruppe, also die Familie oder Peers. Es geht um eine Subjekt-Subjekt-Beziehung.	Goldene Regel
	Stufe 4 An der Erhaltung des sozialen Systems orientiert	Das moralische Handeln orientiert sich am großen sozialen System, weshalb Institutionen eine große Bedeutung erlangen. Es geht um eine Subjekt-System-Beziehung.	Gut ist, was gesellschaftlich anerkannt und erlaubt ist.
3. Postkonventionelle Ebene (*prior-to-society*)			
autonome Orientierung der Gesellschaft vorgelagerte und von dieser aufgeklärte Perspektive	Stufe 5 Am Sozialvertrag orientiert	Es wird über die Gesellschaft und ihre Anforderungen reflektiert. Es geht um die Freiheitsrechte aller Menschen. Moralisches Denken orientiert sich an Gerechtigkeit und der Begründung von Recht.	Recht auf Selbstverwirklichung
	Stufe 6 An universellen ethischen Prinzipien orientiert	Die ethischen Prinzipien, die hier in den Blick geraten, sind die Grundlagen, um über Freiheitsrechte, Gerechtigkeit und den Gesellschaftsvertrag reflektieren zu können. Diese Stufe konnte in den Langschnittuntersuchungen noch nicht nachgewiesen werden.	Kategorischer Imperativ

Feldforschungen in Israel zeigten, dass Kinder und Jugendliche, die in einem Kibbuz aufwuchsen, eine schnellere moralische Entwicklung vollzogen als Stadtkinder. Die rein theoretische Auseinandersetzung mit fiktiven Dilemmata sei weniger erfolgreich als die tatsächliche persönliche moralische Herausforderung *in* moralisch relevanten Situationen. (Vgl. Garz 2008, 88–94)

Kohlberg geht in seiner Theorie von einem Strukturkern aus, der sich durch drei Aspekte auszeichnet: Erstens wird dieser Kern als die Verbindung von philosophischer Reflexion und Erfahrung verstanden. Zweitens besteht dieser Strukturkern nicht aus relativistischen Moraltheorien, sondern aus einer universalistischen Moral, die in der sechsten Stufe mit der Kompetenz, den kategorischen Imperativ anwenden zu können, endet. Drittens wird davon ausgegangen, dass zwischen Performanz und Kompetenz unterschieden werden muss. Kompetenz ist dabei ein verborgenes Regelsystem, das durch mäeutische Befragung aufgedeckt werden kann. Aufgrund psychischer und sozialer Faktoren kann die Performanz im Alltag von der Kompetenz abweichen. (Vgl. Garz 2008, 101) „Kohlbergs Ansatz stellt eine Gerechtigkeitstheorie dar, die kognitions-, urteils- und kompetenzorientiert ist, eine kontextübergreifende (traditionelle) Stufentheorie beinhaltet, konstruktives Lernen akzentuiert und sich auf klinisch-qualitative Methoden stützt." (Becker 2011, 43) Tabelle 18 gibt einen Überblick über die sechs Stufen des Modells.

Kohlberg arbeitete für die Festlegung seiner Stufen mit hermeneutischen Interpretationen von Interviews (vgl. Kohlberg, Levine & Hewer 1983, 2). Die sechs Stufen sollten qualitativ voneinander unterscheidbar sein und jede übergeordnete Stufe integriere die vorausgehenden Stufen. Es sind drei Ebenen der moralischen Entwicklung, die Kohlberg identifizierte: die präkonventionelle, die konventionelle und die postkonventionelle Ebene. Jede dieser Ebenen besteht aus zwei Stufen. Im Interviewverfahren, den sogenannten *Moral Judgement Interviews (MJI),* werden Fragen zu einer fiktiven Dilemma-Situation gestellt. Anhand des bekannten *Heinz-Dilemmas* soll nun gezeigt werden, welche Arten von Antworten welcher Stufe zugeteilt werden. Dazu die Situation: Die Ehefrau von Heinz ist schwer krebskrank. Es gibt nur *ein* hilfreiches Medikament, das nur *ein* Apotheker herstellen kann. Das Medikament ist jedoch so teuer, dass es sich Heinz nicht leisten kann. Der Apotheker ist auch nicht bereit, es ihm billiger zu überlassen. Es stellt sich nun die Frage, ob Heinz das Medikament stehlen soll. (Vgl. Becker 2011, 21)

> „Beispiele für stufenspezifische Argumente zum ‚Heinz'-Dilemma (aus dem Manual des *Standard Issue Scoring)*
>
> Stufe 1: Heinz sollte stehlen, weil seine Frau eine wichtige Person sein könnte. Heinz sollte nicht stehlen, denn dann wird er geschnappt, eingesperrt oder ins Gefängnis gesteckt.

Stufe 2: Heinz sollte stehlen, wenn er seine Frau braucht. Heinz sollte nicht stehlen, weil er ein zu hohes Risiko eingehen würde.

Stufe 3: Heinz sollte stehlen, weil er für seine Frau sorgen sollte. Heinz sollte nicht stehlen, weil es eigennützig ist zu stehlen.

Stufe 4: Heinz sollte stehlen, weil seine Frau zur Gesellschaft beitragen kann. Heinz sollte nicht stehlen, denn wenn Eigentumsrechte nicht mehr gelten, würde es sich nicht mehr lohnen, Arzneimittel zu entwickeln.

Stufe 5: Heinz sollte stehlen, weil das Recht auf Leben höherrangiger ist als das Recht auf Eigentum. Man muss das Gesetz befolgen, solange es die Grundrechte Einzelner gegen Beeinträchtigungen durch andere schützt." (Becker 2011, 21)

Für die Erhebung der Stufe 6 hat Kohlberg ein eigenes Verfahren, nämlich das *Verfahren der Idealen Rollenübernahme* angewandt:

„Sich vorzustellen, in der Position einer jeden in der Situation beteiligten Person zu sein (einschließlich der eigenen Person) und alle Ansprüche zu erwägen, die man haben könnte […]. Sich dann vorzustellen, dass der Einzelne nicht weiß, wer er in der Situation ist, und zu fragen, ob er seinen Anspruch immer noch aufrechterhalten würde und dann in Übereinstimmung mit diesen reversiblen Ansprüchen […] zu handeln." (Kohlberg 1973, 643 in Garz 2008, 105 in deutscher Übersetzung)

Weder in den Arbeiten Kohlbergs noch von Garz konnte in den Längsschnittsuntersuchungen eine Antwort auf dieser Stufe gegeben werden. „Die Aussagen zu Stufe 6 entstammen bisher aus gezielt durchgeführten Interviews oder der Interpretation vorliegender Dokumente von ausgesuchten Personen wie Martin Luther King, Gandhi oder Sokrates." (Garz 2008, 105)

In der Längsschnittuntersuchung, die von 1955 bis 1983 lief, konnte Kohlberg zeigen, dass sich die Personen entlang der Stufen 1 bis 5 in ihren moralischen Urteilen sequentiell entwickelten, ohne Regression auf vorhergehende Stufen. Auf Befragen konnten die zurückliegenden Stufen reproduziert werden. Forschungsarbeiten zeigen, dass die Stufen nicht nur in westeuropäischen und nordamerikanischen Gesellschaften halten, sondern auch in Israel oder in ländlichen Gebieten der Türkei. Das Modell arbeitet nicht mit Altersangaben. Für moderne Industriegesellschaften lassen sich jedoch annäherungsweise Altersangaben über das Erreichen der Ebenen machen: Die konventionelle Ebene werde frühestens mit zwölf bis 14 Jahren erreicht und das postkonventionelle frühestens mit ca. 20 Jahren. (Vgl. Garz 2008, 105–106) Köck (2012, 127) gibt an, dass die präkonventionelle Ebene mit ca. vier Jahren und das konventionelle Niveau ab zehn Jahren erreicht werde.

„Kohlberg zufolge ist ein moralisches Urteil eine allgemeingültige, universalisierbare Präskription mit einem kognitiven Anteil, die auf die gerechte Lösung sozialer Konflikte ausgerichtet ist." (Bienengräber 2010, 306) Dafür sei die Förderung von Kompetenzen auf vier Ebenen notwendig: Erstens sei es auf der *kognitiven Ebene* notwendig, die Perspektiven anderer einnehmen und sich sprachlich entsprechend ausdrücken zu können. Zweitens sei es auf der *perzeptiven Ebene* notwendig, moralische Konflikte wahrnehmen zu können und zu wissen, dass dafür moralische Urteile notwendig seien. Drittens sei auf der *affektiven Ebene* Ambiguitätstoleranz gefordert. (Vgl. Bienengräber 2010, 306–307; 2011, 503)

Beck (1999b, 13) fasst die wichtigsten Charakteristika des Stufenmodells in sechs Punkten zusammen:

1. *Strukturelle Ganzheit*: Die erreichte Stufe der moralischen Kompetenz werde in allen Bereichen und Lebenslagen sowie bei allen Problemen und Themen angewandt. Das moralische Reflektieren hänge von der kognitiven moralischen Leistungsfähigkeit ab.
2. *Inhaltsneutralität*: Die Inhalte seien für die moralische Entscheidung irrelevant. Ausschlaggebend bei der moralischen Entscheidung seien die Gerechtigkeit und die soziale Perspektive, nicht jedoch die Inhalte.
3. *Hierarchische Integration*: Jede Weiterentwicklung auf eine moralisch höhere Urteilsstufe nehme gewissermaßen die Urteilsfähigkeit der vorhergehenden Stufen mit und sei in dieser Stufe aufgehoben. Wer also z.B. die Stufe 3 erreicht habe, könne die moralische Urteilsbegründung auf der Stufe 1 und 2 rekonstruieren.
4. *Stufenprogression*: Im Alter von ca. vier Jahren beginne nach einer prämoralischen Phase die moralische Entwicklung auf der Stufe 1. Von da an könne die Person sich Stufe für Stufe nach oben entwickeln. Eine Regression sei grundsätzlich ausgeschlossen.
5. *Intelligenzabhängigkeit*: Um eine Höherentwicklung in der moralischen Urteilsfähigkeit zu erlangen, sei eine Weiterentwicklung der intellektuellen Kompetenzen Voraussetzung, weil höhere Stufen ganz spezifische Denkleistungen voraussetzen. Damit könne die moralische der intellektuellen Entwicklung folgen.
6. *Universelle Geltung*: Diese beschriebene Entwicklung gelte kultur- und geschlechtsunabhängig für alle Menschen.

4.3.2 Kritik am Stufenmodell Kohlbergs

Trotz der Kritik an seinem Modell stellt Kohlbergs Arbeit eine herausragende Leistung im Bereich der Erforschung der Entwicklung der moralischen Urteilsfähigkeit dar. Sein Modell weist in Bezug auf Gerechtigkeitsfragen der Stufen 1 bis 5 eine große Relevanz auf.

In den 1970er-Jahren stieß Kohlbergs Stufenmodell als eine empirisch gut bestätigte und systematische Theorie auf viel Resonanz. Einige Moralpsychologen sahen im Modell überhaupt den Schlüssel für die Moralentwicklung insgesamt. In den 1980er-Jahren verlor das Modell an Bedeutung, weil inhaltlich problematische Aspekte hervortraten. (Vgl. Becker 2011, 25) „Wie die Positionen von Piaget und Freud, Lerntheorien und psychometrische Theorien gilt Kohlbergs Ansatz vielen Forschern heute sogar als überholt." (Becker 2011, 25) Die Kritik wendet sich an folgende Aspekte (vgl. Becker 2011, 26–27, 58 u. 404–408):

Erstens werde das Schema nicht allen moralischen Problemsituationen gerecht. In Kohlbergs fiktiven Situationen stünden verschiedene Rechte bzw. verschiedene moralische Normen in Konflikt. Es fehlten Beispiele, in denen die Bedürfnisse einer Person den Bedürfnissen einer anderen Person gegenüberstehen. Kohlberg ziele auf Gerechtigkeitsfragen ab, Moral jedoch sei mehr als die Lösung dieser Fragen. So komme nicht in den Blick, warum anderen Menschen geholfen werden solle, vor allem fernstehenden Personen, die in Not sind. Auch das Urteilen über Konventionen werde nicht berücksichtigt.

Zweitens gehe Kohlberg von einem *Dominant Stage Model* aus. Werte dürften bei der Beurteilung nur über zwei Stufen variieren. Es komme jedoch öfters vor, dass die Urteilsbildung über drei Stufen streue. Bei alltäglichen Urteilsbildungen komme es noch zu viel stärkeren Streuungen. Jedenfalls seien die Urteile stark kontextabhängig.

Drittens sei die rein kognitivistische Ausrichtung problematisch: Moralische Entscheidungen seien wesentlich von nicht-kognitiven Aspekten, wie z.B. den Gefühlen, beeinflusst. In der Stufe 1 werde nicht berücksichtigt, wie früh sich bereits Kinder sich durch empathische Orientierung sich ein moralisches Urteil bilden und demnach sehr wohl an der Kritik an Autoritätspersonen fähig seien. Die Fähigkeit zur Empathie von – nicht nur, aber vor allem auch – Kindern werde nicht untersucht. Manche Psychologen hätten die Frage aufgeworfen, ob die postkonventionelle Stufe überhaupt ein Prädiktor für gutes moralisches Handeln sei. Es werde auch der Bereichs- und Kulturspezifität nicht genügend Rechnung getragen. Die Stufendefinition wäre demnach um normative Erwartungen, Empathie und soziale Aspekte zu erweitern. Wobei diese Aspekte jedoch auch nicht überbewertet werden sollten.

Viertens wird kritisiert, dass sich das gesamte Stufenmodell auf die Kantsche Ethik auslege und daher auch aus diesem Grund dem Gefühl zu wenig Beachtung geschenkt werde.

Fünftens müsse das Entwicklungskonzept stärker auf Schicht-, Kultur- und Geschlechtsspezifität ausgerichtet werden. Die Sozialisationsprozesse müssten also neben biologischen Entwicklungsfaktoren Berücksichtigung finden.

Sechstens sei die Methode der Dilemma-Situationen selbst kritisch zu betrachten. Einerseits gebe es mit der Methode selbst Probleme: Die psychometrischen Verfahren zur Erhebung der Urteile wiesen erhebliche Probleme auf. Andererseits sei der Inhalt der Fragen einseitig. Insbesondere werden nur fiktive Situationen beschrieben, die für die Befragten keinen konkreten Alltagsbezug haben. Es bleiben hypothetische, alltagsferne und fiktive Dilemmata.

„Kohlbergs Versuch, die Moralentwicklung bei Kindern und Jugendlichen durch in der Schulklasse stattfindende Diskussionen moralischer Dilemmata zu fördern, gilt vielen Moralpädagogen als gescheitert. Kohlberg setzt voraus, dass die unterschiedlichen Diskussionsbeiträge der Klasse beim einzelnen Schüler, der auf einer bestimmten Moralstufe urteilt, zur Erfahrung von Widersprüchen (von kognitiven Konflikten) führen, die dieser durch eine höher entwickelte Urteilsstufe zu bewältigen sucht, und dass eine entwickeltere Urteilsstufe moralisch richtiges Handeln wahrscheinlicher macht. Beide Voraussetzungen werden von einer beträchtlichen Anzahl von Moralpädagogen als empirisch widerlegt betrachtet. Gegenwärtig finden vor allem Ansätze zur ‚Charaktererziehung', d.h. zur direkten Förderung nicht-kognitiver Moralaspekte, große Resonanz." (Becker 2011, 27)

Becker weist darauf hin, dass die Moralpädagogik zu wenig davon Notiz genommen hat, dass Kohlberg selbst die Bestimmung von Stufe 6 ausgeweitet hat, die nicht mehr nur in Prinzipien der Gerechtigkeit liegen. Kohlbergs wesentlichste Methoden – die Dilemma-Methoden – hätten in der Praxis zu sehr ernüchternden Ergebnissen geführt. Wahrscheinlich seien Dilemma-Methoden dann hilfreich, wenn sie in die Schulfächer integriert werden und wenn alltagsbezogene, selbsterlebte und fachbezogene Situationen im Mittelpunkt stünden. Für gewöhnlich fanden Dilemma-Diskussionen außerhalb der Schulfächer statt und seien hypothetischer Natur gewesen. Die ernüchternden Ergebnisse könnten damit zusammenhängen, dass nur die moralische Kognition und diese nur im Kontext mit Gerechtigkeitsfragen gefördert wurden. Kommunikative, das Gefühl einbindende Fähigkeiten, seien vernachlässigt worden. Aber auch die Werteklärung und die traditionelle Charaktererziehung erwiesen sich als nicht sehr hilfreich. Sinnvoller wäre eine Kombination von nicht-konstruktivistischen und konstruktivistischen Strategien der Erziehung, wie sie u.a. bei Nucci und Narváez (2008) diskutiert werde. Eine sinnvolle Weiterentwicklung von Dilemma-Diskussionen könnte in Richtung des Einbaus von Fragen der Verteilungsgerechtigkeit, von moralischen Konflikten, der Konvention und von persönlichen Angelegenheiten sein. (Vgl. Becker 2011, 407–408)

Diese Beobachtungen, dass Moral vor allem durch die tatsächliche Einbindung in eine reale Situation erfahren wird, führen wieder zurück zu Habermas. Die moralische Welt ist eine andere als die objektive. Die empirische Welt lässt sich objektiv von außen beschreiben, die moralische Bewertung jedoch vollzieht sich im Inneren. Wie moralisch gehandelt wird, hängt immer von der Situation und ihren Bedingungen sowie von der Persönlichkeit der Person ab:

„Weil eine symbolisch strukturierte Welt legitim geregelter interpersonaler Beziehungen und Interaktionen auf andere Weise historisch verfasst ist als die objektive

Welt beobachtbarer Ereignisse und Zustände, können allgemeine Normen künftige Handlungen nur in dem Maße bestimmen, wie sich typische, mit Wahrscheinlichkeit eintretende Umstände antizipieren lassen – und das heißt prinzipiell unvollständig." (Habermas 2009, 394–395)

Zwar geht Kohlberg davon aus, dass die Vernunft eine Einheit bildet und nicht einfach die Anwendung eines bestimmten Niveaus von Intelligenz ist, sondern ein ganz eigener sequentieller Prozess und nicht ausschließlich die Reflexion von kognitiver Entwicklung (vgl. Kohlberg 1981, 137–138). Trotzdem geht Kohlberg von einer Unterscheidung von praktischer und theoretischer Vernunft aus, wobei es unklar bleibe, worin diese zu begründen sei. (Vgl. Habermas 2009, 392)

Die Befunde Kohlbergs über das Moralbewusstsein der Bevölkerung sind nach Ansicht von Habermas (2009, 159) problematisch. Auch Habermas führt die Kompetenz von kleinen Kindern ins Treffen, die schon sehr früh moralisch urteilen können: „Es ist sehr umstritten, ob nicht Kohlbergs Erhebungsmethode zu artifiziellen Ergebnissen führt. Performativ beherrschen beispielsweise Kinder die moralischen Urteile einer Stufe lange bevor sie in der Lage sind, dieses intuitive Wissen in Beantwortung der bekannten Dilemmata auch als solches zu explizieren." (Habermas 2009, 159) Hier greift Habermas implizit auf sein Konzept der Lebenswelt zurück, in der jeder Mensch eingebunden ist und in der er lernt, sich richtig zu verhalten (vgl. 4.1.1.1).

Habermas folgend, könnte auch so argumentiert werden, dass Menschen schon sehr früh fähig sind, moralisch zu handeln, ihre Handlungen aber nicht entsprechend argumentieren können. Jede moralische Entscheidung ist grundsätzlich ein Für oder ein Gegen, also eine binär codierte Entscheidung. Ein Für bleibt ein Für, egal wie gut oder schlecht es argumentiert werden kann. Die Begründung ist nicht die moralische Kompetenz selbst, sondern die kognitive Kompetenz, die moralische Entscheidung argumentativ im Nachhinein darlegen zu können. Dieser Gedanke wird auch von Nida-Rümelin (2011a, 233–235) vertreten:

Nach Ansicht der Entwicklungspsychologen beginnt die Moralentwicklung des Kindes mit dem Egoismus. Dieser Egoismus sei in den ersten Lebensmonaten radikal und epistemisch, weil Kinder ausschließlich ihre eigenen Interessen kennen. Dieser Egoismus nehme im Laufe der Entwicklung ab und der Mensch lerne, die Gefühle und Interessen anderer Menschen einzuschätzen. Das seien die ersten Erfahrungen moralischer Praxis. Schon sehr früh fragten Kinder nach den Gründen von bestimmten Gefühlsregungen. Danach erfolge eine Phase, in der Kinder im ausgesprochenen Verbot den Grund für die Unterlassung einer Handlung sehen. Dennoch wollten die meisten Kinder eine Begründung für das Verbot. Schließlich lernten Kinder, dass sie zu einer bestimmten Gemeinschaft gehörten und dass es in dieser bestimmte Regeln gebe, die *man* kennen müsse. In dieser konventionalistischen Phase werden diese Regeln gelernt und angewandt. Trotzdem fragten Kinder meist auch, warum sie eine Regel einhalten sollten. Alle diese Regeln sind normativ *und* sie haben einen guten Grund: Nicht im Restaurant schreien zu dürfen, *weil* andere beim Essen Ruhe haben wollen; sich die Hände vor dem Essen waschen, *weil* man nicht krank werden möchte. Rücksicht nehmen werde als etwas Positives bewertet. Auch das eigene Interesse könne ein guter Grund sein, so werde das Kind verstehen, dass es sich selbst nicht schaden möchte. (Vgl. Nida-Rümelin 2011a, 233–234)

Nach der Theorie Kohlbergs erreiche nur eine Minderheit die höchste Stufe der moralischen Entwicklung. Die meisten Menschen blieben in einer Stufe der konventionellen Moral. Das würde bedeuten, dass die meisten Menschen sich nur an der Konvention ausrichten. Das Moralurteil der meisten Menschen würde demnach lediglich von den etablierten Konventionen abhängig sein. „Das ist sicherlich abwegig. Es ist nicht das bloße Bestehen der Konvention als solche, die Menschen anleitet, sich in der einen oder anderen Weise zu verhalten. Es ist der Wunsch, mit anderen in einem kooperativen und respektvollen Verhältnis zu stehen, welcher die Orientierung an den jeweils etablierten moralischen Normen plausibel macht." (Nida-Rümelin 2011a, 234) Nicht nur jene, welche die letzte Moralstufe erreicht hätten, könnten gute Gründe für ihr Handeln nennen. Und diese Gründe seien nicht nur auf die konventionelle Geltung festzumachen.

4.3.3 Interpretation für die Beck-Zabeck-Kontroverse

Das Stufenmodell Kohlbergs ist für die Setzung der Betriebsmoral nach Beck von besonderer Bedeutung. Kohlberg versteht die moralische Entwicklung als eine sequentielle, die sich bis hin zu einer moralischen Reife im Sinne Kants vollzieht. Damit ist die Theorie in ihren Grundlagen eine universelle. Mit den Dilemma-Situationen wird versucht, die moralische Kompetenz durch Performanz sichtbar zu machen: Die Performanz zeigt demnach, auf welcher Stufe der moralischen Urteilsfähigkeit sich der Mensch befindet. Keine der sechs Stufen kann übersprungen werden und jede Stufe ist qualitativ unterschiedlich von den anderen. Die höheren Stufen beinhalten alle vorhergehenden. Es wird auch davon ausgegangen, dass eine Person, die bereits eine bestimmte Stufe erreicht hat, immer die Kompetenz anwendet, die sie erreicht hat. Die Theorie Kohlbergs geht also von der Invarianz der Stufenfolge, den qualitativen Unterschieden der einzelnen Stufen, der hierarchischen Integration und von der strukturierten Ganzheit aus. Der strukturierten Ganzheit zufolge urteilt ein Mensch, der z.B. die Stufe 5 erreicht hat, immer, also kontextunabhängig, auf Stufe 5, sowohl privat als auch beruflich. Gerade in einem Ansatz, welcher Homann folgt, sei es auf den ersten Blick ausreichend, im Subsystem Wirtschaft eine moralische Urteilsfähigkeit auf der vorkonventionellen Ebene auszuformen (vgl. Bienengräber 2010, 302–304 u. 314). Daraus ergibt sich für die kaufmännische, duale Berufsausbildung ein pädagogisches Problem, das als *didaktisches Trilemma* bezeichnet wird (vgl. Beck, Brütting, Lüdecke-Plümer, Minnameier, Schirmer & Schmid 1996, 199). Dieses Trilemma geht davon aus, dass die kaufmännische Tätigkeit eine Moral der Stufe 2 benötige und die kaufmännische *Tätigkeit* und der wirtschaftliche *Raum* auf das rein Ökonomische reduziert würden. Es wird davon ausgegangen, dass die kaufmännische Tätigkeit ein berufliches Handeln sei, das von einem instrumentell-strategischen, auf Gegenseitigkeit beruhendes, Austauschverhältnis zwischen Kaufmann und Kunde ausgehe (vgl. Bienengräber 2010, 304). Damit wird auf Homann Bezug genommen (z.B. Homann & Pies 1994, 8). Aufgrund der Thesen des Stufenmodells Kohlbergs wäre dann eine Moralerziehung, die über die Stufe 2 hinausgeht, problematisch, weil es zu einem Trilemma führt (vgl. Minnameir 2005, 20):

1. Jede Förderung einer moralischen Weiterentwicklung über die Stufe 2 hinaus ginge unter dieser Annahme auf Kosten des Berufserfolgs.
2. Jede Förderung der moralischen Regression führte zu größerer professioneller kaufmännischer Tüchtigkeit.
3. Jede Förderung der Segmentierung der moralischen Urteilsfähigkeit im Sinne der Unterscheidung von beruflichen und nicht-beruflichen Kontexten führte zu einer Gefährdung der individuellen Identität.

Zabeck (2002, 497–498; 2004, 75) führt aus, dass Beck die Theorie Kohlbergs einer gründlichen Kritik unterzogen habe. Beck (2000a, 361–370) weist vor allem darauf hin, dass jene Aussagen, die auf die Stufenabfolge geknüpft sind, nicht haltbar seien. So urteile der Mensch in verschiedenen Situationen auf verschiedenen Stufen. So seien auch Regressionen zu beobachten, dass Individuen moralisch auf niedrigeren Niveaus urteilten, als sie aufgrund ihrer Kompetenz schon erreicht hätten. Im Rahmen einer Längsschnittstudie von 1994 bis 1999, in der 174 Versicherungskaufleute im Hinblick auf ihre moralische Urteilsfähigkeit anhand der Fragebogenform der *Moral Judgement Interviews* und einer zusätzlichen Teilstichprobe mit 48 Probandinnen und Probanden anhand von klinischen Interviews untersucht wurden, hat Beck mit Mitarbeiterinnen festgestellt: „Ein und dieselbe Person argumentiert zu ein und derselben Zeit in unterschiedlichen situativen Kontexten auf zwei oder sogar drei, nicht einmal immer benachbarten Stufen." (Beck & Parche-Kawik 2004, 246) Insbesondere wird aufgezeigt, dass die Glättung der Ergebnisse, wie Kohlberg sie vornehme, dazu führt, dass die differenzierte Urteilsbegründung verschwinde. Nur in vier Fällen (0,8%) konnten Begründungsmuster gefunden werden, die über die dritte Stufe hinausreichten. Auch sei die Anzahl jener Probandinnen und Probanden beträchtlich, die noch auf Stufe 1 urteilten. 58,6% urteilten auf der ersten oder zweiten Stufe, kamen also nicht über die präkonventionelle Stufe hinaus. (Vgl. Beck & Parche-Kawik 2004, 248–249)

Es seien drei Punkte, die der Theorie Kohlbergs widersprechen (vgl. Beck 2000b, 40–42; Beck & Parche-Kawik 2004, 259–260): Erstens sei ein homogenes Urteilsdenken (*structured wholeness*) nicht zu begründen. Zweitens widersprächen die Befunde den Annahmen des Ausschlusses von Regression. Drittens sei auch der Inhaltsneutralität widersprochen worden. „Damit scheint die Kohlberg-Theorie nicht länger gehalten werden zu können. Das bedeutet freilich nicht, dass sie in toto preiszugeben wäre." (Beck & Parche-Kawik 2004, 260) Nicht betroffen sei der „strukturgenetische Theoriekern" der Theorie und damit bleibe – so Beck und Parche-Kawik (2004, 260–261) – die Theorie der Intelligenzentwicklung unangetastet. So bleibe die hierarchische Entwicklung entlang von Stufen aufrecht und Moral sei damit wesentlich mit Intelligenz verbunden. Wesentlich bleibe die Einsicht, dass durch das Erlangen von neuen Kompetenzen auf höheren Stufen die älteren erhalten blieben und die neue Stufe dazukomme. Damit werde eine differenzierte Urteilsbildung möglich. Wie jedoch die Urteilsvarianz zu erklären sei, bleibe offen und könnte von verschiedenen Wahrnehmungen und motivationalen Gegebenheiten abhängen. Die Inhalts-, Kontext- und Themenvarianz sollte systematisch eingebunden werden. (Vgl. Beck & Parche-Kawik 2004, 261)

„Es ist schwer verständlich, weshalb Beck trotz der von ihm aufgewiesenen gravierenden Mängel des Kohlberg'schen Konzepts weiterhin in seinem Bannkreis gedanklich operiert und sich auf die dort geltenden Denkmuster und Begriffe bezieht." (Zabeck 2002, 498; 2004, 76) Beck (1998, 208) führt aus, dass sich junge Kaufleute in marktbezogenen Angelegenheiten an der Stufe 2 und an teambezogenen Aktivitäten an der Stufe 3 und 4 ausrichten sollten. Beck (2003a, 294) stimmt Zabeck darin zu, dass er das System Kohlbergs „einer gründlichen Kritik unterzogen" habe. Seine Kritik beziehe sich aber auf die „empirisch prüfbare Hypothese", die auf Basis einer kritischen Rationalität überprüft werden könne. Beck (2003a, 295) führt weiter aus – und das ist für die Kontroverse äußerst wichtig: „Mein zur Diskussion stehender *didaktisch-normativer* Vorschlag ist nicht in der Kohlberg-Theorie fundiert, er *bedient* sich lediglich dort, wo sie haltbar erscheint, ihrer Begrifflichkeit." Das ist eine überraschende Aussage, da u.a. Woll (2003, 131) davon ausgeht, dass Beck in Kohlbergs Stufenmodell die Stütze für die Begründung von gesellschaftlichen Subsystemen finde. Auch Bienengräber (2010) geht in seinem Aufsatz *Wirtschaftsethik und Moralentwicklung* auf das Stufenmodell ein und bezieht sich ausgehend davon auf das von Beck und seinen Mitarbeiterinnen und Mitarbeitern formulierte didaktische Trilemma.

An dieser Stelle könnte die Interpretation des Stufenmodells für die Beck-Zabeck-Kontroverse abgebrochen und gleich direkt zum nächsten Punkt übergegangen werden. Hier geht Beck anscheinend von einem Normativitätsverständnis aus, das nicht jenem von Habermas entspricht, der darlegt, dass sich über Normatives ebenso mit guten Gründen diskutieren lässt. Wie ist eine Argumentation aufrechtzuerhalten, die davon ausgeht, dass sie wohl empirisch nicht hält, aber normativ tragbar sein soll? Liegt dahinter die Absicht, den naturalistischen Fehlschluss zu umgehen?

> „Das Problem des Beck'schen Ansatzes besteht m.E. darin, dass er moraltheoretisch einerseits im (engen) Rahmen der sechs Kohlberg-Stufen – und damit einer in sich universalistischen Moraltheorie Kant'scher Prägung – verbleibt, sich andererseits aber auf eine ethische Position – nämlich die Homanns – beruft, die explizit jenen Universalismus zu überwinden versucht." (Minnameier 2005, 20)

Minnameier (2005, 21) geht von der These aus, dass Homanns Ansatz der Wirtschaftsethik weit über Kohlbergs Stufen hinausreiche, „und eröffnet mit seinem System eine ‚moralische Perspektive', die in der Kohlberg-Theorie gar nicht enthalten ist". Das Stufenmodell greift nach Minnameier also zu kurz. Darüber hinaus lenke Beck seine Aufmerksamkeit auf die Implementation von Normativität, die in jeder Stufe der Kohlberg'schen Theorie relevant sei. Beck sei gewissermaßen auf der Suche nach einer „Maximalmoral", die in einer bestimmten Stufe zu finden sei. Ein Zuviel an Moral könnte daher nach Ansicht Becks für die Berufserziehung störend sein. (Vgl. Minnameier 2005, 39) Eine solch quälende Suche sei nach Minnameier gar nicht notwendig, weil es Aufgabe der Wirtschaftspädagogik wäre, „die Frage von *Mindest*standards für bestimmte Berufe bzw. speziellere Berufsrollen zu klären" (Minnameier 2005, 39). Eine Moralerziehung müsse immer eine Förderung „im Sinne einer moralischen Höherentwicklung" sein (Minnameier 2005, 39). Weder für die Setzung von Mindeststandards noch für die Umsetzung der Förderung einer moralischen Höherentwicklung sei Kohlbergs Stufenmodell notwendig. Kohlbergs Theorie bleibe, was sie ist: ein möglicher Versuch der Erklärung der moralischen Entwicklung. Ebenso sieht Lempert (2003, 438–439) in der Betriebsmoral Becks das Endziel der moralischen Erziehung „um eine Ebene gesenkt" und beurteilt dies als einen großen Schritt zurück.[74]

Außer bei pathologischen Störungen habe die Person in ihrer moralischen Entwicklung die egoistische Phase hinter sich gebracht. Die Ausrichtung am reinen Eigeninteresse wäre ein bewusster Rückschritt in der moralischen Entwicklung. (Vgl. Nida-Rümelin 2011a, 234–235)

> „Den Prozess der Moralentwicklung wieder rückabzuwickeln, ihn von hinten her aufzurollen und einen Lernprozess nach dem anderen zu annullieren, um am Ende das Handeln allein am Kriterium des Eigeninteresses auszurichten, würde einer Art Kulturzerstörung gleichkommen. Eine Gesellschaft von Individuen, die im früh-

---

[74] Auch in diesen Aussagen wird deutlich, dass die Interpreten Becks die Kohlberg-Theorie doch im Widerspruch zu Beck selbst als ein tragendes Element seiner Theorie darstellen.

kindlichen Stadium ihrer Moralentwicklung stehen geblieben sind, wäre in einem kaum vorstellbaren Ausmaß inhuman." (Nida-Rümelin 2011a, 235)

Oder anders gesagt: Eine Gesellschaft auf Stufe 2 wäre unmenschlich. Weshalb sollte also eine kaufmännische Erziehung auf diese Stufe beschränkt bleiben?

Auch Bienengräber sieht das Modell Kohlbergs nicht mit Homann kompatibel: In anderen Bereichen außerhalb des Subsystems Wirtschaft, „in denen keine eindeutige Rahmenordnung existiert, beispielsweise in privaten, aber durchaus auch in beruflichen Kontexten (z.B. Arbeitsgruppen), sind konventionelle Orientierungen der Stufe 3 gefragt" (Bienengräber 2010, 314–315). Es kann aber auch um Fragen gehen, die sich auf die Erhaltung oder Veränderung der Rahmenordnung beziehen. Dafür sind Kompetenzen höherer Stufen auch innerhalb des Subsystems Wirtschaft gefordert. Da Homann (siehe 4.4) die Rahmenordnung als den systematischen Ort der Moral versteht, seien zwei verschiedene Moralstufen nach Kohlberg erforderlich: die zweite Stufe zur Befolgung der Rahmenordnung und postkonventionelle Stufen zur Implementierung und Veränderung der Rahmenordnung selbst. Für das Kohlberg'sche System bedeute dies, dass Kaufleute gefragt seien, die auf mehreren Stufen moralisch handeln können sollten. Für Bienengräber (2010, 316) widerspricht die Ethik Homanns der Theorie Kohlbergs, weil der Mensch im Modell Kohlbergs eben nicht auf zwei Stufen Urteile bilden könne. Deshalb verweist Bienengräber auf empirische Befunde, die zeigen, dass es den homogen moralisch urteilenden Menschen gar nicht gibt. Es scheine doch viel eher so zu sein, dass sich die Urteilskompetenz differenzierter ausgestalte. Eine auf einer Moralstufe stehende Person, die nur nach diesen Wertvorstellungen urteilt, scheint es gar nicht zu geben. Es gehe dann darum, jede Situation zu bewerten und situationsadäquat moralisch zu entscheiden. „Eine solche Didaktik erscheint jedoch in letzter Konsequenz erst dann besonders sinnvoll, wenn die jungen Kaufleute schließlich auch das höchste moralkognitive Niveau betreten können, um dann von dieser Ebene ausgehend die situationsadäquaten, ggf. niedrigen Urteilsmuster auszuwählen." (Bienengräber 2010, 317) Es ist daher Aufgabe der Moralerziehung, eine moralische Urteilskompetenz zu fördern, die so hoch wie möglich angelegt ist.

Beck (2006a, 18–19) sieht universalistische Ethiken, wie sie in der Nachfolge Kants rezipiert werden und ebenso in der Stufentheorie Kohlbergs ihren Niederschlag finden, mit einer Reihe von gravierenden Problemen behaftet: Erstens sieht er das Generalisierungspostulat als zu allgemein. Zweitens seien universalistische Ethiken zu stark an der Rationalität ausgerichtet, sodass sie die Gefühlsebene ignorierten. Sie würden – auch hier nimmt Beck wieder auf Dawkins Bezug – die Bedeutung von *Memen* für die Moral ausschließen. Drittens könne die universalistische Ethik keinen Regelungehorsam bestrafen und ignoriert die Problematik der Implementation von Regeln. Viertens seien Universalethiken für eine Massengesellschaft unbrauchbar, weil sie auf kleine Soziäten ausgerichtet seien. Die Lösung sieht Beck in den Bereichsmoralen. Im Kontext dieser vier Punkte ist das System Kohlbergs für die Argumentation Becks unbrauchbar.

Im Kontext der Beck-Zabeck-Kontroverse bringt Minnameier (2005, 26) vier Punkte ein, die gegen die Interpretation des Kohlberg-Modells im Sinne Becks sprechen: Erstens sei das individuelle Vorteilsstreben keineswegs auf die Stufe 2 allein bezogen. Dies sei vor allem im Kontext der Theorie Homanns nicht haltbar, in der davon ausgegangen werde, dass das Selbstinteresse zum größten Wohlstand führe. Zweitens sei strategisches Verhalten nicht stufenabhängig, sondern auf jeder Stufe notwendig. Drittens sei eine bereichsspezifische Urteilskompetenz nicht vonnöten, da davon ausgegangen werden könne, dass von Situationen abhängig entschieden werden müsse. So fordert Homann nicht nur die Regeleinhaltung, sondern auch die Fähigkeit und Bereitschaft, sich in die Normengestaltung einzubringen. Viertens sei es aus Sicht der Theorie Homanns nicht angemessen, für die gesamte Wirtschaft als Subsystem die Orientierung der Stufe 2 zu verlangen. Dies ist bereits aus dem dritten Punkt ersichtlich geworden. Damit löst sich auch das oben besprochene Trilemma auf.

Wie bereits im vorangegangenen Unterkapitel untersucht, ist die Idee der Rollenübernahme, wie sie von Beck vorgetragen wird, problematisch. Daran ändert sich vor dem Hintergrund des Stufenmodells nichts: „Die Entwicklung der Fähigkeit zur Rollenübernahme ist notwendig, jedoch nicht hinreichend für die Fähigkeit zum moralischen Urteilen auf der jeweiligen Stufe." (Garz 2008, 94) Es bedarf also mehr als der Übernahme von Rollen(konserven).

Es scheint ein Denkfehler in der Annahme zu stecken, dass jemand, der wirtschaftlich auf Stufe 2 entscheidet, nicht gleichzeitig auch auf einer höheren Stufe entscheiden kann. Der Denkfehler kann im Modell selbst liegen; die entsprechenden Kritikpunkte wurden bereits behandelt. Aber es könnte sich um einen Denkfehler handeln, der nicht mit der Interpretation des Modells zu tun hat, sondern mit der Vorstellung von Wirtschaft und dem ökonomischen Denken und Handeln. Wenn davon ausgegangen werden würde, dass es im Modell Kohlbergs keine Regression in vorhergehende Stufen geben kann, dann wäre es unmöglich für Menschen, deren moralische Entwicklung über der Stufe 2 liegt, überhaupt an Wirtschaft zu partizipieren, weil sie sich auf eine niedere Stufe herablassen müssten. Dies ist aber in unserer Gesellschaft einfach gar nicht möglich. Niemand – auch der Philosoph und die Theologin nicht – kann sich der Wirtschaft und der Logik der Wirtschaft entziehen, sobald es um Kaufen und Verkaufen und damit schließlich auch um das grundsätzliche Überleben geht. Jeder Mensch partizipiert an der Wirtschaft als

Konsument, Arbeitnehmer und Arbeitgeber sowie Staats- und Unionsbürger. Oder anders gefragt: Müsste der Schluss, der aus der Betriebsmoral im Konnex mit dem Stufenmodell gezogen wird, nicht bedeuten, dass Adam Smith, als jemand der sich intensiv mit dem Marktmodell auseinandergesetzt hat und für ein liberales Modell – allerdings unter bestimmten moralischen Schranken – eintritt, immer auf der Stufe 2 verbleibt? Ist aber nicht gerade Adam Smith ein Moralphilosoph auf postkonventioneller Stufe? Wie ist es für ihn dann möglich, zwischen den Stufen zu wechseln? Oder Benjamin Franklin: Er war kaufmännisch veranlagt, aber gleichzeitig auch Erfinder und vor allem Staatsmann, der zu den Gründungsvätern der Vereinigten Staaten von Amerika zählt, die mit der neuen Verfassung die bisherigen Staatsformen auf den Kopf gestellt haben. Ist Benjamin Franklin deshalb auf Stufe 2 zu verorten? Und noch ein Beispiel. Muhammad Yunus versucht mit seiner Geschäftsidee, den Ärmsten der Armen zu helfen. Er versucht, durch die Finanzierung der Selbstständigkeit, also durch marktwirtschaftliche Instrumente, mehr Gerechtigkeit zu bekommen. Dafür erhielt er den Friedensnobelpreis. Auf welcher Stufe befindet sich Muhammad Yunus? Wechseln diese Personen immer zwischen der Stufe 2 und höheren Stufen? Kann das sein?

Das wirtschaftliche Handeln sagt per se nichts über die moralische Handlung aus. Der Denkfehler liegt darin, dass dem wirtschaftlichen Handeln automatisch die Stufe 2 zugeordnet wird. Die Frage, die selbst im wirtschaftlichen Handeln entscheidend ist, lautet: *Wie* wird gewirtschaftet? Selbst die Gewinnerzielung als solche sagt noch nichts über das wirtschaftliche Handeln aus. Wer Gewinn erzielt, kann gefragt werden: *Wie* wurde der Gewinn erzielt? *Was* wurde an *wen wofür* unter *welchen Bedingungen* verkauft? *Für wen und wofür* wurde der Gewinn erzielt? Der Denkfehler dürfte darin liegen, dass automatisch von der Gewinnmaximierung und der Nutzenmaximierung ausgegangen wird. So kommt die je ganz spezielle Situation des wirtschaftlichen Handelns gar nicht in den Blick. Zumindest bemerkenswert ist, dass die Forderung nach der Betriebsmoral mit der Anschauung verbunden ist, dass diese Moral lediglich eine auf Stufe 2 ist. Wirtschaftliches Handeln wird reduziert auf den gegenseitigen Vorteil. Das Soziale, Kommunikative und Konflikthafte in jeder wirtschaftlichen Beziehung wird außer Acht gelassen, oder es wird unterstellt, dass selbst diese Probleme nur auf Stufe 2 gelöst werden, wenn eine eigene Moral für diesen Bereich verlangt wird. Es wird gleich anschließend in 4.4 gezeigt, dass ein Festhalten am eigenen Selbstinteresse gar nicht funktionieren kann, weil die Kommunikation zusammenbrechen würde. Eine Moral auf dieser Ebene würde damit das Management und letztlich das wirtschaftliche Handeln zerstören.

Die Betriebsmoral wäre pädagogisch betrachtet eine Mischung aus Behaviorismus und Egoismus. Behavioristisch, weil im Sinne des Homann'schen Ansatzes Anreize und Restriktionen das Handeln lenken, und egoistisch aufgrund des Prinzips der rein ökonomischen Vernunft. Dies wäre eine radikal reduzierte Pädagogik, die weder dem Bild der Individualpädagogik noch einem kognitivistischen oder konstruktivistischen Verständnis von Lernen folgen würde.

Kurz gesagt: Der Denkfehler liegt in der Annahme der rein ökonomischen Vernunft. So gesehen ist Beck (2003a, 295) doch Recht zu geben, wenn er sagt, dass die Kohlberg-Theorie nicht die Basis der Betriebsmoral sei.

Nachdem sowohl der Bezug zu Parsons als auch zu Luhmann widersprüchlich ist und beide nicht systematisch in der Theorie verortet sind, bleibt neben der vermeintlichen quasi-naturwissenschaftlichen Fundierung der Moral als wesentlicher Bezugspunkt eine Theorie im Mittelpunkt: Homanns rein ökonomische Vernunft.

4.4 Homanns rein ökonomische Vernunft

Bereits in der Einführung zu diesem Kapitel wurde gezeigt, dass Ethik und Moral mehr Dimensionen aufweisen, als bislang in der Beck-Zabeck-Kontroverse diskutiert wurden. Insbesondere wurde die Strebensethik ausgeblendet und bis zum Beitrag Bienengräbers (2011) zu wenig Rücksicht auf die Situationsanalyse gelegt. Anhand der Luhmann-Habermas-Debatte wurde gezeigt, dass es verschiedene Vorstellungen von der Ausdifferenzierung unserer Gesellschaft gibt und dass die Ausdifferenzierung als solche noch nichts über die Normativität aussagt und sich daraus nicht ableiten muss, dass das Individuum ganz spezifische systemtypische Rollenvorstellungen übernehmen soll. Schließlich wurde gezeigt, dass der Theorie Kohlbergs zu viel Raum in der Debatte eingeräumt wurde. Nun geht es darum, den ethischen Kern der Beck'schen Betriebsmoral aufzuarbeiten, nämlich die normative Ökonomik Homanns.

Beck (2003a, 284) kritisiert den kategorischen Imperativ als zu allgemein, weil er kein materielles Kriterium darstelle: „Handlungsentscheidungen und ihre Begründungen bedürfen, weil sie prinzipiell auf Kontexte bezogen sind, schon aus logischen Gründen stets eines materiellen Kriteriums." In der dazugehörigen Fußnote führt Beck (2003a, 284, Fußnote 29) weiters aus, dass „Handlungsentscheidungen [...] auf konkret(isiert)en singulären Zielpräferenzen, also Wertungen von angestrebten Zuständen, die ihrerseits nur aus Werten abgeleitet werden können", beruhen. Es ist dann mehr als verwunderlich, dass Beck auf Homann verweist, der im Kern seiner Überlegung ebenfalls auf ein hoch abstraktes, allgemeines Konzept zurückgreift, nämlich auf das ökonomische Prinzip als Entscheidungsgrundlage. Dieses Prinzip ist, wie in diesem Unterkapitel gezeigt wird, ein völlig abstraktes und formales Prinzip, dass nur auf eine Zweck-Mittel-Beziehung abzielt und daher den Zweck selbst gar nicht bestimmen kann und daher Zielpräferenzen, die – wie Beck ausführt – aus Werten gewonnen werden müssen, gar nicht in den Blick nehmen kann.

Nachdem Beck Kants kategorischen Imperativ ablehnt und sich in seiner Theorie nur auf das Subsystem Wirtschaft bezieht, erhebt sich die Frage, welcher Norm eigentlich bei Beck gefolgt werden soll. Beck (2003a, 295) fasst seine Argumentation gegen Zabeck (2002) zusammen, indem er zuerst nochmals den kategorischen Imperativ ablehnt: „ Wir haben eingangs gesehen […], dass wir uns mit dem ethischen Rekurs auf Kant zugleich auch auf dessen zeitgenössisches ‚naturwissenschaftliches' Weltbild einlassen, das heute vernünftigerweise niemand mehr teilt." Es konnte gezeigt werden, dass Becks naturwissenschaftliches Bild keineswegs auf wissenschaftlich sicheren Beinen steht. Becks (2003a, 295) Hinweis, dass Kants „idealistische Anthropologie" von einer „viel erklärungsmächtigere[n] evolutionstheoretisch fundierte[n] Anthropologie abgelöst worden ist", ist zu bezweifeln. Darüber hinaus, so Beck (2003a, 295) weiter, sei das „weltbürgerliche Gesellschaftsverständnis" Kants „nicht mit den heutigen Verhältnissen pluralistischer Massengesellschaften" kompatibel. Schließlich fasst Beck (2003a, 296) seinen Ansatz zur Moralerziehung so zusammen:

> „Mein Vorschlag zur Revision der Didaktik der beruflichen Moralerziehung ist Ausdruck des Versuchs, das Verständnis davon, was *heute* als das moralisch Gebotene Geltung beanspruchen kann, unter Bezugnahme auf eben jene gewandelte *conditia humana* neu zu bestimmen. Dabei wird der Mensch nicht zum schlichten Regel*befolger* degradiert. Vielmehr muss er es lernen, sich in seinen verschiedenen Rollen am moralischen Rationale des Subsystems, dem sie zugehören, zu orientieren. Für den Kaufmann als Marktteilnehmer bedeutet dies die Verpflichtung zur Regel*treue* (Beck 1996, 134) und, wo Regelungen fehlen, zur Einforderung von verbindlichen ‚Institutionen', an deren Gestaltung er in seiner Rolle als ‚Bürger' selbstverständlich mitwirken kann und soll – nunmehr in Orientierung am moralischen Rationale der ‚Gesellschaftssteuerung'. […] Es dürfte als ein moralisches Gebot (!) für das ‚didaktische System' (Zabeck 1973) Berufserziehung gelten, die Auszubildenden nicht zu überfordern – erst recht nicht, wenn deren ethische Grundlagen ihre Tragfähigkeit und ihre Legitimität verloren hat."

Wie Beck so geht auch Homann von der Ausdifferenzierung der Gesellschaft und dem Nutzen ihrer Funktionalität aus:

> „Man muss die außerordentliche Leistungsfähigkeit der funktionalen Ausdifferenzierung moderner Gesellschaften sehen und anerkennen […] Zugleich muss man aber sehen, dass dafür ein ‚Preis' zu entrichten ist […] ‚Entfremdung' (K. Marx), […] ‚instrumentelle Vernunft' (M. Horkheimer) […] ‚Dialektik der Aufklärung' (M. Horkheimer, T. W. Adorno) oder ‚Kolonialisierung der Lebenswelt' (J. Habermas) […]. In diesem geschichtlichen Zusammenhang ist das systematische Kernproblem der Wirtschaftsethik anzusetzen: Im Prozess der gesellschaftlichen Evolution hat sich das autonome Subsystem Wirtschaft herausgebildet, das eigenen Gesetzmäßigkeiten, manche sagen: einer eigenen *Rationalität*, folgt und wegen dieser Spezialisie-

rung außerordentlich leistungsfähig geworden ist. Gesellschaftlicher Wohlstand beruht damit auf der Abkopplung der ‚ökonomischen' Rationalität von einer umfassenderen Rationalität. [...] Erst als Folge dieses Prozesses der Ausdifferenzierung der Wirtschaft und der entsprechenden Reflexionsform Ökonomik *können* Moral und Ökonomie bzw. Ethik und Ökonomik in jenen Widerstreit geraten, von dem die Diskussion im Allgemeinen ausgeht." (Homann & Blome-Drees 1992, 12–13).

Beck geht also davon aus, dass der kategorische Imperativ ausgedient habe und setzt dafür drei neue Orientierungspunkte: erstens die Orientierung an der Rationalität des Subsystems, zweitens die Verpflichtung zur Regeltreue und drittens die Mitwirkung an der Gestaltung von neuen Institutionen. Beck (2003a, 290) wehrt sich aber vehement gegen Zabeck (2002), was sich in der Form der Semantik und Rhetorik niederschlägt: „Abzuweisen ist jedoch die Behauptung, durch die Bezugnahme auf den Ansatz einer allgemeinen Ökonomik verschreibe man sozusagen die reine pädagogische Seele dem gewissenlosen Teufel in Gestalt des *Homo oeconomicus*." Selbst unter Anwendung dieses dialektischen Tricks im Sinne des Werte- und Entwicklungsquadrats (Schulz von Thun, Ruppel & Stratmann 2000, 52–59) gelingt es Beck nicht, die Kernproblematik seines Zugangs zu beseitigen: Wird auf die Rationalität des Subsystems abgestellt und dabei auf Homann und Suchanek verwiesen, die beide dies nicht als Handlungsorientierung, sondern als Methode verstanden haben möchten, dann wird die *wissenschaftliche* Methode zur *pädagogischen* Norm erhoben. „Wissenschaftliche Theoriebildung ist etwas ganz anderes als die alltagssprachliche Beschreibung von sozialen Phänomenen." (Homann & Suchanek 2005, 380) Es geht dann nicht mehr um wirtschaftliche Wissenschaft, sondern um wirtschaftliches Tun. Es wird in diesem Unterkapitel gezeigt werden, dass gerade das die Problematik der rein ökonomischen Vernunft darstellt: Das Modell reifiziert sich.

4.4.1 Ziele der Wirtschaftsethik Homanns

Die Betrachtung der Theorie Homanns setzt bei seiner Zielsetzung an (vgl. Homann & Lütge 2002, 3): Die großen Probleme unserer Zeit, wie Armut, Unterentwicklung, Armutsmigration und Umweltzerstörung, finden keine Lösungen. Viele führen dies – so Homann und Lütge (2002, 3) – auf den Verfall der Moral und der Tugenden sowie auf den Egoismus und die Profitgier zurück, „wofür vor allem ‚die Wirtschaft' verantwortlich gemacht wird". Bewusstseinsänderung, Moralerziehung und Umkehr werden als Lösungsmittel eingebracht. Für den Verfall der Moral, sofern es einen solchen gibt, seien – so Homann und Lütge (2002, 3) – nicht die Handlungsmotive der Wirtschaftsakteure verantwortlich, sondern es würde eher das Moralisieren Verantwortung tragen.

> „Moral lässt sich nicht gegen die Funktionserfordernisse der modernen Wirtschaft zur Geltung bringen, sondern nur in ihnen und durch sie. Um dies deutlich zu machen, muss die Ethik in eine tragfähige Gesellschaftstheorie eingefügt werden: Nur so wird Moral vor der Donquichotterie mancher Literaten, Philosophen und Theologen bewahrt, die aus moralischen Idealen, die durchaus von mir geteilt werden, unmittelbar Handlungsanweisungen ableiten wollen. In der Moderne gibt es keine Direttissima zur gerechten, solidarischen Gesellschaft – Moraltheorie ohne Gesellschaftstheorie ist vormodern und ruiniert die Moral, um die es den Moralisten in durchaus ehrlicher Überzeugung geht." (Homann & Lütge 2002, 3)

Homann (2003, 35–72) spricht von den *Grundlagen einer Ethik für die Globalisierung*:

> „Die Befolgung moralischer Normen kann von den Akteuren – den Einzelnen und den Unternehmen, aber auch den Politikern – heutzutage nur dann erwartet werden, wenn sie sich davon Vorteile versprechen können. Nur so lässt sich das Problem der Realisierung und Implementierung der Moral unter den Bedingungen des Wettbewerbs überzeugend lösen." (Homann 2003, 44–45)

Homann (Homann & Lütge 2002, 44–45; Homann 2005, 205) geht davon aus, dass Menschen nur dann systematisch und dauerhaft moralische Normen befolgen, wenn sie sich individuelle Vorteile davon erwarten können. Diese Argumentation sieht er in Kant bestätigt, der am Ende seiner *Kritik der reinen Vernunft* vom „System der sich selbst lohnenden Moralität" spricht. Gute Gründe für eine Ethik könnten demnach auch im eigenen Vorteil gefunden werden. Pies (2010, 253, Fußnote 5) versteht Karl Homanns Position zu Kant so, dass Homann zwar Kants rechtsphilosophische Position vertrete, aber in der Moralphilosophie Kants die Metaphysik ablehnen müsse. Eine Aussicht auf Belohnung im Jenseits durch die Einhaltung der Moral könne in einer modernen Gesellschaft nicht mehr aufrechterhalten werden. Wenn Homann also – so Pies (2010, 253, Fußnote 5) in seiner Verteidigung der Arbeit Homanns – „um der Autonomie und Würde des Individuums willen an dem Grundsatz festhalten [will], dass Moralität sich lohnen soll, dann geht es für Homann heute – teilweise gegen Kant – darum, die Bedingungen hierfür nicht metaphysisch, sondern empirisch herzustellen: mittels Anreizarrangements, die dafür sorgen, dass sich die Menschen tatsächlich so verhalten, wie sie es wirklich wollen (bzw. sollen, wobei diese normative Formulierung mit Kant in Anspruch nimmt, dass moralisch gesollt ist, was vernünftig gewollt ist)."

Homann (2005, 205–206) führt dies noch klarer aus, indem er herausstreicht, dass die abendländische Ethik „paradigmatisch eine Ethik der Mäßigung, des rechten Maßes" war und dies darin begründet war, dass „vormoderne Gesellschaften gesamtwirtschaftliche Nullsummenspiele spielten". Die moderne Gesellschaft „betritt demgegenüber als Wachstumsgesellschaft die Bühne der Weltgeschichte". Damit sei die wesentliche Voraussetzung für die

Mäßigung gefallen, damit dürfe auch das Streben nach dem eigenen (wirtschaftlichen) Vorteil auch nicht mehr als untugendhaft eingestuft werden. Es ist daher nach Ansicht Homanns Aufgabe, die Ethik entsprechend umzubauen. In einer Wachstumsgesellschaft sei es tugendhaft, selber den größtmöglichen Vorteil zu suchen – solange die Rahmenordnung eingehalten wird.

Das bedeutet jedoch nicht, dass Homann die Individualmoral ablehnt, vielmehr dürfen beide nicht gegeneinander ausgespielt werden. Diese Dimension Homanns kommt in seinen Schriften aber nicht so deutlich hervor, wie Pies (2010, 258) ausführt:

> „Ich konzediere gern, dass es in den Schriften zur ökonomischen Ethik manche Passagen gibt, die sich wie ein Verdikt gegen die Individualethik lesen lassen können. Allerdings möchte ich darauf hinweisen, dass dies einer ganz spezifischen Frontstellung geschuldet ist und keineswegs den Intentionen entspricht, die mit diesen Formulierungen zum Ausdruck gebracht werden sollen."

Nach Ansicht von Pies sei es Absicht Homanns, die „normativen Überdehnungen der Individualethik" zu kritisieren, die jedoch nicht als eine Herabwürdigung der individuellen Moral zu verstehen sei, weil dies den Absichten Homanns zuwiderlaufen würde. Irreführend sind Ausdrücke, die Homann verwendet: So taucht immer wieder die Bezeichnung „systematischer Ort der Moral" auf (Homann & Blome-Drees 1992, 20; Homann & Lütge 2002, 4, 27–30, Homann 2012, 216–218, bzw. in abgeschwächter Form in Homann & Lütge 2005, wo es heißt: „Der systematische Ort der Moral *im Allgemeinen* [Hervorhebung durch den Autor] bleibt die Rahmenordnung"). Homann spricht davon, dass Moral „kein individuelles, sondern ein kollektives Unternehmen" ist bzw. das moralisch Unerwünschte „nicht länger auf böse Motive oder Charakterschwäche der Akteure wie Profitgier oder Egoismus zurückgeführt werden" kann (Homann & Lütge 2005, 51). Da dies zu Missverständnissen führen kann, erklären Homann und Blome-Drees (1992, 37): Der systematische Ort bedeute nicht, dass es der alleinige Ort wäre. Es werde nicht bestritten, dass der Markt zum „Funktionieren eine gewisse Moral benötige (Vertragstreue, ‚ehrbarer Kaufmann' u.a.m.), noch soll Unternehmern/Managern abgestritten werden, dass sie sich faktisch auch von anderen als von Gewinninteressen, z.V. von sozialen Motiven, leiten ließen." Systematisch bezieht sich darauf, dass die Moral nur im Wettbewerb und Markt realisiert werden könne. Markt und Wettbewerb hätten eine ethische Legitimation und daher könnten die Regeln nur über Markt und Wettbewerb implementiert werden. Solle die Moral über die Individuen hereingebracht werden, dann unterliege die Durchsetzung Zufälligkeiten. Darüber hinaus bringe ein solcher Zugang das Problem mit sich, dass jene, die sich nicht an die Moral halten, einen Vorteil daraus ziehen könnten. Die Grenzmoral gehe nach unten, und das hätte unabsehbare Auswirkungen für die Moral der Gesellschaft. Die Moral müsse in die Funktionsweise des Marktes und des Wettbewerbs implementiert werden. Dadurch werde das gewinnmaximierende Streben der Unternehmen zur moralischen Pflicht, weil dieses Verhalten den Interessen der Konsumentinnen und Konsumenten sowie der Allgemeinheit am meisten diene. „Wenn die Rahmenordnung sicherstellt, dass die ‚moralfreien' Aktionen der Unternehmen zum langfristigen Wohl der Allgemeinheit ausschlagen, ist die allein an ökonomischen Kalkülen orientierte Tätigkeit der Unternehmen grundsätzlich zustimmungsfähig und damit legitim." (Homann & Blome-Drees 1992, 39) Das bedeutet nicht, dass individuelle Moral keine Bedeutung habe. Erstens müssten jene, die die Regeln aufstellen, moralische Erfahrung und moralische Haltung einbringen. Sie müssten sich vorstellen können, was Solidarität für alle bedeute. Zweitens müssten diese Regeln wieder nach eigenen Verfahrensregeln erstellt werden. Letztlich seien es aber immer Individuen, welche die Regeln gestalten. Drittens brauche die Gesellschaft moralische Innovatoren, also Menschen, die neues Denken einbringen könnten. Wirtschaftsethik bedeute in diesem Kontext, „die Institutionen so zu gestalten, dass Moral möglich wird" (Homann & Blome-Drees 1992, 40–41). Es gehe nicht um die Frage, ob ein Manager, eine Managerin oder ein Unternehmer, eine Unternehmerin dem eigenen Gewissen folgen solle oder nicht. Jedenfalls komme der Individualethik in der Systematik Homanns eine untergeordnete Funktion zu: „Innerhalb von […] Wettbewerbsprozessen tritt die Individualmoral hilfsweise und vorübergehend genau da ein, wo Markt und Wettbewerb nicht funktionieren" (Homann & Lütge 2002, 35) oder in „Situationen von kleinen überschaubaren Gemeinschaften" (Homann & Blome-Drees 1992, 120). Es gehe nicht um eine Unternehmensethik, die sich an die einzelnen verantwortlichen Personen im Unternehmen wende, sondern eine „Unternehmensethik als Institutionenethik fokussiert ihre Forschungsperspektive stattdessen auf die institutionellen Rahmenbedingungen des unternehmerischen Handelns" (Homann & Blome-Drees 1992, 119). Die Handlungsmoral werde in der „kontrollierten Unvollständigkeit der Verträge" verortet (Homann & Lütge 2005, 88). Wenn es berechtigte moralische Anforderungen gebe, dann sei in der Tradition von Ethik auf Methoden der moralischen Urteilsbegründung, wie z.B. die Goldene Regel, Reziprozität und den kategorischen Imperativ zurückzugreifen (Homann & Lütge 2005, 94). Jedes Individuum sei auch bei Homann für sein eigenes Tun verantwortlich. Es müsse seine Entscheidungen rechtfertigen und mit seinem eigenen Gewissen verantworten. Aber diese Sicht sei keine Hilfe, wenn es darum gehe, Wettbewerb und Markt zu koordinieren. So könne Samariterverhalten in der Großgruppe verantwortungslos sein. Die Kleingruppenmoral sei daher für die Großgruppe nicht anwendbar. (Vgl. Homann 2002, 41) „Diese Einsicht geltend zu machen, könnte den wichtigsten Beitrag der Ökonomik zur allgemeinen Ethikdiskussion der Gegenwart ausmachen, da die philosophische und theologische Ethik des Abendlandes am Paradigma der Kleingruppe orientiert war und bis heute ist." (Homann 2002, 41)

Homann möchte Folgendes erreichen:

> „Die institutionelle Sicherung moralischen Verhaltens beseitigt nicht die Moral, sondern ermöglicht sie.
>
> Keine Ethik, am wenigsten eine christliche Ethik, kann vom Einzelnen verlangen, dass er dauerhaft und systematisch gegen seine vitalen Interessen verstößt.
>
> Eine Ethik, die das Problem der Ausbeutbarkeit moralischen Verhaltens im Wettbewerb nicht löst, muss in der modernen Welt versagen." (Homann 2003, 71)

Minnameier (2005, 21) beginnt seine Ausführungen mit der Gerechtigkeitstheorie von Rawls (1992; 1996), da auch Homann bei der „allgemein akzeptierten Kritik an Rawls Gerechtigkeitstheorie" ansetze. Rawls (1996, 81 u. 174–185) stelle zwei Gerechtigkeitsprinzipien, nämlich Gleichung und Differenz, in den Mittelpunkt, die nach Auffassung von Rawls in der Interpretation Minnameiers von einem fiktiven Urzustand herzuleiten seien. Buchanan und Homann würden darin einen Widerspruch und damit die erste Kritik an Rawls sehen, weil Rawls auf eine Vertragstheorie abziele, im Grunde jedoch die Inhalte bereits als vorhanden vorgebe. Damit komme Rawls Kant insofern nahe, als es sich ebenso um eine deontologische Ethik handle. Im Gegensatz dazu handle es sich bei Buchanan und Homann um das Prinzip einer „einstimmig beschlossenen Gesellschaftsverfassung (wenngleich dies nicht faktisch gelten muss)" (Minnameier 2005, 22). Homann akzentuiere, dass Herrschaft nur dann mit der individuellen Freiheit kompatibel sei, wenn die Beherrschten der Herrschaft zustimmen (vgl. Homann 1990, 157; Minnameier 2005, 22). Die zweite Kritik richte sich an die Kulturabhängigkeit der vertragstheoretischen Normierung. Aus dieser Kritik zieht Minnameier (2005, 22) den Schluss, „sich von der Idee einer universellen normativen Basis für die Schlichtung moralischer Konflikte zu verabschieden" und sich der Ethik Homanns zuzuwenden, weil es in diesem Ansatz gelinge, den eigenen Willen mit der *Pflicht* zu verbinden (vgl. Minnameier 2005, 23–25). Er folgt damit – allerdings mit anderen Argumenten – dem Zugang Becks. Minnameier (2005, 22) verweist auf Homann und Buchanan, dass die Rechtsgrundlagen – also die Rahmenbedingungen – durch eine „*einstimmig* beschlossene Gesellschaftsverfassung (wenngleich dies nicht faktisch gelten muss)" eingeführt und legitimiert werden. In Fußnote 7 ergänzt Minnameier (2005, 22) u.a.: „Das Einstimmigkeitsprinzip lässt sich aber nur deshalb nicht faktisch umsetzen, weil es in der Realität zur Folge hätte, dass sämtliche kollektiv zu treffenden Entscheidungen blockiert werden könnten (und auch würden)." Diese Erklärung, so führt Zabeck (2004, 68, Fußnote 8) aus, „will mir nicht einleuchten", denn es bliebe eine Illusion, in einer globalisierten Welt auf institutionalisierte Regeln zu setzen, wenn verschiedene rechtliche Standards miteinander in

Konkurrenz stünden (vgl. Zabeck 2004, 68). Gerade in Großgesellschaften – auf die Beck immer wieder hinweist – sei eine basisdemokratische Verankerung der Ethik nicht machbar (vgl. Zabeck 2004, 68, Fußnote 8).

Die möglichen wirtschaftspädagogischen Konsequenzen fasst Minnameier (2005, 37–39) in folgenden Punkten zusammen: Erstens sei eine moralische Segmentierung, wie Beck sie fordert, nicht nötig. Jedoch solle von einem realistischen Ansatz ausgegangen werden, der auch Effektivität berücksichtigt, und verweist dabei auf Homann (2002, 207), der für eine Erziehung plädiert, die unterscheidet, ob individuelle Moral trägt oder sanktionsbewährte Institutionen zum Tragen kommen müssten, die durch positive und negative Anreize erwünschte Ergebnisse zeitigten. Zweitens solle das Individuum davor gewarnt werden, blind auf Kooperationen zu setzen, um nicht von Defektion enttäuscht zu werden (vgl. Homann & Suchanek 2005, 399). Minnameier warnt in diesem Kontext, an der von Zabeck verteidigten Moral festzuhalten, weil diese dazu führe, dass aufgrund von Enttäuschungen moralische Überlegungen überhaupt gänzlich im wirtschaftlichen Kontext ausgeklammert würden. Drittens schade eine moralische Weiterentwicklung im Sinne Kohlbergs nicht, sondern nütze. Dies führt Minnameier nicht weiter aus, da dies noch systematisch geklärt werden müsse. Vor allem bleibt offen, wie eine Weiterentwicklung in Richtung einer Kantschen Ethik dann doch nicht zu einer Ausklammerung der Ethik überhaupt führe, sondern der Wirtschaft nütze. Viertens müssten Regeln so beschaffen sein, dass Menschen auch das tun, was sie tun sollten. Sie würden umso mehr eingehalten, je mehr sie auch nachvollzogen werden könnten. Eine höhere Moral führe auch grundsätzlich dazu, dass mehr Regeln eingehalten werden. Eine hohe Moral sei daher ein „Erziehungsziel". Fünftens ermögliche eine moralische Entwicklung – und hier fokussiert Minnameier noch gänzlich die Individualethik – bessere Kundenorientierung und selbstverantwortliches Handeln, weil Menschen dann nicht ständig kontrolliert werden müssten. Sechstens führe eine globale Förderung der Moral zu einer gesellschaftlichen und kulturellen Veränderung. Siebtens könne Homanns Ethik als eine verstanden werden, die sich abseits des Kohlberg'schen Modells vollziehe. Achtens würden diese sieben Punkte den Schluss ergeben, dass es keine Alternative zur Höherentwicklung der Förderung des Individuums gebe.

4.4.2 Das Programm

„Das Gesamtwerk Karl Homanns ist ein Forschungsprogramm", weshalb die Rezeption seines Werkes nicht einfach sei und „immer wieder versucht wird, anhand marginaler Schriften und einzelner Formulierungen Diskontinuitäten oder gar Inkonsistenzen ausfindig zu machen, wo ein Blick aufs große Ganze helfen würde, die Stoßrichtung eines durchgängig kohärenten Ansatzes zu erkennen" (Pies 2010, 250). Wenn das Programm hier dennoch dargestellt wird, kann es nicht das Werk als solches abbilden, denn dann müsste eben das gesamte Werk Homanns hier niedergeschrieben werden. Da nun jede Rezeption, auch der Versuch einer *objektiven* Rezeption, nicht von Homann selbst stammen kann, weben sich ebenso Sichtweisen und Vorstellungen der rezipierenden Person implizit gerade durch die Fokussierung und Zusammenfassung ein, auch wenn einer so weit wie möglich objektiven Vorgangsweise gefolgt wird. Der *Cultural Turn* macht gerade auf solche unvermeidlichen Prozesse aufmerksam. Darüber hinaus ist nicht nur das Werk selbst relevant, sondern auch die Wirkung, die es erzielt.[75] Diese Wirkung ist gerade auch in der Beck-Zabeck-Kontroverse zu verfolgen. Bereits in der Darstellung der Zielformulierungen wurde offensichtlich, dass der Ansatz Homanns durchaus Fragen aufwirft, die im Anschluss an diese Darstellung des Programmes aufgearbeitet werden.

Einen guten Überblick und eine sehr gute Zusammenfassung des Werkes gibt Homann (2012, 216–218) im *Lexikon der ökonomischen Bildung* selbst. Es wird daher in der Zusammenfassung des Programmes sowohl darauf Bezug genommen als auch vor allem *Ökonomik. Eine Einführung* (Homann & Suchanek 2005) fokussiert, um aus diesen beiden die Struktur des Programms abzuleiten und mit weiterer Literatur zu ergänzen. Es ist in diesem Kontext erstaunlich, dass sich im *Lexikon der ökonomischen Bildung* (May 2012) nur die Ausformung der Wirtschaftsethik nach Homann finden lässt und kein Hinweis auf andere Ethikkonzepte gegeben wird. Es stellt sich die Frage, ob dies bereits eine Wirkung des Homann'schen Programmes ist. Das Stichwort *Ethik* wird lediglich unter *Ethik der Marktwirtschaft* behandelt. Die Individualethik und andere wirtschaftsethische Ansätze verschwinden dadurch aus dem Stichwortkatalog des Lexikons.

Homann (2012, 216) beginnt seine Ausführungen über die *Ethik der Marktwirtschaft* mit dem Wettbewerb, der ein „antagonistisches Element in die Gesellschaft einbringt". Dieser Wettbewerb bringe der Gesellschaft Wohlstand, führe aber gleichzeitig dazu, dass einseitiges moralisches Handeln Wettbewerbsnachteile mit sich bringe und dadurch letztlich zum Bankrott führen könne. „Das Grundproblem der Ethik besteht darin, dass sich Wettbewerb und Moral im Handlungsvollzug auszuschließen scheinen." (Homann 2012, 216) Wettbewerb und Moral können jedoch in Einklang gebracht werden, wenn – nach Homanns Rezeption Adam Smith folgend – zwischen einer „Rahmenordnung des Handelns" und „den Handlungen innerhalb der Rahmenordnungen" unterschieden werde. Dies lasse sich am besten anhand des Fußballspiels erklären: Die Fairness im Spiel werde mit den Spielregeln garan-

---

[75] So führt Steinert (2010, 20) aus, große Schwächen im Werk Max Webers festmachen, und dennoch nichts gegen die Wirkung des Werkes unternehmen zu können.

tiert und die Einhaltung dieser Regeln überwache der Schiedsrichter. Die Spielzüge würden nun im Wettbewerb ausgeführt.

Es sind fünf Punkte, die dieses ökonomische Denken und Handeln in Analogie zum Fußballspiel nach Ansicht Homanns ausmachen (vgl. Homann 2012, 216–217): Erstens herrsche Konsens über die Spielregeln, die durch eine Erzwingungsinstanz (Gesetz, Justiz, Kartellamt) durchgesetzt werden könnten. Zweitens hänge im Sinne von Adam Smith der Wohlstand aller nicht vom Wohlwollen der Einzelnen ab. Die Unternehmerinnen und Unternehmer wollen Gewinne erwirtschaften und die Konsumentinnen und Konsumenten wollen mit ihrem Einkommen möglichst viele bzw. möglichst gute Güter kaufen. Wohlstand und Gewinn stellen verschiedene Interessen dar, die durch die Ordnung der Wirtschaft kanalisiert zu allgemeinem Wohlstand führten. Drittens führe die Konsequenz aus der Umkehrung des zweiten Punktes dazu, dass nicht das Individuum die moralische Verantwortung trage: „Moralisch unerwünschte, ja empörende Zustände können nicht länger auf böse Motive oder Charakterschwäche der Akteure wie Profitgier oder Egoismus zurückgeführt werden." (Homann 2012, 217) Viertens erscheine die Moral nicht im ökonomischen Denken und Handeln des Wirtschaftssubjekts, sondern als Handlungsbeschränkung der Spielregeln. Fünftens müssten die Spielregeln für alle Wirtschaftsakteure gleich gelten, damit moralisches Verhalten nicht ökonomisch ausgebeutet werde.

Aus diesen fünf Punkten ergibt sich für Homann die entscheidende These der ökonomischen Ethik:

> „Die moralische Qualität der modernen Marktwirtschaft hängt systematisch von der Gestaltung der Rahmenordnung ab. Wer die Moral der modernen Welt an den unmittelbar handlungsleitenden Motiven der Akteure im Wettbewerb festmachen will, sucht an der falschen Adresse und kommt folglich auch zu falschen Diagnosen (z.B. Profitgier) und zu falschen Therapievorschlägen (z.B. Umkehr)." (Homann 2012, 217)

Homann (2012, 217) sieht dies in Adam Smiths Werk begründet: „Die Antwort stammt wiederum von A. Smith: Es ist das System der Spielregeln, die Organisation oder Ordnung der Wirtschaft, die die zahllosen eigeninteressierten Handlungen der Akteure in jene Richtung kanalisiert, die allgemein erwünscht ist." Damit werden die Rahmenbedingungen zum Ort der Moral und dem einzelnen Menschen wird die Eigenverantwortung genommen. Dies mit einer Begründung, die sich, obwohl auf Smith Bezug genommen wird, nicht auf die Philosophie und Theologie Smiths stützt (siehe dazu 4.1.3.1 u. Aßländer & Nutzinger 2010, 240–242).

Die sittliche Begründung der Marktwirtschaft sieht Homann (2012, 217) darin, dass „die Marktwirtschaft das beste bisher bekannte Mittel zur Verwirklichung der Solidarität aller Menschen darstellt". Daraus folgt, dass sich jeder Mensch „gemäß den Imperativen dieser Marktwirtschaft verhalten soll".

Dass die Marktwirtschaft ökonomisch effizienter sei als der Sozialismus, ist für Homann und Blome-Drees (1992, 47) historisch begründet „eine Binsenweisheit". Marktwirtschaft sei effizient und damit die Voraussetzung für individuelle Freiheit. Freiheit ermögliche das Leben nach eigenen Vorstellungen in Gemeinschaft mit anderen; Wohlstand ermögliche also Freiheit – diese Aussagen seien „paradigmatisch" (!) zu verstehen, weil die Entwicklung noch zu keinen „endgültig zufriedenstellenden Resultaten geführt" hätte (vgl. Homann & Blome-Drees 1992, 49). Auf den Punkt gebracht bedeutet dies: Vollkommene Rahmenbedingungen lenken die Nutzen- und Gewinnmaximierung in die richtige Richtung. Noch gibt es keinen Staat, der solche Bedingungen hat herstellen können. Deshalb komme hier die Individualethik wieder ins Spiel, sodass der Einzelne dort gefordert sei, wo die Rahmenbedingungen die Moral nicht gewährleisten. Da in vielen Bereichen der Welt keine entsprechenden Rahmenbedingungen vorhanden sind, sei das Individuum stärker gefragt. Auf Dauer könne das moralische Verhalten der Individuen unter Wettbewerbsbedingungen nur Bestand haben, wenn Spielregeln sie vor Ausbeutung schützen. Wettbewerb und Marktwirtschaft haben bei Homann eine paradigmatische und moralische Bedeutung, sie haben eine moralische und ethische Qualität. Diese Paradigmen sind:

> „In der Marktwirtschaft wird der belohnt, der das Wohl der Mitmenschen fördert: Der Wettbewerb hält die Anbieter an, durch Verfolgung ihres Eigeninteresses den Nachfragern zu dienen. Dies fasst die Theorie unter dem Stichwort ,Konsumentensouveränität'. Dabei ist allerdings darauf aufmerksam zu machen, dass beträchtliche Kaufkraftunterschiede bestehen.
>
> Und:
>
> Der Wettbewerb ist – nach der berühmten Formulierung von Franz Böhm – ,das großartigste und genialste Entmachtungsinstrument der Geschichte' (Böhm 1961, 22), weil errungene Machtpositionen immer wieder (zu) erodieren (drohen) und deshalb Macht, also die Abhängigkeit Einzelner von Mächtigen, diszipliniert wird." (Homann & Blome-Drees 1992, 50)

Da die Marktwirtschaft und der Wettbewerb ethisch begründet sind – allerdings paradigmatisch –, könne daraus die Handlungsempfehlung für die Wirtschaftsethik abgeleitet werden. Dafür gebe es eine einzige Maxime: „Die Akteure sollen sich systemkonform verhalten", dabei die „Regeln der Rahmenordnung, die allgemeinen staatsbürgerlichen Regeln und die Regeln der Wettbewerbsordnung, befolgen" und „innerhalb dieser Regeln sollen die Unternehmen langfristige Gewinnmaximierung betreiben" (Homann & Blome-Drees 1992, 51). Wo der Wettbewerb Vorteile für die Allgemeinheit schaffe, müsse er seine Wirkung voll entfalten können, dass bedeute auch, dass Unternehmen, die nicht bestehen könnten, vom Markt verschwinden müssten. Gegen die ethische und ökonomische Logik der Marktwirtschaft spreche – so Homann und Blome-Drees (1992, 52–53) – das „Argument vom Erhalt der Arbeitsplätze". Die Wirtschaft diene immer der Allgemeinheit und daher nicht den Produzenten, „wozu in diesem Zusammenhang die Unternehmer und die Arbeitnehmer gleichermaßen zu zählen sind". Die Produzenten müssten unter Druck gesetzt werden, weil sich nur so die ethische und ökonomische Begründung der Marktwirtschaft einstelle. „Das Argument vom Erhalt der Arbeitsplätze würde jeden Strukturwandel unterbinden."

Das Modell Homanns und Suchaneks (2005, 4) geht von folgender Definition der Ökonomik aus: „Die Ökonomik befasst sich mit Möglichkeiten und Problemen der gesellschaftlichen Zusammenarbeit zum gegenseitigen Vorteil" und geht von drei Theoriekomplexen aus, die zusammenspielen (Homann & Suchanek 2005, 20):
1. „Aktions- oder Handlungstheorie
2. Interaktionstheorie
3. Institutionentheorie"

Die Aktions- oder Handlungstheorie geht von der Nutzenmaximierung der Akteure unter Nebenbedingungen aus. Akteure sind grundsätzlich natürliche Personen. Haushalte, Unternehmen und Staaten sind kollektive Akteure. Der Akteur sei der *Homo oeconomicus*. In der Interaktionstheorie gehe es um die Abstimmung von Handlungen von zumindest zwei verschiedenen Akteuren. Dadurch könne es zu Interdependenzen wie z.B. einseitiger oder wechselseitiger Abhängigkeit kommen, was die Möglichkeit der Ausbeutbarkeit eröffne. Die Institutionen hätten die Aufgabe, die Interaktionsprobleme zu beseitigen. Sie sollten dazu führen, dass Interaktionen zum Vorteil aller führten. Zu den Institutionen zähle nicht nur der Staat, sondern auch Konvention, Moral und Branchen- oder Berufsethos. (Vgl. Homann & Suchanek 2005, 20–23)

Ökonomik wird als eine Interaktionsökonomik verstanden, die zur „Zusammenarbeit zum gegenseitigen Vorteil" führen soll (Homann & Suchanek 2005, 4). Die Interaktionen gehen dabei von den Individuen aus. Die Handlungstheorie stellt auf den individuellen Vorteil, nicht auf den gegenseitigen Vorteil ab. Institutionen sollen die Handlungen innerhalb von Interaktionen so lenken, dass sie zum gegenseitigen Vorteil werden. Homann und Suchanek (2005, 22) unterscheiden „streng" zwischen diesen drei Theoriekomplexen, weil Handlungs-, Interaktions- und Institutionentheorie grundlegend unterschiedlich seien. (Vgl. Homann & Suchanek 2005, 19–23) Gesellschaft wird als „ein Unternehmen der Zusammenarbeit zum gegenseitigen Vorteil" verstanden (Homann & Suchanek 2005, 47).

Die Handlungstheorie geht vom methodologischen Individualismus aus. Die Individuen maximieren ihren Nutzen unter Restriktionen. Wobei es auch kollektive Akteure sein können. (Vgl. Homann & Suchanek 2005, 29). Das Individuum wird als *Homo oeconomicus* gedacht:

> „Für uns stellt der *Homo oeconomicus* kein Menschenbild im Sinne der Theologie und Philosophie dar [...] [er wäre] falsifiziert und normativ abzulehnen. Der *Homo oeconomicus* stellt ein Modell vom Menschen dar, das nur zu ganz spezifischen Forschungszwecken entwickelt worden ist [...]. Die ‚Nutzenmaximierung' der Modellsprache ist lebensweltlich zu verstehen nicht als Aktion aller, sondern als Re-Aktion der Einzelnen auf das Verhalten anderer, das ihn in Nachteil bringt. [...] Der *Homo oeconomicus* stellt eine Heuristik dar, mit der der Ökonom seine spezifischen Forschungsfragen beantwortet. Nur wenn ein vorgeschlagenes oder etabliertes institutionelles Arrangement auch dann stabil bleibt, wenn – gedanklich – in dieses Arrangement der *Homo oeconomicus* gesetzt wird, kann der Ökonom die Etablierung oder Beibehaltung dieses Arrangements empfehlen." (Homann & Blome-Drees 1992, 93–95)

Der *Homo oeconomicus* ist also kein Menschenbild, sondern ein Konstrukt zur Durchführung des *Homo-oeconomicus*-Tests: Nur Institutionen, deren Einhaltung dazu führt, dass der *Homo oeconomicus* in seinen Handlungen durch die Handlungsbeschränkung ein Ergebnis zeitigt, das für die Gesellschaft wünschenswert ist, dürfen implementiert werden. Das Menschenbild, von dem die Ökonomik ausgeht, ist ein anderes:

> „Der Mensch kann kalkulieren und planen, er hat in diesem Sinne Vernunft.
>
> Der Mensch hat – innerhalb bestimmter Restriktionen – eine ökonomisch relevante Entscheidungsfreiheit.
>
> Er hat individuelle Bedürfnisse, Präferenzen, Interessen.
>
> Er ist ein soziales Wesen, das sich in seinem Verhalten am Verhalten anderer orientiert.
>
> Er ist in der Lage, sein Verhalten auch durch moralische Normen, Ideale zu steuern." (Homann & Blome-Drees 1992, 98)

Der *Homo oeconomicus* orientiert sich ausschließlich am Nutzen. Der Nutzen als Begriff „in der modernen Ökonomik [ist] völlig offen und keineswegs nur monetär" zu verstehen (Homann & Suchanek 2005, 27). Selbst der Altruismus wird in diesem Kontext nutzenorientiert verstanden, weil nach dieser Sicht altruistische Handlungen den eigenen Nutzen steigern: Der Nutzen des Anderen wird zum eigenen Nutzen. Der methodologische Individualismus sei nicht so zu verstehen, „dass die individuellen Nutzenvorstellungen von der sozialen Umwelt unabhängig seien. Er geht lediglich davon aus, dass Individuen es sind, die ‚handeln', und dass sie im Handeln ihren jeweiligen Nutzen zu mehren trachten" (Homann & Suchanek 2005, 27). Die Maximierung solle nicht im Sinne der Kalkulation maximaler Outputs verstanden werden. Es gehe um die Unterstellung einer Rationalität, die auch eine *bounded rationality* sein kann. Die Restriktionen könnten finanzieller, technischer oder sozialer Natur sein. Die sozialen Restriktionen stehen im Mittelpunkt der Interaktionstheorie, weil diese längerfristig und kollektiv politisch veränderbar seien.

Das Gesamt der Restriktionen wird als eine Situation beschrieben. Sie ist eine wahrgenommene, also eine interpretierte Situation. Als Anreize werden unterschiedliche Nutzenerwartungen in einer bestimmten Situation bezeichnet, wenn sie für das Handeln bestimmend werden. Anreize sind „situationsbedingte handlungsbestimmende Vorteilserwartungen" (Homann & Suchanek 2005, 29). Damit kann die Handlungstheorie auch so formuliert werden: „Individuen folgen den Anreizen der Situation." (Homann & Suchanek 2005, 29)

In der Interaktionstheorie stehen die sozialen Beziehungen zwischen den Akteuren im Mittelpunkt. Auch wenn diese Akteure unter Knappheit agieren, so sei nicht dieser, sondern der Konflikt das Kernproblem. Der Konflikt solle durch institutionelle Arrangements so gelöst werden, dass es zu einer Zusammenarbeit zum gegenseitigen Vorteil komme und damit Kooperationsgewinne erzielt würden. Interaktionen seien sowohl von gemeinsamen als auch von konfligierenden Interessen gekennzeichnet. Die Annahme, dass es entweder nur gemeinsame Interessen oder nur Interessenkonflikte gebe, wird abgelehnt. Das Grundproblem der Zusammenarbeit äußere sich in der Dilemmastruktur, in der gemeinsame Interessen durch Interessenkonflikte verhindert würden. Dilemma-Situationen seien von zwei Voraussetzungen gekennzeichnet: Erstens kann das Resultat niemals eine Person allein bestimmen. Die Verhalten seien interdependent. Eine wirksame und damit glaubwürdige Verhaltensvereinbarung bzw. Verhaltensbindung könne ex ante nicht erreicht werden. Solche Situationen ließen sich in ihrer Grundstruktur in sogenannten Auszahlungsmatrizen von Dilemmastrukturen darstellen. (Vgl. Homann & Suchanek 2005, 28–33)

Das Gefangenendilemma geht von folgenden Annahmen aus (vgl. Mankiw 2001, 359–360): Zwei Kriminelle werden von der Polizei festgenommen. Die Polizei hat genügend Beweise, um beide für illegalen Waffenbesitz ein Jahr ins Gefängnis zu bringen. Die Polizei vermutet jedoch, dass beide auch einen Bankraub verübt haben. Die Beweislage dafür ist aber sehr dünn. Die zwei Kriminellen werden an zwei verschiedenen Orten unabhängig voneinander befragt. Die Polizei schlägt beiden voneinander unabhängig Folgendes vor: „Right now, we can lock you up for 1 year. If you confess to the bank robbery and implicate your partner, however, we'll give you immunity and you can go free. Your partner will get 20 years in jail. But if you both confess the crime, we won't need your testimony and we can avoid the cost of a trail, so you will each get an intermediate sentence of 8 years." (Mankiw 2001, 359) Jeder Kriminelle hat nun zwei Strategien: gestehen oder schweigen. In einer Matrix sieht das so aus (siehe Tabelle 19):

Tabelle 19: Entscheidungsmatrix im Gefangenendilemma

		Krimineller A[76]	
		gestehen	schweigen
Krimineller B	gestehen	8/8	0/20
	schweigen	20/0	1/1

Krimineller A weiß nicht, was Krimineller B tun wird. Gestehen ist besser, wenn B schweigt. In diesem Fall könnte er dem Gefängnis entgehen. Gesteht aber auch der andere Kriminelle, dann erhöht sich die ursprüngliche Anzahl der Gefängnisjahre von eins auf acht. Krimineller B ist mit den gleichen Überlegungen konfrontiert.

Angenommen, die beiden hätten vor der Festnahme einen Kooperationspakt geschlossen, so dass beide sich gegenseitig versprachen, nicht zu gestehen. Für beide wäre es besser, wenn sie sich an diese Kooperationsvereinbarung hielten, weil sie dann nur je ein Jahr im Gefängnis blieben. Aber würden die beiden ihre Kooperationsvereinbarung einhalten? Homann und Suchanek (2005, 33) gehen davon aus, dass ex ante keine Absprache möglich ist. Wenn beide separat befragt werden, könnte das Selbstinteresse bestimmend werden. Die folgende Tabelle 20 zeigt die beschriebene Situation nun ergänzt um die Begriffe Kooperation (K) und Defektion (D).

Tabelle 20: Entscheidungsmatrix im Gefangenendilemma
(Kooperation und Defektion)

		Krimineller A	
		gestehen	schweigen
Krimineller B	gestehen	8/8 D/D	0/20 D/K
	schweigen	20/0 K/D	1/1 K/K

Die einzelnen Felder zeigen nun, wie sich Kooperation und Defektion auswirken. Nur wenn beide der Kooperation treu bleiben, können sie das insgesamt beste Ergebnis erzielen. Arbeiten beide mit Defektion – folgen also beide ihrem Eigeninteresse –, ergibt sich das zweitbeste Ergebnis. Bricht nur einer der beiden die Kooperation, so erzielt dieser das beste Resultat für sich, aber das schlechteste in Summe (20 Jahre). Mankiw kommt zum Schluss: „Cooperation between the two prisoners is difficult to maintain, because cooperation is individually irrational." (Mankiw 2001, 360) Für beide wird in dieser Logik die sogenannte *dominante Strategie* das Gestehen sein, weil acht Jahre im Gefängnis besser sind als 20 Jahre.

---

[76] Werte vor dem Schrägstrich stehen für B und Werte hinter dem Schrägstrich für A.

Homann und Suchanek (2005, 33) wenden das Prinzip des Gefangendilemmas an und gehen von folgender Situation aus, die nun nicht Gefängnisjahre, sondern positive Auszahlungswerte darstellt: Herr A und Frau B können kooperieren oder defektieren. Dargestellt ist eine Auszahlungmatrix: je höher die Werte, umso besser. Die Zahlen geben das jeweilige Resultat der Kooperation oder Defektion wieder (siehe folgende Tabelle 21):

Tabelle 21: Auszahlungsmatrix (nach Homann & Suchanek 2005, 33)

		Herr A	
		kooperieren	defektieren
Frau B	kooperieren	3/3 I	1/4 II
	defektieren	4/1 III	2/2 IV

Für Herrn A sehen die Präferenzen so aus: II – I – IV – III. Für Frau B: III – I – IV – II. Frau B hat einen Vorteil, wenn sie nicht kooperiert, egal was Herr A tut: Kooperiert Herr A, dann erhält sie 4 (anstatt 3, wenn beide kooperiert hätten). Wenn Herr A nicht kooperiert, würde sie ausgebeutet werden, wenn sie kooperiert hätte. Spieltheoretisch gilt Defektieren als *dominante Strategie*. Aus individueller Sicht ist es für beide besser, nicht zu kooperieren. Doch wenn beide wirklich nicht kooperieren, dann erhalten sie ein Ergebnis, das beide schlechter stellt! Es kommt zu einem pareto-inferioren Gleichgewicht. Das bedeutet, dass individuelle Nutzenmaximierung in die soziale Falle führen kann. Der einzelne (!) Nutzen wäre größer, wenn sie sich nicht individuell nutzenorientiert verhalten würden. (Vgl. Homann & Suchanek 2005, 33–34)

Homann und Suchanek (2005, 27–28) gehen davon aus, dass die Individuen immer ihren eigenen Nutzen maximieren. Die Vorstellung vom Nutzen gehöre demnach in die Handlungstheorie. Interessant sei daher immer, welches Ergebnis das Individuum erziele. Was für andere dabei herauskomme, sei demnach uninteressant.

> „Natürlich scheint dies bei einem ‚Altruisten' anders zu sein, aber der Ökonom verwendet hier, um methodisch konsistent zu bleiben, den Kunstgriff, das Wohlergehen von Herrn A als Teil des Nutzens von Frau B zu interpretieren, so dass er konsequent beim Maximierungsparadigma für Frau B bleiben kann, in dem dann der Nutzen des Herrn A als Element auftritt. Der Begriff Nutzen ist, wie bereits ausgeführt, völlig offen." (Homann & Suachanek 2005, 44)

Bei der Interaktion gehe es nicht um das Aufaddieren von einzelnen Nutzenwerten. Es gehe darum, dass Kooperationsgewinne für jeden Einzelnen entstehen. Institutionen hätten also das Ziel, die Abstimmung zu ermöglichen, damit jedes Individuum seinen höchsten Nutzen erreichen könne. Das gemeinsame Interesse beziehe sich also auf die bessere Interaktion und auf sonst gar nichts. Interaktion diene also den Partnern dazu, ihre eigenen Ziele besser verfolgen zu können. In der Handlungstheorie wird vom Maximierungsparadigma und in der Koordination vom Koordinationsparadigma gesprochen. (Vgl. Homann & Suchanek 2005, 44–45)

Homann und Suchanek (2005, 36) gehen davon aus, dass „alle Interaktionen durch Dilemmastrukturen gekennzeichnet sind". Kooperationsgewinne sind also nur dann möglich, wenn eine Koordination der Handlungen über Institutionen möglich wird. Institutionen sollen daher Dilemma-Situationen lösen. Regeln begrenzen und erweitern die Interaktionsmöglichkeiten durch Handlungsbeschränkungen. Handlungen hat der Akteur selbst in der Hand, Handlungsbedingungen im Handlungsvollzug jedoch nicht. Ökonomik setzt nun auf die Handlungsbedingungen, die kollektiv politisch verändert werden können. Die Handlungen der Akteure werden hingegen im Sinne des methodischen Individualismus als nutzenmaximierend unter Nebenbedingungen betrachtet. Gestaltet kann nicht die Handlung des Akteurs werden, sondern nur die Handlungsbedingungen können verändert werden (siehe folgende Tabelle 22).

Tabelle 22: Handlungen und Handlungsbedingungen
(vgl. Homann & Suchanek 2005, 38)

Handlungen	Handlungsbedingungen
Ziele, Motive und Interessen	Natürliche Bedingungen
Mittel	Kulturelle und soziale Bedingungen
	Rechtliche Rahmenordnung

Da alle Individuen demnach nutzenorientiert handeln, können nur über die Handlungsbedingungen Anreize oder Restriktionen geschaffen werden, welche die Individuen zu Handlungen zum gegenseitigen Vorteil führen. Es sei daher ganz entscheidend, zwischen den Handlungen und den Handlungsbedingungen zu unterscheiden. Institutionen gehören zu den Handlungsbedingungen. Für gesetzgebende Körperschaften jedoch gehört der Erlass von neuen Gesetzen zu Handlungen. Was nun Handlungen und was Handlungsbedingungen sind, hängt von den Problemen ab, die im Mittelpunkt der Analyse stehen. In einer bestimmten Situation, die durch Handlungsbedingungen gekennzeichnet ist, versuchten die Individuen also ihren Nutzen zu maximieren. Ihre Handlungen führten damit zu Handlungsfolgen, die in der nächsten Handlung als Handlungsbedingung vorhanden seien. (Vgl. Homann & Suchanek 2005, 39–40)

In Dilemmastrukturen sei Defektieren die *dominante Strategie*. Sie beschreibe die rationale Handlung in einer Dilemma-Situation. Eine Abweichung der Defektionsstrategie wäre für das Individuum demnach „irrational" und das könne „nicht einmal eine Ethik von ihm verlangen" (Homann & Suchanek 2005, 41). Da in diesem Spiel die Defektion die dominante Strategie darstellt, geraten die Spielenden in eine Situation, die für sie hätte besser sein können. „Der sachliche Grund: Sie bringen eine glaubwürdige Verhaltensbindung, d.h. eine Institution, nicht zustande. Die Handlungsbedingungen in ihrer Gesamtheit, die ‚Situation' also, erzwingt logisch dieses Ergebnis: Moralische oder sonstige Appelle helfen nichts." (Homann & Suchanek 2005, 41) Ein besseres Resultat lasse sich nur durch eine Veränderung der Situation erreichen. Die Spielregeln müssten verändert werden. So könne technisch eine Sanktion im Sinne von *-3* eingeführt werden, die das Defektieren bestraft. Dadurch ergibt sich eine andere Auszahlungsmatrix.

Tabelle 23: **Auszahlungsmatrix mit Sanktion** (vgl. Homann & Suchanek 2005, 41)

		Herr A	
		kooperieren	defektieren
Frau B	kooperieren	3/3 I	1/4-**3** II
	defektieren	4-**3**/1 III	2-**3**/2-**3** IV

Mit diesem Sanktionsmechanismus lohnt sich das Defektieren nicht mehr. Die Gestaltung liegt also bei den Institutionen, nicht bei den Handlungen, da diese immer unter der Prämisse der Nutzenmaximierung und Nebenbedingungen erfolgt. Es kann also niemals bei den Intentionen der Akteure angesetzt werden, sondern nur bei den Institutionen. Aus dieser Logik heraus ist moralisches Fehlverhalten nicht dem Individuum, sondern den Institutionen zuzurechnen – aber unter der Voraussetzung, dass das nutzenorientierte Verhalten ein tugendhaftes ist, weil in einer Wachstumsgesellschaft das Streben nach eigenen Vorteilen gesollt ist. (Vgl. Homann & Suchanek 2005, 41–42) „Der Wohlstand aller hängt nicht vom Wohlwollen der Akteure ab." (Homann & Suchanek 2005, 43) Diese Aussage beziehen sie auf den wohlbekannten Satz von Adam Smith und interpretieren ihn ebenfalls in diesem Sinn.

> „Wen man lehrt, die Schuld bei sich zu suchen, der verlernt vielleicht zugleich, sie dort zu suchen, wo sie auch und vielleicht in erster Linie zu suchen wäre – in Institutionen, die die falschen Verhaltensanreize setzen. Wer unter den Bedingungen des Marktes über Gebühr moralisiert, verhindert im schlimmsten Fall regelorientierte Lösungen und damit tragfähige Auswege aus Gefangenen-Dilemma-Situationen. [...] Der Homo-oeconomicus-Test ist nicht geboten, weil Menschen naturgesetzlich so sind, wie das Modell es vorhersagt, sondern weil es moralisch ist, einen Wettbewerb zu installieren, in dem sie es sein sollen, und dort kann man Ethik mit Aussicht auf breitflächigen Erfolg nur über restriktionstheoretische Ansätze durchsetzen." (Neuweg 1997, 115)

Zusammengefasst: Die Handlungstheorie Homanns folgt der rein ökonomischen Vernunft. Die Ökonomik alleine entscheidet über die Richtigkeit einer Handlung. Das Entscheidungsargument ist ausschließlich das eigene Selbstinteresse, der eigene Vorteil. Die Idee: Der Mensch maximiert seinen Nutzen oder Gewinn unter Einhaltung der Rahmenbedingungen. Institutionen sollen also das Selbstinteresse in die richtige Richtung lenken. Jedoch dürfen Institutionen nur dann implementiert werden, wenn sie den *Homo-oeconomicus*-Test positiv bestehen.

> „In seiner radikalen Lesart dagegen besagt das Argument der Anreizkompatibilität, dass moralische Forderungen nur dann erhoben werden können, wenn sie den – von Homann unterstellten – generell eigennutzenorientierten Erwartungen der Marktakteure nicht zuwiderlaufen. In diesem Sinne muss sich eine Moral als ökonomisch produktiv erweisen." (Aßländer & Nutzinger 2010, 321–232)

4.4.3 Interpretation des Programms

Im Anschluss an die Darstellung des Zieles und des Inhalts des Homann'schen Programmes wird in diesem Unterkapitel das Programm interpretiert.

4.4.3.1 Die Definition der Ökonomik

Homanns Definition der Ökonomik weicht wesentlich von den herkömmlichen Definitionen ab, weil sie nicht wie gewöhnlich von der Knappheit ausgeht, sondern von den „Möglichkeiten und Problemen der gesellschaftlichen Zusammenarbeit zum gegenseitigen Vorteil" (Homann & Suchanek 2005, 4). Traditionell wird die Aufgabe der Ökonomik anders definiert: „Weil die Bedürfnisse unbeschränkt sind, die Ressourcen und als Folge davon die Güter und Dienstleistungen zur Bedürfnisbefriedigung knapp bleiben, stellt sich immer wieder die gleiche Frage: Wie sollen bei den vielen Bedürfnissen die knappen Ressourcen verwendet werden, um die bestmögliche Bedürfnisbefriedigung zu erreichen?" (Dubs 1987, 15)[77] Homann zielt auf die Koordination zum gegenseitigen Vorteil und nicht auf die Beseitigung der Knappheit. Damit wird ein wesentlicher Bestandteil des ökonomischen Handelns wegdefiniert – eben die Knappheit, die sich wohl nicht immer zum gegenseitigen Vorteil beseitigen lässt.

---

[77] Ähnliche Definitionen aus der Volkswirtschaftslehre sind: „Economics is the study of how society manages its scarce recourses." (Mankiw 2001, 4) „Economics is the study how societies use scarce resources to produce commodities and distribute them among different people." (Samuelson & Nordhaus, 2001, 4) „Die Volkswirtschaft könnte man deshalb auch einfach als Lehre von der Knappheit oder, wie es der Ökonom H. Siebert ausdrückt, als die 'Kunst des Mangels' beschreiben." (Hanusch & Kuhn 1998, 1)

Traditionell und bei Homann wird in der Ökonomik das Problem des Wirtschaftens bzw. des Beseitigens des Mangelns mit Effizienz gelöst. Ein Blick auf das Wort Wirtschaft zeigt, dass es dabei um mehr geht als um Effizienz. Etymologisch leitet sich Wirtschaft von Wirt ab und bezeichnet alles, was mit dem Wirt zu tun hat. Der Wirt kann der Hausherr oder der Gastwirt sein (vgl. Kluge 1999, 894). Dies führt zum Begriff Ökonomie als dem Fremdwort für Wirtschaft. Es ist aus *oeconomia* entlehnt, was so viel wie Haushaltung und Verwaltung bedeutet, wobei *oikonómos* der Haushalter bzw. Verwalter ist. *Oikos* ist das griechische Wort für Haus und das griechische *némein* bedeutet teilen bzw. verteilen (vgl. Kluge 1999, 600). Eine treffliche Übersetzung für Ökonomie wäre daher *Haushalten*. Wer haushält, weiß, dass die Mittel gut eingeteilt werden müssen, um damit die bestehenden oder zukünftigen Bedürfnisse decken zu können. Die griechischen Wortteile verweisen auf das Haus und auf das Teilen. Wenn es um knappe Güter geht, dann geht es immer um zwei Fragen, die parallel zu beantworten sind: erstens die effiziente Nutzung der knappen Mittel und zweitens die gerechte Verteilung der Mittel. Aus dem Spannungsverhältnis knapper Güter und praktisch grenzenloser Bedürfnisse folgt die Notwendigkeit des Wirtschaftens. Knappheit schließt immer die Frage mit ein, wer die knappen Güter hat und wer sie eben nicht hat. Es geht also auch um die Frage des Habens und Nicht-Habens sowie um die Frage des Teilens und Nicht-Teilens. Damit geht es in der Frage des Wirtschaftens immer auch um Gerechtigkeit. Ethik ist damit ein Bestandteil des Wirtschaftens, wenn Wirtschaften als die Bewältigung des Problems der (echten) Knappheit verstanden wird.

Die griechischen Philosophen Aristoteles und Xenophon hatten unterschieden, ob es sich um das Haushalten des *oikos*, um die öffentliche Verwaltung der *polis* oder um den Erwerb von Geld aus Gründen der Bereicherung handelte. Sie untersuchten diese Handlungen anhand des ethischen Ideals der *polis*, das vom guten Leben ausging. Aristoteles unterschied insbesondere zwischen *oikonomia*, als dem Haushalten im oben beschriebenen Sinn, und der *chrematistike* (*chrematikos* ist der Erwerb), womit er die Erwerbs- und Bereicherungskunst beschrieb. Der Tausch konnte beiden Formen des Wirtschaftens dienen, also dem Ausgleich von notwendigen Bedürfnissen oder dem Reichtumserwerb. Die Grenzenlosigkeit der Wünsche – die moderne Wirtschaftswissenschaft spricht von Bedürfnissen – sah Aristoteles als eine Gefahr für Tugend und Moral. Reichtum und Gelderwerb wurden in der Antike verschieden betrachtet: Legitim war das Vermögen des *oikos*, der auch die Beteiligung an der *polis* und die Mitentscheidung ermöglichte. Der Gelderwerb um seiner selbst willen wurde als unmoralisch angesehen. Entsprechend ist Aristoteles' Blick auf die antike Wirtschaft ein ethischer. Xenophon sah die Voraussetzung für eine vermögende Hauswirtschaft im *oikonomikos* und beschreibt in seinem Werk praktische Anleitungen im Sinne einer Managementlehre. (Vgl. Mikl-Horke 2008, 7–9)

Bemerkenswert ist nun, dass sich in der Rezeption und Tradition nur das Wort Ökonomie erhalten hat – auch für das Wirtschaften im Sinne einer Nutzen- und Gewinnmaximierung, die auf Funktionalität, Effizienz und Produktivität zielt. Aber Ökonomie wird hier verkürzt verstanden, die Frage der Gerechtigkeit und des Teilens ist dabei ausgeblendet. Die Entwicklung des ökonomischen Denkens und Handelns hat dazu geführt, dass die Antwort auf die Frage der Knappheit mit Funktionalität, Effizienz und Produktivität beantwortet wird. Die Frage der Gerechtigkeit stellt sich im Phänomen der Knappheit genauso wie die Frage des effizienten Umganges mit den knappen Mitteln. Gerechtigkeit war für die Gelehrten des antiken Griechenlands bis zu den Gelehrten im Mittelalter eine wesentliche von der Ökonomie nicht zu trennende Frage. Die Verbindung von Knappheit, Gerechtigkeit und Effizienz sei – so Rolle –mit der verkürzten Rezeption von *Wealth of Nations* sowie der Entstehung und Entwicklung der Wirtschaftswissenschaften als eigene Disziplin verloren gegangen (vgl. Rolle 2005, 84–186). Bei Homann hat die Ökonomik schließlich die Aufgabe, den eigenen Nutzen durch eine gelungene, von Institutionen gesteuerte Koordination zu maximieren. Der Gesamtnutzen rückt dabei – im Modell – nicht mehr ins Bild. Moral wird so weit wie möglich in der Rahmenordnung verortet, das Wirtschaften selbst folgt dem Maximierungskalkül. Bei Homann ist die Ökonomik auch die Ethik, weil paradigmatisch davon ausgegangen wird, dass Markt und Wettbewerb ethisch legitimiert sind.

Die Richtigkeit der ökonomischen Ethik wird auch damit begründet, dass sie im Gegensatz zur Individualmoral auch implementierbar sei. „Es geht im Sinne einer angewandten Ethik stets um die Frage der Legitimation einer bestimmten Moral und zugleich um deren Durchsetzbarkeit unter gegebenen Bedingungen." (Aßländer & Nutzinger 2010, 235) Die Durchsetzbarkeit einer Moral sagt jedoch nichts über ihre ethische Komponente aus. So ist auch die Mafia-Moral durchsetzbar. Mit dem *Homo-oeconomicus*-Test kann überprüft werden, ob unter der Annahme des totalen Selbstinteresses die Implementierung moralischer Institutionen auch zur Anwendung gelangen kann. Über die Richtigkeit der Moral könne jedoch die normative Ökonomik keine Auskunft geben, das bleibe Aufgabe der Ethik, die eben keine ökonomische Ethik sei (vgl. Aßländer & Nutzinger 2010, 235).

<u>4.4.3.2 Der methodologische Individualismus der Ökonomik</u>

Mit dem methodologischen Individualismus stehen drei Konzepte in Verbindung, die hier näher untersucht werden: die ökonomische Zweckrationalität, die Nutzenmaximierung und der *Homo oeconomicus*. Diese Konzepte sind sowohl in den *Mainstream-Economics* als auch in der Ökonomik Homanns von Bedeutung.

Ökonomische Zweckrationalität

Die Wirtschaftswissenschaften versuchen, ökonomische Gesetzmäßigkeiten aus der Sicht eines Beobachters bzw. einer Beobachterin zu beschreiben. Das Ergründen der kausalen Zusammenhänge steht dabei im Mittelpunkt. Damit wird eine Sichtweise eingenommen, die jenen der Naturwissenschaften entspricht. Dies sei u.a. daran zu erkennen, dass im angelsächsischen Sprachraum Ökonomie als *Science* und die übrigen Sozialwissenschaften als *Humanities* bezeichnet werden.[78] Die Wirtschaftswissenschaften werden als Sozialwissenschaft verstanden, jedoch gelten die Wirtschaftswissenschaften im Allgemeinen als die exakteste Sozialwissenschaft. Durch die Beobachterhaltung wird auf die Wertfreiheit der Wirtschaftswissenschaften geschlossen: Die Aussagen von Forscherinnen und Forschern sollen unabhängig von direkten persönlichen Werten und Normen getätigt werden. Im Mittelpunkt steht die kausale Formulierung in Form von Wenn-dann-Sätzen. Die Wirtschaftswissenschaften geben nur Handlungsanweisungen im Sinne einer Zweck-Mittel-Relation und damit geben sie Möglichkeiten des Handelns vor, um ein bestimmtes Ziel zu erreichen. Es geht also um eine technische Zweckrationalität und die Frage, was getan werden *kann* und nicht um die Frage, was getan werden *soll*. (Vgl. Rosenberger & Koller 2009, 25–27)

Als Wirtschaften kann

> „das Bestreben der Wirtschaftssubjekte, die ihnen zur Verfügung stehenden Mittel (d.h. in der Regel das zur Verfügung stehende Geld) so zu verwenden, dass sie ihnen (1) als Konsumenten den höchsten Nutzen (Nutzenmaximierung) und (2) als Unternehmer den höchsten Gewinn (Gewinnmaximierung) bringen, [verstanden werden]. Wirtschaften folgt dem aus dem Vernunftprinzip abgeleiteten ökonomischen Prinzip" (May 2012, 709).

Wobei May das Vernunftprinzip (Rationalprinzip) als jenes Tun definiert, das sich an der Vernunft (Ratio) ausrichte und damit der Logik folge, „den Erfolg im Verhältnis zum gegebenen Einsatz zu maximieren" (May 2012, 667). In dieser Definition wird Rationalität auf Zweckrationalität und Maximierungsdenken verengt.

Wöhe (1984, 1) ging davon aus, dass das wirtschaftliche Handelnn wie alle auf bestimmte Zwecke gerichtete Handlungen des Menschen, dem allgemei-

---

[78] Symbolhaft wird dies dadurch zum Ausdruck gebracht, dass es wohl einen vermeintlichen Nobelpreis für Ökonomik, aber keinen für die anderen Sozialwissenschaften gibt (vgl. Ötsch & Panther 2002, 7; siehe 4.4.3.6).

nen Vernunftprinzip (Rationalprinzip) folgten. *Das* Rationalitätsprinzip wird als *das* ökonomische Prinzip definiert. Eine derartige Engführung könnte so interpretiert werden, dass nur das ökonomische Prinzip das Rationalprinzip darstellt. Anders sieht dies 26 Jahre später aus: Wöhe und Döring (2010, 3) sprechen von einer „Spaltung der Betriebswirtschaftslehre in eine wirtschaftstheoretisch fundierte Disziplin einerseits und eine verhaltenswissenschaftlich orientierte Fachinterpretation andererseits". Die rationale Handlungsweise im Sinne eines Shareholderansatzes, der einer langfristigen Gewinnmaximierung und damit dem Selbstinteresse bzw. dem Eigennutz folgt, steht als wirtschaftstheoretisch fundierte Betriebswirtschaftslehre der verhaltenswissenschaftlichen entgegen, die den Gemeinnutz als Handlungsmotiv erkennt und die Emotionalität der Handlungsweise der Wirtschaftssubjekte mitberücksichtigt und daher von einem Stakeholderansatz ausgeht und Zielkompromisse mit den Stakeholdern anstrebt. (Vgl. Wöhe & Döring 2010, 4) Wurde in den 1980er-Jahren also bei Wöhe die ökonomische Rationalität sehr eng verstanden, so wird sie bei Wöhe und Döring (2010) erweitert. Das entspricht auch der Überlegung, dass es mehrere Formen der Rationalität gibt. Vielmehr besagt das fundamentale Rationalitätsprinzip (Tetens 2010, 138): „Eine rationale Person lässt sich, wo immer es darauf ankommt, in ihren Überzeugungen und Handlungen von guten Gründen bestimmen." Dabei lasse sich aber gerade nicht definieren, was ein guter Grund sei. Ein guter Grund erschließe sich erst aus einem bestimmten Kontext. Rationalität werde eben nicht durch das Erlernen einer Definition angeeignet. Rationalität werde anhand von Beispielen oder Gegenbeispielen gelernt. Ohne diese wüsste niemand, was eigentlich unter rational zu verstehen sei. Rational werde als etwas Positives wahrgenommen und Beispiele dienten als Vorlage für andere, aber ähnliche Situationen. Nützlich seien Verallgemeinerungen, die exemplarisch rationales Verhalten in Regeln ausdrückten, doch könnten sie diese Regeln niemals *rational* endgültig definieren. Eine exakte Definition widerspräche der Rationalität, denn der Mensch müsse ständig neue Situationen meistern. Die Bindung an ein Set von Verhaltensregeln würde den Menschen einschränken. Im Gegenteil: Der Mensch müsse für das Neue offen sein. „Rationales Wissen lässt sich nun einmal nicht in eine systematische Theorie zwängen und sollte auch nicht in eine solche hineingezwängt werden. Scheinbare Exaktheit wird sonst mit deskriptiver wie normativer Irrelevanz erkauft." (Tetens 2010, 137)

Wovon Wöhe (1984, 1; Wöhe & Döring 2002, 1) sprach und was heute mit der wirtschaftstheoretisch fundierten Betriebswirtschaftslehre vertreten wird, ist eine besondere Form der Rationalität, nämlich die Zweckrationalität. Weber versuchte eine Klassifikation der Bestimmungsgründe sozialen Handels vorzunehmen, die von vier Typen des menschlichen Handelns ausgeht:

1. Zweckrationalität ist bestimmt „durch Erwartungen des Verhaltens von Gegenständen der Außenwelt und von anderen Menschen und unter Benutzung dieser Erwartungen als ‚Bedingungen' oder als ‚Mittel' für rational, als Erfolg, erstrebte und abgewogene eigene Zwecke'" (Weber 1984, 44). Demnach handelt zweckrational, „wer sein Handeln nach Zweck, Mitteln und Nebenfolgen orientiert, und dabei sowohl die Mittel gegen die Zwecke, wie die Zwecke gegen die Nebenfolgen, wie endlich auch die verschiedenen Zwecke gegeneinander rational *abwägt*" (Weber 1984, 45). Ökonomisches Handeln, das unter Alternativen auswählt, ist zweckrationales Handeln. Eine zweckrationale Handlung kann weder affektuell noch traditionell sein. Die Abwägung zwischen Alternativen kann allerdings nach Weber wertrational orientiert sein. In einem solchen Fall „ist das Handeln nur in seinen Mitteln zweckrational" (Weber 1984, 45).
2. Das wertrationale Verhalten ist gekennzeichnet „durch bewussten Glauben an den – ethischen, ästhetischen, religiösen oder wie immer sonst zu deutenden – unbedingten Eigenwert eines bestimmten Sichverhaltens rein als solches und unabhängig vom Erfolg" (Weber 1984, 44).
3. Das affektuelle, emotionale Handeln definiert sich „durch aktuelle Affekte und Gefühlslagen" (Weber 1984, 44).
4. Das traditionelle Handeln ist „durch eingelebte Gewohnheit" bestimmt (Weber 1984, 44).

Soziales Handeln läuft nach Weber sehr selten nach nur einem der vier oben beschriebenen Muster ab. Die „absolute Zweckrationalität des Handelns" stellt eigentlich nur einen „konstruktiven Grenzfall" dar (vgl. Weber 1980, 13). Das Prinzip der Zweckrationalität kann nach Tetens (2010, 138) so definiert werden: „Eine rationale Person handelt zielstrebig und nutzt dabei in optimaler Weise das ihr verfügbare Wissen über geeignete Mittel, um ihr Ziel zu erreichen." Oder etwas analytischer dargestellt (Tetens 2010, 139):
1. „Person P will den Zweck Z erreichen.
2. Person P handelt unter den Umständen S.
3. Person P glaubt, dass unter den Umständen S der Zweck Z nur bzw. am besten auf die Weise h erreicht wird. […]
4. Also handelt die Person P auf die Weise h."

Dieses Argumentationsmuster, das auch als praktischer Syllogismus bezeichnet wird, ist einleuchtend. Deshalb erklärt der Mensch das Handeln anderer Menschen mit diesem Muster. Dabei wird unterstellt, dass der andere Mensch sich zweckrational verhält, solange bis das Gegenteil bewiesen ist. (Vgl. Tetens 2010, 139)

Die ökonomische Zweckrationalität wird, wie der Vergleich von zwei Standardwerken der Betriebswirtschaftslehre zeigt, durchaus verschieden akzentuiert: einerseits über die zeitliche Dimension hinweg und zweitens durch den Zugang selbst. Wöhe (1984, 1) ging vom „allgemeinen Vernunftprinzip (Rationalprinzip)" aus, das er wie folgt definierte:

> „Das ökonomische Prinzip (Wirtschaftlichkeitsprinzip) ist ein rein formales Prinzip, das keinerlei Aussagen über die Motive oder die Zielsetzungen des wirtschaftlichen Handelns macht. Ein Unternehmen kann beispielsweise nach dem ökonomischen Prinzip handeln, um den größtmöglichen Gewinn zu erzielen, ein anderer, um die Güterversorgung der Allgemeinheit zu verbessern, ein Dritter, um wirtschaftliche Macht zu erlangen usw." (Wöhe 1984, 2; Wöhe & Döring 2002)

Die Motive für das wirtschaftliche Handeln sind also vielfältig, bei allen könne das ökonomische Prinzip angewandt werden. Diese Feststellung wird jedoch abgeschwächt: „Empirisch lässt sich feststellen, dass die Eigentümer der Betriebe mit Hilfe der Betriebe – ggf. unter Beachtung gewisser subjektiv bestimmter Nebenbedingungen wie Prestige, soziales Bewusstsein u.a. – langfristig nach den maximalen Gewinnen streben" (Wöhe 1984, 3; ebenso Wöhe & Döring 2002, 3). Weiters führen Wöhe (1984, 3) sowie Wöhe und Döring (2002, 3) aus: „Die gemeinsame Verbindung aller Einzelwirtschaften könnte darin gesehen werden, dass alles Handeln in Einzelwirtschaften auf eine Maximierung des Nutzens von Menschen ausgerichtet ist." Diese verbindende Komponente sehen sie jedoch als zu allgemein an. Für die Betriebswirtschaftslehre gelte jedoch „seit Jahrzehnten die Annahme, dass das oberste Ziel aller Betriebe [...] die langfristige Maximierung des Gewinns sei" (Wöhe 1984, 41; Wöhe & Döring 2002, 41). Dieses Prinzip gelte nicht uneingeschränkt, sondern nur mit subjektiven Nebenbedingungen. Die Bestimmung der Gewinnmaximierung als Ziel für Unternehmen bleibe jedoch uneindeutig: Erstens sei der Begriff des Gewinns nicht eindeutig. Zweitens würden Unternehmerinnen und Unternehmer ihre Entscheidungen als Menschen und nicht als reine Ökonominnen und Ökonomen treffen. So verfügten sie z.B. nicht über ausreichend Informationen und sie handelten unter selbst gestellten Nebenbedingungen.

> „Wer die Gewinnmaximierungshypothese mit sozialethischen und gesellschaftspolitischen Argumenten kritisiert, kritisiert im Prinzip nicht die Betriebswirtschaftslehre, sondern die bestehende Wirtschaftsordnung und die durch diese Ordnung bedingten gesellschaftlichen Strukturen. Die Kritik trifft den Prozess der volkswirtschaftlichen Einkommensbildung und Einkommensverteilung und würde vermutlich nicht geübt, wenn die in Betrieben erzielten Gewinne nicht allein den Unternehmern und Anteilseignern zuflößen, sondern in anderer Weise verteilt würden." (Wöhe 1984, 47; Wöhe & Döring 2002, 46)

Standen also die Gewinnmaximierung und das ökonomische Prinzip im Mittelpunkt der Ausführungen über die Ziel von Unternehmen bei Wöhe lange Zeit im Mittelpunkt, so hat sich über die Zeit hinweg die Einsicht durchgesetzt, zwischen wirtschaftstheoretisch fundierter Betriebswirtschaftslehre einerseits und verhaltenswissenschaftlich fundierter Betriebswirtschaftslehre andererseits zu unterscheiden (vgl. Wöhe & Döring 2010, 3–4). Anders hingegen Lechner, Egger und Schauer (2001, 37), die bereits 2001 zwischen verschiedenen Zielsetzungsmöglichkeiten bei wirtschaftlichen Tätigkeiten in Betrieben unterschieden: Die erwerbswirtschaftliche Orientierung strebe nach Gewinnerzielung und die bedarfswirtschaftliche versuche, einen bestimmten Bedarf abzudecken. Die förderwirtschaftliche Orientierung von Wirtschaftsverbänden und Genossenschaften stehe bei der Förderung der Interessen der Mitglieder im Mittelpunkt. Erwerbswirtschaftliche Unternehmen sind also auf Gewinn ausgerichtet und stehen Non-Profit-Organisationen gegenüber. Lechner, Egger und Schauer (2001, 61) definieren ein Unternehmen anhand der folgenden sechs Kriterien:

„Es ist ein künstliches, nach allen Seiten offenes soziales System (Ulrich).[79]

Es ist wirtschaftlich tätig, indem es Leistungen für Dritte erbringt.

Es tritt in einer privatrechtlichen, seltener auch in einer öffentlich-rechtlichen Form nach außen auf.

Es verliert seine Existenzgrundlage, wenn es ihm nicht gelingt, so viel an Gegenleistungen zu erhalten, als an Mitteleinsatz notwendig ist, um die Leistungen zu erstellen. Zur Gegenleistung gehören auch jene Beiträge, die von anderen als dem unmittelbaren Leistungsempfänger gegeben werden (öffentliche Subventionen, Kostenzuschüsse etc.).

Abgesehen von der Gewährung vorübergehender Zuschüsse zur Sanierung Not leidend gewordener Unternehmen werden öffentliche Zuschüsse in allen jenen Fällen gewährt werden, in denen die Leistungen aus gesellschaftspolitischen Gründen zwar notwendig sind (Gesundheits- und Kulturwesen), die Abnehmer der Leistung aber nicht in der Lage sind, für die unmittelbare Leistungsinanspruchnahme den vollen Gegenwert selbst zu erbringen (gemeinwirtschaftliche Unternehmen).

Die Aufrechterhaltung des finanziellen Gleichgewichtes ist eine unabdingbare Nebenbedingung der Existenz eines Unternehmens.

Das Wirtschaftlichkeitsprinzip hat für ein Unternehmen insoweit große Bedeutung, als seine Einhaltung helfen kann, die Existenz des Unternehmens im Sinne des Punktes 4 abzusichern. Ist jedoch die erzielbare Gegenleistung größer als der (wirtschaftliche oder unwirtschaftlich) getätigte Mitteleinsatz, wird das Wirtschaftlichkeitsprinzip häufig vernachlässigt."

---

[79] Vergleiche dazu auch Rüegg-Stürm (2003, 65), der das Unternehmen im St. Galler Managementmodell als ein komplexes System versteht. Die Systemelemente interagieren auf vielfältiger Weise und stehen in einer dynamischen Beziehung zueinander.

Bemerkenswert an dieser Darstellung ist, dass die Gewinnerzielung und die Gewinnmaximierung nicht als Merkmal explizit definiert sind.[80] Das Wirtschaftlichkeitsprinzip hat hier grundsätzlich die Aufgabe, die Existenzgrundlage sicherzustellen, wobei bemerkt wird, dass dieses Prinzip häufig gar nicht berücksichtigt wird. Langfristige Kostendeckung – außer für Unternehmen, die einen gesellschaftspolitischen Auftrag erfüllen, der nicht kostendeckend zu erfüllen ist –, finanzielles Gleichgewicht und das Wirtschaftlichkeitsprinzip, nicht jedoch die Gewinnmaximierung zeichnen nach Lechner, Egger und Schauer (2001) ein Unternehmen aus.

Die heutigen *Mainstream Economics* gehen von einem Wirtschaftsverständnis aus, das die rein ökonomische Vernunft in den Mittelpunkt stellt. Problematisch wird es immer dann, wenn das Modell als Handlungsanleitung dienen soll. Denn Marktwirtschaft muss mehr als effizient sein, sie muss der Gesellschaft, den Menschen, also dem Leben dienen. Wirtschaftliche Fragen sind daher Fragen, die nicht der wirtschaftlichen Systemlogik allein überlassen werden darf. Alle Bürgerinnen und Bürger einer demokratischen Gesellschaft müssten letztlich darüber befinden, wie sie leben wollten und welche Rolle dabei der Wirtschaft zukommen solle. Das bedeutet auch, dass es ökonomisch, politisch und ethisch gebildeter Menschen bedürfe, die sich ihrer Gestaltungsmöglichkeit bewusst seien. (Vgl. Ulrich 2005, V)

Die Nutzenmaximierung

Die Wirtschaftswissenschaft – auch Homann – „arbeitet mit der methodischen Reduktion eines mechanistischen Weltbildes" (Rosenberger & Koller 2009, 27), indem methodisch auf das zweckrationale Handeln reduziert wird. Es wird unterstellt, dass die Wirtschaftsakteure ihre Entscheidungen zweckrational so fällen, dass sie aus den zur Verfügung stehenden alternativen Gütern jenes wählen, das unter den gegebenen Rahmenbedingungen und Begrenzungen den maximalen Nutzen stiftet. Als Nutzen wird dabei die Fähigkeit eines Gutes verstanden, zur Bedürfnisbefriedigung beizutragen. Der Nutzen beschreibt sowohl diese Eigenschaft als auch das Ausmaß der Bedürfnisbefriedigung und kann nur subjektiv bewertet werden:

> „Was aber meinen wir mit dem größten Nutzen? Mit einem Wort: Nutzen bedeutet Bedürfnisbefriedigung. Genauer gesagt bezieht sich dieser Nutzen darauf, wie sehr Güter und Dienstleistungen von einem Konsumenten bevorzugt werden. Wenn der Warenkorb A für Herrn Müller einen höheren Nutzen hat als der Warenkorb B, so zeigt das an, dass Herr Müller A gegenüber B präferiert. Nutzen mag Assoziationen

---

[80] Dies entspricht der Vorstellung eines Unternehmens nach dem österreichischen Unternehmensgesetzbuch: „Ein Unternehmen ist jede auf Dauer angelegte Organisation selbstständiger wirtschaftlicher Tätigkeit, mag sie auch nicht auf Gewinn gerichtet sein." (§ 1, Abs. 2 UGB)

von subjektivem Vergnügen oder subjektiver Nützlichkeit wecken, die den Menschen durch den Konsum eines Gutes oder einer Dienstleistung bereitet werden. Aber hüten Sie sich vor der Vorstellung, Nutzen sei ein psychologischer Begriff oder ein Gefühl, das sich beobachten und messen lässt. Nutzen ist ein wissenschaftliches Konstrukt, das Ökonomen verwenden, um verstehen zu können, wie rational handelnde Konsumenten ihre beschränkten Ressourcen auf die Güter aufteilen, die ihre Bedürfnisse befriedigen." (Samuelson & Nordhaus 1998, 105)

Sedláček (2009) versucht anhand historischer Texte darzulegen, dass es in der Wirtschaft nicht um Nutzen, sondern um gut und böse gehe. Den Nutzen selbst begreift er als ein leeres Konstrukt. Wenn in jeder Argumentation versucht werde, die Begründung auf dem Nutzen zu basieren, dann sei jedes menschliche Handeln ein nutzenorientiertes. Wenn also z.B. jemand auf Einkommen verzichtet und dafür in die Kirche geht, wird in der zweiten Handlung der größere Nutzen gesehen als in der ersten (ein typisches Beispiel der Religionsökonomie: vgl. Becker 1982, Iannaconne 1997, Schmidtchen 2000; 2007; kritisch dazu Tafner 2009b). In einer solchen Logik sei alles Handeln mit Nutzen erklärbar. Da stelle sich dann die Frage: Was ist nicht Nutzen? Da diese Frage nicht beantwortet werden könne, sei die Falsifizierbarkeit, die gerade für Wissenschafter und Wissenschafterinnen in der Tradition des kritischen Rationalismus *das* Kriterium der Wissenschaftlichkeit darstelle, nicht gegeben:

> „Wenn jemand seinen Nutzen (den jeder selbst definiert) maximiert, würde Popper sofort fragen: Wie würde er den handeln müssen, um seinen Nutzen *nicht* zu maximieren? Anders ausgedrückt: Können wir in eine Richtung gehen, die unserer Optimierungsfunktion entgegengesetzt ist? Falls es nicht möglich ist, ein entsprechendes Beispiel anzuführen, ist die Theorie nicht falsifizierbar und de facto sinnlos." (Seldáček 2009, 283)

Bei Homann ist der Nutzen völlig offen. Selbst der Altruismus wird als Nutzen definiert – ein Punkt, der im Rahmen der Dilemma-Situationen nochmals aufgegriffen wird (siehe 4.4.3.4).

Auch Aßländer und Nutzinger (2010, 244) kritisieren den umfassenden Nutzenbegriff, den Homann in seiner Theorie verwendet, der „jedes moralische Verhalten und jede Verhaltensweise, sofern es eine Alternative zu ihr gibt, ex post als Ausfluss individueller Nutzen- und Vorteilsüberlegung deuten lässt, jedoch um den Preis, dass die Aussagekraft derartiger Hypothesen trivial wird".

Homo oeconomicus

Seit der zweiten Hälfte des 19. Jahrhunderts stellt die abstrakte Idee des *Homo oeconomicus* den idealisierten ökonomisch rational handelnden Menschen im Modell dar und ist damit Ausgangspunkt ökonomischer Überlegungen. „Während einige Autoren die Geburtsstunde des *Homo oeconomicus* in die Zeit des Merkantilismus legen (vgl. Bauer 1985), gelten doch für die überwiegende Mehrheit der Autoren David Ricardo und John Stuart Mill – wenn auch nicht als die Väter – so doch als Geburtshelfer des *Homo oeconomicus*." (Rolle 2005, 122) Mit David Ricardo setzt die rein theoretische Wirtschaftswissenschaft ein. Mit dem *Homo oeconomicus* entsteht eine methodische Hilfsfigur, die sich von der Lebenswelt abkoppelt. Sie werde dadurch zum Ausdruck der autonomen Ökonomie (vgl. Ulrich 1993, 196). Mit dem Siegeszug der Naturwissenschaften wurden auch die Wirtschaftswissenschaften immer stärker durch die Mathematik geprägt – über die Grenznutzenschule bis hin zum „Totalitätsanspruch der wirtschaftlichen Rationalität", der dazu führte, dass die Erkenntnisse der Wirtschaftswissenschaften in andere Disziplinen übertragen wurden. Wirtschaftliches Handeln bedeute rationales Handeln im Sinne der Erreichung angestrebter Ziele (vgl. Rolle 2005, 156). Seinen Höhepunkt erreichte dieses Denken bei Gary Becker, der 1992 den *von der schwedischen Reichsbank in Erinnerung an Alfred Nobel gestifteten Preises für Wirtschaftswissenschaften*, der im allgemeinen Sprachgebrauch als *Nobelpreis für Wirtschaftswissenschaften* bezeichnet wird, erhielt. Er erklärte jede menschliche Handlung als eine ökonomische.

Die Kontroversen über den *Homo oeconomicus* sind nie verstummt, und es finden sich verschiedene Zugänge zu diesem Konzept, „doch stellt eine Theorie des rationalen Handelns unbestritten den paradigmatischen Kern der ökonomischen Disziplin dar" (Joas 1996, 11).

> „Die Verselbstständigung der Wirtschaftswissenschaften neben den Sozialwissenschaften hat sich insbesondere durch die von der klassischen Nationalökonomie entwickelte und von der betriebswirtschaftlichen Theorie übernommene Fiktion des ‚Homo oeconomicus', d.h. eines ausschließlich nach wirtschaftlichen Zweckmäßigkeiten handelnden Menschen vollzogen." (Wöhe & Döring 2008, 26)

Durch diese Annahme werden „wirtschaftliche Abläufe erheblich vereinfacht" und „interpersonale Konflikte, die es überall gibt, wo Menschen in Gemeinschaften zusammenleben oder in Organisationen wie Betrieben gemeinsam arbeiten", ausgeschlossen, weshalb „die notwendige Einseitigkeit der Fragestellung einer Einzeldisziplin durch interdisziplinäre Zusammenarbeit" überwunden werden muss (Wöhe & Döring 2008, 27). „Die Modellfigur des *homo oeconomicus* ist [...] starker Kritik aus dem Bereich der Sozialwissenschaften ausgesetzt." (Wöhe & Döring 2010, 6) Die Eigennutzmaximierung wird sowohl als unrealistisch als auch als unmoralisch abgelehnt. Die verhaltenswissenschaftliche Betriebswirtschaftslehre berücksichtigt auch die intrinsische Motivation und bleibt nicht bei den Anreizen. Die Idee der vollständigen Information wird ebenso abgelehnt. Darüber hinaus werden Entscheidungen nicht als absolut rational verstanden, sondern es wird von einer begrenzten Rationalität ausgegangen. (Vgl. Wöhe & Döring 2012, 6)

Es ist eine wirtschaftspädagogisch hoch interessante Frage, wie das Konzept des *Homo oeconomicus* zu verstehen ist. Für Neuweg (2003, 350) ist es eine der wesentlichsten Fragen in der Beck-Zabeck-Kontroverse. Das Modell lässt nach Neuweg (2003, 350) *sechs Lesarten* zu, die entsprechend unterschiedlich für die Wirtschaftspädagogik interpretiert werden können:

Die *erste Lesart* sei wahrscheinlich die meist verbreitete und im vorwissenschaftlichen Diskurs zu verorten. In diesem werde das Modell universell deskriptiv als eine grundlegende menschliche Verhaltensdisposition aufgefasst. Dieser Zugang spiele in der Beck-Zabeck-Kontroverse keine Rolle und sei für die Wirtschaftspädagogik ohne Interesse.

Die *zweite Lesart* gehe davon aus, dass der *Homo oeconomicus* ein Modell zur Beschreibung des Handelns auf Märkten darstelle. Es werde davon ausgegangen, dass auf den Märkten nur dieses Vorgehen erfolgswirksam sein könne und jede andere Vorgehensweise selbstgefährdend sei. Das sei die Systemlogik, mit der Homann argumentiere: Moral könne seinen systematischen Ort nur in der Rahmenordnung finden, die ökonomische Handlungsweise selbst müsse eine gewinnmaximierende sein. Neuweg (2003, 353) verweist auf Dawes (1980), der empirisch aufzeigt, dass die Kooperationswahrscheinlichkeit abnehme, wenn erstens die direkte Kommunikation abnehme und zweitens die Gruppengröße zunehme. Diese Lesart sei für die Wirtschaftspädagogik von großer Bedeutung – so Neuweg (2003, 353) –, weil bloße moralische Appelle hier schaden und zu starkes Moralisieren „die Subjekte ökonomisch naiv zurücklässt". Hier sei nicht Individual-, sondern Institutionenethik gefragt. Neuweg unterstellt hier, dass Kooperation moralisch gut und Defektion moralisch schlecht sei. Dies ist nur aus Sicht der Dilemma-Situation selbst richtig, jedoch nicht notwendigerweise aus einer gesellschaftlichen Perspektive. Dies wird ausführlicher im Rahmen des Verhaltens in Dilemma-Situationen besprochen (siehe 4.4.3.4). Homanns Theorie sei einerseits in dieser zweiten Lesart verortet, die eine reine Beschreibung darstelle. Wie noch gezeigt wird, bleibt Homann selbst jedoch nicht in der Sphäre des Beschreibens und Wertneutralen, sondern wechselt ebenso in das Normative und ist daher der dritten Lesart des *Homo oeconomicus* zuzuordnen (siehe 4.4.3.3).

Die *dritte Lesart* geht nicht nur davon aus, dass der Mensch sich am Markt im Großen und Ganzen im reinen Eigeninteresse verhalte, sondern dass er sich auch so verhalten *solle*. Die erste Begründung, die Neuweg (2003, 353) hier ins Treffen führt, ist der Bezug zu Adam Smith. Smith habe das System

Marktwirtschaft als ein „Spielregelsystem" verstanden, „das moralisch erwünschte Ergebnisse sichert, auch wenn oder gerade weil die Motive der Wirtschaftssubjekte überhaupt nicht moralisch aufgeladen sind". Es wurde bereits ausführlich gezeigt (siehe dazu 4.1.3.1), dass Adam Smith kein egozentrisches Selbstinteresse in den Mittelpunkt stellte, sondern das Handeln moralischen Schranken unterwarf. Gerade aus den Werken von Adam Smith kann nicht der Schluss gezogen werden, dass Moral im wirtschaftlichen Handeln keine Rolle spielt. In dieser Lesart wird das Gewinnmaximieren zur moralischen Pflicht, weil so der Gesellschaft am besten gedient werde (vgl. Homann & Blome-Drees 1992, 38–39). Neuweg schließt daraus, dass „jede Moralisierung der Subjekte im individualethischen Sinne dagegen potenziell wohlstandsgefährdend" sei. Diese Interpretation Neuwegs, die sich auf Becks Ausführungen bezieht, entspricht, wie noch gezeigt wird, nicht der Intention Homanns, der zwar den „systematischen Ort der Moral" in Institutionen verlegt, aber dennoch nicht auf Individualethik verzichtet. Es ist jedoch richtig, dass die Individualethik in Homanns Ansatz viel zu kurz kommt. Die dritte Lesart ist also eine Interpretation im Sinne des Ansatzes von Homann. Dementsprechend bezieht sich die Kritik an Homanns Modell auch auf die dritte Lesart des *Homo oeconomicus*. Neuweg (2003, 354) stimmt Beck zu, der auf die Ausdifferenzierung der Gesellschaft verweist und aus diesem Grund von Sondermoralen ausgeht. Daher würde für die Wirtschaftspädagogik im Sinne der dritten Lesart davon auszugehen sein, dass es keine Universalmoral gebe, sondern im Sinne Homanns von einem strategischen Selbstinteresse auszugehen sei. Neuweg schließt daraus, dass die Universalmoral in den Bereich des Privaten, in die „institutionell unterregulierten Bereiche am Markt", zu verorten sei.

Die *vierte Lesart* des *Homo oeconomicus* orientiert sich an rezenten Interpretationen des Modells im Sinne des ökonomischen Verhaltensmodells. Neuweg (2003, 355) beschreibt diese Ausrichtung so: „Ich orientiere mein Handeln an Nutzen und Kosten, worin auch immer diese bestehen mögen." Der *Homo oeconomicus* sei nun absichtlich nicht voll informiert, weil dies mit zu hohen Transaktionskosten verbunden wäre. Die Präferenzen seien nun beliebig, also nicht nur auf materielle, sondern auch auf immaterielle Güter, ja sogar auf das Wohlergehen anderer ausgerichtet. Dieses Modell interpretiert selbst den Altruismus als Nutzenmaximierung. Zur Kritik dazu wird nochmals auf Sedláček (2009, 283) und auf das Verhalten in Dilemma-Situationen verwiesen, wo gezeigt wird, dass die Maximierung des Eigeninteresses zu anderen Ergebnissen führt als die Maximierung des Interesses des Gegenübers – beides jedoch wird als Nutzenmaximierung bewertet. Neuweg (2003, 356) verweist auf Kirchgässner (1991, 2), der die ökonomische Verhaltenstheorie als ein Modell verstehe, in dem der *Homo oeconomicus* auch realistische Züge trage. Anders verhält sich das bei Homann, der explizit nicht von einem Menschenbild spricht (Homann & Blome-Dress 1992, 93–95). Neuweg (2003, 356) zweifelt, ob aus diesem Zugang wirtschaftspädagogische Handlungsweisen abgeleitet werden könnten. Die Konzentration auf Restriktionen und Anreize, die im Mittelpunkt der Verhaltenstheorie stehen, sei eine methodische Setzung, weil davon ausgegangen werde, dass Präferenzen unveränderbar seien. Wie Präferenzen verändert werden könnten oder worin sie begründet seien, ist für die Ökonomik ohne Bedeutung. Der Ausweg sei nun wiederum im Ansatz Zabecks zu finden, der auf den appellativen Charakter der Moral dränge (vgl. Neuweg 2003, 357): Erstens könne Moral als eine Verhaltensrestriktion verstanden werden, deren Einhaltung zu gesellschaftlicher Anerkennung oder deren Nicht-Einhaltung zu Sanktionen führen würde. Zweitens könne wirtschaftspädagogisch über Dilemma-Situationen informiert werden. Drittens könne das Gewissen des Einzelnen geschult und viertens auf eine deontologische Ethik abgestellt werden, denn „in einer Welt von Individuen, die aus freien Stücken dem kategorischen Imperativ folgen, wirft das Gefangenen-Dilemma keinerlei Probleme auf" (Neuweg 2003, 357). Der totale Verzicht auf appellative moralische Ansätze könnte nach Neuweg (2003, 357) unklug sein, denn die reine Fokussierung auf die Ordnungspolitik könne die „moralische Selbstreinigungskraft der Menschen" schwächen. Darüber hinaus könnten z.B. freiwillige Kooperationen Transaktionskosten sparen. Diese Argumentation berücksichtigt einen wesentlichen Punkt nicht: Jede Institutionenethik benötigt Individualethik für ihre Umsetzung!

Die *fünfte Lesart* sieht Neuweg (2003, 358) in der „Rationalität als Zielformel", die er als eine präskriptive Variante des zeitgenössischen *Homo oeconomicus* interpretiert. Der moderne *Homo oeconomicus* sei demnach autonom und vernünftig. Hier kommt Neuweg also beim Menschenbild der modernen Individualpädagogik an. Nachdem die Fixierung auf materielle Güter und auf den eigenen (direkten) Vorteil – im Altruismus ist der Vorteil des anderen der eigene Vorteil – und die objektive Rationalität aufgegeben worden seien, könne das Modell sehr weit interpretiert werden. In diesem Sinne gehe es um „absichtsvolles, planendes Verhalten, Handeln als Folge der Fähigkeit, sein Wollen zu durchdenken und rational zu entscheiden" (Neuweg 2003, 359). Dennoch könnte sich dieses „Bild eines zum Zerreißen überdehnten *Homo oeconomicus* kaum als *umfassende* pädagogische Zielformel [eignen] […], weil es dazu das alternative Bild des nicht-kalkulierenden Subjekts zu verdrängen hätte" (Neuweg 2003, 359). Der ganze Mensch sei mehr als der kalkulierende *und* der moralische Mensch, „denn vielleicht macht es den ganzen Menschen aus, dass er in der Lage ist, seine gut ausgeprägte Rationalitätsdisposition kontextangemessen zu relativieren oder manchmal gar aufzuheben" (Neuweg 2003, 360). Daraus konstruiert Neuweg jedoch ein Dilemma. Pädagogik stünde vor der Entscheidung, zum „Permanentkalkulierer, der eventuell lange, nur leider am Leben vorbei lebt" oder zum Menschen, der für den Augenblick lebe, zu erziehen (Neuweg 2003, 360).

Die *sechste Lesart* bezeichnet Neuweg (2003, 360) mit „Autonomie als Zielformel". Es gehe darum, dass sich dieser *Homo oeconomicus* seine Präferenzen selbst bilde. Aus dem methodischen Individualismus der Ökonomik solle ein normativer Individualismus werden. War bereits die fünfte Lesart eine „zum Zerreißen überdehnte" Interpretation, so wendet sich Neuweg mit der sechsten Lesart insofern von der Ökonomik ab, als es in dieser Lesart nicht mehr um das Modell geht, sondern um ein Menschenbild gehe – um ein Bild des wirtschaftenden Menschen. Es gehe also in der sechsen Lesart nicht mehr um den *Homo oeconomicus* (in diesem Sinne ist die sechste Lesart der ersten verwandt), sondern um den Menschen selbst, bzw. um das Bild über den wirtschaftenden Menschen. Hinter einem autonomen Menschen stehe ein „demokratischer Standpunkt", also eine normative Setzung (vgl. Neuweg 2003, 360). Dieser Mensch könne – so Neuweg (2003, 361) – auch ein am Selbstinteresse ausgerichteter Mensch sein. „Das Bild vom Menschen, der selbstgesetzten Zielen folgt und dabei Haupt- und Nebenwirkungen von Handlungsalternativen rational abwägt, ist ethisch hochattraktiv, sofern man bereit ist, moralische Fragen als Probleme der Güterabwägung aufzufassen." (Neuweg 2003, 361) Werden soziale und zeitliche Dimensionen in die wirtschaftlichen Analysen eingeführt, so betreibt man nach Neuweg (2003, 361) Ethik. Der Mensch habe sich dann seines Verstandes zu bedienen und im Sinne Kants und Zabecks zu entscheiden. Selbst Ziele könnten damit diskutiert werden und nicht nur die Ziel-Mittel-Relation. Werden die Ziele jedoch Mittel für andere Zwecke, könnten sie auch ökonomisch rational betrachtet werden. Das bedeutet auch, dass nicht nur darüber entschieden werde, was im Markt getauscht wird, sondern auch ob es andere Alternativen als den Markt selbst für die Tauschaktivitäten gebe. Die Entscheidung für den Markt und seine Reglementierung sei niemals eine Letztbegründung – und dies sei für die Wirtschaftserziehung eine wichtige Aufgabe. (Vgl. Neuweg 2003, 361–362) „Effizienz ist in letzter Konsequenz Dienstwert, nicht Letztwert." (Neuweg 2003, 364) Abschließend verweist Neuweg darauf, dass es nicht nur um Effizienz gehen könne, sondern auch um Fragen der Einkommens- und Güterverteilung, Ressourcennutzung, Arbeitsplatzgestaltung etc.

4.4.3.3 Wertfreiheit und Normativität

„Die Eigengesetzlichkeit der Wirtschaft ist an sich tatsächlich wertfrei, wenn sie als prinzipielle Funktionsweise der Wirtschaft verstanden wird. Wertfrei ist auch das ökonomische Modell, die Ökonomik. Das gilt aber nur in dieser allgemeinen Bedeutung. Denn es ist evident, dass die Wertfreiheit der Ökonomie nur ein theoretisches Ideal ist." (Rosenberger & Koller 2009, 29) Insbesondere bei Homann ist unklar, wo die theoretische Wissenschaft endet und eine Normativität zum Tragen kommt, die über das der Wissenschaft grundsätzlich zugrundeliegende Maß hinausgeht. In diesem Ideal ist es notwendig und methodisch korrekt, zwischen Ethik und ökonomischer Rationalität zu unterscheiden. Nun möchten die Wirtschaftswissenschaften aber letztlich nicht nur Erklärungsmodelle als solche liefern, sondern auch Prognosen und Handlungsempfehlungen abgeben. Damit überschreiten sie die Grenzen der Wertfreiheit. Nach Rosenberger und Koller (2009, 29–30) ist die Wertfreiheit „in dreifacher Hinsicht [...] faktisch nicht gegeben und kann der implizite normative Gehalt wirtschaftswissenschaftlicher Aussagen aufgewiesen werden":

Erstens gebe es „verborgene normative Elemente", die sich aus der Festlegung der ausgewählten Faktoren ergeben. Es seien wissenschaftlich arbeitende Menschen, die festlegen, was und wie untersucht werde. In diesem Sinne seien – wie in der Einführung bereits dargestellt – wissenschaftliche Aussagen immer auch mit normativen Implikationen verbunden. Rosenberger und Koller verweisen auf Priddat (1994, 16) und die Aussage, dass in der modernen Ökonomie der Nutzen selbst als etwas Gutes und damit Normatives dargestellt werde.

Die *zweite* normative Implikation der Wirtschaftswissenschaften ergebe sich eben daraus, dass sie Empfehlungen und Rechtfertigungen für die Praxis gebe. „Hier halten ÖkonomInnen die Einsicht nicht durch, dass die Ökonomie streng genommen keine Wirklichkeit abbildet, sondern ‚bloß' Modelle konstruiert." (Rosenberger & Koller 2009, 29) Die Problematik, die sich daraus ergebe, liege darin, dass nur im Nachhinein Prozesse in Organisationen streng kausal erklärt werden könnten (vgl. Rosenberger & Koller 2009, 28).

Wirtschaftswissenschaften sagen nichts über die Zwecksetzung aus, sie empfehlen jedoch bei gegebenen Zwecken bestimmte Mittel (vgl. Albert 1992, 93). Es gebe aber kein Ding oder keine Handlung, die „als Mittel für alle Zwecke" taugen könne. Es handle sich also um eine rein formale Regel. „Solche Regeln gibt es; aber sie sind nicht unmittelbar anwendbar. Zur Anwendung muss ihr Inhalt immer auf bestimmte Zwecke bezogen werden." (Weisser 1978, 590) Darin sei aber ebenso ein, *drittes*, normatives Element zu erkennen: Aus der Wirksamkeit der Mittel werde – für alle Zwecke – die Zulässigkeit implizit abgeleitet. Aus einer reinen wertfreien Sicht könne dieser Punkt gar nicht wahrgenommen werden, weil die Frage der Verantwortung nicht aus der rationalen kausalen Begründung geschlossen werden könne (vgl. Albert 1992, 93; Rosenberger & Koller 2009, 29–30). Damit erscheine „ökonomisch rationales Handeln [...] vielfach als vernünftiges Handeln schlechthin. Ein Grund dafür liegt darin, dass es der Ökonomie gelungen ist, ein scheinbar umfassendes Paradigma zur Erklärung menschlicher Handlungen zu entwickeln" (Rosenberger & Koller 2009, 30 in Verweis auf Ötsch & Panther 2002, 8). In den 1980er-Jahren „erreichte dieses sehr enge Verständnis von ökonomischer Rationalität mit den Erfolgen (Nobelpreisen) von Vertretern der ‚Chicago-Schule' ihren vorläufigen Höhepunkt" (Aff 2004, 28). Mit der Haushaltsproduktionslehre geht das ökonomische Denken so weit, dass es auf alle Entscheidungen und das gesamte menschliche Verhalten ausgedehnt wird: Wirtschaftlich handeln bedeutet demnach, unter der Vorgabe knapper Mittel Entscheidungen zwischen Alternativen so zu treffen, dass der Nutzen maximiert werde (vgl. Becker 1982). Als Reaktion darauf haben sich verschiedene Modelle entwickelt, die von einem engen Verständnis von ökonomischer Rationalität abweichen. So geht Herbert Simon (1997) von der *begrenzten Rationalität* aus, weil der Mensch nur eine begrenzte Auffassungsgabe zur Verfügung hat. Auch die spieltheoretischen Ansätze gehen von einem erweiterten Verständnis von ökonomischer Rationalität aus. (Vgl. Aff 2004, 29–30) In der Volkswirtschaftslehre hat sich beginnend mit den Arbeiten von Ronald Coas die neue Institutionenökonomik etabliert, die bei der Kritik an der totalen Rationalität und dem Eigeninteresse ansetzt. Die Rationalität wird relativiert und kulturelle sowie ideelle Einflussfaktoren werden in die ökonomischen Überlegungen aufgenommen. (Vgl. Coase 2002; Leipold 2006, 1–3) In verschiedenen Experimenten konnte darüber hinaus gezeigt werden, „dass vielfach die moralische Empörung und die Erziehung über das Gewinnstreben siegen und demnach ein Empfinden für Fairness in ökonomisches Verhalten einfließt" (Aff 2004, 30 in Verweis auf Fehr & Gächter 2000). Auch Erlei (2007, 319–346) weist darauf hin, dass es sogenannte Wohlfahrtspräferenzen gebe, d. h. dass neben dem eigenen Erfolg auch jener der anderen mit berücksichtigt werde, also Reziprozität in ökonomischen Überlegungen mit einbezogen werde. Einen guten Überblick über entsprechende Experimente geben Sigmund, Fehr und Nowak (2002, 52–59). Aff (2004, 30) schließt seinen Streifzug durch verschiedene Ansätze der ökonomischen Rationalität mit dem Hinweis, dass es *die* ökonomische Rationalität zwar nicht gibt, dass aber die Annahme des *Homo oeconomicus* „zum zentralen Wissensbestand der Mikroökonomie" zähle und anzuerkennen sei, „dass das die Ökonomie beherrschende Rationalitätsprinzip seine Akzeptanz letzten Endes auch seinem Erfolgt verdankt" (Aff 2004, 30). Das bedeutet, „dass das Rationalmodell zwar richtige Elemente des menschlichen Handelns identifiziert (wie Ziele, Mittel, Bedingungen) und bestimmte Tatsachen erfolgreich behandelt, daraus aber fälschlich der Schluss gezogen wird, es handle sich bei diesem Modell um eine Widerspiegelung der konkreten Wirklichkeit, die allen Erklärungsversuchen als Leitfaden zu dienen habe" (Joas 1996, 28). Dies hat vor allem auch damit zu tun, dass die soziale und kulturelle Seite des wirtschaftlichen Handelns ausgeblendet werden. Aber darüber am Schluss mehr.

Aber selbst bei Homann ist die Unterscheidung zwischen wissenschaftlicher Methode per se und normativem Handeln nicht eindeutig. Obwohl Homann und Suchanek (2005, 380) herausstreichen, dass es ihnen nur um wissenschaftliche Theorienbildung gehe, verlassen sie mit Handlungsvorschlägen das Modell. Homanns und Suchaneks (2005, 4) Definition ist eine rein problembezogene, sodass sie auf alle Bereiche des menschlichen Lebens Anwendung finden kann: „Dies reicht weit über den ‚Bereich der Wirtschaft' hinaus und findet z.B. statt auch bei Fragen des Heiratens und generativen Verhaltens, der Diskriminierung, der Kriminalität und des Drogenkonsums, aber auch in Bereichen wie Politik und Bürokratie und dergleichen mehr." (Homann & Suchanek 2005, 5) Homann und Suchanek (2005, 386–387) sehen das Problem des „Imperialismus' der Ökonomik" und gehen davon aus, dass es „natürlich trivial [ist], dass die Ökonomik nicht alle Fragen beantworten kann". Dieser „ökonomische Imperialismus" habe „nichts mit wissenschaftlichen Omnipotenzansprüchen zu tun", sondern sei nicht mit Gegenstandsbereichen, „sondern *von der Problemstellung* her zu bestimmen". Aber gerade dieser Zugang führt dazu, dass Ökonomik beinahe alle Bereiche des Lebens bestimmt. Auch dies wäre an sich nicht problematisch, wenn sie nicht zur *Leit*orientierung jedes Handelns wird. Homann versteht seine Ökonomik jedoch nicht nur als Ökonomik, sondern auch als Ethik und damit wird sie zur Rechtfertigung des Handelns. Klar drücken das Homann und Suchanek (2005, 399) selbst aus: „Die Aufklärung mit den Konzepten Dilemmastrukturen und *Homo oeconomicus* bewahrt Akteure vor ‚naiver', ‚blinder' Kooperation, die nach unseren Ausführungen nur zu folgenschweren Enttäuschungen führt und interaktionistisch nicht stabil sein kann, weil sie nicht reflexionsresistent ist." Das ist keine reine Theorie mehr, sondern eine klar normative Handlungsanleitung. Aßländer und Nutzinger (2010, 227) kritisieren Suchanek und Lin-Hi (2009), die vorschlagen, das Homann'sche System um ein System von Spielregeln zu erweitern, weil dies weit von der Institutionenethik abweiche und daher eine Abkehr von der Homann'schen Logik sei. Der Idee des „Spielverständnisses" liegt „ein in unseren Augen wesentlich tragfähigerer Moralbegriff zu Grunde, als er sich im engen spieltheoretischen Rahmen rekonstruieren lässt". Homann (2005, 203) hält die konkrete Beratungsaufgabe der Wirtschaftsethik „für wichtig und zukunftsweisend", auf derselben Seite kritisiert Homann jedoch das Modell des „Dualismus", das für ein Zusammenspiel von Ethik und Ökonomik eintrete, weil dieses „von der lebensweltlichen Erfahrung vieler Manager von einem Widerstreit moralischer und ökonomischer Anforderung an Handeln ausgeht" und dieses Problem in die Theorie verlagert werde und dann eine Entscheidung zwischen beiden Polen möchte. Eine Zusammenführung beider Anforderungen bleibe theorielos oder führe mit der Annahme des Primats der Ethik bzw. Moral zu einer für die Ökonomie bzw. Ökonomik unlösbaren Situation. (Vgl. auch Homann & Lütge 2002, 45–66)

Jedenfalls bleibt Homann selbst nicht im Bereich der wertfreien Wissenschaft, sondern will konkret auf menschliches Handeln im wirtschaftlichen Kontext, der sich bei Homann auf fast alle menschlichen Bereiche erstreckt, abzielen: „In diesem Buch treiben wir normative Ethik. Wir nehmen Stellung zur Marktwirtschaft und erwarten, dass diese wertende Stellungnahme von anderen geteilt wird." (Homann & Lütge 2005, 13) Homann (2005, 201) legt Wert darauf, dass seine „Argumentationen über weite Strecken ökonomistisch" sind, aber es sich um einen „methodischen Ökonomismus handelt", was die Kritik „trotz expliziter Auskunft meinerseits" ignoriere. Homann spricht von einem „hochselektiven" Ökonomismus.

> „Der Kunstgriff besteht hier darin, dass der Vorteilsbegriff mit dem ökonomischen Imperialismus von G. S. Becker systematisch offen gehalten wird, so dass auch Muße und ein ‚gutes Leben' darunter fallen und Ethik in *terms of economics* entwickelt werden kann. Man kann dagegen viel sagen, ich würde gerne gute Gegenargumente hören, aber: Die Auseinandersetzung findet nicht statt. Da wird weiter der Ökonomismus oder ökonomische Reduktionismus kritisiert, ohne jedes Gespür dafür, dass der ‚Reduktionismus in einer konstruktivistischen Methodologie methodisch begründet und offen ausgewiesen und daher gerade kein ‚Reduktionismus' ist." (Homann 2005, 201)

Die vermeintliche Nicht-Normativität äußert sich in seiner sprachlichen Normativität: „Wirtschafts- und Unternehmensethik *hat* [Hervorhebung Autor] sich von Moralisieren, Appellieren, Postulieren – und deren negativen Pendants wie Schuldzuweisungen, moralischer Entrüstung etc. – *tunlichst* und *peinlichst* [Hervorhebung durch den Autor] fernzuhalten." (Homann & Blome-Drees 1992, 18–19)

> „Mit der Feststellung, dass die Eigennutzdisposition beeinflussbar ist und dies im Rahmen des ökonomischen Verhaltensmodells auch prinzipiell modelliert werden kann, ist freilich nicht gesagt, dass man sie beeinflussen soll. Aus der normativen Basis einer markttheoretischen Argumentation heraus ist eigennütziges Verhalten erstens geboten. Aus der Faktizität des Marktes heraus ist es zweitens auch zu erwarten. Wer sich nicht egoistisch verhält, verhält sich – die Funktionsfähigkeit der unsichtbaren Hand vorausgesetzt – sowohl unmoralisch als auch – jedenfalls – selbstgefährdend." (Neuweg 1997, 112)

Hier wird ebenfalls das Modell zur Norm, insofern sich der Mensch der *Faktizität des Marktes*, die im Modell unter Prämissen zustandekommt, die in der Realität nicht erreicht werden können, unterwerfen soll. Wird am Beginn des Zitates noch von der Modellierung gesprochen, wird die Aussage am Ende hin zur normativen Richtschnur. Weiter im Text wird Homann zitiert und auf die Pflicht verwiesen, der Gewinnmaximierung zu folgen, schließlich folgt der Verweis, dass die Marktwirtschaft nur funktionieren kann, wenn sich alle am ökonomischen Verhaltensmodell orientieren.

4.4.3.4 Das Verhalten in Dilemmastrukturen

Es sind zwei Prämissen, von denen die rein ökonomische Vernunft ausgeht, die für die Gesellschaft problematisch sind: erstens die Ausblendung der Institutionen im Sinne des Neo-Institutionalismus und der Lebenswelt sowie damit einhergehend der Moral; zweitens das Dogma, dass die Verfolgung des Selbstinteresses zu Wohlstand führe. „Die ökonomisch rationale Person, wie sie die heute dominante Theorie fasst, fällt aus allen kulturellen, sozialen, humanen Zusammenhängen heraus, sie vereinzelt radikal, sie würde im Leben und in der Ökonomie scheitern." (Nida-Rümelin 2011a, 16) Unter dem Aspekt des Neo-Institutionalismus wird deutlich, dass regulative, normative und kulturell-kognitive Pfeiler der Institutionen in den Mainstream-Economics keinen Niederschlag finden. „Eine gesellschaftliche Ordnung, die ausschließlich aus ökonomisch rationalen Akteuren besteht, die marktförmig organisiert ist, wäre ein Albtraum. Eine humane Gesellschaft setzt eine Beschränkung oder Einbettung der ökonomischen Praxis voraus." (Nida-Rümelin 2011a, 16)

Eine rein ökonomische Vernunft würde Kommunikation und schließlich Gesellschaft unmöglich machen. Es gibt nach Nida-Rümelin (2011a, 59–62; 2001, 100–118) drei wesentliche Grundregeln für Kommunikation: Wahrhaftigkeit, Vertrauen und Verlässlichkeit. Alle drei Voraussetzungen könnten ökonomisch nicht geschaffen werden und liefen Gefahr, von ihr zerstört zu werden und damit Kommunikation unmöglich zu machen. Wer kommuniziere, erwarte Wahrhaftigkeit. Es sei auch die Voraussetzung für das Vertrauen. Stelle sich nämlich heraus, dass übermittelte Informationen unwahrhaftig gewesen seien, dann sei damit das Vertrauen zerstört. Wahrhaftigkeit bedeute aber nicht Wahrheit. Wahrhaftigkeit sei gegeben, wenn die Äußerungen mit dem „epistemischen Zustand" der Person übereinstimme. Jemand könne also wahrhaftig ein Argument vertreten, das nicht wahr ist, wenn die Person mit bestem Wissen und Gewissen davon ausgehe, dass sie wahr ist. Wahrhaftige Aussagen stimmten mit der Überzeugung der Person überein. Nur wer als wahrhaftig gelte, werde mit Vertrauen rechnen können. Als dritte wesentliche Regel ist noch die Verlässlichkeit zu nennen. Wer wahrhaftig spreche, gehe davon aus, dass die Äußerungen mit der Realität korrespondierten. Die Realität könne aber trotzdem eine andere sein. Gemessen werde eine Äußerung letztlich daran, ob die wahrhaftige Äußerung sich auch als real herausstelle. Oder anders gesagt: Die meisten der Äußerungen eines Menschen müssten verlässlich sein, weil ansonsten ebenfalls das Vertrauen verloren gehe.

Grundsätzlich funktioniert also Kommunikation auf den genannten Regeln. Es handelt sich hier um normative Institutionen, weil sie nicht allein aus Eigeninteresse eingehalten werden, denn manchmal hat eine Person ein Interesse daran, wahrhaftig zu sein, und manchmal auch nicht. Wenn aber jede Person dann, wenn sie kein Interesse an Wahrhaftigkeit hätte, unwahrhaftig wäre, wäre die gesamte Gemeinschaft der Kommunikation gefährdet, weil niemand mehr Vertrauen in die Kommunikation hätte. Jene, die Vertrauen hätten, würden es sehr schnell wieder verlieren, weil ihr Vertrauen enttäuscht werden würde. Das bedeutet, dass Menschen nur als moralische Akteurinnen und Akteure kommunizieren können. Eine einzelne Person kann sich daraus einen Vorteil schaffen, dass sie diese Regeln nicht einhält. Der Bruch bringe allerdings nur dann Vorteile, wenn sich die anderen einigermaßen oder überwiegend an diese Regeln hielten. Wenn nur Einzelne die Regeln nicht einhalten würden, werde die Gemeinschaft der Kommunizierenden nicht zusammenbrechen. Vielmehr würden die Einzelnen daraus Vorteile ziehen können. Es ist für eine einzelne Person allerdings unangenehm, wenn der Bruch der Regeln nachgewiesen werde, wenn sich also Wahrhaftigkeit als nicht vorhanden erweise. In diesem Moment verlöre die Person ihr Vertrauen. Das Nicht-Einhalten der moralischen Regel führe also zu Sanktionen. In einer Gesellschaft, in der die Teilnehmenden an Interaktionsbeziehungen rasch wechseln, sei die Verführung zu diesem strategischen Verhalten sehr groß. Das aus strategischen Gründen vollzogene Brechen der Regeln funktioniere nur, wenn die anderen sich an die Regeln hielten. Es handle sich also um ein parasitäres Verhalten. Es sei deshalb eine Frage des Anstandes oder der Tugend, wahrhaftig zu bleiben. Es sei darüber hinaus ökonomisch sinnvoll, anständig in Kommunikationssituationen zu bleiben. In einer Organisation, in der auf Informationen kein Verlass sei, seien Entscheidungsprozesse schwierig bis unmöglich. Ebenso hätten Volkswirtschaften großes Interesse an verlässlichen Informationen. Gerade mangelnde Informationen seien ein Kernproblem in der Schuldenkrise, in der sich Geschäftsbanken untereinander kein Geld mehr borgen und der Geldmarkt austrocknet, weil die Informationen unklar und das Vertrauen gebrochen sind. Insbesondere die Rolle der Agenturen bleibe unzuverlässlich – einmal heftige Über-, einmal heftige Unterbewertung. (Vgl. Nida-Rümelin 2011a, 62–67) „Die Weltfinanzkrise ist auch Ausdruck einer fehlenden Kommunikationskultur, fehlender Wahrhaftigkeit, fehlenden Vertrauens und fehlender Verlässlichkeit." (Nida-Rümelin 2011a, 67) Damit steht diese Aussage völlig konträr zu jener Homanns, der die Krise in den mangelnden Rahmenbedingungen verortet.

Kommunikation funktioniert also nur als moralisches Verhalten. Sie ist ein wesentlicher Schlüssel für den Unternehmenserfolg. Insbesondere ist das Vertrauen für den Erfolg eines Unternehmens ausschlaggebend (vgl. Malik 2006, 140–156; Waterman 1994, 62–63 u. 212). Vertrauen, so wurde ausgeführt, setzt voraus, dass Menschen wahrhaftig und zuverlässig sind und sie müssen Wahrhaftigkeit und Zuverlässigkeit auch dann zeigen, wenn es in ihrem Interesse wäre, unwahrhaftig und unzuverlässlich zu sein. Wenn unterstellt wird, dass alle Mitarbeiterinnen und Mitarbeiter im Unternehmen Interesse am Erfolg haben, dann muss die Kommunikation im Unternehmen vertrauensvoll sein. Kollektiv haben alle ein Interesse daran, wahrhaftig und zuverlässig zu sein. Das kollektive Alle wolle Vertrauen erreicht sehen. Alle Einzelnen, also das distributiv Alle, hätten ein Eigeninteresse an der Abweichung im Einzelfall vom Grundsatz der Wahrhaftigkeit und Zuverlässlichkeit. **„Auf der Verwechslung von kollektiv Alle und distributiv Alle verbirgt sich die vielleicht wirkungsmächtigste Ideologie der Gegenwart. Das kollektive Interesse aller ist nicht identisch mit dem distributiven Interesse aller."** (Nida-Rümelin 2011a, 74) Alle hätten Interesse daran, dass kollektive Güter angeschafft werden, die Einzelnen hätten jedoch Interesse daran, wenig oder gar keine Steuern zu zahlen. Ginge es ausschließlich um das Interesse der Einzelnen, wären keine Steuern überhaupt die beste Lösung. Nicht alles, was für den Einzelnen gut sei, lasse sich immer durch das Handeln der je einzelnen Personen ermöglichen. Für manches sei ein Kollektiv notwendig. **Nicht jedes Handeln sei einfach eine Addition der einzelnen Handlungen, sondern bedürfe des gemeinschaftlichen Handelns – so z.B. die Herstellung einer Vertrauenskultur.** Vertrauen lasse sich nicht durch Kontrolle und Sanktionen herstellen. Die Ökonomie baue also auf Voraussetzungen, die sie selber in der Ideologie des reinen Selbstinteresses nicht schaffen könne. (Vgl. Nida-Rümelin 2011a, 74–76)

Mit der Kommunikation und den dafür notwendigen Regeln wurde gezeigt, dass die Verfolgung des Eigeninteresses, von dem die rein ökonomische Vernunft ausgeht, dazu führt, dass Kommunikation zerstört und Wirtschaften verunmöglicht wird. Das Eigeninteresse verunmöglicht das Kollektive. Die Spieltheorie zeigt mit dem Gefangenendilemma, dass Kooperation und Eigeninteresse unvereinbar sind. In der Spieltheorie wird das Verhalten in einer strategischen Situation analysiert. Eine solche Situation ist davon gekennzeichnet, dass die eigene Entscheidung von der Entscheidung anderer abhängt.

Im Gefangenendilemma geht es nach Nida-Rümelin um das Kooperationsdilemma und nicht wie bei Homann um ein Koordinationsproblem, das deshalb gelöst werden müsse, weil jedes Individuum seinen größten Vorteil erreichen möchte. Der Mainstream der Entscheidungstheoretiker und Homann seien überzeugt, dass im Gefangenendilemma Kooperation irrational sei. Nida-Rümelin (2011a, 86–87) führt hingegen aus, dass es rational sein *könne* – nicht *müsse* –, sich für die Kooperationsvariante zu entscheiden. „Die typische Motivation ist, dass der Einzelne seinen Teil zu einer Handlungsweise beisteuert, die er befürwortet und von der er hofft, dass auch die anderen

Beteiligten sie wählen." (Nida-Rümelin 2011a, 86) Kooperation sei per se also nicht irrational, erbringe sie doch auch das beste Gesamtergebnis (2 Jahre Gefängnis in Summe, gegenüber 16 und 20). Diese Variante schließe Homann bewusst aus, weil es nie um den kollektiven Vorteil, sondern ausschließlich um den individuellen Vorteil gehe. Dieser Zugang in Form eines radikalen Individualismus führe dazu, dass Kooperation als nicht rational angesehen werde. Kollektiv gesehen ist das Ergebnis der individuellen Optimierung jedoch nicht rational! Homanns Ansatz geht noch weiter: Aus dem Schluss, dass die Kooperation irrational wäre, folge der weitere Schluss, dass eben das vermeintlich Irrationale dann eben nicht von der Ethik verlangt werden könne. Es sei daher ethisch legitimiert, die Verfolgung des Eigeninteresses als Imperativ einzufordern! Dabei wird nicht berücksichtig, dass beide Personen schließlich einen Nachteil haben, wenn sie sich egoistisch verhalten. Schließlich ergeben sich andere Konsequenzen, wenn die Moral mit berücksichtigt wird. Dies ist in diesem Beispiel weniger einsichtig, weil es sich um zwei Kriminelle handelt, denen per se weniger oder kaum moralische Fähigkeiten zugestanden werden. Aber es gibt ja auch die Gaunerehre (Mafiamoral), die als Gruppenethos die Kooperation ermöglicht, gesellschaftlich jedoch ethisch abzulehnen ist. Die Verfolgung der Gaunerehre könnte in diesem Beispiel beide sehr wohl zur Handlung des Schweigens führen. Die Nicht-Einhaltung der Gaunerehre führt zu extremem Gruppendruck oder noch wesentlichen Sanktionen, die sich direkt auf den Verbrecher selbst oder auf seine Familie auswirken könnten. Da der Nutzenbegriff bei Homann völlig offen ist, könnte die Freude an der eigenen Familie auch einen Nutzen für den Verbrecher darstellen und er daher aufgrund eines möglichen Schadens für die Familie doch anders entscheiden. Einsichtiger wird dieser moralische Standpunkt, wenn das Gefangenendilemma an einer sehr bekannten Geschichte festgemacht wird:[81]

Ein armes chinesisches Paar lud zur Hochzeit ein. Weil das Paar aber über sehr wenig Vermögen verfügte, konnte es sich den Wein nicht leisten. So wurden alle Hochzeitsgäste gebeten, Wein mitzubringen und am Beginn der Feier in ein dafür vorbereitetes Fass zu schütten. Das Fest begann und es wurde der Wein zum Essen serviert. Als die Gäste auf das Brautpaar anstoßen wollten, wurde klar, dass sich nicht Wein, sondern Wasser in den Bechern befand.

Das Paar hoffte also auf Kooperation, die aber am Selbstinteresse aller Beteiligten scheiterte. Wird diese Geschichte ebenfalls in einer Entscheidungsmatrix mit nur zwei Beteiligten dargestellt, welche die Möglichkeit haben, Wein oder Wasser in das Fass zu füllen, dann sieht das folgendermaßen aus

---

[81] Die Quelle dieser Geschichte ist dem Autor nicht bekannt. Auch entsprechende Recherchen haben keine Ergebnisse gebracht.

(ein solches Beispiel kann nach Ansicht Homanns durchaus verwendet werden, weil sich ökonomisches Denken auf alle Bereiche des Lebens ausdehnen lässt):

Tabelle 24: Entscheidungsmatrix im Hochzeitsbeispiel (Kooperation und Defektion)

		Gast A	
		Wasser einfüllen	Wein einfüllen
Gast B	Wasser einfüllen	0/0 D/D	0/1 D/K
	Wein einfüllen	1/0 K/D	1/1 K/K

Kooperieren die beiden, dann ergibt sich der größte Gewinn, weil reiner Wein getrunken werden kann. Kooperiert nur einer und defektiert der andere, dann wird verwässerter Wein getrunken. Defektieren beide, dann gibt es überhaupt keinen Wein. Hier wird die Moral offensichtlicher: Wenn nur zwei Gäste kommen, wird davon auszugehen sein, dass jeder Wein mitbringt, weil es offensichtlich werden würde, wer denn Wasser eingefüllt hätte. Diese Peinlichkeit – ein Gefühl der moralischen Betroffenheit – würde sich jede Person ersparen wollen. Der gesellschaftliche Druck ist zu groß. Die Erklärung bzw. Ausrede, dass man selber lieber gewässerten Wein trinkt, wird hier – wiederum moralisch – kaum auf Akzeptanz stoßen und als „faule Ausrede" gelten. Sind es jedoch viele, die Wein mitbringen sollen, dann werden die Wahrscheinlichkeit des Wiedererkennens mit der Menge der Gäste ab- und die Bereitschaft zur Defektion zunehmen. Dabei wird unterstellt, dass die Gäste moralische Überlegungen anstellen. Wie also würden die Gäste als reine *Homines oeconomici* agieren? Nach Auffassung der meisten Entscheidungstheoretiker würden sie Wasser mitbringen. Unter menschlichen Bedingungen erscheint dieser Schluss beinahe absurd. Die Geschichte des armen chinesischen Brautpaares ist möglich, aber in der Wirklichkeit kaum vorstellbar, weil sie selbst wiederum eine Geschichte mit einer moralischen Botschaft ist: Wer auf eine Hochzeit geht, wird im Normalfall das tun, was sich das Brautpaar wünscht. Die Besonderheit und vermeintlich Einzigartigkeit dieses Tages ist allen Gästen klar. Einige Ausnahmen, die vorkommen werden, wird die Mehrheit abfangen und ein peinlicher Eklat, der das Feiern verunmöglicht – will *Homo oeconomicus* im Modell überhaupt feiern? –, wird wohl möglich, aber unter den Bedingungen der Lebenswelt, in der Institutionen das menschliche Verhalten zwar nicht determinieren, aber beeinflussen, praktisch verunmöglicht.

> „Individuen haben in der Regel individuelle Interessen, und es ist legitim, dass sie versuchen, diesen Interessen gerecht zu werden. Üblicherweise wird die Rolle der

Moral darin gesehen, diese Interessenverfolgung so weit einzuschränken, dass Andere keinen oder jedenfalls keinen zu großen Schaden nehmen. Die Regeln der Moral werden meist als Einschränkungen verstanden, und in der Tat liegt darin eine wichtige Funktion der Moral. Aber [...] darin erschöpft sich nicht die Funktion der Moral. [...]

Kooperation verlangt, dass der Einzelne sich so weit von seinen eigenen Interessen distanziert, dass er sich an einer gemeinsamen Praxis beteiligen kann, die allen, auch ihm selbst, zugutekommt. Die Motivation kann in diesen Fällen, wie wir gesehen haben, nicht die Optimierung des eigenen Vorteils sein. Vielmehr distanziert sich die kooperierende Person so weit von ihren eigenen Interessen, dass sie diese gerade nicht optimiert, wenn eine solche je individuelle Optimierung der gemeinsamen Praxis im Wege stünde. Der je individuelle Verzicht auf Optimierung schafft ein Ergebnis, von dem alle profitieren – im Vergleich zu demjenigen Ergebnis, das sich bei allgemeiner, je individueller Optimierung eingestellt hätte." (Nida-Rümelin 2011a, 78 u. 88)

Moral erfüllt demnach die Aufgabe, das Selbstinteresse einzuschränken, um erstens Menschen in Not zu helfen und zweitens Kooperation zu ermöglichen: „Eine Gesellschaft von Egoisten wäre nicht nur inhuman, sondern auch kooperationsunfähig." (Nida-Rümelin 2011a, 89)

Homann und Suchanek (2005, 31–36) gehen im Modell vom *Homo oeconomicus* aus. Daraus schließen sie auf die *dominante Strategie* des reinen Selbstinteresses in der Dilemma-Situation. Sie gehen auch davon aus, dass der Nutzenbegriff ein völlig offener sei, der sogar den Altruismus einbinde, weil dieser für die altruistische Person einen Nutzen stiften könne, nämlich in Form der Befriedigung der Freude an der Freude anderer. Wie ein Altruist in der Dilemma-Situation handelt, soll nun gezeigt werden.

Tabelle 25: **Auszahlungsmatrix** (vgl. Homann & Suchanek 2005, 33)

		Herr A[82]	
		kooperieren	defektieren
Frau B	kooperieren	3/3 I	1/4 II
	defektieren	4/1 III	2/2 IV

Homann und Suchanek (2005, 27) führen aus: „Der Begriff ‚Nutzen' ist in der modernen Ökonomik völlig offen und keineswegs nur monetär zu verstehen. [...] ja sogar das Wohlergehen anderer Menschen kann Bestandteil ‚meines Nutzens' sein, wenn ich mich nämlich ‚altruistisch' verhalte." Wird ein völlig offener Nutzenbegriff, wie ihn Homann und Suchanek definieren, verwendet, dann ändert die Berücksichtigung des Altruismus sehr wohl etwas in der

---

[82] Werte vor dem Schrägstrich stehen für Frau B und Werte hinter dem Schrägstrich für Herrn A.

Auszahlungsmatrix und damit macht es einen Unterschied, ob altruistisch oder nicht altruistisch gehandelt wird. Das soll nun an folgenden Varianten gezeigt werden:

Variante 1 – dominante Strategie: In dieser Variante wird davon ausgegangen, dass Herr A und Frau B defektieren. Die Präferenzlisten sehen demnach so aus:
- Präferenzliste von Herrn A: II – I – IV – III
- Präferenzliste von Frau B: III – I – IV – II

Diese Variante führt dazu, dass die Situation IV entsteht, beide also ein für sie ungünstiges Resultat erzielen. Deshalb sei es nach Homann und Suchanek notwendig, die Sanktion -3 einzuführen.

Variante 2 – Frau B sei altruistisch: In dieser Variante verändert sich die Präferenzliste von Frau B und damit die Entscheidungssituation in Summe:
- Präferenzliste von Herrn A: II – I – IV – III
- Präferenzliste von Frau B: II – I – IV – III

Die Präferenzliste von Frau B entspricht der Präferenzliste von Herrn A. Ihr Nutzen ist ja der Nutzen von Herrn A. Frau B wird also in der Hoffnung kooperieren, dass Herr A defektiert. A folgt der *dominanten Logik* und B dem Altruismus. Es entsteht die Situation II, mit der beide zufrieden sind. Es ist also keine Sanktion notwendig. Variante 2 unterscheidet sich durch zwei wesentliche Punkte von der Variante 1: Erstens ändert sich die Präferenzliste von Frau B und zweitens führt dies zu der Situation, dass Situation II entsteht, die für beide erwünscht ist. Es macht also sehr wohl einen Unterschied, ob altruistisch oder nicht altruistisch gedacht wird. Würde dennoch ein Sanktionsmechanismus von -3 eingeführt werden, dann wären beide damit nicht einverstanden, weil sich das Ergebnis für Herrn A verschlechtern würde.

Variante 3 – Herr A und Frau B seien altruistisch: In dieser Variante wird die Präferenzliste (Variante 1) von Herrn A zur Präferenzliste von Frau B und umgekehrt:
- Präferenzliste von Herrn A: III – I – IV – II
- Präferenzliste von Frau B: II – I – IV – III

Beide wollen also kooperieren. Das Ergebnis, das sich einstellt, ist I (Kooperation). Das ist ein anderes Ergebnis als in der Variante 1, in der beide dem eigenen Vorteil folgten. Es stellt sich also ohne Sanktion Kooperation ein. Aber: Beide sehen jetzt, dass der andere einen geringeren einzelnen Nutzen hat. Sollte nun ein Sanktionsmechanismus eingeführt werden, dann müsste dieser nunmehr die Kooperation verhindern. Das ist absurd.

Grundsätzlich können Nutzenfunktionen unterschiedlich sein. So können auch Effekte wie *kin selection* sowie *direkte und indirekte Reziprozität* grundsätzlich abgebildet werden (vgl. Kopel & Ehrmann 2013). Allerdings verändern sich dann die Nutzenfunktionen bzw. die Werte in der Auszahlungsmatrix entsprechend. Es macht daher einen Unterschied, ob Altruismus berücksichtigt oder nicht berücksichtigt wird. Damit ist jedoch nicht Sedláčeks (2009, 283) grundlegender Einwand beseitigt, dass Nutzen nur dann im Sinne des kritischen Rationalismus wissenschaftlich begründbar ist, wenn es seine Verneinung auch gibt.

Die dominante Strategie des Defektierens wird bei Homann als Paradigma gesetzt und daraus geschlossen, dass eine Abweichung irrational sei. Da Irrationalität niemals von einer Ethik verlangt werden könne, ergebe sich daraus der Imperativ der Verfolgung des ausschließlich eigenen Interesses. Es handelt sich hier um eine Setzung, da rational auch anders argumentiert werden kann. Es handelt sich also um ein Postulat und nicht um einen Imperativ. Das Postulat steckt in der Annahme des *Homo oeconomicus*. Nur wer glaubt, dass der Mensch wie ein *Homo oeconomicus* agiert, folgt dem Imperativ der Marktwirtschaft.

Moral schließt Homann bereits mit seinen Prämissen aus, denn Absprachen – und damit auch Moral – werden als ausgeschlossen festgelegt. Wird also Moral ausgeschlossen und das Modell des *Homo oeconomicus* verwendet, bleibt die Frage, wo und wie sich dann überhaupt Moral entwickeln kann. Wird Moral *zugelassen*, dann sieht die Interpretation völlig anders aus, dann wird auch Smith anders interpretiert, als dies Homann selbst tut. Dann werden die Schranken, von denen Smith ausgeht, wieder relevant. Bleibt Homann aber im Modell und legt dieses auf die Gesellschaft um, dann muss es so erscheinen, *als ob* alle moralischen Appelle gar nicht greifen könnten. (Vgl. Aßländer & Nutzinger 2010, 238) Dies führt dann zum nächsten Schritt – das Modell wird zur normativen Forderung: „Nicht Domestizierung des Eigeninteresses ist das ethische Programm; sondern die Stärkung, Entfesselung des Eigeninteresses unter einer geeigneten Rahmenordnung, weil dadurch den Interessen der Mitmenschen […] am effizientesten gedient ist." (Homann 2007, 13)

Die Dilemma-Situation gibt nur Auskunft über Kooperation und Defektion der Beteiligten. Sie sagt nichts über die Gesellschaft aus. Ausgehend vom Gefangenendilemma wäre eine Kooperation der beiden Kriminellen für die Gesellschaft schädlich, wenn davon ausgegangen wird, dass die *beiden* so lange wie möglich hinter Gitter kommen sollten. In diesem Fall führt eine Kooperation zu in Summe nur zwei Jahren Gefängnis, anstatt 16 Jahren. Würde nur die höchstmögliche Summe aus beiden Gefangenenjahren gezählt werden, dann wäre es besser, wenn einer defektiert, weil sich dann die Gefangenenjahre auf 20 – allerdings nur für einen – belaufen. Das Dilemma sagt nichts darüber aus, ob die Handlung gut oder böse für die Gesellschaft ist. Kooperieren wäre in diesem Fall für die Gesellschaft schlecht. Moral hat also nicht nur mit der Frage, ob kooperiert wird oder nicht, zu tun, sondern auch mit der moralischen Bewertung von Defektion *und* Kooperation. So kann die Ablehnung einer Kooperation, also eine Defektion, ganz im Sinne einer moralischen Handlung sein, wenn z.B. die Kooperation mit einer kriminellen Organisation abgelehnt wird. Die Frage ist also, unter welchen Umständen mit jemandem kooperiert wird oder nicht. Schließlich kann auch die Frage des Schweigens oder Stillschweigens, also des Kooperierens oder Defektierens, nicht eine strategische, sondern eine verständigungsorientierte sein, die sich an der Ehrlichkeit ausrichtet. Jeder Mensch kann Reue zeigen und die ehrliche Antwort geben. Unter diesen Umständen wäre die Entscheidung keine strategische, sondern eine ehrliche, verständigungsorientierte.

Axelrod (1984, 19) führt aus, dass die experimentelle Literatur letztlich nichts über die richtige Strategie in der Dilemma-Situation aussage. Er wollte wissen, welche Strategie sich als die beste herausstellt, wenn das Dilemmaspiel iterativ gespielt wird. Er lud zu einem Programmierwettbewerb ein, an dem sich Personen aus verschiedenen Disziplinen beteiligten. Als beste Strategie stellte sich *tit-for-tat* von Anatol Rapoport (Professor an der Universität von Toronto) heraus. Es war das einfachste und schließlich das beste Programm (Axelrod 1984, 31). *Tit-for-tat* bedeutet so viel wie *Wie du mir, so ich dir*. Wesentlich bei der Strategie ist jedoch, dass sie immer mit der Kooperation beginnt. Die Strategie ist also eine grundsätzlich freundliche, weil nie mit Defektion begonnen wird (vgl. Axelrod 1984, 33). Was danach gemacht wird, hängt vom Mitspielenden ab: Kooperiert dieser, wird kooperiert, defektiert dieser, wird ebenfalls defektiert. Axelrod schließt daraus, dass Kooperation ohne Moral entstehen könne, wenn „the individuals have a sufficiently large chance to meet again so that they have a stake in their future interaction" (Axelrod 1984, 20). Reziprozität mit der Möglichkeit des wiederholten Treffens der Spielenden führt dazu, dass Kooperation möglich wird. *Tit-for-tat* zeigt, dass Kooperation unter bestimmten Umständen von selbst entstehen kann.

Wenn also die Spielenden in der Lage sind, Erfahrungen zu machen, so entstehen daraus Kooperationspartnerschaften und damit wird Moral entwickelt. Defektieren ist damit keine langfristige Strategie. Darauf geht Homann nicht ein (vgl. Aßländer & Nutzinger 2010, 237). Nida-Rümelin (2011a) argumentiert ebenfalls, dass Moral zur Einschränkung des Selbstinteresses aus dem Mitleid anderer gegenüber und zur Ermöglichung von Kooperation notwendig sei.

Das Ultimatum-Spiel[83] ist ein weiteres Experiment aus der Spieltheorie und zeigt, dass der Mensch eben nicht wie der *Homo oeconomicus* handelt, son-

---

[83] Das Ultimatum-Spiel wurde von Werner Gürth an der Berliner Humboldt-Universität entwickelt. Die Experimente sind sehr häufig wiederholt worden und die Resultate sind äußerst robust. Das Verhalten ist relativ wenig von Alter, Geschlecht, Bildung und Rechenfertigkeit abhängig. Überraschend ist, dass selbst die Höhe des Betrages einen relativ geringen Einfluss hat.

dern die Vorstellung von Gerechtigkeit für die Handlung eine wesentliche Rolle spielt. Dabei wird von folgender Spielsituation ausgegangen:

Eine Person A erhält 100 € unter folgender Bedingung: Das Geld muss mit einer unbekannten Person B geteilt werden, die sich in einem von der Person A getrennten Raum befindet. Die Regeln für die Teilung sind streng: Person A und die unbekannte Person B können aufgrund der räumlichen Trennung nicht miteinander kommunizieren. Person A darf nur ein einziges Teilungsgebot machen. Person B muss diesem Gebot zustimmen oder muss es ablehnen. Person B kennt die Gesamtsumme und die Regeln des Spieles. Wenn Person B dem Vorschlag der Person A zustimmt, dann wird das Geld nach dem Vorschlag der Person A aufgeteilt. Lehnt Person B den Vorschlag ab, bekommt weder Person A noch Person B etwas. In beiden Fällen ist das Spiel dann vorbei. Die Frage, die sich stellt, ist: Wie viel offeriert Person A für gewöhnlich? Wie viel akzeptiert Person B? Der *Homo oeconomicus* würde vorschlagen, die Summe zum eigenen Vorteil aufzuteilen: 99 € für sich und 1 € für die andere Person. Ist auch Person B ein *Homo oeconomicus,* dann wird sie das Angebot von 1 € akzeptieren. Da der Mensch kein *Homo oeconomicus* ist, sieht die Verteilung in der Realität anders aus: In zwei Dritteln aller Fälle schlägt Person A vor, zwischen 40% und 50% zu teilen. Nur 4% bieten weniger als 20% an. Über 50% aller Probandinnen und Probanden lehnen Angebote ab, die unter 20% liegen. (Vgl. Sigmund, Fehr & Nowak, 2002, 52–59).

Es wurde schon ausgeführt, dass der *Homo oeconomicus* und sein Handeln nur ein Modell beschreiben, doch spätestens mit Gary Becker hat sich die Einsicht unter bestimmten Ökonomen und Ökonominnen durchgesetzt, dass sich jedes menschliche Handeln unter diesem Gesichtspunkt betrachten lässt. Und es scheint so, also ob viele dieser ökonomischen Optimierung folgen würden. Es ist für Nida-Rümelin problematisch davon auszugehen, dass sich Vernunft auf ein einziges Prinzip reduzieren lässt – das gelte sowohl für die ökonomische Theorie als auch für den kategorischen Imperativ und den Utilitarismus, wobei der Fortschritt Kants darin liege, Freiheit und Verantwortung verbunden und ins Zentrum der Ethik gerückt zu haben. Kant verbinde Vernunft und Moral, indem er davon ausgehe, dass der Mensch gegen seine momentane Stimmung entscheiden könne, ja müsse, weil es nicht um Wünsche oder Neigungen gehe, sondern um die Pflicht. Es seien also Gründe, die für die Handlung sprechen, und nicht augenblickliche Neigungen bzw. Wünsche. (Vgl. Nida-Rümelin 2011a, 40–58).

Homann (2012, 217) geht davon aus, dass die Marktwirtschaft das solidarischste System darstellt. Samuelson und Nordhaus (2001, 162) führen aus, dass ein freier Markt, wie er in der neoklassischen Theorie beschrieben ist, im besten Fall für Effizienz, nie aber für Gerechtigkeit sorgen könne. Homann versteht die Marktwirtschaft als „das beste bisher bekannte Mittel zur Verwirklichung der Solidarität aller Menschen […]. Daraus folgt, dass sich die

Akteure in der Marktwirtschaft, wenn es ihnen um ethische Ziele geht, gemäß den Imperativen dieser Marktwirtschaft verhalten sollen" (Homann 2012, 217). Der ökonomische Imperativ wird also sowohl aus dem vermeintlich einzig rationalen Verhalten in der Dilemma-Situation als auch von der Funktionsfähigkeit des Marktes und des Wettbewerbes abgeleitet. Diese vermeintlichen Imperative können jedoch für den einen Vorteile und für den anderen Nachteile erbringen. Gewinnerzielung ist im Wirtschaftskreislauf eine Umverteilung des Primäreinkommens von den Unselbstständigen zu den Selbstständigen. Die Begründung dafür kann im Leistungsprinzip gefunden werden. Wie aber verfährt der Markt mit denen, die nicht am Markt partizipieren können? Auch wird die Frage offen bleiben, unter welchen Bedingungen Gewinne erzielt wurden und ob diese gerecht waren.

Aber Effizienz sei nicht Gerechtigkeit, sei keine Sinnfrage und könne auch nicht die alleinige Legitimation für Handeln sein. Es stelle sich immer die Frage: Effizienz wofür? Gerechtigkeit für wen? Wer nur der Effizienz, nur der ökonomischen Logik folgt, ist „ökonomistisch verbildet". Gut verstandene ökonomische Vernunft grenze sich vom Ökonomismus ab und rücke die Lebenswelt in den Mittelpunkt. Nach Peter Ulrich (2005, 4) stellt sich mit der Effizienz immer auch die Frage des Sinns und der Gerechtigkeit (siehe Abbildung 24).

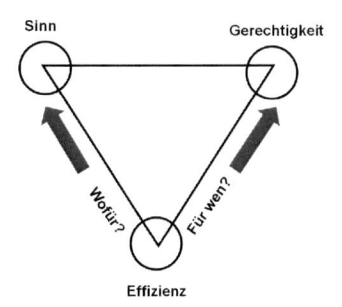

Abbildung 24: Drei Gesichtspunkte wirtschaftlicher Vernunft nach Peter Ulrich
(2005, 4)

Wer nur die Effizienz in den Mittelpunkt stelle, verabsolutiere die ökonomische Rationalität und mache sie zur Messlatte jedes Handelns. Es sei der Ausdruck eines Ökonomismus. Die Gefahr liege darin, dass daraus eine Weltanschauung entstehe, die über alle anderen vernünftigen Gründe gehoben werde. Darauf sei in einer wirtschaftlichen Bildung hinzuweisen. (Vgl. Ulrich 2005, 7)

Die Bearbeitung der Frage des Selbstinteresses und des Entscheidens in Situationen kann so wie die Dilemma-Situationen dargestellt erfolgen. Es ist aber nur eine Form der Darstellung. Selbst die Wahl der Darstellungsform ist bereits eine Setzung, um die jedoch die Wissenschaft nicht herumkommt. Solche Setzungen müssen mit der Wahl der Methode vollzogen werden. Die *Scientific Community* entscheidet, ob eine derartige Methode zulässig ist oder nicht. Ein rein empirisches Arbeiten gibt es daher nicht (vgl. Kapitel 1). Natürlich ist die Darstellung in Form von Dilemma-Situationen eine Möglichkeit. Sie ist aber nur *eine Darstellung*sform. Wird ihrem Modell gefolgt, wird das Denken in eine ganz bestimmte Richtung gelenkt. Jede Methode lenkt das Denken in eben eine bestimmte Richtung.

Wirtschaftliche Situationen lassen sich natürlich vielfältig darstellen. Oftmals lassen sich solche ökonomische Entscheidungssituationen nicht in Erwartungswerten darstellen. Im Dilemmamodell wird unterstellt, dass vollkommene Information herrscht, weil beide Partner wissen, welche Erwartungswerte bei welcher Entscheidung auftreten. Es wird weiters von ökonomischer Rationalität ausgegangen, d.h. beide können die Informationen verarbeiten. Im schlimmsten Fall ist eine Abschätzung der Erwartungswerte notwendig. Es gibt aber Situationen, die weniger klar für die Betroffenen sind (siehe Abbildung 25).

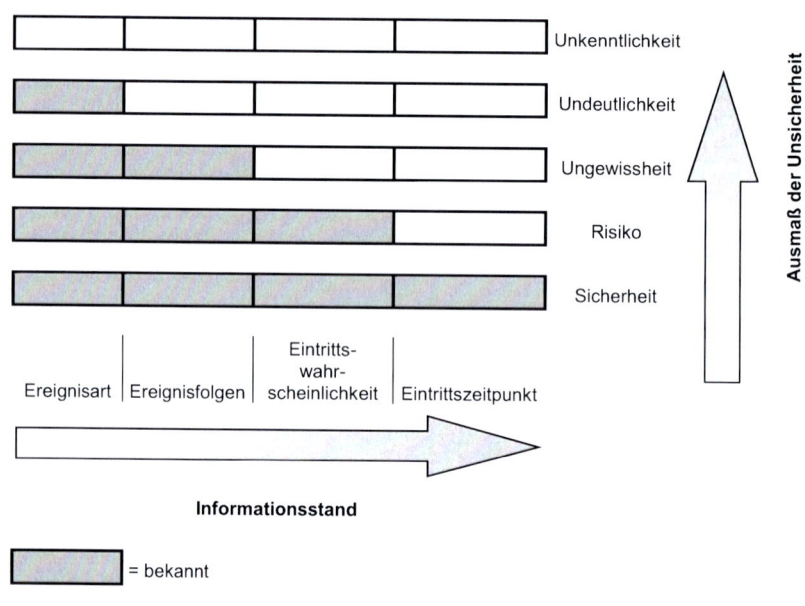

Abbildung 25: Ausmaße von Unsicherheiten
(Tafner 2009b, 114 in Verweis auf Brinitzer 2001, 146)

Nach Brinitzer sei Risiko die mildeste Variante von Unsicherheit, weil Ereignisart, Ereignisfolgen und Eintrittswahrscheinlichkeit bekannt seien; lediglich der Eintrittszeitpunkt sei offen. Kann keine Eintrittswahrscheinlichkeit mehr angegeben werden, dann werde von Ungewissheit gesprochen. Sind auch die Ereignisfolgen nicht klar, dann trete der Umstand der Undeutlichkeit ein. Könne schließlich nicht einmal mehr eine Aussage über das Ereignis selbst gemacht werden, dann liege Unkenntlichkeit vor. (Vgl. Brinitzer 2001, 137–151)

Das Ausmaß der Unsicherheit ist also wesentlich größer, als in der Dilemma-Situation dargestellt. Im Allgemeinen kann die Dilemma-Situation nur eine ganz bestimmte Situation darstellen. So sind die Begünstigten – die Konsumentinnen und Konsumenten – gar nicht berücksichtigt. Es zeigt ja das Modell, dass bei der Verfolgung des reinen Eigeninteresses das gesamtgesellschaftliche Nutzenmaximum gerade eben nicht erreicht wird. In der Spieltheorie ist die Gesellschaft die Gemeinschaft der beiden Spielenden. Welche Auswirkung das Spiel auf Nicht-Spielende hat, kommt gar nicht in den Blick. Aßländer und Nutzinger (2010, 236–237) führen aus, dass die Gesellschaft und die Nachfrageseite ausgeblendet werden – Gesellschaft und Nachfragende müssen nicht die gleichen sein. So könne z.B. nicht in den Blick genommen werden, wie Konsumentinnen und Konsumenten durch Werbung zu wirtschaftlichen Handlungen geführt werden könnten, die sie gar nicht wollten. Eine Selbstschädigung der Nachfragenden führe in diesem Fall zu einem Nutzen für die Anbieter. Damit aber werde die Aussage, dass der Markt das solidarischste System sei, *ad absurdum* geführt.

Auch Luhmann geht davon aus, dass die Richtigkeit der eigenen Entscheidung von der Entscheidung der anderen abhänge, die Interaktion also interdependent sei. Allerdings entstünden dadurch – in der Sichtweise Luhmanns, die geteilt werden kann, aber nicht muss – Paradoxien: Um entscheiden zu können, beobachten die Wirtschaftssubjekte. Die Beobachtung der Gegenwart lässt Schlüsse für die Zukunft zu. Das Wirtschaftssubjekt beobachtet, andere beobachten auch, sie wiederum beobachten, wie der andere beobachtet. (Vgl. Luhmann 1988a, 119) Die Schlüsse daraus sind jedoch unterschiedlich. Damit Verkäufe möglich sind, müssen zu einem bestimmten Preis „sowohl wahre als auch falsche Annahmen gemacht werden" (Luhmann 1988a, 119). Wenn jemand produziere und Gewinne erwirtschafte, weil andere nicht produzieren, so haben sich vorab die anderen gedacht, dass es nichts bringen werde. Die Richtigkeit des Entschlusses liege in der Nichtproduktion der anderen. (Vgl. Luhmann 1988a, 119)

> „Wenn diese Überlegungen zutreffen, kann man die Rationalität des eigenen Verhaltens nicht daraus gewinnen, dass man ein rationales Verhalten des anderen Marktteilnehmers unterstellt. Man selbst ist aber der andere der anderen. Also kann auch das eigene Verhalten im Hinblick auf Zukunft nicht rational sein, wenn es beobach-

tet wird. *De futuris contingentibus*[84] gibt es keine wahren und keine falschen Annahmen, sondern nur Unentscheidbarkeiten. Bei logischen Unentscheidbarkeiten muss man eben entscheiden. Gerade diese Sachlage produziert also Entscheidungszwänge. Die einzig sinnvolle Strategie ist dann ein Probieren, das sich selbst misstraut und sich mit Änderungsvorbehalten ausstattet. Jeder Teilnehmer muss dafür noch über Reserven verfügen, also notfalls auch bei geringeren Preisen noch produzieren können. Der Grenznutzen ist eine unhaltbare Position, weil sie in diesem System zu wahrheitsabhängig wäre. [...]

Eine auf Gewinn abzielende Strategie kann nur dann richtig sein, wenn die des Konkurrenten falsch ist. Es mögen beide falsch sein, das ist trivial. Es mögen beide ihre Strategie für richtig halten; dann stellt sich erst später bei Überproduktion heraus, wer den Kürzeren zieht, also eine falsche Strategie gewählt hatte. Wenn man vorher wissen kann, wer den Kürzeren zieht, wählt dieser eine falsche Strategie. Insofern ist eine Differenz an Durchhaltevermögen der Faktor, der zwischen richtig und falsch diskriminiert. Wenn die beobachteten Marktteilnehmer dies aber nicht wissen, braucht der Beobachter zur Beschreibung der Situation einen dritten Wert: riskant. Riskant ist ein dritter Wert, der die Differenz der beiden anderen reflektiert. Eine Strategie ist riskant, wenn sie richtig ist, wenn die Strategie des anderen falsch ist, und falsch ist, wenn die Strategie des anderen richtig ist." (Luhmann 1988a, 120)

Es müsse zwischen akzeptabler und nicht-akzeptabler Riskanz unterschieden werden. Die Trennlinie sei – das zeigt die Empirie – höchst subjektiv, besonders bei hohen Risiken. Große Unternehmen könnten größere Risiken wagen, weil sie streuen könnten. Es gehe also nicht um Effizienz, es gehe um akzeptable und nicht-akzeptable Riskanz. Anders gesagt: Rationalität lasse sich nicht an bestimmten Effizienzkriterien ablesen, sondern an der Fähigkeit (Robustheit), fremde und eigene Irrtümer zu überstehen. Welche Strategien bewähren sich, auch wenn oder weil sie falsch sind? (Vgl. Luhmann 1988a, 121–122)

4.4.3.5 Individual- und Institutionenethik

Gleich zu Beginn dieses Unterpunktes ist auf einen wesentlichen Punkt hinzuweisen: Da es verschiedene Handlungsmöglichkeiten des freien Menschen gibt, kann weder Moral noch Ethik moralisch richtiges Handeln *garantieren*. Dem Ansatz des Neo-Institutionalismus folgend wurde gezeigt, dass Institutionen das Denken und Handeln von Menschen lenken, aber nicht determinieren. Institutionen bewirken etwas beim Menschen. Weder Individual- noch Institutionenethik können jedoch garantierten, dass der Mensch das tut, was die Institutionen von ihm fordern. Die Institutionenethik hat zusätzlich gewissermaßen den Umweg über die Individualethik zu gehen, „ansonsten

---

[84] *De futuris contingentibus non est determinata veritas!* – Über zukünftige Geschehnisse gibt es keine wirkliche Gewissheit.

bliebe die Frage offen, wie die entsprechende Rahmenordnung bzw. die Normen entstanden [sind] und fortgeschrieben werden" (König 2000, 33). Es braucht also Menschen, die Institutionen auch definieren und umsetzen können. Alle Menschen jedoch benötigen die Individualethik, um die Institutionenethik überhaupt realisieren zu können. Dies ist ein Punkt, der bei Homann viel zu schwach ausgeprägt ist. Aßländer und Nutzinger (2010) kritisieren, dass die individuelle Moral in der wirtschaftsethischen Theorie Homanns keine *systematische* Bedeutung mehr hat.

Zurückgreifend auf die Spieltheorie unterscheidet Leipold (2006, 64–68)[85] zwischen bindungsbedürftigen und selbstbindenden Institutionen. Selbstbindende Institutionen entstehen bei unproblematischen und konfliktarmen Beziehungen, die alle Teilnehmenden mit Selbstinteresse verfolgen, weil alle aus und mit dem Netzwerk profitieren. Solche Situationen werden in Koordinationsspielen simuliert. Für die Spielenden in einem Koordinationsspiel sei es immer besser zu koordinieren (vgl. Ackermann 2001, 115). Ein simples Beispiel wären Telefone, die nur einen Sinn machen, wenn sie auch von vielen benutzt werden. Da selbstbindende Institutionen für alle einen Nutzen stiften, binden sich alle Teilnehmenden selbst. Selbstbindende Institutionen entstehen oft auch spontan. Bindungsbedürftige Institutionen, wie sie im Gefangenendilemma dargestellt werden, sind problematischer, weil sie in Beziehungen auftreten, in denen die einzelnen Teilnehmenden auf ihre beste Variante verzichten, damit die Gruppe in Summe die beste Alternative wählen kann. Das Selbstinteresse muss also gebunden werden. Dafür bedarf es moralischer Bindungen, die die Interessen der anderen wahren und die eigenen beschränken. Daraus folgt, dass nicht alle Situationen – wie Homann behauptet – Dilemma-Situationen sein müssen.

Damit die Moral Anerkennung findet und als Institution wirken kann, braucht sie selbst eine Legitimation. Drei Quellen der Legitimation der Moral führt Leipold (2006, 63–67) aus: erstens die moralischen Gefühle (*emotio*), zweitens den Glauben (*credo*) an Transzendentes oder an Weltanschauungen und drittens die Vernunft (*ratio*), die den Vorteil im Sozialen erkennt und nach entsprechenden rechtlichen Vorgaben ruft. Dadurch ergeben sich drei bzw. vier Formen von bindungsbedürftigen Institutionen: *emotional gebundene Institutionen, religiös bzw. ideologisch gebundene Institutionen* und *vernunftrechtlich gebundene Institutionen.*

Emotional gebundene Institutionen stünden im Mittelpunkt der Theorie Humes. Jede moralische Entscheidung und Schlussfolgerung begründe sich bei Hume auf ein Zusammenspiel von Vernunft und Gefühl, wobei er in den

---

[85] Am Beginn der Typologie gibt Leipold folgenden Hinweis: „Das menschliche Zusammenleben war nie gänzlich regellos, wie ja auch das Zusammenleben der Wölfe bekanntlich einem streng hierarchisch geregelten Sozialverhalten unterliegt." (Leipold 2006, 64)

Gefühlen und damit in der Natur des Menschen die ursprüngliche Quelle der moralischen Prinzipien finde. Eine Moral, die nur auf Vernunft baue, möchte einsichtig machen, dass der Verzicht auf das Selbstinteresse nützlich sei. Da Nützlichkeit immer ein Zweck-Mittel-Verhältnis darstelle, sei das Argument der Nützlichkeit dort nicht einsetzbar, wo das Individuum auf Selbstinteresse verzichte, dem Zweck jedoch keine Bedeutung beimesse. Warum also sollte der Mensch das Mittel Moral einsetzen, um einen Zweck zu verfolgen, der keine Bedeutung für ihn hat? Deshalb sei es notwendig, dass der Mensch Sympathie für die Zwecke anderer und damit für andere Menschen aufbringen könne. Konzepte, die von der rationalen Bindung an rechtliche Institutionen ausgehen, unterstellen, dass sich alle an das Recht binden. Weil es aber ein gewisses Misstrauen an die Bindung gebe, würden Sanktionen festgelegt. Sanktionen scheinen damit die emotionale Bindung unnötig zu machen. Dennoch blieben – so Leipold (2006, 70) – vor allem zwei Schwächen: Erstens könnten rechtliche Institutionen nicht so formuliert werden, dass sie defektives Handeln ausschließen. Werden Novellierungen vorgenommen, müsse wiederum nachgebessert werden, wenn neue Lücken auftauchten. Zweitens werde das moralische Problem nur auf eine höhere Ebene geschoben, denn es müsse Personen geben, die das Recht formulierten. Diese Personen müssten auch gebunden und sanktioniert werden. Es bedürfe also einer weiteren Kontrollinstanz – und wer binde und kontrolliere diese? Es komme also zu einem „Ordnungsdilemma zweiter und höherer Ordnung" (Leipold 2006, 70). Dieses Dilemma habe bereits Hume erkannt und deshalb das Gefühl als ursprüngliche Quelle der Moral definiert. Moral gelte also nicht deshalb, weil sie einen Nutzen bringt, sondern als Zweck selbst. Dieses moralische Gefühl sei jedem Menschen eigen – davon geht auch Adam Smith in seiner *Theorie der ethischen Gefühle* aus:

> „Mag man den Menschen für noch so egoistisch halten, so liegen doch offenbar gewisse Prinzipien in seiner Natur, die ihn dazu bestimmen, an dem Schicksal anderer Anteil zu nehmen, und die ihm selbst die Glückseligkeit dieser anderen zum Bedürfnis machen, obgleich er keinen anderen Vorteil daraus zieht, als das Vergnügen, Zeuge davon zu sein." (Smith 2010, 5)

Dies führt dazu, dass die moralischen Prinzipien die erste Strategiewahl im Gefangenendilemma sind. Leipold (2006, 71) sieht allerdings in der Verallgemeinerung der Idee der moralischen Gefühle eine Problematik: Die Reichweite emotionaler Bedingungen sei begrenzt auf Verwandtschaft, Freundschaft und kleinere Gemeinschaften. Diesem Argument, das auch Homann einbringt, ist entgegenzuhalten, dass direkte Betroffenheit, die über freundschaftliche und verwandtschaftliche Verhältnisse hinausgeht, ebenso moralische Gefühle auslösen kann. Kreff, Knoll und Gingrich (2011, 112) führen aus, dass weniger die grundlegende Form der Beziehung ausschlaggebend als vielmehr die eigene Betroffenheit sei. Diese Betroffenheit könne gerade in der Globalisierung durch globale Medien von fernab direkt ins Wohnzimmer geliefert werden: „Die Verbreitung von Bildern des weltweiten Leids etwa schafft neue Gemeinschaften der Betroffenheit, welche über große kulturelle Distanzen hinweg durch Empathie, Identifikation und Zorn verbunden werden." (Kreff, Knoll & Gingrich 2011, 112)

Religionen würden die Familien- und Sippenverbände durchbrechen und ermöglichten die Entstehung von *religiös gebundenen Institutionen* und damit die Basis für Gemeinschaften, die sich nicht über das gemeinsame Blut definierten. Durkheim verstehe die Religion als Grundlage aller großen Institutionen. Zwar habe Religion mehr als nur eine moralische Funktion, doch spiele die „moral- und ordnungsstiftende Kraft der Religion" eine wesentliche Rolle (Leipold 2006, 75). Ähnlich wie Religionen funktionierten Ideologien und verdankten „ihre ungebrochene Relevanz für die Ordnung der politischen, gesellschaftlichen und wirtschaftlichen Prozesse der meist wissenschaftlich verbrämten Verknüpfung emotionaler, religiöser und rationaler Bildungspotenziale zu einem Werte- und Ordnungssystem" (Leipold 2006, 77–78).

Vernunftrechtlich gebundene Institutionen versuchen durch die Bindung an das Recht zur Einschränkung des Eigeninteresses zu gelangen. Die Befolgung des Rechts bedarf der Vernunft. Es wurde schon gezeigt, dass die Vernunft alleine jedoch nicht ausreicht, denn es bedarf einer moralischen Rückbindung. (Vgl. Leipold 79–80)

Homann wählt gerne die Metapher des Fußballspiels. Die Spielzüge sind die Handlungen, die Spielregeln sind die Institutionen. Der Schiedsrichter kann Sanktionen verhängen. Gerade am Fußballspiel kann verdeutlicht werden, dass ein faires Spiel nicht von den Spielregeln, sondern von den fairen Spielern oder Spielerinnen abhängt. Erst die *Umsetzung* der Spielregeln ermöglicht das faire Spiel. Wer selbst Fußball spielt, weiß, dass ein Foul erst dann ein Foul ist, wenn der Schiedsrichter pfeift. Es gibt also genügend Möglichkeiten, unfair zu spielen, ohne mit Sanktionen rechnen zu müssen. Fairness impliziert die *Einhaltung* der Spielregeln. Die Fairness liegt also nicht in den Spielregeln per se, sondern in der Einhaltung dieser. Es bedarf fairer Spieler und Spielerinnen, um ein faires Spiel zu sehen. Selbst faire Spielregeln garantieren kein faires Spiel. Oder anders gesagt: **Faire Spielregeln sind kein faires Spiel. Ein faires Spiel ist ein fair gespieltes Spiel.**

Die Bedeutung der Individualethik wurde im Kontext der Menschenrechte bereits diskutiert (vgl. 4.1.1.2). Ohne den moralischen Unterbau der Individualethik bleibt die Institution der Menschenrechte Makulatur. Erst das Leben der Menschenrechte macht die Menschenrechte zu gelebtem Recht.

Individualethik schließt gewissermaßen die Lücken, die die Institutionenethik offen lässt (vgl. König 2000, 33). Gerade in einer globalisierten Welt ist im ökonomischen Kontext das Individuum stärker gefragt denn je (vgl.

Zabeck 2004, 68). Durch den enormen Flexibilisierungsdruck der Globalisierung nimmt die Bedeutung von unvollständigen Verträgen zu. Das bedeutet auch eine Zunahme des „Management[s] dieser Verträge durch Ethik und Kultur" (Homann & Lütge 2005, 87–88).

Eine weitere Problematik der Institutionenethik liegt darin, dass eine ausschließliche Orientierung des moralischen Verhaltens an den positiven Gesetzen zu einer rechtlichen Interpretation führen kann, welche die Lücken und Interpretationsmöglichkeiten eines Gesetzes ausnützt. Nicht nur das Recht ist relevant, sondern auch die Billigkeit. Aristoteles führt dies so aus:

> „Die Schwierigkeit wird dadurch hervorgerufen, dass das Billige zwar ein Gerechtes ist, aber nicht das Gerechte nach dem Gesetz, sondern als Berichtigung des gesetzlich Gerechten. Der Grund liegt darin, dass jedes Gesetz allgemein ist, sich aber über manche Dinge keine richtigen allgemeinen Sätze aufstellen lassen. [...] Wenn nun das Gesetz allgemein spricht, aber ein einzelner Fall eintritt, der vom allgemeinen Gesetz nicht erfasst wird, dann ist es richtig, dort, wo der Gesetzgeber eine Lücke lässt und den Fall durch die allgemeine Formulierung verfehlt, dies zu berichtigen – indem man sagt, was auch der Gesetzgeber selbst gesagt hätte, wenn er da gewesen wäre, und was er in das Gesetz aufgenommen hätte, wenn er es gewusst hätte." (Aristoteles, IV Ethik, Nikomachische Ethik, in Höffe 2009, 342)

Gerade die in 4.4.4 ausgeführten Vorgänge im Zuge der Finanz- und Wirtschaftskrise zeigen, dass neben einer starken Deregulierung, um der Wirtschaft Freiraum zu geben, vorhandene Gesetze so weit wie nur möglich interpretiert wurden. Institutionenethik – so wird hier sichtbar – ist ohne Individualethik nicht wirklich zu haben.

Und es stellt sich darüber hinaus auch noch die Frage, ob die Einhaltung von Gesetzen gerecht und billig ist. Wolfgang Naucke (2012) zitiert in seiner Schrift über die politische Wirtschaftsstraftat einen britischen Journalisten: „[Wenn] die Banken, die unser Geld betreuen, es wegnehmen, es verlieren und dann, aufgrund einer staatlichen Garantie, nicht bestraft werden, geschieht etwas Schlimmes." (Moore in Schirrmacher 2011, 3) Naucke (2012, 3) versucht mit seiner Schrift u.a. den Zweifel zum Ausdruck zu bringen, „ob ein verselbständigter mächtiger Teil der Gesellschaft – die Träger des Wirtschafts- und Finanzsystems – jemals ohne massiven Widerstand eine Beurteilung durch das Strafrecht zulassen wird. Das ist ein Problem der Verfassung der freiheitssichernden Demokratie, ein politisches Problem". Naucke versucht den Begriff der politischen Wirtschaftsstraftat darzulegen. Grundlage ist für ihn die Freiheit des Menschen, die unabhängig von nationalen Gesetzen und Verfassungsformen gilt. Eine Straftat ist dann eine

> „zurechenbare Überwältigung der persönlichen Freiheit. Eine Wirtschaftsstraftat ist jene Straftat, die mithilfe einer Wirtschaftsorganisation Freiheit zerstört. Politisch ist eine Wirtschaftsstraftat, die als staatlich geförderte oder staatlich unkontrollierbare Macht auftritt und durch ihre Stärke Freiheit überwältigen kann. [...] Um es zu be-

kräftigen: politische Wirtschaftsstraftat ist jene Wirtschaftsstraftat, die zerstörend auf die persönliche Freiheit und auf die freiheitsschützenden rechtlichen Institutionen wirkt" (Naucke 2012, 4).

Es geht also darum, die Freiheit des Individuums „gegen eine überwältigende Macht eines anderen zu verteidigen" (Naucke 2012, 5). Naucke (2012, 7–11) beginnt seine Untersuchung, indem er eine Parallele zwischen der Staatskriminalität und der politischen Wirtschaftskriminalität zieht, da sowohl Wirtschafts- als auch Staatsführerinnen und -führer Macht besitzen, das Individuum zu entmachten. Naucke zeigt auf, dass es im Nürnberger Prozess (1947/48) auch Verurteilungen wegen politischer Wirtschaftsstraftaten gab. Interessant ist dabei, dass sich die Gerichte weder am positiven Gesetz noch am Völkerrecht orientierten. Die Verteidigung, dass sich Wirtschaftstreibende nur am geltenden Gesetz orientiert haben, wird darin zurückgewiesen. Weder das Völkerrecht noch das Rückwirkungsverbot, noch die Berufung auf eine bestimmte existierende Wirtschaftsordnung konnten vor Bestrafung stützen: Wer Verbrechen gegen die Menschlichkeit begeht, wird bestraft. Das Problem allerdings nur auf die Zeit des NS-Regimes zu beschränken, greift zu kurz. (Vgl. Naucke 2012, 13–25) Die wesentliche Aussage dieser Prozesse liegt darin, „dass kein Mächtiger, der Straftaten begeht, ob als Staatsfunktionär oder als Wirtschaftsfunktionär handelnd, sich, um Straffreiheit zu erreichen, darauf berufen kann, er habe nur systemkonform agiert" (Naucke 2012, 33). Es sind – so Naucke (2012, 24) – heute weniger klar greifbare Formen der politischen Wirtschaftskriminalität dazugekommen. Im dritten Teil untersucht Naucke das Strafverfahren gegen Erich Honecker (1989/1990), das wegen Verhandlungsunfähigkeit eingestellt wurde. Es bleibt aber die „juristische Vorstellung, dass machtgetragenes wirtschaftliches Handeln, das großen Schaden bei vielen Bürgern und in den volkswirtschaftlichen Abläufen anrichtet, eine Straftat sein kann" (Naucke 2012, 35). Es gehe als um eine bürgerfeindliche Politik, welche das Individuum überwältigt. Ein Problem, das auch heute nicht übersehen werden dürfe (Naucke 2012, 36–37). Naucke (2012, 39–44) führt seine Untersuchung anhand einer Anklage gegen einen früheren isländischen Ministerpräsidenten wegen fahrlässiger falscher finanzieller Entscheidungen der Regierung fort. Es geht dabei um den Systemzusammenbruch, der sich daraus ergab, dass große isländische Banken mit Unterstützung der Regierung große Kredite im In- und Ausland aufgenommen und die Geldmengen an die Bürgerinnen und Bürger weitergegeben haben. Als diese nicht mehr bedient und keine neuen Kredite dafür aufgenommen werden konnten, brach das System zusammen. Die Banken wurden verstaatlicht, viele Bürgerinnen und Bürger erlitten die Insolvenz und der Lebensstandard ging zurück. Wie im Honecker-Prozess so wurde auch in diesem Fall durch das Handeln der Regierung das Wirtschafts- und Finanzsystem ruiniert. Diese Parallele wird jedoch 2010 – so Naucke (2012, 40) – nicht gesehen. Dennoch seien die Denkformen, die dem Prozess zugrunde liegen, die gleichen wie beim Honecker-Verfahren und beim Nürnberger Prozess: „Es ist die Denkform der politischen Wirtschaftsstraftat." (Naucke 2012, 41)

Das Problem ist das gleiche: Ein eindeutiges Gesetz gibt es nicht. Das begünstigt die Beschuldigten, die sich daher auf die mangelnde Rechtsstaatlichkeit zurückziehen können. Doch gerade der Umstand, dass es keine entsprechenden Gesetze gibt, liegt im Unterlassen der angeklagten Gesetzgeber. Mit dem Verfahren in Island wird nun gezeigt, dass der Tatbestand einer politischen Wirtschaftsstraftat nicht in diktatorischen Kontext, sondern auch im demokratisch-marktwirtschaftlichen System möglich ist. Und es reicht die grobe Fahrlässigkeit. Es zeigt auch das unklare Ineinander-Verwobensein von Politik und Ökonomie: „Die Ökonomisierung der Politik und die Politisierung der Ökonomie durch individuell bestimmbare Protagonisten zu Lasten der Freiheit der Person und der republikanischen Prozesse zeigt sich als Kern der politischen Wirtschaftsstraftat." (Naucke 2012, 42)[86] Nach einer Untersuchung deutscher Urteile fasst Naucke (2012, 61–62) den Stand der Diskussion über die politische Wirtschaftsstraftat zusammen: Es gebe leider keine durchgängige Abhandlung über dieses Phänomen. Jedes Verfahren beginne von Neuem und werfe die gleichen Fragen auf. Naucke (2012, 61) bestimmt eine politische Wirtschaftstat so: „Das Nutzen von Wirtschaftsmacht ist politische Straftat, wenn diese Macht viele Menschen um ihre Freiheit bringt, und das Nutzen von Wirtschaftsmacht ist politische Straftat, wenn diese Macht das verfasste gesellschaftliche System selbst, das der Freiheit dienen soll, beschädigt oder zerstört."

Ist es möglich, das Konzept der rein ökonomischen Rationalität zu leben und gleichzeitig durch Gesetze die zerstörerische Wirkung des individuellen Selbstinteresses zu vermeiden? Nida-Rümelins Antwort lautet: nein! Denn es ist nicht möglich, die Regeln des Zusammenlebens in Gesetze zu gießen. Zur Wirkung eines Gesetzes sind moralische Grundlagen notwendig, ansonsten müsste die Einhaltung dieser Regeln totalitär überprüft werden. Aber es ist auch in einem anderen Sinne totalitär: Das selbstverantwortliche, autonome Individuum – das Ziel der modernen Pädagogik – wird zu einem kontrollierten und gesteuerten Wesen. Damit wird ein moralisch verantwortliches, freies Handeln nicht mehr möglich. (Vgl. Nida-Rümelin 2011a, 94–98)

Pädagogisch können individualethisch oder institutionenethische Zugänge vertreten werden.

> „Wir sehen die Aufgabe moderner Bildungsprozesse auch darin, auf der Basis positiver Theorien und erklärungskräftigen Wissens eine normative Diskussion über

---

[86] Der ehemalige Premierminister Geir Haarde entgeht einer Haftstrafe und wird in einem der vier Anklagepunkte verurteilt: Er habe die Regierung über die wirtschaftliche Lage unzureichend informiert. (Vgl. Die Zeit online, 2012)

Leitbilder für Verhalten und Institutionengestaltung zu führen. Es wird darum gehen müssen, die Bedeutung von Institutionen für die Erklärung und Entschärfung der wesentlichen gesellschaftlichen Fehlentwicklungen zu erarbeiten. Die moderne Institutionentheorie kann dabei die zentrale Rolle von ‚richtigen', d.h. problemstrukturadäquaten mentalen Modellen verdeutlichen. [...] Das individualethische Paradigma bleibt aus drei Gründen eine unverzichtbare Basis. Erstens sind [...] im abgrenzbaren lokalen Umfeld mit einer überschaubaren Zahl von Beteiligten auf das Individuum gerichtete Morallösungen problemadäquat. Zweitens ist individuelle Moral zwingend erforderlich für die Einhaltung bzw. Ausnutzung der Spielregeln. Institutionelle Spielregeln, die nicht eingehalten werden, sind keine lösungsfähigen Institutionen. Darüber hinaus gibt es auch innerhalb der jeweils bestehenden Spielregeln Handlungsspielräume, die in mehr oder weniger hohem Maße moralisch genutzt werden können. Last not least ist für die Ingangsetzung eines institutionellen Wandels eine individualethisch motivierte Initialzündung erforderlich. [...] Statt wie bisher Problemlösungen allein darin zu suchen, die Moral gegen die bestehenden und durch die institutionellen Rahmenbedingungen geprägten Handlungsanreize zu stärken, sollte sich Moral auch auf deren Gestaltung richten." (Karpe & Krol 1997, 99)

Karpe und Krol (1999, 42–48) fassen fünf Beiträge, die die Neue Institutionenökonomik für die wirtschaftliche Bildung leisten könnte, zusammen:

1. Dieser Zugang kann einen Orientierungsbeitrag leisten, denn es finden die gesellschaftlichen Zusammenhänge und die Rolle der Institutionen Berücksichtigung. Institutionen können Vertrauen und Erwartungen stabilisieren.
2. Innerhalb eines einzigen Ansatzes können die verschiedenen Subsysteme der Gesellschaft betrachtet werden.
3. Die Bedeutung von Institutionen für das Funktionieren von pluralistischen Gesellschaften wird akzentuiert. Demokratie und soziale Marktwirtschaft bauen auf Institutionen, die in der Gesellschaft akzeptiert sein müssen. Tragen Institutionen nicht oder nur unzureichend, kann dies in Krisensituationen problematisch sein. Die Neue Institutionenökonomik kann das Wissen über die Bedeutung und das Wissen um Institutionen fördern und damit einen Beitrag für deren Akzeptanz leisten.
4. Sie zeigt auch die Grenzen der, für die Verantwortung des Einzelnen unverzichtbaren, Individualethik auf. Jedoch müssen in-

dividualethische[87] Bildungsinhalte um imstitutionenethische ergänzt werden.[88]
5. Das Wissen um und die Diskussion über bestehende Institutionen sowie die Fähigkeit zum moralischen Urteil können einen Gestaltungsbeitrag für die zukünftige Gestaltung von Institutionen leisten.

4.4.3.6 Der Glaube an den Kapitalismus

Die rein ökonomische Ethik geht vom perfekten Markt aus, der letztlich nicht nur den Güteraustausch, sondern auch die Moral sicherstellen soll. Im Sinne Friedmans (1970) wird dadurch Gewinnmaximierung zum moralisch richtigen Handeln. Homann (2012, 217) spricht vom Markt als dem solidarischsten System. Aber: „‚Markt' ist ein Mechanismus und keine Sozialeinrichtung" (Albers 1996, 10). Auch Hayek habe darauf verwiesen, dass der Markt nur der Lenkung der Wirtschaft, aber nicht der Gerechtigkeit dient, denn er habe sich an der Kaufkraft und nicht an der Gerechtigkeit orientiert (vgl. Albers 1996, 10). Auch Samuelson und Nordhaus weisen darauf hin, dass ein Markt nur das Problem der Effizienz, niemals aber jenes der Gerechtigkeit lösen könne:

> „A society does not live on efficiency alone. Philosophers and the populace ask, Efficiency for what? And for whom? A society may choose to change a laissez-faire equilibrium to improve the fairness of the distribution of income and wealth. A society may decide to sacrifice efficiency to improve equity. Is society satisfied with outcomes where the maximal amount of bread is produced? Or will modern democracies take loaves from the wealthy and pass them to the poor? There are no correct answers here. These are normative questions answered at the ballot box or the barricades. Positive economics cannot say what steps governments should take to improve equity. But economics can offer some insights into the efficiency of different government policies that affect the distribution of income and consumption." (Samuelson & Nordhaus 2001, 162).

Der Markt kann im Idealfall für Effizienz sorgen, nicht für Gerechtigkeit. Oder anders gesagt: Der maximale Gewinn kann keine für sich stehende Bestimmungsgröße des ethischen Handelns sein.

> „We need to eat to live; food is necessary condition of life. But if we lived mainly to eat, making food a sufficient or sole purpose of life, we would become gross. The purpose of a business, in other words, is not to make a profit, full stop. It is to make

---

[87] Dabei sollte aber nicht übersehen werden, dass selbst die Individualethik auf einen bestimmten Moralvorrat zurückgreift und daher gewissermaßen auch ein Ergebnis der Institutionenethik ist. Moral ist ja selbst auch eine Institution. Die Nichteinhaltung anerkannter moralischer Normen kann zu sozialem Druck führen.
[88] Ergänzt muss hier werden, dass eine institutionenethische Moral alleine pädagogisch nicht greifen kann, weil die Verantwortung des Einzelnen dadurch verloren ginge.

a profit so that the business can do something more or better. The 'something' becomes the real justification for the business." (Handy 2002, 5)

Das Thema *Gerechtigkeit* öffnet das vorher definierte enge Verständnis von Ökonomik und Ökonomie. Es stellen sich Fragen, die für die Pädagogik von höchster Relevanz sind. Es geht um die Fähigkeit des verantwortungsvollen Entscheidens unter gegebenen Bedingungen.

> „Die Willensfreiheit ist in die Bedingungen der Welt eingebettet und damit sind sie die Voraussetzung für Freiheit und daher mit der Freiheit kompatibel (vgl. Bieri 2009). Wer gebildet ist, ist urteilsfähig, kann aus seinem Willen Handlungen entstehen lassen, wenn es die Umstände zulassen. Wird Ökonomie absolut gesetzt und dem marktwirtschaftlichen Imperativ gefolgt, dann gibt es keinen Handlungsspielraum mehr, dann gibt es keinen eigenen Willen mehr, keine Freiheit und damit auch keine Möglichkeit mehr, Verantwortung zu übernehmen – das Argument des *Sachzwanges* wird dann eingebracht. Eine praktische Vorgabe, die Entscheidungen erleichtert, weil eigentlich schon entschieden ist." (Tafner 2012a, 38–39)

Sachzwänge – so Peter Ulrich (2008, 141) – „gibt es nur, wo Naturgesetze herrschen". Nur die Naturgesetze bestimmten die Zusammenhänge von Ursache und Wirkung. Im sozialen Kontext, der, wie bereits mehrfach gezeigt wurde, im wirtschaftlichen *Tun* immer gegeben ist, geht es immer „um die intersubjektiven Beziehungen zwischen Subjekten", die bestimmte Gründe haben (vgl. Ulrich 2008, 141; Nida-Rümelin 2011a, 233–235). „Den vorgebrachten oder von uns selbst im ideellen Rollentausch durchgespielten Begründungen können wir im Prinzip stets widersprechen, wir *müssen* ihnen nicht unbedingt ‚folgen'. Ursachen einer empirischen Situation können natürlich Teil einer Begründung sein, aber Gründe als solche haben niemals den Charakter determinierender Ursachen." (Ulrich 2008, 141) Würden jedoch diese Gründe als gesetzt, also deterministisch, verstanden, so liege nicht ein Sach-, sondern ein Denkzwang vor. Peter Ulrich (2008, 142–147) sieht hier in Verweis auf Max Weber das calvinistische Ethos als den wesentlichen Entstehungshintergrund. Webers *Geist des Kapitalismus* wird nach wie vor in der Literatur ein wichtiges Erklärungspotenzial aus religionssoziologischer Sicht zugeschrieben (siehe Tafner 2009b, 34–39).[89] In einer „werteunsicheren" (Brezinka 1986), pluralistischen „Multioptionsgesellschaft" (Gross 2005), in der es immer schwieriger wird, selbst Entscheidungen zu treffen, weil moralische Leitlinien weniger klar sind, ist die ökonomische Komplexitätsreduktion in ihrer simplen rein ökonomischen Ethik dermaßen verführerisch, dass sie sich mit einer unglaublichen Wucht hat durchsetzen können. Eine Wucht, die bereits Weber nur religiös hat erklären können (vgl. Weber 2010).

---

[89] Steinert (2010, 12–13) kritisiert den Umgang mit klassischen Texten. Bei Durkheim, Weber und Simmel seien Götzenbilder aufgerichtet worden. Wichtig sei, die geschichtlichen Kontexte dieser Texte zu berücksichtigen.

Zur Zeit Max Webers stellte sich die Wissenschaft die Frage, wie sich der Kapitalismus überhaupt etablieren konnte. So waren in dieser Zeit Georg Simmels *Philosophie des Geldes* und Werner Sombarts *Der moderne Kapitalismus* erschienen (vgl. Steinert 2010, 27). Weber sieht nicht den Luxus – wie dies Sombart (1986) tut –, sondern den Selbstzweck des Erwerbs und ständigen Vergrößerns des Kapitals als treibende Kraft des Kapitalismus (vgl. Küenzlen 1980, 19). Es sei nicht die Gier, denn sie sei keine typisch kapitalistische Ausprägung, sondern ein unerwünschtes (sündhaftes) menschliches Verlangen, das in jeder Wirtschaftsordnung anzutreffen sei. Die Begründung sieht Weber im asketischen Protestantismus calvinistischer Prägung, in der es zu einer Umwertung der Arbeit gekommen sei (vgl. Küenzlen 1980, 21–22). Traditionell wurde Arbeit als negativ und mühevoll bewertet. „Im Schweiße deines Angesichts sollst du Brot essen" (Gen 3, 19), heißt im ersten Buch der Bibel. Erstrebenswert war das Nicht-Arbeiten. Bis in die Neuzeit hinein übernahmen Sklaven die Arbeit, der Freie gab sich der Muße und der Muse hin. Die Gesellschaft war klar strukturiert: „Die Geistlichkeit und die Ritter beherrschen die Gesellschaft und verfügten über den größten Teil des Vermögens. […] Ihre jeweiligen Ideale waren Beten und Kämpfen." (Cipolla 1983, 4) Das gemeine Volk arbeitete – die Adeligen und der Klerus verfolgten die höheren Ziele der Ritterlichkeit und der Frömmigkeit. Der Reichtum wurde von der arbeitenden Bevölkerung geschaffen. Die unteren Schichten akzeptierten diese gesellschaftlichen Strukturen, ihr eigenes Los und die kulturellen Werte der oberen Schichten. Diese Strukturen begannen sich mit der Entwicklung der Städte und der Kaufleute zu verändern. Sie wurden zu Bürgern, die stolz auf das waren, was sie erreichten. Sie verstanden sich als etwas Besseres, weil sie mit ihrem Vermögen den Wohlstand ermöglichten. Auch die Kirche profitierte durch Schenkungen und Erbschaften – nicht zuletzt aus Schuldgefühlen.[90] Die christlichen Werte und Ideale wurden nicht in Frage gestellt. Die Kirche schwächte ihre moralischen Verurteilungen auch stärker ab. (Vgl. Cipolla 1983, 5–11)

Der Weg von der städtischen, selbstbewussten Kaufmannsschicht mit ihrem kaufmännischen Denken und Handeln hin zum Kapitalismus war noch lange. Die Wucht, mit der sich schließlich der Kapitalismus durchsetzte, bedarf einer Erklärung. Mit der Entwicklung des Kapitalismus geht eine Umdeutung der Arbeit einher. Beruf wurde zu Berufung. (Vgl. Zabeck 2009, 7–8) In der calvinistischen und anderen protestantischen Reformbewegungen wurde Arbeit als etwas Positives betrachtet, sie wurde zum Selbstzweck. Wer es auf dieser Welt durch eigene Arbeit und Fleiß zu etwas brachte, konnte sich als von Gott geliebt betrachten. Es wird nicht mehr so lange gearbeitet,

---

[90] Ein kunsthistorisch hervorragendes Beispiel dafür ist die Scrovegni-Kapelle in Padua.

bis man genug zum Leben hat, sondern es wird immer weiter gearbeitet. (Vgl. Vietta 2012, 24) In diesem Zusammenhang zitiert Weber Benjamin Franklin:

> „Bedenke, dass die Zeit Geld ist; wer täglich zehn Schillinge durch seine Arbeit erwerben könnte und den halben Tag spazieren geht, oder auf seinem Zimmer faulenzt, der darf, auch wenn er nur sechs Pence für sein Vergnügen ausgibt, nicht dies allein berechnen, er hat nebendem noch fünf Schillinge ausgegeben oder vielmehr weggeworfen." (Weber 2010, 75)

Dieses Zitat dient der Veranschaulichung des Geistes des Kapitalismus, der „den Charakter einer ethisch gefärbten Maxime der Lebensführung" annimmt (Weber 2010, 77). In Franklins Zitat geht es um das heute selbstverständliche Konstrukt der Opportunitätskosten. Weber interpretiert das Entstehen dieses Konstruktes als den Ausdruck einer Ethik, in der das Gute der Erwerb von Geld ist.

> „Erwerb von Geld und immer mehr Geld, unter strengster Vermeidung alles unbefangenen Genießens. [...] So rein als Selbstzweck gedacht, dass es als etwas gegenüber dem ‚Glück' oder dem ‚Nutzen' des einzelnen Individuums jedenfalls gänzlich Transzendentes und schlechthin Irrationales erscheint." (Weber 2010, 78)

Nicht der Lebenserwerb steht im Zentrum des Wirtschaftens, sondern der Erwerb selbst. Der Gelderwerb wird als das Resultat der Tüchtigkeit interpretiert. (Vgl. Weber 2010, 78). Webers These kann ganz vereinfacht so zusammengefasst werden: „Das Erwirtschaften von Kapital wird zum Selbstzweck und Arbeit zu Arbeitstugend. Dahinter steckt der calvinistische Protestantismus." (Tafner 2009b, 36) Ein „konstitutiver Bestandteil" der modernen Kultur und des Kapitalismus ist die „rationale Lebensführung auf Grundlage der Berufsidee [...], geboren aus der Idee der christlichen Askese" (Weber 2010, 200). Die calvinistische Askese liegt in der Prädestinationslehre begründet: Der Glaube musste sich im weltlichen Berufsleben bewähren. Dies führte zu einer strengen Rationalisierung der *Zeit* und der *Arbeit*. Gerade diese Entwicklung ist nur in einer langfristigen Entwicklung erklärbar, in der Glaube (*pistis*) und Vernunft (*ratio*) sich gegenseitig beeinflussen. Dabei jedoch wird das Religiöse immer stärker säkularisiert. In diesem Sinne sind der Protestantismus und der Calvinismus nur Zwischenergebnisse eines Prozesses, in dem sich das Ökonomische vom Theologischen löst und schließlich einen wesentlichen Beitrag zur *Entzauberung der Welt* leistet. (Vgl. Vietta 2012, 24) Webers *okzidentale Rationalisierung* ist zu einer großen Erzählung geworden. Er sah alle menschlichen Bereiche von der Rationalisierung durchdrungen, die er selbst sehr kritisch wahrnahm: Effektivitätssteigerung sah er mit *Entmenschlichung* und *Versachlichung* verbunden. (Vgl. Kaesler in Weber 2010, 54). Weber ging davon aus, dass die abendländische Rationalität nicht die einzige sein könne, weil es eine „für sich seiende, substantielle Rationalität" nicht gebe (Künzlen 1980, 33).

„Man kann eben – dieser einfach Satz, der oft vergessen wird, sollte an der Spitze jeder Studie stehen, die sich mit ‚Rationalismus' befasst – das Leben unter höchst verschiedenen letzten Gesichtspunkten und nach sehr verschiedenen Richtungen hin ‚rationalisieren'. Der ‚Rationalismus' ist ein historischer Begriff, der eine Welt von Gegensätzen in sich schließt, und wir werden gerade zu untersuchen haben, wes Geistes Kind diejenige konkrete Form ‚rationalen' Denkens und Lebens war, aus welcher jener ‚Berufs'-Gedanke und jenes […] sich Hingeben an die Berufs*arbeit* erwachsen ist, welches eine der charakteristischen Bestandteile unserer kapitalistischen Kultur war und noch immer ist. *Uns* interessiert hier gerade die Herkunft jenes *irrationalen* Elementes, welches in diesem wie in jedem ‚Berufs'-Begriff' liegt." (Weber 2010, 96)

Rationalität wird also historisch interpretiert – hier ist die Nähe des Neo-Institutionalismus klar ausgewiesen. Rationalität ist ein kulturelles Konstrukt und nichts natürlich Gegebenes. Rationalität kann daher verschieden interpretiert werden. Es ist letztlich eine Sache der Werthaltung. Somit widersprechen sich Rationalität und Religion nicht. Bedeutend für den Kapitalismus ist, dass es eine religiöse Kraft gewesen sei, die diesen neuen Rationalismus ausgeformt habe. Nicht der Rationalismus aus eigener Kraft, sondern die „rationale Ethik einer Religion [hat] den Weg in die Moderne wesentlich bestimmt" (Küenzlen 1980, 39). Religion verstand Weber im Gegensatz zum Zeitgeist nicht als arational. Religion folge vielmehr einer eigenen Form der Rationalität. Religion sei nicht etwas Irrationales, das gegen das Rationale stehe, sondern könne selbst zu einer treibenden Kraft der Rationalität werden. So folge auch der Kapitalismus einer ganz eigenen Rationalität, die sich einerseits in der asketischen Arbeitstugend und andererseits im Gelderwerb als Selbstzweck äußere. Nicht die Gier sei das Spezifische des Kapitalismus – sie sei in jeder Wirtschaftsordnung zu beobachten. Der Kapitalismus habe eine viel umfassendere Wirkung, er besitze eine Kraft, die sich über die ganze Kultur gebreitet habe. Nach Ansicht Webers konnte sich eine solche Totalität nur auf einer religiösen Basis verbreiten. Das war zur Zeit Webers ein ungeheuerlicher Gedanke. (Vgl. Küenzlen 1980, 327)

Steinert (2010, 19) führt aus, dass der Kapitalismus zwar „Aspekte eines Glaubenssystems und einer Kirche, die dessen Dogmen verwaltet, [hat], aber man sollte die historische Verantwortung für ihn nicht spezifisch dem Puritanismus zuschieben, wie dies im Kern der ‚Weber-These' geschieht." Steinert (2010, 20) sieht große Schwächen im Werk Webers. So werde nur ein einziger Fall untersucht – Benjamin Franklin. Seine Aussagen stammten aus „einem amerikafeindlichen, deutschtümelnden Roman" (Steinert 2010, 60), den Weber verwendet und überarbeitet habe, aber er sehe die Macht, die in der Rezeption des Werkes liege (vgl. Steinert 2010, 61–64). So stütze die These in populärer Vereinfachung „ein besonders in den USA verbreitetes Bewusstsein, dass (protestantische) Religiosität gut sei für die Arbeitsdisziplin, aus der wiederum kapitalistischer Wohlstand entstehe" (Steinert 2010, 21). Die These bleibe unwiderlegbar und sie sei zu einer der *Großen Erzählungen* geworden. Vor dem Hintergrund der Schuldenkrise sei es nicht so wirklich plausibel – so Steinert (2010, 24) – dass „Vermögen heute durch Sparsamkeit und harte Arbeit gemacht würde". Aber das treffe Weber nicht wirklich, weil er selbst davon ausging, dass es des religiösen Unterbaues nicht mehr bedürfe.

Bei Weber ist die Religion die prägende und treibende Kraft für die Entstehung des Kapitalismus. In Walter Benjamins Fragment *Kapitalismus als Religion* ist Kapitalismus Religion.[91] „Im Kapitalismus ist eine Religion zu erblicken, d.h. der Kapitalismus dient essentiell der Befriedigung derselben Sorgen, Qualen, Unruhen, auf die ehemals die so genannten Religionen Antwort gaben." (Benjamin 2004, 15)[92] Im Gegensatz zu traditionellen Religionen böte die Religion Kapitalismus keine „Entsühnung" an, sondern schaffe im Gegenteil ein immer größeres Schuldbewusstsein, das nie mehr gut zu machen sei. Der Kapitalismus ist nach Benjamin ein Parasit, der aus dem Christentum entsprungen sei, und deshalb werde die ganze Geschichte des Christentums zur Geschichte des Kapitalismus (vgl. Ryklin 2004, 61–62).

> „Es gebe keine vom Kapitalismus unabhängige Geschichte des Christentums! Eine revolutionäre These, oder etwa nicht? [...] Die Originalität von Benjamins Ansatz liegt also, wie wir sehen, darin, dass er im Unterschied zu Max Weber den Kapitalismus nicht mit Religion als etwas aus der Vergangenheit Überkommenem verbindet, das sich in einem neuen Klima lediglich weiterentwickelte (beispielsweise zur protestantischen Ethik), dabei aber seinen früheren dogmatisch-theologischen Kern bewahrte. Nein, Benjamin hält den Kapitalismus selbst für Religion. Schon für sich genommen sei der Kapitalismus eine Religion, ein Kult ohne Dogmatik und Theologie." (Ryklin 2004, 62)

Nelson (2001) greift in seinem Buch *Economics as Religion from Samuelson to Chicago and Beyond* ebenso die Idee auf, dass Kapitalismus eine Religion sei. In seinem Buch wird die Volkswirtschaftslehre zur Religion und Volkswirtinnen und Volkswirte werden zu Priesterinnen und Priestern. Die ganze Volkswirt-

---

[91] Dirk Baecker hat eine Reihe von Aufsätzen im Buch *Kapitalismus als Religion* herausgegeben, die sich mit dem Fragment Walter Benjamins von verschiedenen Seiten auseinandersetzen (vgl. Baecker 2004). Es ist nicht möglich, alle diese Zugänge in dieser Arbeit aufzuarbeiten.

[92] „Diesen theoretischen Einsichten in das Verhältnis von Kapitalismus und Religion kommt heute eine noch nie da gewesene Aktualität zu. Schon ein kurzer Blick in die Welt der Werbung widerlegt alle Rede vom Rückgang des Religiösen. Auch wenn die Kirchen gesellschaftlich an Bedeutung verloren haben, zeigt sich in der Werbung ein Boom des Religiösen. Noch nie war die Reklame so voll von religiöser Symbolik und kirchlichen Charakteren. In Regensburg haben Hagen Horoba und Andreas Fuchs, zwei junge Theologen, über vierhundert Bilder aus der Werbung, die deutliche religiöse Bezüge aufweisen, digitalisiert und zur Weiterverwendung ins Internet gestellt (http://www.glauben-und-kaufen.de) [Die Bilder sind heute nur noch auf DVD erhältlich]. Sie formulierten dazu auch einige Thesen, die das Verhältnis von Werbung und Religion reflektieren." (Palaver 2003)

schaftslehre kreise um die Frage, wie der notwendige Eigennutz in der Wirtschaft mit den allgemeinen gesellschaftlichen Zielen vereint werden könne. Die Antwort auf diese Frage gibt Nelson mit der Idee einer *efficient religion*. Diese Religion solle für entsprechende Werte sorgen – die Religion sei die Volkswirtschaftslehre. Nelson zeigt nicht nur auf, wie stark volkswirtschaftliche Theorien Glaubenssache seien, sondern er kritisiert auch die Modellannahmen der vollkommenen Information der zwei großen volkswirtschaftlichen Theorien. Nelson sieht in der Institutionenökonomik einen guten neuen Weg.[93]

> „Culturally [...] a key requirement for a market system will be a set of values in society that offers vigorous encouragement to self-interest in the market and yet maintain powerful normative inhibitions on the expression of self-interest in many others less socially acceptable areas. This all creates a paradox. [...] One way of resolving this market paradox could be a religion with the following special tenets of belief: Whatever the theological grounds might be, one tenet of the religion should dictate strong approval of ordinary effort to maximize business profits in the market. However, another tenet should impose a strong religious disapproval of the many other kinds of self-interested actions that might tend to undermine the workings of markets and to have other undesirable social consequences. [...] The practical consequences of religion can be integrated easily enough into economic analysis – treating religious values as a key influence in shaping a given individual structure of 'preferences'. But the sources of religious belief represent a much less familiar and much less comfortable ground for economic analysis. Yet the successful workings of an economic system may depend heavily on the specific character of religious beliefs that serve to provide a normative foundation for the market. Achieving a more efficient economy may depend on having a more 'efficient' religion. A surprising possibility is thus raised: it might not be economists but theologians who are the most important members of society in determining economic performance. The nations that grow most rapidly may be the nations with the 'better' religions, the religions that are able to establish a set of cultural norms that create a higher level of social capital for their economies – religions that, among other things, resolve the market paradox in a satisfactory way. However, a still more radical possibility exists. It may the economists have themselves been acting in the requisite religious capacity. Startling as the thought must be to most current economists, it may be that their most important social role has been as preachers of a religion with the special character that it acts to uphold the normative foundation required for a rapidly growing mod-

---

[93] Oslington schreibt nicht ohne Unterton: „Nelson develops his claims about the religious nature of economics through a discussion of some major strands of twentieth century American economics. He begins with Paul Samuelson, Nobel Laureate and author of the bestselling 1948 text book Economics. Samuelson is for Nelson the high point of a gospel of economic progressivism that developed through twentieth century America. Next we have the Chicago School of Frank Knight, Milton Friedman, George Stigler, Richard Posner and Gary Becker who for Nelson are united by a distrust of the gospel of progressivism. They are categorized as 'Protestant" critics of the 'Catholic" progressives. Finally we have the heroes of the story – the New Institutionalist School of Ronald Coase, Oliver Williamson and others." (Oslington o. J.)

ern economy. Indeed, in this book I will make precisely this argument. [...] The religious purpose of the market is to ensure maximal efficiency in the use of the material resources of society, and thus rapid movement of American society along a route of economic progress in the world." (Nelson 2001, 6 u. 8–9)[94]

Fortschritt ist bei Nelson ein Schritt zum Himmel auf Erden. Die Priesterinnen und Priester der *efficient religion* müssten verkünden, dass Eigennutz am Markt zum göttlichen Plan gehöre, aber der Eigennutz in anderen Lebensbereichen jedoch nicht gottgewollt sei. In der modernen Welt sollten die Volkswirtinnen und Volkswirte die Aufgabe der Priesterschaft übernehmen. Diesen Auftrag könne nur eine neue Priesterschaft übernehmen, weil die traditionellen Priesterinnen und Priester den Eigennutz überhaupt ablehnt. (Vgl. Nelson 2001, 9–11)

Die Darstellung klingt wie ein ins Religiöse gehobenes Verständnis der Betriebsmoral. Das Ziel ist in beiden Ansätzen dasselbe, der Weg dorthin jedoch ein konträrer. Nelson sieht den religiösen und Beck den ökonomisch rationalen.

> „Religionswissenschaftlich ist das Buch mangelhaft. Obwohl ständig auf Religion bezogen, wird die religiöse Dimension der Wirtschaft letztlich nicht behandelt. Schließlich muss Religion wohl mehr sein als ein Mittel zur Reduktion von Transaktionskosten. Das Erstaunlichste an diesem Buch bleibt aber, dass einerseits für die Kritik an volkswirtschaftlichen Lehrmeinungen und deren Vermittlung religiöse Begriffe herangezogen werden und andererseits ein Volkswirtschaftsprofessor aus den Vereinigten Staaten die Bedeutung seiner eigenen Zunft trotz aller Kritik an ihren Zugängen ins Religiöse heben möchte. Ja, er möchte dieses Religiöse sogar noch steigern und übertreffen, indem er sich auf die Suche nach der effizienten Religion begibt – eine Volkswirtschaftslehre, deren Anwendung höheren ökonomischen Output ermöglicht." (Tafner 2009b, 42–43)

Nelson legt seine Gedanken offen auf den Tisch. Undeutlich hingegen sind die Glaubensansätze, die im Wirtschaftsliberalismus weiterleben:

> „Die wichtigste intellektuelle Form, in der der ursprüngliche theologisch-metaphysische Charakter der liberalen Volkswirtschaftslehre weiter existierte, war jedoch der Glaube an die Autonomie, die unbedingte Gültigkeit der ökonomischen Gesetze. [...] Dieser Aberglaube [verhinderte] die Sicherstellung der notwendigen gesellschaftlichen Bedingungen des Wirtschaftslebens, so dass in den ersten Jahrzehnten des 19. Jahrhunderts eine deutliche Entartung der Marktwirtschaft einsetzte." (Rüstow 2009, 26)

Rüstow (2009) sieht die Autonomie der Wirtschaft als einen liberalen Glaubenssatz, der zu einer Entartung der Marktwirtschaft führte. Den Kampf des Neoliberalismus um Einfluss schildert Ötsch (2009) dramatisch und legt dar,

---

[94] Dieses Zitat wird man wohl vor dem Hintergrund amerikanischer Zivilreligion verstehen müssen. Für diesen Hinweis danke ich Frau Prof. Bechmann, Institut für Religionswissenschaft, Karl-Franzens-Universität Graz.

mit welchen Methoden der Propaganda der „Mythos des Marktes" aufrechtgehalten wurde und wird. Rüstow spricht von der Autonomie der Wirtschaft und Ötsch (2009, 20) von der zweigeteilten Welt. Die „radikale Lehre von DEM MARKT" baue auf den Dualismus von *Der Markt* und *Der Nicht-Markt*, die zu einer geteilten Sprache führe und dem Markt *das Gute* und dem Nicht-Markt *das Böse* zuschreibe. Auch hier ist also das Religiöse im Ausdruck des Guten und des Bösen zu finden. Als ersten Marktradikalen führt Ötsch (2009, 22) Ludwig von Mises an, der „alles" (im wörtlichen Sinn) auf zwei Alternativen reduziere:

> „Es gibt eben keine andere Wahl als die: entweder von isolierten Eingriffen in das Spiel des Marktes abzusehen oder aber die gesamte Leitung der Produktion und der Verteilung an die Obrigkeit zu übertragen. Entweder Kapitalismus oder Sozialismus; ein Mittelding gibt es eben nicht." (Mises 1929, 12)

Markt und *Nicht-Markt* schließen sich demnach gegenseitig aus. „Der schwerste Fehler des Liberalismus liegt in seinem Pseudouniversalismus, seiner Blindheit für die Rahmenbedingungen und gesellschaftlichen Voraussetzungen, die seine Geltung begrenzen." (Rüstow 2009, 40) Hayek als ein Schüler von Mises folgt dieser Denkweise. Ötsch (2009, 49) macht darauf aufmerksam, dass Hayek „eine Demokratie, die mit beliebigen Inhalten ausgestattet ist, als ‚unbegrenzt' [bezeichnet]: die Grenze, die der Markt vorgibt, ist überschritten worden. Diese Demokratie ist das Übel per se". Ötsch (2009, 49) zitiert Hayek:

> „Und wenn es auch gute Gründe gibt, eine beschränkte demokratische Regierung einer nicht demokratischen Regierung vorzuziehen, so muss ich doch gestehen, dass ich eine beschränkte nicht-demokratische Regierung einer unbeschränkten und daher im Grund gesetzeslosen vorziehe." (Hayek 1977, 22)

Damit wird die Absolutsetzung des Marktes offenbart, der über die Demokratie stehend gesetzt wird. Ötsch (2009, 49) gibt als ein drastisches Beispiel dafür den chilenischen Putsch im Herbst 1973 an, der „unter dem direkten Einfluss der Chicago School of Economics" zustandegekommen sei. Ötsch bezieht sich dabei vor allem auf Klein (2007) und Valdés (1995). Hayek sei 1980 nach Chile gekommen und habe sich beeindruckt gezeigt. Im Anschluss daran habe er Thatcher geschrieben, die sich Chile als Vorbild nehmen sollte.

Hayek verbinde die Idee des freien Marktes mit der Idee der Freiheit, die in der gesamten Propaganda des Marktes eine entscheidende Rolle spiele. Freiheit werde als Abwesenheit von Zwang definiert. Privateigentum ist bei Hayek eine ganz wesentliche Bedingung, um Zwang zu verhindern. (Vgl. Ötsch 2009, 51–54) Die Anerkennung des Privateigentums ist jedoch nur durch öffentlichen Zwang, also über den Staat, möglich. „Die Begründung dreht sich im Kreis: Freiheit ist Abwesenheit von Zwang und beruht auf dem Zwangsystem des Staates." (Ötsch 2009, 54) Auf diesen Widerspruch macht auch Rüstow (2009, 33–40) aufmerksam, denn Monopole, Firmenzusammenschlüsse und Subventionen verunmöglichen das Funktionieren des Marktes. Es sei daher eine wesentliche Voraussetzung, dass der Leistungswettbewerb funktioniere. Das könne nur der starke Staat gewährleisten. Ein schwacher Staat, der sich zurückhalte, sei jedoch das Ziel des Liberalismus. Das sei ein wesentlicher Widerspruch.

Ötsch (2009, 55) sieht die Lösung dieses Problems darin, dass Hayek dem Kapitalismus „eine quasi naturgesetzliche Basis" unterschiebe und dadurch „die Eigentumsordnung des Kapitalismus […] wie die Natur selbst" erscheine. Dadurch bleibe die Idee des Marktes selbst frei und gut. Für Hayek ist die Marktwirtschaft also etwas Quasi-Naturwissenschaftliches, das Ergebnis der Evolution der Erkenntnis und nicht der menschlichen Vernunft (vgl. Brodbeck 2004, 1–2).

Hayek (1991) spricht von *spontaner Ordnung*, wenn er die Entstehung der gesellschaftlichen Ordnung erklären möchte. Diese sei in einem Prozess entstanden, der zunächst in kleineren Interaktionseinheiten, also in kleinen Gesellschaften, entstanden sei. In verschiedenen Mikrowelten entstünden – so Hayek – verschiedene Regeln, die in Konkurrenz zueinander stünden. Die Regeln der erfolgreichsten Gesellschaft würden dann von anderen übernommen. Schließlich setze sich die nützlichste Regel durch. Diesen Prozess beschreibt Hayek als einen evolutionären. Hayek geht davon aus, dass auch das ökonomische Rationalitätsprinzip so entstanden sei. Eine spontane Ordnung im Sinne Hayeks entsteht also durch rationales Handeln der Individuen und wird freiwillig akzeptiert. Es ist jedoch in den Sozialwissenschaft umstritten, ob sich gesellschaftliche Ordnung spontan einstellen könne, vielmehr wird davon ausgegangen, dass sie eine menschliche Konstruktion darstellt. (Vgl. Lehner 2011, 96–97)

Die Idee Hayeks sei es, eine ultimative Rechtfertigung für den Markt auf philosophischer Basis zu geben. Deshalb erfolge der Bezug zur Evolution. Mit dem Konzept der spontanen Ordnung werde versucht, das Evolutionäre mit einem moralischen Anspruch zu verbinden. (Vgl. Ötsch 2009, 64) „Der Markt wird aus der Evolution erklärt, verkörpert den Fortschritt und ist von höherer Moralität als der Nicht-Markt." (Ötsch 2009, 64)

Wenn der Markt etwas Quasi-Natürliches ist, dann folgt daraus, dass er so natürlich wie möglich erhalten sein sollte. Jede Regulierung erscheint aus diesem Geist wie eine Bändigung der natürlichen Wirkkräfte.

Brockbeck (2004, 1–2) führt zu Hayek kritisch aus: Im Gegensatz zum Ordo-Liberalismus ist Hayek in seinen späteren Schriften der Auffassung, dass die Wirtschafts*ordnung* nicht rational gestaltbar sei, da sie ja gar nicht verstanden werden könne. Die Wirtschaft sei demnach undurchschaubar und die Wirtschaftsordnung ein Produkt eines evolutionären Prozesses. Damit sei der Markt *kein* soziales oder kulturelles Konstrukt. Wenn nun die Wirtschaftsordnung als das Produkt eines evolutionären Prozesses verstanden wird, ist jeder Eingriff in die Wirtschaft sinnlos. Der Markt habe bei Hayek eine ganz besondere Aufgabe: Nur der Markt könne die subjektiven Informationen aller Individuen koordinieren. Niemals könnte dies eine Planungsbehörde, wie dies in der Planwirtschaft versucht wird, erledigen. Zwar könnte die Datenmenge mit modernen Computerprogrammen bewältigt werden, doch sei es – und das ist das wesentliche Argument – nicht möglich, die subjektiven Informationen einzugeben, weil diese ja nur den Individuen bekannt seien. Keine Planungsbehörde kenne die individuellen Informationen. Es gebe also keinen Ersatz, auch keine riesige Rechenmaschine für den Markt. Der Markt erfülle also einen riesigen Suchprozess. Der Markt sei also ersatzlos. Niemand – auch Ökonominnen und Ökonomen nicht – kenne daher die Gründe für das Zustandekommen von Preisen. Die Wirtschaft könne daher in ihrer Gesamtheit gar nicht rekonstruiert werden. Modelle könnten nur Prinzipien beschreiben, aber niemals prognostizieren. Hayek blende dabei aus, dass Preise aber auch die Koordination stören oder verhindern könnten. Gerade in Rezessionen oder bei spekulativen Erscheinungen, also Blasen, verhinderten die Preise eine richtige Anpassung. Die Preise gäben in solchen Situationen falsche Informationen weiter, was zu Fehlallokationen und Krisen, bis hin zu großen Finanz- und Wirtschaftskrisen führte. Auch bei öffentlichen Gütern versage der Markt. Darüber hinaus sei nicht der Markt der einzige mögliche Koordinationsmechanismus. Gerade internationale Konzerne zeigten, dass über Kontinente hinweg tausende Mitarbeiterinnen und Mitarbeiter koordiniert werden könnten und Umsätze in der Größenordnung von Bruttoinlandsprodukten kleiner Staaten gemanagt werden könnten. Gerade die Wirtschaft beweise, dass nicht alles selbst über den Markt koordiniert werden müsse. Der Markt verstecke auch Informationen, denn jene Größen, die nicht ökonomisch nutzbar gemacht werden könnten, tauchten niemals in Preisen auf. Schließlich benötige der Markt selbst Wissen, Normen und Rahmenbedingungen, die er selbst nicht hervorbringen könne. Dennoch verfolge Hayek die Auffassung, dass die *natürliche Marktordnung* evolutionär entstanden sei. Wenn es also eine solche natürliche Ordnung gebe, deren Sinn niemand vollständig verstehe, so seien Eingriffe irrational. Ausdrücklich beziehe Hayek in seine Argumentation auch die Sozial-, Arbeitsmarkt- und Umweltpolitik mit ein. Gerade im Hinblick auf die Ökologie operiere Hayek mit dem Prinzip Hoffnung. (Vgl. Brodbeck 2004, 1–2)

> „In gewissem Sinne beruht der Verbrauch unersetzlicher Vorkommen natürlich auf einem Akt des Vertrauens. Wir vertrauen im Allgemeinen darauf, dass zu der Zeit, da das Vorkommen erschöpft ist, etwas Neues entdeckt worden sein wird, das entweder denselben Bedarf befriedigen oder uns zumindest für das entschädigen wird, was wir nicht mehr haben, so dass wir im Ganzen nicht schlechter daran sein werden als vorher. Wir verbrauchen ständig Naturschätze auf Grund der bloßen Wahr-

scheinlichkeit, dass unser Wissen über verfügbare Mittel unbegrenzt wachsen wird – und dieses Wissen wächst zum Teil gerade, weil wir das Verfügbare so schnell aufbrauchen." (Hayek 1991, 455–456)

Brodbeck macht darauf aufmerksam, dass nicht der Markt allein Informationen transportiert. Es gibt nicht nur ökonomische Tauschprozesse; Ideen und Erfahrungen werden auch abseits von Märkten getauscht. So sei der Markt eingebettet in ein größeres Kommunikationssystem, denn soziale Vernetzung könne nicht auf den Markt reduziert werden. Bei Hayek sind es die aus der Evolution entstandenen Marktregeln, die im Mittelpunkt stehen. Die Regeln des sozialen Handelns werden ausgeblendet, obwohl sie den Marktteilnehmern bekannt seien. (Vgl. Brodbeck 2004, 11 u. 19–20)

> „Der Irrtum des Rationalismus besteht nicht in der Betonung und Wertschätzung der menschlichen Vernunft, der Irrtum besteht im Verkennen des sozialen Prozesses, in dem sich neue Ideen durchsetzen. Individuen handeln durchaus auch gezielt und kreativ, doch der Wettbewerb der vielen Ziele und Pläne erzeugt ein Gesamtergebnis, das jede Einzelvernunft übersteigt und deshalb auch nicht geplant werden kann." (Brodbeck 2004, 13)

Die Neoklassiker sowie die Marxisten „glauben an historische Naturgesetze, mögen sie nun als ‚Wachstumsmodell' oder als ‚Naturgesetz der kapitalistischen Produktion' verkleidet werden" (Brodbeck 2004, 12). Nicht der *Homo oeconomicus* sei relevant, sondern die Logik der aus der Evolution entstandenen Regeln. Damit entsteht ein Widerspruch: Das für den Liberalismus ausschlaggebende Individuum verliert ganz an Bedeutung zu Gunsten unbewusster evolutionär entstandener Regeln. Dies sei selbst von den Anhängern Hayeks als Widerspruch aufgezeigt worden. Obwohl Hayek überzeugt ist, dass nur das Marktsystem Ordnung erzeugen kann, hat er nirgends ein reines Marktsystem gesehen. (Vgl. Brodbeck 2004, 11–14) Kukathas (2012, 685–698) führt aus, dass in der Literatur die normativen Argumente, die Hayek vor allem in seinem Spätwerk in Form des Versuches einer naturwissenschaftlichen Erklärung vorbringt, in keinen konsistenten Gesamtzusammenhang gebracht werden könnten.

Dennoch habe sich der Neo-Liberalismus durchsetzen können. Nach Ötsch (2009) sei dies vor allem durch Propaganda passiert. Ein Beispiel dafür sei das *Institute of Economic Affairs (IEA)*. Der neoliberalen *Think Tank* wurde 1955 von Antony Fisher gegründet. Er war ein reicher Hühnerfarmer mit antikommunistischer Überzeugung und ein überzeugter Fan Hayeks. 1947 besuchte Fisher Hayek an der *London School of Economics* und bot seine Mithilfe für die neoliberale Bewegung an. Hayek riet davon ab, als Politiker aktiv zu werden, wesentlicher sei der Einfluss auf Intellektuelle, Journalistinnen und Journalisten sowie Schreiberinnen und Schreiber, um die neoliberalen Ideen zu verbreiten. Durch ihren Einfluss werden in weiterer Folge die Politikerinnen und Politiker überzeugt werden können. Das IEA verbreitete die neoliberalen Gedanken und bot eine Plattform vor allem für Hayek und Friedman, ihre Ideen zu propagieren. 1974 gründete Keith Joseph, der von Zeit zu Zeit für das IEA gearbeitet hatte, das *Centre for Policy Study,* deren stellvertretende Direktorin Margaret Thatcher wurde. Das Zentrum unterstützte die Ideen und Gedanken mit Seminaren, Publikationen sowie Mittagessen und Dinners. Joseph wollte Parteiführer der Tories werden, doch dies wurde überraschend Thatcher, die später Premierministerin wurde und das Vereinigte Königreich ähnlich wie Reagan in den Vereinigten Staaten mit neoliberalen Ideen umbaute. Anthony Fisher gründete weltweit neue *Think Tanks.* Heute gibt es eine Menge an neoliberalen *Think Tanks.* Zu den wichtigsten Think-Tanks gehören u.a. die *Heritage Foundation (USA),* das *Fraser Institute* in Vancouver (Kanada), das *International Center of Economic Policy Studies* in New York und die *Mont Pelerin Society.* Letzter war es gelungen, den sogenannten Nobelpreis für Wirtschaft zu etablieren. (Vgl. Ötsch 2009, 61–64)

> „[Der sogenannte Wirtschaftsnobelpreis] hat maßgeblich zur Aufwertung marktradikaler Ideen geführt. Dieser *Nobelpreis* ist tatsächlich der *Preis der Bank von Schweden im Gedenken an Alfred Nobel.* Er wird nicht aus Nobels Nachlass finanziert, sondern von der Bank nach eigenen Kriterien vergeben. Der langjährige Vorsitzende des Preiskomitees Erik Lundberg war Mitglied der *Mont Pelerin Society* […]. Aus dem Netzwerk selbst erhielten die Auszeichnung: Hayek (1974), Milton Friedman (1976), George J. Stigler (1982), James M. Buchanan (1986), Maurice Allais (1988), Ronald H. Coase (1991), Gary S. Becker (1992) und Vernon L. Smith (2002)." (Ötsch 2009, 64)

Die Fokussierung der Wirtschaftswissenschaften auf die reine Systemökonomik, die der normativen Logik des Marktes und der neoklassischen Rationalitätsannahme folgt, ist eine Spiegelung der Ökonomisierung der Gesellschaft (vgl. Ulrich 2005, 1). Polanyi (1978, 88–89) beschreibt dies als eine *great transformation* und führt dazu aus: „Die Wirtschaft ist nicht mehr in die sozialen Beziehungen eingebettet, sondern die sozialen Beziehungen sind in das Wirtschaftssystem eingebettet." Weisser (1978, 574) beschreibt dies so: „Eine auch heute noch weit verbreitete Meinung glaubt, dass die Postulate zur Gestaltung des Wirtschaftslebens *aus unserem Wirtschaftsdenken* gewonnen werden können und müssen […]. Diese Meinung nennen wir Ökonomismus." Zu erkennen sei diese Ökonomisierung nach Weisser dann, wenn von der Moralfreiheit der Wirtschaft oder von sogenannten „wirtschaftlichen Gesichtspunkten" gesprochen werde, so „als wäre es bei Berufung auf sie eindeutig klar, worauf es bei der betreffenden Frage des wirtschaftlichen oder wirtschaftspolitischen Disponierens eigentlich ankommt" (Weisser 1978, 574–575). Ökonomisierung bedeute auch, die soziale Dimension des Unternehmens und das Betriebsklima nur als Faktoren zur Erreichung des maximalen Gewinns zu verstehen. Überhaupt erhebe sich nach Weisser die Frage, ob „ein Unternehmen, das *Gewinn-Maximierung* anstrebt, überhaupt in irgendeinem bestimmbaren Sinn ‚ökonomischer' handelt als ein Unternehmen, das diese Maximierung nicht anstrebt" (Weisser 1978, 575). Vielmehr sei das Handeln in einem Unternehmen nicht nur vom Ziel der Gewinnmaximierung, sondern auch von anderen höchst wirksamen Motiven bestimmt. (Vgl. Weiser 1978, 575)

4.4.4. Fragen aus der aktuellen Krise

Homann und Blome-Drees (1992, 12–13) gehen von der Leistungsfähigkeit des ausdifferenzierten Subsystems Wirtschaft aus: Der gesellschaftliche Wohlstand beruhe auf der Autonomie der ökonomischen Rationalität. Die ökonomische Rationalität und Ethik liegen in der Nutzen- und Gewinnmaximierung und im Festhalten an der Rahmenordnung. Das ständige Maximieren werde mit der Annahme einer Wachstumsgesellschaft als tugendhaft bewertet. Es gehe um keine Ethik der Mäßigung, sondern um eine Ethik des eigenen Vorteils vor dem Hintergrund einer Wachstumsgesellschaft. Der Einzelne partizipiere am Wachstum, weshalb es in einer Wachstumsgesellschaft tugendhaft sei, den eigenen Vorteil zu suchen, solange die Rahmenbedingungen eingehalten würden.

Die aktuelle Schulden- und Finanzkrise zeigt auf, dass neues ökonomisches Denken notwendig ist, dass neue Modelle gebraucht werden. Die Idee des ewigen Wachstums in einer endlichen Welt ist problematisch, der Glaube an den freien Markt in Frage gestellt. Guggenberger (1992) bezeichnet unsere „postmoderne Wirklichkeit" als eine „Zuvielisation". Das Ziel des Wirtschaftswachstums ist zu hinterfragen nicht nur aufgrund der Wirtschaftskrise, sondern ebenso aufgrund der Verknappung der Ressourcen und der Klimaerwärmung. Dazu kommt, dass keines der vorhandenen ökonomischen Modelle derzeit die ökonomische Realität einigermaßen gut abbilden kann. Insbesondere scheitern die Modelle an der Abbildung des Finanzmarktes. Darüber hinaus zeigen die Ereignisse der letzten Jahre, dass die Gewinnmaximierung in einem liberalisierten Markt zu Auswirkungen führen kann, die sowohl Einzelne als auch die Gesellschaft insgesamt vehement negativ treffen können. Die Homann'sche Antwort auf diese Phänomene liegt in mangelnden Rahmenbedingungen, also beim Staat. Homann: „Die Politik hat nicht mit der Entwicklung der Finanzmärkte Schritt gehalten und den Aufsichtsrahmen nicht entsprechend angepasst." (Die Welt 2009) Homann staunt „über die Selbstgerechtigkeit von Politikern, die erst beim Abstecken des Ordnungsrahmens und ihren Kontrollpflichten versagen und nun dem Markt beziehungsweise den Bankern die Schuld zuschieben" (Homann in Die Welt 2009). Managern und Unternehmern rät Homann, den Bürgern Marktwirtschaft als moralisches System zu erklären: „Zu sagen, dass die Marktwirtschaft zu mehr Wohlstand führt, reicht nicht. Die Menschen wollen moralische Antworten. Man müsste erklären, dass und warum die Marktwirtschaft die der modernen

Welt angepasste institutionalisierte Nächstenliebe ist." (Homann in Die Welt 2009)

Der Neoliberalismus, auf den Beck (2000b, 38; 2003a, 286) in Verweis auf Hayeks *Die Verfassung der Freiheit* abstellt, geht davon aus, dass niemand das Wirtschaftssystem wirklich durchschauen könne, weshalb auch nicht interveniert werden dürfe. Jede Intervention führe zu unvorhersehbaren negativen Konsequenzen. Versagt nun der Markt, wird – wie dies Homann macht – die Verantwortung bei der Politik und nicht beim Markt gesucht. Homann: „Ich scheue mich nicht zu sagen, dass unsere soziale Marktwirtschaft, die dem Markt einen klaren Ordnungsrahmen vorgibt, Vorbild für die Welt sein sollte." (Die Welt 2009) Homann bekennt sich also zur sozialen Marktwirtschaft, nicht ohne darauf zu verweisen, dass erklärt werden müsse, „dass und warum die Marktwirtschaft die der modernen Welt angepasste institutionalisierte Nächstenliebe ist" (Die Welt 2009). Dieser Erklärungsbedarf ist hoch. Er ist so hoch, dass selbst Volkswirtinnen und Volkswirte sich damit schwer tun.

> „Wie die Reputation von Bankmanagement, Notenbanken, Finanzmarktaufsicht, EU-Behörden und Politik litt in der Finanzmarkt- und Wirtschaftskrise auch das Ansehen der Ökonomie. Alte Schwächen dieser *dismal science* wurden offensichtlich: Denken in allzu abstrakten Modellen, Mangel an Empirie, an historischen Erfahrungen und daher an Relevanz, häufig auch wissenschaftlich hinderlicher Gehalt an Ideologie mit eingeengtem Gesichtsfeld, das den Blick auf benachbarte Sozialwissenschaften scheut. Die Ökonomie hatte zuvor über Jahrzehnte eine enorme Aufwertung in der Politik erfahren und sich nicht selten zu einer übertriebenen Selbsteinschätzung hinreißen lassen.
>
> Die weltweite und die noch drastischere europäische Wirtschafts-, Banken- und Staatsschuldenkrise, die nach wie vor schwelen, haben die ökonomische Wissenschaft bis in ihre Fundamente erschüttert. Immerhin liefert nun die Krise reiche und spannende Evidenz über die Ursachen und Abläufe wie über Therapie und Prävention. Das verspricht – hoffentlich – einen Quantensprung der Ökonomie, vielleicht einen so bedeutenden, wie ihn die Weltwirtschaftskrise in den 1930er-Jahren mit Keynes General Theory (1936) brachte." (Kramer 2012, 485)

Das schreibt kein Systemkritiker, sondern der ehemalige Leiter (1981–2005) des Österreichischen Instituts für Wirtschaftsforschung (WIFO) und ehemalige Rektor der Donau-Universität Krems (2005–2007), Helmut Kramer, in den Monatsberichten des WIFO. Seine Arbeitsschwerpunkte waren u.a. Wirtschaftspolitik und Konjunktur.

Schulmeister (2010, 24–32) sieht in der Krise den Endpunkt einer 30-jährigen neoliberalen Entwicklung. Das neoliberale Denken bezeichnet Schulmeister (1998, 450) als „eine Art Globalisierung der Köpfe", hinter der nicht zuletzt Friedman und Hayek stünden, die u.a. für ein System von freien Wechselkursen kämpften, das 1971 tatsächlich entstehen konnte. Den Anstieg der Inflation bei gleichzeitiger Zunahme der Arbeitslosigkeit interpretierten sie als eine Widerlegung der Phillips-Kurve und somit als einen Angriff auf den Keynesianismus. Dies sieht Schulmeiser (2010, 47) als eine Fehlinterpretation, weil sich die Theorie der Phillips-Kurve nur auf eine geschlossene Wirtschaft beziehe.

1971 musste das System der fester Wechselkurse aufgegeben werden, der Dollar wurde massiv abgewertet (1971/1973 und 1977/79): Realinvestitionen wurden unsicherer, Devisen- und Rohstoffterminspekulationen nahmen zu. Durch die Ölpreisschocks beschleunigte sich die Inflation und gleichzeitig stieg die Arbeitslosigkeit an. Dies wurde als der Gegenbeweis für die Phillips-Kurve gesehen und es startete die neoliberale Argumentation gegen Keynes. Mit Ende der 1970er-Jahre wurde von den Notenbanken eine Hochzinspolitik eingeschlagen, um die Inflation in den Griff zu bekommen. Dies führte dazu, dass der Realzins in Europa fast laufend über der realen Wachstumsrate lag. Die Unternehmen mussten ihre Fremdfinanzierungen und damit auch ihre Investitionen in Realkapital zurückfahren. Das führte wiederum zu einer Zunahme der Finanzinvestitionen. 1982 setzte nicht zuletzt durch die Umstellung der Pensionssysteme in den USA ein Boom am Aktienmarkt ein. Der Aktienboom löste eine allgemeine Spekulationsfreude aus. Wechselkurse, Rohstoffpreise und Aktienkurse schwankten nach oben und nach unten. Die unsichere Realinvestitionssituation und die Gewinnchancen an den Finanzmärkten führten dazu, dass immer mehr Kapital von Real- zu Finanzinvestitionen umgeleitet wurde. Dies führte zu einem Sinken des Wirtschaftswachstums und damit einem Anstieg der Arbeitslosigkeit und einer Zunahme der Staatsverschuldung. Darauf reagierte die Europäische Union mit einer restriktiven Fiskalpolitik im Sinne der Maastricht-Kriterien. Immer mehr wurde in Finanzinvestitionen investiert, auch die Normalbürgerinnen und -bürger betätigten sich als Finanzinvestoren. Die reale Wirtschaft wuchs kaum noch, die Renditenerwartungen auf den Finanzmärkten jedoch lagen im zweistelligen Bereich. (Vgl. Schulmeister 2010, 24–32) Es ist nach Schulmeister (2010, 32) „das Versagen des finanzkapitalistischen Gesamtsystems", welches zur Krise geführt habe: Boomende Aktien- und Rohstoffmärkte, extrem starke Zunahme des Handels mit Derivaten und die Illusion, das eigene Geld arbeiten zu lassen, hätten zu dieser gefährlichen Entwicklung geführt. Dahinter stecke – so Schulmeister (2010, 32–33) – die neoliberale Idee, die sich eigentlich gerade durch die Krise selbst widerspreche: Gerade die Finanzmärkte sind jene Märkte, die der Idee der freien Märkte am nächsten kommen, zeigen „,manisch-depressive' Schwankungen der Wechselkurse, Zinssätze, Aktienkurse und Rohstoffpreise, also falsche Preissignale". Damit diese „kognitive Dissonanz" vollständig erkannt werden könne, scheine die Krise nicht schwer genug zu sein. Vielmehr werde aber nach Ursachen gesucht, die dem Staat zugeschoben würden. Jetzt sei der Staat schuld, weil er den Finanzmarkt nicht ausreichend reguliert habe.

„Das Haupthindernis einer raschen Überwindung der Krise liegt also in den Köpfen der ‚Experten': Je stärker die ‚Beharrungstendenz ihres Meinungssystems' und je fester ihr *Glaube* [Hervorhebung durch den Autor] an die kunstvoll ausgedachte ‚Harmonie der Täuschungen', desto länger wird die Krise dauern (diese Begriffe habe ich dem großartigen Essay von Ludwig Fleck (1935) entnommen). Denn die Politik kann sich nur wenig von jenem Zeitgeist lösen, den Wissenschaft und Medien vertreiben." (Schulmeister 2010, 33)

4.4.4.1 *„Why did no one see it coming?"*

„Why did no one see it coming?", formulierte die Queen ihren Vorwurf an die Prognoseunfähigkeit der Ökonomik (vgl. Tichy 2010, 356). Es ist eine berechtigte Frage, die sich heute nicht nur die Öffentlichkeit, sondern auch die Zunft selbst stellt.

Die Ursache der Staatsschuldenkrise wird häufig medial so dargestellt, als ob diese in der verantwortungslosen expansiven Ausgabenpolitik der Staaten zu finden sei. Das sei jedoch eine zu enge Sichtweise, denn die Krise sei ein viel komplexeres Phänomen. Es seien verschiedene Ursachen zusammengekommen. Zum überwiegenden Teil sei die Staatsschuldenkrise das Ergebnis der globalen Finanzmarktkrise, weil die Staaten Ausgaben tätigen mussten, um die Rezession in den Griff zu bekommen und um den Finanzsektor aufzufangen. Der Vertrauensverlust in bestimmte Länder hinge nicht direkt von der Staatsschuldenquote ab, sondern es habe ausschließlich Länder an der europäischen Peripherie betroffen, deren strukturelle Probleme zwar bekannt gewesen seien, aber zu wenig beachtet wurden. Die strukturellen Probleme wiederum seien auf mangelhafte Wirtschaftspolitik als auch auf Konstruktionsfehler der Währungsunion zurückzuführen. Das zögernde Eingreifen der Verantwortlichen der europäischen Wirtschaftspolitik verstärkte die Probleme. (Vgl. Tichy 2011, 797)

Die Ursachen der Finanzkrise sind daher auf globaler, europäischer und lokaler Ebene zu finden. Die Hauptursache liegt in der Finanzmarktkrise und der von ihr ausgelösten Vertrauenskrise.

Die Ursachen und Folgen der Krise können nach Kramer an verschiedenen Punkten festgemacht werden. Die wesentlichste und tiefste Frage sei der Sinn und Zweck des Wirtschaftens überhaupt und damit zusammenhängend das Wirtschaftswachstum und der Fortschritt. Über diese grundlegende Frage stelle sich die Frage nach der Wirtschaftsordnung, die sich oft verkürzt in der Auseinandersetzung zwischen *Staat* und *Markt* stelle. In diesem Kontext sei über die Europäische Wirtschafts- und Währungsunion nachzudenken, die ihrem ersten „unfreiwilligen Stresstest nicht stand[hielt]" (Kramer 2012, 486). Ausgangspunkt der Krise waren jedoch die weltweiten Finanzmärkte. Es stelle sich dabei die Frage der grundsätzlichen Rolle des Finanz- und Bankensystems und ihrer, teilweise sehr schwer zu durchschauenden, Produkte. Schließlich sei die Frage nach der Angemessenheit der ökonomischen Modelle zu stellen. (Vgl. Kramer 2012, 486)

Die Entstehung der Staatschuldenkrise sei nicht nur auf eine expansive Ausgabenpolitik der Staaten zurückzuführen, sie sei vielmehr ein komplexes Problem aus unterschiedlichen Ursachen, die zu einer Vertrauenskrise führten. Die Hauptursache liege in der globalen Finanzmarktkrise. (Vgl. Tichy 2011, 797)

Die Staatsschuldenquoten stiegen erst so richtig im Laufe der Schuldenkrise von 63% im Jahr 2008 auf 80% im Jahr 2010 in den EU-Mitgliedstaaten und im Euro-Raum von 70% auf 86%. 75% der zusätzlichen Staatsausgaben waren für die Rekapitalisierung der Finanzinstitutionen notwendig und dazu kamen die notwendigen Konjunkturmaßnahmen, um Rezession einzubremsen bzw. die Wirtschaft anzukurbeln. (Vgl. Tichy 2011, 803)

Neben den Ursachen am Finanzmarkt seien aber auch die globalen Ungleichgewichte zu sehen, die durch mangelnde und fehlerhafte Regulierungen entstanden seien. Es gebe ein großes Volumen an Kapital, das angelegt werden wolle, und ein sehr unterschiedliches weltweites Wachstum. In den USA sei ein dreifaches Defizit zu verzeichnen: in der Handelsbilanz, im Budget und im Spardefizit. Diese drei Faktoren führten zu weltweiten Instabilitäten. Dazu kämen spiegelbildlich die hohe Verschuldung der US-amerikanischen Haushalte und immer höhere Fremdkapitalraten in Relation zum Eigenkapital. Rohstoffe seien dazu knapp geworden, weshalb die alternative Nutzung eine dringliche Frage wird. (Vgl. Aiginger 2009, 20–21)

Die komplexe Krise folge, so Skidelsky (2010, 25–30) doch einem relativ einfachen Grundriss: Ein enorm hohes Volumen an Schulden von Haushalten und Banken habe sich auf der Basis von amerikanischen Häusern aufgebaut. Viele Schulden wurden von Personen mit niedriger Bonität aufgenommen, von sogenannten Subprime-Hypotheken-Schuldnerinnen und Schuldnern. Durch den enormen Anstieg der Nachfrage nach Immobilien stiegen die Hauspreise in den USA von 1997 auf 2006 um 124%. Angetrieben wurde dieser Anstieg durch staatlich geförderte Finanzinstitute, die durch die Regierung Clintons ermutigt wurden, auch Kredite an einkommensschwache Haushalte zu vergeben. Diese Forderung wurde aber auf sogenannte *Ninjas (no income, no job, no assets)* ausgeweitet. Dies Ausweitung wurde mit Lockzinsen erreicht, die anfangs Null betrugen und danach laufend anstiegen. Die Kredit-Ausfallsraten waren anfangs enorm niedrig, obwohl ca. ein Drittel der Hypothekarkredite mit 100% des Hauswertes oder mehr (!) besichert waren. Die Besicherung betrug bis zum Sechsfachen des Jahreseinkommens der Schuldnerinnen und Schuldner. Diese Kreditforderungen der Banken wurden gebündelt und verbrieft und zu neuen Wertpapieren zusammengefasst. Die

Risiken ließen sich dadurch (scheinbar) breit streuen. (Vgl. Skidelsky 2010, 25–30)

Die Krise entstand danach aus dem Zusammentreffen mehrerer Ursachen: Erstens einem Überangebot an Finanzmitteln aus vor allem *Emerging Markets* und einer starken Kreditexpansion durch Hypotheken, die in diese Wertpapiere investiert wurden. Zweitens ermöglichte die Deregulierung neue Finanzprodukte. Möglich wurde diese Deregulierung durch die Aufhebung des *Glass-Steagall-Gesetzes* im Jahr 1999, das von einer Trennung des klassischen Bankgeschäftes von Einlagen- und Kreditgeschäften einerseits und Wertpapiergeschäften andererseits ausging – damit konnten sich Geschäftsbanken als Investmentbanken betätigen –, sowie der Ermöglichung niedrigerer Eigenkapitalquoten, die den Leverage erhöhten. So wurden Kredite gebündelt und in Tranchen mit unterschiedlichem Risiko verkauft. Diese Kredite wurden durch die Ratingagenturen überbewertet. 80% erhielten ein AAA-Rating. Als die Blase erkannt wurde und die Krise ausbrach, verloren die Papiere 70% ihres Wertes. (Vgl. Tichy 2011, 797–798)

Alan Greenspan (2007, 525) führte die Krise auf eine „weltweite Unterbewertung der Risiken" zurück. Diese hypothekengesicherten Wertpapiere (*Mortgage Backed Securities MBS*) wurden durch *Credit Default Swaps (CDS)* abgesichert und weltweit gekauft, um der Suche nach höheren Renditen der Kundinnen und Kunden entsprechen zu können. Zwischen Juni 2004 und Juli 2006 hob die Fed die Leitzinsen von 1% auf 5,25% an, wo er bis zum August 2007 verblieb. Die Zinsen stiegen, die Immobilien verloren an Wert und damit auch die Wertpapiere. Alle Risikomodelle wurden *ad absurdum* geführt. (Vgl. Skidelsky 2010, 25–29) „We were seeing things that were 25-standard deviation moves, several days in a row", sagte David Viniar, Goldman's chief financial officer (Larsen 2007). Da keine Bank wusste, wie viel die andere in solche Wertpapiere investierte, verliehen die Banken keine Gelder mehr und die Kreditklemme war perfekt. Dies alles ereignete sich sehr schnell; vor allem nach dem Zusammenbruch der US-Investmentbank Lehman Brothers im September 2008 geriet die Wirtschaft ins Trudeln. Im Vergleich zur Weltwirtschaftskrise 1929 reagierten die Regierungen diesmal jedoch schnell – für manche jedoch noch immer zu langsam – und es wurden Staatsmaßnahmen gesetzt. (Vgl. Skidelsky 2010, 25–36) Aufgrund der Lehren aus dem vorigen Jahrhundert waren und sind Vertreterinnen und Vertreter aus Wissenschaft und Politik bereit, konstruktiv und über ideologische Grenzen hinweg Schadensbegrenzung zu betreiben (vgl. Aiginger 2009, 20).

Es gab seit Anfang der 2000er-Jahre immer wieder Hinweise darauf, dass das Finanzsystem instabil sei (vgl. Tichy 2010). „Diesmal waren es die Finanzinnovationen, deren Bedeutung, Umfang und (Neben-)Wirkungen Theoretiker wie Praktiker überraschte." (Tichy 2010, 356) Niemand rechnete jedoch mit dem Zusammentreffen mehrerer Faktoren. Solche Überraschungen sind gerade für eine Krise konstitutiv. Der Schock führte zur Vertrauenskrise, die wiederum zum Zusammenbruch des Geldmarktes führte und dazu, dass sich die Geschäftsbanken untereinander kein Geld mehr borgten. Durch die globale Verflechtung der Banken durch Finanzderivate, die auf US-Immobilien beruhten, griff die Krise rasch auf Europa über. Allerdings scheint auch Tichy (2009, 5) den Zusammenhang von monetärer und realer Wirtschaftswelt unterschätzt zu haben, wenn er 2009 schreibt, dass „der Einfluss von Finanz- und Geldwesen überschätzt wird", und dies damit begründet, dass dies zwar in den USA so sei, aber nicht im europäischen Modell. Die aktuelle Krise lehrt Anderes und zeigt, wie stark die Welt über Finanzprodukte vernetzt ist und wie die monetäre auf die reale Wirtschaft wirkt.

Die derzeitigen Problemländer Griechenland, Spanien, Portugal und etwas später Zypern waren anfangs nicht betroffen, jedoch das stark mit den USA vernetzte Vereinigte Königreich und vor allem Irland, Island, die Niederlande und Belgien und in einem geringen Ausmaß auch Österreich, Dänemark und Deutschland. Die hohen Staatsschulden ergaben sich aus der Konjunkturunterstützung, die aufgrund der Finanzkrise notwendig wurde, und aus der Bankensanierung aus demselben Grund. Die Zunahme der Staatsschulden aufgrund der Krise setzte auf einem bereits bestehenden hohen Niveau der Staatsschulden an. (Vgl. Tichy 2011, 798–799)

Die Länder der Peripherie, also Griechenland, Spanien, Portugal und Irland wurden relativ spät von der Krise getroffen: Erst im Frühjahr 2009 setzten die Ratingagenturen ihre Bewertungen herab. Massiv wurden diese Abwertungen im Laufe des Jahres 2010 und im Winter 2011. Überraschend sei diese späte und massive Abwertung. Es war bereits allgemein bekannt, dass die Wirtschaftslage in der Peripherie der Eurozone sich von 2002 bis 2008 stark verschlechtert hatte. Die Leistungsbilanzdefizite waren hoch und die Lohnstückkosten stark angestiegen. Die Staatsschulden nahmen ab 2008 stark zu. Die Probleme der peripheren Länder waren also nur zum Teil eine Krise der Staatsverschuldung. Es war vor allem eine Strukturkrise. Problematisch war auch der Anstieg des Volumens der Privatkredite, die zu starken Importen und Spekulationen im Immobilienbereich führten. Dieser Anstieg war durch die niedrigen Zinsen möglich. (Vgl. Tichy 2011, 799–800) „Die Probleme bauten sich im Laufe der Jahre allmählich auf, waren insofern vorhersehbar und wurden auch tatsächlich erkannt (Tichy 2010; 2011), doch weder Politik noch Märkte noch Ratingagenturen reagierten rechtzeitig." (Tichy 2011, 800)

Aiginger (2011) kommt in einer Untersuchung von 37 Industrie- und Schwellenländern zum Schluss: Stark steigendes Kreditwachstum als die Summe von privaten (!) und öffentlichen Schulden, steigende Leistungsbilanzdefizite, die ja durch eine höhere Importnachfrage, angeregt durch die Zunahme der Kredite, mit verursacht wird, und vorhergehendes Nachfragewachstum sind die Vorboten für eine Krise, nicht aber die Zunahme der Staatsverschuldung. Zentral war die Kreditexpansion für den Immobilienboom, der zur Immobilienblase wurde. Auf die Verschlechterung der genannten Indikatoren wurde weder auf nationaler noch europäischer Ebene reagiert.

„Neben den Prognosefehlern von Politik, Märkten und Agenturen erkannte wohl keiner der Akteure die Konstruktionsmängel der Währungsunion und noch weniger die Handlungsbeschränkungen, denen Teilnehmer einer Währungsunion unterliegen." (Tichy 2011, 802) Andererseits sei es nicht überraschend, dass es so hat kommen können, wenn ein Teil der Wirtschaftswissenschaft lehre, dass flexible Preise und Löhne für ein ständiges Gleichgewicht sorgten, das dazu führe, dass die Wirtschaft immer ausgelastet sei. Nach jedem Schock erfolge eine automatische Anpassung – allerdings unter der Annahme, dass alle Wirtschaftsakteure „über vollständige Informationen über zukünftige Ereignisse verfügen. Das ist eine offenkundig absurde Annahme. [...] Eigentlich müsste die Kernschmelze der Finanzmärkte im Herbst 2008 die sogenannte ‚Effizienzmarkttheorie' für alle Zeiten diskreditiert haben. Doch ich bezweifle, dass es so ist" (Skidelsky 2010, 13). Hier kommt die Auseinandersetzung zwischen Keynesianern und Neoliberalen klar zum Ausdruck. Der Keynes-Biograph Skidelsky sieht den eigentlichen Grund der Krise im Neo-Liberalismus und dem Glauben an den freien Markt.

Aus der Finanzmarktkrise wurde eine Vertrauenskrise; sie löste die Staatsschuldenkrise der peripheren Länder des Euro-Raumes aus. Das Vertrauen schwand einerseits, weil die politischen, nationalen und supranationalen Organisationen zu langsam und nicht vehement genug reagierten. Zweitens kippte gewissermaßen die Einschätzung der Märkte und Ratingagenturen. Ökonomische Mängel, die bislang akzeptiert wurden, wurden nunmehr extrem negativ bewertet. Die bekannten Leistungsbilanzschwierigkeiten und die Budgetdefizite seien nicht als problematisch eingestuft worden und führten damit auch zu keinen Zinsaufschlägen. 2010 sei die Einschätzung gekippt: Budgetdefizit und Staatsverschuldung wurden zum wesentlichsten Kriterium der Bewertung, obwohl die Probleme die gleichen waren. (Vgl. Tichy 2011, 802)

Es sind drei Phasen in den Ratingbewertungen auszumachen: Die erste Phase war jene der Entstehung der Währungsunion. Die vier betroffenen Staaten an der europäischen Peripherie (Portugal, Irland, Griechenland und Spanien) erlebten eine Aufwertung im Rating. Mögliche Probleme durch die Währungsunion wurden nicht erkannt und bewertet. Auch die schlechten Strukturdaten dieser Staaten änderten nichts an der Bewertung. Mit Anfang 2009 begann die zweite Phase, in der – ohne dass sich die Daten geändert hätten – sich die Einschätzung der Agenturen änderte. Die Ratings wurden leicht nach unten korrigiert und die Zinsaufschläge stiegen leicht. In der dritten Phase kam es zu heftigen Zinsaufschlägen und zur Herabstufung des Ratings für Irland und Griechenland auf Junk-Niveau. (Vgl. Tichy 2011, 208) Dies führt Tichy (2011, 805) auf die langwierigen und zähen Verhandlungen rund um die europäische Finanzhilfe zurück: „So wurde etwa die EU-Hilfe für Griechenland im Mai 2010 erst zwei Tage vor der Fälligkeit einer großen Anleihe gewährt, ebenso die Oktober-Tranche 2011." Gärtner und Griesbach (2012) verglichen Inflation, Wirtschaftswachstum, Staatsanleihen und Inflation von 16 OECD-Staaten zwischen den Jahren 1999 und 2011 und setzten sie in Verbindung mit den Bewertungen von Fitch. Die Studie kommt zum Schluss, dass der Verlauf der Krise wesentlich von den Ratingagenturen beeinflusst war, weil sie eine *self-fullfilling prophecy* auslösten. Durch die Bewertung erhöhten sich die Zinsaufschläge und damit kamen die Staaten erst richtig unter finanziellen Druck, weshalb sich wiederum die Bewertung bestätigte: „We found robust evidence of a nonlinear effectect of ratings on interest rates. […] It urges governments to take a long overdue close look at financial markets in general, and at sovereign bond markets in particular, and at the motivations, dependencies and conflicts of interest of key players in these markets." (Gärtner & Griesbach 2012, 28) Eine Studie des WIFO kann jedoch keinen eindeutigen Hinweis für den Teufelskreis aus Abwertung, Zinsanstieg und Zunahme der Staatsschuld erkennen, wobei jedoch auf die Schwierigkeit der ökonometrischen Auswertung verwiesen wird. Auffallend sei jedoch, dass in Krisenzeiten die Ratings signifikant häufiger angepasst würden. Es sei ein Herdenverhalten bei den Agenturen zu beobachten, sodass tendenziell den Anpassungen der anderen gefolgt werde. Vor der Finanzmarktkrise 2008/09 hätten die Agenturen wesentlich optimistischer bewertet. In der Schuldenkrise führten die Agenturen häufiger Anpassungen in ihren Bewertungen durch und setzten mehr auf die Bewertung der Staatsschulden und Budgetdefizite. Es lasse sich nicht eindeutig empirisch belegen, dass die Ratingagenturen einen Kreislauf auslösten. Eher sei zu vermuten, dass die Ratingagenturen auf veränderte Zinsabstände reagierten und danach überproportional abwerteten. Die Zinsanpassungen seien jedoch unterproportional auf die Abstufungen erfolgt. Dies führe zum Schluss, dass Ratingagenturen eher Getriebene in der Finanzkrise seien. (Vgl. Url 2011, 811–823)

Neben den globalen Ursachen der Finanzkrise und den Fehleinschätzungen von Staat und Markt sind als weiterer Punkt die Fehler in der Konstruktion der Währungsunion der Europäischen Union zu nennen. Eine Währungsunion ohne politische Union wurde von Beginn an als problematisch bezeichnet. (Vgl. Tichy 2011, 803–804) Breuss (2006, 1) spricht davon, dass die Währungs- und Wirtschaftsunion „eine asymmetrische wirtschaftspolitische Architektur auf[weist]", weil die Geldpolitik völlig in der Hand der Europäischen Union, die Fiskalpolitik jedoch in den Händen der Mitgliedstaaten liege. Dies führe zu einer schwierigen Koordination. Die Mitgliedstaaten selbst könnten auf ökonomische Ereignisse nicht mehr mit Geldpolitik reagieren. Tichy (2011, 804) sieht drei Problemkomplexe damit verbunden: Erstens verstärke der gemeinsame Nominalzinssatz die Probleme, weil der Zinssatz nur im Durchschnitt der richtige sei, aber für die peripheren Staaten zu niedrig und für Deutschland zu hoch. Zweitens könne der Kurs der Währung selbst nicht gesteuert werden, was gerade bei der Verschuldung ein Problem sein könne. Damit hänge, drittens, die Unmöglichkeit der Abwertung bei einem externen Schock zusammen. Die Europäische Union selbst handle zu langsam. Dies müsste die Europäische Zentralbank ausgleichen, die massive Stützungskäufe tätigte und damit massiv Geld in die Wirtschaft pumpte. Das Vertrauen sei damit jedoch nur teilweise und kurzzeitig wieder hergestellt worden. (Vgl. Tichy 2011, 804–805)

Schwere Finanzmarktkrisen haben langfristige Auswirkungen: Das BIP wird auf ca. ein Jahrzehnt um einen Prozentpunkt gesenkt, die Arbeitslosenquote ist um 5 Prozentpunkte höher und die Relation von Kredit und BIP sinkt (vgl. Reinhart & Reinhart 2010). Die Sanierung der Krise werde also einen längeren Zeitraum in Anspruch nehmen. „Entscheidend für die Überwindung der Staatsschuldenkrise wird die Rückkehr des Vertrauens der Anleger sein." (Tichy 2011, 806) Das Vertrauen könne nur gewonnen werden, wenn die Institutionen der Eurozone reformiert werden, insbesondere in Richtung einer Transferunion, und die Finanzmärkte entscheidend reguliert würden, was allerdings aufgrund des Einflusses der Lobbys keinesfalls einfach sei. (Vgl. Tichy 2011, 806–808)

Die derzeitige Krise ist einer der stärksten wirtschaftlichen Einbrüche der letzten hundert Jahre. Die Wirtschaftswissenschaft habe sich „im höchsten Grad unfähig erwiesen, diese Jahrhundertkrise zu erklären. […] Und wir wissen auch herzlich wenig darüber, wie wir in Zukunft derartige Ereignisse aufhalten könnten" (Skidelsky 2010, 13). Trotzdem gebe es Lernpotenzial: Aus der Krise kann erstens gelernt werden, dass vorhandene Analysen ernst genommen werden sollten. Jene strukturellen Gefahrenpotenziale, die vor der Krise vorhanden waren, wurden aufgezeigt, aber von der Geschäftswelt und der Politik in großem Ausmaß ignoriert. Zweitens müssten die Modelle stärker der Realität angepasst werden, wobei es hier – so Tichy (2010, 369–370) – nicht um völlig neue Ansätze, sondern um Adaptionen gehe. Drittens sei eine stärkere Regulierung vor allem der Finanzmärkte notwendig. Schließlich könne viertens die Ökonometrie nicht alles vorhersagen:

> „Ein weiterer zentraler Punkt, der bisher weder in der öffentlichen noch in der Fachdebatte erwähnt wurde, ist jedoch die Klarstellung, welche Art von Prognosen von den Ökonomen erwartet werden kann und welche nicht. Wenn die Diagnose richtig ist, dass schwere (Finanz-)Krisen stets durch ein Element der Überraschung gekennzeichnet sind, das einen breiten und tiefen Schock und u.U. sogar eine Panik auslöst, dann müssen die Ökonomen akzeptieren und auch einer breiten Öffentlich-

keit bewusst machen, dass alle Verbesserungen ihres Instrumentariums nicht ausreichen werden; es wird auch in aller Zukunft nicht möglich sein, schwere (Finanz-)Krisen zu prognostizieren." (Tichy 2010, 370)

Weshalb als fünfter Punkt noch zu berücksichtigen sei, dass es Krisen immer geben werde und daher seien krisenresistentere Systemelemente notwendig, dazu zählten Maßnahmen, die ein *too big to fail* nicht möglich machten, oder Bilanzierungs- und Bewertungsvorschriften. Nicht die kurzfristige Effizienz, sondern die Möglichkeit, in Krisen zu überleben, sollte der Ausgangspunkt der Überlegungen sein. (Vgl. Tichy 2010, 370) Aiginger (2009, 20) sieht die Notwendigkeit, den überproportionalen Anstieg der Finanzinvestitionen z.B. durch eine Finanztransaktionssteuer einzubremsen. Aber auch die Erhöhung des Eigenkapitals bei Banken und internationale Regulierungen seien notwendig.

Vietta (2012, 9–13) geht davon aus, dass Rationalität als Zweck-Mittel-Relation jenes Vermögen des Menschen sei, das zuerst die europäische Gesellschaft und heute die globale Gesellschaft ermöglicht habe. Die globale Gesellschaft sei ein Produkt „dieser Rationalität einschließlich der Irrationalismen, die sie begleiten" (Vietta 2012, 9).[95] Dabei gehe es stark um ein quantifizierbares und kalkulierendes Denken. Damit sei „Geld der gesellschaftlich wichtigste Ausdrucksträger dieses Denkens" (Vietta 2012, 313). Aber gerade am Geld zeige sich auch die „Irrationalität eines rein kalkulativen Denkens, das die Welt in eine Rechenoperation bezifferbarer und bezahlbarer Werte transformiert und dabei auch in die Abstraktion eines Seinsverlustes führt" (Vietta 2012, 313). Vier Irrationalitätfaktoren macht Vietta (2012, 369–373) im Zusammenhang mit der Finanzkrise aus:

1. Ein Hauptproblem sei die *Aufblähung der Geldmengen* vor allem in den USA seit den 1970er-Jahren. Die Fed verfolge durchgehend eine expansive Geldmengenpolitik. Dies gehe mit einer zunehmenden Verschuldung einher.
2. Die *unkontrollierte Kreditvergabe auf dem amerikanischen Immobilienmarkt* sei einer der wesentlichen Gründe für den Finanzkollaps gewesen.
3. Die *Kreditvergabe wurde vom Risiko getrennt*. Durch Auslagerung der Kreditforderungen an Zweckgesellschaften und die Bündelung zu eigenen Wertpapieren sollte das Risiko umgangen werden.
4. Die *mathematischen Modelle* würden davon ausgehen, dass die Wirtschaft wie eine Maschine funktioniere, die physikalischen Gesetzen folge. Wohl ist diese Vorstellung im Hinblick auf die Entwicklung der Rationalisierung im Zusammenhang mit der Quantifizierung zu erklären, doch führe dieses Denken zu einer vorgespielten mathematischen Sicherheit, die ökonomische Modelle vermitteln. Vietta

---

[95] Viettas (2012) These zur Rationalität wird im fünften Kapitel ausführlicher beleuchtet.

zitiert in diesem Kontext Brodbeck (2012, 795): „Du kannst jedes gewünschte Resultat erzeugen durch das, ‚was Du in die Annahmen hineinsteckst'. Dazu dreht man den Spieß einfach um: Sage mir, welches politisch wünschenswerte Resultat du haben möchtest, ich wähle dazu eine Modellform mit ‚geeigneten Annahmen'. Der Vorrat an Modellen ist inzwischen so groß, dass sich für jedes Ergebnis sogar mehrere Ansätze anbieten."

Im Kontext dieser Arbeit lassen sich aus der Krise vor allem *zwei* Argumente mitnehmen: *Erstens* gibt es den perfekten Markt nicht, vielmehr können sowohl Markt als auch Staat versagen. Dabei ist nicht zu übersehen, dass der Markt selbst wiederum aus Menschen besteht, die handeln, sofern dies auf Finanzmärkten nicht von Computerprogrammen übernommen wird (vgl. Kohlenberg, Schieritz & Uchatius 2011). Es ist also nicht der Markt, der das Vertrauen verliert, sondern es sind Menschen, die am Markt tätig sind. Der Markt wiederum ist ein kulturelles Konstrukt, das einer Rahmenordnung bedarf. Deshalb sind Markt und Staat miteinander verwoben. In der Krise hat sowohl das Koordinationsinstrument Markt als auch der Staat auf verschiedenen Ebenen versagt. *Zweitens* wird ersichtlich, dass die Europäische Union mehr ist als eine ökonomische Gemeinschaft. Bei all den Fehlern, die auf verschiedenen Ebenen gemacht wurden, bleibt die Union den peripheren Mitgliedstaaten gegenüber solidarisch. Schulmeister (2009a, 37) spricht im Zusammenhang mit der Schuldenkrise von einer „Solidaritätspflicht der (finanz)stärkeren gegenüber den (finanz)schwächeren EU-Mitgliedern". Solidarität sei aber nicht nur auf supranationaler Ebene, sondern auch auf betrieblicher Ebene gefragt, wenn bestimmte Unternehmen und Branchen stärker als andere leiden. Ein Auseinanderbrechen der Gesellschaft wäre mit noch weit höheren Kosten verbunden. (Vgl. Schulmeister 2009a, 40) Es geht um mehr als die rein ökonomische Vernunft.

> „In einigen Punkten ist jedenfalls eine Neuorientierung notwendig, z.B. kann man nicht einerseits die Folgen der Klimaerwärmung kennen und dennoch die Emissionen weiter steigern. Große Einkommens- und Vermögensunterschiede führen zu politischen und sozialen Spannungen. Nachhaltige Steigerungen von Gewinnen und Einkommen werden als Ziel stärker in den Vordergrund treten verglichen mit maximalen, kurzfristigen Einkommen. Die Akzeptanz unseres Gesellschafts- und Wirtschaftssystems insbesondere bei der Jugend ist nicht mehr voll gegeben und muss neu erarbeitet werden, damit politische Spannungen nicht den wirtschaftlichen Krisen folgen.
>
> Das Europäische Sozioökonomische Modell hat einige Charakteristika (langfristigeres Denken, stabilere nicht nur marktmäßige Beziehungen, höherer Stellenwert der sozialen Kohäsion und der nachhaltigen Entwicklung), deren Missachtung die Krise begünstigt haben. Es sollte und wird daher in Zukunft weltweit als attraktiver ange-

sehen werden. Es muss jedoch selbst weiterentwickelt werden und sich besser auf die Bedingungen weltweiten Wirtschaftens einstellen, wie es etwa in Schweden, Dänemark und Finnland durch die Reformen der letzten 15 Jahre geschehen ist. Und Europa muss noch stärker und koordinierter gegen die Krise und ihre Folgen für den Arbeitsmarkt vorgehen. Und jeden Protektionismus vermeiden und die schwächeren Mitglieder und die Nachbarn unterstützen. Dann können wir in Österreich und in Europa von der Krise besonders viel lernen." (Aiginger 2009, 21).

Schulmeister (2009b, 377; 2010, Klappentext u. 32) sieht die Krise aus der Philosophie „Lassen Sie Ihr Geld arbeiten", die sich in den letzten drei Jahrzehnten stark gemacht hat, heraus entstanden. Diese Denkweise ist eine Ausprägung des *Finanzkapitalismus*, der sich vom *Realkapitalismus*, welcher nach dem Zweiten Weltkrieg zunächst herrschte, unterscheidet. Das Gewinnstreben wurde im Finanzkapitalismus von der Realwirtschaft zur Finanzwirtschaft umgeleitet. Schulmeister (2009b, 378) sieht diese Veränderung in der Entwicklung der Aktienpreise und der Rohstoffe. In Deutschland stiegen die Aktienkurse von 2003 auf 2007 um das 3,5-fache und das 5-fache in Österreich. Diese Booms seien durch Spekulationen vorangetrieben, vor allem mit Finanzderivaten. Deshalb sei die Krise auch nicht so einfach zu bekämpfen, weil sie sich über 30 Jahre durch den Finanzkapitalismus langsam aufgebaut habe. Die Aufschwungphase nach dem Zweiten Weltkrieg war eine vom Realkapitalismus, die Abschwungphase hingegen – so Schulmeister (1998), ähnlich auch Skidelsky (2010, 25–43) – vom Finanzkapitalismus getragene. (Vgl. Schulmeister 2009b, 377–378) Der Finanzkapitalismus zeichnet sich nach Schulmeister u.a. durch folgende Punkte aus (vgl. Schulmeister 2009b, 379–381):

- Geldwertstabilität als das wesentlichste Ziel der Geldpolitik
- Zurückdrängen des Staates und der Gewerkschaften
- Versuch der wissenschaftlichen Legitimierung des Neo-Liberalismus
- Deregulierung und Sozialabbau und Zurückdrängen der Sozialpartner
- starke Machtausstattung der Europäischen Zentralbank
- Zinsniveau, das über der gesamtwirtschaftlichen Wachstumsrate liegt und damit die Finanzierung von Staat und Unternehmen erschwert
- schwankende Wechselkurse und Rohstoffpreise

Mit der Denkweise des Finanzkapitals hat das Geld eine andere Bedeutung erlangt. Von jeher war es schwierig, Geld zu definieren. Es ist nicht möglich, das Wesen des Geldes zu definieren, sondern nur seine Funktionen als Wertaufbewahrungsmittel, Zahlungsmittel und Recheneinheit. Notenbanken helfen sich daher mit eigenen Gelddefinitionen (Geldmenge M1, M2 und M3). Diese Definitionen sind Konventionen, mehr nicht. Jede Finanzaktiva kann heute via Internetbanking liquid gemacht werden, dadurch wird der Unterschied zum Geld nicht mehr sichtbar, weil es letztlich – nach Schulmeister (2009c) – gar keinen Unterschied gebe. Anleihen, Aktien und Bankguthaben seien „Potenzialgeld". Damit werde die Geldmenge unbestimmbar. Geld werde geschaffen, wenn die Finanzanlagen als Geld verwendet werden. Diese Unterscheidung Schulmeisters (2009c) widerspricht bewusst der herrschenden Geldtheorie, die von der Trennung von Geld und Finanzvermögen ausgeht. Finanzvermögen bringt dieser Theorie folgend Ertrag, ist aber nicht liquide, Geld bringt demnach keinen Ertrag, ist aber liquide. Damit wäre jedoch die Geldpolitik der Zentralbank illusionär, weil sie sich im Sinne Friedmans auf die von der EZB definierten Geldmenge bezieht. Die Fed stellte bereits in den 1980er-Jahren fest, dass es keinen Zusammenhang zwischen der Geldmenge M1 und der Inflation gibt. Deshalb steuert die US-amerikanische Notenbank nur direkt über den Zinssatz und nicht über die Geldmenge. Finanzvermögen wird im Realkapitalismus für Investitionen in die Realwirtschaft verwendet. Geld auf dem Sparbuch wird verliehen, die Unternehmer erwirtschaften einen Mehrwert, mit dem sie den Zins bezahlen, den die Bank einnimmt und teilweise an die Sparer weitergibt. Der Finanzsektor habe die Aufgabe zwischen Finanz- und Realkapital zu vermitteln, er habe also eine dienende Aufgabe. Im Finanzkapital werde Geld *selbstreferentiell* vermehrt, indem Geld in andere Arten von Geld getauscht wird, also von Bankguthaben in Devisen, Aktien, Anleihen, Derivate etc. Die Tauschfrequenz ist nicht mehr Ware – Geld – Ware, sondern Geld – Geld – Geld … Dabei unterscheidet Schulmeister (2009c, 3) zwischen „schnellem Geld" und „langsamem Geld". Beim „schnellem Geld" handle es sich um Null-Summenspiele: Was jemand gewinne, verliere ein anderer. Für einen Einzelnen könne also das Geld weit mehr bringen als eine realwirtschaftliche Veranlagung – aber nur deshalb, weil es andere verlieren. Hier geht es also um kurzfristiges *trading* von Anleihen, Aktien, Devisen und vor allem Derivate wie Futures und Options. Das „langsame Geld" entsteht auf einem *bull market*, wenn also über einen längeren Zeitraum hinweg die Werte ansteigen. Alle, die solche Werte besitzen, werden reicher, aber niemand wird ärmer. Die Gewinne sind dabei unterschiedlich verteilt, denn die Früheinsteiger gewinnen stärker als die Späteinsteiger. Aber jeder Boom, der überschießt, führe später wieder zu einem Abwärtstrend, wird also ein *bear market*. Längerfristig gesehen sei damit auch diese Spielart ein Null-Summenspiel. Problematisch bleibt dabei, dass Spekulationen wichtige Preise, wie Wechselkurse, Aktienkurse und vor allem auch Rohstoffpreise, verzerren. (Vgl. Schulmeister 2009c, 1–4) „Heute bestimmen vor allem Banken und Investmentfonds die Rohstoffpreise. An einem normalen Handelstag kaufen und verkaufen sie so viel Weizen, Mais oder Zucker, wie in hundert Jahren nicht wächst." (Kohlenberg, Schieritz & Uchatius 2011, 6) Dazu kommt, dass viele dieser Preise wesentlich durch den computergesteuerten Hochfrequenzhandel *(High Frequency Trading)* zustandekommen, die zu Herdenverhalten tendieren. Damit werden falsche Signale vom Markt gesendet, die jedoch dramatische Folgen haben können. (Vgl. Kohlenberg, Schieritz & Uchatius 2011, 6) Das führt zu aufgeblähten Preisen für Lebensmittel und dazu, dass Entwicklungsländer sich den Einkauf von Lebensmitteln nicht mehr im ausreichenden Maße leisten können (vgl. Ziegler 2000, 56–60). Termingeschäfte sind ursprünglich aus dem Handel mit landwirtschaftlichen Produkten entstanden, um das Risiko von Preisschwankungen in den Griff zu bekommen. Derivate haben deshalb stärker an Bedeutung gewonnen, weil immer mehr Geschäftsprozesse auf dem Prinzip des freien Marktes funktionierten: So sind die wesentlichen Devisen und der Erdölpreis frei. Immer mehr Instrumente wurden eingeführt. Die Risikoabdeckung spiele dabei eine geringere Bedeutung als die Spekulation. Im Jahr 1990 war das Volumen der Finanztransaktionen 15,3-mal höher als das nominale Weltbruttoprodukt; im Jahr 2007 war es bereits 73,5-mal höher! Die Finanztransaktionen entwickelten sich also rund fünfmal rascher als das Welt-BIP. Diese Erhöhung zeigt, dass es sich vor allem um Spekulation handeln muss, denn würden diese Transaktionen vor allem zur Absicherung der realen Werte dienen, dann könnten die Finanztransaktionen nicht wesentlich über dem Welt-BIP liegen. Darüber hinaus zeigt diese Entwicklung auch, dass die Erwartungen der Nachfragenden und Anbietenden auf diesen Märkten weit voneinander abweichen müssen. Wären die Erwartungen ähnlich, gäbe es ein solches Handelsvolumen nicht. Die Gewinner in diesem System müssten – bis zur Krise – die Banken gewesen sein, denn diese schrieben Gewinne. Die Verlierer konnten dann nur die Privaten sein, die sich als Amateure auf diese Märkte wagten. Mit der Krise haben die Amateure begonnen sich zurückzuziehen. (Vgl. Schulmeister 2009c, 4–13)

Die Hauptproblematik der Ökonomie erkennt Schulmeister (2010, 17) darin, dass die großen Probleme wie Klimawandel, Staatsverschuldung und Arbeitslosigkeit isoliert voneinander betrachtet werden und versucht wird, jedes Problem mit einer „Spezialtherapie" zu behandeln. Diese Probleme sieht Schulmeister (2010, 18) jedoch als die Ergebnisse des Neo-Liberalismus. Es bedarf eines Gesamtkonzeptes, um diese Probleme lösen zu können, vor allem in der Europäischen Union, „denn in Europa hat sich der ‚neoliberale Smog' in den Köpfen der Eliten besonders stark ausgebreitet" (Schulmeister 2010, 19). Schulmeister (2010) schlägt einen *New Deal* für Europa vor, letztlich auch um den „sozialen und europäischen Zusammenhalt" zu gewährleisten. Voraussetzung für eine Lösung des Problems liegt demnach darin, dafür zu sorgen, dass die Staaten selbst die Schulden bedienen können. Dafür sei ein *New Deal* notwendig.

4.4.4.2 Grenzenloses Wachstum als Philosophie?

Kramer (2012, 486–487) kritisiert, dass die Philosophie in den letzten Jahrzehnten in der Wirtschaftspolitik keine Rolle gespielt habe, obwohl – so Kramer im Verweis auf Smiths *Theory of Moral Sentiments* – die Ursprünge der Ökonomie als Wissenschaft in der Ethik zu finden seien. Zwar hätten sich immer wieder alternativ denkende Forschende mit solchen Fragen beschäftigt, aber die Krise sollte dazu führen, dass wieder allgemein stärker über die Fundamente der Wirtschaftswissenschaft gesprochen werde. Kramer verweist auf Sedláčeks *Ökonomie von Gut und Böse* und spricht die Befürchtung aus, dass es wahrscheinlich von zu wenig Berufsökonominnen und -ökonomen gelesen werde, weil es völlig untechnisch geschrieben sei. Allerdings will Kramer explizit nicht die These Sedláčeks übernehmen, dass wirtschaftlicher Fortschritt auf die materielle Unersättlichkeit des Menschen zurückzuführen sei. Wirtschaftswachstum sei ein umstrittenes Thema geworden. Die Ressourcen sind begrenzt und der Klimawandel hinterlässt seine Spuren. Trotzdem erscheine die Krise nur durch Wirtschaftswachstum lösbar. Nicht genügendes Wachstum erhöhe die ohnehin bereits besorgniserregende Arbeitslosigkeit in Europa. Die Ökonomie sieht also nach wie vor im Wachstum die Lösung für die Beschäftigung und für die Verschuldung der Staaten. „Die gängige politische Forderung nach Wirtschaftswachstum zur Überwindung der Krise löst immer häufiger, gerade bei Intellektuellen, Widerspruch, Zukunftsängste, Kulturpessimismus und Radikalisierung aus. Diese Haltung kann schizophrene Züge aufweisen, und sie konzentriert sich verständlicherweise eher auf saturierte Schichten der Bevölkerung und das wirtschaftsferne Bildungsbürgertum." (Kramer 2012, 487) Kramer (2012, 487) sieht die Differenzen im „achtlosen Gebrauch des Begriffes ‚Wirtschaftswachstum' in Politik, Medien und selbst der Ökonomie". Wirtschaftswachstum kann arbeitsintensiv oder arbeitssparend sein, es kann Energie sparen und Energie verbrauchen, und es kann umweltverträglich sein – so Kramer. Es sollte daher Wirtschaftswachstum von der „wachstumsbedingten Zunahme des Verbrauches begrenzter materieller Ressourcen" getrennt werden. Jedenfalls müssten Veränderungen im Verbrauchsverhalten durch eine Bewusstseinsänderung der Gesellschaft getragen sein. Kramer (2012, 488) sieht eine solche Kursänderung in der Gesellschaft, jedoch sträubten sich etablierte Wirtschafts- und Machtstrukturen. Es sei deshalb fraglich, ob Kursänderungen schnell genug herbeigeführt werden könnten. Anstatt materieller Orientierung sei „in Richtung immaterieller und kultureller Höherentwicklung" zu denken.

„Der Umwelt- und Ressourcenverbrauch der österreichischen Volkswirtschaft ist nach wie vor an das Bruttoinlandsprodukt gekoppelt." (Getzner 2009, 22) Es ist also nach wie vor das Wirtschaftswachstum jene Kraft, die den Verbrauch an Ressourcen und Umwelt vorantreibt. Nur der Ölpreisschock in den 1970er-Jahren führte zu einer zeitweiligen Entkopplung. (Vgl. Getzner 2009, 28).

Als die Ereignisse in Fukushima Betroffenheit auslösten, die Euro-Krise voll im Gang war und die Finanzmärkte Milliarden an Finanzwerten und sehr viele Arbeitsplätze zerstörten, waren die Sorgen groß. In dieser Phase startete der Deutsche Bundestag eine Enquete-Kommission zum Thema *Wachstum, Wohlstand, Lebensqualität. (Vgl.* Pinzler 2013, 27) Der Bericht, der im September 2012 abgeliefert wurde, trug den Titel *Wachstum, Ressourcenverbrauch und technischer Fortschritt – Möglichkeiten und Grenzen der Entkopplung* (Deutscher Bundestag 2012; 2013a; 2013b). Das Hauptproblem wird darin im sogenannten *Rebound-Effekt* gesehen (vgl. Deutscher Bundestag 2012; Pinzler 2013, 27). Die Herausforderungen werden als global beschrieben, die institutionell zu meistern seien und gleichzeitig sei eine Mäßigung notwendig:

> „Angesichts der globalen Überschreitung von mehreren kritischen Umweltraumgrenzen bedarf es in den kommenden Jahrzehnten absoluter Reduktionsprozesse in wichtigen Umweltdimensionen (z.B. Treibhausgase, Erhaltung der Biodiversität) bei gleichzeitiger Vermeidung von Problemverschiebungen (d.h. der Entlastung einzelner Umweltdimensionen durch Belastung anderer Umweltdimensionen).
>
> Die Herausforderungen im 21. Jahrhundert umfassen somit einerseits massive Beeinflussungen der Umweltprozesse durch den Menschen […], andererseits die Schwierigkeit einer effektiven Governance dieser Beeinflussungen." (Deutscher Bundestag 2012, 158)

In der Diskussion blieben jedoch wesentliche Fragen unbeantwortet. Vor allem die Frage, wie *weniger* machbar ist. Schließlich setzte die Koalition ihren Abschlussbericht gegen die Opposition mit vor allem zwei Argumenten durch: Erstens würde vor allem durch den starken Mittelstand die Nachhaltigkeit gewährleistet und durch entsprechende ökologisch ausgerichtete Rechtsvorschriften sei eine Ausrichtung am Gewinn alleine gar nicht möglich. Zweitens könne Wachstum zur Konsolidierung in der Krise beitragen. (Vgl. Bundestag 2013b) Ferdinand Knauß (2013), Redakteur der Wirtschaftswoche, spricht über den Bericht als einem „Zeugnis der intellektuellen Leere", denn es sei höchst an der Zeit, neues wirtschaftspolitisches und politisches Denken zu initiieren. Pinzler (2013, 27) erklärt das mangelnde Interesse an neuen Ausrichtungen mit der Veränderung der Ausgangslage: Die Menschen hätten sich an die Krise(n) gewöhnt. Die Ökokrise sei nicht spürbar; von der Finanzkrise seien andere Staaten betroffen und die wachsende Ungleichheit sei woanders viel stärker ausgeprägt. Deutschland gehe es im internationalen Vergleich also sehr gut. Krisenangst und Leidensdruck seien verschwunden. Dem Textarchivs des Deutschen Bundestages ist zu entnehmen, dass der Vorwurf von Seiten der Koalition erhoben wurde, dass die Opposition zur Planwirtschaft zurückkehren möchte. Die Diskussion über das Wachstum wird also an dem von Ötsch (2009) diskutierten Muster von MARKT und NICHT-MARKT diskutiert.

Wirtschaftshistorisch gesehen kennt der Kapitalismus kaum längere wachstumslose Perioden seit den letzten Jahren. Deshalb werde angenommen, dass es den Konnex zwischen Kapitalismus und Wachstum geben muss. Die Kritik am Wachstum werde daher zur Kritik am kapitalistischen System schlechthin. Oftmals verstecke sich auch hinter der Kritik am Wachstum eine Kapitalismuskritik. Wachstumskritiker zielten oftmals auf den Finanzkapitalismus ab und würden darin die Ursache für den Wachstumszwang sehen, weil aufgenommene Schulden wieder zurückbezahlt werden müssten. Das sei eine Umkehrung der Logik, denn das Wachstum benötige Finanzierung und nicht anders herum. Im Allgemeinen seien Schulden also die Folge von Wachstum und nicht die Ursache. (Vgl. Tichy 2009, 5) Grundsätzlich wäre – so Tichy (2009, 5) – eine Marktwirtschaft ohne Wachstum denkbar. Das hätte jedoch enorme sozioökonomische Folgen. Wenn es wirklich möglich wäre, einen Kulturwandel einzuleiten, der die Konsumentinnen und Konsumenten zur Einsicht bringt, „dass ein noch schwereres Drittauto, ein noch größerer Fernsehapparat oder der Ersatz der noch durchaus funktionsfähigen Hifi-Anlage durch eine moderne sinnlos wäre; und sie hätten auch eingesehen, dass es noch sinnloser wäre, für solcherart sinnlose Ausgaben auch noch länger zu arbeiten und Überstunden zu machen" (Tichy 2009, 5). Damit würde natürlich die gesamtwirtschaftliche Nachfrage zurückgehen und in weiterer Folge auch die Produktion. Damit würden natürlich auch die Beschäftigung und die Gewinne sinken. Es würde mehr Arbeitslose geben. Manche würden zwar ihre Überstunden abbauen, andere jedoch würden ungewollt ihre Arbeit verlieren. Es käme also zu Strukturproblemen, von denen die Berufe und Branchen verschieden stark betroffen wären. Es würden Verteilungsprobleme entstehen, weshalb die Arbeitszeiten neu geregelt und das Einkommen verteilt werden müssten. Die Spannungen würden vor allem deshalb steigen, weil die Verteilung eben nicht aus dem Wachstum erfolgen könnte, sondern auf Bestandsgrößen zurückgegriffen werden müsste. Trotz dieser schwierigen Begleiterscheinungen, die sozioökonomisch gelöst werden müssten, könne festgestellt werden, dass es Marktwirtschaft auch ohne Wachstum geben könnte – wenn die Gesellschaft es wollte. Die Widerstände sieht Tichy nicht im Wirtschaftssystem an sich, sondern in den Präferenzen der Wirtschaftssubjekte. Jedoch seien alle Erfolge, den Ressourcenverbrauch und die Emissionen vom Wachstum des Bruttoinlandsproduktes abzukoppeln, nur sehr beschränkt erfolgreich gewesen. Darüber hinaus sei nicht zu sehen, dass die Bedürfnisse der Menschen gesättigt werden, weder in Europa noch in den USA, geschweige denn in anderen Regionen der Welt. Es stelle sich überhaupt die Frage, ob menschliche Bedürfnisse überhaupt begrenzt seien oder nicht. Vertreterinnen und Vertreter der Sättigungsthese gehen davon aus, dass ein nicht unbeträchtlicher Teil der Bedürfnisse durch die Industrie geweckt werde. Dazu komme, dass das BIP ein unpassender Indikator für die Messung des Wohlstands sei. (Vgl. Tichy 2009, 5–6) „Das bedeutet [...], dass eine Entkoppelung von BIP-Wachstum und Wohlstand sehr wohl möglich ist, und darauf beruhen die Hoffnungen auf qualitatives Wachstum: dass mit steigendem Wohlstand allmählich immaterielle Bedürfnisse an die Stelle von materiellen treten." (Tichy 2009, 6) Qualitatives Wachstum werde aber von vielen kritisch betrachtet, u.a. mit dem ökonomischen Argument, dass geringerer Ressourcenverbrauch zu niedrigeren Preisen führt und damit ein *Rebound-Effekt* und zusätzliche Nutzung respektive Verschwendung ausgelöst wird. Nullwachstum würde hingegen tatsächlich Ressourcen schonen, aber dies würde mit anderen sozioökonomischen Auswirkungen verbunden sein. Ein solches Nullwachstum müsste ein weltweites sein. Das sei nur möglich, wenn die Weltbevölkerung auch nicht wächst; das allerdings widerspreche den UN-Bevölkerungsprognosen eindeutig. Es würde sich auch eine Gerechtigkeitsfrage stellen: Dürfen ärmere Länder mehr verbrauchen als reichere, um wirtschaftlich aufholen zu können? (vgl. Tichy 2009, 6–7) Eine besondere Herausforderung liege in Europa: „Wie kann man in einem (Halb-)Kontinent mit schrumpfender und alternder Gesellschaft Wohlstand und Lebensqualität bei sinkendem Ressourcenverbrauch sichern?" (Tichy 2009, 7)

Kurz gesagt: Ein Wachstumszwang liegt nicht in der Marktwirtschaft per se, es gibt jedoch einen relativen Wachstumszwang, „solange der Kulturwandel des Nachfrageverzichts der Konsumenten noch nicht eingetreten ist und die Bereitschaft zu verstärkter internationaler und nationaler Umverteilung ebenso fehlt wie Instrumente zur Verkürzung der Lebensarbeitszeit" (Tichy 2009, 7). Schließlich ist nicht zu übersehen, dass im Wachstum der Wunsch nach Weiterentwicklung steckt, der sich oft im Wunsch äußert, dass es die Kinder besser haben mögen. Noch werde dies vor allem materiell oder auf Bildung bezogen. Eine unabdingbare Voraussetzung bleibe eine Änderung des Konsumverhaltens, die aber „weder durch Fachartikel herbei[geschrieben] noch durch Horrorszenarien" erzwungen werden könne (Tichy 2009, 8). Zu einfach sei es, die Schuld nur auf die Industrie zu schieben, die die Bedürfnisse wecke. Für die angebotenen Produkte gibt es – so Tichy (2009, 8) – tatsächlich Bedürfnisse.

> „Aufklärung und ethische Appelle allein werden wohl nicht ausreichen, aus kindlichen Verbrauchern, die mit ihrem ‚Infantilismus' (Benjamin Barber) und ihren SUVs das Klima zerstören, erwachsene, nachhaltigkeitsorientierte Staatsbürger zu machen. [...] Aufklärung wird durch ein breites Spektrum wirtschaftspolitischer Maßnahmen ergänzt werden müssen, die neue Rahmenbedingungen setzen." (Tichy 2009, 8)

Solche wirtschaftspolitischen Maßnahmen könnten in der Abgeltung von Produktionsfortschritten in Freizeit anstatt in Einkommen liegen. Dabei gehe es um eine Verkürzung der Lebensarbeitszeit, um mehr Zeit für Kindererziehung und Weiterbildung zu haben oder die Vier-Tage-Woche. Das würde einen Umbau der Sozialversicherungssysteme bedeuten, die stärker über Steuern zu finanzieren wären und teilweise von Pensionsansprüchen und Arbeitszeiten zu entkoppeln wären. Luxusgüter und ressourcenintensive Produkte müssten deutlich höher besteuert werden. Solche Maßnahmen würden eher unwahrscheinlich umgesetzt werden. Dafür würde es soziologisch betrachtet noch mehreren Krisen bedürfen. Ein Kulturwandel könnte allerdings, wenn die Annahmen der Klimaforschung richtig sind, zu spät kommen, wie die bisherigen Erfahrungen zeigen. (Vgl. Tichy 2009, 8–9) Im Kontext der aktuellen Wirtschaftskrise, in der das Wirtschaftswachstum als *das* Lösungskonzept gesehen wird, scheint es kein Entkommen aus der Wachstumsidee zu geben.

Homann geht von der Wachstumsgesellschaft aus. Sie ist nicht nur empirische Tatsache, sondern auch normative Setzung, denn sie ist die moralische Begründung für das Recht an der Teilnahme am Wachstumsprozess. Mäßigung hat im Modell keinen Platz. In allen Weltreligionen ist Mäßigung eine Tugend. In einer Welt knapper werdender Ressourcen und zunehmender Erderwärmung wäre gerade Mäßigung gefragt.

Tichy (2009, 8) spricht die Nachhaltigkeit an. Sie habe durch Ressourcenknappheit, Klimawandel und die aktuelle Finanzkrise an Bedeutung gewonnen, aber sie habe „ein Glaubwürdigkeitsproblem. Nachhaltigkeit ist eine Leerformel geworden" (Grefe 2012, 41). Ein Grund könnte darin liegen, dass die Forschung zu stark disziplinorientiert denkt und Probleme so stark zerlegt, dass die Zusammenhänge verloren gehen. Dazu komme, dass die Industrie großen Einfluss darauf habe, was und wo geforscht werde. Technologische Fortschritte werden durch Rebound-Effekte wieder zunichte gemacht. Es sei an der Zeit, dass praktische Nachhaltigkeitskonzepte umgesetzt werden und die wissenschaftlichen Fächer stärker miteinander in dieser Frage kooperierten. (Vgl. Grefe 2012, 41) Dazu kommt, dass bestimmte Teile der Industrie versuchten, mit PR-Managern die Welt dazu zu überzeugen, dass es die Erderwärmung gar nicht gebe (vgl. Blasberg & Kohlenberg 2012, 17–19).

Lempert (2009b, 13) sieht das schrankenlose Wachstum und die rein ökonomische Rationalität als eine Gefahr für die Menschheit:

> „Bis heute mangelt es an ihrem umfassend reflexiven, nämlich selbstkontrollierten, kommunikativ kulturvierten und moralisch disziplinierten Gebrauch, an ihrem sach- und systemzwangresistenten, autonomiebewussten, gezielten und wohldosierten Einsatz im Sinne der Ehrfurcht vor allen Lebewesen, besonders aber der Respektierung der Rechte aller Zeitgenossen wie der Mitglieder kommender Generationen." (Lempert 2009b, 13)

4.4.4.3 Neues ökonomisches Denken?

Die Krise hat wesentliche Fragen der Ökonomik aufgeworfen, die zeigen, dass die Ökonomik noch unausgereift ist. Eine Frage, die dabei im Mittelpunkt steht, ist jene des Verhältnisses von Markt und Staat. Immer wieder wird diese Diskussion ideologisch und dogmatisch geführt – hier der Markt, dort der Staat. Es sollte erkannt werden, dass die Krise ein Staats- *und* Marktversagen darstellt (vgl. Kramer 2012, 488). Die Ursachen sind nicht allein im reinen Selbstinteresse noch in der Unverantwortlichkeit des Staates zu sehen. Die Verantwortung des Staates liegt nicht nur im Nationalstaat, sondern auch auf supranationaler Ebene. Es sind nach wie vor nationale Egoismen, welche die Zusammenarbeit in Europa bremsen, obwohl es die europäische Supranationalität gibt. Die Führung in der Europäischen Union wurde in der Krise schwierig, weil die Vertreterinnen und Vertreter der Nationalstaaten sich nicht rasch einigen konnten.

Die ideologische Auseinandersetzung ist nicht nur in Europa von Bedeutung. Auch die Ursachen in den Vereinigten Staaten werden unterschiedlich interpretiert. Konservative Vertreterinnen und Vertreter der Ökonomik sehen die Ursache der Krise in den USA bei einer zu expansiven Haushalts- und Geldpolitik der Vereinigten Staaten. Keynesianerinnen und Keynesianer hingegen sehen die Ursache in einem Überangebot an Ersparnissen vor allem aus Asien, die dazu führten, dass die Zinsen in den Vereinigten Staaten nach einer Periode niedriger Zinsen wieder angestiegen waren und damit zur Krise führten. (Vgl. Skidelsky 2010, 26)

Die gegenwärtige Krise sei auch eine Krise der wirtschaftlichen Ideen. Es gibt eine Vielzahl an verschiedenen wirtschaftswissenschaftlichen Ausprägungen, als die „beiden Gravitationszentren der modernen Makroökonomie" könnten jedoch die Neoklassik und der Neokeynesianismus festgemacht werden. Es sind nach Skidelsky (2010, 61–73) drei ineinandergreifende Prämissen, welche die neoklassische Makroökonomie ausmachen: erstens die Idee der rationalen Erwartungen, zweitens die Theorie der realen Konjunkturzyklen, die dazu führt, den Markt sich selbst zu überlassen, und drittens die Effizienzmarkthypothese.

Skidelsky weist darauf hin, dass die britische Finanzaufsichtsbehörde (*Financial Services Authority, FSA*) die Annahmen zusammengefasst hat, von denen sie bislang im Sinne eines freien Finanzmarktes ausging:

> „Market prices are good indicators of rationally evaluated economic value.
>
> The development of securitised credit since based on the creation of new and more liquid markets, has improved both allocative efficiency and financial stability.
>
> The risk characteristics of financial markets can be inferred from mathematical analysis, delivering robust quantitative measures of trading risk.

Market discipline can be used as an effective tool in constraining harmful risk taking.

Financial innovation can be assumed to be beneficial since market competition would winnow out any innovations which did not deliver value added." (FSA 2009, 39)

Selbstkritisch führt die FSA aus: „Each of these assumptions is now subject to extensive challenge on both theoretical and empirical grounds, with potential implications for the appropriate design of regulation and for the role of regulatory authorities." (FSA 2009, 39)

Die Risikomanagementmodelle der Banken bauen auf die Effizienzmarkttheorie auf. Sie arbeiten mit Normalverteilungen. In den Modellen sei nicht berücksichtigt worden, dass die verschiedenen Risiken miteinander korrelieren. Darüber hinaus würden Versicherungsmodelle auf Produkte angewandt, die eigentlich gar nicht versicherbar seien. Mathematische Versicherungsmodelle könnten nicht mit Versicherungen von komplexen Derivaten gleichgesetzt werden. Lebensversicherungen könnten auf Basis von Lebenserwartungsstatistiken statistisch berechnet werden; die Zukunft sei aufgrund der Vergangenheit tatsächlich statistisch berechenbar. (Vgl. Skidelsky 2010, 76)

„Im Vertrauen auf eine falsche Analogie mit der Lebenserwartung aber haben sich die Versicherungsgesellschaften in die Welt jenseits der versicherungsmathematischen Risiken aufgemacht. Sie fingen an, jede Art von Risiko zu versichern [...] und behaupteten, sie seien versicherungsmathematisch ebenso kalkulierbar wie Lebensversicherungen. Die großen Banken und Pensionsfonds kauften ihnen die Story ab und stellten das Kapital bereit. Immer noch reden wir von ‚politischen Risiken', wenn wir über politische Unsicherheit reden sollten. Wir wissen schlicht nicht, wie hoch die Wahrscheinlichkeit ist, dass Russland künftig einen bestimmten ökonomischen oder politischen Kurs verfolgt. Die Verwendung des Begriffs ‚Risiko' zur Beschreibung von Zufallsereignissen, die nicht versicherbar sind, suggeriert eine trügerische Exaktheit, die zwar die Märkte beruhigt, aber keinerlei wissenschaftliche Grundlage hat. Nur wenige der mit dem Riskomanagement beauftragten Manager und Aufsichtsräte verstanden die mathematischen Grundlagen der Modelle." (Skidelsky 2010, 77)

Da die Finanzprodukte derart komplex wurden, verstanden oft weder Käufer noch Verkäufer, weder Käuferinnen noch Verkäuferinnen, von Wertpapieren ihr Produkt. Treichl, Chef der Ersten Bank, dazu im Interview: „Die Produkte werden immer komplexer und die Folge ist, dass oft weder Käufer noch Verkäufer wirklich verstehen, was sie tun." (Format 2008). In einer Keynote spricht Treichl über *Financial Literacy*:

„Wie wir in der Zwischenzeit alle wissen, ist die Finanzkrise ja unter anderem auch deshalb entstanden, weil die Finanzindustrie Produkte erzeugt hat, die die Konsumenten nicht verstanden haben, später dann Produkte, die die Verkäufer nicht verstanden haben, und letztlich Produkte, die die Produzenten, die Verkäufer und die Käufer nicht mehr verstanden haben. Die dahinterliegende Frage aber ist, ob Zentralbanken, Bankenaufsicht, Wirtschaftsprüfer, Aufsichtsräte und Staatskommissäre alle Risiken, die in einem Bankgeschäft liegen, vollständig verstehen können." (IWP 2010, 6–7)

Es wurden also Produkte verkauft, die niemand verstand. Das gibt ein Top-Bankmanager offen zu. Dafür seien aber, so führt Treichl aus, nicht die Banken verantwortlich, sondern der allgemeine Umstand, dass nicht alle Risiken zu verstehen seien. Wie ist das zu verstehen? Treichl führt weiter aus:

> „Viele, viele Institute, besonders in unserem großen Nachbarland, leiden noch immer massiv darunter, dass sie in Subprime-Geschäfte eingestiegen sind und ihre Institute damit in Gefahr gebracht haben. Dies war eindeutig ein Fehler der Geschäftsführungen dieser Banken, weil sie Produkte gekauft haben, die sie nicht verstanden haben, aber natürlich lag auch mangelnde Kontrolle in diesen Instituten vor." (IWP 2010, 7)

Das Vertrauen in die Märkte kannte also keine Grenzen. Es wird deutlich, dass der Markt ein Konstrukt ist, dessen Entscheidungen durch Menschen – durch wen eigentlich sonst? – zustande kommen. Weil sich Menschen irren, weil Menschen täuschen und sich täuschen lassen und Menschen nicht alles wissen, kann auch der Markt abseits des Modells nicht perfekt sein.

Der Internationale Währungsfonds schrieb 2006 über die Funktionsweise des Finanzsystems und die Bedeutung von Risikostreuung. Der Glaube an die Resilienz war groß und macht die Fehleinschätzung offenbar:

> „There is growing recognition that the dispersion of credit risk by banks to a broader and more diverse group of investors, rather than warehousing such risk on their balance sheets, has helped make the banking and overall financial system more resilient. […] The improved resilience may be seen in fewer bank failures and more consistent credit provision. Consequently the commercial banks may be less vulnerable today to credit or economic shocks." (IMF 2006, 51)

Skidelsky (2010, 79–82 u. 132) weist darauf hin, dass gerade in Krisen ökonomische Modelle nicht mehr greifen, und führt aus, dass gerade bei Keynes Unsicherheit ein große Rolle gespielt habe, und kritisiert, dass sowohl Neoklassiker als auch Neokeynesianer von rationalen Erwartungen ausgehen. Zwar habe auch Keynes mit Modellen gearbeitet, doch habe er nicht mit Idealtypen gearbeitet. Er wollte mit realistischen Annahmen arbeiten.

> „Keynes' Kritik an der klassischen Schule richtete sich insbesondere dagegen, dass sie Modelle verwendete, deren Annahmen in der realen Welt keine Entsprechung hatten: vollkommene Flexibilität von Löhnen und Preisen, vollkommener Wettbewerb, vollkommene Information, Fehlen von vertraglichen Verpflichtungen – das Äquivalent zum Fehlen von Geld. Er lehnte Überlegungen ab, die von der Abwesenheit von Geld ausgingen […] und dann das Geld als störenden oder komplizierenden Faktor ‚hinzufügten'." (Skidelsky 2010, 132)

Auch die Idee der asymmetrischen Informationen geht zu wenig weit, weil sie unterstellt, dass eine Seite alle Informationen hat. In der Krise hat keiner mehr Informationen, es müssen alle mit Unsicherheiten leben. „Diese Krise ist eine Krise der symmetrischen Ignoranz, keine der asymmetrischen Informationen." (Skidelsky 2010, 82)

Die Unsicherheit, von der Keynes ausgehe, sei eine, die aus dem System selber erzeugt werde. Nicht alles sei unsicher, auch nicht das gesamte wirtschaftliche Leben. Würde sich die Nachfrage auf lebensnotwendige Güter beschränken, dann wären Unsicherheiten durch Wetter, Kriege oder ähnliches gegeben. Die Unsicherheit, die Keynes meine, entstehe dadurch, dass der Wohlstand vom Einschätzen der Zukunft abhänge. Der Kapitalismus treibe die Menschen an, Kapital zu akkumulieren, um später einen höheren Ertrag zu haben. Der Wohlstand, der so entstehe, sei mit Unsicherheit verbunden. Keynes (1926) habe drei Arten von Wahrscheinlichkeiten unterschieden: Kardinale, ordinale und unbekannte Wahrscheinlichkeiten. Die letzte Form seien die Unsicherheiten. Vieles wüssten die Wirtschaftssubjekte einfach nicht. Glück spiele für ihn daher eine größere Rolle für den Erfolg als jene erklärbaren Ursachen, die im Nachhinein erfunden würden. Da es verschiedene Grade von Unsicherheiten gebe, sei es für Keynes rational, auf Traditionen, Konventionen, Faustregeln – also Institutionen – zu setzen. Sie vermittelten Sicherheit. Es sei z.B. eine Konvention, in den Führungsetagen von Risiko zu sprechen, wenn eigentlich Unsicherheit das Thema sei. Für Keynes werde daher Vertrauen auch zu einem wesentlichen Faktor, denn mit dem Vertrauen in eine Erwartung ohne Wahrscheinlichkeiten werde eine Erwartung eher angenommen. Aus diesen Gründen sei Keynes der Ökonometrie kritisch gegenüber eingestellt gewesen, weil wichtige Einflussfaktoren nicht statistisch dargestellt werden könnten. (Vgl. Skidelsky 2010, 135–142) „Die wichtigste Erkenntnis aus diesen vier genannten Punkten ist, dass Keynes die Ökonomie nicht als Naturwissenschaft, sondern als Sozialwissenschaft betrachtete." (Skidelsky 2010, 142) Damit steht Keynes klar gegen den Neo-Liberalismus Hayeks.

Mit der Krise sehe sich die Ökonomik mit scharfer Kritik konfrontiert. Diese ziele auf die Annahmen des rationalen Wirtschaftssubjekts, selbst die neueren Verhaltensannahmen, wie etwa „die Lucas-Ökonomie der rationalen Erwarten oder die These von der Effizienz der Finanzmärkte erwiesen sich nun aber als unhaltbar" (Kramer 2012, 489). Im Mittelpunkt der Ökonomik stand und steht die mathematische Ausformung, der mehr Aufmerksamkeit als den Sozialwissenschaften geschenkt wurde, respektive geschenkt wird. Die komplexen und komplizierten mathematischen Methoden der Ökonometrie täuschten oftmals darüber hinweg, dass die empirische Evidenz schwach sei. (Vgl. Kramer 2012, 489–490) Es würden scheingenaue Ergebnisse produziert, „die den Anschein der Wissenschaftlichkeit […] erwecken" (Kramer 2012, 490). Die Ergebnisse seien deshalb oftmals gleich informativ wie die Annahmen gewesen, die ins Modell eingebaut worden seien. Diagnosen und Empfehlungen verschiedener Expertinnen und Experten hätten sich widersprochen. Kaum jemand habe die Krise und ihre Auswirkungen vorhersagen können, vereinzelnde Warnungen seien nicht ernst genommen worden, weil sie nicht in die Masse der anderen Aussagen einzuordnen waren. Dazu komme, dass die Währungsunion nicht richtig eingeschätzt wurde.

> „Der Optimismus, den auch das WIFO in Hinblick auf das Gelingen einer Währungsunion in einer erkennbar noch nicht optimalen Währungszone vertrat, stützte sich auf Lernprozesse, wie sie die österreichische Hartwährungspolitik in den 1980er-Jahren erfolgreich absolviert hatte. Die eher unorthodoxen Klauseln des Maastricht-Vertrages über die Wirtschafts- und Währungsunion gegen inadäquate Reaktionen der traditionellen Weichwährungsländer schienen ausreichend. Das erwies sich jedoch als Irrtum: Dass die massive Senkung der Zinssätze in den Weichwährungsländern Kreditnehmer wie Kreditgeber zur lockeren Kreditvergabe verleiten würde, wurde leider nicht erkannt." (Kramer 2012, 490)

Natürlich gab es bereits vor der Krise Ansätze, die über die traditionelle Wirtschaftswissenschaft hinausreichten. Dazu zählen nach Kramer (2012, 490) die Institutionen- oder die Verhaltensökonomik. Dazu gab es Ansätze, die versuchten, die Nachhaltigkeit zu forcieren, vor allem im Kontext der Klimapolitik. Die Diskussionen stießen rasch auf ethische bzw. philosophische Grundfragen, da sich wirkliche Probleme nicht an wissenschaftlichen Disziplinen ausrichten. Neue Arbeitsweisen versuchen sich interdisziplinär, also psychologisch, soziologisch, anthropologisch und ethisch auszurichten. Ein wesentlicher Fehler der Ökonomik sei in „der gänzlich ahistorischen Arbeitsweise der herrschenden ökonomischen Schulen" gelegen (Kramer 2012, 490). George Soros' *Institute of New Economic Thinking (INET)* hielt im April 2012 einen Kongress in Berlin ab, auf dem verschiedene Ansätze des neuen ökonomischen Denkens präsentiert wurden. Neben bekannten Ökonomen traten auch Expertinnen und Experten auf, die dem neoklassischen Modell des Gleichgewichts, der Idee der rationalen Erwartungen und der rein ökonomischen Nutzenmaximierung nur wenig abgewinnen konnten. Vertreten war aber auch der Internationale Währungsfonds und die Europäische Zentralbank. (Vgl. Kramer 2012, 490–491; INET 2012)

Als die fundamentalen Schwachstellen der ökonomischen Modelle, welche die Krise offenlegte, sind nach Kramer (2012, 492) folgende Punkte zu sehen: erstens die Vernachlässigung von Krisen und die vollkommen ungenügende Analyse und Einbeziehung der monetären Wirtschaft, insbesondere die Vernetzung von monetärer und realer Wirtschaft. Wirtschaftskrise, Geld, Kredit und Verschuldung spielten in den makroökonomischen Modellen kaum eine Rolle. Spekulative Blasen hätten in den neoklassischen und postkeynesianischen Modellen keinen Platz. Kaum würden das Vermögen, der Kredit, das Vertrauen und Leverage-Effekte berücksichtigt. (Vgl. Kramer 2012, 492) „Der Keynesianismus kommt der Realität der Diagnose und Therapie einer solchen Krise näher als die Neoklassik. [...] Ein Mittel [...] ist die Ausbreitung der öffentlichen Nachfrage." (Kramer 2012, 492) Dies liege darin, das Keynes selbst seine Anregungen aus der Krise der 1930er-Jahre bezog. Aus der Krise könne der Schluss gezogen werden, dass sich Markt und Staat gegenseitig bedingen. Es sei sicherlich nicht richtig, wenn die Verschuldung der Staaten als alleinige Ursache und in einer Sparpolitik die Lösung des Problems gesehen werde. Zwar seien z.B. die Staatsschulden Griechenlands Ende 2009, als das Ausmaß des Budgetdefizits und der Staatsschulden aufgedeckt wurde, schon unhaltbar groß gewesen, doch seien die Schulden *seither* richtiggehend explodiert. Das zeige, dass die unverantwortliche Budgetpolitik nicht die einzige und schon gar nicht die wesentliche Komponente der Katastrophe gewesen sei. Die zunehmende Staatsverschuldung weise auf die schädlichen Strukturen im Land hin, die hinter der Fiskalpolitik stehen. Die Verschuldung des Staates sei ein Symptom, aber nicht die eigentliche Ursache. Natürlich seien die Staatsschulden zu reduzieren, weil sie den Budgetspielraum stark einengten. Sparen und Strukturveränderungen seien bis zu einem bestimmten Grad notwendig. Aber Sparen alleine könne nicht die Lösung sein, weil eine Rezession und Depression noch schlimmere Folgen hätten. Die Schuldenkrise gehe nicht von Staaten, sondern vom Finanzsystem aus. Die Eigendynamik des Finanzsystems sei dubios geworden. Das Finanzsystem selbst sei in der Volkswirtschaftlichen Gesamtrechnung nicht ausreichend dargestellt, ein Umstand, der verändert werden müsste. Es werde ein Modell notwendig sein, das die Interaktionen zwischen privatem Sektor, Finanzsektor, Zentralbank und Staat darstellen könne. Die Krise habe auch dazu geführt, dass der Sozialstaat schwer erschüttert wurde (vgl. Kramer 2012,493–494)

> „Die Finanzmarkt- und Wirtschaftskrise ist kein rein wirtschaftliches, möglicherweise nicht einmal ein überwiegend wirtschaftliches Phänomen. Möglicherweise kann man sie als generelle Systemkrise auffassen. Auch die Funktionsfähigkeit der Demokratie in Europa wie in Österreich ist betroffen. Fragen nach dem Sinn des Wirtschaftens, nach den Pflichten gegenüber nachfolgenden Generationen und nach weniger oberflächlichen Maßstäben für gesellschaftlichen und kulturellen Fortschritt werden vom nächsten Konjunkturaufschwung, so er kommt, nicht gegenstandslos gemacht.
>
> Ob die Überwindung der Krise eine allmähliche Abwendung von der Banalität der westlichen Konsum-‚Kultur' zu sinnvolleren Verwendungen der geistigen Leistung bringen oder voraussetzen wird, sei dahin gestellt. Sicher wird sie aber mitgetragen sein von einem schrittweisen Übergang zu Alternativen unter dem Gesichtspunkt der Nachhaltigkeit. [...] Nachhaltigkeit verlangt nicht nur, an die Grenzen der Ökonomie zu gehen, sondern darüber hinaus." (Kramer 2012, 494)

Die Krise macht es offensichtlich: Neues ökonomisches Denken ist gefragt. Jedenfalls können der Markt und auch nicht der Kapitalismus pädagogische Letztbegründungen sein. Ökonomische Indokrinationen im Sinne der einseitigen Vermittlung der rein ökonomischen Vernunft sind pädagogisch fragwürdig. Vielmehr muss es wirtschaftspädagogische Aufgabe sein, die Entwicklungen in der Ökonomie und Ökonomik aufmerksam mitzuverfolgen, offen zu sein für Neues und ideologisch unverdächtig wirtschaftspolitisches Denken und Handeln zu fördern. Wesentlich wird dabei sein, auch immer auf die grundsätzlichen Grenzen von Ökonomie und Ökonomik hinzuweisen, um nicht Machbarkeitsvorstellungen zu transportieren, die weit über die ökonomischen Möglichkeiten hinausgehen.

4.5 Fazit: Neo-institutionelle Interpretation der Betriebsmoral

Dieses Kapitel widmete sich der Moralerziehung. Grundsätzlich geht es dabei um zwei Fragen: erstens, ob es überhaupt einen Bedarf für Moralerziehung gibt, und zweitens, wie eine solche aussehen sollte (vgl. Beck 1999a, 199–200). Sowohl aus dem zweiten, dritten und vierten Kapitel wurde klar, dass Moralerziehung notwendig ist. Auch Beck (1999a, 203) führt aus, „dass Kaufmannsberufe prinzipiell in der gleichen Weise ‚moralfähig' und das heißt auch: ‚moralbedürftig' sind wie die Professionen". Daher sei die Moralerziehung auch für Kaufleute wünschenswert und möglich. Die moralische Begründung für die kaufmännische Tätigkeit liege in der Versorgung der Menschen mit Gütern und Dienstleistungen, wobei die Erbringung dieser Leistung im Sinne Adam Smith nicht im Wohlwollen, sondern im Eigeninteresse liege. Beck (1999a, 204) unterscheidet also in Anlehnung an Homann (1998) zwischen der Gesellschaftstheorie, die auf die Versorgung abstellt, und die Handlungstheorie, die auf das Eigeninteresse und den eigenen Vorteil abzielt. Beck (1999a, 205) verweist auf Homann (1988; 1990) und folgt der Auffassung, dass der Ort der Moral die Rahmenbedingungen sind und wirtschaftlich der Logik des eigenen Vorteils im Sinne der Nutzen- bzw. Gewinnmaximierung zu folgen ist.

Beck (2003a, 296) leitet aus dem Homann'schen Ansatz drei Punkte für die Moralerziehung ab: erstens die Orientierung an der Rationalität des Subsystems Wirtschaft, zweitens die Regeltreue und drittens die Einforderung der Implementierung neuer Institutionen, wenn solche fehlen. Die Handlungs- und Institutionentheorie wird dadurch zur Normativität und es erfolgt eine Ausrichtung am „moralischen Rationale des Subsystems". Beck (2006a, 19–20) sieht die Universalethik Kants unbrauchbar für eine ausdifferenzierte Gesellschaft, insbesondere für das Subsystem Wirtschaft. Die traditionellen Ethiken beruhen nach Beck (2000b, 37) „auf einem archaischen Ganzheitlichkeitskonzept", das versucht, im Sinne Kants das Gute umzusetzen. „Seine Wurzel hat dieses Denken in den heute teilweise vielfach gebrochenen und säkularisierten überkommenen Gottesideen", die einen moralischen Lebenswandel einfordern.

Beck bezeichnet die Gottesidee als überkommen und nimmt damit einen klaren atheistischen Standpunkt ein, der sich bereits durch seinen Bezug auf Dawkins erahnen lässt. Neben der religiösen Dimension der Gottesidee ist ebenso der kulturelle Aspekt dieser Entwicklung zu sehen, der nicht – auch aus einer atheistischen oder agnostischen Sicht – vom Tisch gewischt werden kann. Die Säkularisierung wird hier als eine Entwicklung dargestellt, die eindeutig zu einem Bruch mit der Gottesidee geführt hätte. Diese Aussage ist im globalen Kontext keinesfalls haltbar und im europäischen wesentlich differenzierter zu betrachten. Hier ist zuerst eine empirische Antwort zu geben:

> „Mit der Ausnahme von Ostdeutschland, wo nur ein Viertel der Bevölkerung an Gott glaubt, und der Tschechischen Republik, wo die Zahl der Gläubigen unter 50% liegt, bekennt die Mehrheit in jedem europäischen Land sich noch zum ‚Glauben an Gott'. Ostdeutschland ist in der Tat das einzige europäische Land, in dem eine Mehrheit (51%) sich als atheistisch bezeichnet." (Casanova 2007, 324)

Es gibt also einen Glauben an Gott in Europa – auch heute noch. Im fünften Kapitel wird gezeigt, welche Bedeutung einerseits das Religiöse und andererseits das Humanistische, Aufgeklärte, für Europa hat und wie sich beides gegenseitig durchdringt.

Säkularisierung stellt sich differenzierter dar als Becks Säkularisierungshypothese dies vermuten lässt. Es ist dabei zu unterscheiden, dass Religion und Gottesglaube nicht deckungsgleich sind, weil es Religionen gibt, die ohne die Gottesidee auskommen. Wiederum ist Religion vom Religiösen zu unterscheiden, weil die Religion als soziologischer Begriff zu verstehen ist und das Religiöse sich auf das Individuelle, auf den Glauben, bezieht. So ist der individuelle Glaube an Wunder und das Beten in vielen Ländern stärker als der Gottesglaube, die eigentliche transzendente Erfahrung wiederum weniger stark ausgeprägt. (Vgl. Tafner 2009b, 19–22) Eine kleine Minderheit stellen in Europa jene Personen dar, die sich zu einem persönlichen Gott bekennen, persönliche religiöse Erfahrung gemacht haben und regelmäßig beten. In diesem Vergleich ist die Bevölkerung in vielen Ländern Europas wesentlich weniger religiös als die Bevölkerung in den Vereinigten Staaten. Jedoch glaubt eine Mehrheit der Bevölkerung in Europa, ausgenommen Dänemark und ex-kommunistische Länder, dass es ein Leben nach dem Tod gibt. (Vgl. Casanova 2007, 325–326) Wird Säkularisierung anhand der Teilhabe am kirchlichen Leben gemessen, dann hat es eine starke Säkularisierung gegeben. Nur in Irland, Polen und der Schweiz geht die Mehrheit der Bevölkerung regelmäßig in die Kirche. Religionssoziologisch wird diese Art der Messung jedoch nicht mehr vertreten und gilt als veraltet, weil sie zu geringe Aussagen über die Religiosität liefert. Davie (2000) spricht in diesem Kontext von *believing without belonging*. Aber auch das umgekehrte Phänomen ist feststellbar: Zugehörigkeit ohne Glauben, wie es Danièle Hervieu-Léger (2003/2004, 101–119) bezeichnet. Wird also auf Basis *bestimmter* Indikatoren auf die Säkularisierung in bestimmten Regionen Europas hingewiesen, so greift der Modernisierungsprozess als Erklärungsmodell, von dem Beck ausgeht, nicht. Casanova (2007, 326–334) führt dazu aus: Der moralische und gesellschaftliche Verlust bestimmter nationaler Kirchen in Europa sei global gesehen so außergewöhnlich, dass daraus keine allgemeine Theorie entwickelt werden könne. Aber auch die Theorie der freien religiöse Märkte, wie sie vor allem von amerikanischen Religionssoziologen vorgebracht würden, trage nicht, da gerade in Ländern mit monopolartiger Stellung die Religiosität sehr hoch und in Ländern mit freien religiösen Märkten, wie in Großbritannien – trotz Staatskirchentum – sehr niedrig sei. Sowohl die europäische als auch US-amerikanische Entwicklung seien einzigartige Phänomene. Es lasse sich kein globales Muster feststellen. „Alle Weltreligionen erleben heute eine radikale Transformation durch Modernisierung und Globalisierung, wie dies auch schon im Zeitalter der europäischen kolonialen Expansion der Fall war. Aber diese Transformation nimmt vielfältige Gestalt an." (Casanova 2007, 334) Die Rede vom „überkommenen Gottesgedanken" ist *so* einfach nicht.[96]

Bei Beck ist Religion unmittelbar mit Moral verbunden. Religion ist aber nicht gleich Moral. Religion ist mehr als Moral. (Vgl. Tafner 2009b) Luhmann sah die Funktion der Religion in der Auseinandersetzung mit dem Transzendenten, denn kein anderes System übernimmt diese Funktion. Luhmann hat sich mit dem Subsystem Religion sehr schwer getan, weil gerade dort die Gleichzeitigkeit von Moral und Transzendenz zu beobachten ist. Religion ist ein kulturelles und soziales Phänomen, das nicht nur funktional zu verstehen ist. Beck geht von der unmittelbaren Verbundenheit von Moral und Religion aus und erinnert damit an die Religionsvorstellung Kants. In seinem Werk *Die Religion innerhalb der Grenzen der bloßen Vernunft* versucht Kant eine Religion zu beschreiben, die sich ausschließlich auf Vernunft bezieht. Die Unsterblichkeit der Seele und Gott blieben unbeweisbar. Für die Durchsetzung der Moral im Diesseits sei jedoch die Vorstellung vom Jenseits unverzichtbar, weil es ansonsten keinen Lohn für die Einhaltung der Moral gebe.

> „Man kann aber alle Religionen in die der Gunstbewerbung (des bloßen Kultus) und die moralische, d. i. die Religion des guten Lebenswandels, einteilen. Nach der ersten schmeichelt sich entweder der Mensch: Gott könne ihn wohl ewig glücklich machen, ohne dass er eben nötig habe, ein besserer Mensch zu werden (durch Erlassung seiner Verschuldung) [...]. Nach der moralischen Religion aber (dergleichen unter allen öffentlichen, die es je gegeben hat, allein die christliche ist) ist es ein Grundsatz: dass ein jeder, so viel, als in seinen Kräften ist, tun müsse, um ein besserer Mensch zu werden; [...] Aber alsdann gelte der Grundsatz: ‚Es ist nicht wesentlich, und also nicht jedermann notwendig zu wissen, was Gott zu seiner Seligkeit

---

[96] Zur Bedeutung der Diskussion der *invocatio dei* des Europäischen Konvents zur Erarbeitung eines Vorschlages für eine Verfassung siehe 5.1.2.

tue, oder getan habe; aber wohl, was er selbst zu tun habe, um dieses Beistands würdig zu werden'." (Kant 1956, 703–704)

Die Idee der Heilsökonomie, also die Idee, sich das ewige Heil durch gute Werke zu erkaufen, ist eine wesentlich Grundlage für die Religionsökonomie, die versucht, im Sinne der Theorie Gary Beckers, rein ökonomisch zu begründen, weshalb die Menschen an Gott glauben und Gutes in seinem Sinn tun. Diese Vorstellung greift zu kurz und ist eine Verkürzung des Religiösen auf das Nützliche, das der Religion eben nicht gerecht wird. (Vgl. Tafner 2009b)

Berger (1973, 29–51) verweist auf die Legitimationsfunktion der Religion: Religionen stellten Moral zur Verfügung, indem sie diese transzendental legitimierten. Luhmann beschreibt, dass sich Moral aus der Gesellschaft selbst herausentwickelt habe, also keiner weiteren Legitimation bedürfe. Habermas stellt dar, dass sich die Moral aus der Vernunft entwickelte. Dabei ist jedoch zu sehen, dass einerseits nicht alle Religionen von der Gottesidee ausgehen und andererseits die Theologien der monotheistischen Religionen den Dualismus aus Vergebung durch Erlösung und guten Werken unterschiedlich lösen und es keinesfalls so trivial darzustellen ist, dass die Religionen „die Forderung nach einem bedingungslos vollkommenen Lebenswandel des Menschen" stellen (Beck 2000b, 38). Wird das Christentum fokussiert, so könnte im Sinne Friedrich Schleiermachers das Christentum mit dem Titel *Erlösung* zusammengefasst werden. Dieser bildlich zu verstehende Begriff hängt mit der Vorstellung von Jesus Christus zusammen. Das Christentum könne wie eine Ellipse mit zwei Brennpunkten verstanden werden, wobei eine die „Liebes- und Gabethematik" und die andere die „Vergeltungs- und Gewaltthematik" bilde. Die Übergänge seien im Neuen Testament fließend, sodass es aus dem Gesichtspunkt der Erlösung als auch unter dem Gesichtspunkt des Gerichts gelesen werden könne, wobei beides miteinander verwoben sei. Liebe und Vergeltung könnten die in der Bibel mehrfach bezeugte Frage hervorrufen: Womit habe ich das verdient? (Vgl. Soosten 2004, 126–127) Für den christlichen Glauben ist das Universum, der Kosmos, kein leerer und statischer Container, in dem sich die Geschichte jedes Individuums und der ganzen Menschheit vollzieht. Der Kosmos werde als in Bewegung verstanden, der auf einen Punkt zusteure: Dieser Punkt sei der Sinn. (Vgl. Ratzinger 1968, 267) Um mit Luhmann zu sprechen, vollzieht sich hier eine Sinnzuschreibung: Die Basis des Kosmos ist nach Ratzinger der Sinn. Die Materie verleihe dem Sinn Wirklichkeit. Geist und Natur seien damit eins. „Die Welt bewegt sich auf die Einheit in der Person zu." (Ratzinger 1968, 267) Die Person gebe dem Ganzen einen Sinn und nicht umgekehrt. Deshalb stehe im Christentum immer die Person im Mittelpunkt und nicht das Kollektiv oder irgendeine Idee. Nach Ratzinger (1968, 269–270) gebe es sowohl die

Radikalität der Gnade Gottes, die den Menschen zur Freiheit führe, als auch die Eigenverantwortung des Menschen. Dies gebe dem christlichen Menschen eine gewisse Gelassenheit, weil er sich die Gnade Gottes unendlich groß vorstelle, dennoch sei die Verantwortung nicht aufgehoben. Diese zwei verschiedenen Zugänge spiegelten sich in zwei christlichen Aussagen wider: *Maranatha* einerseits und *Dies irae* andererseits. *Maranatha* drücke die Naherwartung der Urchristinnen und Urchristen aus: „Unser Herr, komm!" Der Ruf bringe Hoffnung und Freude zum Ausdruck, die mit der Wiederkunft verbunden seien. Völlig anders jedoch sei das *Dies irae* akzentuiert. Es verweise auf den Tag des Zorns, an dem Gericht gehalten werde. Die Wiederkunft wird hier zur Abrechnung, „das Christentum erscheint praktisch auf den Moralismus reduziert und wird so jenes Atems der Hoffnung und der Freude beraubt, der seine eigentlichste Lebensäußerung ist" (Ratzinger 1968, 271). Auch im Glaubensbekenntnis taucht Jesus Christus als Richter der Menschen auf. Für die Urchristinnen und Urchristen war diese Rolle Jesu ein Ausdruck der Hoffnung und der Gnade. Im Zweiten Clemensbrief, auf den Ratzinger (1968, 271–272) verweist, heißt es: „Brüder, so müssen wir über Jesus Christus denken wie über Gott, wie über den, der Lebendige und Tote richtet. Wir dürfen nicht klein denken von unserer Rettung, denn indem wir von ihm klein denken, denken wir auch von unserer Hoffnung gering."

Auch Küng verweist darauf, dass die Aussagen über die Verantwortung des Menschen und Gottes Allmacht sowohl in der Bibel als auch im Koran unverbunden nebeneinander stünden. Es handle sich um zwei Komplementärwahrheiten, die keinen Ausgleich fänden und sich durch beide heiligen Bücher ziehen würden. (Vgl. Küng 2006, 121) Ein Beispiel gewissermaßen für das *Maranatha* ist das Gleichnis vom verlorenen Sohn (Lk 15, 11b-32). Der verlorene Sohn kommt reumütig zum Vater zurück, doch bevor der Sohn noch um Vergebung bittet, hat der Vater ihm schon vergeben. „Die Liebe des Vaters hat kein ‚darum'." (Harnisch 2001, 209) Es geht dabei nicht um die Frage von Moral oder Leistung. Ein Umstand, der für den älteren Sohn nicht einfach ist, denn dieser hat immer gedient, seine Leistung erbracht und ein moralisch anständiges Leben geführt. Hier kommt also die Idee zum Ausdruck, dass Gott alles vergibt, auch das, was jenseits der erbrachten (moralischen) Leistung liegt.

Beck (2000b, 38) entwickelt die Vorstellung, dass ausgehend von der Religion eine unbedingte und umfassende Ethik entstanden sei, die „auf die personale Vollkommenheit des Menschen im Sinne ihrer Normgehalte" abziele. Personale Identität sei damit die „Stringenz und Konsequenz in der Normbefolgung" und jedes nonkonforme Verhalten daher „als Verstoß, Übertretung, Ungehorsam oder dergleichen stets moralisch defizitär und identitätskritisch". Da nun in Großgesellschaften die „ganzheitliche Überwachung" fehle, sei dieses ethische System nicht mehr tragbar.

Die christliche Ethik war eben lange *keine* Pflichtenethik. Der Bruch, der zwar mit Ockham vorbereitet wurde, aber sich in seiner Schärfe erst mit Kant vollzog und dazu führte, dass sich die Ethik von einer Strebens- hin zu einer Pflichtenethik entwickelte (siehe 4.1.3.3): „Liebe deinen Nächsten wie dich selbst!" (Lev 19, 18; Mat 5, 43), drückt diese Strebensethik aus. Der kategorische Imperativ ist hingegen eine reine Pflichtenethik. Dass jedoch die Religion immer wieder politisch missbraucht wurde und wird, ist dabei nicht auszublenden und wie jede andere Form der Indoktrination, Ideologisierung und des Machtmissbrauches aufs Schärfste abzulehnen (vgl. Tafner 2009b, 148–161).

Beck (2000b, 38–39) führt weiters aus, dass gesellschaftsübergreifender Konsens und ganzheitliche soziale Kontrolle heute nicht mehr möglich seien. Die Integration des Individuums erfolge über ein „hoch differenziertes Rollenset", das von unterschiedlichen Moralvorstellungen ausgehe. Diese unterschiedlichen Moralvorstellungen seien das Ergebnis der Ausdifferenzierung von Subsystemen. Jedes System folge eigenen Rationalitäten, die sich aus der spezifischen Funktionalität ergeben würden. Nur diese Funktionalitäten könnten vor Chaos bewahren, weshalb die Ethik nicht mehr „als die Wahl zwischen Erlösung und Verdammnis, Gut und Böse, wertvoll und wertlos, sondern als Wahl zwischen (gesellschaftlicher) Ordnung [die durch subsystemische Funktionalität gewährleistet wird, siehe Fußnote 6] und Chaos" anzusehen sei (Beck 2000b, 39). Betriebsmoral sei daher zur Aufrechterhaltung der Ordnung notwendig. Damit wird die konstruktivistische Sicht auf die Funktionalität, wie sie bei Luhmann verfolgt wird, eine normative Vorgabe. Funktionalität wird nicht nur beobachtet, sondern zum Ziel des Handelns. Welcher soziologischen Vorstellung dabei konkret gefolgt wird, bleibt letztlich ungeklärt. Jedenfalls wird von Funktionalität auf Normativität geschlossen.

Begründet wird dies von Beck (2000b, 39–40) damit, dass eine universalistische Ethik nur dann eingefordert werden könne, wenn damit in Kauf genommen werde, dass das Individuum die Spannung aushalten müsse, dass es sich in gewissen Situationen auch nicht konform verhalten müsse. Beck möchte es den Menschen also leicht machen, und das schlechte Gewissen beseitigen. Eine differenzierte Ethik vermeide diese Brüche, wobei jedoch das Problem, dass es Brüche zwischen dem individuellen Handeln und der Sondermoral geben könne, gar nicht vermieden werden könne. Die Orientierung an Sondermoralen stelle für die Identität kein Problem dar, „weil die Führung eines moralkonformen Lebens in der systematisch ausdifferenzierten Gesellschaft unter Wahrung der personalen Identität grundsätzlich praktisch möglich ist, während dies unter der Geltung von universalen Einheitsethiken prinzipiell unmöglich bleiben muss" (Beck 2000b, 40). Es wurde im dritten und in diesem Kapitel gezeigt, dass das Auseinanderdriften von funktionalen Erwartungen und eigenen Vorstellungen wirtschaftspädagogisch, soziologisch und psychologisch problematisch ist und dass letztlich auch Burnout ein derartiges Problem darstellt, das aufzeigt, wie schwierig es ist, in verschiedenen *Welten* zu leben.[97]

„Moralische Erziehung hat bei Beck (2006a, 20) also erstens die Aufgabe, eine Moral anzubieten, die einfacher einzuhalten ist. Mit der Alternative eines – erst noch detaillierter zu entwickelnden – systemischen Relativismus lassen sich diese Probleme teils vermeiden [...] teils abschwächen." (Beck 2006a, 19) Zweitens hat Erziehung nicht nur die Aufgabe, „das Durchschaubarmachen der Rollenabhängigkeit moralischer Erwartungen, sondern auch die Befähigung zur Prüfung ihrer subsystemischen Funktionalität" zu ermöglichen. Es soll die Fähigkeit gefördert werden, zwischen *Konkurrenz, Kooperation, Koordination* und *Konstitution* zu unterscheiden (in Beck 2000b, 42–43 wird Koordination nicht angeführt, jedoch in Beck 1999b, 22; ebenso in Beck 2006b, 24; Beck 2003b, 176–180), die sich – und hier bedient sich Beck (2006a, 18, siehe auch Beck 1999a, 207) wiederum des von ihm abgelehnten Stufenmodells Kohlbergs – auf jeweils verschiedene Stufen im Modell beziehen:

Konkurrenz verlangt strategisches Verhalten der Stufe 2, *Kooperation* ist prosozial und verlangt Kompetenz auf Stufe 3, *Koordination* bedarf eines Verhaltens ähnlich der Stufe 4 und die *Konstitution*, also das Festlegen von Regeln und Gesetzen, benötigt die Kompetenzen der Stufe 5. Beck argumentiert also

---

[97] Der Verhaltenstherapeut Niedermeier sagt in einem Interview in *Die Zeit* (Albrecht & Schnabel 2011), dass durch die Globalisierung und andere Entwicklungen sich der Arbeitsdruck und das Arbeitstempo enorm erhöht haben, gleichzeitig haben sich die sozialen Bindungen verändert, werden die Zukunftsaussichten negativ wahrgenommen und die althergebrachten Familienstrukturen und Freundschaften verlieren an Bedeutung. Parallel dazu steigt der persönliche Anspruch: körperliche Fitness, Sportlichkeit, Spaß haben – und das alles bei einer Arbeitszeit weit über die reguläre Vorgabe. Das kann zu echten Depressionen, depressiven Symptomen, was man nach Niedermeier am ehesten als Burnout bezeichnen kann, oder zu Übermüdung führen. Hinter dem nicht ganz unproblematischen Begriff *Burnout* – auf den hier nicht näher eingegangen werden kann – und der Work-Life-Balance besteht insofern ein Zusammenhang, als sie Ausdruck für die Spannung von Arbeit und Freizeit sind und damit auch ein pädagogisches Thema darstellen. Ursprünglich wurde das Wort *Burnout* in den 1970er Jahren verwendet, um die chronische Erschöpfung von Mitarbeiterinnen und Mitarbeitern in Krankenhäusern und Pflegeberufen zu beschreiben. Herbert Freudenberger, ein amerikanischer Psychoanalytiker, beschrieb den Begriff nicht als psychische Erkrankung, sondern als ein Phänomen, das durch Arbeitsbelastung in Gesundheitsberufen auftritt (vgl. Freudenberger 1974). Burnout kann als ein kulturelles Konstrukt verstanden werden, um widrige Umstände als Erklärung für chronische Müdigkeit heranzuziehen. Müdigkeit und Erschöpfung kennt aber viele Ursachen, die in vier Typologien zusammengefasst werden können: Depression, Persönlichkeitsstörung, echtes Burnout und zu hohes Anspruchsdenkens (Hyperindividuation). Entsprechende Definitionen von Unterscheidungskriterien gibt es nicht, die Behandlung ist deshalb schwierig. (Vgl. Albrecht 2011a; 2011b) Barkhaus (2005, 339–374) stellt dar, wie Beziehungen, Familien und Freundschaften durch die Logik des Marktes immer stärker marginalisiert werden. Neue Modelle zu finden, wie die familiäre und berufliche Sphäre miteinander verbunden werden können, ist eine wirtschaftsethische Aufgabe, die vor allem eine Frage des guten Lebens ist und die Gerechtigkeitsperspektive überschreitet.

für eine nicht-universale Ethik mit einer universalen Ethik. Darüber hinaus soll die Betriebsmoral auch die Fähigkeit fördern, auf der „meta-kognitiven Ebene das Problem der Rolleninkonsistenz und der personalen Rollenintegration anzugehen, das ja nicht erst aus dem Konzept differentieller Moral erwächst, sondern bereits unter den jetzt gegebenen gesellschaftlichen Bedingungen auftritt" (Beck 2006a, 20). Auch dieses Thema ist also kein explizit subsystemisches, sondern ein allgemeines, universelles.

Da die Moral nach Beck (1999a, 205–206) die Aufgabe habe, soziale Interaktionen zu steuern, sei es sinnvoll, eine soziale Differenzierung für die Anwendung moralischer Prinzipien ins Auge zu fassen. Dabei solle zwischen externen (Systemumgebung) und internen (systemimmanenten) Interaktionsbeteiligten unterschieden werden (vgl. auch Beck 2006c, 391–393). Interne seien im kaufmännischen Kontext demnach Kolleginnen und Kollegen, Vorgesetzte, Untergebene, Auszubildende und die Belegschaft. Externe seien die Kundinnen und Kunden, Lieferantinnen und Lieferanten sowie Betroffene. Werde einer Universalmoral, also z.B. dem kategorischen Imperativ, Utilitätsethiken oder der christlichen Ethik gefolgt, so sei – nach Beck – diese Moral überall anzuwenden. Für Beck seien die beispielhaft ausgeführten Ethiken von gleicher allgemeingültiger Bedeutung. Dies ist, wie in diesem Kapitel gezeigt wurde, jedoch nicht der Fall. Beck (1999a, 206–207) zielt nicht auf den Vergleich dieser Ethiken ab, sondern auf Sondermorale. Demnach sei es in marktbezogenen Interaktionen moralisch geboten, unter Einhaltung der regulativen Institutionen das Selbstinteresse zu maximieren. Aus der Kombination der moralischen Orientierung nach Kohlberg und den Interaktionspartnern im Subsystem Wirtschaft ergibt sich für Beck folgender Zusammenhang (siehe Tabelle 26):

Tabelle 26: Innere Differenzierung einer Berufsmoral von Kaufleuten
(Beck 1999a, 207)

Subsystem	Moralische Orientierung	Interaktionspartner
Wettbewerb im Markt	Konkurrenz (strategisch)	Kunden, Lieferanten
(inner-)betriebliche Leistungserstellung	Kooperation (teamgerecht, fürsorglich)	Kolleginnen und Kollegen, Vorgesetzte, Untergebene, Auszubildende
Betriebsorganisation i. w. S.	Koordination (unternehmensdienlich)	Belegschaft (Betriebsangehörige insgesamt)
Intersystemische Abstimmung und Regulation	Konstitution (gesellschaftsbezogen)	(externe) Betroffene

Bevor die innere Differenzierung einer Berufsmoral nach Beck im Detail erörtert wird, sollen zu Beginn einige kritische Bemerkungen zu dieser Differenzierung selbst erfolgen: Sollte es tatsächlich möglich sein, wirtschaftliches

Handeln in die in der obigen Tabelle 26 dargestellten Subsysteme aufzuteilen, so bestünde die größte Herausforderung darin, in jeder Situation zu erkennen, um welches Subsystem es sich handelt, um danach die moralische Orientierung aufgrund der Rolle zu erfüllen. Der moralisch-ethische Anspruch läge dann vor allem in der Identifikation der richtigen Rolle. Oftmals vermischen sich die Subsysteme, es werden damit die Rollen sowie die moralische Orientierung unklar. So sind alle Mitarbeiterinnen und Mitarbeiter in einem Unternehmen sowohl Kooperationspartnerinnen und -partner als auch Konkurrentinnen und Konkurrenten am Arbeitsmarkt – dies vor allem aus dem Blickpunkt der ökonomischen Logik. Es überlagern sich sozusagen die Märkte oder die Subsysteme im Sinne der Tabelle 26. Wie sieht es unter diesem Aspekt insbesondere mit strategischen Kooperationen mit Konkurrenten aus? Welcher Rolle ist dabei zu folgen? Ein Beispiel dafür wäre die *Koopkurrenz* wie sie z.B. in der Förderung von Clustern zum Tragen kommt, wo Konkurrenten auf einem Markt in bestimmten Bereichen zusammenarbeiten (vgl. Rimkus 2008, 11; SFG 2013). Die Einschätzung einer Situation als Kooperation oder Konkurrenz wird zur Entscheidung darüber, ob der konsequentialistischen Standardtheorie und damit der Nutzen- bzw. Gewinnmaximierung gefolgt werden soll oder einer praktischen Vernunft, die darüber hinausgeht.

Zurück zu Beck, der diese Problematik grundsätzlich erkennt: Jede Aufgabenstellung benötige eine andere moralische Beurteilung. In der beruflichen Realität seien die Tatbestände noch wesentlich komplexer und durchmischt. Mit dieser idealtypischen Darstellung werde „die innere Verfassung der modernen Massengesellschaft wider[gespiegelt], in die der einzelne eben nicht als ‚ganzer Mensch', sondern als Träger verschiedener Rollen integriert ist" (Beck 1999a, 208). Der Mensch als Rollenträger ist bei Beck nicht der ganze Mensch. Auf dieser *Konstruktion* beruhe die Produktivität der modernen Gesellschaften. Mit dem Begriff der *Konstruktion* verweist Beck (1999a, 208, Fußnote 15) auf Hayeks *Die Verfassung der Freiheit* und übernimmt dabei sowohl die Vorstellungen Luhmanns als auch Hayeks:[98]

> „Der Begriff Konstruktion suggeriert, dass die mit ihm bezeichneten Strukturen sozusagen auf dem politischen Reißbrett entworfen worden seien. Das wäre allerdings ein verhängnisvoller Irrtum, dem offenbar immer wieder einige Gesellschaftsphilosophen verfallen. Tatsächlich können die gewachsenen Strukturen nur adäquat verstanden werden, wenn man sie als autopoietische Systeme begreift, deren Gesamtzusammenhang für uns noch nicht einmal durchschaubar (vgl. Hayek 1971), geschweige denn (um-)konstrierbar ist." (Beck 1999a, 208, Fußnote 15)

---

[98] Beck (2000, 38) verweist ebenso im Zusammenhang mit den modernen Großgesellschaften und ihrer systemischen Organisation auf *Das System moderner Gesellschaften* von Parsons und auf Hayeks *Die Verfassung der Freiheit*.

Beck greift hier auf die späte Theorie Hayeks zurück, die sich wesentlich von anderen Vertretern des Liberalismus, wie z.B. Wilhelm Röpke oder Walter Eucken, unterscheidet. Vor allem in den Vereinigten Staaten hat diese Ansicht Hayeks viele Anhänger gefunden.

Für Hayek ist die Gesellschaft überreguliert. Der Staat habe zu großen Einfluss, sodass die wirtschaftliche Freiheit und damit auch das Innovationspotenzial eingeschränkt werden. Nicht nur die Gesellschaft, sondern auch die Vernunft sind bei Hayek Ergebnisse der Evolution. Die Gesellschaft sei nicht der Entwurf des Menschen, wohl aber eine Konsequenz des menschlichen Handelns. Die Gesellschaft sei also etwas Eigenständiges. In diesem Punkt ist Hayek Luhmann ähnlich, weil dieser ebenso von der sich selbst erhaltenden Gesellschaft ausgeht. Dennoch gibt es einen wesentlichen Unterschied: Marktwirtschaft und die staatliche Verwaltung gehören bei Hayek völlig unterschiedlichen Ordnungen an. Die Marktwirtschaft entspringt der evolutionären Entwicklung, also der *spontanen Ordnung*. Der Staat hingegen entspringt aus einer Ordnung, die ganz bestimmte Ziele verfolgt und dabei Befehle erteilt und partikulare Regeln aufstellt. Bei Luhmann hingegen haben der demokratische Staat und der Markt eine ähnliche Aufgabe: Sie sind flexible Selektionsmechanismen einer umfassenden Ordnung. Luhmann (1995, 294–295) sieht die von Hayek behauptete Überregelung durch den Staat als wissenschaftlich nicht verifizierbar. (Vgl. Matuszek 2007, 100–106)

Wird also der Annahme Hayeks gefolgt, dann ist jeder Eingriff in die Rahmenordnung der Wirtschaft sinnlos. Es wäre damit auch die Institutionenökonomik im Sinne Homanns nicht möglich, auf die sich Beck jedoch beruft. Ebenso wäre die Autonomie der Persönlichkeit durch die ökonomische Determiniertheit nicht mehr gegeben. Es stellt sich die Frage, welcher Raum hier für die Wirtschaftspädagogik bliebe. An dieser Stelle erklärt sich jedoch, warum Beck versucht, die Moral als ein Produkt eines evolutionären Prozesses zu beschreiben, und dabei der Mimetik folgt: Es ist denkbar, dass damit den Annahmen Hayeks gefolgt werden soll.

Jedenfalls begründet Beck in Rückgriff auf Dawkins, Luhmann, Parsons und Hayek seine differentielle Ethik. Obwohl der Mensch über „eine gewisse (genetische?) Disposition" verfügt, sei die Gesellschaft durch die Ausdifferenzierung heute so komplex geworden, dass eine „intentionale Sozialisierung" nötig sei, dies vor allem im Bereich der Wirtschaft, weil für diesen Bereich noch keine „genetischen Dispositionen" zur Verfügung stehen könnten (Beck 1999a, 208–209).[99] Gerade im „Subsystem ‚Kaufmännische Berufserziehung'" sei die moralische Kompetenz gerade durch den Kompetenzbegriff bedeu-

---

[99] Wenn das Wirtschaftssystem tatsächlich das Ergebnis eines natürlichen Prozesses wäre, dann bliebe die Frage offen, warum es für Wirtschaftssubjekte keine „genetischen Dispositionen" gibt.

tend geworden (vgl. Beck 1999a, 209 in Verweis auf Reetz 1984, 127–138 und Achtenhagen & Grubb 2001).

Die moralische Erziehung sollte bei Beck (1999a, 209–210) in die kaufmännische Ausbildung integriert werden. Die Gedanken, die er dazu sehr überzeugend darlegt, sind von einer universalistischen Ethikauffassung nicht zu unterscheiden. Die berufsmoralische Kompetenz lässt sich demnach sowohl durch kognitive Inhalte als auch insbesondere durch Simulationen fördern. Soziale Konflikte, die in komplexen Lehr-Lern-Arrangements entstehen, hätten sehr oft einen moralischen Bezug, der sich nur in einem „argumentativen Austausch (auf-)lösen" lasse (Beck 1999, 210). Beck stellt sich jedoch die Frage, ob in einer Simulation jene Ernsthaftigkeit entwickelt werden könne, die tatsächliche Betroffenheit und damit tatsächlich eine reflexive Auseinandersetzung mit moralischen Entscheidungen auslöse. Deshalb ergeben sich nach Beck (1999a, 210–211) Forschungsdesiderate erstens didaktisch-inhaltlicher und zweitens methodischer Art. Inhaltlich sei die Frage zu klären, welche Inhalte eine moralische Dimension aufweisen sollte. Hier ist Beck überzeugt, dass komplexe Lehr-Lern-Arrangements genügend inhaltliche Möglichkeiten eröffneten. So verweist Beck auf das Göttinger Seminar für Wirtschaftspädagogik (vgl. z.B. Achtenhagen et al. 1988), wo entsprechende komplexe Arrangements entwickelt wurden. Die zweite Frage beziehe sich auf die Methodik und ihre eigene Realität „zweiter Ordnung", in der eine eigene soziale Dynamik entstehe, die wiederum reich an potenziellen Konflikten und Problemen sei. Auch diese Situationen, die eben auch in gewissem Sinne real seien, eignen sich hervorragend für Reflexionen. Dabei würden nicht nur kaufmännisch relevante Fragen bearbeitet, sondern auch „außerberufliche Moralfragen". Dadurch könne die Diskussion über die Unterscheidung von „Privatmoral" und Berufsmoral geführt werden. Für die Durchführung entsprechender pädagogischer Maßnahmen sei eine besondere Lehrkompetenz notwendig, die noch zu entwickeln sei.

Beck geht davon aus, dass die spezifischen subsystemischen Rationalitäten mit Rollen tradiert werden. Wie mit Rollenkonflikten umgegangen werden solle, „lässt sich nicht allgemein sagen. Rollenpräferenz und Sanktionsoptimierung könnten durchaus zulässige Strategien sein. Selbstverständlich kommt auch das Verfahren der intersubjektiven Verständigung infrage, wenn man eine Lösung sucht" (Beck 2006a, 20). Das ist nach Beck für „die Einübung in den moralischen Diskurs, wie er etwa im *just community* gepflegt wird, sicherlich nützlich, obwohl diese Fähigkeit aus der Sicht eines systemischen Relativismus nicht zugleich mit dem inhaltlichen Programm der Urteilsgeneralisierung *sensu* Kohlberg, sondern eben mit dem der hier besprochenen Urteilsdifferenzierung verbunden sein sollte" (Beck 2006a, 20–21). Um dies erreichen zu können, fordert Beck Reflexion und die Fähigkeit, sich ausdrücken zu können. (Vgl. Beck 2006a, 21) Bis zu diesem Punkt erweckt der

Vorschlag Becks den Eindruck, eine Moral vorzulegen, die er selbst bekämpft – eine universalistische. Aber schließlich erfährt die Ausführung doch eine andere Wendung:

> „Würde man schließlich die Ausformulierung von Berufsethiken vorantreiben, so verfügte man in der Berufserziehung über subsystemisch relevante und material-inhaltlich bestimmte Standards, die erfüllbar sein können und curricular verwertbar sind. Zu ihrer Befolgung würde es oft schon reichen, wenn eine moral-kognitiv eher anspruchslose Regelgehorsamsmotivation vorläge, die v.a. in einfachen Berufen häufig anzutreffen und per Erziehung leichter herbeizuführen sein dürfte. Dazu müssten freilich auch die individuellen ‚Kosten' von Regelverstößen festgelegt sein und ihre ‚Eintreibung' als soziale Sanktionen verlässlich angedroht werden können. Sich auf moralische Selbstkontrolle verlassen zu wollen, also systematisch auf die Idee des ‚guten Menschen' zu setzen, ist nicht tragfähig. Dieses Programm, so lehrt uns ja die lange neuzeitliche Geschichte endloser moralischer Verfehlungen, ist, gemessen an ihrem universalen Anspruch, gescheitert." (Beck 2006a, 21)

Ähnlich argumentiert Beck (2006b, 24–25) an anderer Stelle:

> „In den meisten Fällen würde es – moralpsychologisch gesprochen – danach schon genügen, wenn die Beteiligten eine Motivation zur Regel*treue*, vielleicht auch nur zu Regelbefolgung aktivieren. Damit bewegten sie sich mit ihrem Verhalten im Rahmen des moralisch Erwünschten – selbst dann, wenn die Regel*befolgung* lediglich einem Kosten-Nutzen-Kalkül entspränge!"

Eine Betriebsmoral, wie sie hier vorgestellt wird, ist – wie darzustellen versucht wurde – mit guten Gründen wirtschaftspädagogisch abzulehnen. Sie ist weder historisch plausibel noch systematisch fundiert. Sie widerspricht der Individualpädagogik: Es soll kein Ziel der Wirtschaftspädagogik sein, zu Regelgehorsam zu erziehen. Dies widerspricht der Vorstellung des autonomen Individuums, das im Mittelpunkt der modernen Pädagogik und Wirtschaftspädagogik steht. Sie ist bewusst von der universellen Vorstellung *des guten Menschen* abgekoppelt und orientiert sich an der Logik des Subsystems Wirtschaft:

> „Berufsmoralische Kompetenzen sind, so gesehen, nichts anderes als das intrapersonale Pendant jener sozial-moralischen Steuerungsanforderungen, die um der Aufrechterhaltung der subsystemischen Leistungen für das Gesamtsystem erfüllt werden müssen. Ihre Legitimität beruht auf der subsystemischen Steuerungsfunktionalität. [...] Es gilt, moralische Vorgaben zur Steuerung der sozialen Interaktion einerseits und moralische Regeln zur Bestimmung des guten Menschen andererseits zu entkoppeln und nur die ersteren für die inhaltliche Bestimmung der Bereichsmoralen heranzuziehen." (Beck 2008, 45–46)

Mit der Erziehung zum Regelgehorsam, der im Subsystem Wirtschaft nur bedeuten kann, sich der Gewinnmaximierung des Unternehmens treu zu unterwerfen, gibt es keine Freiheit des Individuums. Es geht dabei nicht einmal mehr um die Verfolgung des Selbstinteresses, denn das Selbstinteresse der eigenen Person ist dem Selbstinteresse des Unternehmens zu unterwerfen. Die Regeltreue besagt ja eben nicht, dass sich das Individuum im Unternehmen selbst als ökonomisch rationale Person einbringen soll, sondern als eine Person, die sich der Logik des Unternehmens unterwirft. Es geht also nicht um das individuelle Selbstinteresse der Person, sondern um das Selbstinteresse des Unternehmens. Aus funktionaler (!) Sicht des Unternehmens sind die Mitarbeiterinnen und Mitarbeiter ein Kostenfaktor.

Die Betriebsmoral sensu Beck geht von der Gewinn- bzw. Nutzenmaximierung des Unternehmens aus, dem sich die Mitarbeiterinnen und Mitarbeiter des Unternehmens anzupassen haben. Das würde bedeuten, dass diese ihre eigenen Präferenzen zurückhalten und ausschließlich Handlungen ausführen, die den Gewinn des Unternehmens erhöhen. Da das ökonomische Prinzip als Minimal- oder Maximalprinzip gedacht werden kann, bedeutet dies, dass die Mitarbeiterinnen und Mitarbeiter, die sich der Betriebsmoral unterwerfen, bereit sind, ihre eigenen Kosten zu senken, d.h. auf höheres Einkommen zugunsten ihres höheren Unternehmensgewinns zu verzichten oder im Sinne des Maximalprinzips sich als Mitarbeiterinnen oder Mitarbeiter mit ihren Kompetenzen maximal produktiv in das Unternehmen einzubringen. Beides könnte als Selbstausbeutung bezeichnet werden und entspricht weder den Zielen noch dem Verhalten der Belegschaft – schon gar nicht einer gewerkschaftlich organisierten – oder des mittleren und höheren Managements, da eine solche Betriebsmoral das Selbstinteresse jeder Person, von der die Betriebsmoral aber gerade getragen werden soll, konterkariert werden müsste. Wird das Unternehmen oder die Wirtschaft allgemein als ein Subsystem gedacht, das vom Prinzip der Nutzen- und Gewinnmaximierung tatsächlich getragen wird – es wird also das Modell verlassen –, dann muss auch davon ausgegangen werden, dass jede Person in diesem System dieser Annahme folgt, also jede Person aus Selbstinteresse handelt. Dies führt dann unweigerlich zu den dargestellten Dilemma-Situationen, in denen das Selbstinteresse zu suboptimalen, pareto-ineffizienten Lösungen führen kann und damit den Gewinn des Unternehmens reduziert. Darüber hinaus konnte gezeigt werden, dass pures Selbstinteresse Kommunikation zerstören kann und damit die wesentlichste Grundlage des Managements nicht mehr funktionstüchtig ist. Wenn nun in der Theorie der Betriebsmoral behauptet wird, dass die Moral in den Subsystemen unterschiedlich wäre, dann ist der Aufbau von Vertrauen und damit die Grundlage des Managements by objectives und der Delegation sowie der Kommunikation zerstört und damit die Basis des Managements. Im zweiten, dritten und vierten Kapitel wurde aufgezeigt, dass das Unternehmen vielmehr eine wirtschaftliche und eine soziale Dimension aufweist, und so müsste – der Theorie der Betriebsmoral folgend – selbst innerhalb des Unternehmens nochmals unterschieden werden, ob es sich nun um eine soziale oder eine wirtschaftliche Dimension handelt, in der moralisches Verhalten gefordert ist. Da aber Wirtschaft immer mit dem Menschen zu tun hat – außer es würde behauptet werden, dass Wirtschaft ein Selbstzweck wäre –, hat jede wirtschaftliche Handlung eine soziale Dimension und ist daher keine rein wirtschaftliche. Die Trennung der Subsysteme hebt sich somit in der Handlung einer Person wieder auf, denn sie muss eine Entscheidung in einer bestimmten Situation ausführen. Selbst im radikalen Konstruktivismus der Systemtheorie Luhmanns gibt es eine Kopplung der Subsysteme, kann – muss aber nicht – ein Subsystem das andere irritieren und damit die Umwelt im System eine Veränderung auslösen. So kann in dieser Theorie das Subsystem Moral dann eine Wirkung im Subsystem Wirtschaft auslösen, wenn es für den Code zahlen/nicht zahlen bzw. für das Medium Geld bedeutsam wird. Die Betriebsmoral in der Ausprägung Becks wäre da noch wesentlich strikter zu denken, weil der Mensch in seinen wirtschaftlichen Rollen aufgrund der Annahme der Nutzen- und Gewinnmaximierung determiniert ist, sich entsprechend betriebsmoralisch zu verhalten.

Angestellte Personen, die sich dem Gewinnmaximierungsprinzip des Unternehmens treu ergeben unterwerfen, werden mit dem niedrigsten Lohn zufrieden sein (müssen), werden Arbeitsbedingungen annehmen, die nur dem Gewinn, nicht aber dem Menschen im Unternehmen dienen. Wie ist eine solche Unterwerfung gerechtfertigt? Geht es nicht darum, zu fragen, unter welchen Bedingungen der Gewinn erzielt wird? Unter diesem Aspekt wird die Frage des maximalen Gewinns wiederum zu einer moralischen bzw. ethischen Frage. Die Ethik lässt sich niemals vom Handeln trennen. Jede wirtschaftliche Handlung ist zugleich eine ethische, weil sie gesellschaftlich legitimiert sein soll. Allerdings nicht im Sinne Homanns, der die Legitimität in der Gewinnmaximierung selbst sieht, sondern die wirtschaftliche Handlung benötigt zugleich auch eine ethische Begründung, abseits der rein ökonomischen Vernunft. (Vgl. Ulrich 2008)

> „Wirtschaft und Ethik können [...] nicht voneinander isoliert werden; beide sind existentielle Aspekte menschlichen Daseins und beide haben legitime Interessen. Daher müssen die Auswirkungen des Wirtschaftens auf Menschen und Umwelt stets mitbedacht werden, ein Interessenausgleich, eine Symbiose ist unabdingbar. [...] Systeme, Institutionen und Mechanismen haben keine Moral und keine Ethik. Sie handeln auch nicht. [...] Moral und Ethik verlangen den Menschen, der sie in Systeme, Institutionen und Mechanismen einbringt und in ihrem Rahmen ethisch handelt, wobei Ziele und Art des Handelns auch davon abhängig sind, welchen Institutionen der Mensch angehört." (Albers 1996, 7–9)

Darüber hinaus wendet sich Beck gegen den Universalismus, weil er ein rein formalistisches, allgemeines Ziel darstellt. Doch gerade das ökonomische Prinzip bzw. die Gewinnmaximierung ist ein streng formales Prinzip, das keinerlei Auskünfte über den Inhalt, also die Art und Weise, sowie den Zweck der Gewinnerzielung aussagt. Die Regeltreue, also die Anerkennung der

Gewinnmaximierung, würde so weit gehen, der eigenen Entlassung zuzustimmen, weil damit die Personalkosten am stärksten reduziert werden könnten. Es fragt sich, wie das ökonomische Prinzip pädagogisch zu fördern wäre, wenn sein Einsatzbereich nur auf das Unternehmen, nicht jedoch auf das Individuum selbst bezogen werden darf. Ist es nicht vielmehr so – um mit Homann zu sprechen –, dass es innerhalb des Unternehmens eine Dilemma-Situation insofern gibt, als sowohl die Belegschaft, das Management als auch die Eigentümer hohe und sichere Einkommen erzielen möchten. Wie kann rein ökonomisch begründet werden, dass die Belegschaft auf jenes Prinzip verzichtet, das für das Management und die Eigentümer entscheidend sein soll? Wie kann mit guten Gründen begründet werden, dass zu einer Betriebsmoral erzogen werden soll, die dem Selbstinteresse zustimmt, aber nur im Interesse des Unternehmens und nicht des eigenen? Eine Erziehung, die mit Androhungen arbeitet, sollte der Vergangenheit angehören. Gerade „für einfache Berufe" wäre es einfach – so Beck –, eine solche Erziehung zu verfolgen. Nein, gerade in einfachen Berufen soll pädagogisch versucht werden, Reflexion einzuleiten und über die eigene Stellung in Beruf und Wirtschaft Klarheit zu finden. Das ist schwieriger und mühsamer und nicht immer oder vielleicht gar nicht oft, ja vielleicht sogar nie, von Erfolg gekrönt. Aber Pädagogik war noch nie ein einfaches *Handwerk*, sondern immer anstrengend und ergebnisoffen – das liegt im Wesen des Menschen, der autonom und frei entscheiden kann und sich eben auch bewusst gegen etwas entscheiden kann, oder sich nicht berühren lässt.

Eine bewusste Erziehung zur Regeltreue im Sinne des Subsystems Wirtschaft wäre unredlich, weil sie selbst dem eigenen Ziel – dem rein ökonomischen Denken – widerspräche. Dies soll nicht bedeuten, dass in dieser Arbeit der rein ökonomischen Vernunft gefolgt wird, sondern nur, dass die innere Logik der Betriebsmoral nicht ökonomisch begründet, sondern deterministisch ist. Soll der rein ökonomischen Vernunft gefolgt werden, dann soll es dabei keine Ausnahme geben, weil dann ja unterstellt wird, dass der Mensch selbst dem Eigeninteresse folgt. In diesem Kontext ist auch auf die historische und gegenwärtige Bedeutung von Gewerkschaften zu verweisen und ebenso diese Perspektive zu eröffnen. Wer über Unternehmen spricht, soll auch über Personalvertretung und Gewerkschaft sprechen, weil sie das Selbstinteresse der Belegschaft vertritt. Was bedeutet Regeltreue in diesem Kontext?

Gerade die Geschichte der Entstehung und Entwicklung der Wirtschaftspädagogik zeigte auf, wie die Wirtschaftspädagogik missbraucht wurde (siehe 2.1). Im Dritten Reich wurde die Wirtschaftsgemeinschaft in eine völkische umgedeutet und das Individuum hatte völlig zugunsten des Kollektiven an Bedeutung verloren. Wirtschaftspädagogik hatte die Aufgabe, das verbrecherische System im Bereich der Berufsausbildung und der wirtschaftlichen

Ausbildung aufrechtzuerhalten. Vor diesem Hintergrund hat sich die kritische Theorie entwickelt, die jede Form der Indoktrination entschieden ablehnt. Die Einforderung einer Regeltreue im Sinne des Subsystems Wirtschaft dient der Wirtschaft selbst, nicht jedoch dem einzelnen Menschen. Im Mittelpunkt jeder Pädagogik muss der Mensch selbst stehen – auch in der Wirtschaftspädagogik. In der Betriebsmoral ist die Gefahr sehr groß, dass der einzelne Mensch zugunsten des Systems an Bedeutung verliert. Selbst die „Idee des ‚guten Mensch'" soll aufgegeben werden. Was soll dann die Richtschnur jeden pädagogischen Handelns sein? Im dritten Kapitel wurde erarbeitet, dass die moderne Pädagogik von Setzungen ausgeht, die darauf rückschließen lassen, dass die Pädagogik vom Prinzip des guten Menschen ausgeht – sonst wären Selbstreflexion und Autonomie für die Gesellschaft schlecht. Wer die Idee des guten Menschen aufgibt und Gewinnmaximierung einfordert, öffnet Tür und Tor für unmoralische, unethische und schließlich unverantwortliches Wirtschaften. Auch in einer ausdifferenzierten Gesellschaft ist Wirtschaften kein Selbstzweck, sondern steht im Dienst des Menschen.

Abraham (1966, 30) schrieb, dass die Pädagogik nicht alle Probleme lösen könne, dass sie aber verpflichtet sei, immer wieder sich zu bemühen. Es ist richtig, dass es Phasen im 20. Jahrhundert gab, insbesondere jene des Dritten Reichs, in denen die Ethik und die Menschenrechte mit Füßen getreten wurden. Gerade in diesem System wurde die Autonomie, die universale Moral außer Kraft gesetzt. Wie kann die Antwort auf dieses Versagen darin gefunden werden, eine Regeltreue im Sinne eines funktionalen Systems einzufordern und die universale Ethik abzulehnen, in der die Menschenrechte und Menschenwürde eine wesentliche Rolle einnehmen?

Es erhebt sich in diesem Kontext die Frage, wie eine differenzierte Berufsethik für andere Berufe aussehen müsste, wenn also nicht nur in der wirtschaftlichen Interaktion, sondern auch in anderen die universelle Ethik keine Berücksichtigung fände. Eine besonders wesentliche Frage ist dies für Soldatinnen und Soldaten in Armeen demokratischer Staaten. Sollen diese auf die militärische Funktion, auf das Vorbereiten und die Durchführungen von Kampfhandlungen reduziert werden? Gerade in einer Demokratie sind Soldatinnen und Soldaten nicht ohne Ethos denkbar, das an die Verfassungen der Demokratien anknüpft. In kaum einem anderen Beruf ist das „Spannungsfeld zwischen rein funktionalem und ethisch-moralischem Handeln" so groß (Libero 2010, 47). Das Idealbild der deutschen Bundeswehr für die soldatische Identität war der „‚Bürger-Soldat', der ‚Staatsbürger in Uniform'" (Libero 2010, 47). Generalinspektor Schneiderhan hat 2005 ausgeführt, dass ein „professioneller, hoch motiviert kämpfender Soldat ohne Bindung an unsere Wertordnung letztlich nichts anderes als ein Söldner [ist]" (Schneiderhan zitiert in Libero 2010, 50). Urteile, die oft in Konfliktsituationen zu fällen sind, müssen in Sekundenbruchteilen gefällt werden. Bestimmte Lagen können eingeübt werden, doch wird es nicht möglich sein, „alle Fragen moralisch verantwortlichen Urteilens, Entscheidens und Handelns im Vorhinein rational zu durchdenken. Aber es ist allemal besser, auf mögliche Dilemma-Situationen eingestellt zu sein, als blauäugig sich auf den Auslandseinsatz einzulassen" (Dörfler-Dierken 2006, 165). Es zeichnet den soldatischen Beruf aus, in schwierigen Lagen in Unsicherheit und Ungewissheit verantwortlich zu entscheiden und für die Folgen des eigenen Handelns einzustehen. In Zweifelsfällen hat sich die Person vor den deutschen Gerichten zu verantworten und dies kann durchaus den Schwächsten in der Kette treffen, also den ausführenden Soldaten. Alle diese Entscheidungen müssen in Situationen getroffen werden, die eine hohe physische und psychische Belastung darstellen, weil es sich um Situationen handelt, die völlig abseits der menschlichen Vorstellungskraft liegen. Trotz dieser schwierigen Gegebenheiten bleibt die Verantwortung des Einzelnen. (Vgl. Dörfler-Dierken 2006, 165–167) Als „Staatsbürger in Uniform" definiert das Zentrum der Inneren Führung:

> „Die Ziele der Inneren Führung werden im Leitbild des Staatsbürgers in Uniform verdeutlicht, in welchem sich in idealtypischer Weise drei Elemente verbinden:
>
> Die freie Persönlichkeit, das heißt, der Mensch mit seiner individuellen Würde und seinen im Grundgesetz verbrieften Freiheits- und Menschenrechten,
>
> der verantwortungsbewusste Staatsbürger, der aus Einsicht und Verantwortungsgefühl gegenüber dem Gemeinwesen seine eigenen Vorstellungen und Absichten mit denen der anderen ausgleicht und an der Gestaltung dieses Gemeinwesens mitwirkt, und
>
> der einsatzbereite Soldat, der den militärischen Dienst als einen Beitrag zur Landesverteidigung, aber auch zur Sicherung des Friedens und der Menschenrechte in der Welt begreift und bereit ist, hierfür auch unter Einsatz seines Lebens zu kämpfen.
>
> An diesem Leitbild haben sich militärische Führung, Ausbildung und Erziehung in den Streitkräften zu orientieren." (Zentrum Innere Führung 2012)

Die Aufgaben der Soldatinnen und Soldaten sind in den letzten Jahrzehnten komplexer geworden. Der Soldat ist „Beschützer, Ordnungshüter, Diplomat und Sozialarbeiter", weshalb neben den militärischen Grundfertigkeiten viele weitere soziale und interkulturelle Kompetenzen erforderlich sind, die mit moralisch-ethischen Grundsätzen umzusetzen sind. Das sind große Anforderungen, die mit Sensibilität und Robustheit umgesetzt werden sollten – ein Ideal, das kaum erreichbar ist, insbesondere da entsprechende Vorbilder fehlen. (Vgl. Libero 2010, 50–53) Dennoch bleibt das Ideal gegeben: Militär ohne universelle Ethik widerspricht der Demokratie.

Nun ist die Wirtschaft nicht das Militär, auch wenn die Wirtschaft Modelle des Militärs übernimmt, so z.B. das strategische Denken oder die Planspiele. Doch zeigt dieser Bereich, dass die Trennung der beruflichen Moral von der universellen inhuman wäre.

Die Betriebsmoral sensu Beck ist nicht nur aus den obigen Gründen abzulehnen. Sie verfolgt die Idee eines geteilten Lebens: dort die beruflich wirtschaftliche Tätigkeit, in der eigene Regeln gelten, und da die Welt der Freizeit und Familie, in der sich der Mensch verwirklichen darf. Diese Vorstellung entleert die berufliche und wirtschaftliche Tätigkeit von jeder Bedeutung und jedem Sinn, der über die rein ökonomische Vernunft hinausgeht. Es wäre aus diesem Gesichtspunkt auch völlig egal, in welcher Organisation gearbeitet und welches Produkt erstellt bzw. welche Dienstleistung erbracht wird.

> „Moreover, the divided life is in one important respect a wasted life. It is a form of living that assumes that real meaning occurs only in those areas outside of work, in the Little League, in the social club, in the family, in the church, and in the neighbourhood. While these aspects of life are vitally important, the one area of life which occupies more of our waking hours than any other and substantially shapes our self-identity turns out to be largely empty of meaning and purpose." (Schmeltekopf 2012, 69)

In diesem Kapitel wurde gezeigt, dass die gesamte Beck-Zabeck-Kontroverse sich um die deontologische Ethik und den Regelutilitarismus Homanns dreht. Andere Grundlagen der moralischen Urteilsbildung wurden dabei kaum diskutiert, insbesondere wurde der Strukturgesamtheit einer Situation und der Strebensethik nicht Rechnung getragen. Die Diskussion ist also zu eng geführt worden.

Moral versucht Beck einerseits über *Meme* zu begründen; ein wissenschaftlicher Zugang, der sehr umstritten ist. Andererseits greift er auf Hayek und seine Erklärung der Evolution zurück, die jedoch jeden regulativen Eingriff, also auch einen solchen im Sinne Homanns, als sinnlos abweist.

Beck geht von der Ausdifferenzierung der Gesellschaft aus, die soziologisch unbestritten ist. Unklar erscheint, welcher soziologischen Theorie er folgt. Zwar verweist Beck auf Parsons, folgt in seinen Ausführungen jedoch nicht der Theorie von Parsons. Seinen Ausführungen folgend könnte auf Luhmann rückgeschlossen werden, dem Beck zwar explizit nicht folgen will, auf den er aber doch verweist. Es bleibt dadurch unklar, wie die Bedeutung von subsystemischen Moralen soziologisch zu erklären ist und wie diese Moralität aufrechterhalten und weitergegeben wird. Es bleibt auch offen, wie die Ausdifferenzierung tatsächlich soziologisch vorzustellen ist.

Ebenso ist der Verweis auf Kohlberg nicht hilfreich, denn Becks Betriebsmoral bedient sich nur der Terminologie Kohlbergs, nicht jedoch seiner grundsätzlichen Aussage. Damit versucht Beck seinen nicht-universalistischen Zugang mit universalistischen Termini zu erklären. Jedenfalls hilft Kohlberg für das Verständnis der Betriebsmoral nicht weiter.

Schließlich verweist Beck auf Homann, dessen Theorie damit zum Kern der Betriebsmoral wird. Problematisch bleibt dabei, dass Homann – ohne jedoch selbst dies konsequent durchzuziehen – seine Theorie nicht normativ versteht, sondern seinen *Homo-oeconomicus*-Test als eine wissenschaftliche Methode zur Testung von Rahmenbedingungen darlegt. Homann geht von der Ökonomik und nicht der Ökonomie aus. Es geht bei Homann um das Modell des ökonomischen Denken und Handelns. Der soziale Raum einer Organisation wird in diesem Konzept nicht berücksichtigt, weil es grundsätzlich nicht um das wirtschaftliche Tun, sondern um das wissenschaftliche Modell geht, weshalb schon an dieser Stelle klar wird, dass die Wirtschaftspädagogik als Integrationswissenschaft von Erziehungs- und Wirtschaftswissenschaft eben diesen sozialen Raum eröffnen muss und daher zu anderen Fragestellungen und Antworten gelangen kann, ja eigentlich muss, als andere Wirtschaftswissenschaften. Homann bleibt, wie viele Ökonomen und Ökonominnen, nicht allein in der wissenschaftlichen Sphäre, sondern möchte mit seinem Modell beraten und normative Setzungen verfolgen. Kommt jedoch das wirtschaftliche Tun ins Spiel, so werden Personen, Organisationen und Kulturen relevant und dadurch kommen auch regulative, normative und kulturell-kognitive Institutionen zur Wirkung. So wendet sich die zentrale Kritik des Neo-Institutionalismus „gegen eine Konzeption der Organisation als korporativer Akteur, dem weitgehend losgelöst von gesellschaftlichen Umweltkontexten ein im Prinzip durchgängig zweckrationales Handeln im Sinne des Organisationszieles unterstellt wird" (Senge 2011, 17). Natürlich gibt es zweckrationale Ziele in Organisationen – wie ja auch das Zweckrationale einen Handlungstypus darstellt – und „korporative Akteure handeln also durchaus ‚*intendedly rational*' (Simon 1997) –, aber Neo-Institutionalisten meinen zeigen zu können, dass die Motive für die rational intendierten Ziele in der Regel aufgrund (oftmals unbewusster) institutioneller Einflüsse entstehen" (Senge 2011, 17).

Nach Homann ist die Rahmenordnung Grundlage und systematischer Ort der Moral in der Markwirtschaft. Er sieht dies im Werk Smiths bestätigt. Wie in 4.1.3.1 gezeigt, bilden die Gesetze und der Wettbewerb nur zwei der vier Schranken Smiths. Eine völlige Fokussierung des marktwirtschaftlichen Imperativs lässt sich im Hinweis auf die Philosophie Smiths nicht herstellen, denn das Eigeninteresse ist eben nicht als blanker Egoismus, der auch die Nachteile anderer in Kauf nimmt, zu verstehen. Es ist darüber hinaus unmöglich, Rahmenbedingungen zu schaffen, die alle Eventualitäten regeln. Obwohl gerade in einer pluralistisch ausdifferenzierten Gesellschaft das Recht eine wesentliche Rolle einnimmt, kann es nicht alle Eventualitäten abdecken. Rechtliche Regelungen sind in ihrer Steuerungsfunktion oft nicht optimal und können ihre Aufgaben nicht zeitgerecht erfüllen, denn von der Problemerkennung über die Rechtssetzung bis hin zur Rechtsanwendung vergeht viel Zeit, weshalb sich auch Problemlagen wieder ändern können. Es bleiben daher immer Spielräume für Unternehmen, die sie nach eigenem Ermessen gestalten können (vgl. Scherer & Butz 2010, 369). Da Gesetze niemals alle

Eventualitäten abdecken können, bilden sie nur ein lückenhaftes Netz. Die verbleibenden Zwischenräume müssen die Moral bzw. moralische Verantwortung füllen.

Nach Homann setzt die Wirtschaftsethik voraus, „dass die Marktwirtschaft über eine vollkommene Rahmenordnung verfügt, die gewinnmaximierendes Handeln in die gesellschaftliche erwünschte Richtung lenkt" (Homann 2012, 217). Homann schreibt auch, dass niemand behauptet, dass es eine derartige perfekte Rahmenordnung gebe. Stellt man sich aber trotzdem das theoretische Konstrukt der vollkommenen Rahmenordnung, die ja den Kern der rein ökonomischen Ethik ausmacht, vor, so ist es nicht die Ordnung selbst, die das Handeln in die gewünschte Richtung lenkt. Es ist immer das Handeln der Wirtschaftssubjekte, im besten Fall eben eines, das sich an der Rahmenordnung ausrichtet. Es ist also nicht die Rahmenordnung, welche sozial erwünschte Ergebnisse erzielt, es sind Menschen, die, einer deontologischen Ethik folgend, die Einhaltung der Spielregeln als Pflicht anerkennen und tatsächlich zur Umsetzung bringen. Oder es ist der Druck der regulativen Sanktionen, der jedoch mit enorm hohen Transaktionskosten verbunden wäre.

Eine besondere Pointe liegt im marktwirtschaftlichen Imperativ der rein ökonomischen Vernunft: Den höchstmöglichen Gewinn können Unternehmen erwirtschaften, wenn sie eine Monopol- oder eine monopolartige Stellung, z.B. in der monopolistischen Konkurrenz, einnehmen können. Das Streben nach dieser Stellung widerspricht jedoch dem Wettbewerb als Kern der Marktwirtschaft, weshalb die Rahmenordnung dies, wenn möglich und unter den dargestellten Schwierigkeiten, verhindern soll. Wird nun der mikroökonomischen Theorie folgend ein freier Markt errichtet, so werden die Unternehmerinnen und Unternehmer langfristig wohl nicht davon begeistert sein, ist doch das langfristige Ergebnis eines perfekten Marktes eine Situation, in der die Unternehmen reine Preisnehmer sind und nur ihre Kosten, natürlich unter Einberechnung aller Opportunitätskosten inklusive Unternehmerlohn und Zinsen des Eigenkapitals, erwirtschaften können, aber nicht mehr, d.h. auch keine Gewinne. Die konsequente Verfolgung des ökonomischen Imperativs führt also zu einer Situation, die eigentlich kein Unternehmen erleben möchte. Der marktwirtschaftliche Imperativ ist also ein Aufruf zur langfristigen einzelwirtschaftlichen Gewinnreduktion! Der *Homo-oeconomicus*-Test müsste negativ ausfallen.

Darin besteht die Problematik der Annahmen: Wer nur den Imperativen der Marktwirtschaft folgt, wird von der Nichteinhaltung der Rahmenbedingungen, selbst wenn diese perfekt gestaltet werden, sehr schnell einen Vorteil ziehen wollen. Die ökonomische Ethik ist in einer Theoriewelt einer totalen Rahmenordnung daher in ihrer Grundannahme eine deontologische.

Da die Rahmenordnung nicht vollkommen sein kann, kommt nach Homann an diesem Punkt den Wirtschaftsakteurinnen und -akteuren moralische Verantwortung zu (vgl. Homann 2012, 218). Mit dieser Aussage wird nun der moralische Akteur und die moralische Akteurin wiederum ins System eingeführt, wobei dieser oder diese entscheiden müsste, wann es sich um ein System ethischer Qualität und wann es sich nicht um ein solches handelt. Selbst diese Entscheidung ist eine ethische. Damit muss aber der Wirtschaftsakteur oder die Wirtschaftsakteurin in einem System mit ethischer Qualität moralisch verantwortlich handeln, indem er oder sie sich eben diese grundsätzliche ethische Frage stellt. Dabei richtet der Akteur oder die Akteurin sich an Werten und Normen aus. Die Wirtschaft braucht also immer Werte und Normen, die sie selbst nicht herstellen und sicherstellen kann. Sie muss immer auf einen Wertevorrat zurückgreifen, den die Kulturen der Gesellschaft zur Verfügung stellen. Damit ist selbst in einer ausdifferenzierten Gesellschaft keine Wirtschaft denkbar, die rein funktional funktioniert.

Die zweite Annahme der rein ökonomischen Ethik, wie sie oben beschrieben wurde, ging davon aus, dass das Selbstinteresse immer zum gesellschaftlichen Wohl führt. Dieses Argument bezieht sich ebenfalls auf Smith, wobei bereits ausgeführt wurde, dass das Eigeninteresse im Werk Smiths ein *geläutertes* ist, das vor dem Hintergrund philosophisch-theologischer Annahmen sich selbst prüft und einer deistischen Überzeugung verpflichtet ist. Ein Eigeninteresse, das zum knallharten wirtschaftlichen Egoismus führt, der auch Nachteile anderer in Kauf nimmt, kann wohl nicht immer sozialen Wohlstand herbeiführen – die Geschichte und die Tageszeitungen sind voll mit derartigen Beispielen.

Die dritte und vierte Annahme liegen in der Überzeugung, dass die Moral nur in der Rahmenordnung läge und das Individuum frei für rein ökonomisches Handeln wäre. Zusätzlich zu den bereits ausgeführten Gegenargumenten sei hier auf die Verantwortung der Person abgestellt. Der Mensch wird sich immer in seinem Handeln rechtfertigen müssen, entweder gegenüber anderen Menschen oder als gläubiger Mensch zusätzlich einer transzendenten Dimension gegenüber. Dies gilt ebenso für Managerinnen und Manager sowie für Unternehmerinnen und Unternehmer und kann nicht auf die einzige soziale Verantwortung, Gewinne zu erzielen, reduziert werden. (Vgl. Friedman 1970)

Die fünfte Annahme greift wieder auf den ersten Punkt zurück und verlangt eine Rahmenordnung, die das moralische Verhalten einzelner Wettbewerber schützt. Auch wenn diesem Argument vermutlich wohl aus jeder ethischen Perspektive zugestimmt werden kann, gelten die grundsätzlichen Einschränkungen ebenso für diese Annahme. Insbesondere auf globaler Ebene gibt es sehr viele ungeregelte Bereiche (vgl. Homann 2012, 217).

Wenn Ökonomik als Ethik verstanden wird und Luhmanns konstruktivistische Beschreibung als Norm übernommen wird, dann könnte das u.a. daran liegen, dass der Begriff der *Autopoiesis* als ein ontologischer verstanden wird. Wird Ökonomik als Ethik verstanden, dann wird die Perspektive durch die Ethik geschlossen und nicht erweitert.

Die folgende Abbildung stellt den Wirkungsprozess der rein ökonomischen Vernunft dar, wie sie von Beck und Homann vertreten wird:[100]

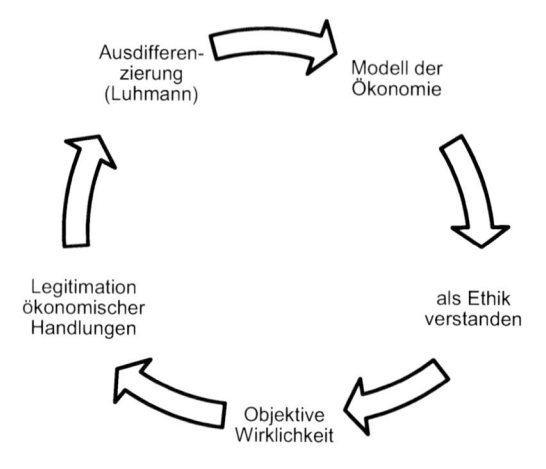

Abbildung 26: Der Wirkungsprozess der rein ökonomischen Vernunft und Ethik

Ausgegangen wird von der Ausdifferenzierung der Gesellschaft. Die bedeutendste und tiefgreifendste Theorie der Ausdifferenzierung, die davon ausgeht, dass jedes Subsystem sich funktional ausdifferenziert und auf eigenen Systemlogiken basiert, ist jene von Luhmann. Luhmanns Theorie ist eine konstruktivistische. Sie dient oftmals als Ausgangspunkt und Erklärung der Autonomie der Wirtschaft.

Die Vorstellung von der Autonomie der Wirtschaft und dem ausdifferenzierten Subsystem Wirtschaft führt zur Vorstellung eines Modells der Ökonomie, das ausschließlich seinen eigenen Regeln folgt und die Gewinnmaximierung in den Mittelpunkt des wirtschaftlichen Handelns stellt: Nutzenmaximierung, ökonomische Rationalität und der *Homo oeconomicus*, also das reine Selbstinteresse, stehen im Mittelpunkt dieses Modells, das zwar in verschiedenen Ausprägungen als Modell ausdifferenziert ist, aber im Kern diese Komponenten aufweist.

Das Modell der Ökonomik wird zur Norm und zur Ethik erhoben. Gewinnmaximierung unter Einhaltung der Nebenbedingungen beschreibt den

---

[100] Eine Zusammenfassung dieses Wirkungsprozesses findet sich in Tafner (2013e).

ökonomischen Imperativ. Aus der ausdifferenzierten konstruktivistischen Sicht im Sinne Luhmanns wurde eine normative Vorgabe, aus Konstruktion wurde Normativität. Damit wird eine konstruktivistische Sichtweise zur Grundlage einer normativen Ethik, die letztendlich deontologisch begründet ist, weil es zur moralischen Pflicht wird, diese Ethik einzuhalten. Diese Ethik ist nicht zu hinterfragen, sie ist eine Regel, der treu zu folgen ist. Jede andere Ethik hat keinen systematischen Platz. Aus dem deskriptiven Konstruktivismus wurde Normativität, das Beschriebene zum Sollen, nicht nur theoretisch, sondern praktisch postulierend:

> „Wirtschafts- und Unternehmensethik *hat sich* [alle Hervorhebungen durch den Autor] von Moralisieren, Appellieren, Postulieren – und deren negativen Pendants wie Schuldzuweisungen, moralischer Entrüstung etc. – *tunlichst und peinlichst fernzuhalten.*" (Homann & Blome-Drees 1992, 18–19)

> „Zur ihrer Befolgung würde es oft schon reichen, wenn eine moralisch-kognitiv eher anspruchslose Regelgehorsamsmotivation vorläge, die v.a. in einfachen Berufen häufig anzutreffen und per Erziehung leichter herbeizuführen sein dürfte." (Beck 2006a, 21)

Modelle sind vereinfachte Darstellungen der Wirklichkeit oder von Annahmen über sie. Sie dienen der Erkenntnis, sind aber selbst nicht Wirklichkeit. Trotzdem können Modelle und ihre Ideen selbst zur Wirklichkeit werden. John Maynard Keynes schrieb den ökonomischen Ideen größte Bedeutung zu: „The ideas of economists and philosophers, both when they are right and when they are wrong, are more powerful than is commonly understood. Indeed the world is ruled by little else." (Keynes 1997, 383) Professionen sorgen dafür, dass das Modell verstanden und umgesetzt wird. Forschung und Lehre dienen nicht mehr ausschließlich der Wissenschaft, sondern sind Grundlage für Handlungsanweisungen. Das Modell wird zur objektiven Wirklichkeit. Antony Fisher, der Gründer des neoliberalen *Think Tank Institute of Economic Affairs*, war ein leidenschaftlicher Fan Hayeks. „Hayek rät ihm ab, Politiker zu werden, besser sei es langfristig Ideen zu verändern. Man müsse die Intellektuellen, die Lehrer und Schreiber erreichen, – und kraft ihres Einflusses würden später die Politiker folgen." (Ötsch 2009, 62)

Das Modell, das zur Ethik wurde, schafft objektive Wirklichkeit und wird damit zur Legitimation ökonomischer Handlungen. Rein ökonomisches Handeln wird zur Maxime oder zur Legitimation des Handelns. Wie immer auch tatsächlich eine Entscheidung im Unternehmen zustande gekommen ist – zweckrational, wertrational, affektiv, traditional, irrational oder unbewusst –, nach außen wird sie im Nachhinein als rational dargestellt. Die Organisation erhält ihre Legitimation über die ökonomische Rationalität. Nach außen muss daher jede Handlung als ökonomisch rational dargestellt werden. Nicht die ökonomische Rationalität selbst, sondern die ökonomisch rationale Legitimation gibt den Organisationen Bestand.

Damit aber kann wieder ein wirtschaftliches Tun beobachtet werden, das sich als rein funktional und ökonomisch rational beobachten (!) und beschreiben lässt.

Die Frage, die sich die Pädagoginnen und Pädagogen stellen sollten, heißt: Was ist meine Rolle in diesem Kreislauf? Verstärke ich ihn? Weise ich darauf hin? Setze ich Schritte dagegen? Jede einzelne pädagogisch tätige Person ist gefordert.

Im Hinblick auf die am Beginn des Kapitels gestellten Forschungsfragen kann zusammenfassend ausgeführt werden:

Moralerziehung ist ein aktuelles Thema in der Wirtschaftspädagogik. Aus den Ausführungen kann geschlossen werden, dass eine rein ökonomische Ethik, wie sie in Form der Betriebsmoral beschrieben ist, mit guten Gründen zurückgewiesen werden kann. Gerade die Auseinandersetzung mit Institutionen machte deutlich, dass eine Verengung des wirtschaftlichen Handelns auf die Nutzen- und Gewinnmaximierung aus wirtschaftspädagogischer Sicht nicht tragbar erscheint. Die reflexive Dekonstruktion des individuellen Selbstinteresses zeigte die Problematik eines ökonomistischen Zugangs deutlich auf.

Bevor ein alternatives ethisches Modell erarbeitet und die reflexive Wirtschaftspädagogik definiert werden kann, wird im fünften Kapitel das kollektive Selbstinteresse in Form der Idee des Nationalstaates reflexiv dekonstruiert. Es stellt sich die Frage, ob staatliche Effizienz und Gerechtigkeit auch über die Grenzen den Nationalstaates hinaus wirken können und welche Bedeutung dies für die wirtschaftliche Erziehung hat.

„In Wahrheit geht es um die Frage, ob eine transnationale Erweiterung der staatsbürgerlichen Solidarität quer durch Europa möglich ist."

(Habermas 2008, 93)

5 Staats- und unionsbürgerliche Erziehung

Im zweiten, dritten und vierten Kapitel konnte gezeigt werden, dass sich die Wirtschaftspädagogik mit dem kaufmännischen und allgemeinen ökonomischen Denken und Handeln, dem Sozialen, dem Moralisch-Ethischen und dem Staatsbürgerlichen im pädagogischen Kontext auseinandergesetzt hat und auseinandersetzt. In der ökonomischen Bildung wird das Politische selbstverständlich akzentuiert. Ökonomische Bildung hat die Aufgabe, „für eine reflektierte, verantwortungsvolle und kritische Teilhabe an demokratischen und sozioökonomischen Prozessen vorzubereiten" (Seeber 2009, 5). Krasensky (1962, 132–133) sprach von *öffentlichkeitsbezogenen Erziehungsmaßnahmen* im Unterschied zu schul- oder betriebsbezogenen und sah die Politik ebenfalls als einen wirtschaftspädagogischen Bereich, der gerade aufgrund „der demokratischen Verfassung der Länder immer stärker" an Bedeutung gewinne. Mitsprache und Mitbestimmung bedürfen „eines Mindestmaßes an Ausbildung. Die Wirtschaftspädagogik hat daher für eine entsprechende Vorbereitung auf die Erfüllung dieser Aufgaben zu sorgen" (Krasensky 1962, 132–133).

Im vierten Kapitel wurde dargestellt, dass das individuelle Selbstinteresse in der wirtschaftlichen Erziehung nicht im Sinne einer rein ökonomischen Vernunft interpretiert werden soll. Nun stellt sich die Frage, wie sich dies mit dem kollektiven Selbstinteresse, also mit der staatlichen Ordnung verhält. Das Soziale führt somit zur ethischen und politischen Frage. Es wurde in den vorhergehenden Kapiteln ebenso erarbeitet, dass es normative pädagogische Setzungen gibt, die jedoch kaum oder nicht also solche ausgewiesen sind. Eine solche Setzung ist, nicht zuletzt historisch begründet, die demokratische Gesinnung. Diese Setzung wird bislang wirtschaftspädagogisch nationalstaatlich verstanden. Im Mittelpunkt steht also der Nationalstaat als traditionelles Organisationsmodell von Staaten und die damit verbundene nationale Staatsbürgerschaft.[101] Aber die Politik von heute hat sich verändert:

---

[101] Eine Selbstverständlichkeit, wie sie z.B. schon in *An Inquiry into the Wealth of Nations*, oder aktuell in der Berechnung des BIP auf Basis nationalstaatlicher Daten ökonomisch zum Ausdruck kommt.

> „Den gänzlich souverän gedachten Nationalstaat, auf den sich die staatsbürgerliche Erziehung mit dem Idealtypus des Staatsbürgers bezog, gibt es nicht mehr. In der Europäischen Union ist er rechtlich und faktisch zu einer Ebene in einem politischen Mehrebenensystem geworden. Aber auch über Europa hinaus haben sich vielfältige Formen einer *Global Governance* entwickelt, die über die traditionelle internationale, also zwischenstaatliche Politik hinausgehen." (Sander 2009, 48–49)

Die Frage, die sich im europäischen Kontext daraus ergibt, ist jene, die Habermas (2008, 93) folgendermaßen auf den Punkt bringt: „In Wahrheit geht es um die Frage, ob eine transnationale Erweiterung der staatsbürgerlichen Solidarität quer durch Europa möglich ist." Diese Frage ist eine ethische und politische und trifft jeden Staatsbürger und jede Staatsbürgerin innerhalb der Europäischen Union als Unionsbürgerin und Unionsbürger. Sie ist damit auch eine sozioökonomische und damit als wirtschaftspädagogische Frage historisch und systematisch begründet.

Die Problematik an dieser Dimension liegt darin, dass der Nationalstaat als Solidargemeinschaft unterschiedlich verstanden wird. In der aktuellen Diskussion zwischen Habermas (2013) und Streeck (2013) geht es genau um diese beiden unterschiedlichen Verständnisse der Supranationalität (vgl. Assheuer 2013). Beide stimmen überein, dass der Shareholder-Value als oberste Unternehmensmaxime dem „wohlverstandenen Allgemeinwohl geschadet hatte" (Habermas 2013, 60). Streeck (2013) sieht die Lösung in der Rückkehr zum Nationalstaat, um den überhandnehmenden Kapitalismus einzugrenzen. Habermas (2013) lehnt dies als nostalgisch ab, denn nur suprastaatliche Organisationen können auf die Realwirtschaft erfolgreich einwirken. Streeck (2013, 68) führt aus, dass es

> „bei aller Fragwürdigkeit der nationalstaatlichen Organisation der modernen Gesellschaften nicht darum gehen kann, auf den Rockschößen kapitalistischer Marktexpansion den Nationalstaat zu überwinden. Vielmehr muss es darum gehen, die verbliebenen Reste des Nationalstaates so weit provisorisch instand zu setzen, dass sie zur Entschleunigung der rasch voranschreitenden kapitalistischen Landnahme genutzt werden können. […] Im Westeuropa von heute ist nicht mehr der Nationalismus die größte Gefahr, schon gar nicht der deutsche, sondern der hayekianische Marktliberalismus."

Für Habermas (2013, 61) ist die Schlussfolgerung, die Streeck zieht, überraschend, weil sie nicht in einem demokratischen Aufbau der Währungsunion liegt, sondern im Rückbau der europäischen Integration.

> „Überraschend ist diese nostalgische Option für eine Einigelung in der souveränen Ohnmacht der überrollten Nation angesichts der epochalen Umwandlung von Nationalstaaten, die ihre territorialen Märkte noch unter Kontrolle hatten, zu depotenzierten Mitspielern, die ihrerseits in globalisierte Märkte eingebettet sind. Der politische Steuerungsbedarf, den eine hochinterdependente Weltgesellschaft heute erzeugt, wird von einem immer dichter gewobenen Netz von internationalen Organisationen bestenfalls aufgefangen, aber in den asymmetrischen Formen des gepriese-

nen ‚Regierens jenseits des Nationalstaates' keineswegs bewältigt. […] Offensichtlich reicht die politische Handlungsfähigkeit von Nationalstaaten, die über ihre längst ausgehöhlte Souveränität eifersüchtig wachen, nicht aus, um sich den Imperativen eines überdimensional aufgeblähten und dysfunktionalen Bankensektors zu entziehen. Staaten, die sich nicht zu supranationalen Einheiten assoziieren und nur über das Mittel internationaler Verträge verfügen, versagen vor der politischen Herausforderung, diesen Sektor mit den Bedürfnissen der Realwirtschaft wieder zurückzukoppeln und auf das funktional gebotene Maß zu reduzieren." (Habermas 2013, 62)

Es erheben sich die Fragen, ob erstens die Europäische Union wie ein Nationalstaat und die Unionsbürgerschaft wie die nationale Staatsbürgerschaft behandelt werden soll und, zweitens, ob die beiden kulturellen Konstrukte Nationalstaat und Europäische Union miteinander vergleichbar sind. Aus wirtschaftspädagogischer Sicht scheint eine dem demokratischen Nationalstaat ähnliche normative Setzung insofern notwendig zu sein, als die Berufe im öffentlichen Dienst heute nicht ohne die europäische Supranationalität zu denken sind und die Loyalitätspflicht, die sich aus dem Primärrecht der Europäischen Union ergibt, für öffentlich Bedienstete einzuhalten ist (vgl. Art 4, Abs 3 EUV)[102]. Die loyale Zusammenarbeit wirkt in zwei Richtungen: Die Organe der Union müssen die elementaren Interessen der Mitgliedstaaten berücksichtigen und die Mitgliedstaaten sind verpflichtet, die Union zu unterstützen. Das Unionsrecht entfaltet eine innerstaatliche Wirkung. Die zuständigen innerstaatlichen Stellen, also die Gesetzgebungsorgane, Verwaltungsbehörden des Bundes und Landes sowie die Kommunen, haben den Rechtsetzungsauftrag unmittelbar zu befolgen. Bei einer Verletzung dieses Rechts durch einen Mitgliedstaats und seiner Organe besteht ein *Staatshaftungsanspruch*. Öffentlich Bedienstete haben nicht nur das nationale, sondern ebenso das Recht der Europäischen Union umzusetzen, das grundsätzlich dem nationalen Recht vorgeht. (Vgl. Geiger, Khan & Kotzur 2010, 22–31) Ausbildungen für den Bereich des öffentlichen Dienstes sind daher ohne eine Einführung in die Funktionsweise der Europäischen Union und ihre Wirkungsweisen auf das nationale Recht nicht mehr denkbar. Wie aber sieht dies für andere Berufsgruppen und für die ökonomische Erziehung im Allgemeinen aus?

„Ökonomisches Handeln hat neben seiner marktwirtschaftlichen immer auch eine ordnungspolitische Dimension. Ein funktionierender Markt benötigt eine legitimier-

---

[102] „Nach dem Grundsatz der loyalen Zusammenarbeit achten und unterstützen sich die Union und die Mitgliedstaaten gegenseitig bei der Erfüllung der Aufgaben, die sich aus den Verträgen ergeben. Die Mitgliedstaaten ergreifen alle geeigneten Maßnahmen allgemeiner oder besonderer Art zur Erfüllung der Verpflichtungen, die sich aus den Verträgen oder den Handlungen der Organe der Union ergeben. Die Mitgliedstaaten unterstützen die Union bei der Erfüllung ihrer Aufgabe und unterlassen alle Maßnahmen, die die Verwirklichung der Ziele der Union gefährden könnten." (Art 4, Abs 3 EUV)

> te Rahmenordnung und kann im besten [– theoretischen –] Fall [...] nur für Effizienz, aber nicht für Gerechtigkeit sorgen. Das ist national- und suprastaatliche Aufgabe. Wirtschaftliche Erziehung muss deshalb den Staat und aufgrund der fortschreitenden Globalisierung und Europäisierung auch die supranationale Ebene in die ökonomische Betrachtung mit einbeziehen. Volkswirtschaftliche Zusammenhänge lassen sich heute in Europa nicht ohne den Prozess der europäischen Integration erklären. Und dieser Prozess wiederum kann nicht allein ökonomisch begründet, sondern nur in seiner historischen, realpolitischen und institutionellen Entwicklung nachvollzogen werden." (Tafner 2012a, 41–42)

Es ist erstaunlich, dass die Wirtschaftspädagogik der europäischen Supranationalität und der Unionsbürgerschaft bislang wenig Raum gibt. Auch Zabeck (2004) springt von der nationalen zur globalen Ebene und überspringt die europäische Ebene. Zabeck (2004, 2) führt aus, dass die Berufserziehung vor neuen Herausforderungen stehe, die „im Wesentlichen auf einen säkularen Umbruch der polit-ökonomischen Rahmenbedingungen zurückzuführen" seien: Die Globalisierung der Märkte, der weltweite liberale Finanzmarkt und die „weltweite Renaissance des Kapitalismus" ermöglichen eine soziale Dynamik, die „auf Dauer angelegte gesellschaftliche Institutionen belastet und damit auch die erzieherische Aufgabe beruflich-sozialer Integration" (Zabeck 2004, 2). Erziehung erfülle – so Lempert 2006, 108 – eine Doppelfunktion: Sie fördere die fachlichen und ethischen Kompetenzen für einen verantwortungsvollen Umgang mit beruflichen Aufgabenstellungen auf der einen und die Entwicklung zur freien und autonomen Person auf der anderen Seite. Die Berufs- und Wirtschaftspädagogik stehe daher vor der Herausforderung, dass sich die Schwerpunkte vom Nationalstaat zum Weltmarkt verschoben hätten und das Streben nach Rekordgewinnen als Ziel im Mittelpunkt stehe. Die Geschäftsvorgänge seien heute stärker individuell denn instutionell reguliert. (Vgl. Lempert 2006, 1)

In diesem Kapitel soll der Europäisierungsprozess im Kontext der Wirtschaftspädagogik und der wirtschaftlichen Erziehung aufgearbeitet werden.[103] Der Sprung vom Nationalstaat zum Weltmarkt überspringt die konkrete Ausformung der Europäischen Union und den gesamten Prozess der Europäisierung, der wohl mit der Globalisierung zusammenhängt, aber ein davon wesentlich zu unterscheidendes Phänomen darstellt. Der Europäisierungsprozess, der dabei im Mittelpunkt steht, ist der „Prozess der europäischen Einigung" (Clemens, Reinfeldt & Wille 2008, 15). Der Beginn dieser Einigung wird im Allgemeinen am Ende des Zweiten Weltkrieges angesetzt (vgl. Clemens, Reinfeldt & Wille 2008, 306–314; Geiger, Khan & Kotzur 2010, 3–8; Thiemeyer 2010, 16–27). Es ist jedoch zu berücksichtigen, dass dieser Prozess auf kulturellen Grundlagen aufbaut, die zeitlich wesentlich weiter zurückrei-

---

[103] Eine Zusammenfassung dieses Kapitels und der neo-institutionellen Interpretation der ökonomischen Wirkung der *Kultur der Rationalität* erscheint in Tafner (2013f).

chen (vgl. R. H. Foerster 1963, 19; Gehler & Vietta 2010). Dieser Europäisierungsprozess wird auch als *europäische Integration* bezeichnet. Eine allgemeingültige wissenschaftliche Kurzdefinition dafür gibt es jedoch nicht. Ebenso ist der Begriff *Europa* ein offener. (Vgl. Thiemeyer 2010, 9) Selbst der geografische Begriff ist eine kulturelle Konstruktion: Im Unterschied zu anderen Erdteilen sind die Grenzen Europas nicht klar definierbar. Je nach Art der Annäherung sind unterschiedliche Ergebnisse möglich. Vor allem an den Rändern im Osten gibt es Unklarheiten bei der Abgrenzung. Und Europa weist noch eine Besonderheit auf: Europa ist nicht von allen Seiten von Meeren umgeben, so wie es der Begriff *Kontinent* verlangt. Aus dieser Sichtweise ist Europa der westliche Teil der eurasischen Landmasse, geprägt durch eine enge Verzahnung von Land und Meer. Die heute übliche Grenzziehung im Osten reicht vom Ural im Norden über das Schwarze Meer bis zum Bosporus. So gesehen gibt es nur Eurasien, nicht aber Europa. Nach Osten hin wurden die Grenzen immer wieder neu gezogen. Die heute verwendete Grenzziehung entlang des Ural-Gebirges stammt von Strahlenberg aus dem Jahre 1730. In politischer und wirtschaftlicher Hinsicht war und ist diese Grenze allerdings kaum bedeutend. (Vgl. Lichtenberger 2005, 13–16) Auch wenn die Grenzen unklar sind, willkürlich können sie nicht gezogen werden, denn „Erfahrungen und Übereinkünfte schränken die Spielräume der Konstruktion ein" (Borgolte 2010, 128). Es sind also Institutionen in Form von Konventionen, die Grenzen und Leitlinien vorgeben. „Allerdings reichen die Konventionen nicht aus, um den Kontinent geografisch und historisch als unstrittige Ganzheit zu beschreiben." (Borgolte 2010, 128)

In der bisherigen Forschung wird der Europäisierungsprozess politisch, gesellschaftlich und kulturell ausgedeutet. Für den Aufbau von europäischen Organisationen sind Rechtsakte notwendig, woraus sich die rechtliche Dimension ergibt. Diese Organisationen formen sich entweder als intergouvernementale, wie der Europarat, in dem die souveränen Nationalstaaten durch festgelegte Regeln zusammenarbeiten, aus oder sind wie die Europäische Union supranational organisiert. Die Akteure dieses Prozesses sind daher vor allem die Nationalstaaten und die europäischen Organisationen. (Vgl. Thiemeyer 2010, 9–10)

Mit der Entwicklung der Europäischen Union hat aber auch die Bedeutung des Individuums als Staatsangehörige oder -angehöriger eines Nationalstaates *und* als Unionsbürgerin und -bürger zugenommen (vgl. Habermas 2011). Es geht um Bürgerinnen und Bürger, die sich ihrer demokratischen Verantwortung zu sozioökonomischen Fragen bewusst sind und sich in politischen Diskursen als Wirtschaftsbürgerinnen und -bürger einbringen – dies sowohl auf der nationalen als auch europäischen Ebene. (Vgl. Ulrich 2008, 279–284)

„Der Begriff des Wirtschaftsbürgers, wie er hier verwendet wird, thematisiert den Bürger als moralische Person und Wirtschaftssubjekt, das an der Legitimität seines eigenen Wirtschaftens wie desjenigen der anderen Wirtschaftssubjekte interessiert ist und zu dessen Selbstverständnis insofern eine entsprechende Wirtschaftsbürgertugend gehört. Wirtschaftsbürger in diesem Sinn begreifen die unbedingte Wahrung des vollen Bürgerstatus aller Gesellschaftsmitglieder, unabhängig von ihrem wirtschaftlichen Erfolg oder Misserfolg, als ebenso grundlegende Legitimitätsbedingung einer liberalen Wirtschafts- und Gesellschaftsordnung wie die Chancengleichheit aller Wirtschaftssubjekte im Wettbewerb. Wirtschaftsbürgerrechte sind dann nicht anderes als die [...] zusätzlichen Grundrechte, die die Bürger befähigen, ihren unbedingten gleichen Bürgerstatus auch als ungleich ausgestattete Wirtschaftssubjekte zu bewahren. [...] Die Solidarität der Sieger mit den Verlierern des Wettbewerbs wird so als integrative Voraussetzung, nicht als Gegensatz zur liberalen Ordnungsidee verstanden. Daraus ergibt sich im Kern die Aufgabe des wahrhaftig liberalen Rechtsstaats, als Grundlage lebbarer Rechtsgleichheit aller Bürger eine von Grund auf sozial verpflichtete Wirtschaftsordnung zu verwirklichen." (Ulrich 2008, 282–283 in Verweis auf Dahrendorf 1995, 34–35)

Die Abhandlung von europarechtlichen, institutionellen oder rein ökonomischen Zusammenhängen greift also zu kurz. Es geht um die eigene Betroffenheit in der Auseinandersetzung mit der Bedeutung des Staates und des Europäisierungsprozesses. Dabei geht es institutionell im Kern um die Europäische Union, aber auch um den Europarat, deren Mitgliedstaaten sich zu Demokratie und Rechtsstaatlichkeit sowie zur Einhaltung der Menschenrechte verpflichten. Neben der grundsätzlichen rechtlichen Bedeutung kommen damit auch die Institutionenethik und die Individualethik, wie im vierten Kapitel bereits ausgeführt, ins Spiel. Weitere Facetten des Europäisierungsprozesses, wie z.B. die OECD, die EFTA oder der EWR, werden in dieser Arbeit nicht in den Blick genommen.

Da es zur Bedeutung des Europäisierungsprozesses bislang kaum wirtschaftspädagogische Literatur gibt, können in diesem Kapitel nur erste Grundlagen und Grundfragen aufgearbeitet werden. Die Auseinandersetzung mit dem Europäisierungsprozess muss beim Prozess selbst beginnen, um davon ausgehend auf die europäische Supranationalität und ihre Bedeutung für die politische Bildung im Kontext der Wirtschaftspädagogik überleiten zu können. Es ist aber keinesfalls möglich, auch nur annähernd die Literatur zu erarbeiten, die es im Kontext der Europäisierung, der Europäischen Union und der europäischen Supranationalität gibt. Neben rechtlichen gibt es u.a. eine Fülle an ökonomischen, politikwissenschaftlichen, kulturwissenschaftlichen, historischen und soziologischen Publikationen, sodass das Thema sehr unübersichtlich geworden ist. In diesem Kapitel wird daher versucht, das Wesentliche, Besondere und Typische der Supranationalität der Europäischen Union und der Menschenrechte als wesentlichste Aufgabe des intergouvernemental organisierten Europarates und ihre Bedeutungen für das Individuum herauszuarbeiten. Der Europäisierungsprozess wird als das Ergebnis des Zusammenwirkens von kulturellen, gesellschaftlichen und personenbezogenen Elementen sowie von Kontingenzen verstanden. Die Menschenrechte werden als grundlegende Werte und Basis des Prozesses erarbeitet. Mit diesem Zugang wird versucht, „die pädagogische Herausforderung von Komplexität und Abstraktheit mit Komplexitätsreduktion und Konkretisierung zu beantworten. Erfahrungslernen, performative Pädagogik und das Planspiel eröffnen neue Zugänge" (Tafner 2013–2014). Die Auseinandersetzung mit dem Europäisierungsprozess hat damit folgende drei Dimensionen:

1. Die Auseinandersetzung führt unweigerlich zur Diskussion der Bedeutung des Nationalstaates, der als eine *imagined community* (Anderson 1991) verstanden werden kann, der nicht nur auf regulativen Institutionen beruht (vgl. Acemoglu & Robinson 2012), sondern sich auch einer „imaginierten Naturwüchsigkeit einer Volksnation" bedient (Habermas 1998, 153) und damit ein *Janusgesicht* ausformt (Habermas 1998). Die Dekonstruktion der Idee *Nationalstaat* wird damit eine Voraussetzung für die Bearbeitung des Europäisierungsprozesses.
2. Die Beschäftigung mit der europäischen Integration ist auch eine Auseinandersetzung mit regulativen, normativen und kulturell-kognitiven Institutionen, welche den Europäisierungsprozess ermöglichen. Es stellt sich die Frage, ob eine neue Form einer *imagined community* als eine *community of Europeans* (Risse 2010) ausgeformt werden kann und welche Position das Individuum dazu einnimmt.
3. Die Auseinandersetzung mit dem Europäisierungsprozess ist auch eine mit den Kulturen und der Kultur Europas.

Nachdem im vierten Kapitel das individuelle Selbstinteresse im Mittelpunkt der Ausführungen stand, rückt nunmehr das kollektive Selbstinteresse in den Blick. Institutionen entfalten zwei verschiedene Wirkungen: Erstens *bremsen sie das individuelle Selbstinteresse*, wenn sie, wie im vierten Kapitel dargestellt, den Egoismus einschränken, damit das Individuum in die Gesellschaft eingebettet bleibt. Zweitens *fördern sie das kollektive Selbstinteresse* vor allem in Form des Nationalstaates. Eine ganz besondere Wirkung entfalten kulturell-kognitive Institutionen nach Scott (2001). Der Methodologie dieser Arbeit folgend (siehe Kapitel 0), ist der Blick auf den Europäisierungsprozess ein neo-institutioneller, der die Institutionen in die Gesellschaft eingebettet versteht und damit eine lebensweltliche Interpretation ermöglicht. Aus der neo-institutionellen Interpretation sollen schließlich am Ende dieses Kapitels Schlussfolgerungen für die wirtschaftliche sowie die staats- und suprastaatliche Erziehung gezogen werden.

```
┌─────────────────────────────────────────────────┐
│  Lebenswelt: Kultur, Gesellschaft, Personen     │
│  ┌───────────────────────────────────────────┐  │
│  │   Deutung des Europäisierungsprozesses    │  │
│  └───────────────────────────────────────────┘  │
│                                                 │
│  ┌──────────────────┐    ┌──────────────────┐   │
│  │  Menschenrechte  │    │ Supranationalität│   │
│  └──────────────────┘    └──────────────────┘   │
│                                                 │
│  ┌──────────┐  ┌──────────────┐ ┌─────────────┐ │
│  │ Europarat│  │ Nationalstaat│ │Europäische  │ │
│  │          │  │              │ │   Union     │ │
│  └──────────┘  └──────────────┘ └─────────────┘ │
└─────────────────────────────────────────────────┘
```

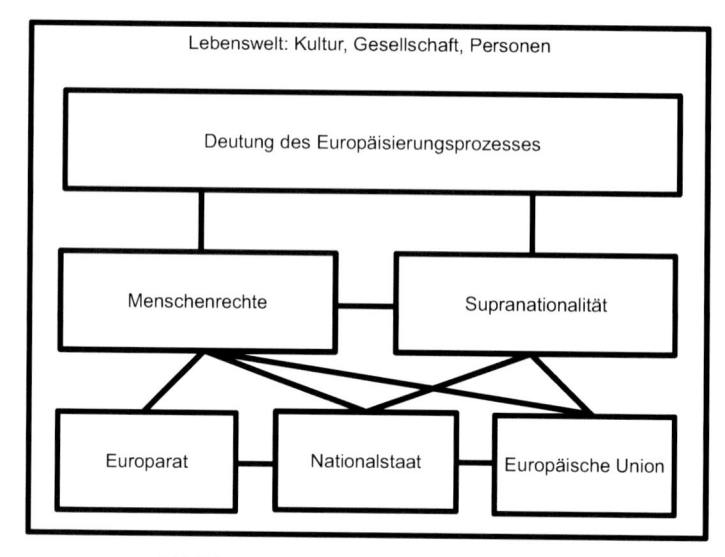

Abbildung 27: Dimensionen der Europäisierung

Die Deutung des Europäisierungsprozesses steht damit am Beginn dieses Kapitels (siehe Abbildung 27). Es geht um einen bedeutungs- und wissensorientierten kulturellen Blick auf die europäische Integration. Damit wird die Kultur selbst zum Thema. Dabei wird insbesondere auf die Europäistik, die versucht, die Kultur- und Ideengeschichte Europas mit der europäischen Integration zu verbinden, und auf die Bedeutung der Rationalität abgestellt (5.1).

Tabelle 27 zeigt die zwei in dieser Arbeit behandelten Dimensionen der Europäisierung und die zwei neo-institutionellen Perspektiven.

Tabelle 27: Europäisierungsprozess und neo-institutionelle Perspektiven

| | | Dimensionen der Europäisierung ||
		Menschenrechte und Europarat	Europäische Supranationalität und Europäische Union
neo-institutionelle Perspektive	Makrosicht	Isomorphie und *Kultur der Rationalisierung*	
	Mikrosicht	Wertegeneralisierung durch affirmative Genealogie	Bedeutung der kulturell-kognitiven Institutionen

Die *world polity* spricht von der *Kultur der Rationalisierung*, welche die Weltkultur *und* den europäischen Integrationsprozess ausforme. Demnach sei ein konvergenter Prozess auf europäischer Ebene im Gange, der durch Isomorphie vorangetrieben werde, aber auch zu Entkopplungen führen könne. Die Grundlage der *Kultur der Rationalisierung* seien vor allem die „angeblich naturgegebenen Menschenrechte" und das vermeintliche „Naturgesetz der sozioökonomischen Entwicklung und des Marktes" (Meyer 2005b, 173). Nach der Erarbeitung der kulturellen Grundlagen wird daher der Blick auf die Makrosicht gelenkt und die *world polity* rezipiert, die als eine Alternative zu den traditionellen Integrationstheorien vorgestellt wird (5.2). Die Funktionsweise der Isomorphie wird am Beispiel der Menschenrechte in Form der Religionsfreiheit anhand einer hermeneutischen Studie des Autors über Urteile und Rechtstexte zum Thema *Kopftuch* gezeigt und die Entkopplung an Beispielen dargelegt (vgl. Tafner 2010b). Danach wird die Mikrosicht eingenommen (5.3): Im ersten Teil dieser neo-institutionellen Betrachtung werden die Menschenrechte in den Blick genommen (5.3.1). Ihre Entstehung wird mit der affirmativen Genealogie von Joas (2011) erklärt. Die Wertegeneralisierung, die sich mit der Ausformulierung und regulativen Institutionalisierung der Menschenrechte vollzogen hat, wird als eine Alternative zur Isomorphie angeboten. Da Joas (2011) bei der menschlichen Handlung ansetzt, wird dieser Zugang der Mikrosicht zugeordnet, wobei die Wertegeneralisierung als ein Zusammenspiel von Werten, Institutionen und Praktiken zu verstehen ist, in welcher der Mensch nicht kulturell determiniert ist, sondern in einem kulturellen Kontext Freiräume für seine Entscheidung vorfindet. Im zweiten Teil, der sich mit kulturell-kognitiven Institutionen beschäftigt, wird auf die europäische Supranationalität abgestellt und die Konstrukte Nationalstaat (5.3.2) und Europäische Union (5.3.3) dekonstruiert. Es soll herausgearbeitet werden, dass die europäische Integration mit der Europäischen Union einer neuen *postnationalen Konstellation* (Habermas 1998) zustrebt und zur „ersten Gestalt einer postnationalen Demokratie" (Habermas 1998, 135) geworden ist, die versucht, die historisch entstandene Vermengung von Demokratie und Nationalstaat insofern aufzubrechen, als eine *geteilte* Souveränität zwischen Bürgerinnen und Bürgern einerseits und Staaten andererseits mit dem Lissabon-Vertrag entstanden ist. Dadurch werden die Unionsbürgerinnen und -bürger in doppelter Weise beteiligt (vgl. Habermas 2011). Der Blick auf das Phänomen Nation zeigt die Kraft, die sie entfaltet, weil in ihr regulative, normative und vor allem kulturell-kognitive Institutionen stark zum Tragen kommen. Nation wird auch als etwas Selbstverständliches, ja Natürliches wahrgenommen (vgl. Habermas 1998, 153–154). Daraus ergeben sich aber gleichzeitig die Gefahren des Nationalismus und Chauvinismus (vgl. Salewski 2000, 840–842). Abschließend wird eine qualitativ-empirische Studie des Autors vorgestellt, die auf die Handlungsstrukturen der Akteurinnen und

Akteure zielt und unter Anwendung der dokumentarischen Methode die Orientierungsrahmen von Lehrpersonen erstens zur Interpretation von Religionsfreiheit und zweitens zur Interpretation der Bedeutung des Nationalstaates zu heben versucht. Damit werden – nachdem in 5.3 die isomorphe Wirkung von regulativen Institutionen und damit das Instrument der Institutionenethik am Beispiel der Religionsfreiheit beispielhaft erarbeitet wurde – die individualethischen Interpretationen auf der Handlungsebene erörtert. Es wird dargelegt, dass auch die Wertegeneralisierung in Form der Religionsfreiheit zur Entkopplung führen kann. Wertegeneralisierungen eröffnen vielmehr den Spielraum für Interpretationen und Handlungen. Sie determinieren nicht, sondern lassen Spielraum für eine verantwortungsvolle Werturteilskompetenz. Es wird auch gezeigt, dass das Konzept des Nationalstaates eine Selbstverständlichkeit darstellt. In 5.4 wird theoretisch aufgearbeitet, wie Globalisierung und Europäisierung sich gegenseitig beeinflussen und konvergente, divergente und hybride Wirkungen sowie die Standardisierung von Differenzen hervorbringen (vgl. Schwinn 2006). Vor diesem Hintergrund werden vier Bereiche dargelegt, die für die wirtschaftspädagogische Bearbeitung des Themas gut begründet Berücksichtigung finden und damit die Basis der politischen Bildung in der reflexiven Wirtschaftspädagogik darstellen.

Zusammengefasst teilt sich damit das fünfte Kapitel in folgende Unterkapitel auf: In 5.1 wird der Europäisierungsprozess kulturell gedeutet. In 5.2 wird dieser Prozess aus Sicht der *world polity* dargestellt und Isomorphie als das Erklärungsmuster für Nationalstaaten, die Europäische Union und die Weltkultur erörtert. In 5.3 wird eine neo-institutionelle Mikrosicht eingenommen, um die Menschenrechte (5.3.1), die Nationalstaaten (5.3.2) und die Supranationalität (5.3.3) aus dieser Perspektive zu diskutieren. In einer qualitativen Studie des Autors wird die individualethische Bedeutung der Menschenrechte am Beispiel des Tragens des Kopftuches erörtert und gezeigt, dass Wertegeneralisierung zu Entkopplung führen kann. Es wird auch die Selbstverständlichkeit des Konstrukts Nationalstaat in verschiedenen Akzentuierungen erarbeitet (5.3.4). In einem Fazit werden die Wirkungen der Europäisierung mit Konvergenz (im Sinne der *world polity*), Divergenz, Hybridisierung und Standardisierung von Differenzen beschrieben (5.4). Darin werden die Grundlagen einer staats- und suprastaatlichen Erziehung im Rahmen einer wirtschaftlichen Erziehung in vier wesentlichen Punkten dargelegt, wie sie im sechsten Kapitel in der reflexiven Wirtschaftspädagogik Berücksichtigung finden.

5.1 Kulturelle Deutung des Europäisierungsprozesses

Dieses Unterkapitel gibt einen kurzen Abriss über die kulturelle Bedeutung des Begriffes Europa einerseits sowie der Kultur und Kulturen in Europa andererseits (5.1.1). Danach wird der Blick auf die Europäistik gelenkt und die Bedeutung der Rationalität für die Entwicklung Europas herausgearbeitet (5.1.2).

5.1.1 Kultur und Kulturen in Europa: In Vielfalt geeint?

Der griechische Mythos erzählt von der phönizischen Königstocher Europa, die aus dem Vorderen Orient von Zeus nach Kreta entführt wurde. Ob diese Geschichte etwas mit dem Raum Europa zu tun hat, ist fraglich. Die Griechen verwendeten das relativ unbestimmte Wort *Europa* selten. Es bezeichnete das nördliche Land der Barbaren. (Vgl. Gehler 2005, 11)

Die Wurzeln Europas sind in der griechischen und römischen Antike zu finden. Dabei darf nicht übersehen werden, dass diese Wurzeln selbst wiederum von außereuropäischen kulturellen Strömungen geprägt wurden. (Vgl. Gehler 2005; Orgovanyi-Hanstein 2005) Die Geschichte Europas beginnt also nicht mit den Griechen, denn die „Befassung mit der antiken Welt Griechenlands macht auch eine Einbeziehung und Auseinandersetzung mit den Kulturen des Vorderen Orients erforderlich" (Gehler 2005, 18). Gerade Europa habe sehr viel von anderen Kulturräumen übernommen. So sei z.B. die große Seidenstraße von China über Taschkent bis nach Kiew verlaufen und weiter bis an die Nordsee. So seien „Tee, Kompass, Nudel, Steigbügel, Kummet, Steuerruder, Kanalschleuse, Schießpulver und Porzellan" nach Europa gekommen (Gehler 2005, 18–19). Über diesen Weg wurden nicht nur Güter, sondern auch Ideen transportiert. Nicht unwesentlich war der Einfluss der Muslimen, also der Araber und Berber, im Mittelalter. Gerade im Mittelalter fand ein fruchtbarer Austausch statt, der zur Entstehung der modernen Wissenschaft führte. Neben Ideen wurden auch landwirtschaftliche Güter nach Europa gebracht und angebaut. (Vgl. Bossong 2007; 2008; Gehler 2005, 19–20; Fingernagel 2010)

Nach Rémi Brague sei Europa durch eine *exzentrische Identität* gekennzeichnet. Typisch für Europa sei nicht die Einzigartigkeit, sondern die *Zweitrangigkeit*. Europa habe nichts Selbstständiges hervorgebracht, sondern das Fremde übernommen und rezipiert. (Vgl. Brague 2012, 63–72; 117–139) Die Mitte Europas liege daher außerhalb Europas (vgl. Brague 2012, 205). Europa habe weder seinen Glauben noch seine Zivilisation selbst geschaffen. Der Glaube sei von den Juden und Griechen übernommen worden. Als Vermittler seien die Römer aktiv gewesen, weshalb Europa stark von den Römern geprägt sei. Damit aber sei die Kultur Europas nichts Originelles, sondern Zweitrangiges. Dadurch habe sich auch ein Minderwertigkeitsgefühl gegenüber jenen Kulturen entwickelt, von denen die Kultur übernommen bzw. geerbt wurde. (Vgl. Brague 2012, 99–115) „Die europäische Kultur ist somit von einem Gefühl der Entfremdung und der Minderwertigkeit gegenüber seinem Ursprung geprägt." (Brague 2012, 106) Den Höhepunkt der Zweitrangigkeit erreiche Europa mit dem Christentum – das Religiöse ausgedrückt im Christentum sei etwas Zweitrangiges. So sei das Lateinische nie eine sakrale Sprache gewesen, denn sie war nicht die Sprache der Offenbarung. Damit konnte kein sprachliches Monopol gehalten werden und die Sprachenvielfalt konnte sich entwickeln. (Vgl. Brague 2012, 61–72 u. 115) Da Europa selbst Kultur von außen aufgenommen habe, sei Europa selbst immer für Kulturen offen geblieben. Die europäische Kultur zeichne sich deshalb durch ihre Offenheit aus. Die Offenheit sei möglich gewesen, weil Europa gar nichts Eigenes gehabt habe und habe. „Das Bestreben gilt einer Quelle, die außerhalb der europäischen Kultur liegt." (Brague 2012, 128) Es bleibe jedenfalls das Bewusstsein der Europäerinnen und Europäer, dass sie *Zu-spät-Gekommene* seien. Europa könne nur auf Quellen zurückblicken, bei denen es nie gewesen sei. Es bleibt „das Bewusstsein, Zu-Spät-Gekommene zu sein und zu einer Quelle zurückgehen zu müssen, an der wir nie waren" (vgl. Brague 2012, 134). Europas Entwicklungspotenzial liege daher auch darin, zu erkennen, dass es von anderen abhängig sei und keine Eigenart aufweisen könne. Die Kultur Europas zeichne sich dadurch aus, dass sie sich für andere Kulturen interessiere. (Vgl. Brague 2012, 141–156)

Aber wieder zurück zur Entwicklung Europas: Europa in der Antike war der Raum um das Mittelmeer, der griechisch und römisch geprägt war. Mit dem Frankenreich Karls des Großen verschob sich das Zentrum ins heutige West- und Mitteleuropa. Von seinen Chronisten wird Karl als *Pater Europae* bezeichnet (vgl. Gehler 2005, 31). Kulturell-religiöse Basis seines Reichs war das Christentum, was mit der Krönung durch den Papst Leo III. (800 n. Chr.) auch einen symbolischen Ausdruck fand. Damit begannen die römisch-lateinische und romanisch-germanische Tradition zusammenzuwachsen. (Vgl. Gehler 2005, 31) In dieser Zeit gab es in Europa zwei Kaiser, den weströmischen und den oströmischen Kaiser in Byzanz – ein Faktum, das gerne übersehen wird (vgl. Borgolte 2010, 132). In dieser Zeit ist auch die Entstehung des Begriffs Abendland anzusetzen. Ausgehend von Jerusalem wurden das Abend- und das Morgenland definiert. Nach Osten hin war der Begriff Abendland sehr unscharf. Der Begriff Europa wird in dieser Zeit äußerst selten verwendet. Ein Chronist aus Cordoba berichtete über den Sieg Karl Martells 732 über die Mauren und verwendete als Bezeichnung für die Koalitionsarmee den Begriff *Europaeenses*. (Vgl. Lichtenberger 2005, 13–14) Der Chronist schrieb, dass mit der Bannung der Gefahr „der Zusammenhang von Bedrohung und europäischem Selbstwertgefühl" aufgehoben war (Gehler 2005, 26). Ein anderer Chronist berichtete über den Sieg Ottos des Großen 955 auf dem Lechfeld über die Magyaren und bezeichnete ihn als den Befreier Europas. (Vgl. Lichtenberger 2005, 14)

Vor tausend Jahren lag Europa kulturell weit hinter der chinesischen, indischen und arabischen Kultur. Im Mittelalter, insbesondere im Hochmittelalter, verstanden sich die Menschen Europas nicht als Europäerinnen oder Europäer, sondern als katholische Christinnen und Christen. Schluchter (2010, 245–254) verweist auf Troeltsch, der von der *christlichen Einheitskultur des Mittelalters*, die eine kirchlich geleitete Kultur war, gesprochen habe. Dabei sei nicht zu übersehen, dass es zu keiner Zeit nur die katholische Christenheit gegeben habe. Neben der Orthodoxie seien ebenso das Judentum und der Islam zu erwähnen. Die Reformation breche die Einheitskultur des katholischen Christentums auf und es komme zu Religionskriegen. Vor der Aufklärung habe der Begriff Europa keine Relevanz gehabt, wie ja überhaupt der Begriff Europa vielmehr ein Begriff der Rekonstruktion als der Selbstbeschreibung sei.

War also das Einigende im Mittelalter das Christentum, die *christianitas* bzw. *ecclesia*, so führte der Humanismus zu einer Rückbesinnung auf das antike Griechenland. So wurden Byzanz und die Orthodoxie als ein Bestandteil Europas gesehen, trotz des Morgenländischen Schismas (vgl. Bayer 2009, 39; Gehler 2005, 17–18). Die Eroberung von Byzanz im Jahr 1453 war deshalb ein Schock. Enea Silvio Piccolomini forderte einen *gerechten Krieg*. (Vgl. R. H. Foerster 1963, 38–42; Gehler 2005, 17–18) Auf dem Reichstag von Frankfurt im Jahr 1454 spricht Anea Silvio Piccolomini, der spätere Papst Pius II., von Europa als einer Gesamtheit aller abendländischen Reiche. Seine Schrift *Europa* wird 1458 veröffentlicht. Europa wird damit zu einem Begriff, der über den einzelnen Reichen steht. Anlass für seine Rede und sein Werk war die Eroberung Konstantinopels durch die Osmanen. (Vgl. Lichtenberger 2005, 14)

> „Aber jetzt, da die Stadt Konstantinopel in die Hände der Feinde geraten ist, da so viel Christenblut floss und viele Menschen in die Sklaverei getrieben wurden, ist der katholische Glaube auf beklagenswerte Weise verletzt worden […]. Denn in früheren Zeiten sind wir nun in Asien und Afrika, also in fremden Ländern, geschlagen worden, jetzt aber wurden wir in Europa, also in unserem Vaterland, in unserem eigenen Haus, an unserem eigenen Wohnsitz, aufs schwerste getroffen." (Enea Silvio Piccolomini, 1454, in R. H. Foerster 1963, 40)

Die Erwähnung von Europa im Zusammenhang mit Angriffen von außen veranlasst den britischen Historiker Geoffrey Barraclough (1963, 50) zu folgender Feststellung: „Die auffälligste Schwäche der europäischen Idee ist, dass sie stark nur solange bleibt, wie die Bedrohung Europas stark bleibt; es ist eine befristete Einheit, die auf einer zeitweiligen oder auch nur vermuteten Gemeinsamkeit der Interessen beruht und schnell zerfällt, sobald der unmittelbare Zweck weniger drängend ist."

Im 18. Jahrhundert wurde das durch monotheistische Religionen geprägte Weltbild von den Ideen der Aufklärung überlagert. Souveränität eines Volkes,

Rechtsstaatlichkeit und Gewaltentrennung sowie Menschenrechte gehen auf dieses philosophische Gedankengut zurück. Verwirklicht wurden diese Ideen erstmals außerhalb Europas – nämlich in der demokratischen Verfassung der Vereinigten Staaten. Das zeigt, dass in Europa entstandene Ideen, die immer auch im Diskurs und in der Auseinandersetzung mit außereuropäischem Gedankengut standen, in die Welt hinausgetragen und weiter entwickelt wurden und schlussendlich in der zweiten Hälfte des 20. Jahrhunderts wieder auf Europa zurückwirkten. Vorher hatten Nationalismus, Kommunismus und Faschismus – alles Ismen, die ihren Ursprung in Europa hatten – über mehr als ein Jahrhundert eine dunkle und von Kriegen geprägte Phase für Europa gebracht.

Erst die Katastrophen des 20. Jahrhunderts ermöglichten die konkrete Umsetzung von europäischen Einigungsideen. Rolf Hellmut Foerster (1963) stellt in seinem Buch *Europa. Geschichte einer politischen Idee* 30 verschiedene Dokumente über den Gedanken eines Zusammenschlusses der europäischen Nationen im Zeitraum von 1300 bis 1946 auf. Die meisten dieser Pläne waren das Werk einzelner Personen, die kaum Bedeutung erlangen konnten. Im Mittelpunkt standen der Wunsch nach Frieden und Kooperation, um gemeinsame Feinde abzuwehren sowie Schiedsgerichte einzuführen. Größeren Bekanntheitsgrad erreichte erst die Idee von Richard Nikolaus Graf von Coudenhove-Kalergi (1894–1972), die er in seinem Buch *Pan-Europa* darlegte. Dieser Begriff wurde zum Schlagwort einer überparteilichen Bewegung, die für eine Einigung Europas eintrat. (Vgl. Clemens, Reinfeldt & Wille 2008, 49–71; Ziegerhofer 2004)

In Vielfalt geeint lautet das Motto der Europäischen Union und zielt dabei auf die Vielfalt der Traditionen und Kulturen. Dabei werden Gemeinsamkeiten nicht explizit ausgedrückt:

> „Ohnehin sind, ausgehend von der griechischen und römischen Antike, die großen Kulturepochen des Mittelalters, der Renaissance, des Barock und der Aufklärung primär europäischen, nicht nationalen Zuschnitts, auch wenn sie sich in den einzelnen Nationen durchaus unterschiedlich ausgestalten. Aber auch die Literatur-, Kunst- und Kulturepochen der Moderne, d.h. der neueren Zeit, seit der Romantik, im eigentlichen Zeitalter der Nationalstaaten und sogar des nationalen Chauvinismus, bewegen sich bei allen nationalen Differenzen in einem – wenn auch oft zeitversetzten – europäischen Parallelakt. Paradoxerweise gehört der Nationalismus der einzelnen Länder auch zu den übernationalen Zeitströmungen der Moderne." (Gehler & Vietta 2010, 14)

Nationalismus, der also die Staaten trennt, ist wiederum ein gemeinsames Merkmal, das sich heute nicht nur in Europa, sondern weltweit als Ausdruck der Weltkultur feststellen lässt (vgl. J. Meyer 2005). Keine Kultur ist abgeschlossen und nur aus sich selbst heraus erklärbar, vielmehr ist Kultur immer ein Ergebnis des Austausches. Jacques Delors versteht Europa als einen Raum mit vielen kulturellen Einflüssen:

> „Europa ist ein Raum, der durch die griechische Demokratie, das jüdisch-christliche Erbe, die Reformation, die Aufklärung und den Einfluss der arabisch-islamischen Welt kulturell geformt wurde. Das ist das Europa, das sich von Amerika, Japan und den anderen Räumen der Welt unterscheidet. Es wird geeint durch eine Art offenen Universalismus, ein bestimmtes Verhältnis zu den großen Fragen von Leben und Tod – ob man nun gläubig ist oder nicht. Alles das und die Fähigkeit zur Toleranz, das sind die europäischen Werte. Sollten wir mit der EU scheitern, dann droht dieses Erbe der Menschheit verloren zu gehen." (Jacques Delors im Interview mit Randow & Pinzler 2010, 20)

Europa kann also kulturell nicht monolithisch verstanden werden, auch wenn es gemeinsame kulturelle Merkmale gibt. Vielmehr prägen sich die Kulturen in Vielfalt aus, ein Umstand, den die Europäische Union heute im Art. 4 des Vertrages über die Europäische Union Rechnung trägt: „Die Union achtet die Gleichheit der Mitgliedstaaten vor den Verträgen und ihre jeweilige nationale Identität, die in ihren grundlegenden politischen und verfassungsmäßigen Strukturen einschließlich der regionalen und lokalen Selbstverwaltung zum Ausdruck kommt." Auch in der Präambel dieses Vertrages wird der Wunsch geäußert, „die Solidarität zwischen ihren Völkern unter Achtung ihrer Geschichte, ihrer Kultur und ihrer Traditionen zu stärken". Im Mittelpunkt der europäischen Integration steht also ebenso der Nationalstaat als Mitgliedstaat der Europäischen Union.

„Im Hinblick auf Europa, seine Geschichte, Gegenwart und Zukunft, ist ja zum Beispiel höchst umstritten, ob man von einer Identität sprechen kann und worauf sich diese gründen sollte." (Borgolte 2010, 123). Wird unter Europa – so wie es z.B. der Mediävist Ernst Pitz definiert (vgl. Borgolte 2010, 118–121) – mehr als das Abendland verstanden, das auch die Welten der Orthodoxie und des Islam mit seinen Herrschaftsbereichen im Westen und Osten Europas und das Judentum mit einbezieht, so ist es nicht möglich, von einer „latinozentrischen Einheitsvorstellung" (Borgolte 2010, 124) auszugehen. Genau dies versucht Manfred Fuhrmann (2002) mit seiner Abhandlung *Bildung. Europas kulturelle Identität*. Europa wird zum Abendland, wird zur westeuropäischen Kultur, die im Neuhumanismus nicht nur die Bildung, sondern die europäische Tradition selbst beinhaltet (vgl. Fuhrmann 2002, 33–34).

Bei der Frage nach Einheit und Vielfalt in Europa sei zu berücksichtigen, dass in der historischen Rückschau Einheit immer ein gedachter, hypothetischer Entwurf sei. Jede geschichtliche Darstellung von Europa beruhe auf Konstruktion. Darin seien sich Geografie und Geschichte ähnlich. Eine Konstruktion könne daher angenommen werden, wenn ihre Prämissen akzeptiert werden. Die Freiheit der Konstruktion sei natürlich begrenzt, weil Erfahrung und Konvention eine Grenze setzten, so lasse sich Europa, obwohl geografisch nicht genau bestimmbar, nicht willkürlich festsetzen. So bleibe die Grenze Europas nur im Osten unbestimmt. In der Geschichtsschreibung könne eine Einheit gebildet werden. Die definierte Einheit könne aber niemals eine vollkommene sein. So müssten, um glaubwürdig zu bleiben, die Besonderheiten gezeigt werden, die einer spezifischen, konstruierten Sicht widersprächen (vgl. Bogolte 2010, 128). „Die Prinzipien von Einheit und Vielfalt bilden kein geschlossenes System, Europa war nicht ‚Einheit in Vielfalt', sondern muss eher als ein Gefüge von Einheiten mit zahllosen Differenzen begriffen werden." (Borgolte 2010, 128) Gerade die Geschichtsschreibung der jüngsten Zeit würde die Differenzen der europäischen Geschichte aufzeigen. Dabei wiederum sei darauf zu verweisen, dass es Wirklichkeit nie ohne Vielfalt gebe. Vielfalt sei etwas Allgemeines, ein Faktum. Einheit jedoch sei eine intellektuelle Leistung, bei der aus der unendlichen Fülle der Erscheinungen Gemeinsames herausgearbeitet werde. Jedoch sei bekannt, dass der Mensch sich mit Vielfalt schwertue, also Einendes suche. Trotzdem geht Borgolte davon aus, dass sich für Europa die Entstehung der Vielfalt festmachen lasse, nämlich dort, wo sie wirklich gelebt und erfahren wurde, wo sie „lebenspraktisch bewältigt wird" (Borgolte 2010, 130). Die Vielfalt, die Europa auszeichnet, ist nach Borgolte in der Religion zu finden:

> „Denn eine Erfahrung von Differenz und Vielfalt hat es in weiter Verbreitung zweifellos in einem Bereich gegeben: […] im Bereich der Religion nämlich. Von nichts anderem ist die historische Gestalt Europas so tiefgreifend geprägt und von seiner Vorgeschichte sowie von den gleichzeitigen anderen Zonen der Welt unterschieden worden wie vom Durchbruch der monotheistischen Religionen mit der führenden Rolle des Christentums. Paradoxerweise war es gerade der Glaube an einen Schöpfergott, also das Prinzip der schlechthinnigen Einheit, die die Vielfalt als geordnete Mannigfaltigkeit hervorgebracht hat." (Borgolte 2010, 140)

Das vorchristliche, antike Europa war von Polytheismus geprägt. Mit dem Monotheismus war die Offenheit für viele Götter nicht mehr gegeben, die Indifferenz war vorbei. Damit entstanden Dogmatik und Theologie und niemandem war egal, woran der andere glaubt. Jan Assmann hat mit seiner *mosaischen Unterscheidung* eine heftige Diskussion ausgelöst, die davon ausgeht, dass der Monotheismus zur Unterscheidung von wahr und falsch in der Religion geführt habe und zwischen wahrer Lehre und Irrlehre unterscheiden könne.[104] Borgolte greift Assmanns These auf und verwirft sie:

> „Assmann […] legt nahe, dass der Monotheismus im Zeichen der Einheit nur zur Trennung, nicht aber zur Approbation der Vielfalt führen konnte. Ich behaupte, dass gerade dies nicht der Fall war. Zwar waren das religiöse Bekenntnis, das der

---

[104] Einen guten Überblick über diese Diskussion, die hier nicht weiter in die Tiefe verfolgt werden kann, gibt Thonhauser (2008).

Eingottglaube verlangte, und die religiösen Gegensätze und Friktionen, die er provozierte, eine schier unerschöpfliche Quelle von Konflikten; der Monotheismus war mit seiner Kompromisslosigkeit aber auch eine unschätzbare Schule für die Wahrnehmung des anderen, die durchaus zur Akzeptanz führen konnte. Da Religion jeden Menschen betraf und Monotheismus jeden zur Entscheidung zwang, konnte auch jeder religiöse Verschiedenheit kennenlernen." (Borgolte 2010, 147)

Der Monotheismus machte also die Unterschiede ersichtlich. Dabei sollte nicht übersehen werden, dass dies nicht unweigerlich zu Auseinandersetzungen oder brutalen Vernichtungskämpfen führen musste. Juden blieben in Europa immer eine Minderheit, Muslime und Christen jedoch konnten auch die Mehrheit der Bevölkerung stellen. Die Christianisierung Europas war ein sehr langer Prozess, der vom Ende des 4. Jahrhunderts bis zur Missionierung Litauens im Jahr 1386 dauerte. In Europa gab es immer aber mehr als nur eine monotheistische Religion. Diese waren aber nicht ständig in kriegerischen Auseinandersetzungen miteinander. (Vgl. Borgolte 2010, 146–157) Im Allgemeinen wurden Juden

> „unter christlicher Dominanz durch kirchliche Grundsätze und weltliches Recht geschützt, und unter muslimischer Herrschaft genossen Christen wie Juden eine Vorzugstellung, die durch die religiöse Offenbarung selbst sanktioniert war. Ohne die soziale und politische Benachteiligung zu übersehen, die trotz allem jede unterlegene religiöse Gruppe erdulden musste, hat die neuere Forschung auf die langen Phasen der Symbiosen hingewiesen." (Borgolte 2010, 157)

So lassen sich auch nicht die Beziehungen zwischen Islam und Christentum als eine durchgehend blutige Auseinandersetzung darstellen. Über die Jahrhunderte hinweg „waren die Auseinandersetzungen zwischen Christen und Muslimen weder häufiger noch gewaltsamer als die nichtreligiösen Konflikte anderer Antagonisten oder auch die eigentlichen Religionskriege, die beide Glaubensgemeinschaften führten" (Brissaud 1993, 211–212). Militärische Bündnisse wurden sogar bei islamisch-christlichen Auseinandersetzungen eingegangen. „Von den Zeiten ruhiger, friedlicher Koexistenz außerhalb der Krisen spricht niemand, und doch währten diese lange und trugen manche Früchte" (Brissaud 1993, 234–235). Trotzdem war entscheidend, wer an der Macht war, denn religiöse und ethische Unterschiede konnten sich immer verschärfen und zu Auseinandersetzungen führen. Vor allem hat sich in der lateinischen Kirche des 12. und 13. Jahrhunderts eine bislang unbekannte Feindseligkeit gegenüber Juden und Muslimen herauskristallisiert. Trotz aller Verfolgungen, Unterdrückungen und Auseinandersetzungen blieben die drei monotheistischen Religionen in Europa erhalten. Die Vielfalt, die heute als das Motto der Europäischen Union gilt, wird also erstmals als etwas Besonderes im Mittelalter sichtbar.

> „In der Auseinandersetzung zwischen Anhängern verschiedener Religionen, die dem Glauben an den einen Schöpfergott anhingen, hat sich, so lautet die These, ein

Bewusstsein von Differenz und Vielfalt gebildet, das sich niemals wieder unter Verweis auf eine verlockende Einheit überdecken oder auslöschen ließ. Die Einübung in diese Vielfalt durch Duldung, aber auch im Streit bis hin zum Mord, hat die Grundlage dafür gelegt, dass in unserer Gegenwart von kulturellen Werten Europas im Plural die Rede sein kann." (Borgolte 2010, 163)

Joas und Wiegandt (2010) versuchen in ihrem Herausgeberwerk *Die kulturellen Werte Europas* diese Werte zu identifizieren: Freiheit, Innerlichkeit, Hochschätzung des gewöhnlichen Lebens und Selbstverwirklichung, wobei die letzten drei genannten von Charles Taylor stammen, der in *Quellen des Selbst* Grundstrukturen der neuzeitlichen Identität herausarbeitete. (Vgl. Joas 2010, 16–39) Diese Werte überschreiten den europäischen Raum, sie rufen förmlich nach universeller Geltung. „Damit soll uns Europäer etwas verbinden, das wir gerade nicht für uns behalten wollen. Man muss hier klar sehen, dass dies nur deshalb nicht paradox ist, weil Werte nicht von sich aus Systeme bilden und andere ausschließen, sondern von Menschen geglaubt, getragen und verbreitet werden." (Joas 2010, 38)

5.1.2 Europäistik und Rationalität

Europa ist nicht nur ein ökonomisches Thema, vielmehr hat sich in den letzten Jahren ein Wissenschaftsdiskurs herauskristallisiert, der in verschiedenen Disziplinen zu verankern ist. Dafür hat sich der Begriff der *Europäistik* in den 1970er-Jahren ausgeformt. Der Begriff der *Europäistik* wurde erstmals von Harald Haarmann (1976) in die Linguistik eingeführt, in die Literatur- und Kulturwissenschaft aufgenommen und mehrfach von Silvio Vietta verwendet. Europa als Thema ist zwar nichts Neues, neu aber ist eine disziplinenübergreifende *Europawissenschaft*. Europäisierung ist zu einem häufig gebrauchten Begriff geworden, der sowohl den *Export* kultureller Werte und politischer Vorstellung von Europa nach außen als auch die Übernahme gemeinsamen Rechts im Rahmen der Europäischen Union beschreibt. Damit geht es um einen Begriff, der nicht nur mit der europäischen Integrationspolitik zusammenhängt, sondern viel weiter zurückreicht und über den Raum der Europäischen Union hinaus verweist. In den 1980er- und 1990er-Jahren wurde Europäisierung vor allem als ein politischer und ökonomischer Integrationsprozess verstanden. Es haben sich zwei verschiedene Formen von Untersuchungen herauskristallisiert: erstens eine an der Ökonomie ausgerichtete Integrationsforschung und zweitens eine, die sich mit den ideen- und politikgeschichtlichen Entscheidungsprozessen auseinandersetzt. Die Europäistik zielt auf eine Vereinigung der Betrachtung der Kultur- und Ideengeschichte Europas mit dem Prozess der europäischen Integration. Dabei ist zu berücksichtigen, dass mit dem Vertrag von Maastricht der europäische Einigungsprozess eine neue Dimension erreicht hat. Der neue Blick auf Europa kann aus Sicht der Geschichts- und Kulturwissenschaften als ein *European Turn* beschrieben werden, der den Blick auf die Disziplinen grundlegend verändert. Dabei wird Europa nicht neu erfunden, sondern als Forschungsgegenstand freigelegt und transparenter gemacht. (Vgl. Gehler & Vietta 2010, 9–13 u. 35) Als fünf Eckpunkte der Europäistik können definiert werden (vgl. Gehler & Vietta 2010, 36):

1. Europa ist mehr als der Raum der Europäischen Union und reicht auch zeitlich weiter zurück als die europäische Integration nach dem Zweiten Weltkrieg.
2. Europa ist mehr in seiner Vielfalt als in seiner Einheit zu verstehen.
3. Die Einigung Europas ist kein geradliniger Prozess von Erfolgsgeschichten, sondern eine komplexe, mehrdimensionale Entwicklung mit Brüchen, Weiterentwicklungen, Erfolgen und Misserfolgen. Der Prozess ist ergebnisoffen und muss nicht zwingend irreversibel sein.
4. Europa ist in seiner grenzüberschreitenden, trans- und interkontinentalen Bedeutung zu verstehen. Europa ist nicht als ein abgeschlossener Raum zu begreifen, sondern ist offen für inter- und transkulturelle Entwicklungen in verschiedenen Richtungen. Dabei sind neben dem Juden- und Christentum auch andere Weltreligionen und die globale Sicht einzubeziehen.
5. Europa kann daher von verschiedenen Gesichtspunkten aus, von verschiedenen Disziplinen sowie inter- und multidisziplinär betrachtet werden.

Der *European Turn* ermöglicht somit eine neue Sicht auf die Bearbeitung des Themas Europa auch aus wirtschaftspädagogischer Sicht.

Im Blick der Europäistik zeigen sich europäische, kulturelle Zusammenhänge. In der europäischen Kultur lassen sich nach Vietta (2006) zwei Hauptströmungen ausfindig machen. Erstens die sogenannte *Logos-Kodierung*, welche in die griechische Philosophie zurückreiche und sich heute in der sogenannten *Sziento-Technologie* fortsetze. Zweitens die christliche *Pistis-Kodierung*, jene Glaubens-Kodierung, die sich teilweise bereits in der Antike mit dem *Logos* verbunden und damit eine eigene europäische, vom *Logos* geprägte Religiosität hervorgebracht habe. Die Verbindung und das Wechselspiel von Religion und Vernunft sind damit wesentliche Elemente der europäischen Religiosität. Wie die Religion so habe auch die Säkularisierung eine bedeutende Auswirkung auf Europa. Neben der Vielfalt kämen damit auch gewisse verbindende Elemente dazu, die jedoch nicht als quasi-nationale Kulturen auf europäischer Ebene zu deuten seien, sondern vielmehr Strömungen aufzeigten, die über Herrschaftsgebiete und Staaten hinweg zu beobachten seien. (Vgl. Vietta 2006, 9–11)

Vietta (2006) beschreibt Leitkodierungen, die kulturelle Systeme ausdifferenzieren und kulturelle Prozesse in Gang bringen. Eine Kodierung sei so etwas wie ein Schlüsselwort, ein Code. Diese Kodierungen seien Ideen, die ein System inhaltlich und methodisch strukturierten. Leitkodierungen steuerten viele Systeme. Eine solche Leitkodierung stelle die *Revolution* dar: Mit den Erkenntnissen der Naturwissenschaften in der Astronomie und Physik hätten sie sich von der Theologie gelöst und es sei zur naturwissenschaftlichen Revolution gekommen. Das Wort Revolution beziehe sich metaphorisch auf die Umlaufbahnen der Gestirne und drücke damit das neue Denken aus, das sich eben revolutionär Bahn breche. Diese Kopernikanische Wende als naturwissenschaftliche Revolution habe weitere Revolutionen ausgelöst. Es sei die philosophische Revolution der Aufklärung gefolgt, in der die „reflexive Selbstbegründung der Rationalität als einzig wahre Erkenntnismethode" definiert werde (Vietta 2006, 44). Im Einflussbereich der Naturwissenschaften habe sich auch die Ökonomie revolutioniert und die ökonomische Revolution eingeleitet, die zu einer Rationalisierung der Ökonomie führte. Die politische Revolution, die in Europa 1789 und in den Vereinigten Staaten bereits 1776 die politische Gleichheit und Freiheit forderte, seien weitere Ergebnisse dieser Revolution. Es gehöre zur „Tragik der europäischen Politik nach Napoleon, dass sie die Forderung nach Freiheit und Gleichheit in der Politik der Restauration und der Nationalisierung der Politik gerade nicht durchgesetzt hat" (Vietta 2006, 43). Die letzte Kette in diesen Revolutionen sei die ästhetische Revolution gewesen, die zu einer Autonomie des Ästhetischen geführt habe (vgl. Vietta 2006, 41–44).

Wird der Idee der Leitkodierungen gefolgt, dann können grobe Kulturepochen für Europa beschrieben und voneinander abgegrenzt werden. Vietta (2006, 45–46) schlägt folgende fünf Leitkodierungen vor:
1. *Leitkodierung Mythos* (bis ca. 6. Jh. v. Chr.): Die aristokratische Kultur dieser Zeit begründet sich im Mythos. Politik, Literatur, Kunst und Lebenspraxis werden als eine Einheit betrachtet.
2. *Leitkodierung Logos* (ab ca. 6. bis 4. Jh. v. Chr.): In dieser Epoche differenzieren sich die kulturellen Systeme Politik, Philosophie, Literatur, Geschichtsschreibung u.a. aus. Dieses Leitsystem beherrscht bis heute wesentlich die europäische Kultur, „allerdings mit großen Unterbrechungen und in bemerkenswerten Uminterpretationen dieser Leitkodierung" (Vietta 2006, 46).
3. *Leitkodierung Imperiale Macht Roms* (ca. 3. Jh. v. Chr. bis 476 n. Chr.): Das Imperium differenziert kulturelle Subsysteme wie Heeresorganisation, Staats- und Rechtswesen, Rhetorik, Techniken des Straßen- und Städtebaus aus. Philosophie und Wissenschaften spielen eine geringere Rolle, an ihre Stelle treten vor allem die Macht Roms und die Rechte der römischen Bürger.

4. *Leitkodierung Christliche Offenbarungsreligion* (ab ca. 5. Jh. n. Chr. bis ca. 1500): Nachdem die christliche Kirche in den ersten Jahrhunderten langsam entstehen und sich schließlich als Staatsreligion weiterentwickeln kann, entsteht eine „geistlich-christlich dominierte Macht- und Expansionspolitik" (Vietta 2006, 46). Gleichzeitig entstehen christliche asketische Lebensformen in Form des Mönchswesens, das sich in Europa ausbreitet. Es entstehen eine christliche Theologie, eine christliche Architektur, Malerei und Literatur. Im Hochmittelalter setzen auch die Gründungen der Universitäten ein und es entwickeln sich die Städte. Das christliche Mittelalter ist religiös kodiert. Diese Wurzeln reichen zurück in die Antike, gleichzeitig durchdringen die römische und griechische Antike das christliche Mittelalter. In einem 800-jährigen Prozess erobert somit das Christentum Europa. Nachdem die Eroberung des Morgenlandes durch die Kreuzzüge scheitert, setzt im Übergang vom Mittelalter zur Neuzeit die Eroberung Amerikas und anderer Kontinente ein. Diese Entwicklung wird Europa bis heute wesentlich prägen.
5. *Leitkodierung Logos als Methode mathematisch-rationalistischer Berechnung, Beherrschung und Konstruktion der Wirklichkeit sowie reflexiver Subjektivität* (seit ca. 16. Jahrhundert): Die Naturwissenschaften leiten die oben beschriebenen Revolutionen ein. Wirtschaft, Technik und Naturwissenschaften sind drei wesentliche Bereiche, die diesen *Logos* repräsentieren. Diese Leitkodierung führt zur Entwicklung der „sziento-technologischen Globalgesellschaft" (Vietta 2006, 46). Die Logos-Leitkodierung, wie sie bereits durch die griechische Philosophie möglich wurde, wirkt auf das religiöse Denken und verändert es. Glaube und Vernunft verbinden sich. Die Leitkodierung führt auch zur Abtrennung der Philosophie und der Naturwissenschaften von der Theologie. Diese Aufspaltung der Wissenschaften markiert eine wichtige neuzeitliche Entwicklung.

Diese Leitkodierungen und vor allem die beiden Hauptstränge der europäischen Kultur – *Logos* und *Pistis* – prägen das Denken und Handeln noch heute. Neben der europäischen Vielfalt sind diese gemeinsamen Elemente in den Blick zu nehmen. Vor allem die Logos-Leitkodierung prägt das heutige Europa und die Welt, wie dies auch in der Theorie der Weltkultur zum Ausdruck kommt.

Im dritten Kapitel wurde eingangs Erziehung als Enkulturation, Sozialisation und Personalisation beschrieben, wobei Personalisation eine bestimmte Anthropologie voraussetzt. Raithel, Dollinger und Hörmann (2009, 60–61) weisen in Bezug auf den Personalisationsbegriff darauf hin, dass „dieses personale Menschenverständnis […] im Abendland seit der Antike vor allem aus den Impulsen der griechischen Philosophie, des römischen Rechtsdenkens, des christlichen Glaubens und der Aufklärungsbewegung entstanden" ist. Darin spiegeln sich ebenfalls die oben ausgeführten Leitkodierungen.

Für Vietta (2012, 9) ist der Motor der Entwicklung Europas und schließlich auch der Welt die Rationalität, die er als ein Vermögen des Menschen bezeichnet. Historisch beginnt der Prozess der Herausbildung des Rationalismus zwischen dem 8. und 5. Jahrhundert vor Christus und zieht sich über alle Epochen hinweg. Die Globalisierung von heute sei demnach ein Produkt dieser Rationalität, die zu einer Weltkultur geführt habe. Dennoch „steckt in der verselbstständigten abstrakten Rationalität und ihrer ‚Obsession', alle Seinsqualitäten in *Zahlenwerte* zu übersetzen, selbst ein gehöriges Stück *Irrationalität*" (Vietta 2012, 11). Diese zeige sich in der aktuellen Finanzkrise. Aber auch die Machtpolitik, die Kolonialisierung und der Totalitarismus seien Auswüchse von Irrationalitäten, die zur Geschichte der Rationalität gehörten. Diese Geschichte ist „ein permanenter Prozess der *Selbstkorrektur* und der *Erweiterung* des Wissens" (Vietta 2012, 11–12). Es sei ein nie endender Prozess, denn mit jedem zusätzlichen Wissen erhöhe sich auch die Unwissenheit. Die Rationalität ermögliche die Erzeugung einer gerechteren und friedlicheren Weltgesellschaft, so wie auch die Europäische Union zu einer „stärkeren Neutralisierung der nationalen Herrschaftsräume" geführt habe (Vietta 2012, 12). Eine solche Weltgesellschaft müsste „die Konfliktzonen der Kulturen, Nationen, Länder" zwar nicht ausschalten, „so doch stärker neutralisieren" (Vietta 2012, 12). Dafür sei *mehr* Rationalität notwendig – sowohl von den Bürgerinnen und Bürgern als auch von den Politikerinnen und Politikern. Dennoch stoße das *Imperium der Rationalität* nach einer Zeitspanne von 2700 Jahren an seine Grenzen, weshalb ein neues rationales Denken notwendig werde: eine reflexive, sich an die Lebensbedürfnisse zurückbindende Rationalität, welche der Aisthetik wieder Platz gebe.

Vietta (2012) versucht, die Entstehung und Entwicklung der Rationalität in einer kulturgeschichtlichen Reise aufzuarbeiten:

> „Rationalität ist ein spezifischer Typus des menschlichen Denkens in der Form einer kausallogischen, möglichst linear-zielführenden Zweck-Mittel-Relation, in welcher ein Objekt unter dem Zweck der Nutzbarmachung mit den Mitteln der Kalkulation gedanklich und/oder praktisch bearbeitet wird. Anders als die primäre aisthetische Wahrnehmung, die ihren Gegenstand in dessen sinnlich-emotionalen Anmutungsqualitäten aufnimmt, abstrahiert die Rationalität davon und fokussiert das Objekt auf dessen berechenbare Quantitäten. Das sind in der Wissenschaft skalierbare Messwerte, in der ökonomischen Rationalität taxierbare Geldwerte, in den anwendungsbezogenen Techniken berechenbare Mittel zur effizienten Handhabung von Objekten. Kulturgeschichtlich begründet sich die ‚okzidentale Rationalität' (Max Weber) als kulturbestimmende Kraft im 8.–5. Jh. v. Chr. Dies geschieht durch Abspaltung von der Aisthesis. In dieser Form einer abstrakten Denkform begründet die Rationalität die quantitativen Wissenschaften, unterwirft den Raum einer Geo-

metrisierung, mathematisiert die Zeit, säkularisiert die Religion, erfindet die Geldwirtschaft sowie die politisch-demokratische Selbstbestimmung des Menschen und verbindet dies alles mit einem geopolitischen Expansionsdrang." (Vietta 2012, 13)

Ratio bedeutet *Rechnung, Verstand, Plan, Beweggrund.* Das Verb *reri* bedeutet *rechnen* und *meinen. Logos* wird von Cicero mit *ratio* übersetzt. Rechnung ist also ein Bedeutungskern von Rationalität, da er sich gerade in diesem Sinne, als kalkulierendes Denkvermögen, in der abendländischen Kulturgeschichte ausforme – das lateinische *ratio* bedeutet mathematisch *Bruch.* Religionsgeschichtlich sei dies eng mit der Entmythisierung verbunden. Mit der Rationalität ist auch die Irrationalität definiert. Erst im späten 18. Jahrhundert taucht dieser Begriff auf, und zwar in Zusammenhang mit mathematischen Problemen. Im 20. Jahrhundert wird das Irrationale mit dem Faustischen, Romantischen und damit mit dem *Deutschen* verbunden. Irrationalität ist vom Begriff zunächst das von der *Ratio* Ausgegrenzte. In der griechischen Philosophie sei dies mit dem Begriff *Aisthesis* umschrieben worden. Es gehe dabei um das Emotionale und die Sinne. Als irrationale Urteile werden auch jene bezeichnet, die sich bewusst der rationalen kausallogischen Argumentation verweigern. Der Begriff Irrationalität hängt aber auch mit der engen Begrifflichkeit der Rationalität selbst zusammen. (Vgl. Vietta 2012, 13–15)

> „Gerade die *Teilblindheit* der Rationalität, ihre zwanghafte Übersteigerung der Quantität, führt in diesem Sinne vielfach zu ‚irrationalen' Handlungen. […] Das auf Kurzzeitprofite fixierte Denken nutzt vielfach rationale Techniken in irrationaler Form und ohne jeden Sinn für Nachhaltigkeit. Die Geschichte der Rationalität wurde und wird […] immer wieder von exzessiven und in diesem Sinne irrationalen Ausbeutungsprozessen begleitet. Auch die heute extrem übersteigerten Gewinne auf Finanzmärkten sowie die damit verbundenen Selbsthonorierungen ihrer Funktionsträger werden in dem Maße, in dem solches Denken und Handeln ‚jedes vernünftige Maß übersteigt', als ‚irrational' bewertet. Schaut man sich diese und andere Beispiele genauer an, so ist es nicht das Mittel selbst, sondern die Handhabung rationaler Mittel, die als irrational gelten muss. Geld per se ist ein rationales Medium, das Objekte im Rahmen einer quantitativen Wertskala bemisst, kann aber zu einem ‚über alle Maßen' irrationalen Gewinn- und Profitstreben führen und dabei auch eine Spur der Verwüstung nach sich ziehen. Diese Tendenz zur Übersteigerung liegt […] in der Quantität selbst begründet […]. Die schlimmsten Auswüchse der Politik des 20. Jahrhunderts aber geschahen durch den irrationalen Einsatz rationaler Mittel, erst durch jenen konnten diese eine so zerstörerische Wirkung entfalten." (Vietta 2012, 15–16)

Mit folgenden sieben *diachronen Längsschnitten* versucht Vietta (2012) die Entwicklung des *Imperiums der Rationalität* darzulegen:
1. Die Rationalität wird als ein *eigenständiges Denkvermögen* dargestellt, das sich von der sinnlichen Wahrnehmung, der Phantasie und den Emotionen abgelöst habe. Diese Abspaltung führe zur Trennung von Rationalität und Irrationalität und damit zu zwei Kulturen: die rationale Kultur,

die sich über das Denken definiert, und die Aisthetik, die aus Sicht der Rationalität abgewertet wird. Diese Kulturspaltung präge die europäische Kultur.
2. Anhand der Entstehung und Entwicklung des wichtigsten Instrumentes der Rationalität wird die Geschichte der *Zahl* dargelegt. Dabei werden griechische Philosophen, aber auch die Bedeutung der indischen und arabischen Zahlen und deren Bedeutung für die Quantifizierung diskutiert. Die Zahl ist das wichtigste Instrument der Rationalisierung und spielt in Wissenschaft, Wirtschaft und Naturwissenschaft eine herausragende Rolle. Das Besondere der Zahl liegt darin, dass sie von der Qualität der Dinge völlig abstrahiert und damit *der* Ausdruck der Quantifizierung ist.
3. Das kalkulierende und rechnende Denken führe dazu, dass *Räume* berechenbar und organisiert werden. Es entstehe die Geometrie als Wissenschaft des Raumes.
4. Mit der *Zeitmessung* erfolge die Normierung der Zeit und damit ihre Berechenbarkeit. Damit werde der Tages-, Wochen- und Jahresablauf kalkulierbar.
5. Die abendländische Rationalität zeige sich über 2500 Jahre lang als Expansionsmacht. Dies führte auch zum *Imperium der Rationalität* unserer Zeit. Die Geschichte der Rationalität sei mit Wissen, Erobern und Ausbeuten in mehreren Stufen verbunden: vom griechischen und römischen Kolonialismus, der christlichen Mission, dem Kolonialismus der Neuzeit bis zum Neukolonialismus multinationaler Unternehmen.
6. Rationalität sei mit Kalkulation verbunden. Das wichtigste Instrument sei das *Geld*. Die Geschichte des Geldes sei eng mit der Entstehung der Buchhaltung, aber auch mit Irrationalitäten wie in der Finanzkrise verbunden.
7. Schließlich wird aufgezeigt, dass sich die Rationalität, die sich in einer Krise befinde, sich kritisch-reflexiv der Aisthetik und der Lebensbasis des Menschen zuwenden sollte.

Die Rationalität, wie Vietta sie definiert, ist multifunktional, weil die Vorgaben der Rationalität in verschiedenen Kulturfeldern angewandt werden kann. Sie formt eine rationale Gesamtkultur aus, die sich dennoch in Teilbereiche unterteilen lässt: die wissenschaftlich-philosophische, die ökonomisch-monetäre und die militärisch-politische Rationalität sowie die Ästhetik und Rationalität, wie sie sich in der Harmonielehre der Musik oder in der arithmetischen Ästhetik in Skulpturen oder Gebäuden äußert. (Vgl. Vietta 2012, 35–36) Aber: Es formt sich so

> „eine auf Rationalität begründete Gesamtkultur [aus], die dementsprechend geprägt ist von der Einseitigkeit dieses Denktyps – das Problem der sich übersteigernden Rationalität – und auch der Frontstellung von Rationalität gegenüber den anderen Vermögen des Menschen, seiner Sinnlichkeit, Fantasie und Emotionalität insbesondere" (Vietta 2012, 36).

Vietta (2012, 39) möchte aufzeigen, dass sich die Rationalität von Europa ausgehend über die ganze Welt verbreitet hat und dadurch selbst zu einer imperialen Macht wurde. Ein Imperium sei dabei als ein Herrschaftsraum zu verstehen, der im Gegensatz zu den Territorialstaaten durchlässiger und offener an den Grenzen sei, aber keine Nachbarn als gleichberechtigt anerkenne. Nach Münkler (2005) durchlaufen Imperien einen Zyklus von Aufstieg, Höhe und Niedergang. Die Geschichte der Rationalität sei nicht einfach eine Fortschrittsgeschichte, sie sei verbunden mit der „Destruktion und Auslöschung anderer Kulturen und Naturräumen […], die es verbieten, solche Geschichte einfach als Fortschrittsgeschichte zu schreiben" (Vietta 2012, 39). Bis zum Ende des Zweiten Weltkrieges sei Europa das Zentrum des *Imperiums der Rationalität* gewesen. Diese Rolle ging danach an die USA über.

Die Entwicklung der Rationalität zeigte Vietta (2007) auch mit den Leitkodierungen. Sie sind ein Ansatz, um den kulturellen Kontext kompakt zu erfassen. Demnach prägen das aufgeklärte, humanistische Denken des *Logos* und das religiös-christliche Denken der *Pistis* Europa noch heute. *Pistis* und *Logos* stehen nicht für sich, sondern beeinflussen sich gegenseitig. Sie können die Grundlage für Kooperation, aber auch für heftige Auseinandersetzungen sein. Mandry (2009) arbeitete anhand der Debatten des Verfassungskonvents über die Frage, ob Gott im Verfassungsvertrag der Europäischen Union verankert werden sollte oder nicht, heraus, wie sich *Gottesverankerer* und *Nicht-Gottesverankerer* gegenüberstehen. Mandry (2009) verweist dabei nicht auf Vietta, dennoch kann diese Konfrontation als ein Ausdruck von *Pistis* und *Logos* interpretiert werden. Eine sogenannte *invocatio dei* ist in vielen Verfassungen vorhanden, wäre also grundsätzlich nichts Außergewöhnliches (vgl. Hilf & Terhechte 2010, 8; Wägenbaur 2003).

> „Eine Vielzahl von Änderungsanträgen forderte in der einen oder anderen Weise, dass in Artikel I-2 nicht nur die Werte der Union, sondern auch die Grundlagen und Quellen dieser Werte erwähnt werden. Es war vor allem ein Anliegen derer, die religiöse bzw. christliche Fundamente genannt wissen wollten, zweifellos auch unter dem Eindruck, dass der erste Textentwurf des Präsidiums in der ganzen Verfassung, weder in der Präambel noch im Haupttext, irgendeine Erwähnung von Religion vorgesehen hatte. Die eingebrachten Vorschläge waren recht unterschiedlich und bemühten sich überwiegend um eine pluralismusverträgliche Formulierung. Vorgebracht wurden ‚religiöse und nicht-religiöse Traditionen', das explizitere ‚christliche' oder ‚jüdisch-christliche' Erbe oder direkt das ‚Christentum', andere Anträge zählten eine Reihe von religiösen und nicht-religiösen Traditionen Europas auf. Die breiteste Unterstützung unter den Befürwortern hatte der Vorschlag der EVP-Gruppe, der

sich an der pluralistischen Formel der neuen polnischen Verfassung orientierte. Der EVP-Gruppenantrag wollte Artikel I-2 um einen zweiten Absatz erweitern: ‚The Union's values include the values of those who believe in God as the source of truth, justice, good and beauty as well as of those who do not share such belief but respect these universal values arising from other sources.'' Brok et al. 21.02.2003, S 2 [...] Der EVP-Antrag selbst gibt zwei kurze Begründungen für diese, im Zusammenhang von Artikel I-2 nachgeschaltete, Formulierung. Es seien für die ‚europäische Zivilisation wesentliche' Werte und zwar unabhängig davon, ob sie mit oder ohne Bezug auf Gott begründet würden; und ‚ohne diese Werte wäre Europa nicht das, was es heute ist'." (Mandry 2009, 60)

Gegen diese Formulierung und ähnliche Vorschläge regten sich heftige Widerstände. „Sie bestanden in der Hauptsache daraus, den Verfassungstext grundsätzlich ‚säkular' zu halten und weder auf religiöse noch auf sonstige Quellen der Werte Bezug zu nehmen." (Mandry 2009, 62) Es habe sich schließlich die Auffassung des Präsidiums durchgesetzt, dass im Verfassungsvertrag selbst keine Bezugnahmen vorgenommen werden, sondern in der Präambel darauf Bezug genommen werden sollte. Die Diskussion verlagerte sich daraufhin auf die Präambel und die Fronten blieben gleich. (Vgl. Mandry 2009, 63) Aus der Diskussion lässt sich Folgendes schließen:

„Werte werden im Konvent [...] mit religiösen oder nicht-religiösen Glaubens- bzw. Weltanschauungsüberzeugungen in Verbindung gebracht – das scheint nicht fraglich zu sein. Jedenfalls kann über die Werte der Union diskutiert werden und Einigung erzielt werden, ohne die Frage nach deren ‚Gründen' entscheiden zu müssen, auch wenn die Werte offenbar nicht als schlechthin ‚freistehend' vorgestellt werden, sondern als auf grundsätzlicheren Überzeugungen basierend. Das Verhältnis zwischen den Werten und diesen Überzeugungen (‚beliefs') wird in der Semantik des Fundaments und der Quelle artikuliert und evoziert damit zum einen Bilder eines festen, unerschütterlichen Grundes, zum anderen des aktiven und weiterhin produktiven Ursprungs. Der Konflikt entzündet sich nicht an dieser Struktur an sich, sondern darüber, ob auf Religion generell oder auf einzelne bestimmte Religionen überhaupt *explizit* Bezug genommen werden sollte. Ist es denkbar, als Fundament oder Quelle der wesentlichen Werte des europäischen politischen Gemeinwesens Religionen bzw. religiöse Überzeugungen zu nennen, ohne damit den Konsens über die Werte und letztlich den Zusammenhalt der politischen Einheit zu gefährden? [...]

Die Hartnäckigkeit, mit der beide Seiten die Auseinandersetzung führten, macht deutlich, dass die Präambel des Verfassungsvertrags nicht als pure Rhetorik oder als reines Schmuckelement ohne weitergehende Bedeutung aufgefasst wurde. [...] Es ging hier nicht in erster Linie um eine treffende juristische Formel, sondern um eine Selbstdeutung, und damit um die Artikulation jener kulturellen, politischen und sittlichen Faktoren, die nicht nur Europa bislang *geprägt haben*, sondern die es nach der Vorstellung der Konventmitglieder vor allem weiterhin *prägen sollten*." (Mandry 2009, 63 u. 65)

Die Lösung der Streitfrage ist eine, die beiden Standpunkten gerecht wurde. Der Gottesbezug wurde nicht verankert, aber die beiden Traditionen, wie sie

Vietta (2006) beschreibt, finden in der Präambel Erwähnung. Nachdem der Verfassungsvertrag scheiterte, wurde die Präambel des Verfassungsvertrages unverändert in die Präambel des Lissabon-Vertrages übernommen (vgl. Konferenz der Vertreter der Regierungen der Mitgliedstaaten 2004 und EUV). Dies streicht die Bedeutung dieses Kompromisses heraus, da andere für die Identität wesentliche Elemente, wie die Hymne, die Flagge oder das Motto, im Vertrag von Lissabon nicht übernommen wurden. Im Vertrag von Lissabon, der am 1. Dezember 2009 in Kraft trat, wurde nach dem ersten Erwägungsgrund, der mit dem Maastricht-Vertrag in das Primärrecht kam und die neue *Stufe der europäischen Integration* herausstreicht, ein neuer Erwägungsgrund über das *kulturelle, religiöse und humanistische Erbe Europas* eingefügt (vgl. Hilf & Terhechte 2010, 4 u. 7).

> „ENTSCHLOSSEN, den mit der Gründung der Europäischen Gemeinschaften eingeleiteten Prozess der europäischen Integration auf eine neue Stufe zu heben,
>
> SCHÖPFEND aus dem kulturellen, religiösen und humanistischen Erbe Europas, aus dem sich die unverletzlichen und unveräußerlichen Rechte des Menschen sowie Freiheit, Demokratie, Gleichheit und Rechtsstaatlichkeit als universelle Werte entwickelt haben." (Präambel EUV)

Mit Mandry (2009) kann gezeigt werden, welche Bedeutung die kulturelle Rahmung für den Europäisierungsprozess hat. Ähnlich argumentieren Hilf und Terhechte (2010, 8):

> „Mit der Formulierung wird direkt am Anfang der Präambel betont, dass es sich bei der EU nicht nur um eine Wirtschaftsgemeinschaft handelt, sondern dass das einigende Band der Mitgliedstaaten letztlich durch eine gemeinsame kulturelle, religiöse und humanistische Tradition begründet wird. Gleichwohl ist die Formulierung recht vage und damit interpretationsoffen. Ein deutlicherer Gottesbezug hätte aber letztlich wohl keine einhellige Zustimmung bei allen Mitgliedstaaten gefunden. Dies bedeutet aber nicht, dass das Unionsrecht zu seinem Verhältnis zu den religiösen und weltanschaulichen Überzeugungen in den Mitgliedstaaten vollends schweigen würde. Vielmehr sind mit der Rechtsverbindlichkeit der GRC zahlreiche Grundrechtsgarantien in diese Richtung geschaffen worden, die heute die Grundzüge eines europäischen Religionsverfassungsrechts bilden. Zu nennen sind hier insbesondere die Gewissens- und Religionsfreiheit (Art. 22 GRC). Darüber hinaus enthält der AEUV nunmehr eine eigene Bestimmung über den Status der Kirchen und weltanschaulichen Gemeinschaften (Art. 17 AEUV)."

Die Entwicklung der Europäischen Union spiegelt sich in den Präambeln der europäischen Verträge wider. Dabei dürfen Präambeln nicht als unbedeutend eingeschätzt werden, sie dienen vielmehr als *Erfahrungsspeicher*, geben damit Auskunft über die Beweggründe und bilden damit eine *Brückenfunktion in der Zeit* (vgl. Häberle 2009, 274–285). Die Präambel der verschiedenen europäischen Verträge zeigen, wie sich die Ziele der Europäischen Union über die Zeit hinweg verändert haben. Im Vertrag der EGKS wurde stark auf das wesentlichste Ziel, nämlich die Friedenserhaltung, abgestellt. Dieses Ziel kann aus der Präambel des EUV nur indirekt herausgelesen werden. Jedoch wurde das Friedensmotiv überhaupt mit dem Vertrag von Lissabon in einem eigenen Artikel verankert (vgl. Hilf & Terhechte 2010, 5): „Ziel der Union ist es, den Frieden, ihre Werte und das Wohlergehen ihrer Völker zu fördern." (Art. 3, Abs. 1 EUV) Im AEUV ist das Friedensziel in der Präambel nach wie vor klar herausgestrichen (vgl. Präambel AEUV). Ein wesentlicher Punkt in der Entwicklung des Integrationsprozesses ist, dass das Individuum „eine ungleich wichtigere Rolle im Integrationsprozess, als dies noch vor einigen Jahren der Fall war[,] [einnimmt], wie etwa die Bekenntnisse zu Menschenrechten, Demokratie und Rechtsstaatlichkeit belegen, die den Präambeln der EGKS oder EWG fremd waren" (Hilf & Terhechte 2010, 5). Diese Themen werden auch zukünftig eine große Bedeutung im Europäisierungsprozess erlangen. Die Unionsbürgerschaft, die noch stärkere Einbindung der Bürgerinnen und Bürger, die Möglichkeit des europäischen Bürgerbegehrens (Art. 11 EUV) und die Stärkung der nationalen Parlamente sind demokratische Themen von großer Bedeutung. Durch die primärrechtliche Verankerung der Menschenrechte und Grundrechte in der Grundrechtecharta (GRC) und den angestrebten Beitritt der Europäischen Union zum Europarat wird die Bedeutung der Rechte des Individuums akzentuiert. (Vgl. Hilf & Terhechte 2010, 10) Die Europäische Union basiert auf Werten, die nicht ökonomisch begründet sind, und geht über die Wirtschaftsgemeinschaft hinaus. Gerade die GRC zeigt, welche Bedeutung die Menschenrechte nicht nur für den Europarat, sondern auch für die Europäische Union erlangt haben. Der Europäisierungsprozess zeigt also die Zunahme der Bedeutung des Individuums und der Menschenrechte, die auf humanistisch-aufgeklärtes und religiöses Gedankengut aufbauen. Die Ausblendung von Menschenrechten aus dem Europäisierungsprozess und damit auch aus der sozioökonomischen Erziehung würde zu kurz greifen.

5.2 Neo-Institutionalismus und Makroebene: Isomorphie

Die *world polity* liefert mit der Isomorphie eine Erklärungstheorie auf der Makroebene für den Nationalstaat, die Europäische Union und die Weltkultur. Bevor auf die *world polity* eingegangen wird, werden die wesentlichen traditionellen Integrationstheorien vorgestellt (5.2.1). Danach werden die *world polity* und die *Kultur der Rationalisierung* nochmals in Erinnerung gerufen (5.2.2). Aus Sicht der *world polity* werden im Folgenden der Nationalstaat (5.2.3) und die Europäische Union (5.2.4) erörtert. Abschließend wird in 5.2.5 in einer hermeneutischen Studie des Autors gezeigt, wie Isomorphie zu Entkopplung führen kann.

5.2.1 Traditionelle Integrationstheorien

Nach Clemens, Reinfeldt und Wille (2008, 306–314) wird mit verschiedenen Theorien versucht, die europäische Integration zu erklären. Die ersten Theorieansätze haben die europäische Integration auf den Einfluss der Föderalisten und ihre Idee des geeinten Europa zurückgeführt. Ihre Idee war die Friedenssicherung der Nationen, um die Katastrophen des 20. Jahrhunderts zu verunmöglichen. Diese *föderalistischen Ansätze* gehen vom Grundprinzip *function follows form* aus und beschreiben die Absicht, das politische System nach der Form eines verfassungsgebenden Aktes zu etablieren. Ziel ist demnach eine Art europäischer Bundesstaat. Diese Theorie gibt allerdings keine Erklärung, wie sich der Integrationsprozess nach dem Zweiten Weltkrieg tatsächlich vollzogen hat. Auf Grundlage des klassischen *Funktionalismus* von David Mitrany (1943) hat sich eine gleichnamige Theorie zur Erklärung der europäischen Integration gebildet. (Vgl. Clemens, Reinfeldt & Wille 2008, 306–308) Mitrany (1966) wollte zu einer *Einheit in Vielfalt* gelangen. Die Lösung für den Frieden sah er nicht in einer Abschirmung der Staaten, sondern in der Zusammenarbeit. Die Bewältigung gemeinsamer Aufgaben sollte dazu führen, Grenzen überflüssig zu machen. Es gebe damit keinen *protected peace*, sondern einen *working peace*. Nicht feierlich unterzeichnete Verträge können den Frieden sichern, sondern die staatliche Kooperation. Die Zusammenarbeit richte sich nach den notwendigen Aufgaben. Probleme, die nur in Kooperation gelöst werden können, sollen kooperativ gelöst werden. Dabei sei die kompetente Bearbeitung der Probleme notwendig. Die Zusammenarbeit solle also sachlichen und nicht vordergründig politischen Aufgaben dienen. Da Mitrany sich gegen föderalistische Verfassungen ausspricht, sieht er u.a. die staatliche Souveränität als problematisch. Er spricht sich für eine stetig fortschreitende Teilung der nationalstaatlichen Souveränität aus. Der Status der Staaten in der Zusammenarbeit richte sich nicht nach deren Macht, sondern nach ihren besonderen Kompetenzbereichen, so sei z.B. die Schweiz für den Bankenbereich oder Norwegen für die Fischerei besonders geeignet. Die Delegierten der Staaten sollten Expertinnen und Experten auf ihrem Gebiet sein und nicht direkt vom Volk gewählte Vertreterinnen und Vertreter. (Vgl. Mitrany 1966, 25–99; Senghaas-Knobloch 2007, 294–297) Einflussreichster Vertreter des *Neo-Funktionalismus*, der sich aus dem Funktionalismus entwickelte und im Gegensatz dazu empirisch-analytisch ausgelegt war, ist Ernst B. Haas. Eine wesentliche Rolle in dieser Theorie spielen sogenannte *spill-over-Effekte*. Stand am Anfang die praktische Notwendigkeit, einen bestimmten politischen Bereich zu vergemeinschaften, weil der Nationalstaat damit alleine nicht zurechtkam, wurden immer mehr Bereiche in die Gemeinschaft einbezogen. Im Neo-Funktionalismus führen sogenannte Sachzwänge der Nationalstaaten dazu, dass nach und nach immer mehr Bereiche einer gemeinsamen Lösung unterzogen werden. Als leitendes Prinzip wird *form follows function* definiert. Die Art der Zusammenarbeit richte sich also nach der Funktion – eine Umkehrung des föderalistischen Prinzips. Bis in die 1960er-Jahre war dieser Erklärungsansatz dominierend. Als aber in dieser Zeit der *spill-over* ausblieb, weil sich Frankreich unter de Gaulle von der Europapolitik distanzierte (sogenannte *Politik des leeren Stuhls* von 1965 bis 1966), wurde die Begrenztheit der Theorie erkannt. (Vgl. Clemens, Reinfeldt & Wille 2008, 308–309) Im Mittelpunkt der Arbeit von Haas stand die Frage nach den Bedingungen, unter denen Staaten friedlich kooperieren können. Aus diesem Grunde war er fasziniert vom europäischen Integrationsprozess. Integration ist möglich, wenn Staaten ihre politischen Aktivitäten auf supranationale Organe übertragen. Diese supranationalen Organisationen bewahren das Erreichte und können den Integrationsprozess vorantreiben. Aufgrund der *Politik des leeren Stuhls* revidierte Haas sein Buch *Uniting of Europe* und legte dar, dass eine pragmatische Interessenpolitik beschränkt und reversibel sei. Es seien deshalb ideologische und philosophische Überzeugungen notwendig, auf welche die Kooperation basiere. Ein Automatismus des *spill-over* sei nicht gegeben. Dennoch blieb diese Idee in nachfolgenden Theorien erhalten. (Vgl. Neuss 2007, 140–145) In den 1960er-Jahren folgten *intergouvernementalistische Theorien*, welche die Nationalstaaten als wesentliche Motoren des Integrationsprozesses festmachten. Es geht also nicht um das Supranationale per se, sondern um die Aushandlungsprozesse der Nationalstaaten. Es bestimmen nur sie, welche Kompetenzen auf die supranationale Ebene gehoben werden. Damit haben sie den wesentlichen Einfluss auf die supranationale Entwicklung. Integration kommt also nur deshalb zustande, weil es im Interesse der Nationalstaaten liegt. Schließlich werden Nationalstaaten durch die Kooperation auch gestärkt. Solche Ansätze können deshalb nicht erklären, welches Endziel supranationale Kooperationen erreichen wollen. (Vgl. Clemens, Reinfeldt & Wille 2008, 309–310)

Die oben vorgestellten Integrationstheorien sind bis heute die wichtigsten und wurden aufgrund der Weiterentwicklung der europäischen Integration angepasst und weiterentwickelt. So wird im *Supranationalismus* die Bedeutung der supranationalen Organisation und der transnationalen Interessengruppen betont und als wesentliche Antriebskräfte in der Integration dargestellt. Demnach sind *spill-over-Effekte* nur dann möglich, wenn die Interessen der Akteure konvergieren, eine Annahme, von der auch der *Liberale Intergouvernementalismus* ausgeht. Letzterer betont die ökonomischen Faktoren und die Verfolgung nationaler Interessen. Die wesentlichen Akteure sind Interessengruppen innerhalb der Nationalstaaten, die sich Vorteile durch die supranationale Kooperation erwarten. Weitere wesentliche Theorien setzten sich mit der Funktionsweise der Europäischen Union bzw. den Europäischen Gemeinschaften auseinander. Der *multi-level-governance-Ansatz* beschreibt ein nichthierarchisches politisches System, in dem die Kompetenzen auf regionaler, nationaler und supranationaler Ebene verteilt sind. Diese Ebenen sind stark miteinander verflochten, sodass eine gegenseitige Abhängigkeit besteht. Der Ansatz beschreibt die Entscheidungsprozesse innerhalb der Europäischen Union. Auch die *Policy-Netzwerk-Analysen* versuchen eine Antwort darauf zu geben, indem gezeigt wird, wie die Vertreterinnen und Vertreter der Nationalstaaten, die Expertinnen und Experten und andere Beteiligte in den einzelnen Politikfeldern zusammenwirken. Der *Historische Institutionalismus* möchte entlang von *Pfadabhängigkeiten* Entwicklungen aufzeigen. Die einmal eingeführten Institutionen entwickeln ein Eigenleben und beeinflussen neben den Akteuren die weitere Entwicklung der Integration. (Vgl. Clemens, Reinfeldt & Wille 2008, 310–314)

Es gibt also keine Integrationstheorie, die durchgehend erklären könnte, wie der Europäisierungsprozess entstanden ist und sich laufend weiterentwickelt. Es sind vielmehr verschiedene Faktoren – und genau das möchte die *Europäistik* akzentuieren –, die in diesem multidimensionalen Prozess zusammenwirken. Kein einziger Faktor kann als signifikanter als der andere herausgelöst werden. Vor allem der Versuch einer rein ökonomischen Erklärung scheitert:

> „The economics of integration are not well understood. The static models of neoclassical economics cannot account for change over time. Nor do the conditions they posit exist in a Europe of welfare states. No integration variable hat yet been isolated, and no existing purely economic theory of endogenous change can explain how integration advances from one step to the next." (Gillingham 2003, 228)

Vielmehr dürfte ein Amalgam aus Personen, Gesellschaft, Kultur und Kontingenzen für Fortschritte, Rückschritte und Umwege im Europäisierungsprozess sorgen, sodass eine kontinuierliche Entwicklung ohne Brüche gar nicht möglich oder wahrscheinlich ist. Vor allem Kontingenzen sind dabei nicht zu unterschätzen, die Entscheidungen herausfordern, welche im zeitlichen Ablauf zu Bedingungen für nachfolgende Entscheidungen werden. Dabei ist immer der kulturelle Kontext im Sinne der *Europäistik* zu berücksichtigen.

5.2.2 World polity und die Kultur der Rationalisierung

Die wesentlichen Punkte der *world polity* sollen hier trotz Redundanz nochmals ins Bewusstsein geholt werden:

Es sind drei Prinzipien, welche die *world polity* beschreiben (vgl. J. Meyer 2005): Erstens das Prinzip des rationalen Individuums, dem Menschenwürde und Menschenrechte zukommen. Zweitens das Prinzip der rationalen Organisationen, die auf Basis von zweckrationalen Zielen planen, organisieren und ihre Tätigkeiten ausführen. Drittens der moderne Nationalstaat als *das* moderne Organisationsmodell auf staatlicher Ebene, der ebenso zweckrational handelt, indem er sich Ziele setzt und diese im Sinne der Wohlstandsmehrung für die Gesellschaft umzusetzen versucht.

Die *world polity* erinnert an Max Webers *okzidentale Rationalisierung*, die „Fortschrittsglaube, Säkularisierung und die Durchsetzung zweckrationalen Handelns in sämtlichen Gesellschaftsbereichen" beschreibt (Krücken in J. Meyer 2005, 9). Doch besteht zwischen Webers Theorie und dem Neo-Institutionalismus ein wesentlicher Unterschied: Im Neo-Institutionalismus sind im Gegensatz zu Max Webers Theorie die „Legitimitäts- und Effizienzerfordernisse nicht deckungsgleich" (Hasse & Krücken 2005, 22). Die formal-rationalen Strukturen, die Individuen, Organisationen und Nationalstaaten hervorbringen, sind nicht immer mit der Handlungsstruktur ident. Zweckrationalität ist mehr Legitimation, also Programmatik, als tatsächliche Handlungsstruktur. Dies führt zu einer Entkopplung von Programmatik und Handlungsstruktur (vgl. Hasse & Krücken 2005, 22–24; Senge 2011, 100–101).

> „Anders als für Weber [...] sind für Meyer und Rowan Legitimitäts- und Effizienzerfordernisse nicht deckungsgleich. Im Gegenteil, Organisationen entwickeln *formal*-rationale Strukturen [Hervorhebung durch den Autor] zur Erzielung von Legitimität und nicht zur möglichst effizienten Problembearbeitung. Die provokante These lautet, dass formale Organisationsstrukturen Mythen zum Ausdruck bringen, die in ihrer gesellschaftlichen Umwelt institutionalisiert sind." (Hasse & Krücken 2005, 22–23)

Die Programmatik in Form von formalen Strukturen bringt also letztlich Mythen zum Ausdruck, die in der Gesellschaft institutionalisiert sind. Es ist die *Kultur der Rationalisierung*, welche diese Mythen transportiert, die sich eben nicht notwendigerweise im rationalen Tun, sondern in der Legitimation des Handelns, also *formal*-rational, niederschlägt. (Vgl. Hasse & Krücken 2005, 22–25; Meyer 2005b, 173)

Vietta (2012) spricht vom *Imperium der Rationalität*, das sich von Europa ausgehend über die ganze Welt gezogen hat und heute die Weltkultur beschreibt. Dieses Imperium trage aber in sich die *Teilblindheit der Rationalität*. Das Irrationale sei daher ein Teil des *Imperiums der Rationalität*. Ein wenig anders akzentuiert dies John Meyer:

> „Die Kultur, von der hier die Rede ist, ist die Kultur der Rationalisierung, die sich selbst nicht als Kultur, sondern als Naturgesetz präsentiert. Ihre Grundlagen bilden die angeblich naturgegebenen Menschenrechte, die in gewisser Weise als Parallele zur wissenschaftlichen Rechtfertigung fungieren. In der Mitte steht das Naturgesetz der sozioökonomischen Entwicklung und des Marktes." (Meyer 2005b, 173)

John Meyer (2005b, 173) findet die Grundlagen der *Kultur der Rationalisierung* in den „angeblich naturgegebenen Menschenrechte[n]", der „wissenschaftlichen Rechtfertigung" und in der Ökonomie. Diese Kultur sei die Legitimation des Nationalstaates und – wie noch ausführlich gezeigt wird – der Europäischen Union. Auf die Bedeutung der *Kultur der Rationalisierung* für die Ökonomie wurde bereits in der Interpretation der rein ökonomischen Ethik eingegangen (4.5). Die „Parallele zur wissenschaftlichen Rechtfertigung" (Meyer 2005b, 173) wird hier nicht explizit untersucht. Meyers Blick fällt also von der Makroebene auf die zu beobachtenden Phänomene. Der Neo-Institutionalismus bietet aber auch einen Blick auf die Mikroebene an. Die neo-institutionelle Untersuchung in diesem Kapitel folgt daher sowohl der Makro- als auch der Mikrotheorie. Dabei werden jene Phänomene in den Blick genommen, die den Europäisierungsprozess beherrschen: die Menschenrechte, die Nationalstaaten, die Europäische Union und die Ökonomie, wobei Letztere bereits im vierten Kapitel untersucht wurde und daher hier als eigener Bereich nicht weiter analysiert wird.

Abbildung 28 zeigt, auf welche Weise in den folgenden Unterkapiteln der Europäisierungsprozess und seine wesentlichen Phänomene aus der neo-institutionellen Mikro- und Makroebene untersucht werden.

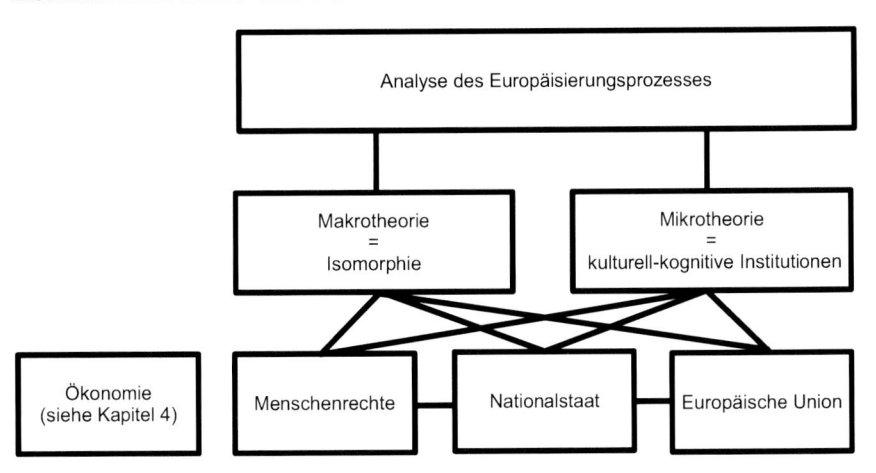

Abbildung 28: Isomorphie versus Handlungsorientierung

In 5.2 werden der Nationalstaat und die Europäische Union aus Sicht der *world polity* und die Funktionsweise der Isomorphie dargestellt. Auf die „naturgegebenen Menschenrechte" (2005b, 173) wird hier nicht näher eingegangen. In 5.3 wird die neo-institutionelle Mikrosicht eingenommen.

5.2.3 Der Nationalstaat aus Sicht der world polity

Meyer, Boli und Thomas (2005, 17–30) versuchen aufzuzeigen, welchen Beitrag die Kultur für die moderne, westliche Gesellschaft leistet. Der Kulturbegriff, den sie verwenden, ist ein breiter. Er geht davon aus, dass die Kultur Institutionen ausformen kann und dass diese Institutionen selbst Bestandteil der Kultur sind (siehe Kapitel 1). Meyer, Boli und Thomas (2005, 29) gehen also von einem Kulturbegriff aus, der „die institutionellen Modelle der Gesellschaft selbst mit ein[schließt]". Dieser kulturelle Rahmen bestimmt den gesellschaftlichen Rahmen und die Legitimität von Handlungen und Handlungsmustern:

> „Theorien, die Kultur nur als eine Menge wertbezogener und technischer Regeln an der moralischen und natürlichen Grenze der Gesellschaft behandeln, machen sich blind dafür, dass die zentralen kulturellen Mythen der modernen Gesellschaft diejenigen sind, die den Sinn und Wert der Gesellschaft selbst und ihrer Bestandteile definieren. Eine Theorie, die dem gerecht werden will, darf nicht nur als Religionssoziologie oder Wissenschaftssoziologie auftreten, sondern muss eine Soziologie der Institutionen sein – der kulturellen Regeln der Gesellschaft selbst." (Meyer, Boli & Thomas 2005, 29)

Kultur in diesem Sinn äußert sich im Recht, in den Gesetzen, in den Definitionen von Eigentum, Arbeit, Konsum und Produktion. Sie zeigt sich in Verträgen, aber auch in der Definition des Selbst und im Verständnis des Individuums, der Organisation und der Nation. Werde Kultur eng verstanden, dann ginge es *nur* um Werte und Ideen, aber nicht um materielle Interessen. (Vgl. Meyer, Boli & Thomas 2005, 29–30)

> „In der Weltkultur wird nahezu jeder gesellschaftliche Bereich diskutiert, rationalisiert und organisiert: Regeln der wirtschaftlichen Produktion und Konsumption; politische Strukturen und Bildung; Wissenschaft, Technik und Medizin; Familie, Sexualität und zwischenmenschliche Beziehungen; religiöse Lehren und Kirchen. In jedem dieser Bereiche gibt es nur eine relativ geringe Bandbreite von legitimer Weise vertretbaren Formen. Man nimmt an, dass alle diese Bereiche in sich funktional integriert sind und untereinander zusammenhängen und dass sie mit den allgemeinen Prinzipien des Fortschritts und der Gerechtigkeit abgestimmt sind. Auf diese Weise bildet die Kultur der Weltgesellschaft den ‚heiligen Baldachin' der heutigen Welt (Berger 1967), ein universalisiertes und säkularisiertes Projekt, das aus den älteren und in gewisser Weise borniertesten religiösen Modellen hervorgegangen ist." (Meyer, Boli, Thomas & Ramirez 2005, 112–113)

Im Sinne Bergers und Luckmanns (1977) sei soziale Realität konstruiert. Dabei spielten Institutionen eine wesentliche Rolle: Sie beeinflussten Zielsetzungen und Handlungen und erzeugten selbst wiederum Ziele und Handlungsmodelle, aus denen Individuen, Organisationen und Staaten ihre Strukturen, Legitimität und Identität beziehen. So gesehen sei die Feststellung, dass der Akteur seine Handlung hervorbringe, nur die halbe Wahrheit, weil auf der Makroebene die Institutionen das Handeln der Akteure hervorbringen würden. (Vgl. Meyer, Boli & Thomas 2005, 31)

"Nicht nur erzeugt die Institutionalisierung bestimmter Organisationsformen wie der Unternehmen rationalisierte Ziele und zielorientiertes Handeln, sondern ebenso erzeugt die Institutionalisierung rationalisierter Ziele und Handlungen Modelle, aus denen Organisationen ihre Identität und Struktur beziehen. Dasselbe gilt für Individuen, Staaten und andere soziale Einheiten." (Meyer, Boli & Thomas 2005, 32)

Von den Institutionen gehe eine "gewaltige Macht" für die Realitätsdefinition aus (Meyer, Boli & Thomas 2005, 32). Das Individuum könne zwar bestimmte Einzelheiten seiner Identität oder "bestimmte Nuancen seines Sinnverständnisses" entwickeln, doch orientiere es sich dabei immer an den Institutionen, weil es daraus jene Handlungsmuster und Ziele ableiten könne, die für das alltägliche (Berufs)Leben notwendig seien (Meyer, Boli & Thomas 2005, 33). Das moralische und kognitive Denken und Handeln sei damit wesentlich von den Institutionen gerahmt. Es sind vor allem universalistische Regeln, die diese Wirkung entfalten und dafür verantwortlich sind, dass Akteure und deren Handlungen unter einem institutionellen Blick wahrgenommen würden. Die Regeln, die dabei als Maßstab gelten, seien nicht immer leicht zu beobachten und können durchaus unsichtbar bleiben. Aber ohne diese Regeln wären viele wirtschaftliche Aktivitäten, wie z.B. Einkaufen, undenkbar. (Vgl. Meyer, Boli & Thomas 2005, 33)

Die *world-polity-Theorie* wird von der Vorstellung getragen, dass in der Tradition Max Webers der Rationalisierungsprozess die soziale Entwicklung vorantreibt. Rationalisierung wird – um es nochmals herauszustreichen – von Meyer, Boli & Thomas (2005, 34) als eine "zweckgerichtete oder instrumentelle Rationalisierung", also als Zweckrationalismus verstanden. Dieser Rationalität folgend, organisierten sich Autoritäten bürokratisch, werden Tauschprozesse unter einem ökonomischen Kalkül durchgeführt; Monetarisierung und Kommerzialisierung zeigen sich als typische Entwicklungen. Die Gesellschaft und der Staat werden als Mittel konstruiert, die kollektive Zwecke wie Gerechtigkeit und Fortschritt erzielen möchten. (Vgl. Meyer, Boli & Thomas 2005, 34) "Rationalisierung bedeutet die Umstrukturierung von Handlung im Blick auf kollektive Mittel und Zwecke." (Meyer, Boli & Thomas 2005, 35) Gerechtigkeit im Sinne von Gleichheit könne nur erreicht werden, wenn definiert sei, was gleich sein solle. Und das sei das Individuum. Aus diesem Grund erhalte das Individuum eine so zentrale Bedeutung in der Kultur der Rationalität. Je weiter die Rationalisierung fortschreite, umso mehr müsse das Individuum aufgewertet werden, wobei der Individualismus als ein institutioneller Mythos verstanden wird.

"'Moderne Individuen' bekennen sich zu der institutionalisierten Auffassung, dass sie über verbriefte politische Rechte, Wirksamkeit und Kompetenzen verfügen; sie sind davon überzeugt, dass sie selbstständig über ihren Beruf, ihre Investitionen und ihren Güterkonsum entscheiden […]. Gestützt auf die Möglichkeiten und Anreize des modernen Systems nehmen sie an den verschiedenen politischen und kulturellen

Ereignissen teil – und können *ex post facto* mit größter Genauigkeit erklären, dass und wie sie ihre Handlungen als die für ihre Zwecke am besten geeigneten ausgewählt haben. Diese Inszenierung der institutionalisierten Theorie rationalen Verhaltens wird nur selten gestört durch die internen Inkonsistenzen und Widersprüche, die menschliches Handeln typischerweise auszeichnen. Im Gegenteil kann gerade der Umstand, dass der Status des rationalen Akteurs eine kulturell geforderte Haltung ist, viele der einzelnen auftretenden Widersprüche erklären." (Meyer, Boli & Thomas 2005, 35–36)

Damit die Zielerreichung auch gemessen werden kann, müssten Grenzen gesetzt werden, die festlegten, wo Gerechtigkeit und Fortschritt erzielt werden solle. Dies sei Aufgabe des Nationalstaates. (Vgl. Meyer, Boli & Thomas 2005, 36) „Je besser die Fortschrittsidee ausgearbeitet ist, desto stärker wird der Nationalstaat reifiziert (was unter anderem mit stärkeren grenzerhaltenden Aktivitäten in Bezug auf die Regeln, die die nationale Einheit definieren, einhergeht)." (Meyer, Boli & Thomas 2005, 36)

Das Handeln werde durch universelle Regeln legitimiert und gleichzeitig fordern die so entstandenen Handlungsmuster zur Handlung im Sinne der universellen Institutionen heraus. So solle gehandelt werden, um dem Fortschritt, der Gerechtigkeit oder der natürlichen Ordnung zu dienen – allesamt allgemeine Behauptungen. So gelte in jeder modernen Gesellschaft die Idee des Wirtschaftswachstums und der Menschenrechte. Abweichungen gebe es aufgrund kultureller lokaler Eigenheiten. Das führe dazu, dass die institutionellen Ziele und Handlungsmuster überall auffallend gleich seien. (Vgl. Meyer, Boli & Thomas 2005, 37–38)

Diesen Universalismus führen Meyer, Boli und Thomas (2005, 38–40) auf die Kirche um 1500 zurück. Sie war eine transnationale Einrichtung, die eine einheitliche Sprache und ein kulturelles Feld beherrschte. Ihre Botschaft war universell und richtete sich an alle und durchdrang mit Lehre und Struktur das ganze Leben. Mit dem Auflösen der feudalen Strukturen hin zum fortschrittsorientierten Staat seien jedoch die Autorität, der Nationalstaat und die Realitätsdefinitionen transzendiert geblieben. Autoritätsstrukturen bedienten sich weiterhin des Heiligen und setzten es in Bezug zum Profanen. Egal ob das Heilige etwas Transzendentes sei oder ein Begriff wie Gleichheit, Freiheit und Recht – das Heilige sei immer religiös. So seien die Inhalte, mit denen sich die *world polity* auseinandersetzt, genauso religiös. Es handle sich also um ein ideologisches Gebäude, das die sozialen Strukturen stütze.

Organisationen und kollektive Handlungen seien im Großen und Ganzen standardisiert. Der Zusammenhang zwischen tatsächlichen Zielen und echten Bedürfnissen einerseits und den formalen Organisationsformen andererseits sei nur ein lockerer. Die organisationalen Strukturen seien daher „eher rituelle Inszenierungen allgemeiner kultureller Vorschriften denn rationale Reaktionen auf konkrete Probleme, wie es von den kulturellen Theorien behauptet wird" (Meyer, Boli & Thomas 2005, 45).

Viele Merkmale der Nationalstaaten seien sich sehr ähnlich, weil sie sich aus globalen Modellen ableiteten, die sich über eine globale Kultur und Verbände verbreiteten. Da es keinen Weltstaat gibt, operiere die Weltgesellschaft über Kultur und Verbände. Diese globalen Modelle seien stark rationalisiert und verkörperten Zwecke wie „Gleichheit, sozioökonomische[n] Fortschritt und menschliche Entwicklung" (Meyer, Boli, Thomas & Ramirez 2005, 86).[105] Dieser Ansatz der *world polity* unterscheide sich nach Auffassung seiner Vertreter wesentlich von den anderen Theorien der Entstehung von Nationalstaaten. Mikrorealistische Modelle würden den Nationalstaat als einen zweckgerichteten, natürlichen Akteur sehen. Der Staat orientiere sich an den innewohnenden Bedürfnissen und Interessen. Kultur sei nur lokal und national relevant, nicht global. Makrorealistische Modelle würden Nationalstaaten als das Ergebnis eines weltweiten Systems von politischen und wirtschaftlichen Beziehungen und Vernetzungen sehen. Damit sei der Staat ein Akteur im globalen Netz. Geld, Macht und Interessen seien die Triebkräfte der weltweiten Veränderungen. Der mikrophänomenologische Ansatz gehe davon aus, dass der Staat das Produkt seiner nationalen kulturellen Prozesse sei. Der Staat sei eingebettet in Institutionen kultureller Art. Diese Institutionen seien nur national, nicht global. Kulturelles und zweckrationales Handeln führten zu einer Wechselwirkung. Globale Prozesse spielten nur mittelbar eine Rolle. Dieser Ansatz übersehe, dass Kultur wesentlich mehr sei als äußerliche Geschmacksrichtungen. Kultur betreffe den inneren Kern der Weltgesellschaft und der Organisation und bestimme auch die Bedeutung des Individuums. *World polity* sei auch makrophänomenologisch ausgerichtet und sehe die Bedeutung der Institutionen. (Vgl. Meyer, Boli, Thomas & Ramirez 2005, 85-90)

Staaten organisieren und legitimieren sich mit universalistischen Modellen wie Staatsbürgerschaft, sozioökonomischer Entwicklung und rationalisierter Gerechtigkeit. Weitgehend herrsche Konsens über Menschenrechte, Vorstel-

---

[105] Meyer, Boli, Thomas und Ramirez (2005, 86) führen ein Gedankenexperiment an, um dies zu verdeutlichen: Auf einer bislang unbekannten Insel würde eine unbekannte Gesellschaft entdeckt. Möchte diese Gesellschaft als Staat in die Staatengemeinschaft aufgenommen werden, dann müssen ganz bestimmte Grundlagen erfüllt werden: Staatsorganisation, Verwaltung, Budgets und Verfassung sind Grundlagen, ohne die der Staat heute nicht auskommt. Die Insel würde dann als Volkswirtschaft verstanden werden, was wiederum dazu führe, dass bestimmte Statistiken erhoben und die dafür notwendigen Einrichtungen aufgebaut werden müssten. Schließlich erhielten die Inselbewohner und -bewohnerinnen den Status von Staatsbürgerinnen und -bürgern, der sie mit Rechten und Pflichten ausstattet. Moderne Organisationen, wie Bildungsstätten, Krankenhäuser, Energieversorgungsunternehmen etc., würden errichtet werden. Die globalen Organisationen würden beginnen, den neuen Nationalstaat zu beraten. Völlig losgelöst von der Geschichte, Kultur und Tradition der Insel würden die modernen Prinzipien von Nationalstaaten auf den neuen Staat übertragen werden.

lung von Wissenschaft, Bildung und ökonomischer Entwicklung. Die Modelle funktionierten, ohne weltweit rechtlich vorgeschrieben zu sein. (Vgl. Meyer, Boli, Thomas & Ramirez 2005, 90–91) „Diese Modelle manifestieren sich im wissenschaftlichen, professionellen und juristischen Wissen über das ordnungsgemäße Funktionieren von Staaten, Gesellschaften und Individuen und sind eher kognitiv und instrumentell als expressiv." (Meyer, Boli, Thomas & Ramirez 2005, 92) Es seien oft unhinterfragte Annahmen, welche die Weltkultur beschreiben.

> „So besagt zum Beispiel die übliche Legitimation des allgemeinen Schulbesuchs, dass formale Bildung notwendig und nützlich ist für Wirtschaftswachstum, technische Innovation, staatsbürgerliche Verantwortung, das Funktionieren demokratischer Institutionen und vieles andere mehr. Solche funktionalen Rechtfertigungen der Schule werden selten hinterfragt, obwohl man sorgfältig durchgeführten Untersuchungen entnehmen kann, dass zwischen Bildung und Wirtschaftswachstum bestenfalls eine schwache und von vielen Bedingungen abhängige Beziehung besteht (Rubinson/Browne 1994).[106] Solche diffusen funktionalistischen Annahmen über Akteure, Handlungen und vermutete Kausalbeziehungen machen den Kern der Weltkultur aus. Sie sind die unhinterfragten Rahmenannahmen, die noch in den entferntesten Winkeln der Erde umgesetzt werden und Ergebnisse hervorbringen, die man in keiner vernünftigen Weise als ‚funktional' für die jeweiligen Gesellschaften bezeichnen kann. Wenn zum Beispiel standardisierte Drehbücher für den Aufbau von Bildungssystemen ohne Rücksicht auf die spezifischen Bedingungen eines Landes überall in der Welt umgesetzt werden, kann das zu eher bizarren Ergebnissen führen, insbesondere wenn man sie aus der rationalisierten Sicht der funktionalistischen Theorien betrachtet, die diese Drehbücher vertreten. Kinder, die später einmal Landarbeiter werden, lernen Bruchrechnen; die Bewohner abgelegener Dörfer lernen chemische Reaktionen; Angehörige marginalisierter Gruppen, die nie eine Wahlurne zu Gesicht bekommen haben, studieren ihre nationale Verfassung (Meyer/Nagel/Snyder 1993). Wer solche Verhältnisse für rational und funktional halten will, muss schon einen gewagten Glaubensakt vollbringen." (Meyer, Boli, Thomas & Ramirez 2005, 92)

Meyer, Boli, Thomas und Ramirez (2005, 94) folgen der Auffassung, „dass Nationalstaaten mehr oder weniger von außen konstruierte Einheiten sind". Die Maßzahlen und Modelle, welche die Zweckrationalität eines Nationalstaates ausmachen, seien global standardisiert. Diese Standardisierung führe auch zu einem moralischen Druck. Ebenso seien Modelle zur Problemlösung global standardisiert. Diese Theorien stützen Meyer, Boli, Thomas und Rami-

---

[106] Pritchett (1996) führt aus, dass es keinen positiven Zusammenhang zwischen Bildung und Produktivität gebe. Schule führe dazu, dass die persönliche Einkommenslage verbessert werde, es könne aber keine Auswirkung auf die Produktivität herbeigeführt werden. „The demand for for educated labor comes from individually remunerative but socially wasteful or counterproductive activities – a bloated bureaucracy, for example, or overmanned state enterprises in countries where the government is the employer of last resort – so that while indiviudals' wages go up with eduction, output stagnates, or even falls." (Pritchett 1996)

rez (2005, 95–96) empirisch: Erstens würden heutige Nationalstaaten ein großes Maß an Isomorphie in Bezug auf ihre Strukturen und ihre politischen Programme zeigen. Zweitens versuchten sie rationale Akteure zu sein. Dies sei u.a. daran zu erkennen, dass sich die Staaten im Allgemeinen ähnliche Ziele setzen: Erhöhung des BIP und Steigerung der individuellen Rechte und Entwicklungsmöglichkeiten. Drittens würden sie oft eine extreme Entkopplung zwischen formalen Zwecken und realen Strukturen, Handlungsweisen und Absichten zeigen. Der Grund liege im Kopieren der Strukturen. Formale Modelle würden oft nicht den realen Praktiken entsprechen, dies gelte für Individuen, Organisationen und Nationalstaaten. Mikrophänomenologische und realistische Theorien könnten diese Entkopplung nicht zufriedenstellend erklären. Viertens würden sie kontinuierlich am Ausbau formaler standardisierter Strukturen bauen.

In Rückgriff auf verschiedene empirische Quellen zählen Meyer, Boli, Thomas und Ramirez (2005, 96–97) verschiedene Beispiele für Isomorphie auf, unter anderem:

- Anstieg der Frauenanteile an Universitäten weltweit im Rahmen des Diskurses von Gleichberechtigung
- Verfassungen schreiben die Macht des Staates und die Rechte des Individuums nieder
- allgemeine Schulbildung nach überwiegend standardisierten Lehrplänen
- Erfassung wirtschaftlicher und demografischer Daten
- umfassende allgemeine Menschenrechte
- wohlfahrtsstaatliche Maßnahmen
- standardisierte Definition von Krankheit und medizinischer Versorgung

Nationalstaaten präsentierten sich nach innen und nach außen als rationale Akteure.

> „Sie legen Wert darauf, über alle Merkmale eines rationalen staatlichen Akteurs zu verfügen: territoriale Grenzen und eine abgrenzbare Bevölkerung; Souveränität, Selbstbestimmung und Selbstverantwortung; standardisierte Zwecke […] und die nötigen Technologien und Mittel-Zweck-Rationalität zur Erreichung von Zielen." (Meyer, Boli, Thomas & Ramirez 2005, 98)

Gerade die Zielerreichung sei standardisiert: Erhöhung des BIP und die Verbesserung der Lebensbedingungen. Diese Zielsetzungen fänden sich in Verfassungen und politischen Programmen. Krieg sei kein legitimes Mittel mehr.

> „Andere Ziele, die nicht in diese Standardform passen (die gottgefällige Nation, eine Dynastie, eine ethnische oder religiöse Gruppe, die imperialistische Expansion), werden normalerweise höchst misstrauisch betrachtet – obwohl sie weiterhin verbreitet sind –, es sei denn, sie würden eng mit jenen grundsätzlichen Zielen des kol-

lektiven und individuellen Fortschritts verknüpft." (Meyer, Boli, Thomas & Ramirez 2005, 98)

Diese Ziele werden jedoch nicht durchgehend umgesetzt. Es komme vielmehr zu Entkopplungen, weil die *Kultur der Rationalisierung* sich an einer externen Kultur orientiere, die sich nicht so ohne Weiteres importieren ließe. Die Diffusionsprozesse würden sich auf verschiedenen Ebenen vollziehen und seien nicht immer miteinander kompatibel. Manches sei leichter zu übernehmen, anderes breche an lokalen Besonderheiten. „Für die institutionalistische Perspektive ist diese Inkonsistenz [...] ein natürliches und erwartbares Merkmal von Akteuren, insbesondere von Akteuren mit breit gefassten und diffusen Zielen wie Nationalstaaten." (Meyer, Boli, Thomas & Ramirez 2005, 101). Programmatik und Handelsstruktur korrelierten also nur schwach. Dies sei jedoch nicht zynisch zu verstehen. (Vgl. Meyer, Boli, Thomas & Ramirez 2005, 101–102)

„Die Weltgesellschaft enthält viele kulturelle Elemente, die mit großer Autorität den Nationalstaat als die wichtigste Form des souveränen, verantwortlichen Akteurs definieren." (Meyer, Boli, Thomas & Ramirez 2005, 105) Mit den Vereinten Nationen erhalten Nationalstaaten – auch kleine – eine globale Legitimation. „Seit 1945 sind mehr als 130 neue nationalstaatliche Einheiten entstanden, die nach innen wie nach außen ihre Konformität mit den globalen Modellen nationaler Identität und Staatlichkeit verkünden." (Meyer, Boli, Thomas & Ramirez 2005, 105) Sie folgen der *Kultur der Rationalität*.

> „Die Konstruktion einer Nationalkultur geschieht in stark stilisierter Weise mit Hilfe von Traditionen (Hobsbawm/Ranger 1983), Museen (Anderson 1991), Tourismus (MacCannell 1976) und einem nationalen Geistesleben (Gellner 1983). Nationalstaaten sind theoretisch gedachte oder vorgestellte Gemeinschaften auf der Basis von Modellen, die auf Weltebene etabliert sind (Anderson 1991)." (Meyer, Boli, Thomas & Ramirez 2005, 106)

Die Umsetzung der standardisierten Modelle erwecke oftmals den Eindruck, dass es weniger um die Inhalte und die tatsächlichen Ziele selbst gehe als vielmehr um die Umsetzung der Programme selbst. Die Implementierung der Programme werde als ein autonomer und rationaler Prozess dargestellt, dennoch sei der Eindruck gegeben, dass es mehr um Inszenierung als um tatsächliche Umsetzung gehe. (Vgl. Meyer, Boli, Thomas & Ramirez 2005, 106–107)

> „Die weltkulturellen Prinzipien weisen dem Nationalstaat nicht nur die Rolle der zentralen Verwaltungsbehörde zu, sondern die der identitätsstiftenden Nation. Zu den grundlegenden Lehrsätzen des Nationalitätsprinzips gehören die Staatsbürgerschaft der Individuen und die Souveränität des Volkes." (Meyer, Boli, Thomas & Ramirez 2005, 109)

Die Isomorphie habe sich auch mit der Bedeutung der Vereinten Nationen mit entwickelt. Im Westen sei es seit dem 17. Jahrhundert üblich, dass sich

Nationalstaaten auf gleiche Modelle beziehend legitimierten und das Kopieren sei demnach üblich. Heute spielten NGOs eine wesentliche Rolle in der Diffusion der *Kultur der Rationalität*. Ganz besonders bedeutsam sei jedoch die Rolle der Wissenschafterinnen und Wissenschafter sowie der Professionen. (Vgl. Meyer, Boli, Thomas & Ramirez 2005, 114–117) Sie würden ihre Stärke nicht aus ihrem Akteur-Sein beziehen, sondern sie agierten „als interessenlose, rationalisierte Andere" (Meyer, Boli, Thomas & Ramirez 2005, 117). Ihre Autorität würden sie aus ihrem universalisierten und rationalisierten Wissen beziehen, das sie für Akteure bereithielten. Sie seien besonders gut organisiert und für ein spezifisches Gebiet zuständig. Solche Berufe gehörten meist zu den angesehensten. (Vgl. Meyer, Boli, Thomas & Ramirez 2005, 117) „Das rationalisierte Wissen der Wissenschaften und Professionen bildet die Religion der modernen Welt und ersetzt weitgehend die älteren ‚Religionen', die einerseits in den Bereich des Spirituellen abgeschoben und andererseits als normale organisationale Akteure rekonstruiert wurden." (Meyer, Boli, Thomas & Ramirez 2005, 117–118)

Aus den Konflikten und Widersprüchen der Weltkultur ergibt sich eine starke Dynamik:

> „Es gibt nicht nur Interessenkonflikte zwischen verschiedenen Individuen oder Staaten und nicht nur die antagonistische Spannung zwischen Individuen und Organisationen oder Gruppen und nationalen Kollektiven, sondern es gibt auch Widersprüche innerhalb der allgemein anerkannten Kulturgüter selbst: zwischen Gleichheit und Freiheit, zwischen Fortschritt und Gerechtigkeit, zwischen Standardisierung und Diversität, zwischen Effizienz und Individualität. Viele Konflikte drehen sich daher um Gegensatzpaare wie das zwischen zu viel staatlicher Regulierung (was das Wachstum hemmt) und zu wenig staatlicher Regulierung (was übermäßige Ungleichheit erzeugt), zu viel individuelle Ausdrucksfreiheit (was die Freiheit verletzt), zu viel Nationalismus (was zu Genoziden führt) und zu wenig Nationalismus (was Anomie erzeugt).
>
> [...] Die Anhänger der konkurrierenden Modelle verdächtigen sich gegenseitig der Verletzung quasi-heiliger Regeln und Tabus und sehen überall potenzielle Gefahren, Sünden und Verunreinigungen (Douglas 1966), die aber mindestens teilweise ebenfalls legitim sind. Ökonomen sehen in den legitimen Bemühungen um den Abbau von Ungleichheit eine Gefahr für das ebenso legitime Wirtschaftswachstum; Soziologen sehen in der rationalisierenden Technik eine Bedrohung für die face-to-face-Gesellschaft; Ökologen sehen in der wirtschaftlichen und technischen Entwicklung eine Gefährdung der natürlichen Grundlagen des ganzen Systems. Alle diese verschiedenen Priester predigen unter Berufung auf letzte Werte und mit großer Autorität, und all dies ist gleichzeitig Ausdruck und Reproduktion einer bemerkenswert dynamischen Kultur. Insgesamt muss man also für ein angemessenes Verständnis der wachsenden und sich wandelnden Kultur der Weltgesellschaft die dynamischen Eigenschaften der Weltkultur selbst im Auge behalten und nicht nur die Wechselwirkungen und Machtverhältnisse zwischen Akteuren. [...] Der wachsende Konsens über den Sinn und Wert von Individuen, Organisationen und Nationalstaaten er-

zeugt häufigere und intensivere Kämpfe um Autonomie, Fortschritt, Gerechtigkeit und Gleichheit. Mehr Gutes wird möglich und wahrscheinlich, aber auch mehr Böses, da Gut und Böse zunehmend Produkte der Weltkultur sind und daher größere Dimensionen annehmen als früher." (Meyer, Boli, Thomas & Ramirez 2005, 127–129)

Zusammengefasst: Der Nationalstaat verdankt nach John Meyer (2005c, 133) seine Bedeutung als Akteur einer rationalisierten, globalen Kultur. Kultur ist dabei nicht als „ein Bündel von Werten und Normen zu verstehen als vielmehr ein Bündel kognitiver Modelle". Diese Modelle legten fest, über welche Instrumente, Merkmale, Zwecke und Ressourcen ein Nationalstaat zu verfügen habe. Er sei ein Konstrukt einer *vorgestellten Gemeinschaft*. Nationalstaaten seien weltweit standardisiert. Aber nicht nur Isomorphie zeichne Nationalstaaten aus, sondern auch Entkopplungen: Ihre offiziellen Strukturen und Programme entsprächen nicht der geübten Praxis. Dennoch hätten sich die Idee des Nationalstaates und die Vorstellungen darüber, wie ein Nationalstaat organisiert sein solle, über die ganze Welt verbreitet. John Meyer (2005c, 160) sieht die Ursache darin, dass nicht erkannt werde, dass sich dahinter eigentlich ein Mythos verberge: „Der blinde Fleck des modernen Systems – die systematische Verleugnung der säkularisierten protoreligiösen oder kulturellen Grundlagen des Systems – ist auch ein hervorstechendes Merkmal der heutigen Sozialwissenschaften." In der modernen rationalistischen Kultur und in den Sozialwissenschaften wird der Begriff Kultur im Allgemeinen für das „Primordiale, das Expressive und das Besondere – kurz gesagt: für all das, was nicht zu den konstitutiven Regeln der modernen Rationalität gehört", verwendet (Meyer 2005c, 160). Damit komme jedoch der Glaube zum Ausdruck, dass Akteure, Transaktionen und Systeme wirkliche Einheiten, also nicht Konstrukte, seien, die sich von ihrer Einbettung in die Kultur hätten loslösen können: Das jedoch sei ein Mythos. Aber gerade deshalb hätten sich diese Ideen so schnell verbreiten können. (Vgl. Meyer 2005c, 160–161)

Wie verhält sich das nun mit der Europäischen Union, die selbst kein Nationalstaat ist – was hält sie zusammen?

5.2.4 Die Europäische Union aus Sicht der world polity

Die Europäische Union ist nach John Meyer eine staats- und zentrumslose Organisation, die aus nationalstaatlichen und anderen Akteuren besteht. Sie könne nur bestehen, wenn sie auf kulturelle Grundprinzipien aufbaue, es müsse also kulturelle Elemente geben, die sie tragen. (Vgl. Meyer 2005b, 163) „Um Europa zu verstehen, muss man also nicht nur seine organisationale Struktur untersuchen, sondern auch die institutionalisierte Grundlage, auf der diese Struktur aufbaut (und deren Institutionalisierung sie weiter vorantreibt)." (Meyer 2005b, 164) Dabei versteht John Meyer (2005b, 164) Institutionen als einen Begriff, der „nichts anderes als das Angesiedeltsein von Bedeutung und Identität außerhalb des jeweils untersuchten sozialen Systems" zum Ausdruck bringt. Eine solche Institutionalisierung könne in einer europäischen Verfassung, einem europäischen Staat oder in einer „primordialen Identität" liegen und die Institutionalisierung der Macht ergebe sich aus einer expressiven, traditionell verstandenen Kultur:

> „In Wirklichkeit ist jedoch keine dieser Formen in Europa vorhanden, das vielmehr staatslos ist und auch über keine starken primordialen kollektiven Identitäten und Grenzen verfügt – so ist denn auch die genaue Definition Europas und des europäischen Volkes ungenau, unsicher und den meisten seiner Angehörigen unbekannt. Europa beruht zwar auf einer kulturellen institutionellen Grundlage, aber nicht auf einer primordialen und expressiven. Vielmehr besteht die institutionelle Grundlage Europas aus einem Bündel rationalistischer kultureller Modelle." (Meyer 2005b, 164)

Die kulturellen Modelle, die Meyer beschreibt, beziehen sich auf Handlungsmodelle kognitiver und rationalistischer Art. Diese „Identitäts- und Handlungsmodelle […] definieren, was in der sozialen Realität vorkommt und welches Handeln für die konstituierten Akteure des Systems angemessen ist." (Meyer 2005b, 164 in Verweis auf Olsen 2000). Die Grundlage für das Handeln und für die Identität sei die Rationalität, die wissenschaftlich abgesichert sei, aus der die Akteure Individuum, Organisation und Nationalstaat ihre Legitimation ableiten. Diese weltkulturellen Systeme würden die Europäische Union tragen und sie weiter verstärken. Um der Europäischen Union beitreten zu können, sei es notwendig, „lokale kulturelle Elemente [zu] vergessen und durch legitimierte allgemeinere Zwecke und Techniken […] [zu ersetzen]. Die Bereitwilligkeit, mit der dies betrieben wird, und die Freiwilligkeit der Organisationsform sind auffällige Merkmale des Trends zur Isomorphie" (Meyer 2005b, 169). Es seien engagierte oder interessierte Außenstehende, die *Hilfe* für die Entwicklung geben. Es habe also den Anschein, dass die Isomorphie nicht durch Zwang, sondern durch Hilfeleistung zustandekomme. Es seien Beraterinnen und Berater, die solche Aufgaben übernehmen, sie würden bei der Einführung von Schulsystemen, Wirtschaftsordnungen oder Rechtssystemen helfen. Dieses System bringe also eine Anzahl von Anderen hervor, die also nicht Akteure seien. „Ein Anderer trägt die Haltung des interesselosen Beraters zur Schau, dem es mehr um die Wahrheit geht als um seine eigenen Interessen." (Meyer 2005b, 170) Die Entwicklung Europas habe demnach sehr viel mit der Bedeutung der Anderen, wie z.B. den Beraterinnen und Beratern oder den Wissenschafterinnen und Wissenschaftern zu tun. Und all dies spiele sich in einem kulturellen Raum ab, wie er oben beschrieben wurde: „Deshalb gibt es so wenig Helden, so wenig Dramatik in diesem Prozess: Er ist das Werk nicht von Akteuren, sondern von Beobachtern und Kommentatoren, von Vereinigungen, Professionen und wissenschaftlichen Analysen." (Meyer 2005b, 171) Notwendig werde die Beratung durch die

Legitimation, die dadurch erreicht werden solle. Rationales Handeln sei mehr die Legitimation als der tatsächliche Grund der Handlung. „Europa ist von seiner Organisationsform her weniger ein Akteur als ein Komplex von Anderen – von Regeln und Vereinigungen, die für die Beratung von Akteuren und die Regulierung der Aktivitäten und Aufgaben von nationalen und organisationalen Akteuren zuständig sind." (Meyer 2005b, 173) Diese Organisationsform diene dazu, den „angeblich nationalen politischen Akteuren nicht zu viel Konkurrenz zu machen" (Meyer 2005b, 173). Sie bilde eine Netzwerkstruktur mit einem kulturellen Unterbau, der im Netzwerk Institutionen ausformt (vgl. Kohler-Koch 1999, 13–34). Die Kultur sei die *Kultur der Rationalisierung*. Dies alles spiele sich in einer verwissenschaftlichen Umwelt ab. „Das Europäertum scheint in Vorstellungen über Naturgesetze, natürliche Rationalität und naturgegebene Menschenrechte begraben zu sein." (Meyer 2005b, 175) Dies seien die Grundlagen der Kultur, die Europa ausmachen. Es seien dieselben Grundlagen, die auch die *world polity* beschreiben. Deshalb gebe es keine klare Abgrenzung Europas. In Europa vollziehe sich daher intensiver dieselbe kulturelle Entwicklung wie weltweit. Da aber Europa – im Gegensatz zum Nationalstaat – kein Akteur sei, leide Europa an Identitätsmangel. Dies habe damit zu tun, dass die vermeintlich europäischen Werte universelle seien und Europa weniger Akteur als vielmehr ein Anderer zu sein scheine.

> „Europa unterscheidet sich damit von klassischen Nationalstaaten durch seine große und beabsichtigte Langweiligkeit. Nationalstaaten schreiben eine positive Geschichte mit dramatischem Geschehen, Akteuren, Helden usw. Dies gilt sicher für die europäischen Nationalstaaten, die bekanntlich eine farbenprächtig-mörderische Geschichte hinter sich haben. Europa selbst aber besteht nur aus grauen Männern im grauen Mercedes, die technische und unglaublich uninteressante Fragen besprechen. Das Projekt Europas ist es, jedes irgendwie interessante Handeln abzuwehren (das vermutlich gefährlich, nationalistisch, rassistisch usw. wäre), indem man es durch vernünftige Regeln unnötig macht. Europa aufzubauen bedeutet daher, viel Geschichte und Primordialität beiseite zu räumen. [...] Beim Projekt Europa geht es um das vernünftige Handeln von Menschen in einer verwissenschaftlichten Umwelt, nicht um das Ausleben einer primordialen oder historischen Identität. Das heißt nicht, dass die europäische Geschichte ganz von der Bildfläche verschwinden würde. Vielmehr bleibt sie als expressives Element auf der lokalen oder nationalen Ebene bestehen und findet in Museen, im Fernsehen und in farbenprächtigen lokalen Festen und Touristenattraktionen ihren Platz. Was jedoch in auffälliger – und beabsichtigter – Weise fehlt, ist der Versuch, als zentrales kulturelles Projekt eine eigene europäische Geschichte zu schreiben." (Meyer 2005b, 175)

Aber auch die Kultur in den Nationalstaaten verändere sich. Die expressiven Elemente der Kultur werden in die Museen gestellt, Schulbücher und Lehrbücher verändern sich und nationale Geschichten werden durch sozialwissenschaftliche Betrachtungsweisen ersetzt (vgl. Frank, Wong, Ramirez & Meyer 2000). Das sei Ausdruck einer Kultur, die durch Institutionalisierung davon ausgehe, „dass alle Beteiligten mehr oder weniger rationale Akteure sind" (Meyer 2005b, 177).

5.2.5 Isomorphie und Entkopplung – eine hermeneutische Untersuchung

Die folgenden Ausführungen beziehen sich auf eine Analyse deutscher und europäischer Rechtsfälle, die im *Österreichischen Archiv für recht & religion* und zusammengefasst im Tagungsband *Human Rights and Violent Behavior: The Social and Educational Perspective* veröffentlicht wurden (vgl. Tafner 2010b; 2013a).

Die *world polity* argumentiert, dass die Diffusion der Menschenrechte sich durch Isomorphie vollziehe. Dabei spielt der Europarat als Organisation eine entscheidende Rolle. Mit seiner Gründung am 5. Mai 1949 in London hat der Europarat eine wichtige Aufgabe als – salopp ausgedrückt – *Club der europäischen Demokratien* übernommen: Die Mitgliedstaaten des Europarates verpflichten sich zu Rechtsstaatlichkeit und Demokratie sowie zur Einhaltung der Europäischen Menschenrechtskonvention (EMRK)[107], in der die Grund- und Menschenrechte verankert sind. Seine Mitgliedstaaten garantieren damit die Einhaltung eines Mindeststandards an Recht und Freiheit. Inhalt der EMRK sind die Grund- und Menschenrechte, die auf die Vorstellung der Unantastbarkeit der Würde und des Lebens des Menschen aufbauen. Dies ist keine europäische Errungenschaft, denn es geht hier nicht um typisch europäische, sondern um universelle Werte. Die Allgemeine Erklärung der Menschenrechte wurde auch nicht in Europa, sondern von weltweiten Vertreterinnen und Vertretern im Rahmen der Vereinten Nationen erarbeitet. Die EMRK ist die Umsetzung dieser Allgemeinen Erklärung der Menschenrechte in Europa. Ihr kommt insofern besondere Bedeutung zu, als es weltweit das am besten umgesetzte System zum Schutz der Menschenrechte darstellt (vgl. Benedek 2004, 13–35; Simma & Fastenrath 2004, XLVII–LI). Darüber hinaus bildet die Europäische Menschenrechtskonvention so etwas wie einen europarechtlichen Mindeststandard, den auch die Mitgliedstaaten der Europäischen Union einhalten müssen. (Vgl. Geiger, Khan & Kotzur 2010, 43–44 u. 720–722)

Die Entstehung der EMRK ist eng mit dem Ende des Zweiten Weltkrieges verknüpft. Die Gräuel des Nationalsozialismus waren ein Auslöser für die Einführung dieses Vertragswerkes, das damit der älteste derartige Vertrag im Rahmen des regionalen Menschenrechtsschutzes ist. Die EMRK ist also eine Reaktion darauf, dass die nationalen Bestimmungen zum Grund- und Men-

---

[107] Neben der EMRK, die am 3. September 1953 in Kraft trat, sind u.a. die Europäische Sozialcharta (1961), die Anti-Folter-Konvention (1987) und die Minderheiten-Konvention (1995) zu erwähnen.

schenrechtsschutz sich als nicht ausreichend herausgestellt hatten. Die Gründung des Europarates ist mit der EMRK unmittelbar verbunden und war an ihre unmittelbare Ausarbeitung gekoppelt. Bereits in der ersten Sitzung der Beratenden Versammlung des Europarates, also der heutigen Parlamentarischen Versammlung, wurde der Auftrag an einen Ausschuss übertragen, sich mit dem kollektiven Schutz der Menschenrechte auseinanderzusetzen. Am 4. November 1950 wurde die fertige Konvention unterzeichnet. Sie trat am 3. September 1952 in Kraft, als die erforderliche Zahl von zehn Ratifikationen erreicht war. Deutschland ratifizierte die EMRK am 5. Dezember 1952 und Österreich am 3. September 1958. (Vgl. Grabenwarter 2003, 1–4)

Von ursprünglich zehn Mitgliedstaaten wuchs der Europarat auf heute 47 Mitgliedstaaten an (vgl. Europarat 2012a). Die Mitgliedstaaten übernehmen die EMRK und dadurch wird Isomorphie möglich. Die EMRK ist ein multilateraler völkerrechtlicher Vertrag, der sich von anderen Inhalten des Völkerrechts unterscheidet. Völkerrecht regelt Austauschverhältnisse und Beziehungen zwischen Staaten. In der Konvention geht es um „das Verhältnis zwischen Individuen, die sich auf Menschenrechte berufen, und Staaten, die zur Einhaltung der Garantien völkerrechtlich verpflichtet sind" (Grabenwarter 2003, 4).[108] Die EMRK hat sich im Laufe der Zeit so weiterentwickelt, dass sie einen starken Einfluss auf die Verfassung der europäischen Staaten und die Europäische Union nahm. Berechtigterweise kann die EMRK als Verfassungsinstrument, *ordre public européen* oder Europäische Menschenrechtsverfassung bezeichnet werden (vgl. Grabenwarter 2003, 6). Dazu kommt, dass die Europäische Union seit dem Jahr 2000 selbst über eine Grundrechtecharta verfügt, die seit dem Vertrag von Lissabon den Verträgen gleichgestellt und zum Primärrecht zählt. (Vgl. Geiger, Khan & Kotzur 2010, 39–43)

Für jene, die eine supranationale Vereinigung sehen wollten, galt der Europarat als ein gescheiterter Versuch. Aber er steht für den Beginn der europäischen Einigung. (Vgl. Gehlen 2005, 135) Darüber hinaus ist seine Tätigkeit im Zusammenhang mit der EMRK nicht zu unterschätzen. Europarat und die Europäische Union stützen sich auf die gleichen Werte. Ausgedrückt wird dies in einem Beitritt der Europäischen Union zum Europarat, der mit dem Vertrag von Lissabon rechtlich fixiert worden ist. (Vgl. Geiger, Khan & Kotzur 2010, 721)

> „Während alle EU-Mitgliedstaaten ebenfalls Vertragsstaaten der EMRK sind, gilt das für die EU als solche derzeit nicht. Obwohl die EU auf der Achtung der Grundrechte gegründet ist, deren Einhaltung vom Gerichtshof der Europäischen Union gewährleistet wird, gilt die EMRK und ihr gerichtlicher Mechanismus nicht ausdrücklich für EU-Gesetze. Auf der anderen Seite haben alle Mitgliedstaaten der EU

---

[108] In Europa gibt es noch weitere Systeme des Menschenrechtsschutzes, dazu zählen u.a. die Organisation für Sicherheit und Zusammenarbeit (OSZE), auf die hier nicht eingegangen wird.

als Vertragsstaaten der Konvention die Pflicht, die EMRK zu achten, auch bei der Anwendung und Umsetzung von EU-Recht. Diese Divergenz kann dadurch beseitigt werden, dass die EU als solche Vertragspartei der Konvention wird." (Europarat 2012b)

Die Religionsfreiheit ist ein wesentlicher Bestandteil der Menschenrechte. Art. 9 EMRK garantiert die negative und positive Religionsfreiheit. Der Staat verhält sich zwar gegenüber den Religionen neutral, kann dies jedoch in verschiedenen Ausprägungen tun. Aus den Urteilen und Texten dazu können zwei Argumentationslinien herausgearbeitet werden: die normativ christliche und die laizistische Linie. Als dritte Linie ergibt sich die kosmopolitische, die sich aus dem österreichischem Recht und einer pädagogischen Betrachtung ableiten lässt. Zuerst soll die Analyse der laiszistische und normativen christlichen Linie und danach abschließend die kosmopolitische zusammengefasst werden. (Vgl. Tafner 2010b) Die Bezeichnungen der Argumentationslinien folgen Tafner (2013a).

Die *christlich-normative Argumentationslinie* lässt sich aus dem Fall Ludin rekonstruieren. Frau Ludin wurde die Einstellung im Schuldienst verweigert, weil sie ein Kopftuch trägt. Begründet wurde dies mit der Landesverfassung Baden-Württembergs, in der die christliche Erziehung verankert ist:

> „Die Jugend ist in Ehrfurcht vor Gott, im Geiste der christlichen Nächstenliebe, zur Brüderlichkeit aller Menschen und zur Friedensliebe, in der Liebe zu Volk und Heimat zu sittlicher und politischer Verantwortlichkeit, zu beruflicher und sozialer Bewährung und zu freiheitlicher demokratischer Gesinnung zu erziehen." (Landesverfassung Baden-Württemberg 1953, Art. 12, Abs. 1)

In einer Pressemitteilung der zuständigen Ministerin wurde u.a. damit argumentiert, dass eine Lehrerin Toleranz in der Schule zeigen müsse. Das Kopftuch, das ein religiöses Symbol sei, das politisch vereinnahmt werde, dürfe daher nicht getragen werden. Die zuständige Ministerin sah das Kopftuch nicht mit der christlichen Kultur vereinbar. Die Vorstellung von einer christlichen Kultur scheint stärker zu wiegen als die christliche Ethik. (Vgl. Oestreich 2005, 38–39; Tafner 2010b, 101) Das Verwaltungsgericht Stuttgart wies die Klage von Frau Ludin ab. Der Hauptgrund wurde darin gesehen, dass ein getragenes Kopftuch Empfindungen bei Andersdenkenden auslöse und daher nicht getragen werde dürfe. (Vgl. VGH Mannheim 2001) Die negative Religionsfreiheit wurde also wichtiger als die positive gesehen. Am Ende des Instanzenzuges landete dieser Fall vor dem deutschen Bundesverfassungsgerichtshof. Dieser erkannte, dass „das Tragen eines Kopftuches […] die Zugehörigkeit der Beschwerdeführerin zur islamischen Religionsgemeinschaft und ihre persönliche Identifikation als Muslima deutlich" mache (BVerfG 2003). Das Kopftuch werde von Musliminnen aus höchst unterschiedlichen Gründen getragen und es dürfe nicht auf ein Symbol der Unterdrückung verkürzt werden. Auch die Wirkung auf die

Kinder wurde differenziert betrachtet. Schließlich sei Vielfalt, das „Mittel für die Einübung von Toleranz", es sei aber auch die Möglichkeit von Konflikten an der Schule zu berücksichtigen (BVerfG 2003) – die es in diesem Fall nie gab. Die Feststellung eines Eignungsmangels sei nicht gerechtfertigt, weil „die erforderliche hinreichend bestimmte Grundlage" nicht vorhanden sei (BVerfG 2003). Acht deutsche Bundesländer haben auf Grundlage dieses Verfassungsgerichtsurteils Gesetze und Richtlinien erlassen, die das Tragen von religiösen Kleidungsstücken und Symbolen verbieten. Kein Gesetz wendet sich explizit gegen das Kopftuch, obwohl es in den Landesdebatten im Mittelpunkt stand. Das Kopftuchverbot ergibt sich implizit. Die meisten Gesetze erlauben Ausnahmen für jüdisch-christlich-abendländische Traditionen – auch das Schulgesetz von Baden-Württemberg, das Ausnahmen für die „entsprechende Darstellung christlicher und abendländischer Bildungs- und Kulturwerte oder Traditionen" eröffnet (§ 38 Abs. 2, Schulgesetz für Baden-Württemberg 2012). Dadurch wird das Tragen des Kopftuches verboten, aber das Tragen des Schleiers einer christlichen geistlichen Schwester oder der Kippa erlaubt. Human Rights Watch (2009) macht darauf aufmerksam, dass diese Bestimmungen gegen die Religionsfreiheit verstoßen und eine Diskrimminierung im Namen der Neutralität darstellen.

Die *christlich-normative Argumentationslinie* zeichnet sich dadurch aus, dass sie die Religionsfreiheit im Sinne einer christlich-abendländischen Tradition interpretiert und „vermeintlich christlich-kulturelle Argumente heranzieht, um das Kopftuchverbot zu begründen" (Tafner 2010b, 103).

Die *laizistische Argumentationslinie* kann anhand von zwei Fällen konstruiert werden, die vom Europäischen Gerichtshof für Menschenrechte (EGMR) behandelt wurden: dem Fall Dahlab in der Schweiz und dem Fall Şahin in der Türkei. Lucia Dahlab war Grundschullehrerin und konvertierte zum Islam. Sie begann, das Kopftuch zu tragen, was ihr von der Schulbehörde untersagt wurde. Nachdem sie den Schweizer Instanzenzug durchlaufen hatte und das Verbot bestätigt blieb, erhob sie Individualbeschwerde beim EGMR. Da nach der Rechtsprechung des EGMR jedem Staat ein *margin of appreciation* bei der Rechtsprechung zukommt und die Schweiz eine laizistische Verfassung hat, ist das Kopftuchverbot aus Sicht des EGMR gerechtfertigt. Das Hauptargument wurde in der Neutralität des Staates gesehen, der für eine „religiöse Harmonie" zu sorgen habe. Kinder im Grundschulalter seien nach Schweizer Sicht insbesondere des Proselytismus ausgesetzt: „In this circumstances, it cannot be denied outright that the wearing of a headscarf might have some kind of proselyting effect." (EGMR 2001, FN 18) Der EGMR greift diesen Punkt auf und argumentiert, dass das Tragen des Kopftuchs nicht „with the message of tolerance, respect for others, and, above all, equality and non-discrimination that all teachers in a democratic society must convey to their pupils" zu vereinbaren sei (EGMR 2001, FN 18). Zwei Punkte sind dabei festzuhalten: Erstens wird das Kopftuch aus laizistischen Gründen abgelehnt und zweitens wird das Kopftuch als Ausdruck der Intoleranz und damit als eine Gefahr für die negative Religionsfreiheit interpretiert – eine nicht unproblematische Interpretation, auf die im gegenständlichen Aufsatz (vgl. Tafner 2010b, 100–111) detailliert eingegangen, die hier aber nicht weiter verfolgt wird.

Wie in der Schweiz so ist auch in der Türkei der Laizismus eine Säule der Verfassung. Frau Leyla Şahin wollte ihr Kopftuch auch während des Studiums an der Universität in Istanbul tragen, was ihr verweigert wurde. Aufgrund des Verbotes beendete sie ihr Studium in Wien, wo sie mit Kopftuch studieren durfte. Sie brachte ebenfalls Individualbeschwerde beim EGMR ein. Auch in diesem Fall bestätigte der EGMR das Verbot. Da die Bewertung öffentlicher religiöser Manifestationen vom räumlichen und zeitlichen Kontext abhängig sei, könne das Verbot aufgrund der starken politischen Komponente in der Türkei ausgesprochen werden (vgl. S. Ulrich 2007, 641–642; Marko 2007, 624). Wie im Fall Dahlab so wurde auch in diesem Fall auf die potenzielle Gefährdung der öffentlichen Ordnung verwiesen, die vom Tragen des Kopftuches ausgehe. Marko (2007, 624) macht darauf aufmerksam, dass damit der EGMR seinem eigenen Prinzip widerspreche, das davon ausgehe, dass Spannungen, die typisch für pluralistische Gesellschaften sind, nicht durch die Abschaffung des Pluralismus beseitigt werden dürfen.

> „In democratic societies, in which several religions coexist within one and same population, it may be necessary to place restrictions on freedom to manifest one's religion or belief in order to reconcile the interests of the various groups […] the role of the authorities in such circumstances is not to remove the cause of tension by eliminating pluralism, but to ensure that the competing groups tolerate each other […] Pluralism and democracy must always be based on dialogue and a spirit of compromise necessarily entailing various concessions on the part of individuals […]. It is precisely this constant search for a balance between the fundamental rights of each individual which constitutes the foundation of a democratic society." (EGMR 2004)

In einer sogenannten *dissenting opinion*[109] hat Richterin Tulkens darauf hingewiesen, dass das Kopftuch keine abstrakte Gefahr darstelle, weil es *per se* nicht gleichheitswidrig sein könne. So könne das Tragen niemals als Ungleichheit oder Gefahr interpretiert werden. Wäre es so, dann müsste das Kopftuchtragen prinzipiell, also sowohl im öffentlichen als auch privaten Raum verboten sein. (Vgl. EGMR 2004)

---

[109] Eine Richterin oder ein Richter kann in einer *dissenting opinion* ihre bzw. seine Meinung kundtun, die von der Mehrheit abweicht.

Die *laizistische Argumentationslinie* zeichnet sich also dadurch aus, dass religiöse Symbole aus dem öffentlichen Raum ausgeschlossen werden. Das Kopftuchverbot wird aufgrund der Neutralität des Staates und der Betonung der negativen Religionsfreiheit gerechtfertigt. Waren also in der normativ-christlichen Linie die auf der (jüdisch)-christlichen Religion basierten Argumente der Grund für das Verbot, greift nun ein bewusst nicht-religiöses Argument. Deutlicher könnten die Unterschiede der Auslegung der Religionsfreiheit nicht ausfallen.

Schließlich kommt noch eine dritte Argumentationslinie zum Tragen: die *kosmopolitische* Linie. Dieser Argumentation folgend, ist in Schulen das Tragen von religiösen Symbolen und Kleidungsstücken erlaubt. In diesem Kontext wird von einer *hereinnehmenden Toleranz* gesprochen (vgl. Pottmeyer 2011, 40–41). Da die Schule der Ort ist, über das Leben zu reflektieren, soll gerade dort der Pluralismus auch sichtbar sein. Diesen Zugang verfolgt auch Österreich. Österreich hat mit dem Islam-Gesetz aus dem Jahr 1912 den Islam den anderen anerkannten Religionsgemeinschaften gleichgestellt. (Vgl. Tafner 2010b)

Aus diesen Analysen wird ersichtlich, dass die regulative Institutionalisierung der Religionsfreiheit unterschiedlich interpretiert wird. Diese Interpretation richtet sich nach den Verfassungen der Nationalstaaten oder ihrer Bundesländer. Die Rechtsprechung des EGMR geht vom Grundsatz *margin of appreciation* aus. Dieser Rechtsgrundsatz kann neo-institutionell als eine *geplante Entkopplung* interpretiert werden, die Nationalstaaten mittels regulativer Institutionen Freiraum für eigenständige Ausformungen belässt.

In der Entstehung und Entwicklung der europäischen Supranationalität spielen Institutionen eine wesentliche Rolle. Einerseits wird versucht, über europäische, vor allem regulative, Institutionen den Prozess der europäischen Integration voranzutreiben. Durch Isomorphie wird Europarecht in allen Nationalstaaten umgesetzt (vgl. Meyer 2005b, 163–178). Verwaltungstechnische, kulturelle und historische Unterschiede führen dazu, dass die Programmatik, also das Europarecht, nicht überall gleich umgesetzt wird und eine Entkopplung stattfindet. Die *geplante Entkopplung* findet sich in bestimmten europarechtlichen Instrumenten. „Als Folge der fortschreitenden Entstaatlichung und wegen der Befürchtung des Verlusts nationalstaatlicher Individualität im Zuge der Entwicklung einer ‚immer engeren Union' wurde das Gebot der Achtung der nationalen Identität der Mitgliedstaaten schon im Vertrag von Maastricht in den EUV aufgenommen." (Geiger, Khan & Kotzur 2010, 21) Die Europäische Union verfügt mit der Richtlinie über einen Rechtsakt, der die Entkopplung überhaupt zum Ziel hat: „Die Richtlinie ist für jeden Mitgliedstaat, an den sie gerichtet wird, hinsichtlich des zu erreichenden Ziels verbindlich, überlässt jedoch den innerstaatlichen Stellen die Wahl der Form und der Mittel." (Art. 288 AEUV). Grundsätzlich entspricht die Richtlinie also dem Subsidiaritätsprinzip (vgl. Geiger, Khan & Kotzur 2010, 861), das wiederum selbst als ein Instrument der *geplanten Entkopplung* bezeichnet werden kann. Als ein wesentlicher Grund der Entkopplung kann also der Nationalstaat selbst genannt werden, wobei *nationale Identität* ein *Selbstverständnis* ausdrückt, „wie es sich in seiner politischen, sozialen und kulturellen Besonderheit entwickelt hat" (Geiger, Khan & Kotzur 2010, 21) und sowohl in der Präambel des EUV als auch in Art. 167 AEUV[110] zum Ausdruck kommt: Die kulturelle und regionale Vielfalt der Mitgliedstaaten muss berücksichtigt werden. Das nationale Selbstverständnis drückt sich in den „politischen und verfassungsmäßigen Strukturen des einzelnen Mitgliedstaates" aus (Geiger, Khan & Kotzur 2010, 21). Der gegebenenfalls bundesstaatliche Aufbau des Staates gehört ebenso dazu wie die regionale kulturelle Vielfalt, der öffentlich-rechtliche Rundfunk, das Schul- und Bildungssystem, die Sprache, das Familienrecht, der Status von Kirchen sowie Religions- und Weltanschauungsgemeinschaften. Hier wirken neben nationalen regulativen und normativen Institutionen auch die kulturell-kognitiven. Offensichtlich wird dies, wenn die Vertreterinnen und Vertreter der Nationalstaaten – die sogenannten *Herren der Verträge* – ablehnen, die Hymne, die Fahne, das Motto und den Europatag in den Vertrag von Lissabon aufzunehmen, die im Entwurf zum Verfassungsvertrag noch als fixer Bestandteil vorgesehen waren. (Vgl. Vertrag über eine Verfassung für Europa 2004, Art I-8 sowie EUV u. EAUV in der Fassung von Lissabon)[111] Diese Symbole könnten als kulturell-kognitive Institutionen ihre Wirkung erzielen und damit einen Beitrag zur tieferen Integration leisten. Diese Institutionen sowie die Entstehung der Menschenrechte werden nun in 5.3 näher untersucht. Dafür ist ein Perspektivenwechsel auf die Mikroebene notwendig.

---

[110] Der Artikel 167 bezieht sich auf die Kultur. Im ersten Absatz ist zu lesen: „(1) Die Union leistet einen Beitrag zur Entfaltung der Kulturen der Mitgliedstaaten unter Wahrung ihrer nationalen und regionalen Vielfalt sowie gleichzeitiger Hervorhebung des gemeinsamen kulturellen Erbes."

[111] „Die Flagge der Union stellt einen Kreis von zwölf goldenen Sternen auf blauem Hintergrund dar. Die Hymne der Union entstammt der ‚Ode an die Freude' aus der Neunten Symphonie von Ludwig van Beethoven. Der Leitspruch der Union lautet: ‚In Vielfalt geeint'. Die Währung der Union ist der Euro. Der Europatag wird in der gesamten Union am 9. Mai gefeiert." (Vertrag über eine Verfassung für Europa 2004, Art I-8) Bemerkenswert ist dabei, dass auch der Euro hier erwähnt wird. Es geht hier nicht um die Währung an sich, sondern um die Symbolwirkung, die durch einheitliche Banknoten und Münzen erzielt wird. Eine Wirkung, die bereits die römischen Kaiser nutzten, um als Imperatoren unters Volk zu kommen und ihr Konterfei Bekanntheit erlangen konnte. (Vgl. Braun 2012, 31)

5.3 Neo-Institutionalismus und Mikroebene: Handlungsorientierung

Die *world-polity-Theorie* geht davon aus, dass die Entstehung und regulative Institutionalisierung von Menschenrechten mit Isomorphie erklärt werden kann. In 5.3.1 wird mit der affirmativen Genealogie von Joas und der Wertegeneralisierung ein alternatives neo-institutionelles Erklärungsmodell vorgestellt, das auf der Mikroebene, also auf der Handlungsebene wirkt, aber kulturelle Elemente mit berücksichtigt. Danach wird untersucht, welche Bedeutung kulturell-kognitive Institutionen für den Europäisierungsprozess haben, indem diese Institutionen das kollektive Selbstinteresse von Nationalstaaten fördern (5.3.2) und den Prozess der Europäisierung bremsen (5.3.3). In 5.3.4 wird eine qualitativ-empirische Studie des Autors erörtert, die einerseits aufzeigt, wie trotz Wertegeneralisierung Menschenrechte auf individualethischer Ebene unterschiedlich interpretiert werden und dass der Nationalstaat als Konstrukt eine Selbstverständlichkeit darstellt.

5.3.1 Menschenrechte als das Ergebnis der Wertegeneralisierung

In 4.1.2 wurde bereits auf die Veröffentlichung *Sakralität der Person* von Joas (2011) Bezug genommen. Mit einer *affirmativen Genealogie* legt Joas eine Theorie vor, die darlegt, dass die letzten Werte nicht allein rational erklärt werden können. Die Philosophie und Geschichte der Menschenrechte wirken zusammen und ermöglichen ihr Entstehen. Mit der *affirmativen Genealogie* wird gezeigt, wie Entstehung und Geltung von Werten zusammenfallen. Es gehe also um eine *affirmative Genealogie*, die darlege, dass es sich bei den Menschenrechten um eine echte historische Innovation handle, die gleichzeitig auch einen Evidenzcharakter habe. Es gehe um die Entstehung von universalistischen Werten und deren rechtliche Kodifizierung. Joas sieht diesen Prozess weder als einen *rein* religiösen noch als einen *rein* säkularhumanistischen. Gegen das Argument einer Säkularisierung des jüdisch-christlichen Ethos, wie sie z.B. Wahlers (2008, 9–10) vertritt, spreche die Tatsache, dass es 1700 Jahre[112] lang gedauert habe, bis die Menschenrechte in unserem heutigen Sinn interpretiert wurden.[113] Gegen die rein säkular-

---

[112] Insofern wirklich genau vor 1700 Jahren, als 313 das Christentum im Anschluss an das *Galerius-Edikt* von 311 das *Mailänder Programm* von Licinius und Konstantin beschlossen wurde. Das Toleranzedikt des Galerius gab den Christen bereits das grundsätzliche Recht, ihren Glauben im ganzen Reichsgebiet frei bekennen zu dürfen. Das *Mailänder Programm* gab darüber hinaus noch dem Christentum die allgemeine Rechtsfähigkeit und das Recht, beschlagnahmte Kirchengüter wieder zurückzuerhalten. (Vgl. Stockmeier 1986, 86–91)
[113] Die Entwicklung des Christentums und die Kirchengeschichte zeigen, welche Irrwege beschritten wurden und dass es für die Katholische Kirche von ihrer staatlichen Legitimation bis zum Zweiten Vatikanum (1962–1965) dauerte, bis die Menschenrechte anerkannt wurden. War

humanistische Interpretation sprächen empirische Gründe, auf die Joas detailliert eingeht. Den Enstehungsprozess interpretiert Joas als eine *affirmative Genealogie*, die „eine Geschichte der Sakralisierung der Person" sei. Mit diesem Begriff sei „eine Entstehungsgeschichte der Menschenrechte [gemeint], die zugleich zur Berechtigung des Entstandenen beiträgt" (Höffe 2011). Es gehe also um eine Darstellung der Plausiblität der Entstehung und weniger um eine Rechtfertigung (vgl. Höffe 2011): „In der Tat lässt eine affirmative Genealogie schwerlich mehr zu. Auch wer zusätzlich auf tieferliegende kulturelle Transformationsprozesse eingeht, kann aus einer Geschichte kontingenter Erfahrungen nur Plausibilität gewinnen: dass die Menschenrechte eine echte historische Innovation sind, die den Beteiligten gleichwohl als evident erscheint."

Den Zusammenhang von Geschichte und Normativität legt Joas (2011, 155–203) mit der Interpretation von Ernst Troeltschs *Der Historismus und seine Probleme* und *Der Historismus und seine Überwindung* dar und folgt dabei *sechs Schritten*: *Erstens* gebe es das Faktum der Idealbildung: Normen und Werte zeichneten sich nicht durch eine überzeitliche Moralität aus. Trotzdem hätten moralische Werte wie Autonomie, Würde, Achtung, Gerechtigkeit oder Solidarität eine allgemeingültige, auf Vernunft basierende Geltung. Diese moralischen Werte müssten aber immer wieder mit Inhalten gefüllt, sozusagen in die Epochen und Kulturen übersetzt werden. In der Sprache Troeltschs bedeute dies, dass aus moralischen Werten ethische würden. Daher komme es zu einer Spannung zwischen den moralischen Werten, die Allgemeingültigkeit beanspruchten, und den ethischen Werten einer Gesellschaft oder Kultur. Die universelle Moral werde in je spezifischer Weise in die Kultur eingewebt und entsprechend begründet. Das bedeute auch, dass jede Kultur ein bestimmtes partikulares Wertesystem mit einer bestimmten Wertdeutung ausformuliere.

> „‚Partikular' bedeutet aber eben nicht ‚partikularistisch'. Die Tatsache kultureller Besonderheit der Wertsysteme führt nicht dazu, die Möglichkeit der Berücksichtigung universalistischer Gesichtspunkte auszuschließen. Ganz im Gegenteil eröffnet sie die Frage, an welche besonderen Kulturtraditionen unter dem Gesichtspunkt der Universalität des Rechten am ehesten angeküpft werden kann." (Joas 2011, 159)

Durch die ständig sich vollziehende Idealbildung entstünden immer wieder neue Wertmaßstäbe, an denen sich die universalistischen Werte ausrichteten. Welche Werte sich ausformen, hänge von der Erfahrungen ab, die

---

das 19. Jahrhundert noch vom *Syllabus Errorum* gekennzeichnet und galt der Antimodernisierungseid noch im 20. Jahrhundert, so hat das Zweite Vatikanum das Denken der Kirche in Bezug auf die Menschenrechte radikal verändert. (Vgl. Zinnhobler 1986, 414–428; Liebmann 1986a, 429–438; Liebmann 1986b, 438–452)

Individuen, Gesellschaften oder Staaten machten. Das führe zum *zweiten* Schritt: Die Entstehung von Werten und Sinngebung beziehe sich auf das Individuum, das aber nicht nur als einzelner Mensch, sondern auch als *Kollektiv-Individualität* begriffen werden könne. Das Handeln aller Menschen in diesem Verbund könne Neues hervorbringen, das sich in Institutionen verkörpere. Individuen, Kollektive und Institutionen seien nicht ohne Idealbildung vorstellbar. *Drittens* dürfe die historische Entwicklung nicht als ein kontinuierlicher Gesamtfortschritt, sondern als einzelne Entwicklungslinien verstanden werden, die sich von den jeweiligen Idealbildungen entfernten oder sich zu ihnen hin entwickelten. Wenn nun aber Werte für die Idealbildung und damit auch für die historische Entwicklung wesentlich seien, so sind *viertens* auch die Werthaltungen der Historiker und Historikerinnen in den Blick zu nehmen, weil diese mit ihren eigenen Idealen auf die „geschichtlich wirksamen Idealbildungen" blickten. Joas (2011, 183) verweist auf Spranger (1960, 434), der von einem „existentielle[n] Historismus" spricht. Diese subjektive Färbung habe damit zu tun, dass Werte immer entweder als Anspruch an den betroffenen Menschen oder gar nicht erfahren würden. Werte sprächen also an – egal ob im Hier und Jetzt oder in der Vergangenheit, egal ob in der eigenen oder fremden Kultur – oder sie sprächen nicht an. Der Mensch könne sich nicht ohne Reflexion auf seine eigenen Werte auf die Werte anderer beziehen (vgl. dazu auch Tafner 2011a; 2013a). Eine rein objektive geschichtliche Darstellung sei deshalb gar nicht möglich (vgl. die Ausführungen über den *Cultural Turn* in 0.4). Die Konstruktionen von Historikerinnen und Historikern verschiedener Weltanschauungen und Religionen werde unterschiedlich aussehen und „es verschlingt sich damit heutige wertende Stellungnahme und Rekonstruktion historischer Prozesse in einer Weise, die mit einer einfachen Unterscheidung von Sein und Sollen, Tatsachen und Werten nicht zu treffen ist" (Joas 2011, 186). Im *fünften* Schritt definiert Joas die *affirmative Genealogie* als eine „kontingenzbewusste Vergangenheitsrekonstruktion", die davon ausgehe, dass der Prozess der Entstehung von ethischen Werten in Form einer Idealbildung die „Bindung an diese nicht negiert" (Joas 2011, 190). Werte, die heute Betroffenheit und Bindung erzeugten, werden dabei auf „ihre historische Entstehung hin untersucht" (Joas 2011, 191). Die Betroffenheit erzeuge nicht der moralische Universalismus, sondern erzeugten die konkreten ethischen Werte. „Die Frage, welches Handeln sich universalistisch rechtfertigen lässt, welche Kulturtraditionen und welche Institutionen fortgeführt oder transformiert werden sollen, lässt sich nicht unter Umgehung historischer Partikularitäten beantworten." (Joas 2011, 192) Das bedeute nicht – um es zu wiederholen –, dass es keine universellen Geltungsansprüche gebe, sondern es gehe um die Situationsbezogenheiten, in der die Werte Anerkennung erhalten. Universelle

Geltung gehe damit nicht verloren, sie werde „aber im Geist eines radikalen Bewusstseins historischer Kontingenz transformiert" (Joas 2011, 192). Oder anders ausgedrückt: Universalität kann nur greifen, wenn sie sich nicht auf die Menschheit per se bezieht, sondern auf konkrete Personen und Kollektive in einer bestimmten Situation. Im *sechsten* Schritt versucht Joas, seine affirmative Genealogie als einen „Versuch zur historisch-reflektierten Wertbegründung zu verstehen" (Joas 2011, 200). Wird die Idealbildung zum Ausgangspunkt einer historischen Betrachtung, so stelle sie sich gegen alle Versuche, geschichtliche Entwicklungen als quasi naturgesetzliche Prozesse zu deuten. Troeltsch habe damit eine soziologisch begründete Periodisierung der Geschichte zu ermöglichen versucht, die beim jeweiligen bestimmten metaphysischen Bewusstsein ansetze. Dabei gehe es um Sakralisierungsprozesse und „die ständige Verschiebung im Gehalt der Objekte, denen die Qualität des Sakralen attribuiert wird" (Joas 2011, 202). Die Bedeutung des Sakralen ändere sich mit Vorstellungen von Gesellschaft, Ökonomie oder Politik. Das Sakrale werde zum „Appell historisch verkörperten Sinns", das durch die *affirmative Genealogie* wieder zum Leben erweckt werde, indem der historisch verkörperte Sinn reinterpretiert werde. Das bedeute aber nicht nur, den Prozess der Entstehung von ethischen Werten zu verstehen, sondern auch die Notwendigkeit zu erkennen, dass Werte nicht bloß Werte seien, sondern, argumentativ verteidigt, „vor allem aber von Institutionen getragen und in Praktiken verkörpert werden [müssen]" (Joas 2011, 203). In der historischen Analyse müsse daher das Zusammenspiel von Werten, Institutionen und Praktiken berücksichtigt werden. Dieses Zusammenspiel könne auch das menschliche Handeln im kulturellen Kontext erklären. Der Mensch dürfe nicht im Sinne einer kulturalistischen Verengung als Gefangener der Kultur bezeichnet werden, der von ihr determiniert werde und keinen Entscheidungsfreiraum hat. Das menschliche Handeln spreche gegen diese Verengung. Handeln dürfe aber wiederum nicht so verstanden werden, als hätte die handelnde Person keine verinnerlichten Werte oder kulturelle Erwartungen. Es gelte also weder ein *Rationalmodell des Handelns* noch *ein Modell der kulturellen Programmierung.* „Nur bei einer Berücksichtigung der irreduziblen Kreativität des menschlichen Handelns ergebe sich hier ein Ausweg." (Joas 2011, 132–133) Kultur lasse sich nicht in einer bestimmten Stelle einer Situation verorten: Kultur finde sich in Selbstverständlichkeiten, die sich in täglichen Praktiken verkörperten, ohne dass darüber im Allgemeinen reflektiert werde. In Rechtfertigungsdiskursen werde über Vorstellungen von gut und böse diskutiert. Werte drückten Behauptungen über das Gute oder Böse aus. Praktiken und Werte könnten in Konflikt geraten, wenn über Werte in Bezug auf Praktiken reflektiert werde. Institutionen wiederum könnten von Werten und Praktiken abweichen, wobei Joas unter Institutionen „verpflichtend gewordene Handlungserwartungen" wie z.B. das Recht versteht, nicht aber die kulturell-kognitiven Selbstverständlichkeiten im Sinne Scotts (2001) – diese finden sich in den Alltagspraktiken.

```
                         Werte
                          /\
                         /  \
                        /    \
                       /      \
                      /        \
                     /_____\
        Institutionen im Sinne von Joas    Alltagspraktiken
```

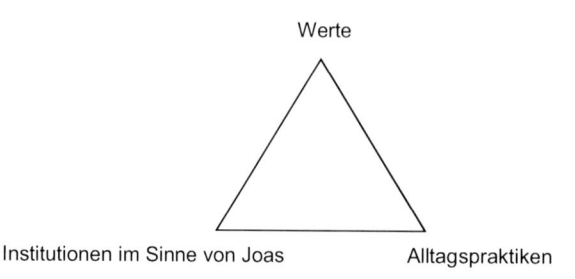

Abbildung 29: Spannungsfeld aus Werten, Institutionen und Alltagspraktiken

Kulturelle Veränderungsprozesse würden sich immer in diesem Spannungsfeld vollziehen und könnten an jedem Punkt des Dreiecks beginnen (siehe Abbildung 29). Welcher der drei Pole wichtiger sei, kann erst im Blick auf die Geschichte *ex post* festgestellt werden. Die Transformationsprozesse würden von Machtverhältnissen oder Interessen beeinflusst. „Alle Rede von Gesellschaften als Systemen oder Strukturen, von Gesellschaften als Texten oder Diskursgebilden lenkt von diesem unauflösbaren Spannungscharakter, der sich aus dem menschlichen Handeln ergibt, nur ab." (Joas 2011, 134)

Der Beginn des Themas Menschenrechte könne ins Ende des achtzehnten Jahrhunderts verortet werden, als zuerst in den Vereinigten Staaten von Amerika und danach in Frankreich erstmals Menschenrechte definiert wurden. Heute gebe es keinen Zweifel mehr daran, dass Amerika für die französische Menschenrechtserklärung eine Vorbildrolle spielte. So lebten z.B. Thomas Jefferson und Benjamin Franklin jahrelang in Paris und waren dort in das politische Leben involviert. Es war der Geist der Aufklärung, der die Entstehung der Menschenrechte möglich machte – aber nicht im Sinne einer religionsfeindlichen Aufklärung. Es sei ein Mythos, die französische Aufklärung als eine antireligiöse Erklärung zu verstehen. In der Frühphase der Revolution wurde auf jeden Erfolg ein *Te Deum* gesungen. Im Verlauf der Revolution sei es dann jedoch „zum staatlich geförderten Angriff auf das Christentum" gekommen. (Vgl. Joas 2011, 27) Bereits 1856 sah Alexis de Tocqueville den Grund für den wütenden Hass nicht gegen die religiöse Lehre gewandt, sondern gegen die politischen Institutionen, waren Priester ja auch Grundeigentümer, weltliche Administratoren oder Lehnherren. Die Kirche hatte in dieser Zeit die privilegierteste Stellung in der Gesellschaft, die natürlich auch von ökonomischer Gestalt war, denn sie war der größte

Grundbesitzer. Der Papst griff 1791 in den Konflikt ein und lehnte die Menschenrechte pauschal als häretisch und schismatisch ab. Darauf folgte in den Jahren 1793/94 der Höhepunkt der religionsfeindlichen Kampagne. Bereits ein kurzer Blick in die französische Erklärung der Menschen- und Bürgerrechte zeige, dass der Wortlaut keine antireligöse Tendenz aufweise. (Vgl. Joas 2011, 23–33) Im Gegenteil: In der Präambel werden die Menschen- und Bürgerrechte „in Gegenwart und unter dem Schutz des Höchsten Wesens" erklärt. Die Menschenrechte werden als *heilig* bezeichnet und die Religionsfreiheit ist gewährt. (Vgl. Verfassungen der Welt 2012; Joas 2011, 34–35) Das Vorbild für die Erklärung aber seien die Vereinigten Staaten gewesen. Jellinek (1919) legte dar, dass die Wurzeln für die amerikanische Menschenrechtserklärung religiöser Natur seien. Er sah die amerikanischen Protestanten, vor allem die Calvinisten, als Kämpfer für die Freiheit. Nach Jellinek stammen alle anderen Freiheiten aus der Religionsfreiheit. Heute müsse die These um drei Korrekturen vervollständigt werden (vgl. Joas 2011, 23–54): Es seien erstens nicht die Calvinisten alleine gewesen, sondern Calvinisten und Quäker, die religiöse Freiheit forderten. Zweitens könne nicht kausal von der Religionsfreiheit auf andere Freiheiten geschlossen werden. Drittens – und das ist wohl das Entscheidende – sei nicht zwischen Aufklärung und Religion zu trennen, sondern von einer Druchdringung der Religion durch die Aufklärung auszugehen. Die Aufklärung sei in Amerika über die Religionen erfolgt. Die Unabhängigkeitserklärung lasse sich weder eindeutig deistisch noch als christlich klassifizieren. Es fänden sich sowohl Gedanken der Aufklärung als auch der christlichen Tradition. Die Erklärung habe also nicht religiöse, sondern *auch* religiöse Wurzeln. Würde von der Deutung ausgegangen, dass das Religiöse selbst eine Bedeutung bei der Entstehung spielte, so stelle sich dies gegen jene Positionierungen, die von einem Vernunftglauben und von einem quasireligiösen *Kult der Vernunft* ausgehen.

Joas (2011, 63–95) führt verschiedene Argumente auf, die dafür sprechen, dass sich die Menschenrechte genealogisch begründen lassen, in der religiöse und aufgeklärte Gedanken gemeinsam zur Säkularisierung der Person geführt haben. So sei es eine historische Tatsache, dass im achtzehnten Jahrhundert die europäische Strafkultur einen fundamentalen Wandel vollzogen habe, die zur Abwendung von der Folter, zur teilweisen Abschaffung der Todesstrafe und zur Einführung von Gefängnissen als Ort des Strafvollzuges führte. Joas versteht dies als eine Inklusion jener Menschen, die Verbrechen begangen haben. Alle Menschen sind Menschen – auch Verbrecher. Als schlimmstes Verbrechen habe in der Menschheit meistens ein Verstoß gegen das Sakrale gegolten – nicht automatisch der Mord. Kommt es also zu Veränderungen im Strafrecht, so müsse sich das Sakrale verändert haben. Wenn die menschliche

Person selbst zum Sakralen werde, dann müsse sich im Strafvollzug einiges ändern. Ähnliches zeigt Joas (2011, 132–146) für die Antisklavereibewegung.

Joas (2011, 82) greift auf Durkheim (1986) zurück, der die universale Menschenwürde und die Menschenrechte als *die Religion der Moderne* verstand. Der Individualismus, von dem Durkheim spreche, sei ein Entwicklungsprozess des Christentums, der die Verantwortung in das Innere jedes einzelnen Menschen gelegt habe. So gebe es nach Durkheim zwei Formen des Individualismus, die sich wesentlich voneinander unterscheiden: Ein Individualismus, der sich am egoistischen Lustzuwachs und/oder am wirtschaftlichen Nutzen ausrichte. Dieser Individualismus sei nach Durkheim keineswegs gleichzusetzen mit dem Individualismus der Moralphilosophie Kants oder Rousseaus, also jenem Individualismus, der in den Menschenrechten eingefordert werde; dies habe nichts mit einem egoistischen Kult zu tun. So sei auch für Kant (zitiert in Joas 2011, 84) Würde etwas, das „über allen Preis erhaben ist, mithin kein Äquivalent verstattet". Durkheim verstehe die Menschenrechte als das Ergebnis eines Prozesses der Sakralisierung der Person[114] und nennt sie gar eine Religion, in der der Mensch Gott und Gläubiger sei. Dieser Schluss ergebe sich aus Durkheims Verständnis von Religion: Das Heilige sei für ihn konstitutiv für Religion. Vielmehr könne aber auch etwas Profanes mit Sakralität aufgeladen werden.

Die Rede von der Sakralität kann als Gegensatz zu vernünftigem Argumentieren verstanden werden. Habermas (1987b) hat derartige Bedenken Durkheim gegenüber geäußert, die Joas aufgreift. Nach Habermas sei – so Joas (2011, 95) – „in der Moderne die Sprache an die Stelle der Religion getreten, der rationale Diskurs an die Stelle der Heiligkeitserfahrung und -symbolisierung [...]. Für diesen Prozess hat er den Ausdruck eine ‚Versprachlichung' des Sakralen geprägt, worin eine der radikalsten je vorgetragenen Säkularisierungskonzeptionen steckt." Der rationale Diskurs würde demnach rituelle Praktiken ersetzen.[115] Joas schlägt vor, die Versprachlichung des

---

[114] Eigentlich spricht Durkheim von der Sakralität des Individuums. Joas (2011, 86) verwendet den Begriff der Person, weil dieser sich vom Verständnis „einer gewissenlos egozentrischen Selbstsakralisierung des Individuums löst" und gleichzeitig auf das Eingebundensein in die Gesellschaft verweist.

[115] Der Autor teilt nicht die Ansicht von Joas, dass Habermas heute eine Säkularisierungskonzeption verfolge. Gerade in Habermas (2012) wird klar ausgesprochen, dass es im nachmetaphysischen Denken keine Alternative zur Religion gebe und Religion deshalb weder verdrängt noch ersetzt werden könne. Bereits einige Jahre davor hatte sich Habermas für die Bedeutung der Religion eingesetzt: „Ich verteidige [...] Hegels These, dass die großen Religionen zur Geschichte der Vernunft selbst gehören. Das nachmetaphysische Denken kann sich selbst nicht verstehen, wenn es nicht die religiösen Traditionen Seite an Seite mit der Metaphysik in die eigene Genealogie einbezieht. Unter dieser Prämisse wäre es unvernünftig, jene ‚starken' Traditionen gewissermaßen als archaischen Rest beiseite zu schieben, statt den internen Zusammenhang aufzuklären, der diese mit den modernen Denkformen verbindet. Religiöse Überlieferungen leisten bis heute

Sakralen anders zu verstehen: Sprache sei die Artikulation des Sakralen. In *Nachmetaphysisches Denken* versteht Habermas (2012, 15) die „Versprachlichung des Sakralen […] [als] ein[en] Bedeutungstransfer aus Quellen sakraler Kommunikation in die Alltagssprache". Die Philosophie habe sich „von der Umklammerung der Religion gelöst und beansprucht nun, Moral und Recht, überhaupt den normativen Gehalt der Moderne aus Vernunft allein zu begründen". Allerdings gehe die Philosophie nicht in der Wissenschaft auf, weil sie kritisch zum Szientismus Stellung beziehe. Mit den Religionen teile sie diese „selbstreflexive Einstellung" zur Verarbeitung des Weltwissens. Die Philosophie frage nach, was die Vermehrung des Wissens für die Menschen bedeute. Trotz des „säkularen Charakters des nachmetaphysischen Denkens" sei es Aufgabe der Philosophie, in Kommunikation mit den Religionen zu treten, um die religiösen Überlieferungen in eine „über bestimmte Religionsgemeinschaften hinaus zugängliche Sprache zu übersetzen – und so dem diskursiven Spiel öffentlicher Gründe zuzuführen" (Habermas 2012, 15–18). Die Philosophie müsse im Dialog mit den Religionsgemeinschaften bleiben, da

> „die Religionsgemeinschaften auch noch nach der Säkularisierung der Staatsgewalt für eine demokratische Legitimation der Herrschaftsordnung relevant bleiben. […] In demokratischen Verfassungsstaaten ist aus normativer Sicht das Verhältnis von Religion und Politik ziemlich übersichtlich. Umso befremdlicher sind die ausgeflippten Reaktionen auf Ausbrüche der religiösen Gewalt und auf die Schwierigkeiten, die unsere postkolonialen Einwanderungsgesellschaften damit haben, fremde Religionsgemeinschaften zu integrieren. Ich will das Gewicht dieser politischen Probleme nicht herunterspielen, aber was die politische Theorie dazu zu sagen hat, ist nicht wirklich strittig." (Habermas 2012, 17–18)

Aufgabe der Philosophie sei es heute also, einerseits einen „‚weichen' Naturalismus zu verteidigen", der die Wissenschaft selbst kritisch betrachtet und Stellung gegen den Szientismus bezieht, und andererseits für die Weltbilder der Religionsgemeinschaften offen zu bleiben, weil „Religionsgemeinschaften mit ihrer kultischen Praxis eine wie auch immer reflexiv gebrochene und sublimierte Verbindung mit archaischen Anfängen der rituellen Erzeugung normativer Bindungsenergien *aufrechterhalten*" und damit einen Beitrag für die moderne Gesellschaft leisten könnten (Habermas 2012, 10 u. 16–17). Joas und Habermas scheinen daher in ihren Aussagen weniger weit auseinanderzuliegen, als Joas meint. Mit der Sprache – so Joas (2011, 95–96) – könne etwas Neues entstehen, das zu einer Idealbildung führt. In der Sprache könne Sak-

---

die Artikulation eines Bewusstseins von dem, was fehlt. Sie halten eine Sensibilität für Versagtes wach. Sie bewahren die Dimensionen unseres gesellschaftlichen und persönlichen Zusammenlebens, in denen noch die Fortschritte der kulturellen und gesellschaftlichen Rationalisierung abgründige Zerstörung angerichtet haben, vor dem Vergessen." (Habermas 2005, 12–13) Siehe dazu ausführlicher Tafner (2009b, 79–81).

rales artikuliert werden. Dabei entstehe das rationale Argument in emotionaler Rückbindung auf Praktiken und Werte. Die Sprache ermögliche das Emotionale, um das Sakrale zu transformieren, und dadurch entstehe Neues.

Mit der *affirmativen Genealogie* von Joas (2011) lässt sich ebenso wie bei Mandry (2009) zeigen, dass *Pistis* und *Logos* sich gegenseitig befruchten. Am Beispiel der Entstehung der Menschenrechte wird auch deutlich, dass mit dem Religiösen auch archaisch-lebensweltliche, primordiale und expressive Elemente transportiert werden. Dieser Prozess der Wertegeneralisierung beinhaltet also auch ganz stark nicht-zweckrationale Elemente.[116] Er zeigt auch auf, dass das 20. Jahrhundert fähig ist, Werte zu generalisieren und zu deuten: „Der Siegeszug der Menschenrechte straft alle Lügen, die die Gegenwart oder Modernisierungsprozesse überhaupt nur im Zeichen des Werteverfalls und des Verlusts gemeinsamer Werte deuten wollen." (Joas 2011, 23)

Der Europarat und die Europäische Union sind für die Diffusion der Menschenrechte legitimiert. Die Legitimation dafür liegt im Sinne der *world polity* in der *Kultur der Rationalität*. Die Menschenrechte beinhalten jedoch – wie Joas (2011) ausführt – nicht nur zweckrationale Elemente. Der Gag der *world polity* liegt daher darin, dass die Menschenrechte rein zweckrational legitimiert werden, obwohl sie auch starke nicht-zweckrationale Elemente beinhalten. Durch diesen Prozess *erscheinen* die Menschenrechte selbst als völlig zweckrational – ein ähnlicher Prozess wie er bereits mit der Ökonomie beschrieben wurde (vgl. 4.5).

Wird die Dimension der Menschenrechte und des Europarates im Europäisierungsprozess aus der neo-institutionellen Mikroebene betrachtet, so bietet sich mit der affirmativen Genealogie ein Erklärungsmodell für die Entstehung der Menschenrechte an. Das Zusammenspiel von Werten, Alltagspraktiken und Institutionen ermöglicht Neuinterpretationen und kann so Transformationsprozesse auslösen. Damit kann eine Alternative zur Isomorphie begründet werden. Die Isomorphie fokussiert die Diffusion von regulativen Institutionen. Die Entstehung der Menschenrechte als regulative Institution kann besser auf der Mikroebene erklärt werden. Aus wirtschaftspädagogischer Perspektive zeigt die *affirmative Genealogie* den Zusammenhang von Institutionen- und Individualethik auf, denn Institutionen müssen – wie Joas (2011, 203) ausführt – argumentativ verteidigt und in Praktiken verkörpert

---

[116] Max Weber unterscheidet vier Handlungstypen: zweckrationales, wertrationales, emotionales und traditionelles Handeln. Die „absolute Zweckrationalität des Handelns" stellt eigentlich nur einen „konstruktiven Grenzfall" dar (Weber 1980, 13). Das wertrationale Verhalten ist gekennzeichnet „durch bewussten Glauben an den – ethischen, ästhetischen, religiösen oder wie immer sonst zu deutenden – unbedingten Eigenwert eines bestimmten Sichverhaltens rein als solchen und unabhängig vom Erfolg" (Weber 1980, 12).

sein. Dieser Zugang eröffnet mehr pädagogische Möglichkeiten als die Theorie der Isomorphie.[117]

5.3.2 Janusgesicht des Nationalstaates und kulturell kognitive Institutionen

Es wurde in 5.2 dargestellt, dass die *world-polity-Theorie* zu erklären versucht, wie die Diffusion der Idee des Rationalismus in Form des Nationalstaates und der Europäischen Union erfolgt. Die *world-polity-Theorie* kann aber nicht erklären, warum sich Supranationalität nicht so einfach durchsetzt wie der Nationalstaat. Ulrich Beck stellt fest, dass die transnationale Kooperation als das Erfolgsgeheimnis der Europäischen Union „irgendwie nicht in die Köpfe vordringt" (Goethe-Institut 2006)[118]. John Meyer (2005b, 165) selbst gibt den Hinweis auf die Antwort, denn er spricht von der „primordialen und expressiven" Kultur der Nationalstaaten, welche die Europäische Union nicht aufweisen könne. Primordiale und expressive Elemente der Kultur sind vor

---

[117] Dennoch wird für die Theorie der Wertegeneralisierung festgestellt werden, dass auch sie zu Entkopplung führt und es daher auf Basis von gleichen Wertegeneralisierungen zu unterschiedlichen Interpretationen und Handlungen kommen kann. Dies wird anhand der qualitativ-empirischen Untersuchung in 5.3.4 gezeigt.

[118] Wird versucht, die kollektive Identität anhand der Verbundenheit mit einem geografischen Ort oder Raum zu definieren, wie dies im Eurobarometer gemacht wird, so wäre eindeutig nachzuzeichnen, dass sich die Menschen mit der Europäischen Union wenig identifizieren: 88% der Unionsbürgerinnen und -bürger fühlen sich mit ihrem Dorf oder ihrer Stadt verbunden; 91% mit dem eigenen Nationalstaat und 46% mit der Europäischen Union (vgl. Europäische Kommission 2012b, T161–T163). Das affektive Element gemessen an der geografischen Verbundenheit, ist gegenüber den Nationalstaat wesentlich größer als gegenüber der Europäischen Union. Anders sieht der Blick aus, wenn das Vertrauen in nationalstaatliche und europäische Institutionen – im Sinne von Organisationen – erhoben wird: Sowohl dem Nationalstaat als auch den supranationalen Institutionen wird sehr wenig Vertrauen geschenkt. 67% der Unionsbürgerinnen und -bürger haben eher wenig Vertrauen in ihre nationale Regierung; 66% eher wenig Vertrauen in das nationale Parlament und 60% eher wenig Vertrauen in die Europäische Union. Positiv formuliert: 31% haben eher Vertrauen in die Europäische Union und je 28% in das nationale Parlament und die nationale Regierung. Das Vertrauen Institutionen gegenüber hat im Laufe der Krise insgesamt abgenommen, jenes der Europäischen Union gegenüber jedoch erheblich stärker (-38% gegenüber 2004) als jenes gegenüber den nationalen Parlamenten (-36% gegenüber 2004) und den nationalen Regierungen (-21% gegenüber 2004) (vgl. Europäische Kommission 2012a, 13). (Vgl. Tafner 2013f)
Risse (2010, 5) lehnt die allgemeine Feststellung, dass es für Europäer keinen europäischen Gemeinschaftssinn gibt, ab, und verweist auf empirische Daten, die zeigen, das mehr als 50 Prozent der Unionsbürgerinnen und -bürger sich auch mit Europa identifizieren, wenn auch nur im Sinne einer zweiten Identität. Jene, die sich mit Europa identifizieren, unterstützen die europäische Integration auch stärker als jene, die nur eine reine nationale Identität aufweisen. Die europäische Identität ist im westlichen Zentraleuropa und im Süden ausgeprägt, in Skandinavien und im Vereinigten Königreich ist die nationale Identität stark ausgeprägt, im östlichen Zentraleuropa ist die europäische Identität ähnlich wie im westlichen Zentraleuropa ausgeprägt.

allem kulturell-kognitiver Natur. Sie sind Selbstverständlichkeiten (vgl. Scott 2001, 57–58).

Es stellt sich damit die zweite Frage, wie es sich mit der *Kultur der Rationalität* verhält. Für den Nationalstaat *und* für die Europäische Union sind isomorphe regulative Institutionen bedeutend. In beiden wirkt die *Kultur der Rationalisierung*. Könnte es aber so sein, dass die *Kultur der Rationalisierung* der Europäischen Union doch weniger stark wirkt als die *Kultur der Rationalisierung* der Nationalstaaten, die um die primordiale und expressive Kultur des Nationalstaates verstärkt wird?

Die Wirkung von kulturell-kognitiven Institutionen auf den Europäisierungsprozess ist nicht zu unterschätzen (vgl. Tafner 2012a, 41–43; 2012b; 2013f).

„Die Einsicht in ihre Wirkungsweise gründet auf eine persönliche Erfahrung, die der Autor im Zuge der vielen Vorträge über die Europäische Union immer wieder gemacht hat. Häufig wurde in den Diskussionen folgende Frage gestellt (vgl. Amt der Steiermärkischen Landesregierung 2006, 13): ‚Was bringt mir die EU?' Diese Frage hat der Autor immer wieder als einen Anlass (miss)verstanden, um neue Argumente für den ökonomischen Nutzen der europäischen Integration zu liefern. Bis dem Autor jedoch eines Tages klar wurde, dass die Antwort in der Frage selbst liegt: Welcher Österreicher würde fragen: ‚Was bringt mir Österreich?' Welche Deutsche würde fragen: ‚Was bringt mir Deutschland?' Die Fragen an sich klingen beinahe absurd. Es geht also nicht um den ökonomischen Nutzen, es geht um kulturell-kognitive Institutionen, die im Nationalstaat gebündelt sind und in der Idee der Supranationalität kaum Bedeutung erlangen. Die Auseinandersetzung mit der Europäischen Union, in welcher der Europäisierungsprozess seine tiefste Integration erreicht, ist im Kern eine über die Bedeutung des Nationalstaates und die Idee der Supranationalität." (Tafner 2013f)

Die Frage nach dem Nutzen der Europäischen Union greift zu kurz: Studien belegen z.b. für Österreich den ökonomischen Vorteil der Mitgliedschaft bei der Europäischen Union (vgl. z.B. Breuss 2006; 2010), trotzdem ist die österreichische Bevölkerung der europäischen Integration gegenüber äußerst skeptisch – und dies seit dem Beitritt zur Europäischen Union im Jahr 1995[119] (vgl. Europäische Kommission 1995–2012). Antworten auf die Fragen nach dem Nutzen der Europäischen Union verhallen ungehört (vgl. Amt der Steiermärkischen Landesregierung 2006, 13). Es geht also nicht ausschließlich um den ökonomischen Vorteil. Risse (2010, 101) führt im Verweis auf Citrin und Sides (2004) zu diesem Phänomen aus: „On the level of mass public opinion,

---

[119] In der Volksabstimmung am 12. Juni 1994 stimmten zwei Drittel (66,6%) für den Beitritt Österreichs zur Europäischen Union (vgl. Bundesministerium für Inneres 1994). Seit der ersten Teilnahme am Eurobarometer im Jahr 1995 bewerten die Österreicherinnen und Österreicher die Frage, *ob die Mitgliedschaft Österreichs in der Europäischen Union eine gute Sache sei* im Durchschnitt um ca. 15 Prozentpunkte schlechter als der EU-Durchschnitt. (Vgl. Tafner 2013b, 114)

there is little evidence that the percieved benefits from European integration led to greater identification." Oder anders formuliert: Europäische Supranationalität nur ökonomisch zu erklären, greift zu kurz.

Bis zum 17. Jahrhundert hatten sich in Europa Staaten herausgebildet, die über ein Territorium verfügten und von souveränen Herrschern geführt wurden und den älteren politischen Ausformungen wie den Alten Reichen oder den Stadtstaaten im Hinblick auf die Steuerungsfähigkeiten wesentlich überlegen waren (vgl. Habermas 1998, 84). Der Staatentyp, der sich aus der amerikanischen Unabhängigkeitserklärung und der Französischen Revolution heraus entwickelt hat, nämlich der Nationalstaat, hat sich weltweit durchgesetzt. Anderson (1991) legt dar, welche große Bedeutung die Entstehung von *print-languages* für die Entstehung der Nationalstaaten hatte. Neben der Erfindung des Buchdruckes war die Verwendung von Volkssprachen, die nicht sakrale Sprachen wie das Lateinische waren, eine wesentliche Voraussetzung, die zur Entstehung des Nationalstaates führte. Die Verwendung der gleichen profanen Schriftsprache ermöglichte die Entstehung von *imagined communities*. Mit der Französischen Revolution war auch ein Modell als Vorbild vorhanden. Schließlich führte auch Herder aus: „Denn *jedes* Volk ist Volk; es hat seine nationale Bildung wie *seine* Sprache." (Herder zitiert in Anderson 1991, 67–68). Die Entdeckungen bzw. Aufarbeitungen großartiger Zivilisationen und Kulturen außerhalb Europas im Laufe des 16. Jahrhunderts (z.B. China, Japan, Süd-Ostasien, Indien, Mexiko, Peru) waren ein deutlicher Beweis der menschlichen Pluralität. Dies führte auch zu einer Revolution im Denken über Sprachen. Im späten 18. Jahrhundert setzte die Sprachforschung ein. Unter anderem wurden Sanskrit und die Hieroglyphen erforscht. Das führte in weiterer Folge auch zur Erforschung der Volkssprachen. (Vgl. Anderson 1991, 69–71) „The nineteenth century was, in Europe and its immediate peripheries, a golden age of vernacularizing lexographers, grammarians, philologists, and litterateurs." (Anderson 1991, 71) Ende des 18. Jahrhunderts entstand z.B. ein russisches Wörterbuch; Josef Dobrovský veröffentlichte das erste Werk über die tschechische Sprache und Literatur und der Ungar Ferenc Kazinczy veröffentlichte zahlreiche Publikationen über das Ungarische. Ähnliches ist in vielen anderen Sprachen zu beobachten. Gelesen konnten die neu entstandenen Werke der Volkssprachen von der gebildeten Bourgeoisie werden. (Vgl. Anderson 1991, 71–76) „Thus in world-historical terms bourgeoisies were the first classes to achieve solidarities on an essentially imagined basis. […] In Europe […] intra-European dynastic empires were basically polyvernacular. In other words, power and print-languages mapped different realms." (Anderson 1991, 77) Nachdem nach dem Ersten Weltkrieg die großen Dynastien ihre Macht verloren hatten – Habsburger, Hohenzoller, Romanow und Ottomannen –, wurde der Nationalstaat zur legitimierten internationalen Norm der Staatenorganisation (vgl. Anderson 1991, 113).

Nicht alle Nationen sind heute Demokratien, aber alle staatlichen Demokratien sind Nationen. Der moderne Staat steht auf vier Standbeinen (vgl. Habermas 1998, 96–105):
1. Er ist ein Verwaltungs- und Steuerstaat.
2. Er ist ein Territorialstaat, der mit Souveränität ausgestattet ist.
3. Er ist ein Nationalstaat.
4. Er konnte sich zum Rechts- und Sozialstaat entwickeln.

Die Ausdifferenzierung ermöglichte, so Habermas, das Entstehen des *Verwaltungsstaates*: Die Gesellschaft habe sich vom Staat getrennt. Das Recht regle den Staat und das Private und könne dadurch Staat und Gesellschaft voneinander trennen. Der Staat sei fähig, die Wirtschaft zu regeln, weil nur die Politik Recht schaffen kann. Nur der Staat verfügt über das Gesetzgebungsmonopol. Da der Staat über ein Territorium verfügt, kann das Recht nur auf einem bestimmten Gebiet Geltung erlangen. Das *Territorialprinzip* führe auch zur Abgrenzung nach außen, gegenüber anderen Staaten. Deshalb erhalte die Staatsangehörigkeit eine so große Bedeutung. Das Volk (oder die Völker) auf einem Territorium gebe (geben) sich über demokratische Prozesse selbst das Recht, das für das Volk (die Völker) gelte. Eine Demokratie könne sich nur entwickeln, wenn das Staatsvolk das auch wolle. Um Selbstbestimmung zu ermöglichen, sei kulturelle Integration notwendig. Dafür stehe die Idee der *Nation*. Sie ermögliche die Herausbildung einer neuen Identität. Durch die Konstruktion einer gemeinsamen Abstammung, Geschichte und Sprache werde eine imaginäre Einheit erzeugt. (Vgl. Habermas 1998, 94–99) „Erst die symbolische Konstruktion eines ‚Volkes' macht aus dem modernen Staat den Nationalstaat." (Habermas 1998, 100) Aus diesem Nationalbewusstsein entstehe eine staatsbürgerliche *Solidarität*, eine abstrakte Solidarität. Obwohl sich die Menschen fremd blieben, fühlten sie eine Solidarität füreinander und seien bereit, dafür Opfer auf sich zu nehmen, wie z.b. Steuern für andere zu zahlen oder den Wehrdienst abzuleisten. Der demokratische *Rechtsstaat* basiere auf einer Verfassung, in der das Recht vom Volk ausgehe, das Volk also zugleich der Rechtsgeber als auch der Rechtsempfänger sei. Das Recht müsse allen gleich zugute kommen, vor allem dürften keine Diskriminierungen auftreten. Es sei Aufgabe des *Sozialstaates*, dies umzusetzen. (Vgl. Habermas 1998, 100–101)

Diese vier Besonderheiten des modernen Staates seien in Europa nach dem Zweiten Weltkrieg institutionalisiert worden. Seit dem Ende der 1970er-Jahre gerate diese Institutionalisierung durch die Globalisierung aber immer stärker unter Druck: Das Standbein Verwaltung sei hinsichtlich seiner Ordnungs- und Organisationsleistungen grundsätzlich nicht eingeschränkt. Allerdings seien neue Risiken durch die Globalisierung entstanden, die grenzüberschreitender Natur sind. Dazu gehörten ökologische Fragen, wie grenzüberschreitende Umweltverschmutzung. Anders sehe es jedoch mit den Steuern aus, die der Staat benötige, um u.a. seine Verwaltung aufrechterhalten zu können. Die Kapitalfreiheit mache den Zugriff auf Geldvermögen schwierig. Die Androhung von Unternehmen oder Unternehmensvertretungen, abzuwandern, führe eine Kostensenkungsspirale in Gang. Das führe auch dazu, dass die Unternehmenssteuer gesenkt würde und insgesamt das Steueraufkommen zurückgehe. Oft diene das Wort vom schlanken Staat nicht einer oftmals notwendigen Kritik an einem unflexiblen Verwaltungsapparat, sondern vielmehr als Druck, die Staatsausgaben und damit auch Staatseinnahmen zu senken. Die Souveränität des Territorialstaates sei formal nicht von der Globalisierung betroffen, die Frage allerdings, die sich erhebe, sei, ob der Territorialstaat für grenzüberschreitende Problematiken überhaupt das richtige Konstrukt darstelle. Je verflochtener die Welt sei, umso weniger seien die Staaten, die Entscheidungen treffen, auch jene, die davon betroffen seien. So sei es möglich, dass die Beteiligten nicht mehr die Betroffenen seien. Was das Nationale betreffe, so seien ethnozentrische Reaktionen gegen das Fremde zu erkennen. Betroffen seien Ausländerinnen und Ausländer, Andersgläubige, Randgruppen, Andersfarbige. Trotz der rigiden Einwanderungsregelungen in Europa werden die Gesellschaften immer multikultureller. (Vgl. Habermas 1998, 100–114)

Die Menschen blieben sich innerhalb eines Nationalstaates fremd und trotzdem entstehe eine abstrakte Solidarität, die sich auf den Nationalstaat begründe. Der Nationalstaat präge ein Doppelgesicht aus:

> „Ich verkenne nicht das Janusgesicht der ‚Nation' als der ersten modernen, noch von Herkunftsprojektionen zehrenden Form kollektiver Identität. Sie changiert zwischen der imaginierten Naturwüchsigkeit einer Volksnation und der rechtlichen Konstruktion einer Nation von Staatsbürgern." (Habermas 1998, 153).

Die „symbolische Konstruktion eines ‚Volkes'" (Habermas 1998, 100) als die eine Ausprägung des nationalen Janusgesichts führe zu ethnozentrischen Reaktionen gegen das Fremde.

> „Zweifellos sind es viele Faktoren, die […] zum Entstehen des Begriffs der nationalen Gemeinschaft geführt haben: sie ist nicht politisch, sondern organisch, evolutiv, vital und metaphysisch zugleich, Ausdruck eines quasi irrationalen und ungreifbaren Geistes, den das Wort Gemeinsinn wiedergibt. Dieser höchste Wert, der Volksgeist, ist bei Herder nicht biologisch, ‚wissenschaftlich' oder auch politisch, er ist seinem Wesen nach moralisch. Erst nach 1806 wird dieser kulturelle Begriff der ‚Nation' ein politischer, der im national-politischen Kampf eingesetzt wird. So als hätte in einer ersten Zeit die französische Aufklärung bei dem Protestanten Johann Gottfried Herder (1744–1803) den Ausbruch eines Nationalgeistes bewirkt, der in der Sprache verankert war und innerhalb eines allumfassenden Humanismus die unterschiedlichen Werte jeder Nation achtete. Und als hätte in einer zweiter Periode die Rückwirkung der Revolutionskriege diese nationale Religion in eine nationalistische und,

mehr noch, eine rückläufige Politik verwandelt, die, gegen die universalistische Abstraktion gerichtet, einen romantischen Rückhalt in der Vergangenheit, im Volkscharakter oder im nationalen und individuellen Genius suchte – alle irreduzibel, widerspenstig, durch Denken nicht fassbar und dennoch regenerierend. In diesem familialen und irrationalen Bereich ist sowohl ein nationaler Rückzugswinkel angesiedelt – in Zeit der Niederlagen und Schwierigkeiten, als Struktur, die eine archaische Integrität, eine unabdingbare Garantie der Familie sicherstellt – als auch der Nationalstolz – in offensiven Perioden, als Speerspitze einer Politik ökonomischer und militärischer Expansion." (Kristeva & Rajewski 1990, 192–193)

Mit Herders Idee des Nationalismus, die noch mit einer christlichen Ethik gewissermaßen gemildert gewesen sei, sei gleichzeitig eine gefährliche Waffe geschmiedet worden, die Völker dabei unterstützen konnte, ihr Überlegenheitsgefühl mit Irrationalismus zu unterstützen. (Vgl. Kristeva & Rajewski 1990, 193)

„Der Begriff Kultur hat im völkischen Nationalismus des 19./20. Jahrhunderts eine Bedeutung erlangt, die ethnografisch-historisch und kulturgeschichtlich zwar unsinnig ist, aber gleichwohl von weitreichender Wirkung war" (Maier 2004, 86). Die Vorstellung, dass es eine unverwechselbare Volksidentität gibt, die aus einer *art-reinen* Kultur entstanden ist, ist ein rassistischer, ethnozentristischer Zugang.

> „Trotz des politischen Scheiterns dieser Ideologie blieben gewisse Grundüberzeugungen im Bewusstsein weiter Schichten verwurzelt und bestimmen noch derzeit mit den entsprechenden emotionalen Komponenten die Diskussionen um die ‚multikulturelle Gesellschaft', deren schützenswertes Gegenstück sich eben als die angeblich arteigene ‚reine' Kultur darstellt." (Maier 2004, 86)

Wäre dieser Zugang richtig, dann wäre eine abgelegene Region ohne kulturelle Einflüsse von außen das positivste Beispiel für die Bewertung von Kultur. Vielmehr ist es so, dass Hochkulturen immer im Austausch mit anderen Kulturen standen, dass kulturelle Entwicklung nur in der Offenheit möglich ist und das Sich-Abschließen das Ende einer kulturellen Entwicklung bedeutet. (Vgl. Maier 2004, 86–87)

„Nationalbewusstsein und Patriotismus oder Nationalismus bilden […] den Hintergrund, vor dem sich die heutige Situation der Fremden abzeichnet und verständlich wird." (Kristeva & Rajewski 1990, 188) Es ist das Fremde, mit dem sich die Menschen schwer tun. Mit Freud wissen wir,

> „dass wir uns selbst fremd sind, und es ist allein dieser Rückhalt, von dem aus wir versuchen können, mit den anderen zu leben. […] Die Psychoanalyse erweist sich damit als eine Reise in die Fremdheit des anderen und meiner selbst, hin zu einer Ethik des Respekts für das Unversöhnbare. Wie könnte man einen Fremden tolerieren, wenn man sich nicht selbst als Fremden erfährt?" (Kristeva & Rajewski 1990, 184 u. 198)

Der Fremde ist also auch in uns selbst. Freud ruft auf, die Fremdheit in uns aufzuspüren. Kristeva interpretiert dies als eine Aufforderung, die Fremden nicht zu verdinglichen, sondern sie zu analysieren, das Fremde zu analysieren, indem wir uns analysieren. Es geht um unsere eigene Andersartigkeit. Wer die eigene Fremdheit erkennt, wird von der Fremdheit draußen nicht erschrecken. „Das Fremde ist in mir, also sind wir alle Fremde. Wenn ich Fremder bin, gibt es keine Fremden." (Kristeva & Rajewski 1990, 209) Ähnlich argumentiert Gruen (2008, 10–11): Fremdenhass stammt aus dem Selbsthass. Den Fremden, der im Anderen gesehen wird, muss auch im Eigenen gefunden werden. Der Mensch aber will das, was ihm fremd wurde, zum Schweigen bringen. So wird auch das Fremde im Eigenen zum Schweigen gebracht. „Es sind die Gemeinsamkeiten, die Menschen dazu bringen, einander zu bekämpfen, nicht die Unterschiede." (Gruen 2008, 17) Der Mensch unterdrückt das Eigene, das als minderwertig empfunden wird. Das Eigene wird zum Fremden.

Bezogen auf die Entwicklungen in Frankreich, wo immer mehr Migrantinnen und Migranten leben, – wie in vielen anderen Staaten Europas auch – gehen Kristeva und Rajewski davon aus, dass eine Homogenität nicht zu erreichen ist. Anders als zur Gründung der Vereinigten Staaten, als jeder einwandernde Mensch einen neuen religiösen und ökonomischen Glauben angeboten bekam, ist heute jeder sich selbst überlassen.

> „Aber das grundlegende Problem […] ist eher psychologischer, wenn nicht metaphysischer Art. Da ein neues gemeinschaftsstiftendes Band fehlt – eine Heilsreligion, die die Masse der Umherirrenden und Differenten in einen neuen Konsens einbinden würde, einen anderen als den von ‚mehr Geld und Güter für alle' –, sind wir das erste Mal in der Geschichte dazu gezwungen, mit anderen, von uns gänzlich Verschiedenen zu leben, und dabei auf unsere persönlichen Moralgesetze zu setzen, ohne dass irgendein unsere Besonderheiten umschließendes Ganzes diese transzendieren könnte. Eine paradoxe Gemeinschaft ist im Entstehen, eine Gemeinschaft von Fremden, die einander in dem Maße akzeptieren, wie sie sich selbst als Fremde erkennen. Die multinationale Gesellschaft wäre somit das Resultat eines extremen Individualismus, der sich aber seiner Schwierigkeiten und Grenzen bewusst ist – der nur Irreduzible kennt, die bereit sind, sich wechselseitig in ihrer Schwäche zu helfen, einer Schwäche, deren anderer Name unsere radikale Fremdheit ist." (Kristeva & Rajewski 1990, 213)

Das zweite Janusgesicht ist die rechtliche Konstruktion, in deren Mittelpunkt die Idee der Staatsbürgerschaft steht. Es sind also regulative Institutionen, die ihre nationalstaatliche Wirkung entfalten. Besonders stark wirken nationalstaatliche gesetzliche Vorgaben. Acemoglu und Robinson (2012) argumentieren, dass diese regulativen Institutionen entscheidend für den unterschiedlichen Wohlstand der Nationen seien. Diese Institutionen wiederum seien die

Ergebnisse einer historischen Entwicklung, insbesondere der industriellen Revolution.

„Each society functions with a set of economic and political rules created and enforced by the state and citizens collectively. […] As institutions influence behaviour and incentives in real life, they forge the success or failure of nations. Individual talent matters at every level of society, but even that needs an institutional framework to transform it into a positive force. […] Our theory for world inequality shows how political and economic institutions interact in causing poverty or prosperity, and how different parts of the world ended up with such different sets of institutions." (Acemoglu & Robinson 2012, 42–44)

Die Entwicklung eines Staates hänge also wesentlich von den regulativen Institutionen ab. Einige Nationalstaaten würden es schaffen, effiziente regulative Institutionen zu implementieren, andere nicht. Arme Staaten seien deshalb arm, weil die Regierenden Armut erzielen möchten, um eigene Vorteile zu erzielen. (Vgl. Acemoglu & Robinson 2012, 68) Es sei zu unterscheiden, ob es gelinge, *inclusive political institutions* zu implementieren, „that allow and encourage participation by the great mass of people in economic activities that make best use of their talents and skills and that enable individuals to make the choices they wish" (Acemoglu & Robinson 2012, 74). Dies seien Institutionen, die Privateigentum, Rechtsstaatlichkeit und Privatautonomie ermöglichen und den Weg bereiteten für technischen Fortschritt und Bildung. Sie ermöglichen, dass die ökonomische und politische Macht nicht auf eine bestimmte Gruppe gerichtet bleibt, sondern vielen verschiedenen Gruppen offen steht. Wesentlich für die Implementierung effizienter regulativer Institutionen sei ein zentral organisierter Staat, der nach Max Weber das *legitimierte Machtmonopol* besitze. (Vgl. Acemoglu & Robinson 2012, 74–80) „We will refer to political institutions that are sufficiently centralized and pluralistic as inclusive political institutions." (Acemoglu & Robinson 2012, 81) *Extractive political institutions* zentrieren demgegenüber die Macht in den Händen einer bestimmten elitären kleinen Gruppe. „Extractive political institutions concentrate power in the hands of a narrow elite and place few constraints on the exercise of this power. Economic institutions are then often structured by these elite to extract resources from the rest of the society." (Acemoglu & Robinson 2012, 81) Im Gegensatz zu Homanns Idee des gegenseitigen Vorteils argumentieren Acemoglu und Robinson (2012, 86) damit, dass Wachstum mit einem Prozess der Transformation und Destabilisierung im Sinne einer kreativen Zerstörung einhergehe, der Gewinner und Verlierer produziere.

„Conflict over scarce resources, income and power, translates into conflict over the rules of the game, the economic institutions, which will determine the economic activities and who will benefit from them. When there is a conflict, the wishes of all parties cannot be simultaneously met. Some will be defeated and frustrated, while others will succeed in securing outcomes they like. Who the winners of this conflict are has fundamental implications for a nation's economic trajectory. If the groups standing against growth are the winners, they can successfully block economic growth, and the economy will stagnate." (Acemoglu & Robinson 2012, 86)

In dieser Arbeit geht es nicht um die Frage, wie Wohlstand in einer Gesellschaft erzeugt werden kann. Acemoglu und Robinson (2012) streichen die Bedeutung von regulativen Institutionen heraus und zeigen ihre Wirkmacht. Sie zeigen dies u.a. anhand des Fallbeispiels der Stadt Nogales, die durch einen Grenzzaun in zwei Teile aufgeteilt ist: Ein Teil liegt in Arizona, USA, und ein anderer in Santa Cruz County, Mexico. Das Leben in den zwei Teilen sei sehr unterschiedlich, der Wohlstandsunterschied beträchtlich:

> „How could the two halves of what is essentially the same city be so different? There is no difference in geography, climate, or the types of diseases […]. The backgrounds of people on both sides of the border are quite similar. […] The inhabitants of Nogales, Arizona, and Nogales, Sonora, share ancestors enjoy the same food and the same music, and, we would hazard to say, have the same 'culture'. […] They live in a different world shaped by different institutions. These different institutions create very disparate incentives for the inhabitants of the two Nogaleses and for the entrepreneurs and businesses willing to invest there. These incentives created by the different institutions of the Nogaleses and the countries in which they are situated are the main reason for the differences in economic prosperity on the two sides of the border." (Acemoglu & Robinson 2012, 8–9)

Regulative Institutionen würden also eine wesentlich stärkere Wirkung entfalten als kulturelle Besonderheiten. Dafür gibt es eine Erklärung: Der Kulturbegriff, der von Acemoglu und Robinson verwendet wird, ist nicht jener des Neo-Institutionalismus, der ja auch die Institutionen selbst als Teil der Kultur interpretiert. In diesem Sinne wären die Institutionen wohl auch als ein kultureller Unterschied zu interpretieren. Zwei Punkte kommen bei Acemoglu und Robinson (2012) daher nicht in den Blick:

Erstens ist es möglich, dass mit den regulativen Institutionen auch normative und kulturell-kognitive Wirkungen erzielt werden. Dies kann an der Entwicklung der Religiosität in Ostdeutschland gezeigt werden. „Ostdeutschland gilt derzeit als eine der a-religiösesten Regionen der Welt. Der Rückgang von Kirchlichkeit und Religiosität, der sich hier nach 1945 vollzog, war dramatischer und nachhaltiger als in den meisten anderen Ländern." (Karstein, Schmidt-Lux, Wohlrab-Sahr & Punken 2006, 441) Die Verdrängung der Religion aus dem öffentlichen Raum war politisches Programm. Nach dem Zweiten Weltkrieg waren noch 91% der Bevölkerung Ostdeutschlands Mitglied einer der beiden christlichen Kirchen; vier Jahrzehnte später traf dies nur noch auf ca. ein Viertel der Bevölkerung zu. (Vgl. Karstein, Schmidt-Lux, Wohlrab-Sahr & Punken 2006, 441; Pollack 2000) Dieser Trend setzte sich abgeschwächt nach 1990 weiter fort, wobei jedoch feststellbar ist, dass individuelle Religiosität leicht im Zunehmen ist. Karstein et al. legen qualitativ empirisch dar, dass dieser Säkularisierungsschub durch das Zusammenfallen zweier Komponenten möglich war: erstens der Zwang von außen und zweitens die innere Plausibilität. „Die Politik ging auf drei wesentliche Ebenen – Zugehörigkeit, Weltdeutung und Ethik – in direkte Konkurrenz zur Religion und bekam dadurch selbst Züge einer ‚religiösen' Politik." (Karstein, Schmidt-Lux, Wohlrab-Sahr & Punken 2006, 458) Die politischen Institutionen konnten dadurch Fuß fassen, weil diese als plausibel erschienen. Damit aber wird sichtbar, dass regulative zu normativen und kulturell-kognitiven Institutionen werden können.

Zweitens stoßen regulative Institutionen an normative und kulturell-kognitive Grenzen: So weist Schwinn (2006, 209) darauf hin, dass die globale Ausbreitung von Institutionen und Strukturen zu einem kulturellen Wandel führen. In einer Studie (Inglehart & Baker 2000) mit 65 Nationen und damit 75% der Weltbevölkerung wurde u.a. erarbeitet, dass einerseits wirtschaftliche Weiterentwicklung zu einer Änderung von Werthaltungen führe und andererseits eine Konvergenz deshalb nicht stattfinde, weil „innerhalb eines durch Modernisierungsprozesse abgesteckten Korridors […] religiöse und kulturelle Erbschaften zu Variationen [führen]. Konfuzianisch, protestantisch, katholisch, hinduistisch oder islamisch geprägte Gesellschaften weisen trotz vergleichbarem Entwicklungsniveau unterschiedliche Positionen in der kulturellen Wertematrix auf" (Schwinn 2006, 209). Regulative Institutionen werden also unterschiedlich interpretiert. Kulturell-kognitive Institutionen führen zu Entkopplungen.

Alle Gesetze außer Verordnungen und Richtlinien der Europäischen Union werden von nationalstaatlichen Organen erlassen und in Kraft gesetzt. Sie regeln u.a. die Amtssprache, den Wehrdient oder die Wahlen. Faktoren, die wesentlich dafür verantwortlich sind, dass sich bestimmte Identitätsformationen herausbilden. Neben dem Recht formen Massenkommunikationsmitteln, vor allem das staatliche Fernsehen, aber auch nationale Printmedien identitätsstiftende Konstrukte aus.[120] Es entstehen nationale Besonderheiten. (Vgl. Habermas 1998, 153). Sportveranstaltungen, wie Fußball oder in Österreich insbesondere der Schisport, fördern ein nationales Bewusstsein. Ebenso transportieren nationale Schulsysteme und Schulbücher ähnliche Ideen und ihre Wirkung auf Lehrende und Lernende ist nicht zu unterschätzen.[121] (Vgl. Hofstede, Hofstede & Minkov 2010, 21) So formen sich nationale Besonder-

---

[120] „Wir sind Papst!" titelte die Bild-Zeitung als Joseph Kardinal Ratzinger zum Papst gewählt wurde (20. April 2005).
[121] Einen Einblick in die Schulbuchforschung gibt die Website des Georg-Eckert-Institutes. Die Konstruktionen von Geschichte aus nationalen Perspektiven sind nach wie vor wesentliche Forschungsthemen.

heiten aus, die sich in Institutionen verfestigen. Norbert Elias verwendete den Begriff *national habitus*. Elias bezog Habitus – er verwendete den Begriff vor Bourdieu – stärker auf die Nation als auf das Milieu, wobei die Nation jedoch nicht die einzige Komponente des Habitus ist, der sehr flexibel sein und sehr verschiedene Formen ausprägen kann. (Vgl. Reed-Danahay 2005, 104)

> „For Elias, the entire I-we construction, or split between individual and social, was social invention and the product of particular types of social habitus. It resulted in what Elias called a 'habitus problem', which inclined scholars (as Westerners) to view the world in terms of this dichotomy. Similarly, the dichotomy between rational and irrational was, for Elias, part of an historical social habitus (associated with Enlightment) that persisted, through what he called the 'drag affect', to influence thinking about behavior. Elias described emotion in terms of 'we-feelings' and suggested that these are part of the social habitus and can be provoked by the nation to enhance its power." (Reed-Danahay 2005, 104–105)

Hofstede, Hofstede und Minkov (2010, 21) gehen davon aus, dass Gesellschaften sich historisch entwickeln. Nationen seien keine Gesellschaften. Das Konzept einer gemeinsamen Kultur sei auf Gesellschaften und nicht auf Nationen zu übertragen. „Nevertheless, many nations do form historically developed wholes even if they consist of clearly different groups and even if they contain less integrated minorities." (Hofstede, Hofstede & Minkov 2010, 21) Nationen stülpen sich sozusagen über die verschiedenen gesellschaftlichen Gruppierungen und formen Eigenheiten aus, die eine Nation von einer anderen unterscheiden lässt. Acemoglu und Robinson (2012) sehen den Grund für die Unterschiede vor allem in politischen Institutionen, also in Freiheit und Demokratie, sowie den regulativen Institutionen und nicht in der Kultur, die sie nicht als in den Institutionen verkörpert verstehen. Aber *Kultur* kann – so wie im Neo-Institutionalismus – viel weiter verstanden werden: Die Institutionen selbst können als Teil der Kultur interpretiert werden. Gerade in den Ausformungen der Institutionen, eben auch der regulativen, lässt sich Kulturelles erkennen. Gerade die Definition, mit der Hofstede, Hofstede und Minkov (2010, 5) arbeiten, lässt diese Möglichkeit offen:

> „Every person carries within him- or herself patters of thinking, feeling, and potenzial acting that were learned throughout the person's lifetime. […] This book will call such patterns of thinking, feeling, and acting *mental programs*. […] The sources of one's mental programs lie within the social environments in which one grew up and collected one's life experiences. […] A customary term for such mental software is *culture*. […] Culture consists of the unwritten rules of the social game. It is *the collective programming of the mind that distinguishes the members of one group or category of people from others.*" (Hofstede, Hofstede und Minkov 2010, 4–6)

Regulative Institutionen geben Spielregeln vor, die für alle Gruppen innerhalb des Nationalstaates gelten. „Today's nations do not attain the degree of internal homogeneity of the isolated, usually nonliterate societies studied by field anthropologists, but they are the source of a considerable amount of common programming of their citizens." (Hofstede, Hofstede & Minkov 2010, 21) Diese Wirkungen können zu Selbstverständlichkeiten werden. Sie können zu Ab- und Ausgrenzung führen, nicht nur im rechtlichen Sinne. Es wurde bereits im Kontext der Individual- und Institutionenethik diskutiert, dass Recht immer auch eine ethisch-moralische Begründung und Legitimation braucht. So verweist das Rechtliche auch auf normative Institutionen. „Die Problematik dieses (prominenten) Zugangs [Hofstedes] liegt [in der] Gefahr, dass der ‚homogenisierte' – nicht die Heterogenität widerspiegelnde – Kulturbegriff zu einem normativen und ethnozentrischen wird." (Tafner 2011a, 143)

Neben den zwei Gesichtern des Nationalstaates wirkt auch die Globalisierung. Sie wirkt nicht nur durch die Zunahme der Multikulturalität, sondern auch durch die Standardisierung von Produkten, wie dies in der Massenkultur zu beobachten ist: Filme, Fernsehprogramme und Unterhaltungsmusik werden global und dabei stark von den Vereinigten Staaten geprägt. So entstehen parallel weltweit ähnliche Verhaltensmuster und ähnliche Kulturen. „In Reaktion auf den uniformierenden Druck einer materiellen Weltkultur bilden sich oft neue Konstellationen, die nicht etwa bestehende kulturelle Differenzen einebnen, sondern mit hybriden Formen eine neue Vielfalt schaffen." (Habermas 1997, 115) So entstehen wiederum neue Subkulturen und Lebensstile. Welsch (2009, 3) weist deshalb darauf hin, dass unsere Kulturen heute „de facto längst nicht mehr die Form der Homogenität und Separiertheit [aufweisen], sondern sie durchdringen einander, sie sind weithin durch Mischung gekennzeichnet". Dieses Phänomen beschreibt Welsch mit Transkulturalität. *Trans* soll dabei einen Doppelsinn ansprechen: Erstens könne Kultur heute nur *jenseits* der Bedeutung von Kultur liegen, wie sie Herder in seiner Kugel-Metapher verstanden habe. Zweitens seien heute Phänomene sichtbar, die quer durch alle Kulturen *hindurchgehen*. So endeten Lebensformen heute nicht an kulturellen Grenzen von einst, an Grenzen, die meist nationalstaatlich gezogen wurden. Kulturelle Prägungen seien nicht (mehr) auf den Nationalstaat ausgerichtet, „sondern – wenn schon – europäisch oder global geprägt" (Welsch 2009, 3). Kulturen seien heute intern von einer Hybridisierung gekennzeichnet, die vor allem durch die elektronischen Kommunikationsmedien möglich geworden sei. So seien die Fußballclubs stärker international besetzt und selbst in Nationalmannschaften sei eine transkulturelle Mischung offensichtlich. Es habe sich auch ein globales Bewusstsein für bestimmte Fragestellungen herausgeformt, so in der Frage der Menschenrechte, der Gleichstellung von Mann und Frau oder der ökologischen Bewegung. (Vgl. Welsch 2009, 3–5)

> „Wir sind kulturelle Mischlinge. Die kulturelle Identität der heutigen Individuen ist eine patchwork-Identität. Da heutige Heranwachsende schon alltäglich mit einer weitaus größeren Anzahl kultureller Muster bekannt werden als dies in der Eltern-

generation der Fall war – man trifft schlicht auf der Straße, im Beruf, in den Medien mehr Menschen mit unterschiedlichem kulturellen und ethischem Hintergrund als zuvor –, so können sie bei ihrer kulturellen Identitätsbildung eine Vielzahl von Elementen unterschiedlicher Herkunft aufgreifen und verbinden. Das betrifft nicht etwa nur Migranten, sondern alle Heranwachsenden. […] Heutige Menschen werden zunehmend *in sich* transkulturell." (Welsch 2009, 5)

Die individuelle Transkulturalität ist nach Welsch (2009, 6) der wesentliche Punkt. Individuen werden durch verschiedene kulturelle Muster geprägt und tragen diese unterschiedlichen Muster in sich. Diese innere Transkulturalität eröffne die Möglichkeit, besser mit äußerer Transkulturalität umzugehen. Welsch (2009, 7) weist auf einen weiteren Punkt hin: Multikulturelle oder interkulturelle Ansätze „halten noch immer am alten Kugelmodell fest […] Der Multikulturalismus sieht die Partialkulturen innerhalb einer Gesellschaft noch immer wie Kugeln oder Inseln an und befördert dadurch tendenziell Ghettoisierung". Interkulturalität gehe von der Idee aus, dass es verschiedene Kulturen gebe, die miteinander in Berührung kommen sollen. Transkulturalität gehe davon aus, dass es durch eine reale Entwicklung zu einer Durchdringung der Kultur komme und Interkulturalität versuche dies mit „hermeneutischen Bemühungen" zu leisten (Welsch 2009, 7).

„In Wahrheit aber ist die heutige Hermeneutik dafür denkbar ungeeignet, denn ihr zufolge sind Verstehensmöglichkeiten prinzipiell auf die eigene Herkunft beschränkt […] Weil die Interkulturalisten die Kulturen von Grund auf wie Kugeln konzeptualisieren, kaprizieren sie sich auf das Verstehen eines ‚Anderen', von dem sie zugleich annehmen, dass es ob seiner Inkommensurabilität eigentlich nicht verstanden werden könne – so dass die Erfolgslosigkeit des Unternehmens schlicht aus der Verfehltheit und Widersprüchlichkeit der Ausgangsvorstellungen resultiert. […] Die antiquierte Fiktion inkommensurabler Kulturen ruft den Wunsch nach interkulturellem Dialog hervor und verurteilt ihn zugleich zum Scheitern." (Welsch 2009, 7–8)

Otten kritisiert an den Ausführungen Welschs, dass er unterstelle, dass jedes multi- oder interkulturelle Modell vom Kugelmodell ausgehe, ohne dies jedoch genauer zu analysieren. Ebenso sei es nicht richtig, die Gleichsetzung von Kultur und Nation in der Inter- und Multikulturalität zu unterstellen. Welsch lege den Schwerpunkt auf kulturelle Transformationsprozesse und die mögliche kulturelle Kreativität. Er bleibe nicht bei idealisierten Endzuständen stehen. Allerdings könne sein Zugang nicht erklären, warum der Wunsch nach kultureller Zugehörigkeit ein soziales Phänomen ist. Es existiere das Phänomen der Transkulturalität, es gebe jedoch auch Gegenbeispiele. So gebe es auch die Phänomene des regressiven Kulturalismus, des Rassismus und des Nationalismus. Der Zugang präsentiere eine idealisierte Sicht. (Vgl. Otten 2009, 55–60) Eine wesentliche Frage sei, ob die Transkulturalität, also eine Hybridisierung, lebbar sei. Die Migrationsforschung schätzt dies eher skeptisch ein. Esser geht davon aus, dass Integration eigentlich das beschreibe, was die Soziologie mit Assimilation beschreibe. (Vgl. Esser 1999, 31)

> „Der Augenschein der ethnischen Differenzierung der westlichen Einwanderungsländer hat offenbar weniger damit zu tun, dass es keine Assimilation (mehr) gäbe, oder dass eine nachhaltige ethnische Pluralisierung begonnen hätte, als damit, dass im Zuge der weltweiten Mobilisierung immer neue Gruppen als Erstgeneration mit dem mitunter durchaus langen Prozess assimilativen ‚Inklusion' in die Aufnahmegesellschaft beginnen." (Esser 1999, 32)

Ungelöst bleibe die „Frage nach dem Ausmaß von Synthetisierung und Fragmentierung" (Schwinn 2006, 217). Kultur sei keine abgeschlossene Einheit, aber auch keine Sammlung von einzelnen Teilen. In vielen Studien bliebe der Zusammenhang

> „zwischen massenkulturellen Produkten und den basalen Werten einer Gesellschaft unterbelichtet. So kann ich in gewissen Abständen indisch essen gehen, arabische Musik hören, Filme aus einem anderen Kulturkreis anschauen oder meine Wohnung mit fremd-kulturellen Accessoires ausstatten, ohne die Grundlage des durchschnittlichen westeuropäischen Wertmusters zu verlassen. Kulturen insgesamt, wie die Orientierungen eines einzelnen Menschen, sind vielschichtig und weisen eine hohe Selektivität des Aufnehmens und Ablehnens externer Einflüsse auf. Es gibt daher auch keine gleichmäßige Hybridisierung und Vermischung von Kulturen [...]. Viele Bereiche unserer Alltagskultur wie Essen, Musik, Literatur, Wohnungseinrichtungen etc. weisen eine erhebliche Öffnung gegenüber fremdkulturellen Fragmenten auf, ohne dass diese in der Lage wären, unsere basalen moralisch-rechtlichen und kognitiven Orientierungsmuster aufzuweichen. Unterhaltung und Konsum ist [sic] nicht gleichbedeutend mit kultureller Konversion. [...] Kultur ist nicht eine Linse, die alle Wahrnehmungen eines Subjekts bestimmt, sondern es können verschiedene kulturelle Linsen je nach Situation aktiviert werden. Akkulturationsprozesse bestehen nicht in einer Paketlösung, sondern manche Aspekte und Bereiche werden verändert und andere nicht. Die in der Hybridisierungsthese enthaltene Annahme eines Vermischens oder Absorbierens von Kulturen ist offensichtlich zu simpel. Kultur wird nicht internalisiert in Form eines allumfassenden Weltbildes und einer entsprechenden Mentalität, sondern in Form eines lockeren Netzwerkes bereichsspezifischer Wissensstrukturen und Orientierungen." (Schwinn 2006, 217–218)

Transkulturalität zeige das Gemeinsame auf und weist Zugänge zurück, die versuchen, Kultur auf das Volk und die Nation zu reduzieren, weil kulturelle Orientierungen sehr komplex sind (vgl. Flechsig 2000).

> „Die kulturelle Orientierung jedes Einzelnen spiegelt eine Vielfalt kultureller Bezugssysteme wider: Sie können zugleich Weltbürger, Europäer, Bürger der Bundesrepublik Deutschland oder Bayer sein. Sie können sich gleichzeitig auch einer Generationskultur, einer Organisationskultur, einer Weltanschauung, einer Religionsgemeinschaft oder einer Profession zugehörig fühlen. Sie können einen bestimmten Lebensstil verkörpern. Und sie entscheiden letztlich darüber, welche dieser Bezugssysteme überhaupt und in einer gegebenen Situation für sie welche Bedeutung haben. Diese Form einer ‚komplexen kulturellen Identität' moderner Menschen eröff-

net [...] die Chance transkultureller Projekte und transkulturellen Lernens." (Flechsig 2000)

Kosmopolitische Erziehung könne sich nach Flechsig (2000) interkulturell oder transkulturell ausformen:

> „Interkulturalität betont zumeist den Aspekt der Differenzen und stellt das Bemühen um das Verstehen ‚des Fremden' und ‚den Anderen' in den Mittelpunkt. Transkulturalität betont den Aspekt des Gemeinsamen und sucht nach Anschlussmöglichkeiten im ‚Eigenen', welche Grundlagen für transkulturelle Entwicklungsmöglichkeiten bilden können." (Flechsig 2000)

Der Nationalstaat werde Probleme bekommen, wenn es ihm nicht gelinge, „die geschichtliche Symbiose des Republikanismus mit dem Nationalismus aufzulösen und die republikanische Gesinnung der Bevölkerung auf die Grundlage eines Verfassungspatriotismus umzustellen." (Habermas 1998, 116) Der demokratische Rechtsstaat sei nicht von sich aus mit dem Nationalismus verwurzelt. „In komplexen Gesellschaften bildet die in Prinzipien der Volkssouveränität und Menschenrechte begründete deliberative Meinungs- und Willensbildung der Bürger letztlich das Medium für eine abstrakte und rechtsförmig hergestellte, über politische Teilnahme reproduzierte Form der Solidarität." (Habermas 1997, 117) Nur ein Rechtssystem, das als gerecht empfunden wird, kann auch als legitim gelten und schließlich für Solidarität sorgen. „Die zur nationalen Kultur aufgespreizte Mehrheitskultur muss sich aus ihrer geschichtlich begründeten Fusion mit der allgemeinen politischen Kultur lösen, wenn sich alle Bürger gleichermaßen mit der politischen Kultur ihres Landes sollen identifizieren können." (Habermas 1997, 114) Wenn diese Entkopplung gelingt, dann sei es möglich, dass ein Verfassungspatriotismus entstehe.

Habermas' Theorie des Verfassungspatriotismus hatte in Deutschland eine große Diskussion ausgelöst. Die Frage, die im Mittelpunkt stand, war, ob die Verfassung für eine Identität ausreiche, oder ob es nicht doch einer *Leitkultur* bedürfe. Der Begriff des Verfassungspatriotismus stammt von Sternberger (Artikel in der FAZ vom 23. Mai 1979), der damit zum Ausdruck bringen wollte, dass eine staatliche Ordnung mehr benötige als eine aus der Geschichte gewachsene Erlebnis- oder Schicksalsgemeinschaft. Identitätsgefühl erwachse aus der Wahrnehmung von Freiheits- und Partizipationsrechten. Identitätsstiftend sei daher die Verfassung, die dies garantierte. (Vgl. Schölderle 2008, 2–4) Habermas verstand den Begriff als Antonym zum Nationalpatriotismus, womit Sternberger jedoch nicht einverstanden gewesen sei, weil er keinen Ersatz für den Begriff Nationalpatriotismus habe schaffen wollen (Schölderle 2008, 4).

> „Dass die alten Streitmuster entlang des Gegensatzes ‚Verfassung' und ‚Nation' heute zugunsten eines weitgehend konsensuellen Verständnisses von Patriotismus wei-

chen, hat verschiedene Gründe. Zum einen sind das die während der rot-grünen Regierungszeit erfolgte Rückbesinnung auf die ‚Nation' diesseits einer postnationalen Europaidee sowie, damit verbunden, die Proklamation eines freiheitlichen Patriotismus innerhalb einer demokratischen Nation; zum anderen die enormen integrationspolitischen und demographisch-zuwanderungspolitischen Herausforderungen der deutschen Gesellschaft (Kronenberg 2005, 2), wie sie in der so genannten ‚Leitkulturdebatte' (Lammert 2006) zu Tage treten. Des Weiteren gehören dazu die Notwendigkeit einer Neujustierung des Staat-Bürger-Verhältnisses sowie die Erfordernis einer Stimulierung der bürgerschaftlichen Selbsthilfebereitschaft und ihrer Fähigkeiten im Dienste einer solidarischen Verantwortungs- und Zivilgesellschaft. Nicht zuletzt und psychologisch bedeutsam ist die schwarz-rot-goldene Begeisterung im Zuge der Fußballweltmeisterschaft 2006. Es handelt sich um beispielhafte, unterschiedlich gelagerte und doch miteinander verwobene Faktoren, die dazu geführt haben, dass die republikanische Tugend (Viroli 2002) des ‚Patriotismus' heute im Sternberger'schen Sinne nicht nur konzediert, sondern positiv akzentuiert wird (Fücks 2006) – jenseits altbekannter politischer ‚Lagergrenzen'." (Kronenberg 2009)

Gemeinsame Rechte und Pflichten auf Basis gemeinsamer Werte scheinen die Voraussetzung für gemeinsames Zusammenleben zu sein (vgl. Kronenberg 2009)

Damit bleibt gewissermaßen das Doppelgesicht der Nation bestehen: Rechtliche Grundlagen auf Basis gemeinsamer kultureller Werte bilden den Nationalstaat. Damit taucht die Problematik des inneren und äußeren kulturellen Pluralismus wieder auf: Da das Nationalbewusstsein stark wirke, sei die Öffnung für andere Kulturen schwierig (vgl. Habermas 2008, 93). Am Umgang aber mit den anderen Kulturen im eigenen Nationalstaat misst sich die Bereitschaft zur Toleranz und Zusammenarbeit. Damit werde die Frage der Integration von Migrantinnen und Migranten und deren Kulturen zu einem Schlüssel für das europäische Projekt. Je mehr die Bürgerinnen und Bürger der Nationalstaaten fähig sind, mit Menschen aus anderen Kulturen zusammenzuleben, umso besser verstehen sie auch die Kulturen anderer Nationalstaaten. Diese Öffnung für andere Kulturen trifft aber „die Nationalstaaten an einem wunden Punkt. Diese haben sich nämlich über die forcierte Herstellung eines romantisch inspirierten, ältere Loyalitäten aufsaugenden Nationalbewusstsein zu demokratischen Rechtsstaaten entwickelt" (Habermas 2008, 93). Integration ist daher nur möglich, wenn der eigene Horizont der Bürgerinnen und Bürger erweitert wird. Das trifft nicht nur Weltliches sondern auch Religiöses, denn Migration führt auch zu einem Aufeinandertreffen von Gläubigen und Nicht-Gläubigen. Integration ist ein Prozess auf Gegenseitigkeit. Der moderne, liberale Staat verlangt von allen – egal welche Religionszugehörigkeit und welcher Weltanschauung – die Anerkennung der Grund- und Menschenrechte und der demokratischen Rechtsstaatlichkeit. (Vgl. Tafner 2008a, 29–33) Der liberale Staat bestehe darauf, dass Glaube und Vernunft verträglich sein müssen. „Diese Qualität darf nicht als die exklusive Eigenschaft einer bestimmten, an eine westliche Traditionslinie gebundenen Religion beansprucht werden." (Habermas 2008, 95)

5.3.3 Die europäische Supranationalität und Identität

Die Kraft der Nation ist daran zu erkennen, dass sie es war, welche die Geschichte der europäischen Integration geprägt hat. Die Nationen in Form der Mitgliedstaaten der Europäischen Union sind die *Herren der Verträge*, nur ihnen allein kommt die Kompetenz-Kompetenz zu, also das Recht, Kompetenzen für die Europäische Union festzulegen. (Vgl. Geiger, Khan & Kotzur 2010, 197) Die Nation sei nachwievor die entscheidende „Referenzgröße in der Welt des 21. Jahrhunderts" (Gehler 2010, 123). Trotzdem sei die europäische Integration zu einer Notwendigkeit für die Nationalstaaten geworden. Nur die Integration ermöglichte die Existenz der Nationalstaaten und gebe ihnen Legitimation. Europa sei Hilfe zur Selbsthilfe geworden. Bis Mitte der 1950er-Jahre sei das Thema Europa attraktiv gewesen. Der Aufbau der Nationalstaaten und die europäische Integration verliefen parallel. So sei die Europapolitik immer auch zu einem Bestandteil der Innenpolitik der Mitgliedstaaten geworden. Die Teilnahme am Integrationsprozess sei für die Gründungsmitglieder keine Frage, wohl aber die Tiefe, Breite und Methodik der Integration gewesen. So seien immer nationalpolitische Interessen im Mittelpunkt der Europapolitik gewesen, wenn es um entscheidende Machtfragen wie Kompetenzen der Europäischen Union, Stimmenverteilungen im Rat oder die Sitzverteilung im Europäischen Parlament gegangen sei. Für die später beigetretenen Staaten habe sich immer die Frage gestellt, ob beigetreten werden soll oder nicht. Das habe zu einer kritischen Betrachtung der Europäischen Union und einer Stärkung des nationalen Bewusstseins geführt. Trotzdem sei – außer im Vereinigten Königreich – die Mitgliedschaft immer außer Streit gestanden. (Vgl. Gehler 2010, 111–125) Das Gemeinsame war oder ist Europa. Was aber ist dieses Europa?

Borsche (2010, 257–263) erkennt darin eine falsch gestellte Frage, die auf einem Kategorienfehler zurückzuführen ist. Was Europa ist, sei eine Frage nach dem Sein, eine Frage, die eigentlich bezüglich Naturgegenstände gestellt werde. Eine Gattung werde nach Differenzen beschrieben. Man könnte also fragen, was ist typisch europäisch? Wer ist der typische Europäer, die typische Europäerin? Es gehe bei solchen Fragen um Merkmale, die eine bestimmte Sache beschreiben. Sie ermöglichten eine Inklusion oder Exklusion. Ursprünglich galten solche Fragen eben Naturgegenständen. Im Entstehen der neuen Geschichtsforschung sei diese Fragestellung auf die Geschichtsbetrachtung übertragen worden. So sei aus der Geschichtsschreibung eine Wissenschaft geworden. Gleichzeitig seien Nationen in das Blickfeld der Wissenschafterinnen und Wissenschafter getreten. Nationen dienten der Zuordnung und Unterscheidung. Sie wurden untersucht und wie natürliche Kategorien von Menschen verstanden. Das sei der Kategorienfehler. Kollektive Identitäten seien keine natürliche Gattungen, sondern kulturell entstandene Phänomene. Die Frage, was Europa sei, folge der gleichen nationalistischen Logik, aber auf höherer Ebene. Hier werde wiederum so getan, als sei Europa eine Nation, aber größer und anders als die bisher bekannten. Europa in diesem Sinn sei ebenso eine Selbstzuschreibung, eine Selbstbezeichnung. Die Frage, was Europa sei, bleibt damit im nationalistischen Denken verhaftet. Die Frage sei nach Borsche nicht, was Europa ist, sondern eine politische – was Europa sein *will, wie* es *in Zukunft aussehen möchte*. Natürlich sei die Legitimation eines zukünftigen Europas nur in seiner Vergangenheit zu finden. Europa versuche, aus seinem nationalen Denken herauszuwachsen. Nationales Denken gebe sich der Illusion hin, dass die kollektive Identität eine einfache sei: Jeder Mensch gehöre einer Nation an (Ausnahme sind Doppelstaatsbürgerschaften). Aus der Nation entstehe eine nationale Identität. Wenn nun Europa wiederum eine nationale Weiterentwicklung wäre, dann müssten sich alle europäischen Nationen in Europa auflösen und verschwinden. Kollektive Identitäten sollten – gerade nach der Katastrophe des Zweiten Weltkriegs – als verschränkte, multiple Gebilde verstanden werden. Die Idee der Nation habe eine so große Kraft, dass es aussichtslos wäre, Nationen auflösen zu wollen. Sie würden aber ihren Absolutheitsanspruch verlieren und würden durch supranationale Elemente ergänzt. (Vgl. Borsche 2010, 257–263) „Das künftige, das zu errichtende Europa muss daher etwas Andersartiges sein bzw. werden als eine Nation im traditionellen Sinn." (Borsche 2010, 263) Europa als Nationalstaat wäre ein Nationalstaat ohne Nation. Es fehlte ihr an Legitimation. Wenn sich also Europa nicht über eine nationale Identität definieren könne, dann sei es unmöglich, dass Europa jemals eine dominante oder gar exklusive Identität aufbauen könne. Europa könne nur Teil-Identitäten ausformen. Diese Teil-Identität bestimme die Verantwortung anderer Europäerinnen und Europäern gegenüber. Damit bekomme die Verantwortung einen Raum, der über das Nationale hinausgehe, aber nicht grenzenlos sei. In diesem Sinne sei Europa eine Solidargemeinschaft. Böckenförde (2003, 8) definiert Solidarität als

> „eine Art des Einstehens füreinander. Sie ist mit positivem Tun oder Leistungen verbunden, die man für andere erbringt. Solidarität geht, so gesehen, über die bloße Anerkennung anderer Menschen in ihrem Eigensein, über das elementare Gebot der Nichtstörung und Nichtverletzung *(neminem laedere)* hinaus; sie ist auf Gemeinschaftsbindung und gesellschaftsbezogene Aktivität aus."

Solidarität begründe sich heutzutage vor allem aus Nationen. Sport und die aktuelle Europapolitik liefern einsichtige Beispiele dafür. Europa selbst sei zu wenig verwurzelt, um Solidarität zu stiften. Solidarität könne sich aber auch aus der Religion heraus entwickeln. Ebenso könnten ein gemeinsames Geschichtsbild und das Bekenntnis zur Demokratie für Solidarität sorgen. Auch Symbole und eine gemeinsame Verfassung wirkten solidaritätsstiftend. Borsche sieht alle diese fünf Punkte für Europa als zu wenig stark ausgeprägt. Die Berufung auf gemeinsame Werte, insbesondere auf die Menschenrechte, helfe auch nicht weiter, weil diese universell sind und daher auch keine Grenze für Europa definieren und damit Identität schaffen könnten. (Vgl. Borsche 2010, 263–269)

Formal ist die Souveränität der Nationalstaaten nicht von der Globalisierung betroffen. Fraglich ist jedoch, ob sie noch das ideale Organisationsmodell für Staaten im Kontext der Globalisierung darstellen. (Vgl. Habermas 1998) Mit der Europäischen Union hat sich „die erste Gestalt einer postnationalen Demokratie" ausgebildet (Habermas 1998, 135). Sie ist aber keine Nation und deshalb würden die Menschen die Europäische Union nicht wirklich akzeptieren, obwohl sie mit ihr ein Instrument gegen die „schrankenlos globalisierte Welt" zur Verfügung hätten (Stadler 2010, 275). Was aber innerhalb der Europäischen Union gemacht wird, hängt von ihren Akteurinnen und Akteuren ab. Sie kann zur Gegensteuerung der Globalisierung dienen oder sie verstärken. (Vgl. Tafner 2013e, 114) Habermas (2008, 93) beschreibt dies so:

> „In Wahrheit geht es um die Frage, ob eine transnationale Erweiterung der staatsbürgerlichen Solidarität quer durch Europa möglich ist. Eine gemeinsame europäische Identität wird sich aber umso eher herausbilden, je mehr sich im Inneren der einzelnen Staaten das dichte Gewebe der jeweiligen Kultur für die Einbeziehung der Bürger anderer ethnischer oder religiöser Herkunft öffnet."

Die Öffnung für *andere* Kulturen innerhalb des eigenen Nationalstaates ist die Voraussetzung für ein transnationales Bewusstseins – ein Bewusstsein, dass *jenseits* des Nationalstaates liegt, aber vom Nationalstaat hinaus das *Supranationale* Europas *durchdringt*.

> „Diese erfolgreiche Kombination [von Nationalstaat und Demokratie, Anm. Autor] ist in dem Maße gefährdet, wie sich eine globalisierte Wirtschaft den Zugriffen dieses regulatorischen Staates entzieht. Die sozialstaatlichen Funktionen sind im bisherigen Ausmaß offensichtlich nur noch dann zu erfüllen, wenn sie vom Nationalstaat auf politische Einheiten übergehen, die eine transnationalisierte Wirtschaft gewissermaßen einholen." (Habermas 1998, 84)

Deshalb seien supranationale Institutionen so bedeutend, insbesondere die Europäische Union. Dabei gehe es vor allem um die Aufgabe, eine europäische Demokratie aufzubauen. Dieses Projekt ist kein einfaches. Um wie viel schwieriger müsse dann eine weltwirtschaftliche Ordnung sein, die versucht, eine weltweite politische Willensbildung aufzubauen, um eine „Domestizierung der unerwünschten sozialen Nebenfolgen des globalisierten Marktverkehrs gewährleisten [zu können]" (Habermas 1998, 85). Mit der Europäischen Union sei es zu einem *State Building* ohne entsprechendes *Nation Building* gekommen. Das führe – so Stadler (2010, 275) – zu einer Überforderung der Bevölkerungen. Die Europäische Union werde als ein demokratisches Defizit beklagt, ohne zuzugestehen, dass jede Demokratie auch ein Volk brauche. Sie werde auch als ein Produkt der Eliten beschrieben, das nicht den Interessen der Menschen diene. Dabei sei zu sehen, dass

> „den Bürgern regelmäßig die Union als Ursache jener globalen Bedrängnis der modernen Menschheit – z.T. in demagogischer Absicht – angezeigt wird, deren Gegensteuerung sie eigentlich zu dienen hätte. Somit kritisieren und brandmarken die Bewohner Europas regelmäßig jenes einzige Instrument, das sie haben, um den abwegigen Entwicklungen einer schrankenlos globalisierten Welt wirksam entgegenzutreten." (Stadler 2010, 275)

Habermas (2011, 49–50) sieht den Handlungsspielraum der Nationalstaaten immer stärker eingegrenzt, weil die politischen Handlungsfähigkeiten sich über den nationalen Raum hinaus erstrecken. Die Notwendigkeit der Supranationalität ergebe sich aus diesem Grund aus dem Verständnis der Demokratie selbst. „Demokratische Selbstbestimmung bedeutet, dass die Adressaten zwingender Gesetze zugleich deren Autoren sind." (Habermas 2011, 49) Wenn sich nun der Raum erweitere, in dem sich die Gesetze auswirken, so müsse auch die demokratische Reichweite erhöht werden. Das Lösen von internationalen Problemen mit Intergouvernementalität führe allerdings zu einem sinkenden Legitimationsniveau. Es müsse daher ein Weg gefunden werden, wie demokratische Verfahrungen über die Grenzen des Nationalstaates hinweg erweitert werden könnten. Das sei Aufgabe der Supranationalität.

Der europäische Integrationsprozess hat die Europäische Union hervorgebracht, die in ihrer Integrationstiefe mit keiner anderen internationalen Organisation vergleichbar ist:

> „Im Innenverhältnis hat die Europäische Union allerdings eine Intensität der Integration hervorgebracht, die von den herkömmlichen Kategorien des Völkerrechts und der Lehre von den Staatenverbindungen nicht angemessen erfasst wird (auch gar nicht erfasst werden soll), insbesondere soweit es um eine genauere Charakterisierung geht." (Griller 2005, 203)

Im World Factbook (CIA 2012) wird die Europäische Union am Ende der Liste aller Staaten der Welt geführt und als „a hybrid intergovernemental and supranational organization" sowie „unique supranational law system" beschrieben. Damit wird versucht, ihrer besonderen Stellung als einzigartige supranationale Organisation gerecht zu werden. Von Anfang setzte sich die Europäische Union von anderen internationalen Organisationen ab, die sich vor allem technischen und damit unpolitischen Aufgaben widmeten. Von Beginn an diente die *méthode Monnet* der Friedenssicherung in Europa. In den

1950er- und 1960er-Jahren waren die Europäischen Gemeinschaften dennoch stark an klar technischen Aufgaben ausgerichtet. Die einstimmige Beschlussfassung und die klaren engen Zuständigkeiten ließen die Gemeinschaften wie eine traditionelle internationale Organisation erscheinen. Dies änderte sich aber mit der Rechtsprechung des EuGH, der von den Prinzipien der unmittelbaren Anwendbarkeit und Vorrangwirkung des Gemeinschaftsrechts ausging. Die Kompetenzen der Europäischen Union sowie die Einbindung des Europäischen Parlaments in die Entscheidungsverfahren haben enorm zugenommen. (Vgl. Griller 2005, 203–204) Die Gründungsverträge der Europäischen Union – also die Verträge zur Gründung der EGKS, der EAG und der EWG – wurden durch das Inkrafttreten der Einheitlichen Europäischen Akte 1986, den Maastricht-Vertrag 1993, den Amsterdamer Vertrag 1999, den Vertrag von Nizza 2003 und den Vertrag von Lissabon 2009 mittlerweile fünfmal überarbeitet. Sowohl die Tiefe als auch die Breite der Zuständigkeiten haben dadurch enorm zugenommen. (Vgl. Geiger, Khan & Kotzur 2010, 5) Die Vertragsänderungen wurden durch verschiedene sozioökonomische Veränderungen notwendig und waren oft das Ergebnis schwieriger Verhandlungen (vgl. Clemens, Reinfeldt & Wille 2008; Thiemayer 2010).

Von Beginn an waren die Europäischen Gemeinschaften eine supranationale Rechtsgemeinschaft. Im EGKS-Vertrag fand sich bis 1965 der Begriff *Supranationalität*, ehe er im Zuge des Fusionsvertrages verschwand (vgl. Schweitzer & Hummer 1996, 275). Griller (2005, 206–207) definiert vier Faktoren, die für die Definition der Supranationalität konstitutiv sind:

1. Die Rechtssetzung muss mit einer Durchgriffswirkung verbunden sein.
2. Abweichend vom völkerrechtlichen Prinzip des *one state – one vote,* also des Einstimmigkeitsprinzips des Intergouvernementalismus, gibt es Mehrheitsentscheidungen.
3. Es gibt vom Nationalstaat unabhängige Organe, die Recht setzen.
4. Für die Auslegung des Rechts ist eine eigene Gerichtsbarkeit zuständig.

Griller (2005, 207) führt aus, dass zumindest zwei dieser Kriterien erfüllt sein müssen, damit von Supranationalität gesprochen werden kann. Die Europäische Union erfüllt alle diese Kriterien. Das erste Kriterium erfüllen vor allem Verordnungen und Entscheidungen sowie in bestimmten Fällen Richtlinien. Durch die Durchgriffswirkung ist kein weiterer Akt mehr notwendig, um das Recht in die nationale Rechtsordnung zu überführen. Von großer Bedeutung sind die Durchgriffswirkung und der Vorrang des Rechts der Europäischen Union vor nationalem Recht. Der EuGH vertritt die Auffassung, dass der EWG-Vertrag „eine eigene Rechtsordnung geschaffen" hat (EuGH 1964, 1241). Nationalstaatliche Rechtsvorschriften stehen daher dem Europarecht nicht entgegen. (Vgl. Griller 2005, 210–211) Ein Großteil der Entscheidungen im Rat wird mit qualifizierter Mehrheit getroffen. Auch die Europäische Kommission entscheidet mehrheitlich. Die Einbindung des Europäischen Parlaments nahm ebenfalls zu, das ebenfalls mehrheitlich entscheidet. Die Gerichtsbarkeit ist beim EuGH zentralisiert. Die Rechtmäßigkeitskontrolle ist ein Monopol des EuGH. Die Besonderheit der Europäischen Union liegt darin, dass alle vier Faktoren zutreffen und dass die Zuständigkeiten, die ihr von den Mitgliedstaaten übertragen wurden, im Laufe ihrer Geschichte ständig zugenommen haben. (Vgl. Griller 2005, 207)

Die Europäische Union ist eine supranationale Rechtsgemeinschaft *sui generis*. Sie ist damit viel stärker integriert als jede andere internationale Organisation der Welt. Aber sie gilt nicht als Staat. Im Maastricht-Urteil (BVerfG 1993, 155) wird für die Besonderheit der Europäischen Union der Begriff *Staatenverbund* verwendet. Im Lissabon-Urteil (BVerfGE 2009, 267) definierte dies das deutsche Bundesverfassungsgericht als

> „eine enge, auf Dauer angelegte Verbindung souverän bleibender Staaten, die auf vertraglicher Grundlage öffentliche Gewalt ausübt, deren Grundordnung jedoch allein der Verfügung der Mitgliedstaaten unterliegt und in der die Völker – das heißt die staatsangehörigen Bürger – der Mitgliedstaaten die Subjekte demokratischer Legitimation bleiben."

Somit kann die Europäische Union als ein Staatenverbund, also als eine Staatenverbindung neuen Typs beschrieben werden:

> „Die EU lässt sich somit als eine überwiegend supranational organisierte Staatenverbindung charakterisieren; es handelt sich um die Neuschöpfung einer Rechtsordnung ‚eigener Art', ein Gebilde zwischen dem souveränen Territorialstaat des ‚Westphalia System", der in Europa das Muster für den souveränen Staat der Neuzeit gegeben hat, und den seit dem beginnenden 20. Jahrhundert sich zunehmend ausbreitenden internationalen Organisationen, in denen diese Staaten völkerrechtsverbunden kooperieren." (Geiger, Khan & Kotzur 2010, 10)

Die *Drei-Elemente-Lehre* Jellineks (1914) geht davon aus, dass ein Staat ein Staatsgebiet, ein Staatsvolk und eine Staatsgewalt benötigt. Es werde behauptet – so Griller (2005, 221) –, dass der Europäischen Union alle drei Merkmale fehlten: Ein Staatsgebiet sei nicht vorhanden, weil es nur einen Raum gebe, der sich aus dem Geltungsbereich des EU-Rechts ergebe. Es gebe kein Staatsvolk, sondern nur einen Zusammenschluss der Völker der Mitgliedstaaten. Auch die Staatsgewalt sei nicht gegeben, weil diese nachwievor bei den Nationalstaaten liege. Griller (2005, 221–228) hält diese Begründungen für nicht stichhaltig. Ein Staatsgebiet sei nach Auffassung Grillers sehr wohl vorhanden, weil in Bundesstaaten wie in Deutschland oder in Österreich der

Geltungsraum durch die Bundesländer bestimmt wird.[122] Das Staatsvolk sei im Völkerrecht ein Synonym für *Bevölkerung*. Wie sich diese zusammensetzt, sei unerheblich. Damit sei der schwierigste und wichtigste Einwand jener der Staatsgewalt. Unerheblich sei die Aufteilung der Zuständigkeiten für Polizei und Militär zwischen untergeordneten und übergeordneten Staatseinheiten. Als wesentliches Element wird die Kompetenz-Kompetenz angeführt. In der Europäischen Union gilt das *Prinzip der beschränkten Einzelermächtigung*. Die Europäische Union darf also nur in Bereichen tätig werden, von denen sie von den Mitgliedstaaten vertraglich beauftragt wurde. Die Mitgliedstaaten sind die *Herren der Verträge*. Es sei wohl möglich, dass die Übertragung der Kompetenz-Kompetenz an die Europäische Union dazu führe, dass die Mitgliedstaaten keine Staatlichkeit mehr aufweisen. Es sei dieser Vorgang aber nicht erforderlich, um aus der Europäischen Union einen Staat zu machen, „denn völkerrechtlich maßgeblich ist die Selbstbestimmung (Verfassungsautonomie) des Herrschaftsverbands, also die Absenz der Abhängigkeit von Dritten, aber nicht, ob innerhalb der Staatenverbindung die Kompetenz-Kompetenz bei der zentralen oder bei den dezentralen Einheiten liegt" (Griller 2005, 228). Griller kommt zum Schluss, dass die Europäische Union bereits die Staatsqualität besitze und dass diese von der Kompetenz-Kompetenz losgelöst sei. Aber es fehle ein anderer wesentlicher Punkt: der Staatsgründungswille. „Derzeit und für die absehbare Zukunft fehlt für eine Staatsgründung der politische Wille." (Griller 2005, 233) Die Staaten haben in ihren Verfassungen unterschiedliche Schranken, welche das Ende der Eigenstaatlichkeit verhindern. Aber: Sollte wider Erwarten doch ein solcher Wunsch entstehen, könnte die Staatsgründung „ohne formelle Änderung der Verträge" erfolgen (Griller 2005, 233). Kurz gesagt: Die Europäische Union ist ein Staat, wenn die Unionsbürgerinnen und -bürger es wollen. Eine besondere Identität wäre für eine Staatsgründung nicht erforderlich. Sie ist auch für die Gründung einer supranationalen Rechtsgemeinschaft oder irgendeiner internationalen Organisation nicht konstitutiv. Überhaupt sei für die Europäische Union – so Griller (2005, 245) – zu versuchen, ohne „ethnisch-kulturelle Bestandteile" auszukommen und das Zugehörigkeitsgefühl an den gemeinsamen Werten festzumachen. Das erinnert an den Verfassungspatriotismus, den Habermas für den Nationalstaat einfordert. Eine europäische Identität könne – so führt Meyer (2004, 91) aus – nur eine politische sein:

> „Es ist das Paradox der europäischen Identität, dass sie als kulturelle nicht möglich ist, denn keine der partikularen kulturellen Identitäten in Europa hätte die Chance, zur Identität des Kontinents zu werden. Die politische Identität aber, die diese Viel-

---

[122] Art 2 des österreichischen Bundesgesetzes lautet: „(1) Österreich ist ein Bundesstaat. (2) Der Bundesstaat wird gebildet aus den selbstständigen Ländern: Burgenland, Kärnten, Niederösterreich, Oberösterreich, Salzburg, Steiermark, Tirol, Vorarlberg, Wien."

falt heute ermöglicht, basiert auf universellen Grundwerten, die überall auf der Welt Gültigkeit beanspruchen. Das Besondere, auf das sich Identität allein noch stützen kann, ist darum nichts anderes als die politische Einheit der Europäischen Union. Die europäische Kultur ist zum globalen Material geworden, das in die Prozesse der Selbstreflexion und der Erfahrungsverarbeitung der meisten anderen Kulturen eingeflossen."

Thomas Meyer (2004, 229) versteht die politische Identität als eine, die sich am „Bewusstsein der Gemeinsamkeit verbindlichen Entscheidungshandelns" ausrichtet, also an den Spielregeln der Europäischen Union. Griller (2005, 246) sieht das ähnlich und stellt die Frage, ob nicht „die gemeinsame Verfassungsüberlieferung der Mitgliedstaaten wichtiger für die europäische Identität ist als die zweifelhaften, aus der Geschichte der Entstehung der Nationalstaaten hervorgeholten ‚Homogenitätsbedingungen' eines Staates" (Griller 2005, 246).

So kann Europa als ein positives Beispiel für die „Transformation von Hegemonialdenken in Machtkonstellationen mit zurückgenommener Macht" gesehen werden (Vietta 2012, 38). Dennoch könne gefragt werden, ob nicht die Europäische Union auch heute gewisse imperiale Macht ausübe, wenn sie Standards für die Ökonomie vorgebe. Dennoch böte sich durch die Mitgliedschaft die Chance „interne verfilzte Machtstrukturen und deren vorrationale Charakter aufzubrechen und selbst zu einem modernen, rationalen Staatengebilde zu werden" (Vietta 2012, 38–39). Obwohl rechtlich eindeutig definiert, fungiert die Europäische Union wie der Begriff Europa als ein komplexitätsreduzierendes Kommunikationsmittel für verschiedene Vorstellungen, Ideologien und Werthaltungen. Die Europäische Union ist also nicht nur eine rechtlich definierbare supranationale Organisation, die das Gravitationszentrum des Europäisierungsprozesses beschreibt (vgl. Schleicher 2002, 1), sondern auch eine Metapher, die verschiedene Bilder über die Europäische Union widerspiegelt (vgl. Quenzel 2005). Die Europäische Union kann nicht jene patriotischen Gefühle erzeugen, wie der Nationalstaat. Im August 2004 gaben 86% der EU-Bürgerinnen und Bürger an, stolz auf die eigene Nationalität zu sein. 68% gaben an, stolz Europäerin oder Europäer zu sein. Dieser Nationalstolz lässt sich in allen Mitgliedstaaten auffinden, in den neuen Beitrittsländern stärker als in den älteren. (Vgl. Europäische Kommission 2004, 99–102) So sei die „solidarity among strangers" beschränkt; solange das *multi-governace-system* funktioniere, sei es kein Problem, wenn die Nation größere Bedeutung als das Europäische habe, was jedoch in einer tiefen Krise problematisch sein könnte, wenn eine stärkere Identifikation und Solidarität notwendig wäre (Risse 2010, 60). „Compared with well-established nation-states, the psychological existence of the EU as an imagined community is still lacking." (Risse 2010, 61) Zwar identifiziert sich die Mehrheit der Europäerinnen und Europäer mit dem Nationalstaat *und* der Europäischen Union, stärker ist jedoch das Nationale ausgeprägt. Die größte Kluft tut sich zwischen jenen auf, welche sich ausschließlich mit ihrem Nationalstaat identifizieren (*exclusive nationalists*) und jenen, die in Europa ihre zweite Identität verorten (*inclusive nationalists*). Besser Gebildete, Jüngere, und politisch besser Informierte identifizieren sich stärker mit der Europäischen Union. Die europäische Identität hängt stark mit kosmopolitischen und liberalen Werten zusammen. Europa wird einerseits als moderne politische Einheit wahrgenommen, die liberale Werte wie Demokratie, Menschenrechte, Rechtstaatlichkeit und Marktwirtschaft umfasst. Europäerinnen und Europäer, die sich damit identifizieren, sehen das Andere in den vergangenen militärischen Auseinandersetzungen und Nationalismen sowie in der Xenophobie und im Rassismus. Andererseits wird Europa aber auch als ein *nationalistisches* Europa gedacht, dass sich im gemeinsamen Kulturellem, der gemeinsamen Geschichte und starken nationalen Traditionen ausformt. Das Christentum ist darin die wesentliche Religion und die Grenzen Europas scheinen klar definierbar zu sein. Die Anderen sind die nicht-christlichen Staaten wie die Türkei, die nicht-europäischen Einwanderinnen und Einwanderer sowie die muslimische Bevölkerung innerhalb der europäischen Länder. Dieses national gedachte Europa entsteht als eine Gegenvision zum modernen Image der Europäischen Union. Es sind *exclusive nationalists* und Europaskeptiker, die eine solche Vision vertreten. (Vgl. Risse 2010, 37–61)

Soll das Interesse an der Europäischen Union gesteigert werden, dann wird es „notwendig sein, ein gemeinsames Interesse, das nicht an die individuelle Interessenwahrnehmung gebunden ist, zu konstruieren" (Neuhold 2013, 125). Eine Europäische Union, die nur den Interessen der einzelnen Nationalstaaten dient, wird nicht funktionieren, weil gerade in krisenhaften Situationen das Europäische als Behinderung betrachtet wird. Der Bezugspunkt jeder staatlichen Ordnung ist nicht der Staat selbst, sondern das Wohl seiner Bürgerinnen und Bürger. Das gilt gewissermaßen *nach unten*. *Nach oben* soll das Europäische auch nicht die Summe aller einzelnen nationalstaatlichen Interessen widerspiegeln. Das Gemeinsame muss mehr sein, als die Summe der einzelstaatlichen Interessen. Das heißt, es muss *nach oben* „so etwas geben wie eine supranationale Autorität, die aber in der Verpflichtung, nicht in der Berechtigung ihren Ursprung hat und die einen Missbrauch eines Mandats für das Eigeninteresse des mit dem Mandat versehenen Staates eindämmen könnte" (Neuhold 2013, 127). Jacques Delors bringt dies auf den Punkt: „Wenn es uns nicht gelingt, Europa in den nächsten zehn Jahren eine Seele, einen tieferen Sinn zu vermitteln, haben wir das Spiel verloren." (Delors zitiert in Schasching 1994, 297)

Aufgrund der Supranationalität geben die beitretenden Mitgliedstaaten freiwillig Teile ihrer Souveränität an die Europäische Union ab und verzichten auf ihr Gesetzgebungsmonopol zugunsten der Möglichkeit einer gemeinsamen Problemlösung im Rahmen der Organe der Europäischen Union. Die Mitgliedstaaten verpflichten sich, in den Zuständigkeitsbereichen der Europäischen Union das Recht, das sie erlässt, umzusetzen. Dieses Recht geht grundsätzlich vor dem nationalen Recht. Da Abstimmungen auch mehrheitlich erfolgen können, kann der Fall eintreten, dass ein Mitgliedstaat Recht umsetzen muss, gegen welches er gestimmt hat. Kommt es zu Rechtsstreitigkeiten, so liegt die letzte Entscheidungsbefugnis beim EuGH. (Vgl. Griller 2005, 207–216) „Eine ‚supranationale Organisation' kann damit als eine internationale Organisation gelten, die sich von dieser durch die staatsähnliche Rechtserzeugung abhebt, und die EU innerhalb dieser nochmals durch die Fülle der ihr übertragenen Zuständigkeiten, die auch politische Aufgaben einschließen." (Griller 2005, 216)

Die Arten der Zuständigkeiten sind mit dem Vertrag von Lissabon übersichtlich im AEUV Art. 2 bis Art 6 aufgelistet. Das Primärrecht unterscheidet zwischen folgenden verschiedenen Formen der Zuständigkeit:
- ausschließliche Zuständigkeit der Europäischen Union
- geteilte Zuständigkeit
- Koordinierungs-, Unterstützungs- und Ergänzungskompetenzen
- Selbstkoordination im Bereich der Koordinierung der Wirtschafts- und Beschäftigungspolitik.

Am stärksten wirkt die Supranationalität in den ausschließlichen Zuständigkeiten der Europäischen Union, weil sie dort eben allein zuständig ist und die Mitgliedstaaten von der Rechtsetzung ausgeschlossen sind. Zu diesen Bereichen zählen:
- die Zollunion
- die Wettbewerbsregeln
- die Währungspolitik für jene Mitgliedstaaten, deren Währung der Euro ist
- die Erhaltung der biologischen Meeresschätze im Rahmen der gemeinsamen Fischereipolitik
- die gemeinsame Handelspolitik sowie die ausschließliche Kompetenz für bestimmte Fälle zum Abschluss von völkerrechtlichen Abkommen. (Vgl. Geiger, Khan & Kotzur 2010, 185–190)

Habermas bringt die Supranationalität so auf den Punkt:

„Im Hinblick auf eine Konstitutionalisierung des Völkerrechts halte ich zunächst fest, dass sich mit der Europäischen Union ein verfasstes Gemeinwesen herauskristallisiert hat, das ohne Deckung durch eine kongruente Staatsgewalt gegenüber den Mitgliedstaaten die Autorität verbindlicher Rechtsetzung genießt." (Habermas 2011, 61)

Als erste Innovation der europäischen Integration kann daher der Vorrang des Europarechts, genannt werden. Die zweite Innovation, die sich durch den Vertrag von Lissabon manifestiert, ist die Teilung der Gewalt zwischen den europäischen Mitgliedsstaaten und den Unionsbürgerinnen und -bürgern. Der Vertrag von Lissabon lässt den Schluss zu, dass die Souveränität zwischen Staaten und Unionsbürgerinnen und -bürgern geteilt ist. Ersichtlich wird dies durch das *ordentliche Gesetzgebungsverfahren*. (Vgl. Habermas 2011, 67) „Das ordentliche Gesetzgebungsverfahren besteht in der gemeinsamen Annahme einer Verordnung, einer Richtlinie oder eines Beschlusses durch das Europäische Parlament und den Rat auf Vorschlag der Kommission." (Art 289 AEUV) Neben den ordentlichen gibt es noch besondere Gesetzgebungsverfahren, erstes ist zum Regelfall geworden. Mit diesem Verfahren wird das Europäische Parlament zum gleichberechtigten Mitgesetzgeber neben dem Rat. Dies ist ein weiterer und wesentlicher Schritt in der Demokratisierung der Europäischen Union. Dennoch wird es nicht zum alleinigen Gesetzgeber, wie dies in demokratischen Verfassungsstaaten der Fall ist. Mit dem Rat als Stimme der Mitgliedstaaten bleibt das institutionelle Gleichgewicht erhalten, wie es sich aus der Besonderheit der Europäischen Union als völkerrechtliche Organisation ergibt. (Vgl. Geiger, Khan & Kotzur 2010, 865– 866) Bei dieser Aufteilung ist allerdings zu berücksichtigen, dass die Bürgerinnen und Bürger in einem doppelten Sinn „an der Konstituierung des höchststufigen Gemeinwesens beteiligt [sind], in ihrer Rolle als künftige Unionsbürger und als Angehörige eines der Staatsvölker" (Habermas 2011, 67). Habermas verweist auf Bogdandy (2009) und darauf, dass letztlich nur die Individuen, die also zugleich Staats- und Unionsbürgerinnen und -bürger sind, die Subjekte der Legitimation sind. Damit aber nehmen die Individuen je eigene Standpunkte ein, wenn sie als europäische Bürgerinnen und Bürger im Europäischen Parlament vertreten sind oder als Bürgerinnen und Bürger im Rat – im ersten Fall nehmen sie die europäische Gerechtigkeitsperspektive ein, im zweiten die nationale.

> „Was innerhalb eines Nationalstaates als eine Gemeinwohlorientierung zählt, verwandelt sich auf der europäischen Ebene in eine partikulare, auf das eigene Volk beschränkte Interessenverallgemeinerung, die mit jener europaweiten, in ihrer Rolle als Unionsbürger erwarteten Interessenverallgemeinerung in Konflikt geraten kann." (Habermas 2011, 68)

Auf der supranationalen Ebene treffen also partikulare Interessen aufeinander und müssen auf Basis gemeinsamer regulativer Institutionen einer gemeinsamen Lösung zugefügt werden. Damit dieser Prozess auch in Krisenzeiten Bestand haben kann, scheint eine gemeinsame Werthaltung notwendig zu sein, die über das ökonomische Interesse hinaus weist. Damit wird Politik zu einer ethischen Frage. Jene kulturell-kognitiven Institutionen, die den Nationalstaat neben seinen regulativen Institutionen ausmachen, können für das Supranationale hinderlich sein.

5.3.4 Menschenrechte und Nationalstaat (empirische Untersuchung)

Die folgende empirische Studie zeigt, dass kulturell-religiöse Werthaltungen das Denken über den Nationalstaat mitbestimmen – und umgekehrt. Kulturell-kognitive Institutionen können daher das Supranationale behindern.

Die qualitativ-empirische Studie setzt bei einem der aktuellsten Themen in der derzeitigen Diskussion um kulturelle und religiöse Unterschiede an: beim islamischen Kopftuch. Um den Zusammenhang von religiös-kulturellen Werthaltungen und nationalem bzw. supranationalem Denken darstellen zu können, ist es notwendig, sowohl in der Methode als auch in der Argumentation Schritt für Schritt vorzugehen. Es ist deshalb unabdingbar, einen Einblick in die dokumentarische Methode zu geben und die Erhebung ausführlich darzustellen. Dies kann nur geleistet werden, wenn tiefer in kultur- und religionswissenschaftliche Argumentationen eingestiegen wird. Erst am Ende dieser Darstellungen wird es möglich sein, Schlüsse zu ziehen, die für die kulturelle Erziehung im Kontext der wirtschaftlichen Erziehung wesentlich sind. Im sechsten Kapitel werden diese Schlüsse wieder aufgegriffen und es wird gezeigt, welche Rolle die Toleranz als wirtschafts(unions)bürgerliche Tugend in der wirtschaftlichen Erziehung einnehmen könnte.

Die qualitativ empirische Erhebung setzt bei den oben erarbeiteten Inhalten an und fokussiert die Menschenrechte und die Nation. Habermas (2008, 93) führt aus, dass sich am Umgang mit anderen, fremden Kulturen im eigenen Nationalstaat die Bereitschaft zur Zusammenarbeit und Toleranz zeige. Die Schlüsselfrage ist daher jene der Integration von Migrantinnen und Migranten. Je mehr die Bürgerinnen und Bürger fähig und willig sind, mit Menschen aus anderen Kulturen zusammenzuleben, umso größer könne die staatenübergreifende Zusammenarbeit werden. Hier geht es um das Zusammenleben von Gläubigen, Nicht-Gläubigen und Anders-Gläubigen – denn allen stehen die Menschenrechte zu (vgl. Tafner 2008a, 29–33). Hier dürfen keine Traditionen bevorzugt werden (vgl. Habermas 2008, 95).

Neo-institutionell könnte dies auch so formuliert werden: Wird die Programmatik des Universalismus, die ihren Ausdruck in den Menschenrechten, der Demokratie und der Toleranz findet, tatsächlichen allen Menschen gegenüber gewährt oder kommt es zu einer Entkopplung der Handlungsstruktur?

Risse (2010, 37–61) legt dar, dass es vor allem zwei Ausprägungen der europäischen Identität gebe: eine *moderne europäische (inclusive nationalists)* und eine *nationalistisch-europäische (exlusive nationalists)*. Die moderne europäische Identität versteht Europa als den Ort und die Idee der liberalen Werte wie Menschenrechte, Demokratie, Rechtsstaatlichkeit und Marktwirtschaft. Sie richtet sich gegen Nationalismus, Xenophobie und Rassismus. Die nationale europäische Identität geht von einer europäischen Geschichte und einer christlich bestimmten Kultur sowie starken Nationalstaaten aus. Sie richtet sich gegen nicht-christliche Staaten, Migrantinnen und Migranten sowie die muslimische Bevölkerung im eigenen Land. Dies entspricht den Argumentationslinien, wie sie in den Texten rund um die Kopftuchurteile ebenso zum Ausdruck kommen (vgl. Tafner 2010b, 2013a). Die moderne europäische Identität formt sich demnach auf der Makroebene als die *laizistische* oder die *kosmopolitische* Argumentationslinie aus. Die national- europäische Identität kristallisierte sich als die *normativ-christliche* Argumentationslinie aus. Nun soll dies auf der Mikroebene anhand der Handlungsstruktur bzw. der Orientierungsrahmen von Lehrpersonen untersucht werden.

Das Thema *Kopftuch* eignet sich aus mehreren Gründen für eine Analyse, die auf die Menschenrechte und Toleranz Migrantinnen und Migranten sowie Anders-Gläubigen gegenüber zielt. Nüchtern zweckrational betrachtet ist ein Kopftuch ein Stück Tuch, das als Kleidungsstück dient. Aber es ist eben mehr als ein Stück Tuch. Dieses *Mehr* beschreibt genau das, was Kultur ausmacht: Das Tragen weist über das Funktionale und Nützliche hinaus. Als dieses kulturelle Symbol wird es zum Ausgangspunkt von nationalen und europäischen Diskussionen über europäische und nationale Identität. Es wird zum *Brennpunkt des verschleierten Kampfes um die europäische Identität* (vgl. Tafner 2010b, 2013a).

> „Das Besondere am Kopftuch ist, dass es von einem Menschen getragen wird. Individuelle und kollektive Identität prallen aufeinander – aber nicht in der Auseinandersetzung um ein Gebäude, eine Institution oder eine Lehrmeinung, nein, um das Tragen eines persönlichen Ausdrucksmittels. Es geht dabei um eine innere Einstellung – es geht um die Identität der kopftuchtragenden Person, ihr *forum internum* und ihre Religionsfreiheit. Und es geht um die Wahrnehmung und Interpretation der betrachtenden Personen. Da nach Watzlawick das Nicht-Kommunizieren nicht möglich ist, ist jedes Kopftuch eine Botschaft. Es handelt sich also auch um Kommunikation zwischen der kopftuchtragenden Senderin und den europäischen Empfängern und Empfängerinnen." (Tafner 2010b, 98)

In diesem Unterkapitel werden Ausgangslage, Forschungsfragen, Methodologie, Durchführung, Limitationen und Ergebnisse einer qualitativen empirischen Untersuchung des Autors dargestellt, an der acht Lehrpersonen (sieben weiblich, eine männlich) an einer österreichischen berufsbildenden Schule im Zuge eines leitfadengestützten Interviews über die Themen *Europa und Europäische Union im Unterricht* befragt wurden.

5.3.4.1 Ausgangslage: Europa in kaufmännischen Schulen

Gerade an Schulen sollten aufgrund der rechtlichen Verankerung Menschenrechte und Toleranz als Programmatik tatsächlich umgesetzt werden. Die Schule ist ein institutionalisierter Ort, an dem die Grundlagen des Universalismus, des Kosmopolitismus einerseits sowie des Nationalismus und des Partikularismus andererseits gelegt, aber auch diskutiert und reflektiert werden sollten. Für alle Schultypen in Österreich gilt die österreichische Bundesverfassung. Art. 14 Abs. 5a B-VG fordert Grundwerte ein, die für das Funktionieren der Schule in einer pluralistischen Gesellschaft konstitutiv sind. Sie drücken die oben beschriebene Programmatik klar aus:

> „Demokratie, Humanität, Solidarität, Friede und Gerechtigkeit sowie Offenheit und Toleranz gegenüber den Menschen sind Grundwerte der Schule, auf deren Grundlage sie der gesamten Bevölkerung, unabhängig von Herkunft, sozialer Lage und finanziellem Hintergrund, unter steter Sicherung und Weiterentwicklung bestmöglicher Qualität ein höchstmögliches Bildungsniveau sichert. Im partnerschaftlichen Zusammenwirken von Schülern, Eltern und Lehrern ist Kindern und Jugendlichen die bestmögliche geistige, seelische und körperliche Entwicklung zu ermöglichen, damit sie zu gesunden, selbstbewussten, glücklichen, leistungsorientierten, pflichttreuen, musischen und kreativen Menschen werden, die befähigt sind, an den sozialen, religiösen und moralischen Werten orientiert Verantwortung für sich selbst, Mitmenschen, Umwelt und nachfolgende Generationen zu übernehmen. Jeder Jugendliche soll seiner Entwicklung und seinem Bildungsweg entsprechend zu selbstständigem Urteil und sozialem Verständnis geführt werden, dem politischen, religiösen und weltanschaulichen Denken anderer aufgeschlossen sein sowie befähigt werden, am Kultur- und Wirtschaftsleben Österreichs, Europas und der Welt teilzunehmen und in Freiheits- und Friedensliebe an den gemeinsamen Aufgaben der Menschheit mitzuwirken." (B-VG 2005, Art. 14, Abs. 5a)

Europa und die Europäische Union sind als inhaltliche Themen an kaufmännischen Schulen rechtlich gut verankert. Sowohl Schulorganisationsgesetz als auch Schulunterrichtsgesetz sind als einfachgesetzliche Ausführungen zu Art. 14 Abs. 5a zu verstehen, auch wenn zeitlich die Verankerungen in den Gesetzen der Verfassungsbestimmung vorausging. So findet sich im § 2 Schulorganisationsgesetz der in der Bundesverfassung definierte Europabezug ebenfalls. (Vgl. Kövesi & Jonak 2009, 219) Im *Grundsatzerlass zur Politischen Bildung* aus dem Jahr 1979, wiederverlautbart im Jahr 1994, wird davon ausgegangen, dass die Ziele der Schule nur erreicht werden können, wenn die Politische Bildung berücksichtigt wird. Als wesentliche Anliegen werden „die Erziehung zu einem demokratisch fundierten Österreichbewusstsein, zu einem gesamteuropäischen Denken und zu einer Weltoffenheit, die vom Verständnis für die existentiellen Probleme der Menschheit getragen ist" definiert (bm:uk 1994b, 1). Der Gesetzgeber versteht die Aufgabe der Lehrpläne darin, „mehr oder weniger konkret ausformulierte Bildungsziele […] und zu vermittelte Lehrstoffinhalte" zu formulieren (bm:ukk 2008, 1). In den Lehrplänen der Handelsschule und Handelsakademie wird auf Europa und die Europäische Union in vier Kontexten explizit Bezug genommen:[123]

1. Als Unterrichtsprinzip *Erziehung zum europäischen Denken und Handeln*.
2. Als Inhalt von Leitzielen.
3. Als expliziter Inhalt von Unterrichtsgegenständen.
4. Als Aufforderung zur Förderung von Europakompetenz.

Zusätzlich ist es aufgrund der Schulautonomie möglich, Ausbildungsschwerpunkte und Fachrichtungen anzubieten, die sich mit dem Thema Europa und Europäische Union beschäftigen, dabei aber einen betriebswirtschaftlichen Schwerpunkt aufweisen müssen (vgl. bm:ukk 2013c; bm:bwk 2004, 2; Tafner 1998, 53–57). „Die Ausbildungsschwerpunkte sind Bereiche, die zu einer betriebswirtschaftlichen berufsbezogenen Differenzierung führen. Fachrichtungen sind tiefergehende Spezialisierungen in einem betriebswirtschaftlichen Bereich." (bm:bwk 2004, 7) Ein Ausbildungsschwerpunkt darf nicht mehr als acht, eine Fachrichtung muss neun bis 16 Wochenstunden umfassen (vgl. bm:bwk 2004, 7).

Schließlich sind noch die vielen impliziten Inhalte zu erwähnen, die in einem europäischen bzw. EU-europäischen Kontext stehen. So hat z.B. die Kompetenz, die „durch Gesetze, andere Normen oder Usancen festgelegten Erfordernisse der Berufspraxis kennen und beachten", ebenso einen Bezug zum Europarecht (bm:bwk 2004, 4). Den impliziten Ausführungen wird hier nicht weiter nachgegangen.

Unterrichtsprinzipien sind allgemeine Bildungsaufgaben, die unter Ausnützung der Querverbindungen in allen Fächern umgesetzt werden sollen, selbst „wenn zur selben Thematik eigene Unterrichtsgegenstände oder Lehrstoffinhalte vorgesehen sind" (bm:bwk 2004, 6; bm:bwk 2003a, 4). Das Unterrichtsprinzip *Erziehung zum europäischen Denken und Handeln* wird im Lehrplan zwischen den Unterrichtsprinzipien der *Politischen Bildung* und der *Erziehung zum interkulturellen Denken und Handeln* positioniert. Eine Erklärung dazu gibt es nicht.[124]

---

[123] Die Ausführungen beziehen sich auf die derzeit gültigen Lehrpläne der Handelsakademie und der Handelsschule. Auf die derzeit in Diskussion stehenden neuen Lehrpläne wird hier nicht Bezug genommen, weil sie für die Interviews irrelevant sind.

[124] Auf Anfrage, wie das Unterrichtsprinzip *Erziehung zum europäischen Denken und Handeln* zu verstehen sei, teilte das Bundesministerium mit, dass europapolitische Bildung kein eigenes Unterrichtsprinzip darstelle, sondern Teil des Unterrichtsprinzips *Politische Bildung* sei (Ziegelwagner 2010 per E-Mail). Angesprochen auf das definitiv angeführte Unterrichtsprinzip *Erziehung*

Zwei der insgesamt zehn *Leitziele* (allgemeine Bildungsziele) der Handelsakademie und drei der ebenfalls insgesamt zehn Leitziele der Handelsschule weisen einen direkten Europabezug auf: Die Absolventinnen und Absolventen beider Schultypen sollen befähigt sein, „die Europäische Union und ihre Mitgliedstaaten in ihren historischen, kulturellen, wirtschaftlichen und sozialen Aspekten zu kennen [...] [und] die Bedeutung der Zusammenarbeit der Staaten der Europäischen Union mit anderen Staaten Europas und der übrigen Welt zu erkennen" (bm:bwk 2004, 3; bm:bwk 2003a, 2). Für die Handelsschule ist noch zusätzlich definiert, dass die Absolventinnen und Absolventen befähigt sind, „Interesse an Staat und Gesellschaft in Österreich und in der Europäischen Union zu zeigen" (bm:bwk 2003a, 3).

In den Unterrichtsgegenständen finden sich verschiedene Stellen, die *explizit* Bezug auf Europa und die Europäische Union nehmen. Explizite Nennungen im Lehrplan der Handelsakademie beziehen sich auf folgende Fächer: Fremdsprachen, Geschichte (Wirtschafts- und Sozialgeschichte), Geografie (Wirtschaftsgeografie), Politische Bildung und Recht, Volkswirtschaft sowie orthodoxe und islamische Religion[125] (vgl. bm:bwk 2004). In der Handelsschule finden sich explizite Europabezüge in folgenden Fächern: Geografie (Wirtschaftsgeografie), Zeitgeschichte, Politische Bildung und Recht sowie orthodoxe und islamische Religion.[126] Auf die Wiedergabe aller expliziten

---

zum europäischen Denken und Handeln im Lehrplan der Handelsakademie und der Handelsschule wird vom Unterrichtsministerium darauf verwiesen, dass die zuständige Stelle nicht alle Lehrpläne kennen könne und es hier um das *gesamteuropäische Denken* gehe, wie es im Grundsatzerlass Politische Bildung definiert sei (Ziegelwagner 2010 per E-Mail).

[125] Untersucht wurden die Lehrpläne der größten anerkannten Religionsgemeinschaften in Österreich (vgl. Tafner 2008), also katholischer, protestantischer, orthodoxer und islamischer Religionsunterricht (vgl. bm:bwk 2003b; bm:ukk 2009; bm:ukk 2011a; bm:ukk 2011b).

[126] In den Lehrplänen der orthodoxen und islamischen Religion finden sich sowohl für die Handelsakademie als auch für die Handelsschule Inhalte, welche die Bedeutung der jeweiligen Religion für Europa darstellen. Solche Inhalte sind weder im Lehrplan der evangelischen noch im Lehrplan des katholischen Religionsunterrichts zu finden (vgl. bm:bwk 2003b; bm:ukk 2009). Im Lehrplan des orthodoxen Religionsunterrichts wird auf die christliche europäische Kultur Bezug genommen: „Der orthodoxe Religionsunterricht trägt zum Verstehen der *christlichen Kultur Europas* bei. Wenn Schüler und Schülerinnen in ihrer Konfession beheimatet sind und in ihr Halt und Zuversicht finden, werden sie dadurch besser befähigt werden, den Menschen, die anderen Kulturen angehören und andere Religionen und Weltanschauungen bekennen, angstfrei und in Toleranz und in gegenseitigem Respekt zu begegnen. Sie werden so zu einem Zusammenleben in der Gesellschaft in Gerechtigkeit und Frieden und zur Lösung der Probleme des Lebens vorbereitet. Damit bietet der orthodoxe Religionsunterricht eine wertvolle Hilfe für die soziale Integration in Österreich und das friedliche Zusammenleben der Völker und Menschen in Europa." (bm:ukk 2011a, 2) Der Lehrplan des islamischen Religionsunterrichts führt in der Anlage 6, welcher auch für die kaufmännischen mittleren und höheren Schulen relevant ist, u.a. aus: „In diesem Zusammenhang findet eine intensive Auseinandersetzung mit der Thematik der österreichisch-islamischen Identität – auch im Vergleich bzw. in Ergänzung zur europäisch-islamischen Identität statt. Es ist diese Dimension, welche einen wichtigen Inhalt des islamischen Religions-

Fundstellen wird hier verzichtet. Im Folgenden werden nur die zwei – sehr unterschiedlichen – Definitionen von Europakompetenz wiedergegeben. In zwei Unterrichtgegenständen wird die Förderung einer Europakompetenz eingefordert: In Geschichte (Wirtschafts- und Sozialgeschichte) wird in der Bildungs- und Lehraufgabe Europakompetenz definiert: „Die Schülerinnen und Schüler sollen [...] das historische Werden Österreichs im synchronen und diachronen Kontext der Zeit und des Raumes darlegen können (Europakompetenz)" (bm:bwk 2004, 23). Im Unterrichtsgegenstand Volkswirtschaft wird als Bildungs- und Lehraufgabe definiert: „Die Schülerinnen und Schüler sollen [...] sich der ethischen Verantwortung in der globalen Wirtschaft bewusst sein und die Stellung Österreichs als Mitglied der internationalen Staatengemeinschaft sowie der EU und die sich daraus ergebenden Konsequenzen erkennen und beurteilen können (Schlüsselqualifikation Europakompetenz)" (bm:bwk 2004, 51).

Grundsätzlich gelten Lehrpläne als ein sehr wichtiges Instrument zur staatlichen Einflussnahme auf schulische Ziele und Inhalte. Sie repräsentieren damit die jeweils aktuelle Schulpolitik. (Vgl. Künzli 1998, 7) Im Modell der Lehrplansteuerung, wie sie auch in Österreich praktiziert wird, definiert der Staat die Inhalte und Grobziele sowie die Rahmenbedingungen für den Unterricht. Die konkrete Ausgestaltung und Umsetzung obliegt den Lehrpersonen (vgl. Vollstädt, Tillmann, Rauin, Höhmann & Tebrügge 1999, 14). Behördliche Vorgaben wie der Lehrplan haben auf das professionelle Handeln der Lehrpersonen jedoch weniger Einfluss als der Fachhabitus, die schulischen Traditionen, Absprachen mit den Kolleginnen und Kollegen, das Schulprofil, die eigenen Erfahrungen und Kompetenzen sowie schulinterne Konventionen. Diese Faktoren führen zu einer „institutionellen Brechung" der offiziellen Lehrpläne (Vollstädt, Tillmann, Rauin, Höhmann & Tebrügge 1999, 17). Schulbücher, andere Unterrichtsmaterialien und methodische

---

unterrichtes darstellt: dass selbstverständlich kein Widerspruch darin besteht, Österreicherin und Muslimin bzw. Österreicher und Muslim zu sein, sondern dass es sich hier lediglich um verschiedene Kontexte ein und derselben Persönlichkeit handelt." (bm:ukk 2011b, 46) Der islamische Lehrplan versucht, die Bedeutung des Islams für Europa zu erarbeiten. So beinhaltet er z.B. den muslimischen Inselroman *Hayy Ibn Yaqthan* von Ibn Tufail (1110–1185), einem muslimischen Gelehrten Andalusiens, der die Bedeutung der Vernunft für die Erkenntnis herausarbeitete. Dadurch soll beispielhaft gezeigt werden, welchen Einfluss das muslimische Denken und die muslimische Kultur für Europa hatte. Ein eigener Themenkreis befasst sich über die Schulstufen hinweg mit dem Islam in Europa und Österreich. So soll u.a. gezeigt werden, welchen Beitrag muslimische Denker für die Wissenschaft lieferten: „Die Schülerinnen und Schüler sollen wissen, dass viele muslimische Wissenschafterinnen und Wissenschafter Wegbereiter der europäischen Aufklärung waren – was ihnen bewusst machen soll, dass die europäische Geschichte auch islamische Wurzeln hat. [...] Ziel ist die Identifikation der jungen Muslime mit Europa und der europäischen Wissenschaftsgeschichte, die auch aus der religiösen Perspektive nicht einseitig ist." (bm:ukk 2011b, 59)

Handreichungen werden von den Lehrpersonen hilfreicher als Rahmenlehrpläne empfunden. Sie sind für die Unterrichtsplanung deshalb wirksamer. (Vgl. Höhmann & Vollstädt 1996, 11) Diese indirekte Wirkung ist im Allgemeinen stärker und nachhaltiger als die unmittelbare Wirkung des Lehrplanerlasses (vgl. Vollstädt, Tillmann, Rauin, Höhmann & Tebrügge 1999, 16).

Es erheben sich daher die Fragen, wie die Inhalte zum Thema Europa und Europäische Union im Unterricht tatsächlich pädagogisch umgesetzt werden und welche Bedeutung die Inhalte des Europäisierungsprozesses im Unterricht haben. Diese Fragen waren der Anlass und der Ausgangspunkt für eine empirische Untersuchung, die auch dafür genutzt wurde, die Einstellung zu Menschenrechten, die einen wesentlichen Bestandteil des Europäisierungsprozesses ausmachen, sowie die Bedeutung von Nationalität im Kontext des Unterrichts mit europäischen Inhalten zu erforschen. Die folgenden Forschungsfragen zielen nur auf jenen Teil der Untersuchung, der für diese Arbeit von besonderer Relevanz ist.

5.3.4.2 Forschungsfragen

In 5.2.5 wurden die Ergebnisse einer hermeneutischen Untersuchung zum Kopftuchverbot vorgestellt, welche die verschiedenen Interpretationen der Religionsfreiheit herausarbeitete (vgl. Tafner 2010b; 2013a). Damit wurde gezeigt, wie Isomorphie konkret zu Entkopplungen führen kann. Die europäischen regulativen Institutionen der Institutionenethik werden auf der Ebene der Nationalstaaten abhängig von den nationalen regulativen Institutionen unterschiedlich interpretiert.

Im Unterkapitel 5.3 wurde die neo-institutionelle Mikroperspektive eingenommen. Aus diesem Blickwinkel stellt sich die Frage, wie die Religionsfreiheit als ein wesentlicher Kern der Menschenrechte auf der Handlungsebene, also individualethisch, interpretiert wird. Da sich die hermeneutisch behandelten Fälle alle im Bildungsbereich – Schule und Universität – ereigneten, lag es nahe, die Interpretation und Handlungsstruktur von Lehrpersonen in Bezug auf das Kopftuch zu erarbeiten. Die Untersuchung richtete sich auf nicht-muslimische Lehrpersonen und deren Interpretation des Kopftuchs, weil auch dies der Blickwinkel der hermeneutisch erarbeiteten Fälle war. Der erste Teil der Untersuchung bezieht sich also auf das Kopftuch und die Religionsfreiheit als ein Beispiel der gelebten Menschenrechte. Der zweite Teil bezieht sich auf das Konstrukt des Nationalstaates und zielt darauf ab, Orientierungsmuster der Lehrpersonen dazu zu erheben. Für den ersten Teil wurden folgende Forschungsfragen definiert:
    1. Wie stehen nicht-muslimische Lehrpersonen zum Tragen des Kopftuches? Lehnen sie das Tragen ab oder stimmen sie zu?

2. Welche Argumentationslinien und Orientierungsrahmen lassen sich bei den Lehrpersonen herausarbeiten?
3. Lassen sich Ähnlichkeiten oder Unterschiede im Vergleich mit den Ergebnissen der hermeneutischen Methode erkennen?

Für den zweiten Teil wurden folgende Forschungsfragen definiert:
1. Welche Orientierungsmuster der Lehrpersonen lassen sich herausarbeiten?
2. Welche Zusammenhänge lassen sich zwischen den Orientierungsmustern in Bezug auf das Kopftuch und den Nationalstaat herausarbeiten?

5.3.4.3 Methodologie

Wesentliche Anforderung an eine empirische Methode in diesem Kontext ist es, Erkenntnisse über die Handlungsstruktur und Orientierungen der Lehrpersonen in Bezug auf das Kopftuch zu erhalten. Für diese Fragestellung erscheint die dokumentarische Methode nach Bohnsack (1999) geeignet zu sein, die A.-M. Nohl (2009) für die Auswertung von Interviews weiterentwickelt hat. Die dokumentarische Methode geht auf die Wissenssoziologie Karl Mannheims (1964) zurück und wurde von Harald Garfinkel (1972) für die Entwicklung der *Ethnomethodologie* herangezogen. Sie ist der *qualitativ-rekonstruktiven Sozialforschung*[127] zuzuordnen (vgl. Schäffer 2012, 196). *Rekonstruktiv* ist als das Gegenteil von *standardisiert* zu verstehen (vgl. Bohnsack & Krüger 2005, 187). Die dokumentarische Methode „dient der Rekonstruktion der praktischen Erfahrungen von Einzelpersonen und Gruppen, in Milieus und Organisationen, gibt Aufschluss über die Handlungsorientierungen, die sich in der jeweiligen Praxis dokumentieren, und eröffnet somit einen Zugang zur Handlungspraxis" (Nohl 2009, 8). Mannheim (1964) spricht von zwei verschiedenen Sinnebenen von Berichten: Erfahrungsberichte von Menschen haben einen wörtlichen, expliziten Sinn und einen impliziten, den *Dokumentsinn*. (Vgl. Nohl 2009, 8) Wenn es um die Auslegung der Religionsfreiheit geht, dann geht es um Weltanschauungen. Sie beschreibt Mannheim (1964, 98) als atheoretisch. Die Philosophie kann daher nur einen Aspekt fassen. Es

---

[127] Der Begriff stammt von Bohnsack (2007) und drückt die Kritik am kritischen Rationalismus aus: Im Vergleich zu hypothesenprüfenden Verfahren sei die Validität von rekonstruktiven Verfahren (z.B. grounded-Theory, objektive Hermeneutik, dokumentarische Methode, Narrationsanalyse) wesentlich höher, weil das erzeugte Datenmaterial als wesentlich valider einzuschätzen ist. (Vgl. Schäffer 2012, 197, Fußnote 1) Dabei ist auch zu berücksichtigen, dass „in der qualitativen Forschung auch die erkenntnistheoretischen und methodologischen Grundlagen nicht rein logisch [...] zu begründen [sind], sondern (im Sinne selbstreferentieller Systeme) aus der (empirischen) Rekonstruktion der eigenen (empirischen) Forschungspraxis heraus" (Bohnsack 2005, 65).

geht dabei nicht nur um theoretische Inhalte, sondern auch um die Form. Damit werden Sitten, Gebräuche, Kunst oder Gebärden ebenso in den Blick genommen. So können nicht nur neue Phänomene betrachtet, sondern es kann auch eine neue Richtung in der wissenschaftlichen Betrachtung eröffnet werden. Der objektive Sinn wird um weitere Sinnkonstrukte ergänzt und damit wird dem Wesen des Menschen Rechnung getragen: „Wir sind zugleich Bürger mehrerer Welten" (Mannheim 1964, 99): der theoretischen und der atheoretischen.

Jedes Kulturgebilde kann in seinem eigenen objektiven Sinn verstanden werden (vgl. Mannheim 1964, 104). Ein Kopftuch ist ein Kopftuch. Allerdings

> „wird ein Kulturgebilde in seinem eigenen Sinne nicht verstanden, wenn wir nur auf jene ‚Sinnschicht' eingehen, die uns rein als ‚sie selbst', als objektiver Sinn vorschwebt, wir müssen das Gebilde außerdem als Ausdruck und Dokument nehmen können, sofern wir es überhaupt nach allen in ihm vorgezeichneten Richtungen hin vollständig verstehen wollen. Man kann auch der Natur gegenüber die reine naturerfahrende Einstellung durch metaphysische *Theorien* transzendieren und die ganze Natur als ein sich Dokumentieren Gottes auffassen; diese Theorien sind aber ihrer Struktur nach nichts anderes als Übertragungen der Kulturbetrachtung und ihrer Methoden auf die Natur." (Mannheim 1964, 104)

Um den Begriff des objektiven Sinns besser zu verdeutlichen, gibt Mannheim (1964, 105–106) folgendes Beispiel:

> „Ich gehe mit einem Freund auf der Straße, ein Bettler steht an der Ecke, er gibt ihm ein Almosen. Ich erfasse seine Bewegung keineswegs als eine physikalische oder physiologische, sondern in dieser ihrer Gegebenheit nur als Träger eines Sinnes, der in diesem Falle ‚Hilfe' heißt. […] Nur in den sozialen Zusammenhang eingestellt wird aus dem uns gegenüberstehenden Manne ein ‚Bettler', mein Freund ein ‚Hilfeleistender' und das Metallstück in seiner Hand ein ‚Almosen'. Das Kulturgebilde ist hier allein das soziologisch lokalisierbare Sinngebilde ‚Hilfe'. […] Das Verständnis jenes Sinnes ‚Hilfe' (den wir hier als den *objektiven Sinn* hervorheben) setzt weder die Kenntnis der ‚Innenwelt' meines Freundes noch die des Bettlers voraus, sondern nur jenen objektiven sozialen Zusammenhang, durch den und in dem es Bettler und Besitzende gibt. An diesem objektiven Zusammenhang allein orientieren wir uns, sofern wir diese Situation erfassen und das Sinngebilde ‚Hilfe' verstehen."

Es ist jedoch möglich, dass hinter dem *objektiven Sinn* der ‚Hilfe' ein bestimmter *Ausdruckssinn* steht. In diesem Fall könnte dies Mitleid oder Barmherzigkeit sein. Der objektive Sinn unterscheidet sich vom Ausdruckssinn dadurch, dass der zweite sich auf die Innenwelt bezieht und damit einen individuellen Sinn erhält. (Vgl. Mannheim 1964, 107) Der Ausdruckssinn beschreibt, „wie er von dem ihn ausdrückenden Subjekt *gemeint*, im bewusstseinsmäßigen Daraufgerichtetsein intendiert war" (Mannheim 1964, 107). Der objektive Sinn kann objektiv interpretiert werden, ohne sich auf das Gemeinte beziehen zu müssen. Es gibt noch einen dritten Sinn, der sich aus der Situation und der

Handlung ableiten lässt: Es könnte interpretiert werden, dass die ‚Hilfe' eine Heuchelei darstellte. Dabei geht es nicht darum, was der Freund wirklich intendierte, sondern wie es sich für einen Dritten darstellt, was sich in der Handlung *dokumentiert*. Es geht hier also nicht um den eigentlich vermeintlichen Sinn, sondern um eine neue Deutung, die zeitabhängig ist. So ändert sich z.B. das Bild von den eigenen Eltern abhängig vom eigenen Alter. Das bedeutet jedoch nicht, dass jede dokumentarische Interpretation haltbar ist. (Vgl. Mannheim 1964, 107–127) Erstens gibt es ein immanentes formales Kriterium: Es müssen sich „die Einzelerscheinungen in den Deutungsversuch restlos und widerspruchslos einfügen lassen" (Mannheim 1964, 127). Zweitens gibt es eine materielle Evidenz, die den Deutungsversuch abweist oder zulässt. Diese drei Sinngehalte – objektiver Sinn, Ausdruckssinn und dokumentarischer Sinn – können nur in der Theorie, also in der Interpretation, gehoben werden. Alles ist zugleich und auf einmal da. (Vgl. Mannheim 1964, 127–129) Weltanschauung ist für Mannheim atheoretisch – er bezieht dies auf den Geist oder die Weltanschauung einer bestimmten Zeit. Das Atheoretische soll durch Interpretation ins Theoretische übersetzt werden, von der einen Welt in die andere. Der objektive Sinn wird wissenschaftlich durch einen theoretischen Zusammenhang gebildet. Der Ausdruckssinn und der dokumentarische Sinn können nur vermittelt wahrgenommen werden. Der Ausdruckssinn eines Werkes oder einer Handlung kann nur durch Transzendierung auf den Schöpfer des Werkes oder der Person, welche die Handlung ausführte, hin erfolgen. Der Dokumentarsinn transzendiert auf das Wesen der schöpfenden und handelnden Person. Mannheim unterscheidet klar zwischen Kausalerklärungen und Interpretation bzw. Deutung. Mit der Interpretation eröffnet sich nach Mannheim damit für die Wissenschaft die Totalität des gesamten geistigen Lebens. (Vgl. Mannheim 1964, 17–20)

Atheoretisches Wissen wird vor allem in Beschreibungen und Erzählungen vermittelt. Es ist ein „handlungsleitende[s] und teilweise inkorporierte[s] Erfahrungswissen der Akteure", das von Mannheim auch als *konjunktives Wissen* bezeichnet wird. Dieses Wissen wird von Menschen geteilt, die ähnliche Erfahrungsräume kennen. Es verbindet damit diese Menschen (Bohnsack, Przyborski & Schäffer 2010, 11). Der Mensch führt viele alltägliche Handlungen aus, ohne explizit erklären zu können, wie er dabei konkret handelt. Polanyi (1985) spricht vom *impliziten Wissen* und Bourdieu (1993) vom *praktischen Sinn*. Wer die gleiche Praxis vollzieht oder die gleiche Erfahrung gemacht hat, versteht die Handlung ohne explizite Ausführungen. Wer diese Praxis und Erfahrung nicht teilt, benötigt explizite Erklärungen. Dadurch wird es notwendig, das implizite Wissen zu explizieren. (Vgl. Nohl 2009, 10) Das kommunikative Wissen wird aus *common-sense-Theorien* entnommen und dient für Erklärungen, Interpretation und Definitionen. In der empirischen Analyse muss darauf Rücksicht genommen werden, dass es diese doppelte Struktur der Erfahrungs- und Begriffsbildung gibt. Äußerungen haben immer eine gesellschaftliche und öffentliche Bedeutung einerseits sowie eine milieuspezifische und nicht-öffentliche Bedeutung andererseits. So wird z.b. mit dem Wort Familie eine soziale Vorstellung, aber auch die damit verbundenen individuellen Erlebnisse transportiert. Bohnsack versucht mit einer *praxeologischen Wissenssoziologie* die handlungsleitenden Praktiken zu heben. (Vgl. Bohnsack 2003; Bohnsack, Pryzyborski & Schäffer 2008, 11–12) Sie vermittelt also zwischen subjektivistischen und objektivistischen Positionen. Dabei wird der Ausdruckssinn der Akteure berücksichtigt, aber um den Dokumentsinn erweitert. Würde der Ausdruckssinn alleine berücksichtigt werden, würden die *commone-sense-Theorien* einfach verdoppelt werden. (Vgl. Schäffer 2012, 197)

> „Die Methodologie zielt im Kern auf die interpretative Rekonstruktion von Wissensformen, die in die Handlungspraxis eingelagert sind und auf die mit den Begriffen a-theoretisches bzw. konjunktives Wissen [...] Bezug genommen wird. Dies sind Wissensformen, die den Wissenden in ihrer Handlungspraxis habituell verfügbar sind, über die sie aber nicht ohne Weiteres theoretisch explizit – wie über den subjektiv gemeinten Sinn – Auskunft geben können. Damit ist jedoch nicht eine Latenz dieser Wissensformen unterstellt, die nur von einem/r kundigen Interpreten/in gedeutet werden kann, weil sich die Subjekte ihres Wissens gänzlich unbewusst sind (wie bei der objektiven Hermeneutik oder der Habitushermeneutik [...]). Vielmehr entzieht sich dieses handlungspraktische Wissen zwar tendenziell der theoretischen Explizierbarkeit, es ist den Wissenden jedoch prinzipiell möglich, auf dieses Wissen zu rekurrieren, was beim Gegensatz manifest – latent nicht der Fall ist. Aus der Perspektive der dokumentarischen Methode wissen die Erforschten insofern oft gar nicht, wie viel sie handlungspraktisch wissen." (Schäffer 2012, 197–198)

Blicken die Forschenden auf ein „Gebilde" (Mannheim 1964, 101), so geht es darum, den objektiven – Bohnsack spricht auch vom immanenten – Sinn, den Ausdruckssinn und den Dokumentsinn zu erarbeiten. Die Dokumente, die untersucht werden, können sehr verschieden sein: Videos, Bilder, Texte, Interviewaufzeichnungen etc. Diese Materialien ermöglichen durch Interpretation eine Identifikation der *Totalität*. So wird im gegenständlichen Fall der Bettel-Situation von den vorhandenen Materialien auf den Heuchler geschlossen. Zur Interpretation ist immer ein Vergleich einer Totalität mit einer anderen notwendig. So kann im obigen Beispiel der Heuchler nur dann identifiziert werden, wenn es den Nicht-Heuchler auch gibt. Abhängig von den Forschungsfragen kommen verschiedene Totalitäten in den Blick. Handlungsleitend für den Heuchler und den Nicht-Heuchler sind Formen des impliziten, atheoretischen oder habitualisierten Wissens. Das ist der Kern des Forschungsinteresses der dokumentarischen Methode. Dieses konjunktive Wissen entsteht in konjunktiven Erfahrungsräumen, wie z.B. Familien, Gruppen, Milieus, Geschlechtern, Unternehmen, und es formt sich ein Orientierungsrahmen (*modus operandi*) aus, der zu impliziten Werthaltungen führt. Gemeinsam mit den Orientierungsschemata, die sich aus explizitem, kommunikativem Wissen ableiten, bilden sich die Orientierungsmuster, die handlungsleitend werden. Orientierungsschemata sind einfacher zu identifizieren als Orientierungsrahmen. (Vgl. Schäffer 2012, 198–204)

Die dokumentarische Methode folgt im Allgemeinen folgendem Ablauf: Es wird mit einer *formulierenden Interpretation* begonnen, auf die eine *reflektierende Interpretation* folgt. Es kann eine *Fallbeschreibung* folgen, an die eine *Typenbildung* anschließt. (Vgl. Schäffer 2012, 205) Nohl (2009, 45) hat für die dokumentarische Bearbeitung von Interviews drei Stufen entwickelt, denen in der gegenständlichen Untersuchung gefolgt wurde: *formulierende Interpretation, reflektierende Interpretation* und *Typenbildung*.

Die *formulierende Interviewinterpretation* beginnt bereits vor der Transkription der Interviews. Die Interviews werden angehört und in einer Tabelle wird die zeitliche Abfolge thematisch festgehalten. Damit entstehen „thematische Verläufe" (Bohnsack 2007, 135). Dabei bleibt die formulierende Interpretation im Bereich des *immanenten Sinngehaltes* des Textes. Es geht um das *Was* bzw. den *objektiven Sinn*. Der formulierende Teil wird in drei Etappen erarbeitet. (Vgl. Nohl 2009, 46–47, 66–72; Schäffer 2012, 205)

Erste Etappe: Es werden Oberbegriffe, Überschriften und Themen gesucht. Der Text wird in seinem Ablauf in Teile gegliedert und in Themen und Unterthemen eingeteilt. Dies folgt noch vor einer Transkription. Damit erhält das gesamte Interview eine übersichtliche Darstellung. Es erfolgt eine Gliederung in Ober- und Unterthemen mit Hilfe von passenden Überschriften und kurzen paraphrasierenden Inhaltsangaben.

Zweite Etappe: In dieser wichtigen Etappe erfolgt die Auswahl der Passagen, die für die reflektierende Erarbeitung entscheidend sind. Die Auswahl erfolgt anhand von drei Kriterien:
1. Thematische Relevanz: Es wird geprüft, ob die entsprechende Passage einen erkennbaren Bezug zum Thema aufweist. Von Interesse sind jene Themen, die für die empirische Forschung relevant sind.
2. Thematische Vergleichbarkeit mit Passagen aus anderen Interviews: Passagen werden hervorgehoben, die eine auffallende inhaltliche Ähnlichkeit oder auffallende Unterschiede zu anderen Passagen der anderen Interviews haben. Das sind Themen, die „in unterschiedlichen Fällen gleichermaßen behandelt werden und sich insofern gut für die komparative Analyse eignen" (Nohl 2009, 46).
3. Metaphorische Dichte: Hier geht es um Passagen, auffällige Metaphern, pointierte Formulierungen und insbesondere narrative Passagen, die sehr detailliert erzählt sind (hoher Detaillierungsgrad) und auf Personen, Orte und Situationen verweisen (Indexikalität) oder durch die Erzählzeit auffallend sind. Das können andere The-

men als die vorgegeben sein, deshalb ist das ein wichtiges Korrektiv für die Forschenden.

Passagen, die so weit wie möglich alle drei Kriterien erfüllen, werden danach transkribiert. Darauf erfolgt eine formulierende Feininterpretation nach Ober- und Unterthemen. Unterthemen werden in ganzen Sätzen und in eigenen Worten zusammengefasst. Da jeder Text interpretationsbedürftig ist, kann es hier zu Disputen unter den Forschenden kommen. (Vgl. Nohl 2009, 46–47)

Als zweiter Schritt folgt die *reflektierende Interviewinterpretation*, in der das *Wie* im Mittelpunkt steht. Nun geht es um den *modus operandi* oder den Orientierungsrahmen, innerhalb dessen das Thema abgehandelt wird. Es geht also darum, „wie etwas gesagt wird, wie es gezeigt wird, oder wie es gemacht wird" (Schäffer 2012, 205). Die Orientierungsrahmen sind von den Subjekten selbst in ihrem Bezugssystem aufgestellt worden und sie verorten darin ihre eigene Handlung und deuten sie auch. Dieser Teil der Interpretation zielt auf den dokumentarischen Sinngehalt des Textes, der ein dokumentarisches Zeugnis eines milieu- oder berufsspezifischen Musters darstellt. Dieser Interpretation geht es nicht um die Wahrheit einer Aussage, sondern darum, wie sie dokumentiert wird. Dieser Schritt beginnt mit einer Textsortentrennung: Erzählungen, Beschreibungen, Argumentationen und Bewertungen werden voneinander getrennt: In Erzählungen werden Handlungs- und Geschehensabläufe erzählt; es gibt einen Anfang und ein Ende sowie einen Verlauf. Beschreibungen gehen von feststehenden Sachverhalten (z.B. Bild) oder wiederkehrenden Handlungsabläufen aus und stellen diese dar. Argumentationen sind alltagstheoretische Zusammenfassungen von Motiven, Gründen und Bedingungen für eigenes und fremdes Handeln. Bewertungen unterziehen eigenes und fremdes Handeln einer Evaluation. Bewertung und Argumentation korrelieren ganz stark mit dem kommunikativen Wissen und beziehen sich auf den Gegenwartsstandpunkt der erzählenden Person. (Vgl. Nohl 2009, 47–48) Es geht also um die Performanz, also z.B. um die Art und Weise, wie eine Frage beantwortet wird oder wie auf eine Frage Bezug genommen wird oder was in einem Bild wahrgenommen wird. Diese Performanz kann von den Äußerungen abweichen und damit Hinweise auf Orientierungsschemata geben. (Vgl. Schäffer 2010, 205–206) Die Performativität „dokumentiert sich in Erzählungen und Beschreibungen über die prozesshafte Entfaltung von Handlungspraxen [...]. Es geht hier also nicht um das ‚Wie' der Darstellung oder Erzählung/Diskussion (= Performanz), sondern um das ‚Wie' des *Dargestellten* oder *Erzählten* in seiner prozesshaften Abfolge und den darin implizierten Strukturhaftigkeit bzw. Regelmäßigkeiten" (Schäffer 2012, 206). Performanz und Performativität hängen oft zusammen, so sind die Erzählung und das Erzählte oft homolog. Die reflektierende Interpretation zielt also auf das *Wie* auf der Ebene der Performanz und Performativität. Aus diesem *Wie* der erzählten

Handlungspraxis und den darin implizit vorhandenen Orientierungen können sinngenetisch typische Handlungsmuster herausgearbeitet werden. (Vgl. Schäffer 2012, 206)

Nach Fritz Schütze (1987) liegen Stegreiferzählungen ganz nahe an den Erfahrungen der Erzählenden. Der Zugzwang mit seiner Dynamik eröffnet einen Einblick in die Erfahrungen. Schütze sieht hier einen engen Zusammenhang zwischen Erzählung und erlebter Erfahrung. Die Erfahrung ist dabei eine konstruierte, also nicht die Wirklichkeit, sondern die erzählte Erfahrung. Erzählungen und Beschreibungen sind ganz stark an Selbstverständlichkeiten und das handlungspraktische Wissen gebunden. Das atheoretische und konjunktive Wissen kann nicht explizit erzählt werden, sondern erschließt sich nur aus den Erzählungen und Beschreibungen, in denen sie gebunden – implizit – vorhanden sind. Argumentationen und Bewertungen geben kommunikatives, d.h. objektives, gesellschaftlich institutionalisiertes Wissen weiter. Motive und Begründungen sollen ja möglichst einsichtig für das Gegenüber dargestellt werden. Diese müssen über Milieugrenzen hinweg verständlich sein. Die dokumentarische Methode wendet sich daher in der reflektierenden Interpretation vor allem, aber nicht ausschließlich, dem konjunktiven Wissen in Erzählungen und Beschreibungen zu. Das bedeutet aber keinesfalls, dass Argumentationen und Bewertungen uninteressant für die Auswertung wären – vor allem auch deshalb nicht, weil sich auch dort Performanz und Performativität entdecken lassen. Auch hier kann neben dem wörtlichen Sinngehalt der Konstruktion der Argumentation gefolgt und damit ein Orientierungsrahmen gefunden werden. Die semantische Analyse, die darauf folgt, versucht nun, den dokumentarischen Sinn zu erschließen, der hinter dem *Was*, also dem konjunktiven, theoretischen Wissen steht. Es geht nun um das *Wie*, den Orientierungsrahmen, der aus dem Erzählten erschlossen werden soll. Dies geschieht mit der *komparativen Sequenzanalyse*. Dabei werden Handlungssequenzen untersucht und Kontinuitäten gesucht. Wenn ein bestimmtes Thema angesprochen wird, dann erfolgt ein erster Erzählabschnitt, auf den wiederum ein weiterer, gegebenenfalls noch einer oder weitere folgen. Diese nacheinander folgenden Handlungen stehen in einer impliziten Regelhaftigkeit. Praktisch bedeutet dies: Nach der Erzählung einer ersten Handlungsfolge (Handlung 2 folgte auf Handlung 1) zu einem bestimmten Thema, werden mögliche Handlungsalternativen für die Handlung 2 gedankenexperimentell erörtert. Alle angemessenen, alternativen Handlungen 2 werden als der homologe, gesetzmäßig aufeinanderfolgende Orientierungsrahmen bezeichnet. Evident wird dieser homologe Orientierungsrahmen, wenn heterologe Handlungen in anderen Fällen auftauchen und sich damit ein heterologer Orientierungsrahmen definieren lässt. Homologe Äußerungen sind also adäquate Fortsetzungen der ersten Äußerung, heterologe nicht. Jede Interpretation braucht Vergleiche. Im ersten Interview kann dieser nur mit den Erfahrungen, Theorien und Gedankenexperimenten der Forschenden durchgeführt werden. Das beinhaltet aber die Gefahr, dass die Selbstverständlichkeiten der Forschenden in den fremden Fall hineingetragen werden, auch dann, wenn der Fall den eigenen Selbstverständlichkeiten widerspricht. Die Sequenzanalyse beginnt damit, dass die Interviews zu einem bestimmten Thema miteinander verglichen werden. Das gemeinsame Dritte – das *tertium comparationis* – ist in diesem Fall das Thema der ersten Äußerung, also in den meisten Fällen nichts anderes als das Thema der gestellten Fragen aus dem Leitfaden. Der Vergleich mit anderen Interviewpassagen erleichtert einerseits das Auffinden dieser Orientierungsrahmen und ist andererseits eine Methode der Validierung. Es wird also ein erster Orientierungsrahmen (Orientierungsrahmen 1) festgelegt und alle anderen sind daher nicht der erste Orientierungsrahmen (Nicht-Orientierungsrahmen 1). Die komparative Sequenzanalyse dient neben der Auffindung von Orientierungsrahmen und der Validierung auch der Generierung von Typen und der Generalisierung. Die dokumentarische Methode versucht also mit der komparativen Sequenzanalyse das atheoretische Wissen zu heben und zu erkennen, welche Orientierungen die Erfahrungen von Menschen strukturieren. Die erzählte Praxis ist nicht von Situation zu Situation verschieden, sondern folgt einer bestimmten Prozessstruktur. Das bedeutet, dass eine erzählte Handlung, die auf eine vorangehende anschließt, einer bestimmten impliziten Regelhaftigkeit folgt. Wird nun die gleiche Problemstellung, das gleiche Thema in verschiedenen Berichten auf eine andere Art und Weise bearbeitet, so können diese voneinander unterschieden werden. Die Sequenzanalyse vergleicht also die zweiten und dritten Erzählabschnitte verschiedener Fälle und ist damit eine komparative Sequenzanalyse. Am besten lassen sich Orientierungsrahmen erkennen und rekonstruieren, wenn dasselbe Thema mit kontrastierenden Orientierungsrahmen verglichen wird. Wesentlich für die Forschenden ist es nicht, den Fall detailliert zu kennen, sondern die Orientierungsrahmen zu identifizieren. Verglichen werden nicht die Interpretationen von Fall zu Fall, sondern die Interviewpassagen selbst. Von Beginn an bleiben die Forschenden nicht bei einem Fall, sondern suchen nach Vergleichen. (Vgl. Nohl 2009, 50–57)

Diese komparative Methode dient auch zum Bilden von Typen. In der vergleichenden Gegenüberstellung des *Wie* eines Berichtes mit anderen Berichten können Typenbildungen vorgenommen werden. Es wird die sinngenetische, soziogenetische und relationale Typenbildung unterschieden. (Vgl. Schäffer 2012, 207)[128] Für die sinngenetische Typenbildung kann ein aus dem Thema abgeleitetes *tertium comparationis* angewandt werden. Es wird also ein Thema des Leitfadens hergenommen und es werden Typen dazu gebildet.

---

[128] Die kausalgenetische Typologie, die von Schäffer als vierte Form gezählt wird, ist in der dokumentarischen Methode zu vermeiden.

Dabei erhalten alle Rahmen, die nicht wie der erste sind, eigenständige Beschreibungen. Alle, einschließlich der erste, werden nun als Typen ausformuliert. Auch hier ist der komparative Vergleich hilfreich, denn ähnliche Orientierungsrahmen lassen sich in verschiedenen Interviews feststellen und erleichtern damit ihre vom Fall losgelöste Generalisierung und Typisierung. (Vgl. Nohl 2009, 57–58; 2013, 15–42) Aus Performanz und Performativität werden also durch eine *komparative Analyse,* die von Beginn der Interpretation an durchgeführt wurde, die Typen gebildet. Nur im Vergleich von Sequenzen und Gegenhorizonten kann das Typische herausgearbeitet werden. So wird untersucht, wie ein bestimmtes Thema – eine bestimmte Frage – ähnlich oder verschieden beantwortet wird. Verglichen werden sowohl explizite Orientierungsschemata als auch implizite Orientierungsrahmen, um Ähnlichkeiten und Unterschiedlichkeiten sichtbar zu machen. Sinngenetische Typologien sind deskriptive interpretative Beschreibungen von typischen Orientierungsmustern, die sich aus den expliziten Orientierungsschemata und dem impliziten Orientierungsrahmen zusammensetzen. (Vgl. Schäffer 2012, 207)

Die soziogenetische Analyse versucht in einem weiteren Schritt auch die sozialen Zusammenhänge sowie die Entstehung eines Orientierungsrahmens zu erarbeiten. Es müssen dafür Passagen berücksichtigt werden, in denen verschiedene Themen in verschiedenen Orientierungsrahmen bearbeitet wurden. Dafür ist ein systematischer Wechsel des *tertium comparationis* notwendig und dieser muss präzise formuliert sein. (Vgl. Nohl 2009, 58; 2013, 49–55) Es wird also versucht, die hinter den sinngenetischen Typiken konjunktiven Erfahrungsräume zu erschließen. Es soll interpretierend erarbeitet werden, wie Orientierungsrahmen von Milieu, Geschlecht, Generationen oder Herkünften abhängig sind. (Vgl. Schäffer 2012, 207–208)

Gelingt es aufgrund der Datenlage nicht, sinngenetische Typiken zu erarbeiten, dann kann eine relationale Typenbildung vorgenommen werden. Dabei werden die sinngenetischen Orientierungsmuster miteinander in Beziehung gesetzt, um dadurch zu einer relationalen Typenbildung zu gelangen. Diese Verbindungen sind nicht als sinnfreie Parallelitäten zu rekonstruieren, sondern Ausdruck von sozialen Zusammenhängen verschiedener Orientierungen. Soziogenetische Typiken bauen auf etablierte gesellschaftliche Dimensionen. Die relationale Typenbildung zeigt Orientierungen auf, die neue kollektive Dimensionen beschreiben. Sie zeigen konstruierte Überlappungen auf. (Vgl. Nohl 2009, 171–179; 2013, 55–61; Schäffer 2012, 208)

5.3.4.4 Durchführung und Limitation der empirischen Erhebung

Es wurde eine Handelsakademie ausgewählt, die ein schulautonomes Unterrichtsfach zum Thema Europa anbietet.[129] Nachdem die entsprechenden Genehmigungen eingeholt waren, wurde die Direktion gebeten, zehn freiwillige Lehrpersonen zu nominieren, die sich bereit erklärten, an einem anonymen leitfadengestützten Interview in der Länge von ca. 45 bis 60 Minuten teilzunehmen. Geplant war die Teilnahme von je einer Lehrperson aus den Fächern Politische Bildung und Recht, Volkswirtschaft, Geschichte und Geografie sowie aller Lehrpersonen, die im schulautonomen Unterrichtsfach unterrichten. Die restlichen Plätze konnten mit Lehrpersonen aus allen Fachbereichen aufgefüllt werden. Damit sollte eine möglichst breite Streuung der untersuchten Lehrpersonen bei gleichzeitiger Fokussierung der Unterrichtsfächer mit starken expliziten Europabezügen erreicht werden. Acht Lehrpersonen stellten sich zur Verfügung. Sie repräsentierten folgende Unterrichtsfächer: Fünf Personen repräsentierten die wirtschaftspädagogischen Fächer inklusive Volkswirtschaft und das schulautonome Unterrichtsfach, zwei Personen Leibesübungen und Geografie (Wirtschaftsgeografie), eine Person katholische Religion, zwei Personen Deutsch und Fremdsprachen.

Interviews ermöglichen eine Offenheit in der Kommunikation und sind damit ein gutes Instrument für die qualitativ rekonstruierende Sozialforschung. Leitfadengestützte Interviews ermöglichen eine Strukturierung der Fragen und einen stärkeren Fokus auf die Forschungsfragen. Dabei geht es darum, nicht nur Einschätzungen, Meinungen und Stellungnahmen von den Interviewten zu erhalten, sondern so weit wie möglich Erzählungen zu ermöglichen. (Vgl. Nohl 2009, 19–20) Mit Hilfe des Leitfadens können Lehrpersonen als Expertinnen und Experten befragt werden. Damit sind „ExpertInnen [...] RepräsentantInnen einer Organisation oder Institution [...], insofern sie die Problemlösungen und Entscheidungsstrukturen (re-)präsentieren" (Meuser & Nagel 2005, 74). Lehrpersonen sind Expertinnen und Experten, weil sie über ein bestimmtes *Betriebswissen* verfügen. Es ist das Wissen, über ihr eigenes Handlungsfeld. Somit sind die Lehrpersonen Repräsentantinnen und Repräsentanten einer bestimmten Organisation. (Vgl. Nohl 2009, 20–21) Nachdem sich alle *Kopftuch-Fälle* im Kontext von Bildungseinrichtungen ereigneten, sind gerade die Orientierungsrahmen von Expertinnen und Experten auf diesem Gebiet von Interesse. Dazu kommt, dass aufgrund der Vorgaben der Lehrpläne grundsätzlich davon auszugehen ist, dass sich die Lehrpersonen mit Europa und den Menschenrechten auseinandersetzen.

---

[129] Aus Gründen der Anonymität wird von einer genauen Bezeichnung und Beschreibung des Schwerpunktes abgesehen.

Der Interviewleitfaden bestand aus Fragen zu vier Clustern, wobei sich die meisten auf die Unterrichtsdurchführung zum Thema Europa und Europäische Union bezogen, die nicht Gegenstand dieser Arbeit sind. Der Leitfaden dient der Orientierung, lässt aber genügend Raum für Unerwartetes und Neues (vgl. Nohl 2009, 21). Im ersten Cluster wurden Fragen zu Inhalt, Methoden und Medien gestellt, wobei die Fragen narrativ ausgerichtet waren. So wurde diese Sequenz mit folgender Frage eröffnet: „Erzählen Sie mir bitte, wie Ihre letzte Schulwoche abgelaufen ist." Weiters wurde zum Erzählen animiert: „Erzählen Sie mir bitte von einer Unterrichtsstunde, die Sie als ganz besonders gut gelungen beschreiben würden." Der zweite Cluster drehte sich um die Bekanntheit des Lehrplanes, der dritte um die Fortbildung. Der vierte Cluster beschäftigte sich mit dem Kopftuch sowie mit den Themen Migration und Integration. Bewusst wurde das Thema *Kopftuch* an den Beginn des letzten Viertels gestellt. Es sollten bereits einige Themen behandelt und das Interview fortgeschritten sein. Für eine praktische und lebensweltliche Auseinandersetzung mit der Wertegeneralisierung Religionsfreiheit eignet sich das Kopftuch grundsätzlich sehr gut. Das Medium Bild wurde gewählt, um möglichst offene Assoziationen zuzulassen, ohne mit der Fragestellung eine bestimmte Richtung vorzugeben. Das Thema *Kopftuch* wurde mit dem Hinweis auf die Vorlage eines Bildes eröffnet, das Bild vorgelegt und die Lehrpersonen gebeten, ihre Assoziationen dazu zu beschreiben (siehe Abbildung 30). Je nach Verlauf wurden weitere Fragen gestellt, die sich auf die eigenen Erfahrungen bezogen, um narrative Elemente zu ermöglichen. Davon ausgehend wurden auch Fragen zu den Themen Migration und Integration gestellt, die hier ebenso nur insofern von Bedeutung sind, als sie für die Interpretation des Kopftuches interessant sind.

Die Daten der qualitativen Untersuchung wurden auch für die Auswertung der Bedeutung von Nationalität herangezogen. Die Lehrpersonen wurden nicht ausdrücklich zu diesem Thema befragt. Die Bedeutung wurde aus den Kontexten erarbeitet und auf Basis der Orientierungsschemata und Orientierungsrahmen zu Orientierungsmustern zusammengeführt.

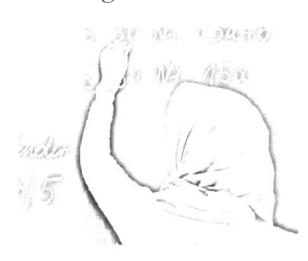

Abbildung 30: Kopftuchtragende Frau an der Tafel schreibend (Symbolfoto)

Die Ergebnisse beziehen sich auf eine Schule und acht Lehrpersonen in einem bestimmten Zeitraum. Die Interviews wurden von zwei Personen – einer in die Methode eingeführten Studierende und dem Autor –, verteilt über einen Zeitraum von Oktober bis Dezember 2011 an einem von den Interviewten gewählten Ort durchgeführt. Vor den Interviews wurde nochmals auf die Anonymität verwiesen und der Ablauf vorgestellt. Die Interviews wurden aufgezeichnet. Vor der Transkription wurden die Interviews vom Forschendenteam gemeinsam durchgehört und thematische Verläufe unter Verwendung von vorgefertigten Tabellen erstellt. Die *formulierenden Interpretationen* wurden im Forschendenteam diskutiert. Die Ausführungen zu den Themen und Subthemen wurden paraphrasiert und generalisiert in eine Matrix eingetragen, um einen Überblick über alle Fragestellungen zu erhalten. Nachdem bereits Mitte 2011 per E-Mail mit Arnd-Michael Nohl das grundlegende Setting abgeklärt wurde, konnte das Ergebnis der formulierenden Interpretation im Rahmen des Magdeburger Methodenseminars im Jänner 2012 vom Autor in einem Workshop zur dokumentarischen Methode präsentiert und diskutiert werden. Darauf folgte die reflektierende Interpretation, die ausschließlich vom Autor vorgenommen, aber wieder im Forschendenteam diskutiert wurde. Daran anschließend wurde vom Autor eine sinngenetische Typenbildung vorgenommen. Für eine soziogenetische Typenbildung waren nicht genügend interpretationsfähige Daten vorhanden. Abschließend wurde eine relationale Typenbildung vorgenommen, deren grundsätzliche Zugangsweise 2013 ebenfalls per E-Mail mit Arnd-Michael Nohl abgeklärt wurde. Die Endergebnisse wurden bei der Herbsttagung 2013 der Sektion Berufs- und Wirtschaftspädagogik der DGfE in Chemnitz präsentiert. Wesentlich für die Auswertung war, dass diese zu verschiedenen Zeitpunkten stattgefunden hat. Kann mit der Aufnahme der gesprochenen Sprache bereits ein erster Schritt in Richtung Objektivierung erzielt werden, wird dies durch die Transkription noch wesentlich deutlicher. Wesentlich war jedoch, dass die Auswertungen nach einem Jahr nochmals intensiv durchgearbeitet wurden. Der zeitliche Abstand erzeugte nochmals einen notwendigen Abstand zum Interview und ermöglichte eine distanziertere Herangehensweise.

Die grundsätzlichen Limitationen von qualitativen Forschungsarbeiten sind auch für diese Forschungstätigkeit relevant. Die klassischen Gütekriterien quantitativer Forschung sind für die qualitative zu modifizieren: *Objektivität* ist insofern nicht das Ziel, als gerade die subjektive Betrachtung und Deutung in den Blick kommt, geht es doch um Verstehen und nicht um Erklären. Wesentlich ist daher die *Gegenstandsadäquatheit*. Der Forschungsprozess und die Methode sind daher an den Gegenstand und die Fragestellung anzupassen. (Vgl. Alheit 2012, 627) Die dokumentarische Methode liegt, wie das narrative Interview, zwischen dem Objektivismus und dem Subjektivismus. Es wird auf das Wissen der Akteurinnen und Akteure sowie auf die Strukturen der Handlungspraxis abgestellt. In der objektiven Hermeneutik wird diese Handlungspraxis nicht auf Basis des Erfahrungswissens der Probandinnen und Probanden rekonstruiert, sondern diese werden mit Theorien von außen in die Interpretation hineingetragen. Die dokumentarische Methode geht davon aus, dass die Sinnstruktur der Handlungspraxis ein implizites Wissen der Akteurinnen und Akteure darstellt, das durch die komparative Analyse mit anderen Fällen interpretativ herausgearbeitet werden kann. Die Akteurinnen und Akteure verfügen also über ein Wissen, von dem sie gar nicht wissen, dass sie es haben. (Vgl. Bohnsack 2005, 74) Die *Reliabilität* ist insofern nicht zu erreichen, als die qualitativen Daten in *kontingenten Interaktionsprozessen* erhoben werden und daher nicht wiederholbar sind. Die Forschenden werden im Interview zu Co-Akteurinnen und Co-Akteuren, weil sie am Interviewprozess teilhaben. Die Interaktion wird aber der Interpretation reflexiv zugänglich, weil das gesamte Interview aufgezeichnet vorliegt. Wesentlich ist daher die sorgfältige Rekonstruktion und Dokumentation der Daten. (Vgl. Alheit 2012, 627; Flick 2005, 196) Die Methode hängt nicht, wie dies oft in der quantitativen Forschung üblich ist, von der Disziplin, sondern vom Gegenstand des Untersuchten ab. Die Einhaltung der Arbeitsschritte erprobter qualitativer Methoden ist die „Voraussetzung für die Gültigkeit wie auch die Zuverlässigkeit qualitativer Methoden, weil diese es gleichermaßen in ihrem Gegenstandsbereich wie auch in ihren eigenen Verfahrensweisen mit Prozessen der Kommunikation, des Verstehens und der Erahrungskonstitution zu tun haben" (Bohnsack 2005, 69). Die *Validität* im Sinne der Gültigkeit, d.h. die Gewissheit darüber, dass das, was gemessen werden soll auch gemessen wird, ist insofern problematisch, als am Beginn des Forschungsprozesses noch nicht klar ist, was überhaupt brauchbar ist und was nicht. Messung ist auch nicht das Ziel der qualitativen Forschung. Es geht um das Verstehen komplexer und diffuser sozialer Zusammenhänge. Dies kann nur mit Deutungs- und Interpretationsprozessen geleistet werden. Validierung erfolgt kommunikativ, indem Interpretationen mit anderen abgeglichen werden. Kommunikative Validierung ist daher ein Gütekriterium. (Vgl. Alheit 2012, 627)

Eine alternative Möglichkeit der Qualitätssicherung liegt in der kommunikativen Validierung, die u.a. darin liegt, mit anderen Forschenden die Ergebnisse zu diskutieren (vgl. Flick 2005, 198) Da es keine Forschungswerkstätte am Institut der Forschenden gibt, wurden die Forschungsergebnisse in Partnerarbeit diskutiert. Um größere Sicherheit über die Ergebnisse zu erhalten, wurden die Ergebnisse der formulierenden Interpretation im Rahmen des Methodenworkshops in Magdeburg im Jänner 2012 in einem Workshop für die Anwendung der dokumentarischen Methode präsentiert und diskutiert. Diese Zwischenergebnisse und die methodische Vorgangsweise wurden positiv bestärkt. Die reflektierende Interpretation war zu diesem Zeitpunkt noch nicht durchgeführt. Das Forschungssetting folgte zu diesem Zeitpunkt einer breiteren Ausrichtung. Es sollte ursprünglich gezeigt werden, wie eine Entkopplung an der Schule insofern stattfindet, als die Formalstrukturen, also die Programmatik im Sinne des Lehrplans, sich an der Handlungsstruktur der Lehrpersonen brechen. Schließlich entschied sich der Autor, diesen breiten Zugang auf die Frage der Umsetzung der Menschenrechte im Hinblick auf die Religionsfreiheit zu reduzieren (vgl. Tafner 2010b; 2013a).

Die Entscheidung für die Vorlage eines Bildes zur Erarbeitung der gestellten Forschungsfrage war mit Risiken verbunden. Es war nicht klar, wie die interviewten Personen auf das Bild reagieren könnten. Niemand lehnte diese Methode im Interview ab. Es war beabsichtigt, aus den Assoziationen zum Bild auf eigene Erfahrungen und damit auf Erzählungen überzuleiten. Dies ist nicht immer und nicht immer ausreichend gelungen. Hier zeigt sich auch die grundsätzliche Limitation, welche die Interviewmethode in Kombination mit der dokumentarischen Methode mit sich bringt. Es ist schwierig, von einem grundsätzlich nicht-narrativ angelegten Interview, das wohl narrative Elemente enthält, vor allem auf Erzählabschnitte, welche atheoretisches und konjunktives Wissen stärker beinhalten, zurückgreifen zu können. Diskussionsgruppen scheinen dies stärker zuzulassen. Aus forschungsökonomischen Gründen war es nicht mehr möglich, auch ein Gruppendiskussionsverfahren durchzuführen (vgl. Bohnsack, Przyborski & Schäffer 2010). Dies bleibt als weiteres Forschungsdesiderat zurück. Schließlich ist anzumerken, dass aufgrund des gewählten Verfahrens eine soziogenetische Typenbildung nicht machbar war.

5.3.4.5 Ergebnisse zum *tertium comparationis Kopftuch*

In diesem Unterkapitel werden die *reflektierende Interpretation* und die sinngenetische Typenbildung dargestellt. Vor der reflektierenden Interpretation wurde die *formulierende Interpretation* vorgenommen, die in dieser Arbeit nicht wiedergegeben wird.[130] Beispielhaft wird die formulierende Interpretation für die Person *A* und *B* vor der reflektierenden Interpretation wiedergegeben. Mit der *reflektierenden Interpretation* setzt die komparative Sequenzanalyse ein. Das *tertium comparationis* ist die kopftuchtragende Frau. Nun geht es darum, den Orientierungsrahmen zu rekonstruieren, innerhalb dessen das Thema Kopftuch bearbeitet wird, dabei wird die nachfolgende Sequenz zum Thema Migration und Integration, soweit sie in Bezug zum Thema steht, auch berücksichtigt. (Vgl. Nohl 2009, 82)

---

[130] A.-M. Nohl empfiehlt an einem Beispiel die formulierende Interpretation im Text oder im Anhang darzulegen. Im Text sei eine Darstellung nicht notwendig (vgl. Nohl am 01. Mai 2013 per E-Mail).

Reflektierende Interpretation (mit zwei Beispielen der formulierenden Interpretation)

Formulierende Interpretation für *A*: Person *A* beginnt nach der Vorlage des Bildes und der Bitte um Assoziationen mit einem Hinweis, dass sie sich nicht leicht mit Bildern tue. Danach führt sie mit einer objektiven Beschreibung des Bildes und der Szene fort. Sie beschreibt die Ziffern und Wörter an der Tafel und die Person im Bild als eine „Lehrerin mit einem Kopftuch". Sie stellt sich selbst die Frage, was sie dazu sage. Dazu sagt sie selbst, dass sie sich viel mehr Lehrpersonen mit nichtdeutscher Muttersprache wünsche, denn entscheidend sei die Muttersprache und nicht die Nationalität. Danach führt sie aus: „Beim Kopftuch bin ich kritisch. Da bin ich laizistisch unterwegs so wie die Türkei." Sie würde das Kopftuch als Ausdruck der Ungleichbehandlung nicht erlauben. Der Interviewer fragt nach, ob es Konflikte in der Schule gebe. Es seien „heiße Themen". Sie selber möchte mehr Schülerinnen und Schüler mit Migrationshintergrund für „Multi-Kulti-Projekte" haben.[131]

Es folgt nun die *reflektierende Interpretation* für *A*: Person *A* beginnt ihre Assoziationen nicht mit der Beschreibung des Bildes selbst, sondern im Modus der Bewertung der eigenen Fähigkeit der Interpretation. Eine Vorgangsweise, die sich auch bei der Behandlung anderer Themen durch *A* feststellen lässt, jedoch bei keiner anderen Person. Es folgt eine Beschreibung des Bildes. Wahrgenommen wird eine Lehrerin mit Kopftuch. Es folgt darauf wiederum eine Bewertung, diesmal jedoch im Hinblick auf interkulturellen Unterricht, der mehr Lehrpersonen mit nicht-deutscher Muttersprache fordere. Der Gedanke von *A* geht vom Kopftuch zur nicht-deutschen Muttersprache. Wobei sie selbst die Unsicherheit in der Formulierung dieses Gedankenganges ausdrückt: „Wie formuliere ich das immer?" Die Muttersprache sei entscheidender als die Nationalität. *A* geht also davon aus, dass die Muttersprache der kopftuchtragenden Frau nicht Deutsch sei. Eine Frau, deren Muttersprache nicht Deutsch ist, kann eine In- oder Ausländerin sein. Da *A* sagt, dass die Sprache wichtiger als die Nationalität sei, muss auch die Nationalität in diesem Fall ein Kriterium sein. Das bedeutet, dass *A* die Person als Ausländerin, die eine nicht-deutsche Muttersprache spricht, wahrnimmt. Das Kopftuch steht für sie also für die Ausländerin und eine fremde Sprache. Eine kopftuchtragende Inländerin mit oder ohne Deutsch als Muttersprache wird nicht wahrgenommen. Die Sprache sei jedoch entscheidender als die Nationalität. *A* äußert sich im Modus der Argumentation, wobei die Gedankenketten

---

[131] Die folgenden Textausschnitte werden so wiedergegeben, wie sie gesagt wurden. Die gesprochene Sprache unterscheidet sich wesentlich von der schriftlichen Standardsprache: Wiederholungen, Auslassungen, umgangssprachliche Ausdrücke und Gedankensprünge sind Bestandteile der gesprochenen Sprache in einem entspannt geführten Interview.

offene Stellen aufweisen. Schließlich kommt sie wieder auf das Kopftuch zurück und bezeichnet sich selbst als laizistisch. Aus diesem Grunde würde sie das Kopftuch als Ausdruck der Ungleichbehandlung nicht erlauben. Die vermeintliche Ungleichbehandlung wird aber weder argumentativ noch narrativ belegt. Der Interviewer fragt nach, ob es Konfliktstoff in der Schule zu diesem Thema gebe, aber nicht, wie der Laizismus zu verstehen sei. Auch in der Antwort auf diese Frage bleibt *A* im Modus der Bewertung, indem sie, nachdem sie zuerst bestätigt, dass es sich um „heiße Themen" handle, bedauert, nicht genügend Schülerinnen und Schüler mit Migrationshintergrund zu haben, um ein „Multi-Kulti-Projekt zu machen". *A* changiert zwischen dem Thema Kopftuch und Vorstellungen von gelungenem Unterricht, um schließlich das Nicht-Gelingen zu bedauern. *A* nimmt die Kopftuchträgerin neutral als fremdsprachige Ausländerin wahr und lehnt das Tragen explizit aus laizistischen Gründen ab.

Formulierende Interpretation für *B: Person B* beginnt ebenso mit einer objektiven Beschreibung des Bildes. Die Person vor der Tafel wird als eine Lehrerin wahrgenommen. *B* stellt sich die Frage, welche Aufgabenstellungen die Lehrerin da gibt. Dann weist sie lachend darauf hin, dass das Spannende am Bild die offensichtlich muslimische Kollegin und die Bezugnahme auf das Kopftuchverbot in der Schule sei. Offensichtlich sei die Muslimin eine Linkshänderin und es sei blöd, wenn die Kreide immer beim Schreiben an der Tafel verwische. Sie habe eine muslimische Kollegin, die kein Kopftuch trage. Sie habe Schülerinnen, die das Kopftuch tragen. „Die mit Kopftuch bewundere ich sehr, weil sie das einfach mit Stolz tragen. Also nämlich wirklich mit Stolz, und wirklich top gestylt sind und also das find ich, find ich toll." Sie steht dem Kopftuchtragen offen gegenüber, bewundert die Trägerinnen und betont das Modische. Diskrimierungen habe sie bislang keine wahrgenommen.

Reflektierende Interpretation für *B: Person B* nimmt die Lehrperson am Bild wahr und beschreibt danach die sichtbaren Dinge. Sie verweist selbst auf „das Spannende" im Bild, das sie in der „Bezugnahme auf das Kopftuchverbot in den Schulen" sieht. Sie spricht von einer „offensichtlich muslimischen Kollegin". Die Sympathie für die kopftuchtragende Frau wird durch die Wahl des Begriffs „Kollegin" offensichtlich. Auch das Lachen in diesem Kontext zeigt eine gewisse Leichtigkeit im Umgang mit diesem Thema. Ihre Empathie drückt sich im Verständnis für die Schwierigkeiten aus, die sich aus dem Schreiben einer Linkshänderin an der Tafel ergibt. Der Umstand, dass es Schülerinnen mit muslimischem Hintergrund gibt, wird von *B* „als spannend" bezeichnet. *Spannend* konnotiert positiv, wie die nachfolgende Aussage deutlich macht. Sie beschreibt, wie sie mit Stolz das Kopftuch tragen. Sie findet das Tragen des Kopftuches toll, weil sie es mit Stolz tragen. Die Erfahrungen, die *B* mit Kopftuchträgerinnen gemacht hat, führen zu einer positiven Bewertung. Diskriminierungen von Kopftuchträgerinnen oder Migrantinnen seien ihr noch nicht untergekommen. Die Offenheit für die Vielfalt kommt bei *B* auch in anderen Sequenzen im Interview zum Ausdruck, die in der formulierenden Interpretation oben nicht wiedergegeben wurden, weil sie sich auf andere Sequenzen im Interview bezogen. Sie erzählt mit großer Begeisterung vom Tag der Sprachen, an dem die Buntheit gemeinsam gefeiert werde. Das Orientierungsmuster von *B* unterscheidet sich wesentlich von *A*. *A* lehnt das Kopftuch ab, *B* äußert große Sympathien dafür, weil sie es als Ausdruck der Vielfalt interpretiert.

Es folgen nun ausschließlich die *reflektierenden Interpretationen* für die noch folgenden Interviews:

Person *C* eröffnet ihre Beschreibung damit, dass sie gar nichts Besonderes sehe. Ihre Aufmerksamkeit und Beschreibung richtet sich danach auf die Schreibweise von Ziffern und Buchstaben. So sei die Schreibweise der Ziffer 1 für Europa nicht typisch. Schließlich bringt sie selbst das Kopftuch ins Spiel und findet es nicht besonders außergewöhnlich. Migranten und Migrantinnen sowie das Kopftuch werden als nicht problemhaft beschrieben. Das Orientierungsmuster von *C* unterscheidet sich wesentlich von *A*, da *C* nichts gegen das Tragen des Kopftuches einwendet. Gegenüber *B* ist bei grundsätzlich gleich positiver Betrachtung weniger Empathie erkennbar.

Person *D* eröffnet ihre Ausführungen nicht mit einer Beschreibung des Bildes, sondern mit der Aussage, dass es an der eigenen Schule Schülerinnen gebe, die ein Kopftuch tragen. Nicht das Bild ist im Fokus, sondern die eigene Betroffenheit. Darauf folgt die Bewertung, die sich scheinbar nicht gegen das Kopftuch richtet. *D* führt dazu detaillierter aus: Sie habe kein Problem mit dem Kopftuch, solange die Kleidung in Ordnung sei oder – etwas später – Mitarbeit und Fleiß erkennbar seien. Sind also Kleidung nicht in Ordnung und keine Mitarbeit oder Fleiß erkennbar, würde – im Umkehrschluss – auch das Kopftuch ein Problem werden. Als modisches und kulturelles Accessoire wird es als „nicht so schlimm" empfunden. Diese Bewertung lässt eine negative Konnotation erkennen, denn das Kopftuch scheint doch „schlimm" zu sein, aber „jetzt nicht so schlimm". Das Wort *so* relativiert das Wort *schlimm*, belässt aber doch die negative Aussage. Ähnlich wirkt die nachfolgende Bemerkung: Sie habe nichts gegen Kappen[132], obwohl es Lehrpersonen gebe, die keine im Unterricht haben wollten. Das verstehe sie zwar auch, aber Kopfbedeckungen seien für sie eher modisch. Der Interviewer fragt an dieser Stelle nach, wie es sich verhalte, wenn die Person im Bild eine Lehrperson wäre. Damit würde sich *D*, wie sie selbst sagt, „schwer tun". Sie hätte ein Problem damit und könne nicht beschreiben, warum das ein Problem sei. Darauf fragt

---

[132] *D* spricht von „Kapperln". Gemeint sind Kopfbedeckungen wie Baseballkappen. *D* führt allerdings nicht aus, ob es sich um Kappen für Jungen oder Mädchen handelt. Für gewöhnlich tragen Burschen „Kapperl".

der Interviewer nochmals nach und möchte wissen, was den Unterschied zwischen Schülerin und Lehrerin ausmache. Person *D* argumentiert, dass die Begründung in der christlichen Kultur zu finden sei und Lehrerinnen in Bezug auf die Kultur ein Vorbild sein müssten. Für diese Aussage scheint sich *D* fast zu schämen: „Das geb' ich jetzt ehrlich zu." In der Argumentation ist *D* in diesem Punkt jedoch unsicher. Es sei auch schwierig, eine Anstellung zu bekommen. *D* kann jedoch nicht beantworten, warum es für eine kopftuchtragende Person schwierig sein könnte, eine Anstellung zu finden. „Ich weiß es nicht. [...] Ich kann es nicht sagen." Sie *glaubt*, dass eine Anstellung schwieriger sein könnte. *D* sagt, dass sie noch nie eine Lehrerin mit Kopftuch an der Schule gehabt habe, auch nicht als Religionslehrerin. Aber sie wisse auch nicht, ob es überhaupt islamische Religionslehrerinnen gebe. Diese Schwierigkeiten von *D,* ihren eigenen Standpunkt zu explizieren, könnten darin liegen, dass sie einer Weltanschauung folgt, aber nicht theoretisch klar ihre Argumente formulieren kann. Dies liegt sicher nicht an fehlenden Kompetenzen, sondern könnte in der Besonderheit von Weltanschauung liegen, wie dies Mannheim (1964) formuliert hat. Atheoretisches Wissen lässt sich schwer explizit ausdrücken. Hier bei Person *D* scheint es sich um ein solches atheoretisches Wissen zu handeln. *D* unterscheidet sich in ihrem Orientierungsmuster damit von allen bisherigen: Sie kann sich Schülerinnen mit Kopftuch vorstellen, lehnt jedoch kopftuchtragende Lehrpersonen mit dem Argument ab, dass sie auch in Bezug auf die christliche Kultur Vorbild sein sollten.

Person *E* gibt zu Beginn lediglich Schlagwörter von sich. Als ihr das Bild vorgelegt wird, eröffnet sie mit folgenden Aussagen: „Schau. Schule. Weiterbildung. Integration. Migration. Was brauchens noch?" „Ihre Assoziationen", antwortet der Interviewer, „nicht, was ich brauch', sondern was sie assoziieren". Sie könne es inhaltlich nicht zuordnen, argumentiert *E*. Der Interviewer macht auf die kopftuchtragende Frau aufmerksam. Es ist also der Interviewer, der auf das Kopftuch aufmerksam macht. Für *E* ist es nicht wahrnehmbar. Es erhebt sich die Frage, warum dies nicht beschrieben oder wahrgenommen wurde. Die Frage, ob dies ein Thema an der Schule sei, wird mit dem Argument der Gewöhnung und der Bewertung, dass es weniger ein Problem sei, als man vermuten möchte, beantwortet. Diese Beantwortung folgt einem interessanten Ablauf: Nachdem der Interviewer die Frage stellte, ob die kopftuchtragende Frau ein Thema an der Schule sei, wird nicht direkt mit *Nein* oder *Ja* geantwortet. Es folgt eine Bewertung. „Weniger als man vermuten möchte." Wer ist in dieser Bewertung *man*? Verbirgt sich hinter diesem *man* die eigene Einschätzung, welche durch die eigene Erfahrung teilweise oder ganz widerlegt wurde? Oder wird hier ein vermeintlicher *common sense* angesprochen, der schließlich teilweise oder ganz zurückgewiesen wird? Es folgt die nächste Aussage: „Inzwischen, denk ich, hat man sich schon gewöhnt." Wieder taucht *man* auf. Es stellen sich dieselben Fragen wie in der hervorgehenden Bewertung. Unabhängig davon, ob es der eigene Ausdruckssinn oder der allgemeine *common sense* ist, es wird hier mit kommunikativem Wissen versucht zu umschreiben, dass das Tragen des Kopftuches weder eine Selbstverständlichkeit ist, noch etwas an sich Gutes damit zum Ausdruck gebracht wird. Auf Nachfragen des Interviewers wird die Aussage auf die Schülerinnen hin präzisiert. Auch die Frage, wie eine kopftuchtragende Kollegin gesehen wird, wird ausweichend beantwortet. Es wird wiederum argumentiert, dass es vom gegenseitigen Entgegenkommen abhänge. Die Zustimmung zum Tragen des Kopftuches ist also eine bedingte. In einem Halbsatz spricht *E* die Religion an: „Also wenn man jetzt auf, über Religion spricht." Diese Aussagen über die Bedingtheit und die Überleitung zur Religion werden jedoch von *E* abgebrochen und wieder zurückgenommen: „Na, das ist falsch, falsch angepackt. Grundsätzlich ist es für mich kein Thema." Selbst diese Korrektur wird durch das Wort *grundsätzlich* zu einer relativen. Es folgt das Argument, dass auch Burschen „Kapperl" tragen. Es folgt eine kurze Erzählung eines eigenen Erlebnisses mit dem Kopftuch: „Ich hab' auch schon erlebt, dass eine Schülerin sich plötzlich eingebildet hat, sie muss ein Kopftuch tragen. Und dann war sie bunt, eine Woche lang. Und alle haben sie bewundert und dann hat sie am Ende einer Woche keiner mehr bewundert, dann hat sie's wieder weggetan." Diese Erzählung eröffnet ebenso mit einer negativen Beschreibung des Kopftuches. Der Grund für das Tragen sei eine *Einbildung* gewesen. Das Ziel sei in der Bewunderung durch die anderen zu sehen. Es folgt eine Feststellung: „Also, es ist so unterschiedlich, was auch Frauen mit dem Kopftuch ausdrücken." Unterschiedliche Beweggründe werden im Interviewablauf jedoch nicht genannt. *E* beendet diese Sequenz mit der Aussage: „Ich hab' damit kein Problem." Und schließt wieder gleich eine Bedingung an: „Also, wenn sie mitarbeiten, wenn sie sich einbringen, ist das Kopftuch zweitrangig." Wird also nicht mitgearbeitet, so ist das Kopftuch vorrangig. Und selbst wenn sich Schülerinnen einbringen, bleibt das Kopftuch ein Thema, eben ein zweitrangiges. Die Aussage, dass *E* damit kein Problem habe, ist damit eine bedingte, relative. Nachdem der Interviewer die nächste Frage einleitet, unterbricht *E* und stellt klar: „Oder nein, überhaupt nicht wichtig. Nicht, nicht zweitrangig. Gar nicht wichtig." *E* wurde die Relativität und damit schließlich ihre negative Aussage bewusst und sie korrigiert sie nachträglich. Die Aussagen von *E* bleiben ambivalent. Einerseits wird Offenheit und Zustimmung signalisiert, andererseits werden Bedingungen gestellt und Aussagen relativiert. Der Interviewer leitet über zum Thema Migration und fragt, ob dies ein Thema an der Schule sei. Es sei immer wieder ein Thema, einerseits wegen der Sprachförderung und andererseits wegen der Sichtweise der Eltern. Die Ausbildung habe nicht denselben Stellenwert wie jenen, „den *wir* ihr geben". Das *man* wurde nun zum *wir*. Nun wird damit auch klar der eigene Standpunkt kundgetan. Es gebe auch andere Fälle, führt *E* weiter aus. Der Interviewer bittet von einem positiven oder negativen Erlebnis zu erzählen. *E* erzählt kein Erlebnis, sondern fasst ihre Erfahrung zusammen: „Schüler selber untereinander, ahm, pfh, bedecken sich mit ziemlichen Schimpfwörtern. Jetzt, alle Muslime untereinander zum Beispiel oder Migranten untereinander. Ihr seid die oder die." Es gebe immer wieder Lagerbildungen. Solche Probleme würden sowohl unter österreichischen als auch unter Schülerinnen und Schülern mit Migrationshintergrund auftauchen. Auch hier folgt nach einer negativ wertenden Aussage eine relativierende. Auf die Frage des Interviewers, ob es sich bei Migration um einen Konfliktbereich in der Schule handle, folgt *E* wieder dem oben beschriebenen Ablauf bei der Beantwortung: „Kann auch Konfliktstoff bergen. Aber ich hab' das Gefühl, weniger als *man* vermuten möchte. Wir haben doch wirklich viele Migranten, aber, mh, es gibt genug Konflikte mit österreichischen [Schülerinnen und Schülern]." Schließlich sei auch die Frage zu stellen – so *E* weiter –, wo man die Grenze zwischen österreichischen Staatsbürgerinnen und Staatsbürgern sowie Menschen mit Migrationshintergrund ziehe. *E* bleibt also auch hier in einer relativierenden, ethnozentristischen Sichtweise verfangen (vgl. Bennett 2004a; 2004b) und zieht die Grenze zwischen Österreicherinnen und Österreichern einerseits und Menschen mit Migrationshintergrund andererseits. In der komparativen Analyse unterscheidet sich *E* von *B* und *C* dadurch, dass ihre Offenheit eine relative und eingeschränkte ist. Im Vergleich zu *D* bleibt ihre Positionierung jedoch unklar. Gewisse Ähnlichkeiten zu *A* lassen sich in der Ambivalenz festmachen, doch ist auch hier die Unterscheidung in der unklareren Positionierung zu sehen.

Person F nimmt eine an der Tafel schreibende Schülerin oder Lehrerin war. Für *F* ist also sowohl die kopftuchtragende Schülerin als auch Lehrerin wahrnehmbar. Es folgt eine genaue Beschreibung des Hintergrundes. Die Interviewerin nimmt Bezug auf das wahrgenommene Kopftuch und fragt, ob es Migrantinnen und Konfliktstoff gebe. Es gebe viele Schülerinnen, die Kopftuch tragen. Konflikte habe es deswegen noch nie gegeben. *F* nimmt das Kopftuch positiv wahr und sieht es als „ganz schickes Accessoire", das gefalle. Aus modischen Gründen und als Ausdruck der Vielfalt steht *F* positiv zum Kopftuch. „Das find ich gut. Dass diese Vielfalt möglich ist. Ja." *F* bestätigt die eigene Aussage mit einem *Ja* und bekräftigt damit eine offene Haltung, die auch beim nachfolgenden Thema Migration klar zum Ausdruck kommt. Es folgt dazu eine längere Erzählsequenz, in der positiv von der Wahl des Klassensprechers und vom Tag der Sprachen erzählt wird. Auch hier kommt die positive Bewertung der Buntheit und Vielfalt klar zum Ausdruck. Person *F* ist damit *B* im offenen Zugang ähnlich und unterscheidet sich damit wesentlich von *A*, *D* und *E*.

Person *G* wiederholt kurz am Beginn die Fragestellung, was ihr dazu einfalle und schnauft ganz kurz. „Eine Kopftuchträgerin. Gell?" Sie überlegt kurz. „Nachdem sie das Kopftuch so getragen hat, denk' ich mir, dass dies irgendwie eine Muslimin ist. Denk' an unsere vielen, also viele. Wir haben doch einige Kopftuchträgerinnen in unserer Schule." Danach beschreibt *G* den Hintergrund. Sie schließt von der Uhr und dem Schmuck darauf, dass es sich um eine Lehrperson handle, die Aufgaben an die Tafel schreibe. „Ja. Lehrerin, Lehrerin mit Kopftuch. Das heißt, das ist sicherlich nicht in unseren Breiten. Weil ich glaub' nicht, dass bei uns Musliminnen unterrichten, oder? Unterrichten Musliminnen? Keine Ahnung. Eher im osteuropäischen Bereich. Ja. Da ist es wahrscheinlich ganz normal, dass man mit Kopftuch unterrichtet, was bei uns vielleicht nicht ganz [der Fall ist]. Ja." Für *G* scheint es nicht selbstverständlich zu sein, dass es eine kopftuchtragende Lehrerin ist. Sie fragt bei der Wahrnehmung der Kopftuchträgerin zurück und überlegt kurz. Sie schließt weiters auf die Muslimin. Danach führt sie aus, dass es viele kopftuchtragende Schülerinnen an der Schule gebe. Erst im Zuge der weiteren Bildbeschreibung schließt *G* darauf, dass es sich um eine Lehrperson handeln könne. Explizit wird dies in der nachfolgenden Aussage: „Nicht in unseren Breiten." Kopftuchtragende Lehrerinnen werden nicht im eigenen Land verortet. Sie fährt fort: „Weil ich glaub' nicht, dass bei uns Musliminnen unterrichten. Oder?" Es folgt eine Aussage, die mit Unsicherheit verbunden ist, wie der erste Satzteil zeigt. Diese Unsicherheit wird mit der Rückfrage *Oder?* bestätigt oder verstärkt. Sie fragt weiter: „Unterrichten Musliminnen? Keine Ahnung. Eher im osteuropäischen Raum." Sie stellt sich selbst die Frage, ob Musliminnen unterrichten und gibt zu, es nicht zu wissen. Aber die Aussage *keine Ahnung* drückt weniger die Unwissenheit aus als die Vermutung, dass es doch keine unterrichtenden Musliminnen gibt. Denn die nächste Aussage verortet unterrichtende Musliminnen in den osteuropäischen Raum. Sie führt weiter aus: „Ja. Da ist das wahrscheinlich ganz normal, dass man mit Kopftuch unterrichtet, was bei uns vielleicht nicht ganz [der Fall ist]. Ja." Im osteuropäischen Raum sei es also normal. Wie es bei uns ist, bleibt doch ein wenig unsicher, was die Verwendung des Wortes *vielleicht* ausdrückt. Sie bestärkt selbst wieder ihre Aussage mit *Ja*. Die Interviewerin kommt auf das Thema Migration zu sprechen. *G* erzählt, wie im Turnsaal eine Migrantin und eine Österreicherin aufeinander losgegangen seien und sich heftig gestritten hätten. Die Situation sei aber nicht eskaliert. Sie wisse nicht, welche Folgen dies für die Beziehung mit den Schülerinnen und Schülern mit Migrationshintergrund gehabt hätte. Sie erzählt positive und negative Erlebnisse. Auch *G* erzählt positiv vom Tag der Sprachen, weist dabei besonders darauf hin, dass diesmal das Österreichische im Mittelpunkt stand, weil Österreich auch einmal präsent sein solle. *G* unterscheidet sich von den anderen Personen vor allem dadurch, dass sie die kopftuchtragende Lehrperson nicht in ihrem Land verortet.

Person *H* nimmt nach kurzer Überlegung eine Migrantin wahr, die etwas zu erarbeiten versucht. „Ja, für mich ist das eine Migrantin. Die etwas zu arbeiten versucht. Ich glaube, sie lernt nicht Deutsch. Weil sonst würden [sie macht eine kurze Pause], die Zeichen deuten auf etwas Anderes hin. Aber, die sich weiterbilden möchte in irgendeiner Art und Weise. Mhm." Von sich aus spricht *H* das Kopftuch nicht an. Das Kopftuch verweist direkt auf die Migrantin. Kopftuchtragende Frauen sind Migrantinnen. Auf Rückfrage durch die Interviewerin führt *H* aus, dass sie eine Migrantin an der Schule habe, die älter als 16 sei, weil sie sonst ja kein Kopftuch trüge. So etwas lerne man an der Schule, sagt sie und lacht. Auf weitere Nachfrage führt *H* aus, dass es keine Lehrpersonen mit Migrationshintergrund gebe. Wie es sich mit dem islamischen Religionslehrer verhalte, wisse sie nicht. Er habe einen ausländischen Namen und sie sehe ihn so selten. *H* bringt implizit zum Ausdruck, dass eine kopftuchtragende Person eine Person von außen ist. Explizit wird dies später im Gespräch in einer längeren Erzählung über einen Konflikt. Es habe eine Klasse gegeben, in die immer mehr Schülerinnen und Schüler mit Migrationshintergrund gekommen seien. „Dann haben mir die österreichischen Schüler gesagt, [...], das war furchtbar. Die haben uns unterdrückt. Wir haben nichts mehr sagen dürfen, sie sind alle über uns drüber gefahren." Klar ist hier die Grenze zwischen Schülerinnen und Schülern mit Migrationshintergrund einerseits und österreichischen Schülerinnen und Schülern andererseits gezogen. Migrationshintergrund bedeutet in diesem Kontext Nicht-Österreicherin oder Nicht-Österreicher zu sein. Menschen mit Migrationshintergrund werden als Ausländerinnen und Ausländer betrachtet. In diesem Schema erfolgt die Erzählung. Es sei – so *H* weiter – in der Schule wichtig, dass ein Gleichgewicht aus den zwei Gruppen, also Migrantinnen und Migranten bzw. Ausländerinnen und Ausländer einerseits und österreichischen Schülerinnen und Schülern andererseits gehalten werde. Nachdem *H* die Migrantin am Bild wahrgenommen und expliziert hat, fragt die Interviewerin nach, ob sie von Erlebnissen mit Migrantinnen und Migranten erzählen könne. Es gebe nur eine Lehrperson mit Migrationshintergrund, nämlich den Lehrer für islamische Religion. Er habe einen ausländischen Namen. Hier wird der Migrationshintergrund mit dem ausländischen Namen hergestellt. Der Orientierungsrahmen der Person *H* ist jenem von *G* sehr ähnlich. Für beide sind kopftuchtragende Frauen, Menschen ausländischer Herkunft. Ähnlichkeiten sind mit *E* festzustellen, da auch ihr Orientierungsmuster von einer strikten Unterscheidung von Österreicherinnen und Österreichern einerseits und den anderen Migrantinnen und Migranten andererseits ausgeht.

Sinngenetische Typenbildung
Aus den Orientierungsmustern der acht Probanden lassen sich nun *sinngenetische Typisierungen* herausarbeiten:
   Person *A* nimmt die Kopftuchträgerin neutral als fremdsprachige Ausländerin wahr und lehnt das Tragen explizit aus laizistischen Gründen ab. Ihr

Orientierungsrahmen wird als *laizistisch* bezeichnet. *D* lehnt die kopftuchtragende Lehrpersonen aufgrund der christlichen Kultur ab. Das Orientierungsmuster von *D* wird demnach als *normativ-christlich* bezeichnet. Jenes von *B* und *F* kann in der reflektierenden Interpretation eindeutig als *kosmopolitisch* bezeichnet werden. Als Kosmopolitismus soll im Sinne Ulrich Becks (Goethe Institut 2006, 2) ein Denken und Handeln verstanden werden, das die Andersheit und Unterschiedlichkeit „als solche akzeptiert, ja positiv bewertet". Das Tragen des Kopftuches „bewundere ich sehr" oder „ich find's interessant und schön [...] Das find ich gut, dass diese Vielfalt möglich ist" sind Aussagen von *B* und *F*. Auch *C* kann diesem Orientierungsrahmen zugeordnet werden, auch wenn ihre Einstellung etwas weniger Empathie vermuten lässt: „Wenn Sie aufs Kopftuch ansprechen, das finde ich jetzt nicht besonders außergewöhnlich." Die Orientierungsrahmen von *G* und *H* sind sich ähnlich. Beide gehen implizit davon aus, dass das Kopftuch nichts mit dem Eigenen zu tun hat. In diesem Punkt sind sie *A* ähnlich; *A* begründet die Ablehnung jedoch mit dem Laizismus. Reflexiv interpretiert wird das Kopftuch als ein *Symbol des Fremden* wahrgenommen. Die Assoziationen von *E* können mit *Eingewöhnung* umschrieben werden: „Inzwischen hat man sich daran gewöhnt. [...] Ich hab' damit kein Problem". *E* akzeptiert die Unterschiedlichkeit, bewertet sie jedoch nicht eindeutig positiv, sondern immer wieder normativ relativierend. Da die Grenze zwischen Österreicherinnen und Österreichern einerseits und Migrantinnen und Migranten andererseits wie bei *H* gezogen wird, erscheint es argumentierbar, *E* ebenso dem Orientierungsrahmen *Symbol des Fremden* zuzuordnen. Die folgende Abbildung 31 zeigt die unterschiedlichen Orientierungsmuster.

```
                Orientierungsmuster
                       zur
              Interpretation des Kopftuchs
        ┌──────────┬──────────┬──────────┬──────────┐
   laizistisch  kosmopolitisch  normativ-    Symbol des
                                christlich    Fremden
```

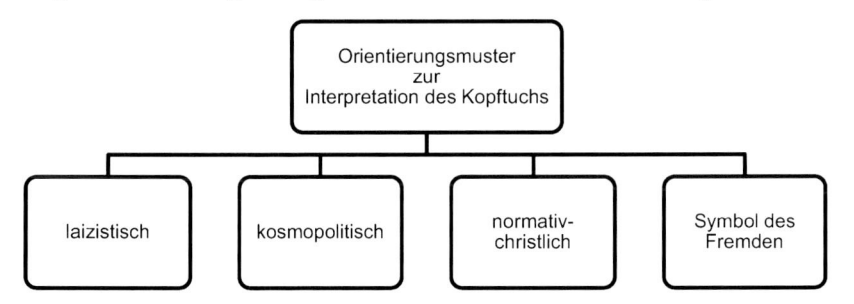

Abbildung 31: Orientierungsmuster zur Interpretation des Kopftuchs

Damit kann abschließend auf die Forschungsfragen zurückgekommen werden. Die erste Forschungsfrage kann eindeutig beantwortet werden: Es gibt Lehrpersonen, die das Kopftuch in der Schule ablehnen und solche, die es akzeptieren oder sogar begrüßen. In der Beantwortung dieser Frage wurde auch offensichtlich, dass das Kopftuch – wie in der Einführung dieses Unterkapitels beschrieben – von niemanden ausschließlich zweckrational, auf das rein Nützliche bezogen, beschrieben wird. Für alle Lehrpersonen ist es mehr als ein Kleidungsstück und damit wird es zu einem mit Bedeutung und Sinn aufgeladenen Artefakt.

Die zweite Forschungsfrage kann folgendermaßen beantwortet werden: Das *laizistische* Ordnungsmuster lehnt das Kopftuch in der Schule als Ausdruck der Ungleichbehandlung ab. Das *normativ-christliche* Muster versteht das Kopftuch als nicht mit der christlichen Kultur vereinbar und lehnt das Kopftuch bei Lehrerinnen deshalb ab. Das bedeutet jedoch nicht, dass dies einer christlichen Ethik entspricht, sondern *nur* einer bestimmten Vorstellung einer christlichen Kultur. Ein solches Orientierungsmuster muss natürlich nicht von allen Christinnen und Christen geteilt werden. Als *kosmopolitisch* wird jenes Orientierungsmuster bezeichnet, das kulturelle Unterschiedlichkeiten positiv und als Beitrag zur Vielfalt akzeptiert und positiv bewertet. Das Tragen des Kopftuches wird daher positiv bewertet und erlaubt. Das Kopftuch kann in einem Orientierungsrahmen auch als ein *Symbol des Fremden* wahrgenommen werden. Dabei wird das Kopftuch als etwas Fremdes bewertet. Die Unterschiedlichkeit wird als solche wahrgenommen und nicht positiv besetzt. Das Kopftuch wird akzeptiert, u.a. aus Gründen der Gewöhnung.

Die dritte Forschungsfrage kann ebenso klar beantwortet werden: Die Ergebnisse der hermeneutischen und der qualitativ empirischen Methode sind sich sehr ähnlich. Es lassen sich drei Orientierungsmuster herausarbeiten, nämlich der laizistische, der normativ-christliche und der kosmopolitische, die den Ergebnissen der hermeneutischen Untersuchung entsprechen. Zusätzlich muss jedoch noch um das Orientierungsmuster *Symbol des Fremden* ergänzt werden. Dieses Orientierungsmuster kann in der hermeneutischen Bearbeitung von Gerichtsurteilen kaum in den Blick geraten. Wird dem Tragen des Kopftuches zugestimmt, so wäre es der kosmopolitischen Argumentationslinie zuzuschreiben. Die Interpretation von Rechtstexten lässt die reservierte und letztlich doch akzeptierende Haltung nicht als solche, sondern nur als zustimmend hervortreten.

Conclusio

Universelle Wertegeneralisierungen lassen, wie die hermeneutische und die qualitativ-empirische Untersuchung zeigen, Spielraum für Interpretationen. Wertegeneralisierungen können daher unterschiedlich gelebt werden, sowohl aus institutionen- als auch individualethischer Sicht. Es wird dadurch ersichtlich, dass die Handlungsstruktur von der Formalstruktur abweichen kann.

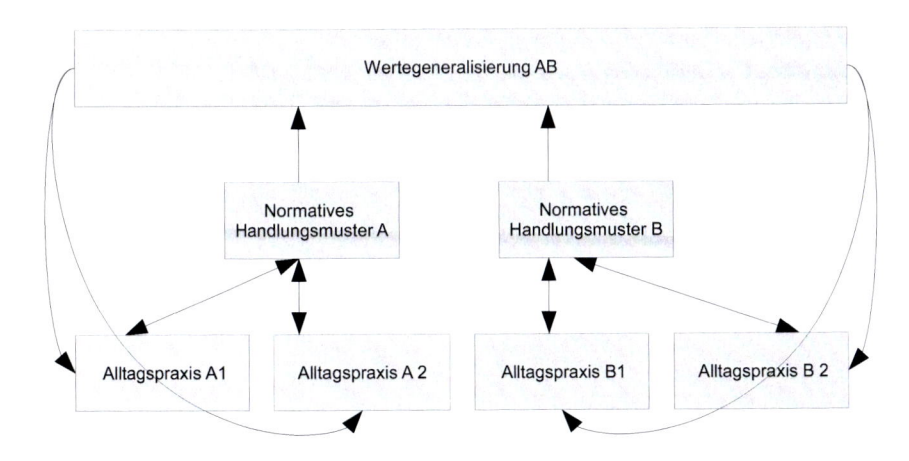

Abbildung 32: Wertegeneralisierung und Entkopplung

In allgemeiner Form kann dies wie in der Abbildung 32 dargestellt werden. In Anlehnung an Joas (2011) formen sich aus verschiedenen Alltagspraktiken (A1, A2, B1, B2) normative Handlungsmuster (A, B) aus. Diese können auch wieder auf die Alltagspraxis zurückwirken. Normative Handlungsmuster (A, B) können zur Wertegeneralisierung AB zusammengefasst werden. In der Umsetzung der Wertegeneralisierung kann es nun zu einer Entkopplung kommen, weil der Alltagspraxis (A1, A2, B1, B2) gefolgt wird.

Somit ist möglich, dass gemeinsame Wertegeneralisierungen doch sehr unterschiedlich in der Alltagspraxis gelebt werden – dies sowohl auf der Ebene der Auslegung der regulativen Institutionen als auch auf der Ebene der Alltagsmoral. Individual- und Institutionenethik können sich daher auf Basis der gleichen Wertegeneralisierung verschieden ausformen. Im konkreten Beispiel der Wertegeneralisierung Religionsfreiheit bedeutet dies in Bezug auf das Tragen eines Kopftuches: Lehrerinnen müssen das Kopftuch abnehmen oder dürfen es tragen. Die Bejahung und die Verneinung des Tragens des Kopftuches entsprechen der Wertegeneralisierung. Beides entspricht der Religionsfreiheit. In diesem Fall ist Entkopplung die Konsequenz der Wertegeneralisierung und nicht der Isomorphie.

Im Kontext der inter- und transkulturellen Kompetenz wird die kosmopolitische Werthaltung verfolgt (vgl. Deardorff 2009; Welsch 2009). Damit wird die inter- und transkulturelle Kompetenz auch zur Herausforderung für Lehrpersonen (vgl. Tafner 2011a). Die Grenzen setzen die regulativen Institutionen eines Staates, wie in 5.2.5 anhand der staatlichen Auslegung der Religionsfreiheit gezeigt wurde. Inter- und transkulturelle Bildung gehen von der kosmopolitischen Grundhaltung aus, die weder institutionen- noch individualethisch selbstverständlich ist. Die pädagogische Herausforderung ist enorm. Noch komplexer wird die pädagogische Herausforderung, wenn der Blick um das Nationale erweitert wird, wie die folgenden Analysen zeigen.

5.3.4.6 Ergebnisse zum *tertium comparationis Nationalstaat*

In diesem Unterkapitel werden die Ergebnisse der qualitativen Untersuchung zum Thema Nationalstaat vorgestellt. Die Auswertung folgte den Vorgaben A.-M. Nohls (2009), wie sie in 5.3.4.3 dargestellt wurden. Es wird mit der Darstellung der *reflektierenden Interpretation* und der *sinngenetischen Typenbildung* begonnen. Der *reflektierenden Interpretation* war eine *formulierende Interpretation* vorangegangen, die hier nicht dargestellt wird.

Reflektierende Interpretation und sinngenetische Typenbildung
Es folgen die *reflektierende Interpretation* und die *sinngenetische Typenbildung* anhand des Nationalen als *tertium comparationis*.

Person *A* führt zur Frage, welche Themen den Schülerinnen und Schülern mit großem Interesse angenommen werden, aus, dass es jene seien, welche die Ausländerfeindlichkeit zum Inhalt hätten. Sie begründet dies damit, dass Österreich in diese Richtung sensibilisiert sei. Sie bringt an mehreren Stellen zum Ausdruck, dass sie über demokratische Wahlen spreche. Sie möchte damit einen „Beitrag zur Demokratisierung" leisten, um die Schülerinnen und Schüler zu Bürgerinnen und Bürgern zu machen, die mitgestalten wollen. Das Thema Migration sei deshalb bei den Jugendlichen so wichtig, weil sie sehr rechtslastig seien. Sie spüre dies auch. Leider erfolgte an dieser Stelle keine Rückfrage des Interviewers, wie *A* diese Rechtslastigkeit wahrnehme. Als Antwort auf die Frage, wie *Europäisches Denken und Handeln* zu verstehen sei, führt *A* aus, dass der „volkswirtschaftliche Blick" größer gemacht werden solle, „über Österreich hinaus […] eben gemeinschaftlich auch zu denken. Wenn man eine Gemeinschaft ist, da hat man Vor- und Nachteile und, ahm, eben dieses, ahm, was ist gut für Österreich, ist halt nicht ausreichend." Wohlstand wird hier nicht auf den Nationalstaat beschränkt, sondern solle weiter gedacht werden. Im Zusammenhang mit dem Kopftuch spricht *A Nationalität* explizit an. Diese Sequenz wurde bereits in 5.3.4.5 reflektierend interpretiert. Nachdem *A* davon spricht, dass sie zu wenig Migrantinnen und Migranten für ein „Multi-Kulti-Projekt" gehabt habe, führt sie aus, dass es immer Migrationskonflikte gebe. „Immer. Also immer. Die eine erste Klasse, die ich hatte, das war eine Klasse mit (kurze Pause) ohne Migranten mehr und minder. Aber mit eben, ah, sehr kritischen inländischen Schülerinnen." *A* bezieht sich bei Konflikten also nicht auf solche zwischen Migrantinnen und Migranten einerseits und Österreicherinnen und Österreichern andererseits.

Es geht um Konflikte mit österreichischen Schülerinnen und Schülern. Die Themen, die dabei angesprochen werden, seien „heiße Themen", wie z.B. dass Migrantinnen und Migranten mehr finanzielle Unterstützung bekommen würden als Inländerinnen und Inländer. Es gebe Asylantinnen und Asylanten, die ein Auto besitzen. Sie weise immer darauf hin, dass dies Behauptungen seien, die zuerst bewiesen werden müssten. Wenn sie darauf hinweise, würden die Schülerinnen und Schüler „total bös" reagieren. So werde auch behauptet, dass sie perfekte Beratung bekämen und sich daher alles selber holen könnten und daher für die Österreicherinnen und Österreicher nichts bliebe. Diese Aussagen zeigen, dass es *A* also um die negative Haltung der „inländischen Schülerinnen" den Migrantinnen und Migranten gegenüber geht. Der Konflikt ist also ein innerösterreichischer. *A* unterscheidet bei Menschen mit Migrationshintergrund zwischen solchen, die eine ausländische, und solchen, die eine österreichische Staatsbürgerschaft haben. Ihr Blick auf die Thematik erscheint ausdifferenziert. Auch ist ihr bewusst, dass es sich bei Migration statistisch um ein Faktum handelt. Bezogen auf die Nation führt die *reflektierende Interpretation* dazu, dass ihr Begriff von Nation neutral ist und weder mit kulturellen Besonderheiten noch mit Ausgrenzung oder Abgrenzung konnotiert. Das Orientierungsmuster wird daher als *neutral* bezeichnet.

Person *B* spricht nationale Probleme an, die Schülerinnen und Schüler mit in die Schule bringen. Die Aufgabe der Schule sei in der Friedenserziehung zu sehen, die durch den Abbau von Vorurteilen ermöglicht werden könnte. *B* geht also von Problemen aus, die als national beschrieben werden können. Ihrer Auffassung nach seien diese „nationalen Probleme" durch Erziehung lösbar. Nationalität drücke sich auch in Essen und Sprache aus. Nationalität könne daher eigene kulturelle Ausformungen annehmen. Um Probleme zu verhindern, seien erzieherische Maßnahmen zu unternehmen. Person *B* geht also von interkulturellem Lernen aus, d.h. verschiedene Kulturen und Nationen sind eine Selbstverständlichkeit. Unterschiede können durch den Abbau von Vorurteilen beseitigt werden. Dieses Orientierungsmuster versteht die Nation als ein Unterscheidungsmerkmal, das sich kulturell ausforme. Diese Unterscheidungen stehen einem guten Zusammenleben aber nicht entgegen. Der Orientierungsrahmen wird als *interkulturell* bezeichnet.

Person *C* verwendet den Begriff Nation in einem rechtlichen bzw. technischen Sinn im Zusammenhang mit der Europäischen Union und den Mitgliedstaaten: einmal im Zusammenhang mit den Sitzen im Europäischen Parlament und einmal mit der Frage, welche Aufgaben die Europäische Union und welche die Nationalstaaten übernehmen. Migration wird als ein gesellschaftliches Problem bezeichnet und nicht im Zusammenhang mit nationalen Grenzen gebracht. „Ich glaub', das ist jetzt kein, also das ist jetzt, kein EU-Problem oder des europäischen Denkens, das ist, ist ein generell, also ein gesellschaftliches Problem für mich. Es gibt eine Migration, es gibt eine starke

Migration in manchen Bereichen, es würde jetzt gar nicht grundsätzlich sagen, also hat's immer schon gegeben. Völkerwanderungen hat's doch immer gegeben. Welcher Wiener ist schon ein Wiener." Im Gegensatz zu Person B konnotiert der Begriff *Nation* nicht mit eigener Kultur. Dieser Orientierungsrahmen kann daher als *rechtlich institutionell* bezeichnet werden.

Person *D* verwendet den Begriff *Nation* nicht explizit. Die Unterscheidungslinie wird implizit für Konflikte zwischen Migrantinnen und Migranten auf der einen sowie Österreicherinnen und Österreicher auf der anderen Seite gezogen. Die Herkunft von Migrantinnen und Migranten, die für Konflikte verantwortlich gemacht wird, wird im „Nicht-EU-Ausland" – also in Drittländern – verortet. Hier werden verschiedene Unterscheidungsmerkmale miteinander vermischt und eine stark vereinfachte Unterscheidung vorgenommen.[133] Eine Unterscheidung, die das Herkunftsland mit einbezieht und auf die Staatsbürgerschaft abzielt, und Menschen mit Migrationshintergrund – dies können Menschen mit österreichischer oder ausländischer Staatsbürgerschaft sein – wird nicht vorgenommen. Migrationshintergrund wird mit ausländischer Staatsbürgerschaft gleichgesetzt. Die Nationalität wird damit zum prägenden Unterscheidungsmerkmal. *D* führt weiter aus: „Die wollen ja in die EU, weil sie glauben, dass es ihnen da besser geht. Was jetzt traurig ist, wenn es in den anderen Ländern so schlecht ist." Jene, die kommen, wollen es, weil sie glauben, dass es ihnen in der EU besser ginge. Dies wird als ein trauriges Faktum festgestellt. Aus der EU – so führt *D* etwas später fort – kämen sowieso wenige.[134] Neben dem Nationalstaat fungiert die EU als weiteres

---

[133] Migrationshintergrund kann statistisch gesehen verschiedene Bedeutungen haben: Erstens sind Ausländerinnen und Ausländer jene Personen, die eine *ausländische Staatsbürgerschaft* besitzen. In Österreich leben (Stichtag 1. Jänner 2012) 970.000 ausländische Staatsangehörige (11,5% der Gesamtbevölkerung). Zweitens kann die Herkunft anhand des *Geburtslandes* festgestellt werden. Im Gegensatz zur Staatsbürgerschaft ist das Geburtsland unveränderlich. Zum gleichen Stichtag lebten in Österreich rund 1,349 Millionen Menschen mit ausländischem Geburtsort (16,0% der Gesamtbevölkerung). Drittens wird als *Bevölkerung ausländischer Herkunft* die Summe aus Personen mit ausländischer Staatsbürgerschaft plus der im Ausland geborenen Inländerinnen und Inländer bezeichnet. 1,493 Millionen Menschen, also 17,7% der Bevölkerung sind dieser Gruppe zuzuordnen. Viertens bezieht sich die *internationale Definition von Bevölkerung mit Migrationshintergrund* auf Personen, deren Eltern im Ausland geboren wurden. Die Staatsbürgerschaft spielt dabei keine Rolle. Dies trifft für 1.569 Personen in Österreich zu (18,9% der Gesamtbevölkerung). Die internationale Berechnung wird mit dem Mikrozensus erhoben. Die anderen drei Varianten werden auf Grundlage des Melderegisters berechnet. (Vgl. Baldaszti, Faßmann, Jaschinski, Kytir, Marik-Lebeck & Wisbauer 2012, 22)

[134] „Anfang 2012 stammten knapp 42% der insgesamt 1,493 Millionen Einwohner/-innen mit ausländischer Staatsangehörigkeit und/oder ausländischem Geburtsort aus einem anderen Mitgliedstaat der EU oder des EWR bzw. aus der Schweiz. Weitere 44% kamen aus anderen Ländern Europas, vor allem aus den Nachfolgestaaten Jugoslawiens oder aus der Türkei. [...] Die am stärksten vertretene Nation waren am Stichtag 1. Jänner 2012 die knapp 227.000 Personen aus Deutschland. Auf dem zweiten Rang lag die rund 209.000 Personen umfassende Bevölke-

Unterscheidungsmerkmal von drinnen und draußen. Migrantinnen und Migranten kämen also weder aus Österreich noch aus der Europäischen Union. Neben der räumlichen Ausgrenzung kommt noch die zeitliche Herausforderung der pädagogischen Förderung: Die Arbeit mit Migrantinnen und Migranten sei schwierig, weil sie besondere Förderung und Zeit brauchten. Diese Aussage einer Pädagogin ist insofern irritierend, als es doch wesentliche pädagogische Aufgabe ist, zu fördern. Es folgt die Passage, in der *D* selbst vorwegnimmt, dass die folgende Aussage „ein bisserl rassistisch" sein könnte. „Aber wir, wir und manchmal, man muss auch sagen, vielleicht ist es ein bisserl rassistisch, aber ah, die österreichischen Schüler, oder nicht mit Mi [*D* bricht die Aussprache des Wortes ab] wollen auch nicht in den Klassen sein, wo, wo sie untergehen und sozusagen nur lauter Migrationskinder sind." *D* führt aus, dass österreichische Schülerinnen und Schüler nicht mit Migrationskindern in einer Klasse sein wollen, weil sie sonst untergehen würden. An dieser Stelle versucht *D* ihr Konzept der Abgrenzung von Österreich versus Migration fast zu durchbrechen, indem sie die „österreichischen Schüler, oder nicht mit Mi" sagt. Sie spricht das Wort nicht ganz aus, sondern endet nach der ersten Silbe, sodass wiederum zur Kontrastierung nur die österreichischen Schülerinnen und Schüler akustisch wahrnehmbar übrig bleiben. Migrationskinder werden in einer größeren Anzahl als bedrohlich für die österreichischen Schülerinnen und Schüler interpretiert. Der Interviewer fragt an dieser Stelle nach, ob sie von Beispielen erzählen könnte, in denen dies Schülerinnen und Schüler tatsächlich gesagt hätten. *D* antwortet: „So offen sagen sie es nicht, aber es kommt sicher vor, ja." *D* gesteht ein, dass sie es explizit nicht gehört habe, unterstreicht jedoch nochmals, dass dies vorkomme, und bekräftigt dies mit einem *Ja*. Der Interviewer setzt nochmals nach und möchte wissen, wie *D* es wahrnehme, wenn es nicht offen ausgesprochen werde. Es folgt danach die Erzählung von der Schulsprecherwahl und der Vorschlagsliste mit „wirklich lauter ausländischen Namen". Als die Wahlvorschläge gesichtet wurden, seien die Schüler ganz enttäuscht gewesen, weil es so viele Namen mit der Endung *ic* gab. *D* bestätigt die erzählte Aussage der Schülerinnen und

---

rungsgruppe aus Serbien, Montenegro und dem Kosovo. Den dritten Platz belegten 186.000 Menschen türkischer Herkunft. An vierter Stelle folgten knapp 133.000 Migrantinnen und Migranten aus Bosnien und Herzegowina, während Platz fünf von etwa 75.000 Personen rumänischer Herkunft belegt wurde, deren Zahl vor allem seit dem Beitritt Rumäniens zur EU im Jahr 2007 besonders stark anstieg. Danach folgten 70.000 Personen aus Kroatien und auf den Rängen sieben bis zehn folgten schließlich die Zuwanderer und deren Nachkommen aus weiteren EU-Staaten: 63.000 Personen aus Polen, 46.000 aus Ungarn, 44.000 aus der Tschechischen Republik sowie 30.000 Personen aus Italien lebten am 1. Jänner 2012 in Österreich. […] Unterscheidet man nach der Staatsangehörigkeit, so sind 65% der Personen ausländischer Herkunft auch ausländische Staatsangehörige, während gut ein Drittel (35%) bereits die österreichische Staatsbürgerschaft erlangt hat." (Baldaszti et al. 2012, 26)

Schüler: „Also es waren wirklich lauter ausländische Namen. Es war kein Müller dabei oder sonst irgendwas. Wobei ich nicht sagen kann, ob das nicht, das könnten ruhig Österreicher auch sein, weil man ist ja nicht, es gibt ja viele, die Österreicher sind, schon lang und ein *ic* [itsch] haben. Aber, es war so merkbar. Dass diese Namen alle, sozusagen, irgendwie ausländischen Ursprung gehabt haben." Sie selbst relativiert nun die Aussage, weil auch Österreicherinnen und Österreicher solche Namen tragen können. Es folgt darauf jedoch prompt die Relativierung der Relativierung. „Aber, es war so merkbar. Dass diese Namen alle, sozusagen, irgendwie ausländischen Ursprung gehabt haben." Sie mahnt sich selbst ein, denn so dürfe nicht gesprochen werden, weil auch Einheimische solche Namen tragen könnten. Und wieder die abschließende Entgegnung: „Sagt man nicht. Aber wir selbst, wir merken es." Sie unterstreicht diese Erfahrung mit ihrer eigenen Schwierigkeit, „ausländische Vornamen" zu lesen. Schließlich fasst *D* zusammen, dass – auch wenn es Probleme mit Schülerinnen und Schülern mit Migrationshintergrund gebe – dies nicht verallgemeinert werden dürfe. So gebe es auch „gute" und „brave" Schülerinnen mit Migrationshintergrund und genauso „österreichische Schüler, die einem auf die Nerven gehen. Also. Man darf's nicht verallgemeinern. Aber ich glaub, dass es für die Leistung einer Klasse gut ist, wenns gemischt ist. Ganz einfach." Bis zum Schluss bleibt *D* ihrer Grenzziehung treu. Der abschließende Hinweis auf das Nicht-Verallgemeinern führt sich selbst ad absurdum, wenn gedanklich an dieser Stelle wieder zur Ausgangsfrage des Interviewers zurückgekehrt wird. *D* hatte ausgeführt, dass die „österreichischen Schüler" nicht unter „lauter Migrationskindern" untergehen möchten. Der Interviewer bat um ein Beispiel, in dem Schülerinnen oder Schüler dies tatsächlich so zum Ausdruck gebracht hätten. Da *D* ein solches Beispiel nicht geben konnte, fragte der Interviewer, wie sie es dennoch wahrnehmen könne. Darauf folgte das Beispiel mit der Schulsprecherwahl. Das Beispiel sollte also zur Bestätigung einer ein „bisserl rassistischen" Aussage dienen. Die Argumentation folgt also einem ständigen Hin und Her von ethnozentristischen Aussagen und diese wieder relativierenden Aussagen. Das Orientierungsmuster ist ethnozentristisch ausgelegt, wobei *D* versucht, mit kommunikativem Wissen Aussagen immer wieder zu beschwichtigen. Die Nation wird zur klaren Trennlinie. Damit unterscheidet sich *D* wesentlich von *B* und *C*. Das Orientierungsmuster kann daher als *ausgrenzend* bezeichnet werden.

Person *E* verwendet im Kontext mit der Europäischen Union den Begriff *Nation* technisch. Sie bleibt in dieser Passage in der Wiedergabe von kommunikativem Wissen. Sie führt aus, dass „nationale Eitelkeiten" weniger gepflegt werden müssten. Wie bereits in 5.3.4.5 ausführlicher im Kontext des Kopftuches ausgeführt, nimmt *E* eine klare, an nationale Grenzen ausgerichtete Trennung zwischen Migrantinnen und Migranten einerseits und Österreicherinnen und Österreichern andererseits vor. Ähnlich wie Person *D* folgt *E* einem ethnozentristischen Gedankengang, der selbst durch eigene Relativierung wieder entkräftet werden soll. Das Orientierungsmuster entspricht damit jenem der Person *D* und unterscheidet sich ebenfalls wesentlich von *B* und *C*. Das Orientierungsmuster ist *ausgrenzend*.

Für Person *F* hängen Kulturen und Nationen zusammen. Die Schule habe die Aufgabe, die verschiedenen Kulturen zusammenzubringen und auftauchende Konflikte zu lösen. Der Anteil an Schülerinnen und Schülern mit Migrationshintergrund sei sehr hoch und da stelle sich die Frage, wie die Schule mit den vielen Kulturen zurechtkomme. So seien Arbeitshaltungen und Lautstärken unterschiedlich. Aufgabe der Schule sei es, Rahmenbedingungen für die gute Zusammenarbeit zu schaffen und mit auftauchenden Konflikten gut umzugehen. „Also ich hab's Gefühl, dass dafür, dass wir so viele Schüler aus so vielen Nationen und so weiter sind, ah, dass das relativ gut funktioniert, ja, diese Integration." *F* erzählt von der Vorbereitung für eine Wahl zum Klassensprecher bzw. zur Klassensprecherin. Er habe zuerst mit den Schülerinnen und Schülern Kriterien für eine Kandidatin und einen Kandidaten gesammelt. Als wichtigste Eigenschaft wurde angeführt, dass er oder sie Migrationshintergrund haben müsse. Das habe *F* zuerst irritiert, aber es sei ihm sehr schnell klar geworden, dass es jemand sein müsse, der eben auch diese „Kompetenz" habe. „Hat mich ein bisserl irritiert, aber es war auch klar, dass sozusagen mal wichtig war, dass es einer von uns ist. Egal woher er kommt oder so. Und es soll kein Österreicher werden oder so. Nicht. Jetzt. Also jemand Anführungszeichen Österreicher." Nationen formen also unterschiedliche Kulturen aus. In der Erzählung über die Schulsprecherwahl wird die Kontrastierung zu *D* offensichtlich, die ausgrenzend von dieser Wahl berichtet. Durch interkulturelles Lernen kann – so *F* – eine Verständigung möglich gemacht werden. Dies sei Aufgabe der Schule. Der Orientierungsrahmen von *F* entspricht jenem von *B* und kann als *interkulturell* bezeichnet werden.

Person *G* verwendet Nation als einen technischen Begriff der Unterscheidung. Es werden damit an keiner Stelle kulturelle Besonderheiten in Verbindung gebracht. Sie unterscheidet zwischen Sprachen und Nationen, wenn die Vielfalt der Schule angesprochen wird, die als grundsätzlich positiv verstanden wird. Das „Österreich-Denken" sei nun nicht mehr so stark. Die Vielfalt wird hier als etwas Positives wahrgenommen. Als einen Erfolg bewertet sie, dass nicht mehr die einzelnen Muttersprachen gesprochen werden, sondern Deutsch zur Kommunikationssprache geworden sei. In diesem Kontext ist nicht ethnozentristisch zu interpretieren. Vielmehr versucht *G* damit auszudrücken, dass das jeweils Eigene in den Hintergrund rückt und die gemeinsame Sprache forciert wird. Verschiedene Meinungen sollen ausdiskutiert und ein Konsens gefunden werden. Überraschend und im Gegensatz zu den vorangegangenen Ausführungen erfolgt die folgende Aussage: „Hat überzeugte Muslime, die halt, zwar bei uns in die Schul' gehen und unsere Annehmlichkeiten nehmen, aber nicht unbedingt die österreichische Staatsbürgerschaft vielleicht anstreben oder EU-Bürger, sondern." Den Musliminnen und Muslimen wird hier unterstellt, dass es ihnen nur um die Annehmlichkeiten gehe, nicht aber um das Verweilen und das Annehmen der österreichischen Staatsbürgerschaft. Die Möglichkeit, dass Musliminnen oder Muslime österreichische Staatsbürgerinnen und Staatsbürger sein könnten, kommt hier nicht in Blick. Wie das Kopftuch selbst so werden auch die Musliminnen nicht dem Eigenen, sondern dem Fremden zugeordnet. Deutlich wird dies auch an einer Stelle, an der sie davon erzählt, wie an der Schule zu Weihnachten vorgegangen wird, weil Weihnachten von den Musliminnen und Muslimen nicht gefeiert wird: Für die Muslimen bedeute dies, dass sie trotzdem frei hätten, obwohl es nicht ihr Feiertag sei. „Sie fahren eh meistens in ihre Länder zurück." Das Bild, das G vermittelt: Muslimische Jugendliche leben also nicht hier, sondern woanders. Dies hat für G aber nichts mit der Nation direkt zu tun. Nation wird nicht nur wie oben dargestellt, sondern auch im Beispiel mit den Auslandsreisen als ein technischer Begriff verstanden. Im erzählten Konfliktfall wird ebenso zwischen Muttersprache, Staatsbürgerschaft und Migrationshintergrund unterschieden. Das Unterscheidungskriterium ist nicht die Nation mit dem Code In- und Ausland, sondern die Religion bzw. Kultur mit Nicht-Muslimisch und Muslimisch. Das Orientierungsmuster für das *tertium comparationis* Nation ist der Person C ähnlich, wobei C den Begriff stärker rechtlich fasst. Auch das Orientierungsmuster von C wird als *rechtlich institutionell* bezeichnet.

H nimmt im vorgelegten Bild, wie in 5.3.4.5 erarbeitet, eine Migrantin wahr. In diesem Interview fällt das Wort *Migrant* bzw. *Migrantin* 29-mal, so oft wie in keinem anderen Interview. Es wurde ebenso in 5.2 bereits elaboriert, dass F eine für sie klare Grenze zwischen Österreicherinnen und Österreichern einerseits und Migrantinnen und Migranten andererseits zieht. Am Beispiel mit der Ungarin führt F aus, dass Wissen und Erfahrung Vorbehalte abbauen können: „Also ich hab zum Beispiel eine Ungarin in einer Gruppe. Und dass sie schon von ihrem Land ein bisserl erzählt und wie da alles abläuft. Und das merk ich schon. Je mehr sie von anderen Ländern wissen, desto niedriger wird sozusagen die Hemmschwelle, beziehungsweise die Vorbehalte, und glaub' schon, dass das dazu führt, dass man vielleicht nicht nur eine Abwehrhaltung hat. Weil prinzipiell sind wir sehr in dem Denken verankert, ich bin Österreicher, wir sind da, und alles was da ist, ist gut. Und alles, was woanders ist, ist nicht so gut." Danach führt sie aus, dass „wir" – also auch sie selbst –, die „Österreicher", das Österreichische als gut bezeichnen, und alles, was außerhalb liegt, als schlecht. Wohl kritisert H diese Haltung, formuliert die Aussage jedoch so, dass sie sich selbst in die Kritik mit einschließt. H definiert eine klare Grenze zwischen Drinnen und Draußen und damit zwischen Fremdem und Eigenem. Dieses Orientierungsmuster kann ebenfalls als *ausgrenzend* bezeichnet werden.

Relationale Typenbildung und Conclusio

Abschließend können die Orientierungsmuster für Kopftuch und Nation gemeinsam dargestellt werden und damit *relationale Orientierungsrahmen* für die erarbeiteten Fälle dargelegt werden. Die *laizistische* Typik des *tertium comparationis* Kopftuch zeigt sich *neutral* beim *tertium comparationis* Nation. Die *kosmopolitische* Typik formt sich als *interkulturell* oder *rechtlich institutionell* aus; die *christlich-normative* Typik als *ausgrenzend*; die Typik *Symbol des Fremden* als *ausgrenzend*, *kulturell institutionell* oder *abgrenzend*. Siehe dazu folgende Tabelle 28.

Tabelle 28: Orientierungsrahmen Kopftuch und Nation

Interviewte Person	tertium comparationis		
	Kopftuch	Nation	Nation (nach Risse 2010)
A	laizistisch	neutral	inclusive nationalist
B	kosmopolitisch	interkulturell	inclusive nationalist
C	kosmopolitisch	rechtlich institutionell	inclusive nationalist
D	normativ-christlich	ausgrenzend	exclusive nationalist
E	Symbol des Fremden	ausgrenzend	exclusive nationalist
F	kosmopolitisch	interkulturell	inclusive nationalist
G	Symbol des Fremden	rechtlich institutionell	inclusive nationalist
H	Symbol des Fremden	ausgrenzend	exclusive nationalist

Diese relationalen Typiken zeigen etwas Interessantes auf: Das Orientierungsmuster *Kopftuch* grenzt das Orientierungsmuster *Nation* ein – oder umgekehrt. Etwas pointierter: Das Orientierungsmuster des *tertium comparationis Kopftuch* verrät etwas über das Orientierungsmuster *Nation*. Es ist nicht überraschend, dass die *laizistische* Typik mit der *neutralen* Typik zusammenhängt. Ebenso erscheint es nachvollziehbar, dass die *kosmopolitischen* mit einer *interkulturellen* oder *rechtlich institutionellen* Typik zusammenhängt. Ebenso kann erklärt werden, dass die *normativ-christliche* Typik mit der *ausgrenzenden* Typik zusammenhängt. Die Typik *Symbol des Fremden* überrascht in zwei Fällen ebenfalls nicht, nämlich dann, wenn sie mit der *ausgrenzenden* Typik zusammenhängt. So bleibt der Fall *G*, bei dem das *Symbol des Fremden* mit der *rechtlich institutionellen* Typik zusammenhängt. In diesem Fall wird das Kopftuch als etwas Fremdes wahrgenommen, das sich jedoch nicht in nationalen Unterschieden verorten lässt, sondern an der Trennung von Nicht-Muslimisch und Muslimisch. Das Tragen des Kopftuches wird also einer fremden Kultur und/oder Religion zugeordnet, wobei diese Kriterien jedoch nichts mit der Vorstellung vom Nationalstaat zu tun haben.

Ein weiterer interessanter Zusammenhang lässt sich für diese acht Fälle darstellen: Jene Personen, welche als Nicht-Muslime eine kosmopolitische Haltung dem Kopftuch gegenüber einnehmen, verstehen unterschiedliche Nationen nicht als Ausgrenzungskriterien.

Schließlich ist noch auffallend, dass in fünf der acht Fälle der Nationalstaat eine Selbstverständlichkeit darstellt, der zu einem nicht unwesentlichen Unterscheidungskriterium wird. In drei Fällen – neutral und rechtlich-institutionell – wird der Nationalstaat weder als kulturelle Gruppierung noch als Ausgrenzungskriterium wahrgenommen.

Wird der Unterscheidung Risses (2010, 37–61) gefolgt, so können die Personen A, B, C, F und G dem modernen europäischen (*inclusive nationalists*) und D, E und H dem nationalistisch-europäischen *(exclusive nationalists)* Verständnis von europäischer Identität zugeordnet werden.

In keinem der Interviews wird weder explizit *Supranationalität* angesprochen noch Nationalität implizit oder explizit als überdenkbares Konstrukt in Frage gestellt. Offensichtlich werden nationale Haltungen in Orientierungsmustern zur Beantwortung von Fragen rund um das Thema Migration, die damit eine wesentliche Herausforderung für den Nationalstaat, aber noch wesentlicher für die Supranationalität darstellt, wie Habermas (2008, 93) ausführt. Nationalität ist damit unhinterfragter Bestandteil aller Orientierungsmuster, allerdings mit unterschiedlichen Akzentuierungen. Supranationalität hingegen hat keinerlei Bedeutung für die Orientierungsmuster.

Deutlich kommt zum Ausdruck, dass dasselbe Artefakt – das Kopftuch –, dasselbe Verhalten – z.B. die Durchführung oder Vorbereitung einer Schülerwahl – oder dasselbe Konstrukt – Nation – unterschiedlich gedeutet werden können. Diese Unterschiede werden in der dokumentarischen Methode mit unterschiedlichen Orientierungsmustern erklärt. Es ist theoretisches und atheoretisches Wissen, welches diese Unterschiede beschreibt. Beide manifestieren sich in Weltanschauungen. Gerade atheoretisches Wissen macht die pädagogische Arbeit auf diesem Gebiet sehr schwierig. Und dennoch gibt es daraus abgeleitet eine wesentliche pädagogische Konsequenz, die für diese acht Fälle Gültigkeit besitzt: Am Orientierungsmuster zum Thema Kopftuch lässt sich in fast allen beschriebenen Fällen ein Zusammenhang mit dem Orientierungsmuster zum Thema Nation herleiten. Die pädagogische Auseinandersetzung mit dem Fremden im eigenen Land wird damit – genauso wie Habermas (2008, 93) ausführt – zum Übungsfeld für das Supranationale. Oder pointierter: An der Akzeptanz des Kopftuches kann sich im Allgemeinen supranationales Denken üben.

5.4 Fazit: Einheit in standardisierter Vielfalt

Meyer (2005b, 178) spricht davon, dass „Europa auffällig der modernen Weltgesellschaft" gleiche. Damit sei die Europäische Union eine Abbildung der Welt auf kleineren Raum. Die Weltkultur wirke ganz besonders in der Europäischen Union. Wenn diese Annahme Meyers richtig ist, dann können auch Thesen der Globalisierung in Analogie übernommen werden, um die Europäisierung zu analysieren. Dabei sollte jedoch nicht übersehen werden, dass der Europäisierungsprozess wie die Globalisierung wirkt, aber dabei der Europäisierungsprozess selbst wiederum Globalisierungstendenzen ausgesetzt ist. Im Weiteren soll nun theoretisch versucht werden, auf die Europäisierung selbst zu blicken und den in diesem Kapitel geführten Diskurs anhand der Thesen der Globalisierung angewandt auf den Europäisierungsprozess abschließend zusammenzufassen.

Schwinn (2006, 203–204) arbeitet drei strukturelle Voraussetzungen für die Globalisierung heraus: *Erstens* wirke das Struktur- und Ordnungsprinzip der funktionalen Differenzierung, die nicht vor Grenzen halt mache und sich insbesondere in der kapitalistischen Ökonomie ausprägen. *Zweitens* sei eine Zunahme von Organisationen festzustellen, sowohl im privaten ökonomischen als auch im öffentlichen Bereich und bei NGOs. *Drittens* treibe die moderne Infrastruktur in Form von Kommunikations- und Verkehrsnetzen sowie der Internationalisierung der Sprache die Globalisierung voran, sodass eine Gleichzeitigkeit von Informationen und Ereignissen feststellbar sei. Diese drei Voraussetzungen sind auch innerhalb des Raumes der Europäischen Union feststellbar; sie sind daher auch Voraussetzungen für den Europäisierungsprozess. Sie wirken also sowohl auf den Europäisierungsprozess als auch innerhalb des Europäisierungsprozesses.

In der Globalisierungsdebatte lassen sich die Thesen des Globalisierungsprozesses „schlagwortartig als Konvergenz, Divergenz und Hybridisierung bezeichnen" (Schwinn 2006, 201). Schließlich seien diese Thesen um jene der *Standardisierung der Differenzen* zu erweitern (vgl. Schwinn 2006, 201). In der Herausbildung einer globalen Kultur sei zwischen alltagsästhetischen, normativen und kognitiven Dimensionen zu unterscheiden, weil die Wirkungen sehr unterschiedlich seien.

Die Konvergenztheorie geht davon aus, dass die globale Kultur langfristig sich in Richtung der westlichen Kultur entwickelt. Eine positive Ausdeutung dafür lieferte Fukuyama (1992), der vom *Ende der Geschichte* spricht, weil durch das Ende des Sozialismus nur noch die westliche Kultur als Sieger übrig bliebe. Die These der *McDonalisierung der Gesellschaft* (Ritzer 1995) stellt den *american way of life* als das Ergebnis der Konvergenz dar. Die *world polity* zählt ebenso zu dieser Gruppe. Die bekannteste Divergenzthese ist der *Kampf der Kulturen* von Huntington (1996), welche die Vielfalt als Konflikt interpretiert.

Das *Pool-Model* geht ebenso davon aus, dass Vielfalt erhalten bleibt; Vielfalt wird hingegen positiv betrachtet. Die Hybridisierung geht davon aus, dass sich die Kulturen miteinander vermischen, wobei die Vermischung asymmetrisch verläuft und die dominante Kultur stärkeren Einfluss ausübt. (Vgl. Schwinn 2006, 204–206) Da nach Schwinn (2006, 226) diese drei Theorien nicht ausreichend seien, ergänzt er sie um eine vierte: Weil die globale Kultur Unterschiede nicht unterdrücke, sondern diese eigentlich fördere, müsse dies Berücksichtigung finden. Es gehe dabei aber nicht um irgendwelche Unterschiede, sondern um Unterschiede bestimmter Art, also um „ein globales Sich-Durchsetzen allgemeiner Kategorien und Standards, über die alle kulturellen Differenzen zunehmend kommuniziert werden. Kulturen werden verschieden in sehr uniformen Wegen" (Schwinn 2006, 226). Unterschiede müssen also begründet sein, meist wissenschaftlich, jedenfalls rational. Unterschiede können geschützt werden, so z.B. als Weltkulturerbe. Aber auch die Wirtschaft kenne die Unterschiede und nütze diese. Internationale Unternehmen kombinierten die Kostengewinne durch globale Standardisierung und verbinden diese mit Anpassungen an lokale Märkte. Differenzen werden also abgeschliffen und standardisiert. Dies ist die *Standardisierung der Differenz*.

Tabelle 29: In der Arbeit erörterte Theorien der Europäisierung

		Theorien der Europäisierung			
		Konvergenz	Divergenz	Hybridisierung	Standardisierung von Differenz
Europäisierungsprozess gesamt		World polity	Expressive und primordiale Kultur	Transkulturalität	Durch Europarecht
Organisation	Europarat	Übernahme EMRK	-	-	geplante Entkopplung: *margin of appreciation*
	Europäische Union	Mitgliedschaft und ausschließlicher Bereich (Art 3 AEUV)	Nicht dem EU-Recht unterliegende Bereiche	Asymmetrische Wirtschaftspolitik	geteilte Zuständigkeiten (Art 4 AEUV), Subsidiarität und Richtlinie
	Nationalstaat	als traditionelles Organisationsmodell und als Phänomen des Nationalismus	nationale Besonderheiten in Struktur und Kultur	Vermischung von Nationalem und Europäischem in Struktur und Kultur	z.B. Weltkulturerbe

Für den Europäisierungsprozess können die in dieser Arbeit diskutierten Beispiele diesen Thesen zugeordnet werden (siehe Tabelle 29): die *world polity* der Konvergenz, die Argumente der expressiven und primordialen Kultur des

Nationalstaates der Divergenz und die Transkulturalität der Hybridisierung. Die Standardisierung der Differenz findet sich im Europarecht z.b. in der Richtlinie als eigenes Instrument zur Sicherung der Subsidiarität oder in der Umsetzung der Menschenrechte in Form des *margin of appreciation*.

Schwinn (2006, 218–225) weist auf die Dimensionen der globalen Kultur hin: Erstens genießt die *alltagsästhetische Oberflächenkultur* eine große Aufmerksamkeit in der einschlägigen Literatur. Essen, Musik und Mode sind eine Frage des individuellen Geschmacks. „Was hat man eigentlich erklärt, wenn man weiß, dass heute weltweit Menschen Blue Jeans tragen, Hamburger essen und Coca Cola trinken? Der Sinngehalt dieser Produkte ist unterdeterminiert und in verschiedene Richtungen ausdeutbar." (Schwinn 2006, 220) Gerade weil diese ästhetischen Massengüter keinen oder kaum normativen und identitätsstiftenden Charakter haben, können sie als Massenartikel weltweit verkauft werden. Anders sieht dies bei der *normativen Dimension* der globalen Kultur aus, weil sie sich im Gegensatz zur alltagsästhetischen Dimension durch ihren Vernunft- und Wahrheitsbezug eine starke Rationalisierungsfähigkeit aufweist. Diese Dimension wird nicht über den Markt, sondern über politische Institutionen ermöglicht. Die Verbreitung der Menschenrechte steht auch im Mittelpunkt der *world-polity*. Schwinn weist darauf hin, dass normative Konvergenzen nur möglich sind, wenn „bestimmte Sinnrationalität und politisch-organisatorische Rahmenbedingungen" gegeben sind (Schwin 2006, 222). Daraus ließen sich – so Schwinn 2006, 222 – jedoch keine globalen kulturellen Tendenzen ableiten. Schließlich gibt es noch die *kognitive Dimension* der Kultur. Technologien, Organisationswissen, das Strafrecht und das Bürgerliche Gesetzbuch sind Beispiele für Wissenselemente, die recht einfach kopiert werden können, weil sie sich auf eine noch höhere Stufe der Rationalität befänden. Schwieriger sei es, politische Einrichtungen – also das öffentliche Recht – und religiöse Weltdeutungen zu kopieren.

Für den Europäisierungsprozess spielt die alltagsästhetische Dimension nur insofern eine Rolle, als er dafür sorgt, dass die Rahmenbedingungen für einen fairen Markt gegeben sein sollen, der die Verbreitung ästhetischer Massengüter ermöglicht. Die normative Dimension wurde ausführlich sowohl in der ethischen Diskussion (Kapitel 4) als auch im Kontext der Europäisierung erörtert. Es wurde auch ihre affirmativ genealogische Entstehung rezipiert. Schließlich ist festzustellen, dass die kognitive Dimension neben der normativen eine große Bedeutung erlangt hat. Konzentriert sich die Globalisierungs-kultur-Debatte vor allem auf die ästhetische Dimension, so zielt die Europäisierungsdebatte auf den normativen und kognitiven Kulturbereich, also auf die intergouvernementale Rolle des Europarates und der EMRK einerseits und die supranationale Rolle der Europäischen Union andererseits. Da gerade diese beiden Bereiche im Gegensatz zur ästhetischen Dimension mit keinen individuellen Geschmacksurteilen einhergehen, sondern mit guten Gründen argumentiert sein wollen, ergibt sich daraus die Notwendigkeit und Schwierigkeit, sich über den komplexen, abstrakten und mehrdimensionalen Prozess der Europäisierung diskursiv auseinanderzusetzen.

Die normative und kognitive kulturelle Dimensionen zeigen auf, dass der Europäisierungsprozess zu einer *postnationalen Konstellation* in Gestalt der Europäischen Union geführt hat, die versucht, ohne expressive und primordiale Elemente auszukommen. Es geht um einen europäisch verorteten Kosmopolitismus, also um einen partikularen Universalismus. Es klingt wie ein Widerspruch, doch der europäische Kosmopolitismus verortet sich räumlich konkret innerhalb der rechtlich gesetzten Grenzen und fordert zur tatsächlichen und nicht nur theoretischen Umsetzung kosmopolitischen Denkens auf – nicht in einem utopischen Setting globaler Nicht-Verantwortung, sondern in der konkreten, räumlichen Verantwortung im Rahmen des faktischen Konstruktes Europäische Union. Die Relativierung der nationalen Souveränität ist keine utopische Theorie, sondern konkret gelebte Praxis. Das Diskriminierungsverbot ist ein tatsächlich durchgeführtes Prinzip. Damit geht die Europäische Union weit über die allgemeinen Globalisierungstendenzen hinaus und ist dennoch selbst diesen Tendenzen ausgesetzt. Sie ist ein Staatsgebilde ohne expressives primordiales Janusgesicht, das sich aufgrund der Macht der Nationalstaaten nicht als Staat erklären kann.

> „Modern political and sociological discourse has therefore been careful to suggest that, although our life in large modern societies is a life among strangers – characterized by anonymous relationships in the public sphere, mediated by the market, the law, institutions of public and private administration, and various forms of associations – our destiny as members of a political community remains linked to that of others, with whom we live in an inclusive relationship of relative familiarity and identity and on whose solidarity we rely. The question then becomes, in what sense can the European Union be a society of strangers (even more so than a nation-state would be) and at the same time a 'political community'? [...] But the solution may lie more in imagining how an interlocking political space may need interlocking systems of trust, solidarity, and allegiances – none of which may need to be absolute – than in the assumption that we can reproduce the absolute demands of national citizenship at a European level." (Castiglione 2009, 48–49, 51)

Oder anders gesagt: Das kollektive Selbstinteresse müsste sich vom Nationalstaat auf die Supranationalität ausdehnen. Regulative Institutionen alleine könnten jedoch eine zu geringe Wirkung erzielen, da nationalstaatliche kulturell-kognitive stärker wirken. Die Lösung soll jedoch nicht darin gesucht werden, den Europäisierungsprozess selbst mit expressiver Kultur anzureichern, weil dies der Idee der Supranationalität widersprechen würde. Die langfristige Wirkung von regulativen Institutionen, die zu Selbstverständlichkeiten geworden und dennoch mehr als ein Ausdruck der *Kultur der Rationalisierung* sind, wären die Basis für eine gelebte Supranationalität. Supranationalität bedeutet mehr als nationaler Interessenausgleich und geht über das kollektive Selbstinteresse hinaus. Damit sie auch in Krisen Bestand hat und Solidarität ermöglicht wird, muss sie zu einem eigenen Wert werden. Sie hebt nicht den Nationalstaat auf, sondern übernimmt subsidiäre Aufgaben, welche die Nationalstaaten überfordern. Eine Weltgesellschaft kann nur einer solchen Subsidiarität folgend aufgebaut werden. Die Europäische Union wäre ein Beispiel für eine regionale Kooperation, die über das Nationale hinweg versuchen könnte, Solidarität und ökonomische Interessen zu verfolgen. Ob und wie das jedoch gelingt, hängt u.a. von den Akteuren und deren sozioökonomischen Einstellungen ab. Wirtschaftliche Erziehung, die diese Phänomene berücksichtigt, setzt bei der Dekonstruktion des Nationalstaates und der regulativen, normativen und kulturell-kognitiven Institutionen an. Für die Wirtschaftspädagogik erhebt sich zusätzlich in diesem Kontext die Frage, welche Bedeutung die *Kultur der Rationalisierung* für sie selber hat. Sie muss sich also reflexiv damit auseinandersetzen.

Die Dekonstruktion des kollektiven Selbstinteresses, wie es sich im Nationalstaat ausformt, ist wesentlicher Bestandteil einer wirtschaftspädagogischen Bearbeitung des Supranationalen. Das Pädagogische liegt nun jedoch gerade darin, die eigene Identität anzunehmen – zu der auch das Nationale zählen kann –, aber gleichzeitig auch die Relativität dieser in Form einer Ethnorelativität zu erkennen (vgl. Bennett 2004a; 2004 b; Tafner 2012b; 2013b; Weber 1997). Die pädagogische Antwort liegt einerseits im Erkennen der Möglichkeit einer Transkulturalität (vgl. Welsch 2009), die gerade im Hinblick auf die Europäische Union möglich ist, und in der toleranten Anerkennung von Unterschieden im Sinne der Interkulturalität (vgl. Deardorff 2009).

Das Ziel der wirtschaftlichen Erziehung in diesem Kontext soll daher sein, die europäische Supranationalität begreifbar zu machen, indem Nationalität hinterfragt, analysiert und seine institutionelle Wirkmacht thematisiert wird und die Institutionen erkannt werden, die den Nationalstaat, aber auch die Supranationalität, prägen. Es soll erkannt werden, dass der Nationalstaat ein Konstrukt darstellt, das vor allem aus regulativen Institutionen entsteht, die aber auch normative und kulturell-kognitive Institutionen ausprägen können. Gerade die kulturell-kognitiven Institutionen können dazu führen, den Nationalstaat wie etwas natürlich Entstandenes auszudeuten. Dadurch könnte Nationalität als normative Kultur missverstanden werden. Die Dekonstruktion der Institutionen, die den Nationalstaat ausformen, soll seine institutionelle Konstruktion aufzeigen. Insbesondere gilt es zu akzentuieren, dass sich innerhalb moderner Nationalstaaten verschiedene Kulturen, Interessen und Weltsichten ausformen.

Es wurde erarbeitet, dass die *world-polity-Theorie* nicht erklären kann, warum die Supranationalität nicht in die Köpfe der Menschen vordringe (vgl. Goethe Institut 2006). Die *world polity* selbst gibt einen möglichen Hinweis auf die

Antwort auf dieses Phänomen und verweist auf die *primordiale und expressive* Kultur der Nationalstaaten, welche die Europäische Union nicht kennt. Sie besitzt also das von Habermas dem Nationalstaat zugeschriebene Janusgesicht nicht und soll ein solches Gesicht auch nicht erhalten. Damit wird auf die in 5.3.2 aufgeworfene Frage zurückgekommen: Die neo-institutionellen Ausführungen auf der Mikroebene über den Nationalstaat und die Idee der Supranationalität führen dazu, die Frage, ob die *Kultur der Rationalisierung* in der Europäischen Union weniger stark wirkt als die *Kultur der Rationalisierung* der Nationalstaaten, die um die expressive und primordiale Kultur ergänzt wird, eher zustimmend beantwortet wird.

Einerseits spielen expressive und primordiale Elemente im Konstrukt des Nationalstaates nach wie vor eine nicht unwichtige Rolle. Innerhalb der Nationalstaaten Europas finden sich verschiedenen Kulturen und Subkulturen, die aber nicht wie Insel voneinander entfernt sind, sondern es sind Elemente erkennbar, die sich über verschiedene Subkulturen hinweg einweben.

Andererseits formen sich nationalstaatliche Besonderheiten aus, die sich gewissermaßen über diese verschiedenen Kulturen hinaus institutionell ausformen. Nationalstaaten wirken nach außen sehr einheitlich und scheinen ähnliche Ziele zu verfolgen. Es zeigt sich eine ganz starke supranationale Entwicklung, die regulativ institutionalisiert ist und die expressive und primordiale Konstrukte nicht kennt.

Das Erkennen der Wirkmacht von Institutionen und der Inhomogenität der Nationalstaaten könnte ein größeres Verständnis für Supranationalität ermöglichen. Ebenso kann das Herausarbeiten eines Verständnisses für die Besonderheit der Europäischen Union als supranationale Rechtsgemeinschaft *sui generis* zwischen traditioneller internationaler Organisation und Nationalstaat als wirtschaftspädagogische Aufgabe gesehen werden, um einen neuen Blick auf nationale und supranationale Institutionen zu erhalten.

Die folgende Abbildung 33 fasst die Ergebnisse dieses Kapitels zusammen. Der Europäisierungsprozess ist, so wie Habermas ausführt, nicht ohne den Globalisierungsprozess vorstellbar. So wirkt die Globalisierung auf die Europäisierung. Funktionale Differenzierung, Organisationen und Infrastruktur treiben neben Personen, Gesellschaften und Konvergenzen beide Prozesse an, die durch Konvergenz, Divergenz, Hybridisierung und der Standardisierung von Differenz gekennzeichnet sind. Die Dimensionen beider Prozesse können als kognitive, normative und alltagsästetische bezeichnet werden, wobei im Europäisierungsprozess die alltagsästhetische Dimension eine geringere Rolle spielt. Sie wirken auf Nationen, Gesellschaften und Individuen. Nationalstaaten werden nicht als abgeschlossene kulturelle Einheiten verstanden, sondern zeichnen sich neben gemeinsamen Institutionen durch kulturelle Vielfalt und einen geteilten – national konstruierten – gemeinsamen Kulturanteil aus. Nationalstaaten stehen miteinander im Austausch.

5 Staats- und unionsbürgerliche Erziehung | 619

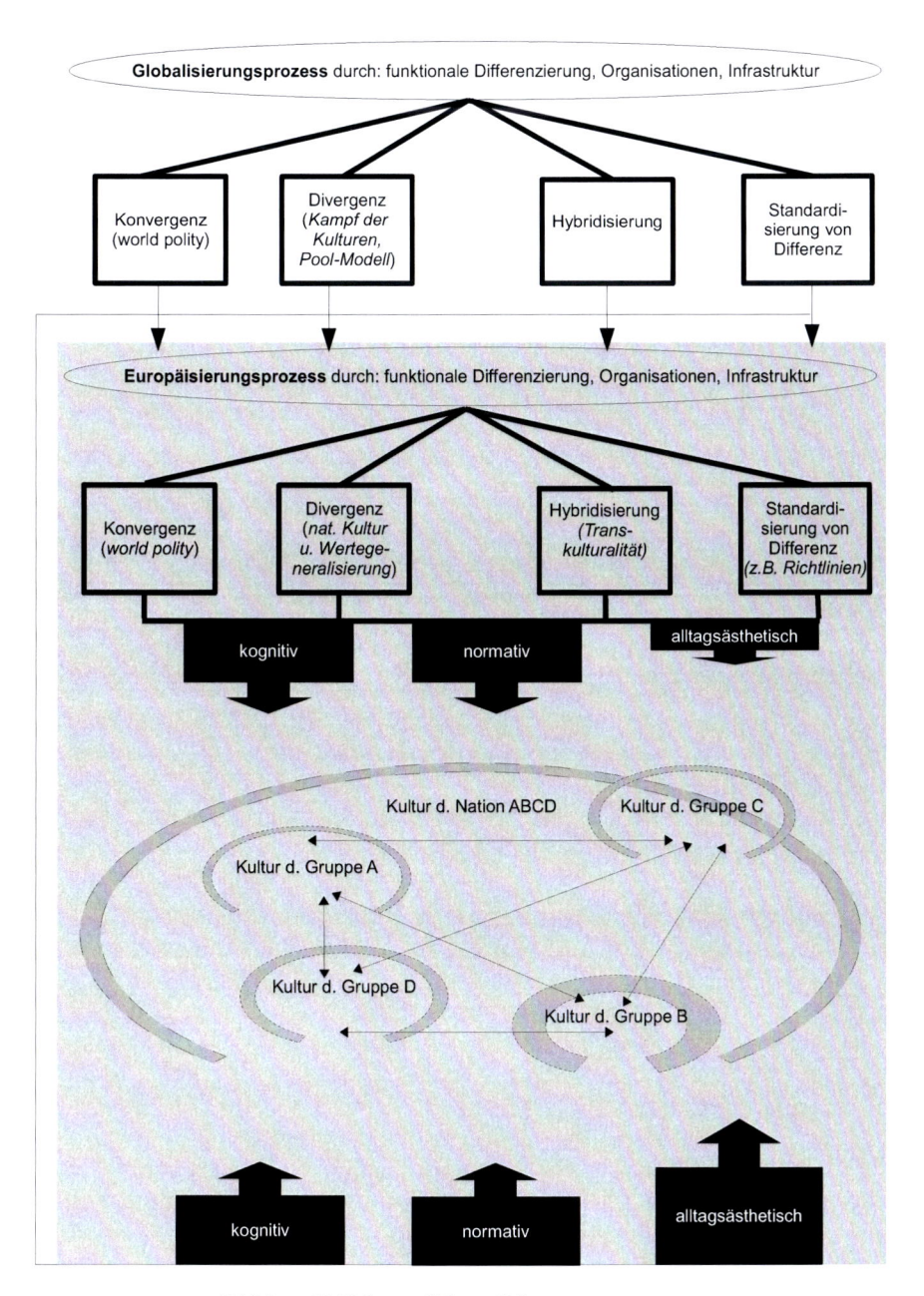

Abbildung 33: Kultur und Europäisierungsprozess

Die Dekonstruktion des kollektiven Selbstinteresses zeigt auf, dass neben dem kollektiven ökonomischen Interesse die kulturelle Dimension des Nationalstaates in den Blick kommt und dadurch das supranationale Denken und Handeln erschweren. Damit kommen individual- und institutionenethische Überlegungen, der Europäisierungsprozess selbst sowie das trans- und interkulturelle Denken in den Blick. Die folgenden vier Punkte sollen daher in der reflexiven Wirtschaftspädagogik Berücksichtigung finden:
1. Die Menschenrechte werden als Grundlage der Institutionen- und Individualethik verstanden.
2. Der Prozess der europäischen Integration wird als sozioökonomischer Prozess des Zusammenwirkens von Kultur, Gesellschaft, Personen und Kontingenzen begriffen.
3. Die Europäische Union wird als virtuelle und physische *Problemlösungsplattform* verstanden, auf der Wert-, Ziel- und Interessenskonflikte auf nationaler und supranationaler Ebene diskutiert und gelöst werden sollen. Sie dient damit als Erfahrungsmodell für Nationalstaatlichkeit und Suprastaatlichkeit institutioneller und persönlicher Art im Sinne des ordentlichen Gesetzgebungsverfahrens in der Interpretation Habermas' (2011).
4. Die kulturelle Dimension zielt auf die Förderung von interkultureller und transkultureller Kompetenz im eigenen nationalstaatlichen Kontext.

Am Ende dieses Kapitels, das von der Dekonstruktion des kollektiven Selbstinteresses ausging und über die *Kultur des Rationalismus* zur Inter- und Transkulturalität führte, muss die Wirtschaftspädagogik eingestehen: Sie entkommt der *Kultur des Rationalismus* nicht. Sie muss Gesetze und Lehrpläne vollziehen und zweckrational im Sinne von *employability* und Studierfähigkeit argumentieren. Aber sie kann entscheiden, wie viel Raum der Zweckrationalität und anderen Formen der Rationalität gegeben wird. Und sie kann sich einer anderer Form der Rationalität zuwenden: einer *reflexiven sozioökonomischen Rationalität*. Gerade die Wirtschaftspädagogik hat die moralisch-ethische Aufgabe, das über das Ökonomische hinaus Reichende und damit die Rationalität selbst zur Diskussion zu stellen. Das führt hin zur reflexiven Wirtschaftspädagogik.

Der Zusammenhang von ökonomischem *Tun*, Ethik und der europäischen Supranationalität wird in der reflexiven Wirtschaftspädagogik akzentuiert. Supranationalität soll als subsidiäres Konstrukt begreifbar und erfahrbar gemacht werden. Damit soll eine kritische Auseinandersetzung ermöglicht werden, die zur eigenen Urteilsfähigkeit führt und Raum lässt für die Entscheidung über die Art und Weise einer wirtschafts(unions)bürgerlichen Partizipation.

Der Mensch hat „nicht die Wahl zwischen einer ‚wertfreien' und einer ethischen Perspektive des Wirtschaftens, sondern nur die Wahl zwischen einem reflektierten und einem nicht reflektierten Umgang mit der unausweichlichen Normativität jeder Stellungnahme zu Fragen vernünftigen Wirtschaftens."
(Peter Ulrich 2005, 7)

6 Reflexive Wirtschaftspädagogik

Die vorliegende Arbeit versucht, die ethische Grundlage einer wirtschaftlichen Erziehung im Kontext des ökonomisierten Europa zu erarbeiten. Nachdem im zweiten Kapitel Erziehung als das intentionale Setzen von Maßnahmen, die zur Selbstreflexion führen sollen, definiert wurde, konnte im vierten Kapitel gezeigt werden, dass der Begriff *Erziehung* in der Frage der Moralerziehung als Selbstverständlichkeit in der Wirtschaftspädagogik verwendet und gar nicht zur Diskussion steht. Im vierten und fünften Kapitel wurde auch deutlich, was unter dem ökonomisierten Europa zu verstehen ist. John Meyer (2005) spricht von der *Kultur der Rationalisierung* und Vietta (2012) vom *Imperium der Rationalität*. Beide beziehen sich auf die *okzidentale Rationalität* Max Webers und damit auf die Zweckrationalität als *eine* Ausformung der kontingenten Bedeutung von Rationalität. Die europäische und westliche Kultur ist so stark von der Kultur der Zweckrationalität durchdrungen, dass Kapitalismus und Marktwirtschaft auch als religiöse Phänomene ausgedeutet werden können (vgl. Benjamin 2004; Mayer 2005; Nelson 2001; Rüstow 2009; Weber 2010). Die wesentliche Frage ist also, wie eine wirtschaftliche Erziehung in einer Kultur aussehen könnte und sollte – es geht also um die Funktion und die normative Bedeutung –, in der Zweckrationalität, Funktionalität und ökonomisches Denken eine kulturbestimmende Rolle eingenommen haben. Im Allgemeinen sind drei Reaktionen der Wirtschaftspädagogik auf diese Situation möglich:

1. Die erarbeitete und beschriebene kulturelle Situation kann als nicht vorhanden oder irrelevant abgelehnt oder ignoriert werden.
2. Es kann dieser Diagnose der aktuellen Situation im Allgemeinen zugestimmt werden, aber im Besonderen darin kein Grund erkannt werden, über die Ausrichtung und Akzentuierung der Wirtschaftspädagogik nachzudenken.
3. Die Herausforderung und Problematik dieser Situation kann erkannt und eine Antwort darauf gesucht werden. Diese kann *erstens* darin ge-

funden werden, eine Wirtschaftspädagogik zu verfolgen, welche die Ökonomik und das Selbstinteresse in den Mittelpunkt stellen und damit den pädagogischen Auftrag gerade darin erkennt, der Ökonomisierung und Zweckrationalisierung zu dienen. Wirtschaftspädagogik wird damit zu einem Treiber dieser Entwicklungen. *Zweitens* kann eine Antwort darin gefunden werden, eine Wirtschaftspädagogik zu verfolgen, die den einzelnen Menschen in den Mittelpunkt stellt und die gesellschaftlichen Folgen des ökonomischen Denkens und Handelns mitberücksichtigt und damit die eigenen wissenschaftlichen und gesellschaftlichen Aufgabenstellungen reflexiv in Frage stellt. Diesen zweiten Weg verfolgt diese Arbeit.

Die Antwort auf die Frage, welche Bedeutung und Funktion die wirtschaftliche Erziehung im ökonomisierten Europa haben könnte, wird in dieser Arbeit mit der *reflexiven Wirtschaftspädagogik* gegeben. Es geht dabei nicht um eine *neue* Wirtschaftspädagogik, sondern um eine *besondere Akzentuierung* bereits vorhandener Elemente und Selbstverständnisse. In diesem Kapitel wird dargelegt, was unter *reflexiver Wirtschaftspädagogik* zu verstehen ist. Dafür ist es notwendig, zuerst die Dimensionen der Wirtschaftspädagogik zusammenzufassen (6.1). Danach wird dargelegt, wie Institutionen das Denken lenken, die Verantwortung aber nicht nehmen (6.2). Die Antwort darauf wird im Kompatibilismus (6.2.1) und in der strukturellen Rationalität gesehen (6.2.2). In der Einleitung (Kapitel 0) wurde ausgeführt, dass die Marktwirtschaft von Voraussetzungen lebt, die sie selbst nicht schaffen kann. Die Einbettung von Menschen und Organisationen in die Gesellschaft führt dazu, dass Ethik und Politik zwei wesentliche Bestandteile der wirtschaftlichen Erziehung sind, die dadurch zu einer sozioökonomischen wird. Auf dieser Basis kann die *doppelt integrative Ethik* als Grundlage einer Moralerziehung abseits der rein ökonomischen Ethik vorgestellt werden (6.3). Aufbauend auf diese Grundlage wird die politische Bildung im Rahmen der sozioökonomischen Erziehung dargelegt (6.4) und abschließend die reflexive Wirtschaftspädagogik definiert (6.5).

6.1 Die Dimensionen der Wirtschaftspädagogik

Im zweiten Kapitel wurde die Wirtschaftspädagogik historisch als auch systematisch als ausdifferenzierende, ausdifferenzierte und normative *little science* erarbeitet. Aus den bisherigen Ausführungen lässt sich folgende Zusammenfassung ableiten:

„Da sich die Wirtschaftspädagogik mit Denken und Handeln

kaufmännischer (bezieht sich auf die kaufmännische Ausbildung),

ökonomischer (bezieht sich auf die ökonomische Allgemeinbildung), *sozialer* (bezieht sich auf die Bedeutung der Gesellschaft und der Organisation), *moralisch-ethischer* (jede menschliche Handlung braucht Rechtfertigung) und *staatsbürgerlicher* (der Nationalstaat als modernes völkerrechtliches Organisationsprinzip) Art auseinander setzt

und dabei einen *pädagogischen Anspruch* stellt,

können sich aus diesen sechs Dimensionen heraus verschiedene Akzentuierungen der Wirtschaftspädagogik [ergeben]." (Tafner 2013b, 54–55; Tafner, Stock & Slepcevic-Zach 2013, 15)

Es wurde im zweiten Kapitel gezeigt, dass das *kaufmännische Denken und Handeln* am Beginn der kaufmännischen Erziehung steht und wesentlich weiter zurückreicht als die akademisch institutionalisierte Wirtschaftspädagogik. Die *ökonomische Bildung* als Allgemeinbildung geht nicht vom kaufmännischen und beruflichen Kontext aus, sondern setzt sich die Erschließung von Bedeutung und Funktion der Ökonomie und Ökonomik für die Gesellschaft und Kultur zum Ziel. Bereits bei den ersten akademischen Wirtschaftspädagogen lässt sich auch diese Dimension, wie im zweiten Kapitel gezeigt wurde, herausarbeiten. Systematisch lässt sich die ökonomische Allgemeinbildung vor allem damit begründen, dass ökonomisches Denken und Handeln einen Bestandteil der *conditia humana* darstellt. Wirtschaft*en* hat immer eine soziale Dimension, denn es setzt eine Beziehung zwischen Menschen voraus. Die Wirtschaftspädagogik befasst sich nicht nur mit der Ökonomik, sondern auch mit dem Vollzug des wirtschaftlichen Handelns, also der Ökonomie. Dieses Handeln vollzieht sich in einem sozioökonomischen Kontext, der nicht modellhaft reduziert, sondern in seiner sozialen und kulturellen Dimension wahrgenommen wird. Damit ist die Wirtschaftspädagogik immer auch *normativ*. Dies nicht nur im allgemeinen Sinn, wie dies für jede Wissenschaft gilt – auch der kritische Rationalismus kommt ohne Setzungen nicht aus –, sondern aufgrund der Aufgabe der Wirtschaftspädagogik, pädagogische Anleitungen für sozioökonomische Handlungen geben zu wollen. Schule, Betrieb und Öffentlichkeit sind Arbeitsfelder der Wirtschaftspädagogik, für die Kompetenzen gefördert werden sollen, die nicht nur Wissen, Fertigkeiten und Fähigkeiten, sondern auch Motivation, Volition und Verantwortungsbewusstsein mit einschließen (vgl. Weinert 2002, 27–28). Das schließt auch die moralisch-ethische Dimension mit ein, wie sie in der im vierten Kapitel erörterten Beck-Zabeck-Kontroverse diskutiert wird. Aus dem Sozialen ergibt sich auch das *Staatsbürgerliche*, das – wie im vorhergehenden Kapitel dargelegt wurde – sich nicht auf den Nationalstaat beschränkt, sondern auf die Supranationalität ausgedehnt werden sollte. Die besondere Rolle des Staatsbürgerlichen in der Berufsbildungstheorie und der Missbrauch dieser Dimension wurden ausführlich im zweiten Kapitel behandelt. Die Bedeutung der staatsbürgerlichen Dimension in der Wirtschaftspädagogik heute ist weniger mit der Berufsbildungstheorie als vielmehr mit der institutionellen und kulturellen Bedeutung des Nationalstaates als selbstverständliches Modell der Staatenorganisation verbunden. Das staatsbürgerliche, wirtschaftsbürgerliche Denken heute ist – wie im fünften Kapitel ausgeführt – um die supranationale Dimension zu erweitern. (Vgl. Tafner 2012b; 2013b, 55–57; Tafner, Stock & Slepcevic-Zach 2013c, 15–16) Die Dimensionen der Wirtschaftspädagogik sind in der Abbildung 34 dargestellt.

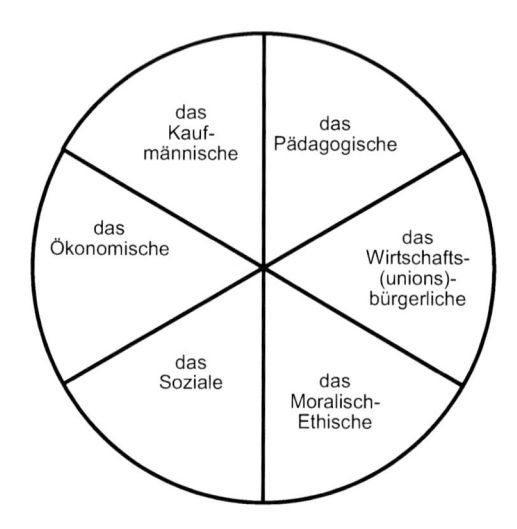

Abbildung 34: Die Dimensionen der Wirtschaftspädagogik

Die Dimensionen der Wirtschaftspädagogik entwickelten sich nicht aus sich selbst heraus, sondern ergeben sich daraus, dass die Individuen und Organisationen in die Gesellschaft und Kultur eingebettet sind.

Im Folgenden sollen nun die zwei Kernthemen – die Ethik sowie das Staats- und Suprastaatliche im Kontext der reflexiven Wirtschaftspädagogik – erörtert werden. In 6.2 wird die Ethik und in 6.3 die Politik als wesentliche Bestandteile der wirtschaftlichen Erziehung diskutiert.

6.2 Institutionen lenken das Denken, nehmen aber die Verantwortung nicht

Die Kultur formt Institutionen aus, die das Denken lenken, aber nicht determinieren. Die neo-institutionellen Mikrotheorien erklären das Handeln des Menschen als von der Makroebene abhängig, weil die in der Interaktion entstandenen Institutionalisierungen wiederum auf die Handlungen zurückwirken. Joas (2011, 132–133) erklärt dies am Zusammenspiel von Werten,

Institutionen und Praktiken. Der Mensch dürfe dennoch nicht als Gefangener der Kultur missverstanden werden, der von ihr determiniert werde und dadurch keinen Entscheidungsfreiraum vorfände. Ebensowenig dürfe das Handeln völlig frei vorgestellt werden, so als ob der Mensch ohne kulturelle Erwartungen oder verinnerlichte Werte entscheiden würde. Weder ein *Rationalmodell des Handelns* noch *ein Modell der kulturellen Programmierung* könne dies erklären. Mit der irreduziblen Kreativität des menschlichen Handeln gibt Joas (1996, 15) darauf eine Antwort: Der kreative Charakter des menschlichen Handelns ziehe sich demnach sowohl über das rationale als auch das normativ orientierte Handeln. Dennoch bleiben entscheidende, grundlegende Fragen offen: Wie ist es vorstellbar, dass der Mensch frei entscheiden kann, wenn Institutionen ihn lenken? Ist eine Freiheit überhaupt vorstellbar, wenn Bedingungen die Freiheit eingrenzen? Die Antwort darauf gibt Bieris (2009) Kompatibilismus.

6.2.1 Kompatibilismus und das Handwerk der Freiheit

Wenn Institutionen den Menschen lenken und ihn zu einer Entscheidung führen, dann ist der Mensch determiniert. Wenn der Mensch unabhängig und frei von Institutionen oder anderen Bedingungen entscheiden kann, dann ist er frei. Freiheit und Determinismus schließen sich gegenseitig aus. Beide Denkweisen braucht der Mensch jedoch, um Stellung beziehen zu können: Der Determinismus orientiert sich an der Idee einer gesetzmäßigen und verständlichen Welt, in der bestimmte Bedingungen zu bestimmten Konsequenzen führen. Die Freiheit erinnert den Menschen an seine Freiheitserfahrungen und das verantwortungsvolle Entscheiden, denn Verantwortung setzt die freie Entscheidung voraus. Obwohl sich beide widersprechen, braucht der Mensch beide Argumente – so wie es z.B. auch Joas ausführt. „Und doch gilt hier, was bei jedem Widerspruch gilt: Wenn die beiden begrifflichen Bilder – das Bild der Bedingtheit und das Bild der Freiheit – sich widersprechen, so heben sie sich gegenseitig auf. An eines von ihnen *und* an seine Negation zu glauben bedeutet, *nichts* zu glauben und also *kein* Bild zu besitzen." (Bieri 2009, 22) Bieri macht darauf aufmerksam, wie vertrackt diese Situation eigentlich ist: Das freie Tun bedeute, dass es viele Alternativen gebe, aus denen frei gewählt werden könne. Deshalb könne das Handeln keinen Bedingungen unterworfen sein. Das freie Handeln – Entscheiden – hinge dann von nichts, also auch nicht von den Motiven ab. Dann wäre jede Handlung eine *unbegründete* Tat, sie wäre zufällig und damit auch *unverständlich*. Sie wäre damit wohl auch keine Handlung. Bieri macht die Gegenprobe: Angenommen, die Handlung sei etwas, das aus Motiven entstehe. Dann werde etwas getan, *weil* es gewollt sei. So seien Handlungen begründet und verständlich. Das Vorhandensein von

Bedingungen bedeute aber auch, dass es Regelmäßigkeiten und Gesetze gebe. Damit gebe es wiederum keine freie Wahl. (Vgl. Bieri 2009, 22–23)

Bieri (2009, 31–53) definiert Handlung und Wille: Eine Handlung ist eine bewusste Tat des Urhebers, hinter der ein subjektiver Sinn, also ein bestimmter Wille, steht. Der Wille ist ein *Wunsch*, der handlungswirksam geworden ist, denn nicht alle Wünsche werden zum Willen. „Ein Wille ist ein Wunsch, der handlungswirksam wird, wenn die Umstände es erlauben und nichts dazwischenkommt." (Bieri 2009, 41) Eine Handlung setzt also den eigenen Willen voraus. Der eigene Wille reicht aber nicht für die Freiheit, denn eine Person kann daran gehindert werden, einen Willen in eine Handlung umzusetzen. Dann ist die handelnde Person unfrei, weil sie gehindert wird, ihren Willen umzusetzen. Der Wille wiederum hat Grenzen, schränkt also ein, wie aus einem Wunsch ein Wille werden kann. *Erstens* muss der Wunsch Wirklichkeit werden können. Der Wunsch, ein Adler zu sein, wird wohl immer ein Wunsch bleiben. Nicht die Wirklichkeit setzt eigentlich die Grenzen, sondern der Glaube daran und die Phantasie davon, was Wirklichkeit werden könnte. So transferierten – so führt Bieri aus – Phantasie und Glaube den Wunsch zu fliegen in einen Willen – und das Flugzeug wurde erfunden. *Zweitens* muss die handelnde Person auch Alternativen haben. Eine freie Handlung bedingt eine offene Zukunft, die sich vor der Handlung zumindest in zwei Alternativen ausformt. Freiheit äußert sich also auch in der Anzahl der Alternativen. Dies hängt wiederum von der eigenen Einschätzung und dem Erkennen von Möglichkeiten ab. Auch die zur Verfügung stehenden Mittel eröffnen oder schließen Freiräume. *Drittens* hat Wollen mit Kompetenzen zu tun. Fehlende Kompetenzen können Unfreiheit bedeuten. Ebenso gilt: „Für den Willen kommt es nicht auf die wirklichen Fähigkeiten an, sondern auf die vermeintlichen. Nicht auf die Fakten, sondern auf das Selbstbild. Solange dieses Bild Ihnen sagt, dass Sie zu etwas fähig sind, können Sie es wollen, indem Sie die Verwirklichung suchen." (Bieri 2009, 39)

Der Wille entsteht nicht in einem Vakuum. Ob ein Wunsch zum Willen werden kann, hängt von vielen Umständen und Bedingungen ab. Vieles ist nicht in der Verfügungsgewalt der handelnden Person. Es sei aber auch nicht störend, dass es diese weltlichen Bedingungen gebe. (Vgl. Bieri 2009) „Das ist einfach deshalb so, weil jede Welt eine *bestimmte* Welt ist, die in ihrer Bestimmtheit Grenzen setzt und tausend Dinge ausschließt. Und wir *brauchen* diese Bestimmtheit und diese Grenzen, damit auch unser Wille jeweils ein *bestimmter* Wille sein kann." (Bieri 2009, 50) Eine Welt, in der es keine Bestimmtheiten und Bindungen gäbe, wäre eine total vage Welt, in der es gar nichts Bestimmtes zu Wollen gäbe. „Die Grenzen, die dem Willen durch die Welt gezogen werden, sind kein Hindernis für die Freiheit, sondern deren Voraussetzung. Die Welt mit ihren Angeboten legt fest, was ich zu einem gegebenen Zeitpunkt wollen kann. Der Rest liegt bei mir." (Bieri 2009, 51)

Das Wollen hängt von verschiedenen Bedingungen ab: Es sind körperliche Bedürfnisse, Gefühle, die eigene Biografie oder der Charakter, die ein bestimmtes Wollen ausformen können. Der innere Wille kann sich nur durch eine gefestigte Innenwelt manifestieren. Es ist ja „der Wille einer bestimmten Person, also überhaupt *jemandes* Wille" (Bieri 2009, 52). Wäre der Wille völlig frei, dann wäre er auch losgelöst von der eigenen Innenwelt. Dann wäre es völlig unverständlich, warum es überhaupt der Wille einer bestimmten Person wäre. „Ein vollständig ungebundener Wille wäre *niemandes* Wille und also *kein* Wille." (Bieri 2009, 53) Die Freiheit ist also eine bedingte. Der Wille und die Handlung müssen bedingt sein, damit Freiheit überhaupt möglich wird. Deshalb ist die unbedingte Freiheit eine Fata Morgana. (Vgl. Bieri 2009, 230)

> „Nehmen wir an, Sie hätten einen unbedingt freien Willen. Es wäre ein Wille, der von nichts abhänge: ein vollständig losgelöster, von allen ursächlichen Zusammenhängen freier Wille. Ein solcher Wille wäre ein aberwitziger, abstruser Wille. Seine Losgelöstheit nämlich würde bedeuten, dass er unabhängig wäre von Ihrem Körper, Ihrem Charakter, Ihren Gedanken und Empfindungen, Ihren Phantasien und Erinnerungen. Es wäre, mit anderen Worten, ein Wille ohne Zusammenhang mit all dem, was Sie zu einer bestimmten Person macht. In einem substantiellen Sinne des Wortes wäre er deshalb gar nicht *Ihr* Wille. Statt zum Ausdruck zu bringen, was *Sie* – dieses bestimmte Individuum – aus der Logik Ihrer Lebensgeschichte heraus wollen, bräche ein solcher Wille, aus einem kausalen Vakuum kommend, einfach über Sie herein, und Sie müssten ihn als einen vollständig entfremdeten Willen erleben, der meilenweit von der Erfahrung der Urheberschaft entfernt wäre, zu deren Rettung er doch eingeführt wurde." (Bieri 2009, 230)

Gäbe es also den unbedingten Willen und die unbedingte Freiheit, dann hätte der Mensch auch keine Macht über seinen Willen. Wenn er frei, unbedingt und unlenkbar wäre, dann wäre der Mensch auch nicht Urheber dieses Willens. Der Wille wäre etwas Zugefallenes und Kontingentes. Dann würde der freie Wille aber genau jene Eigenschaften aufweisen, welche der Unfreiheit zugeordnet werden. Der Mensch bliebe sich selbst und anderen gegenüber ein Rätsel. Alles, was aus Freiheit geschähe, wäre dann eben nicht erklärbar und nicht mit guten Gründen – also rational – nachvollziehbar. (Vgl. Bieri 2009, 231–239) Vielmehr gilt: „Ein Wille ist stets ein *bestimmter* Wille, und er ist stets *jemandes* Wille. [...] Die Bestimmtheit des Willens verlangt seine Bedingtheit. Daraus folgt, dass ein unbedingter Wille kein bestimmter Wille sein könnte. Und das wiederum bedeutet, dass er überhaupt kein Wille sein könnte." (Bieri 2009, 239) Somit gibt es keinen absoluten freien Spielraum in der Entscheidung. Die Bedingungen sind die Ursache dafür, dass überhaupt eine Entscheidung notwendig wird. *„Man sucht die Freiheit am falschen Ort, wenn man sie in der Lockerung oder Abwesenheit von Bedingtheit und Bestimmtheit sucht."* (Bieri 2009, 244) Personsein setzt also gerade nicht voraus, dass es die unbedingte Freiheit des Willens gibt. Personsein ist mit einer bedingten Freiheit des Willens verbunden. Dieser Schluss erscheint seltsam, denn das Wort *bedingt* wird mit *unfrei* assoziiert. Bedingungen werden im Allgemeinen als eine Einschränkung der Freiheit wahrgenommen. Ebenso ist dies der Fall, wenn das Wort Bedingtheit durch Abhängigkeit ersetzt wird, denn niemand möchte von irgendetwas oder irgendwem abhängig sein. Unabhängigkeit und Unbedingtheit bedeuten Freiheit – Abhängigkeit und Bedingtheit bedeuten Unfreiheit. Hinter diesen Gedanken steht ein Kategorienfehler, denn naturwissenschaftliches Ursache-Wirkungs-Denken wird auf die menschliche Handlung übertragen, indem „beschwörend eine Verbindung zwischen dem Bedingtsein und dem Erzwungensein des Willens hergestellt wird" (Bieri 2009, 254). Wird der Apfel am Ast reif und schwer, dann wird der Apfel auf die Wiese fallen. Dahinter steht kein Zwang und keine Nötigung, sondern das gemeinsame Auftreten von Phänomenen, die als Gravitationsgesetz beschrieben werden können. Die Bedingtheit des Willens führt jedoch nicht zu einem erzwungenen Willen. Die Bedingungen schaffen vielmehr eine Situation, in der sich ein Wille ausformen kann und eine bedingte Entscheidung möglich wird. Die Kraft der Wörter – Bedingtheit und Abhängigkeit – verführen den Menschen zur Annahme, dass die Begriffe unmittelbar mit Unfreiheit verbunden wären.[135] (Vgl. Bieri 2009, 249–264)

Die Bedingtheit der Welt führt dazu, dass der Mensch entscheiden muss. Seine Entscheidung ist eine bedingte. Die Entscheidung ist ein schöpferischer Akt, in dem sich durch Überlegung und Phantasie ein Wunsch zu einem Willen ausformen kann. Dabei arbeitet der Mensch an sich selbst. Die Freiheit ist also etwas, das sich der Mensch ständig *erarbeiten* muss. Freiheit muss also angeeignet werden. Bieri (2009, 384) spricht vom freien Willen als einem *angeeigneten* Willen. Für die Aneignung des Willens sind drei Dimensionen zu unterscheiden (vgl. Bieri 2009, 284–415):

Erstens geht es um die *Artikulation* dessen, was der Mensch wirklich will. Unfrei ist in diesem Sinne jemand, der nicht weiß, was er will. Schwierig wird diese Artikulation bei langfristigem Willen und nicht bei kurzfristigem, wo es zweckrational darum geht, das beste Mittel für einen Zweck ausfindig zu machen. Besonders in Lebenskrisen wird die Artikulation dieses Willens zur Herausforderung, weil der alte Wille nicht mehr trägt und der neue noch unklar ist. Schmerzhaft kann der Prozess der Artikulation sein, wenn Selbsttäuschungen – also „interessegeleitete Irrtümer über uns selbst" (Bieri 2009, 387) – aufgedeckt werden. *Zweitens* geht es darum, den eigenen Willen zu *verstehen*. Nur wer seinen Willen auch versteht, kann frei und damit zu einem angeeigneten Willen gelangen. Es geht hier um einen Erkenntnisprozess, der

---

[135] Bieri, der auch unter dem Pseudonym Pascal Mercier Romane schreibt, führt in seinem Buch (Bieri 2009) wunderbar vor, welche Kraft Wörter entfalten können, indem er immer wieder gekonnt die Seiten wechselt, um einmal für die bedingte und einmal für unbedingte Freiheit einzutreten. Damit arbeitet er seinen eigenen Standpunkt noch klarer heraus.

zur Aneignung des Willens durch Artikulation und Verstehen führt. Selbsterkenntnis führt damit zu mehr Freiheit und Selbstkompetenz wird zu einer entscheidenden Kompetenz (vgl. Prandini 2001). *Drittens* muss der Mensch seinen eigenen Willen als einen gutgeheißenen und frei empfundenen Willen *bewerten*. Diese Bewertung hängt mit der Selbstkompetenz zusammen. Wünsche können innerlich abgelehnt werden, weil sie als etwas Fremdes wahrgenommen werden. Die Bewertung der Wünsche kann funktional verstanden werden. „Eine ganz andere Form der Bewertung liegt vor, wenn die Frage lautet: Welchen Willen möchte ich haben, und welchen nicht, gleichgültig, was er mir nützt?" (Bieri 2009, 298) Dabei geht es um die Frage, welche Person ein Mensch sein möchte. Es geht also um das eigene Selbstbild. Ein Wille wird in diesem Fall zu einem Willen, weil er zum Selbstbild passt und deshalb gutgeheißen wird. Die funktionale, zweckrationale Bewertung kann der Bewertung auf Basis des Selbstbildes widersprechen. Selbstbilder sind das Ergebnis von Wünschen. „Niemand entwickelt ein Selbstbild, das *allem*, was er wünscht, entgegensteht." (Bieri 2009, 400) Die Bewertungen kommen aus dem Menschen selbst – woher denn sonst? Die Bewertungen liegen deshalb in den Wünschen. Es gibt also Wünsche, die „am Selbstbild gemessen werden" und „Wünsche, die das Selbstbild ausmachen" (Bieri 2009, 400). So können sich einerseits Wünsche herausbilden, die nicht zum Selbstbild passen und es in Frage stellen. Andererseits werden Wünsche nicht zum Willen, weil sie nicht zum Selbstbild passen. Es ist also nicht so einfach, davon zu sprechen, dass die Freiheit des Willens sich in der Übereinstimmung mit dem feststehenden Selbstbild entwickelt. Es kann sein, dass viele Jahre hindurch ein Beruf ausgeübt wurde, der ganz dem eigenen Willen entsprach. Über die Zeit kann sich das Selbstbild ändern und die Richtigkeit des Berufes in Frage gestellt werden. Es kann aber auch sein, dass sich ein Wunsch nicht zu einem Willen ausformen kann, weil das Selbstbild (noch) nicht klar ist. Den eigenen Willen zu erkennen, erfordert also Arbeit an sich selbst. Freiheit bedeutet, dass der Mensch sich selbst als Urheber seines Wollens erkennt. „Wenn es uns gelingt, einen Willen zu entwickeln, den wir uns artikulierend, verstehend und bewertend zu eigen gemacht haben, so sind wir in einem volleren Sinn sein Urheber und Subjekt, als wenn wir uns nur aufgrund irgendwelcher Überlegungen für ihn entscheiden. […] Das Bewusstsein, Herr der Dinge zu sein, [wird] häufiger." (Bieri 2009, 411) Auch wenn der Mensch versucht, sich seinen Willen anzueignen, bleibt „Willensfreiheit […] ein Stück weit *Glückssache*" (Bieri 2009, 415). Aneignung des Willens ist ein schwieriger und langer Prozess mit vielen Rückschlägen. Deshalb spricht Bieri vom *Handwerk der Freiheit*. „Vielleicht ist Willensfreiheit […] in ihrer vollkommenen Ausprägung eher ein Ideal als eine Wirklichkeit." (Bieri 2009, 415)

Bieris Ausführungen machen deutlich, dass die Bedingungen, die durch Gesellschaft und Kultur gegeben sind, nicht die Freiheit des Individuums rauben, sondern erst die Voraussetzung für eine bedingte Freiheit sind. Institutionen lenken das Denken und fordern zu Entscheidungen heraus, determinieren sie jedoch nicht. Es wird auch deutlich, dass der ökonomische Sachzwang einem Kategorienfehler folgt: Die sozioökonomischen Bedingungen einer Marktsituation sind die Bedingungen, die zu Entscheidungen führen, nicht jedoch die Ursache für ein Gesetz, dem gefolgt werden muss.

Zusammengefasst: Kultur, Gesellschaft und Institutionen stellen Abhängigkeiten und Bedingungen für den Menschen dar. Diese führen nicht zu Zwang, sondern sind die Voraussetzung dafür, dass der Mensch entscheiden muss. Die Entscheidung bleibt damit eine freie – eine bedingt freie. Eine absolute und unbedingte Freiheit gibt es nicht. Sie würde auch keinen Sinn machen.

6.2.2 Ökonomisches Denken und praktische Vernunft

Wirtschaftliches Handeln vollzieht sich immer in einem kulturellen und gesellschaftlichen Kontext. Das Besondere der Wirtschaftspädagogik ist, dass sie genau diesen Kontext mitberücksichtigt. Trotz Redundanz wird an dieser Stelle Feld zitiert, der die Besonderheit der Wirtschaftspädagogik gegenüber der Betriebswirtschaft definiert:

> „Bei uns handelt es sich aber gar nicht um die Betriebswirtschaft an sich, sondern um wirtschaftliches *Tun*, das sich wohl nach den Lehren richtet, das sich aber als Tun und Handeln niemals von Gefühls- und Willensimpulsen freimachen kann und als Handeln stets menschliche Beziehungen offenbart. Diese Beziehungen muss derjenige besonders unterstreichen, der als Mensch und Pädagoge vom Standpunkt der wahren Bildung an die Dinge herangeht." (Feld 1928, 18–19)

Feld nimmt hier also eine Trennung zwischen dem ökonomischen und dem sozialen Aspekt vor und begründet die Wirtschaftspädagogik gerade damit, dass sie das Soziale zu berücksichtigen habe. Er nimmt also eine wesentliche Unterscheidung zwischen Ökonomik und Ökonomie vor, also eine zwischen der wirtschaftswissenschaftlichen Modellwelt und der Wirtschaft als Lebenswelt. Ulrich (2005) unterscheidet zwischen der Bereichslehre der Wirtschaft, die sich mit dem Wirtschaftssystem und dem Wirtschaftsleben befasst, und der Aspektlehre der ökonomischen Rationalität. Wirtschaftliche Bildung muss nach Peter Ulrich zwischen einer Bereichslehre der Wirtschaft, die sich mit dem Wirtschaftssystem (Systemökonomie) und dem Wirtschaftsleben (Sozialökonomie) einerseits befasst, und einer Aspektlehre der ökonomischen Rationalität andererseits unterscheiden (siehe Abbildung 35).

```
                    ┌─────────────────┐
                    │   Bereiche der  │
                    │  wirtschaftlichen│
                    │      Bildung    │
                    └─────────────────┘
                       │           │
          ┌────────────┴──┐    ┌───┴──────────────┐
          │ Bereichslehre │    │ Aspektlehre der  │
          │  der          │    │   ökonomischen   │
          │  Wirtschaft   │    │   Rationalität   │
          └───────────────┘    └──────────────────┘
             │          │
   ┌─────────┴─────┐  ┌─┴──────────────┐
   │ Wirtschaftssystem│ │ Wirtschaftsleben │
   │ (Systemökonomie) │ │ (Sozialökonomie) │
   └──────────────────┘ └──────────────────┘
```

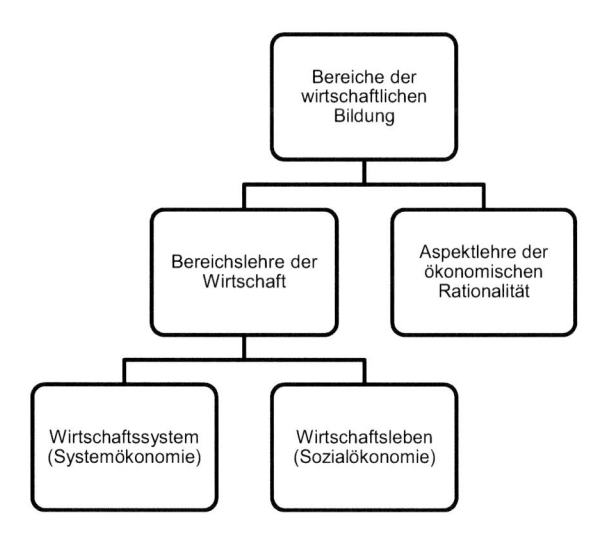

Abbildung 35: Wirtschaftliche Bildung und ihre Bereiche (vgl. Ulrich 2005)

Ulrich sieht in der herkömmlichen Wirtschaftskunde oder Wirtschaftslehre der Sekundarstufe II kaufmännischer Schulen und Wirtschaftsgymnasien fast ausschließlich Wirtschaft als Bereichslehre gelehrt. Wirtschaft werde dabei als ein klar abgegrenztes Subsystem verstanden, in dem eigene Gesetzmäßigkeiten gelten. Die immer stärker werdende Vereinnahmung der Wirtschaft und ihre Ausdehnung auf andere Systeme der Gesellschaft komme dabei kaum oder gar nicht in den Blick. Eine kritische Reflexion finde nicht statt. Es müsse den Lernenden aber gezeigt werden, dass Wirtschaft heute sehr viele Lebensbereiche durchziehe und Ökonomik zur Norm geworden sei. Es wäre wesentlich, dass der Aspektcharakter der ökonomischen Rationalität betont werde. Aspekt bezieht sich darauf, dass es eben nicht um das Ganze, sondern um einen Teil, um einen bestimmten Blick, um einen bestimmten Problemlösungsansatz, ein ganz bestimmtes Denken gehe. Der Aspektcharakter verweise darauf, dass es nicht um das ganze menschliche Verhalten gehe. Die neoklassische Theorie habe keinen direkten empirischen Gehalt, sie sei eine Idealtheorie rein ökonomischen Handelns. Sie sei eine Modellierung, die dem *as-if-Ansatz* folge. Erst durch den Vergleich der Theorie mit der Empirie könne ein aspekthafter Erklärungswert entstehen. Das Ganze könne jedoch nicht erklärt werden, dafür müssten verschiedene Perspektiven eingenommen werden. Werde jedoch das rein ökonomische Handeln überhaupt als die Vernunft schlechthin verstanden, dann werde die Ökonomik zur Ethik. Rein ökonomisches Handeln ziele aber allein auf den eigenen Nutzen, den eigenen Vorteil, und lasse keinen Raum für andere ethische Zugänge, insbesondere für eine kategorische Vernunft, die sich auf die Würde des Menschen beziehe.

(Vgl. Ulrich 2005, 8–11) Die aus der Würde des Menschen begründbare „normative Logik der Zwischenmenschlichkeit" (Ulrich 2005, 23–25) lässt sich nicht auf die normative Logik des Vorteilstausches reduzieren – und damit lebenspraktisch vernünftiges Wirtschaften nicht auf eine ‚reine' ökonomische Rationalität, Ethik nicht auf Ökonomik, Gerechtigkeit nicht auf (Pareto-)Effizienz." (Ulrich 2005, 11) Die Wirtschaft als Ganzes zu verstehen, benötige einen multiperspektivischen Zugang. Eine reine Systemökonomie als Teil der Bereichslehre Wirtschaft berücksichtige nicht, dass die Marktwirtschaft zugleich eine gesellschaftliche Institution sei. Eine Institution erfülle immer mehr Aufgabe als der Effizienz zu dienen. Sie habe immer auch einen Sinn- und Legitimationsbezug. Die reine Systemperspektive jedoch habe dafür kein Verständnis – das ist auch der Grund, warum Wirtschaftsethik immer bedeutender werde. Systemökonomie müsse daher um die Sozialökonomie ergänzt werden, um einen umfassenden Zugang zu ermöglichen. Die Sozialökonomie stehe dabei über der Systemökonomie, weil sie die gesellschaftspolitische, ethische Seite in die Betrachtung hereinhole. Ähnliches gelte auch für die Betrachtung des Unternehmens. Werde das Unternehmen rein als ein Subsystem der Marktwirtschaft verstanden, dann würden wesentliche Bestandteile einer guten Unternehmensführung fehlen. Die Unternehmung sei einerseits ebenso eine Institution und andererseits stehe sie genauso in der Lebenswelt, die sich eben nicht auf rein ökonomische Beziehungen reduzieren lasse. (Vgl. Ulrich 2005, 12–13) Sozialökonomie und Systemökonomie stehen in einer Spannung zueinander, die didaktisch fruchtbar zu machen ist. Die Bedeutung des ökonomischen Denkens und Handelns ist in unserer Gesellschaft so wichtig geworden, dass eine Nicht-Berücksichtigung nicht möglich ist. Jedoch muss die Sozialökonomie dazugenommen werden, um einen gesamtgesellschaftlichen, politischen und ethischen Blick zu ermöglichen.

Peter Ulrich spricht also von der Aspekt- und der Bereichslehre. Feld spricht von der Betriebswirtschafts*lehre* und dem wirtschaftlichen *Tun*. Tabelle 30 zeigt einige wesentliche Unterscheidungsmerkmale zwischen der wissenschaftlichen Lehre und dem wirtschaftlichen Tun, also zwischen Ökonomik und Ökonomie.

Tabelle 30: Ökonomik und Ökonomie

Ökonomik	Ökonomie
Wissenschaftliche Betriebswirtschaftlehre	Praktische Betriebswirtschaft
Modellhaftes Denken und Handeln	Praktisches Denken und Handeln
Modell	Wirklichkeit
Wertfrei	Normativ
Wirtschaft ist Ethik	Ethik ist mehr als Wirtschaft
Wissenschaftliche Theorie	Praktische wirtschaftliche Umsetzung
Homo oeconomicus	Der Mensch
Ökonomische Zweckrationalität	Praktische Vernunft

Die rein ökonomische Ethik überführt die Ökonomik in die Ökonomie und darüber hinaus in alle Bereiche des menschlichen Lebens. Damit kommt es zu einer Ökonomisierung, die – wie im vierten Kapitel ausgeführt wurde – aus wirtschaftspädagogischer Sicht problematisch ist. Die *Anwendung* ökonomischer Modelle und wissenschaftlicher Handlungs*empfehlungen* führen dazu, dass die Wertneutralität verlassen und die Ökonomik normativ wird (siehe Kapitel 4). Damit kann gezeigt werden, dass die antinomische Vorstellung von Wirtschaftswissenschaften und Erziehungswissenschaften (vgl. Aff 2008) auf einen Kategorienfehler zurückzuführen ist: Die Wirtschaftspädagogik ist – wie im zweiten Kapitel dargelegt wurde – historisch und systematisch begründet eine *normative* Wissenschaft. Sie ist es deshalb, weil sie sich eben gerade dadurch auszeichnet, dass es ihr um das wirtschaftliche *Tun* geht. Nicht die Ökonomik, sondern die Ökonomie ist das Feld der Wirtschaftspädagogik. Darin kommen ökonomische Modelle zur Anwendung, ohne selbst das ökonomische Modell zu sein. Nur im wirtschaftswissenschaftlichen Blick des Modellierens ist die Ökonomie ein Modell. Wirtschaftliches Handeln vollzieht sich im kulturellen und gesellschaftlichen Kontext und kann eben deshalb nicht auf den rein ökonomischen Aspekt reduziert werden. Dies erfolgt im ökonomischen Modell. Die Vorstellung von der Antinomie ist darin begründet, dass nicht zwischen dem wirtschaftlichen Vollzug und dem wirtschaftlichen Modell unterschieden wird. Dazu kommt noch eine weitere Besonderheit der Wirtschaftspädagogik, die sie von der Betriebswirtschaftslehre unterscheidet. Die Wirtschaftspädagogik setzt sich mit der Frage auseinander, wie sowohl die Ökonomie, d.h. das Wirtschaften bzw. das wirtschaftliche Tun, als auch die Ökonomik, d.h. die Modelle selbst, vermittelt bzw. gelehrt und gelernt werden können. Das pädagogische Tun ist normativ insofern, als Kompetenzen, Ziele und Standards formuliert und zu erreichen versucht werden. Gerade eine auf Employability und Studierfähigkeit ausgerichtete Pädagogik ist normativ. Wären die Wirtschaftswissenschaft und die Erziehungswissenschaft tatsächlich ein unauflöslicher Widerspruch, dann gäbe es die Wirtschaftspädagogik nicht, denn – so führt Bieri (2009, 22) aus – an einen unauflösbaren Widerspruch zu glauben, hieße, an gar nichts zu glauben, also gar keine Wirtschaftspädagogik zu haben. Da es die Wirtschaftspädagogik sehr wohl gibt, kann der Widerspruch nicht bestehen. Es ist eben kein Widerspruch, sondern ein Kategorienfehler, indem das Tun mit dem Modell gleichgesetzt wird. Es ist im Kern genau jene ökonomistische Haltung, die Aff (2004) kritisiert, die sich in diesem vermeintlichen Widerspruch jedoch dokumentiert. Für die Wirtschaftspädagogik ist es höchst bedeutsam, die Unterscheidung von Modell und wirtschaftlichen Tun zu akzentuieren. Würde sich die Wirtschaftspädagogik nur mit den Modellen auseinandersetzen, dann wäre sie wertneutral. Sie möchte aber die Modelle zur Anwendung bringen bzw. dabei helfen, dass die Instrumente zur Anwendung gelangen. In der Umsetzung dieses Ansinnens stellt sie einen pädagogischen Anspruch, möchte also – wie ebenso dargelegt wurde – im Sinne der Individualpädagogik handeln und die neuesten Erkenntnisse der Lehr-Lern-Forschung umsetzen. Damit geht es nicht um irgendeine Anwendung, sondern um eine verantwortungsvolle und damit ethisch gerechtfertigte Anwendung. Sie überführt somit die Modelle von der Wertneutralität in die Normativität. Und diesen Vorgang muss sie bewusst setzen, indem sie artikuliert und reflektiert, was sie tut. Das bedeutet zuallererst darauf hinzuweisen, dass es sich um ein Modell handelt. Danach auf die Prämissen eines Modells hinzuweisen und dafür zu sorgen, dass diese verständlich sind. Daraufhin sind die Konsequenzen zu diskutieren. Die Herausforderung der Wirtschaftspädagogik liegt darin, Modelle pädagogisch verantwortlich zur Anwendung zu bringen und dabei die Grenzen und Möglichkeiten der Wirtschaftswissenschaft aufzuzeigen. Dabei ist es problematisch, davon auszugehen, dass sich Vernunft auf ein einziges Prinzip reduzieren lässt – das gilt sowohl für die ökonomische Theorie als auch für den kategorischen Imperativ und den Utilitarismus. Die wirtschaftspädagogische Herausforderung liege – so Ulrich (2005, 5) – darin, eine Urteilsfähigkeit zu fördern, die nicht auf die rein ökonomische Vernunft abziele, sondern in einem umfassenderen Sinn als vernünftig gelten könne. Wirtschaftliches Handeln sei daher immer auch im Hinblick auf die persönliche Sinnorientierung und die gesellschaftlichen Legitimationsansprüche kritisch zu reflektieren (vgl. Ulrich 2005, 5). Es geht nun darum, ein Modell der Vernunft im umfassenderen Sinn zu erörtern.

Wenn die Freiheit trotz des Eingebettetseins in Kultur und Gesellschaft sowie im Vorhandensein von Institutionen als Bedingungen des menschlichen Lebens gegeben ist, dann stellt sich die Frage, wie sich der Mensch diese Gestaltung der Freiheit vorstellen kann. Damit rückt die Vorstellung von praktischer Vernunft in den Mittelpunkt. Über die Standardtheorie, die heute das Denken über praktische Vernunft beherrscht, führt Nida-Rümelin (2001, 21–38) aus: Die Standardtheorie der praktischen Vernunft gehe auf David Hume zurück, weshalb sie im Englischen als *humean* bezeichnet werde. Handlungen würden darin als das Ergebnis eines inneren Antriebs der handlungsausführenden Person verstanden. Der basale (ungerichtete) Wunsch entstehe durch subjektive Empfindungslagen. Demnach bestehe ein Ursache-Wirkungs-Zusammenhang von subjektiven Empfindungen und basalen Wünschen. Der Zusammenhang von Hunger und dem Wunsch nach Essen könne auf diese Weise erklärt werden. Das Hungergefühl kommt und damit entsteht der Wunsch zu essen. So würden verschiedene Empfindungen kommen und gehen. Damit entstehen verschiedene ungerichtete Wünsche. Rationalität komme erst ins Spiel, wenn basale Wünsche durch deskriptive Überzeugungen in handlungsleitende Wünsche transferiert, also – wie Bieri (2009) ausführt – wenn Wünsche zum Willen werden. Die Überzeugungen, die richtig oder falsch sein können, führen zu einer Abwägung. Damit Überzeugungen überhaupt handlungsleitend werden, brauchen sie einen Beweggrund. Dieser liege in den ungerichteten Zielen, also in jene Bereich, der rationalen Bestimmungen entzogen sei.

> „Gegen die Standardtheorie spricht, dass wir in der Regel Gründe für unsere Wünsche angeben können und uns dabei nicht nur auf deskriptive, sondern auch auf normative Gründe stützen. Die deskriptiven Überzeugungen spielen eine Rolle, um zu bestimmen, welche Handlung geeignet ist, unsere Wünsche zu erfüllen. Die normativen Überzeugungen können ebenfalls eine in diesem Sinne handlungsorientierende Rolle spielen, z.B. indem sie Grenzen bestimmen, die der Verfolgung eigener Interessen aus Rücksichtnahme anderen Menschen gegenüber gesetzt sind. Oft aber gehen normative Überzeugungen den Wünschen voraus, das heißt, sie [...] sind selbst der Grund dafür, einen Wunsch auszubilden." (Nida-Rümelin 2001, 24)

Das Standardparadigma ist dann überzeugend, wenn davon ausgegangen wird, dass der Mensch hedonistisch sei. Dann nämlich wäre die Theorie haltbar, dass der Mensch immer, auf seine eigenen Empfindungen reagierend, Wünsche hervorbringe, um seine eigene Empfindungslage zu verbessern. Aber es sei nicht möglich, von einem basalen Wunsch auf einen gerichteten Wunsch, also einen Willen, zu schließen. (Vgl. Nida-Rümelin 2001, 26) Das argumentative Schema, das vom Wunsch, also einem konativen Zustand, ausgeht und unter einer epistemischen Prämisse zum Willen, also zu einem gerichteten Wunsch, wird, sehe so aus:

„(a) Ich wünsche p.
(b) Ich weiß, dass p nur zu erreichen ist, wenn q.
(c) Ich wünsche q."

Nida-Rümelin (2001, 26–27) gibt ein Beispiel: Ich *wünsche*, dass alle Personen für ihre ungerechten Handlungen bestraft werden. Ich *weiß*, dass Person X ungerecht gehandelt hat. Daraus folgt: Nur wenn X bestraft wird, kann sich der Wunsch erfüllen, dass alle Personen für ihre ungerechten Handlungen bestraft werden. Daraus folgt: Ich *wünsche*, dass diese Person bestraft wird.

Die Rückführung des gerichteten Wunsches auf den basalen Wunsch ist problematisch, „denn der Wunsch, dass diese Person bestraft wird, repräsentiert eine (normative) Überzeugung [...] Es ist nicht möglich, diese Motivstruktur durch die Angabe eines basalen Wunsches, also einer entsprechenden Einsetzung für p bei (a), zu rekonstruieren" (Nida-Rümelin 2001, 27). Ähnlich wie Bieri (2009) sieht Nida-Rümelin die Suggestiv-Wirkung des Wortes *wünschen* als einen Grund, warum die Standardtheorie so erfolgreich ist. Es sei ein Unterschied, ob eine Bestrafung ge*wünscht* sei oder eine solche *befürwortet*. In einem weiteren Sinn sei beides ein Wunsch. Wird ein Wunsch i.e.S. erfüllt, dann geht es der wünschenden Person besser – egal ob damit andere Interessen verbunden sind. Die Erfüllung eines Wunsches liegt immer im Interesse der wünschenden Person. Die Bestrafung sei nicht im Interesse des Wünschenden. Es sei denn, es wäre Rache oder Wut. Dann wäre zu hoffen, dass der Wunsch nur dann zu einem Willen wird, wenn diese Person die Strafe auch rechtfertigen kann. (Vgl. Nida-Rümelin 2001, 29–30)

> „Ich kritisiere die Standardtheorie nicht in der Weise, dass ich bestreite, dass etwa in unserem Beispiel aus der Überzeugung, dass die Person bestraft werden sollte, sich ein entsprechender Wunsch nach ihrer Bestrafung ergibt. Diese (weite) Redeweise darf jedoch nicht missbraucht werden – etwa zur Rechtfertigung der These, die Wünsche der handelnden Person seien die Basis jeder praktischen Begründung. In unserem Beispiel ist eine normative Überzeugung die Basis und kein Wunsch. Das bleibt zutreffend, obwohl jede Handlung mit Wünschen (im weiteren Sinne) trivialerweise verbunden ist: motivierenden, vorausgehenden und (handlungs)begleitenden Wünschen. [...] Eine rationale Person hat Wünsche, die ihren normativen und deskriptiven Überzeugungen entsprechen. Die betreffende normative Überzeugung erzwingt dabei den korrespondierenden Wunsch nicht in einer Weise, die man ‚logisch' oder ‚kausal' bezeichnen kann. Unsere These ist schwächer: Sie besagt, dass eine rationale Person mit den betreffenden normativen und deskriptiven Überzeugungen den genannten Wunsch (unter normalen Umständen) hat. Diese These ist Teil der Charakterisierung einer rationalen Person." (Nida-Rümelin 2001, 30–31)

Es geht hier um eine praktische Vernunft, in der Platz ist für kommunikatives und konjunktives, theoretisches und atheoretisches Wissen, das Empistemische und das Konative. Eine Theorie, in der Kultur und Gesellschaft Berücksichtigung finden und auch gute Gründe greifen, die über das ökonomische Kalkül und die Zweckrationalität hinausreichen. Es ist eine praktische Vernunft, die nicht das individuelle Selbstinteresse in den Mittelpunkt stellt. Eine solche praktische Vernunft wird mit der *strukturellen Rationalität* definiert. „Sie ist von der Überzeugung getragen, dass die einzelne Handlung, sofern sie nicht unvernünftig ist, in einen größeren Rahmen des Verhaltens, der individuellen Lebensform und der gesellschaftlichen Kooperation eingebettet ist." (Nida-Rümelin 2001, Klappentext) Die Idee der *strukturellen Rationalität* geht davon aus, dass eine rationale Person ihrem Handeln eine gewisse Struktur gibt, die mit ihrer bewussten Lebensgestaltung zusammenhängt. Es seien strukturelle Merkmale, die empirisch für das Handeln eine große Rolle spielen, wie z.B. moralische Überzeugungen, Tugenden und Charaktereigenschaften sowie genetische Merkmale, Erziehung und Sozialisation. Diese können zwar die Freiheit einschränken, nehmen aber die Freiheit nicht. Die Freiheit des Handelns in diesem Freiraum bestehe darin, dass sich die handelnde Person selbst die Gesetze auferlegt, nach denen sie handelt. Kant sehe die Freiheit dadurch erreicht, dass sich der Mensch von ethischen Gesetzen leiten lasse. (Vgl. Nida-Rümelin 2001, 53–55) Unfreiheit entstehe dadurch, dass die Entscheidung „von pragmatischen und technischen Imperativen bestimmt [wird], d.h. eine unmittelbare Folge kontingenter Neigungen [ist]" (Nida-

Rümelin 2001, 55). Es geht also darum, dass nicht augenblicklichen Neigungen gefolgt wird.

> „Nur wenn Menschen punktuelle Wesen wären, d.h. solche, deren epistemische und konative Zustände keine intertemporale Struktur aufweisen, für die es keinen rationalen Zusammenhang zwischen Wünschen jetzt und Wünschen später gäbe, nur dann wäre ein Handeln ausschließlich aus Neigung überhaupt denkbar." (Nida-Rümelin 2001, 56)

Der Mensch bindet sich also selbst an Regeln, weil er sich selbst und anderen Menschen gegenüber verpflichtet sieht. Es gibt also Gründe für das Handeln. Diese müssen nicht in der Optimierung der Folgen liegen. So kann die Begründung in einem gegebenen Versprechen liegen, ohne dass das Versprechen zu eigenen Vorteilen führen muss. (Vgl. Nida-Rümelin 2001, 56–57) „Das Versprechen selbst konstituiert einen guten Grund, etwas zu tun." (Nida-Rümelin 2001, 57) Rationales Handeln braucht gewisse Strukturen. Ohne diese würde das Handeln unstetig und nicht kohärent erscheinen. Die Person wäre von anderen nicht einzuschätzen. Eine Handlungsstruktur ergibt sich nicht losgelöst von Neigungen und somit werden konative Einstellungen ebenso mit einbezogen. Es ist also ein Komplex aus epistemischen und konativen Einstellungen, der zur Ausformung einer Handlungsstruktur führt, an der sich die einzelne Handlung ausrichtet. Nicht immer wird es der Person gelingen, entsprechend dieser Handlungsstruktur zu handeln, umgekehrt ist jedoch eine Handlung schwer vorstellbar, die ohne jegliche Strukturintention zustandekam. Oder anders gesagt: Die Rationalität einer Handlung ist nicht in der einzelnen Handlung zu erkennen, sondern nur in ihrem strukturellen Kontext. Im Allgemeinen wird eine punktuelle Handlung ausgeführt, die innerhalb eines strukturellen Rahmens liegt. Die Handlung wird also durch externe und interne Bedingungen strukturiert. Ein Teil der inneren Bedingungen weist rationale Eigenschaften auf: Be*gründet* werden Wünsche in Willen transformiert. Diese Gründe sind *extern*, also unabhängig von den Neigungen, aber auch unabhängig von kulturellen, religiösen, nationalen oder anderen *kollektiven Identitäten*. Die Gründe müssen von der Person als Gründe angenommen und akzeptiert werden. Damit die Person in ihrem Handeln glaubwürdig ist, korrespondiert der Grund mit der Handlungsstruktur. Handlungen bringen also nicht Neigungen, sondern akzeptierte Gründe zum Ausdruck. Ein Verhalten ist immer dann eine Handlung, wenn es für das Verhalten eine Begründung gibt. (Vgl. Nida-Rümelin 2001, 57–75) Oder anders gesagt: „Handeln bringt (akzeptierte) Gründe zum Ausdruck. Sofern ein Verhalten bloße Neigungen zum Ausdruck bringt, es also nicht von Gründen gesteuert ist, hat es keinen Handlungscharakter. [...] Neigungen bestimmen Handlungen nie unmittelbar, sondern erst über akzeptierte Handlungsgründe." (Nida-

Rümelin 2001, 75 u. 76) Das erinnert an das Zitat von Adam Smith, das ebenso trotz Redundanz hier wiedergegeben wird:

> „Mag es darum auch wahr sein, dass jedes Individuum in seinem Herzen naturgemäß sich selbst der ganzen Menschheit vorzieht, so wird es doch nicht wagen, den anderen Menschen in die Augen zu blicken und dabei zu gestehen, dass es diesem Grundsatz gemäß handelt. Jeder fühlt vielmehr, dass die anderen diesen seinen Hang, sich selbst den Vorzug zu geben, niemals werden nachfühlen können, und dass er ihnen – so natürlich er auch für ihn selbst den Vorzug zu geben, niemals werden nachfühlen können, und dass er ihnen – so natürlich er auch für ihn selbst sein mag – doch immer als maßlos und übertreiben erscheinen muss […]. Wollte er so handeln, dass der unparteiische Zuschauer den Maximen seines Verhaltens zustimmen könnte – und tatsächlich ist es sein heißester Wunsch, so zu handeln – dann müsste er bei dieser, wie bei allen anderen Gelegenheiten die Anmaßungen seiner Selbstliebe dämpfen und dies auf jenen Grad herabstimmen, den andere Menschen noch nachzuempfinden vermögen. Die anderen aber werden ihm seine Selbstliebe so weit nachsehen, dass sie ihm gestatten werden, um sein eigenes Glück in höherem Maße besorgt zu sein und dasselbe mit mehr Ernst und Beharrlichkeit anzustreben als dasjenige irgendeiner anderen Person. So weit werden sie seine Selbstliebe bereitwillig nachfühlen, sobald sie sich in seine Lage versetzen." (Smith 2010, 132–133)

So können auch Neigungen und das Selbstinteresse ein legitimer Grund für Handlungen sein. Nida-Rümelin (2001, 76) schätzt den Anteil von Handlungen, die rein diesem Muster folgen, als überschätzt ein. Das sei damit verbunden, dass viele im europäischen Kulturkreis glauben, dass nur vom Selbstinteresse geleitete Gründe rational sein können. Es gebe daher die Tendenz, *ex post* die Gründe als dem eigenen Vorteilsstreben entsprechend zu konstruieren. Diese Aussage trifft den Kern des Neo-Institutionalismus, der Zweckrationalität in der Legitimation nach außen verortet. „Es kann jedoch keine Rede davon sein, dass Gründe erst dann als rational gelten können, wenn sie auf die Beförderung des eigenen Wohls gerichtet sind." (Nida-Rümelin 2001, 76) Relevant für die Handlung seien eben nicht die Neigungen, sondern die akzeptierten Gründe. Die Freiheit liege nicht im unreflektierten Folgen der Neigungen, sondern im begründeten Entscheiden. Gute Gründe seien vielfältig und nicht nur in den Folgen der Handlung zu verorten. Neben einem Versprechen könne Dankbarkeit oder eine Bitte ein Handlungsgrund sein, und die Trennung dieser Gründe in solche, die dem eigenen Wohlergehen und solche, die den Interessen anderer dienen, sei künstlich (vgl. Nida-Rümelin 2001, 76–82):

> „Wenn ich einer Bitte nachkomme, so tue ich das aus einem guten Grund, aber ohne moralische Motivation. Wenn ich meinen eigenen Interessen folge, so habe ich dafür nur dann einen guten Grund, wenn dies nicht zu einer Schädigung anderer Personen führt. Die Tatsache, dass gute Handlungsgründe sich oft nicht auf die Konsequenzen der Handlung beziehen, spricht für eine strukturelle Theorie prakti-

scher Rationalität und gegen eine konsequentialistische Reduktion auf Absichten, die durch die Folgen der Handlung erfüllt werden. Die rationale Handlung ist in den meisten Fällen nicht das Mittel, um bestimmte beabsichtigte Wirkungen in der Welt hervorzurufen. Die rationale Handlung repräsentiert akzeptierte gute Gründe, manche beruhen auf erfahrenem Wohlwollen, manche auf gegebenen Versprechen, andere auf geäußerten Wünschen oder gegebenen Befehlen, einige auf eigenen Interessen oder auf den vermuteten Interessen anderer, viele auf Rechten und Pflichten, einige wenige (direkt) auf ethischen Prinzipien." (Nida-Rümelin 2001, 83)

Der Unterschied zwischen der Standardtheorie und der strukturellen Rationalität werde am deutlichsten im Bereich der Kooperation sichtbar. Kooperation sei eine wesentliche Voraussetzung einer Gesellschaft. Wer kooperiert, stelle seine eigenen Interessen zurück, damit das erreicht werde, was die Kooperationspartner wollen. Im Allgemeinen erfolge die Kooperation nicht altruistisch motiviert, denn es gehe nicht darum, jemandem einen Gefallen zu tun und die eigenen Interessen hintanzustellen. Durch die Kooperation ergebe sich eine Situation, die von den Kooperierenden *gemeinsam* gewünscht werde. Es gehe nicht um die Optimierung der einzelnen, individuellen Interessen – das wäre Koordination. Kooperation ist nicht per se wünschenswert, was z.B. in Kartellen oder im organisierten Verbrechen deutlich wird. Kooperation könne also unter bestimmten Bedingungen irrational oder unmoralisch sein. In der Lebenswelt gebe es eine Fülle an impliziten und expliziten moralischen Handlungsregeln, wovon die meisten mit Kooperation zu tun haben. Jede Regel stelle jede Person grundsätzlich vor die Frage, ob die Handlung nach ihr ausgerichtet werden solle oder nicht. So wünsche sich grundsätzlich jede Person in einer Gesellschaft, dass ihr geholfen werde, wenn sie in Not gerate. Jede einzelne Person aber wisse, dass ihr eigener Beitrag in einer großen Gemeinschaft dazu irrelevant sei. Würde jede Person ihre eigenen Wünsche – die Ökonomik spricht von Präferenzen – optimieren, wäre die humane Verfassung der Gesellschaft nicht möglich. Die strukturelle Rationalität erkennt die Notwendigkeit der Einhaltung der Regel zur Aufrechterhaltung der humanen Verfassung der Gesellschaft und bringt gute Gründe vor, sich regelkonform zu verhalten. Im vierten Kapitel wurde die Problematik erörtert, die sich daraus ergibt, dass Kooperation als nicht rational angesehen wird. Kooperation ist aber etwas Alltägliches und bestimmt wesentlich das menschliche Handeln. (Vgl. Nida-Rümelin 2001, 85–99) Eine besondere Form der Kooperation sei die Sprache. Sie beruhe auf bestimmten kommunikativen Grundnormen. (Vgl. Nida-Rümelin 2001, 100–102) „Sprache ist eine kooperative Institution. Sie beruht auf Kooperation und ermöglicht Kooperation." (Nida-Rümelin 2001, 100) Die Bedeutung der Sprache und ihre kooperativen Grundlagen wurden bereits im vierten Kapitel erörtert. Dabei wurde vor allem herausgearbeitet, dass die Kommunikation nur dann funktioniert, wenn alle die Regeln der Kommunikation einhalten. Die einzelne Person kann sich einen persönlichen Vorteil verschaffen, indem sie diese Regeln nicht einhält. Das funktioniert jedoch nur dann, wenn alle anderen die Regeln doch einhalten.

Mit der strukturellen Rationalität liegt ein Modell der praktischen Vernunft vor, das weit über das Standardmodell hinausreicht. „Das heute dominierende Paradigma praktischer Vernunft ist *subjektivistisch, konsequentialistisch* und *reduktionistisch.*" (Nida-Rümelin 2001, 172) Gute Gründe weisen über das Konsequentialistische hinaus. Der Mensch wird nicht auf seine Neigungen und sein reines, egoistisches Selbstinteresse reduziert. Gründe objektivieren das Subjektive. Die Freiheit des Individuums bleibt gewahrt. Der Individualismus entbindet den Menschen jedoch keinesfalls von seiner sozialen Verantwortung. So kann mit Zabeck (2009, 3) das anthropologische Kernanliegen als Frage formuliert werden: „Wie stellt sich für den in eine arbeitsteilig strukturierte Gesellschaft eintretenden Einzelmenschen das Problem seiner selbstverantworteten Versorgung mit Lebensnotwendigem und dem, was er sich zur Lebensführung meint aneignen zu sollen [sic] [, dar]?" Sowohl die Ökonomik als auch die Pädagogik gehen von einem methodologischen Individualismus aus. Doch unterschiedlicher könnten diese gleichnamigen Geschwister gar nicht sein. Der reduktionistische und konsequentialistische methodische Individualismus der Ökonomik eignet sich zur Modellierung, kann und soll aber kein Menschenbild für die Wirtschaftspädagogik sein. Dieses Menschenbild geht vom individuellen Vorteil aus, das sich im Kollektiv als ein distributiv Alle beschreiben lässt. Der methodologische Individualismus der Pädagogik und der Philosophie denkt das Soziale mit und versteht den Individualismus im Kollektiv als ein kollektives Alle. (Vgl. Nida-Rümelin 2011a, 74) Die strukturelle Rationalität nimmt Bezug auf das Eingebettetsein des Menschen. Wirtschaftspädagogik geht in ihrer wirtschaftswissenschaftlichen Sicht von einem Perspektivenwechsel aus: Sie blickt – wie in allen bisherigen Kapiteln ausgeführt wurde – auf den Menschen. Die Pädagogik fokussiert den Menschen, das Individuum. Es kann daher von einer individualpädagogischen Orientierung gesprochen werden, auch wenn dies, wie Arnold (1997, 21) ausführt, wie ein Pleonasmus klingt.

Eine reflexive Wirtschaftspädagogik geht vom methodischen Individualismus aus und unterscheidet dabei aber zwischen einem Individualismus, der sich an der egoistischen Nutzenorientierung des neoklassischen Modells und des Standardmodells ausrichtet, und dem Individualismus, wie er in der Moralphilosophie Kants oder in der aristotelisch-thomistischen Tradition verfolgt wird, in welchem Menschenrechte ihren Niederschlag finden. Institutionen sind Bedingungen für sein Handeln. Bedingungen oder *Sachzwänge* verunmöglichen seine freie Entscheidung nicht, sondern sind Voraussetzung für die Entscheidungsfindung. Freiheit ist damit keine absolute, sondern eine bedingte. Der Mensch folgt nicht einem Ursache-Wirkungs-Schema, folgend seinen Neigungen, sondern bildet eine rationale Struktur aus, innerhalb dieser er rational entscheidet und damit handelt. Die ökonomische Rationalität kann ein guter Grund sein, wie aber andere Gründe auch. Die reflexive Wirtschaftspädagogik wendet sich damit gegen eine Reduktion des Menschen, der lediglich seinem individuellen Selbstinteresse folgt. Das Eingebundensein bedeutet, das eigene Handeln zu rechtfertigen. Damit ist die Begründung auch eine ethische.

6.3 Doppelt integrative Ethik: Tugend für Individual- und Institutionenethik

Aus der sozialen Dimension der Wirtschaftspädagogik ergeben sich die moralisch-ethische, die wirtschafts(unions)bürgerliche und letztlich auch die pädagogische Dimension. „Ethik kann die Ergebnisse anderer Wissenschaften nicht übergehen, erst recht nicht korrigieren, sondern hat diese ernst zu nehmen und für ihre eigenen Überlegungen zu berücksichtigen. […] Die soziale Realität der gesellschaftlichen Systeme und ihre jeweils eigene Rationalität besitzen für die Ethik Geltung." (Rosenberger & Koller 2009, 30–31) Die Ethik führt verschiedene Perspektiven zusammen: Damit werden Formalziele, wie sie die Wirtschaftswissenschaften formulieren, nicht in ihrer wirtschaftlichen *Eigen*logik sichtbar und wahrnehmbar. Im Allgemeinen sind Einzelwissenschaften Disziplinen erster Ordnung. Die Philosophie – und damit auch die Ethik – ist eine „Disziplin höherer Ordnung, die Sachverhalte zweiter und höherer Stufen thematisiert" (Tetens 2010, 19). Es geht also nicht um die Fragen der Einzelwissenschaft alleine, sondern um die Frage, was die Ergebnisse der Einzelwissenschaften für den Menschen, die Gesellschaft und die Umwelt *bedeuten* (vgl. Tetens 2010, 19).

> „Die Autonomie der sozialen Bereiche besagt freilich nicht, dass gesellschaftliche Systeme der ethischen Betrachtung und sittlichen Ansprüchen entzogen wären, weil ihre eigene Rationalität das letzte Wort hätte. Ethik stellt diese Systeme vielmehr unter eine andere Perspektive und fragt nach der Bedeutung, die sie im Blick auf ein gelingendes (Zusammen-)Leben der Menschen besitzen. Nicht die Gesetzmäßigkeiten gesellschaftlicher Systeme an sich, sondern das ‚Wozu' und ‚Wie' ihrer Anwendung in Handlungen sind von ethischer Bedeutung. Die ethische Reflexion ist daher nicht als Absetzung von der ökonomischen Rationalität zu sehen. Vielmehr bringt sie die Sinnbestimmung bzw. den Sinnhorizont der ökonomischen Rationalität zur Sprache." (Rosenberger & Koller 2009, 31)

Der Sinnhorizont, der sich durch die ethische Betrachtung eröffnet, wird sowohl in der biblischen und christlichen Sozialethik als auch in der philosophischen Ethik Kontinentaleuropas als Gerechtigkeit bezeichnet. Diese Gerechtigkeit ist erreicht, wenn es auch den in der Gesellschaft am schlechtest gestellten unter den gegebenen knappen Mitteln erträglich gut geht. Nicht jeder kann alles bekommen, auch muss nicht jeder das Gleiche erhalten. Jeder soll das ihm Entsprechende, jede soll das ihr Entsprechende leisten und erhalten. Diese Zielbestimmung ist kaum ökonomisch herleitbar, sie ist jedoch ethisch und ökonomisch von größter Bedeutung (vgl. Rosenberger & Koller 2009, 31). Auch Pöltner geht davon aus, dass ethisches Wissen ohne Sachwissen leer ist: Sachwissen ohne Ethik sei blind. Von Ethik werde erwartet, dass sie Lösungen gibt und Rezepte zur Verfügung stellt. Aber: „Ethik gibt keine konkreten Handlungsanweisungen, sondern nennt die Gesichtspunkte ihrer Findung." (Pöltner 2006, 27) Die Aufgabe der Ethik liegt darin, ethische Probleme überhaupt zu erkennen, neue Wertungen und Güterabwägungen aufzuzeigen sowie Methoden der Urteilsbildung bereitzustellen. Wesentlich dabei seien die interdisziplinäre Schau und Problemdifferenzierung. Für die Wirtschaftspädagogik bedeutet dies, die Wirtschafts- und Erziehungswissenschaften sowie die allgemeine Ethik und die Wirtschaftsethik einzubinden und damit den Dimensionen der Wirtschaftspädagogik *synchron* gerecht zu werden.

Die Dimensionen der Wirtschaftspädagogik können in zwei Richtungen interpretiert werden: Erstens können sie *diachron* gelesen werden, sodass jede Dimension der Grund für eine besondere Akzentuierung und somit für eine Ausdifferenzierung der Wirtschaftspädagogik sein kann. Zweitens können diese Dimensionen *synchron* gelesen werden, sodass sich das Besondere der Wirtschaftspädagogik in der Gleichzeitigkeit ihrer Dimensionen manifestiert. Dem Modell der doppelt integrativen Ethik folgend, ergibt sich ein synchroner Blick, der die sozioökonomische Perspektive ermöglicht. In Abbildung 36 wird angedeutet, dass alle Dimensionen in der Lebenswelt eingebunden bleiben. Das Moralisch-Ethische wird hervorgehoben, weil sich aus dem ethischen Blick heraus die multidimensionale Betrachtung erst ergibt. Aufgabe der Ethik ist das Offenhalten aller Perspektiven. Sie ist eine Erweiterungskategorie und keine Abschließungskategorie. Sie hält die Perspektive für das Ganze im Blick, trotz oder gerade wegen der funktionalen Ausdifferenzierung. Jede Ausdifferenzierung findet dort ein Ende, wo der einzelne Mensch sich entscheiden muss. So kommen alle Perspektiven zusammen und unter gegebenen Bedingungen muss eine Entscheidung getroffen werden. In der Wirtschaftspädagogik bedeutet dies, dass einerseits wirtschaftliche Entscheidungen aus dieser Perspektive heraus betrachtet werden können, aber andererseits auch, dass die Wirtschaftspädagogik selbst diese Dimensionen eröffnet.

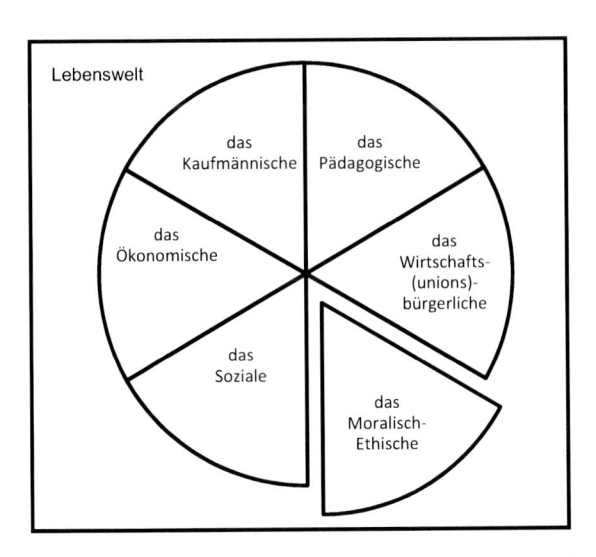

Abbildung 36: Synchrone Betrachtung der wirtschaftspädagogischen Dimensionen

Das Modell einer doppelt integrativen Ethik, das hier skizziert wird, geht davon aus, dass gute Gründe die Grundlage von Entscheidungen sind. Gerechtfertigte Gründe sind ethisch legitimierte Gründe. Basis dieser Ethik ist die Kommunikation. Aufbauend auf das Situationsmodell von Schulz von Thun wird das Modell der Strukturganzheit einer Situation (Pöltner 2009) mit der integrativen Wirtschaftsethik (Ulrich 2008) und der integrativen Ethik (Krämer 1992) verbunden.

6.3.1 Kommunikation und Ethik

In bedingter Freiheit kann sich der Mensch aus guten Gründen für oder gegen etwas entscheiden. Zur Rechtfertigung seiner Gründe ist die Kommunikationskompetenz eine wesentliche Voraussetzung. Ethische Kompetenz benötigt daher Kommunikationskompetenz. Aus dem Modell der philosophischen Reflexion nach Dietrich (2007; 2008) leitet Prettenthaler (2012, 76–77) vier Dimensionen der ethischen Kompetenz ab: *Erstens* sind die ethischen Basiskomponenten, nämlich *wahrnehmen*, *bewerten* und *urteilen,* zu nennen.

> „Ethische Kompetenz umfasst die Fähigkeit zur Wahrnehmung eines Sachverhalts bzw. einer Situation als ethisch relevant einschließlich ihrer begrifflichen, empirischen und kontextuellen Prüfung (wahrnehmen), die Fähigkeit zur Formulierung von einschlägigen präskriptiven Prämissen zusammen mit der Prüfung ihrer Einschlägigkeit, ihres Gewichts, ihrer Begründung, ihrer Verbindlichkeit und ihrer Anwendungsbedingungen (bewerten) sowie die Fähigkeit zur Urteilsbildung und der Prüfung ihrer logischen Konsistenz, ihrer Anwendungsbedingungen und ihrer Al-

ternativen (urteilen). Diese Fähigkeiten können auf strebens- und sollensethische Fragestellungen bezogen werden und eine individuelle oder sozial-diskursive Form annehmen." (Dietrich 2008)

Dazu kommt die *Reflexion* und *Begründung* des Wahrgenommenen, Bewerteten und Urteilens. *Zweitens* ist das im ersten Punkt angesprochene Urteilsvermögen eines der praktischen Vernunft, das die Handlungsorientierung zum Ziel hat. *Drittens* kann sich die ethische Kompetenz als eine *Könnerschaft* oder als eine *Expertenschaft* ausformen, wobei im ersten Fall sich die Performanz in einem impliziten Wissen und im zweiten Fall in einem reflexionsorientierten und abstrakten expliziten Wissen äußert. Hier wird deutlich, dass Moral in der Lebenswelt implizit und durch Erziehung, Sozialisation und Enkulturation weitergegeben wird. Die *vierte* Dimension weist auf die Gleichzeitigkeit von sachlicher Begründung und moralischer Angemessenheit als Kriterien der ethischen Prüfung hin. Die ethische Entscheidung bleibt immer eine unter Unsicherheit. Faktenwissen und vernetztes Zusammenhangwissen sind damit für ethisches Denken und Handeln unverzichtbare Bestandteile (vgl. Prettenthaler 2012, 75).

Schulz von Thun (1999, 279–292) beschreibt eine Situation anhand von vier Komponenten. Es wurde im vierten Kapitel dargelegt, wie schwierig die Definition und Bestimmung einer Situation überhaupt ist. Das Modell von Schulz von Thun stellt eine Heuristik dar, die dazu dienen kann, eine Situation besser einzuschätzen. Mit der Diskussion über die Wahrnehmung einer Situation beginnt auch die ethische Diskussion (vgl. Bienengräber 2011). Die folgende Abbildung 37 zeigt das Situationsmodell mit den vier Komponenten.

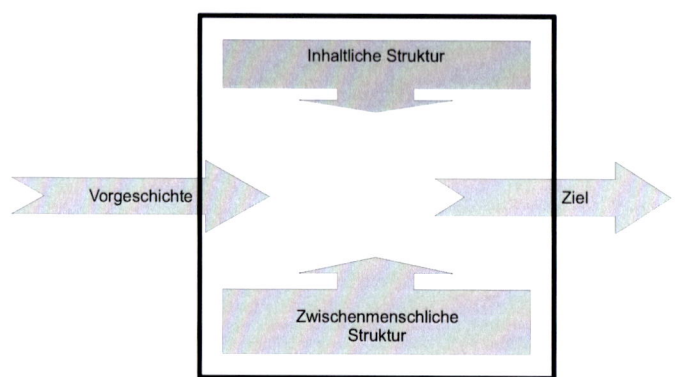

Abbildung 37: Situationsmodell (vgl. Schulz von Thun 1999, 284)

Die vier Komponenten sind die folgenden: In jeder Situation müsse *erstens* die Vorgeschichte, also die Anlässe, die zu einer Situation geführt haben, geklärt werden. Menschliche Begegnungen und Gespräche ereigneten sich oft nicht spontan, vor allem nicht im politischen oder wirtschaftlichen Bereich. Es sei daher sinnvoll, zuerst Klarheit über die Vorgeschichte zu bekommen und daher die Hintergründe und Anlässe der Teilnehmenden zu hinterfragen. *Zweitens* müsse die thematische Struktur geklärt werden, also worüber eigentlich inhaltlich kommuniziert werden soll. Das Thema sollte mit dem Ziel und dem Anlass übereinstimmen, ansonsten sei etwas nicht in Ordnung. *Drittens* gehe es um die zwischenmenschliche Struktur. Dabei sei zu klären, wer in welcher Rolle an der Diskussion teilnimmt. Dies ist oft nicht einfach, weil eine Person in mehreren Rollen an einer Situation teilnehmen kann. Sichtbare und unsichtbare Rolle könnten zu Schwierigkeiten in der Kommunikation führen. *Viertens* müsse klar werden, welches Ziel verfolgt und was am Ende erreicht werden soll. Die Klärung dieser vier Faktoren könne helfen, eine bessere gemeinsame Vorstellung von der Situation zu erlangen. (Vgl. Schulz von Thun 1999, 279–284)

6.3.2 Das Modell der doppelt integrativen Ethik

Im vierten Kapitel wurde die Ethik der Strukturganzheit einer Handlung, die auf die aristotelisch-thomistische Ethik aufbaut und von Pöltner (2006) für die Medizinethik (re)formuliert wurde, erörtert. Handeln richtet sich demnach auf bestimmte Ziele aus und folgt guten Gründen. Es wurde gezeigt, dass das Vorhandensein von Institutionen nicht dazu führt, dass die Freiheit des Individuums verloren geht, sondern Raum für bedingte Freiheit bleibt (vgl. Bieri 2009). Der in diesem Sinn freie Mensch ist weder durch Imperative noch durch Neigungen unfrei, sondern frei durch seine Entscheidung, die sich an guten Gründen innerhalb einer Handlungsstruktur ausrichtet (vgl. Nida-Rümelin 2001). Der kompetente Mensch ist also fähig, unter gegebenen Bedingungen verantwortungsvoll zu entscheiden.

> „Die Willensfreiheit ist in die Bedingungen der Welt eingebettet und damit sind sie die Voraussetzung für Freiheit und daher mit der Freiheit kompatibel. Wer gebildet ist, ist urteilsfähig, kann aus seinem Willen Handlungen entstehen lassen, wenn es die Umstände zulassen. Wird Ökonomie absolut gesetzt, dann gibt es keinen Handlungsspielraum mehr, dann gibt es keinen eigenen Willen mehr, keine Freiheit und damit auch keine Möglichkeit, Verantwortung zu übernehmen – das Argument des ‚Sachzwangs' wird dann eingebracht. Eine praktische Vorgabe, die Entscheidungen erleichtert, weil eigentlich schon entschieden ist. In einer ‚werteunsicheren' (Brezinka 1986), pluralistischen ‚Multioptionsgesellschaft' (Gross 2005), in der es immer schwieriger wird, selbst Entscheidungen zu treffen, weil moralische Leitlinien weniger klar sind, ist die ökonomische Komplexitätsreduktion in ihrer simplen rein ökonomischen Ethik dermaßen verführerisch, dass sie sich mit einer unglaublichen Wucht hat durchsetzen können. […] Moral, Recht und kulturelle Selbstverständlichkeiten lenken das ökonomische Denken und Handeln (vgl. Scott 2001, 47–68), befreien aber nicht von der persönlichen Verantwortung. Die Ökonomie gibt Be-

dingungen vor, komplexitätsreduziert in Form von finanzierbar und nichtfinanzierbar. In diesem Sinne kann die Ökonomie tatsächlich eine Grenze vorgeben. In gleicher Weise kann auch die Moral Grenzen vorgeben, indem sie sagt, was man tun und was man unterlassen soll – grundsätzlich bei jeder ökonomischen Handlung." (Tafner 2012a, 38–39)

Die Omnipräsenz des wirtschaftlichen Denkens ergibt sich daraus, dass heute fast jeder Beruf in einer Organisation stattfindet und dadurch einen Managementanteil aufweist (vgl. Malik 2006, 62).

„Richtiges Management betrifft jeden und jede, weil in der Gesellschaft niemand mehr erfolgreich sein kann, wenn er keine grundlegenden Managementfähigkeiten hat. Er wird in Zukunft nicht einmal Arbeit finden. Zumindest muss jede Person fähig sein, sich selbst zu managen. Richtiges Management zu beherrschen bedeutet also Lebenstüchtigkeit." (Malik 2006, 20)

Drucker beschreibt Management als den Geist der Moderne:

„Management will remain a basic and dominant institution perhaps as long as Western civilization itself survives. […] Management also expresses basic beliefs of modern Western society. It expresses the belief in the possibility of controlling man's livelihood through systematic organization of economic recourses. It expresses the belief that economic change can be made into the most powerful engine for human betterment and social justice." (Drucker 2003, 4)

Zusätzlich sind viele Handlungen mit Kosten verbunden, die finanziert werden müssen. Finanzierung und Management sind damit zu einem Bestandteil des modernen Lebens geworden. Dies ist keinesfalls etwas Negatives, sondern ein unbestrittener Bestandteil des menschlichen Lebens. Der richtige Umgang mit diesen Phänomenen ist damit eine wesentliche wirtschaftspädagogische Erziehungsaufgabe. Darin ist nicht die Ökonomisierung zu entdecken, sie liegt nicht im Phänomen des Wirtschaftens an sich – also der Kunst, mit knappen Mitteln umgehen zu können. Finanzielle Knappheit kann erzieherisch wirken: Wirtschaftlichkeit kann helfen, Ressourcen zu schonen, und damit pädagogisch und ethisch wertvoll sein. Die Verfolgung von Wirtschaftlichkeit kann ein verantwortliches Handeln sein, aber auch ein sozial unverantwortliches. Homann behauptet, dass die Auseinandersetzung zwischen wirtschaftlicher Handlung und Ethik immer von der Ethik gewonnen wird. Das ist nicht immer der Fall. Effizienz kann unter ganz bestimmten Voraussetzungen (!) auch sozial sein. Nämlich dann – und nur dann –, wenn eine sozial und ethisch gerechtfertigte Handlung effizient ausgeführt werden soll und diese effiziente Handlung selbst sozial und ethisch gerechtfertigt ist. Die Ethik versucht immer dann die Effizienz zu beschränken, wenn Gerechtigkeit und Menschlichkeit dagegensprechen. Doch nicht immer setzt die Ethik die Grenzen: Sind Handlungen aus ethischer Sicht erwünscht oder gar notwendig, können diese jedoch an der Finanzierbarkeit scheitern. Beispiele gibt es davon genug, sowohl von Haushalten, Unternehmen oder dem Staat. Echte finanzielle Knappheit kann zu einer realen unüberwindlichen Grenze des moralisch Notwendigen werden. In diesem Fall setzt die Ökonomie, nicht im Sinne eines Suchens nach dem gegenseitigen Vorteil (vgl. Homann & Suchanek 2005), sondern als Ausdruck der tatsächlichen und nicht im System selbst produzierten Knappheit die Grenze (vgl. Luhmann 1988a) – und nicht die Ethik. Finanzielle Knappheit kann wirtschaftspädagogisch wirken, nämlich dann, wenn diese echte Knappheit insofern zu wirtschaftlichen Handlungen zwingt, als effizientere Lösungen auch aus sozialen Gründen gesucht werden müssen. Diese beiden Fälle kommen nur dann in den Blick, wenn von einer *begrenzten* Einzel- oder Gesamtwirtschaft und nicht einer Wachstumsgesellschaft ausgegangen wird und die Realität der Knappheit von Organisationen Berücksichtigung findet. Wird Wirtschaft nur im gegenseitigen Vorteilsstreben in einer Wachstumsgesellschaft gesehen – so wie dies Homann und Suchanek (2005) darlegen –, dann ist die einzige Grenze die ethische.

Das folgende Modell zeigt, wie eine ethische Entscheidungsfindung ablaufen kann, die bei der Beschreibung einer Situation, der Kommunikation und der Strukturganzheit der Ethik ansetzt und schließlich die Strebensethik mit einbindet.

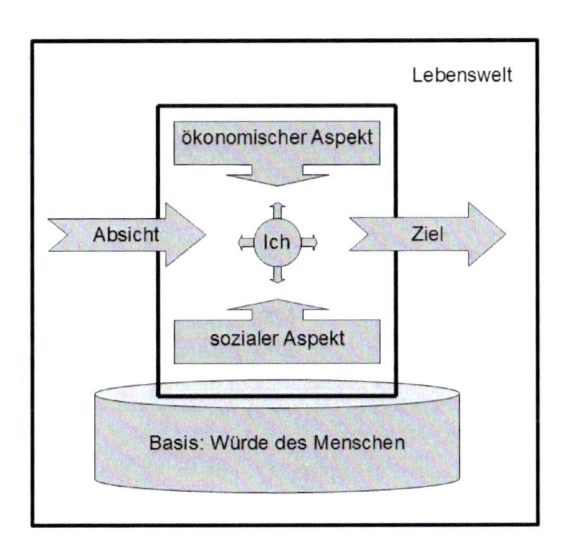

Abbildung 38: Doppelt integrative Wirtschaftsethik

In der ethischen Betrachtung wird die Strukturganzheit einer Handlung in den Blick genommen. Damit kommen *erstens* das Ziel und die Mittel, *zweitens* die Absicht, *drittens* die Umstände – also die Situation selbst – und, *viertens*, die Handlungsfolgen in den Blick (vgl. Pöltner 2006, 46). Mit dem Situationsmodell von Schulz von Thun, das eine Heuristik darstellt, um eine Situation besser begreifbar zu machen, indem die vier Komponenten einer Situation reflexiv bestimmt werden, wird die Grundlage für die vier Dimensionen der ethischen Kompetenz gelegt und die Basis für den ethischen Diskurs ermöglicht. In der Ethik der Strukturganzheit einer Handlung wird damit aus der Komponente der Vorgeschichte die Absicht einer Handlung, aus der Komponente der inhaltlichen Struktur der ökonomische Aspekt und damit das Mittel, mit der zwischenmenschlichen Struktur der soziale Aspekt, der sich aus der Ethik selbst ergibt, und aus der Komponente des Zieles die möglichen Handlungsfolgen. Sowohl das *Ich-Selbst* (Petzold 1982) und die betroffenen Menschen sowie die betreffende Organisation sind in die Lebenswelt eingebettet und stellen Bedingungen für die ethische Rechtfertigung und das Handeln dar. Das *Ich-Selbst* steht im Mittelpunkt, nimmt die Situation wahr und kann diese reflektieren. Jede ökonomische Handlung ist damit eine, die ethisch gerechtfertigt sein soll. Und die ethische Rechtfertigung ist nicht die rein ökonomische – wie im vierten Kapitel herausgearbeitet wurde. In der Mitte steht das Individuum: Im Sinne der Strebensethik geht es um die Lebenskunst, also die Fähigkeit, Glück und Sinn im Eingebundensein in der Gesellschaft zu verwirklichen. In der Situation entscheidet das Individuum. In der *synchronen* Akzentuierung des ökonomischen *und* sozialen Aspekts liegt die Besonderheit der Wirtschaftspädagogik, der in diesem Modell Rechnung getragen wird (vgl. z.B. Arnold 1997; Abraham 1957, 1966; Feld 1928; Krasensky 1972; Sloane 2001, Tafner 2013d). Damit folgt das Konzept der Idee der integrativen Wirtschaftsethik (Ulrich 2008), die sich wesentlich von der normativen, rein ökonomischen Wirtschaftsethik, wie sie im vierten Kapitel untersucht wurde, abhebt. Sie geht „von einer prinzipiell gleichberechtigten Stellung von Wirtschaft und Moral aus [...]. Den Ansätzen geht es um die normative Grundlagenreflexion der Ökonomie und um die Begründung, dass eine Handlung nur dann wirtschaftlich sachgemäß sein kann, wenn sie sittlich im umfassenden Sinn ist. Als Vertreter sind hier Mittelstraß [1990], Rich [1991] und Ulrich [2008] zu nennen." (Rosenberger & Koller 2009, 33) Ulrich (2008, 220) geht davon aus, die „*Effizienz* des Wirtschaftens wieder in eine vernünftige Beziehung zu den Gesichtspunkten des lebenspraktischen Sinns und der *Gerechtigkeit* zu setzen" sind. Es gehe um die *Lebensdienlichkeit* der Wirtschaft, weil sie dafür sorgen solle, dass die menschlichen Lebensgrundlagen gesichert seien (vgl. Ulrich 2008, 224–228). Eine solche Wirtschaft müsse von Wirtschaftsbürgerinnen und -bürgern, wie im fünften Kapitel angesprochen, getragen werden (vgl. Ulrich 2008, 313–359). Das Modell ist deshalb doppelt integrativ, weil die integrative Wirtschaftsethik um die Strebensethik ergänzt wird und damit auch die integrative Ethik Krämers (1992) Berücksichtigung findet und das ethische Modell – vor allem jenes, das in der Beck-

Zabeck-Kontroverse diskutiert wird – wesentlich erweitert wird. Dieses Modell hat Konsequenzen für die Wirtschaftspädagogik:
Es wurde im vierten Kapitel ausgeführt, dass sich Moral durch das eigene Eingebundensein in Gesellschaft und Kultur herausformt. Jeder Mensch hat daher ein grundsätzliches Verständnis für moralisches Handeln. In der ethischen Auseinandersetzung wird dieses implizite Wissen in ein explizites überführt und die Gründe der Rechtfertigungs-Diskussion unterzogen. Das elaborierteste Modell dazu stellt die Diskursethik von Habermas (2009) dar. Die ethische Diskussion und das moralische Erleben finden vor allem in beruflichen und privaten Alltagssituationen dar. Dilemma-Situationen stellen spezifische Ausnahmen dar, die für den Menschen im Allgemeinen sehr selten von konkreter Bedeutung sind. Das Erlernen und Anwenden moralisch-ethischer Grundsätze erfolgt im Allgemeinen nicht in Dilemma-Situationen, sondern im Alltäglichen. Eine Tatsache, der sich auch Kohlberg bewusst war und die zum Modell der *Just Community* führte. Moral muss, diesem Ansatz folgend, konkret in der Gemeinschaft erfolgen und nicht abstrakt in einer Dilemma-Situation. Eine gerechte Schulgemeinschaft umfasst die Lebenswelt der Betroffenen. Die Schule wird zu einer demokratischen Einrichtung, in der Ethik konkret gelebt wird. (Vgl. Kohlberg 1986, 26–45; Oser & Althof 1997, 362–366) Damit verlieren Dilemmata an Bedeutung, auch wenn sie für die Schulung des ethischen Denkens einen Beitrag leisten können. Durch den Fokus auf das alltägliche Handeln kommen Tugenden in den Blick, sowie die Herausforderungen der Kooperation und der Kommunikation, die von großer sozialer Bedeutung sind (vgl. Nida-Rümelin 2001, 2011). Gerade am Arbeitsplatz und im wirtschaftlichen Kontext wären Tugenden gefragt. Wird einem solchen Zugang gefolgt, dann verbindet sich Ethik mit dem Leitbild und der Mission einer Organisation.

David Gill (2012, 38–40, 44) legt ein Modell für ethische Entscheidungsprozesse vor, das sich an der christlichen Ethik orientiert. Klassische Entscheidungsmodelle seien viel zu eng und auf kurzfristige Dilemmata oder Probleme ausgerichtet. Sie negierten fundamentale Grundlagen. Vorab sollten drei Punkte geklärt sein:

Ethik beginne *erstens* damit, sich Klarheit über die eigene Geschäftstätigkeit und ihrem Zweck zu verschaffen. Die *Mission*, die Unternehmenskultur und der Zweck des Unternehmens seien klarzulegen. *Zweitens* solle das Unternehmen wissen, welchen *Charakter* die Mitarbeiterinnen und Mitarbeiter mitbringen bzw. ob und wie ethisch-moralische Kompetenzen gefördert werden oder nicht. Eine Organisation solle sich klar darüber sein, dass es nicht nur darum gehen solle, jene Personen einzustellen, welche die besten wirtschaftlichen und technischen Kompetenzen aufweisen, sondern auch Menschen, die ethisch kompetent seien und auch in diese Richtung gefördert werden möchten. *Drittens* sei zu berücksichtigen, dass Ethik keine individuelle, sondern eine gemeinschaftliche Angelegenheit sei. Moral sei eine soziale Konstruktion und deshalb mehr als eine individuelle Übung in abstrakter Logik. Das Festlegen von Regeln oder das Nachdenken über mögliche Folgen erfolge wesentlich einfacher, wenn dies gemeinsam in der Organisation gemacht werde. Was moralisch richtig oder falsch sei, könne die *Gemeinschaft* einfacher und besser erarbeiten als das Individuum. Mission, Charakter und Gemeinschaft seien wesentliche Voraussetzungen für ethisches Handeln in Organisationen. Es sind also nicht die Entscheidungen in Dilemma-Situationen alleine, die über das ethische Handeln bestimmen. Neben den drei wesentlichen Voraussetzungen sind ebenso die täglichen Praktiken und Entscheidungen im Unternehmen zu berücksichtigen, die auf den langfristigen Umgang mit ethischen Fragen rückwirken. „It is not just the big crises but the ordinary decision-making opportunities that are important." (Gill 2012, 44) Gill sieht die Entscheidungen über die Mission und Vision, über die wesentlichen Werte des Unternehmens und die ethischen Standards wesentlich bedeutsamer als die Entscheidungen in Dilemma-Situationen. Vor allem sei es bedeutsam, welche Personen eingestellt werden und welche Unternehmenskultur sich ausbildet. (Vgl. Gill 2012, 44)

> „We need to avoid a narrow ‚decisionist' approach and take a broader, deeper, richer standpoint toward organizational ethics. If we think of ethics and ethical decision-making only or primarily in the crises/dilemma context, it becomes little more than 'demage control' – a reactive, mostly negative, enterprise. We must move beyond this reactive 'dilemma' ethics to a proactive 'ractice' ethics, from a negative, 'boundary' ethics to a positive 'mandate' ethics. To put the process in a nutshell, we must first clearly identify the core mission and purpose of the organization. Than we carefully map out the important 'practices' of the organization […]. Next we identify the principles that should guide each particular practice area so that a) no boundaries are crossed which will harm people and b) positive mandates and ideals are held up to indicate 'how we do the things we do' in each aspect of organizational activity. Obviously, this process has decision-making at every turn; but it is proactive, positive, mission-driven decision-making." (Gill 2012, 44–45)

Der ethische Entscheidungsprozess bei konkreten ethischen Fragestellungen selbst folgt einer vierstufigen Methode mit der Abfolge von *recognize/strategize/analyse/resolve* (vgl. Gill 2012, 40–46):

1. *Recognize*: Es gibt natürlich auch Dilemmata in Organisationen, die keine moralische Relevanz haben. Um zu erkennen, ob es sich tatsächlich um moralisch relevante Probleme handelt, schlägt Gill fünf Kriterien vor, anhand deren jede Person die Relevanz überprüfen könne:
    a. *Legal and ethical codes:* Es muss dabei überprüft werden, ob es sich möglicherweise um eine erstens rechtliche Verfehlung oder zweitens um den Verstoß gegen einen organisationsinternen Kontext handelt. Sobald gegen Gesetze oder Kodizes verstoßen wird,

liegt ein ethisch relevantes Problem vor und die nächste Stufe der Methode muss eingenommen werden. Dies ist deshalb der Fall, weil Gesetze und Kodizes Verträge mit der Gesellschaft darstellen, zu deren Einhaltung sich die Organisation verpflichtet hat. Die Teilhabe in einer Gesellschaft oder einer beruflichen Gemeinschaft führt zu Verpflichtungen, die einzuhalten sind. Dennoch sind die Gesetze und Kodizes nicht ausreichend: Ein Gesetz muss nicht mit ethischen Prinzipien übereinstimmen (ein wesentlicher Unterschied zu Homann), da keine Organisation und kein Staat für sich Perfektion in Anspruch nehmen kann. Es sind daher weitere Tests notwendig.
  b. *Individual conscience:* Die dritte Überprüfung stellt die Frage, ob das Gewissen oder die Werte von Menschen verletzt werden. Natürlich unterscheiden sich die Werte und das Gewissen, aber jeder Mensch hat ein Gewissen und agiert nach bestimmten Werten. Dies ist nur möglich, wenn es in der Organisation einen ethischen Diskurs gibt und wenn die Mitarbeiterinnen und Mitarbeiter den Mut aufbringen, Themen anzusprechen, wenn ein moralisches Problem auftaucht. Dies ist nur möglich, wenn es ein Klima gibt, in dem respekt- und vertrauensvoll miteinander umgegangen wird.
  c. *Golden rule:* Die simple vierte Frage, die gestellt wird, lautet: Sollte das auch dir geschehen? Es geht also darum, abzufragen, ob die am Diskurs Beteiligten auch die möglichen Konsequenzen einer Handlung an sich selbst gutheißen würden.
  d. *Publicity:* Die fünfte Testfrage lautet: Was würde geschehen, wenn es veröffentlicht würde? Was würde also passieren, wenn eine Handlung bekannt würde und in die Medien käme. Dabei wird unterstellt, dass die Öffentlichkeit über eine moralische Urteilsfähigkeit verfügt und dass die Angst oder Scham vor der öffentlichen Meinung unmoralische Handlungen aufdeckt. Dieser Test gibt keine Sicherheit, weil sich natürlich auch die Öffentlichkeit bzw. die Medien irren können, aber es ist ein weiterer möglicher Test.
  e. *Harm:* Der sechste Test stellt die wesentliche Frage, ob jemand durch die Handlungen einen Schaden erleiden könnte. Der Schaden müsste definiert werden und es müsste sich um einen seriösen und unverantwortlichen Schaden handeln. Um darüber Sicherheit zu erhalten, müssen Diskussionen geführt werden, indem alle potenziell Betroffenen eingebunden werden.
2. *Strategize:* Wenn die Diskussion zum Ergebnis geführt hat, dass ein moralisches Problem vorliegt, so ist der zweite Schritt zu setzen. Wenn die

obigen Testfragen dazu geführt haben, dass eine Person ein moralisches Problem erkennt, dann sind die nächsten Schritte mit Sorgfalt und Besonnenheit zu setzen. Niemand soll verletzt werden oder zu Unrecht beschuldigt, oder in seinen bzw. ihren Karriereplänen unüberlegt erschüttert werden. „After all, if ethics is about protecting from harm, we do not want to react in a way that harms careers and companies and communities – including our own career and the well-being of those who depend on us." (Gill 2012, 45) Einige Unternehmen bestehen darauf, dass ethische Fragen und Probleme sofort den Vorgesetzten, der Personalabteilung oder der Rechtsabteilung zur Kenntnis gebracht werden sollten. Gill (2012, 45) empfiehlt, wenn möglich zuerst mit anderen darüber zu diskutieren oder Betroffene anzusprechen, bevor die ganze Angelegenheit publik gemacht wird.

3. *Analyze:* Es gibt Unternehmen, in denen nach der Erkennung und Meldung des Problems bei der zuständigen Stelle die Angelegenheit für die aufdeckende Person abgeschlossen ist. Manchmal ist es jedoch notwendig, auch in die dritte Stufe einzusteigen. Dabei ist es notwendig, zuerst über die eigene Rolle und Verantwortlichkeit Klarheit zu erlangen. Es könnten schwierige Auseinandersetzungen auf die Person zukommen. Es ist deshalb notwendig zu wissen, wovon man spricht. Wesentlich ist es, Klarheit über den Fall zu erlangen. Fakten müssen gesammelt und Zeugen gefunden werden. Dabei soll auch klar werden, um welche entscheidenden Werte und Prinzipien es sich in diesen Konflikt handelt. Geht es um Sicherheit, Ehrlichkeit, Fairness oder andere Werte? Es ist notwendig, Klarheit über die möglichen Handlungen und ihren potenziellen Folgen zu erlangen.

4. *Resolve:* Im vierten Schritt geht es darum, das bestmögliche Ergebnis zu erreichen. Die Lösung soll den Testfragen in Punkt 1 nahekommen: Die Lösung muss legal und den Kodizes entsprechen, sie soll dem Gewissen entsprechen, es soll für andere akzeptabel sein, der öffentlichen Meinung standhalten, und niemandem Schaden zufügen.

Um fundierte ethische Entscheidungen treffen zu können, fasst Gill (2012, 40) in Verweis auf Trevino und Nelson (2004, 94–100) folgende acht Punkte zusammen, die bei ethischen Entscheidungen in Unternehmen berücksichtigt werden müssen:

1. Sammle und sortierte alle Fakten.
2. Beschreibe das ethische Problem und die Werte. Finde heraus, um welche ethischen Fragen und Konflikte es geht.
3. Identifiziere die betroffenen Parteien. Dazu gehört auch, sich mit Empathie in die Perspektiven der Betroffenen zu versetzen.

4. Beschreibe mögliche Folgen des Handelns. Hier geht es um einen teleologischen Blick auf die Situation und die möglichen Folgen einer zu setzenden Handlung.
5. Beschreibe die Verpflichtungen. Dieser Schritt berücksichtigt die deontologische Perspektive im Sinne Kants.
6. Bedenke und berücksichtige deinen eigenen Charakter und deine Integrität.
7. Denke kreativ in Bezug auf mögliche Handlungen. Oftmals geht die Kreativität verloren, wenn es um ethische Entscheidungen geht, aber sie ist für Lösungen entscheidend.
8. Beachte deine Intuition, deine Gefühle und dein Gewissen. Sie können ebenso einen Beitrag zur Problemlösung leisten.

Diese acht Punkte erinnern einerseits an jene, die bei der Durchführung der Diskursethik (siehe 4.1.3.1) eingehalten werden sollten, und andererseits an die moralische Entscheidungsfindung im Sinne der *Strukturganzheit einer Handlung* (Pöltner 2006) und entspricht daher dem Modell der doppelt integrativen Ethik. Ethik wird – wie bereits im vierten Kapitel erarbeitet wurde – nicht nur im Kontext von Dilemma-Situationen relevant, sondern ist Bestandteil des täglichen und damit auch des sozioökonomischen Handelns. Damit geht es um Tugend.

> „Tugend ist das Ideal der (Selbst-)Erziehung zu einer menschlich vortrefflichen Persönlichkeit. […] Tugend ist eine durch fortgesetzte Übung erworbene Lebenshaltung: die Disposition (Charakter) der emotionalen und kognitiven Fähigkeiten und Kräfte, das sittlich Gute zu verfolgen, so dass es weder aus Zufall noch aus Gewohnheit oder sozialem Zwang, sondern aus Freiheit gleichwohl mit einer gewissen Notwendigkeit, nämlich aus dem Können und der (Ich-)Stärke einer sittlich gebildeten Persönlichkeit heraus geschieht. Tugend haben bedeutet, Spielball weder seiner Triebkräfte, der naturwüchsigen Bedürfnisse und Leidenschaften (Laster), noch der sozialen Rollenerwartungen zu sein, sich vielmehr in ein kritisches Verhältnis zu ihnen gestellt und die natürlichen und sozialen Antriebskräfte so entfaltet zu haben, dass man jene Zwecke sich spontan setzt sowie zielstrebig und überlegt verfolgt, die untereinander und mit denen der Mitmenschen im Einklang stehen können." (Höffe 2008, 317)

Es geht hier also darum, ein Leben zu führen, das – wie im vierten Kapitel erarbeitet – im Sinne der integrativen Ethik Rücksicht auf die eigenen und die Bedürfnis der anderen nimmt. Es ist damit ein verantwortungsbewusstes Leben, das versucht, die Selbstverwirklichung, den Sinn und die eigene Freude zu erkennen. (Vgl. Höffe 2008, 318) Das übersteigt die rein ökonomische Rationalität und geht über in eine strukturelle Rationalität, die aus einem Wunsch auf Basis von vernünftigen Begründungen einen Willen ausformt. Das erinnert an Platon, der Seelenkräfte unterschied (vgl. Höffe 2010, 21): das

Begehren (den Wunsch), die Tatkraft (den Willen) und die Vernunft. Mit diesen drei Kräften hat Platon drei Tugenden verbunden: Mit dem Wunsch die Besonnenheit, mit dem Willen die Tapferkeit und mit der Vernunft die Einsicht und Weisheit. Damit diese drei Tugenden in rechter Ordnung Anwendung finden, ist noch eine weitere Tugend notwendig: die Gerechtigkeit. Die Bedeutung der Mäßigung (Besonnenheit) wurde im Kontext der Wirtschaftsethik Homanns angesprochen. In einer Ökonomik des gegenseitigen Vorteils, die keine Knappheit kennt und in der *alle* Anspruch auf Wirtschaftswachstum haben, ist für Mäßigung kein Platz. Die Bedeutung der Tapferkeit und der Zivilcourage finden keinen Platz, wenn Regelgehorsam verlangt wird. Wirtschaftsbürgertum und menschliche Autonomie benötigen jedoch Zivilcourage. Gerechtigkeit ist die Grundlage in Adam Smiths *Theory of Moral Sentiments*, in der neoklassischen Ökonomik steht die Effizienz im Mittelpunkt. Die Frage der Gerechtigkeit – auch dies wurde im vierten Kapitel erarbeitet – ergibt sich aus der Frage der Knappheit der Güter. Dennoch ist Gerechtigkeit auch in einer Welt ohne Knappheit ein Thema. Der Mensch hat auch ein Bedürfnis nach menschlicher Beziehung. Auch hier ist die Frage der Gerechtigkeit zu stellen, sowohl in der Konkurrenz als auch in der Kooperation. Gerechtigkeit nimmt als *geschuldete Sozialmoral* einen wesentlichen Platz im Zusammenleben ein. (Vgl. Höffe 2010, 26–28)

> „Mit der Gerechtigkeit wird der Bereich des Sozialen einer Idee des uneingeschränkten Guten unterworfen. So wichtig technische, funktionale und noch mehr pragmatische Verbindlichkeiten, etwa die innere und äußere Sicherheit und das wirtschaftliche Wohlergehen, sind – sie können im Dienst organisierten Bandentums und offensichtlicher Unrechtsstaaten stehen oder aber rechtliche Privilegien und Diskriminierungen enthalten." (Höffe 2010, 29)

Die *geschuldete Sozialmoral* fordert die Rechtspflichten und die Rechtsmoral ein. Sie verweist auf Individual- und Institutionenethik. Gerechtigkeit ist damit eine geschuldete Moral im Hinblick auf institutionelle Gerechtigkeit, aber auch eine Tugend. (Vgl. Höffe 2010, 29–31) „Die verbreitete Annahme, moderne Gesellschaften könnten auf die personale Gerechtigkeit verzichten, ist jedoch falsch." (Höffe 2010, 31) Nur die Tugend der Gerechtigkeit kann dafür sorgen, dass regulative Institutionen erfüllt werden. Sie ist auch die Voraussetzung dafür, Ungerechtigkeiten zu erkennen und dagegen Maßnahmen zu ergreifen. Der *Corpus Juris Civilis* des oströmischen Kaisers Justinian (um 482–565), die Grundlage des Römischen Rechts, fasst die rechtlichen Forderungen auf drei Grundsätze zusammen: „ehrenhaft leben, den anderen nicht verletzen, jedem das Seine gewähren" (Höffe 2010, 49). Gerechtigkeit hängt mit den Menschenrechten zusammen: Gerechtigkeit ist die Achtung der Würde der anderen und der eigenen Würde. Gerechtigkeit als Tugend bedeutet, gerecht zu handeln, weil es gerecht ist und nicht um damit andere Zwecke zu verfolgen. (Vgl. Höffe 2008, 97)

Gerechtigkeit, Zivilcourage, Mäßigung und Klugheit beschreiben vier der sieben Kardinaltugenden. Der Verweis auf Tugenden gewinnt in der ethischen Diskussion wieder an Bedeutung, weil die Person selbst damit wieder in den Mittelpunkt rückt. Dabei geht es nicht nur um die moralphilosophische Urteilsbildung, sondern auch um die Berücksichtigung der Interessen der handelnden Personen. Sie ermöglichen also eine Umsetzung der doppelt integrativen Ethik. Didaktisch bedeutet dies, dass nicht (ausschließlich oder vor allem) Dilemma-Situationen fokussiert werden und die abstrakte Auseinandersetzung im Mittelpunkt steht, sondern vielmehr der Mensch in der konkreten Situation. So kann jede berufliche und außerberufliche Situation zu einer moralisch-ethischen Bewährung werden. Die konkrete Umsetzung eines solchen Zugangs wäre darin zu finden, wenn Lernende konkret in soziale Projekte gestellt werden, in denen sie sich tatsächlich bewähren müssen. Dazu kommt die Reflexion, um sich über die Erfahrungen austauschen zu können. Aber auch der tägliche soziale Kontext, egal ob Familie, Arbeitsplatz, Schule oder Hochschule, eröffnet die Möglichkeit, sich in moralisch-ethisch relevanten Settings wiederzufinden. Moral und Ethik werden damit nicht auf Methoden zur Lösung unlösbarer Probleme reduziert.

Abschließend kann zur Ethik unter dem wirtschaftspädagogischen Aspekt zusammengefasst werden: Wer die Freiheit in den Bedingungen und die Ethik in Dilemma-Situationen sucht, sucht an den falschen Orten. Die Argumentation mit Sachzwängen und die Reduktion auf Dilemmata grenzen das ökonomische Denken und Handel ein und ermöglichen nicht den weiten Blick, denn eine reflexive Wirtschaftspädagogik fordert.

6.4 Politische Bildung und wirtschafts(unions)bürgerliche Tugenden

In einer Demokratie hat die politische Bildung die Aufgabe, „demokratisches Denken und Handeln sowie Partizipation zu fördern" (Köck, Lacheiner & Tafner 2013, 13). Ein nicht unwesentlicher Teil der politischen Aufgaben bezieht sich direkt und indirekt auf die Ökonomie. In der Politik geht es um die wesentliche Aufgabe, wie Rahmenbedingungen des Wirtschaftens gestaltet werden und wie – damit einhergehend – das soziale Zusammenleben gestaltet wird. Politische Bildung hat die Aufgabe, die politische Freiheit sicherzustellen und die Teilnahme am öffentlichen Leben zu fördern (vgl. Sander 2008, 9) „Politische Bildung ist damit unverzichtbarer Bestandteil einer demokratischen Kultur – aber sie ist nicht die Instanz, die den Lernenden zu sagen hätte, wie sie politisch denken und auf welche Weise sie ihre politische Freiheit leben sollen." (Sander 2008, 9) Basis jeder politischen Bildung sind die Grundlagen, wie sie im *Beutelsbacher Konsens* in Deutschland und im *Grundsatzerlass zur Politischen Bildung* in Österreich zum Ausdruck kommen (vgl. Wehling 1977, 179–180; bm:ukk 1994b). Politische Bildung hat vor allem die Aufgabe, den Menschen im Finden seiner eigenen Rolle zu unterstützen. Sich nicht zu engagieren ist genauso legitim, wie sich zu engagieren. Unverzichtbar ist jedoch, die politische demokratische Ordnung auch im Falle der Nicht-Partizipation zu respektieren. (Vgl. Köck, Lacheiner & Tafner 2013, 14) Aufgabe der politischen Bildung ist aber die Befähigung zur politischen Partizipation (vgl. Sander 2008, 9). Zur Partizipation gehört neben Wissen auch Motivation. Partizipation basiert auf normativen Voraussetzungen (vgl. Massing 2012, 260–261): Es wird davon ausgegangen, dass der Mensch fähig ist, selbstverantwortlich zu handeln und sich in die Öffentlichkeit einzubringen. Es wird davon ausgegangen, dass der Mensch seine Gründe gut gerechtfertigt einbringen kann. Gleichzeitig wird auch unterstellt, dass der Mensch bereit ist, sich mit anderen auseinanderzusetzen und zu verhandeln. Schließlich ist er auch fähig zu entscheiden.

Damit ist das Ziel der sozioökonomischen Erziehung die mündige Wirtschaftsbürgerin und der mündige Wirtschaftsbürger, die über eine politische Teilhabekompetenz verfügen (vgl. Seeber 2009, 6–6). Die Partizipation der Bürgerinnen und Bürger ist wichtig – sie sind ja schließlich der Souverän. Im Mittelpunkt der Politik steht der Staat, der sich weltweit vor allem als demokratischer Nationalstaat ausgeprägt hat. Das Modell des völlig souveränen Nationalstaates gibt es innerhalb der Europäischen Union nicht mehr. Dafür hat sich eine *multi-level-governance* herauskristallisiert. (Vgl. Sander 2009, 48–49) Im fünften Kapitel wurde gezeigt, dass die Idee der Europäischen Union jedoch nicht in den Köpfen der Menschen angekommen ist und dass die kulturell-kognitiven Institutionen des Nationalstaates nach wie vor eine große Wirkung ausüben. Um ein besseres Verständnis für die Wirkungsweise von politischen Mehrebenensystemen zu erhalten, ist eine Dekonstruktion jener Institutionen notwendig, die den Nationalstaat tragen. Neben den regulativen sind dies ebenso die kulturell-kognitiven, die jedoch normativ missverstanden werden können. Der moderne, demokratische Staat trägt Verantwortung nicht für sich selbst, sondern für seine Bürgerinnen und Bürger. Das ist der Bezugspunkt *nach unten*. *Nach oben* geht es um die Verantwortung anderer Staaten und anderen Bevölkerungen gegenüber. Wie der Staat innerhalb seines Territoriums subsidiär – Gemeinde, Bundesländer und Bundesstaat – aufgebaut sein kann, so ist eine Subsidiarität *nach oben*, also über den Nationalstaat hinaus, ebenso vorstellbar. Damit diese Subsidiarität *nach oben* Tragfähigkeit hat, braucht sie eine eigene Wertebasis, die über das Abgleichen von einzelnen nationalen Interessen hinausgeht. (Vgl. Neuhold 2013, 127) Subsidiarität ist daher lebbar, wenn auf der jeweils übergeordneten Ebene nicht das distributiv Alle, sondern das kollektiv Alle verfolgt wird und damit Kooperation stattfinden kann. Die Europäische Union ist keine Utopie, sondern konkretes Faktum. Wirtschaftsbürgerliches Denken und Handeln wird damit um eine Ebene erweitert. Aus der nationalen Staatsbürgerschaft ergibt sich ebenso die Unionsbürgerschaft. Das nationale kann jedoch das supranationale Denken verunmöglichen. Der Umgang mit Trans- und Interkulturalität wird damit zu einer wesentlichen Herausforderung einer wirtschafts(unions)bürgerlichen Erziehung. Basis der innerstaatlichen und zwischenstaatlichen Kooperation sind die Menschenrechte. Die moralisch-ethische Dimension der Menschenrechte wurde ausführlich im vierten Kapitel und ihre Entstehung im fünften Kapitel diskutiert. Die Bedeutung der Menschenrechte als institutionen- und individualethische Grundlage ist in den Blick zu nehmen, um eine Grundlage für die Ethik – auch und insbesondere im Kontext der wirtschaftlichen Moralerziehung – zu erarbeiten. Das Zusammenwirken von *Pistis* und *Logos* als zwei wesentliche Leitkodierungen Europas ermöglichten die Entstehung der Menschenrechte. Damit sie gelebt werden können, ist Toleranz notwendig. Neben der Toleranz kommen insbesondere die Zivilcourage die Mäßigung und die Solidarität in den Blick, wenn es um (unions)bürgerliche Tugenden geht, wie im Folgenden ausgeführt wird.

6.4.1 Kulturelle Kompetenz: Toleranz als (unions)bürgerliche Tugend

Auf die Bedeutung der Interkulturalität für die Wirtschaftspädagogik hat bereits Weber (1997, 36) aufmerksam gemacht:

> „Unter interkultureller ökonomischer Handlungskompetenz soll die Kompetenz verstanden werden, die soziokulturelle Entwicklung fremder Kulturen mit dem Ziel zu durchdringen, fremde Orientierungssysteme der Wahrnehmung, des Denkens, Fühlens und Handelns zu verstehen und – durch eine Synthese mit dem eigenkulturellen Orientierungssystem – Denk- und Handlungsperspektiven in interkulturellen Kontexten zu gewinnen."

Das ist ein hoher Anspruch, der nicht einfach zu erreichen ist. Sowohl die hermeneutische als auch die qualitativ-empirische Untersuchungen zeigen, dass die kosmopolitische Haltung anderen Kulturen und Nationen gegenüber keinesfalls selbstverständlich ist. Die hermeneutische Untersuchung der regulativen Institutionen zeigt, dass aufgrund verschiedener nationaler regulativer Institutionen unterschiedliche Interpretationen möglich sind, die nicht nur kosmopolitisch sind (siehe 5.2.5). Der Zugang zeigt auf, dass die Wirtschaftspädagogik hier weit in die Kultur eintauchen und das Emotionale mit einbinden muss. Wie stark die interkulturelle – und transkulturelle – Kompetenz mit Supranationalität zusammenhängt, konnte am Beispiel der qualitativ-empirischen Forschung gezeigt werden, welche die Ausführungen von Habermas (2008, 93) über die Notwendigkeit der inneren kulturellen Öffnung der Nationalstaaten für ein besseres Miteinander der Staaten bestätigt (siehe 5.3.4). Folgen international tätige Unternehmen aus ökonomischen Gründen einem globalen Ansatz, so ist dieser globale Ansatz von den Wirtschaftsbürgerinnen und -bürgern nicht automatisch ebenso mit vollzogen. Schwinn

(2006) arbeitete heraus, dass die global gehandelten Waren ein Ausdruck der alltagsästhetischen Oberflächenkultur sind. Ihre Globalität erklärt sich mit ihrem nicht identitätsstiftenden Charakter. Anders sieht es daher mit Kognitivem und Normativem aus. Susanne Weber (1997, 36) spricht zurecht mit Kompetenz gerade diese beiden Ebenen an. Wer Supranationalität verstehen will, sollte sich mit der institutionellen Kraft des Nationalstaates auseinandersetzen und daher das Konstrukt Nationalität dekonstruieren. Dadurch kommen institutionelle, normative und kulturell-kognitive Institutionen in den Blick und damit Kognitives und Normatives. Die pädagogische Herausforderung liegt darin, die eigene Identität, die weit über das nationale Element hinausgeht, anzunehmen und dennoch jede Form des Ethnozentrismus abzulehnen. (Vgl. Bennett 2004a; 2004b; Tafner 2011a, 2012a, 2012b, 2013a, 2013b, Weber 1997). Die inter- und transkulturelle Kompetenz, die hier im Fokus steht, geht von einer kosmopolitischen Sicht aus, wie sie vor allem bereits in 5.3.4 diskutiert wurden: Dem Menschen kommen als Mensch Menschenrechte und Menschenwürde zu. Herkunft, Rasse, Religion oder Milieu machen dabei keinen Unterschied.

Wenn Menschen miteinander in Kontakt treten, können Konflikte entstehen. Missverständnisse, Konflikte und Probleme sind Bestandteil des menschlichen Miteinanders. „Wenn Menschen miteinander in Kontakt treten, prallen Welten aufeinander. Das ist schon innerhalb einer Kultur der Fall, weil jeder mit einem persönlichen mentalen System ausgestattet ist, was ihn zu einem einmaligen und einsamen Inselbewohner macht." (Kumbier & Schulz von Thun 2010, 9) Es gehört zur Bildung des Menschen, mit Kommunikation und Konflikten umzugehen, sowohl im beruflichen als auch im privaten Kontext. Missverständnisse sind Teil der Kommunikation und oftmals die Ursache für Konflikte (vgl. Watzlawick, Beavin Bavelas & Jackson, 1967; Kumbier & Schulz von Thun, 2010). Solche Konflikte können durch die Interpretation und Bewertung im Prozess der Kommunikation entstehen. Da der Mensch nach Watzlawick (vgl. Watzlawick, Beavin Bavelas & Jackson, 1967, 48–71) nicht nicht kommunizieren kann, wird jede Situation, in der sich Menschen begegnen, zur Kommunikation, auch wenn sie sich nicht explizit über Gesten oder Sprache miteinander austauschen. Jede menschliche Begegnung beinhaltet damit Konfliktpotenzial. In Rosenbergs (2003) *Nonviolent Communication* sind Bewertung und Urteil der Auslöser für Gewalt. Ohne Interpretation und Bewertung jedoch ist menschliches Kommunizieren nicht möglich. (Vgl. Tafner 2013a) Dies kann das Kommunikationsmodell von Steil, Summerfield und DeMare (1986) theoretisch erklären (siehe Abbildung 39).

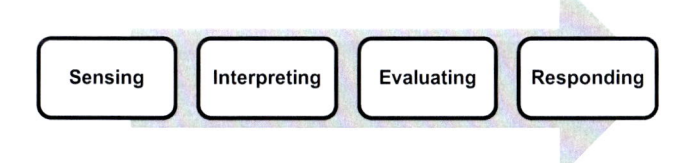

Abbildung 39: Das Kommunikationsmodell von Steil, Summerfield und DeMare
(1986)

Das Kommunikationsmodell[136] setzt bei der Wahrnehmung (*Sensing*) an. Bereits der Prozess der Wahrnehmung hängt von verschiedenen Faktoren ab. Manches wird gehört, anderes nicht; dieses wird gesehen, jenes nicht.[137] Danach erfolgt das Interpretieren (*Interpreting*) und die Bewertung (*Evaluating*) auf Basis des Wahrgenommenen. Das Interpretieren und Bewerten hängt von der eigenen Personalisation, Sozialisation und Enkulturation ab. In diesem Prozess der Interpretation und Bewertung kommen individuelle und kollektive Werte (Joas 2011), Institutionen (Scott 2001, Joas 2011) und unsere Alltagspraktiken (Joas 2001) zum Tragen, um am Ende des Prozesses eine Reaktion (*Responding*) zu geben. Der entscheidende Filter in der Interpretation und Bewertung ist die eigene Identität, die eben durch Personalisation, Sozialisation und Enkulturation entsteht. Damit hängt die Reaktion von der Lebenswelt – also von Kultur, Gesellschaft und Personen –, den eigenen Kompetenzen, der Offenheit und der Interpretation der Situation ab. (Vgl. Slepcevic-Zach & Tafner 2011, 177–179; Tafner 2013a, 376–377) In einer sehr einfachen Definition ist Identität

> „the way of life of a group of people. In other words – how they live their lives. […] the word 'identity' relates to how we think about ourselves as people, how we think about other people around us, and what we think others think of us. 'Identity' means being able to 'fix' or 'figure out who we are as people." (Kidd 2002, 5 u. 7)

Am Beispiel des Kopftuches kann dies gut gezeigt werden. Das Tragen oder Nicht-Tragen des Kopftuches ist ein Ausdruck der eigenen Identität und der eigenen Sinnzuschreibung auf Basis individueller und kultureller Erfahrungen und deren Interpretationen.

> „The scarf can be a personal expression and part of the identity of the scarf wearing woman and her 'forum internum' protected by human rights. Wearing and even not wearing – it is communication between the Muslim sender and the Non-Muslim receiver. As the receivers do not know the sender's indented message, the receivers make use of their different attitudes towards the headscarf. This is a complex start-

---

[136] Auf Deutsch wird diese Theorie auch WIBR-Modell genannt. Es steht für *Wahrnehmen, Interpretieren, Bewerten* und *Reagieren*.
[137] Siehe dazu Bienengräber (2011) und 4.1.3.3.

ing point. The theory of communication also tells us, that misunderstandings are part of human communication and that feedbacks can prevent or minimize misunderstandings. Unfortunately, feedbacks are rarely part of the public discussion. And it is even worse: In Rosenberg's Nonviolent Communication, judgment and evaluation is the trigger of violence (Rosenberg 2003). However, in Steil's model of communication evaluation is a part of communication. As every behavior is communication and evaluation is a part of it, we are always in danger of violently communicating. And as communication is society (Habermas, 1981; Luhmann, 2000; 2004) our society tends to be in a state of constant tensions." (Tafner 2013a, 380–381)

Einerseits verfolgt die globale Kleidungsindustrie globale Strategien – im Sinne der Konvergenz der Alltagsästhetik –, andererseits kann Kleidung Ausdruck des Selbstkonzepts, der Selbstachtung und des Selbstwertgefühls sein (vgl. Ebner 2007, 42; Julia Weber 2007, 67–68). Dem Axiom der Kommunikation folgend, ist Kleidung nicht nur nützlich und funktional oder Ausdruck des eigenen Selbst, sondern auch eine Botschaft. Kleidung kann wahrgenommen, interpretiert und bewertet werden und zu einer bestimmten Reaktion führen.

„This response can match the motive of the message's sender, or it can be different. Women wearing headscarves attract attention in a society in which the majority does not do so. The headscarf is interpreted as a foreign code triggering specific connotations – evaluations could be prejudices because of cultural misunderstandings." (Tafner 2013a, 381)

Gibson beschreibt Kultur mit einem Eisbergmodell, weil nur das Sichtbare wahrgenommen werden kann und das Wesentliche oft verborgen bleibt (siehe folgende Abbildung 40).

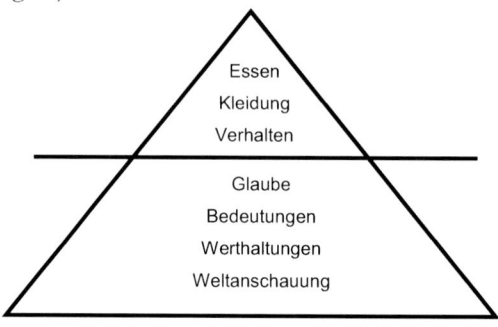

Abbildung 40: Eisbergmodell nach Gibson (2000)

„It can be seen as an iceberg with the tangible expressions culture and behavior above the water and the underlying attitudes, beliefs, values and meanings below the surface." (Gibson 2000, 16)

Hofstede (2011, 3) definiert Kultur als die mentale Software, die das Denken, Handeln und Fühlen beeinflusst. Dieses mentale Programm unterscheidet Gruppen voneinander. Eine Nation kann eine dieser Gruppen sein. Einerseits haben Nationen Einfluss auf die Bürgerinnen und Bürger und andererseits sind die heutigen Nationen nicht so homogen, wie sie einmal waren. (Vgl. Tafner 2013a, 381) „In research on cultural differences, nationality – the passport one holds – should therefore be used with care." (Hofstede, Hofstede & Minkov 2010, 21) Nichtsdestotrotz fokussieren Hofstedes Forschungsarbeiten die Kultur auf Basis von Nationalstaaten. In Hofstedes Forschungsarbeiten ist, wissend, dass Kultur grundsätzlich im Zusammenhang mit Gesellschaft und nicht mit der Nation steht, der Nationalstaat das Unterscheidungskriterium. Einerseits erzeugen Nationalstaaten Unterschiede, die eine Quelle für die mentalen Programme der Bürgerinnen und Bürger ist (siehe 5.3.2). Darüber hinaus sind statistische Daten von Nationalstaaten einfacher zu gewinnen als jene von Gesellschaften. (Vgl. Hofstede, Hofstede & Minkov 2010, 21) Anhand von fünf Dimensionen werden die Kulturen auf der Ebene von Nationalstaaten unterschieden:

1. Power Distance: Diese Dimension zeigt an, wie groß in einer Kultur der Unterschied zwischen den Hierarchien ist.
2. Uncertainty Avoidance: Sie gibt an, wie mit unsicherer Zukunft umgegangen wird.
3. Individualism versus Collectivism: Diese Dimension bezieht sich darauf, wie Individuen in primäre Gruppen integriert sind, insbesondere wie stark Individualismus ist.
4. Masculinity versus Feminity: Diese Dimension bezieht sich auf Beziehung von Männer und Frauen.
5. Long Term versus Short Term Orientation: Diese Dimension nimmt Bezug auf die Langzeitorientierung. (Vgl. Hofstede, Hofstede & Minkov 2010)

Ein solcher Zugang kann Kultur nur entlang von fünf Dimensionen beschreiben. Darüber hinaus zeigt ein statistischer Durchschnittswert nicht die Widersprüche, die sich innerhalb einer Nation durch verschiedene Kulturen auftun. Dadurch erscheint der Nationalstaat nach außen als eine homogene Gruppe. Dennoch zeigt dieser Zugang, dass Nationalstaaten im Durchschnitt doch unterschiedliche kulturelle Dimensionen ausprägen können. Welsch (2009) weist auf die Problematik hin, die sich daraus ergibt, dass Kultur normativ, ethnozentrisch und auf Nationalstaaten bezogen dargestellt wird.

Das Kopftuch hat im Allgemeinen nichts mit Nationalstaaten zu tun. Die Gründe, das Kopftuch in Europa zu tragen, können vielfältig sein: Religion, Tradition, Symbol gegen die westliche Konsum-Kultur oder als politisches

Symbol. Auch in der inner-muslimischen Diskussion ist das Kopftuch ein Thema. Der Studie von Jessen und Wilamowitz-Moellendorf (2006) folgend, die sich vor allem an höher gebildeten Frauen ausrichtet, tragen 97% der Frauen das Kopftuch aus religiösen Gründen und sie sind nicht gezwungen, es zu tragen. Heine (2007, 271–318) macht jedoch darauf aufmerksam, dass die Gründe zeit-, milieu- und regionsabhängig sind. Er bringt ein, dass viele junge Musliminnen das Kopftuch nicht als religiöses oder politisches, sondern als säkulares Symbol ihrer kulturellen Identität verstehen, weil sie auch Kleidungsstücke, wie z.b. enge Jeans tragen, die nicht Scharia-konform seien. Pape (2005, 24) kann verschiedene Gründe für das Tragen ausmachen: Es gibt einerseits Frauen, die eine männerdominierte Gesellschaft akzeptieren, und andererseits welche, die es aufgrund eines starken femininen Selbstverständnisses und Selbstvertrauens tragen.

> „Wie aus den Forschungsergebnissen ersichtlich, entspricht die Reduzierung des Kopftuchs auf Fundamentalismus und weibliche Unterdrückung einer groben Vereinfachung, die der Komplexität der Realität nicht gerecht wird. Diese Feststellung soll die Gefahr, die von religiösem Fundamentalismus ausgeht, jedoch nicht verharmlosen. Dass der Kampf gegen den Fundamentalismus aber nicht durch ein Verbot des Kopftuchs gewonnen und auch weitere Ziele der verabschiedeten Gesetze[138] auf diesem Wege nicht erreicht werden können, bildet die zweite Grundlinie, an der meine Erkenntnisse festgemacht werden können. Kopftuch-Verbote werden sich meines Erachtens dabei eher als kontraproduktiv auswirken." (Pape 2005, 165)

Der Mensch ist nicht determiniert, auch nicht durch Kultur und Institutionen. Aber die Gesellschaft prägt das mentale Programm *mit*. Kultur ist also nur *ein* Einflussfaktor – wenn auch ein starker –, der Einfluss auf den Menschen hat. Unverständliches Verhalten des Gegenübers vorschnell als kulturell begründet abzutun, kann daher Konflikte erzeugen, vor allem dann, wenn der kulturelle Unterschied ethnozentristisch bzw. national-normativ interpretiert wird. Das folgende Modell macht darauf aufmerksam, dass jeder Mensch grundsätzlich Mensch ist und ihm daher Rechte zukommen. Menschen können sich aber auch dadurch voneinander unterscheiden, weil sie verschiedenen Gruppen zugehören. Schließlich unterscheiden sich Menschen auch deshalb voneinander, weil sie als Individuen einzigartig sind (siehe Abbildung 41).

---

[138] Angesprochen sind hier Landesgesetze in Deutschland, die aufgrund des Urteils des Bundesverfassungsgerichts in Karlsruhe in einigen deutschen Ländern erlassen wurden und das Tragen des Kopftuches für Lehrerinnen verbieten.

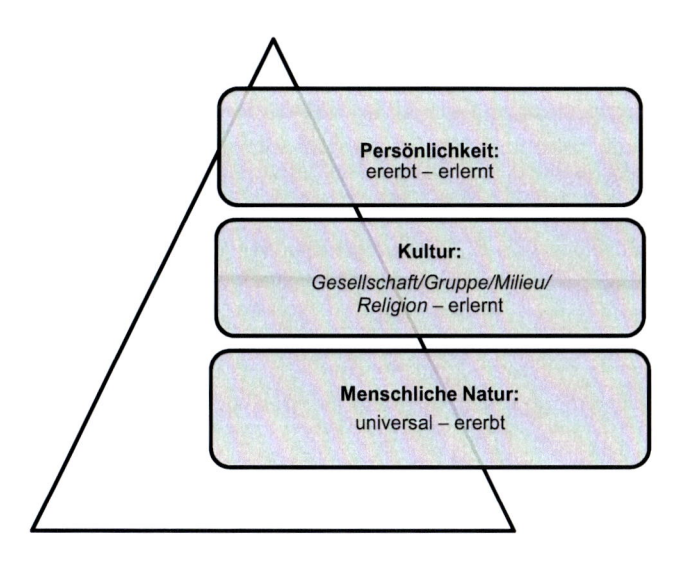

Abbildung 41: Drei Niveaus des mentalen Programmes
(vgl. Hofstede, Hofstede & Minkov 2010, 6)

Aus dem Modell in Abbildung 41 können vor allem zwei Punkte herausgelesen werden: Erstens unterscheiden sich Kulturen nicht vollständig voneinander. Überall leben Menschen. Sie haben grundsätzlich die gleichen Sorgen, Hoffnungen und Bedürfnisse. So wissen Menschen immer etwas voneinander. Zweitens kann Kultur nicht als etwas Determinierendes oder Allgemeingültiges verstanden werden, denn jeder Mensch ist einzigartig. (Vgl. Storti 2009, 276–277) „Cultural information is true in general, but you will never meet a general person and you will never be in a general situation." (Storti 2009, 277) Zuschreibungen werden im Allgemeinen viel zu schnell getan und Kultur normativ interpretiert und Bewertungen vorgenommen. Die Reaktionen fallen dann entsprechend aus. „Persönlichkeitsmerkmale von Einzelnen müssen nicht kulturell geprägt und kulturtypisch sein. Ebenso falsch wäre es, empirisch festgestellte Kulturstandards bei jedem einzelnen Individuum dieser Kultur in der gleichen Ausprägung zu vermuten; die Unterschiede innerhalb einer Kultur sind oft viel größer als zwischen den Kulturen." (Rez, Kraemer & Kobayashi-Weinsziehr 2010, 61) Dennoch werden kulturelle Zuschreibungen vorschnell vorgenommen. Menschen werden abwertend beurteilt, weil sie einer bestimmten vorgefassten Meinung von Kultur entsprechen. Die Zuschreibungen fallen dann negativ aus und die eigene Kultur wird positiver oder als überlegener wahrgenommen. Schulz von Thun und Kumbier (2010, 14–16) erklären dies theoretisch anhand des Wertequadrates. Sie gehen dabei davon aus, dass jeder Wert einen ebenso positiven Gegenwert (*Schwestertugend*) kennt, der dafür sorgt, dass ein Ausgleich hergestellt wird: Großzügigkeit braucht auch Sparsamkeit, Organisation auch Improvisation. Hofstede zeigt empirisch, dass Kollektivismus und Individualismus zwei Dimensionen sind, die sich kulturell – gemessen auf Basis der Nationalstaaten – unterscheiden. Im Wertequadrat bilden sie einen Wert und einen Gegenwert. Sie dürfen sich nicht ausschließen, sondern sollen sich gegenseitig ergänzen (siehe Abbildung 42). Wird nur einem Wert gefolgt, so kann dies eine negative Ausprägung ausformen und zu einem Extrem führen. Kollektivismus führt dann in den Totalitarismus und Individualismus zu Egozentrismus. In der Konfrontation kann nun die extreme Ausprägung der Schwesterntugend bewusst ins Spiel gebracht werden, um damit dem Gegenüber seinen unhaltbaren Standpunkt darzulegen. Wird so argumentiert, dann werden jene, die den Individualismus vertreten, den Kollektivismus als totalitär bezeichnen und als Totalitarismus ablehnen. Umgekehrt werden jene, die den Kollektivismus vertreten, den Individualismus angreifen und ihn mit dem Egozentrismus gleichsetzen. Die Abwertung erfolgt also durch die absolute Negativsetzung der entsprechenden *Schwestertugend*.

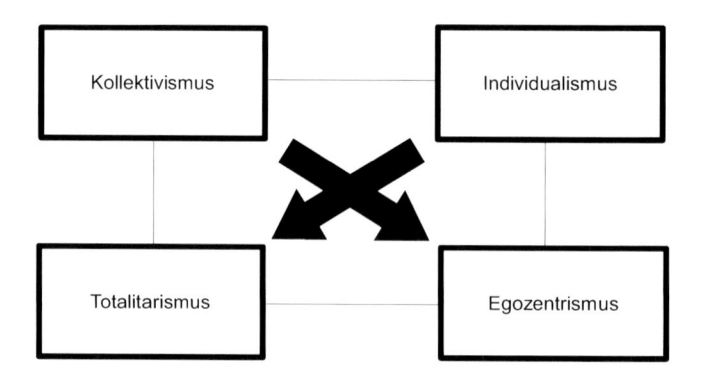

Abbildung 42: Wertequadrat (vgl. Schulz von Thun & Kumbier 2010, 9)

Interkulturelle Kompetenz bedeutet u.a., über die Möglichkeit der Missverständnisse Bescheid zu wissen. Kommunikation, die in eine abwertende Richtung läuft, kann im Wissen um das Wertequadrat leichter abgefangen und dem kann entgegengesteuert werden. Ein Ausstieg aus einer solchen Kommunikation ist möglich, wenn die negativen Konnotationen erkannt und im Kommunikationsprozess die Suche nach positiven Auswegen möglich wird. Im Modell bedeutet dies, sich den gegenüberliegenden positiven Wert zuzuwenden (gegen die Pfeilrichtung im Modell).

Liegt der Konflikt tatsächlich in unterschiedlichen Kulturen begründet, dann kann die Negativsetzung der Artikulation des anderen zu Ethnozentrismus führen. Bennett versucht in seinem Modell darzulegen, wie der Mensch seine interkulturelle Sensitivität entlang von sechs Stufen weiterentwickeln könnte. Grundsätzlich unterscheidet er zwischen einer ethnozentrischen und ethnorelativen Grundhaltung. Der Ethnozentrismus unterstellt, dass die eigene Kultur die einzig richtige und damit die bessere sei.

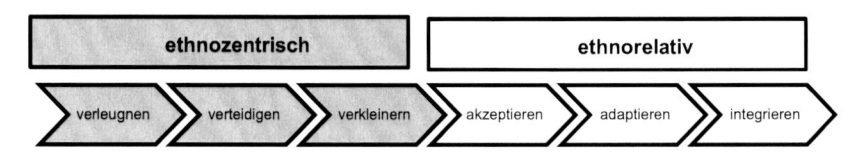

ethnozentrisch			ethnorelativ		
verleugnen	verteidigen	verkleinern	akzeptieren	adaptieren	integrieren

Abbildung 43: Development Model of Intercultural Sensitivity (vgl. Bennett 2004b)

Die extremste ethnozentrische Ausprägung ist jene der Verleugnung, in welcher der Kontakt mit anderen Kulturen vermieden wird. Es wird nur die eigene Kultur wahrgenommen. Personen, die sich auf dieser Ebene befinden, sind nicht an fremden Kulturen interessiert. Ein aggressives Verhalten fremden Kulturen gegenüber ist möglich. Verteidigt wird die eigene, weil sie als die richtige und somit bessere verstanden wird. Auf der Stufe der Verkleinerung werden zwar kulturelle Unterschiede wahrgenommen, aber als unbedeutend beurteilt. Die fremden Kulturen werden vereinfacht und verklärt. Auf der ersten Stufe der Ethnorelativität wird die fremde Kultur nicht mehr als eine Bedrohung empfunden. Es wird die eigene Weltsicht und die eigene Kultur als ein Konstrukt erkannt. So wie dies für die eigene Kultur gelte, sei dies auch für andere anzunehmen. Die eigene Weltanschauung wird damit zu einer unter vielen. Es kann eine respektvolle Haltung entstehen, die jedoch noch keine Zustimmung ist. Auf der Stufe der Adoption sind Kompetenzen vorhanden, die es erlauben, sich mit Menschen aus anderen Kulturen einzulassen. Andere Weltanschauungen werden integriert und der eigene Umgang mit dem Fremden reflektiert. Die letzte Stufe der Ethnorelativität wird erreicht, wenn der Mensch die Fähigkeit erlangt, Perspektiven zu wechseln. Dies sei eigentlich nur für jene möglich, die in mehreren Kulturen gelebt haben. (Vgl. Bennett 2004a; 2004b)

Erziehung, die sich der Kultur und ihren Unterschieden und Gemeinsamkeiten annimmt, könne sich nach Flechsig (2000) interkulturell oder transkulturell ausformen, wobei das Interkulturelle auf die Unterschiede und das Transkulturelle auf die Gemeinsamkeiten abzielt. Getragen muss diese Erziehung von der Überlegung sein, dass grundsätzlich alle Menschen gleich sind. Damit bekommt kulturelle Erziehung eine starke ethisch-moralische Dimension: Menschen müssen nicht gleich sein, um als gleich zu gelten. Konflikte und Schwierigkeiten können sich u.a. durch die kulturellen Unterschiedlichkeiten ergeben. Es gibt eine Vielzahl an unterschiedlichen interkulturellen Modellen (vgl. Spitzberg & Changnon 2009, 2–52). Die Fähigkeit, einen Perspektivenwechsel durchzuführen, sowie Empathie und Anpassungsfähigkeit finden sich in fast allen westlichen Modellen der interkulturellen Kompetenz (vgl. Deardorff 2009, 265). Deardorffs Modell (2009, 478–480) ist sehr anspruchsvoll: Kritisches Denken und positive Einstellungen sind Voraussetzungen für interkulturelle Kompetenz. Weiters sind Respekt, Offenheit und Neugierde sowie die Fähigkeit zum Perspektivenwechsel erforderlich. Abbildung 44 gibt das Modell vereinfacht wieder und zeigt, dass eine grundsätzliche positive Einstellung für den Aufbau interkultureller Kompetenz überhaupt Voraussetzung ist.

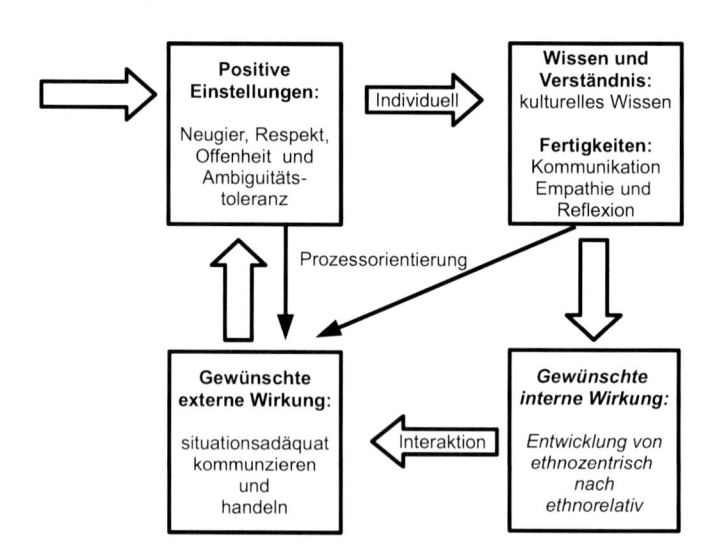

Abbildung 44: Prozess der Entwicklung der interkulturellen Kompetenz
(vgl. Deardorff 2009, 480)

Die Entwicklung interkultureller Kompetenz ist ein andauernder Prozess, der kritisches Denken und Reflexion erfordert. Entscheidend ist die Fähigkeit, einen Perspektivenwechsel mit Empathie vornehmen zu können. Deardorffs Kulturbegriff ist ein weiter und beinhaltet den historischen, politischen und sozialen Kontext. Interkulturelle Kompetenz bedeutet, sich fremden Menschen und Situationen mit dem Risiko des Unerwarteten auszusetzen und sich dabei den anderen respektvoll und wertschätzend zu nähern. Diese Fähigkeit wird als Ambiguitätstoleranz bezeichnet. (Vgl. Deardorff 2009, 479–480) In der Interaktion wird Kompetenz angewandt und als Performanz sichtbar.

Kommunikation läuft jedoch nicht immer konfliktfrei ab. Der Versuch, sich in den anderen hineinzuversetzen und dadurch einen Perspektivenwechsel vorzunehmen, kann helfen, Konflikte bereits im Vorhinein zu verunmöglichen oder zu entschärfen. Das ist nur möglich, wenn das eigene Denken, die eigene Weltanschauung und die religiöse Einstellung nicht absolut gesetzt werden. Dadurch bleibt das Reflektieren über das eigene und fremde Verhalten offen. Das allerdings sind sehr hohe Ansprüche. Schulz von Thun und Kumbier (2010, 12) machen darauf aufmerksam, dass nicht das Kennen aller kulturellen Unterschiede, Besonderheiten und Umgangsformen entscheidend seien, „sondern die Fähigkeit, mit kulturell bedingten Irritationen und Störungen reflexiv und selbstreflexiv fertig zu werden". Missverständnisse sind selbst innerhalb einer Kultur selbstverständlich für die Kommunikation. „In der interkulturellen Kommunikation kommt die Schwierigkeit hinzu, dass verschiedene Kulturen die vier Seiten [der Kommunikation nach Schulz von Thun, Anm. Autor] höchst unterschiedlich gestalten." (Schulz von Thun & Kombier 2010, 13)

Deutlich wird dies wiederum am Beispiel Kopftuch. Es wurden verschiedene Interpretation des Kopftuches von der Empfänger- und Empfängerinnenseite erarbeitet (siehe 5.3.4.5). Ebenso wurde in diesem Kapitel erörtert, dass das Kopftuch auf der Seite der Senderin verschiedenen Interpretationen zugrunde liegen kann. Wird nun davon ausgegangen, dass jede Botschaft auf der Sach-, Appell-, Selbstoffenbarungs- und Beziehungsebene gesendet und empfangen werden kann, dann ergibt sich eine Vielzahl von Kombinationsmöglichkeiten und der Interpretationsspielraum wird sehr groß, wie Abbildung 45 deutlich zeigt. So kann z.B. die Botschaft des Kopftuches von Seiten der Senderin auf der Ebene der Sache erfolgen, laizistisch jedoch beim Empfänger im Sinne einer Selbstkundgebung interpretiert werden.

Aus den erarbeiteten Modellen ergeben sich also 256 verschiedene Möglichkeiten (16²), wie eine Nachricht von der Senderin zum Empfänger bzw. zur Empfängerin laufen kann.[139] In den hier aufgearbeiteten Möglichkeiten zeigt sich also eine unglaubliche Vielfalt an Interpretationsmöglichkeiten – es wird offensichtlich, wie komplex die Wahrnehmung und Interpretation kultureller Symbole sein kann. Die Möglichkeit der Rückfrage, die Schulz von Thun anbietet, um Klarheit zu erlangen, eröffnet sich in dieser Frage kaum.

---

[139] Die Senderin hat im Modell vier Gründe, warum sie das Kopftuch trägt: religiös, politisch, traditionell, säkular modisch. Es wird davon ausgegangen, dass es nur *einen* Grund gibt. Jeder Grund wird zu einer Botschaft, die auf der Ebene des Sachverhalts, Appells, der Beziehung oder Selbstkundgebung erfolgen kann. So ergeben sich für jeden Grund wiederum vier Möglichkeiten, wie diese Botschaft gesendet wird. Es sind also in Summe 16 Möglichkeiten, die sich für die Senderin ergeben. *Eine* Möglichkeit kommt schließlich zur Anwendung. Das gleiche Prinzip wirkt auf der Seite des Empfängers bzw. der Empfängerin. Es wird auch dabei unterstellt, dass nur *eine* Botschaft von den 16 Möglichkeiten empfangen wird. Daraus ergeben sich auf beiden Seiten 16 Möglichkeiten und damit 256 verschiedene Kombinationsmöglichkeiten (16²).

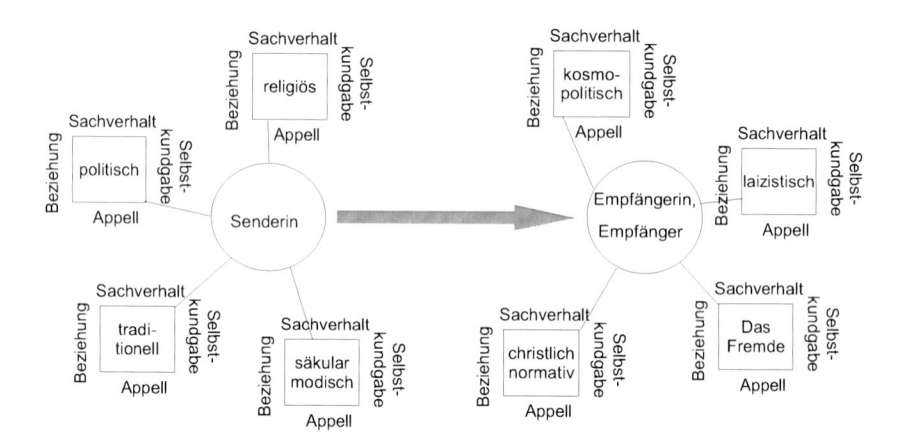

Abbildung 45: Interpretationsmöglichkeiten im Zusammenhang mit dem Kopftuch

Missverständnisse können sich zu einem Teufelskreis aufschaukeln. Es ist schwierig, diesen wieder zu verlassen. Es ist möglich, wenn Menschen sich von einem engen Verständnis von Kultur lösen. Kulturell-kognitive Institutionen sind sehr starke Institutionen, weil sie selbstverständlich sind und damit grundsätzlich das Leben erleichtern. Kultur ist also gewissermaßen hilfreich, effizient und großteils unsichtbar. Wenn fremde Codes und fremde Verhaltensweisen auftauchen, wird Kultur erkennbar und wahrnehmbar. Für Menschen, die, erstens, niemals oder kaum derartige Situationen wahrgenommen haben oder, zweitens, nie ihre eigene Kultur reflektiert haben, kann Desorientierung, Unsicherheit, Ablehnung, Angst, Aggression oder Hass die Reaktion sein. Es gibt Menschen, die können intuitiv oder aufgrund ihrer Erfahrung ohne Probleme mit solchen Situationen umgehen. Sie verfügen über inter- und transkulturelle Kompetenz. Andere wissen nicht, wie sie reagieren sollen. Manche sind frustriert und aggressiv. Für nicht wenige Menschen ist Kultur ein Fels in der stürmischen pluralistischen Brandung. Solche Reaktionen sind erklärbar, aber problematisch für eine friedliche pluralistische Koexistenz. (Vgl. Tafner 2013a, 384–387)

Ein Ziel der Pädagogik ist die Selbstkompetenz (vgl. Prandini 2001). Dazu gehört die Reflexion der Identität, d.h. eine Antwort auf die Fragen zu finden: *Wer bin ich? Wohin gehöre ich?* Transkulturelle Kompetenz zielt darauf ab, das Gemeinsame beim Anderen zu finden. Die interkulturelle Erziehung geht über das Gemeinsame und damit über das Ziel der Selbstkompetenz hinaus. (Vgl. Tafner 2013a, 384) Interkulturalität fokussiert die Differenzen und versucht, das Fremde zu verstehen. Transkulturalität zielt auf die Gemeinsamkeiten (vgl. Flechsig 2000).

„Knowing who you are and embracing your identity, interculturally competent people understand that this fact is also true for all other people. All other people do believe that their way of living is the right one, too. To be aware about this point is the first and may be the decisive step toward intercultural competence. The next step is the acceptance that culture is contingent. Bennett [...] states that culture is contingent, that culture could be different. But this does not mean that one's own identity must be denied: 'The ability to stand back with regards to one's own moral or religious convictions does not equate with denying them nor is it the same as adopting a relativist attitude. […] A capacity for reflection must not be confused with a radical criticism of traditional norms, not with an implicit desire to tear down the foundations on which identity is based.' (Milot 2007, 27)." (Tafner 2013a, 385)

Wer also interkulturell kompetent ist, nimmt seine eigene Identität an und steht zu ihr. Sie ist das Ergebnis aus Personalisation, Sozialisation und Enkulturation. Die interkulturell kompetente Person erkennt aber auch, dass Kultur kontingent ist und dass daher die eigene Identität unter anderen Umständen eine andere sein könnte. Das bedeutet im Weiteren, dass andere Kulturen ebenso als *wahr* oder *richtig* wie die eigene erkannt werden und dass diese deshalb weder besser noch schlechter sind. (Vgl. Tafner 2013a, 385) Kultur äußert sich in einer postmodernen, pluralistischen Gesellschaft auf drei Ebenen (vgl. Thomas Meyer 2002, 1–9; siehe 4.1.2): *ways of believing* (Ebene 1), *ways of living* (Ebene 2) und *ways of living together* (Ebene 3). Toleranz ist notwendig, damit die Kulturen auf den Ebenen 1 und 2 individuell unterschiedlich gelebt werden können. Diese Grundlage des Zusammenlebens muss von allen mitgetragen werden. Sie ist selbst eine kulturelle Errungenschaft und die Basis für das Zusammenleben in einer pluralistischen Gesellschaft. Auf Basis dieser Grundlage sind alle *ways of living* und *ways of believing* gesellschaftlich gleichwertig. Es müssen also nicht alle gleich sein, um gleichwertig zu sein. Unter diesen Voraussetzungen bedeutet interkulturelle Kompetenz, die eigene Weltanschauung zu relativieren und von der eigenen Sicht zurückzutreten, um zu erkennen, dass andere Perspektiven auch möglich sind. Aber dabei gleichzeitig auch zu wissen und überzeugt davon zu sein, dass der eigene *way of living* der eigenen Identität entspricht, die einzigartig ist. (Vgl. Tafner 2013, 385)

Das ist tatsächlich ein anspruchsvoller Zugang: Jeder Mensch versucht, das Leben zu verstehen, seine eigenen Weltanschauungen auszuformen. Das Leben ist der kontinuierliche Versuch, Bestätigung zu finden (vgl. Erlei 2007, 27–28). Interkulturelle Kompetenz erfordert gewissermaßen das Gegenteil: den eigenen Standpunkt zu relativieren, ihn einerseits als Ausdruck der eigenen Identität und andererseits als kontingent zu begreifen. Oder einfach gesagt: Toleranz ist der Schlüssel, um kulturelle Missverständnisse zu verlassen. Toleranz ist die Voraussetzung für Menschenrechte und damit die Basis des Europäisierungsprozesses. Sie ist sowohl eine regulative als auch normative Institution. Im rechtlichen Sinn ist Toleranz[140] das Ergebnis eines langen – auch blutigen – Kampfes um die Religionsfreiheit.[141] Toleranz kann in einem schwachen Sinn und in einem strengen Sinn verstanden werden:

„In its weak sense, it equates quite simply to 'tolerating', [...] the fact that others may live as they wish even though they may not share our values or belong to the same cultural or religious group. Understood as such, tolerance allows for a (let us say) passive social peacemaking process, but not necessarily respect for difference and the ability to discuss with those different from ourselves in the public arena. We can live in close proximity to and come into contact with others but without ever sharing anything with them. It is generally because the state 'imposes' tolerance of this kind on the basis of legal constraints." (Milot, 2007, 24–25)

Toleranz im strengen Sinn geht tiefer:

„It implies that we all may consider that our own convictions are true, good and valid for ourselves but that those of others are equally good and valid in their eyes and that it is not for us to pass judgment on their conception of what constitutes a 'good life'. This is a long and gradual learning process, particularly when it comes to religious convictions which are based on absolutes [...]. Children cannot learn tolerance in this strong sense unless they are exposed to points of views that differ from those they learn from their family or the religious group to which they belong." (Milot 2007, 25)

---

[140] „Das Wort ‚Toleranz' ist erst im 16. Jahrhundert, also im Zusammenhang der Konfessionsspaltung, aus dem Lateinischen und dem Französischen entlehnt worden. In diesem Entstehungskontext hat es zunächst die engere Bedeutung der Duldsamkeit gegenüber anderen religiösen Bekenntnissen angenommen. Im Laufe des 16. und 17. Jahrhunderts wird religiöse Toleranz zum Rechtsbegriff." (Habermas 2005, 258)

[141] „Einen ersten wesentlichen Schritt in diese Richtung setzte die Kirche, der Papst selbst. Die *päpstliche Revolution* war für die Entwicklung von Politik und Recht von entscheidender Bedeutung: Mit dem Ausgang des Investiturstreits war der Anfang der Trennung von Staat und Kirche eingeläutet. Dadurch verloren die Herrscher auch die religiöse Aura (vgl. Leipold 2006, 124–125). 1555 führte das *cuis regio, eius religio* dazu, dass den jeweils andersgläubigen Untertanen das Auswanderungsrecht zugestanden wurde (vgl. Liebmann 1986c, 339). Es gab keine einheitliche – katholische – Religion mehr im Westen Europas. Der Westfälische Friede 1648 ermöglichte es, dass jeder seine Religion selbst wählen konnte – die positive Religionsfreiheit war geboren und mit ihr der Beg
riff der Toleranz. Mit der Französischen Revolution und den Strömungen des 19. Jahrhunderts entstand die negative Religionsfreiheit, also das Recht, keine Religion auszuüben. Im 20. Jahrhundert wurde schließlich die Religionsfreiheit definiert und zuerst in den Allgemeinen Menschenrechten niedergeschrieben und schließlich in der Europäischen Menschenrechtskonvention aufgenommen: Positive und negative Religionsfreiheit waren nunmehr geschützt. Mit diesen Entwicklungen wurde das Recht über den Absolutheitsanspruch der Religionen gestellt. Die Religion integriert die Gesellschaft nicht mehr. Vielmehr gibt es in der pluralistischen Gesellschaft viele Weltanschauungen und Religionen. Sie alle bringen ihre Werte und Vorstellungen ein und werden so zu Wertelieferanten. Im demokratischen Verfahren werden aus Werten, die mehrheitsfähig sind, unter Wahrung von Minderheitsrechten Rechtsnormen." (Tafner 2010, 14–15)

Ein Bewusstsein für andere Kulturen und Religionen führt nicht notwendigerweise zu mehr Toleranz. Sogar das Gegenteil ist möglich: Unterschiede können erkannt werden und Intoleranz kann zunehmen. Nichtsdestotrotz ist das Wissen um unterschiedliche Kulturen notwendig. Das Ziel ist natürlich ein anderes: „The respect for others as having equal dignity." (Milot 2007, 25) Menschen müssen „a respectfull attitude towards others" lernen, „enabling them to be accepted in the way they are" (Milot 2007, 25). Toleranz ist nicht Relativismus, ist keine relative Haltung. Vielmehr bedarf es zumindest zweier Personen, die verschiedene Werte und Weltanschauungen vertreten. Toleranz ist nicht Indifferenz. Toleranz braucht die eigene Werthaltung, die eigene Weltanschauung. Starke persönliche Überzeugungen sind ihre Voraussetzungen. (Vgl. Tafner 2013a, 385–386)

Forst (2000, 119–123) legt ein Modell der Toleranz dar, das aus sechs Punkten besteht. *Erstens* steht Toleranz immer in einem *bestimmten Kontext*, indem es Tolerierende und Tolerierte gibt. Diese können Individuen, Gemeinschaften oder Staaten sein. *Zweitens* bedarf es einer *Ablehnungs-Komponente*, wenn tatsächlich von Toleranz gesprochen wird. Die Ablehnung muss auch entsprechend moralisch gehaltvoll sein. Bestimmte Praktiken oder Haltungen müssen als falsch oder schlecht erkannt werden. Ist dies nicht der Fall, dann wird von Indifferenz oder Bejahung gesprochen. *Drittens* gehört zur Ablehnungs-Komponente auch die *Akzeptanz-Komponente*. Die Bewertung der Praktiken und Haltungen führt zwar zu einer negativen Beurteilung, lässt aber einen Spielraum offen, der Toleranz ermöglicht. Sie werden also nicht als vollkommen falsch oder unrichtig bewertet. So ist es möglich, dass das als falsch oder unrichtig Erkannte dennoch toleriert wird. Aber es gibt, *viertens*, *Grenzen der Toleranz*, die dann erreicht werden, wenn es keinen Spielraum für die Akzeptanz des Falschen und Unrichtigen mehr gibt. Die Setzung dieser Grenze führt jedoch zu Intoleranz für alle Haltungen und Praktiken, die außerhalb dieser Grenze liegen. Deshalb müssen diese Grenzen gut begründet und dürfen nicht willkürlich gezogen werden. Das zeigt, *fünftens*, dass Toleranz nicht erzwungen sein darf – sonst wäre es ein Erdulden oder ein Ertragen –, sondern dass immer die *Möglichkeit der Ablehnung* gegeben sein muss. *Sechstens* kann Toleranz eine *Haltung* und eine *Praxis* von Individuen, Gemeinschaften oder Staaten sein. Toleranz kann eine rechtlich-politische Praxis innerhalb eines Staates sein, muss aber von der individuellen Tugend seiner Bürgerinnen und Bürger getragen sein.

> „Eine Analyse der Toleranz, die primär die politisch-strukturelle, praktische Ebene der Herstellung einer friedlichen Koexistenz kultureller Gruppen vor Augen hat […], bleibt nicht nur normativ unbestimmt hinsichtlich der Frage, welche Konzeption der Toleranz für eine Gesellschaft […] angemessen ist, in der umstritten ist, ob sie eher dem Bild des Nationalstaates oder der Einwanderungsgesellschaft entspricht. Sie dringt zudem nicht zu der entscheidenden Frage vor, welche Haltung,

welche Tugend der Toleranz es ist, die die Bürger einer solchen Gesellschaft legitimerweise voneinander erwarten können." (Forst 2000, 123)

Mit Forsts Modell wird wiederum deutlich, wie Institutionen- und Individualethik zusammenspielen, weil Regeln Tugenden bedürfen, die das Recht tragen. Toleranz wird in seiner individualethischen Dimension zu einer Voraussetzung für inter- und transkulturelle Kompetenz.

Kluckhohn and Murray (1953, 35) fassen zusammen: „Every man is, in certain respects, a) like all other men, b) like some other men, c) like no other man."

Interkulturelle und transkulturelle Kompetenz bedeutet also zu erkennen, dass alle Menschen gleich sind und *allen* Menschenrechte zukommen. Die gemeinsam geteilte Kultur kann ein Grund sein, warum bestimmte Menschen sich ähnlich sind. Diese Unterschiede dürfen nicht normativ oder ethnozentrisch missverstanden werden und können nicht mit dem Nationalen alleine begründet sein. Schließlich ist jeder Mensch einzigartig. Kategorisierungen und Schubladisierungen werden der Würde und Individualität des Menschen nicht gerecht. Globalisierung, Europäisierung, Pluralismus und Individualismus machen die Menschen ähnlicher und hybrider. Trans- und interkulturelle Kompetenz basieren auf kultureller Selbsterkenntnis, kulturellem Wissen, Kommunikationskompetenz und der Fähigkeit zur Reflexion des Eigenen und Fremden.

Globalisierung, Europäisierung und Individualisierung führen dazu, dass die Gesellschaften pluraler werden. Der Umgang mit Menschen unterschiedlicher Kulturen hat deshalb auch eine wesentliche Bedeutung für sozioökonomische Beziehungen. Trans- und interkulturelle Kompetenz sind deshalb wesentlicher Bestandteil einer wirtschaftlichen Erziehung (vgl. Weber 1997).

6.4.2 Problemlösungsplattform auf Basis von Subsidiarität und Solidarität

Der Begriff der Subsidiarität kommt aus der Staats- und Sozialethik, welche den Begriff aus der katholischen Soziallehre übernommen hatte, der aber bis auf Platon *(Politeia II)* zurückgeht. Der Mensch lebt in gesellschaftlichen Beziehungen, die, ausgehend von der Familie, dem Dorf oder der Stadt, der Gemeinde, dem Land, dem Staat, der supranationalen Organisation, bis hin zur Weltrepublik führen können. (Vgl. Höffe 2008, 302) „Das Prinzip der Selbstverantwortung gibt dem Individuum und der jeweils personennächsten öffentlichen Einheit, soweit diese die gestellte Aufgabe erfüllen können, Vorrang vor den übergeordneten Einheiten." (Geiger, Khan & Kotzur 2010, 34) Grundlage der Subsidiarität ist die Gerechtigkeit. Die Subsidiarität baut auf Gesellschaftsstufen auf: Keine Zuständigkeit soll höher angesetzt werden als notwendig und zuständig soll jene Einheit sein, die am meisten dem Individuum dient. Die Machtverteilung geht immer von unten nach oben. Sie geht vom Volk aus und führt zum Staat, weiter zu Europa und danach zur Weltrepublik. (Vgl. Höffe 2008, 302–303) Die Subsidiarität ist das *Architekturprinzip Europas*. Sie führt dazu, dass die „nationale Identität der Mitgliedstaaten gewahrt und ihre Befugnisse erhalten bleiben" (Geiger, Khan & Kotzur 2010, 34). In dieser Architektur ist also sowohl ein ethisches als auch ein nationales Element enthalten.

Neben der Subsidiarität ist die Solidarität ein wesentlicher Grundsatz der Europäischen Union (vgl. Art. 3 Abs. 3 EUV; Art. 67 und 222 Abs. 1 AEUV). Im Solidaritätsprinzip geht es um das Verhältnis der Mitgliedstaaten untereinander. Gegenüber der Union gilt der Grundsatz der Unionstreue, untereinander gilt der Grundsatz der Solidarität. „Es will Kooperation durch wechselseitige Rücksichtnahme, vor allem aber durch eine gleiche und damit gerechte Verteilung der Lasten ermöglichen." (Geiger, Khan & Kotzur 2010, 382) Die Solidarität ist mehr als ein Grundsatz und ist mit konkreten Handlungspflichten verbunden: Es geht um den Ausgleich der Finanzen und die Verantwortlichkeit unter den Mitgliedstaaten (vgl. Art. 80 AEUV). Zur Verantwortung zählt neben den Finanzen vor allem auch die Einhaltung des Europarechts, das sich auch aus der Unionstreue ergibt. „Stark vereinfacht formuliert ist das Solidaritätsprinzip die Antwort der in internationalen Organisationen förderalisierten Staatenwelt auf die Globalisierung. Nur gemeinsam, im Rahmen einer Internationalen Organisation, lässt sich im Zuge der Globalisierung verlorenes Handlungspotenzial der Staaten wiedergewinnen." (Calliess 2004a, 26) Es geht bei der Solidarität also um eine Wechselseitigkeit. „Wer aus Solidarität hilft, erbringt dagegen [im Gegensatz zur Menschenliebe, welche die Hilfe als ein Geschenk versteht] eine Leistung für eine Gegenleistung, von der er aber noch nicht weiß, ob sie je fällig sein wird." (Höffe 2010, 285) Calliess (2004a, 8) macht darauf aufmerksam, dass Solidarität „nicht einfach ein Geschäft auf Gegenseitigkeit" sei, sondern sie „beruht auf der Anerkennung von Gemeinsamkeit". Dies komme vor allem in der Bezeichnung der Europäischen Union als *Rechtsgemeinschaft* zum Ausdruck. „Dementsprechend liegt die besondere Leistung der Integration in der rechtlichen Verankerung der Verpflichtung auf gemeinsame Werte: Solidarität als Rechtsbegriff wirkt ganz anders als entsprechende ethische und politische Forderungen." (Calliess 2004a, 8) Solidarität in der Europäischen Union ist also ein institutionenethischer Begriff, der auch der individualethischen Unterstützung bedarf. Ziel der Solidarität ist letztlich das Gemeinwohl: Das Solidaritätsprinzip sei das Instrument, mit welchem „das nationale Gemeinwohl aller Mitgliedstaaten zum europäischen Gemeinwohl" zusammengeführt werde (Calliess 2004b, 33).

Supranationalität kann also nur subsidiär funktionieren, und dabei müssen sich die Nationalstaaten untereinander solidarisch verhalten und sich nach oben der Unionstreue – und damit auch ihren regulativ verankerten Werten – versichern. Dies richtet sich direkt an die Staaten, aber indirekt auch an die nationalen Bürgerinnen und Bürger sowie die Unionsbürgerinnen und -bürger. Damit diese Grundsätze auch tatsächlich als Institutionen ankern können, ist ein entsprechend moralisch-ethischer Unterbau vonnöten. Dies zeigen ganz deutlich die Ausführungen von Habermas (2011) über die Funktionsweise des *ordentlichen Gesetzgebungsverfahrens*, wo die doppelte Vertretung jedes Bürgers und jeder Bürgerin als Unionsbürger und Staatsbürger sowie Unionsbürgerin und Staatsbürgerin herausgestrichen wird. Das ordentliche Gesetzgebungsverfahren ist – wie im fünften Kapitel dargelegt – das wichtigste Rechtssetzungsverfahren der Europäischen Union. In diesem Verfahren muss sowohl das Europäische Parlament als Vertreter der Unionsbürgerinnen und Unionsbürger als auch der Rat als der Vertreter der Mitgliedstaaten und damit als Vertreter der Staatsbürgerinnen und Staatsbürger zustimmen, um eine Rechtssetzung zu ermöglichen (siehe Abbildung 46).

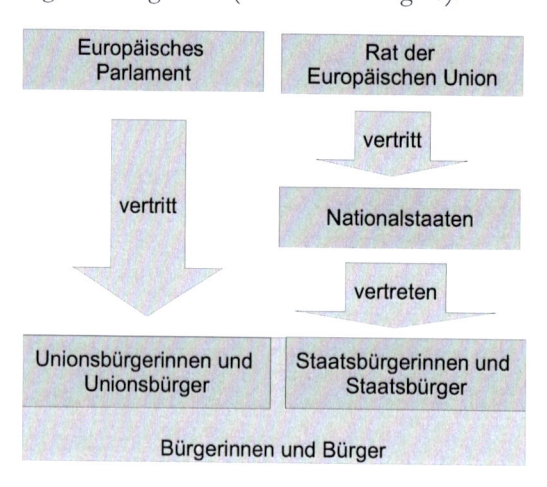

Abbildung 46: Das ordentliche Gesetzgebungsverfahren im Sinne von Habermas
(2011, 63)

Dieses Verfahren bringt die Idee der Supranationalität auf den Punkt. Die Staatsbürgerinnen und Staatsbürger der Mitgliedstaaten der Europäischen Union sind gleichzeitig Unionsbürgerinnen und -bürger. Sie werden entsprechend ihres staatsbürgerlichen oder supranationalen Status in den jeweiligen Organen vertreten. Es werden also sowohl nationale als auch supranationale Interessen und Ziele verfolgt. Die Bürgerinnen und Bürger sind dadurch im doppelten Sinn „an der Konstituierung des höherstufigen Gemeinwesens beteiligt, in ihrer Rolle als […] Unionsbürger und als Angehörige eines der Staatsvölker" (Habermas 2011, 67). Habermas weist nun gerade darauf hin, dass diese doppelte Ausprägung nicht nur für die Institutionalisierung selbst, sondern überhaupt für jeden Unionsbürger, der zugleich Staatsbürger und für jede Unionsbürgerin, die zugleich Unionsbürgerin ist, zutreffe (vgl. Habermas 2011, 63). Diese Gleichzeitigkeit legt die supranationale Herausforderung hinein in jeden einzelnen Bürger und in jede einzelne Bürgerin. Das äußerliche Ringen um gemeinsame Problemlösungen wird damit verinnerlicht und zu einer persönlichen Auseinandersetzung mit der Nationalität und der Supranationalität. Damit wird die Abstraktheit zur Konkretheit; der Situationsbezug wird nicht nur hergestellt, sondern auch verinnerlicht. Dieser Umstand muss didaktisch genutzt werden, indem dieser innere Konflikt bewusst gemacht wird. Zur Bewusstmachung dieser supranationalen Herausforderung ist noch ein weiterer didaktischer Schritt notwendig: Die Komplexität der europäischen Entscheidungsverfahren muss reduziert werden, damit die grundsätzliche Idee nicht durch detaillierte regulative Institutionalisierungen aus dem Blick gerät. Komplexitätsreduziert lässt sich die Europäische Union heute als eine physische und virtuelle *Problemlösungsplattform* darstellen, auf der versucht wird, europäische Wert-, Ziel- und Interessenkonflikte zu diskutieren und gemeinsam zu lösen. Wenn es ein Verdienst der europäischen Integration gibt, dann könnte wohl dieser Punkt ins Treffen geführt werden: Entscheidungen werden nicht auf Schlachtfeldern, sondern am grünen Tisch getroffen – über Nationalstaaten, Kulturen, Interessen und Weltanschauungen hinweg auf Basis gemeinsamen Rechts und gegenseitiger Toleranz. Auf der physischen *Problemlösungsplattform* bringen die Vertreterinnen und Vertreter der Mitgliedstaaten ihre Lösungsvorschläge und Standpunkte ein, die vorab auf Grundlage der eigenen demokratischen Prozesse abgeklärt wurden. Sowohl auf der nationalen als auch auf der supranationalen Ebene treffen verschiedene Kulturen, Weltanschauungen und Interessen aufeinander. Dadurch können Werte-, Interessen- und Zielkonflikte entstehen. In demokratischen Prozessen, die regulativ institutionalisiert sind, wird sowohl auf nationaler als auch auf supranationaler Ebene versucht, unter Knappheitsbedingungen Lösungen zu finden. (Vgl. Tafner 2009a, 122–124; 2010a, 37–40; 2010c, 123–124). In der didaktischen Reduktion bedeutet dies, dass zuerst das Prinzip der supranationalen *Problemlösungsplattform* erfahrbar gemacht wird und erst nach dem Erleben und Verstehen der Bedeutung einer solchen *Problemlösungsplattform* eine Einführung in das Typische und Besondere des formellen Europarechts erfolgt. Im Prinzip entspricht die supranationale physische *Problemlösungsplattform* der zweiten oder höheren Ebene eines mehrstufigen demokratischen Entscheidungsprozesses, wie er auch in anderen Settings zum Tragen kommt: Werden Entscheidungen zuerst in einer bestimmten Gruppe gefällt und diese Entscheidungen in ein darüberliegendes Entscheidungsgremium eingebracht, so ist dem Prinzip der Entscheidung in der Supranationalität bereits ein wesentlicher Schritt entgegengekommen worden. Solche subsidiären mehrstufigen Prozesse gibt es an Schulen, in Unternehmen, in den Gemeinden, in Landtagen oder auf nationaler Ebene. Die Teilhabe an solchen Prozessen erleichtert das Verständnis für den supranationalen mehrstufigen Entscheidungsprozess. In supranationalen Prozessen kommen die Besonderheiten der unterschiedlichen Nationalstaaten noch hinzu.

Die *virtuelle Problemlösungsplattform* formt sich in zwei Arten aus: Erstens kann die Auseinandersetzung mit Supranationalität einen inneren Prozess auslösen. Schulz von Thun (1999, 21–48) beschreibt im Modell des Inneren Teams, wie die innere Pluralität zu einer Lösung kommen kann. Ebenso verlangt die intensive Auseinandersetzung mit Themen der Supranationalität, sich über den eigenen nationalen und supranationalen Standpunkt im Klaren zu sein. Die Versammlung des Inneren Teams kann als *innere virtuelle Problemlösungsplattform* bezeichnet werden. Zweitens ist im Europäisierungsprozess auch eine *äußere virtuelle Problemlösungsplattform* zu erkennen. Nicht nur die politischen Vertreterinnen und Vertreter, sondern auch die der NGOs, der Kirchen, der Gewerkschaften und der Unternehmen sowie die Medien und die interessierten Bürgerinnen und Bürger bringen sich in den Prozess der Europäisierung ein. Risse (2010, 5 u. 125) weist darauf hin, dass trotz des Nichtvorhandenseins einer gemeinsamen Sprache und europaweiter Medien gemeinsame Kommunikation entstehen kann. Es formt sich keine europäische öffentliche Sphäre über die Nationalstaaten hinweg, sondern transnational aus. Europäische Öffentlichkeit entsteht, wenn die Menschen sich über kontroversielle europäische Themen austauschen. Öffentlichkeit im Sinne Habermas bedeutet immer eine offene Partizipation und die Herausforderung der öffentlichen Autoritäten. So kann festgestellt werden, dass sich europäische Themen und Muster der Auseinandersetzung in Europa gebildet haben. Themen, die Risse als transnationale Debatten identifizieren konnte, waren: die Erweiterung, die Zukunft Europas, der Verfassungsvertrag sowie der Politiker Haider und die Entwicklungen in Österreich. Dabei wurden immer wieder ähnliche Fragen wie *Who are we as Europeans?*, *What do we want?* oder *How should we treat each others as Europeans?* gestellt. In diesen Debatten konnten auch europäische Muster gefunden werden: „Despite all the controversies about Eastern enlargement, the future of Europe, and a European constitution, the dominant identity frames in these contexts concerned the EU as the heritage of enlightment and modernity based on human rights, the rule of law, and democracy." (Risse 2010, 168–169) Die Debatten konzentrierten sich darauf, was diese Punkte im Rahmen der jeweiligen Fragestellung bedeuteten. Wiederkehrende Themen und Muster politischer Diskurse, die europaweit auftauchen, lassen darauf schließen, dass eine europaweite kommunikative Öffentlichkeit im Entstehen ist. (Vgl. Risse 2010, 157–174)

Die Bedeutung für die wirtschaftliche Erziehung liegt im Erkennen der Bedeutung von Institutionen für sozioökonomische Phänomene sowie in der

Akzentuierung der Verantwortung der Wirtschaftsbürgerinnen und -bürger auf nationaler und supranationaler Ebene. Eine Ausweitung der Solidarität über die nationalen Grenzen hinaus setzt voraus, dass das *Janusgesicht* des Nationalstaates dekonstruiert, Toleranz im Sinne der Trans- und Interkulturalität möglich und die Supranationalität subsidiär verstanden wird. Diese Überlegungen können der Ausgangspunkt einer Didaktik sein, die versucht, dieses duale Konstrukt erlebbar und erfahrbar zu machen.

6.5 Fazit: Reflexive Wirtschaftspädagogik

Im Kapitel 5 wurde gezeigt, dass sowohl John Meyer (2005) als auch Vietta (2012) davon ausgehen, dass die Rationalität von Europa ausgehend die Weltkultur erobert hat. Beide sehen aber nicht die Verwirklichung einer reinen Rationalität. Meyer (2005) sieht die *Kultur der Rationalisierung* als eine Programmatik, die sich nach außen wendet und mehr Legitimation als Handlungsstruktur selbst ist. Bei Vietta (2012) enthält das *Imperium der Rationalität* die Irrationalität in Form der Übersteigerung der Quantität und der Abwertung der Aisthetik in sich. Eine neue Rationalität sei daher notwendig:

> „Die neue Rationalität muss *reflexiv* ihre eigene Grenzsituation erkennen. Es gibt keine ‚neuen Räume' und weiteren Ressourcen mehr, die sie entdecken und ausbeuten könnte, wenn sie die Erde eingenommen und erobert hat. Die neue reflexive Rationalität wird sich wieder stärker aisthetisch rückbinden müssen, das heißt, an die realen Lebensbedürfnisse des Menschen als sinnliches und emotionales Wesen angepasst." (Vietta 2012, 12)

Beide Ansätze – und das teilen sie mit der performativen Pädagogik – gehen von derselben Annahme aus: Der Mensch ist mehr als ein zweckrationales Wesen. Vietta tritt für eine *aithetische Anthropologie* und *Kultur* ein, welche die Sinne, die Emotionen und die Phantasie berücksichtigt. Das bedeutet keinesfalls, die Rationalität auszublenden. Vielmehr geht es um eine *reflexive und nachhaltige Rationalität*. Die Rationalität, von der Vietta und J. Meyer ausgehen, entstand durch die Abtrennung der Aisthetik von der Rationalität. Die Rationalität beansprucht daher ein Vorrecht. Humangenetisch betrachtet, stehe jedoch der Aisthetik ein Primat zu. Das Neugeborene nehme die Welt aisthetisch wahr. Das Saugen an der Brust folge einem lustvollen Bedürfnis und nicht einer rationalen Kalkulation. Auch die ersten räumlichen Orientierungen erfolgten über die Sinnesorgane. Mit Verweis auf Piaget (1974) weist Vietta (2012, 382) darauf hin, dass der Mensch zuerst sinnlich Objektbeziehungen herstelle. Als Anlage sei die Rationalität bereits vorhanden, als abstraktes System könne sie erst durch die sinnliche Weltwahrnehmung ausgeformt werden. Die sinnliche Auseinandersetzung erfolge in einem sozialen Kontext. Logisches Denken entwickle sich also aus dem Sinnlichen und dem Sozialen heraus. Dabei spielten die Muttersprache und das kulturgeschichtliche Umfeld eine wesentliche Rolle. Die Rationalisierung ziele auf das Abstrakte, Kalkulierbare und Quantitative. Die Frage, die sich Vietta stellt, lautet, ob der bereits sehr weit fortgeschrittene Prozess der Rationalisierung wieder stärker auf die primären Lebensgrundlagen verweisen werde können. Dies würde eine Rationalität bedeuten, die nicht ins Abstrakte, sondern ins Konkrete der aisthetischen Welterfahrung verweist. Das würde eine Umpolung der Kultur bedeuten: nicht die totale Abstraktion, sondern die Konkretisierung durch sinnliche Wahrnehmung. Die Aisthesis würde wieder an Bedeutung gewinnen und zu einer Rationalität mit mehr Reflexivität, Nachhaltigkeit und Selbstverantwortung führen. (Vgl. Vietta 2012, 383–391) Vietta (2012, 391) greift auf Herders religiöse Schriften zurück, in denen der „gemeinsame Grund von Religion, Poesie und Anthropologie" in der „Verwurzelung der menschlichen Seele und des Denkens in der Sinnlichkeit, d.h. in der Aisthesis" gefunden wird. Was der menschliche Geist erfassen will, muss sich der Geist gewissermaßen „verbildlichen, einbilden, anverwandeln". Ohne menschliche Einbildungskraft, ohne eine „ursprüngliche Poetik" könne der Mensch nicht begreifen. Poetik sei hier sehr weit zu verstehen, als eine geistige Aktivität des Menschen im Bereich der Aisthetik. Die Rationalität lehne dies ab. Doch stoße – so Vietta (2012, 393) – die Expansion der Rationalität an ihre Grenzen, sodass ein Umdenken notwendig sei: Nicht alles machen, was machbar sei. Auch die „Folgelasten der Leistungskraft der Rationalität und ihrer Eingriffe" seien zu berücksichtigen. Ohne Rationalität seien die Probleme von heute nicht lösbar. Aber diese Rationalität sei auch für die Nachhaltigkeit und die Ökologie zu verwenden.

> „Zur kritischen Reflexität der Rationalität wird in Zukunft mehr und mehr auch die *Rücknahme* ihrer Einseitigkeit gehören. Sinnvoll ist die Forderung nach Aufhebung der Kulturspaltung von Rationalität und dem sogenannten Irrationalen und ihre *Rückbindung* an die anthropologisch ältere Aisthetik. Letztlich ist das die Forderung nach dem ‚ganzen Menschen'." (Vietta 2012, 394)

Hier schließt sich der Kreis zu Abraham (1966), der davon ausging, dass es in der wirtschaftlichen Erziehung immer um den ganzen Menschen gehe. Jede wirtschaftliche Erziehung sei mehr als eine wirtschaftliche Erziehung. Als normative, ausdifferenzierende und ausdifferenzierte Wissenschaft trägt die Wirtschaftspädagogik hier Verantwortung:

> „Es geht um die Befreiung des Menschen selbst von den Zwängen und Engführungen einer verengten Rationalität, die den Reichtum des Lebens auf Geldmengen, Konsumberge und abstrakte Zeichenwelten reduziert hat und die sinnlich-emotionale Primärwelt der Dinge und ihrer Erfahrungen dabei vernachlässigt." (Vietta 2012, 394)

Wenn die Wirtschaftspädagogik, wie Zabeck für die Berufserziehung ausführt, „einen pluralistischen Ansatz zu entwickeln" hat, damit „der Mensch befähigt werden könne, innerhalb einer von neuen Bedingtheiten geprägten Welt sein Leben – unter Nutzung der eigenen Potenziale – in Freiheit zu führen" (Zabeck 2004, 6), dann kann eine echte Befreiung nur in einer *reflexiven Rationalität* liegen, „welche die wahren Lebensbedürfnisse des Menschen bedient und nicht eine abstrakte Gier nach Quantitätshäufung" (Vietta 2012, 395). Es geht um eine Kultur, die Sinne, Emotionen, Phantasie und Rationalität verbindet. „Das qualitative Maß [ist] der Mensch in seiner Ganzheit und nicht nur im Zwangskorsett seiner Rationalität." (Vietta 2012, 394) Damit werden Fragen der Gerechtigkeit Teil des ökonomischen Denkens, wird die ökonomische Rationalität zu einer *reflexiven sozioökonomischen Rationalität*, die sich individual- und institutionenethischen Fragen stellt. Es geht um eine kritisch-reflexive Auseinandersetzung mit dem Selbstinteresse, der *Kultur der Rationalisierung* und dem *Imperium der Rationalität*. Die Rationalität, von der in diesen Theorien ausgegangen wird, ist eine *Kultur der Zweckrationalität*. Es wurde mehrfach gezeigt, dass Rationalität mehr als Zweckrationalität ist. Aus dieser Kultur entstand der Funktionalismus. Dieser Funktionalismus dient nicht nur der Beschreibung von Sachverhalten, sondern wird selbst zur Norm. Es ist deshalb angebracht, von *Funktionalizismus* zu sprechen, also einer Kultur, die im Funktionalen das Erstrebenswerte zu erkennen meint und aus der Zweckrationalität stammt. Wirtschaft wird auf das Ökonomische selbst beschränkt und Ökonomik wird zur Norm. Der *Funktionalizismus* zielt darauf ab, Handlungen auf das ausschließlich Nützliche und Funktionale unter Ausblendung der kulturellen, sozialen und ethisch-moralischen Dimension zu reduzieren. Das führt zu einer *Nacktheit*, weil das Kulturelle, das über das Nützliche Hinausgehende eines Dinges, Prozesses oder einer Handlung nicht mehr in den Blick gerät. In dieser Betrachtung ist die wirtschaftliche Beziehung nur noch der Austausch von Leistung und Gegenleistung ohne Bezugnahme auf das Soziale, Ethisch-Moralische oder eben Kulturelle. Diese Ausblendung erfolgt aber nicht aus methodologischen Gründen zur Ermöglichung eines wissenschaftlichen Modells, sondern zur Vorstellung des wirtschaftlichen Handelns überhaupt. Wirtschaftliches Handeln wird unter der Legitimation des individuellen und kollektiven Selbstinteresses vollzogen. So wird das wirtschaftliche Handeln mit der Nutzen- und Gewinnmaximierung legitimiert, die das Effizienzkritierum ausschließlich als ein in Zahlen gegossenes Faktum meint ablesen zu können. So wird jede Produktion – egal welches Produkt unter welchen Produktionsbedingungen und für welche Befriedigung auch immer – als effizient produziert betrachtet, wenn der Gewinn des produzierenden Unternehmens positiv im Vergleich zu allen anderen Unternehmen, zur Vergangenheit des eigenen Unternehmens oder zu alternativen Investitionen – wiederum egal welchen – den Erwartungen entspricht oder diese übersteigt. Im *Funktionalizismus* kommen nicht mehr das Produkt und die Bedürfnisbefriedigung, der es eigentlich dient, und die Lösung der

Knappheitsfrage in den Blick, sondern die Funktion des maximalen – oder optimalen – Gewinnes, dem gegenüber sich die Selbstinteressen der Mitarbeiterinnen und Mitarbeiter, die eigentlich aus dem gleichen Geist einer Nutzenmaximierung ihre Arbeit anbieten müssten, jedoch regelkonform zu verhalten haben. Ein funktionalistischer Regelgehorsam hätte genau diesen Effekt.

Dem *Funktionalizismus* kann sich die Wirtschaftspädagogik schwer entziehen, weil sie gerade durch das Themenfeld Ökonomie und die Methoden der Ökonomik im Mittelpunkt dieser Entwicklung steht. Ein Entkommen aus den großen gesellschaftlichen und wissenschaftlichen Entwicklungen ist nicht möglich, weil die Wissenschaft selbst institutionalisiert und in die Gesellschaft eingebettet ist. Innerhalb des institutionalisierten Rahmens bleiben aber Freiheiten, welche die Wirtschaftspädagogik nutzen kann. Ziel ist eine wirtschaftliche Erziehung, die nicht nur das Zweckrationale und Funktionale in den Blick nimmt, sondern *reflexiv-kritisch* hinterfragt.

Oder anders gesagt: Die Herausforderung der Wirtschaftspädagogik liegt heute darin, dass die Wirtschaftspädagogik mit ihren Inhalten inmitten der *Kultur der Rationalisierung*, im *Imperium der Rationalität*, der *Kultur der Zweckrationalität* und des *Funktionalizismus* fest verankert ist, aber historisch und systematisch begründet sich gerade dadurch auszeichnet, dass sie auch das Soziale, Normative sowie Staats- und Suprastaatliche in den Blick nimmt. Die reflexive Wirtschaftspädagogik ist eine neue Akzentuierung, die ganz bewusst alle Dimensionen der Wirtschaftspädagogik *synchron* berücksichtigt und sich gegen eine ahistorische und eine vordergründig kulturvergessene Interpretation der Ökonomie wendet, die jedoch selbst der *Kultur der Zweckrationalität und dem Funktionalizismus* dient. Ökonomisches Denken und Handeln vollzieht sich in der Lebenswelt, in der Kultur, Gesellschaft und Personen ihre Wirkungen entfalten. Das bedeutet jedoch nicht, dass der Mensch als Gefangener der Kultur verstanden werden soll. Ebenso aber darf der Mensch nicht so verstanden werden, als handle er nicht nach verinnerlichten Werten und kulturellen Erwartungen. Weder ein Modell der Zweckrationalisierung noch ein Modell der kulturellen Programmierung greift, um das Handeln vollständig erklären zu können: Das Modell der *strukturellen Rationalität*, das den Freiraum der bedingten Freiheit nützt und ethisch-moralisch begründet Entscheidungen fällt, kommt dem Sozialen näher.

Ökonomische Entscheidungen sind keine einfachen. Auch sind sie nicht immer eindeutig, weil häufig Zielkonflikte vorherrschen. Der Umgang mit diesen Zielkonflikten ist auf individueller, organisationaler, staatlicher, suprastaatlicher und globaler Ebene eine Herausforderung. Das in 6.3 entworfene doppelt integrative Modell und die strukturelle Rationalität ermöglichen einen breiten Zugang, der weit über die rein ökonomische Vernunft hinausreicht:

„Eine gesellschaftspolitisch differenzierend und ausgleichend wirkende Bildung des allgemeinen Wirtschafts- und Gesellschaftsverständnisses darf sich nicht an einer eindimensionalen funktionalistischen und/oder gar an einer abstrakten und werturteilsfreien Gesellschafts- und Wirtschaftstheorie orientieren, sondern sie muss Politik, Wirtschaftspolitik und Unternehmensführung mit normativen Zielvorstellungen (wirtschaftsethischen Überlegungen) zu einer Ganzheit zusammenführen. Ihr Ziel muss es also sein, die ökonomische Rationalität mit einem normativen Denken zu verbinden, indem immer wieder gefragt wird, wie jedes wirtschaftliche Tun legitimiert (normativ begründet und gerechtfertigt) werden kann. Diese Legitimierung muss in der heutigen pluralistischen Gesellschaft durch Reflexion und Argumentation über alles wirtschaftliche Handeln (Diskursethik) gefunden werden." (Dubs 2009, 12)

Dubs (2009, 9–18; 2013, 13–25) führt aus, welche Bedeutung die Bildung des allgemeinen Wirtschafts- und Gesellschaftsverständnisses für die Wirtschaftspädagogik hat. Die Ziele einer solchen Bildung sind *erstens* das Vermitteln von volkswirtschaftlichen und betriebswirtschaftlichen Inhalten, welche die gesellschaftlichen, politischen und ökonomischen Zusammenhänge und Zielkonflikte erkennen lässt. Eine solche Bildung dürfe *zweitens* nicht indoktrinieren, sondern müsse Raum für eigenes Urteil belassen – das ist eine Absage an eine rein ökonomische Ethik. *Drittens* sollen sich die reflektierten Erkenntnisse im alltäglichen Denken und Handeln niederschlagen. *Viertens* soll erkannt werden, „dass eine demokratische Gesellschaft und eine freie Wirtschaft nur solange funktionstüchtig bleiben, als alle ihre Angehörigen sich im sachkompetenten Diskurs um nachhaltige Lösungen gesellschaftlicher und wirtschaftlicher Probleme bemühen" (Dubs 2009, 12; 2013, 18–19). Dubs (2009, 15; 2013, 22) erkennt die Bedeutung der Ethik für diese Form der Bildung und verweist dabei auf Beck, Brütting, Lüdecke-Plümer, Minnameier, Schirmer & Schmid (1996) und die Anwendung von Dilemma-Situationen zur Stärkung der ethischen Reflexionsfähigkeit. Es wurde in 4.4.3.4 und 6.3 ausgeführt, dass die ethische Auseinandersetzung wesentlich über die Dilemmata hinausgehen sollte und jede Organisation – im Kontext der Wirtschaftspädagogik also die Schule, der Betrieb, der Staat und die suprastaatliche Organisation – als alltäglicher ökonomischer und nicht-ökonomischre Erfahrungsort von Moral und Ethik dienen sollten. Dubs (2009, 16; 2013, 22) geht davon aus, „dass das allgemeine Wirtschafts- und Gesellschaftsverständnis […] nicht wertneutral erfolgen kann". Die Auseinandersetzung mit Wertfragen kann nicht von den ökonomischen Fragen abgetrennt werden. „Andernfalls erfüllt die Schule ihren erzieherischen Auftrag in einer pluralistischen, demokratischen Gesellschaft nicht." (Dubs 2009, 16; 2013, 22) Dieser erzieherische Auftrag der Wirtschaftspädagogik erschöpft sich nicht mit dem Raum Schule, sondern ist ein allgemeiner, der in allen Feldern der Wirtschaftspädagogik zur Geltung gebracht werden soll.

Die synchrone Betrachtung der wirtschaftspädagogischen Dimensionen führt zu einem *soziökonomischen Ansatz der Wirtschaftspädagogik*, der nicht nur in der ökonomischen Allgemeinbildung zum Tragen kommen sollte, sondern auch in der kaufmännischen Ausbildung. Die *Society for the Advancement of Socio-Economics*[142] (2011) definiert Socio-Economics als eine entstehende Meta-Disziplin, die davon ausgeht, dass Economics kein abgeschlossenes System, sondern in die Gesellschaft, Politik und Kultur eingebettet ist. Individuelle Entscheidungen werden eher durch Werte, Emotionen, soziale Beziehungen und Moral als durch eigenes Selbstinteresse getroffen. Induktive und deduktive Methoden werden als gleichwertig angesehen. Die neoklassische Ökonomie wird nicht per se abgelehnt, vielmehr werden alternative, neue Ansätze gesucht. Die Ansätze innerhalb dieser Organisation sind sehr unterschiedlich, jedoch wird der perfekt rational entscheidende Mensch nicht zum Ausgangspunkt der Überlegungen.

> „Men ought to be viewed, says the neoclassicists, as free-standing individuals, 'decision-making units' standing alone. Socio-economics assumes the descision making units are individuals integrated into one or more social groups, ethnic groups, classes and subcultures. Individuals do render the final decision, but usually within the context of values, beliefs, ideas, and guidelines installed in them by others, and reinforced by their social circles." (Etzioni 1991, 3–4)

Auch wenn es verschiedene Zugänge innerhalb der Soziökonomie gibt, so spielen Institutionen in der Analyse der Soziökonomie eine wesentliche Rolle (vgl. Hollingsworth, Müller & Hollingsworth 2005, IX–XI). Der Zugang ist interdisziplinär. „Unlike neoclassical economics it does not operate from a relatively closed set of assumptions and propositions. This has been both a strength and a weakness." (Hollingsworth 2005, 1) Die Vorstellungen, die die Soziökonomie über Entscheidungsträger hat, ist wesentlich komplexer, als die der Mainstream-Economics. Menschen werden lebensechter – lebensweltlicher – betrachtet. So wird davon ausgegangen, dass sie nicht immer effizient und zweckrational entscheiden. „People are seen as torn between their urges and their values." (Etzioni 1991, 5) Es sind Einstellungen, Werthaltungen und die Moral, die das Handeln der Menschen mitbestimmen. Ein Beispiel ist das Sparen: Sparen ist nicht nur vom Einkommen und den

---

[142] Als Honorary Fellows werden von der 1989 gegründeten Organisation folgende Personen angeführt: Robert Boyer, Fritz Scharpf, Amitai Etzioni, Amartya Sen, John Gardner, Neil Smelser, Anthony Giddens, Robert Solow, Albert O. Hirschman, Wolfgang Streeck, J. Rogers Hollingsworth, Lester Thurow, Marino Regini, Herbert Simon. (Vgl. Society for the Advancement of Socio-Economics 2011). Die Organisation entstand nach der ersten *International Conference on Socio-Economics* an der Harvard Business School (31. März bis 2. April 1989). Die Ergebnisse dieser Konferenz sind publiziert (Etzioni, A. & Lawrence, P. R. (Hg.) (1991): Socio-Economics Towards a New Synthesis. Armonk, New York, London: M. E. Sharpe, Inc.).

Zinsen, sondern auch von den Zielen der Sparenden abhängig. Solche zusätzlichen, nicht unmittelbar ökonomischen Ziele könnten sein: eigenen Kindern in Notlagen helfen zu können, weil Eltern nicht von anderen Menschen oder der Regierung abhängig sein möchten. Dazu kommt, dass der Mensch nicht alles durchdenkt. Herbert Simon erhielt den Nobelpreis u.a. dafür, weil er zeigte, dass Menschen nicht nach der maximalen Lösung suchen, sondern bereits vorher mit der Informationsbeschaffung aufhören. Meist wird die erste zufriedenstellende Lösung herangezogen. Andere Wissenschafterinnen und Wissenschafter zeigen, welche Rolle Emotionen für Entscheidungen spielen. (Vgl. Etzioni 1991, 3–5) Sozioökonomisches Denken und Handeln ermöglicht die synchrone Einbindung aller Dimensionen der Wirtschaftspädagogik und stellt das ökonomische Tun in den Mittelpunkt.

Für das Kaufmännische würde dies bedeuten, dass wirtschaftliche Ausbildung immer unter dem sozialen, moralisch-ethischen und wirtschaftsbürgerlichen Aspekt zu sehen ist und gleichzeitig immer auch das Ökonomische im Sinne einer ökonomischen Allgemeinbildung Berücksichtigung findet. Dies gilt im Grunde auch für die ökonomische Allgemeinbildung, die jedoch formal-institutionell nicht die kaufmännische Ausbildung sein kann, aber dennoch alle Dimensionen ebenso *synchron* zur Geltung bringt: Der gesamte wirtschaftspädagogische Blick nimmt in der ökonomischen Bildung auch den Blick auf das Kaufmännische.

Das Eingebettetsein der Wirtschaftspädagogik in die Kultur und die Gesellschaft in ihrer eigenen Historizität ist die Voraussetzung ihrer Institutionalisierung. Der neo-institutionelle Blick auf ihre geschichtliche Entwicklung offenbart eine ausdifferenzierte und ausdifferenzierende sowie eine normative *little science*. Die reflexive Wirtschaftspädagogik wendet sich also gegen ahistorische oder geschichtsvergessene Zugänge.

Das Kaufmännische, wie es in den Dimensionen dargestellt ist, bezieht sich auf das Berufliche. Kutscha (2008, 2) definiert Beruf als „ein auf gesellschaftlich legitimierte Wissens- und Qualifikationsstandards bezogenes Muster von Arbeitsfähigkeiten (Arbeitskraftmuster), das durch eine rollentypische Kombination von Kenntnissen, Fertigkeiten und Fähigkeiten gekennzeichnet und an der Erwartung orientiert ist, Erwerbschancen wahrnehmen zu können". Wird in dieser Definition noch berücksichtigt, dass Ausbildungsgänge standardisiert und institutionalisiert werden müssen, wie Reinisch und Mathias (2011, 231) dies ausführen, „dann gelangt man zu dem Ergebnis, dass es bis weit in das 20. Jahrhundert hinein nur einen kaufmännischen Beruf und dementsprechend nur eine zunächst rein betriebliche, etwa ab Beginn des 20. Jahrhunderts um den Besuch einer Fortbildungsschule ergänzte kaufmännische Berufsausbildung gegeben hat". Danach differenziert sich dies aus. Wird hier vom Kaufmännischen gesprochen, dann kommen diese berufliche Ausbildung bzw. diese beruflichen kaufmännischen Ausbildungen in den Blick, die auch am Beginn der Entstehung der Wirtschaftspädagogik im Mittelpunkt standen. Die ökonomische Bildung fokussiert die ökonomische Allgemeinbildung. Ökonomische Bildung ist – so Albers (1995, 2) – die Entwicklung von mündigen Wirtschaftsbürgerinnen und -bürgern. May (2011, 3–4) definiert ökonomische Bildung „als Qualifikation, das heißt als Ausstattung von Individuen mit Kenntnissen, Fähigkeiten, Fertigkeiten, Verhaltensbereitschaften und Einstellungen, [um] […] wirtschaftlich geprägte Lebenssituationen zu bewältigen" und bezieht sich dabei auf Albers und Karminski. Ähnlich beschreibt Brandlmaier, Frank, Korunka, Plessnig, Schopf und Tamegger (2006, 32) die ökonomische Bildung, welche jene Kompetenzen fördert, die für die „Bewältigung der alltäglichen Anforderungen des Lebens notwendig sind". Nach Brandlmaier et al. (2006, 32) „verfügt der ökonomisch gebildete Mensch über eine positive Einstellung zur Wirtschaft, ein bestimmtes Niveau an ökonomischem Wissen und kognitiver Denkleistung sowie darüber hinaus reflektierte, moralische Ansichten in ökonomischen Belangen". Liening (2004, 10) erweitert seine Definition der ökonomischen Bildung um den Aspekt des Wirtschaftsalltags. Daher ist – so Liening (2004, 10) – ökonomische Bildung nur möglich, wenn das Praktische mitgenommen wird, nämlich „das *tertium comparationis* zwischen Wirtschaftswissenschaft und Erfahrung im Wirtschaftsalltag. Wirtschaftsunterricht muss damit einerseits analog zur Wirtschaftswissenschaft und andererseits analog zur Erfahrung im Wirtschaftsalltag sein". Auch hier kommt diese wesentliche Unterscheidung von Ökonomik und Ökonomie und damit der ökonomische und soziale Aspekt zum Ausdruck. Mit der Unterscheidung des Kaufmännischen und Ökonomischen kommt auch die Unterscheidung von wirtschaftlicher Erziehung und ökonomischer Bildung in den Blick. Mit wirtschaftlicher Erziehung ist hier die Entwicklung der Wirtschaftspädagogik gemeint, wie sie im zweiten und dritten Kapitel dargelegt wurde. Mit der ökonomischen Bildung ist jener Prozess gemeint, der darauf abzielt, die ökonomische Bildung als Allgemeinbildung zu institutionalisieren. Diese Bemühungen wurden ursprünglich vor allem durch die Verbände und Stiftung der Arbeitgeber betrieben. Diese Bemühungen erlebten um die Jahrtausendwende ihren Höhepunkt. (Vgl. Albers 2008, 138) Die Deutsche Gesellschaft für ökonomische Bildung legt in ihren Programmen klar, dass eine rein von Arbeitgeberseite geforderte ökonomische Bildung ohne Berücksichtigung des Sozialen und Ethischen nicht tragfähig ist (vgl. Deutsche Gesellschaft für ökonomische Bildung 2005; 2011). Die wirtschaftliche Erziehung nimmt im Unterschied dazu die berufliche Bildung in den Blick (siehe Kapitel 2 und 3). Reflexive Wirtschaftspädagogik nimmt diese Unterscheidung nicht vor, sondern versucht, das allgemein Ökonomische in die kaufmännische (Aus)Bildung und das Kaufmännische in die ökonomische Bildung – im Sinne von Dubs (2009; 2013) – zu bringen: Das Besondere des synchronen Blicks ist, dass sowohl das Kaufmännische das Ökonomische beinhalten als auch das Ökonomische das Kaufmännische beinhalten soll. So wie es in der ökonomischen Allgemeinbildung sinnvoll ist, auch den kaufmännischen Aspekt zu akzentuieren (vgl. Dubs 2009, 12–13), um diese Sichtweise auf die Wirtschaft zu eröffnen, ist es umgekehrt gerade in der synchronen Sichtweise notwendig, auch im Kaufmännischen das Ökonomische, also die gesamtwirtschaftliche Sicht aller Akteure, also Haushalte, Unternehmen, Staat, das Suprastaatliche und die globale Ebene in den Blick zu nehmen, was zu einer umfassenden Perspektive auf die Wirtschaft führt und neue Ansprüche stellt.

Aufgabe der ökonomischen Bildung ist es, volkswirtschaftliche und betriebswirtschaftliche Inhalte als Allgemeinbildung anzubieten, um jene Kompetenzen zu fördern, die in einer von Wirtschaft geprägten Gesellschaft notwendig sind (vgl. Deutsche Gesellschaft für ökonomische Bildung 2005; 2011). Dabei sind insbesondere die Dimensionen der Wirtschaftspädagogik zu akzentuieren, um damit nicht der Ökonomisierung als solcher zu dienen, sondern einen Beitrag für eine lebenswerte Gesellschaft leisten zu können. Dazu gehört auch das ökonomische Denken und Handeln. Allgemeines Gesellschafts- und Wirtschaftsverständnis (Dubs 2009; 2013) oder ökonomische Bildung (vgl. Deutsche Gesellschaft für ökonomische Bildung 2005; 2011) bieten über alle Schultypen und Altersgruppen hinweg volkswirtschaftliche und betriebswirtschaftliche Inhalte an. Diese Inhalte sollten synchron aus allen Dimensionen der Wirtschaftspädagogik heraus beleuchtet und bearbeitet werden. Ebenso sollte die kaufmännische Ausbildung diesem Zugang folgen. Das führt zum themenbezogenen Perspektivenwechsel. Damit wird auch der Unterscheidung von ökonomischem Modell und wirtschaftlichem Vollzug entgegengekommen: Das Modell ist nicht der wirtschaftliche Vollzug. Wie ausführlich in dieser Arbeit dargelegt wurde, können weder Individuen noch Organisationen rein zweckrational – ökonomisch – handeln. Es ist die Legitimation nach außen, nicht immer die Handlungsstruktur nach innen. Es ist nicht möglich, immer nur zu funktionieren. Ökonomisches Handeln ist sozioökonomisches Handeln. Modelle werden als Modelle verstanden. Das bedeutet bei volkswirtschaftlichen Modellen, den zeitlichen Kontext ihrer Entstehung, die ökonomischen Fragestellungen dieser Zeit und die Prämissen des Modells mitzudenken. Die Entstehung eines Modells ist immer in seiner Historizität und damit in seinem eigenen Eingebundensein in die Lebenswelt verständlich. In betriebswirtschaftlichen Modellen und Instrumenten ist ihre Anwendung im sozialen Kontext im Sinne der wirtschaftspädagogischen Dimensionen zu diskutieren. Das eröffnet einen Perspektivenwechsel und fördert das vernetzte Denken. Im Mittelpunkt steht das Individuum als Arbeitgeber, Arbeitnehmer, Konsument, öffentlich Bediensteter, Bürger und Unionsbürger. Da jeder Mensch gleichzeitig mehrere Rollen einnimmt, werden Themen von verschiedenen Rollen aus erarbeitet – sowohl in der ökonomischen Bildung als auch in der kaufmännischen Ausbildung. Wird z.B. Marketing in der kaufmännischen Ausbildung erarbeitet, so sind die Themen auch aus der Sicht der Konsumentinnen und Konsumenten zu betrachten sowie rechtliche und politische Fragen, die damit verbunden sind, aufzuarbeiten (vgl. F. Bauer 1983). Das Modell der doppelt integrativen Ethik ermöglicht einen multiperspektivischen Zugang, der allen Dimensionen gerecht werden kann. Steht in der kaufmännischen Ausbildung also vor allem das Marketing mit allen seinen Instrumenten im Mittelpunkt, wird das Thema dennoch multiperspektivisch betrachtet. Marketing ist nicht nur ein Thema für Unternehmen, sondern auch für NPOs, NGOs und die öffentliche Verwaltung. Aus diesem Ansatz ergibt sich eine Vielzahl an Forschungsdesideraten, insbesondere für die ökonomische Bildung aller Altersgruppen in Österreich.

Die Verfolgung der synchronen Sichtweise der Wirtschaftspädagogik streicht heraus, dass Wirtschaft nicht autonom verstanden werden kann. Die synchrone Betrachtung der wirtschaftspädagogischen Dimensionen geht nicht der Frage nach, ob mehr Bildung oder Ausbildung notwendig ist, sondern versucht mehr Bildung in die Ausbildung zu bringen und mehr ökonomisches Verständnis in die Allgemeinbildung. Dies bedeutet einen anderen, breiten Blick auf die Wirtschaftspädagogik. Dies würde Curricula, Lehrbücher und Selbstverständnisse verändern. Daraus ergeben sich Forschungsdesiderate, die selbst den breiten Rahmen dieser Arbeit sprengen würden.

Die spezielle Logik der einzelnen wissenschaftlichen Disziplinen hat ihr eigene Gültigkeit. Es war ja gerade die Segmentierung und Ausdifferenzierung der verschiedenen gesellschaftlichen Bereiche, die eine enorme Entwicklung der Gesellschaft ermöglichte. Die Problematik jedoch liegt darin, dass diese Eigengesetzlichkeit zu Sachzwängen geführt hat. Das Offenhalten für andere Perspektiven kann ein wesentlicher ethischer Zugang sein.

> „Gegenüber allen regionalen bzw. sektoriellen Wertsystemen, in denen sich mehr oder minder verhüllt Interessen formulieren, könnte es zur generellen Aufgabe werden, ‚das Ganze' ethisch als Perspektive zu erhalten; man könnte auch sagen (ohne damit inhaltlich viel gesagt zu haben): das Interesse am Menschen (= an allen Menschen), der in komplexen Lebensverhältnissen existiert, gegen Widerstände wachzuhalten." (Menne 1972, 58)

Die funktionale Ausdifferenzierung führt zu einer Verengung der Verantwortung auf Ausschnitte. „Die Verantwortlichkeit des Menschen wird reduziert auf den Kleinbereich [...]. Es findet also eine Verengung auf diesen Ausschnitt statt, und in der Folge droht Verantwortung so definiert zu werden: ‚Wir können alles, aber nichts dafür'." (Neuhold 2002, 6) Reflexive Wirtschaftspädagogik zielt auf die kritische Auseinandersetzung mit dem sozioökonomischen *Tun* und seiner Pädagogik. Feld (1928) folgend, wird zwischen Ökonomik und Ökonomie unterschieden. Sowohl Ökonomik als auch Ökonomie sind Bestandteile der Lebenswelt. „Die Lebenswelt steht uns nicht theoretisch vor Augen, wir finden uns vielmehr vortheoretisch *in* ihr vor." (Habermas 2012, 20) Deshalb ist die Lebenswelt die Rahmung, die den Menschen umfasst und die ihn trägt. So erfahren sich die je einzelnen Menschen „performativ als *erlebende*, in organische Lebensvollzüge eingelassene, als *vergesellschaftete*, in ihre sozialen Beziehungen und Praktiken verstrickte, und als *handelnde*, in die Welt eingreifende Subjekte" (Habermas 2012, 20). Aufgabe der philosophischen Reflexion, die sich die reflexive Wirtschaftspädagogik zunutze macht, ist, die Lebenswelt ins Bewusstsein zu bringen. Dieses Bewusstmachen ist selbst Teil der Lebenswelt. Damit wird deutlich, dass die Lebenswelt bestimmt, welchen Blick der Mensch auf das Geschehen der Welt hat.

Damit stellt sich für Habermas (2012, 21) eine wesentliche Frage, die gerade auch für die reflexive Wirtschaftspädagogik vor dem Hintergrund einer Kultur des *Funktionalizismus* von entscheidender Bedeutung ist: „Angesichts der Herausforderung eines szientistisch zugespitzten Naturalismus stellt sich heute eine [...] Frage: ob und gegebenenfalls in welchem Sinne die epistemische Rolle der Lebenswelt einer naturwissenschaftlichen Revision des im Alltag operativen Selbstverständnisses von Personen Grenzen zieht." Die moderne Philosophie hat „die epistemische Rolle der Lebenswelt verdrängt". Habermas reflektiert diesen Umstand und definiert Lebenswelt:

> „Der Begriff der Lebenswelt stützt sich auf die Unterscheidung zwischen performativem Bewusstsein und fallibem Wissen. Der eigenartige Modus des mitlaufenden, intuitiv gewissen, aber implizit bleibenden präreflexiven Hintergrundwissens, das uns in unseren täglichen Routinen begleitet, erklärt sich daraus, dass uns die Lebenswelt nur performativ, im Vollzug von Akten, die jeweils auf etwas anderes gerichtet sind, gegenwärtig ist. Wie man die Furcht, im lockeren Geröll den Halt zu verlieren, erlebt; was man beim Erröten über einen peinlichen Fehler spürt; wie es sich anfühlt, wenn man sich auf die Loyalität eines alten Freundes plötzlich nicht mehr verlassen kann, wie es ist, wenn eine lange praktizierte Hintergrundannahme überraschenderweise ins Wanken gerät – alles das ‚kennt' man. Denn in solchen Situationen gestörter Lebensvollzüge wird eine Schicht impliziten Wissens aufgedeckt. [...] Diese Komponenten des abgeschatteten Vollzugswissens bilden, solange sie im Hintergrund bleiben und nicht zum Thema gemacht werden, ein Amalgam." (Habermas 2012, 22–23)

Habermas beschreibt den Hintergrund für jede Kommunikation und für jedes kommunikative Handeln. Für die Teilnehmenden stellt die Lebenswelt den impliziten Horizont ihrer Begegnung dar. Sie ist performativ vorhanden; wird sie in Wissen überführt – expliziert –, dann verliert sie ihren performativen Modus. Das implizite Wissen wird im expliziten Wissen beschreibend ausgedrückt und verliert dadurch ihre Form des Hintergrundwissens.[143] Der per-

---

[143] Ausnahmen stellen illokutionäre Sprechakte dar (vgl. Habermas 2012, 24).

formative Sinn wandelt sich durch sprachliche Kommunikation „in den öffentlichen Raum der Gründe" und wird damit zum Thema (Habermas 2012, 24). Der Raum der Gründe selbst befindet sich ebenfalls in der Lebenswelt. Der Blick auf diese Lebenswelt habe sich nach Habermas (2012, 29–34) in drei großen Schüben verändert:

Der *erste* Schritt sei jener von der mythischen Weltsicht hin zu einem transzendenten Standpunkt gewesen, der sich mit der Achsenzeit (Karl Jaspers) vollzog. Die in dieser Zeit entstandenen Weltbilder verlassen den Mythos und tauchen in eine theoretisch und theologisch fundierte Sicht auf das Weltganze. Im mystischen Denken ist der Mensch in der Welt verfangen. Dieser Monismus gibt narrative Welterklärungen, der transzendente Standpunkt trennt Welt und Innerweltliches und erste naturkundliche und mathematische Erklärungen werden möglich. Mit der Verschmelzung des Christentums mit dem Hellenismus und der mittelalterlichen Auseinandersetzung mit der arabisch vermittelten Rezeption des Aristoteles beginnt die Auseinandersetzung von Glauben und Wissen. Beide bauen auf Vernunft.

Im *zweiten* großen Schub habe sich die naturwissenschaftliche Betrachtung vom Glauben gelöst. Damit gehe es nun um die Erklärung von Phänomenen, nicht aber um Fragen des Sinns. „Die physikalisch erkannte Welt der bewegten und kausal aufeinander einwirkenden Körper verliert den Charakter eines ‚Worin' des menschlichen Daseins." (Habermas 2012, 34) Das nachmethaphysische Denken setzt ein und die Philosophie trennt sich von der Religion – „auf diese Weise entsteht ein Defizit" (Habermas 2012, 34 in Verweis auf Habermas 2005).

Der *dritte* Schritt sei jener „zum säkularen und verwissenschaftlichten Weltverständnis der Moderne" (Habermas 2012, 34). Es habe nochmals den Blick auf die Lebenswelt verändert. Nun gehe es um mathematische und naturwissenschaftliche Erklärungen. Phänomene des Alltags werden kausal erklärt. Es herrsche ein mechanisches Verständnis von Natur als einer objektiven Welt vor. Für „vergegenständlichte Aspekte der Lebenswelt" scheine kein Platz mehr zu sein (Habermas 2012, 34). Die praktische Vernunft habe sich von der nachmetaphysischen und verwissenschaftlichten Vernunft abgespalten. Gegen diese objektive Welt sperre sich der subjektive Geist. Dieser Geist sei immer auch Selbstbewusstsein. Das Subjekt kann sich von sich selbst eine Vorstellung machen. Dieser Geist ist nur im Vollzug – also nur im Performativen – erlebbar, d.h. aus der Sicht der ersten Person im Vollzug des Denkens erkennbar. **Wäre die Welt eine objektive, aus welcher der Verstand seine Informationen holt und verarbeitet, dann würde er nur zu objektiven und daher wertneutralen Urteilen kommen. Alle Urteile wären deskriptiv**. „Aus dieser objektivierenden Weltbetrachtung kann die praktische Vernunft keine moralischen Einsichten mehr gewinnen. Evaluative und normative Aussagen lassen sich aus deskriptive Aussagen nicht begründen." (Habermas 2012, 37) Könnte also *alles* durch die Physik in Ursache-Wirkungs-Zusammenhängen erklärt werden, dann gäbe es keine normativen Orientierungen mehr. Deskriptives kann niemals die ganze Lebenswelt beschreiben, es gehört u.a. die Gefühlswelt dazu – so wie Smith (2010) z.b. auf die Sympathie verweist. Wissenschaftlich gesehen können – etwas vereinfacht – die Phänomene der Alltagswelt naturwissenschaftlich oder geistes- bzw. sozialwissenschaftlich untersucht werden. In der Naturwissenschaft stehen die Ursache-Wirkungs-Zusammenhänge im Mittelpunkt, in der Geistes- und Sozialwissenschaft die Hermeneutik und die Rekonstruktion von lebensweltlichen Phänomenen. Es sei eine „bipolare Versachlichung", welche die zwei Zugänge an Weltbildern lieferten, die zu einem „semantisch unüberbrückbaren epistemischen Dualismus [führt], das heißt mit einem gespaltenen Bild von der objektiven Welt konfrontiert. Das humanwissenschaftliche Vokabular lässt sich nicht an naturwissenschaftliche anschließen, Aussagen des einen Vokabulars lassen sich nicht in Aussagen des anderen übersetzen" (Habermas 2012, 46–47). Werde die objektive Welt als eine messbare verstanden, dann werde eine Abstraktion vorgenommen, die alle subjektiven und lebensweltlichen Qualitäten ausblende. Andererseits sind Rekonstruktionen und Interpretation von Texten und Handlungen nur möglich, wenn auf die lebensweltliche, intersubjektive Praxis der Lebenswelt zurückgegriffen wird. Von der Hermeneutik wird über die Reflexion hin zu einem *formalen* Verständnis von Lebenswelt geführt. (Vgl. Habermas 2012, 47–48)

> „Die analytische Klärung von Hintergrund und Voraussetzung kommunikativen Handelns erfordert eine Art der Reflexion, die nicht mehr Sache der Geistes- und Sozialwissenschaften ist. Für diese genuin philosophische Untersuchung bildet [...] das *performative Bewusstsein* sprechender und kommunikativ handelnder, kooperierender und in die Welt intervenierender, erlebender, kalkulierender und urteilender Subjekte die *einzige* Erfahrungsgrundlage." (Habermas 2012, 48)

Der Dualismus dieser zwei wissenschaftlichen Zugänge ist nicht zufriedenstellend. Diese Doppelperspektive spricht gegen die einheitsstiftende Idee einer objektiven Welt. „Wer sich jedoch mit dem Beharren auf einer solchen detranszendentalisierten, aber gespaltenen Erkenntnissituation nicht zufriedengeben möchte, darf vor dem schwarzen Loch der ontologischen Frage nach Herkunft und Existenz der Lebenswelt nicht kapitulieren." (Habermas 2012, 51) Diese Erkenntnissituation kann der Ausgangspunkt einer Retranszendentalisierung im religiösen oder metaphysischen Sinn sein. Habermas (2012, 51) sieht eine andere Möglichkeit: den „Versuch, die Detranszendentalisierung der leistenden Subjektivität noch einmal im Sinne eines schwachen Naturalismus zu überbieten". Aufgabe der Philosophie sei es heute also, einen „'weichen' Naturalismus zu verteidigen", der die Wissenschaft selbst kritisch betrachtet und Stellung gegen den Szientismus bezieht. (Vgl. Habermas 2012, 10 u. 16–17)

Die Wirtschaftspädagogik bedient sich beider von Habermas geschilderten wissenschaftlichen Methoden. Für eine wirtschaftswissenschaftliche Disziplin, die sich auch sozialwissenschaftlicher und geisteswissenschaftlicher Methoden – wie diese Arbeit – bedient, ist es daher schwierig, von jenen verstanden und akzeptiert zu werden, die einen empirisch-quantitativen Zug für richtig halten. An diesem Punkt ist auf das Theorieverständnis dieser Arbeit zu verweisen (0.4). Alexander (1982, 2) führt aus, dass es zwei *distinctive environments* gebe – die empirisch beobachtbare und die nicht-empirische Welt. Der Unterschied besteht lediglich in verschiedenen Repräsentationen auf einem epistomologischen Kontinuum von *general presuppositions* bis hin zu empirischen Beobachtungen. Gerade die Wirtschaftspädagogik als Integrationswissenschaft changiert entlang dieses Kontinuums. Darüber hinaus muss sie als Disziplin der Wissenschaft gegenüber kritisch bleiben und darf nie in der Wissenschaft voll aufgehen (vgl. Dubs 2009, 16; 2013, 32). Das ist genau der Punkt, den der Begriff der reflexiven Wirtschaftspädagogik ausdrücken will: Die Wissenschaft muss sich selbst reflexiv betrachten. Sie darf selbst nicht ganz in Wissenschaft aufgehen, wie auch die Philosophie nicht in der Wissenschaft ganz aufgehen kann, weil sie sonst nicht die Möglichkeit hat, sich selbst zu hinterfragen. Pädagogik hat auch einen philosophischen Aspekt (vgl. Danner 1998). Diesem folgend, muss sie kritisch-reflexiv der Wirtschaftswissenschaft und den Erziehungswissenschaften gegenüber sein. Nur so bleibt sie kritisch-reflexiv.

Der Blick richtet sich in der reflexiven Wirtschaftspädagogik auf die Lebenswelt, bestehend aus Personen, Gesellschaft und Kultur, wissend, dass der Blick selbst in dieser Lebenswelt geworfen wird. Die Lebenswelt ist damit eine äußere Rahmung, der niemand entkommen kann, weder die Forschenden noch die Studierenden, noch die Öffentlichkeit. Der Mensch, der in die Lebenswelt eingebettet ist, steht im Mittelpunkt der Betrachtung. Das ist die Besonderheit der Wirtschaftspädagogik – sie lenkt den Blick auf den Menschen. „Ansatzpunkt der Pädagogik ist das Individuum und nicht die Organisation oder der Betrieb." (Arnold 1997, 22) Krasensky (1972, 17) hat darauf hingewiesen, dass „nicht Technik und Wirtschaft das letzte Ziel [sind], sondern die Formung einer freien Persönlichkeit mit eigenem Urteils- und Entscheidungsvermögen." Reflexive Wirtschaftspädagogik stellt den Menschen als Betroffenen und Betreiber in den Mittelpunkt und rückt die Verantwortung sich selbst (vgl. Roth 1971, 180) und der Gesellschaft gegenüber in das Zentrum. Der methodologische Individualismus der modernen Pädagogik versteht das Individuum durch Personalisation, Sozialisation, Erziehung und Enkulturation als eben in die Gesellschaft und Kultur eingebettet. Er ist damit wesentlich vom methodologischen Individualismus der Ökonomik zu unterscheiden, der kein Menschenbild, sondern die Grundlage für ein ökonomisches Modell beschreibt.

Das Eingebundensein des Menschen in Kultur und Gesellschaft bedeutet nicht, dass er durch Institutionen determiniert ist. Die Freiheit des Menschen wird als eine bedingte aufgefasst. Sie äußert sich in der freien Entscheidung in einer durch bestimmte Bedingungen definierten Situation, die nicht von Neigungen und Imperativen, sondern auf der Grundlage von guten Gründen erfolgen kann und soll. Nicht die rein ökonomische Rationalität, sondern eine strukturelle Rationalität, „die eine vertiefte Reflexion über Sinn und Ziel der Ökonomie und der Wirtschaftspädagogik sowie eine wirtschaftliche Erziehung zwischen ökonomisch Machbarem und ethisch Vertretbarem" ermöglicht (Tafner 2012a, 44). Diese Freiheit bleibt gewahrt, wenn der Mensch frei ist „von politischer, insbesondere wirtschaftspolitischer Indoktrination auf Basis einer von Menschenrechten getragenen, pluralistischen Grundeinstellung" (Tafner 2012a, 44). Peter Ulrich spricht davon, dass es gar nicht die Wahl zwischen der wertfreien und ethischen Perspektive gebe, sondern nur eine zwischen reflektiertem und nicht reflektiertem Umgang mit der unausweichlichen Normativität:

> „Wir haben also nicht die Wahl zwischen einer ‚wertfreien' und einer ethischen Perspektive des Wirtschaftens, sondern nur die Wahl zwischen einem reflektierten und einem nicht reflektierten Umgang mit der unausweichlichen Normativität jeder Stellungnahme zu Fragen vernünftigen Wirtschaftens. Jeder denkbare Begriff ökonomischer Rationalität hat das Normative immer schon in sich. ‚Rationalität' bezeichnet ja stets eine Leitidee dahingehend, wie wir als vernünftige Personen urteilen und handeln sollen. Es ist aber nicht möglich, alle anderen normativen Gesichtspunkte, die für das gute Leben und Zusammenleben zählen, so insbesondere den der Gerechtigkeit, auf Effizienz reduzieren zu wollen. Vielmehr kommt es gerade darauf an, die kategoriale Differenz solcher normativer Kriterien und ihre (generell und situativ) angemessene Rangordnung zu reflektieren." (Ulrich 2005, 7)

Abbildung 47 zeigt das Modell der reflexiven Wirtschaftspädagogik in einem Bild. Der Mensch steht im Mittelpunkt. Er soll der Gesellschaft und der Umwelt gegenüber verantwortlich handeln. Ökonomisches Tun vollzieht sich mit einem ökonomischen und sozialen Aspekt in einer Organisation, die wie der Mensch in die Lebenswelt eingebettet ist. Handlungen erfolgen begründet in einer bestimmten Situation. Die Handlung hängt von der Situation, der Absicht, dem Ziel, dem Ökonomischen und Sozialen ab. Im ökonomischen Aspekt kommt die Ökonomik zum Tragen. Sie gibt im Modell Anleitungen zum Tun, ist aber nicht das Tun selbst, welches sich immer in einem bestimmten Kontext vollzieht. Im sozialen Aspekt kommt das Pädagogische zum Tragen, das dem Ideal der Individualpädagogik folgt, aber ebenso nicht das Modell selbst ist. Der Blick der reflexiven Wirtschaftspädagogik fällt auf die Ökonomik, die Pädagogik – sowohl als Synonym für Erziehungswissenschaft als auch für die pädagogische Praxis – und auf den sozioökonomischen Vollzug. Es wird also zwischen dem Modell und dem Vollzug unterschieden.

Die wirtschaftspädagogische Perspektive selbst bleibt ebenso in der Lebenswelt. Sie *hinterfragt* also *das Wissenschaftliche* und *das Praktische* nach dem *Sinn* und dem *Ziel* des sozioökonomischen Handelns und geht nicht in den Wissenschaften auf.

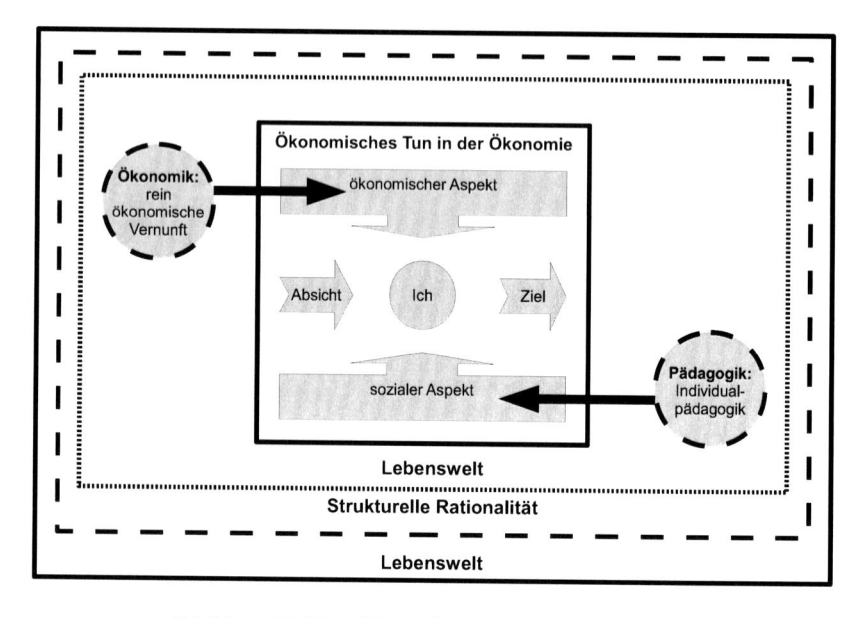

Abbildung 47: Modell der reflexiven Wirtschaftspädagogik

Das Eingebundensein in die Kultur bedeutet auch, in der *Kultur der Rationalisierung* und des *Funktionalizismus* zu leben. Auch die Wirtschaftspädagogik entkommt dem nicht. Reflexive Wirtschaftspädagogik stellt sich jedoch selbst zur Diskussion, indem sie anfragt, welchen Beitrag sie für diese Kultur leistet. Sie erkennt die Bedeutung des Rationalen, aber auch die Irrationalitäten des Rationalen, wie sie in einer ständigen Fortschreibung des Quantifizierbaren zu erkennen sind. In der Fähigkeit der Reflexion sieht Douglas (1985, 104–105) das Merkmal der modernen Gesellschaft. Abraham (1962, 11–23) führt aus, dass im 20. Jahrhundert Kultur nur verstanden werden könne, wenn der Einfluss der Wirtschaft auf sie erkannt werde. Aus dieser Situation heraus ist nach Abraham die Entstehung der Wirtschaftspädagogik erklärbar. Es gehe um die systematische Frage,

„was Erziehung in einer Kultur bedeutet, die unter dem Einfluss der Wirtschaft steht, oder, anders ausgedrückt, wie unter den durch die Wirtschaft verursachten geistigen und materiellen Bedingungen, die das Leben des heutigen europäischen Menschen bestimmen, Erziehung möglich ist und welche besonderen Aufgaben sie im Hinblick auf diese Eigenart der gegenwärtigen Kultur hat" (Abraham 1962, 13).

Da der Zusammenhang zwischen Gesellschaft und Wirtschaft heute eng sei, werde jede wirtschaftliche Erziehung zugleich auch eine gesellschaftliche. Die Lehrstühle der Wirtschaftspädagogik würden sich in sozial- und wirtschaftswissenschaftlichen Fakultäten befinden, weil die Wirtschaftspädagogik des Wissens dieser wirtschaftswissenschaftlichen Forschung bedürfe. Hilfreich werde Erziehung als Lebenshilfe nur, wenn sie auf die moderne Wirtschaft eingehe. Dabei sei natürlich zu sehen, dass das 20. Jahrhundert nicht ausschließlich durch die Wirtschaft geprägt sei. (Vgl. Abraham 1962, 13–16)

> „Es wäre außerdem eine grundsätzlich falsche Interpretation der Beziehung zwischen Wirtschaft und Kultur, wenn im Sinne des ökonomischen Materialismus weiterhin behauptet würde, dass die Gesetzmäßigkeiten der Wirtschaft den Ablauf des Kulturprozesses bestimmten und daher auch die entscheidenden Faktoren der Entwicklung der Erziehung seien." (Abraham 1962, 16)

Die Wirtschaftspädagogik wende sich daher der allgemeinen Frage zu, „was Erziehung in der modernen, wesentlich von der Wirtschaft bestimmten Kultur bedeutet" (Abraham 1962, 20). Diese allgemeine Frage könne weder von der Berufs-, der Betriebs-, der Schul- oder Arbeitspädagogik beantwortet werden, sie sei eine wirtschaftspädagogische Fragestellung.

Bereits vor über 40 Jahren kam Abraham zu einem ähnlichen Ergebnis in der Deutung der Kultur und der Bedeutung der Wirtschaftspädagogik wie diese Arbeit. Auch wenn Abraham bereits beschrieb, wie stark die Kultur von Wirtschaft durchdrungen wird, hat diese Dimension mit der fortschreitenden Ökonomisierung noch stärkere Schubkraft erhalten. *Kultur der Rationalisierung* und das *Imperium der Rationalität* beschreiben eine Gesellschaft, in der Zweckrationalität zur *Legitimation des Handelns* geworden ist und selbst zur Irrationalität werden kann. Dadurch drängt sich heute eine neue Akzentuierung der Wirtschaftspädagogik auf. Wirtschaften war und ist ein *Teil*bereich des Menschseins, wobei die Betonung des Teilbereichs herausgestrichen wird. Die Wirtschaftswissenschaften konnten Instrumente erarbeiten, die für den Menschen sehr nützlich sein können. Die Umsetzung der Wirtschaftlichkeit kann helfen, Ressourcen zu schonen, sie kann damit tatsächlich zu einem ethischen Argument werden, aber nicht immer und nicht automatisch. Die rein ökonomische Ethik wird auf Basis des ökonomischen Sachzwanges zum Determinismus. Mit der *Betriebsmoral* wird versucht, dieses Denken in der Wirtschaftspädagogik zu etablieren. Deshalb muss die Frage Abrahams wieder gestellt und dabei der Aspekt aufgeworfen werden, was denn das Ziel der Wirtschaft überhaupt sein soll. Die Wirtschaft oder der Betrieb sind heute weder als Erziehungsziel noch als Erziehungsmittel im Sinne der Berufsbildungstheorie zu verstehen. Die ausdifferenzierte und ausdifferenzierende, stark normative Wirtschaftspädagogik bietet viele pädagogische Wege an. Der hier vorgeschlagene Weg versteht sich als eine Akzentuierung von bereits

Vorhandenem. Wirtschaftspädagogik ist hier nicht als eine Theorie der beruflichen Bildung, sondern als „eine Theorie sozialökonomischer Erziehung" (Sloane 2001, 161) zu verstehen. „Die Vermittlung von wirtschaftlichen Inhalten als Wirtschaftspädagogik darf man daher keineswegs mit Wirtschaftsunterricht gleichsetzen. Die Vermittlung von wirtschaftlichen Inhalten als Wirtschaftspädagogik zu bezeichnen ist falsch." (Krasenksy 1972, 7) Es geht unter anderem darum, die Wirtschaft einzuordnen, ihr ihren kulturellen und gesellschaftlichen Platz zuzuordnen. Insofern geht die *reflexive Wirtschaftspädagogik* im Hinblick auf die Berufsbildungstheorie den umgekehrten Weg: Nicht die Wirtschaft erzieht den Menschen, sondern der Mensch *erzieht* die Wirtschaft. Krasensky (1962, 137) führt die schulbezogenen wirtschaftspädagogischen Aufgaben mit den Worten „durch die Wirtschaft, für die Wirtschaft" zusammen. Reflexive „Wirtschaftspädagogik ist nicht nur eine Erziehung für die Wirtschaft, sondern schulisch und außerschulisch auch eine *Erziehung der Wirtschaft*." (Tafner 2012a, 44) Wirtschaft kann nicht unhinterfragt als Erziehungsmittel herangezogen werden. Vielmehr gilt es, die Ökonomie zu hinterfragen und nicht als ein quasi-natürliches, unveränderbares Phänomen zu begreifen, in das sich der Mensch ein- und dem er sich unterzuordnen hätte. Die *Wirtschaftsgemeinschaft* als selbstgestaltendes Erziehungsmittel bleibt zu unbestimmt. Wirtschaft kann lebensdienlich und lebensfeindlich sein. Wirtschaften wird immer ein Teil des menschlichen Lebens sein; es ist daher lebenserleichternd, über wirtschaftliche Kompetenzen zu verfügen und wirtschaftliche Zusammenhänge zu verstehen. Ja, wirtschaftliche Effizienz kann im Umgang mit knappen Ressourcen eine Tugend sein. Sie kann jedoch auch zum gesellschaftlichen und individuellen Laster und zur Gefahr werden, wenn sie egozentrischen oder ungerechten Motiven nützt.

Bank (2009, 13) ist, wie im ersten Kapitel dargestellt, der Ansicht, dass die Berufs- und Wirtschaftspädagogik neben der Rückbesinnung auf den Beruf einen Diskurs über „eine reflexive Bestimmung des Erkenntnisinteresses, dem wesentlich die Eigenschaft eines wissenschaftskonstitutiven Merkmals in Abgrenzung zu anderen Wissenschaften zukommt" benötigt. Der Idee der Rückbesinnung auf den Beruf wird hier nicht gefolgt, wohl aber der Initiierung einer Reflexion über das Erkenntnisinteresse. Die reflexive Wirtschaftspädagogik wendet sich der wohl ursprünglichsten Frage der Disziplin überhaupt zu: Was bedeutet wirtschaftliche Erziehung heute? Sie versteht die wirtschaftliche Erziehung aber gerade nicht in einer Neuauflage der klassischen Berufsbildungstheorie, sondern wendet sich der Wirtschaft in einem sozioökonomischen Sinn zu und versteht die Wirtschaft nicht als Mittel, sondern als Subjekt und Objekt der Erziehung.

Lempert (2009b) möchte, dass die Wirtschaftspädagogik sich rationalisiert und sich zukunftsorientiert *reflexiv* der Bündelung ihrer Kräfte zuwendet.

„So wäre die Wirtschaftspädagogik vorrangig dem regressiven Sog des derzeit weltweit grassierenden – obwohl weder neuen noch freiheitsverheißenden, dennoch sogenannten – ‚Neoliberalismus' auf das Niveau der längst überwunden geglaubten frühkapitalistischen Skrupellosigkeit zu entreißen und nachhaltig gegen alle neuerlichen Versuchungen dieser Sorte, ja gegen jede ökonomistische Doktrin zu immunisieren. [...] Bis heute mangelt es [der Rationalität] an ihrem umfassend reflexiven, nämlich selbstkontrollierten, kommunikativ kultivierten und moralisch disziplinierten Gebrauch, an ihrem sach- und systemzwangresistenten, autonomiebewussten, gezielten und wohldosierten Einsatz im Sinne der Ehrfurcht vor allen Lebewesen, besonders aber der Respektierung der Rechte aller Zeitgenossen wie der Mitglieder kommender Generationen. [...] Reflexion ist – analytisch betrachtet – zunächst Reminiszenz, Erinnerung, rückwärts gewandte Vergegenwärtigung früherer (innerer und äußerer) eigener und fremder Wahrnehmungen, Deutungen und Erfahrungen, Handlungen und Situationen, als zunehmend strukturierter Prozess dann auch Re-Konstruktion, schließlich deren (weitere) kognitive und emotionale Verarbeitung. Ihre konstruktive Komponente resultiert aus dem selektiven Charakter der Erinnerung, die Vergangenes nicht einfach komplett mental reproduziert, sondern aus einer je gegenwärtigen Perspektive heraus auswählt, um- und neustrukturiert. Soweit sie sich (auch) auf fremdes Verhalten und Erleben bezieht, fußt sie wesentlich auf der Empathie, der Fähigkeit zu dessen affektivem Nachvollzug." (Lempert 2009b, 1 u. 13)

Hinter Wertegeneralisierungen, Werten und Normen können verschiedene Denk- und Handlungsweisen sowie Weltanschauungen und Religionen stehen. „Wirtschaftspädagogik, die nicht indoktriniert, muss Raum für verschiedene weltanschauliche und ethische Zugänge auf Basis einer von Menschenrechten getragenen pluralistischen Gesellschaft lassen und sie muss auch die Relativität und Kontingenz des ökonomischen Handelns selbst thematisieren." (Tafner 2012a, 43) So gilt es zu hinterfragen, inwiefern die Wirtschaftspädagogik explizit und implizit eine Arbeitsmoral fördert, die einem rein ökonomischen Ansatz folgt, obwohl sie selbst in ihrer pädagogischen Seite auf den Menschen abstellen will. Sie zeigt auf, „dass die Ökonomie nicht alle Probleme lösen kann und dies auch entsprechend vermittelt" (Tafner 2012a, 44). Die Wirtschaftspädagogik kann zu einer echten Integrationswissenschaft werden, wenn sie die ökonomische Anthropologie neu fasst und den Menschen in seiner Gesamtheit berücksichtigt, der versucht, den Sinn des Menschseins in seiner Gesellschaft zu finden und Effizienz und Ethik zu verbinden. Es geht um die Gesamtheit des Menschen. Aufgaben erfüllen zu können und Leistungen zu erbringen, ist für das Individuum und die Gesellschaft eine Notwendigkeit. Dabei übernimmt der Mensch Verantwortung für sich selbst, die Gesellschaft und die Umwelt. Als selbstreflexives Lebewesen fragt der Mensch nach dem Sinn seines Tuns, weshalb das Loslösen von Tätigkeiten aus einem strukturellen Sinnzusammenhang dem menschlichen Streben entgegenläuft. Malik (2006, 77) legt Grundsätze des Managements dar, die „das Fundament der Professionalität von Management beschreiben".

Sie seien so simpel, das sie selten gelehrt werden und es sei kein Studium nötig, um sie zu begreifen. Auf der Basis von Untersuchungen über Führungskräfte, die langfristig tätig sind, kann Malik sechs Prinzipien nennen, die allen gemeinsam sind. Wesentlich ist Malik dabei die Langfristigkeit im Erfolg. Diese Prinzipien sind: Resultatorientierung, Beitrag zum Ganzen, Konzentration auf Weniges, Nutzen von Stärken, Vertrauen und positives Denken. Im Zusammenhang mit dem Sinn ist auf das Prinzip, einen Beitrag zum Ganzen leisten zu wollen, herauszustreichen: Dabei geht es darum, dass der Manager oder die Managerin erkennt, dass seine oder ihre Arbeit wiederum ein Beitrag für das Ganze ist. Hier sei der Unterschied „zwischen Managern und *guten* Managern" zu finden (Malik 2006, 100): Erstens sei nicht jeder Manger oder jede Managerin ein Materialist bzw. eine Materialistin und zweitens sei zu unterscheiden zwischen Personen, die sich selbst als Positioninhaberinnen sehen und solchen Führungskräften, die an Effektivität interessiert sind. Das bedeute nicht, dass gute und effiziente Führungskräfte nicht auch ihre eigenen Interessen im Auge hätten, entscheidend sei aber – so Malik (2006, 100) –, dass sie im Zweifelsfall „dem Beitrag für das größere Ganze den Vorrang geben". Solche Manager und Managerinnen seien zwar nicht die Mehrheit, aber es seien nicht so wenige, „wie manche Zeitgeist-Kommentatoren weismachen wollen" (Malik 2006, 100). Wesentlich sei jedoch, dass solche Menschen die besten Leistungen erbringen. Dieses Prinzip verlangt ganzheitliches Denken und die Fähigkeit, neben Spezialkompetenzen auch über allgemeine Kompetenzen zu verfügen. Dieser Grundsatz ist „vielleicht unter allen Prinzipien der am schwierigsten darzustellende und auch zu begreifende. Er trifft ins Zentrum einer Reihe von chronischen Managementproblemen" (Malik 2006, 109).

Die Anthropologie, die hier verfolgt wird, setzt ebenfalls auf eine langfristige Entwicklung. Kurzfristig kann jeder Mensch auch Dinge tun, die seinen Überzeugungen und Kompetenzen widersprechen – langfristig wird es zum Problem. Nida-Rümelin (2001) führte aus, dass Einzelhandlungen nur im strukturellen Kontext ihre Bedeutung erlangen, weshalb die Rationalität auch eine strukturelle ist. In der Logotherapie Frankls (1982) kommt dies klar zum Ausdruck: Menschsein braucht die Verankerung im Sinn, die er sich selbst zuschreibt. Sinnzuschreibung führt zu Komplexitätsreduktion (vgl. Luhmann 1982; 2002). Ohne Sinn verliert sich der Mensch. „Die Sozialisation besteht, das sollte betont werden, in der Aneignung der gesamten Weltansicht als einer umfassenden Sinnstruktur." (Luckmann 1991, 90) Diese Dimension verweist auch auf das Religiöse, denn „innerhalb der Weltansicht kann sich durchaus ein Sinnbereich herauskristallisieren, der zu Recht religiös genannt wird" (Luckmann 1991, 91, vgl. dazu auch Luhmann 1982; 2002; Ratzinger 1968; Tafner 2009b, 152–161). Luhmann (2002, 35) bringt dies so auf den Punkt: „Sinnformen werden als religiös erlebt, wenn ihr Sinn zurückverweist auf die

Einheit der Differenz von beobachtbar und unbeobachtbar und dafür *eine* Form findet." Oder: „Was immer Religion sein mag: sie ist darauf angewiesen, Formen im Medium von Sinn zu bilden." (Luhmann 2002, 53) Ökonomisches Denken und Handeln innerhalb und außerhalb des Berufes ist verbunden mit der Frage nach dem Sinn (vgl. Ulrich 2005): Effizienz wofür? Effizienz für wen? Wird die Gesamtheit des Menschen ernstgenommen, wie dies Abraham (1966) und Zabeck (2002; 2004) ausführen, dann muss der Sinn auch seinen Platz im ökonomischen Denken und Handeln haben. Abbildung 48 symbolisiert ein magisches Dreieck, weil es schwierig ist, sowohl jeden einzelnen Bereich für sich zu erreichen als auch alle drei miteinander in Abstimmung zu bringen. Es ist eine Lebensaufgabe, die als Ziel dient und wohl kaum erreicht wird. Im Fluss des Lebens werden sich berufliche und außerberufliche Bedingungen verändern und so eine ständige Anpassung und Suche notwendig machen. Der Mensch bleibt immer in die Lebenswelt eingebettet und auf der Suche.

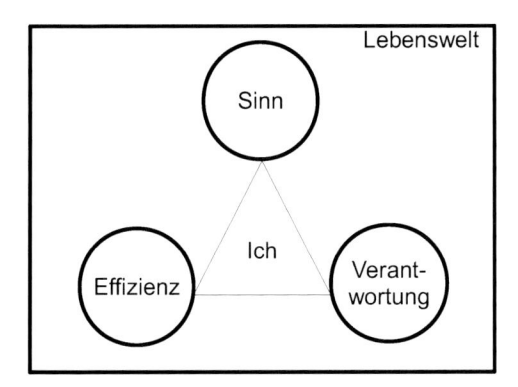

Abbildung 48: Anthropologie der reflexiven Wirtschaftspädagogik

Nach Albers (1995, 2–5) ist die Mündigkeit mit den Kriterien Tüchtigkeit, Selbstbestimmung und Verantwortung zu beschreiben. Ähnlich hier: Anstatt von Tüchtigkeit wird von Effizienz gesprochen. Sinn soll ausdrücken, dass der Mensch zu einer eigenen rationalen Struktur findet und die Strebensethik mit der Moralphilosophie verbinden kann, sein eigenes Tun also sinnhaft in die Gesellschaft einbringen kann. Das bedeutet nach Jung (2008, 237–238), dass Individuen die Möglichkeit und die Verpflichtung haben, eigene Urteile zu fällen, und selbstverantwortlich handeln können. Auch Jung führt die sozioökonomische, politische und ökonomische Bildung zusammen, wenn er davon spricht, dass die Mündigkeit die Leitidee all dieser Bildungszugänge ist. Für Jung (2008, 237) zielt Mündigkeit „auf den Menschen als vernunftbegabtes, spontanes und selbstreflexives Wesen, dessen Denken und Handeln im freiheitlichen, sozialen und demokratischen Gemeinwesen Eingang findet". Die Selbstbestimmung Albers geht in Abbildung 48 als Grundlage eines verantwortlichen und sinnvollen Lebens auf.

Zusammengefasst: Reflexive Wirtschaftspädagogik setzt sich zum Ziel, Lernen und Reflexion von sozioökonomischem Denken und Handeln im beruflichen und außerberuflichen Kontext zu ermöglichen, indem der Mensch in den Mittelpunkt gestellt wird, der in seinem Eingebettetsein in Kultur und Gesellschaft in bedingter Freiheit versucht, Sinn, Effizienz und Verantwortung in struktureller Rationalität zu verbinden. Wirtschaft wird als ein kulturelles Konstrukt verstanden, das sich in der Ökonomik als Modell und in der Ökonomie in der Lebenswelt ausformt. Es wird daher zwischen dem wertfreien ökonomischen Modell und dem normativen wirtschaftlichen Vollzug unterschieden. Die Dimensionen der Wirtschaftspädagogik – das Kaufmännische, das Ökonomische, das Soziale, das Ethisch-Moralische sowie das Wirtschafts(unions)bürgerliche – und die historisch und systematisch begründbare Normativität der Wirtschaftspädagogik verweisen auf die Bedeutung des wirtschaftlichen Vollzuges und damit die Bedeutung der Ökonomie und der Ökonomik für die Gesellschaft. Sie dienen der Gesellschaft und sind kein Selbstzweck. Wirtschaftliche Erziehung in diesem Sinne weist auf die Bedeutung von Institutionen für die Gesellschaft hin und akzentuiert eine Ethik abseits der rein ökonomischen Vernunft. Individual- und Institutionenethik werden in ihrer gegenseitigen Bedeutung herausgestrichen. Auf individueller Ebene werden die Tugenden der Mäßigung, Zivilcourage, Klugheit und Gerechtigkeit thematisiert und Ethik wird in einem umfassenden Sinn verstanden, die eine Lebenskunst beschreibt, in der das Individuum seine Entfaltung unter Berücksichtigung der sozialen Bedingtheit sucht. In der Institutionenethik wird die Bedeutung von regulativen, normativen und kulturell-kognitiven Institutionen auf nationaler und supranationaler Ebene in den Blick genommen. Damit werden die interdependenten Dimensionen Sinn, Effizienz und Verantwortung von der individuellen auf die nationale und darüber hinaus auf die supranationale Ebene gehoben, ohne dabei die globale Dimension aus den Augen zu verlieren. Ethik und Politik sind damit unmittelbarer Bestandteil einer sozioökonomischen Erziehung. Immer geht der Blick vom Individuum, seiner Sinnzuschreibung, seiner Effizienz und seiner Verantwortung aus. Als Antwort auf die *Kultur des Funktionalismus* werden Kultur, Institutionen und das Subjekt und damit das über das Funktionale und Zweckrationale Hinausreichende akzentuiert. Der Mensch wird damit in seiner Gesamtheit gesehen und zum Ausgangspunkt und Endpunkt des sozioökonomischen Denken und Handelns.

Das erarbeitete Modell der reflexiven Wirtschaftspädagogik will damit zur reflexiv-kritischen Diskussion über Ziel und Inhalt der Wissenschaft Wirtschaftspädagogik einladen. Es ist damit nicht als ein neues fertiges Metakonzept zu verstehen.

Der vorliegende Entwurf kann auch als didaktisches Modell verstanden werden, wie es z.b. im Rahmen der Entwicklung, Durchführung und Evaluierung des Planspiels *Demokratie-Bausteine. Mein Land. Dein Land. Unsere Union.* angewandt wurde. Da es bereits einige Veröffentlichungen darüber gibt bzw. weitere Publikationen dazu in Bearbeitung sind, wird in dieser Arbeit nur ein kurzer Einblick in das Planspiel gewährt und auf die bereits vorhandene Literatur verwiesen (siehe Tabelle 31).

Tabelle 31: Veröffentlichungen zum Planspiel *Demokratie-Bausteine*.

Autor/inn/en und Titel	Wesentlicher Inhalt
Tafner, G. (2013c): Supranationalität begreifbar machen. Performative Pädagogik im Planspiel.	Die qualitativ-empirischen Evaluierungsergebnisse zeigen, dass mit der performativen Pädagogik im Planspiel Supranationalität erlebbar und erfahrbar wird und damit Lernprozesse ausgelöst werden.
Köck, D.; Lacheiner, B.; Tafner, G. (2013): Das Planspiel. Idee und praktische Umsetzung im Sinne der Partizipation.	Das Planspiel entstand in Partizipation von Jugendlichen aus Deutschland und Österreich.
Tafner, G. (2013b): Das Planspiel. Pädagogisch-didaktischer Hintergrund und Evaluation.	Die Evaluierungsergebnisse zeigen, dass das Planspiel sowohl das demokratische als auch das supranationale Denken und Handeln fördert.
Tafner, G.; Liszt, V. (2013): Playing stakeholders: Experiencing decision making procedures on national and supranational levels.	Das Planspiel sowie die wesentlichen Evaluierungsergebnisse werden vorgestellt.
Tafner, G. (2012b): Abstraktes performativ erleben. Diskursethik und Supranationalität im Planspiel.	Eine Zusammenfassung der wirtschaftspädagogischen Ziele des Planspiels in Bezug auf die Supranationalität.
Tafner, G. (2012c): Integrative Wirtschaftsethik erleben: Das Planspiel im kompetenzorientierten Unterricht.	Anhand von empirischen und theoretischen Begründungen wird gezeigt, wie im Planspiel die integrative Wirtschaftsethik im Sinne einer Diskursethik umgesetzt werden kann.
Tafner, G. (2011b): Verhandlungs-, Kooperations- und interkulturelle Kompetenz im Planspiel fördern.	In einer theoretisch hermeneutischen Abhandlung wird gezeigt, wie das Planspiel Kompetenzen fördert und fordert.
Ferstl, M.; Füzi, B./Tafner, G./Wunsch-Grafton, B. (2010): „Demokratie-Bausteine. Mein Land. Dein Land. Unsere Union". Begleitheft für die Spielleitung.	Das Begleitheft führt nicht nur in das Planspiel ein, sondern gibt pädagogisches Hintergrundwissen für die Vor- und Nachbereitung.

Der Idee einer reflexiven Wirtschaftspädagogik folgend, wurde versucht, die synchronen Dimensionen der Wirtschaftspädagogik durch Erfahrungslernen (vgl. Kolb 1984) und performative Pädagogik (siehe 3.2.2) in einem Planspiel zur Anwendung zu bringen:

1. *Das Kaufmännische:* Im Mittelpunkt stehen sozioökonomische und nicht berufliche Kontexte. Dennoch gibt es Elemente, die von kaufmännischer Bedeutung sind, wie u.a. das Erstellen von Budgets, das Berechnen von Anteilen oder das Entscheiden für oder gegen bestimmte Alternativen. Alle vom Planspiel erzwungenen Handlungen beinhalten immer sowohl Elemente des Managements (Ziele setzen, planen, organisieren, durchführen, kontrollieren und kommunizieren) als auch der Finanzierung, die beide eng an das Phänomen der Knappheit gekoppelt sind.
2. *Das Ökonomische:* Obwohl das Planspiel weder ein betriebs- noch ein volkswirtschaftliches Simulationsspiel ist, bleibt ökonomisches Denken und Handeln immer Bestandteil des Spieles. Die Knappheit wirkt immer sowohl auf der nationalen als auch auf der supranationalen Ebene. Für das Management wird damit auch das Anwenden von ökonomischen Begriffen wie Bruttoinlandsprodukt, Staatshaushalt oder Arbeitslosenrate zum Bestandteil des sozioökonomischen Handelns.
3. *Das Pädagogische:* Das Planspiel ermöglicht als komplexe Methode, einerseits Handlungskompetenzen in Form von Urteils- und Entscheidungsfähigkeit zu fördern (vgl. Seeber 2007, 155) und damit kognitive und affektive Ziele zu erreichen, und andererseits im Modell vereinfacht reale Situationen und Gegebenheiten zu rekonstruieren (vgl. Rebmann 2001, 16). Im gegenständlichen Planspiel wird nicht der Idee einer Simulation gefolgt, die von einem klaren vordefinierten Ursache-Wirkungs-Zusammenhang ausgeht, der im Hintergrund, das Spiel unterstützend, mitläuft. Vielmehr wird von einem Modell ausgegangen, das ergebnisoffen und damit von der Performanz und der Performativität sowie den Entscheidungen der Spielenden abhängig ist. Damit wird das Planspiel zu einer handlungs- und situationsorientierten Methode, die nicht bestimmten Machbarkeitsvorstellungen folgt, wie sie sowohl in der neoklassischen Ökonomik und ihrer konsequentialistischen Standardtheorie als auch in einer behavioristischen Didaktik der Fall ist. Es wird also weder einem linear-kausalen Rational-Modell noch einem Modell der kulturellen oder sozialen Determiniertheit gefolgt. Situationen werden als individuell wahrgenommen und interpretiert verstanden, auch wenn Institutionen dafür sorgen, dass Wahrnehmungen und Interpretationen sozial nicht zu weit voneinander abweichen.

Mit dem Planspiel werden vor allem zwei pädagogische Ziele verfolgt: Erstens die Förderung jener Kompetenzen, die in mehrstufigen demokratischen Entscheidungsprozessen angewandt werden und zweitens das Erleben von Supranationalität im Kontext ver-

schiedener Interessen und Kulturen. In beiden Zielen webt sich das Phänomen der Knappheit ein, das es sozioökonomisch zu lösen gilt.
4. *Das Soziale:* Diese Dimension bezieht sich erstens auf die Entwicklung und zweitens die Durchführung des Planspiels. *Erstens:* Das Planspiel *Demokratie-Bausteine. Mein Land. Dein Land. Unsere Union.* wurde im Rahmen eines EU-Projektes unter Beteiligung von 16 Jugendlichen im Alter von 14–16 Jahren aus der Steiermark und Schleswig-Holstein in 18 Monaten entwickelt. Dabei wurde größter Wert auf die Partizipation der Jugendlichen als gleichberechtigte Partnerinnen und Partner gelegt.
Zweitens: In diesem Planspiel sind die teilnehmenden Personen Bürgerinnen und Bürger sowie Regierungsmitglieder vier verschiedener demokratischer Staaten. Gespielt wird in vier Gruppen, wobei jede Gruppe einen Staat auf dem erfundenen Planeten XY repräsentiert. Diese Verortung soll Vorurteile und Stereotypen verunmöglichen. Die Staaten sind Mitglieder der neu gegründeten *Erlebten Union.* Die Ziele im Spiel sind erstens das bestmögliche Lebensumfeld für die Bürgerinnen und Bürger auf nationaler und suprastaatlicher Ebene unter Knappheitsbedingungen zu schaffen sowie zweitens Demokratie-Bausteine für die Länder und die Union zu sammeln.
Nach einer Einführung in die Spielregeln und die Verteilung der Rollen beginnt die Spielphase, die in diesem Spiel aus zwei Teilen besteht: die Identitfikationsphase und die eigentliche Spielphase. Die Identifikationsphase stellt den Einstieg ins Spiel dar. Die Spielenden erhalten Länderbeschreibungen mit Aufgabenstellungen. Sie erfinden Geschichte, Kultur, Religion und Traditionen ihres Landes, gestalten ihre eigene Flagge und formen ihren Staat plastisch mit Materialien auf einem Plakat. Ministerrollen werden zugeteilt. Die Teilnehmerinnen und Teilnehmer kreieren ihre eigenen Kulturen und damit ihre eigenen kollektiven Identitäten, die im Laufe des Spiels eine teils subtile Kraft entfalten. So formt sich ein Nationalstaat mit seinem *Janusgesicht* (Habermas 1998) aus, das aus regulativen Institutionen und expressiven kulturellen Elementen besteht. Diese stark performative Phase wird mit dem Gründungstag der *Erlebten Union* abgeschlossen, an dem sich die einzelnen Staaten vorstellen und der Vertrag zur Gründung der *Erlebten Union* feierlich unterzeichnet wird. Nach der Idendifikationsphase folgt die zweite Spielphase, die in bis zu zwölf Runden gespielt werden kann, in denen immer wieder neue nationale und supranationale Probleme auftauchen. Am Beginn jeder Runde werden Ereigniskarten zugeteilt, die Ziel-, Werte- und Interessenkonflikte auf staatlicher und suprastaatlicher Ebene auslösen. Dabei spielen unterschiedliche Interes-

sen und Kulturen eine Rolle. Zusätzlich wird durch ein Geldsystem Knappheit erzeugt. Die Themen der Ereignisse sind so gewählt, dass sie persönliche Betroffenheit auslösen sowie Auswirkungen auf die Nachbarstaaten und anschließende Ereignisse zeitigen.

5. *Das Ethisch-Moralische:* Die in der eigentlichen Spielphase eingespielten Ereigniskarten lösen Ziel-, Werte- und Interessenkonflikte aus. Darin verweben sich kaufmännische, ökonomische, soziale, staatliche und suprastaatliche Dimensionen. Das Ethisch-Moralische liegt sowohl in der Bereitschaft und Fähigkeit, gemeinsam Probleme diskursethisch lösen zu können und zu wollen als auch eigene Deutungen (Sinn) zu erkennen. Darüber hinaus ist es im Zuge des Planspieles notwendig, kompromiss- und konsensbereiet zu sein und Toleranz üben zu können. Damit sollen die Dimensionen der Diskursethik, der Tugendethik und der Strebensethik performativ und kognitiv erlebt und erarbeitet werden.

6. *Das Wirtschafts(unions)bürgerliche:* Haben sich die einzelnen Staaten auf eine gemeinsame Lösungsstrategie einigen können, so treffen sich die Vertreterinnen und Vertreter im Rat, um eine Lösung für die Union herbeizuführen: Solidarinteressen auf Staatsebene entpuppen sich oftmals als Partikularinteressen auf supranationaler Ebene und bedürfen daher der Diskussion, Abwägung und Abstimmung. Abstimmungen im Rat können einstimmig oder mehrheitlich (drei von vier) angenommen werden. Bei Einstimmigkeit erhalten die Ratsmitglieder je drei Demokratie-Bausteine in der Farbe ihres Staates, bei Mehrstimmigkeit je einen, also auch jenes Mitglied, das dagegen gestimmt hat. Danach kehren alle wieder in ihre Staaten zurück und müssen nun innerhalb ihres Staates entscheiden, ob sie die Bausteine bzw. den Baustein zugunsten der Union oder des eigenen Staates erhalten haben. Die Bausteine, die dem Interesse des eigenen Staates zugeordnet werden, sind auf einem dafür vorgesehenen Blatt mit der Bezeichnung *Landes-Interesse* und jene, die dem Interesse der *Erlebten Union* zugesprochen werden, auf einem Blatt mit der Bezeichnung *EU-Interesse* abzustellen. Runde für Runde stapeln sich die Türme. Auf die Spielphase folgt die Reflexionsphase, die mit einem Vergleich der Demokratie-Baustein-Türme beginnt. Die Gruppen erklären die Zuteilung der Bausteine. Danach werden die Türme der einzelnen Länder übereinandergestapelt, die Gesamtverteilung betrachtet und diskutiert. Die Teilnehmerinnen und Teilnehmer erfahren sich im Sinne Habermas (2011) als sowohl Staats- als auch Unionsbürgerinnen und -bürger (siehe auch 6.4.2). Es folgt eine Reflexion, die sich mit dem Ablauf, der Performanz und den Ergebnissen

des Planspiels auseinandersetzt und beabsichtigt, eine Generalisierung herbeizuführen.

Im Schuljahr 2011/12 wurde das Planspiel in zwölf Schulen (4 AHS, 8 HAK) an 16 Spielterminen im Rahmen eines vom Land Steiermark finanzierten Kooperationsprojektes der Universität Graz, Institut für Wirtschaftspädagogik, von insgesamt 291 Schülerinnen und Schülern im Alter von 16 bis 18 Jahren gespielt und unter Leitung des Autors hinsichtlich der Funktionalität und Wirksamkeit im Großen und Ganzen positiv evaluiert. Wie jede andere Methode auch, so hängt der Erfolg eines Planspieles letztlich von der zielorientierten Einbindung in den Unterricht, der professionellen Spielleitung und den kohärenten Spielverlauf, der sich in einem Dreischritt von Einführung, Spielen (Identifikation) und Reflexion vollzieht, ab. Diese Bedingungen gekoppelt mit einem Neuheitseffekt und schließlich dem Spaßfaktor lassen die Annahme zu, dass das Spiel seine Stärken auch bei weiteren Spielen wird wieder entfalten können. Welche Ergebnisse das Spiel konkret zeitigen kann, hängt neben der Schwerpunktsetzung im Unterricht letztlich von der Performanz und Performativität der Spielenden ab.

6.6 Abschlussthese

Die Arbeit versuchte zu zeigen, dass erstens durch die synchrone Berücksichtigung der Dimensionen der Wirtschaftspädagogik – das Kaufmännische, Ökonomische, Soziale, Normative und Wirtschafts(unions)bürgerliche – und die Einbindung der Aisthetik in Form von Ansätzen der performativen Pädagogik eine kritische reflexive Umsetzung einer praktischen Vernunft, die das Ökonomische, Ethische und Politische verbindet, didaktisch möglich ist, und zweitens der Ansatz der reflexiven Wirtschaftspädagogik zum kritischen reflexiven Diskurs über die Ziele und Inhalte der Disziplin im Kontext des ökonomisierten Europa einladen soll.

Vietta (2012) legt dar, dass vor 2700 Jahren die Entwicklung der Rationalität im Sinne einer quantifizierbaren Zweckrationalität einsetzte und heute zu einem *Imperium der Rationalität* geworden ist. Zur Rationalität gehöre aber auch die Irrationalität, die sich in einer Überbetonung des Quantifizierbaren und der Maßlosigkeit äußert. Es sei eine gerechtere Wirtschaftsordnung, eine Neuordnung der Einkommen und Ressourcen rational notwendig:

> „Die Rationalität hat das erfolgreichste Programm aller Kulturen erfunden und durchgesetzt. Hinter diesen Stand der Geschichte gibt es kein Zurück mehr. Wohl aber erlaubt dieser Stand der Weltgeschichte den Blick auf eine Zukunft, in welcher die Einseitigkeiten wie auch Ungerechtigkeiten der Rationalität überwunden werden im Sinne einer zukünftigen friedlichen und kulturell reichen Weltgesellschaft." (Vietta 2012, 395)

Meyer (2005) legt dar, wie die *Kultur der Rationalisierung* zur Legitimation des Handelns geworden sei, das Individuum, die Organisation und der Nationalstaat diese Kultur nicht durchgehend leben könnten und es daher zu einer Entkopplung komme. Die *Kultur der Rationalisierung* sei daher mehr eine Legitimation als eine echte Handlungstruktur.

Meyers (2005) und Viettas (2012) Zugänge sind sich gewissermaßen ähnlich: In beiden ist es nicht die Rationalität alleine, die das menschliche Handeln ausmacht. Bei Meyer (2005) bleibt das Nicht-Rationale ein Bestandteil der Handlungen und bei Vietta (2012) ist die Rationalität immer auch mit dem Irrationalen verbunden.

Die Wirtschaftspädagogik steht mit ihren Inhalten und Ansprüchen im Zentrum dieser kulturellen Auseinandersetzung. Ihr Inhalt ist die Ökonomie und die Ökonomik. Sie akzentuiert aber gerade auch das Soziale und damit das Ethisch-Moralische und Wirtschafts(unions)bürgerliche. Aufgrund ihrer sozialen Dimension hat es die Wirtschaftspädagogik als Wissenschaft besonders schwierig: Als Disziplin folgt sie nicht dem Mainstream der vermeintlich *reinen* Wissenschaft, denn Pädagogik bedeutet auch die Auseinandersetzung mit dem praktischen Tun, das sich niemals vom Sozialen, Ethisch-Moralischen und Normativen trennen lässt. Im wirtschaftswissenschaftlichen Kontext scheint sie daher nicht immer aufgrund ihrer pädagogischen und im erziehungswissenschaftlichen Umfeld aufgrund ihrer wirtschaftswissenschaftlichen Zugänge verstanden zu werden. Als Integrationswissenschaft nimmt sie beides gleich ernst: Ohne Ökonomie und Ökonomik ist Wirtschaftspädagogik und wirtschaftliche Erziehung leer, ohne Ethik blind und ohne Politik rahmenlos.

In einer *Kultur der Zweckrationalität* und des *Funktionalizismus* müssen die Menschen nicht per se ökonomisch kompetent sein. Sie müssen nicht einmal ökonomophil sein. (Vgl. Dubs 2013, 16–17) Wirtschaftspädagogik hat in diesem Kontext und vor diesem kulturellen Hintergrund die Aufgabe, eine allgemeine und spezifische Wirtschaftskompetenz zu fördern, die sozial und moralisch-ethisch vertretbar ist. Die reflexive Wirtschaftspädagogik versteht sich in einer philosophischen Tradition stehend, die nicht in der Verwissenschaftlichung völlig aufgeht, sondern ihr kritisch reflexiv begegnet. Sie muss in ihrer wissenschaftlichen Fundierung die Fähigkeit aufweisen können, die Wissenschaft selbst kritisch zu hinterfragen – so wie dies Habermas (2012, 10 u. 16–17) für die Philosophie einfordert und Dubs für die Wirtschaftspädagogik (2009, 16; 2013, 32). Die reflexive Wirtschaftspädagogik soll offen bleiben für den kritischen Diskurs über Ökonomie und Gesellschaft und einem „weichen' Naturalismus* folgen, der die Bedeutung von Kultur und Gesellschaft für das ökonomische Denken und Handeln – und umgekehrt – bewusst berücksichtigt.

Wie ist mit dieser besondernen Stellung umzugehen? Die Antwort auf diese Frage ist nicht einfach und sie ist auch ein wesentlicher Grund, warum es immer wieder Diskussionen über das Selbstverständnis der Disziplin Wirtschaftspädagogik gibt. Unhinterfragte gesellschaftliche und wissenschaftliche Anerkennung kann die Wirtschaftspädagogik erst dann finden, wenn die *Kultur der Rationalität* zu einer *kritisch reflexiven* geworden ist. Ob es passiert, wann das passiert? Niemand weiß es. Aber Abraham gibt wirtschaftspädagogischen Trost und Zuspruch:

> „Denn die Wirtschaft hat eine so große Bedeutung erlangt, dass der weitere Kulturverlauf entscheidend durch das ökonomische Verhalten der heute lebenden Menschen und der künftigen Generationen bestimmt wird. Es ist daher ein wichtiges Anliegen, durch eine gute wirtschaftliche Erziehung auf dieses Verhalten einzuwirken. Es wäre zwar eine Überschätzung des Einflusses der Erziehung auf den Gang der Geschichte, wenn man glauben würde, dass deren Verlauf entscheidend durch planmäßige Erziehungsmaßnahmen beeinflusst werden kann. Die letzten 200 Jahre der europäischen Geschichte geben Anlass zu einer skeptischen Beurteilung dieser Frage. Die eigentlichen Ursachen für den krisenhaften Zustand der heutigen Kultur liegen so tief, dass die Mittel der Erziehung nicht ausreichen, um sie zu überwinden. Diese Feststellung entbindet jedoch die Erziehungswissenschaft nicht von der Verpflichtung, das Ihrige dazu beizutragen, dass die in der heutigen Kultur vorhandenen gefährlichen Spannungen überwunden werden können. Eine der wichtigsten Aufgaben ist in dieser Hinsicht die pädagogische Erschließung des Kulturbereichs Wirtschaft; dies ist der besondere Auftrag, den im Rahmen der modernen Erziehungswissenschaft die wirtschaftspädagogische Forschung zu erfüllen hat." (Abraham 1966, 30)

Die Wirtschaftspädagogik muss sich daher, wie bereits Feld (1928) ausführte, von der wissenschaftlichen Betriebs- und Volkswirtschaftslehre wohl unterscheiden. Der hier vorgeschlagene Weg sieht die Unterscheidung in der synchronen Berücksichtigung ihrer Dimensionen. Diese Unterscheidung führt zu einem *reflexiven sozioökonomischen* Zugang. Eine wirtschaftliche Erziehung, die einem solchen Zugang folgt, soll als eine *reflexive Wirtschaftspädagogik* bezeichnet werden, die das *Lebensdienliche* als Ziel vor Augen hat (vgl. Tafner 2009b, 158–161; 2012a; Ulrich 2005; 2008).

Literaturverzeichnis

Abraham, Karl (1934): Universalistische Betriebsidee und Wirtschaftspädagogik. In: *Die Betriebswirtschaft* 27 (1), S. 9–16.

Abraham, Karl (1957): Der Betrieb als Erziehungsfaktor. Die funktionale Erziehung durch den modernen, wirtschaftlichen Betrieb. 2. Aufl., Freiburg im Breisgau: Lambertus.

Abraham, Karl (1962): Die gegenwärtige Kultursituation und die Wirtschaftspädagogik. In: Karl Abraham (Hg.): Gedanken zur Wirtschaftspädagogik. Festschrift für Friedrich Schlieper zum 65. Geburtstag am 5. März 1962. Unter Mitarbeit von Friedrich Schlieper. Freiburg im Breisgau: Lambertus, S. 11–23.

Abraham, Karl (1966): Wirtschaftspädagogik. Grundfragen der wirtschaftlichen Erziehung. 2. Aufl., Heidelberg: Quelle & Meyer.

Acemoglu, Daron; Robinson, James (2012): Why nations fail. The origins of power, prosperity and poverty. New York: Crown Publishing Group.

Achtenhagen, Frank; Grubb, Norton W. (2001): Vocational and occupational education: Pedagogical complexity, institutional diversity. In: Virginia Richardson (Hg.): Handbook of research on teaching. 4. Aufl., Washington, DC: American Educational Research Association, S. 604–639.

Achtenhagen, Frank ; John, Ernst G.; Lüdecke, Sigrid; Preiss, Peter ; Seemann, Heiko; Sembill, Detlef; Tramm, Tade (1988): Lernen, Denken, Handeln in komplexen ökonomischen Situationen – unter Nutzung neuer Technologien in der kaufmännischen Berufsausbildung. In: Achtenhagen, Frank und John, Ernst G. (Hg.): Lernprozesse und Lernorte in der beruflichen Bildung. Tagungsband zum Internationalen Symposium aus Anlass der 250-Jahr-Feier der Georgia Augusta. Göttingen: Seminar für Wirtschaftspädagogik, S. 554–576.

Ackermann, Rolf (2001): Pfadabhängigkeit, Institutionen und Regelreform. Tübingen: Mohr Siebeck.

AEUV (2008): Konsolidierte Fassung des Vertrags über die Europäische Union. Amtsblatt der Europäischen Union, 2008/C 115/01 vom 9. Mai 2008.

Aff, Josef (2004): Wirtschaftsdidaktik zwischen ökonomischer Rationalität und pädagogischem Anspruch. In: *Zeitschrift für Berufs- und Wirtschaftspädagogik* 100 (1), S. 26–42.

Aff, Josef (2008): Pädagogik oder Wirtschaftspädagogik? Anmerkungen zum Selbstverständnis der Disziplin. In: Franz Gramlinger, Peter Schlögl und Michaela Stock (Hg.): *Berufs- und Wirtschaftspädagogik Online* Spezial 3, S. 1–14. Online verfügbar unter www.bwpat.de/ATspezial/aff_atspezial.pdf, zuletzt geprüft am 01.10.2013.

Aff, Josef; Mandl, Dieter; Neuweg, Georg Hans; Ostendorf, Annette; Schurer, Bruno (2008): Die Wirtschaftspädagogik an den Universitäten Österreichs. In: Franz Gramlinger, Peter Schlögl und Michaela Stock (Hg.): *Berufs- und Wirtschaftspädagogik Online* Spezial 3, S. 1–44. Online verfügbar unter http://www.bwpat.de/ATspezial/aff_mandl_neuweg_ostendorf_schurer_atspezial.pdf, zuletzt geprüft am 01.10.2013.

Aiginger, Karl (2009): Finanzkrise: Anlass, Ursachen, Strategien, inklusive Blick nach vorne. In: *WIFO-Vorträge,* Nr. 104. Wien: Österreichisches Institut für Wirtschaftsforschung.

Aiginger, Karl (2011): Why Performance Differed Across Countries in the Recent Crisis. How Country Performance in the Recent Crisis Depended on Pre-crisis Conditions. In: *WIFO Working Papers,* 2011, (387). Wien: Österreichisches Institut für Wirtschaftsforschung.

Albers, Hans-Jürgen (1988): Ökonomische Bildung und Allgemeinbildung. In: Bundesfachgruppe für ökonomische Bildung (Hg.): Ökonomische Bildung – Aufgabe für die Zukunft. Bergisch Gladbach: Verlag Thomas Hobein, S. 1–15.

Albers, Hans-Jürgen (1995): Handlungsorientierung und ökonomische Bildung. In: Hans-Jürgen Albers (Hg.): Handlungsorientierung und ökonomische Bildung. Bergisch Gladbach: Hobein, S. 1–22.

Albers, Hans-Jürgen (1996): Ethik und ökonomische Bildung. In: Hans-Jürgen Albers (Hg.): Ethik und ökonomische Bildung. Bergisch Gladbach: Verlag Thomas Hobein, S. 1–19.

Albers, Hans-Jürgen (2008): Geschichte ökonomischer Bildung. In: Reinhold Hedtke und Birgit Weber (Hg.): Wörterbuch Ökonomische Bildung. Schwalbach am Taunus: Wochenschau, S. 136–140.

Albert, Hans (1992): Die Wertfreiheitsproblematik und der normative Hintergrund der Wissenschaften. In: Hans Lenk und Matthias Maring (Hg.): Wirtschaft und Ethik. Stuttgart: Reclam, S. 82–100.

Albrecht, Harro (2011a): Burn-out, die deutsche Spezialität. Erschöpfungsdepression. In: *Die Zeit Online*, 01.12.2011. Online verfügbar unter http://pdf.zeit.de/2011/49/Burnout-International.pdf, zuletzt geprüft am 01.10.2013.

Albrecht, Harro (2011b): Burn-out. Erschöpfungsdepression. In: *Die Zeit Online*, 01.12.2012. Online verfügbar unter http://pdf.zeit.de/2011/49/M-Burnout.pdf, zuletzt geprüft am 19.09.2013 .

Albrecht, Harro; Schnabel, Ulrich (2011): „Extrem viel Adrenalin". Wie der soziale Wandel, die Medien und unser Anspruchsdenken zur kollektiven Erschöpfung führen. Ein Gespräch mit Nico Niedermeier über den Weg zur richtigen Therapie. Interview mit Nico Niedermeier. In: *Die Zeit Online*, 01.12.2011. Online verfügbar unter http://www.zeit.de/2011/49/Burnout-Interview-Niedermeier, zuletzt geprüft am 1.10.2013.

Alexander, Jeffrey C. (1982): Theoretical logic in sociology. Berkeley: University of California Press.

Alheit, Peter (2012): Komparatistische Ansätze im Kontext qualitativer Forschung. In: Burkhard Schäffer und Olaf Dörner (Hg.): Handbuch qualitative Erwachsenen- und Weiterbildungsforschung. Opladen: Barbara Budrich, S. 626–640.

Améry, Jean (2012): Die Vielen und ihr Eigentum. Ein Essay. In: *Die Zeit*, 25.10.2012, S. 20.

Amt der Steiermärkischen Landesregierung (2006): EUGEM – EUropaGEMeinde Steiermark. Endbericht – Juli 2006. Graz. Online verfügbar unter http://www.europa.steiermark.at/cms/dokumente/ 10260778_5225562/29de861a/EUGEM-Endbericht.pdf, zuletzt geprüft am 01.10.2013.

Anderson, Benedict (1991): Imagined communities. New York: Verso.

Arnold, Rolf (1997): Betriebspädagogik. 2. Aufl., Berlin: Schmidt.

Assheuer, Thomas (2013): Das böse Spiel. In: *Die Zeit*, 16.05.2013, S. 46.

Aßländer, Michael S. (2007): Adam Smith zur Einführung. Hamburg: Junius.

Aßländer, Michael S.; Nutzinger, Hans G. (2010): Der systematische Ort der Moral ist die Ethik! Einige kritische Anmerkungen zur ökonomischen Ethik Karl Homanns. In: *Zeitschrift für Wirtschafts- und Unternehmensethik (zfwu)* 11 (3), S. 226–248.

Assmann, Aleida (2011): Einführung in die Kulturwissenschaft. Grundbegriffe, Themen, Fragestellungen. 3. Aufl., Berlin: Schmidt.

Assmann, Jan (2007): Das kulturelle Gedächtnis. Schrift, Erinnerung und politische Identität in frühen Hochkulturen. 6. Aufl., München: Beck.

Axelrod, Robert M. (1984): The evolution of cooperation. New York: Basic Books.

Bachmann-Medick, Doris (2009): Cultural turns. Neuorientierungen in den Kulturwissenschaften. 3. Aufl., Reinbek bei Hamburg: Rowohlt.

Baecker, Dirk (Hg.) (2004): Kapitalismus als Religion. 2. Aufl., Berlin: Kadmos.

Baldaszti, Erika; Faßmann, Heinz; Jaschinski, Ina; Kytir, Josef; Marik-Lebeck, Stephan; Wisbauer, Alexander (2012): migration & integration. zahlen. daten. indikatoren. 2012. Wien: Statistik Austria.

Bank, Volker (2005): Der Betrieb im erfahrungswissenschaftlichen Erkenntnisinteresse der Berufs- und Wirtschaftspädagogik. In: *Berufs- und Wirtschaftspädagogik Online* (9), S. 1–13. Online verfügbar unter http://www.bwpat.de/ausgabe9/bank_bwpat9.pdf, zuletzt geprüft am 01.10.2013.

Bank, Volker (2009): Berufs- und Wirtschaftspädagogik: Epitaph einer Disziplinlosen. In: *Berufs- und Wirtschaftspädagogik Online* (16), S. 1–22. Online verfügbar unter http://www.bwpat.de/content/uploads/media/bank_bwpat16.pdf, zuletzt geprüft am 01.10.2013.

Barkhaus, Annette (2005): Arbeit, Erziehung und Familie – Plädoyer für eine Erweiterung der wirtschaftsethischen Perspektive. In: Thomas Beschorner und Bettina Hollstein (Hg.): Wirtschafts- und Unternehmensethik. Rückblick, Ausblick, Perspektiven. München: Hampp, S. 339–374.

Barraclough, Geoffrey (1963): European unity in thought and action. Oxford: Blackwell.

Bauer, Friedrich (1983): Entwicklungschancen der Konsumentenerziehung. In: Wilfried Schneider (Hg.): Wirtschaftspädagogik in Österreich. Festschrift für Hans Krasensky zum 80. Geburtstag. Unter Mitarbeit von Hans Krasensky. Wien: Manz, S. 143–162.

Bauer, Leonhard (1985): Kritik ökonomischer Denkweisen. Frankfurt am Main: Haag & Herchen.

Baumgardt, Johannes (1962): Berufspädagogik – Sozialpädagogik – Wirtschaftspädagogik. Ein Beitrag zum Problem der Ojektabgrenzung. In: Karl Abraham (Hg.): Gedanken zur Wirtschaftspädagogik. Festschrift für Friedrich Schlieper zum 65. Geburtstag am 5. März 1962. Unter Mitarbeit von Friedrich Schlieper. Freiburg im Breisgau: Lambertus, S. 51–80.

Bayer, Axel (2009): Getrennte Geschwister. Die Entstehung des Schismas zwischen der römischen und byzantinischen Kriche. In: *Welt und Umwelt der Bibel* 14 (53), S. 38–41.

Beck, Klaus (1996): „Berufsmoral" und „Betriebsmoral" – Didaktische Konzeptualisierungsprobleme einer berufsqualifizierenden Moralerziehung. In: Klaus Beck, Wolfgang Müller, Thomas Deißinger und Matthias Zimmermann (Hg.): Berufserziehung im Umbruch. Didaktische Herausforderungen und Ansätze zu ihrer Bewältigung. Weinheim: Deutscher Studien Verlag, S. 125–142.

Beck, Klaus (1999a): Zur Grundlegung einer Berufsethik für Kaufleute. In: Tade Tramm und Frank Achtenhagen (Hg.): Professionalisierung kaufmännischer Berufsbildung. Beiträge zur Öffnung der Wirtschaftspädagogik für die Anforderungen des 21. Jahrhunderts. Festschrift zum 60. Geburtstag von Frank Achtenhagen. Frankfurt am Main [u.a.]: Lang, S. 199–214.

Beck, Klaus (1999b): Wirtschaftserziehung und Moralerziehung – ein Widerspruch in sich? Zur Kritik der Kohlbergschen Moralentwicklungstheorie. In: *Pädagogische Rundschau* 53, S. 9–28.

Beck, Klaus (2000a): Die Moral von Kaufleuten. In: *Zeitschrift für Pädagogik* 46, S. 349–372.

Beck, Klaus (2000b): Ethische Differenzierung als Grundlage, Aufgabe und Movens Lebenslanges Lernen. In: Frank Achtenhagen und Wolfgang Lempert (Hg.): Lebenslanges Lernen im Beruf. Seine Grundlegung im Kindes- und Jugendalter. Band V. Leverkusen: Leske + Budrich, S. 30–51.

Beck, Klaus (2000c): Ökonomische Intelligenz und moralische Kompetenz. In: Rolf Dubs, Christoph Metzger, Hans Seitz und Franz Eberle (Hg.): Impulse für die Wirtschaftspädagogik. Festschrift zum 65. Geburtstag von Prof. Dr. Dres h.c. Rolf Dubs. Zürich: Verlag SKV, S. 175–193.

Beck, Klaus (2003a): Ethischer Universalismus als moralische Verunsicherung? In: *Zeitschrift für Berufs- und Wirtschaftspädagogik* 99 (2), S. 274–298.

Beck, Klaus (2003b): Berufsethik für Kaufleute – Zur Grundlagendiskussion über Generalisierungs- und Geltungsfragen. In: Antje Bredow, Rolf Dobischat und Joachim Rottmann (Hg): Berufs- und Wirtschaftspädagogik von A–Z. Grundlagen, Kernfragen und Perspektiven. Baltmannsweiler: Schneider Verlag Hohengehren, S. 167–184.

Beck, Klaus (2006a): Relativismus und Rolle – Zur Grundlegung einer differentiellen Moralerziehung. In: Philipp Gonon, Reinhold Nickolaus und Fritz Klauser (Hg.): Bedingungen beruflicher Moralentwicklung und beruflichen Lernens. Weinheim: VS Verlag für Sozialwissenschaften, S. 9–22.

Beck, Klaus (2006b): Revision der Moralerziehung in Kaufmannsberufen? Grundlinien einer didaktischen Alternative. In: Bundesverband der Lehrerinnen und Lehrer an Wirtschaftsschulen e.V. (Hg.): Herausforderungen für die kaufmännische Berufsbildung. Festschrift zum 75. Geburtstag von Horst Knaut. Heft 53 der Sonderschriftenreihe des VLW, S. 22–26.

Beck, Klaus (2006c): Kaufmannsmoral – Doppelmoral? Wirtschaftsethische Aspekte beruflicher Qualifizierung im Lichte der Neuen Insitutionenökonomik. In: Hans-Dieter Braun und Bernd-Joachim Ertelt (Hg.): Paradigmenwechsel in der Arbeitsmarkt- und Sozialpolitik? Brühl/Rheinland: Fachhochschule des Bundes für Öffentliche Verwaltung, S. 384–398.

Beck, Klaus (2008): Zur inhaltlichen Bestimmung berufsmoralischer Kompetenz. Zwei ethische Thesen und einige ihrer Folgen. In: Dieter Münk, Klaus Breuer und Thomas Dreißinger (Hg.): Berufs- und Wirtschaftspädagogik – Probleme und Perspektiven aus nationaler und internationaler Sicht. Neue Forschungserträge aus der Berufs- und Wirtschaftspädagogik. Schriftenreihe der Sektion Berufs- und Wirtschaftspädagogik der Deutschen Gesellschaft für Erziehungswissenschaft (DGfE). Opladen: Barbara Barbara Budrich, S. 41–50.

Beck, Klaus; Brütting, Bernhard; Lüdecke-Plümer, Sigrid.; Minnameier, Gerhard; Schirmer, Uta.; Schmid, Sabine N. (1996): Zur Entwicklung moralischer Urteilskompetenz in der kaufmännischen Erstausbildung – Empirische Befunde und praktische Probleme. In: Klaus Beck und Helmut Heid (Hg.): Lehr-Lern-Prozesse in der kaufmännischen Erstausbildung – Wissenserwerb, Motivierungsgeschehen und Handlungskompetenzen. Stuttgart: Franz Steiner (ZBW-Beiheft 13), S. 187–206.

Beck, Klaus; Czycholl, Reinhard; Ebner, Hermann G.; Reinisch, Holger (Hg.) (1988): Zur Kritik handlungsorientierter Ansätze in der Didaktik der Wirtschaftslehre. Oldenburg: Bibliotheks- und Informationssystem der Universität.

Beck, Klaus; Parche-Kawik, Kerstin (2004): Das Mäntelchen im Wind? Zur Domänespezifität moralischen Urteilens. In: *Zeitschrift für Pädagogik* 50 (2), S. 244–265.

Becker, Gary S. (1982): Der ökonomische Ansatz zur Erklärung menschlichen Verhaltens. Tübingen: Mohr.

Becker, Günter (2011): Kohlberg und seine Kritiker. Die Aktualität von Kohlbergs Moralpsychologie. Wiesbaden: VS Verlag für Sozialwissenschaften.

Becker, Hellmut (1969): Friedrich Eddings Beitrag zur Bildungsökonomie und Bildungsforschung. Friedrich Edding's contribution to the economics of education and to educational research. Bildungsökonomie, eine Zwischenbilanz. Stuttgart: Klett.

Becker-Ritterspach, Florian A. A.; Becker-Ritterspach, Jutta C. E. (2006): Isomorphie und Entkoppelung im Neo-Institutionalismus. In: Konstanze Senge, Kai-Uwe Hellmann und W. Richard Scott (Hg.): Einführung in den Neo-Institutionalismus. Wiesbaden: VS Verlag für Sozialwissenschaften, S. 102–117.

Benedek, Wolfgang (Hg.) (2004): Menschenrechte verstehen. Handbuch zur Menschenrechtsbildung. Österreich. Wien: NWV Neuer Wissenschaftlicher Verlag.

Benjamin, Walter (2004): Kapitalismus als Religion. In: Dirk Baecker (Hg.): Kapitalismus als Religion. 2. Aufl., Berlin: Kadmos, S. 15–18.

Benner, Dietrich (1991): Zur theoriegeschichtlichen Relevanz nicht-affirmativer Erziehungs- und Bildungstheorie. In: Dietrich Benner (Hg.): Erziehung, Bildung, Normativität. Versuche einer deutsch-deutschen Annäherung. Weinheim: Juventa, S. 11–28.

Benner, Dietrich (2012): Allgemeine Pädagogik. Eine systematisch-problemgeschichtliche Einführung in die Grundstruktur pädagogischen Denkens und Handelns. 7. Aufl., Weinheim und Basel: Beltz, Juventa.

Bennett, Milton J. (2004a): Towards Ethnorelativism: A Development Model of Intercultural Sensitivity. In: R. Michael Paige (Hg.): Education for the intercultural experience. Yarmouth, Maine: Intercultural Press, S. 21–72.

Bennett, Milton J. (2004b): Becoming interculturally competent. In: Jaime S. Wurzel (Hg.): Toward multiculturalism: A reader in multicultural education. Newton, MA: Intercultural Resource Corporation. Online verfügbar unter http://www.idrinstitute.org/allegati/idri_t_pubblicazioni/1/file_documento.pdf, zuletzt geprüft am 01.10.2013.

Berger, Peter L. (1973): Zur Dialektik von Religion und Gesellschaft. Elemente einer soziologischen Theorie. Frankfurt am Main: Fischer.

Berger, Peter L.; Luckmann, Thomas (1977): Die gesellschaftliche Konstruktion der Wirklichkeit. Eine Theorie der Wissenssoziologie. 5. Aufl., Frankfurt am Main: Fischer.

Berghaus, Margot (2004): Luhmann leicht gemacht. Eine Einführung in die Systemtheorie. 2. Aufl., Köln: Böhlau.

Bibelserver (2012): ERF Online & Deutsche Bibelgesellschaft, Stiftung Christliche Medien, Brunnen-Verlag, Genfer Bibelgesellschaft, Katholisches Bibelwerk, Crossway, Biblica, ERF Medien Schweiz, TWR. Online verfügbar unter http://www.bibleserver.com/start, zuletzt geprüft am 01.10.2013.

Bielefeldt, Heiner (2008): Menschenrechtlicher Universalismus ohne eurozentrische Verkürzung. In: Günter Nooke, Georg Lohmann und Gerhard Wahlers (Hg.): Gelten Menschenrechte universal? Begründungen und Infragestellungen. Freiburg im Breisgau: Herder, S. 98–141.

Bienengräber, Thomas (2010): Wirtschaftsethik und Moralentwicklung – individuelle und konzeptionelle Voraussetzungen für moralisches wirtschaftliches Handeln. In: *Zeitschrift für Wirtschafts- und Unternehmensethik* 11 (3), S. 302–321.

Bienengräber, Thomas (2011): Situierung oder Segmentierung? Zur Entstehung einer differenzierten moralischen Urteilskompetenz. In: *Zeitschrift für Berufs- und Wirtschaftspädagogik* 107, S. 499–519.

Bieri, Peter (2005): Wie wäre es, gebildet zu sein? Festrede. Pädagogische Hochschule Bern. Online verfügbar unter http://www.hwr-berlin.de/fileadmin/downloads_internet/publikationen/Birie_Gebildet_sein.pdf, zuletzt geprüft am 01.10.2013.

Bieri, Peter (2007): Wie wäre es, gebildet zu sein? Grünwald: Komplett-Media.

Bieri, Peter (2009): Das Handwerk der Freiheit. Über die Entdeckung des eigenen Willens. 9. Aufl., Frankfurt am Main: Fischer.

Bieri, Peter (2011): Wie wollen wir leben? St. Pölten: Residenz.

Blasberg, Anita; Kohlenberg Kerstin (2012): Die Klimakrieger. In: *Die Zeit*, 22.11.2012, S. 17–19.

Blum, Ulrich (1998): Neue Arbeitswelt: Zukünftige Quellen des Wachstums und des Bürgereinkommens – Welche Konsequenzen ergeben sich aus der vorrangigen Bedeutung von Wissen und Kapital? In: Hans-Wolfgang Arndt und Friedhelm Hilterhaus (Hg.): Rechtsstaat – Finanzverfassung – Globalisierung: Neue Balance zwischen Staat und Bürger: Symposium, 10.–12. Dezember 1997 in Berlin. Köln: Verlag Hanns Martin Schleyer-Stiftung, S. 45–53.

bm:bwk (2003a): Lehrplan der Handelsschule, vom 08.07.2003. Fundstelle: BGBl. Nr. 315/2003.

bm:bwk (2003b): Lehrpläne für den katholischen Religionsunterricht an Hauptschulen, an der Unterstufe allgemein bildender höherer Schulen, an berufsbildenden höheren Schulen sowie an Berufsschulen, vom 23.12.2003. Fundstelle: BGBl. 571/2003.

bm:bwk (2004): Lehrplan der Handelsakademie, vom 19.07.2004. Fundstelle: BGBl. II Nr. 291/2004.

bm:uk (1993): Lehrplan für die Handelsschule, vom 08.07.2003. Fundstelle: BGBl.: 315/2003.

bm:uk (1994a): Lehrpläne für die Handelsakademie und die Handelsschule; Bekanntmachung der Lehrpläne für den Religionsunterricht, vom 18.11.1994. Fundstelle: BGBL Nr. 279/1994.

bm:uk (1994b): Politische Bildung in den Schulen. Grundsatzerlaß zum Unterrichtsprinzip. Fundstelle: GZ 33.464/6-19a/78 – Wiederverlautbarung mit GZ 33.466/103-V/4a/94 Bundesministerium für Unterricht und kulturelle Angelegenheiten, Abteilung Politische Bildung.

bm:uk (1978): Lehrpläne für die Handelsakademie und die Handelsschule sowie ihre Sonderformen sowie Festsetzung der Lehrverpflichtungsgruppen neuer Unterrichtsgegenstände; Bekanntmachung der Lehrpläne für den Religionsunterricht an diesen Schulen, vom 15.07.1978. Fundstelle: BGBl. Nr. 121/1978.

bm:ukk (2008): Änderung des Schulunterrichtsgesetzes, vom 08.08.2008. Fundstelle: BGBl. I Nr. 117/2008.

bm:ukk (2009): Lehrplan für den Evangelischen Religionsunterricht an berufsbildenden mittleren und höheren Schulen (einschließlich der Sonderformen) sowie Änderungen von Bekanntmachungen in Verordnungen über die Lehrpläne der berufsbildenden mittleren und höheren Schulen (einschließlich der Sonderformen), der höheren land- und forstwirtschaftlichen Lehranstalten und der Forstfachschule, vom 04.05.2009. Fundstelle: BGBl. Nr. 130/2009.

bm:ukk (2011a): Bekanntmachung der Bundesministerin für Unterricht, Kunst und Kultur betreffend den Lehrplan für den griechisch-orientalischen (orthodoxen) Religionsunterricht an mittleren und höheren Schulen (Sekundarstufe II), vom 19.07.2011. Fundstelle: BGBl. II Nr. 225/2011.

bm:ukk (2011b): Bekanntmachung der Bundesministerin für Unterricht, Kunst und Kultur betreffend die Lehrpläne für den islamischen Religionsunterricht an Pflichtschulen, mittleren und höheren Schulen, vom 25.07.2011. Fundstelle: BGBl. II Nr. 234/2011.

bm:ukk (2013c): Schwerpunkte. Kaufmännische Schulen. Online verfügbar unter http://www.abc.berufsbildendeschulen.at/de/schwerpunkte.asp?styp=3&menu_id=517, zuletzt geprüft am 01.10.2013.

bm:uks (1988): Lehrpläne für die Handelsakademie und die Handelsschule; Bekanntmachung der Lehrpläne für den Religionsunterricht, vom 21.07.1988. Fundstelle: BGBl. Nr. 146/1988.

Böckenförde, Ernst-Wolfgang (1967): Die Entstehung des Staates als Vorgang der Säkularisation. In: Ernst Forsthoff (Hg.): Säkularisation und Utopie. Ebracher Studien. Ernst Forsthoff zum 65. Geburtstag. Stuttgart [u.a.]: Kohlhammer, S. 75–95.

Böckenförde, Ernst-Wolfgang (2003): Grundlagen europäischer Solidarität. In: *Frankfurter Allgemeine Zeitung*, 20.06.2003, S. 8.

Bogdandy, Armin von; Bast, Jürgen (2009): Europäisches Verfassungsrecht. Theoretische und dogmatische Grundzüge. 2. Aufl., Dordrecht [u.a.]: Springer.

Böhm, F. (1961): Demokratie und ökonomische Macht. In: Institut für ausländisches und internationales Wirtschaftsrecht (Hg.): Kartelle und Monopole im modernen Recht. Band I. Karlsruhe: C. F. Müller, S. 3–24.

Bohnsack, Ralf (1999): Rekonstruktive Sozialforschung. Einführung in Methodologie und Praxis qualitativer Forschung. 3. Aufl., Opladen: Leske + Budrich.

Bohnsack, Ralf (2003): Rekonstruktive Sozialforschung. Einführung in qualitative Methoden. 5. Aufl., Opladen: Leske + Budrich.

Bohnsack, Ralf (2005): Standards nicht-standardisierter Forschung in der Erziehungs- und Sozialwissenschaft. In: *Zeitschrift für Erziehungswissenschaft* 8 (Beiheft 4), S. 63–81.

Bohnsack, Ralf (2007): Rekonstruktive Sozialforschung: Einführung in qualitative Methoden. In: Christoph Wulf und Jörg Zirfas (Hg.): Pädagogik des Performativen. Theorien, Methoden, Perspektiven. Weinheim: Beltz, S. 200–212.

Bohnsack, Ralf; Krüger, Heinz-Hermann (2005): Qualität Qualitativer Forschung – Einführung in den Themenschwerpunkt. In: *Zeitschrift für qualitative Bildungs-, Beratungs- und Sozialforschung* 6 (1), S. 185–190.

Bohnsack, Ralf; Przyborski, Aglaja; Schäffer, Burkhard (2008): Einleitung: Gruppendiskussionen als Methode rekonstruktiver Sozialforschung. In: Ralf Bohnsack, Aglaja Przyborski und Burkhard Schäffer (Hg.): Das Gruppendiskussionsverfahren in der Forschungspraxis. 2. Aufl., Opladen: Barbara Budrich, S. 7–22.

Borgolte, Michael (2010): Wie Europa seine Vielfalt fand. Über die mittelalterlichen Wurzeln für die Pluralität der Werte. In: Hans Joas und Klaus Wiegandt (Hg.): Die kulturellen Werte Europas. 5. Aufl., Frankfurt am Main: Fischer, S. 117–163.

Borsche, Tilman (2010): Europa als Zukunft – Zukunft Europa. Philosophische Reflexionen. In: Michael Gehler und Silvio Vietta (Hg.): Europa – Europäisierung – Europäistik. Wien [u.a.]: Böhlau, S. 257–270.

Bossong, Georg (2007): Das maurische Spanien. Geschichte und Kultur. München: Beck.

Bossong, Georg (2008): Die Sepharden. Geschichte und Kultur der spanischen Juden. München: Beck.

Bourdieu, Pierre (1985): „Vernunft ist eine historische Errungenschaft, wie die Sozialversicherung." Bernd Schwibs im Gespräch mit Pierre Bourdieu. In: *Neue Sammlung* 25, S. 376–394.

Bourdieu, Pierre (1993): Sozialer Sinn. Kritik der theoretischen Vernunft. Frankfurt am Main: Suhrkamp.

Brague, Rémi (2012): Europa – seine Kultur, seine Barbarei. Exzentrische Identität und römische Sekundarität. 2. Aufl., Wiesbaden: Springer.

Brandlmaier, Elke; Frank, Hermann; Korunka, Christian; Plessnig, Alexandra; Schopf, Christiane; Tamegger, Konrad (2006): Ökonomische Bildung von SchülerInnen Allgemeinbildender Höherer Schulen. Modellentwicklung, Entwicklung eines Messinstruments, ausgewählte Ergebnisse. Wien: Facultas.

Braun, Christina von (2012): Der Preis des Geldes. Eine Kulturgeschichte. Berlin: Aufbau.

Braunmühl, Ekkehard von (2006): Antipädagogik. Studien zur Abschaffung der Erziehung. Leipzig: Tologo.

Breuss, Fritz (2006): WIFO-Weißbuch: Mehr Beschäftigung durch Wachstum auf Basis von Innovation und Qualifikation Teilstudie 4: Europäische Wirtschaftspolitik: Binnenmarkt, WWU, Lissabon, Erweiterung. Wien: Österreichisches Institut für Wirtschaftsforschung.

Breuss, Fritz (2010): Österreich 15 Jahre EU Mitglied. In: *WIFO Monatsberichte* (2), Wien: Österreichisches Institut für Wirtschaftsforschung, S. 117–136.

Brezinka, Wolfgang (1977): Grundbegriffe der Erziehungswissenschaft. Analyse, Kritik, Vorschläge. 3. Aufl., München: Reinhardt.

Brezinka, Wolfgang (1986): Erziehung in einer wertunsicheren Gesellschaft. Beiträge zur praktischen Pädagogik. 2. Aufl., München: Reinhardt.

Brezinka, Wolfgang (1988): Über den Nutzen wissenschaftstheoretischer Reflexion für ein System der Erziehungswissenschaft. In: *Zeitschrift für Pädagogik* (2), S. 247–269.

Brinitzer, Ron (2001): Mentale Modelle und Ideologien in der Institutionenökonomik – Das Beispiel Religion. In: Aloys Prinz, Albert Steenge und Alexander Vogel (Hg.): Neue Institutionenökonomik. Anwendung auf Religion, Banken und Fußball. Münster: Lit, S. 135–192.

Brissaud, Alain (1993): Islam und Christentum. Gemeinsamkeit und Konfrontation gestern und heute. Mannheim: Bibliographisches Institut.

Brodbeck, Karl-Heinz (2004): Die fragwürdigen Grundlagen des Neoliberalismus. Wirtschaftsordnung und Markt in Hayeks Theorie der Regelselektion. Leicht korrigierte online Version vom 13. Oktober 2004. In: *Zeitschrift für Politik* 48 (2001), S. 49–71. Online verfügbar unter http://193.174.81.9/professoren/bwl/brodbeck/hayek.pdf, zuletzt geprüft am 01.10.2013.

Brodbeck, Karl-Heinz (2012): Die Herrschaft des Geldes. Geschichte und Systematik. 2. Aufl., Darmstadt: Wissenschaftliche Buchgesellschaft.

Bruchhäuser, Hanns-Peter (2001): Wissenschaftsprinzip versus Situationsprinzip? In: *Zeitschrift für Berufs- und Wirtschaftspädagogik* 97 (3), S. 321–345.

Bruchhäuser, Hanns-Peter (2003): Zur Rationalisierung curricularer Konstruktionsprinzipien. In: *Zeitschrift für Berufs- und Wirtschaftspädagogik* 99, S. 497–508.

Bruckmüller, Ernst (Hg.) (2004): Österreich Lexikon. 3 Bände. Wien: Verlagsgemeinschaft Österreich-Lexikon.

Büchter, Karin; Klusmeyer, Jens; Kipp, Martin: Editorial bwp@ 16. Selbstverständnis der Disziplin Berufs- und Wirtschaftspädagogik. In: *Berufs- und Wirtschaftspädagogik Online*. Online verfügbar unter http://www.bwpat.de/content/ausgabe/16/editorial-bwp16/, zuletzt geprüft am 01.10.2013.

Bundesminister für Wissenschaft und Forschung (1979): Studienplan für die wirtschaftspädagogische Studienrichtung, vom 30.09.1979. Fundstelle: Mitteilungsblatt der Karl-Franzens-Universität Graz.

Bundesminister für Wissenschaft und Forschung (1986): Studienplan für die Studienrichtung Wirtschaftspädagogik, vom 29.07.1986. Fundstelle: Mitteilungsblatt der Karl-Franzens-Universität Graz.

Bundesministerium für Inneres (1994): EU-Volksabstimmung. Volksabstimmung über den Beitritt Österreichs zur Europäischen Union am 12. Juni 1994. Online verfügbar unter http://www.bmi.gv.at/cms/BMI_wahlen/volksabstimmung/files/Eu_Volksabstimmung.pdf, zuletzt geprüft am 01.10.2013.

B-VG (2005): Bundesverfassungsgesetz der Republik Österreich in der geltenden Fassung.

BVerfG (2003): 2 BvR 1436/02 vom 3.6.2003, Absatz-Nr. (1 - 140). Online verfügbar unter http://www.bverfg.de/entscheidungen/rs20030924_2bvr143602.htm, zuletzt geprüft am 01.10.2013.

BVerfG (2009): BVerfG, 2 BvE 2/08 vom 30.6.2009, Absatz-Nr. (1 - 421). Online verfügbar unter: http://www.bverfg.de/entscheidungen/es20090630_2bve000208.html, zuletzt geprüft am 01.10.2013.

BVerfG (1993): BVerfG, 2 BvR 2134/92 vom 12.10.1993. Online verfügbar unter: http://dejure.org/dienste/vernetzung/rechtsprechung?Gericht=BVerfG&Datum=12.10.1993& Aktenzeichen=2%20BvR%202134/92, zuletzt geprüft am 01.10.2013.

Callies, Christian (2004a): Globalisierung der Wirtschaft und Internationalisierung des Staates – Subsidiaritätsprinzip und Solidaritätsprinzip als Strukturprinzipien der Kompetenzverflechtung zwischen Staaten und Internationalen Organisationen. In: *Institut für Völkerrecht der Universität Göttingen, Abteilung Europarecht – Göttinger Online-Beiträge zum Europarecht* (1), S. 1–17.

Callies, Christian (2004b): Über den Staaten- und Verfassungsverbund zum Gemeinwohlverbund (Common Goods and Multilevel Constitutionalism in the European Union). In: *Institut für Völkerrecht der Universität Göttingen, Abteilung Europarecht – Göttinger Online-Beiträge zum Europarecht* (10), S. 1–34.

Campbell, John L. (2004): Institutional Change and Globalization. Princeton: Princeton University Press.

Casanova, José (2007): Die religiöse Lage in Europa. In: Hans Joas (Hg.): Säkularisierung und die Weltreligionen. Frankfurt am Main: Fischer, S. 322–357.

Castiglione, Dario (2009): Political identity in a community of strangers. In: Jeffrey T. Checkel und Peter J. Katzenstein (Hg.): European identity. Cambridge: Cambridge University Press, S. 29–51.

Cerwinka, Günter (2004): Die neue Grazer Stadtgeschichte. In: *Zeitschrift des Historischen Vereines für Steiermark* 95, S. 355–381.

CIA (2012): World Factbook. Online verfügbar unter https://www.cia.gov/library/publications/the-world-factbook, zuletzt geprüft am 01.10.2013.

Cipolla, Carlo M. (1983): Die Ursprünge. In: Carlo M. Cipolla und Knut Borchardt (Hg.): Europäische Wirtschaftsgeschichte. In 5 Bänden. Stuttgart: Fischer.

Citrin, Jack; Sides, John (2004): More than Nationals: How Identity Choice Matters in the New Europe. In: Richard K. Herrmann, Thomas Risse und Marilynn B. Brewer (Hg.): Transnational identities. Becoming European in the EU. Lanham: Rowman and Littlefield, S. 161–185.

Clark, Terry N. (1974): Die Stadien wissenschaftlicher Institutionalisierung. In: Peter Weingart (Hg.): Determinanten wissenschaftlicher Entwicklung. Frankfurt am Main: Fischer, S. 105–121.

Clemens, Gabriele B.; Reinfeldt, Alexander; Wille, Gerhard (2008): Geschichte der europäischen Integration. Ein Lehrbuch. Paderborn: Schöningh.

Coase, Ronald (2002): The new institutional economics. In: The economics of contracts. Cambridge [u.a.]: Cambridge University Press, S. 45–48.

Combe, Arno; Helsper, Werner (Hg.) (1996): Pädagogische Professionalität. Untersuchungen zum Typus pädagogischen Handelns. Frankfurt am Main: Suhrkamp.

Czycholl, Reinhard (1983): Die Wirtschaftspädagogik an der Johannes-Kepler-Universität Linz aus der Sicht der Abteilung für Berufs- und Wirtschaftspädagogik. In: Wilfried Schneider (Hg.): Wirtschaftspädagogik in Österreich. Festschrift für Hans Krasensky zum 80. Geburtstag. Unter Mitarbeit von Hans Krasensky. Wien: Manz, S. 131–142.

Dahrendorf, Ralf (1965): Bildung ist Bürgerrecht. Plädoyer für eine aktive Bildungspolitik. Bramsche/Osnabrück: Christian Wegner.

Dahrendorf, Ralf (1995): Über den Bürgerstatus. In: Bert van den Brink (Hg.): Bürgergesellschaft, Recht und Demokratie. Frankfurt am Main: Suhrkamp, S. 29–43.

Danner, Helmut (1998): Methoden geisteswissenschaftlicher Pädagogik. Einführung in Hermeneutik, Phänomenologie und Dialektik. München, Basel: E. Reinhardt.

Davie, Grace (2000): Religion in modern Europe. A memory mutates. Oxford, New York: Oxford University Press.

Dawes, Robyn M. (1980): Social Dilemmas. In: *Annual Review of Psychology* 31, S. 169–193.

Dawkins, Richard (1994): Das egoistische Gen. Heidelberg [u.a.]: Spektrum.

Deardorff, Darla K. (2009): Synthesizing Conceptualizations of Intercultural Competence. A Summary and Emerging Themes. In: Darla K. Deardorff (Hg.): A Sage handbook of intercultural competence. Unter Mitarbeit von Derek Curtis Bok. Los Angeles [u.a.]: Sage, S. 264–269.

Deci, Edward L.; Ryan, Richard M. (1993): Die Selbstbestimmungstheorie der Motivation und ihre Bedeutung für die Pädagogik. In: *Zeitschrift für Pädagogik* 39 (2), S. 223–238.

Deeg, Herta (1963): Wirtschaftspädagogik um das Jahr 1900. Die Wirtschaftspädagogik bei Theodor Franke. In: *Die Deutsche Berufs- und Fachschule* 59, S. 241–255.

Detjen, Joachim (2007): Politische Bildung. Geschichte und Gegenwart in Deutschland. München: Oldenbourg.

Deutsche Gesellschaft für ökonomische Bildung (2005): Kompetenzen der ökonomischen Bildung für allgemein bildende Schulen und Bildungsstandards für den mittleren Schulabschluss. In: Bernd O. Weitz (Hg.): Standards in der ökonomischen Bildung. Bergisch Gladbach: Verlag Thomas Hobein, S. 32.

Deutsche Gesellschaft für ökonomische Bildung (2011): Forderungen zur ökonomischen Bildung an allgemein bildenden Schulen. Online verfügbar unter http://degoeb.de/index.php?page=forderungen, zuletzt geprüft am 01.10.2013.

Deutscher Bundestag (2012): Berichtsentwurf Projektgruppe 3: Wachstum, Ressourcenverbrauch und technischer Fortschritt – Möglichkeiten und Grenzen der Entkopplung. Kapitel 1–6. Online verfügbar unter http://www.bundestag.de/bundestag/gremien/enquete/wachstum/Kommissionsdrucksachen/8 2_PG3_Berichtsentwurf.pdf, zuletzt geprüft am 01.10.2013.

Deutscher Bundestag (2013a): Berichtsentwurf. Projektgruppe 3: Wachstum, Ressourcenverbrauch und technischer Fortschritt – Möglichkeiten und Grenzen der Entkopplung. Kapitel 7. Online verfügbar unter http://www.bundestag.de/bundestag/gremien/enquete/wachstum/Kommissionsdrucksachen/9 1_PG3_Bericht_Kapitel_7.pdf, zuletzt geprüft am 01.10.2013.

Deutscher Bundestag (2013b): Koalition setzt ihren Abschlussbericht durch. Online verfügbar unter http://www.bundestag.de/dokumente/textarchiv/2013/42358028_kw03_pa_enquete_wachstum /, zuletzt geprüft am 01.10.2013.

Die Welt (2009): Staatliches Versagen hat zur Finanzkrise geführt. In: *Die Welt*, 10.04.2009. Online verfügbar unter http://www.welt.de/politik/article3536274/Staatliches-Versagen-hat-zur-Finanzkrise-gefuehrt.html, zuletzt geprüft am 01.10.2013.

Dietrich, Julia (2007): Ethische Kompetenz – Philosophische Kriterien für die Klärung eines Begriffsfeldes. In: Peggy H. Breitenstein, Volker Steenblock und Joachim Siebert (Hg.): Geschichte – Kultur – Bildung. Philosophische Denkrichtungen; Johannes Rohbeck zum 60. Geburtstag. Hannover: Siebert, S. 206–220.

Dietrich, Julia (2008): Worin besteht ethische Kompetenz? Ethische Orientierung als Begründung einer Entscheidung unter Unsicherheit. Abstract eines Tagungsbeitrages. Lebenswelt und Wissenschaft. XXI. Deutscher Kongress für Philosophie an der Universität Duisburg-Essen. Online verfügbar unter http://www.dgphil2008.de/programm/sektionen/abstract/dietrich-1.html, zuletzt geprüft am 01.10.2013.

DiMaggio, Paul J.; Powell, Walter W. (1983): The Iron Cage Revisited: The Institutional Isomorphism and Collective Rationality. In: *American Sociological Review* 48 (2), S. 147–160.

DiMaggio, Paul J.; Powell, Walter W. (1991): Introduction. In: Walter W. Powell und Paul J. DiMaggio (Hg.): The new institutionalism in organizational analysis. Chicago: University of Chicago Press, S. 1–40.

Dlabač, Friedrich; Gelcich, Eugen (1910): Das kommerzielle Bildungswesen in Österreich. Wien: Hölder.

Dörfler-Dierken, Angelika (2006). Befehl – Gehorsam – Mitmenschlichkeit. In: Ulrich Hagen (Hg.): Armee in der Demokratie. Wiesbaden: Verlag für Sozialwissenschaften, S. 165–188.

Dörschel, Alfons (1975): Einführung in die Wirtschaftspädagogik. 4. Aufl., München: Vahlen.

Douglas, Mary (1985): Reinheit und Gefährdung. Eine Studie zu Vorstellungen von Verunreinigung und Tabu. Berlin: Reimer.

Douglas, Mary (1991): Wie Institutionen denken. Frankfurt am Main: Suhrkamp.

Drucker, Peter F. (2003): The practice of management. Oxford: Butterworth-Heinemann.

Dubs, Rolf (1987): Volkswirtschaftslehre. Wirtschaftsbürgerkunde für Mittelschule und zum Selbststudium. 5. Aufl., Haupt: Bern.

Dubs, Rolf (2006): Bildungsstandards und kompetenzorientiertes Lernen. In: Gerhard Minnameier und Eveline Wuttke (Hg.): Berufs- und wirtschaftspädagogische Grundlagenforschung. Lehr-Lern-Prozesse und Kompetenzdiagnostik; Festschrift für Klaus Beck. Frankfurt am Main: Lang, S. 161–175.

Dubs, Rolf (2009): Finanz- und Wirtschaftskrise. Die Bedeutung der wirtschaftlichen Bildung. In: Michaela Stock (Hg.): Entrepreneurship, Europa als Bildungsraum, europäischer Qualifikationsrahmen. Tagungsband zum 3. Österreichischen Wirtschaftspädagogik-Kongress. Wien: Manz, S. 9–18.

Dubs, Rolf (2012): Überlegungen zum Impact der pädagogischen Forschung. In: Uwe Faßhauer, Bärbel Fürstenau und Eveline Wuttke (Hg.): Berufs- und wirtschaftspädagogische Analysen. Aktuelle Forschungen zur beruflichen Bildung. Opladen: Barbara Budrich (Schriftenreihe der Sektion Berufs- und Wirtschaftspädagogik der Deutschen Gesellschaft für Erziehungswissenschaft (DGfE)), S. 11–23.

Dubs, Rolf (2013): Ökonomische Allgemeinbildung in der Sekundarstufe II. In: Thomas Retzmann (Hg.): Ökonomische Allgemeinbildung in der Sekundarstufe II. Konzepte, Analysen und empirische Befunde. Schwalbach am Taunus: Wochenschau, S. 13–25.

Duncker, Ludwig (2010): Kulturen im Plural: Zur dialektischen Rekonstruktion des Kulturbegriffs – Vorbemerkungen zum Kapitel Enkulturation in und um Lernkulturen. In: Olaf Hartung, Matthias C. Fink, Peter Gansen, Roberto Priore und Ivo Steininger (Hg.): Lernen und Kultur. Kulturwissenschaftliche Perspektiven in den Bildungswissenschaften. Wiesbaden: VS Verlag für Sozialwissenschaften, S. 171–177.

Durkheim, Émile (1980): Die Regeln der soziologischen Methode. Herausgegeben von René König. Frankfurt am Main: Suhrkamp.

Durkheim, Émile (1986): Der Individualismus und die Intellektuellen. In: Hans Bertram (Hg.): Gesellschaftlicher Zwang und moralische Autonomie. Frankfurt am Main: Suhrkamp, S. 54–70.

Durkheim, Émile (2007): Die elementaren Formen des religiösen Lebens. Frankfurt am Main, Leipzig: Verlag der Weltreligionen.

Ebner, C. (2007): Kleidung verändert: Mode im Kreislauf der Kultur. Bielefeld: Transcript.

Edmonds, Bruce (2005): The revealed poverty of the gene-meme analogy – why memetics per se has failed to produce substantive results. In: *Journal of Memetics - Evolutionary Models of Information Transmission* 9. Online verfügbar unter http://cfpm.org/jom-emit/2005/vol9/edmonds_b.html, zuletzt geprüft am 01.10.2013.

Englert, Ludwig (1966) (Hg.): Georg Kerschensteiner. Eduard Pranger. Briefwechsel 1912–1931. München, Wien: Oldenbourg.

EGMR (2001): Dahlab versus Schweiz, 15.2.2011, 42.393/978, RJD 2001-V.

EGMR (2004): Leyla Şahin versus Türkei, 29. 6. 2004, 44.774/98, RJD 2005-XI.

Erlei, Matthias (2007): Sinnbildung, Religion und Präferenz. In: Martin Held, Gisela Kubon-Gilke und Richard Sturn (Hg.): Ökonomie und Religion. Normative und institutionelle Grundfragen der Ökonomik. Marbug: Metropolis, S. 319–346.

Esser, Hartmut (1999): Inklusion, Integration und ethnische Schichtung. In: *Journal für Konflikt- und Gewaltforschung*, S. 5–34.

Esser, Hartmut (2005): Rationalität und Bindung – Das Modell der Frame Selektion und die Erklärung des normativen Handelns. In: Martin Held, Gisela Kubon-Gilke und Richard Sturn (Hg.): Reputation und Vertrauen. Marburg: Metropolis, S. 85–112.

Essig, Olga (1921): Die Berufsschule als Glied der Produktionsschule. Mit Auszügen aus den Bestimmungen über Einrichtung und Lehrpläne der Fach- und Fortbildungsschulen. Berlin: Schwetschke.

Esterbauer, Reinhold (1989): Kontingenz und Religion. Wien: VWGÖ.

Etzioni, Amitai (Hg.) (1991): Socio-economics. Toward a new synthesis. International Conference on Socio-Economics; Harvard Graduate School of Business Administration. Armonk, NY: Sharpe.

EuGH (1964): Flaminio Costa gegen E.N.E.L. Ersuchen um Vorabentscheidung: Giudice conciliatore di Milano – Italien. Urteil des Gerichtshofes vom 15. Juli 1964. Rechtssache 6-64.

Europäische Kommission (1991): Stellungnahme der EG-Kommission zu den österreichischen Beitrittsansuchen bezüglich Transit und Neutralität, 31.7./1.8.1991. Zeitgeschichte Informationssystem der Universität Innsbruck. Online verfügbar unter http://www.uibk.ac.at/zeitgeschichte/zis/library/oesterreich-und-die-europaische-integration-dokumente-teil-3.html, zuletzt geprüft am 01.10.2013.

Europäische Kommission (2004): Eurobarometer 62. Die öffentliche Meinung in der Europäischen Union. Befragung: Oktober bis November 2004. Online verfügbar unter http://ec.europa.eu/public_opinion/archives/eb/eb62/eb_62.de.pdf, zuletzt geprüft am 01.10.2013.

Europäische Kommission (1995–2011): Standard Eurobarometer. Online verfügbar unter http://ec.europa.eu/public_opinion/archives/eb_arch_en.htm, zuletzt geprüft am 01.10.2013.

Europäische Kommission (2012a): Standard Eurobarometer 77. Frühling 2012. Die öffentliche Meinung in der Europäischen Union. Erste Ergebnisse. Online verfügbar unter http://ec.europa.eu/public_opinion/archives/eb/eb77/eb77_first_de.pdf, zuletzt geprüft am 01.10.2013.

Europäische Kommission (2012b): Standard Eurobarometer 77. Table of results. Online verfügbar unter http://ec.europa.eu/public_opinion/archives/eb/eb77/eb77_anx_en.pdf, zuletzt geprüft am 01.10.2013.

Europarat (2012a): Europarat. Online verfügbar unter http://www.coe.int/de/, zuletzt geprüft am 01.10.2013.

Europarat (2012b): Beitritt der EU zur Europäischen Menschenrechtskonvention. Online verfügbar unter http://hub.coe.int/web/coe-portal/what-we-do/human-rights/eu-accession-to-the-convention, zuletzt geprüft am 01.10.2013.

EUV (2008): Konsolidierte Fassung des Vertrags über die Arbeitsweise der Europäischen Union. Amtsblatt der Europäischen Union, 2008/C 115/01 vom 9. Mai 2008.

Fabio, Udo di (2008): Menschenrechte in unterschiedlichen Kulturräumen. In: Günter Nooke, Georg Lohmann und Gerhard Wahlers (Hg.): Gelten Menschenrechte universal? Begründungen und Infragestellungen. Freiburg im Breisgau: Herder, S. 63–97.

Fehr, Ernst; Gächter, Simon (2000): Fairness and Retaliation: The Economics of Reciprocity. *Journal of Economic Perspectives* (14), S. 159-181.

Feld, Friedrich (1928): Grundfragen der Berufsschul- und Wirtschaftspädagogik. Versuch einer Systematik der berufspädagogischen Theorie. Langensalza: Beltz.

Feld, Friedrich (1932): Wirtschaftspädagogische Problematik in Leitgedanken. Eine Ergänzung der „Grundfragen der Berufsschul- und Wirtschaftspädagogik". Langensalza: Beltz.

Feld, Friedrich (1938): Berufserziehung. München: Beck.

Feld, Friedrich (1944): Wirtschaftspädagogik. Heidelberg: Winter.

Ferstl, Margit; Füzi, Bernadett; Tafner, Georg; Wunsch-Grafton, Ben (2010): Demokratie-Bausteine. Mein Land. Dein Land. Unsere Union. Begleitheft für die Spielleitung. Graz: Verein beteiligung.st.

Fillitz, Thomas (2003): Interkulturelles Lernen. Zwischen institutionellem Rahmen, schulischer Praxis und gesellschaftlichem Kommunikationsprinzip. Innsbruck: Studien-Verlag.

Fingernagel, Andreas (2010): Juden, Christen und Muslime. Interkultureller Dialog in Alten Schriften im Prunksaal der Österreichischen Nationalbibliothek vom 7.5.2010 bis 7.11.2010. Wien: Kremayr & Scheriau.

Fischer, Aloys (1967a): Wirtschaft und Schule. In: Hermann Röhrs (Hg.): Die Bildungsfrage in der modernen Arbeitswelt. 2. Aufl., Frankfurt am Main: Akademische Verlagsgesellschaft, S. 35–60.

Fischer, Aloys (1967b): Zur Organisation des Berufsschulwesens. In: Karl Kreitmair (Hg.): Aloys Fischer. Leben und Werk. München: Bayrischer Schulbuchverlag, S. 363–391.

Fischer, Aloys; Dolch, Josef; Kreitmair, Karl (1954): Gesammelte Abhandlungen zur Soziologie, Sozialpädagogik und Sozialpsychologie. München: Bayrischer Schulbuchverlag.

Flechsig, Karl-Heinz (2000): Transkulturelles Lernen. Georg-August-Universität Göttingen. Online verfügbar unter http://wwwuser.gwdg.de/~kflechs/iikdiaps2-00.htm, zuletzt geprüft am 01.10.2013.

Flick, Uwe (2005): Qualitative Sozialforschung. Eine Einführung. 3. Aufl., Reinbek: Rowohlt.

Fücks, Ralf (2006): Patriotismus und Republik. In: *Das Parlament,* 16.10.2006.

Foerster, Heinz von (1994): Wissen und Gewissen. Versuch einer Brücke. Herausgegeben von Siegfried J. Schmidt. 2. Aufl., Frankfurt am Main: Suhrkamp.

Foerster, Rolf H. (1963): Die Idee Europa 1300–1946: Quellen zur Geschichte der politischen Einigung. München: Deutscher Taschenbuch Verlag.

Format (2008): Chef der Erste Bank im FORMAT-Interview: Über Kreditkrise und ihre mögliche Folgen. In: *Format,* 07.02.2008. Online verfügbar unter http://www.news.at/a/chef-erste-bank-format-interview-ueber-kreditkrise-folgen-196697, zuletzt geprüft am 01.10.2013.

Forst, Rainer (2000): Toleranz, Gerechtigkeit und Vernunft. In: Rainer Forst (Hg.): Toleranz. Philosophische Grundlagen und gesellschaftliche Praxis einer umstrittenen Tugend. Frankfurt am Main, New York: Campus, S. 119–143.

Forster, Edgar (2007): Radikale Performativität. In: Christoph Wulf und Jörg Zirfas (Hg.): Pädagogik des Performativen. Theorien, Methoden, Perspektiven. Weinheim: Beltz, S. 224–237.

Frank, David; Wong, Suk-Ying; Ramirez, Francisco O.; Meyer, John W. (2000): Embedding National Societies: Worldwide Changes in University History Curricula, 1895–1994. In: *Comparative Education Review* (44), S. 29–53.

Frankl, Viktor E. (1982): Ärztliche Seelsorge. Grundlagen der Logotherapie und Existenzanalyse. 10. Aufl., Wien: Deuticke.

Freyer, Hans (1921): Die Bewertung der Wirtschaft im philosophischen Denken des 19. Jahrhunderts. Leipzig: Engelmann.

Friedman, Milton (1970): The Social Responsibility of Business is to Increase its Profits. In: *The New York Times Magazine,* 13. 09.1970.

FSA (2009): The Turner Review. A regulatory response to the global banking crisis. London: The Financial Services Authority. Online verfügbar unter http://www.fsa.gov.uk/pubs/other/turner_review.pdf, zuletzt geprüft am 01.10.2013.

Fuhrmann, Manfred (2002): Bildung. Europas kulturelle Identität. Stuttgart: Reclam.

Fukuyama, Francis (1992): Das Ende der Geschichte. Wo stehen wir? München: Kindler.

Gamm, Hans-Jochen (1969): Erziehung und Bildung. In: Erich Weber (Hg.): Der Erziehungs- und Bildungsbegriff im 20. Jahrhundert. Bad Heilbrunn: Klinkhardt, S. 141–151.

Garfinkel, Harold (1972): Common Sense Knowledge of Social Structures: The Documentary Method of Interpretation. In: Jerome G. Manis und Bernard N. Meltzer (Hg.): Symbolic interaction: A reader in social psychology. 2. Aufl., Boston: Allyn and Bacon, S. 356–378.

Gärtner, Manfred; Griesbach, Björn (2012): Rating agencies, self-fulfilling prophecy and multiple equilibria? An empirical model of the European sovereign debt crisis 2009-2011. Discussion Paper no. 2012-15. University of St. Gallen, School of Economics and Political Science. St. Gallen. Online verfügbar unter http://www1.vwa.unisg.ch/RePEc/usg/econwp/EWP-1215.pdf, zuletzt geprüft am 01.10.2013.

Garz, Detlef (2008): Sozialpsychologische Entwicklungstheorien. Von Mead, Piaget und Kohlberg bis zur Gegenwart. 4. Aufl., Wiesbaden: VS Verlag für Sozialwissenschaften.

Gehler, Michael (2005): Europa. Ideen, Institutionen, Vereinigung. München: Olzog.

Gehler, Michael (2010): Was heißt „Europäistik" für eine Geschichtsschreibung der europäischen Integration? In: Michael Gehler und Silvio Vietta (Hg.): Europa – Europäisierung – Europäistik. Wien [u.a.]: Böhlau, S. 121–179.

Gehler, Michael; Vietta, Silvio (2010): Europa – Europäisierung – Europäistik. Einführende Überlegungen. In: Michael Gehler und Silvio Vietta (Hg.): Europa – Europäisierung – Europäistik. Wien [u.a.]: Böhlau, S. 9–36.

Geiger, Rudolf; Khan, Daniel-Erasmus; Kotzur, Markus (2010): EUV AEUV. Vertrag über die Europäische Union und Vertrag über die Arbeitsweise der Europäischen Union: Kommentar. 5. Aufl., München: Beck.

Gellner, Ernest (1983): Nations and nationalism. Ithaca: Cornell University Press.

Gerhards, Jürgen (2010): Kultursoziologie diesseits des „Cultural Turn". In: Monika Wohlrab-Sahr (Hg.): Kultursoziologie. Paradigmen – Methoden – Fragestellungen. Wiesbaden: VS Verlag für Sozialwissenschaften, S. 277–308.

Getzner, Michael (2009): Wirtschaftswachstum und Umweltverbrauch. Über die Zusammenhänge von Energie- und Ressourcenverbrauch, Emissionen und BIP in Österreich. In: Gunther Tichy (Hg.): Nachhaltiges Wachstum? Wien: Forum Wissenschaft & Umwelt, S. 22–31.

Gibson, Robert (2000): Intercultural business communication. Cultures negotiating. Berlin: Cornelsen & Oxford University Press.

Giesecke, Hermann (2005): Wie lernt man Werte? Grundlagen der Sozialerziehung. Weinheim: Juventa.

Giesecke, Hermann (2007): Pädagogik als Beruf. Grundformen pädagogischen Handelns. 9. Aufl., Weinheim: Juventa.

Gill, W. David (2012): Upgrading the Edical Decision-Making Model for Business. In: Scott B. Rae und Kenman L. Wong (Hg.): Beyond integrity. A Judeo-Christian approach to business ethics. Grand Rapids, Michigan: Zondervan, S. 38–47.

Gillingham, John (2003): European integration, 1950–2003. Superstate or new market economy? Cambridge: Cambridge University Press.

Glasersfeld, Ernst von (1997): Radikaler Konstruktivismus. Ideen, Ergebnisse, Probleme. Frankfurt am Main: Suhrkamp.

Glick, Thomas (1979): Islamic and Christian Spain in the early Middle Ages. Ann Arbor, Michigan.: UMI Books on Demand.

Goethe-Institut (2006): Ulrich Beck: „Wer die nationale Karte zieht, verliert". Interview mit Professor Ulrich Beck. Goethe-Institut. Online verfügbar unter http://www.goethe.de/ges/pok/sup/de1767656.htm, zuletzt geprüft am 01.10.2013.

Gonon, Philipp; Reinisch, Holger; Schütte, Friedhelm (2010): Beruf und Bildung: Zur Ideengeschichte der Berufs- und Wirtschaftspädagogik. In: Reinhold Nickolaus, Günter Pätzold, Holger Reinisch und Tade Tramm (Hg.): Handbuch Berufs- und Wirtschaftspädagogik. Bad Heilbrunn: Klinkhardt, S. 424–443.

Grabenwarter, Christoph (2003): Europäische Menschenrechtskonvention. Ein Studienbuch. München: Beck.

Grabenwarter, Christoph (2007): Artikel 9, Gedanken-, Gewissens- und Religionsfreiheit. In: Wolfram Karl (Hg.): Internationaler Kommentar zur Europäischen Menschenrechtskonvention. Loseblatt-Ausgabe. Köln: Heymann, ohne Seitenangabe.

Gramlinger, Franz; Tramm, Tade (2006): Lernfirmenarbeit als Instrument zur Förderung beruflicher und personaler Selbständigkeit. In: *Berufs- und Wirtschaftspädagogik Online* 10, S. 1–21. Online verfügbar unter http://www.bwpat.de/ausgabe10/tramm_gramlinger_bwpat10.pdf, zuletzt geprüft am 01.10.2013.

Greenspan, Alan (2007): Mein Leben für die Wirtschaft. Frankfurt am Main: Campus.

Grefe, Christiane (2012): Verantworten statt antworten. In: *Die Zeit*, 25.10.2012, S. 41.

Griller, Stefan (2005): Die Europäische Union. Ein staatsrechtliches Monstrum? In: Gunnar F. Schuppert, Maurizio Bach, Ingolf Pernice und Ulrich Haltern (Hg.): Europawissenschaft. Baden-Baden: Nomos, S. 201–272.

Gross, Peter (2005): Die Multioptionsgesellschaft. Frankfurt am Main: Suhrkamp.

Gruen, Arno (2008): Der Fremde in uns. 6. Aufl., Stuttgart: Klett-Cotta.

Gudjons, Herbert (2003): Pädagogisches Grundwissen. Überblick – Kompendium – Studienbuch. 8. Aufl., Bad Heilbrunn: Klinkhardt.

Guggenberger, Bernd (1992): Zuvielisation. Beobachtungen zu einer postmodernen Wirklichkeit. In: Bernd Guggenberger, Dieter Janson und Joachim Leser (Hg.): Postmoderne oder Das Ende des Suchens? Eine Zwischenbilanz. Eggingen: Edition Isele, S. 42–57.

Haarmann, Harald (1976): Das geolinguistische Studium der EG-Sprachen als Modell einer vergleichenden Europäistik. Trier: LAUT.

Häberle, Peter (2009): Europäische Verfassungslehre. 6. Aufl., Baden-Baden [u.a.]: Nomos.

Habermas, Jürgen (1968): Erkenntnis und Interesse. Frankfurt am Main: Suhrkamp.

Habermas, Jürgen (1987a): Theorie des kommunikativen Handelns. Band 1. Handlungsrationalität und gesellschaftliche Rationalisierung. Frankfurt am Main: Suhrkamp.

Habermas, Jürgen (1987b): Theorie des kommunikativen Handelns. Band 2. Zur Kritik der funktionalistischen Vernunft. Frankfurt am Main: Suhrkamp.

Habermas, Jürgen (1998): Die postnationale Konstellation. Politische Essays. Frankfurt am Main: Suhrkamp.

Habermas, Jürgen (2004): Vorpolitische moralische Grundlagen eines freiheitlichen Staates. Stellungnahme Professor Dr. Jürgen Habermas. In: *zur debatte* 34 (1), S. 2–4. Online verfügbar unter http://akopol.files.wordpress.com/2011/09/habermas-ratzinger.pdf, zuletzt geprüft am 01.07.2013.

Habermas, Jürgen (2005): Zwischen Naturalismus und Religion. Philosophische Aufsätze. Frankfurt am Main: Suhrkamp.

Habermas, Jürgen (2008): Ach, Europa. Frankfurt am Main: Suhrkamp.

Habermas, Jürgen (2009): Diskursethik. Frankfurt am Main: Suhrkamp.

Habermas, Jürgen (2011): Zur Verfassung Europas. Ein Essay. Berlin: Suhrkamp.

Habermas, Jürgen (2012): Nachmetaphysisches Denken II. Aufsätze und Repliken. Berlin: Suhrkamp.

Habermas, Jürgen (2013): Demokratie oder Kapitalismus. Vom Elend der nationalstaatlichen Fragmentierung in einer kapitalistisch integrierten Weltgesellschaft. In: *Blätter für deutsche und internationale Politik* 5, S. 59–70.

Handy, Charles (2002): What's a Business For? In: *Harvard Business Review OnPoint*, S. 1–8. Online verfügbar unter http://jmbruton.com/images/Handy_Whats_a_Bus_For.pdf, zuletzt geprüft am 10.09.2013.

Hanusch, Horst; Kuhn, Thomas (1998): Einführung in die Volkswirtschaftslehre. 4. Aufl., Berlin [u.a.]: Springer.

Haraway, Donna (1995): Situiertes Wissen. Die Wissenschaftsfrage im Feminismus und das Privileg einer partialen Perspektive. In: Donna Haraway und Carmen Hammer (Hg.): Die Neuerfindung der Natur. Primaten, Cyborgs und Frauen. Frankfurt am Main: Campus, S. 73–97.

Harnisch, Wolfgang (2001): Die Gleichniserzählungen Jesu. Eine hermeneutische Einführung. 4. Aufl., Göttingen: Vandenhoeck & Ruprecht.

Harrison, Ross (1999): Bentham. London, Boston: Routledge.

Hasse, Raimund; Krücken, Georg (2005): Neo-Institutionalismus. 2. Aufl., Bielefeld: Transcript.

Hauptmeier, Gerhard (1964): Die didaktische Reduktion als methodische Möglichkeit im Wirtschaftskundeunterricht. In: *Die Deutsche Berufs- und Fachschule*, S. 925–938.

Hauptmeier, Gerhard (1989): Professor Dr. Karl Abraham zum 85. Geburtstag. In: *Zeitschrift für Berufs- und Wirtschaftspädagogik* 85 (5), S. 458–460.

Hayek, Friedrich A. von (1977): Drei Vorlesungen über Demokratie, Gerechtigkeit und Sozialismus. Tübingen: Mohr.

Hayek, Friedrich A. von (1991): Die Verfassung der Freiheit. 3. Aufl., Tübingen: Mohr.

Heine, Peter (2007): Der Islam. Düsseldorf: Patmos.

Heinl, Hildegund; Petzold, Hilarion (1980): Gestalttherapeutische Fokaldiagnose und Fokalintervention bei Störungen aus der Arbeitswelt. In: *Integrative Therapie* 1, S. 20–57.

Hejl, Peter M. (1995): Ethik, Konstruktivismus und gesellschaftliche Selbstregelung. In: Gebhard Rusch und Siegfried J. Schmidt (Hg.): Konstruktivismus und Ethik. Frankfurt am Main: Suhrkamp, S. 28–121.

Helsper, Werner (1996): Antinomien des Lehrerhandelns in modernisierten pädagogischen Kulturen. Paradoxe Verwendungsweisen von Autonomie und Selbstverantwortlichkeit. In: Arno Combe und Werner Helsper (Hg.): Pädagogische Professionalität. Untersuchungen zum Typus pädagogischen Handelns. Frankfurt am Main: Suhrkamp, S. 521–569.

Hentig, Hartmut von (2007): Bildung. Ein Essay. 7. Aufl., Weinheim: Beltz.

Herskovits, Melville J. (1964): Man and his works. The science of cultural anthropology. 9. Aufl., New York: Knopf.

Hervieu-Léger, Danièle (2003/2004): Religion und sozialer Zusammenhang in Europa. In: *transit* 26, S. 101–119.

Herzog, Walter (1991): Die Banalität des Guten. In: *Zeitschrift für Pädagogik* 37, S. 41–64.

Herzog, Walter (2001): Das Kulturverständnis in der neueren Erziehungswissenschaft. In: Gertrud Appelsmeyer und Elfriede Billmann-Macheha (Hg.): Kulturwissenschaft: Felder einer prozessorientierten wissenschaftliche Praxis. Weilerswist: Velbrück Wissenschaft.

Hilf, Meinhard; Terhechte, Jörg P. (2010): EUV Präambel. In: Eberhard Grabitz, Meinhard Hilf und Martin Nettesheim (Hg.): Das Recht der Europäischen Union. Kommentar: Vertrag von Lissabon, Loseblattsammlung. München: Beck, S. 1–14.

Hobbes, Thomas (1974): Leviathan. Erster und zweiter Teil. Stuttgart: Reclam.

Hobsbawm, Eric J.; Ranger, Terance O. (1983): The Invention of tradition. Cambridge, New York: Cambridge University Press.

Höffe, Otfried (1993): Moral als Preis der Moderne. Ein Versuch über Wissenschaft, Technik und Umwelt. Frankfurt am Main: Suhrkamp.

Höffe, Otfried (2008): Lexikon der Ethik. 7. Aufl., München: Beck.

Höffe, Otfried (2009): Aristoteles. Die Hauptwerke. Ein Lesebuch. Tübingen: Narr.

Höffe, Otfried (2010): Gerechtigkeit. Eine philosophische Einführung. 4. Aufl., München: Beck.

Höffe, Otfried (2011): Hans Joas: Die Sakralität der Person. Was kann Kant dafür, dass er kein Soziologe war? In: *Frankfurter Allgemeine Zeitung*, 27.11.2011. Online verfügbar unter http://m.faz.net/aktuell/feuilleton/buecher/rezensionen/sachbuch/hans-joas-die-sakralitaet-der-person-was-kann-kant-dafuer-dass-er-kein-soziologe-war-11543331.html, zuletzt geprüft am 01.10.2013.

Hoffman, Andrew J. (1997): From heresy to dogma. An institutional history of corporate environmentalism. San Francisco: New Lexington Press.

Hofstede, Geert (2011): Dimensionalizing Cultures: The Hofstede Model in Context. Online Readings in Psychology and Culture, Unit 2. Online verfügbar unter http://scholarworks.gvsu.edu/orpc/vol2/iss1/8, zuletzt geprüft am 01.07.2013.

Hofstede, Geert; Hofstede, Gert Jan; Minkov, Michael (2010): Cultures and organizations. Software of the mind; intercultural cooperation and its importance for survival. 3. Aufl., New York [u.a.]: McGraw-Hill.

Höhmann Katrin; Vollstädt, Witlof (1996): So überflüssig wie ein Kropf? Die Bedeutung von Lehrplänen aus der Sicht von Lehrerinnen und Lehrern. In: *Pädagogik* 5, S. 9–12.

Hollingsworth, J. Rogers (2005): Advancing Socio-Economics. In: J. Rogers Hollingsworth, Karl H. Müller und Ellen J. Hollingsworth (Hg.): Advancing socio-economics. An institutionalist perspective. Lanham: Rowman & Littlefield, S. 1–16.

Hollingsworth, J. Rogers; Müller, Karl H.; Hollingsworth, Ellen Jane (2005): Preface. In: J. Rogers Hollingsworth, Karl H. Müller und Ellen Jane Hollingsworth (Hg.): Advancing socio-economics. An institutionalist perspective. Lanham: Rowman & Littlefield, S. IX–XIII.

Homann, Karl (1988): Die Rolle ökonomischer Überlegungen in der Grundlegung der Ethik. In: Franz Böckle und Helmut Hesse (Hg.): Wirtschaftswissenschaft und Ethik. Berlin: Duncker & Humblot, S. 215–240.

Homann, Karl (1990): Demokratie und Gerechtigkeitstheorie – James M. Buchananas Kritik an John Rawls. In: Bernd Biervert (Hg.): Sozialphilosophische Grundlagen ökonomischen Handelns. Frankfurt am Main: Suhrkamp, S. 155–175.

Homann, Karl (1996): Verfall der Moral? – Die Moralisten geben der Moral den Rest. In: *Wirtschaftswoche*, 12.09.1996, S. 38–39.

Homann, Karl (1998): Normalität angesichts systemischer Sozial- und Denkstrukturen. In: Wulf Gaertner (Hg.): Wirtschaftsethische Perspektiven. Berlin: Duncker & Humblot, S. 17–50.

Homann, Karl (2003): Grundlagen einer Ethik der Globalisierung. In: Beate Hentschel (Hg.): Zwischen Profit und Moral. Für eine menschliche Wirtschaft. München: Hanser, S. 35–72.

Homann, Karl (2005): Wirtschaftsethik: Versuch einer Bilanz und Forschungsaufgaben. In: Thomas Beschorner und Bettina Hollstein (Hg.): Wirtschafts- und Unternehmensethik. Rückblick, Ausblick, Perspektiven. München: Hampp, S. 197–211.

Homann, Karl (2007): Ethik in der Marktwirtschaft. München: Roman-Herzog-Institut.

Homann, Karl (2012): Ethik der Marktwirtschaft. In: Hermann May (Hg.): Lexikon der ökonomischen Bildung. 8. Aufl., München: Oldenbourg, S. 216–218.

Homann, Karl; Blome-Drees, Franz (1992): Wirtschafts- und Unternehmensethik. Göttingen: Vandenhoeck & Ruprecht.

Homann, Karl; Lütge, Christoph (2002): Vorteile und Anreize. Zur Grundlegung einer Ethik der Zukunft. Tübingen: Mohr-Siebeck.

Homann, Karl; Lütge, Christoph (2005): Einführung in die Wirtschaftsethik. 2. Aufl., Münster: Lit.

Homann, Karl; Pies, Ingo (1994): Wirtschaftsethik in der Moderne: Zur ökonomischen Theorie der Moral. In: *Ethik und Sozialwissenschaften* 5 (1), S. 3–12.

Homann, Karl; Suchanek, Andreas (2000): Ökonomik. Eine Einführung. Tübingen: Mohr Siebeck.

Homann, Karl; Suchanek, Andreas (2005): Ökonomik. Eine Einführung. 2. Aufl., Tübingen: Mohr Siebeck.

Honnefelder, Ludger (1994): Ärztliches Urteilen und Handeln. Zur Grundlegung einer medizinischen Ethik. Frankfurt am Main: Insel-Verlag.

Horlebein, Manfred (2001): Moralerziehung in der kaufmännischen Berufsbildung unter historischer Perspektive. In: Heinrich Schanz (Hg.): Berufs- und wirtschaftspädagogische Grundprobleme. Baltmannsweiler: Schneider-Verlag Hohengehren, S. 75–89.

Horster, Detlef (1999): Jürgen Habermas zur Einführung. Hamburg: Junius.

Horster, Detlef (2005): Niklas Luhmann. 2. Aufl., München: Beck.

Huisinga, Richard (2005): Jürgen Zabeck: Berufserziehung im Zeichen der Globalisierung und des Shareholder Values. Rezension. In: *Zeitschrift für Berufs- und Wirtschaftspädagogik* 101 (1), S. 147–150.

Huisinga, Richard; Lisop, Ingrid (1999): Wirtschaftspädagogik. Ein interdisziplinär orientiertes Lehrbuch. München: Vahlen.

Human Rights Watch (2009): Diskriminierung im Namen der Neutralität. Kopftuchverbote für Lehrkräfte und Beamtinnen in Deutschland. Online verfügbar unter http://www.hrw.org/sites/default/files/reports/germany0209dewebwcover_2.pdf, zuletzt geprüft am 01.10.2013.

Huntington, Samuel P. (1996): Der Kampf der Kulturen. Die Neugestaltung der Weltpolitik im 21. Jahrhundert. München [u.a.]: Europaverlag.

Iannaconne, Laurence R. (1997): Rational Choice. Framework for the Scientific Study of Religion. In: Lawrence A. Young (Hg): Rational choice theory and Religion. Summary and Assessment. New York, London: Routledge.

Ilien, Albert (2008): Lehrerprofession. Grundprobleme pädagogischen Handelns. 2. Aufl., Wiesbaden: VS Verlag für Sozialwissenschaften.

IMF (2006): Global Financial Stability Report. Market Developments and Issues. World Economic and Financial Surveys. International Monetary Fund. Online verfügbar unter http://www.imf.org/External/Pubs/FT/GFSR/2006/01/pdf/chp2.pdf, zuletzt geprüft am 01.10.2013.

INET (2012): Rethinking economics + politics. Institute for New Economic Thinking. Online verfügbar unter http://ineteconomics.org/conference/berlin, zuletzt geprüft am 01.07.2013.

Inglehart, Ronald; Wayne, E. Baker (2000): Modernization, Cultural Change, and the Presence of Traditional Values. In: *American Sociological Review* 65, S. 19–51.

Institut für Organisation und Lernen (2013): Webpage des Instituts für Organisation und Lernen. Universität Innsbruck. Online verfügbar unter http://www.uibk.ac.at/iol/, zuletzt geprüft am 01.10.2013.

Institut für Pädagogik und Psychologie (2013a): Webpage der Abteilung für Wirtschafts- und Berufspädagogik. Johannes Kepler Universität Linz. Online verfügbar unter http://www.wipaed.jku.at/, zuletzt geprüft am 01.10.2013.

Institut für Pädagogik und Psychologie (2013b): Webepage der Abteilung für Berufs- und Betriebspädagogik. Johannes Kepler Universität Linz. Online verfügbar unter http://www.bbp.jku.at/, zuletzt geprüft am 01.10.2013.

Institut für Wirtschaftspädagogik (2005): Institutsbericht. WS 02/03 bis WS 04/05. Institut für Wirtschaftspädagogik der Karl-Franzens-Universität Graz.

Institut für Wirtschaftspädagogik (2011): Institutsbericht. Berichtszeitraum 1. März 2008–30. September 2011. Institut für Wirtschaftspädagogik der Karl-Franzens-Universität Graz.

Institut für Wirtschaftspädagogik (2012): Strategie und Leitbild. Institut für Wirtschaftspädagogik der Karl-Franzens-Universität Graz. Internes Positionspapier.

Institut für Wirtschaftspädagogik der Wirtschaftsuniversität Wien (2012): Entwicklung. Online verfügbar unter http://www.wu.ac.at/wipaed/institute/development, zuletzt geprüft am 01.10.2013.

IWP (2010): Konferenz-Nachlese: „Wie viel Kontrolle braucht die Wirtschaft?". Institut Österreichischer Wirtschaftsprüfer, Kammer der Wirtschaftstreuhänder. Online verfügbar unter http://www.iwp.or.at/Documents/konferenznachlese_2010-10-06.pdf, zuletzt geprüft am 01.10.2013.

Jacoby, Sanford M. (1990): The New Institutionalism: What Can It Learn from the Old? In: *Industrial Relations* 29, S. 316–340.

James, William (1890): The Principles of Psychology. New York: Henry Holt and Company.

Jellinek, Georg (1919): Die Erklärung der Menschen- und Bürgerrechte. Ein Beitrag zur modernen Verfassungsgeschichte. 3. Aufl., Leipzig: Duncker & Humblot.

Jepperson, Ronald L.; Swidler, Ann (1991): Institutions, Institutional Effects, and Institutionalization. In: Walter W. Powell und Paul J. DiMaggio (Hg.): The new institutionalism in organizational analysis. Chicago: University of Chicago Press, S. 143–163.

Jessen, Frank; Wilamowitz-Moellendorff, Ulrich von (2006): Das Kopftuch – die Entschleierung eines Symbols? Sankt Augustin: Konrad-Adenauer-Stiftung.

Joas, Hans (1996): Die Kreativität des Handelns. Frankfurt am Main: Suhrkamp.

Joas, Hans (2010): Die kulturellen Werte Europas. Eine Einleitung. In: Hans Joas und Klaus Wiegandt (Hg.): Die kulturellen Werte Europas. 5. Aufl., Frankfurt am Main: Fischer, S. 11–39.

Joas, Hans (2011): Die Sakralität der Person. Eine neue Genealogie der Menschenrechte. Berlin: Suhrkamp.

Joas, Hans; Knöbl, Wolfgang (2004): Sozialtheorie. Zwanzig einführende Vorlesungen. Frankfurt am Main: Suhrkamp.

Joas, Hans; Wiegandt, Klaus (Hg.) (2010): Die kulturellen Werte Europas. 5. Aufl., Frankfurt am Main: Fischer.

Jung, Eberhard (2008): Mündigkeit. In: Reinhold Hedtke und Birgit Weber (Hg.): Wörterbuch ökonomische Bildung. Schwalbach am Taunus: Wochenschau, S. 237–242.

Kaiser, Franz-Joseph (2008): Wirtschaftspädagogik. In: Hermann May (Hg.): Lexikon der ökonomischen Bildung. 7. Aufl., München: Oldenbourg, S. 670–672.

Kaminski, Hans (1999): Ökonomische Bildung im Gymnasium. In: Gerd-Jan Krol und Klaus-Peter Kruber (Hg.): Die Marktwirtschaft an der Schwelle zum 21. Jahrhundert – Neue Aufgaben für die ökonomische Bildung? Bergisch Gladbach: Hobein, S. 183–207.

Kant, Immanuel (1956): Die Religion innerhalb der Grenzen der bloßen Vernunft. Schriften zur Ethik und Religionsphilosophie. In: Wilhelm Weischedl (Hg.): Immanuel Kant – Werke in sechs Bänden. Band IV. Berlin: Insel.

Kant, Immanuel (1996): Über Pädagogik. In: Kurt Beutler und Detlef Horster (Hg.): Pädagogik und Ethik. Stuttgart: Reclam, S. 36–44.

Kant, Immanuel (2008): Grundlagen der Metaphysik der Sitten. Stuttgart: Reclam.

Karl-Franzens-Universität Graz (1998): Studienplan für das Diplomstudium Wirtschaftspädagogik der Sozial- und Wirtschaftswissenschaftlichen Fakultät der Karl-Franzens-Universität Graz gemäß Universitäts-Studiengesetz, vom 19.09.1998. Fundstelle: Mitteilungsblatt der Karl-Franzens-Universität Graz.

Karl-Franzens-Universität Graz (2005): Änderung des Studienplans für das Diplomstudium Wirtschaftspädagogik, vom 03.08.2005. Fundstelle: Mitteilungsblatt der Karl-Franzens-Universität Graz.

Karl-Franzens-Universität Graz (2011): Curriculum für das Masterstudium Wirtschaftspädagogik an der Karl-Franzens-Universität Graz, Änderung vom 18.05.2011. Fundstelle: Mitteilungsblatt der Karl-Franzens-Universität Graz.

Karpe, Jan; Krol, Gerd-Jan (1997): Ökonomische Verhaltenstheorie, Theorie der Institutionen und ökonomische Bildung. In: Klaus Peter Kruber (Hg.): Konzeptionelle Ansätze ökonomischer Bildung. Bergisch Gladbach: Hobein, S. 75–102.

Karpe, Jan; Krol, Gerd-Jan (1999): Funktionsbedingungen moderner Gesellschaften und Neue Institutionenökonomik als Herausforderungen für die ökonomische Bildung. In: Gerd-Jan Gerd-Jan Krol und Klaus-Peter Kruber (Hg.): Die Marktwirtschaft an der Schwelle zum 21. Jahrhundert – Neue Aufgaben für die ökonomische Bildung? Bergisch Gladbach: Hobein.

Karstein, Uta; Schmidt-Lux, Thomas; Wohlrab-Sahr, Monika; Punken, Mirko (2006): Säkularisierung als Konflikt? Zur subjektiven Plausibilität des ostdeutschen Säkularisierungsprozesses. In: *Berliner Journal für Soziologie* 4, S. 441–461.

Kerschensteiner, Georg (1924): Das Grundaxiom des Bildungsprozesses und seine Folgerungen für die Schulorganisation. 2. Aufl., Berlin: Union Deutsche Verlags-Gesellschaft.

Kerschensteiner, Georg (1929): Berufserziehung im Jugendalter. In: Alfred Kühne (Hg.): Handbuch für das Berufs- und Fachschulwesen. 2. Aufl., Leipzig: Quelle & Meyer, S. 83–98.

Kerschensteiner, Georg (1931): Staatsbürgerliche Erziehung der deutschen Jugend. 10. Aufl., Erfurt: Karl Villaret.

Kerschensteiner, Georg (1968): Texte zum pädagogischen Begriff der Arbeit und zur Arbeitsschule. Paderborn: Schöningh.

Kerstan, Thomas (2012): Lernen für den Führer. Ein Gespräch mit der Historikerin Anne C. Nagel. In: *Die Zeit*, 31.10.2012, S. 73–74.

Keynes, John M. (1926): Über Wahrscheinlichkeit. Leipzig: Verlag von Johann Ambrosius Barth.

Keynes, John M. (1997): The general theory of employment, interest, and money. Amherst, New York: Prometheus Books.

Kidd, Warren (2002): Culture and identity. Basingstoke: Palgrave.

Kippenberg, Hans G. (2004): Émile Durkheim (1858-1941). In: Axel Michaels (Hg.): Klassiker der Religionswissenschaft. Von Friedrich Schleiermacher bis Mircea Eliade. 2. Aufl., München: Beck, S. 103–120.

Kirchgässner, Gebhard (1991): Homo Oeconomicus. Das ökonomische Modell individuellen Verhaltens und seine Anwendung in den Wirtschafts- und Sozialwissenschaften. Tübingen: Mohr.

Klafki, Wolfgang (1993): Neue Studien zur Bildungstheorie und Didaktik. Zeitgemäße Allgemeinbildung und kritisch-konstruktive Didaktik. 3. Aufl., Weinheim: Beltz.

Klatetzki, T. (2006): Der Stellenwert des Begriffs „Kognition" im Neo-Institutionalismus. In: Konstanze Senge, Kai-Uwe Hellmann und W. Richard Scott (Hg.): Einführung in den Neo-Institutionalismus. Wiesbaden: VS Verlag für Sozialwissenschaften, S. 48–61.

Klein, Naomi (2007): Die Schock-Strategie. Der Aufstieg des Katastrophen-Kapitalismus. Frankfurt am Main: Fischer.

Kluckhohn, Clyde; Murray, Henry A. (1953): Personality in Nature, Society, and Culture. 2. Aufl., New York: Knopf.

Kluge, Friedrich; Seebold, Elmar (1999): Etymologisches Wörterbuch der deutschen Sprache. 23. Aufl., Berlin: de Gruyter.

Knauß, Ferdinand (2013): Der Bundestag dokumentiert sein Scheitern. In: *Wirtschaftswoche*, 05.02.2013. Online verfügbar unter http://www.wiwo.de/politik/deutschland/enquete-kommission-der-bundestag-dokumentiert-sein-scheitern-/v_detail_tab_print/7736856.html, zuletzt geprüft am 01.10.2013.

Knoll, Günter (2005): Zabeck, Jürgen: Berufserziehung im Zeichen der Globalisierung und des Shareholder Values. Rezension. In: *Berufs- und Wirtschaftspädagogik Online* 15, S. 1–4. Online verfügbar unter http://www.bwpat.de/rezensionen/rezension_15-2005_zabeck.pdf, zuletzt geprüft am 01.10.2013.

Koch, Sascha; Schemmann, Michael (2009): Neo-Institutionalismus und Erziehungswissenschaft – Eine einleitende Verhältnisbestimmung. In: Sascha Koch und Michael Schemmann (Hg.): Neo-Institutionalismus in der Erziehungswissenschaft. Grundlegende Texte und empirische Studien. Wiesbaden: VS Verlag für Sozialwissenschaften, S. 7–19.

Köck, Daniela; Lacheiner, Birgit; Tafner, Georg (2013): Das Planspiel. Idee und praktische Umsetzung im Sinne der Partizipation. In: Verein beteiligung.st (Hg.): Demokratie-Bausteine. Supranationalität im Planspiel performativ erleben. Graz: Verlag für Jugendarbeit und Jugendpolitik, S. 13–45.

Köck, Peter (2012): Handbuch des Ethikunterrichts. [Sekundarstufe I + II]. 2. Aufl., Donauwörth: Auer.

Kohl, Karl-Heinz (1993): Ethnologie – die Wissenschaft vom kulturell Fremden. Eine Einführung. München: Beck.

Kohlberg, Lawrence (1973): The claim to moral adequacy of a highest stage of moral judgement: In: *The Journal of Philosophy* 80, S. 630–646.

Kohlberg, Lawrence (1981): Essays on moral development. San Francisco: Harper and Row.

Kohlberg, Lawrence (1986): Der „Just-Community"-Ansatz der Moralerziehung in Theorie und Praxis. In: Fritz Oser, Reinhard Fatke und Otfried Höffe (Hg.): Transformation und Entwicklung. Grundlagen der Moralerziehung. Frankfurt am Main: Suhrkamp.

Kohlberg, Lawrence; Colby, Anne (2010): The measurement of moral judgment. Cambridge: Cambridge University Press.

Kohlberg, Lawrence; Levine, Charles; Hewer, Alexandra (1983): Moral stages: a current formulation and a response to critics. Basel: Karger.

Kohlenberg, Kerstin; Schieritz, Mark; Uchatius, Wolfgang (2011): Die Straße der Tyrannen. In: *Die Zeit*, 03.11.2011. Online verfügbar unter http://pdf.zeit.de/wirtschaft/2011-12/boerse-finanzmaerkte.pdf, zuletzt geprüft am 01.10.2013.

Kohler-Koch, Beate (1999): The Evaluation and Transformation of European Governance. In: Beate Kohler-Koch und Rainer Eising (Hg.): The transformation of governance in the European Union. London, New York: Routledge, S. 13–34.

Kolb, David A. (1984): Experiential Learning. Experience as the Source of Learning and Development. New York: Prentice Hall.

Konferenz der Vertreter der Regierungen der Mitgliedstaaten (2004): Vertrag über eine Verfassung für Europa, vom 06.08.2004. Fundstelle: CIG 87/04. Online verfügbar unter http://ue.eu.int/igcpdf/de/04/cg00/cg00087.de04.pdf, zuletzt geprüft am 01.10.2013.

König, Rene (2000): Individualethik und Institutionenethik! Korreferat zum Beitrag von Peter Weise. In: *Zeitschrift für Wirtschafts- und Unternehmensethik (zfwu)* 1 (1).

Kopel, Michael; Ehrmann, Thomas (2013): Managing the evolution of cooperation in entrepreneurial networks. Unveröffentliches Paper. Graz: Universität Graz.

Körner, Jürgen (2009): Psychoanalyse und Psychotherapie, Bildung und Erziehung. In: *Forum der Psychoanalyse* 25 (4), S. 311–321.

Kött, Andreas (2003): Systemtheorie und Religion. Mit einer Religionstypologie im Anschluss an Niklas Luhmann. Würzburg: Königshausen & Neumann.

Kövesi, Leo; Jonak, Felix (2009): Das österreichische Schulrecht. 12. Aufl., Wien: Österreichischer Bundesverlag.

Kramer, Helmut (2012): Wirtschaftskrise und Wirtschaftswissenschaft. In: *WIFO Monatsberichte* 6, Wien: Österreichisches Institut für Wirtschaftsforschung. S. 485–496.

Krämer, Hans (1992): Integrative Ethik. Frankfurt am Main: Suhrkamp.

Krämer, Sybille; Stahlhut, Marco (2001): Das „Performative" als Thema der Sprach- und Kulturphilosophie. In: *Paragrana : internationale Zeitschrift für historische Anthropologie* 10 (1), S. 35–64.

Krasensky, Hans (1935): Grundzüge der Wirtschaftspädagogik entwickelt aus dem Objekt der Betriebswirtschaftslehre. Berlin, Wien: Heymann.

Krasensky, Hans (1962): Die Bedeutung der Wirtschaftspädagogik in der Erziehungspraxis der Gegenwart. In: Karl Abraham (Hg.): Gedanken zur Wirtschaftspädagogik. Festschrift für Friedrich Schlieper zum 65. Geburtstag am 5. März 1962. Unter Mitarbeit von Friedrich Schlieper. Freiburg im Breisgau: Lambertus, S. 117–138.

Krasensky, Hans (1972): Wirtschaftspädagogik. Wien: Verlag für Geschichte und Politik.

Kreff, Fernand; Knoll, Eva-Maria; Gingrich, Andre (2011): Lexikon der Globalisierung. Bielefeld: Transcript.

Krieck, Ernst (1922): Philosophie der Erziehung. Jena: Diederichs.

Krieck, Ernst (1935): Erziehung im nationalsozialistischen Staat. Berlin: Spaeth & Linde.

Krings, Hermann (1978): Statement. In: Willi Oelmüller (Hg.): Normenbegründung, Normendurchsetzung. Paderborn: Schöningh, S. 217–224.

Kristeva, Julia; Rajewsky, Xenia (1990): Fremde sind wir uns selbst. Frankfurt am Main: Suhrkamp.

Kron, Friedrich W. (1993): Grundwissen Didaktik. Mit 14 Tabellen. München: Reinhardt.

Kron, Friedrich W. (2009): Grundwissen Pädagogik. Mit 12 Tabellen. 7. Aufl., München: Reinhardt.

Kronenberg, Volker (2005): Integration in Zeiten des Wandels. Demographische Krise und Zuwanderung als gesellschaftspolitische Herausforderungen. In: *Zeitschrift für Politik* 2, S. 169–178.

Kronenberg, Volker (2009): Verfassungspatriotismus im vereinten Deutschland. Bundeszentrale für politische Bildung. Online verfügbar unter http://www.bpb.de/apuz/31878/verfassungspatriotismus-im-vereinten-deutschland?p=all, zuletzt geprüft am 01.10.2013.

Küenzlen, Gottfried (1980): Die Religionssoziologie Max Webers. Eine Darstellung ihrer Entwicklung. Berlin: Duncker und Humblot.

Kuhn, Thomas S. (1977): Neue Überlegungen zum Begriff des Paradigma. In: Thomas S. Kuhn und Lorenz Krüger (Hg.): Die Entstehung des Neuen. Studien zur Struktur der Wissenschaftsgeschichte. Frankfurt am Main: Suhrkamp, S. 389–420.

Kuhn, Thomas S. (1996): The structure of scientific revolutions. 3. Aufl., Chicago: University of Chicago Press.

Kukathas, Chandran (2012): Liberty. In: Robert E. Goodin und Philip Pettit (Hg.): A companion to contemporary political philosophy. 2. Aufl., Chichester: Wiley-Blackwell, S. 685–698.

Kumbier, Dagmar; Schulz von Thun, Friedemann (Hg.) (2010): Interkulturelle Kommunikation. Methoden, Modelle, Beispiele. 3. Aufl., Reinbek bei Hamburg: Rowohlt.

Küng, Hans (1990): Projekt Weltethos. 3. Aufl., München: Piper.

Küng, Hans (2006): Der Islam. Geschichte, Gegenwart, Zukunft. München: Piper.

Künzli, Rudolf (1998): Lehrplanforschung als Wirksamkeitsforschung. In: Rudolf Künzli und Stefan Hopmann (Hg.): Lehrpläne. Wie sie entwickelt werden und was von ihnen erwartet wird. Chur, Zürich: Rüegger, S. 7–14.

Kutscha, Günter (2008): Beruflichkeit als regulatives Prinzip flexibler Kompetenzentwicklung – Thesen aus berufsbildungstheoretischer Sicht. In: *Berufs- und Wirtschaftspädagogik – online* 14, S. 1–12. Online verfügbar unter ttp://www.bwpat.de/ausgabe14/kutscha_bwpat14.pdf, zuletzt geprüft am 01.10.2013.

Lammert, Norbert (Hg.) (2006): Verfassung – Patriotismus – Leitkultur. Was unsere Gesellschaft zusammenhält. Hamburg: Hoffmann & Campe.

Landesverfassung für Baden-Württemberg (1953): Verfassung des Landes Baden-Württemberg vom 11. November 1953, Fundstelle: GBl. S. 173. Online verfügbar unter http://www.lpb-bw.de/bwverf/bwverf.htm, zuletzt geprüft am 01.10.2013.

Larsen, Peter T. (2007): Goldman pays the price of being big. In: *Financial Times*, 13.08.2007. Online verfügbar unter http://www.ft.com/cms/s/0/d2121cb6-49cb-11dc-9ffe-0000779fd2ac.html#axzz2IE3rUB5A, zuletzt geprüft am 01.10.2013.

Lechner, Karl; Egger, Anton; Schauer, Reinbert (2001): Einführung in die allgemeine Betriebswirtschaftslehre. 19. Aufl., Wien: Linde.

Lehner, Franz (2011): Sozialwissenschaft. Wiesbaden: VS Verlag für Sozialwissenschaften.

Leipold, Helmut (2006): Kulturvergleichende Institutionenökonomik. Studien zur kulturellen, institutionellen und wirtschaftlichen Entwicklung. Stuttgart: Lucius & Lucius.

Lempert, Wolfgang (2003): Modernisierung der Moral oder pseudomoralische Entmoralisierung? In: *Zeitschrift für Berufs- und Wirtschaftspädagogik* 99 (3), S. 436–452.

Lempert, Wolfgang (2006): Wirtschaftsberufliche Erziehung angesichts des real expandierenden Kapitalismus. In: *Zeitschrift für Berufs- und Wirtschaftspädagogik* 102 (1), S. 108–133.

Lempert, Wolfgang (2009a): Vom vorzeitigen Grabgesang zur 'self-destroying prophecy'? In: *Berufs- und Wirtschaftspädagogik Online* 16, S. 1–12. Online verfügbar unter http://www.bwpat.de/ausgabe16/lempert_replik-bwpat16.pdf, zuletzt geprüft am 01.07.2013.

Lempert, Wolfgang (2009b): Die Fliege im Fliegenglas, der Globus von Deutschland und die Berufsbildung ohne Beruf. Über Krisensymptome, chronische Krankheiten und drohende Katastrophen der Berufs- und Wirtschaftspädagogik als einer sozialwissenschaftlichen Disziplin. In: *Berufs- und Wirtschaftspädagogik Online* 16, S. 1–46. Online verfügbar unter http://www.bwpat.de/content/ausgabe/16/lempert/, zuletzt geprüft am 01.10.2013.

Lenzen, Dieter (2012): Humboldt aufpoliert. In: *Die Zeit*, 15.03.2012, S. 77.

Lepsius, Rainer M. (1973): Gesellschaftsanalyse und Sinngebungszwang. In: Günter Albrecht, Hansjürgen Daheim und Fritz Sack (Hg.): Soziologie. Sprache, Bezug zur Praxis, Verhältnis zu anderen Wissenschaften; René König zum 65. Geburtstag. Unter Mitarbeit von René König. Opladen: Westdeutscher Verlag, S. 105–116.

Libero, Loretana de (2010): Soldatische Identität, Tradition und Einsatz. In: Angelika Dörfler-Dierken und Gerhard Kümmel (Hg.): Identität, Selbstverständnis, Berufsbild. Implikationen der neuen Einsatzrealität für die Bundeswehr. Wiesbaden: VS Verlag für Sozialwissenschaften, S. 47–56.

Lichtenberger, Elisabeth (2005): Europa. Geographie, Geschichte, Wirtschaft, Politik. Darmstadt: Primus.

Liebmann, Maximilian (1986a): Vom Ende des Ersten Weltkriegs bis zu Pius XII. In: Josef Lenzenweger, Peter Stockmeier, Karl Amon und Rudolf Zinnhobler (Hg.): Geschichte der katholischen Kirche. Ein Grundkurs. Graz [u.a.]: Styria, S. 429–437.

Liebmann, Maximilian (1986b): Vom II. Vatikanum bis zur Gegenwart. In: Josef Lenzenweger, Peter Stockmeier, Karl Amon und Rudolf Zinnhobler (Hg.): Geschichte der katholischen Kirche. Ein Grundkurs. Graz [u.a.]: Styria, S. 438–452.

Liebmann, Maximilian (1986c): Der Augsburger Reichstag (1530) und das Augsburger Bekenntnis. In: Josef Lenzenweger, Peter Stockmeier, Karl Amon und Rudolf Zinnhobler (Hg.): Geschichte der katholischen Kirche. Ein Grundkurs. Graz [u.a.]: Styria, S. 429–437.

Liening, Andreas (2004): Die Bedeutung der ökonomischen Bildung. Dortmunder Beiträge zur ökonomischen Bildung, Diskussionsbeitrag Nr. 1. Online verfügbar unter http://eldorado.tu-dortmund.de:8080/bitstream/2003/22303/1/unido_wd_01.pdf, zuletzt geprüft am 01.10.2013.

Lindner, Dolf (1983): Der Mann ohne Vorurteil. Josef von Sonnenfels 1733–1817. Wien: Österreichischer Bundesverlag.

Lipp, Wolfgang (1979): Kulturtypen, kulturelle Symbole, Handlungswelt. Zur Pluralvalenz von Kultur. In: *Kölner Zeitschrift für Soziologie und Sozialpsychologie* 31, S. 450–484.

Lisop, Ingrid (2005): Jürgen Zabeck: Berufserziehung im Zeichen der Globalisierung und des Shareholder-Value. Rezension. In: *Zeitschrift für Berufs- und Wirtschaftspädagogik* 101 (1), S. 147–150.

Litt, Theodor (1955): Das Bildungsideal der deutschen Klassik und die moderne Arbeitswelt. Bonn: Bundeszentrale für Heimatdienst.

Loch, Werner (1964): Die ideologische Gefährdung der Pädagogik. In: *Bildung und Erziehung* 17, S. 77–89.

Loch, Werner (1968): Enkulturation als Grundbegriff der Pädagogik. In: *Bildung und Erziehung* 21, S. 161–178.

Loch, Werner (1969): Enkulturation als anthropologischer Grundbegriff der Pädagogik. In: Erich Weber (Hg.): Der Erziehungs- und Bildungsbegriff im 20. Jahrhundert. Bad Heilbrunn/Obb: Klinkhardt, S. 122–140.

Lohmann, Georg (2008): Zur Verständigung über die Universalität der Menschenrechte. Eine Einführung. In: Günter Nooke, Georg Lohmann und Gerhard Wahlers (Hg.): Gelten Menschenrechte universal? Begründungen und Infragestellungen. Freiburg im Breisgau: Herder, S. 47–60.

Lohrbächer, Albrecht (Hg.) (2006): Was Christen vom Judentum lernen können. Anstöße, Materialien, Entwürfe. Stuttgart: Kohlhammer.

Luckmann, Thomas (1991): Die unsichtbare Religion. Frankfurt am Main: Suhrkamp.

Luhmann, Niklas (1982): Funktion der Religion. Frankfurt am Main: Suhrkamp.

Luhmann, Niklas (1984): Soziale Systeme. Frankfurt am Main: Suhrkamp

Luhmann, Niklas (1988a): Die Wirtschaft der Gesellschaft. Frankfurt am Main: Suhrkamp.

Luhmann, Niklas (1988b): Erkenntnis als Konstruktion. Vortrag im Kunstmuseum Bern, 23. Oktober 1988. Bern: Benteli.

Luhmann, Niklas (1990): Ökologische Kommunikation. Kann die moderne Gesellschaft sich auf ökologische Gefährdungen einstellen? 3. Aufl., Opladen: Westdeutscher Verlag.

Luhmann, Niklas (1995): Das Recht der Gesellschaft. Frankfurt am Main: Suhrkamp.

Luhmann, Niklas (1996): Soziale Systeme. Grundriss einer allgemeinen Theorie. 6. Aufl., Frankfurt am Main: Suhrkamp.

Luhmann, Niklas (1997a): Die Gesellschaft der Gesellschaft. Erster Teilband. Kapitel 1–3. Frankfurt am Main: Suhrkamp.

Luhmann, Niklas (1997b): Die Gesellschaft der Gesellschaft. Zweiter Teilband. Kapitel 4–5. Frankfurt am Main: Suhrkamp.

Luhmann, Niklas (2002): Die Religion der Gesellschaft. Darmstadt: Wissenschaftliche Buchgesellschaft.

Luhmann, Niklas (2004): Schriften zur Pädagogik. Herausgegeben von Dieter Lenzen. Frankfurt am Main: Suhrkamp.

Luhmann, Niklas (2008): Die Moral der Gesellschaft. Herausgeben von Detlef Horster. Frankfurt am Main: Suhrkamp

Luhmann, Niklas; Lenzen, Dieter (1997): Bildung und Weiterbildung im Erziehungssystem. Lebenslauf und Humanontogenese als Medium und Form. Frankfurt am Main: Suhrkamp.

Luterbacher-Maineri, Claudius (2008): Adam Smith – Theologische Grundannahmen. Fribourg: Academic Press Fribourg.

MacCannell, Dean (1976): The tourist. A new theory of the leisure class. London [u.a.]: Macmillan.

Maier, Johann (2004). Judentum. In: Anton Grabner-Haider und Karl Prenner (Hg.): Religionen und Kulturen der Erde. Ein Handbuch. Darmstadt: Wissenschaftliche Buchgesellschaft, S. 86–105.

Malik, Fredmund (2006): Führen, Leisten, Leben. Wirksames Management für eine neue Zeit. Frankfurt am Main: Campus.

Mandeville, Bernard (2012): Die Bienenfabel. Mit einer Einleitung von Walter Euchner. Frankfurt am Main: Suhrkamp.

Mandl, Gerwald (1983): Wirtschaftspädagogik an der Universität Graz. In: Wilfried Schneider (Hg.): Wirtschaftspädagogik in Österreich. Festschrift für Hans Krasensky zum 80. Geburtstag. Unter Mitarbeit von Hans Krasensky. Wien: Manz, S. 195–202.

Mandry, Christof (2009): Europa als Wertegemeinschaft. Eine theologisch-ethische Studie zum politischen Selbstverständnis der Europäischen Union. Baden-Baden: Nomos.

Mangoldt, Hans von (1999): Der (National-)Staat als Voraussetzung und Partner der Globalisierung. In: Hans von Mangoldt und Carl Christian von Weizsäcker (Hg.): Globalisierung – Bedeutung für Staat und Wirtschaft. Köln: Wirtschaftsverlag Bachem, S. 51–102.

Mankiw, Nicholas G. (2001): Principles of economics. 2. Aufl., Fort Worth [u.a.]: Harcourt College Publishers.

Mannheim, Karl (1964): Wissenssoziologie. Auswahl aus dem Werk. Berlin [u.a.]: Luchterhand.

Marcel, Gabriel (1978): Leibliche Begegnung. In: Walter von Baeyer, Hubertus Tellenbach und Alfred Kraus (Hg.): Leib, Geist, Geschichte. Brennpunkte anthropologischer Psychiatrie; Festschrift zum 60. Geburtstag von Hubertus Tellenbach. Unter Mitarbeit von Hubertus Tellenbach. Heidelberg: Hüthig, S. 47–73.

Marko, Joseph (2007): Autonomie und Integration. Der Islam in der Rechtsprechung europäischer Höchstgerichte. In: Silvia Ulrich, Gerhard Schneld und Renate Pirstner-Ebner (Hg.): Funktionen des Rechts in der pluralistischen Wissensgesellschaft. Wien [u.a.]: Böhlau, S. 615–632.

Massing, P. (2012): Politisches Handeln – Versuch einer Begriffserklärung. In: Hubertus Buchstein und Georg Weißeno (Hg.): Politisch Handeln. Modelle, Möglichkeiten, Kompetenzen. Opladen [u.a.]: Barbara Budrich, S. 257–270.

Matuszek, Krzysztof C. (2007): Der Krieg als autopoietisches System. Wiesbaden: Deutscher Universitäts-Verlag.

May, Hermann (2011): Ökonomische Bildung als Allgemeinbildung. In: *Aus Politik und Zeitgeschichte* 12, S. 3–9.

May, Hermann (Hg.) (2012): Lexikon der ökonomischen Bildung. 8. Aufl., München: Oldenbourg.

McGrath, Alister E. (2010): Atheismus als Bestseller: Der neue Szientismus. In: *concilium* 46, S. 374–383.

Mead, George H. (1932): The philosophy of the present. Chicago: Open Court Publication.

Mellerowicz, Konrad (1966): Wege und Irrwege der modernen Organisationslehre. In: Konrad Mellerowicz (Hg.): Wirtschaft und Wirtschaftsprüfung. Herbert Rätsch zum sechzigsten Geburtstage. Unter Mitarbeit von Herbert Rätsch. Stuttgart: Poeschel, S. 15–49.

Menne, Ferdinand W. (1972): Wertesysteme und Realität. Soziologische Stichworte. In: Anselm Hertz (Hg.): Moral. Mainz: Matthias-Grünewald, S. 34–59.

Meuser, Michael; Nagel, Ulrike (2005): ExpertInneninterviews – vielfach erprobt, wenig bedacht. Ein Beitrag zur qualitativen Methodendiskussion. In: Alexander Bogner, Beate Littig und Wolfgang Menz (Hg.): Das Experteninterview. Theorie, Methode, Anwendung. 2. Aufl., Wiesbaden: VS Verlag für Sozialwissenschaften, S. 71–93

Meyer, John W. (Hg.) (2005): Weltkultur. Wie die westlichen Prinzipien die Welt durchdringen. Frankfurt am Main: Suhrkamp.

Meyer, John W. (2005a): Vorwort. In: Raimund Hasse & Georg Krücken (Hg.): Neo-Institutionalismus. Bielefeld: Transcript, S. 5–12.

Meyer, John W. (2005b): Die Europäische Union und die Globalisierung der Kultur. In: John W. Meyer (Hg.): Weltkultur. Wie die westlichen Prinzipien die Welt durchdringen. Frankfurt am Main: Suhrkamp, S. 163–178.

Meyer, John W. (2005c): Der sich wandelnde kulturelle Gehalt des Nationalstaats. In: John W. Meyer (Hg.): Weltkultur. Wie die westlichen Prinzipien die Welt durchdringen. Frankfurt am Main: Suhrkamp, S. 133–162.

Meyer, John W.; Boli, John; Thomas, George M.; Ramirez, Francisco O. (2005): Die Weltgesellschaft und der Nationalstaat. In: John W. Meyer (Hg.): Weltkultur. Wie die westlichen Prinzipien die Welt durchdringen. Frankfurt am Main: Suhrkamp, S. 85–132.

Meyer, John W.; Boli, John; Thomas, George M. (2005): Ontologie und Rationalisierung im Zurechnungssystem der westlichen Kultur. In: John W. Meyer (Hg.): Weltkultur. Wie die westlichen Prinzipien die Welt durchdringen. Herausgegeben von Georg Krücken. Frankfurt am Main: Suhrkamp, S. 17–46.

Meyer, John W.; Jepperson, Ronald L. (2005): Die „Akteure" der modernen Gesellschaft: Die kulturelle Konstruktion sozialer Agentschaft. In: John W. Meyer (Hg.): Weltkultur. Wie die westlichen Prinzipien die Welt durchdringen. Herausgegeben von Georg Krücken. Frankfurt am Main: Suhrkamp, S. 47–84.

Meyer, John W.; Nagel, Joanne; Snyder, Conrad W. (1993): The Expansion of Mass Education in Botswana: Loacal and World Society Perspectives. In: *Comparative Education Review* 37, S. 454–475.

Meyer, John W.; Rowan, Brian (1977): Institutionalized organizations. Formal structure as myth and ceremony. In: *The American Journal of Sociology* 83 (2), S. 340–363.

Meyer, John W.; Rowan, Brian (1991): Institutionalized Organizations: Formal Structure as Myth and Ceremony. In: Walter W. Powell und Paul J. DiMaggio (Hg.): The New Institutionalism in Organizational Analysis. Chicago: University of Chicago Press, S. 41–62.

Meyer, Renate; Hammerschmied, Gerhard (2006): Die Mikroperspektive des Neo-Instiutionalismus. In: Konstanze Senge, Kai-Uwe Hellmann und W. Richard Scott (Hg.): Einführung in den Neo-Institutionalismus. Wiesbaden: VS Verlag für Sozialwissenschaften, S. 160–171.

Meyer, Thomas (2002): Politische Kultur und kultureller Pluralismus. Friedrich Ebert Stiftung. Online Akademie. Online verfügbar unter http://library.fes.de/pdf-files/akademie/online/50365.pdf, zuletzt geprüft am 01.10.2013.

Meyer, Thomas (2004): Die Identität Europas. Der EU eine Seele? Frankfurt am Main: Suhrkamp.

Mikl-Horke, Gertraude (2008): Sozialwissenschaftliche Perspektiven der Wirtschaft. München, Wien: Oldenbourg.

Mill, John S. (2010): Utilitarianism. Der Utilitarismus. Herausgegeben von Dieter Birnbacher. Stuttgart: Reclam.

Milot, Micheline (2007): The religion dimension in intercultural education. In: John Keast (Hg): Religious Diversity and Intercultural Education: A Reference Book for Schools.

Minnameier, Gerhard (2005): Wer Moral hat, hat die Qual, aber letztlich keine Wahl! Homanns (Wirtschafts)Ethik im Kontext der Wirtschaftsdidaktik. In: *Zeitschrift für Berufs- und Wirtschaftspädagogik* 101 (1), S. 19–42.

Mises, Ludwig (1929): Kritik des Interventionismus. Untersuchungen zur Wirtschaftspolitik und Wirtschaftsideologie der Gegenwart. Jena: Fischer.

Mitrany, David (1966): A working peace system. Chicago: Quadrangle Books.

Mittelstraß, Jürgen (1990): Wirtschaftsethik oder Abschied vom Ökonomismus auf philosophischen Wegen. In: Peter Ulrich (Hg.): Auf der Suche nach einer modernen Wirtschaftsethik. Lernschritte zu einer reflexiven Ökonomie. Bern: Haupt, S. 17–38.

Moebius, Stephan (2010): Kultur. 2. Aufl., Bielefeld: Transcript.

Mohr, Hans (1987): Natur und Moral. Ethik in der Biologie. Darmstadt: Wissenschaftliche Buchgesellschaft.

Moreno, Jacob L. (1943): The concept of sociodrama. In: *Sociometry* 4, S. 434–449.

Moreno, Jacob L. (1946): Psychodrama. New York: Beacon House.

Moreno, Jacob L. (1961): The role concept, a bridge between psychiatry and sociology. In: *American Journal of Psychiatry* 118, S. 518–523.

Müller, Wolfgang (1995): Zur beruflichen Identität und beruflichen Zufriedenheit von Studierenden und Absolventen. In: Jürgen Zabeck und Matthias Zimmermann (Hg.): Anspruch und Wirklichkeit der Berufsakademie Baden-Württemberg. Eine Evaluationsstudie. Weinheim: Deutscher Studien-Verlag, S. 247–278.

Münkler, Herfried (2005): Imperien. Die Logik der Weltherrschaft: vom Alten Rom bis zu den Vereinigten Staaten. Berlin: Rowohlt.

Nagel, Anne (2012): Hitlers Bildungsreformer. Das Reichsministerium für Wissenschaft, Erziehung und Volksbildung 1934–1945. Frankfurt am Main: Fischer.

Nagel, Thomas; Gebauer, Michael; Schütt, Hans-Peter (2005): Die Möglichkeit des Altruismus. 2. Aufl., Berlin: Philo.

Naucke, Wolfgang (2012): Der Begriff der politischen Wirtschaftsstraftat. Eine Annäherung. Berlin, Münster: LIT.

Nehrkorn, Stefan (2001): Systemtheorie: Niklas Luhmann. Humboldt-Gesellschaft. Online verfügbar unter http://www.humboldtgesellschaft.de/inhalt.php?name=luhmann#G, zuletzt geprüft am 01.10.2013.

Nelson, Robert H. (2001): Economics as religion. From Samuelson to Chicago and beyond. University Park: Pennsylvania State University Press.

Neuhold, Leopold (1988): Wertwandel und Christentum. Linz: Veritas.

Neuhold, Leopold (2002): Menschenzucht – Ethik in der Forschung. Impulsreferat aus theologischer und soziologischer Sicht. Mariazeller Gespräche. Online verfügbar unter http://www.dieuniversitaet-online.at/pdf/neuhold_leopold.pdf, zuletzt geprüft am 01.10.2013.

Neuhold, Leopold (2009): Momente der Krise und die katholische Soziallehre. Aufforderung zum Tieferblicken anlässlich des Erscheinens von „Caritas in veritate". In: Klaus Poier (Hg.): Wirtschaftskrise und Katholische Soziallehre. 30 Jahre Neugründung des Dr.-Karl-Kummer-Instituts in der Steiermark. Graz: Verein für Sozial- und Wirtschaftspolitik.

Neuhold, Leopold (2013): Vereinigte Staaten von Europa – eine Frage der Werte? In: Lojze Wieser (Hg.): Demokratische Einigung Europas. Das Hoffen wagen. Klagenfurt: Wieser, S. 121–129.

Neukirchen, Kajo (1998): „Shareholder value ist kein Kapitalismus pur". Erfolgreiches Wertmanagement am Beispiel der Metallgesellschaft. Portfolio-Optimierung und vierfaches Risikomanagement. In: *FAZ*, 30.11.1998, S. 32. Online verfügbar unter http://www.seiten.faz-archiv.de/faz/19981130/f19981130conmg-100.html, zuletzt geprüft am 01.10.2013.

Neumann, Gerd (1969): Die Indoktrination des Nationalsozialismus in die Berufserziehung. Dissertation. Universität Hamburg. Wirtschafts- und Sozialwissenschaftliche Fakultät.

Neuss, Beate (2007): Beyond the Nation-State. Functionalism and International Organization, Stanford 1964. In: Steffen Kailitz (Hg.): Schlüsselwerke der Politikwissenschaft. Wiesbaden: VS Verlag für Sozialwissenschaften, S. 140–145.

Neuweg, Georg Hans (1997): Wirtschaftspädagogik und „ökonomische Verhaltenstheorie". In: Klaus Peter Kruber (Hg.): Konzeptionelle Ansätze ökonomischer Bildung. Bergisch Gladbach: Hobein, S. 103–128.

Neuweg, Georg H. (2001): Könnerschaft und implizites Wissen. Zur lehr-lerntheoretischen Bedeutung der Erkenntnis- und Wissenstheorie Michael Polanyis. 2. Aufl., Münster: Waxmann.

Neuweg, Georg H. (2003): Zwischen Standesamt und Scheidungsrichter: Die Wirtschaftspädagogik und der „homo oeconomicus". In: *Zeitschrift für Berufs- und Wirtschaftspädagogik* 99 (3), S. 350–367.

Nicklisch, ohne Vorname (1925): Vortrag auf der Hauptversammlung des Reichsbundes Deutscher Handelslehrer mit Hochschulbildung. In: *Deutsche Handelsschulwarte* 14, ohne Seitenangabe.

Nida-Rümelin, Julian (2001): Strukturelle Rationalität. Ein philosophischer Essay über praktische Vernunft. Stuttgart: Reclam.

Nida-Rümelin, Julian (2011a): Die Optimierungsfalle. Philosophie einer humanen Ökonomie. München: Irisiana.

Nida-Rümelin, Julian (2011b): Verantwortung. Stuttgart: Reclam.

Nohl, Arnd-Michael (2009): Interview und dokumentarische Methode. Anleitungen für die Forschungspraxis. 3. Aufl., Wiesbaden: VS Verlag für Sozialwissenschaften.

Nohl, Arnd-Michael (2011): Dokumentarische Methode in der qualitativen Bildungs- und Arbeitsforschung. Von der soziogenetischen zur relationalen Typenbildung. In: Karin Schittenhelm (Hg.): Qualitative Bildungs- und Arbeitsmarktforschung. Theoretische Grundlagen und Methoden. Wiesbaden: VS Verlag für Sozialwissenschaften, S. 155–182.

Nohl, Arnd-Michael (2013): Relationale Typenbildung und Mehrebenenvergleich. Neue Wege der dokumentarischen Methode. Herausgegeben von Rolf Bohnsack u.a. in der Reihe Qualitative Sozialforschung. Wiesbaden: Springer VS.

Nohl, Hermann (1933): Die Theorie der Bildung. Weinheim: Beltz.

Nölker, H. (1989): Zum Theorie-Praxis-Verständnis in der Berufspädagogik. In: Rolf Arnold, Antonius Lipsmeier und Hermann Benner (Hg.): Betriebspädagogik in nationaler und internationaler Perspektive. Baden-Baden: Nomos, S. 21–31.

Nucci, Larry P.; Narváez, Darcia (2008): Handbook of moral and character education. New York: Routledge.

Oestreich, Heide (2005): Der Kopftuch-Streit. Das Abendland und ein Quadratmeter Islam. 2. Aufl., Frankfurt am Main: Brandes & Apsel.

Oevermann, Ulrich (2009): Theoretische Skizze einer revidierten Theorie professionalisierten Handelns. In: Arno Combe und Werner Helsper (Hg.): Pädagogische Professionalität. Untersuchungen zum Typus pädagogischen Handelns. Frankfurt am Main: Suhrkamp, S. 70–182.

Olsen, Johann (2001): Organizing European Institutions of Governance. In: Helen Wallace (Hg.): Interlocking dimensions of European integration. London: McMillan, S. 223–253.

Online Etymology Dictionary (2012): Webpage. Online verfügbar unter http://www.etymonline.com/index.php, zuletzt geprüft am 01.10.2013.

Ophardt, Diemut (2006): Professionelle Orientierungen von Lehrerinnen und Lehrern unter den Bedingungen einer Infragestellung der Vermittlungsfunktion. Freie Universität Berlin. Online verfügbar unter http://www.diss.fu-berlin.de/diss/receive/FUDISS_thesis_000000002338, zuletzt geprüft am 01.10.2013.

Orgovanyi-Hanstein, Britta (2005): Die Geschichte Europas, ganz einfach. Wien, Krieglach: Candor.

ÖROK (2002): Räumliche Disparitäten im österreichischen Schulsystem – Strukturen, Trends und politische Implikationen. Zusammenfassung und Fazit. Wien: Österreichische Raumordungskonferenz (ÖROK-Schriftenreihe, 162). Online verfügbar unter http://www.oerok.gv.at/fileadmin/Bilder/5.Reiter-Publikationen/Schriftenreihe_Kurzfassung/OEROK_schriftenreihe162_kurzfassung_d.pdf, zuletzt geprüft am 01.10.2013.

Oser, Fritz; Althof, Wolfgang (1997): Moralische Selbstbestimmung. Modelle der Entwicklung und Erziehung im Wertebereich: ein Lehrbuch. Stuttgart: Klett-Cotta.

Oslington, Paul (o.J.): Book Review: Economics as Religion: From Samuelson to Chicago and Beyond by Robert H. Nelson, Pennsylvania State University Press, 2001. Online verfügbar unter http://www.christian-economists.org.uk/jour34_book%20review.pdf, zuletzt geprüft am 01.10.2013.

Ostendorf, Annette (2007): Wirtschaftspädagogik im Zeitalter der Ebay-Generation. Antrittsvorlesung am 11. Mai 2007 an der Universität Innsbruck, 2007.

Ötsch, Walter (2009): Mythos Markt. Marktradikale Propaganda und ökonomische Theorie. Marburg: Metropolis.

Ötsch, Walter; Panther, Stephan (2002): Ökonomie und Sozialwissenschaft. Ansichten eines in Bewegung geratenen Verhältnisses. In: Walter Ötsch und Stephan Panther (Hg.): Ökonomik und Sozialwissenschaft. Ansichten eines in Bewegung geratenen Verhältnisses. Marburg: Metropolis, S. 7–18.

Otten, Mathias (2009): Was kommt nach der Differenz? Anmerkungen zur konzeptionellen und praktischen Relevanz des Theorieangebots der Transkulturalität im Kontext der interkulturellen Kommunikation. In: Alois Moosmüller (Hg.): Konzepte kultureller Differenz. Münster [u.a.]: Waxmann, S. 47–66.

Oxford English Dictionary (2012): Webpage. Online verfügbar unter http://www.oed.com/, zuletzt geprüft am 01.10.2013.

Palaver, Wolfgang (2003): Kapitalismus als Religion. Universität Innsbruck. Online verfügbar unter am http://www.uibk.ac.at/theol/leseraum/texte/283.html?print=1, zuletzt geprüft am 01.10.2013.

Pape, Elise (2005): Das Kopftuch von Frauen der zweiten Einwanderergeneration. Ein Vergleich zwischen Frankreich und Deutschland. Aachen: Shaker.

Parche-Kawik, Kerstin (2003): Den homo oeconomicus bändigen? Zum Streit um den Moralisierungsbedarf marktwirtschaftlichen Handelns. Frankfurt am Main [u.a.]: Lang.

Parsons, Talcott (1956): Suggestions for a Sociological Approach to the Theory of Organizations. In: *Administrative Science Quarterly* 1, S. 63–85, 225–239.

Parsons, Talcott (1964): The social system. Glencoe: Free Press.

Parsons, Talcott (1977): Social Systems and the Evolution of Action Theory. New York: Free Press.

Parsons, Talcott (1978): Action theory and the human condition. 3. Aufl., New York: Free Press.

Parsons, Talcott (1985): Das System moderner Gesellschaften. Weinheim: Juventa.

Parsons, Talcott (1991): The social system. 2. Aufl., London: Routledge.

Parsons, Talcott; Shils, Edward; Smelser, Neil J. (2001): Toward a general theory of action. Theoretical foundations for the social sciences. New Brunswick, New Jersey: Transaction Publishers.

Peters, Thomas J.; Waterman, Robert H. (2003): Auf der Suche nach Spitzenleistungen. Was man von den bestgeführten US-Unternehmen lernen kann. 9. Aufl., Frankfurt am Main: Redline Wirtschaft bei Verlag Moderne Industrie.

Petzold, Hilarion (1982): Die sozialpsychiatrische Rollentheorie J. L. Morenos und seiner Schule. In: Hilarion Petzold und Ulrike Mathias (Hg.): Rollenentwicklung und Identität. Von den Anfängen der Rollentheorie zum sozialpsychiatrischen Rollenkonzept Morenos. Paderborn: Junfermann, S. 13–190.

Piaget, Jean (1974): Der Aufbau der Wirklichkeit beim Kinde. Stuttgart: Klett.

Picht, Georg (1964): Die deutsche Bildungskatastrophe. Analyse und Dokumentation. Olten: Walter.

Pies, Ingo (2010): Karl Homanns Programm einer ökonomischen Ethik. ‚A View from Inside' in zehn Thesen. In: *Zeitschrift für Wirtschafts- und Unternehmensethik* 11 (3), 249–261.

Pinckaers, Servais (2004): Christus und das Glück. Grundriss der christlichen Ethik. Göttingen: Vandenhoeck & Ruprecht.

Pinzler, Petra (2013): Was ist Lebensqualität? In: *Die Zeit*, 21.02.2013, S. 27.

Pleiss, Ulrich (1973): Wirtschaftslehrerbildung und Wirtschaftspädagogik. Die wirtschaftspädagogische Disziplinenbildung an deutschsprachigen wissenschaftlichen Hochschulen. Göttingen: Schwartz.

Polanyi, Karl (1978): The great transformation. Politische und ökonomische Ursprünge von Gesellschaften und Wirtschaftssystemen. Frankfurt am Main: Suhrkamp.

Polanyi, Michael (1985): Implizites Wissen. Frankfurt am Main: Suhrkamp.

Pollack, Detlef (2000): Religiöser und kirchlicher Wandel in Ostdeutschland 1989–1999. In: Detlef Pollack und Gert Pickel (Hg.): Religiöser und kirchlicher Wandel in Ostdeutschland. 1989–1999. Opladen: Leske + Budrich, S. 18–47.

Pöltner, Günther (2006): Grundkurs Medizin-Ethik. 2. Aufl., Wien: Facultas.

Popper, Karl R. (1982): Logik der Forschung. 7. Aufl., Tübingen: Mohr.

Pottmeyer, Maria (2011): Religiöse Kleidung in der öffentlichen Schule in Deutschland und England. Staatliche Neutralität und individuelle Rechte im Rechtsvergleich. Tübingen: Mohr Siebeck.

Prandini, Markus (2001): Persönlichkeitserziehung und Persönlichkeitsbildung von Jugendlichen. Paderborn, St. Gallen: Eusl.

Prange, Klaus (2000): Plädoyer für Erziehung. Baltmannsweiler: Schneider-Verlag Hohengehren.

Prettenthaler, Monika (2012): „Gut und richtig" leben lernen? Überlegungen zur ethischen Kompetenz. In: Manuela Paechter, Michaela Stock, Sabine Schmölzer-Eibinger, Peter Slepcevic-Zach und Wolfgang Weirer (Hg.): Handbuch Kompetenzorientierter Unterricht. Weinheim: Beltz, S. 72–87.

Price, Derek J. S. de (1971): Little science, big science. 3. Aufl., New York: Columbia University Press.

Priddat, Birger P. (1994): Der Philosophen Ökonomie: das Beispiel Georg Picht. Spekulationen über den Zusammenhang von Natur, Ethik und Ökonomie. In: Almuth Hattenbach (Hg.): Wissenschaftliche und ethische Leitbilder für neue Wirtschaftskonzepte. Giessen: Focus, S. 9–32.

Prisching, Manfred (2002): Vermarktlichung – ein Aspekt des Wandelns von Koordinationsmechanismen. In: *Jahrbuch Ökonomie und Gesellschaft* 18, S. 13–38.

Pritchett, Lant (1996): Where Has All the Education Gone? How to explain the surprising finding that more education did not lead to faster economic growth? In: *Policy Research Working Paper* 1581, Washington: The World Bank, S. 1–48.

Quack, Sigrid (2006): Institutioneller Wandel. Institutionalisierung und De-Institutionalisierung. In: Konstanze Senge, Kai-Uwe Hellmann und W. Richard Scott (Hg.): Einführung in den Neo-Institutionalismus. Wiesbaden: VS Verlag für Sozialwissenschaften, S. 172–184.

Quante, Michael (2008): Einführung in die allgemeine Ethik. 3. Aufl., Darmstadt: Wissenschaftliche Buchgesellschaft.

Quenzel, Gudrun (2005): Konstruktionen von Europa. Die europäische Identität und die Kulturpolitik der Europäischen Union. Bielefeld: Transcript.

Raithel, Jürgen; Dollinger, Bernd; Hörmann, Georg (2009): Einführung Pädagogik. Begriffe – Strömungen Klassiker – Fachrichtungen. 3. Aufl., Wiesbaden: VS Verlag für Sozialwissenschaften.

Randow, Gero; Pinzler, Petra (2010): „Vertrauen Sie Europa!". Interview mit Jacques Delors. In: *Die Zeit*, 20.05.2010, S. 20.

Ratzinger, Joseph (1968): Einführung in das Christentum. Vorlesungen über das Apostolische Glaubensbekenntnis. München: Kösel.

Rawls, John (1992): Die Idee des politischen Liberalismus. Aufsätze 1978–1989. Herausgegeben von Wilfried Hinsch. Frankfurt am Main: Suhrkamp.

Rawls, John (1996): Eine Theorie der Gerechtigkeit. 9. Aufl., Frankfurt am Main: Suhrkamp.

Rebmann, Karin (2001): Planspiel und Planspieleinsatz. Theoretische und empirische Explorationen zu einer konstruktivistischen Planspieldidaktik. Hamburg: Kovač.

Rebmann, Karin; Schlömer, Tobias (2011): Lehr-Lerntheorien in der Berufsbildung. In: Karin Büchter (Hg.): Enyzklopädie Erziehungswissenschaft Online. Weinheim, München: Juventa, S. 1–39.

Rebmann, Karin; Tenfelde, Walter; Schlömer, Tobias (2011): Berufs- und Wirtschaftspädagogik. Eine Einführung in Strukturbegriffe. 4. Aufl., Wiesbaden: Gabler.

Reckwitz, Andreas (2000): Die Transformation der Kulturtheorien. Zur Entwicklung eines Theorieprogramms. Weilerswist: Velbrück Wissenschaft.

Reed-Danahay, Deborah (2005): Locating Bourdieu. Bloomington: Indiana University Press.

Reetz, Lothar (1970): Gesichtspunkte zur Revision der didaktischen Reflexion in der Wirtschaftspädagogik. In: *Die Deutsche Berufs- und Fachschule* 66, S. 196–211.

Reetz, Lothar (1984): Wirtschaftsdidaktik. Eine Einführung in Theorie und Praxis wirtschaftsberuflicher Curriculumentwicklung und Unterrichtsgestaltung. Bad Heilbrunn: Klinkhardt.

Reinhard, Wolfgang (2010): Die Bejahung des gewöhnlichen Lebens. In: Hans Joas und Klaus Wiegandt (Hg.): Die kulturellen Werte Europas. 5. Aufl., Frankfurt am Main: Fischer, S. 265–303.

Reinhart, Carmen M.; Reinhart, Vincent R. (2010): After the Fall. Jackson Hole Sympoium 2010. Federal Reserve Bank of Kansas City. Oklahoma City. Online verfügbar unter http://www.kansascityfed.org/publicat/sympos/2010/2010-08-17-reinhart.pdf, zuletzt aktualisiert am 01.10.2013.

Reinisch, Holger (1988): „Handlungs- und Situationsorientierung" als Leitkategorien eines mehrdimensionalen Entwurfs zu einer Didaktik der Wirtschaftslehre. In: Klaus Beck, Reinhard Czycholl, Hermann G. Ebner und Holger Reinisch (Hg.): Zur Kritik handlungsorientierter Ansätze in der Didaktik der Wirtschaftslehre. Oldenburg: Beiträge zur Berufs- und Wirtschafts-pädagogik, S. 77–113.

Reinisch, Holger (2009): Über Nutzen und Schaden des Philosophierens über das Selbstverständnis der Berufs- und Wirtschafspädagogik – Anmerkungen aus wissenschaftssoziologischer Sicht. In: *Berufs- und Wirtschaftspädagogik Online* 16, S. 1–18. Online verfügbar unter www.bwpat.de/ausgabe16/reinisch_bwpat16.pdf, zuletzt geprüft am 01.10.2013.

Reinisch, Holger; Götzl, Mathias (2011): Geschichte der kaufmännischen Berufe. Studie zur Geschichte vornehmlich der deutschen Kaufleute, ihrer Tätigkeiten, ihrer Stellung in der Gesellschaft sowie ihrer Organisation und Qualifizierungsstrukturen von den Anfängen bis zum Ausgang des 19. Jahrhunderts. Bonn: BIBB.

Reith, Reinhold (1999): Lohn und Leistung. Lohnformen im Gewerbe 1450–1900. Stuttgart: Steiner.

Retzmann, Thomas (1994): Wirtschaftsethik und Wirtschaftspädagogik. Keine Ortsangabe: Botermann & Botermann.

Rez, Helmut; Kraemer, Monika; Kobayashi-Weinsziehr, Reiko (2010): Warum Karl und Keizo sich nerven. In: Dagmar Kumbier und Friedemann Schulz von Thun (Hg.): Interkulturelle Kommunikation. Methoden, Modelle, Beispiele. 3. Aufl., Reinbek bei Hamburg: Rowohlt, S. 28–72.

Rich, Arthur (1991): Wirtschaftsethik. Band 1. Grundlagen in theologischer Perspektive. 4. Aufl., Gütersloh: Gütersloher Verlagshaus.

Richter, H. M. (1883): Die Entwicklung des kaufmännischen Unterrichts in Österreich. Wien: Jahresbericht der Wiener Handelsakademie.

Rimkus, Manuel (2008): Wissenstransfer in Clustern. Wiesbaden: Gabler

Risse, Thomas (2010): A community of Europeans? Transnational identities and public spheres. Ithaca: Cornell University Press.

Ritzer, George; Vogel, Sebastian (2006): Die McDonaldisierung der Gesellschaft. 4. Aufl., Konstanz: UVK.

Robinsohn, Saul B. (1967): Bildungsreform als Revision des Curriculum. Neuwied am Rhein: Luchterhand.

Rogers, Carl R. (1976): Entwicklung der Persönlichkeit. Psychotherapie aus der Sicht eines Therapeuten. Stuttgart: Klett.

Rolle, Robert (2005): Homo oeconomicus. Wirtschaftsanthropologie in philosophischer Perspektive. Würzburg, Regensburg: Königshausen & Neumann.

Rosenberg, Marshall B. (2003): Nonviolent communication. A language of life. 2. Aufl., Encinitas, California: Puddle Dancer Press.

Rosenberger, Michael; Koller, Edeltraud (2009): Problemstellungen, Methoden und Konzepte der Unternehmensethik. In: Birgit Feldbauer-Durstmüller und Helmut Pernsteiner (Hg.): Betriebswirtschaftslehre und Unternehmensethik. Wien: Linde, S. 23–48.

Roth, Heinrich (1971): Pädagogische Anthropologie. Entwicklung und Erziehung. Grundlagen einer Entwicklungspädagogik. Hannover: Schroedel.

Rothacker, Erich (1982): Philosophische Anthropologie. 5. Aufl., Bonn: Bouvier.

Rubinson, Richard; Browne, Irene (1994): Education and the Economy. In: Neil J. Smelser und Richard Swedberg (Hg.): The Handbook of Economic Sociology. Princeton: Princeton University Press, S. 581–599.

Rüegg-Stürm, Johannes (2003): Das neue St. Galler Management-Modell. Grundkategorien einer integrierten Managementlehre. 2. Aufl., Bern: Haupt.

Rüstow, Alexander (2009): Die Religion der Marktwirtschaft. 3. Aufl., Berlin, Münster: Lit.

Ryklin, Mikhail (2004): Der Topos der Utopie. Kommunismus als Religion. In: Dirk Baecker (Hg.): Kapitalismus als Religion. 2. Aufl., Berlin: Kadmos, S. 61–76.

Sailer, Maximilian (2007): Bildungswissenschaft und Bildungsforschung. Eine Rückbesinnung auf den Gegenstand Bildung. In: Franz-Michael Konrad (Hg.): Homo educabilis. Studien zur allgemeinen Pädagogik, pädagogischen Anthropologie und Bildungsforschung. Münster: Waxmann, S. 127–142.

Salewski, Michael (2000): Geschichte Europas. Staaten und Nationen von der Antike bis zur Gegenwart. München: Beck.

Samuelson, Paul A.; Nordhaus, William D. (1998): Volkswirtschaftslehre. Übersetzung der 15. Auflage. Wien: Ueberreuter.

Samuelson, Paul A.; Nordhaus, William D. (2001): Economics. 17. Aufl., Boston: McGraw-Hill.

Sander, Wolfgang (2008): Politik entdecken – Freiheit leben. Didaktische Grundlagen politischer Bildung. Schwalbach am Taunus: Wochenschau.

Sander, Wolfgang (2009): Über politische Bildung. Politik-Lernen nach dem „politischen Jahrhundert". Schwalbach am Taunus: Wochenschau.

Savigny, Eike von (2011): Ludwig Wittgenstein, Philosophische Untersuchungen. 2. Aufl., Berlin: Akademischer Verlag.

Schaefers, Christine (2009): Schule und Organisationstheorie – Forschungserkenntnisse und -fragen aus der Perspektive des soziologischen Neo-Institutionalismus. In: Sascha Koch und Michael Schemmann (Hg.): Neo-Institutionalismus in der Erziehungswissenschaft. Grundlegende Texte und empirische Studien. Wiesbaden: VS Verlag für Sozialwissenschaften, S. 308–325.

Schäfers, Bernhard (2010): Soziales Handeln und seine Grundlagen: Normen, Werte, Sinn. In: Hermann Korte, Bernhard Schäfers und Bianca Lehmann (Hg.): Einführung in Hauptbegriffe der Soziologie. 8. Aufl., Wiesbaden: VS Verlag für Sozialwissenschaften, S. 23–44.

Schäffer, Burkhard (2012): Dokumentarische Methode. Einordnung, Prinzipien und Arbeitsschritte einer praxeologischen Methodologie. In: Burkhard Schäffer und Olaf Dörner (Hg.): Handbuch qualitative Erwachsenen- und Weiterbildungsforschung. Opladen: Barbara Budrich, S. 196–211.

Schannewitzky, Gerhard (1995): Kulturwissenschaftliche Aspekte der Berufs- und Wirtschaftspädagogik. Frankfurt am Main: Lang.

Schasching, Johannes (1994): Die Sozialethik als Seele der europäischen Union. In: Alois Mock, Erhard Busek, Andreas Khol und Heinrich Neisser (Hg.): Politik für das dritte Jahrtausend. Festschrift für Alois Mock zum 60. Geburtstag. Graz: Styria-Medien-Service, S. 297–303.

Schelten, Andreas (2005): Berufsbildung ist Allgemeinbildung – Allgemeinbildung ist Berufsbildung. In: *Die berufsbildende Schule* 57 (6), S. 127–128. Online verfügbar unter http://www.lrz.de/~scheltenpublikationen/pdf/bbschleitartikelschelten0620025.pdf, zuletzt geprüft am 01.10.2013.

Scherer, Andreas G.; Butz, Andreas. (2010): Unternehmensethik und CSR in betriebswirtschaftlichen Teildisziplinen – Eine Einführung. In: *Die Unternehmung* 64, S. 363–390.

Schirrmacher, Frank (2011): „Ich beginne zu glauben, dass die Linke recht hat", FAZ, 12.08.2011, S. 3.

Schleicher, Klaus (2002): Zeitgeschichte europäischer Bildung. 1970-2000. Münster, München [u.a.]: Waxmann.

Schlieper, Friedrich (1944): Die Grundformen wirtschaftsberuflicher Jugenderziehung. Eberswalde, Berlin: Müller.

Schlieper, Friedrich (1958): Das Wesen wirtschaftsberuflicher Unterweisung. In: Erich Kosiol und Friedrich Schlieper (Hg.): Seyffert – Betriebsökonomisierung durch Kostenanalyse, Absatzrationalisierung und Nachwuchserziehung. Festschrift für Rudolf Seyffert zu seinem 65. Geburtstag. Köln: Westdeutscher Verlag, S. 39–54.

Schlieper, Friedrich (1963): Allgemeine Berufspädagogik. Freiburg im Breisgau: Lambertus.

Schluchter, Wolfgang (2010): Rationalität – das Spezifikum Europas? In: Hans Joas und Klaus Wiegandt (Hg.): Die kulturellen Werte Europas. 5. Aufl., Frankfurt am Main: Fischer, S. 237–264.

Schmeltekopf, Donald (2012): The Moral Context of Business. In: Scott B. Rae und Kenman L. Wong (Hg.): Beyond integrity. A Judeo-Christian approach to business ethics. Grand Rapids, Michigan: Zondervan, S. 65–73.

Schmid, Wilhelm (2012): Unglücklich sein. Eine Ermutigung. Berlin: Insel.

Schmidtchen, Dieter (2000): Ökonomik der Religion. In: *Zeitschrift für Religionswissenschaft* 8 (1), S. 11–43.

Schmidtchen, Dieter (2007): Ökonomik der Religion – Wettbewerb auf Märkten für religiöse Dienstleistungen. In: Martin Held, Gisela Kubon-Gilke und Richard Sturn (Hg.): Ökonomie und Religion. Normative und institutionelle Grundfragen der Ökonomik. Marburg: Metropolis, S. 251–274.

SchOG: Bundesgesetz vom 25. Juli 1962 über die Schulorganisation (Schulorganisationsgesetz) in der geltenden Fassung vom 3. Juli 2013. Fundstelle: BGBl. Nr. 242/1962, S. 1–55.

Schneider, Wilfried (1969): Von der Handelslehrerausbildung zum Management-Training. In: *Österreichisches Bank-Archiv* 17 (III), S. 135–146.

Schneider, Wilfried (1983): Der Wirtschaftspädagoge Hans Krasensky – 80 Jahre. In: Wilfried Schneider (Hg.): Wirtschaftspädagogik in Österreich. Festschrift für Hans Krasensky zum 80. Geburtstag. Unter Mitarbeit von Hans Krasensky. Wien: Manz, S. 1–4.

Schölderle, Thomas (2008): Dolf Sternbergers „Verfassungspatriotismus". Ein Begriff macht Karriere. Akademie für Politische Bildung Tutzing. Online verfügbar unter http://web.apb-tutzing.de/apb/cms/uploads/media/Sternberger_Verfassungspatriotismus_05.pdf, zuletzt geprüft am 01.10.2013.

Schröder, Hartwig (2001): Didaktisches Wörterbuch. Wörterbuch der Fachbegriffe von „Abbilddidaktik" bis „Zugpferd-Effekt". 3. Aufl., München: Oldenbourg.

Schulgesetz für Baden-Württemberg (2012): Schulgesetz für Baden-Württemberg (SchG) in der Fassung vom 1. August 1983 (mehrfach geändert durch Artikel 1 des Gesetzes vom 24. April 2012. Fundstelle: GBl. S. 209.

Schulmeister, Stephan (1998): Neoliberalismus, Katholische Soziallehre und gesamtwirtschaftliche Effizienz. In: *Wirtschaftspolitische Blätter* (5), S. 450–457.

Schulmeister, Stephan (2009a): Die neue Weltwirtschaftskrise – Ursachen, Folgen, Gegenstrategien. In: Materialien zu Wirtschaft und Gesellschaft Nr. 106. Online verfügbar unter http://stephan.schulmeister.wifo.ac.at/fileadmin/homepage_schulmeister/files/Grosskrise_AK_MuWG_106.pdf, zuletzt geprüft am 01.10.2013.

Schulmeister, Stephan (2009b): Die große Krise – Anmerkungen zu Diagnose und Therapie. In: *Wirtschaftspolitische Blätter* (3), S. 377–388. Online verfügbar unter http://stephan.schulmeister.wifo.ac.at/fileadmin/homepage_schulmeister/files/wirtschaftspolitische_blaetter_3_2009.pdf, zuletzt geprüft am 01.10.2013.

Schulmeister, Stephan (2009c): Geld als Mittel zum (Selbst)Zweck. Online verfügbar unter http://stephan.schulmeister.wifo.ac.at/fileadmin/homepage_schulmeister/files/Lech_Geld_Text_0908_mit_abb_und_tab.pdf, zuletzt geprüft am 01.10.2013.

Schulmeister, Stephan (2010): Mitten in der großen Krise – ein „New Deal" für Europa. Wien: Picus.

Schulz von Thun, Friedemann (1999): Miteinander reden, 3. Das „Innere Team" und situationsgerechte Kommunikation. 19. Aufl., Reinbek bei Hamburg: Rowohlt.

Schulz von Thun, Friedemann; Kumbier, Dagmar (2010): Interkulturelle Kommunikation aus kommunikationspsychologischer Perspektive. In: Dagmar Kumbier und Friedemann Schulz von Thun (Hg.): Interkulturelle Kommunikation. Methoden, Modelle, Beispiele. 3. Aufl., Reinbek bei Hamburg: Rowohlt, S. 9–27.

Schulz von Thun, Friedemann; Ruppel, Johannes; Stratmann, Roswitha (2000): Miteinander reden. Kommunikationspsychologie für Führungskräfte. 5. Aufl., Reinbek bei Hamburg: Rowohlt.

Schütze, Fritz (1987): Das narrative Interview in Interaktionsfeldstudien. Studienbrief der Universität Hagen. Teil 1. Online verfügbar unter http://webdoc.sub.gwdg.de/ebook/diss/2003/fu-berlin/2001/224/Kap.6_Teil.I.VI.pdf, zuletzt geprüft am 01.10.2013.

Schweiger, Christina (2012): Junge Technologieunternehmen. Wiesbaden: Springer.

Schweizer, Gerd (1997): Zur Frage des didaktischen Zentrums in ökonomischen Bildungskonzepten. In: Klaus Peter Kruber (Hg.): Konzeptionelle Ansätze ökonomischer Bildung. Bergisch Gladbach: Hobein, S. 37–54.

Schweitzer, Michael; Hummer, Waldemar (1996): Europarecht. Das Recht der Europäischen Union - das Recht der Europäischen Gemeinschaften (EGKS, EG, EAG) – mit Schwerpunkt EG. 5. Aufl., Neuwied [u.a.]: Luchterhand.

Schwenk, Bernhard (1989): Erziehung. In: Dieter Lenzen (Hg.): Pädagogische Grundbegriffe. Reinbek bei Hamburg: Rowohlt, S. 429–439.

Schwinn, Thomas (2006): Konvergenz, Divergenz oder Hybridisierung. Voraussetzungen und Erscheinungsformen von Weltkultur. In: *Kölner Zeitschrift für Soziologie und Sozialpsychologie* 58 (2), S. 201–232.

Scott, William R. (2001): Institutions and organizations. 2. Aufl., Thousand Oaks, California: Sage.

Sebök, Martha (2002): Universitätsgesetz 2002. Gesetzestext, Materialien, Erläuterungen und Anmerkungen. Wien: Wiener Universitätsverlag.

Sedláček, Tomáš (2009): Die Ökonomie von Gut und Böse. Darmstadt: Wissenschaftliche Buchgesellschaft.

Seebacher, Werner (2009): Die Grazer Studienpläne Wirtschaftspädagogik im Zusammenhang mit dem Europäischen Qualifikationsrahmen. In: Michaela Stock (Hg.): Entrepreneurship, Europa als Bildungsraum, europäischer Qualifikationsrahmen. Tagungsband zum 3. Österreichischen Wirtschaftspädagogik-Kongress. Wien: Manz, S. 171–180.

Seebacher, Werner (2010): Entwicklung der wirtschafts- und europapädagogischen Fachdidaktikkompetenz im Rahmen der Grazer Studienpläne Wirtschaftspädagogik. In: *wissenplus, Sonderausgabe Wissenschaft* 5-09/10, S. 37–40.

Seeber, Günther (2002): Die ethische Dimension sozialer Dilemmata als wirtschaftspädagogisches Problem. In: *Kölner Zeitschrift für 'Wirtschaft und Pädagogik'* 17, S. 99–119.

Seeber, Günther (2007): Planspiele im Ökonomieunterricht. In: Thomas Retzmann (Hg.): Methodentraining für den Ökonomieunterricht. Schwalbach am Taunus: Wochenschau, S. 155–166.

Seeber, Günther (2009): Einführung. In: Günther Seeber (Hg.): Befähigung zur Partizipation. Gesellschaftliche Teilhabe durch ökonomische Bildung. Schwalbach am Taunus: Wochenschau, S. 5–9.

Sektion Berufs- und Wirtschaftspädagogik der DGfE 2012: Call for Papers. Online verfügbar unter http://www.bwp-dgfe.de/tagungen/call-for-papers/, zuletzt geprüft am 01.10.2013.

Senge, Konstanze (2006): Zum Begriff der Institution im Neo-Institutionalismus. In: Konstanze Senge, Kai-Uwe Hellmann und Richard W. Scott (Hg.): Einführung in den Neo-Institutionalismus. Wiesbaden: VS Verlag für Sozialwissenschaften, S. 35–47.

Senge, Konstanze (2011): Das Neue am Neo-Institutionalismus. Der Neo-Institutionalismus im Kontext der Organisationswissenschaft. Wiesbaden: VS Verlag für Sozialwissenschaften.

Senge, Konstanze; Hellmann, Kai-Uwe (2006): Einleitung. In: Konstanze Senge, Kai-Uwe Hellmann und W. Richard Scott (Hg.): Einführung in den Neo-Institutionalismus. Wiesbaden: VS Verlag für Sozialwissenschaften, S. 7–31.

Senghaas-Knobloch (2007): A Working Peace System, Chicago 1966. In: Steffen Kailitz (Hg.): Schlüsselwerke der Politikwissenschaft. Wiesbaden: VS Verlag für Sozialwissenschaften, S. 294–297.

Seubert, Rolf (1977): Berufserziehung und Nationalsozialismus. Weinheim, Darmstadt: Technische Hochschule.

SFB Kulturen des Performativen (2010): Kulturen des Performativen. Freie Universität Berlin. Online verfügbar unter http://www.sfb-performativ.de/seiten/frame_orga.html, zuletzt geprüft am 01.07.2013.

SFG (2013): Cluster und Netzwerke in der Steiermark. Steirische Wirtschaftsförderung. Online verfügbar unter http://www.sfg.at/cms/167/, zuletzt geprüft am 01.07.2013.

Siemsen, Anna (1926): Beruf und Erziehung. Berlin: Laub.

Sigmund, Karl; Fehr, Ernst; Nowak, Martin A. (2002): Teilen und Helfen – Ursprünge sozialen Verhaltens. In: *Spektrum der Wissenschaft* März 2002, S. 52–59.

Simma, Bruno; Fastenrath, Ulrich (Hg.) (2004): Menschenrechte. Ihr internationaler Schutz; Menschenrechtspakte der Vereinten Nationen, Europäische Menschenrechtskonvention, Europäische Sozialcharta, EU-Grundrechtecharta; Textausgabe mit ausführlichem Sachverzeichnis und einer Einführung. 5. Aufl., München: Deutscher Taschenbuchverlag.

Simon, Herbert A. (1997): Administrative behavior. A study of decision-making processes in administrative organizations. 4. Aufl., New York, Toronto: Free.

Singer, Marcus G. (1975): Verallgemeinerung in der Ethik. Zur Logik moralischen Argumentierens. Frankfurt am Main: Suhrkamp.

Skidelsky, Robert J. A. (2010): Die Rückkehr des Meisters. Keynes für das 21. Jahrhundert. München: Kunstmann.

Slepcevic, Peter; Stock, Michaela (2009): Selbstverständnis der Wirtschaftspädagogik in Österreich und dessen Auswirkungen auf die Studienplanentwicklung am Standort Graz. In: *Berufs- und Wirtschaftspädagogik Online* 16, S. 1–18. Online verfügbar unter http://www.bwpat.de/content/ausgabe/16/slepcevic-stock/, zuletzt geprüft am 01.10.2013.

Slepcevic-Zach, Peter; Tafner, Georg (2011): „Nicht für die Schule lernen wir…" - aber kein System kann die Umwelt integrieren. Über offene Fragen, die sich aus der Komplexität der Kompetenzmessung ergeben. In: *Zeitschrift für Berufs- und Wirtschaftspädagogik* 107 (2), S. 174–189.

Slepcevic-Zach, Peter; Tafner, Georg (2012): Input – Output – Outcome: Alle reden von Kompetenzorientierung, aber meinen alle dasselbe? Versuch einer Kategorisierung. In: Manuela Paechter, Michaela Stock, Sabine Schmölzer_Eibinger, Peter Slepcevic-Zach und Wolfgang Weirer (Hg.): Handbuch Kompetenzorientierter Unterricht. Weinheim: Beltz, S. 27–41.

Slepcevic-Zach, Peter; Tafner, Georg; Klausner, Elisabeth (2013): Lernen verstehen: Lerntheoretische Grundlagen. In: Michaela Stock, Peter Slepcevic-Zach und Georg Tafner (Hg.): Wirtschaftspädagogik. Ein Lehrbuch. Graz: Uni-Press Graz, S. 201–256.

Sloane, Peter F. E. (2001): Wirtschaftspädagogik als Theorie sozialökonomischer Erziehung. In: *Zeitschrift für Berufs- und Wirtschaftspädagogik* 97, S. 161–183.

Sloane, Peter F. E.; Twardy, Martin; Buschfeld, Detlef (2004): Einführung in die Wirtschaftspädagogik. 2. Aufl., Paderborn: Eusl.

Smith, Adam (1974): Der Wohlstand der Nationen. Eine Untersuchung seiner Natur und seiner Ursachen. München: Beck.

Smith, Adam (1977): Theorie der ethischen Gefühle. Übersetzung von Walther Eckstein. 2. Aufl., Hamburg: Meiner.

Smith, Adam (2010): Theorie der ethischen Gefühle. Hamburg: Felix Meiner.

Smith, Adam; Raphael, David D.; Macfie, Alec L. (1982): The Glasgow edition of the works and correspondence of Adam Smith. Indianapolis: Liberty Fund.

Society of the Advancement of Socio-Economics (Sase) (2011): What is Socio-Economics. Online verfügbar unter http://www.sase.org/about-sase/about-sase_fr_41.html, zuletzt geprüft am 01.10.2013.

Sombart, Werner (1986): Liebe, Luxus und Kapitalismus. Über die Entstehung der modernen Welt aus dem Geist der Verschwendung. Berlin: Wagenbach.

Soosten, Joachim von (2004): Schwarzer Freitag. In: Dirk Baecker (Hg.): Kapitalismus als Religion. Berlin: Kadmos, S. 121–144.

Soros, George (1997): Die kapitalistische Bedrohung. In: *Die Zeit Online*, 17.01.1997. Online verfügbar unter http://www.zeit.de/1997/04/Die_kapitalistische_Bedrohung, zuletzt geprüft am 01.07.2013.

Spitzberg, Brian H.; Changnon, Gabrielle (2009): Conceptualizing Intercultural Competence. In: Darla K. Deardorff (Hg.): A Sage handbook of intercultural competence. Unter Mitarbeit von Derek Curtis Bok. Los Angeles [etc.]: Sage, S. 2–52

Spranger, Eduard (1920): Gedanken über Lehrerbildung. Leipzig: Quelle & Meyer.

Spranger, Eduard (1921): Lebensformen. Geisteswissenschaftliche Psychologie und Ethik der Persönlichkeit. 2. Aufl., Halle: Saale.

Spranger, Eduard (1951): Pädagogische Perspektiven. Beiträge zu Erziehungsfragen der Gegenwart. Heidelberg: Quelle & Meyer.

Spranger, Eduard (1959): Allgemeine Menschenbildung? In: *Berufliche Erziehung – Education professionnelle, Mitteilungen des Kantonalen Amtes für berufliche Ausbildung in Bern* 3, S. 136–137.

Spranger, Eduard (1960): Das Historismusproblem an der Universität Berlin seit 1900. In: Hans Leussink, Eduard Neumann und Georg Kotowski (Hg.): Studium berolinense. Aufsätze und Beiträge zu Problemen der Wissenschaft und zur Geschichte der Friedrich-Wilhelms-Universität zu Berlin. Berlin: de Gruyter, S. 425–443.

Spranger, Eduard (1965): Lebensformen. Geisteswissenschaftliche Psychologie und Ethik der Persönlichkeit. München: Siebenstern.

Spranger, Eduard (1967): Berufsbildung und Allgemeinbildung. In: Hermann Röhrs (Hg.): Die Bildungsfrage in der modernen Arbeitswelt. 2. Aufl., Frankfurt am Main: Akademische Verlagsgesellschaft, S. 17–34.

Stadler, Christian (2010): Europäische Identität und ihre geistig-philosophischen Grundlagen. In: Michael Gehler und Silvio Vietta (Hg.): Europa – Europäisierung – Europäistik. Wien [u.a.]: Böhlau, S. 271–285.

Statistik Austria (2012): Schulbesuch. Wien: Statistik Austria. Online verfügbar unter http://www.statistik.at/web_de/statistiken/bildung_und_kultur/formales_bildungswesen/schulen_schulbesuch/index.html, zuletzt geprüft am 01.10.2013.

Statistik Austria (2007): Erfolgsfaktoren österreichischer Jungunternehmen. Wien: Statistik Austria. Online verfügbar unter www.statistik.at/web_de/static/erfolgsfaktoren_oesterreichischer_jungunternehmen_factors_of_business_succ_029013.pdf+&cd=1&hl=de&ct=clnk&gl=at, zuletzt geprüft am 01.10.2013.

Steil, Lyman K.; Summerfield, Joanne; DeMare, George (1986): Aktives Zuhören. Eine Anleitung zur erfolgreichen Kommunikation. Heidelberg: Sauer.

Steinert, Heinz (2010): Max Webers unwiderlegbare Fehlkonstruktionen. Die protestantische Ethik und der Geist des Kapitalismus. Frankfurt am Main: Campus.

Stichweh, Rudolf (1984): Zur Entstehung des modernen Systems wissenschaftlicher Disziplinen. Physik in Deutschland 1740–1890. Frankfurt am Main: Suhrkamp.

Stinchcombe, Arthur L. (1997): On the Virtues of the Old Institutionalism. In: *Annual Review of Sociology* 23, S. 1–18.

Stock, Michaela (2010a): Wie viel Übungsfirma braucht kompetenzorientiertes Lehren und Lernen? Übungsfirma als eine Methode für kompetenzorientierten Unterricht mit besonderem Fokus auf die mehrdimensionale Leistungsbewertung. In: Richard Fortmüller und Bettina Greimel-Fuhrmann (Hg.): Wirtschaftsdidaktik – eine Tour d'Horizon von den theoretischen Grundlagen bis zur praktischen Anwendung. Festschrift für Josef Aff zum 60. Geburtstag. Unter Mitarbeit von Josef Aff. Wien: Manz, S. 125–132.

Stock, Michaela (2010b): Kompetenzorientierung: ePortfolio-Begleitung im neuen Masterstudium Wirtschaftspädagogik. In: *wissenplus, Sonderausgabe Wissenschaft* 5-09/10, S. 12–15. Online verfügbar unter http://www.wissenistmanz.at/.../wp05_09-10_02_kompetenzorientierung_stock.pdf, zuletzt geprüft am 01.10.2013.

Stock, Michaela; Fernandez, Karina; Schelch, Elisabeth; Riedl, Vanessa (2008): Karriereverläufe der Absolventinnen und Absolventen der Wirtschaftspädagogik am Standort Graz. Graz: Uni-Press Graz.

Stockmeier, Peter (1986): Altertum. In: Josef Lenzenweger, Peter Stockmeier, Karl Amon und Rudolf Zinnhobler (Hg.): Geschichte der katholischen Kirche. Ein Grundkurs. Graz [u.a.]: Styria, S. 21–179.

Stojanov, Krasimir M. (2006): Bildung und Anerkennung. Soziale Voraussetzungen von Selbst-Entwicklung und Welt-Erschließung. Wiesbaden: VS Verlag für Sozialwissenschaften.

Storti, Craig (2009): Intercultural competence in Human Resources. In: Darla K. Deardorff (Hg.): A Sage handbook of intercultural competence. Unter Mitarbeit von Derek Curtis Bok. Los Angeles [etc.]: Sage, S. 272–286.

Strawson, Peter F. (1974): Freedom and resentment. And other essays. London: Methuen.

Streeck, Wolfgang (1998): Industrielle Beziehungen in einer internationalisierten Wirtschaft. In: Ulrich Beck (Hg.): Politik der Globalisierung. Frankfurt am Main: Suhrkamp, S. 169–202.

Streeck, Wolfgang (2013): Was nun, Europa? Kapitalismus ohne Demokratie oder Demokratie ohne Kapitalismus. In: *Blätter für deutsche und internationale Politik* 4, S. 57–68.

Stütz, Gisela (1970): Berufspädagogik unter ideologiekritischem Aspekt. Frankfurt am Main: Suhrkamp.

Suchanek, Andreas (2007): Ökonomische Ethik. 2. Aufl., Tübingen: Mohr Siebeck.

Suchanek, Andreas; Lin-Hi, Nick (2009): Eine wirtschaftsethische Kommentierung der Finanzkrise. In: *Forum Wirtschaftsethik* 17, 1, S. 20–27.

Suchman, Marc C. (1995): Managing Legitimacy: Strategic and Institutional Approaches. In: *Academy of Management Review* 20, S. 571–610.

Sünkel, Wolfgang (2011): Erziehungsbegriff und Erziehungsverhältnis. Weinheim: Juventa.

Tafner, Georg (1998): Lehrplanentwicklung und Einführung des neuen, interdisziplinären Ausbildungsschwerpunktes Europäische Wirtschaft an der Bundeshandelsakademie Graz Monsbergergasse zur Vermittlung der europäischen Dimension im Wirtschaftsunterricht. Dissertation. Karl-Franzens-Universität Graz: Institut für Wirtschaftspädagogik.

Tafner, Georg (2004): Ich bin kein Kommerzialist – ich bin Wirtschaftspädagoge! In: *ÖZB, Österreichische Zeitschrift für Berufsbildung* 11 (4-03/04), S. 14–15.

Tafner, Georg (2008a): Religion und Bevölkerungsentwicklung. In: *Steirische Statistiken* 1, S. 5–37.

Tafner, Georg (2008b): Konversion und Apostasie in den abrahamitischen Religionen. München: Grin.

Tafner, Georg (2008c): Sind Konversion und Apostasie in der Europäischen Menschenrechtskonvention absolut geschützt? München: Grin.

Tafner, Georg (2009a): Europapädagogik – ein Thema legt sich quer. Eine Querschnittsmaterie als neuer Teilbereich der Wirtschaftspädagogik. In: Michaela Stock (Hg.): Entrepreneurship, Europa als Bildungsraum, europäischer Qualifikationsrahmen. Tagungsband zum 3. Österreichischen Wirtschaftspädagogik-Kongress. Wien: Manz, S. 119–127.

Tafner, Georg (2009b): Geld und Glauben: was sie teilen – was sie trennt. Über Grenzen und Grenznutzen der Religionsökonomie. Marburg: Tectum.

Tafner, Georg (2010a): Die EU ist kein Maikäfer. Ein Kurzplädoyer für die Europapädagogik als Fachdidaktik. In: *wissenplus, Sonderausgabe Wissenschaft* 5-09/10, S. 37–40.

Tafner, Georg (2010b): Das islamische Kopftuch: Brennpunkt des verschleierten Kampfes um die europäische Identität. Eine europapädagogische Kurzbetrachtung. In: *österreichisches Archiv für recht & religion* 57 (1), S. 98–119.

Tafner, Georg (2010c): Europapädagogik. Europa pluralistisch denken, Europa multidimensional vermitteln. In: Georg Tafner (Hg.): Europapädagogik. Empirische und theoretische Grundlagen. Marburg: Tectum, S. 94–132.

Tafner, Georg (2010d): Wo findet Heimat statt? Beheimatung in der pluralistischen Gesellschaft. In: jugendarbeit: beheimatet. Versuch einer interdisziplinären Auseinandersetzung. Graz: Verlag für Jugendarbeit und Jugendpolitik, S. 125–151.

Tafner, Georg (2011a): Die Theorie ist grau, die Praxis bunt. Auf der Suche nach einer praktischen Theorie der interkulturellen Kompetenz. In: *CPB (Christlich Pädagogische Blätter)* 124 (3), S. 140–146.

Tafner, Georg (2011b): Verhandlungs-, Kooperations- und transkulturelle Kompetenz im Planspiel fördern. In: Willi C. Kriz (Hg.): Planspiele für die Personalentwicklung. Berlin: Wissenschaftlicher Verlag, S. 125–148.

Tafner, Georg (2012a): Reflexive Wirtschaftspädagogik: Wie Ethik, Neo-Institutionalismus und Europapädagogik neue Perspektiven eröffnen könnten. In: Uwe Faßhauer, Bärbel Fürstenau und Eveline Wuttke (Hg.): Berufs- und wirtschaftspädagogische Analysen. Aktuelle Forschungen zur beruflichen Bildung. Opladen [u.a.] (Schriftenreihe der Sektion Berufs- und Wirtschaftspädagogik der Deutschen Gesellschaft für Erziehungswissenschaft (DGfE)), S. 35–46.

Tafner, Georg (2012b): Abstraktes performativ erleben. Diskursethik und Supranationalität im Planspiel. In: *berufsbildung. Zeitschrift für Praxis und Theorie in Betrieb und Schule* 66 (138), S. 43–44.

Tafner, Georg (2012c): Integrative Wirtschaftsethik erleben. In: Sebastian Schwägele, Birgit Zürn und Friedrich Trautwein (Hg.): Planspiele – Lernen im Methodenmix. Integrative Lernkonzepte in der Diskussion. Norderstedt: Books on Demand, S. 79–94.

Tafner, Georg (2013a): The Islamic Headscarf and The Veiled Fight for the European Identity: Pedagogical Considerations on the Edge of Violence. In: Mary Koutselini und Lefkios Neophytou (UNESCO Chair Gender Equality and Women's Empowerment University of Cyprus) (Hg.):

Human Rights and Violent Behaviour: The Social and Educational Perspective. Nicosia: UNESCO Chair Gender Equality and Women's Empowerment University of Cyprus, S. 375–389.

Tafner, Georg (2013b): Pädagogisch-didaktischer Hintergrund und Evaluierung. In: Verein beteiligung.st (Hg.): Demokratie-Bausteine. Supranationalität im Planspiel performativ erleben. Graz: Verlag für Jugendarbeit und Jugendpolitik, S. 47–168.

Tafner, Georg (2013c): Supranationalität und Wirtschaftspädagogik. In: Michaela Stock, Peter Slepcevic-Zach und Georg Tafner (Hg.): Wirtschaftspädagogik. Ein Lehrbuch. Graz: Uni-Press Graz, S. 635–645.

Tafner, Georg (2013d): Wirtschaftliche Erziehung und Ethik. In: Michaela Stock, Peter Slepcevic-Zach und Georg Tafner (Hg.): Wirtschaftspädagogik. Ein Lehrbuch. Graz: Uni-Press Graz, S. 603–612.

Tafner, Georg (2013e): Supranationalität begreifbar machen. Performative Pädagogik im Planspiel. In: Uwe Faßhauer, Bärbel Fürstenau und Eveline Wuttke (Hg.): Tagungsband. Schriftenreihe der Sektion Berufs- und Wirtschaftspädagogik der Deutschen Gesellschaft für Erziehungswissenschaft (DGfE). Opladen [u.a.]: Barbara Barbara Budrich. S. 113–126.

Tafner, Georg (2013f, in Druck): Kulturell-kognitive Institutionen und ihre Wirkung auf Europäisierungsprozesse. Eine wirtschaftspädagogische Betrachtung. In: Amos, Karin; Schmid, Josef; Schrader, Josef; Thiel, Ansgar (Hg.): Europäischer Bildungsraum. Europäisierungsprozesse in Bildungspolitik und Bildungspraxis. Baden-Baden: Nomos.

Tafner, Georg; Bodi, Otto; Fernandez, Karina; Liszt Verena; Stock, Michaela; Stöttinger, Katharina (2012): Evaluierung des neuen Lehrplanes der Handelsschule. Forschungsbericht für das bm:ukk. Graz: Universität Graz.

Tafner, Georg; Liszt Verena (2013): Playing stakeholders: Experiencing decision making procedures on national and supranational levels. In: *International Journal for Business Education* 153, S. 34–47.

Tafner, Georg; Stock, Michaela; Slepcevic-Zach, Peter (2013): Grundverständnis der Wirtschaftspädagogik als Disziplin. In: Michaela Stock, Peter Slepcevic-Zach und Georg Tafner (Hg.): Wirtschaftspädagogik. Ein Lehrbuch. Graz: Uni-Press Graz, S. 1–118.

Tempel, Anne; Walgenbach, Peter (2006): „New Institutionalism" und „European Institutionalism". In: Konstanze Senge, Kai-Uwe Hellmann und W. Richard Scott (Hg.): Einführung in den Neo-Institutionalismus. Wiesbaden: VS Verlag für Sozialwissenschaften, S. 185–197.

Tenorth, Heinz-Elmar (1992): Geschichte der Erziehung. Einführung in die Grundzüge ihrer neuzeitlichen Entwicklung. 2. Aufl., Weinheim: Juventa.

Tenorth, Heinz-Elmar (2010): Geschichte der Erziehung. Einführung in die Grundzüge ihrer neuzeitlichen Entwicklung. 5. Aufl., Weinheim: Juventa.

Terhart, Ewald (2009): Didaktik. Eine Einführung. Stuttgart: Reclam.

Tetens, Holm (2010): Philosophisches Argumentieren. Eine Einführung. 3. Aufl., München: Beck.

Thiemeyer, Guido (2010): Europäische Integration. Motive – Prozesse – Strukturen. Köln [u.a.]: Böhlau.

Thoma, Michael (2011): Entwürfe des wirtschaftspädagogischen Subjekts. Anders-Konzeption aus poststrukturalistischer Perspektive. Wiesbaden: VS Verlag für Sozialwissenschaften.

Thonhauser, Johannes (2008): Das Unbehagen am Monotheismus. Der Glaube an den einen Gott als Ursprung religiöser Gewalt? Eine aktuelle Debatte um Jan Assmanns Thesen zur „Mosaischen Unterscheidung". Marburg: Tectum.

Thurnherr, Urs (2000): Angewandte Ethik zur Einführung. Hamburg: Junius.

Tichy, Gunther (2009): Nachhaltiges Wachstum? Zum Thema dieses Heftes. In: Gunther Tichy (Hg.): Nachhaltiges Wachstum? Wien: Forum Wissenschaft & Umwelt, S. 4–9.

Tichy, Gunther (2010): War die Finanzkrise vorhersehbar? In: *Perspektiven der Wirtschaftspolitik* 11 (4), S. 356–382.

Tichy, Gunther (2011): Die Staatsschuldenkrise: Ursachen und Folgen. In: *WIFO Monatsberichte* 12. Wien: Österreichisches Institut für Wirtschaftsforschung, S. 797–810.

Tolbert, Pamela S.; Zucker, Lynne G. (1983): Institutional Sources of Change in the Formal Structure of Organizations: The Diffusion of Civil Service Reform, 1880–1935. In: *Administrative Science Quarterly* 1 (28), S. 22–38.

Topitsch, Ernst (1960): Über Leerformeln. Zur Pragmatik des Sprachgebrauches in Philosophie und politischer Theorie. In: Ernst Topitsch (Hg.): Probleme der Wissenschaftstheorie. Festschrift für Victor Kraft. Wien: Springer, S. 233–264.

Treml, Alfred K. (1987): Einführung in die allgemeine Pädagogik. Stuttgart [u.a.]: Kohlhammer.

Trevino, Linda K.; Nelson, Katherine A. (2004): Managing business ethics. Straight talk about how to do it right. New York: J. Wiley & Sons.

Tugendhat, Ernst (1993): Vorlesungen über Ethik. Frankfurt am Main: Suhrkamp.

Ulrich, Peter (1993): Tranformation der ökonomischen Vernunft. 3. Aufl., Bern: Haupt.

Ulrich, Peter (2005): Sozialökonomische Bildung für mündige Wirtschaftsbürger. Ein programmatischer Entwurf für die gesellschaftliche Rekontextualisierung der wirtschaftswissenschaftlichen Lehre. Universität St. Gallen: Institut für Wirtschaftsethik.

Ulrich, Peter (2008): Integrative Wirtschaftsethik. Grundlagen einer lebensdienlichen Ökonomie. 4. Aufl., Bern: Haupt.

Ulrich, Silvia (2007): Die Kopftuch-Entscheidungen des EGMR und deren Implikationen für das österreichische Bildungssystem aus der Genderperspektive. In: Silvia Ulrich, Gerhard Schneld und Renate Pirstner-Ebner (Hg.): Funktionen des Rechts in der pluralistischen Wissensgesellschaft. Wien [u.a.]: Böhlau, S. 633–661.

UniStG (1997): Bundesgesetz über die Studien an den Universitäten (Universitäts-Studiengesetz – UniStG),. Fundstelle: BGBl. 1997/48 vom 25.04.1997.

Universität Wien (o.J.): Geschichte der Universität Wien im Überblick. Online verfügbar unter http://www.univie.ac.at/archiv/rg/11.htm, zuletzt geprüft am 01.07.2013.

Urbschat, Fritz (1965): Wirtschaftspädagogik. In: Erwin v. Beckerath (Hg.): Handwörterbuch der Sozialwissenschaften. Stuttgart [u.a.] Fischer, S. 203–210.

Url, Thomas (2011): Ratingagenturen: Verursacher, Verstärker oder im Sog der Staatsschuldenkrise? In: *WIFO Monatsberichte* 12. Wien: Österreichisches Institut für Wirtschaftsforschung, S. 811–825.

Valdés, Juan G. (1995): Pinochet's economists. The Chicago school in Chile. Cambridge, New York: Cambridge University Press.

Vatikan (1965): Erklärung dignitatis humanae. Über die Religionsfreiheit. Das Recht der Person und der Gemeinschaft auf gesellschaftliche und bürgerliche Freiheit in religiösen Belangen. Online verfügbar unter http://www.vatican.va/archive/hist_councils/ii_vatican_council/documents/vat-ii_decl_19651207_dignitatis-humanae_ge.html, zuletzt geprüft am 01.10.2013.

Verfassungen der Welt (2012). Online verfügbar unter www.verfassungen.eu, zuletzt geprüft am 01.10.2013.

Vertrag über eine Verfassung für Europa (2004): Vertrag über eine Verfassung für Europa. 2004/C 310/01. Amtsblatt der Europäischen Union.

VGH Mannheim (2001): Kopftuchtragende Lehrerin, 26. Juni 2011 4 S 1439/00.

Vietta, Silvio (2006): Europäische Kulturgeschichte. Eine Einführung. Paderborn: Fink.

Vietta, Silvio (2012): Rationalität. Eine Weltgeschichte. Paderborn: Fink.

Viroli, Maurizio (2002): Die Idee der republikanischen Freiheit. Von Macchiavelli bis heute. Zürich: Pendo.

Vollstädt, Witlof (2003): Steuerung von Schulentwicklung und Unterrichtsqualität durch staatliche Lehrpläne? In: *Zeitschrift für Pädagogik* 49 (1), S. 194–214.

Vollstädt, Witlof; Tillmann, Klaus-Jürgen; Rauin, Udo; Höhmann, Katrin; Tebrügge, Andrea (1999): Lehrpläne im Schulalltag. Eine empirische Studie zur Akzeptanz und Wirkung von Lehrplänen in der Sekundarstufe I. Opladen: Leske + Barbara Budrich.

Wägenbaur, Bertrand (2003): Die Europäische Verfassung, (k)ein Platz für abendländische Werte? In: *Europäische Zeitschrift für Wirtschaftsrecht* 20, S. 609–640.

Wahlers, Gerhard (2008): Vorwort. In: Günter Nooke, Georg Lohmann und Gerhard Wahlers (Hg.): Gelten Menschenrechte universal? Begründungen und Infragestellungen. Freiburg im Breisgau: Herder, S. 9–15.

Waterman, Robert H. (1994): Die neue Suche nach Spitzenleistungen. Erfolgsunternehmen im 21. Jahrhundert. 2. Aufl., Düsseldorf: Econ.

Watzlawick, Paul; Beavin Bavelas, Janet; Jackson, Don D. (1967): Pragmatics of human communication;. A study of interactional patterns, pathologies, and paradoxes. New York: Norton.

Weber, Julia K. (2007): Statussymbol Mode: Funktionen und Bedeutung eines Massenphänomens. Hamburg: Diplomica.

Weber, Max (1920): Gesammelte Aufsätze zur Religionssoziologie. Tübingen: Mohr.

Weber, Max (1958): Gesammelte politische Schriften. 2. Aufl., Tübingen: Mohr.

Weber, Max (1980): Wirtschaft und Gesellschaft. Grundriss der verstehenden Soziologie. 5. Aufl., Tübingen: Mohr.

Weber, Max (1984): Soziologische Grundbegriffe. Tübingen: Mohr.

Weber, Max (1988): Gesammelte Aufsätze zur Wissenschaftslehre. 7. Aufl., Herausgegeben von Johannes Winckelmann. Tübingen: Mohr.

Weber, Max (2010): Die protestantische Ethik und der Geist des Kapitalismus. Herausgegeben und eingeleitet von Dirk Kaesler. 3. Aufl., München: Beck.

Weber, Susanne (1997): Zur Notwendigkeit des interkulturellen Lernens in der Wirtschaftspädagogik. In: *Zeitschrift für Berufs- und Wirtschaftspädagogik* 93 (1), S. 30–47.

Wehling, Hans-Georg (1977): Konsens à la Beutelsbach? In: Siegfried Schiele und Herbert Schneider (Hg.): Das Konsensproblem in der politischen Bildung. Stuttgart: Klett, S. 179–180.

Weiler, Hans (2006): Profil – Qualität – Autonomie. Die unternehmerische Universität im Wettbewerb. In: *Zeitschrift für Hochschulrecht* 2, S. 39–46.

Weinert, Franz E. (2002): Vergleichende Leistungsmessung in den Schulen – eine umstrittene Selbstverständlichkeit. In: Franz E. Weinert (Hg.): Leistungsmessung in Schulen. Weinheim, Basel: Beltz, S. 17–31.

Weise, Peter (2000): Individualethik oder Institutionenethik: Die Resozialisierung des homo oeconomicus. In: *Zeitschrift für Wirtschafts- und Unternehmensethik (zfwu)* 1 (1), S. 9–30.

Weisser, Gerhard (1978): Die Überwindung des Ökonomismus in der Wirtschaftswissenschaft. In: Gerhard Weisser und Siegfried Katterle (Hg.): Beiträge zur Gesellschaftspolitik. Philosophische Vorfragen, beratende Sozialwissenschaft, soziale Sicherung, Mitbestimmung, Verteilungs- und Vermögenspolitik, Ordnungspolitik, besonders Einzelwirtschaftspolitik. Göttingen: Schwartz, S. 573–601.

Weizsäcker, Carl C. von (1998): Alle Macht den Aktionären. In: *Frankfurter Allgemeine Zeitung* am 27.06.1998, S. 146.

Weizsäcker, Carl C. von (1999): Globalisierung: Garantie für Freiheit und Wohlstand oder Ende der Politik und Abschied vom Staat? In: Hans von Mangoldt und Carl Christian von Weizsäcker (Hg.): Globalisierung – Bedeutung für Staat und Wirtschaft. Köln: Wirtschaftsverlag Bachem, S. 9–50.

Welsch, Wolfgang (2009): Was ist eigentlich Transkulturalität? Universität Jena. Online verfügbar unter http://www2.uni-jena.de/welsch/tk-1.pdf, zuletzt geprüft am 01.10.2013.

Wernet, Andreas (2003): Pädagogische Permissivität. Schulische Sozialisation und pädagogisches Handeln jenseits der Professionalisierungsfrage. Opladen: Leske + Barbara Budrich.

Whyte, William H. (1956): The Organization Man. New York: Doubleday Anchor Books.

Wiarda, Jan-Martin (2012): „Die Politik hat Fehler gemacht". Bildungsministerin Anette Schevan im Gespräch mit Jan-Martin Wiarda. In: *Die Zeit*, 23.02.2012 (9), S. 65–66.

Wilhelm, Theodor (1959): Pädagogik der Gegenwart. Stuttgart: Kröner.

Williams, Bernard (2007): Der Begriff der Moral. Eine Einführung in die Ethik. Stuttgart: Reclam.

Wimmer, Michael (1996): Zerfall des Allgemeinen – Wiederkehr des Singulären. In: Arno Combe und Werner Helsper (Hg.): Pädagogische Professionalität. Untersuchungen zum Typus pädagogischen Handelns. Frankfurt am Main: Suhrkamp, S. 404–447.

Wöhe, Günter (1984): Einführung in die allgemeine Betriebswirtschaftslehre. 15. Aufl., München. Vahlen.

Wöhe, Günter; Döring, Ulrich (2002): Einführung in die allgemeine Betriebswirtschaftslehre. 21. Aufl., München: Vahlen.

Wöhe, Günter; Döring, Ulrich (2008): Einführung in die allgemeine Betriebswirtschaftslehre. 23. Aufl., München: Vahlen.

Wöhe, Günter; Döring, Ulrich (2010): Einführung in die allgemeine Betriebswirtschaftslehre. 24. Aufl., München: Vahlen.

Woll, Helmut (2003): Das Adam Smith-Problem und die Betriebsmoral. In: *Zeitschrift für Berufs- und Wirtschaftspädagogik* 99 (1), S. 130–135.

Wulf, Christoph; Göhlich, Michael; Zirfas, Jörg (2001): Sprache, Macht und Handeln – Aspekte des Performativen. In: Christoph Wulf, Michael Göhlich und Jörg Zirfas (Hg.): Grundlagen des Performativen. Eine Einführung in die Zusammenhänge von Sprache, Macht und Handeln. Weinheim: Juventa, S. 9–24.

Wulf, Christoph; Zirfas, Jörg (2007): Performative Pädagogik und performative Bildungstheorien. In: Christoph Wulf und Jörg Zirfas (Hg.): Pädagogik des Performativen. Theorien, Methoden, Perspektiven. Weinheim: Beltz, S. 7–40.

Zabeck, Jürgen (1973): Entwurf eines didaktischen Systems als Voraussetzung für die Entwicklung eines Programms der Curriculumforschung im Bereich der kaufmännischen Ausbildung. In: Jürgen Zabeck (Hg.): Ziele, Fragestellungen und methodische Ansätze der Curriculumforschung für den Bereich der kaufmännischen Berufsausbildung. Hannover: Jänecke, S. 5–33.

Zabeck, Jürgen (1991): Ethische Dimensionen der 'Wirtschaftserziehung'. In: *Zeitschrift für Berufs- und Wirtschaftspädagogik* 87, S. 534–562.

Zabeck, Jürgen (2000): Geschichtsschreibung zwischen Rekonstruktion und Konstruktivismus. Methodologische Überlegungen im Kontext der Berufs- und Wirtschaftspädagogik. In: *Zeitschrift für Berufs- und Wirtschaftspädagogik* 96 (4), S. 485–494.

Zabeck, Jürgen (2002): Moral im Dienste betrieblicher Zwecke? Anmerkungen zu Klaus Becks Grundlegung einer kaufmännischen Moralerziehung. In: *Zeitschrift für Berufs- und Wirtschaftspädagogik* 98 (4), S. 485–503.

Zabeck, Jürgen (2004): Berufserziehung im Zeichen der Globalisierung und des Shareholder Value. Paderborn: Eusl.

Zabeck, Jürgen (2009): Geschichte der Berufserziehung und ihrer Theorie. Paderborn: Eusl.

Zagal, Hector; Galindo, José (2000): Ethik für junge Menschen. Grundbegriffe, Positionen, Probleme. Stuttgart: Reclam.

Zentrum Innere Führung (2012): Staatsbürger in Uniform. Deutsche Bundeswehr. Online verfügbar unter http://www.innerefuehrung.bundeswehr.de/portal/a/zinfue/!ut/p/c4/04_SB8K8xLLM9MSSzP y8xBz9CP3I5EyrpHK94uyk-KrMvLTSVL3MvLzUotT4NL3s_Lyq1IKSTP2CbEdFADTnmbU! /#par6, zuletzt geprüft am 01.10.2013.

Zeit online (2012): Islands Ex-Premier entgeht Haftstrafe. Die Zeit online, 23.04.2012. Online verfügbar unter http://pdf.zeit.de/politik/ausland/2012-04/island-ex-premier-haarde.pdf, zuletzt geprüft am 01.10.2013.

Zieger, Bruno (1904): Die Realhandlungsakademie in Wien. Eine Leidensgeschichte aus dem 18. Jahrhundert. In: *Gewerbeschau. Sächsische Gewerbezeitung* XXXVI, S. 4–72.

Ziegerhofer, Anita (2004): Botschafter Europas. Richard Nikolaus Coudenhove-Kalergi und die Paneuropa-Bewegung in den zwanziger und dreißiger Jahren. Wien: Böhlau.

Ziegler, Jean (2000): Wie kommt der Hunger in die Welt? Ein Gespräch mit meinem Sohn. München: Bertelsmann.

Ziegler, Theobald (1911): Die geistigen und sozialen Strömungen Deutschlands im neunzehnten Jahrhundert. Berlin: Bondi.

Zinnhobler, Rudolf (1986): Von Pius IX. zu Benedikt VI. In: Josef Lenzenweger, Peter Stockmeier, Karl Amon und Rudolf Zinnhobler (Hg.): Geschichte der katholischen Kirche. Ein Grundkurs. Graz [u.a.]: Styria, S. 410–428.

Zucker, Lynn G. (1977): The Role of Institutionalization in Cultural Persistence. In: *American Sociological Review* 42, S. 726–743.